De Boor-Newald

Geschichte der deutschen Literatur

Band VII/2

GESCHICHTE
DER DEUTSCHEN LITERATUR

VON DEN ANFÄNGEN BIS ZUR GEGENWART

BEGRÜNDET VON

HELMUT DE BOOR †

UND RICHARD NEWALD †

SIEBENTER BAND / ZWEITER TEIL

C. H. BECK'SCHE VERLAGSBUCHHANDLUNG
MÜNCHEN MCMLXXXIX

DIE DEUTSCHE LITERATUR ZWISCHEN FRANZÖSISCHER REVOLUTION UND RESTAURATION

VON

GERHARD SCHULZ

ZWEITER TEIL

DAS ZEITALTER DER NAPOLEONISCHEN KRIEGE UND DER RESTAURATION
1806–1830

C.H.BECK'SCHE VERLAGSBUCHHANDLUNG
MÜNCHEN MCMLXXXIX

CIP-Titelaufnahme der Deutschen Bibliothek

*Geschichte der deutschen Literatur von den Anfängen bis
zur Gegenwart* / begr. von Helmut de Boor u. Richard
Newald. – München : Beck.
   Früher u.d.T.: Boor, Helmut de: Geschichte der
   deutschen Literatur von den Anfängen bis zur
   Gegenwart
NE: Boor, Helmut de [Begr.]
Bd.7. Schulz, Gerhard: Die deutsche Literatur
zwischen Französischer Revolution und Restauration.
Teil 2. Das Zeitalter der Napoleonischen Kriege und
der Restauration. – 1989
Schulz, Gerhard:
Die deutsche Literatur zwischen Französischer
Revolution und Restauration / von Gerhard Schulz. –
München : Beck.
   (Geschichte der deutschen Literatur von den
   Anfängen bis zur Gegenwart ; Bd.7)
Teil 2. Das Zeitalter der Napoleonischen Kriege und
der Restauration : 1806–1830. – 1989
   ISBN 3 406 09399 X

ISBN 3 406 09399 X

© C.H. Beck'sche Verlagsbuchhandlung (Oscar Beck) München 1989
Satz: Appl, Wemding
Druck und Bindung: Parzeller, Fulda
Gedruckt auf alterungsbeständiges (säurefreies) Papier
gemäß der ANSI-Norm für Bibliotheken
Printed in Germany

INHALTSÜBERSICHT

WERKE

EPILOG

VORWORT

Die Alten wußten recht gut, warum sie in ihrer Mythologie die Geschichtsschreibung unter die Obhut einer eigenen Muse stellten. Eine Schriftenrolle gaben sie der sitzenden Klio in die Hand, aber viele andere Rollen stellten sie in Gefäße daneben. Denn nicht aus einer Quelle allein wird gespeist, was unter Klios Schutz gedeiht. Nicht nur die Liste von Taten und Leistungen vergangener Zeiten soll der Chronist vorlegen; das Vorgefundene gilt es zu sichten und zu sortieren, Urteile sind zu fällen, eine Auswahl ist zu treffen und schließlich das Gewebe einer Erzählung zu flechten, in der das Zusammenspiel oder Widerspiel von Kräften sichtbar wird, durch das sich erst das Interesse einer späteren Zeit für das Vergangene gewinnen läßt. Klios Obhut und Gunst bedarf die Literaturgeschichtsschreibung mehr noch als die Historiographie der politischen Geschichte, denn ihr eigentlicher Gegenstand sind nicht die als objektive Tatsachen greifbaren Kriege und Revolutionen, nicht Seefahrten, Völkerwanderungen, Fürsten oder Parteien, sondern jene ganz subjektiven, schwer durchschaubaren gewichtigen oder zerbrechlichen Gebilde der Sprachkunst, also die Gedichte, Dramen und Erzählungen, die zumeist nichts anderes als Unterhaltung, Vergnügen oder allenfalls ein wenig Besinnlichkeit und Erbauung für die Leser bezwecken. Mit dem vorliegenden Band wird eine zweibändige Geschichte der deutschen Literatur zwischen Französischer Revolution und der Restaurationszeit abgeschlossen, deren erster Teil 1983 erschienen ist. Dort habe ich im Vorwort über meine Vorstellungen von den Möglichkeiten und Absichten dieser Literaturgeschichte und über die Abgrenzung des dargestellten Zeitabschnitts Auskunft gegeben. Darauf verweise ich an dieser Stelle. Es mag jedoch nicht unnütz sein, wenn ich einige der Gedanken noch einmal aufgreife und sie mit ein paar Hinweisen ergänze.

Bücher müssen einen Anfang und ein Ende haben, literarisches Leben und fortgehende Geschichte fügen sich solchen künstlichen Grenzen nicht – beide entzögen sich ins Unbeschreibbare, wollte man sie in ihrer Grenzenlosigkeit zu erfassen suchen. Für meine Rahmendaten habe ich Ereignisse der politischen Geschichte gewählt. Eine Geschichte der deutschen Literatur um 1800 mit dem Datum der Französischen Revolution beginnen zu lassen, ist gut vertretbar, denn sie war ein Ereignis, das auch das deutsche Denken und Schreiben tief beeinflußte. Aus ebenso guten Gründen ließ sich der erste Teil dieser Darstellung mit dem Jahr 1806, dem Ende des Heiligen Römischen Reiches Deutscher Nation, abschließen. Schwer ist es geblieben, für den mit diesem Jahr beginnenden zweiten Teil ein ähnlich plausibles Datum in der Geschichte des 19. Jahrhunderts als Abschluß zu finden. Die französische Juli-Revolution von 1830 hatte zwar gleichfalls Nachwirkungen auf deutsche Literatur und Kultur – es sei nur an die Paris-Emigranten Heinrich Heine, Karl Marx und Richard Wagner erinnert –, aber sie schuf ideell keine so neuen Tatsachen wie die Revolution von 1789.

Ich habe bereits im ersten Band erwähnt und in diesem Band näher ausgeführt, daß die junge Schriftstellergeneration nach dem Ende der Napoleonischen Kriege und mit dem Beginn der restaurativen Neuorganisation Europas nicht das gleiche Zusammengehörigkeitsgefühl mit den ihr vorausgehenden Generationen empfand, wie das einst für die jungen Autoren von Jena galt, wenn sie nach Weimar hinüberritten. Von der ausführlichen Behandlung habe ich deshalb jene Schriftstellerinnen und Schriftsteller ausgeschlossen, die erst in der frühen Restaurationszeit ihre Arbeit begannen, obwohl das Jahr 1830 als Grenze dieses Bandes bezeichnet ist, über die wiederum das Spätwerk mancher hier ausführlich betrachteter Autoren weit hinausreicht. Für eine Literaturgeschichte, die Teil einer größeren Serie ist, mag eine solche Entscheidung akzeptabel sein.

Je länger ich mich mit der Literatur der hier behandelten Zeit beschäftigte, desto unschärfer und fragwürdiger wurden mir die Begriffe, mit denen die Autoren dieser Jahre bisher etikettiert worden sind. Ich meine die «Aufklärer», «Spätaufklärer» und «Klassiker» sowie jene zahlreiche Schar der «Früh-», «Hoch-» und «Spätromantiker», die ich immer schwerer zu bezeichnen vermochte, je mehr ich mich mit ihnen und ihrem Werk vertraut machte. Diese Begriffe waren ursprünglich gewiß legitime Mittel der Aneignung des damit Bezeichneten, aber sie bedürfen, wie die Aneignung alles Vergangenen selbst, der Überprüfung. Inzwischen kommt es mir manchmal so vor, als ob die Nomenklatur der Literaturgeschichte sich weithin noch auf der Stufe derjenigen der Medizin im 18. Jahrhundert befände, als man mit dem Begriff «Fieber» so ziemlich alles zwischen Schnupfen, Rheumatismus, Angina pectoris und Typhus bezeichnete und dann die Patienten, woran sie auch leiden mochten, zur Ader ließ.

Deshalb habe ich eine derartige Etikettierung von Schriftstellern aufgegeben, ohne selbstverständlich auf Begriffe wie Aufklärung, Klassizismus oder Romantik zu verzichten, wenn sich mit ihnen, in genauer Definition, große Bewegungen des intellektuellen und kulturellen Lebens eines Zeitalters bezeichnen lassen. Es geht mir nicht um Worte. Kunstwerke als eigentlicher Gegenstand der Literaturgeschichte sind komplizierte Gebilde, sind das einmalige Erzeugnis einer einmaligen Persönlichkeit, die ein solches Werk selbst kein zweites Mal hervorbringen könnte. Jede Persönlichkeit jedoch steht in vielfältigen Verhältnissen zur Geschichte. Sie steht durch ihren historischen und sozialen Ort im Verhältnis zur großen, überindividuellen Geschichte der Staaten und der menschlichen Gesellschaft, ebenso aber auch als Individuum, als Kind eines Elternpaares, zur personellen

Geschichte einer Familie, wovon dann Anlagen, Talente und physische wie psychische Konstitution wesentlich abhängen. Die Lebensbedingungen des Alltags in ihrer eigenen geschichtlichen Bewegung wirken ein, und Geschlecht oder die Bindung an Religionsgemeinschaften spielen gleichfalls eine bedeutende Rolle, denn schließlich war es nicht gleichgültig im ausgehenden 18. Jahrhundert, ob man als Frau oder Mann, als Jude oder Christ geboren wurde. Solche Besonderheiten wiederum reflektieren nicht nur die momentane gesellschaftliche Achtung oder Mißachtung für Gruppen oder Minderheiten, denn geschlechts- wie religionsspezifisches Denken und Empfinden hat sich über große Zeiträume gebildet und Traditionen geschaffen, die tief in den einzelnen wirken, weit über das individuelle Wollen hinaus.

Daneben aber sind noch weitere ‹Geschichten› zu bedenken, wie etwa die lange Entwicklung einer Nationalsprache, aus der jeder Sprachkünstler sein Arbeitsmaterial bezieht und die er wiederum fördert und bereichert. Von der Bedingtheit des Künstlers durch «Gönner und Besteller» wie durch «Vorgänger und Meister» hat Goethe in der *Italienischen Reise* gesprochen. Denn in jedem Werk wirkt neben den zeitlichen Verhältnissen literarischer Produktion die weite Geschichte ästhetischer Formen fort, die von nahezu geschichtslosen Ausdrucksformen wie Dramen, Epen oder Gedichten bis zu neuen, aus veränderten gesellschaftlichen oder technischen Bedingungen geborenen Gestalten reicht. Nützt zum Studium des Romans im 18. Jahrhundert die Kenntnis der historischen Umstände einer aufgeklärten bürgerlichen Gesellschaft, so steht andererseits der Unterschied zwischen einer pindarischen Hymne und einem modernen Gedicht in keinem Verhältnis zur immensen Veränderung gesellschaftlicher und technischer Lebensbedingungen in rund zweieinhalbtausend Jahren.

Literaturgeschichte besteht also, genau genommen, aus vielen einzelnen Geschichten – heutzutage würde mancher sie wohl Diskurse nennen wollen. Gegenstand der Literaturgeschichte aber sind die Werke, in denen sich diese verschiedenen Geschichten treffen und miteinander, aufeinander und gegeneinander wirken. Das bedeutet zugleich, daß im strengen Sinne Literaturgeschichte keine Chronologie hat, die etwa derjenigen der politischen Geschichte vergleichbar wäre. Die Ereignisse der Französischen Revolution oder der Napoleonischen Kriege lassen sich Tag für Tag als Nacheinander überblicken, wenngleich durchaus noch nicht mit dem Anspruch auf die eindeutige Feststellung von Kausalitäten. Für die Literatur jedoch ist selbst ein solcher Überblick nicht möglich, denn jedes Werk hat seine eigene, von vielen Faktoren bestimmte Chronologie, die den Anstoß durch äußere Begebenheiten ebenso wie die Motivation durch gesellschaftliche Verhältnisse und psychologische Triebkräfte einschließt. Auch Entstehungs-, Aufführungs- und Publikationsgeschichte sowie die unmittelbare Wirkung verbinden sich oft zu einer komplizierten, für das Verständnis des Werkes

jedoch recht wesentlichen Sequenz. Das stellt die Chronisten der Literatur
vor Schwierigkeiten bei der Darstellung von Nacheinander und gleichzeiti-
gem Nebeneinander.

Eine vollständige, also sämtliche möglichen Perspektiven umfassende
und sie zusammenführende Geschichte literarischer Kunstwerke kann es
nicht geben. Zum einen verfügt jeder Geschichtsschreiber nur über seinen
eigenen, begrenzten Blickwinkel, zum anderen aber ist auch die Literatur
als Produkt einzelner Menschen nur mittelbar durch die vielen angedeute-
ten Fäden den geschichtlichen Abläufen verbunden. Literatur existiert durch
Menschen für Menschen; sie besitzt keine objektive Existenz außerhalb
ihrer Leser wie etwa die Natur, deren Erforschung und Erkenntnis ein fortschreitender Prozeß ist. Damit soll nicht gesagt sein, daß Literatur keine
objektivierende Funktion haben könne. Im Gegenteil ist sie gerade wegen
der vielfältigen historischen Bahnen und Perspektiven darin eine besonders
reiche, ja einzigartige Quelle für Erkenntnisse über geschichtliche Zusammenhänge, vorausgesetzt, daß man in der Geschichte nicht nur nach dem
Spiegelbild des eigenen Geistes sucht. Zugleich aber bildet Literatur ein
großes Archiv des im Menschen immer Gegenwärtigen. Literaturgeschichte
kann deshalb nicht Heilsgeschichte irgendwelcher Art vermitteln, sondern
allenfalls besseres Verständnis für Heils- wie Unheilsgeschichten und
-erfahrungen anderer Menschen, mit denen Literatur ihre Leser unterhält
und sie zum Nachdenken über sich selbst herausfordert.

Solche Überlegungen haben mich veranlaßt, für meine Darstellung drei
Standpunkte zu wählen: die politische Geschichte als Grundlage für die
Lebensbedingungen der Künstler, die Ideengeschichte im Hinblick auf die
theoretischen Fundamente ästhetischer Kultur und schließlich die
Geschichte literarischer Gattungen für die Betrachtung der einzelnen
Werke als Kunstleistungen, die eng mit der Persönlichkeit und den Fähigkeiten der Künstler verflochten sind. Das eine oder andere Dokument und
der eine oder andere Autor werden also mehrfach erscheinen und von verschiedenen Seiten her betrachtet werden. Um das leichter sichtbar zu
machen, habe ich im Text einige Querverweise eingefügt; für den ersten
Band hoffe ich, das bei Gelegenheit nachholen zu können.

Das vorliegende Werk ist als Ganzes konzipiert, allerdings ohne die Illusion einer wie immer gearteten immanenten Einheit der Literaturgeschichte,
die sich in ein paar Lehrsätzen fassen ließe. In ihren Ansprüchen hinsichtlich der Beschreibung jener großen Bahnen, auf denen Geist und Materie
durch die Weltgeschichte ziehen, werden die Literaturhistoriker wohl
bescheiden sein müssen. Das schließt, wie gesagt, die Überzeugung nicht
aus, daß sich gerade aus der Betrachtung der Literatur als Ausdruck äußer-
ster Subjektivität Aussichten auf die Geschichte insgesamt und auf die Rolle
des Menschen darin ergeben können, wie sie keine andere Form der
Geschichtsschreibung anzubieten hat. Literaturwissenschaft steht vor jener

großen Aporie, die sich im Hinblick auf ihren Arbeitsgegenstand, den literarischen Text, mit den beiden Sätzen benennen läßt: «Alles verändert sich ständig» und «Alles ist immerfort dasselbe». Der eine Satz bezeichnet das ständige Fortschreiten der Geschichte, das jeder Zeit und jedem Produkt dieser Zeit Eigenheiten gibt, die eine spätere Zeit nur begrenzt verstehen kann; der andere verweist auf die sich immer wiederholenden Erscheinungen und Konflikte menschlicher Hoffnungen, Triebe und Leidenschaften, die sich auch über große Zeiträume hinweg kaum oder gar nicht verändern. In diesem Sinne ist jeder literarische Text, in dem sie zum Ausdruck kommen – und was wäre ein literarischer Text ohne sie? – stets aktuell. Im ersteren Sinne hingegen ist er es nie, denn er ist immer von den gegenwärtigen Lesern durch ein Jahr, durch hundert oder tausend Jahre getrennt. Die Literaturgeschichte kann eine derartige Aporie nicht auflösen; sie hat jedoch die beste Möglichkeit, die Doppelheit der Perspektiven ansichtig zu machen. So kann sie die Neugier für das Vergangene erwecken und damit die nachschaffende Einbildungskraft der Leser in Bewegung setzen. Erst aus dieser Einbildungskraft heraus aber kann ein wirklich sinnvolles, effektives Verhältnis zwischen heutigem Leser und gestrigem Werk entstehen.

Mit der kaum noch übersehbaren Sekundärliteratur konnte ich mich auch in diesem Band nicht ausdrücklich auseinandersetzen. Mein Dank gilt allen, von denen ich gelernt habe. Die Bibliographie verzeichnet diese Arbeiten zusammen mit einer Reihe von Titeln, die mir entweder grundlegend, interessant oder kontrovers genug erschienen, um für das Studium des jeweiligen Gegenstands bedacht zu werden.

Die Geschichte dieser literarisch so reichen Zeit hätte ich nicht aufzeichnen können ohne vielfache Hilfe, für die ich gleichfalls danken möchte. Ich nenne an erster Stelle die Stiftung Volkswagenwerk, die mir durch ein Akademiestipendium noch einmal Gelegenheit gegeben hat, mich eine Zeitlang ganz auf diese Arbeit zu konzentrieren. Für die Arbeit selbst bildete meine Universität, die University of Melbourne, den festen Stützpunkt, und meine Kollegen im Department of Germanic Studies haben mich auch diesmal mit Verständnis und Nachsicht begleitet. Der Deutsche Akademische Austauschdienst hat meine Studien in deutschen Bibliotheken gefördert, und das Australian Research Grants Committee ermöglichte es, daß ich wenigstens zeitweilig Assistenz für bibliographische Ermittlungen und für die Arbeit am Register in Anspruch nehmen konnte. Fachkundige Hilfe fand ich bei zahlreichen Bibliotheken, von denen ich namentlich die Baillieu Library der University of Melbourne sowie das Deutsche Literaturarchiv in Marbach nennen möchte. Unterstützung, Auskunft, Anregung und Material habe ich außerdem von verschiedenen Personen und Institutionen auf beiden Seiten des Globus empfangen. Mit besonderem Dank erwähne ich Christian Grawe (Melbourne), Rachel Jakobowicz (Melbourne), Friedrich Pfäfflin (Marbach), Hannelore Schlaffer (Stuttgart) und Marianne Strenger

(Inter Nationes, Bonn). Denise Ryan (Melbourne) ist mir unermüdlich und kenntnisreich in allen Stadien der Arbeit zur Hand gegangen, und Ingrid Barker (Melbourne) hat auch für diesen Band mit großer Sorgfalt das endgültige Manuskript hergestellt.

Im Vorwort zum ersten Band habe ich davon gesprochen, daß für mich Literaturgeschichte zuallererst Geschichte der Literatur ist. Das bedeutet, daß alles Studium geschichtlicher Zusammenhänge in der Sprachkunst letztlich zu den Werken zurückführen sollte, die jenseits allen Zeitenwandels für uns als Bücher immer wieder neu zugänglich sind und um derentwillen Literaturgeschichte überhaupt erst betrieben wird. So steht am Ende die Hoffnung, diese Arbeit möge schließlich beitragen, jene Leser heranzubilden, die – nach einem Wunsch Johann Peter Hebels – wie «die Bekenner des mosaischen Gesetzes, dort zu lesen anfangen, wo andere aufhören».

Melbourne, am 24. November 1988   Gerhard Schulz

GRUNDLAGEN

ERSTES KAPITEL

DEUTSCHE LITERATUR IN DEN NAPOLEONISCHEN KRIEGEN 1806–1815

1. Was ist des Deutschen Vaterland?

Das liebe heil'ge Röm'sche Reich hatte nicht mehr zusammengehalten unter dem Ansturm der französischen Armeen. Am 6. August 1806 legte der letzte römisch-deutsche Kaiser, Franz II., in Wien sein Amt nieder, freilich nicht, ohne sich vorher zum Kaiser seines kleineren, vertrauteren Heimatlandes Österreich gemacht zu haben. So konnte er weiterhin auf gleichem Fuße mit seinem Gegner Napoleon Bonaparte, dem jungen, selbstgekrönten Kaiser der Franzosen, verkehren, der bald darauf sein Schwiegersohn werden sollte. Goethe, auf der Rückreise von Karlsbad, notiert am 7. August 1806 in seinem Tagebuch, daß ein «Zwiespalt des Bedienten und Kutschers auf dem Bocke» ihn mehr in Leidenschaft versetzt habe «als die Spaltung des römischen Reichs». In der Tat: Das Ende dieses Reiches barg keine Überraschungen mehr in sich. Schon im *Urfaust* aus den frühen siebziger Jahren des vergangenen Jahrhunderts hatte der Student Frosch in Auerbachs Keller ein garstiges, leidiges politisches Lied mit der ironischen Frage begonnen, wie denn dieses Reich überhaupt noch zusammenhalte. Goethe hatte den Text vor gar nicht langer Zeit erst wieder vor Augen gehabt, denn er war gerade mit der Herausgabe seiner Werke beschäftigt, deren achter Band den ersten Teil des *Faust* in seiner endgültigen, vom Autor allerdings immer noch als «fragmentarisch» empfundenen Gestalt enthalten sollte. Im Mai 1806 hatte er das Manuskript seinem Verleger Cotta übergeben.

Politisches war freilich in der nächsten Zukunft nicht mehr zu vermeiden. Rund zwei Monate später, unter dem 14. Oktober, steht im gleichen Tagebuch Goethes aus Weimar die Eintragung: «Abends um 5 Uhr flogen die Kanonenkugeln durch die Dächer. Um ½ 6 Einzug der Chasseurs. 7 Uhr Brand, Plünderung, schreckliche Nacht. Erhaltung unseres Hauses durch Standhaftigkeit und Glück.» Die Standhaftigkeit hieß Christiane Vulpius und war seit siebzehn Jahren Goethes Lebensgefährtin; fünf Tage darauf machte er sie zu seiner Frau. Am 13. und 14. Oktober hatten die Franzosen unter Napoleon bei Jena und Auerstädt die schlecht ausgerüstete und inkompetent geleitete preußische Armee vernichtend geschlagen – ein Sieg, der entscheidend für des Kaisers weitere Herrschaft über Europa war.

«In der Mitternacht vor der Schlacht bei Jena» hatte der dortige außerordentliche Professor der Philosophie Georg Wilhelm Friedrich Hegel die Redaktion des Manuskripts seiner *Phänomenologie des Geistes* beendet, wie er bald darauf seinem Freunde Schelling in einem Brief mitteilte. Am folgenden Morgen schon sah er den Kaiser der Franzosen – «diese Weltseele» – durch Jena reiten: «Es ist in der Tat eine wunderbare Empfindung, ein solches Individuum zu sehen, das hier auf einen Punkt konzentriert, auf einem Pferde sitzend, über die Welt übergreift und sie beherrscht.» Nichts anderes freilich hatte auch der Philosoph Hegel im Sinne, nur daß es für ihn vom Schreibpult aus geschah.

Die Parallelen zwischen dem eigenen und dem fremden Tun lagen schon im Worte «Weltseele», das vielfältig zur Sprache der deutschen intellektuellen Bewegung des vergangenen Jahrzehnts gehört hatte. 1798 war Schellings Buch *Von der Weltseele* erschienen, worin sie das «*organisirende*, die Welt zum *System* bildende, Princip» darstellte, eine Institution sozusagen, in der sich aller dialektischer Streit der Natur, alle Gegensätze aufheben sollten. Novalis hatte, vorsichtig experimentierend, weiterzudenken versucht: «Die Welt ist der *Macroandropos*. Es ist ein Weltgeist, wie es eine Weltseele giebt. Die Seele soll Geist – der Körper Welt werden. Die Welt ist noch nicht fertig.» Und aus der gleichen Zeit oder den ersten Jahren des neuen Jahrhunderts stammt auch Goethes Gedicht «Weltseele», in dem sich die weltschöpferischen Kräfte des Universums sehr goethisch im ersten liebenden und zeugenden Menschenpaar manifestieren:

> Und bald verlischt ein unbegrenztes Streben
> Im sel'gen Wechselblick.
> Und so empfangt mit Dank das schönste Leben
> Vom All ins All zurück.

Nun aber, ein paar Jahre später, schien das alles verflogen. Jetzt hatte sich die Weltseele in einen französischen Offizier verwandelt, der sich zum Imperator gemacht hatte, und unter dem Zugriff seiner Soldaten waren Jena und Weimar zu belanglosen kleinen Orten im großen Weltgeschehen geworden, nachdem sie mehr als ein Jahrzehnt lang die Heimstatt für kühne Gedanken und schöne Kunst geboten hatten.

Aber der Mensch sieht nicht weit in seiner Zeit. Erst die Geschichte kann ihm größere Dimensionen vermitteln. Denn eben das Weltreich Napoleon Bonapartes, das er auf den Schlachtfeldern bei Jena und Weimar endgültig erbaut zu haben schien, sollte nur noch etwas mehr als sieben Jahre bestehen. Goethes *Faust* und Hegels *Phänomenologie des Geistes* hingegen lagen druckbereit und warteten auf eine lange Zukunft.

In Hegels Bericht über Napoleons erstes Auftreten in Jena steht die Bemerkung, es sei unmöglich, diesen außerordentlichen Mann «nicht zu bewundern». Heine hat fünfundzwanzig Jahre später sogar summarisch erklärt, Napoleon sei «die Hauptfigur der neuesten Weltgeschichte». Letzteres war gewiß weder das Urteil eines Zeitgenossen noch das eines Historikers, sondern der Ausdruck persönlicher Sympathien als Kritik an der eigenen Zeit, aber es bezeichnet doch eine Einstellung einem militärischen und politischen Führer als Verursacher von vielem Leid und Blutvergießen gegenüber, die dem 20. Jahrhundert aus guten Gründen fremd geworden ist. Der Zauberstab der Analogie ist für die historische Betrachtungsweise ein unsicheres, ja fragwürdiges Instrument. Napoleon hat auf die deutschen Intellektuellen und Künstler seiner Zeit eine tiefe und nachhaltige Wirkung ausgeübt. Von einigen der bedeutendsten trennten ihn nur wenige Jahre. Hegel, Hölderlin und Beethoven waren ein Jahr jünger als er, Friedrich Schlegel drei und Tieck vier Jahre. Jean Paul war sechs Jahre älter, August Wilhelm Schlegel nur zwei; Ernst Moritz Arndt war gleichaltrig. Der Zug des noch nicht dreißigjährigen Generals mit seiner Armee nach Ägypten, also in eine Weltgegend, von der die Deutschen nur als Lehrlinge zu Sais träumten, seine Selbsteinsetzung als Erbe der Revolution und erster Konsul in Frankreich, also seine Adoption einer Amtsbezeichnung, die den gründlich klassisch gebildeten Deutschen und nicht nur ihnen die große Tradition der römischen Republik suggerierte –, das waren tatsächlich Ursachen für eine Bewunderung, die umso stärker wirken konnte, je geringer die Möglichkeiten zum großen Handeln im eigenen Lande waren und je weiter man sich noch von den unmittelbaren Wirkungen solcher Herrschaft befand. Ja, man konnte sich sogar durch den Franzosen für einen Augenblick der Erfüllung von Kants ewigem Frieden näher glauben, wie das Johannes Daniel Falk aus Weimar in einem Brief an Johannes von Müller hoffte (25. 3. 1806).

Zu den frühen Bewunderern Napoleons gehörte in Deutschland Christoph Martin Wieland, der in seinen *Gesprächen unter vier Augen* schon 1798 ein respektvolles Charakterporträt des jungen Offiziers entworfen hatte, den er durchaus scharf als den kommenden Diktator sah (vgl. Bd. 1, S. 127 f.). Ungefähr zur selben Zeit hatte auch Hölderlin auf «Buonaparte» geblickt und erklärt:

> Heilige Gefäße sind die Dichter,
> > Worin des Lebens Wein, der Geist
> > Der Helden sich aufbewahrt,
>
> Aber der Geist dieses Jünglings,
> > Der schnelle, müßt er es nicht zersprengen,
> > Wo es ihn fassen wollte, das Gefäß?
>
> Der Dichter laß ihn unberührt wie den Geist der Natur,
> An solchem Stoffe wird zum Knaben der Meister.

Er kann im Gedichte nicht leben und bleiben,
Er lebt und bleibt in der Welt.

Etwas von Hegels späterer Erhebung Napoleons zur Weltseele ist in Hölderlins Identifizierung des Generals mit dem Geist der Natur bereits zu erkennen, etwas von der Art also, wie sich die Bürger und Mitbegründer der Kulturnation Deutschland ein historisches Phänomen anzueignen versuchten, das so ganz ihre eigenen Erfahrungsmöglichkeiten überstieg. Ein Mittel dazu war in erster Linie die Übersetzung des Phänomens in die Sprache der Philosophie oder in diejenige der Mythologie, und hier besonders der Bezug zum Mythos vom göttertrotzenden Prometheus. Zum erstenmal geschah das übrigens in einem Epos *Il Prometeo* (1797) des Italieners Vincenzo Monti, am nachhaltigsten aber bei Beethoven, aus dessen Musik zum Ballett *Die Geschöpfe des Prometheus* wesentliches Material in seine Dritte Symphonie überging, die er zunächst *Bonaparte* hatte betiteln wollen, bis er in tiefer Enttäuschung über den sich selbst verklärenden Kaiser und allerdings wohl auch aus Rücksicht auf sein österreichisches Publikum daraus eine *Sinfonia eroica composta per festiggiare il sovvenire di un grand Uomo* machte.

Allerdings war der Umschlag von Bewunderung in Abscheu nicht im gleichen Maße charakteristisch für die Deutschen wie zu Zeiten der Französischen Revolution. Es gab viele Stufen auf der Skala zwischen Verehrung und Verachtung. Napoleon war ein menschliches Phänomen, kein historisches Ereignis. Er brachte keine neuen Ideen in seinem Gefolge mit, vielmehr ließ er sich allenfalls als Vollstrecker der Revolution betrachten, der bürgerliche Freiheiten einführte, mit dem *Code Napoléon* sich als weitsichtiger, liberaler Gesetzgeber erwies und der schließlich auch, weil es seinen Interessen, also der Ausbreitung und Sicherung seiner Macht entgegenkam, durch «Säkularisierung» geistlicher und «Mediatisierung» weltlicher Kleinstaaten im Römischen Reich den stellenweise schon zur Karikatur gewordenen Partikularismus beseitigte, der jeder weiteren Entwicklung des Landes im Wege stand. Zudem machte er den Deutschen die Revolution verständlicher, die auch ihr Land, wenngleich nur aus der Ferne, erschüttert hatte, indem er sie nun als Individuum repräsentierte. Denn auf Individuen verstanden sich die Deutschen als Untertanen ihrer Fürsten und als Anhänger idealistischer Philosophien sehr viel besser als auf politische Clubs, Fraktionen oder Volksmassen, wie sie nach 1789 das große Geschehen in Frankreich bewegt hatten.

Hinzu kommt, daß Napoleon als Persönlichkeit beeindruckend gewesen sein muß. Goethes lebenslange, auch in kritischer Zeit nahezu unverhohlene Bewunderung für ihn hat ihren Ursprung wohl vor allem in der Audienz, die ihm der fast auf den Tag um zwanzig Jahre jüngere Kaiser am 2. Oktober 1808 in Erfurt gab, mit einem Gespräch, in dem es um Literatur, um die Politik als Schicksal und um den Respekt vor dem Einzelnen ging, wofür Goethe manche Sympathien bereithielt. So mag in ihm das Gefühl entstanden sein, daß für einen Augenblick zwei Imperatoren über alle ihre Verschiedenheiten hinweg unter sich waren. Auch von dem Schweizer Historiker Johannes von Müller, zunächst einem entschiedenen Gegner Napoleons, ist bekannt, daß ein Gespräch ihn zum Bewunderer des Kaisers machte. In der Tat hätte es an Kraft, Dynamik, Leistung und Intelligenz kein Gegenstück unter den in ihren Regionalinteressen und einem strengen Konservatismus befangenen deutschen Fürsten dieser Tage gegeben. Selbst als die Lasten der fremden Besatzung und des Krieges immer unerträglicher wurden, selbst als Napoleon die Züge des Tyrannen und Eroberers deutlich annahm, selbst dann blieb er oft von einer Aura der Größe umgeben. In einem *Letzten Wort an die Deutschen* aus dem Jahre 1808 schreibt Ernst Moritz Arndt, wahrlich kein Verehrer Napoleons, von ihm als dem «gewaltigen Mann, der die Bewegung der Orkane und der Wetter lenkt, welche den festen Boden der Erde jetzt aus den Angeln heben wollen». Und noch in seinem Sturze sah man Dämonie walten. «Das Größte schon jetzt», schreibt Rahel Varnhagen 1814, «ist mir das, daß Napoleon sich zum Kaiser machte; und nicht ruhte bis er's *nicht* mehr war.» Vollends wurde die Verbannung nach St. Helena Anlaß zu weiterer Verklärung, aber auch neuer Belebung der Identifikation mit dem Prometheus-Mythos, so daß Arndt 1837 in einem Gedicht an Napoleons Verehrer Einspruch erhob:

> Däucht euch der Schlaue immer noch so groß,
> Der auf Sankt Helena Prometheus' Loos
> Im öden Felsenjammer hat gezogen?

Trennungslinien zeigend folgert er:

> Der Alte trug das Licht vom Himmel aus
> Den Menschen zu, der Junge löscht' es aus –
> Wen wählet ihr? Den Löscher oder Zünder?
>
> («An die Napoleonsverehrer»)

Goethe ließ sich in seinem Urteil über den Kaiser nicht beirren. Am 12. Januar 1822 erhält er in Weimar von «Serenissimo» Carl August aus Mailand Manzonis Gedicht auf den Tod Napoleons «Der fünfte Mai». Zwei Tage später, unter dem 14. Januar, steht im Tagebuch: «Nachts allein. Übersetzte Manzonis Ode auf Napoleon.» Der Hauch der Feierlichkeit, den diese Notiz verströmt, ist gewiß nicht zufällig, wenn man sie im Zusammenhang von Goethes fortdauernder Achtung vor dem Imperator liest.

Die Skala zeitgenössischer deutscher Urteile über Napoleon enthält viele Stufen zwischen Haß und Bewunderung. Kleist, Arnim, Görres, Fouqué, Jean Paul oder Rückert lassen sich außer den bereits Genannten auf verschiedenen Positionen in sie einordnen. Aber was immer sich Gutes oder

Böses über Napoleon denken und sagen ließ, es galt allein seiner Person, mit der er die von ihm geschaffene Macht klug und eindrucksvoll verwaltete und repräsentierte. Bei deren Preisgabe aber hüllte er sich in den würdigen Mantel der Tragik. Er und seine Armeen brachten jedoch der gerade erst sich bildenden Kulturnation Deutschland keine andere Kultur, bedrohten sie nicht durch sprachliche und intellektuelle Überfremdung, stellten sie mithin nicht in Frage, bereicherten sie aber auch nicht durch neue, weitere Perspektiven des Weltverständnisses und dessen künstlerischer Gestaltung. Was am Ausgang des 18. Jahrhunderts über die kulturelle Rolle der Deutschen in Europa gedacht worden war, was sich dort in Philosophie und Literatur, in Kunst und Musik gebildet hatte, mußte sich nun unter dem Ansturm fremder Armeen bewähren oder seine Nutzlosigkeit erweisen. Ließen sich daraus Kräfte für den äußeren Widerstand und die Selbstbehauptung entwickeln, so würde das freilich nicht ohne Veränderung, Verengung oder Entgrenzung des Gedachten abgehen. Aber eben in solchen Bewegungen besteht letztlich die Geschichte aller Kultur und damit auch diejenige der Literatur. Das Jahr 1806 bedeutete jedenfalls für die deutsche Literatur keinen markanten Einschnitt; der erste Teil von Goethes *Faust*, konzipiert in frühen Sturm-und-Drang-Tagen, dann 1790, ein Jahr nach der Französischen Revolution, zuerst ans Licht getreten und nun in endgültiger Gestalt zu seinem Weg in die Weltliteratur bereitliegend, kann für dergleichen kulturelle Kontinuität geradezu Symbolwert in Anspruch nehmen.

Die Rezeption französischer Kultur war bei den Deutschen beträchtlich früher erfolgt. Die postrevolutionäre französische Gegenwart hatte keinen Rousseau, Voltaire oder Diderot aufzuweisen, die zu ihrer Zeit tiefe Spuren in Europa hinterlassen hatten. Goethe hatte zwar noch 1799 Voltaires *Mahomet* und 1800 den *Tancred* für seine Weimarer Bühne neu übersetzt. Aber das war kein frankophiler Akt, sondern nur Teil des Versuchs zur Erziehung des Publikums durch strenge Formen und des sich in ihm herausbildenden Konzepts einer modernen Weltliteratur, zu der er jede Nation, auch seine eigene Kulturnation und natürlich ebenso die französische, beitragen sah. Denn ganz gleich, ob darin König, Nationalkonvent, Direktorium, Konsul oder Kaiser regierten – Paris blieb eines der ganz großen Kulturzentren Europas. Seine Museen und Bibliotheken waren erst in jüngster Zeit mit Beutegut der Kriegszüge reich bestückt worden, und Preußen, Sachsen oder Österreicher besuchten es oder lebten dort selbst zu Zeiten, da ihre Länder im Kriege mit den Franzosen lagen oder zwischen Feind- und Freundschaft hin und her schwankten. Aus einer Reise nach Frankreich 1802 entwickelte Friedrich Schlegel Gedanken über ein künftiges, alle Gegensätze vereinendes Europa und leitete mit ihnen seine Zeitschrift *Europa* (1803–05) ein. Friedrich Carl von Savigny trieb 1805 in Paris Studien zu einer Geschichte des römischen Rechts und zog einen seiner Schüler namens Jacob Grimm dorthin nach, der von seinem Bruder Wilhelm zur Suche nach «alten deutschen Gedichten und Poesien» unter den Schätzen der kaiserlichen Bibliothek inspiriert worden war. Und Alexander von Humboldt schrieb sein großes Reisewerk *Voyage aux régions équinoxiales du Nouveau Continent* (1805–1834) fast ausschließlich in Paris. Das alles erinnert noch einmal daran, daß die Vorstellungen des 20. Jahrhunderts vom Krieg nicht der damaligen Wirklichkeit entsprachen. Kriege zu Beginn des 19. Jahrhunderts waren Kriege zwischen Armeen, die sich auf Schlachtfeldern trafen. Nicht daß die Bevölkerung nur eine müßige Zuschauerrolle dabei hatte. Von ihr mußten die Armeen, Freund oder Feind, versorgt und untergebracht werden. Plünderungen, Vergewaltigungen, Gewalt überhaupt waren an der Tagesordnung wie eh und je. Aber es gab breite Freiräume zwischen den Fronten, sowohl in der Realität wie im Reich der Ideen. Den nierenkranken Goethe inspirierte die rauhe Wirklichkeit zur Idee der Organ-Transplantation. «Wenn mir der Himmel nur die gesunden Nieren von einem der Russen bescherte, die in der Schlacht von Austerlitz geblieben sind!» erklärte er Heinrich Voß gegenüber, der nicht wußte, ob er darüber weinen oder lachen sollte. Die Totalisierung des Freund-Feind-Verhältnisses im Kriege jedoch war erst ein Resultat jener industriellen Revolution, für die zu Beginn des 19. Jahrhunderts lediglich die naturwissenschaftlichen Fundamente existierten, die dann allerdings auch die Erde in einem Umfange veränderte wie keine andere Revolution zuvor. Verbunden mit ihr war die Herausbildung großer, konstitutionell regierter Nationalstaaten, die hinfort miteinander in Konkurrenz und Fehde traten und ein Zeitalter der Weltkriege einleiteten.

Den Franzosen stand damals nicht Deutschland gegenüber. Arndts Frage «Was ist des Deutschen Vaterland?», mit nachhaltiger Wirkung in einem Lied aus dem Jahre 1813 gestellt, war nicht nur die Herausforderung zu einem wirksamen Schlachtruf nach dem ganzen Deutschland, sondern bezeichnete zunächst einmal die Konfliktsituation, in der sich die deutschsprachigen Gegner Napoleons befanden. Arndt zählt «Preußenland» und «Schwabenland», «Bayerland» und «Steierland», «Pommerland», «Westfalenland», Österreich und selbst die Schweiz neben anderen deutschsprachigen Regionen auf – «so weit die deutsche Zunge klingt» –, um dann zu dem Schluß zu kommen:

> Das ist des Deutschen Vaterland,
> Wo Zorn vertilgt den welschen Tand,
> Wo jeder Franzmann heißet Feind,
> Wo jeder Deutsche heißet Freund –
> Das soll es sein!
> Das ganze Deutschland soll es sein!

Verkündet wurde solche großdeutsche Gesinnung zu einem Zeitpunkt, da sie am wenigsten suspekt war, wie später kaum je, wenn man sich in der

Geschichte des deutschen Nationalismus dieser schlichten und sehr allgemeinen Losung bediente. Denn das eben erst aufgelöste Heilige Römische Reich hatte ja tatsächlich die meisten dieser Gebiete, wenn auch nur noch pro forma, umschlossen, und es galt einen Gegner aus dem Lande zu treiben, der wirklich nichts anderes als ein fremder, durchaus uneingeladener und unprovozierter Okkupant war.

Aber der politische und geographische Begriff Deutschland ist zu unbestimmt, als daß er sich mit Zuverlässigkeit und Klarheit auf die Zeit der Napoleonischen Kriege anwenden ließe. Der Einheit der Sprache hatte nie eine politische Realität entsprochen und konnte es auch nicht, da ihr andere, stärkere historische, kulturelle und ökonomische Bindungen entgegenstanden. Das Reich – großdeutsches oder kleindeutsches – war nach 1806 vollends zum Mythos geworden. Er bewegte Realisten wie Idealisten, denn nicht nur um die Austreibung von Gegnern und um patriotische Ideale ging es hinfort, sondern auch um ökonomische Entwicklung, um Handel, Zölle, Straßen und später Eisenbahnen. Napoleon hatte zwar eine Reihe von deutschen Kleinstaaten beseitigt, aber dafür größere Teilstaaten konsolidiert, indem er die Regenten von Württemberg, Bayern und Sachsen zu Königen erhob, um sie sich in seinem Rheinbund dienstbar zu machen. Letzteres aber hieß, daß sie auch Soldaten für seine Armee stellten. Ludwig Tieck hat in einer späten Novelle *Das Zauberschloß* (1830) einen Konflikt «aus dem letzten Krieg mit Frankreich» geschildert, der für die Deutschen zwischen 1806 und 1814 von bedrohlicher Wahrheit war: Vater und Sohn stehen sich als Offiziere feindlicher Armeen im Kampfe gegenüber. Mit dem – oft mehrfachen – Loyalitätswechsel der Fürsten nach verlorenen Schlachten und den zahlreichen Friedensschlüssen wurden Freunde über Nacht zu Feinden und umgekehrt. Württemberger fochten gegen Sachsen oder mit ihnen, diese wieder 1806 auf Preußens Seite und 1809 bei Wagram auf der französischen. Die Sachsen zogen mit Napoleons Heeren nach Rußland und wurden dort nahezu aufgerieben, während ihr Landsmann Theodor Körner als patriotischer Sänger der antinapoleonischen Sache auftrat. Schließlich gingen sie auf eigenem Grund und Boden in der Völkerschlacht bei Leipzig zu den stärkeren Bataillonen der Alliierten über. Ein ähnliches Hin und Her von Loyalitäten hat sich in vielen kleineren deutschen Ländern ereignet. Das Bayreuth Jean Pauls, zu Preußen gehörig, wurde 1806 von den Franzosen besetzt, wobei sich die französischen Bundesgenossen, «besonders der Württemberger», schlechter betrugen als die Franzosen selbst, wie die Bayreuther Adlige Caroline von Flotow berichtet. Aber als die Franzosen Ende 1810 abziehen und die Stadt an Bayern übergeht, empfindet sie immerhin: «Die bairische Regierung ist doch wenigstens eine deutsche.»

All dies war an und für sich nichts Neues für die Deutschen. Napoleon hatte im Grunde nur wiederbelebt, was als Kampf zwischen Fürsten sich auch schon in den Kriegen des 17. und 18. Jahrhunderts ereignet hatte in oft noch viel extremerem Maße. In seinen *Dämmerungen für Deutschland* (1809), in «Baireuth» geschrieben, setzt Jean Paul das Beispiel der Pfalz im Dreißigjährigen Kriege, in dem sie viermal ihr «wechselnder Apostat und Renegat geworden», zu dem «Mitdienen deutscher Bundeskontingente» unter Napoleon in Beziehung. Aber er tut es nicht um der Analogie, sondern um des Unterschiedes willen: «Der Anfang des neunzehnten Jahrhunderts kann dergleichen nicht mehr verschmerzen, noch verschulden.» Denn es gibt einen Fortschritt für ihn, und «gibts irgendwo in der Weltgeschichte Fußstapfen eines Fortschrittes der Menschheit; so sind sie auf den Wegen zur Freiheit so wie zum Lichte.» Das öffentliche Bewußtsein der Nationen, auch der deutschen, hatte sich verändert; den Motor zu dieser Veränderung aber sieht Jean Paul, seiner eigenen Mission als Schriftsteller angemessen, in der «Erfindung der Buchdruckerei». Zuvor «gab es nur Länder-Zentra voll Licht und Wärme», und Licht und Wärme wurden nur als Ausstrahlungen von den Herrschern der Länder empfunden. «Jetzt aber ist auf der Erde nicht mehr Brennspiegellicht, sondern Tageslicht.» Das Buch, das geschriebene und gedruckte, also das verbreitete Wort ist das Medium der Freiheit, und die «neue Erde» wird «durch die Bücher weniger abhängig von einem Gesetzgeber als sonst die alte». So dehnt sich die »moderne Freiheit durch die Gesetzbücher bis zu Kolonien, Negern und Juden und Erbunterthänigen aus». Es ist eine wahre Summe des Fortschritts in seiner Zeit, die Jean Paul hier von seinem besonderen Blickwinkel als Bürger der Kulturnation Deutschland gibt, von jenem Deutschland aus, das, wie er selbst an der gleichen Stelle schreibt, «überhaupt mehr Idee als Land» ist, das aber im «Kriegsfeuer» doch die Herzen zu entzünden vermag: «Jetzt hat sich Vaterlandsliebe und Deutschlandsliebe durch einerlei Leiden mehr zu Einer Liebe eingeschmolzen.»

Jean Pauls Gedanken sind getragen von der Überzeugung, daß Kultur und insbesondere eben das gedruckte Wort Fortschritt bewirken können durch die Veränderung des öffentlichen Bewußtseins. Aufklärung als die Verbreitung der Fähigkeit zu lesen und zu schreiben beginnt also ihre Früchte zu tragen, gestützt auf die große, über die Zeiten perfektionierte Erfindung aus dem 15. Jahrhundert: Im Jahre 1800 hatte sich im Bereich des deutschen Reichs gegenüber der Mitte des Jahrhunderts die Buchproduktion verfünffacht. Bücher sind für Jean Paul Horte der Freiheit und von deren Grundlage, den auf dem Naturrecht basierenden Gesetzen, denn sie lassen sich gegenüber jeder persönlichen Willkür beim Wort nehmen, sei es als Verfassungen, als *Code Napoléon* oder als Entwurf zu Reformen. Jean Paul differenziert in seiner Einschätzung nicht nach kriegerischen Parteien, und er gehörte zu denen, die bei aller Kritik Napoleon doch die Achtung vor ihm als Mittler revolutionärer Ideen nicht versagen konnten. Selbst die preußischen Reformen, auf die Jean Paul in seiner genaueren Bestimmung der modernen Freiheit anspielt, stellten ja im Grunde Reaktionen auf Konzepte dar, die Napoleon selbst zu bieten hatte. Das eigentliche Thema von Jean Paul aber ist die Kontinuität und Nützlichkeit der Kulturnation Deutschland. Was er als «Vaterlandsliebe» bezeichnet, gilt noch der Heimat, dem eigenen, kleineren Teil des größeren Landes, sei es nun Sachsen oder Preußen, Bayern oder Österreich. Die «Deutschlandsliebe» hingegen gilt dem Ganzen, der Idee einer «schöneren Gemeinschaft» als derjenigen gemeinsamer Leiden, einer Gemeinschaft, die sich in der Sprache und der Kultur an erster Stelle manifestiert. Und käme es je zu einer Universalmonarchie – «man drohte der Erde schon oft Universalmonarchien» –, so wären, meint Jean Paul, «Allseitigkeit», «Weltsinn» und «Kosmopolitismus» der Deutschen am ehesten geeignet, auf deren höchstem Throne zu sitzen.

Auf ähnliche Weise hat Heinrich Heine fünfunddreißig Jahre später im Vorwort zu seinem Wintermärchen *Deutschland* (1844) den patriotischen Traum von einer «Sendung und Universalherrschaft Deutschlands» verkündet unter der Voraussetzung, daß man «die schwarz-rot-goldne Fahne auf die Höhe des deutschen Gedankens» pflanze und sie «zur Standarte des freien Menschentums» mache. Was bei Jean Paul, auch wenn ihm Skepsis gewiß nicht fremd war, immerhin noch die Züge des Möglichen trägt, ist bei Heine allerdings aus gutem historischem Grunde in tiefe Zweifel getaucht. Denn in den dreieinhalb Jahrzehnten zwischen beiden Äußerungen gab es vielfache Vorschläge, wie aus der Idee Deutschland eine politische Realität zu machen sei, Vorschläge, der «Deutschlandsliebe» konkretere Ziele zu geben und aus den Errungenschaften der Kulturnation eine Nationalkultur zu entwickeln, wobei dann «Allseitigkeit», «Weltsinn» und «Kosmopolitismus» oft genug auf der Strecke blieben.

Die deutsche Literaturgeschichte der Zeit nach 1806 reflektiert die Vielfalt, ja Wirrnis politischer Loyalitäten und deren Verhältnis zu intellektuellen Plänen und künstlerischen Absichten. So vielfältig und farbig vorher die Literatur der Jahre zwischen der Französischen Revolution und dem Ende des Reiches war – es ließen sich damals noch Tendenzen, gemeinsame Bemühungen und Gruppen einigermaßen sicher zusammenfassen und überschauen. Gleiches ist für die Jahre nach 1806 nicht mehr möglich, obwohl es auch dann wiederum Gruppenbildungen in Theorie und Praxis gab. Aber sie waren kleiner, enger, kurzlebiger oder wirkungsloser, sofern sie im literarischen Bereich blieben. Was sich an Strömungen und Bewegungen größeren Ausmaßes entwickelte, war vorwiegend politischer Natur. Auf die Frage aber, was des Deutschen Vaterland sei, gab es letztlich keine Antwort, nachdem die Euphorie des Sieges über Napoleon verflogen war. Die einzige große Identität, die den Deutschen blieb, war weiterhin nur die ihrer Sprache und mithin auch die ihrer Literatur, denn von allen Erscheinungsformen der Kunst kann Literatur am wenigsten ihre Nationalität verleugnen noch auf sie verzichten.

2. Von der Kulturnation zur Nationalkultur

«Wir sind niemals politisch bedeutend gewesen. Unsre ganze Bedeutung bestand in einer gegen unsere Kräfte disproportionirten Beförderung der Künste und Wissenschaften. Von andern Seiten sind wir jetzt so wenig und weniger als sonst.» Das schreibt Goethe am 7. Oktober 1807 aus Weimar an seinen Verleger Cotta. Einen beträchtlichen Teil seiner eigenen Bedeutung verdankt Goethe zweifellos der Eigenschaft, sich über den Standpunkt der meisten seiner deutschen Zeitgenossen erheben zu können. Denen aber hatte das Jahr 1806 ihre politische Bedeutungslosigkeit unmißverständlich nahegebracht. War also der Traum von der Kulturnation Deutschland ausgeträumt, wie ihn Schiller in seinem Gedichtentwurf «Deutsche Größe» oder Friedrich Schlegel in der Gleichsetzung von Goethes *Meister* und Fichtes *Wissenschaftslehre* mit der Französischen Revolution geträumt hatten? Sollte jene Kultur in deutscher Sprache, die seit der Mitte des 18. Jahrhunderts entstanden war, nur ein verlorener Anfang gewesen sein? Die Schriften von Klopstock, Wieland, Lessing, Winckelmann, Kant, Fichte, Goethe, Schiller, ja auch von Kotzebue oder Christian August Vulpius und dann natürlich Deutsches auf den Flügeln der Weltsprache Musik wie Mozarts *Zauberflöte* waren über die deutschen Sprachgrenzen hinausgedrungen und mehr oder minder europäischer Besitz geworden, und Europa war damals noch die Welt. Erwartungen und Hoffnungen waren daraus für die Deutschen entstanden. «Der Deutsche ist lange das Hänschen gewesen. Er dürfte aber wohl bald der Hans aller Hänse werden», hatte sich Novalis um 1797 herum notiert, und seine eigenen wie Friedrich Schlegels, Hölderlins, Schellings oder Hegels romantische Weltentwürfe und «Systemprogramme» hatten mit solchen Hoffnungen zu tun.

Nun fragte sich also, ob das alles jetzt wertloses Papier geworden war, ob es bestenfalls einen Winterschlaf bis auf bessere Zeiten antreten mußte oder ob darin Kräfte steckten, mit denen sich die Errungenschaften der Kulturnation Deutschland zu einer Nationalkultur ausbilden ließen. Die aber würde dann zum inneren und äußeren Widerstand gegen den fremden Eroberer ausrüsten und womöglich eine Lösung jener Probleme näher bringen, die die Deutschen bisher wie Eisenkugeln an einer Kette mit sich hatten herumschleppen müssen: ihre Kleinstaaterei, die auf das Wirtschaftsleben wie die Ausbreitung der Kultur gleichermaßen lähmend wirkte, die Befangenheit der Gesellschaft in Standesprivilegien und die noch nicht durch Verfassungen wirkungsvoll gedämmte Macht ihrer Fürsten.

Die Augen einer späteren Zeit sehen, daß derartige Erwartungen sicherlich zu hoch angesetzt waren, sehen auch wohl die Gefahr, daß man sich zum unmittelbaren Zweck aus allen universalpoetischen Visionen schließlich nur so etwas wie die Selbstbekräftigung vom «Hans aller Hänse» herauslesen werde. Aber mit den Augen der Zeit gesehen läßt sich in den Versuchen zur Herausbildung einer Nationalkultur vor allem der verständliche Wunsch aller Beteiligten erkennen, mit Hilfe der eigenen Werke Einfluß auszuüben auf einen möglichst großen Kreis von Aufnehmenden um eines besseren, freieren Lebens willen. Das ist nicht einmal nur politisch zu verstehen, obwohl in einer von politischem Geschehen durchdrungenen Zeit natürlich das Gewicht darauf zunahm, sondern zunächst als reine Selbstbehauptung der Schriftsteller, die ja schließlich immer an das Medium ihrer Sprache gebunden sind ebenso wie an das Interesse ihrer Leser.

Die Entstehung republikanischer beziehungsweise parlamentarischer Staatsformen in England, den Vereinigten Staaten und schließlich am radikalsten vor der deutschen Haustüre im revolutionären Frankreich hatte außerdem für Sprache und Schrift in ihrer gesellschaftlichen Wirksamkeit eine völlig neue Rolle geschaffen. Aus dem Medium der allgemeinen Verständigung war ein Medium politischer Machtgewinnung und Machtausübung geworden und ist es dann geblieben: Überredung ist das Mittel der Demokratie, Stimmen und damit Macht zu bekommen. In der Sprache werden Bedeutungssysteme oder Ideologien festgelegt, durch die sich die um die Macht streitenden Gruppen oder Parteien identifizieren, und durch eine jeweils bestimmte Sprache legitimiert man dann die Macht, wenn man sie erst einmal errungen hat, wobei der jeweilige Inhalt der Wörter und Begriffe manchmal weit von ihrer ursprünglichen Bedeutung entfernt, ja ihr entgegengesetzt sein kann. Während der Französischen Revolution zum Beispiel gebrauchte man das Wort «patriotisch» in Frankreich wie in den Zeitschriften und Flugblättern deutscher Republikaner zur Rechtfertigung sehr verschiedener Handlungen, ob Mord oder Wohltat, wenn sie nur dem politischen Nutzen der jeweils sprechenden oder schreibenden Interessengruppe entsprachen. War der Gegensatz zu «patriotisch» damals «konterrevolutionär», so wandelte er sich im Deutschen bald unter dem Ansturm der Ereignisse zu «profranzösisch» – eine Bedeutungsveränderung freilich, die sich nicht immer eindeutig vollzog, sondern Spuren des einen im anderen hinterließ, je nachdem wer die Benutzer der Wörter waren.

Noch schien jedoch solch politische Macht der Sprache im Deutschen wenig zu gelten bei dem Fehlen einer zentralen Macht und jeglicher republikanischer Repräsentation sowie bei der Dominanz von Dialekten und Regionalsprachen. Aber auch Verfassungsentwürfe, Gesetzesbücher wie der *Code Napoléon* oder die Edikte der preußischen Reformer nach 1807 waren schriftliche Dokumente, waren Sprache, die mächtiger sein sollte als der Wille eines einzelnen. Schließlich aber entfesselte der Kampf gegen Napoleon eine auf das ganze deutsche Sprachgebiet zielende Agitation, durch die an Sprache gebundene Gedanken zur materiellen Gewalt werden sollten und tatsächlich wurden. Dabei zeigte sich allerdings auch schon klar das Dilemma einer solchen neuen Rolle der Sprache als Träger von Ideologien, die anstelle des Geburtsprivilegs nun die machtausübenden oder um die Macht ringenden Gruppen zusammenbanden: Es war die Wandelbarkeit von Wortbedeutungen je nach den Umständen, bis hin zur Bedeutungsentleerung, die ihrerseits wieder politisch zweckdienlich sein konnte. Dafür bieten Wörter wie «Volk», «Freiheit», «Ehre» und «Treue» in den Jahren nach 1806 ein gutes Beispiel. Zunächst freilich herrschte die Überzeugung von der großen, die Geschichte bewegenden Bedeutung der Sprache und insbesondere des gedruckten Wortes vor. Seinen *Geist der Zeit* – der erste Band erschien 1806 – beginnt Ernst Moritz Arndt mit einer umfangreichen Betrachtung zur Aufgabe des Schriftstellers, des «Schreibers», wie er ihn nennt. «Der den ersten Buchstaben erfand», erklärt er, «war einer der Heroen und Wohltäter der künftigen Geschlechter, er dachte das Erhabenste, ein Bild von Gedanken.» Und wenngleich Arndt von den gegenwärtigen deutschen Dichtern nicht viel hält – «sie sind wirklich Fremdlinge» –, schickt er sich nun doch selbst an, Worte, sehr viele Worte sogar, zu machen in der Hoffnung, daß sie nach und nach zur politischen Tat werden. «Die Rettung des Volks» hätte «bei den Schriftstellern» liegen können, wenn diese sich nicht einer solchen Aufgabe entzogen hätten, so lautet zwei Jahre später sein *Letztes Wort an die Deutschen*. Das war in polemischer Absicht allerdings sehr allgemein gesagt, denn eigentlich stand Arndt längst nicht mehr allein da in dem Versuch, Wort und Tat miteinander in Beziehung zu setzen, so unklar zunächst auch blieb, was denn eigentlich unter Tat zu verstehen war außer der Verwirklichung des Wunsches, Napoleon und seine französischen Truppen auf irgendeine Art und Weise loszuwerden, wofür es allerdings im Jahre 1808 noch keine konkreteren Vorstellungen gab.

Ähnlich wie Arndt hatte Jean Paul, wie schon angedeutet, in seinen *Dämmerungen für Deutschland* die «Erfindung der Buchdruckerei» zum Ausgangspunkt allen wirklichen Fortschritts gemacht, der sich für ihn als «Aufklärung», also als ein letztlich primär intellektueller Prozeß vollzog, als Ausbreitung, wie er es genannt hatte, des echten Tageslichts anstelle des «Brennspiegellichtes», das nur auf dem Umweg über einen Fürsten das Volk erreichte. Wissen und Bildung breiteten sich aus: 1809 erscheint in sechs Bänden, handlich im Unterschied zu den Enzyklopädien des 18. Jahrhunderts, das erste Brockhaussche *Conversations-Lexikon*. Auch Arndt ist prinzipiell aufklärerisch-idealistisch, wenn er in seiner *Friedensrede eines Deutschen* (1807) davon schwärmt, daß wir «von Jahrhundert zu Jahrhundert mündiger werden» und daß eine «höchste Vernunftherrlichkeit und Vernunfteinheit» kommen werde. Sprache, Schreiben, die schriftliche Überlieferung des Gedachten, Buch und Bücher werden zu weitverzweigten Themen und Motiven in der deutschen Literatur der Zeit. Aufklärerisches Denken verbindet sich darin mit der Erkenntnis von einer neuen Macht der Sprache, Fichtesche Überzeugungen von der weltverwandelnden Kraft des

Ichs mit der Erkenntnis von der historischen Notwendigkeit realen Handelns, und der Kosmopolitismus aufklärerischer wie romantischer Konzepte geht vielfältige Mischungen und Verbindungen mit einem Patriotismus aller Schattierungen ein – mit einem Wort: die Kulturnation entwickelte zunächst aus sich heraus die Ansätze einer nationalen Kultur. Der weitere Verlauf des politischen Geschehens hat dann freilich für manche Brechungen und Regressionen in dieser scheinbar so folgerichtig vor sich gehenden Entwicklung gesorgt.

Patriotismus war auch für die Deutschen nicht erst eine Erfindung der Napoleonischen Kriege. Es hatte ihn in dem vorausgehenden Jahrhundert überall dort gegeben, wo die Enge der Grenzen oder die Zerklüftung in religiöse Lager empfunden wurde, besonders aber dort, wo der Egoismus deutscher Fürsten die Heere gegeneinander in den Kampf trieb. Lessings Suche nach einem deutschen Nationaltheater und die von ihm auf die Bühne gebrachte Liebe zwischen der Sächsin Minna von Barnhelm und dem preußischen Major von Tellheim waren ebenso Äußerungen eines solchen Patriotismus gewesen wie Klopstocks Hermanns-Dramen, seine *Deutsche Gelehrtenrepublik* und die Bardendichtung des Hainbunds. Aber zum einen bestand damals immerhin noch ein deutsches Reich, so daß es äußerlich eigentlich nichts zu bemängeln gab, und zum anderen war eine Beseitigung des partikularen Egoismus der Fürsten noch unvorstellbar; dafür gab erst die Französische Revolution Anschauungsunterricht. So blieb denn auch Patriotismus vorwiegend eine theoretische Angelegenheit, oder es verschmolzen die Vorstellungen vom irdischen mit denen vom himmlischen «Vaterland». Wo jedoch bei den Deutschen nach der Französischen Revolution von Patriotismus gesprochen oder geschrieben wurde, war eher die republikanische Sache gemeint, die sich mit derjenigen der Franzosen verband. Nun aber, nach 1806, hatte sich das Blatt wiederum entschieden gewendet. Es gab kein Reich mehr, kleine und kleinste Staaten hatte Napoleon selbst beseitigt, wie er auch im Rheinbund eine Föderation größerer deutscher Staaten einrichtete, so daß es möglich schien, dem Partikularinteresse der Fürsten eine wirkungsvolle Grenze zu setzen. Vor allem aber gab es nun so etwas wie eine «deutsche Sache» gegenüber einem fremden Okkupanten, wenngleich das von Anfang an keineswegs im Bewußtsein aller festsaß und die Jahre zwischen 1806 und 1813 gerade dadurch ausgezeichnet waren, daß einzelne deutsche Staaten einschließlich Österreich durch vorsichtiges Paktieren, durch Einzelfeldzüge und einzelne Friedensschlüsse ihr eigenes Überleben gegenüber den Franzosen sichern wollten. Aber gerade das natürlich stachelte wiederum einen deutschen Patriotismus umso lebhafter an.

So wurden also auch die deutschen Schriftsteller nach 1806 mit einer Praxis konfrontiert, der sie weder entweichen konnten noch in den meisten Fällen entweichen wollten. Die Situation aber war prinzipiell verschieden von derjenigen, in der man sich gegenüber der Französischen Revolution befunden hatte, und zwar nicht nur, weil die Ereignisse nun im eigenen Hause stattfanden. Die Reaktionen auf die Praxis der Revolution in Frankreich waren notwendigerweise politische Entscheidungen gewesen. Jetzt jedoch war für die Deutschen aus der politischen vorwiegend eine militärische Angelegenheit geworden, denn zur Vertreibung der Okkupanten konnten und mußten sich die verschiedenen Stände und die Träger sehr verschiedener Überzeugungen vereinigen. Dergleichen Notwendigkeiten besitzen aber die Tendenz, politisches Denken eher zu verwirren als zu klären.

In der Tat befanden sich die in politischer Praxis weithin ungeübten deutschen Intellektuellen und Künstler nach 1806 in denkbar verwirrenden Umständen. Da war ein fremder Eroberer, der nichts im Lande zu suchen hatte und es nach Lust ausbeutete. Da waren seine Soldaten, die teils schon für die Ideale der Revolution gefochten hatten oder aber Württemberger, Bayern und andere Deutsche, also Landsleute waren, denen im Grunde die Gefühle patriotischer Brüderlichkeit gelten sollten. Da waren auch weiterhin die deutschen Fürsten, die sich zum eigenen Nutzen irgendwie mit den wechselnden Situationen und mit Napoleon, den sie – wie der preußische König – nach althergebrachten Formeln als «großen und lieben Freund» anredeten, zu arrangieren suchten oder ihm gar – wie der österreichische Kaiser – die Tochter zur Frau gaben. Und schließlich war da als Erbschaft aus dem vorausgehenden Jahrhundert die Idee eines deutschen Vaterlandes, das man bisher vorwiegend als ökonomische, gesellschaftliche und kulturelle Notwendigkeit empfunden hatte und das nun in erster Linie eine militärische geworden war. Dieses Vaterland wiederum sollte aber nicht im totalen Widerspruch zu der Existenz der eigenen Fürsten stehen, ohne die man sich nicht nur das eigene Dasein schwer vorstellen konnte, weil man stets von ihnen abhängig gewesen war, sondern von denen man auch wirklich manche Förderung und Wohltat empfangen hatte, die man sich von einer zentralen Gewalt, wie immer sie konstruiert sein mochte, nicht versprach. Es war alles in allem eine Situation, wie man sie sich kaum widersprüchlicher und verwirrender vorstellen kann, und man muß sich das im ganzen Umfang vergegenwärtigen, wenn man die sehr wirkungsvolle literarische Produktion der nächsten Jahre recht und gerecht verstehen will.

Das erste Resultat einer solchen Situation in der Literatur – in den Gedichten, Dramen, aber auch den Essays, Pamphleten und Aufrufen – war die großzügige Verwendung weiträumiger Begriffe mit starker emotioneller Wirkung, aber unscharfer, schwer bestimmbarer Bedeutung. «Mit Gott dem Helfer in die Schranken / Für Freiheit, Recht und Vaterland!» heißt es in einem von Arndts »Trostliedern», die in seinem weitverbreiteten *Katechismus für den deutschen Wehrmann* (1813) standen, und von Gott, Vaterland, Volk, Freiheit, Recht, Ehre, Treue, Pflicht, Liebe und Glauben ist nun in den nächsten Jahren viel die Rede.

> Freiheit, deutsche Freiheit, schwebe
> Um die Hütten, um den Thron!

heißt es in einem anderen Gedicht Arndts aus diesem Katechismus, deutlich
verratend, wie unpolitisch hier gedacht wird, wenn um des militärischen
Sieges willen grundsätzliche Differenzen zwischen Oben und Unten ausge-
klammert werden. Nicht daß Arndt, vom pommerschen Lande stammend,
sich solcher Differenzen nicht bewußt gewesen wäre; seine eigenen frühen
Schriften belegen es. Aber militärische Notwendigkeit und Inkonsequenz
des Denkens haben ihn dann doch zum einflußreichsten Verbreiter dieser
allgemeinen Begriffe gemacht, wobei die Inkonsequenz des Denkens nicht
schlechthin eine persönliche Unzulänglichkeit darstellte, sondern bedingt
war durch die Situation, in der sich praxisungewohnte deutsche Schriftsteller nach dem Jahr 1806 befanden. Für die Gefahr, ja Schädlichkeit der
Unbestimmtheit dieser Begriffe gibt es bereits ein zeitgenössisches Zeugnis:
Clemens Brentanos *Geschichte vom braven Kasperl und dem schönen Annerl*
(1817), die vorführt, wie ein Heimkehrer aus den Napoleonischen Kriegen
und seine Braut durch einen leeren Ehrbegriff zugrundegerichtet werden.

Ein weiteres Resultat der politischen Wirrnis dieser Jahre in der Literatur
ist die verstärkte Neigung, sich auf historische Bürgen zu berufen. Dank
der immer noch gründlichen Bildung in den klassischen Sprachen finden
dabei zwar Leonidas und sein todesmutiger Kampf bei den Thermopylen
gelegentlich Erwähnung, aber deutlich wird eine Wendung zur deutschen
Tradition vollzogen. Das war freilich eher eine patriotisch-propagandisti-
sche Notwendigkeit als ein Ergebnis jener großen Abwendung von klassischen Mustern, die sich in den neunziger Jahren durch das Konzept einer
christlich-europäischen romantischen Literatur vollzogen hatte, wenngleich
auch sie Vorarbeit geleistet haben mag. Die Namen der Helden aber hätten
dort kaum hineingepaßt, denn die große Trias des deutschen Patriotismus
nach 1806 bilden Hermann der Cherusker, Luther, der Reformator, und
jener Schweizer Arnold Winkelried, der sich angeblich 1386 in der Schlacht
bei Sempach gegen Herzog Leopold III. von Österreich mit dem Ruf «Der
Freiheit eine Gasse» und unter Einsatz seines Lebens in die Schlachtord-
nung der Österreicher geworfen und sie aufgebrochen hatte. Vielfältig gei-
stern die drei Gestalten durch die Verse und die Prosa Arndts, «die Her-
manne, Winkelriede» und der «heilige Luther», gelegentlich ergänzt durch
die «Nassaue» und «Schwerine» oder durch Zriny, den ungarischen Durch-
halter, den Körner dann 1812 zum Helden eines Dramas machte. Max von
Schenkendorf dichtet ein «Studenten-Kriegslied»:

> Noch kämpft der Leonide,
> Noch schallt die Hermannsschlacht,
> Der Fall der Winkelriede
> Übt wieder seine Macht.

Heinrich von Kleist hält in der *Hermannsschlacht* (1809) den Cherusker seinen Zeitgenossen als Mahnung zu gemeinsamem Handeln vor Augen, und Luther war schon 1806, noch vor der Katastrophe Preußens, durch Zacharias Werner in dem Drama *Martin Luther oder: Die Weihe der Kraft* zum Bühnenhelden geworden und sollte es hinfort noch öfter werden.

Solche Berufung auf Bürgen des mutigen Einstehens für eine das Ganze der Nation betreffenden Gesinnung hatte im Grunde die gleiche Wirkung wie diejenige der emotionell aufgeladenen Begriffe mit nur sehr allgemeinen positiven Konnotationen. Es wird vieles suggeriert, ohne daß sich im einzelnen sagen ließe, was denn nun eigentlich genau damit gemeint sei. Bei Hermann war es Gesamtdeutsches, das aber nicht an die Existenz der einzelnen Fürsten rührte, und bei Winkelried einfach Todesmut. Die Berufung auf Luther hingegen war komplizierterer Natur. Einmal teilte sich da ohnehin schon wieder das «ganze Deutschland», denn für dessen katholische Teile diente Luther kaum als rechtes Modell für patriotisches Handeln. Zum anderen aber war er Rebell und Konformist in einem, wie seine Haltung der Obrigkeit gegenüber als Lehre aus dem Römerbrief zeigte. So ist er eine recht gegensätzliche Idealgestalt, ein mutiger Veränderer auf geistigem Gebiet, der im politischen nicht zu weit geht, der den Deutschen die Grundlage einer gemeinsamen Sprache gibt, mit der sich erst die Erfindung des Buchdrucks nutzen und die Kulturnation schaffen läßt, der aber zugleich dem Staate läßt, was des Staates ist, und jene Trennung zwischen Idee und Praxis fördert, als deren Ergebnis nicht zuletzt die beschriebenen Verwirrungen des Jahres 1806 entstanden sind. Die Auseinandersetzung mit Luther und der Reformation sollte im Verlauf des 19. Jahrhunderts noch an Bedeutung gewinnen. Das zeigte sich schon in den Zeiten der Heiligen Allianz, in der Luther zu einer noch beliebteren Widerstandsfigur heranwuchs, aber nach und nach wurde er auch zur Bekräftigung der Vorherrschaft Preußens im Gebiet des deutschen Reichs indienstgestellt. Winkelried hingegen trat seinen Weg in den Vormärz an, wie Georg Herweghs Gedicht «Der Freiheit eine Gasse» (1841) erweist.

Nun bildete allerdings die agitatorische oder unmittelbar politisch motivierte Literatur der Zeit zwischen 1806 und 1815 nur einen Bruchteil der literarischen Produktion und nicht einmal ihren bedeutendsten. Werke wie Goethes *Wahlverwandtschaften* (1809), Kleists *Amphitryon* (1807) und *Penthesilea* (1808) oder seine Erzählungen, um nur einige Beispiele zu nennen, scheinen ganz unberührt von dem Zeitgeschehen zu existieren. Fäden hingegen sind vielfach, wenngleich oft nur dünn gesponnen zwischen dem Zeitgeschehen und den Romanen oder Erzählungen Arnims, Fouqués, Eichendorffs oder Hoffmanns wie den Gedichten und Dramen Arnims und Brentanos. Das ändert jedoch nichts daran, daß die politische Literatur dieser Jahre große Aufmerksamkeit in der Literaturgeschichte verdient. Nirgendwo in der deutschen Geschichte hatte es bisher Literatur gegeben, die im gleichen Umfang massenwirksam wurde, und keine andere literarische Produktion hat auch so lange und so nachhaltig auf das politische Sprechen, Singen und Denken der Deutschen eingewirkt. Hier erntete die Kulturnation ihre ersten Früchte, süß oder sauer, frisch oder faul, denn diese Lieder, Aufrufe und Dramen waren in jener Gemeinsprache geschrieben, die in den Werken Lessings, Klopstocks, Goethes und Schillers zum erstenmal poetisch artikuliert worden war. Und fortschreitende Aufklärung brachte diese Früchte ein, denn schriftliche Verbreitung bedurfte des Lesenkönnens. Arndts *Katechismus für den deutschen Wehrmann* zum Beispiel wurde in mehreren Auflagen gedruckt und an die Truppen verteilt, was schwerlich vorstellbar gewesen wäre im Siebenjährigen Krieg für die Söldnerheere des Preußenkönigs oder anderer Fürsten.

Die Geschichte des deutschen Nationalbewußtseins im 19. und 20. Jahrhundert ist ohne die politische Literatur der Napoleonischen Kriege nicht denkbar. Aus ihr sind eine bedeutende Anzahl von Liedern und Losungen, sind Zitate und mit ihnen Begriffe und Vorstellungen in das Bewußtsein der Deutschen eingegangen, gepflegt und gehegt durch Liederbücher und Lesebücher, durch Chöre und öffentliche Rhetorik. Lieder Arndts wie sein «Vaterlandslied» («Der Gott der Eisen wachsen ließ») oder Körners «Lützows wilde Jagd» sind zu einer Art von Volksliedern geworden, ebenso wie Schenkendorfs «Freiheit» («Freiheit, die ich meine»), sein aus einem Gedicht von Novalis abgewandelter «Erneuter Schwur» («Wenn alle untreu werden») oder das «Flamme empor» des wohl nur dadurch in der Literaturgeschichte weiterlebenden Johann Gottfried Christian Nonne. Aus dieser Zeit stammt auch Uhlands Gedicht «Der gute Kamerad» («Ich hatt einen Kameraden»), das freilich kein Träger irgendwelcher nationaler Losungen ist. Losungen hingegen haben insbesondere Arndt und Körner mit Gedichtanfängen oder Schlüssen geliefert. In Arndts «Vaterlandslied» sind es die Worte «Das ganze Deutschland soll es sein», in Körners «Aufruf» ist es der Anfang «Frisch auf, mein Volk! Die Flammenzeichen rauchen». Am Ende seines Überfalls auf Polen im Jahre 1939 verkündete Hitler seinen vorläufigen Triumph mit den Anfangsworten eines «Fluchtliedes» von Ernst Ferdinand August aus dem Jahre 1812 («Mit Mann und Roß und Wagen / So hat sie Gott geschlagen»). Und am 18. Februar 1943 proklamierte der nationalsozialistische Propagandaminister Joseph Goebbels vor einer hysterisierten Menge den «totalen Krieg» und krönte seine Rede mit dem Anfang aus Theodor Körners Gedicht «Männer und Buben»: «Das Volk steht auf, der Sturm bricht los». Auch Friedrich Schlegel hat dem Nationalsozialismus eine Losung vorformuliert. Sein «Gelübde» aus dem Jahre 1809 enthält den Satz «Die Treue ist der Ehre Mark», der zu einem Leitspruch von Hitlers sogenannter «Schutzstaffel» wurde. Aber ebenso hat man sich im Widerstand gegen Hitler auf den patriotischen Enthusiasmus von Arndt oder Körner berufen, wie überhaupt zu sehr verschiedenen Anlässen und aus sehr verschiedenen Gründen in der deutschen Geschichte nach 1813: bei den Burschenschaften, im Vormärz, in der Zeit der Reichsgründung, beim Wandervogel, zu den Jubelfeiern für 1813 am Vorabend des Ersten Weltkriegs und nach dem Zweiten Weltkrieg dort, wo man in einem Teil Deutschlands an das Beispiel deutsch-russischer Waffenbrüderschaft erinnern wollte. Im Repertoire der Gesangvereine oder in den Kommersbüchern lebten die Texte ohnehin fort.

Formal besaß die politische Literatur der Napoleonischen Kriege ihr Muster in der Revolutionsliteratur nach 1789. Arndt selbst hat in seinem *Letzten Wort an die Deutschen* an die «tausend und abertausend Pamphlets, Flugschriften, Jahrblätter und Zeitungen» dieser Tage erinnert. In einigen wenigen Fällen bestand sogar persönliche Kontinuität wie bei Joseph Görres, der einst Herausgeber zweier republikanischer Zeitschriften gewesen war und der nun als Herausgeber des *Rheinischen Merkur* (1814–1816) einer der einflußreichsten Publizisten im Kampf gegen Napoleon und in der Zeit der Verwaltung des Sieges über ihn wurde. Formen politischer Literatur sind von der beabsichtigten Wirkung bedingt: Schnelle Zirkulation in einem möglichst großen Kreis ist die Grundbedingung. Zu den Blättern und Broschüren als Träger der Gedichte, Lieder, Aufrufe, Glaubensbekenntnisse und Katechismen kamen Liederbücher, ohne Noten zumeist, aber mit der Angabe von bekannten Melodien, auf die dann die Gedichte als politische Kontrafaktur gesungen werden konnten. Auch handschriftliche oder mündliche Verbreitung war üblich. Körner zum Beispiel gab das während des Feldzugs im Augenblick und für den Augenblick Geschriebene sogleich an seine Gefährten des Lützowschen Freikorps weiter, so daß einige seiner Lieder unmittelbar von der Hand in den Mund gingen.

Es gibt kein Maß für den Umfang dieser Literatur, obwohl Listen schon relativ früh gemacht worden sind. Sicher ist, daß sie bei weitem den Umfang der auf die Französische Revolution bezogenen Literatur übertraf. Das hatte allein schon damit zu tun, daß nunmehr nahezu jedermann im deutschen Sprachgebiet von den Ereignissen unmittelbar betroffen war. Geschehnisse mit einer Fanal-Wirkung kamen hinzu, wie die Erschießung des Nürnberger Buchhändlers und Verlegers Johann Philipp Palm am 26. August 1806, der den Verfasser der bei ihm verlegten Flugschrift *Deutschland in seiner tiefen Erniedrigung* nicht preisgeben wollte. Außerdem aber war es nicht Literatur, die wie einst in Meinungskämpfe verwickelte. Der Feind war ein äußerer, und ihm gegenüber gab es nur eine Meinung, die es in originellen Bildern und Formen für die verschiedenen Schichten der Bevölkerung oder für die einzelnen Regionen und deren besondere Bedingungen darzustellen galt, so wenig dabei die einzelnen Autoren persönliche Überzeugungen leugneten oder verdeckten.

Der Übergang der Musikpflege vom feudalen Hof zur bürgerlichen Öffentlichkeit hatte dem Singen eine neue Bedeutung gegeben. Seit Herder hatte man Volkslieder gesammelt; Arnims und Brentanos *Des Knaben Wunderhorn* (1806–08) erschien in kritischer Zeit. Den Zeitschriften und Almanachen waren seit den neunziger Jahren im vermehrten Maße Kompositionen der abgedruckten Gedichte beigegeben. Die große Ära des Kunstliedes, das deutsche Lyrik in die Welt trug, begann in diesen Tagen mit den Kompositionen Zelters, Beethovens, Haydns und Mozarts. 1791 war in Berlin eine öffentliche «Singakademie» gegründet worden, am 4. August 1800 hatte sie Goethes Freund Carl Friedrich Zelter übernommen und danach zur Berühmtheit geführt. Die Verbürgerlichung des Musiklebens befreite also auf ihre Weise die Hochsprache aus den Büchern zum Leben in einem sich stetig vergrößernden Kreis. 1808 gründete Zelter überdies zur Feier der Rückkehr des preußischen Königs aus dem Königsberger Exil in Berlin seine «Liedertafel» – «die Mitglieder müssen entweder Dichter, Sänger oder Componisten seyn» –, für die Goethe ebenso wie Arnim, Brentano und Kleist Verse geschrieben haben. Zelters Institutionen wurden zum Modell für andere deutsche Städte und standen damit freilich auch Pate bei der Begründung der Tradition deutscher Männerchöre, die das Vaterland aus voller Brust und oft ohne kritische Einschätzung der jeweiligen politischen Konstellationen besangen.

Zur Herausbildung einer hochsprachlichen nationalen deutschen Öffentlichkeit aus den Fundamenten der Kulturnation gehörten die öffentlichen Vorlesungen, die von Gelehrten und Publizisten vor gemischten adligen und bürgerlichen Kreisen gegeben wurden. Zwischen 1801 und 1804 hielt August Wilhelm Schlegel in Berlin drei Zyklen von *Vorlesungen über schöne Litteratur und Kunst,* 1808 dann in Wien solche *Über dramatische Kunst und Litteratur.* Friedrich Schlegel sprach 1807 in Köln *Über deutsche Sprache und Literatur* und 1810 in Wien *Über die neuere Geschichte.* In Dresden gab Adam Müller 1806 seine *Vorlesungen über die deutsche Wissenschaft und Literatur,* dazu weitere über «dramatische Kunst», «das Schöne und Erhabene» sowie «über das Ganze der Staatswissenschaft», und 1812 hielt er in Wien dann die mitreißenden Reden *Über die Beredsamkeit und deren Verhältnis zur Poesie.* Nachhaltig schließlich wirkten Fichtes Vorlesungszyklen in Berlin über *Die Grundzüge des gegenwärtigen Zeitalters* (1804–05), über *Die Anweisung zum seligen Leben* (1806) und im Winter 1807 auf 1808 die so kraftvollen wie gefährlichen *Reden an die deutsche Nation.* Die mit solcher Vorlesungstätigkeit verbundenen Erwartungen und Hoffnungen hat Friedrich Schlegel in einer Rezension beim Erscheinen von Adam Müllers *Vorlesungen über die deutsche Wissenschaft und Literatur* so ausgedrückt:

«Es muß von jetzt an eine neue Epoche der deutschen Literatur beginnen; nicht stürmisch und im chaotischen Kampf, sondern in ernster Würde, kraftvoll durchgreifend, und aus dem alten Traume endlich erwacht. So viel ist fürs erste klar: der provinzielle Ton, der sich hie und da immer noch wieder auflebend vernehmen läßt, muß völlig verschwinden, und dem allgemeinen *deutschen* Sinn weichen. Es kann nicht fehlen, die gemeinschaftliche Erfahrung wird bei so vielen bis jetzt nur allzu getrennten deutschen Völkern auch die gemeinsame Erinnerung mächtig wecken, aus welcher dann die Einheit der Gesinnung von selbst hervortreten wird, wo die Kraft und der Mut dazu da ist.»

Ähnlich hatte schon August Wilhelm Schlegel in einem Brief an Fouqué (12.3. 1806) die Poesie nicht mehr nur «Festtagsschmuck des Geistes» sein lassen wollen, sondern stattdessen einer «wachen, unmittelbaren, energischen und besonders patriotischen Poesie» das Wort geredet, ja sogar überlegt, ob, «so lange unsere nationale Selbständigkeit, ja die Fortdauer des deutschen Namens so dringend bedroht wird, die Poesie bei uns ganz der Beredsamkeit weichen» sollte.

Aus dem sich entwickelnden und gepflegten Bewußtsein sprachlicher und kultureller Gemeinsamkeit erwuchs dann die politische Idee eines «ganzen Deutschlands», dessen Grenze nur seine Sprachgrenze sein sollte, oder in Arndts Worten:

> Was ist des Deutschen Vaterland?
> So nenne mir das große Land!
> So weit die deutsche Zunge klingt
> Und Gott im Himmel Lieder singt,
> Das soll es sein!
> Das, wackrer Deutscher, nenne dein!

Die Vorstellung eines Landes der Deutschen von der Maas bis an die Memel, von der Etsch bis an den Belt hat darin ihren Ursprung. Jean Pauls patriotisches Sprachbewußtsein hingegen war vorsichtiger ausgedrückt: «Jetzt ist ein französischer Sprachschnitzer fast eine patriotische Handlung, werden gerade diejenigen sagen, deren Germanismen sonst in lauter Gallizismen bestanden.»

Insgesamt beschleunigten die Napoleonischen Kriege beträchtlich die Entwicklung sowohl einer deutschen Gemeinsprache wie die eines nationalen Bewußtseins. In den Werken der Kulturnation standen für die Ziele einer solchen Entwicklung bedeutende Ideen bereit, Ideen zu humaner Existenz in individueller wie gesellschaftlicher Freiheit und Unabhängigkeit im Einklang des Menschen mit sich selbst wie mit der Menschheit im ganzen. Sie waren keineswegs nur die Produkte einer «blos spielenden, müßigen, träumerischen Phantasie», als die sie manche ihrer Väter oder Geburtshelfer jetzt denunzierten, wie in diesen Worten August Wilhelm Schlegel in einem

Brief an Fouqué. Wohl aber waren es Ideen, die im Politischen eher auf die soziale Existenz der Deutschen innerhalb ihres eigenen Landes bezogen waren, auf die Standesunterschiede, die Rolle der Fürsten und die Möglichkeiten, durch intellektuelle und künstlerische Tätigkeit zu wirken, etwa bei der Herstellung eines «ewigen Friedens». In bezug auf andere Nationen konnte und wollte man ursprünglich kosmopolitisch sein. Jetzt jedoch waren die internen Konflikte beiseitegestellt, aber die Gedanken der unmittelbaren Vergangenheit ließen sich nicht ohne weiteres auf die neuen Verhältnisse zuschneiden. Mit Begriffen der Verengung oder Erweiterung älterer Vorstellungen läßt sich dergleichen nicht fassen. Die Gedanken dieser Literatur wie die Äußerungen deutscher Intellektueller, Politiker und Militärs im Kampf gegen Napoleon nahmen eine seltsame Zwiegesichtigkeit an, wenn die großen Ideen im Munde von Personen erschienen, die, unerfahren in politischer Praxis, deren ganze Sprengkraft oder Konsequenz kaum sahen. Das hat nicht zuletzt schon damals zur Zurückhaltung des einen oder anderen Deutschen gegenüber dem patriotischen Enthusiasmus und mithin zum Respekt vor Napoleon geführt. Jean Paul ist hier zu nennen, vor allem aber Goethe. Im April 1813 traf er im Haus Christian Gottfried Körners in Dresden auf Ernst Moritz Arndt, und Arndt hat die Begegnung selbst so wiedergegeben:

> «Ihm war's beklommen, und er hatte weder Hoffnung noch Freude an den neuen Dingen. Der junge Körner war da, freiwilliger Jäger bei den Lützowern; der Vater sprach sich begeistert und hoffnungsreich aus, da erwiderte Goethe ihm gleichsam erzürnt: ‹Schüttelt nur an euren Ketten, der Mann ist euch zu groß, ihr werdet sie nicht zerbrechen.›»

Der junge Körner: das war jener junge Dichterheld, der bald zum Abgott einer unzählbaren Schar von Patrioten aller Farben und Gesinnungen bis ins 20. Jahrhundert werden sollte.

3. Die Schriftsteller und der Krieg

Es ist bekannt, daß am 8. August 1811 der preußische General Neithardt von Gneisenau dem Staatskanzler von Hardenberg und durch ihn dem preußischen König einen «Plan zur Vorbereitung eines Volksaufstands» gegen Napoleon überreichte, dem er ein eigenes Widmungsgedicht – «Trau dem Glücke! Trau den Göttern!» – voranstellte und dafür, neben anderen Randbemerkungen, vom König den ironischen Kommentar «Als Poesie gut» erhielt. Gneisenau erwiderte darauf: «Auf Poesie ist die Sicherheit der Throne gegründet.» Novalis hätte es nicht besser sagen können, und es wäre nicht einmal nur eine zufällige Übereinstimmung von Worten gewesen. Es mag einer späteren Zeit schwerfallen, einem erfolgreichen General, und noch dazu einem preußischen, eine derartige Mentalität zuzutrauen. Aber es war dennoch eine Tatsache, daß der Widerstand gegen Napoleon und die Vorbereitung des Aufstands gegen ihn weithin von der Überzeugung getragen waren, daß man sich selbst innerlich erneuern müsse, ehe man sich äußerlich befreien könne. Nun gab es für dieses Innerliche allerdings einen weiten Spielraum, und gemeint war nicht nur das Schreiben von Gedichten und das Singen von Liedern, so wenig die Wirkung einer solchen «Herzenserhebung», eines die Gefühle mobilisierenden Patriotismus unterschätzt werden darf. Aber da es eine «patria», ein Vaterland sichtbar überhaupt nicht gab, galt es zunächst, genauere Vorstellungen und Begriffe einer politischen Identität und Besonderheit der Deutschen zu schaffen, breiter und tiefer als das, was sich in der poetischen Deklamation der Gedichte und Gesänge behaupten ließ. Es galt jedoch auch, auf Grund einer genauen Analyse der Zeit und ihrer Tendenzen, den rechten Nährboden für eine solche innere Erneuerung, also ein Umdenken vorzubereiten. Zeitanalyse und Bestimmung deutscher Identität wurden Gegenstand einer Reihe von Theoretikern; und erste Versuche zur Umsetzung in die Praxis stellten dann im wesentlichen die preußischen Reformen dar. Es gibt jedenfalls Zeugnisse dafür, daß es damals tatsächlich zu einem engen Bündnis von Intellektuellen und Politikern, von Dichtern und Militärs kam. Daß allerdings zwischen Ideen und der Wirklichkeit nicht einfache Kausalitätsverhältnisse existieren, versteht sich, denn Politik überhaupt, und insbesondere diejenige zu Zeiten eines Krieges, fordert Kompromisse und Pragmatik, die die Theorie nicht zu kennen braucht.

Ganz sicher hat der spätere, preußisch orientierte deutsche Nationalismus die Bedeutung dieses einen Landes im Kampf gegen Napoleon überbetont; die Berufung auf Heldentum oder Märtyrertum in der Vergangenheit sind ein beliebtes Mittel, das über die Krisen der jeweiligen Gegenwart hinweghilft. Aber tatsächlich ging nach 1806 der ideelle Widerstand gegen Napoleon vor allem von Preußen aus, das von den deutschen Ländern am stärksten unter Napoleon litt und am wenigsten mit ihm liiert war. Es gehörte nicht dem Rheinbund an, war von 1806 bis Ende 1808 von den Franzosen als Feindesland besetzt und mußte gewaltige Kontributionen zahlen, ganz abgesehen von den wirtschaftlichen Folgen der Kontinentalsperre auf das Agrarland. Österreich hingegen hatte sich von Anfang an größere Selbständigkeit bewahren können, hatte dann allerdings auch als erstes deutsches Land 1809 den Krieg gegen Napoleon gewagt, was dem Land beträchtliche Sympathien unter den deutschen Patrioten eintrug, sich nach der Niederlage aber wieder mit Napoleon arrangiert und ihm die Kaiserstochter Marie-Luise am 2. April 1810 zur Frau gegeben. In Preußen dagegen starb dreieinhalb Monate nach dieser Hochzeit – am 19. Juli 1810 – die Königin Luise, die einst in Tilsit Napoleon gegenüber bessere Bedingungen für ihr Land hatte erwirken wollen; nun wurde sie zur Märtyrerin des Freiheitskampfes, darüber hinaus später freilich auch zur Galionsfigur eines deutsch-preußischen Nationalismus.

Den preußischen Reformen lag im weitesten Sinne die aufklärerische Überzeugung vom Recht und von der Würde des einzelnen zugrunde, ohne die das Staatsganze nicht gedeihen konnte. Damit verbanden sich Vorstellungen von der Wichtigkeit dieses Staatsganzen für das Gedeihen jedes einzelnen. Ob Verwaltungsreform, Agrarverfassung und sogenannte «Bauernbefreiung», ob Heeresreform oder die Gleichberechtigung der Juden – in jeder dieser Reformen ging es darum, Individuum und Staat in eine neue, positive Beziehung zueinander zu setzen, um durch das Ganze, durch gemeinsame Aktion das Individuum zu befreien und in seiner Würde zu erhalten, wobei «befreien» ganz greifbar auf die Befreiung von fremder Herrschaft – militärischer und ökonomischer – bezogen war. Die Pragmatik der Politik trübte allerdings häufig genug die Reinheit der Ideen, und schließlich blieb vieles unfertig liegen oder wurde gar zurückgenommen, als nach dem Sieg über Napoleon dem preußischen König wie den deutschen Fürsten allgemein die Rolle des einzelnen im Staatsganzen nicht mehr so wichtig war wie vorher. Immerhin aber bot eine solche Situation zunächst etwas prinzipiell Neues für die deutschen Philosophen und Dichter. Ideen, geistige Konzepte, Philosophien, ja selbst die Bilder der Poesie waren nun auf einmal für die praktische Politik gefragt, und es entstand so ein breites Feld kreativer schriftstellerischer Tätigkeit überall dort, wo die Bedingungen des sich hin und her bewegenden Widerstands, der kleinen Scharmützel und der großen Kriegszüge solche Tätigkeit ermöglichten.

Theorien des Widerstands

Die Theorien des Widerstands gegen Napoleon bewegten sich in erster Linie um die Analyse der Gegenwart, worauf sich Maßnahmen zur Befreiung gründen sollten, und die Definition deutscher Identität, aus der die Ideologie einer solchen Befreiung hervorging. Denn was hieß nach dem Vordringen der Franzosen auf deutschsprachiges Territorium und vollends nach der Auflösung des Heiligen Römischen Reiches Deutscher Nation überhaupt noch «deutsch»? Von Nation ließ sich nicht mehr reden, und Staaten gab es viele, so daß schließlich, wie schon gesagt, offene Begriffe wie Volk und Vaterland in Schwang kamen, mit Konsequenzen, die man noch nicht einmal ahnen konnte. Interessen sehr verschiedener Art verbündeten sich zeitweilig oder kollidierten danach auch wieder. Der äußeren, politischen Unübersichtlichkeit und Wechselhaftigkeit des deutschen Territoriums entsprach die innere, ideelle, so daß für die Darstellung dieser Theorien die Konzentration auf einige wenige herausragende Figuren geboten ist, bei denen durch ihre Tätigkeit selbst oder durch persönliche

Verbindungen und Anregungen der Zusammenhang mit der Literaturgeschichte gegeben ist. Staats- und Gesellschaftstheorien, die nicht auf den unmittelbaren Zweck der Mobilisierung politischen Widerstands zielten, sollen der späteren Betrachtung innerhalb der theoretischen Grundlagen für die literarische Entwicklung (Kapitel III) vorbehalten bleiben. In einer der wichtigsten Abhandlungen dieser Zeit über den Staat, in Adam Müllers *Die Elemente der Staatskunst* (1809), distanziert sich zum Beispiel der Autor ganz ausdrücklich von «der grassierenden Vaterlandsretterei», und das Buch selbst verrät, daß diese Bemerkung nicht nur als eine Art Blitzableiter für die Zensur gedacht war, obwohl die Gegner Napoleons manche Idee daraus zu ihren Zwecken brauchbar finden konnten.

Ernst Moritz Arndt

Die herausragende Gestalt unter den Theoretikern des Widerstands gegen Napoleon war Ernst Moritz Arndt, der jedoch im doppelten Sinne auch den Übergang von der Theorie zur Praxis vollzog: Er wurde 1812 Sekretär des Reichsfreiherrn vom Stein und begleitete ihn während des Feldzugs 1813 von Petersburg bis in den deutschen Westen. Zugleich aber war er einer der populärsten Poeten des Kampfes gegen Napoleon aus einer frühen und sein Leben hindurch anhaltenden Neigung zum Dichten. Viele mäßige, aber auch einige gute Verse zeugen davon. Mit dem Bilde Arndts in der Geschichte verbinden sich Eigenschaften, die er selbst propagiert hat. Zwei Strophen in seinem Gedicht «Deutscher Trost» (1813) lauten:

> Baue nicht auf bunten Schein,
> Lug und Trug ist dir zu fein,
> Schlecht gerät dir List und Kunst,
> Feinheit wird dir eitel Dunst.
>
> Doch die Treue ehrenfest
> Und die Liebe, die nicht läßt,
> Einfalt, Demut, Redlichkeit
> Stehn dir wohl, o Sohn vom Teut.

Etwas von solchem Biedersinn hat Arndt selbst sicherlich innegewohnt, so daß Goethes Zornesausbruch 1813 im Körnerschen Hause in Dresden vor Arndt und Stein verständlicher wird, denn Goethe war von komplexerer intellektueller Statur, als daß er dergleichen hätte schätzen können. Aber zugleich war Arndt allerdings auch sehr viel mehr als nur ein braver «Sohn vom Teut».

Arndt, 1769 geboren und damit Altersgefährte von Napoleon, hatte Theologie und Geschichte studiert, ein Jahr lang übrigens in Jena, aber das philosophisch-literarische Klima des Ortes hatte bei ihm nicht angeschlagen, so groß sein Respekt für die

Persönlichkeiten seiner Lehrer, für Fichte insbesondere, war. Seine Berufslaufbahn wurde die eines akademischen Historikers, wenngleich sie durchsetzt war mit politischen Aktivitäten und Krisen. 1848 wurde er in hohem Alter noch Mitglied der Frankfurter Nationalversammlung. Als politischer Schriftsteller war Arndt Rhetoriker – ein Prediger und Lehrer mit Begeisterung, Sprachkraft und einer aus den Gedanken der Aufklärung gewachsenen Überzeugung vom Anspruch aller auf Gerechtigkeit jenseits der Standesunterschiede. Von Ungleichheit hatte der Nachkomme pommerscher Leibeigener eine mehr als nur akademische Vorstellung. Mit dem *Versuch einer Geschichte der Leibeigenschaft in Pommern und Rügen* (1803) hatte er – nach der Magisterarbeit – als Historiker debütiert und entsprechend Anstoß erregt. Sein erstes großes, aufsehenerregendes politisches Werk jedoch und das Sammelbecken für seine Ideen zum Widerstand gegen Napoleon war sein *Geist der Zeit,* dessen erster Band Anfang 1806 erschien. Nur dieser erste Teil war als ein in sich zusammenhängendes Buch geschrieben; die weiteren Teile 1809, 1813 und 1818 vereinigten zu verschiedenen Zeiten entstandene und zumeist schon veröffentlichte Beiträge, die allerdings auf das Ganze des Werkes zugeschnitten waren. Daneben hat Arndt in den Jahren zwischen 1806 und 1815 noch eine Anzahl von Flugschriften und Aufsätzen verfaßt, von denen sein *Kurzer Katechismus für teutsche Soldaten* (1812), später als *Katechismus für den teutschen Kriegs- und Wehrmann* (1813) umgeschrieben, und die Schrift *Der Rhein Teutschlands Strom, aber nicht Teutschlands Grenze* (1813) am weitesten bekannt geworden sind, letztere allein schon wegen ihres Titels, der eine wirkungsvolle Losung darstellte, mit der sich weit über Arndts Zeit hinaus deutscher Nationalismus gegenüber Frankreich anfeuern ließ. Andere Schriften und Aufsätze behandelten Landsturm und Landwehr, das Arndt fragwürdig gewordene Lernen fremder Sprachen, die Einführung einer deutschen Nationaltracht und den Bau eines Völkerschlachtdenkmals, «groß und herrlich [...] wie ein Koloß, eine Pyramide, ein Dom in Köln». Damit war er seiner Zeit um hundert Jahre voraus.

Der erste Teil von Arndts *Geist der Zeit* versteht sich als Analyse und Kritik der deutschen Gegenwart, jenes zerfallenden Reiches also, dessen offizielles Ende erst nach Erscheinen des Buches besiegelt wurde. Die Bestimmung seiner Gegenwart und seines Zeitalters aber ist in dem von Arndt unterstrichenen Satz enthalten: «*Wer die letzten zwanzig Jahre gelebt hat, der hat für Jahrhunderte gelebt.*» Abgesteckt war dieses Zeitalter also nach der Vergangenheit hin offensichtlich durch den Tod Friedrichs des Großen (1786) und durch die Französische Revolution. Auf die Kausalität geschichtlicher Entwicklungen in Europa war damit verwiesen; das Bewußtsein von der Größe und folgenschweren Bedeutung der Ereignisse dieser zwei Jahrzehnte teilte Arndt mit den meisten seiner Zeitgenossen.

In der Tat ist einer der Bezugspunkte von Arndts Zeitkritik König Friedrich II. von Preußen, dem er zwar Respekt nicht versagt, weil er es verstand, «menschliche Kräfte zu wägen und mächtig zu gebrauchen», aber der ihm doch bar jeder «patriotischer deutscher Ideen» war und dem es allein um Macht und die Dauer seiner Dynastie ging. Daraus resultierte nicht zuletzt dessen Gleichgültigkeit gegenüber deutschen Angelegenheiten, die nach seinem Vorbild eine ganze Generation ergriffen habe, sie «ist faul und ohne die Phantasie, die sich als Schwärmerei ins Leben wagen darf, sie will nicht durch Arbeit zur Erleuchtung; so wirft sie den weiten mystischen Dunstmantel um, worum auch Nebel von stinkenden Pfützen sich sammeln, und lallt auf dem abgegrasten Boden den Sonnenfliegen nach». Was aber an «Phantasie» und Schwärmerei geblieben ist, erscheint Arndt als «krampfhafte, ungesunde Zuckungen, welche die Unnatur und Überspannung verraten».

Das alles ist, so kräftig es auch formuliert sein mag, recht pauschal. Es kann zur Abgrenzung zwischen romantischen Gedanken und Arndts nationalem Denken dienen, aber das Gefühl allgemeiner Unerfülltheit – «daß man nichts geworden ist und nichts kann!» – teilte Arndt wiederum mit zu vielen in dieser Zeit der Unsicherheit und Erwartungen, als daß es von besonderem Wert sein konnte. Wenn jedoch Arndts Analyse intellektueller Tendenzen unscharf bleibt, so ist diejenige politischer umso deutlicher. Die Summe seiner politischen Zeitkritik ist in dem Satz zusammengefaßt:

> «Die Nation hat ihr letztes Gefühl von Gemeinschaft verloren, der Deutsche erschlägt den Deutschen, die Fürsten beschimpfen einander öffentlich und stehen mit dem Feind, Verwirrung, Erstarrung überall, das Elend vernichtet die letzte Kraft, und die Erhaltung des jämmerlichen Lebens, das so nichts wert ist, bleibt bei den Unglücklichen das letzte Gefühl: die Sklaven sind fertig.»

Von hier nahmen Arndts Versuche zur Konstitution neuer Werte und Ziele ihren Ausgang. Darin sah er seine eigentliche Aufgabe, denn er war seinem Wesen nach eine konstruktive Persönlichkeit, und in dieser Sphäre hat auch seine eigentliche Wirkung gelegen.

Der andere Bezugspunkt von Arndts Zeitkritik ist Frankreich, das Land der «fürchterlichen Französischen Revolution», das vom «Gleichschritt des scheußlichen Jakobinismus» erzittert war. Als Frucht dieses «tollsten Wahns des Menschengeschlechts» aber erschien ihm Napoleon – «ein gemütloser Mensch, der die Menschheit nur nach ihren Schwächen und Lastern beurteilen kann», wie Arndt es später in seiner Schrift über *Das preußische Volk und Heer im Jahr 1813* ausgedrückt hat. Hohn und Zorn gegen Napoleon durchziehen Arndts Schriften als ein großes Leitmotiv. Damit verbindet sich, was zumeist als «Franzosenfresserei» bezeichnet wird, also die reiche Entfaltung von Verachtung, ja Haß gegen den Feind – eine in Kriegszeiten gewiß nicht unübliche Tätigkeit. Arndt benutzte nun jedoch seine Konstruktion eines Feindbildes dialektisch, um daraus ein positives Bild deutscher Identität zu schaffen, das dann seine Wirkung weit über den unmittelbaren Anlaß hinaus erstreckte, bediente sich doch die deutsche militärische Propaganda vom «Erbfeind» Frankreich im 19. und 20. Jahrhundert gern solcher Entgegensetzungen für Anlässe, die nichts mehr mit der Befreiung des eigenen Landes von fremden Okkupanten zu tun hatten.

Der deutschen Nation, die nicht mehr existierte, setzte Arndt das deutsche Volk gegenüber und war damit entscheidend beteiligt an der Aufwertung des Begriffes Volk in diesen Jahren. Volk bezeichnete nun nicht mehr nur wie bisher die niederen Schichten, sondern nahm eine geradezu mythische Bedeutung an für eine jenseits aller sozialen und politischen Trennungen existierende Ganzheit. Bisher, so heißt es im *Geist der Zeit,* habe man Kosmopolitismus über den Nationalismus, die Menschheit über das Volk gestellt und habe gewünscht, daß vor ihr schließlich das Volk verschwinden möge. Dazu kommentiert Arndt:

> «Diese Ideen sind hoch, aber sie sind nicht verständig, und das Verständige ist höher. Ohne das Volk ist keine Menschheit und ohne den freien Bürger kein freier Mensch.»

Frei aber könne der Bürger eben nur innerhalb seines freien Volkes sein. Aus dem Volke werden «die edelsten Geister» geboren, und was es zusammenbindet, läßt sich aus Worten wie *«ein* Volk, *eine* Sprache, *ein* Geist» schließen: die von der Natur gegebene Einheit der Sprache und Kultur jenseits aller politischen Trennungen oder Versklavungen. So kann denn Arndt in ehrlichem Zorn gegen den Egoismus deutscher Fürsten behaupten: «Von deutschen Fürsten war vielfach die Rede, nie und nirgends vom deutschen Volk.» Dabei blieb er übrigens Monarchist, der sich sein Deutschland nicht ohne einen Kaiser an der Spitze vorstellen wollte, aber er empfand sich ebenso als Republikaner, insofern er jeden Bürger, auch den regierenden, durch das Gesetz, also eine Konstitution, gebunden sah. Daran hat er sein langes Leben lang festgehalten.

Jedes Volk entwickelt sich nun aus seinem «Naturgrunde» und unter dem Einfluß seiner Geschichte, wobei es bei Arndt zu Gegenüberstellungen wie diesen kam:

> «Lies unsre alten Geschichten, höre unsre alten Märchen erzählen und die Volkslieder absingen, sieh Dürers und van Eyks Bilder: Einfalt, Treue, Liebe, Wahrheit ist ihr Charakter; sie haben nicht den idealischen Geist des Südens, nicht das üppige Spiel, aber sie haben auch nicht die furchtbaren Lüste und Verdorbenheit desselben.»

Literarische Tendenzen der letzten Jahre werden von Arndt in diesem bemerkenswerten Satz in ein polemisches Konzept eingebaut. Wackenroders und Tiecks Verehrung für Dürer in den *Herzensergießungen eines kunstliebenden Klosterbruders* (1797) und in *Franz Sternbalds Wanderungen* (1798) verbindet sich hier mit dem zunehmenden Interesse für Volksliteratur, für Lieder und Märchen insbesondere. Der erste Band von Arnims und Brentanos *Des Knaben Wunderhorn* war im September 1805, also ein halbes Jahr vor Arndts *Geist der Zeit* erschienen, und neben anderen, weniger bedeutenden Sammlungen hatten Johann August Musäus' *Volksmärchen der Deutschen* (1782–86) schon Ende des vorausgehenden Jahrhunderts Popularität erreicht. Mit den Märchensammlungen der Brüder Grimm hatte es noch Weile, aber für Arndt hätten sie sich gut in sein Konzept gefügt. Es ist das Bild von den biederen, braven, schlichten, redlichen, grundehrlichen, nibelungentreuen, demütigen, unverdorbenen Deutschen, das von Arndt die Weihen einer Theorie erhält. Die Franzosen hingegen sind noch nicht einmal die reinen Südländer, sondern «Mitteldinger» ohne «südliche Naturkraft» oder «schwärmerische nordische Tiefe des Gemütes», voller «Windbeutelei», «schalem Spott und Spaß mit dem Ernstesten und Heiligsten von jeher». Was solche Gedanken, niedergeschrieben und weit verbreitet, bewirken, ist nicht nur die Polarisierung von Freund und Feind in einem Kriege, sondern die Konstruktion einer deutschen Identität nicht aus der realen, kritischen Beobachtung des Lebens der Nation, sondern aus einem politischen Wunschdenken, das sich unter anderem auf gewisse Tendenzen in der Literatur beruft, die dadurch zum Zuträger dieses Denkens wird, ohne daß ihre Intentionen voll oder überhaupt erfaßt worden wären.

Solche Entgegensetzung betraf aber letzten Endes nicht nur die Franzosen; aus ihr ist eine langwirkende nationalistische deutsche Gegnerschaft gegen den Westen hervorgegangen, als dessen Ausgeburt Demokratie und Kosmopolitismus betrachtet wurden. Arndts Schrift *Der Rhein Teutschlands Strom, aber nicht Teutschlands Grenze* enthält einen bemerkenswerten Fluch gegen weltbürgerliche «Schwätzer»:

> «Verflucht aber sei die *Humanität und der Kosmopolitismus,* womit ihr prahlet! Jener allweltliche Judensinn, den ihr uns preist als den höchsten Gipfel menschlicher Bildung!»

Arndt empfand sich nicht als Antisemit, denn er fügt sogleich hinzu:

> «O verzeihet meinem Ungestüm! ihr Kinder Abrahams! Ihr, obgleich über die Welt zerstreut, seid durch hartnäckige Liebe und Verteidigung des *Eurigen* ein ehrwürdiges Volk. Möchten wir Teutsche euch darin gleichen, so werden unsre Kosmopoliten uns nicht zerstreuen.»

Aber damit war freilich der metaphorische Mißbrauch der Juden nicht aus der Welt geschafft, und es gab, wie noch zu sehen sein wird, in diesen Jahren Zeugnisse für die Verachtung der Juden, die auf derartige Differenzierung nicht mehr achteten.

Arndts Widerruf der Humanität ist eine Absage an die ästhetische Kultur von Weimar und Jena. Am Ende des ersten Bandes vom *Geist der Zeit* war er diesen letzten Schritt noch nicht gegangen, aber hatte doch bereits dazu angesetzt. Denn dort verschwisterte er Humanität, «die allduldende und allbildende», noch mit der Gerechtigkeit, die er «die allwirkende und ordnende» nannte. Das jedoch führte ihn schließlich zu dem Satz: «Nur der Tapfere darf die Schönheit besitzen.» Es ist ein Satz, der im Grunde schon das Ende der «Kunstperiode» einläutet, das Ende des Glaubens an die erziehende, bildende, weltverwandelnde Kraft der Kunst, den die vorausgehenden Jahrzehnte zu begründen versucht hatten. Kunst wird nun zu einer Art schönem Gegenstand, den man sich nur noch durch eine ganz unkünstlerische Tätigkeit erwerben kann. Dabei kann die Tatsache, daß sich ein fremdes Heer nun einmal nicht durch Verse, sondern letztlich nur durch Waffen vertreiben läßt, nicht als hinreichende Erklärung für einen solchen gedanklichen Schritt dienen. Denn die pragmatische Notwendigkeit eines Kampfes wird von Arndt eben nicht als pragmatisch angesehen. Die für den Befreiungskrieg nötige Polarisierung in Freund und Feind wird von ihm vielmehr in den Rang einer Theorie erhoben, die auf allgemeine Gültigkeit Anspruch erhebt. Am Übergang von der Kulturnation zur Nationalkultur zeigt sich die Bereitschaft, einige der besten Errungenschaften der ersteren um einer momentanen Praxis willen grundsätzlich über Bord zu werfen. Die «neue teutsche Herrlichkeit», von der Arndt in der Schrift über *Das preußische Volk und Heer im Jahre 1813* träumt, ist jedenfalls nicht mehr auf dem Stolz über eine hohe Kultur begründet, mit der man die Welt bereichern könnte.

Auf einen besonderen Zug von Arndts politischer Philosophie ist noch hinzuweisen. Wie andere nationale Theoretiker auch, versuchte er seine Thesen aus der Geschichte zu legitimieren, und als Fachhistoriker war er dazu gut ausgerüstet. Auch bei ihm und besonders bei ihm findet sich immer wieder die heilige Trias der Bürgen des deutschen Widerstands dieser Tage: Hermann, Luther, Winkelried. Aber Arndts besonderer Akzent liegt auf dem «heiligen Luther», dem Begründer der Reformation, in dessen Fußstapfen er in einer Reihe seiner Lieder und besonders im *Katechismus für den teutschen Kriegs- und Wehrmann* auch sprachlich zu treten versuchte. Die Reformation als Beginn einer «neuen Weltepoche» für Europa ist für ihn eine Art deutscher Revolution, verbindet sie doch in seiner Vorstellung Äußeres mit Innerem, Handeln und Glauben, die Tapferkeit einer großen Persönlichkeit mit einer populären Bewegung zur Teilhabe aller an einem bisher hierarchisch verwalteten Gut, der göttlichen Gnade. Auf diese Weise wird Luther nicht nur zum Gegenspieler der zweifellos ebenfalls imposanten, aber nur um sich selbst bemühten Persönlichkeit Napoleons, und nicht nur verkörpern sich in Luther einige von Arndt als charakteristisch deutsch betrachtete Eigenschaften aufs beste. Im Protestantismus entsteht zugleich auch so etwas wie eine eigene deutsche christliche Religion, die sich wohltuend von dem internationalen Katholizismus unterscheidet. In den kommenden Jahren spielte dann das Bild Luthers in der politischen Polemik bis hin zur Feier eines «Wartburgfests» 1817 und ebenso als Stoff in der Literatur eine bedeutende Rolle (vgl. S. 138 ff.).

Die Absage an den «schönen idealischen Traum» «von der Frömmigkeit, Ritterlichkeit, Gütigkeit des Mittelalters», um Arndts Schrift *Der Bauernstand, politisch betrachtet* (1810) zu zitieren, steht in enger Verbindung dazu.

Es erweist sich hier allerdings auch die große Verschiedenheit und Gegensätzlichkeit der Gedanken und Motive in den Theorien des Widerstands wie in der Literatur dieser Jahre, denn eben das Interesse am Mittelalter, das in den neunziger Jahren durch Novalis und Tieck bedeutend gefördert worden war, hatte in der Zeit der Napoleonischen Kriege durch die Erforschung und Neuedition mittelalterlicher Literatur wie durch mittelalterliche Stoffe in Literatur und Malerei bedeutenden Aufschwung genommen und damit deutscher Identitätssuche und deutschem Patriotismus wacker unter die Arme gegriffen. Wie Arndts Beispiel zeigt, ist also der deutsche Patriotismus während der Napoleonischen Kriege eine farbenprächtige, schillernde Fahne, unter der eine bunte Schar von Kämpfern mit sehr unterschiedlichen Überzeugungen zum Sturme ansetzte.

Johann Gottlieb Fichte

Auf den ersten Band von Arndts *Geist der Zeit* folgten Johann Gottlieb Fichtes *Reden an die deutsche Nation* als nächstes großes Dokument des Widerstandes gegen Napoleon. Fichte war der Philosoph gegenüber dem Historiker und Publizisten Arndt, und seine Gedanken waren klarer, konsequenter und profunder. Aber sie stimmten mit denen Arndts in der bedingungslosen Erhebung alles Deutschen überein und ebenso darin, daß sie aus dem Aufruf zum Widerstand gegen Napoleon eine Theorie zu entwickeln versuchten, die allgemeine Gültigkeit beanspruchte und die den Deutschen für alle Zeiten eine besondere, einzigartige Rolle in der Weltgeschichte zuwies. Fichte allerdings zielte weit über den unmittelbaren Anlaß hinaus auf «menschliche Vervollkommnung» schlechthin, zu der allerdings den Deutschen der «Vorschritt» (14. Rede) aufgetragen sei. Das hatte nun wiederum damit zu tun, daß Fichte in den *Reden* eine Fortsetzung der mit der *Wissenschaftslehre* begründeten eigenen Philosophie sah, eine Entwicklung von der freien Selbstbestimmung des Ichs zur Selbstbestimmung einer Nation freier Individuen – es war eine Lehre, die für ihn die Vollendung der Philosophie schlechthin darstellte. Friedrich Schlegels Gleichsetzung der *Wissenschaftslehre* mit der Französischen Revolution war einst zu Zeiten des *Athenaeums* ein Zeugnis dafür gewesen, wie hoch gerade die jüngere Generation der Deutschen von Fichtes neuer Theorie des Wissens dachte; Philosophie wie Literatur der neunziger Jahre sind tatsächlich ohne den Einfluß, den die Abstraktion vom sich selbst setzenden Ich ausübte – auf Schelling und Hegel, auf Friedrich Schlegel, Novalis, Hölderlin oder Jean Paul, um nur einige zu nennen –, nicht zu denken. Fichte fühlte sich als Erbe und Vollender von Leibniz und Kant, und die maßlos hohe Einschätzung, die er in den *Reden* den Deutschen und ihrer Sprache zuteil werden läßt, hatte nicht zuletzt damit zu tun, daß seine eigene Philosophie der Philosophie als letzter Höhepunkt des Denkens in eben dieser Sprache verfaßt war. Aus seinen Vorstellungen vom eigenen historischen Rang leitete er den seiner Nation ab, und das, was er an kulturellen Errungenschaften in Jena um sich hatte wachsen sehen, schien dergleichen Einschätzung zu unterstützen.

Fichte hatte nach dem «Atheismus-Streit» mit den kursächsischen Behörden 1799 Jena verlassen und war in Berlin ansässig geworden. Dort und an der damals preußischen Universität Erlangen hielt er in den folgenden Jahren Vorlesungen – in Berlin öffentliche, denn es gab zu diesem Zeitpunkt dort noch keine Universität. In diesen Vorlesungen untersuchte er auf der Grundlage der Wissenschaftslehre unter anderem *Die Bestimmung des Menschen* (1800) und *Die Grundzüge des gegenwärtigen Zeitalters* (1804/05, als Buch 1806), und er gab eine *Anweisung zum seligen Leben* (1806). 1800 war auch seine politische Utopie *Der geschlossene Handelsstaat* erschienen, aber weder sie noch die Analyse der Grundzüge des Zeitalters standen auf jener Stufe der Konkretisierung, die sie hätten nutzbar machen können für irgendeine reale politische Sache. Auf seiner Lehre von den fünf Zeitaltern der Weltgeschichte in den *Grundzügen* jedoch baute er dann in den *Reden* auf. Die höchste und letzte Epoche bildete für Fichte diejenige der «Vernunftskunst» – «das Zeitalter, da die Menschheit mit sicherer, und unfehlbarer Hand sich selber zum getroffenen Abdrucke der Vernunft aufbauet». Gegenwärtig war man immerhin und besonders dank der Wissenschaftslehre im Begriffe, in die vierte Epoche einzutreten, und zwar in diejenige der «Vernunftwissenschaft: das Zeitalter, wo die Wahrheit als das Höchste anerkannt und am höchsten geliebt wird». Fichte war überzeugt von einer progressiven Vollendung des Menschengeschlechts durch die Macht des lebendigen Gedankens, wobei menschliche Selbstsucht das schwerste Hemmnis auf diesem Wege darstellte. Davon handeln dann auch die *Reden*.

Die *Reden an die deutsche Nation* wurden vom 13. Dezember 1807 bis zum 20. März 1808 in Berlin gehalten und bald darauf gedruckt, in einer Stadt, die zu dieser Zeit von den Franzosen besetzt war. Von ihnen und ihrem Kaiser konnte also nicht direkt gesprochen werden; mancher Syllogismus der Reden hätte Fichte wahrscheinlich größere Schwierigkeiten bereitet, wenn er das Besondere gegenüber dem Allgemeinen hätte genauer bezeichnen dürfen und damit auch bezeichnen müssen. Dennoch war es ein mutiges Unterfangen, in einem vom Gegner unterworfenen Land und einer von ihm besetzten Stadt den Rang der eigenen Nation herauszustellen gegenüber allen anderen. Aber so wenig wie der Gegner reagierten schließlich die eigenen Landsleute. Begeistert waren seine Zuhörer, dankbar pries Fouqué in der an Fichte gerichteten Widmung seines Dramas *Der Held des Nordens* (1808) «das Buch, Das du belebend aufschloßt deutscher Kraft», freundlich empfahl Jean Paul in einer Rezension: «Mög' er von den Deutschen belohnt und benutzt werden!», obwohl er seine Skepsis gegenüber manchen Gedanken nicht hatte unterdrücken können. Aber der Erfolg der

Wissenschaftslehre wiederholte sich nicht. Das freilich lag nicht nur an einer äußeren Zwangslage oder der Apathie der Zeitgenossen, sondern auch daran, daß sich einer der abstraktesten deutschen Philosophen in ein Feld politischer Realitäten gewagt hatte, wo ihn keine Erfahrung leitete. So haben seine *Reden* ihre Wirksamkeit erst später entfaltet und gerade dort, wo die historische Rechtfertigung für sie nicht mehr bestand. Zu den Jahrhundertfeiern 1913 am Vorabend des Ersten Weltkrieges versicherte den auf dem Hohen Meißner bei Kassel versammelten Wandervögeln einer ihrer Führer: «Fichte muß uns wieder in die Schule nehmen.»

Vielerlei Themen durchziehen Fichtes *Reden*. Grundlage ist die Verkündigung einer neuen Zeit, in der die Menschheit aus der Selbstsucht zur Selbständigkeit zurückfinden soll – die *Grundzüge des gegenwärtigen Zeitalters* hatten dafür Vorarbeit geleistet. Darauf folgt die Erkenntnis, daß gerade die Deutschen zu solchem Werk des Fortschritts berufen seien vor allen anderen. Dazu aber ist – drittens – eine besondere Nationalerziehung nötig, die den Deutschen ihre Rolle bewußt macht und sie für ihre Aufgabe bildet. Viertens aber sind daraus Konsequenzen zu ziehen für die Führung des Staats, ebenso jedoch auch für die Tätigkeit der Philosophen und Dichter, deren Werkzeug die vor allen auserwählte deutsche Sprache ist, denn im Laufe des 18. Jahrhunderts hatte sich die Staatsauffassung von einem rein instrumentellen Begriff nach und nach zur Ansicht von einem durch Sprache, Kultur und Geschichte verbundenen Ganzen entwickelt.

In Fichtes Überzeugung von der Auserwähltheit der Deutschen nun liegt das Provozierende der *Reden*. Er nennt sie ein «Urvolk» und hat dabei zunächst einmal Anteil an der generellen Aufwertung des Begriffes Volk in dieser Zeit, wovon schon Arndt ein Zeugnis gab. Aber Fichte differenziert genauer zwischen den Begriffen Nation und Staat. Unter Nation versteht er bei den Deutschen eine Art Staatenverein, wie ihn das eben aufgelöste Heilige Römische Reich dargestellt hatte, Staat hingegen ist ihm das einzelne deutsche Land unter der Hoheit eines Fürsten, denn Fichte ist durchaus bereit, sich mit dem deutschen Partikularismus abzufinden, ja er sieht darin sogar eine Art von Republikanismus am Werk, der die Interessen der Bürger eher schützt als ihnen schadet und außerdem Ansporn zum Wettbewerb der einzelnen Staaten hinsichtlich der erstrebten Nationalerziehung bieten kann. Denn Fichte war schließlich kein preußischer Patriot mit einem entsprechenden preußisch-deutschen Sendungsbewußtsein wie Arndt, sondern ein Oberlausitzer Sachse, auch wenn Berlin nun zum Ort seiner Tätigkeit geworden war. Jenseits von Nation und Staat steht für ihn jedoch das Volk, verbunden durch die gemeinsame Sprache und gegründet in der Natur als ursprünglichem Leben schlechthin. Damit jedoch nimmt der Begriff Volk mythische, ja regelrecht transzendente Qualitäten an; im Volk ist der einzelne aufgehoben jenseits seiner individuellen Existenz:

«Der Glaube des edlen Menschen an die ewige Fortdauer seiner Wirksamkeit auch auf dieser Erde gründet sich demnach auf die Hoffnung der ewigen Fortdauer des Volks, aus dem er selber sich entwickelt hat.« (8. Rede)

Im Begriff Volk verschmilzt für Fichte das himmlische und das irdische Vaterland, oder genauer: das irdische nimmt die Qualitäten eines himmlischen an, von dem für sich selbst Fichte nicht viel hielt. Wem aber ein solches irdisch-himmlisches Vaterland gegeben ist,

«und in wessen Gemüt Himmel und Erde, Unsichtbares, und Sichtbares sich durchdringen, und so erst einen wahren und gediegenen Himmel erschaffen, der kämpft bis auf den letzten Blutstropfen, um den teuren Besitz ungeschmälert wiederum zu überliefern an die Folgezeit». (8. Rede)

Daraus ließ sich unschwer die philosophische Rechtfertigung des Heldentodes ablesen; Theodor Körner ist hier zur Schule gegangen.

Nicht erst einer späteren Zeit fällt es schwer, Fichtes Argument zu akzeptieren, daß allein die Deutschen ein echtes «Urvolk» seien, also eines, das noch einen unverstellten Zugang zu seinem Naturgrund habe und dessen Sprache noch nicht überlagert sei von Fremdem. Fichte denkt bei letzterer offensichtlich an das Französische, das er als vom Neulatein korrumpiert sah, aber ebenso wohl an das Englische mit seinem beträchtlichen romanischen Wortschatz. Die Skandinavier hingegen vereinnahmt er kurzerhand als Deutsche. Fichtes daraus abgeleitete Qualitätsurteile charakterisiert Jean Paul in seiner Rezension mit dem Satz: «Bis zur dogmatischen Schwärmerei steigert sich Fichte's Kühnheit, die Konduitenliste des Auslandes nach der Scheinleiche der Sprache zu entwerfen und abzuschatten», und er verweist auf den Unterschied zu dem von ihm über alles geliebten Herder:

«Wie ganz anders traf der Gesichtsmaler der Völker und der Landschaftsmaler der Zeiten, nämlich *Herder*, jene und diese! Es scheint, daß ein Dichter voller und lebendiger ein Ganzes erfasse als ein Philosoph, der nur mit dem Mikroskop auf dessen Teilen herumdrückt.»

Und Jean Pauls eigener Schluß ist:

«Es wäre ebenso schlimm für die Erde, wenn es lauter Deutsche, als wenn es gar keine gäbe, und kein Volk ersetzt das andere.»

Für Fichte jedoch waren lediglich die Griechen ein den Deutschen vergleichbares, aber nun eben nicht mehr existierendes «Urvolk»; der Gedanke von der Verwandtschaft der beiden Kulturen hatte deutsches Kunstdenken seit Winckelmann bestimmt, und die Sympathien wurden nun auch dadurch gefördert, daß beide Länder unter fremder Besatzung litten. Im deutschen

Philhellenismus gab es später einen weiteren Höhepunkt solchen Verwandtschaftsgefühls (vgl. S. 156 ff.).

Gegenwartsbezug unter den in klassischer Schule herangewachsenen gebildeten Deutschen erhielt im Zusammenhang damit der negative Verweis auf die welterobernden Römer, deren Identifizierung mit den Franzosen nahelag; Arminius erscheint in den *Reden* nicht nur als der militärische Held oder Einiger, sondern vor allem als der Retter deutscher Eigentümlichkeit vor der Überfremdung. So gibt es schließlich bei Fichte ebenfalls jene Liste deutscher Eigenschaften, die mit dieser Ursprünglichkeit zusammenhängen sollten und von denen schon bei Arndt die Rede war. Bei Fichte sind es Fleiß, Ernst, Gemüt, Gründlichkeit, Gutmütigkeit, Frömmigkeit, Ehrbarkeit, Bescheidenheit, Gemeinsinn und Tapferkeit, mit denen die Deutschen geziert seien – zu beträchtlichem Teile also Eigenschaften, die eine Über- und Unterordnung in Führer und Geführte voraussetzen und die dann in diesem Sinne reichlich kolportiert worden sind.

Daß Fichte nicht an politische, sondern an geistige Führer für sein Land dachte, belegen seine Kritik an deutschen Fürsten ebenso wie seine Sympathien für das frühe deutsche Bürgertum, aus dem – und hier nennt Fichte nun auch den zweiten Heiligen des deutschen Patriotismus – Luther und die Reformation hervorgegangen waren. Aber so sehr für Fichte die Reformation die letzte große, vollendete «Welttat des deutschen Volkes» (6. Rede) war, in seiner Vorstellung kommt das noch Unvollendete danach: die Vernunftwissenschaft, die zur letzten, höchsten Stufe menschlicher Entwicklung leiten soll. Fichtes Theorie war also insgesamt nicht auf die politisch-militärische Aktion zur Befreiung der Deutschen gerichtet; er wollte seine Landsleute mit einer Mission inspirieren, von der die Menschheit als ganze profitieren sollte. So national er dachte, so wenig wollte er ein solches kosmopolitisches Ziel ausschließen. Darauf geht auch seine Mahnung am Schlusse der *Reden* aus, wenn er seinen Landsleuten diese Mission vor Augen hält: «Wenn ihr versinkt, so versinkt die ganze Menschheit mit, ohne Hoffnung einer einstigen Wiederherstellung.» Das nun läßt sich durchaus noch in jenem früher erwähnten Sinn lesen, in dem Jean Paul den «Weltsinn» und Kosmopolitismus der Deutschen als geeignet ansah, auf dem höchsten Thron einer Universalmonarchie zu sitzen. Aber auch die spätere Behauptung Emanuel Geibels von «Deutschlands Beruf», daß am deutschen Wesen «einmal noch» die Welt genesen möge, läßt sich samt ihren militanten Konsequenzen aus einem derartigen Satz deduzieren.

Auf Fichtes Konzept einer Nationalerziehung soll nur hingedeutet werden. Nicht an die Erziehung allein der niederen Schichten dachte der Sohn eines Bandwebers, sondern an die gemeinschaftliche aller Klassen zu einem großen Ziele. Die Gedanken haben wesentliche Anregungen für die preußischen Reformen geboten. «Wir wollen», heißt es in der ersten Rede, «durch die neue Erziehung die Deutschen zu einer Gesamtheit bilden, die in allen ihren einzelnen Gliedern getrieben und belebt sei durch dieselbe Eine Angelegenheit» – das Wohl der Nation. Fichte dachte an eine Erziehung in eigenen Instituten, an «pädagogische Provinzen» nach dem Muster der Pestalozzischen Pädagogik. Die freie Tätigkeit des einzelnen fürs Ganze sollte dabei oberstes Prinzip sein, obwohl Fichtes Dialektik zwischen Notwendigkeit des Ganzen und Freiheit des einzelnen dabei durchaus nicht den Zwang ausschloß, den er besonders für den Staat als legitim ansah. Der Staat habe «das vollkommene Recht», die Unmündigen «zu ihrem Heile auch zu zwingen». Die nächste, mündige Generation werde dergleichen dann nicht mehr nötig haben. So war ihm der Staat schließlich der «höchste Verweser der menschlichen Angelegenheiten» (11. Rede), eine Absage an jene Konstitution des Staats, «die mit ausländischen Worten sich Humanität, Liberalität und Popularität nennt, die aber richtiger in deutscher Sprache Schlaffheit und ein Betragen ohne Würde zu nennen ist» (1. Rede). Wilhelm von Humboldts Reduzierung der Grenzen des Staates auf den Schutz des freien, mündigen Bürgers konnte vor den Anforderungen der Napoleonischen Gegenwart nicht mehr bestehen, ebensowenig aber auch vor dem an die Weltherrschaft seiner Ideen glaubenden Denker.

Fichte verwirft am Ende die Utopien einer Universalmonarchie oder eines Goldenen Zeitalters, und er verwirft schließlich ebenso die Vorstellung von einem Deutschland, das allein durch seine Kultur als ganzes wirksam bleiben sollte, also die Idee einer «Kulturnation» auf Dauer. «Was kann denn das für eine Literatur sein, die Literatur eines Volkes ohne politische Selbständigkeit?» fragt er in der 12. *Rede*. Denn wenn der Schriftsteller mit seiner Tätigkeit nicht in «das allgemeine und öffentliche Leben» seines Landes eingreifen wolle, so sei seine Tätigkeit müßig, und Fichte läßt seine Betrachtungen zur Literatur in dem markanten Satz gipfeln:

> «Das edelste Vorrecht und das heiligste Amt des Schriftstellers ist dies, seine Nation zu versammeln, und mit ihr über ihre wichtigsten Angelegenheiten zu beratschlagen.»

Es war eine wirkungsvolle Mahnung damals, die sich viele deutsche Autoren zu Herzen nahmen, auch wenn sie sich dann diesem Amt auf sehr verschiedene Art und Weise gewachsen zeigten.

Friedrich Ludwig Jahn

Unter die Versuche, dem Widerstand gegen Napoleon aufzuhelfen durch Theorien über die weltgeschichtliche Rolle der Deutschen, gehören auch die Schriften Friedrich Ludwig Jahns. Jahn besaß wenig von der publizistischen Gewandtheit und historischen Bildung Arndts oder der philosophischen Perspektive und Durchdringungskraft Fichtes. Sein Patriotismus kommt eher hemdsärmlig und gemütstief daher mit einigen teils komischen, teils furchterregenden Resultaten. Obwohl Jahns Schriften inzwischen vergessen sind, so zeigt sich doch, daß sie Samen enthielten, der aufgegangen ist.

Jahn hat seinen deutschen Ruhm als der «Turnvater» erworben. Dabei war er durchaus nicht der erste auf diesem Gebiet gewesen. Schon in den achtziger und neunziger Jahren hatte in Salzmanns Schnepfenthaler Erziehungsanstalt Johann Christoph Friedrich GutsMuths gymnastische Übungen eingeführt und diese Ertüchtigung dann später auch in den Dienst des nicht mehr und noch nicht existierenden Vaterlandes gestellt. Aber Jahn war der Erfinder des Geräteturnens, und er veranstaltete seine Übungen in Berlin auf der Hasenheide, wo er großen Zulauf und größte Aufmerksamkeit erhielt. Außerdem aber verstand er es rasch, das Turnen zu ideologisieren. Neben der Turnkunst jedoch war Jahns große Leidenschaft die Philologie, so wie er sie verstand. Das Wort «Philologen» hat er einmal mit «Sprachhähne und Sprachrecken» verdeutscht, und von dieser Art war denn auch, was er unternahm. Arndt war Jahns akademischer Lehrer in Greifswald gewesen, und dieser hatte den knapp zehn Jahre jüngeren Studenten zu deutscher Gesinnung inspiriert, die sich zunächst in einer Schrift *Bereicherung des Hochdeutschen Sprachschatzes* (1806) niederschlug. 1810 folgte ein Buch über *Deutsches Volkstum* und 1816, nach der Rückkehr aus dem Kriege, *Die deutsche Turnkunst.* Die Jahre zwischen 1810 und 1817 blieben Jahns lebensprägender Höhepunkt. An sie hat er später in einer Reihe von Schriften erinnert, die er «Denknisse», «Runenblätter» oder «Merke» nannte. In diesen Jahren wurde er zu einem der Begründer der deutschen Burschenschaften; auf ihn soll auch die Wahl der Farben schwarz-rot-gold für deren Banner zurückgehen. 1817 erhielt er zwei Ehrendoktorate – von Jena und Kiel –, und 1819 wurde er als Demagoge verhaftet. Der Berliner Kammergerichtsrat E. T. A. Hoffmann, mit seinem Fall beauftragt, nahm sich damals seiner mit Sympathie an.

Jahns frühe philologische Bemühungen hatten vor allem die Sprachreinigung und die Zufuhr neuen Sprachgutes aus der Vergangenheit zum Ziele. Jahn war ein unermüdlicher Übersetzer von Fremdwörtern: «Frohkunde» für Evangelium, «Einlager» für Quartier, «Arzneiladen» für Apotheke, «Zeitweiser» für Uhr und dergleichen mehr. Da und dort ist ein Wort geblieben: «Reichswehr» für Armee, «Eilbrief» für Estafette. Mit deutschen Endsilben bildete er neue Wörter: «Bücherwart», «Kampfwart», «Platzwart», aber auch «Lebensmüdling» und «Volkstum». Kosmopolitismus war ihm «Allerweltbürgerei» und Humanität «Menschlichkeitsgequängel». Für die Kulturnation also hatte der deutsche Turner Jahn keinen Sinn mehr – da übertraf er seinen Lehrmeister Arndt bei weitem. Neben puristischem Sprachreckentum aber stand Jahns Versuch, alte, speziell mittelalterliche Wörter wieder in den Gebrauch zurückzubringen entsprechend seinem Bekenntnis: «Im Erwecken scheintoter Urwörter liegt eine wahre Mehrung und Sprachstärkung. Kein Wort ist für ausgestorben zu achten, so lange die Sprache nicht tot ist.» So versuchte Jahn, Wörter wie «Minne» oder «bieder» der lebendigen Sprache zurückzugewinnen, wobei er unterstützt wurde von Autoren wie Friedrich de la Motte Fouqué, dem Duzfreund Jahns, der gleiches auch in seinen populären Romanen und Erzählungen versuchte.

Einen beträchtlichen Einfluß auf deutsches nationalistisches Denken und insbesondere auf das der Burschenschaften übte Jahns *Deutsches Volkstum* aus. «Volkstum» war ihm

> «das Gemeinsame des Volks, sein inwohnendes Wesen, sein Regen und Leben, seine Wiedererzeugungskraft, seine Fortpflanzungsfähigkeit. Dadurch waltet in allen Volksgliedern ein *volkstümliches* Denken und Fühlen, Lieben und Hassen, Frohsein und Trauern, Leiden und Handeln, Entbehren und Genießen, Hoffen und Sehnen, Ahnen und Glauben. Das bringt alle die einzelnen Menschen des Volks, ohne daß ihre Freiheit und Selbständigkeit untergeht, sondern gerade noch mehr gestärkt wird, in der Viel- und Allverbindung mit den übrigen zu einer schönverbundenen Gemeinde.»

Volkstum also ist letztlich eine biologische Bindung. Was bei Fichte ein dunkler, nicht weiter ausgeloteter Urgrund war, aus dem das Volk seine Kraft und Eigenart empfing, das konkretisiert sich hier in eine Vorstellung von organischer Gemeinschaft, die einen trefflichen Nährboden für rassische Trennungen bot. «Turnsperre» und Verbot der Burschenschaften nach dem Mord an August von Kotzebue 1819 brachten tatsächlich eine Welle von Antisemitismus mit sich. Außerdem aber verbarg sich in Jahns Traum vom «Volkstum» auch eine Staatsvorstellung, die der auf einer pragmatischen Übereinkunft aller beruhenden – westlichen – Demokratie zutiefst feind war, wie sich zum Beispiel in den verachtenden Worten Jahns über die «sklavenzüchtenden Jänkis» verrät.

Volkstümlich und deutsch waren für Jahn Synonyme; die Identität leitete er aus der Etymologie des Wortes «diut» her. So waren die Deutschen also von vornherein vor allen andern Völkern ausgezeichnet. Auch er schwärmte von den großen patriotischen Heroen der Vergangenheit, vom «lebendigen Mauerbrecher» Winkelried, von Arminius, dem Befreier, vor allem aber von Luther, der eine regelrechte Verklärung erfährt als «Raummacher, Wecker, Lebenserneuerer, Geistesbeschwinger, Ausrüster mit der edelsten Geisteswehr, Herold eines künftigen Bücherwesens und der Erzvater eines dereinstigen Deutschen Großvolks», und das alles durch das «Vermächtnis einer Gemeinsprache» sowie durch den Mut, «Papst und Pfaffheit» zu überwinden.

Nirgendwo in dieser Zeit sind die Ursprünge eines maßlosen deutschen Nationalismus genauer zu beobachten als bei Friedrich Ludwig Jahn: Ein «deutsches Großvolk», das als biologisch verbundene «Gemeinde» nichts mit westlicher «Freiheitelei» – Jahns Übersetzung für Liberalismus – zu tun haben will, stattdessen aber sich in der lutherisch-reformierten Kirche eine eigene Nationalreligion schafft, sich gegen alle «Völkleinerei» des Partikularismus wehrt, einfache «Volkstracht» trägt, «frisch, frei, fröhlich und fromm» lebt und in dem jeder «Bursch ein Kraftjüngling» ist – das alles sind Vorstellungen, die ihre Brisanz und Gefährlichkeit hinreichend im weiteren Verlauf der deutschen Geschichte erwiesen haben. Jahns Gedanken und Vorschläge gehen also weit über das hinaus, was sich noch als Theorie des Widerstands bezeichnen läßt; die Auflehnung gegen die fremde Besatzung ist nur noch Anstoß für sehr viel weiterreichende Pläne. Solch nationalistisches Denken ist hier speziell preußischer Prägung, wie sich auch in dem starken Akzent auf Luther und der Reformation erweist, was nicht heißen soll, daß der deutsche Nationalismus des 19. Jahrhunderts allein preußisch war. Aber immerhin versicherte sich Preußen doch einer führenden Stellung im Deutschen Bund und Reich, so daß Ideen wie diejenigen Jahns eine wachsende Zahl von Abnehmern fanden. Das Journal *Vaterländisches Museum* von 1810 enthielt eine Rede von K. D. Hüllmann, «Director der neu eingerichteten deutschen Gesellschaft zu Königsberg», die den Titel «Preußen werde Großdeutschland!» trug und ausklang in der Forderung: «Auf, zur Verherrlichung Preußens! Stiftet Colonien, errichtet Prytaneen, entzündet heilige Lampen!» 1811 hatten Jahn und

Karl Friedrich Friesen in Berlin einen dementsprechenden «Deutschen Bund» gegründet.

Die Kunst war nicht des Turnvaters vorzügliche Domäne, aber was ihm am Herzen lag, war das volkstümliche Schauspiel als Volksfest. Dabei kommt Jahn zu folgendem Schlusse:

> «Unter den verschiedenen Gattungen dramatischer Werke verdient die *Oper* einen sehr großen Vorzug, weil alle schöne Künste ohne Ausnahme dabei vorkommen.»

Deren «Gegenstände» aber sollten aus der Geschichte des Volks genommen werden. Richard Wagner wirft seine Schatten voraus.

Adam Müller

Zu den Theoretikern des Widerstandes gegen Napoleon gehört auch Adam Müller, obwohl er sich, wie schon erwähnt, in einem Nachwort zur Ausgabe seiner Vorlesungen über *Die Elemente der Staatskunst* (1809) gegen die «grassierende Vaterlandsretterei» verwahrte. Das war nicht nur eine Schutzbehauptung gegenüber der Zensur in einem unter Napoleons Oberherrschaft stehenden Lande. In seiner Schrift *Der Bauernstand, politisch betrachtet* (1810) erklärt Arndt sarkastisch, Müllers «etwas vornehme» Behauptung, «daß seine Bücher mit der Vaterlandsretterei nichts zu tun haben», werde «sonnenklar, wenn man sie gelesen» habe. Hier taten sich grundsätzliche Unterschiede auf, nicht nur zwischen Generationen – Müller war zehn Jahre jünger als Arndt – sondern auch zwischen politischen Grundsätzen und religiösen Überzeugungen.

Ganz sicher war Müller einer der vorzüglichsten, eloquentesten Publizisten dieser Zeit. Für die deutsche Literatur ist er bedeutsam vor allem als Literaturtheoretiker und beredsamer Verteidiger der Beredsamkeit. Müller, der sich leicht über vieles verbreitete, trat außerdem als Philosoph, Staatswissenschaftler, Nationalökonom und Politiker auf, ohne allerdings in einem dieser Felder tief und langanhaltend wirken zu können. Gerade weil er aber weniger originell als andere war, ist sein Werk ein interessanter Spiegel geistiger Entwicklungszüge seiner Zeit geworden, während sein Leben die Gefahren erweist, in die sich ein bürgerlicher Intellektueller damals begab, wenn er nicht nur schreiben, sondern auch in der Gesellschaft eine Rolle spielen wollte. Eben dies aber war ein ausgesprochenes Verlangen Müllers.

Adam Müller wurde 1779 als Sohn eines Berliner Rentmeisters geboren. Er studierte Staatswissenschaften in Göttingen und war kurze Zeit in der preußischen Verwaltung tätig. Lebensbestimmend für ihn wurde die Freundschaft zu dem um fünfzehn Jahre älteren Friedrich Gentz, der für Müller die höchsten Erwartungen hegte und ihm als Diplomat und Mann von Welt den Weg in eben jene größere Gesellschaft öffnete, die ihm durch sein Herkommen zunächst verschlossen war. Gentz vermittelte Müller auch das Werk Edmund Burkes, des britischen Kritikers der Französischen Revolution, und beeinflußte ihn überhaupt entscheidend in der Herausbildung seiner politischen Ansichten. Denn Gentz, seit 1802 in österreichischen Diensten, zählte zu den frühesten Gegnern Napoleons, und seine *Fragmente aus der neuesten Geschichte des politischen Gleichgewichts in Europa* (1806) sind eines der ersten Dokumente antifranzösischer Agitation. 1805 trat Müller bei einem Besuch in Wien zur katholischen Kirche über, ein Schritt, den er bei seiner Rückkehr in reformiertes Land allerdings für sich behielt und von dem nur wenige Freunde etwas wußten. 1809 heiratete er Sophie von Haza in evangelischer Trauung, und seine erste Tochter – Isidore Marie Cäcilie Kunigunde – wurde 1810 in Berlin protestantisch getauft. Heinrich von Kleist, neben Arnim einer der Taufpaten, hat dem Täufling damals «zum Taufangebinde» seine Legende *Die heilige Cäcilie oder die Gewalt der Musik* gewidmet, die hinsichtlich der Folgen von Konversionen anzüglich genug ist (vgl. S. 393).

Mit Kleist war Müller bereits in Dresden verbunden gewesen, wo Müller seit 1805 lebte. Dort, also im Rheinbundstaat Sachsen, hielt er seit 1806 erfolgreich öffentliche Vorlesungen (vgl. S. 22). 1808 gab er zusammen mit Kleist den *Phöbus* als «Journal für die Kunst» heraus, in dem neben Kleists Dichtungen Teile aus Müllers Vorlesungen abgedruckt wurden. Wegen seiner Parteinahme für Österreich bei dessen Erhebung gegen Napoleon mußte er 1809 Sachsen verlassen. Er ging zurück in seine Heimatstadt Berlin, wo er 1810 Vorlesungen *Über König Friedrich II. und die Natur, Würde und Bestimmung der preußischen Monarchie* hielt. 1809 erschienen in Berlin seine *Elemente der Staatskunst*, die auf Vorlesungen *Über das Ganze der Staatswissenschaft* zurückgingen, und dort war er auch Mitarbeiter Kleists an dessen *Berliner Abendblättern*, wobei er sich wegen seiner Unterstützung der reaktionären Junker-Fronde gegen die preußischen Reformen beim Fürsten Hardenberg unbeliebt machte. 1811 siedelte er nach Wien über und hielt dort 1812 kurz nach Friedrich Schlegels Vorlesungen über die Geschichte der alten und neuen Literatur seine zwölf *Reden über die Beredsamkeit.* Er nahm 1813 als Berichterstatter am Tiroler Volksaufstand teil, und 1815 ernannte ihn Metternich zum österreichischen Generalkonsul in Leipzig. Der langersehnte Adel wurde ihm nach vielfachen Vorstellungen 1826 zuteil und dazu, nach erneuter Bitte, das Prädikat eines «Ritters von Nitterdorf», da «bei der großen Verbreitung des Namens Müller eine solche nähere Bezeichnung höchst wünschenswert ist», wie er an Metternich schrieb.

Müllers Leben und Denken war von Gegensätzen durchsetzt, die zu versöhnen ihm charakterlich wie intellektuell schwer wurde. Der prinzipielle Widerspruch zwischen seiner kleinbürgerlichen Abkunft und dem Wunsche nach öffentlicher Wirksamkeit wie der Fähigkeit dazu führte Müller in alle die vielen großen Gegensätze seiner Zeit hinein: zwischen Adel und Bürgertum, Reformern und Reaktionären, Katholiken und Protestanten, Österreichern und Preußen, Sachsen und Österreichern, Preußen und Sachsen, Monarchisten und Republikanern und schließlich auch noch zwischen Deutschen und Franzosen. Müller hat seine Lebenserfahrungen schon früh zu einer allgemeinen Theorie zu kultivieren gesucht und als Fünfundzwanzigjähriger eine *Lehre vom Gegensatze* (1804) veröffentlicht, die den Auftakt gab zu einer vielfältigen Gegensatz-Dialektik, die alle seine Schriften durchzieht. Gedanklich nahm Müller seinen Ausgangspunkt von den verschiedenen dialektischen Konzepten, wie er sie bei Fichte, Schelling und Novalis kennengelernt hatte, aber er erweiterte die Gegensätzlichkeiten und seine Liebe zur «unendlichen, heiligen Dialektik» ins Endlose, so daß sich zum Beispiel weiblich und männlich ebenso gegenüberstanden wie Pflanze und Tier, Land und Stadt, Monarchie und Republik, Adel und Bürgertum, Dogma und Skepsis, Tragödie und Komödie, romantisch und klassisch, germanisch und griechisch oder asiatisch und europäisch. Zugleich aber suchte er über alle Gegensätze hinaus nach Synthesen, ohne der ganz verschiedenartigen, oft normativen und damit unverschmelzbaren Natur seiner Gegensätze Rechnung zu tragen. Den preußischen Behörden hat er allen Ernstes angeboten, zwei Journale zu gleicher Zeit zu gründen und zu leiten – ein offizielles und eins als Volks- und Oppositionsblatt.

Müllers Gegensatz-Philosophie wurde im Politischen eine Grundlegung des Opportunismus. Denn opportunistisch ist Müllers ganze Staatstheorie, die zwar auf Anregungen durch Burke und Novalis aufbaut, aber ebenso auf Gentz' Vorschlag, ein Buch über den Adel zu schreiben, das seinem Autor Ruhm und Ansehen in der Gesellschaft erwerben könne.

In den *Elementen der Staatskunst* setzt Müller die aufklärerische Überzeugung vom Naturrecht des Individuums beiseite und erklärt dafür den Staat als in der Natur des Menschen begründet. Er sei nicht Ergebnis eines Gesellschaftsvertrags zum Nutzen und Schutz des einzelnen, sondern von vornherein «die Totalität der menschlichen Angelegenheiten, ihre Verbindung zu einem lebendigen Ganzen», das seine Legitimität aus Gott empfange. Von den zeitgenössischen Naturwissenschaften wiederum war die Vorstellung des einheitlichen Organismus abgeleitet, die der Staat in Analogie zum Leben überhaupt darstellen sollte. Unter diesen Voraussetzungen konnte Revolution nur als sinnlos und zerstörerisch gelten. Müller setzte also Burkes und Novalis' Kritik an der Französischen Revolution entschieden fort, führte sie aber zugleich in einen eindeutig konservativen Kontext hinüber. Denn wo bei Novalis poetisch-metaphorisch von der Familieneinheit des Staates gesprochen wurde, um daraus die «Thronfähigkeit» aller Menschen abzuleiten, dort wurde bei Müller konkret die Einheit der Familien des Geburtsadels als die entscheidende Stütze für die Kontinuität des bestehenden Staates verkündet. Der grundsätzliche Unterschied zu Novalis lag darin, daß Müller auf jene chiliastischen Hoffnungen verzichtete, aus denen alles romantische Denken prinzipiell hervorwächst. In seinen ästhetischen Schriften hat er sich einmal ganz deutlich von dem «Gespenst eines Vollkommenheitsideals» distanziert, das seine Zeit beherrsche, für welche die Weltgeschichte nichts weiter sei «als die Erzählung der immer fruchtlos gebliebenen Versuche, jenes Gespenst, jenen ewigen Frieden, jenes tausendjährige Reich zu haschen und festzuhalten, statt der Gegenwart zu leben». Mit diesem, gegenüber mancher Schwärmerei zwar ganz vernünftig klingenden Gedanken wurde Müller jedoch unter den Bedingungen des damaligen Deutschland lediglich zum Verteidiger des existierenden gesellschaftlichen Zustands, wie er auch im Spirituellen bei der Kirche nicht die kommende, sondern die katholische meinte. Ein in sich geschlossenes staatstheoretisches System hat Müller nie entwickelt.

Was Müller interessierte und in zunehmendem Maße beschäftigte, waren praktische Anwendungen seiner theoretischen Voraussetzungen auf Staatsrecht, Völkerrecht und Nationalökonomie, auf Markt, Kapital, Landwirtschaft und heranwachsende Industrie. Hinsichtlich der «Vaterlandsretterei» erklärte er bündig: «Es gibt keinen bloßen, reinen Patriotismus mehr, wie ihn die Alten nährten: ein gewisser Kosmopolitismus geht ihm zur Seite.» Und das wiederum hatte für ihn seinen Grund darin, daß allem politischen Denken in seinem Sinne die universale christliche Religion zugrunde zu liegen hatte, wobei er Katholizismus und Protestantismus jeweils ihr Teil ließ, dem einen als Ausdruck des Gesetzes, dem anderen als Ausdruck der Freiheit. Allerdings redete er keiner neuen Kirche das Wort, wie sie Novalis vorschwebte, sondern sah als Ideal eher die Rückkehr «zu der alten herrlichsten Einheit des Glaubens» der mittelalterlichen Kirche. Das vor allem war es, was Arndts Zorn hervorrief, denn kein Luther erschien hier als Heros deutscher Religion. Im übrigen hat Müller die staatstheoretischen Vorlesungen in Dresden, der Residenzstadt mit einem katholischen Hof, gehalten und im protestantischen Preußen veröffentlicht. Die Gefahr, sich zwischen die Stühle zu setzen, war groß. Von Wien aus schrieb der Hofsekretär bei der österreichischen Armeehofkommission Friedrich Schlegel an seinen Bruder August Wilhelm, Müllers Buch enthalte «viel Geschrei und wenig Wolle; indessen ist doch die Meinung im Ganzen für unsre Zeit was man die gute nennen muß, so lange keine bessre vorhanden ist» (28.2. 1810).

Dennnoch war Müller als deutschem Schriftsteller bei aller Distanz gegenüber patriotischem Eifer das Schicksal seiner Sprachheimat keineswegs gleichgültig. Seine Lehre vom Widerstreit der Gegensätze war im Grunde bereits eine Kriegstheorie und hat Spuren hinterlassen in Carl von Clausewitz' Gedanken *Vom Kriege,* die aus den Erfahrungen des Kampfes gegen Napoleon hervorgingen und posthum 1832 veröffentlicht wurden. Müllers Gedanken zum Adel wiederum unterstützten politische Vorstellungen des Freiherrn vom Stein. Vor allem aber belegen die Zyklen von Müllers Reden, daß er sich als Lehrer seiner Nation verstand. Das deutlichste Zeugnis dafür, mitreißend im Strom der geschmeidigen Sprache und sicherlich sein bestes Werk, sind jene *Zwölf Reden über die Beredsamkeit und deren Verfall in Deutschland* (1816), die unter einem etwas abweichenden Titel (vgl. S.22) gehalten worden waren «zu Wien im Frühlinge 1812».

Die Beredsamkeit nimmt Müller darin als umfassende Metapher für sprachliche Gemeinsamkeit und eine öffentliche nationale Verantwortung der Deutschen, aber ebenso auch für Urbanität und weltbürgerliche Gesinnung, für alles das also, was den Deutschen im Vergleich zu anderen großen europäischen Nationen noch so ganz und gar fehlte. Der «gute Geschmack» der Franzosen und der durch die Rednertribüne des Parlaments symbolisierte britische «Sinn für Gemeingut» waren Müllers große Vorbilder. Und gepackt von der eignen Dialektik bekennt er hier, daß Beredsamkeit nur in Republiken gedeihe, «nicht bloß, weil jedem mitzureden erlaubt ist, sondern weil jeder frühe gewöhnt wird, einzugehn in die freie Gesinnung». Aber wo sollten sie herkommen, diese Gesinnung und diese Redner, in Deutschland?

«Etwa aus der kleinen Provinzialkrämerei des alltäglichen Lebens oder aus der Gesprächigkeit des häuslichen Elends – oder aus dem telegraphischen Verkehr, den die Philosophen und Gelehrten der einzelnen Sekten, jeder in seiner besonderen Terminologie, über die weite Fläche von Deutschland hin miteinander treiben?»

Noch war die deutsche Literatur eine «stumme Literatur», denn ihre Sprache war noch nicht die Sprache der Wirklichkeit, in der die Dialekte regierten, und in Deutschland gab es «kein Ganzes, keine Gemeinde, keine Stadt, keine Nation, die wie mit Einem Ohre den Redner anhörte». Aber schon in seinen frühen Schriften hatte Müller, die Vorstellungen von der Kulturnation aufnehmend, gerade Deutschland «die Mutter der Nationen des heutigen Europa» genannt und «nicht im Unterdrücken, sondern im höchsten Gedeihen der Bildung unsrer Nachbarn» das eigene Glück gesehen. Jetzt, 1812, sollte gerade durch die Förderung der Beredsamkeit der Übergang von passiver Aufnahme und Bewahrung zu einer tätigeren Rolle erfolgen. Der deutschen Sprache fehle nichts,

> «als daß sie gesprochen werde, und glücklicherweise neigt sich die Herrschaft der Feder überall ihrem Ende entgegen: weder der Buchstabe noch das Geld werden unsre Staaten retten, dies Höchste, diese Bedingung aller unsrer Zukunft überhaupt gewährt nur das lebendige Wort und die lebendige Tat.»

Dieser Schlußakkord der *Reden über die Beredsamkeit* illustriert noch einmal deutlich Wert und Begrenzung von Müllers Denken. Neben der rhetorisch schwungvollen, wenngleich unklaren Vision von einer Zukunft des «lebendigen Wortes» und der «lebendigen Tat» steht ein konservativer Antikapitalismus und der wachsende Zweifel an der Bedeutung des gedruckten Wortes, das für Jean Paul gerade der Hort und Bürge der Freiheit war.

Die *Reden über die Beredsamkeit* enthalten allerdings zugleich den publizistischen Wunsch nach nationaler Öffentlichkeit und die Forderung, daß die anwachsende und an Kraft wie Bedeutung zunehmende deutsche Kultur in Beziehung zur Realität gesetzt werden müsse, wenn sie nicht zur eitlen Selbstbeschäftigung einer Elite werden solle. Das führt zu Müllers am Eingang des technischen Zeitalters beachtlicher Warnung vor dem ethischen Fatalismus der Naturwissenschaften als Gegenpol zu einem hochfliegenden philosophischen Idealismus. Wegweisend ist sein Werk allerdings nicht geworden, und schon die Mehrzahl seiner Zeitgenossen hat ihm skeptisch gegenübergestanden. Seine Bedeutung liegt weniger in dem, was er bewirkt hat, als vielmehr in dem, was durch ihn deutlicher sichtbar wird. Und das war dann doch wieder eine ganze Menge.

Joseph Görres

Unter den deutschen Schriftstellern um 1800 war Joseph Görres wohl am ausgeprägtesten das, was man einen Publizisten nennt. In seiner ersten selbstgegründeten und zum großen Teil selbstgeschriebenen Zeitschrift, dem jakobinischen *Rothen Blatt,* hat er 1798 als Zweiundzwanzigjähriger ein «Glaubensbekenntnis» abgelegt. Er glaube «an ein immerwährendes Fortschreiten der Menschheit zum Ideale der Kultur und Humanität», hatte er erklärt und seine Verachtung gegenüber aller Despotie, Aussaugerei und Korruption eines Ancien régime verkündet (vgl. Bd. 1, S. 97 f.). Aber da er als Koblenzer in diesen Jahren auch schon die Herrschaft der französischen Republikaner erfahren und Machtlust, Willkür und Bestechlichkeit dort reichlich gefunden hatte, rief er gegen die «öffentlichen Fonktionärs» des neuen Regiments nun auch ein neues, demokratisches Erziehungsmittel ins Feld – die «Publizität»:

> «Jeder Bürger, der Gelegenheit dazu hat, wache über das Betragen der öffentlichen Beamten in seiner Nähe, denunziere ihr Vergehen ihrem Volke; und was Grundsätze nicht vermögen, wird die Furcht vor dem Pranger erwirken, wenn das Gefühl für Ehre und Schande nicht ganz zum Nichts eingeschrumpft ist.»

Wie fragwürdig auch immer dieses Mittel in seiner Anwendungsweise und Wirkung sein mochte, von der aufklärerischen Vorstellung einer Erziehung der Menschheit durch «Publizität» ist Görres sein Lebtag bestimmt gewesen und hat sich darauf gestützt in seinen nahezu unübersehbar vielen Schriften.

Für das Deutschland dieser Tage hatte das Wort Publizität jedoch mehrfache Bedeutung.

> «Was Noth thut vor allen Dingen, ist, daß in der Mitte der Nation eine feste, bestimmte *öffentliche Meynung* sich bilde, die entschieden und unverkennbar den eigenthümlichen Charakter des Stammes ausdrücke. Die öffentliche Meynung ist, damit wir zu dramatischen Verhältnissen auch ein dramatisches Bild entlehnen, der Chor im politischen Schauspiel.»

Das schrieb Görres 1810 in seinen *Reflexionen* «über den Fall Teutschlands und die Bedingungen seiner Wiedergeburt», die zuerst in der Hamburger Zeitschrift *Vaterländisches Museum* veröffentlicht wurden. Denn im zerfallenen Vaterland war Publizität zunächst einmal Grundlage eines nationalen Selbstbewußtseins, von dem wiederum die Überwindung des gegenwärtigen Zustands der nationalen Bedeutungslosigkeit ausgehen sollte. Jedem, «der in dieser Zeit nicht bedeutungslos gelebt» habe, sei nun der Beruf gegeben, «zu sprechen in allen Angelegenheiten, die mit dem gemeinen Wesen zusammenhängen». Es war diese aufklärerische Tätigkeit, die dem ehemaligen Jakobiner am Herzen lag, nicht aber waren es Konzepte von Staat und Volk. Jakobinisch ist im Grunde auch noch der Wunsch nach einem «neuen Adel der Nation», «zu dem sie selbst ernennt, und die Ehrenzeichen vertheilt». Und Görres fährt fort:

> «Die Regierung hat ihre Zwecke; wo diese, wie sie immer sollten, mit den Zwecken des Volkes zusammentreffen, da mag auch die allgemeine Achtung sich vereinigen über dem, der ohne Tadel gewandelt ist vor Beyden; wo sie sich widersprechen, mag niemand dem Volke weh-

ren, von seiner einzigen Waffe Gebrauch zu machen, und löblicher Gesinnung öffentlichen Dank zollen und mit Schande Schändlichem zu lohnen.»

Volk also waren die Regierten und kein Mythos für einen Mann, der sich daneben mit der Erforschung der Mythen asiatischer Völker befaßte. An der bedenkenlosen Verklärung alles Deutschen hinderte ihn sein einstiger Jakobinismus ebensosehr wie sein katholischer Glaube. Der Erwartung, «deutsche Sinnesweise», also deutsche Kultur, sollte «zur herrschenden in der Geschichte werden», trat er sogar entschieden entgegen, denn noch sei diese Kultur, die Literatur insbesondere mit ihren «hellen, großen, schönen Resultaten», nicht «wirklich ins allgemeine Leben eingedrungen», und noch gebe auch nicht ein einziger kleiner deutscher Staat unter den vielen ein Anzeichen, «wie es werden sollte in der verdeutschten Welt».

Der Publizist Görres war immer Moralist und hat sich als Erzieher und Mentor der Deutschen gefühlt: Dazu brachte er die nötige Lauterkeit, Gerechtigkeitsliebe, Überzeugungskraft und Zivilcourage mit. Außerdem war er ein glänzender Rhetoriker, allerdings eher einer des geschriebenen als des gesprochenen Wortes. Sein Vortrag soll monoton gewesen sein. Görres konnte nur schreibend leben, schreibend breitete er sich über die Welt aus, barock in seinen Bildern, uferlos oft in der Flut seiner Gedanken und Assoziationen, aber immer wieder faszinierend durch den Phantasiereichtum und die überraschenden Aussichten, die sich in seinen Schriften auf Panoramen oder Einzelnes auftun. Man hat ihn Prediger, Prophet, Tribun oder Visionär genannt; ganz gewiß war er auch ein Demagoge, denn er hat seine Sprachkraft zuweilen in den Dienst von Sachen gestellt, die er in ihrer historischen Rolle nicht mehr übersehen konnte und durch die er dann unversehens in Widerspruch zu seinen früheren Überzeugungen geriet. Görres war kein Philosoph mit einem Denksystem, und er hat darauf auch nie Anspruch erhoben. Die festeste geistige Ordnung, an die er sich letzten Endes immer wieder hielt, obwohl er sie als junger Jakobiner zuweilen auch verachtet hat, war die katholische Kirche, unter deren Flügeln er aufgewachsen war. Seine frühen Ausfälle gegen das Pfaffentum waren eher eine Äußerung seines politischen Dilemmas gewesen, also Resultat der Erfahrung von einer ständigen Diskrepanz zwischen göttlicher Reinheit der Evangelien und der korrupten Wirklichkeit, speziell derjenigen des despotischen Absolutismus, zu dessen Segnung die Kirche sich oft genug hergegeben hatte.

Joseph Görres wurde 1776 in Koblenz als Sohn eines Holzhändlers geboren; seine Erziehung erhielt er auf dem dortigen Jesuitengymnasium. Als Gymnasiast schon hatte er sich für die rheinischen Jakobiner engagiert, und seine beiden Zeitschriften *Das Rothe Blatt* (1798) und *Der Rübezahl* (1798/99) waren Höhepunkt solcher Begeisterung und zugleich sein Einstand in die Publizistik gewesen. Nach seiner endgültigen Enttäuschung über die Realitäten des republikanischen Frankreich der Konsularregierung wurde er in Koblenz Lehrer der Physik, was im zeitgenössischen Sprachgebrauch die Naturwissenschaften schlechthin bedeutete. Görres begann eine üppige schriftstellerische Tätigkeit, die sich auf Natur, Kunst und Religion mit ihren mannigfaltigen Wechselbeziehungen untereinander richtete. Im September 1806 wurde er zum Privatdozenten an der neugegründeten Universität Heidelberg ernannt, wo er mit Friedrich Creuzer, Achim von Arnim und Clemens Brentano in enge Berührung kam. Seine Arbeiten zur Mythologie wie zur deutschen Literatur – insbesondere seine Studie über die *Teutschen Volksbücher* (1807) und seine *Mythengeschichte der asiatischen Welt* (1810) – wurden von solchen Beziehungen gefördert. Das erstere verbindet Görres zwar mit der Belebung des Interesses an deutscher Vergangenheit in diesen Jahren, aber er tat dergleichen nicht um des Widerstands gegen Frankreich willen. Daran hinderte ihn einmal die äußere Situation. Im Oktober 1808 war sein Lehrauftrag in Heidelberg abgelaufen, und er kehrte in seine alte Tätigkeit nach Koblenz zurück. Er lebte also nicht in einem von den Franzosen unterworfenen und besetzten Gebiet, sondern in einem von ihnen schon seit einer Reihe von Jahren annektierten. Zum anderen aber befand sich Görres damals selbst in einer Krise, in der sich seine Einstellung zu einigen miteinander schwer zu vereinbarenden Loyalitäten wandelte. Neben republikanischer Gesinnung, die ihn politisch motivierte, gehörte dazu die Loyalität zur Kirche, die ihn erzogen hatte. Für den deutschen Schriftsteller kam außerdem die Loyalität gegenüber seiner Sprache und damit deren Trägern, also seiner Nation hinzu, und schließlich empfand er, der eine Universität nur als Lehrer, nie als Student kennengelernt hat, sich auch der Wissenschaft und damit der Aufklärung im weitesten Sinne verpflichtet.

Die *Reflexionen* von 1810 sind eine seiner frühesten Äußerungen in der politischen Krise Deutschlands unter Napoleon. Seiner eigenen Forderung nach «Publizität» und der Schaffung einer «öffentlichen Meynung» entsprach er aber erst 1814 mit ganzer Energie und Leidenschaft, nachdem die Alliierten das linksrheinische Gebiet zurückerobert hatten. In seiner Heimatstadt Koblenz wurde Görres zum Direktor des öffentlichen Unterrichts eingesetzt und gab dort für zwei Jahre den *Rheinischen Merkur* heraus, der ihm Ruhm und Feindschaft eintrug und den man damals im Kampf gegen Napoleon «die fünfte Großmacht» neben Österreich, Preußen, Rußland und England genannt haben soll. Der *Rheinische Merkur* jedenfalls machte Görres weithin bekannt, obwohl der Kampf, der darin ausgefochten wurde, nicht eigentlich mehr der Mobilisierung des Widerstands gegen Napoleon galt. Der Kaiser war schon entscheidend geschlagen, als die Zeitung zu erscheinen begann. Wohl begleiteten Görres' Berichte die alliierten Armeen bis nach Paris und verfolgten später auch das Regiment der hundert Tage bis Waterloo, aber die eigentliche Brisanz des *Rheinischen Merkur* lag in den Beiträgen, die sich auf die Verwaltung des Sieges bezogen, insbesondere also auf das Tauziehen um die Macht zwischen Preußen und Österreich und auf die Preisgabe nationaler Ziele und liberaler Versprechungen durch die wieder sicher gemachten, erstarkten Fürsten.

Der *Rheinische Merkur* erschien in 357 Nummern vom 23. Januar 1814 bis zum 18. Januar 1816 und wurde, abgesehen von den amtlichen Mitteilungen oder Anzeigen, überwiegend von Görres selbst geschrieben. Görres'

regelmäßige «Übersichten über die Zeitereignisse» sind Meisterleistungen
politischer Berichterstattung in ihrer Verbindung von Information und
Kommentar. Als eine Art Leitartikel bildeten sie das Zentrum des Blattes,
hin und wieder ergänzt durch große, über mehrere Nummern sich erstrek-
kende Aufsätze zur Zeitgeschichte, von denen Napoleons fiktive «Proklamation an die Völker Europas vor seinem Abzug auf die Insel Elba» eine
oratorisch gewaltige, ironische Enthüllung der Despotie und des Führer-
prinzips in der Weltgeschichte war.

> «Für die Welt zu sterben, hat mich nie gelüstet. Daß die Menge für
> den Einen falle, hab ich als das Natürliche erkannt. Dazu bin ich her-
> aufgekommen, daß ich tilge die schlaffe Lehre, die ein solcher Opfer-
> tod in's Volk gebracht.»

So schreibt der fiktive Napoleon, als er am Ende seiner Macht den Gedanken des Freitods von sich weist. Nietzschesche Zarathustra-Töne werden
von diesem Antichrist vorweggenommen, und manche Zeitgenossen haben
den Franzosenkaiser für den wirklichen Autor gehalten. Kraftvoll schwingt
sich Görres' Sprache auf, wenn es um die Verachtung des von ihm geschaffenen Napoleon für die Deutschen geht:

> «Gegen Teutschland hab ich vor Allem zuerst den Blick gewendet. Ein
> Volk ohne Vaterland, eine Verfaßung ohne Einheit, Fürsten ohne Cha-
> rakter und Gesinnung, ein Adel ohne Stolz und Kraft, das Alles mußte
> leichte Beute mir versprechen. Seit Jahrhunderten nicht vertheidigt,
> und doch in Anspruch nicht genommen; voll Soldaten und ohne Heer,
> Unterthanen und kein Regiment, so lag es von alter Trägheit einzig
> nur gehalten. Zwiespalt durfte ich nicht stiften unter ihnen, denn die
> Einigkeit war aus ihrer Mitte längst gewichen. Nur meine Netze durft
> ich stellen, und sie liefen mir wie scheues Wild von selbst hinein. Ihre
> Ehre hab ich ihnen weggenommen, und der Meinen sind sie darauf
> treuherzig nachgelaufen. Untereinander haben sie sich erwürgt, und
> glaubten redlich ihre Pflicht zu thun. Leichtgläubiger ist kein Volk
> gewesen, und thörigt toller kein Anderes auf Erden.»

In einer Geschichte deutscher Selbstkritik würde Görres' große Proklamation sehr wohl neben Hyperions tiefer Enttäuschung an den Deutschen in
Hölderlins Roman genannt werden dürfen, und Görres war wohl auch
nicht unbeeinflußt davon, denn er kannte das Buch gut und hatte ihm eine
Betrachtung gewidmet. In beiden Fällen haben zwei deutsche Schriftsteller
sich des Mundes eines Fremden bedient, um solche Kritik in aller Schärfe
zu artikulieren. Auch das war deutsche Eigenart. Rahel Varnhagen berichtete damals in einem Brief, Gentz habe ihr den *Rheinischen Merkur* dieser
Tage – die «Proklamation» erschien im Mai 1814 – empfohlen «wie *noch
nie etwas;* nennt es Jesaias, Dante, Shakespeare» (13.6. 1814).

Am Ende erging es Görres mit seinem *Merkur* und seinem agitatorischen Enthusiasmus wie einst zu Zeiten seiner jakobinischen Publizistik. Als er in seinem Blatt begann, Projekte für eine Neugestaltung des deutschen Reiches nach dem Sieg über Frankreich zu machen, geriet er in die Mühlen der Realpolitik, in denen seine Ideen und er selbst bald zerrieben wurden. Der preußische General-Gouverneur Gruner und der Staatskanzler von Hardenberg hatten sein Unternehmen gefördert, und Preußens Herrschaft am Rhein akzeptierte Görres durchaus, aber für das zukünftige Reich sah er eher die Dualität der Österreicher und Preußen zum Gewalten- und Religionsausgleich für nötig an. Görres entwarf für das neue Deutschland Friedenstraktate und Pläne zu Konstitutionen, nüchterne oder versponnene, aber allmählich mußte er erfahren, daß es auf deutsche Lösungen überhaupt nicht mehr abgesehen war und die Fürsten keineswegs die Versprechungen einhalten wollten, die sie den Völkern gegeben hatten, als sie deren Kraft für die Vertreibung der Franzosen brauchten. So wurde der *Rheinische Merkur* schließlich verboten, Görres aber zu einem scharfen Kritiker der Restauration.

Der Widerstand gegen Napoleon in Theorie wie Praxis festigte, alles in allem, unter den Deutschen das Bewußtsein, einer auf gemeinsamer Sprache, Geschichte und Kultur gegründeten Nation anzugehören. Die Überzeugung setzte sich durch, daß diese Nation mehr war als nur die Summe von ein paar Hundert Fürstentümern, wie einst das untergegangene Heilige Römische Reich: Sie sollte der Lebensboden zukünftiger gesellschaftlicher wie privater Existenz sein. Die konkreten Vorstellungen von der Zukunft freilich gingen in viele verschiedene Richtungen auseinander, und außer den hier betrachteten Autoren, deren Schriften in unmittelbarem Zusammenhang mit der Geschichte der Literatur dieser Zeit stehen, gab es unter den Wissenschaftlern, Politikern, Offizieren und Publizisten noch andere bedeutende Persönlichkeiten, die für eine Selbstbestimmung der Deutschen die Stimme erhoben; in Berlin zum Beispiel Friedrich Daniel Schleiermacher als Publizist und mitreißender Prediger an der Dreifaltigkeitskirche, außerdem Henrik Steffens in Breslau und Friedrich Schlegel in Wien mit seinen Vorlesungen über die neuere Geschichte (vgl. S. 181 ff.). Gewiß war die Öffentlichkeit, die insgesamt von solchen Stimmen erreicht wurde, noch relativ klein, wenn man in Maßstäben des 20. Jahrhunderts mit seinen Massenmedien denkt. Adressaten waren und blieben in erster Linie die Gebildeten in Adel und Bürgertum. Aber eben sie stellten wiederum die einzige Kraft unter den Deutschen dar, von der eine Veränderung der Dinge allenfalls ausgehen konnte. Unter den Dichtern hingegen gab es dann einige, die wirklich von jenem Ganzen gehört und aufgenommen wurden, das in den Theorien unter dem irisierenden Begriff Volk erscheint.

Patriotische Literatur

«Buhlt länger nicht mit eitlem Wortgeklinge!» lautet die Mahnung des Sonetts «An die Dichter», und deren Pflicht wird so bezeichnet:

> Den Heldenruhm, den sie zu spät jezt achten,
> Des teutschen Nahmens in den lichten Zeiten,
> Als Rittermuth der Andacht sich verbunden,
> Die alte Schönheit, eh sie ganz verschwunden,
> Zu retten fern von allen Eitelkeiten,
> Das sei des Dichters hohes Ziel und Trachten!

Der Mahner aber war kein anderer als Friedrich Schlegel, Dichter, Kritiker, Kunsttheoretiker, Publizist und seit den neunziger Jahren die in der deutschen Literatur dominierende und einflußreichste Persönlichkeit unter der jüngeren Generation. Nichts als eitles Wortgeklinge aber hatte Kotzebue 1799 in seiner Satire *Der hyperboreeische Esel oder Die heutige Bildung* (vgl. Bd. 1, S. 475) gerade dem jungen romantischen Fragmentaristen vorgeworfen, und noch zur Stunde, da dieses Mahnsonett erschien, war Johann Heinrich Voß zornig bemüht, die ganze Sonettschreiberei als ebensolches Wortgeklinge zu verdammen. Schlegels Verse eröffneten den von Sonetten strotzenden *Dichter-Garten*, den Karl von Hardenberg, ein Bruder von Novalis, zusammengestellt und Anfang 1807 unter dem Pseudonym Rostorf herausgebracht hatte. Schlegels Gedichte waren die besondere Zierde dieses Almanachs, zu dem außer dem Herausgeber noch Tiecks Schwester Sophie Bernhardi und Georg Anton von Hardenberg, ein weiterer Bruder von Novalis, beigesteuert hatten. «Kehrt zu den alten Fahnen/ Getreuer wieder hin», forderte nun Schlegel («Friede»), «treu im alten Glauben» («Losung») sollte das geschehen, «alte Satzung» sollte «treu behüt't» («Spruch») werden, und «Adels alte Sitt' und Recht» sei es, dem «Geschwätz der Städte» zu fliehen sowie mit Pflug und Schwert «sein wachsendes Geschlecht» zu fördern und zu schützen. Was war mit Friedrich Schlegel geschehen?

Sucht man ein Beispiel für patriotische Umkehr, für die Wendung vom weltumfassenden Konzept romantischer Universalpoesie zum Patriotismus, so findet man sie hier, nur daß die Gründe dafür nicht so unkompliziert sind, wie es den Anschein hat. Der Hannoveraner Schlegel, seit 1804 als freier Schriftsteller in Köln lebend, hatte in der Zeit der politischen Krisen mehr und mehr seine Sympathien auf Österreich gerichtet als einziges Land, «wo noch Freyheit ist, die einzige Freyheit die etwas werth ist nämlich die ständische», wie er seinem Bruder August Wilhelm mitteilt (27. 2. 1806). In Österreich suchten die Brüder bald danach die Erneuerung eines alten ungarischen Adels der Familie zu erreichen, und in Wien hoffte Friedrich Schlegel auf eine Anstellung, wenn möglich eine Professur an der Universität. Vielleicht werde es schicklich sein, «einen Wink zu geben, daß ich schon seit geraumer Zeit katholisch sei», schreibt er am 12. April 1808 an den Bruder, auf dessen Vermittlung er hofft, und konvertiert sechs Tage später, am 18. April 1808, mit seiner Frau Dorothea geborene Mendelssohn. Schlegels Patriotismus also und seine damit verbundenen Gedanken von einer Wiederherstellung des alten feudalen Heiligen Römischen Reiches Deutscher Nation scheinen sehr von Karriererücksichten motiviert zu sein. Aber auch das freilich hieße, die Dinge unkomplizierter zu sehen, als sie tatsächlich waren. Schlegel log nicht, wenn er sich schon vor der Konversion als katholisch bezeichnete, denn er hatte sich dieser Konfession bereits seit Jahren genähert. Aber nicht die politische Misere seines Landes hatte solche Konversion bewirkt, vielmehr war es eher der Weg zur Konversion, der ihn zu verbindlicheren politischen Überzeugungen kommen ließ, verbindlicher, als sie je in seinen um die Universalpoesie kreisenden Fragmenten enthalten waren. Das Festzurren eines ins Unendliche schweifenden Denkens an vorgegebene Überzeugungen war im Wandel der Zeit nicht nur für ihn eine intellektuelle Notwendigkeit geworden; die Wahl jedoch war seine persönliche Sache. Wahrscheinlich ist dabei die Brücke zwischen Schlegels frühen Spekulationen über die Religion der Kunst und die Kunst der Religion hin zur Bindung an die katholische Kirche leichter zu schlagen als diejenige zwischen dem *Versuch über den Begriff des Republikanismus* von 1796 (vgl. Bd. 1, S. 170 ff.) und dem Lob auf die alten Fahnen und des Adels Sitte und Recht. Aber die Grenze zwischen idealer Konsequenz und persönlichem Interesse läßt sich in einem Lebenslauf nicht immer klar ziehen. Friedrich Schlegel jedenfalls, der scharfsinnige, ironisch-witzige, allen künstlerischen und intellektuellen Feinheiten nachspürende junge Intellektuelle der neunziger Jahre wurde nun ein politisch und religiös engagierter, zürnender, mahnender, wegweisender Lehrer seiner Leser und Schriftstellerkollegen. Ein zweites Mal in der Geschichte der deutschen Literatur wirkte er damit bahnbrechend, denn seine Gedichte aus der Zeit seit 1806 wurden weit beachtet, allerdings wohl in erster Linie ihres Autors und seiner Autorität wegen, und einige der Verse sind 1813 in populäre Sammlungen patriotischer Lieder aufgenommen worden.

Friedrich Schlegel ist in mancher Hinsicht charakteristisch für die patriotische Literatur der Zeit zwischen 1806 und 1815. Was die einzelnen Autoren dazu trieb, sich für die Auflehnung gegen Napoleon und für die eigne Nation zu betätigen, war von sehr verschiedener Art; politische Überzeugungen aller Farben mischen sich mit persönlichen Ambitionen und regionalen Rücksichten oder Interessen. Für die meisten Autoren war das patriotische Dichten außerdem nur eine Art Teilzeitbeschäftigung; selbst ein so rüstiger und hingegebener patriotischer Lyriker wie Ernst Moritz Arndt hat mitten in dem aufregenden Geschehen des Frühlings 1813, in das er unmittelbar verwickelt war, eine ganze Reihe von harmlosen Gedichtchen

(«Juchhei! Blümelein! Dufte und blühe!») verfaßt. Es gibt keine ausschließlich patriotischen Dichter, und es gibt auch keine eindeutig identifizierbaren Gruppen gemeinsam bemühter Autoren. Die Frage nach der Qualität kommt hinzu, nicht einer nach irgendwelchen überzeitlichen Maßstäben gemessenen, sondern einer von der unmittelbaren Wirkung bestimmten. Schlegels Verse etwa blieben trotz aller Aufmerksamkeit, die sie zunächst erregten, und trotz des Weiterlebens in einigen Sammlungen doch zuletzt unpopulär. Denn die Lyrik war nach wie vor nicht das Feld, auf dem Schlegel sein großes Talent entfalten konnte. «Was ist denn eigentlich politische Poesie», fragt Joseph von Eichendorff in seiner *Geschichte der poetischen Literatur Deutschlands* bei der Darstellung der Dichtung eben dieser Zeit, und er kommt zu dem Schluß: «Die Aufgabe der Poesie ist nicht, das, was der Wogenschlag der Zeit als Begriffe abgelagert, prüfend zurechtzulegen, nicht das Erkämpfte, sondern den Kampf, das Werdende, mit einem Wort: das *Dramatische* jenes Bildungsprozesses selbst lebendig darzustellen.» Friedrich Schlegels Verse gehören ganz eindeutig zur ersten der Eichendorffschen Kategorien; ein wahrhafter Meister der zweiten wurde Theodor Körner, wohl überhaupt das Schulbeispiel für die deutsche patriotische Literatur der Napoleonischen Kriege. Ihm soll deshalb eine besondere Betrachtung vorbehalten sein.

Die Formen, in denen diese Literatur erschien, waren vielfältig. Die eingängigste, am raschesten und breitesten wirkende blieb immer das als Lied vertonte oder auf eine bereits bekannte Melodie geschriebene Gedicht, und davon gab es auch das größte Angebot. Besonders beliebt waren Kontrafakturen auf Schillers «Reiterlied» aus *Wallensteins Lager* und auf seine Ode «An die Freude», womit zugleich schon etwas über die frühe politische Wirkung des nationalen Dichters Schiller gesagt ist. Luther folgte in der Beliebtheitsskala der Modelle dicht dahinter. Von den bekannteren Autoren dieser Tage sind Arndt, Eichendorff, Fouqué, Körner, Schenkendorf, Rükkert und Uhland diejenigen geworden, die am häufigsten in Sammlungen, in Lieder- und Lesebücher eingingen. Aber auch Zacharias Werner, Heinrich von Collin und eine ganze Reihe von längst vergessenen oder niemals bekannt gewordenen Poeten versuchten damals ihre Feder zum Wohle des nicht immer genau bestimmten Vaterlandes. Eine anonyme Massenliteratur entstand, und neben Lied und Gedicht gab es patriotische Dichtung auch in der Form von Oratorien, Aufrufen, Katechismen und Dramen.

Die Frage bleibt, was sich denn eigentlich patriotische Literatur nennen läßt. Nicht allein die deutlich deklarierte Franzosenfresserei und Eisenbeißerei wird man dazu rechnen wollen. Haben nicht auch Arnims und Brentanos *Des Knaben Wunderhorn*, Görres' Beschreibung der *Teutschen Volksbücher*, die *Zeitung für Einsiedler* und selbst Goethes erster Teil des *Faust*, die allesamt zwischen 1806 und 1808 erschienen, die Besinnung auf die nationale Identität der Deutschen gefördert und sind damit patriotische

Literatur im weitesten Sinne? Erschöpft sich andererseits ein Drama wie Kleists *Hermannsschlacht* in seiner unverkennbaren patriotischen Intention? Es gibt keinen Zweifel, daß Arnims, Brentanos, Görres' oder Goethes genannte Werke den deutschen Lesern ihr Deutschsein in kritischer Zeit klarer ins Bewußtsein gerufen haben als manche heftigen und gut gemeinten, aber gedankenarmen Vaterlandslieder, und es steht ebenso außer Zweifel, daß Kleists Drama weit über den Anlaß hinaus Gegenstand einer noch unerschöpften Diskussion geblieben ist. Scheinbar ganz persönlich-private Werke wie Arnims Roman von *Armut, Reichtum, Schuld und Buße der Gräfin Dolores* (1810) haben außerdem eine bedeutende politische Wirkung gehabt, wovon Eichendorff in seinem eigenen Roman über diese Zeit, in *Ahnung und Gegenwart* (1815), Zeugnis ablegt. Tiefer als bisher in der deutschen Literaturgeschichte waren, wie schon früher erwähnt, die Schriftsteller jetzt vom politischen Geschehen betroffen und bewegt; oft genug wurden sie persönlich hinein verwickelt. Stärker als bisher aber waren auch die Leser ebenso wie die Zensoren empfänglich oder empfindlich für alles, was sich auf dieses Geschehen beziehen ließ. So läßt sich die Literatur der Jahre zwischen 1806 und 1815 insgesamt nicht ohne das ständige Bewußtsein vom politischen Hintergrund, ja oft genug von den wechselnden Perspektiven des Tagesgeschehens verständig lesen, und es wird bei der Betrachtung der Werke immer wieder auf diesen nahen und fernen Hintergrund zurückzukommen sein. Was daneben allein erlaubt, eine besondere patriotische Literatur herauszustellen, ist die Absicht von Autoren, mit ihren Schriften und Versen unmittelbar das politische Geschehen zu beeinflussen, also agitatorisch zu wirken. Schlegels Appell «An die Dichter» hatte dergleichen durchaus zum Ziel. Damit wiederum entspricht die patriotische Literatur in der Zeit der Napoleonischen Kriege in vieler Hinsicht der Revolutionsliteratur nach 1789, und dieselben Unterscheidungen zwischen ihr und der auf eine weitere existentielle Problematik gerichteten, die Ausdrucksmöglichkeiten der Sprache erweiternden Literatur lassen sich aufstellen (vgl. Bd. 1, S. 90 ff.). Was jedoch die deutsche politische Literatur nach 1806 von derjenigen nach 1789 unterscheidet, ist die Teilnahme einer größeren Anzahl bedeutenderer Autoren, also solcher, die zugleich mit dem politischen Bezug ihre eigene Lebensproblematik reflektieren und sie in ihrer Einmaligkeit auszudrücken wissen. Der Gewinn an künstlerischem Gewicht mag gelegentlich zum Verlust an agitatorischer Wirkung führen. Wichtiger als das aber ist, daß jenseits der Parolen und Appelle, der Forderungen und Hoffnungen jetzt – oft nur erst in Anfängen und einzelnen Werken – ein Bild deutscher politischer Eigenart entsteht, und zwar dort, wo die großen inneren Kräfte der Liebe, des Hasses, der Angst und der Macht, deren Gestaltung so sehr die Domäne der Dichter ist, im nationalen, kollektiven Handeln aufgehen, in Aktionen jedenfalls, die zum erstenmal in der deutschen Geschichte diesen Namen verdienen. Das Werk Heinrich von Kleists, des bedeutendsten aller in diesem Zusammenhang zu nennenden Autoren, ist ein triftiges Beispiel dafür.

Heinrich von Kleists patriotisch-agitatorische Schriften stammen aus der kurzen Zeit zwischen der Mitte des Jahres 1808, als in Preußen erste Pläne zum bewaffneten Aufstand gegen Napoleon gemacht wurden, und der Mitte des folgenden Jahres, als Österreichs Aufstand in der Niederlage bei Wagram endete. Gewirkt haben diese Schriften in ihrer Zeit nicht, denn fast alle sind erst lange nach Kleists Tod veröffentlicht worden und dann in erster Linie um seinetwillen und nicht um der Mission willen, die sie enthielten. Lediglich das Lied der Germania ist 1813 in zwei Drucken erschienen.

Anfang 1807 war Kleist als angeblicher Spion von den Franzosen verhaftet und nach Frankreich gebracht worden; nach dem Frieden von Tilsit im Juli 1808 erlaubte man ihm die Rückkehr, und er ließ sich in Dresden nieder. Es war die Zeit, da er mit Adam Müller den *Phöbus* herausgab und in der die *Penthesilea,* das *Käthchen von Heilbronn* sowie die *Marquise von O.* entstanden oder vollendet wurden. In der Rheinbundstadt Dresden zwischen den Fronten und auf einer Reise ins österreichische Kriegsgebiet schrieb Kleist dann auch seine patriotischen Schriften. Einige Kriegslieder wurden nach Wien geschickt und nicht veröffentlicht, die *Hermannsschlacht* auf den gleichen Weg gebracht und nicht aufgeführt, der Plan zu einem Journal *Germania* entworfen, das dann nicht zustandekam. Diese Schriften umgibt also der gleiche Hauch von Vergeblichkeit, in den auch sein anderes Werk zu seiner Zeit gehüllt war. Daß Kleist gelegentlich seine Stimme besonders laut und grell erhob, hat nicht zuletzt darin eine Ursache. Aber das feine Abwägen zwischen Hingabe und Zurückhaltung, Leidenschaft und Besonnenheit in der Beziehung zu anderen Menschen ist ihm im Leben immer das schwerste Problem gewesen, und auch seine politischen Schriften sprechen davon. Gewiß hatte er politische Beziehungen, und es ist nachweisbar, daß sich Gedanken der preußischen Reformer, insbesondere solche Steins, Gneisenaus und Scharnhorsts in diesen Schriften spiegeln, vor allem in der *Hermannsschlacht.* Sogar von geheimer Tätigkeit in ihrem Bunde ist die Rede. Aber zum Handelnden war Kleist nicht geschaffen, und man hat ihn wohl auch nicht ernst genommen. Gerade um letzteres aber ging es ihm immer wieder und mußte es ihm um der Würde des eigenen Lebens und Tuns willen gehen. Daß ihm der Ausgleich nicht gelang, ist aus seiner Lebensgeschichte bekannt. So ist jedenfalls das Streben nach dem Ernstgenommenwerden, nach dem Wirkenwollen um jeden Preis bei seinen politischen Schriften mitzudenken, nicht als Opportunismus, denn eben dazu war er so ganz unfähig, sondern eher als Versuch – um es bildlich auszudrücken –, durch helle, gelegentlich diskordante Fanfarenstöße auf die ganze große, schöne Musik aufmerksam zu machen, die zu spielen er imstande war.

Ein solcher Fanfarenstoß ist nun zweifellos das Lied «Germania an ihre Kinder», in der Form Schillers Ode «An die Freude» nachgebildet, kraftvoll in seiner kühnen Bildersprache, aber auch verstörend in seiner Gewaltsamkeit:

> Deutsche, mutger Völkerreigen,
> Meine Söhne, die, geküßt,
> In den Schoß mir kletternd steigen,
> Die mein Mutterarm umschließt,
> Meines Busens Schutz und Schirmer,
> Unbesiegtes Marsenblut,
> Enkel der Kohortenstürmer,
> Römerüberwinderbrut!

Das singt die Germania ihren Kindern zu, und es wird sogleich deutlich, warum Kleist, auch wenn die Umstände günstiger für ihn gewesen wären, damit nicht als begeisternder Massenpoet hätte reüssieren können. Allein das Bild der in den Schoß der Mutter kletternden Deutschen ist so außerordentlich, daß es sich eher für die Psychoanalyse des Autors als für die singbare Inspiration einer großen, auf ein Kampfziel gerichteten Menge eignet. Man halte dem Gedicht nur eine Strophe aus Arndts «Aufruf an die Deutschen bei Schills Tode» (1809) entgegen, um die ganze Eigenheit des Kleistschen Textes zu fassen:

> O eure tapfern Väter!
> O eure großen Ahnen!
> Die Helden, die Germanen!
> Das waren kühne Täter,
> Nicht schöner Worte Sprecher,
> Nein, stolzer Freiheit Kinder,
> Tyrannenüberwinder,
> Entnervter Tugend Rächer.

Die Simplizität der Arndtschen Verse bedeutet zugleich ihre bessere Tauglichkeit zur Agitation. Kleist hingegen führt das in der Einbildungskraft erst nachzuvollziehende Bild von der Mutter und ihren Kindern ganz aus und verlangt vom Leser oder Hörer die Fähigkeit zu poetischer Rezeption; er setzt Kenntnisse voraus, wenn er auf den germanischen Stamm der Marsen und auf die römischen Kohorten Bezug nimmt, und schließlich ist seine «Römerüberwinderbrut» – an der Grenze des Komischen – um ein Wortglied länger als die Arndtschen «Tyrannenüberwinder». Es ist jenes entscheidende Wort «Brut», das die gegenwärtigen Deutschen als Kinder ihrer Ahnen bezeichnet, aber sie im Grunde animalisiert, denn auch zu Kleists Zeiten wurde das Wort übertragen «allemahl in einem gehässigen und verächtlichen Verstande» gebraucht, wie Adelungs *Grammatisch-kritisches Wörterbuch* 1808 erläutert. Die schockierende Wandlung des gängigen Wortgebrauchs erlaubt einen Blick in Kleists dichterisches Verfahren überhaupt, in sein Aufreißen gehegter Grenzen und seine Sicht vom Menschen als taumelndes Wesen zwischen Tier oder Marionette und Gott. Auf andere Art wird Tierisches einbezogen in der berüchtigten vierten Strophe:

> Alle Plätze, Trift' und Stätten,
> Färbt mit ihren Knochen weiß;
> Welchen Rab und Fuchs verschmähten,
> Gebet ihn den Fischen preis;
> Dämmt den Rhein mit ihren Leichen;
> Laßt, gestäuft von ihrem Bein,
> Schäumend um die Pfalz ihn weichen,
> Und ihn dann die Grenze sein!

Und der Chor jubelt dazu:

> Eine Lustjagd, wie wenn Schützen
> Auf die Spur dem Wolfe sitzen!
> Schlagt ihn tot! Das Weltgericht
> Fragt euch nach den Gründen nicht!

Den Kampf gegen den Feind in Jagdmetaphern zu kleiden war ein übliches Verfahren der patriotischen Lyrik dieser Jahre. Denn bei der Jagd steht man nicht einem gleichrangigen Feind gegenüber, sondern einem inferioren Wesen; sie wird als Mittel zur Lebenserhaltung der Menschen verstanden und bedarf deshalb auch keiner besonderen moralischen Rechtfertigung. Dergleichen ist in Kleists rabiatem Satz enthalten, daß das Weltgericht, jene heilige Institution, die Schiller in der Weltgeschichte etabliert sah, nach der Rechtfertigung solcher Jagd nicht frage. Aber gerade damit wird wiederum impliziert, daß doch eben von Menschen die Rede ist, deren sterbliche Überreste, soweit sie nicht den Tieren als Speise gedient haben – eine weitere Degradierung ins Subanimalische – zum Dammbau verwendet werden sollen, damit der Rhein, wenn er schon Deutschlands Grenze sein sollte, wenigstens großzügig umgeleitet werde. Auch solche brutale Konkretheit war freilich nicht geeignet als Massenlied, und noch weniger ließ sie vielfältige Nutzung zu, wie das die Gemeinplätze und offenen Begriffe in den Versen Arndts oder Körners taten, die in der Geschichte des deutschen Nationalismus eine bedeutende Rolle gespielt haben.

Bei der «Germania» handelte es sich jedoch nicht um eine vereinzelte Entgleisung Kleists. Die *Hermannsschlacht* (vgl. S. 654 ff.), geschrieben in der zweiten Hälfte des Jahres 1808, enthält gleichfalls eine Reihe von ausgesprochenen Brutalitäten gegen den Feind: Ventidius, der römische Legat, wird von der umschwärmten Thusnelda einem Bären verfüttert, Gewalttaten werden im geheimen Auftrag Hermanns gegen die eigenen Germanen begangen, um deren Haß auf die Römer anzustacheln, und die Teile der zerstückelten Leiche eines vergewaltigten germanischen Mädchens werden als Hostien des Widerstands an die germanischen Stämme ausgesandt. Was hier bei Kleist am Werke ist, läßt sich mit «furor teutonicus» nur unzureichend bezeichnen. Denn nicht weniger barbarisch wild hatte er kurz vorher in einem gänzlich unpolitischen Zusammenhang seine zarte Penthesilea mit dem von ihr getöteten Achill verfahren lassen. Kleist stellt vielmehr jetzt in den Dienst der Politik, was sich in seinem Wesen bereits vorfand, von ihm erkannt und wenn auch nicht verstanden, so doch in seiner Gefahr wie Tragik gestaltet: die Ohnmacht und Übermacht des entfesselten Ich in seiner Krise am Übergang zur modernen Massengesellschaft. Kleists Hermann zum Beispiel agiert in angewandter Dialektik nach einer Art marxistischer Verelendungstheorie, wonach die große Revolution als Befreiungstat umso eher ausbricht, je weniger im kleinen zur Besserung der Verhältnisse getan wird. Und auch die Forderung, daß die Sache – bei Kleist das Vaterland, in späteren Zeiten die Partei – immer recht habe und über allen moralischen Rücksichten und den aus dem Recht des Individuums abgeleiteten Prinzipien einer aufklärerischen Ethik stehen solle, seit Ideologien und nicht mehr Gottesgnadenschaft die Macht legitimierten, wies auf die Zukunft. Kleist war hier nicht in theoretischer Durchdringung, wohl aber in dichterischem Spürsinn seiner Zeit weit voraus, und das gelang ihm, weil er, stärker isoliert als andere und dazu mit feineren Sinnesorganen ausgestattet, genau auf das hörte und sah, was in ihm selbst vorging. Letztlich aber hatte damit auch sein Deutschsein etwas zu tun, denn die selbständige Existenz von Preußen, Sachsen oder Österreich verstärkte nur noch die Isolation von aller gesellschaftlichen Praxis, in der er sich ohnehin schon befand.

Manche unmittelbare Beobachtung ist in die *Hermannsschlacht* eingegangen: der Guerillakrieg der Spanier gegen Napoleon seit 1808 oder der Versuch einer Annäherung zwischen Preußen und Österreich zur gemeinsamen Aktion, der wesentlich an der Unentschlossenheit des preußischen Hofes scheiterte und Kleist zeitweilig zu einem Enthusiasten für die Österreicher machte. Auch an diesem Werk gingen Kleists Zeitgenossen vorüber: 1821 wurde es zum erstenmal gedruckt, 1839 zum erstenmal aufgeführt.

Zu Kleists publizistischen Versuchen der Jahre 1808/09 gehören noch sein nach einem spanischen Modell verfaßter *Katechismus der Deutschen,* in dem er die Wiedererrichtung des alten Kaiserreichs propagiert, ein kleines satirisches *Lehrbuch der französischen Journalistik* und vor allem der kostbare kleine Appell *Was gilt es in diesem Kriege?* Er ist nicht nur ein Korrektiv des «furor teutonicus», sondern überhaupt die Grundlage von Kleists Patriotismus. Er ist ein Lob der Deutschen, das weit über alles das hinausgeht, was in der sonstigen patriotischen Literatur und den Theorien des Widerstands als verteidigenswerte deutsche Eigenschaften gepriesen wird, weit entfernt von agitatorischer Vereinfachung oder Einfalt und hinter den Schein der gängigen Begriffe von Ehre, Treue, Freiheit, Vaterland blickend. Eine Gemeinschaft – das Wort selbst steht über den Klassen und Parteien – gelte es zu verteidigen, schreibt Kleist,

> «die unbekannt mit dem Geist der Herrschsucht und der Eroberung, des Daseins und der Duldung so würdig ist, wie irgend eine; die ihren Ruhm nicht einmal denken kann, sie müßte denn den Ruhm zugleich und das Heil aller übrigen denken, die den Erdkreis bewohnen; deren ausgelassenster und ungeheuerster Gedanke noch, von Dichtern und Weisen, auf Flügeln der Einbildung erschwungen, Unterwerfung unter eine Weltregierung ist, die, in freier Wahl, von der Gesamtheit aller Brüdernationen, gesetzt wäre.»

In der Tat, neben der bitteren Kritik an Deutschland, wie sie Hölderlins Hyperion zum Ausdruck brachte, konnte dieses Lob ohne Widerspruch bestehen. Denn wie immer klein und eng die Verhältnisse in diesem Lande waren, wie immer darin die freie Entfaltung seiner Bürger behindert wurde – es war zugleich ein Land, das damals noch nicht zum Schrecken der anderen Nationen existierte, dessen beste Denker immer frei über seine Grenzen hinausgedacht, dessen Gelehrte der Welt Nutzen, dessen Künstler ihr Schönes gebracht hatten. Kleist zählt die Namen auf, die ihm dafür bürgen, nennt diese deutsche Gemeinschaft eine, die «an dem Obelisken der Zeiten, stets unter den Wackersten und Rüstigsten tätig gewesen» sei, ja – und hier fügt er sich gängigen Vorstellungen von der Vorzugsrolle der Deutschen – «die den Grundstein desselben gelegt hat, und vielleicht den Schlußblock darauf zu setzen, bestimmt war», nun allerdings, wohl unverteidigt, dazu nicht mehr imstande sei. Gegenüber allen Proklamationen prinzipieller deutscher Superiorität in diesen Tagen geht Kleist hier auf jene Definition der Deutschen als einer Kulturnation zurück, die schon Schillers Vorstellung von «deutscher Größe» bestimmte oder die sich in Novalis' Hoffnung ausdrückte, der Deutsche möchte zum «Genossen einer höhern Epoche der Kultur werden». Für Kleist sind seine Deutschen eine Gemeinschaft,

> «die dem ganzen Menschengeschlecht angehört; die die Wilden der Südsee noch, wenn sie sie kennten, zu beschützen herbeiströmen würden».

Die Otaheiter kommen zur Rettung des Abendlandes.

Der Appell war nicht Kleists letztes Wort in deutscher Sache, wie es letzte Worte in agitatorischer Literatur, die sich auf die immer neuen, immer veränderten politischen Entwicklungen einstellen muß, nicht eigentlich geben kann. Im übrigen ist die genaue Chronologie aller Kleistschen patriotischen Schriften nicht sicher festzustellen, so viel auch im einzelnen Genaues eruiert worden ist. Genannt werden muß jedenfalls noch jenes «Letzte Lied» Kleists, Stanzen aus dem Jahre 1809, die die Vision eines heraufziehenden Krieges nicht jubelnd beschwören, sondern eher mit der düsteren expressionistischen Bildlichkeit darstellen, die auf die Visionen Georg Heyms vorausdeuten könnte:

> Fern ab am Horizont, auf Felsenrissen,
> Liegt der gewitterschwarze Krieg getürmt [. . .]

Aber es ist dennoch ein Mahnlied an die gleichgültigen Landsleute, die geduldig ertragen, was nicht zu ertragen ist:

> Und stärker rauscht der Sänger in die Saiten,
> Der Töne ganze Macht lockt er hervor,
> Er singt die Lust, für's Vaterland zu streiten,
> Und machtlos schlägt sein Ruf an jedes Ohr, –
> Und da sein Blick das Blutpanier der Zeiten
> Stets weiter flattern sieht, von Tor zu Tor,
> Schließt er sein Lied, er wünscht mit ihm zu enden,
> Und legt die Leier weinend aus den Händen.

Die Trauer des von seinen Zeitgenossen nicht angenommenen Dichters schimmert durch. Noch einmal hat Kleist später, ehe er die Leier gänzlich aus den Händen legte, im Schauspiel vom *Prinz Friedrich von Homburg* um vaterländische Anerkennung nachgesucht, ohne sie zu finden. Die *Friedensblätter* in Wien, die das «Letzte Lied» am «Sonnabend den 8. July 1815» zum erstenmal druckten, schrieben dazu, das Gedicht werde wohl den Dank des wiedererstandenen Vaterlandes «immer neu entflammen» – «dem unglücklichen Sänger aber, der nicht den Sieg erleben sollte, der in den Tagen der Heimsuchung, als eines der theuersten Opfer, verzagend fiel, indem er ungeduldig – davon ging, ihm wird die Erinnerung an jene Zeit ein billiges Bedauern zollen». Das hat sie denn auch getan, aber daß Kleist in der Geschichte des deutschen Patriotismus und Nationalismus nicht jene Popularität erreicht hat, wie sie Arndt und Körner spielend errangen, hat ihn vor manchem Mißbrauch geschützt, auch wenn er ihm nicht gänzlich entgehen konnte.

Das meiste, was Achim von Arnim oder Clemens Brentano zum Patriotismus der Napoleonischen Zeit beitrugen, ist heute in den Werkausgaben begraben, obwohl es zu seiner Zeit größere Kreise erreichte als je eines der Werke von Kleist. Gelegentlich war sogar ein öffentlicher Auftrag der Anlaß, wie in Arnims Fall die Bitte des «Königl. Kammermusikus Herrn Schneider» in Berlin, den Text zu einer Trauerkantate für die am 19. Juli 1810 gestorbene preußische Königin Luise zu schreiben, eine *Nachtfeier nach der Einholung der hohen Leiche Ihrer Majestät der Königin*. Schon ihr Leben hatte die Dichter zu hoher Begeisterung inspiriert. «Wer den ewigen Frieden jetzt sehn und liebgewinnen will, der reise nach Berlin und sehe die Königin», hatte Novalis am Schluß von *Glauben und Liebe* geschrieben, einer Schrift, in der sie und der König als ideales Fürstenpaar gefeiert wurden. Jean Paul hatte ihr und ihren Schwestern den *Titan* gewidmet, und Kleist schrieb ihr Geburtstagsgedichte. Ihr Tod aber setzte dann erst recht Phantasie und Sprache in Bewegung. Auch Brentano schrieb den Text für eine Kantate, und Gedichte wuchsen im ganzen Lande hervor; Werner, Schenkendorf, Körner, Fouqué, Helmine von Chézy beteiligten sich an solchem Totenopfer.

Jede gute Sache hat ihre Märtyrer, und auch der Kampf gegen Napoleon hatte sie. Der Buchhändler Palm war im August 1806 erschossen worden, Prinz Louis Ferdinand fiel im Oktober 1806, Ferdinand von Schill und seine Offiziere wurden 1809 und der Tiroler Wirt Andreas Hofer wurde 1810 Opfer der französischen Kugeln: Hier gab es also zu feiernde Helden, und man feierte sie entsprechend. Julius Mosens Andreas-Hofer-Lied «Zu Mantua in Banden» zum Beispiel hat dauernde Volkstümlichkeit erreicht. Nur waren es allesamt doch Männer, die eigene Taten mit dem Leben bezahlen mußten, beklagenswert und bewundernswert, aber doch durch eigene Entscheidung in jenen Kampf verwickelt, in dem sie dann umkamen. Jetzt aber starb eine Königin, erst vierunddreißig Jahre alt, Mutter von zehn Kindern, die noch vor kurzem dem fremden Eroberer eindrucksvoll entgegengetreten war, schön und schöngeistig dazu, ganz gleich ob tatsächlich oder nur dem Hörensagen nach: Nichts Idealeres für eine Märtyrerin war vorstellbar als eben sie, und Zacharias Werner erhob sie sogleich zur «Himmelskönigin».

Arnims Kantate feiert die protestantische Heilige und mit ihr das Volk, das sie verehrt. Die große Wende vom Klassischen zum Christlichen wird nun auch in der Fürstenpanegyrik vollzogen. Statt der antiken entsteht eine neue, aus dem eigenen Lande geborene, nationale Mythologie. Eine «Stimme» von «Preußens meerbestürmter Küste» spricht:

> Du trauerst, treues Volk,
> Das Sie geliebt,
> Um dich hat Sie so oft getrauert,
> Als dich die Übermacht umlagert.
> Ich sah die Tränen fließen,
> Als Sie an unserm Meeresstrande weilte,
> Mit mildem Blick die wilden Wogen zwang,
> Daß sie sich demutsvoll zu Ihren Füßen legten [...]

In einem damals unveröffentlicht gebliebenen kleinen Aufsatz *Was soll geschehen im Glücke,* der 1806 kurz vor der Schlacht bei Jena und Auerstedt entstanden ist, hat Arnim die Erhebung des Volkes aus seiner Unterdrückung «durch den Adel zum Adel» gefordert und «das ruhige Anschließen an die Vergangenheit um zur Zukunft zu gelangen». Traditionsbewußtsein und die aufgeklärte Überzeugung vom gleichen Wert und Recht aller Menschen haben Arnim geleitet in dem Versuch, als preußischer Adliger und deutscher Schriftsteller bildend zu wirken. Als derartig konservativer Revolutionär erwies er sich auch in seinen Liedern für die Christlich-deutsche Tischgesellschaft in Berlin, so in dem über einen «Deutschen Völkerbund», am 24. Januar 1813, dem Geburtstag Friedrichs des Großen, «unter dem Geräusche der zurückziehenden Franzosen gesungen», von dem eine Chor-Strophe lautet:

> Hoch soll leben unsre Krone,
> Hoch die deutschen Kronen alle,
> Und ein deutscher Kaiser throne
> Frei erwählt über alle.

Arnims eigentümlichster Beitrag zur patriotischen Literatur aber ist eine Reihe von Theaterstücken, denen freilich kein Glück auf dem Theater beschieden war: *Die Vertreibung der Spanier aus Wesel* (1813), *Die Appelmänner* (1813) und *Die Capitulation von Oggersheim* aus der gleichen Zeit. In allen drei Stücken ist es der Kampf zwischen Lutheranern und Spaniern, der als leicht aufzulösende Analogie für die eigene Zeit dient. Politisches

Theater sind allerdings diese Stücke nicht. Farcenhaftes ist in sie verwoben ebenso wie Sprachspiele und Züge aus der Volksdichtung.

Am reichhaltigsten und am besten gelungen sind die *Appelmänner,* wo «das Grauen, die Ehre, Lust und Not, die den Befreiungskrieg geheimnisvoll vorbereiteten, und die verschiedenartigen Zustände und Stimmungen der Jugend, die ihn ausfocht, in einem alten Puppenspiele sich wunderbar abschildern». So beschreibt Eichendorff das Stück in seiner *Geschichte der poetischen Literatur Deutschlands.*

Held des 1576 im Freiheitskampf der deutschen Protestanten gegen die Spanier spielenden Stückes ist Vivigenius, Sohn des Bürgermeisters Appelmann in Stargard, den die eigenen Leute als vermeintlichen Verräter hinrichten, weil sie von ihm «Frevel gegen die Obrigkeit» befürchten. Dem Vater ist er ein verlorner Sohn, ohne Lust zum Handel oder dem «Streit der Rechtsgelehrten», wozu er bestimmt sein soll. Vivigenius reizen die Niederlande, «wo sich der Waffen Glanz um Völkerfreiheit schützend drängt», und eben solche Waffen kauft er sich mit geliehenem Geld. So gerät er in Schulden, schließlich in den Ruch eines Verräters und mit der Billigung des eigenen Vaters aufs Schafott. Nun vermag allerdings der Scharfrichter im Puppenspiel mit einem magischen Öl den abgeschlagenen Kopf wieder anzuleimen und den Toten ins Leben zurückzubringen, so daß die Alten ihre Lehre erhalten, die Stadt von den Spaniern befreit wird und Vivigenius seine Geliebte wiederfindet. Ein altes Kirchenlied aus dem *Wunderhorn,* von Arnim umgeformt, feiert den Triumph von Tod und Wiedergeburt:

> Kraft, Macht, Gnadenstärke gibst du, starker Hort,
> Sei von uns gepriesen immer fort und fort,
> Durch ein tapfres Sterben
> Wollen wir erwerben
> Deine Siegeskrone und dein Friedenswort.

Arnims Patriotismus in diesem Stück ist subtiler als ihn politische Agitation brauchen konnte. Vivigenius, der lebendige Genius der Jugend, verwirft den «gemeinen Krieg» für «die Eitelkeiten eines Fürstenhauses», nimmt Krieg ohnehin als Übel, aber zieht auch wiederum den Opfertod «dem schlechten Leben unsrer Zeit» vor. Der Schluß ist die Vision einer Einheit von Gesetz und Freiheit, wie Kleist sie kurz vorher im Drama über den Prinzen von Homburg gewünscht hatte, ist die Gemeinschaft von Vater und Sohn, wie es das Lied des Scharfrichters bei der Erweckung des hingerichteten Sohnes verkündet:

> Kopf und Herz gehört zusammen,
> Beide auseinander stammen,
> Kopf ist Vater, Herz ist Sohn,
> Daß der Geist in beiden wohn'.

Luthertum und das Vaterland, Liebe und Tod, Wirklichkeit und Marionettenwelt, Freiheit des kreativen einzelnen und konservative Staatsräson: aus solchen politischen, poetischen und existentiellen Elementen ist Arnims Stück zusammengefügt, eine Verbindung nicht ohne Bruchstellen, aber von dem Anreiz magischer Phantasie.

Auch Clemens Brentano hat sich als patriotischer Dramatiker versucht und bei solchem Versuche übrigens das gleiche Lied verwendet. Aus dem August 1813 stammt sein «klingendes Spiel» *Victoria und ihre Geschwister mit fliegenden Fahnen und brennender Lunte*; zuerst gedruckt wurde es 1817. Nach dem Bekenntnis des Autors stand *Wallensteins Lager* dabei Modell, aber der barocke Titel verrät schon, daß mehr als nur eine Imitation Schillers zu erwarten ist.

Im Spiel um Anne, die Pflegetochter einer Marketenderin und Adoptivtochter eines Schulmeisters, werden Lebensthemen Brentanos mit leichter Hand in eine politische Allegorie und ein literarisches Spiel verwoben. Denn Anne – zuweilen in Männerkleidern als Soldat auftretend wie in Wirklichkeit Eleonore Prochaska, die als Frau unerkannt ein Lützowscher Jäger wurde und im Kampfe fiel – heißt eigentlich Victoria und ist verliebt in den ihr nicht bekannten eigenen Bruder Siegmuth. Zu ihnen treten noch weitere Geschwister: Eiferried als österreichischer Wehrmann und Siegegewalt als androgyner preußischer freiwilliger Jäger. Ihrer aller Eltern aber sind Curtius von Siegen, der aus Rom stammt und in eine Rheinsage verwickelt ist, und Gloria, die zugleich als Caritas durch die Lande geht, Allegorie und Wirklichkeit vermengend. Österreich und Preußen, Brüder und Schwestern, Politik, Mythos und Religion durchdringen sich in diesem Stück in sehr Brentanoscher Eigenwilligkeit. Brüder und Schwestern lieben einander nahe an Tabugrenzen, Waisen finden ihre Familie wie anderswo in Brentanos Werken, aber in gleicher Weise auch wie die deutschen Länder einander lieben und ihr Vater- und Mutterland finden sollen. Im Politischen ist kein preußischer Patriot am Werk, sondern ein fränkischer Katholik, der bei der Niederschrift des Stückes in Österreich lebte. Nur hat es allerdings der österreichische Zensor dennoch nicht durchgehen lassen, und man wird sogar Verständnis dafür haben können, daß er mißtrauisch gegenüber derartigen Verquickungen war.

Außerdem jedoch wimmelt das Stück von literarischen Anspielungen. In verschiedenen Variationen erklingen Parodien von Goethes Gedichten «Meeres Stille» und «Glückliche Fahrt». Anne zum Beispiel singt:

> Schlummerstille herrscht im Lager,
> Ohne Regung ruht das Heer,
> Einsam spähend sieht die Wache
> Auch nicht einen Feind umher,
> Kein Geräusch von keiner Seite,
> Friedensstille rings um mich;
> In der lang ergoss'nen Weite
> Reget keine Waffe sich!

> Schon rührt sich die Trommel,
> Schon lockt die Trompete,
> Da hebt sich der Streiter,
> Da rasselt der Krieg,
> Da spielen die Winde
> In flatternden Fahnen,
> Geschwinde! Geschwinde!
> Auf blutigen Bahnen
> Aurora und Eifer,
> Gewalt, Muth und Sieg!

Nicht nur *Wallensteins Lager*, sondern auch die *Jungfrau von Orleans* und das «Lied von der Glocke» liefern weiteres motivisches Material, ebenso wie die Ringparabel aus *Nathan dem Weisen*. Spuren von Brentanos eigenen Rheinmärchen lassen sich erkennen, Theodor Körner wird gefeiert und der «Soldaten-Katechismus» des

Freundes Achim von Arnim zitiert. Brentano hat selbst eigene Lyrik beigesteuert. Ein wildes «Sturmlied» ist darunter mit Versen wie:

> Bajonette, um die Wette stoßt die Kette
> Nieder an des Flusses Bette,
> Daß kein Deutschlands Feind sich rette!

oder:

> Hand sich reichen, über Leichen aufwärts steigen
> Laß der Bundesfahnen Zeichen,
> Auf der deutschen Höh' hinstreichen!

Man muß sich allerdings fragen, ob Brentano dabei weniger von der martialischen Gesinnung als vom Reimspiel motiviert war. Denn Spiel und romantische Ironie sind überall mustergültig am Werk bis hin zum Ende, wo ein großes Festmahl abgesagt wird, da «Allegorieen niemals essen!»

Brentanos Luisen-Kantate von 1810 hingegen reicht tiefer, tiefer auch als diejenige Arnims. Eigene Lebenserfahrung beim Tode seiner Frau Sophie mag ihn dazu ausgerüstet haben. Jedenfalls hat die Verklärung einer aus dem Irdischen aufsteigenden Heiligen das größte Gewicht in diesen Versen. Liebe, Tod und dessen Überwindung durch Christus im «unsterblichen Leben» sind ihr Thema. Mehr als einmal erinnert das an Novalis' *Hymnen an die Nacht*, und wenn in der Naturmetaphorik der Kantate Luise zu «der Blumen Königin» wird, läßt sich ein deutlicher Bezug zu Novalis' Distichen *Blumen* entdecken, die bei ihm die Feier der preußischen Königin in *Glauben und Liebe* vorbereiten. Mit blauen Blumen blieb fortan das Bild der Königin verbunden: Kornblumen galten als ihre Lieblingsblume, und kornblumenblau haben sich dann die nationalistischen Luisenbünde getragen.

Brentanos Kantate gibt freilich noch wenig Material zu einem nationalistischen Mythos. Gewiß, auch bei ihm ist Luise als Mutter zugleich die Mutter des Landes:

> Eine Halle ganz von Schmerzen
> Bilden Ihr des Volkes Reihn,
> Und Sie zieht durch tausend Herzen,
> Die Ihr fromme Tränen weihn.

Die Einheit von Herrscher und Volk wird wie bei Arnim gefeiert, wenn dem trauernden König versichert wird: «Du trugst mit Ihr/Des treuen Volkes Schild,/Die ernste Krone.» Aber das Volkserzieherische Arnims fehlt Brentano, und es fehlt beiden die Absicht, aus Luise eine Nationalheldin oder Nationalheilige zu machen. Dergleichen geschah dann erst bei Theodor Körner:

> *Luise* sei der Schutzgeist deutscher Sache,
> *Luise* sei das Losungswort zur Rache!
> («An die Königin Luise», 1813)

Was die Verklärung Luises angeht, so ist wohl unter allen Lobpreisungen diejenige Friedrich de la Motte Fouqués unübertrefflich. In seinem Epos *Corona* (1814) – ein «Rittergedicht», in dessen Erzählzeit Fouqué die Ereignisse des Jahres 1813 eingeflochten hat – blickt er auf den Sieg über Napoleon zurück und versetzt sich dabei in einige zum Himmel fahrende «glückliche Seelen», die dort die abgeschiedene Luise als kosmische Kraft treffen und ihr den irdischen Triumph verkünden:

> Wie sah't ihr sie mit Himmelsglanz umzogen,
> Und Stern' ihr Licht an ihren Augen zünden!
> Und vor ihr schwebte wohl als Regenbogen,
> Ein Abbild dessen, was in Erdengründen
> Sie uns zu Lieb' an manchen schweren Tagen,
> Mit Engelsmuth und Engelshuld getragen.

Denn Martialisches im Körnerschen Sinne war nicht seine Sache. Gewiß, auch von ihm stammen einige kampfbewegte Gedichte, und sein «Kriegslied für die freiwilligen Jäger» («Frisch auf, zum fröhlichen Jagen») hat Eingang in mehrere Sammlungen gefunden. Fouqué selbst nahm 1813 eine Zeitlang am Kriege teil und sah sich mit dem ihm eigenen Enthusiasmus als Ritter und Sänger der deutschen Sache. Nur ist von seinen Versuchen zu patriotischer Poesie nichts wirklich populär geworden.

1811 zum Beispiel veröffentlichte Fouqué zwei *Vaterländische Schauspiele,* in denen «Vf. mit heiligem Ernste und glücklichem Erfolge seinen Landsleuten ein treues Bild der Bravheit, Biederkeit, Einigkeit, Vaterlands- und Fürstenliebe ihrer Vorfahren aufstellte», wie die *Allgemeine Literatur-Zeitung* in einer Rezension im Juli 1815 lobte. Aber weder die dramatisierte Sage vom falschen Waldemar *(Waldemar der Pilger),* dem Markgrafen, der dem Wohle seines Volkes zuliebe entsagt, noch das Liebesdrama des brandenburgischen Junkers Fritz von Greifenberg *(Die Ritter und die Bauern),* der seinen bäuerlichen Nebenbuhler umbringen will und beschämt erleben muß, daß dieser ihn zusammen mit anderen Bauern gegen die litauischen Feinde verteidigt – weder das eine noch das andere dieser Dramen waren von der Anlage her dazu angetan, patriotische Begeisterung zu inspirieren. Allenfalls ließe sich das zweite als Fouqués bescheidener Beitrag und Kommentar zur preußischen Reform der Agrarverfassung lesen. *Der Zauberring* wiederum, Fouqués wirkungsvollstes, populärstes Buch, erschien zwar im Kriegsjahr 1813, ließ sich aber zu den politischen Zwecken des historischen Augenblicks nicht brauchen. Seine Apotheose einer in deutscher Christlichkeit vereinigten europäischen Großfamilie schloß alle Himmelsrichtungen ein und war für die Mobilisierung von Kampf und Widerstand nicht von Nutzen, sehr wohl aber für eine Zeit danach, die nach Idealen des Friedens und der Eintracht suchte. Die große Wirkung von Fouqués Roman hat zu einem nicht unbeträchtlichen Teil darin ihren Grund.

Wie Fouqué so kam auch Max von Schenkendorf aus einer preußischen Adelsfamilie. Aber sein Dichterruhm beschränkt sich ganz auf die Zeit der Napoleonischen Kriege und auf das, was er während dieser Zeit an zumeist patriotisch bewegter Lyrik schrieb. Früh schon war er in Königsberg in den Kreis um die Frau von Krüdener geraten und von der darin herrschenden pietistischen Frömmigkeit tief beeinflußt worden. Religion und Politik gingen in seinen Gedichten eine feste Verbindung ein mit nicht gering zu schätzenden Folgen. Zunächst bedeutete eine solche Verbindung die konsequente Sakralisierung des Kampfes als eines «heiligen Krieges»:

> Wo, Tod, sind deine Schrecken,
> O Hölle, wo dein Sieg?
> Und Satan, wie dich decken
> In diesem heilgen Krieg?   («Landsturm»)

Das Opfer des einzelnen wird auf diese Weise in einer Art säkularisiertem Blut- und Wundenkult zum Märtyrertod erhoben, so wenn Schenkendorf den im Juni 1813 an einer Verwundung gestorbenen General Gerhard von Scharnhorst sagen läßt:

> Unser Volk ist aufgewacht.
> Deutschland hat sein Recht gefunden,
> Schaut, ich trage Sühnungswunden,
> Aus der heil'gen Opferschlacht.
> («Auf Scharnhorsts Tod»)

Auch einen einfachen Soldaten läßt er in einem «Brief an die Heimat» den Tod erwägen, wenn «aus schönen Wunden mir/Das heiße Blut entronnen».

Schenkendorfs politische Hoffnungen waren auf eine Wiederherstellung eines deutschen Kaiserreiches gerichtet, wofür das bekannteste Zeugnis sein Friedrich Ludwig Jahn gewidmeter «Erneuter Schwur» aus dem Jahre 1814 darstellt, jenes Gedicht also, das seine Anfangszeilen leicht variiert einem «Geistlichen Lied» von Novalis entnimmt –

> Wenn alle untreu werden
> So bleib ich euch doch treu –

und dessen Schluß dann verkündet:

> Ihr Sterne seid mir Zeugen,
> Die ruhig niederschaun,
> Wenn alle Brüder schweigen
> Und falschen Götzen traun;
> Ich will mein Wort nicht brechen
> Und Buben werden gleich,
> Will predigen und sprechen
> Von Kaiser und von Reich.

Ein weiterer Novalisscher Gedanke wird patriotisiert, wenn vom «Liebestod» fürs Vaterland die Rede ist. Es war gewiß nicht Schenkendorfs Schuld, wenn dieses Lied sehr viel später im nationalsozialistischen Deutschland mißbraucht wurde. Aber die Vermischung von Religion und Politik und die sehr allgemein bleibenden politischen Vorstellungen sicherten diesen Versen doch eine unkontrollierbare breite Anwendbarkeit auf lange Zeit. Dazu kam Schenkendorfs ganz unbestreitbares lyrisches Talent, also die Fähigkeit, nicht nur – in Eichendorffs Worten – abgelagerte Begriffe zu reimen, sondern Prozesse darzustellen und Bilder zu entwerfen. Schenkendorf war empfänglich für Mythen, und auch das hat seinen Gedichten langes Leben gesichert, so etwa wenn vom tausend Jahre schlafenden Kaiser Karl die Rede ist und ihm, dem «Christenheld», die Auferstehung nahegelegt wird:

> Laß, Heil'ger, stark und weich,
> Dich unsre Liebe binden,
> Ein tausendjähr'ges Reich
> In Deutschland neu zu gründen.
>
> («Am 28. Jenner 1814»)

Mythen und Lieder dieser Art haben lange nachgewirkt, und in den Lieder- und Lesebüchern fanden Verse wie «Freiheit, die ich meine» oder «Muttersprache, Mutterlaut!» auf lange Zeit einen festen Platz. Schenkendorf starb 1817, noch ehe er erleben konnte, wie seine Gedichte zu sehr verschiedenen Zwecken verwendet wurden und sein Traum von der Kaiserherrlichkeit gerade einer «Heiligen Allianz», die ihm bei seiner Religiosität so hätte zusagen müssen, nicht mehr opportun war. Sein lyrisches Werk war nicht eigentlich «Romantik, auf eine einzige große Tatsache: den Befreiungskrieg angewendet», wie Eichendorff meinte. Dazu war das, was an romantischem Denken darin einging, zu sehr dessen Grund und Boden entfremdet und Schenkendorf auch nicht originell und geistig selbständig genug, um überhaupt Begriffe davon zu entwickeln. Aber sehr wohl gehört sein Werk in die Wirkungsgeschichte des Romantischen in Deutschland.

Mit Eichendorff war die Sache anders. Ihn führte nicht so sehr die Auseinandersetzung mit der Politik zur Literatur, sondern eher die Auseinandersetzung mit der Literatur zur Politik. Es ist ein Prozeß, den er selbst in seinem 1812 abgeschlossenen Roman *Ahnung und Gegenwart* dargestellt hat: Von einer literarisierenden Stadtgesellschaft angewidert, schließt sich der junge Graf Friedrich den Tiroler Aufständischen an, um im Kampf für die Befreiung des Landes von fremden Okkupanten einen Sinn für das Leben zu gewinnen. Aber es ist keine einfache Entwicklung, die dieser Romanheld durchmacht, und in der Vergeblichkeit des Aufstands erkennt er:

«Mir scheint in diesem Elend, wie immer, keine andere Hülfe, als die *Religion.* Denn wo ist in dem Schwalle von Poesie, Andacht, Deutschheit, Tugend und Vaterländerei, die jetzt, wie bei der babylonischen Sprachverwirrung, schwankend hin und her summen, ein sicherer Mittelpunkt, aus welchem alles dieses zu einem klaren Verständnis, zu einem lebendigen Ganzen gelangen könnte?»

So gibt es zwar unter den «Zeitliedern» in Eichendorffs Gedichten einige, die den Krieg zum Thema haben oder gar auffordern:

> Frisch auf, wir wollen uns schlagen,
> So Gott will, übern Rhein
> Und weiter im fröhlichen Jagen
> Bis nach Paris hinein.

Aber erst dort, wo Morgen und Nacht, Waldesrauschen und Regenbogen sich in die Verse verweben lassen, entsteht Eichendorffsche Poesie, auch die patriotische. Und wenn die Lützower Jäger Abschied nehmen, um dem «deutsch Panier» zu folgen, beginnt solcher Abschied mit der Frage:

> Wer hat dich, du schöner Wald,
> Aufgebaut so hoch da droben?

Tempel Gottes und «frommer Sagen Aufenthalt» ist dieser Wald: in wenigen Zeilen hat Eichendorff religiöse Besinnung und die Besinnung auf deutsche Tradition zusammengedrängt. Das machte seine Gedichte für «Vaterländerei» nur schwer brauchbar, denn es lag ihnen die Kraft eines starken, letztlich kosmopolitischen christlichen Glaubens zugrunde sowie die Frage nach dem rechten oder unrechten Ort des Menschen in der von Gott geschaffenen Welt. Das gibt den besten unter Eichendorffs Zeitliedern ihren hohen Rang im Zusammenhang mit seinem gesamten lyrischen Werk.

Wenn von deutscher patriotischer Literatur in der Zeit zwischen 1806 und 1815 gesprochen wird, dürfen schließlich Ludwig Uhland und Friedrich Rückert nicht fehlen, beide – wie Eichendorff – Anfang der Zwanzig, als sie ihre Stimme fürs Vaterland erhoben. Den Jungen auf Turnvater Jahns Turnplätzen «ward es einst als Patriotismus angerechnet, wenn sie sich Uhlands Gedichte anschafften», meint Heine in der *Romantischen Schule,* und er zitiert sogar in extenso das Gedicht «Vorwärts!», das alle Verbündeten gegen Napoleon in einfachen Reimen versammelt und sie unter der Leitung des Feldmarschalls «Vorwärts», also Blücher, die Franzosen schlagen läßt. Zur selben Zeit wie Uhland – er hatte das Gedicht am 4. Februar 1814 «früh im Bette» geschrieben, und es erschien Mitte des gleichen Jahres – bediente sich übrigens auch Goethe der Blücher-Losung zu poetischen Zwecken in *Des Epimenides Erwachen* (vgl. S. 79 ff.), auch er mit nur mäßigem Glück. Unvergessen geblieben ist von Uhlands Versen zum Kriege

allein das Gedicht «Der gute Kamerad», teils wegen der eingängigen Melodie Friedrich Silchers, die das Gedicht zu einem regelrechten Volkslied
gemacht hat, teils aber auch wegen der einfachen, klaren Bildlichkeit, in der
fern von patriotischem Pathos die Unbarmherzigkeit des Krieges ebenso
erlebbar wird wie, als Abwehr dagegen, menschliche Solidarität und
Freundschaft im Versuch zur Beschwörung eines ewigen Lebens.

Volksliedhafte Einfachheit kann man hingegen Rückerts «Geharnischten
Sonetten», den Glanzstücken seiner *Deutschen Gedichte* (1814), nicht nach-
sagen. Hier war schon früh der Formkünstler Rückert am Werk, der die
romantische Modeform des Sonetts nun am ausgiebigsten für patriotische
Zwecke verwendete:

> Wie kühne Krieger jetzt, mit Glutblick trutzend,
> In Reihn sich stellend, heben ihre Schäfte;
> So stell auch Krieger, zwar nur nachgeäffte,
> Geharnischter Sonette ein paar Dutzend,

heißt es in der Selbstaufforderung Rückerts am Anfang, und das erweist
bereits, daß es nicht ohne Anstrengung und mit teils parodistischer Wirkung
abging. Arndt, Jahn, Görres und Schenkendorf hat Rückert in dem Gedicht
«Die vier Namen» als seine Vorbilder in Dichten und Denken bezeichnet,
und seine Sympathien galten Preußen als demjenigen Staat, den er als den
stärksten bei der Wiederherstellung eines deutschen Reiches betrachtete,
eines Reiches, in dem sich Fürst und Volk friedlich verbanden. Aber es sind
nicht die Ideen, durch die Rückerts Sonette Aufmerksamkeit verdienen,
sondern bisher ungehörte Töne und lyrische Wagnisse wie das Enjambe-
ment der folgenden Verse:

> Was will auf deinen Feldern denn der Russe,
> Deutschland? dir beistehn! Hast du keine Stämme
> Im eignen Wald mehr, dich zu stützen? Memme,
> Daß du nicht stehn kannst, als auf fremdem Fuße.

Wenn es in der Literaturgeschichte um den Versuch zu Abgrenzungen und
um die Beschreibung von Entwicklungslinien geht, sind derartige Ansätze
zu neuen Klängen oft von gleichem Belang wie die Konzipierung neuer
ästhetischer Theorien.

Theodor Körner: Wort und Tat

> Unterm Klang der Kriegeshörner
> Riefen Engelsstimmen: *Körner!*
> Und das Heldenherze bricht.

Mit diesen Versen leitet Karl Follen, selbst einst Freiwilliger im Kriege,

1818 sein Gedicht «Körners Totenfeier» ein – ein frühes Beispiel der Verklärung Körners, ein Gedicht, das ihm die Dornenkrone ums Haupt windet und spüren läßt, daß man eher den Toten als den Dichter rühmt. Derartige Verklärung trug sehr bald sichtbare Wirkung in der Tat, denn unter Follens Freunden befand sich Carl Ludwig Sand, der aus Körners Versen die Rechtfertigung zum Mord an August von Kotzebue sog und auch die Kraft zum Opfer des eigenen Lebens für das, was er für eine vaterländische Tat hielt. Bewunderung und Verehrung Körners waren zunächst nicht streng deutschnational. Auch Alessandro Manzoni zum Beispiel blickte auf den Deutschen achtungsvoll und widmete seine Ode «Marzo 1821» «alla illustre memoria Theodoro Koerner, poeta e soldato», der für die Unabhängigkeit Deutschlands gefallen und allen teuer sei, die ihr Vaterland verteidigten oder befreiten. Verklärung jedenfalls blieb am Bilde Theodor Körners haften und trug es durch die Zeiten bis zu den Verheerungen des Zweiten Weltkrieges und sogar noch darüber hinaus.

Theodor Körners Ruhm ist aus drei Quellen gespeist. Die eine besteht in der Tatsache, daß einige der bedeutendsten deutschen Autoren der Zeit seine Wiege umstanden; wie kein anderer junger Autor wuchs er im Schoße der Kulturnation auf. Die andere ist sein Tod während eines Gefechts der Lützowschen Freischar, der er angehörte und für die er Lieder schrieb. Dichten und Handeln schienen in ihm jene herrliche Einheit eingegangen zu sein, von der Bücherhelden wie Hölderlins Hyperion nur hatten träumen können. Die dritte Quelle seines Ruhms aber ist die echte Popularität einiger seiner Verse.

Theodor Körner, 1791 geboren, war der Sohn von Schillers engstem Freund, dem Dresdner Oberappellationsrat Christian Gottfried Körner. In dessen Haus war Schiller mehrfach Gast und immer präsent im Geiste. Aber ebenso gab es Besuche der Brüder Schlegel, der Brüder Humboldt und, wovon bereits die Rede war, von Goethe. Johanna Dorothea Stock, die im Hause wohnende Schwester der Mutter, war von Novalis mit einem bedeutenden Gedicht belohnt worden, nachdem sie dessen zweite Braut Julie von Charpentier gezeichnet hatte. Ein Gästebuch der Familie Körner wäre sicher ein guter Führer durch die deutsche Kultur dieser Tage gewesen.

Theodor Körner begann früh mit dichterischen Versuchen, für die, wie sich versteht, Schiller das dominierende Vorbild war. Verse, Reime und Strophen gingen ihm flott von der Hand, und der geschickte Griff nach Effektivem fehlte ihm nicht. Eine Reihe von Schauerdramen und Lustspielen entstand, die bühnenwirksam genug waren, um ihm Anfang 1813 die Bestallung als Hoftheaterdichter in Wien einzutragen. Dorothea Schlegel, damals in Wien, schrieb ihrem Schwager August Wilhelm, daß solches Amt Körner nun wohl «in die allerkotzebuescheste Gewöhnlichkeit» werde eindämmern lassen. Die Dramen schossen ihm «wie Pilze» auf, und in Wien nenne man ihn allgemein den «zweiten Schiller», was ganz natürlich sei, «da er aus lauter Reminiscenzen von Schiller besteht» (12.1.1813). Clemens Brentano aber stellte als Rezensent einer Aufführung von Körners Drama *Toni* fest, es klänge, «als hätte sich die Feder Kotzebues in Schillers Tintenfaß verirrt» (vgl. S.387ff.).

Während seines Studiums in Berlin war Körner auch mit Fichte, Schleiermacher und dem «Turnvater» Friedrich Ludwig Jahn in Berührung gekommen. Patriotische

Ideale, schon der Schillerschen Dichtung nicht fremd, hatten ihn dort leidenschaftlich ergriffen und fanden bald ihren poetischen Niederschlag in Stücken wie *Joseph Heyderich oder deutsche Treue* und *Zriny,* dessen Uraufführung am 31. Dezember 1812 Dorothea Schlegel zu ihren skeptischen Bemerkungen veranlaßt hatte. Am 10. März 1813 teilte Körner seinem Vater den Entschluß mit, sich für den Kampf gegen Napoleon freiwillig zu melden – in einem Briefe, der wesentlich den Körner-Mythos hat bauen helfen und für lange Zeit eingängige Formulierungen für patriotische Feierlichkeit lieferte. «Kein Opfer», heißt es darin, sei zu groß «für das höchste menschliche Gut, für seines Volkes Freiheit», denn «zum Opfertode für die Freiheit und für die Ehre seiner Nation ist keiner zu gut, wohl aber sind viele zu schlecht dazu!» Für die Verbindung von Wort und Tat jedoch gilt ihm: «Soll ich Komödien schreiben auf dem Spotttheater, wenn ich den Muth und die Kraft mir zutraue, auf dem Theater des Ernstes mitzusprechen?» Das war ehrliche Überzeugung und nicht einfach hohle Rhetorik, aber die Mißbrauchbarkeit war, wie in vielen Bekenntnissen dieser Zeit, schon im Keime darin enthalten, gab es doch eben letztlich hinter so großen Begriffen wie Freiheit, Ehre und Nation keine konkreten politischen Vorstellungen. Körner trat dem nichtpreußischen Freikorps des Majors Adolf von Lützow bei, das eine Anzahl adliger und bürgerlicher Intellektueller zu seinen Mitgliedern zählte wie Eichendorff, Friesen und Jahn. Militärisch war es bedeutungslos, aber durch einige bekannte Namen, durch die schwarzen Uniformen mit roten Aufschlägen und goldenen Knöpfen, die das Modell für die republikanischen Farben nach 1815 hergaben, und schließlich durch Körners Lieder erhielt es sich im öffentlichen Bewußtsein in geradezu mythischem Rang.

Bei den Lützowschen Jägern hat Körner eine Reihe von Kriegsgedichten geschrieben, zumeist auf bekannte Melodien, die sogleich gesungen wurden mit dem massenpsychologischen Effekt, daß gemeinsames Singen Gemeinsamkeit stiftet, Angst und Sorge um sich selbst zurücktreten läßt und man den besungenen Zielen des Tuns im übrigen nicht weiter nachfragt. Wurde in der Biographie Schillers die legendäre Szene bewahrt, da der junge Karlsschüler im Walde konspirativ einigen Freunden aus den *Räubern* vorlas, so entstand hier das Bild der ums Biwak versammelten singenden Soldaten mit dem Dichter mitten unter ihnen, das dann in der nationalistischen Literaturgeschichtschreibung zum Kolossalgemälde vergrößert wurde. Daß Körner schließlich am 26. August 1813 in einem Gefecht bei Gadebusch fiel, wobei es letztlich gleichgültig bleibt, ob dieser Tod nun in rühmlichem Kampfe erfolgte oder nicht, machte solchen neuen Mythos um den jungen Dichter unwiderruflich, denn damit schien alles Gedichtete den Stempel letzter, höchster Wahrheit zu erhalten, und überdies konnte der Dichter das bisher Geschriebene nicht mehr durch eine darauffolgende Fülle von poetischer Mittelmäßigkeit desavouieren. Alle Kritik aber wurde pietätlos.

Die Sammlung von Körners patriotischen Versen, die sein Vater 1814 unter dem Titel *Leyer und Schwert* herausgab, hatte eine große, langanhaltende Wirkung, zu der allerdings nicht wenig beitrug, daß Carl Maria von Weber einige dieser Gedichte vertonte. Heinrich Heine spricht in der *Romantischen Schule* von den «guten Melodien und schlechten Versen der Körnerschen Lieder». Aber der Tod des Dichters hatte diesen Versen eine Autorität verliehen, die schwer anfechtbar war. In Körner schien sich die große Verbindung zwischen Dichten und Handeln hergestellt zu haben, die einst der Traum so manches deutschen Autors gewesen war, ohne daß er über sein Hauslehrerdasein hätte hinausdringen können. Zugleich erwies

ein Dichterleben und ein Dichtertod wie der Körnersche letztlich auch allen
Zweiflern an Wert und Sinn der Poesie deren praktischen Nutzen. In der
Zeit nach den weitschauenden, aber zugleich esoterischen Experimenten zu
einer romantischen Universalpoesie schien nun die Poesie wieder zum
Volke gekommen zu sein und Brot backen gelernt zu haben. Dem Dichter
als Unterhaltungskünstler oder wirklichkeitsfremdem Schwärmer trat der
Held gegenüber, der Hölderlins Sorge über die «thatenarmen und gedan-
kenvollen» Deutschen behoben zu haben schien. Gedanken waren zur Tat
geworden.

Aber noch einen weiteren Aspekt besaß die Verehrung Körners. Hier
wurde Literatur mit einem ethischen Maßstab gemessen, nicht mit einem
ästhetischen, und da war das persönliche Vorbild des Dichtenden im Sinne
der eigenen Worte allemal entscheidend. Lyrik als Aufruf zum Handeln
erhielt damit einen stark rhetorischen Charakter und benutzte die Sprache
in eben jenem öffentlichen Sinne, in dem sie seit der Etablierung von Republiken immer stärker gebraucht wurde (vgl. Bd. 1, S. 86 f.).

Im November 1813 war eine Sammlung *Zwölf freie deutsche Gedichte*
erschienen, die Körner noch selbst vorbereitet hatte; aus der «Zueignung»
dazu entnahm Christian Gottfried Körner den Titel seiner Ausgabe:

> Denn was, berauscht, die Leyer vorgesungen,
> Das hat des Schwertes freie That errungen.

Es war ein suggestiver, gut gewählter Titel, Wort und Tat aufeinander
beziehend. Leier und Schwert waren archaische Instrumente mit großer
assoziativer Wirkung. Je nach Bildungsinteresse konnte man dabei an
antike Helden oder an die ossianischen Barden denken, an Griechentum
oder Germanentum. Das letztere freilich lag Körner näher, wie die Texte
verraten, obwohl auch von den Thermopylen und dem Heldensänger
Tyrtäus die Rede ist und die Sammlung Übungen im klassischen Versmaß
enthält. In erster Linie aber ging es eben doch um deutsche Identität.

Ein Beispiel – der Beginn des sechsstrophigen Gedichts «Aufruf» von
1813 – macht Gedanken und literarische Verfahrensweise Körners deutlicher:

> Frisch auf, mein Volk! Die Flammenzeichen rauchen,
> Hell aus dem Norden bricht der Freiheit Licht.
> Du sollst den Stahl in Feindes Herzen tauchen;
> Frisch auf, mein Volk! – Die Flammenzeichen rauchen,
> Die Saat ist reif; ihr Schnitter, zaudert nicht!
> Das höchste Heil, das letzte, liegt im Schwerte!
> Drück’ dir den Speer ins treue Herz hinein;
> «Der Freiheit eine Gasse!» – Wasch’ die Erde,
> Dein deutsches Land, mit deinem Blute rein!

Volk und Freiheit sind die großen allgemeinen Begriffe, die alle Guten und alles Gute umfassen, und Winkelried gibt mit seiner Freiheitslosung den Segen. Der Norden: das ist Ostpreußen, wo sich Preußen und Russen zuerst Ende 1812 bei Tauroggen zusammenschlossen, aber es ist auch die Heimat des Germanentums. Schon Klingsohrs Märchen in Novalis' *Heinrich von Ofterdingen* ließ auf den Norden als Ort der Erlösung blicken. Ebenso suggerieren die «Flammenzeichen» Germanisches, obwohl sie wirklich zu Körners Zeit noch als Signale gebraucht wurden. Gegenwart und Vergangenheit vermischen sich. Geschichte wird zur Legitimation des Handelns wie öfters seitdem. Archaisierend sind dementsprechend die Bilder. Schwert, Stahl und Speer, an anderer Stelle der «Flamberg» («Männer und Buben») – damit focht die mit Pistolen, Gewehren und Säbeln ausgerüstete Lützower Schar keineswegs mehr. Gewehre tauchen hingegen bei Körner nur auf, wo der Krieg mit der Tätigkeit des Jägers verglichen, wo also die Rechtfertigung des Tötens in die natürliche Selbstverständlichkeit des Jagens gelegt wird. Der Feind wird zum Freiwild. Im «Aufruf» ist es das Werk der «Schnitter», das ebensowenig wie das der Jäger einer anderen Rechtfertigung bedarf, als daß es zur Erhaltung menschlichen Lebens beiträgt. Im übrigen besitzen die Schnitter biblische Konnotationen, und der Schnitter Tod ist aus Liedern geläufig, wie sie gerade erst in Arnims und Brentanos *Wunderhorn* wieder abgedruckt worden waren. Todesbereitschaft und Selbstopfer bringen Transzendenz in das Gedicht. Es geht um höchstes Heil, und der Krieg wird sakralisiert. In der zweiten Strophe heißt es:

> Es ist kein Krieg, von dem die Kronen wissen;
> Es ist ein Kreuzzug, 's ist ein heil'ger Krieg!

Das ist nun freilich nicht nur generell Sakralisierung, sondern zugleich ein politischer Gedanke, der das 19. vom 18. Jahrhundert trennt – nicht mehr für das Interesse eines einzelnen Fürsten soll hier gekämpft werden, sondern im «Volkskrieg» für die nicht mehr und noch nicht bestehende Nation. Aber es geschieht um Gottes willen:

> Vor dessen Antlitz deine Fahnen wallen,
> Er will sein Volk in Waffenrüstung sehn.

Denn der neue Tempel Gottes gründet sich «auf Heldentod».

Die besondere Attraktivität und Popularität von Körners Versen hat verschiedene Gründe. Sie beruht zunächst auf der geschickten Variation und Kombination einer Reihe von Bildern, deren Grundstock hier beschrieben wurde. Das Vokabular ist emotionell geladen, und den Begriffen lassen sich viele Vorstellungen zuordnen. Einfachstes Ordnungsprinzip ist die Polarisierung von Freund und Feind. Viele Gedichte tragen den Charakter eines Aufrufs oder des gemeinsamen Bekenntnisses mit sakralen Anklängen, sind also von vornherein für einen großen Kreis gedacht; Spott und Hohn über den Gegner tun ein übriges zur Förderung der Gemeinsamkeit. Zu der subjektiven Ehrlichkeit von Körners Enthusiasmus, die sich überall verrät, kommt die erstaunliche Meisterschaft in der Handhabung von vorgegebenen Formen hinzu. Ein Viertel der Gedichte sind, der Mode folgend, Sonette, eines davon – «Abschied vom Leben» – geschrieben «als ich in der Nacht vom 17. zum 18. Juni schwer verwundet und hilflos in einem Holze lag und zu sterben meinte», geradezu ein Triumph der Kunst über das Leben und ein Zeugnis für die Versbesessenheit, aber auch das Talent Körners. Unter den anderen Gedichten gibt es einige Stanzen, aber die meisten haben einen recht komplizierten Vers- und Strophenbau. Nun sind auch Volkslieder, wie gerade das *Wunderhorn* zeigt, nicht durchweg schlicht gebaut, und ein weiteres Viertel der Körnerschen Gedichte ist auf bekannte Lieder geschrieben, so daß sie sich sogleich singen ließen. Aber die Kunst des Strophenbaus gab Körners Gedichten doch häufig Kraft und – in der Imitation von Choralstrophen – besondere Würde, die in Verbindung mit der Eingängigkeit der Bilder und der Schlichtheit der Gedanken die Wirkung begreiflicher macht.

Von zwei Aspekten muß noch gesprochen werden: von Körners Einstellung zum Tode und zu den Frauen. Daß Kriegs- und Soldatenlieder Liebe und Tod zum Thema haben, ist nichts Außerordentliches. Aber Sterben beherrscht Körners Verse in einem Maße, das weit über das Erwartbare hinausgeht. Verständlich ist, daß der Krieg als Heldenfest der Männer die Frauen unvermeidlich ins zweite Glied relegiert, oder, wie es im «Aufruf» heißt:

> Was weint ihr, Mädchen, warum klagt ihr, Weiber,
>   Für die der Herr die Schwerter nicht gestählt,
> Wenn wir entzückt die jugendlichen Leiber
> Hinwerfen in die Scharen eurer Räuber,
>   Daß euch des Kampfes kühne Wollust fehlt?

Daß sie ihnen jedoch nicht unbedingt zu fehlen braucht, hat Körner selbst vorgeführt, und zwar in seiner Tragödie *Zriny,* unbedeutend zwar als Drama, aber aufschlußreich für den literaturgeschichtlichen Ort Körners ebenso wie für seine Wirkung.

Zriny hat es zu einem nicht unbeträchtlichen Bühnenerfolg gebracht und war auch auf lange Zeit Schullektüre an deutschen Gymnasien.

In den Türkenkriegen im 16. Jahrhundert verteidigt der ungarische Oberst Graf Zriny die Festung Sigeth gegen die Übermacht der türkischen Heere, deren Anführer Kaiser Soliman es sich in den Kopf gesetzt hat, gerade diese kleine, militärisch unbedeutende Festung zu nehmen, statt nach Wien zu ziehen. Grund der solimanischen Starrköpfigkeit ist, daß Zriny, seinerseits Starrkopf, sich der offensichtlichen Übermacht nicht ergeben will. Es kommt, wie es unter solchen Umständen nun eben kom-

men muß: Zriny kann die Festung nicht halten und geht samt heldenhafter Frau und
ebenso heldenhafter Tochter nebst heldenhaftem Schwiegersohn Juranitsch in den
Heldentod. Nachdem die Tochter auf ihre dringende Bitte vom Bräutigam erstochen
worden ist («So töte mich und küsse mir die Seele/Mit deinem Brautkuß von dem
blassen Mund!»), nachdem die Männer im Kampf gefallen sind, sprengt sich Zrinys
Frau mit der gesamten Festung in die Luft.

Es ist also ein Stück ohne eigentlichen dramatischen Konflikt, denn Spieler und
Gegenspieler begegnen sich nie. Die fünf Akte seien nur «Zubereitungen» zu dem
Feuerwerk am Schluß, meinte Dorothea Schlegel in ihrem Brief nach der Wiener
Uraufführung. Die Parolen, von denen die Gesinnung der Helden bestimmt ist –
«Für Freiheit, Ehre, Glauben, Vaterland» oder auch «Gott, Unschuld, Freiheit, Vaterland und Liebe» –, sind die gleichen allgemeinen wie in Körners Lyrik. Soliman ist
der napoleoneske Ehrgeizling, der vom Widerstand mehr gereizt wird als von politischen Zielen, und der deutsche Kaiser hat immer recht, obwohl er nicht den Finger
rührt, um seinen ergebenen Helden zu entsetzen. Allein die Todeswollust macht dieses Stück bemerkenswert, denn es ist nichts anderes als eine einzige Todessorge, die
von der gesamten Familie Zriny gefeiert wird, so daß ein regelrechter Wettbewerb im
Sterbenwollen entsteht. Als Zriny den Versuch macht, seine Tochter zu retten, hält
ihm die Frau und Mutter entgegen: «Kann sie nicht sterben?» Und Tochter Helene
bittet daraufhin:

> Ja, sei barmherzig, Vater! Dieser Tod,
> Dem du mit froher Brust entgegentrittst,
> Kannst du ihn grausam deinem Kind verweigern?

Und als nun auch der Schwiegersohn fleht: «Laß uns zusammen sterben, Vater!»
gesteht es dieser «verklärt» zu, der eigenen Frau versichernd: «Zur zweiten Brautnacht hat der Tod geladen.» Den Tod erbittet deshalb auch die Tochter von der
Hand ihres Bräutigams. Denn nicht nur um den Opfertod tapferer Christen, sondern
um einen regelrechten romantischen Liebestod handelt es sich hier.

Nirgendwo sonst in der Literatur dieser Zeit wird der Tod derart extensiv und
intensiv gefeiert wie bei Körner. Ein Schlüssel dazu läßt sich finden, wenn man auf
ein Gedicht des so viel milderen, weicheren Max von Schenkendorf blickt, auf jenes
Gedicht «Erneuter Schwur», das eine Kontrafaktur eines Novalis'schen geistlichen
Liedes darstellte. Schenkendorfs schwörendes lyrisches Ich drückt darin den Wunsch
aus, es möchten bei ihm bleiben

> Gefährten meiner Jugend,
> Ihr Bilder beßrer Zeit,
> Die mich zu Männertugend
> Und Liebestod geweiht.

Körners Todeslust ist nicht eine Fortsetzung und nationalistische Perversion jener
philosophisch motivierten Gedankenexperimente des «Romantisierens» in bezug auf
die Grenzen menschlicher Existenz, wozu der Lehrmeister Fichte das Rüstzeug geliefert hatte. Gedanklich wie als Dramatiker war Körner Eklektiker und Adaptionsge-
nie – sein Stück strotzt von Schiller-Reminiszenzen, und die Todesliebe von Zrinys
Tochter zum edlen Juranitsch ist deutlich der Max-Thekla-Handlung in Schillers
Wallenstein nachempfunden. Die alles überwuchernde Todessehnsucht war dennoch
Körners eigene Zutat und gehört wirklich in einen weiteren Zusammenhang, und
zwar in den der Heroisierung bürgerlicher Heldinnen und Helden sowie der Versicherung ihrer emotionellen Freiheit unter Verhältnissen, die solchem Heroismus und
solcher Freiheit prinzipiell entgegenstehen.

Dort, wo sich die bürgerliche Familie in der deutschen Literatur etabliert, geschieht es zuerst im Zeichen eines freiwilligen Todes: in Lessings *Emilia Galotti*. Körner ahmt das Verfahren für Juranitsch und Helene nach. Die Beispiele häufen sich danach in deutscher Literatur. Werther glaubt, sich im Tode eine Art transzendente Ehe mit Lotte in der anderen Welt erzwingen zu können. In Schlegels *Lucinde* und bei Karoline von Günderrode wird die Sitte der indischen Witwenverbrennung als Liebesopfer gefeiert. Goethe leistet in den Balladen «Die Braut von Korinth» und «Der Gott und die Bajadere» einen eigenen Beitrag zum Thema Liebe und Tod. Das Wort «Liebestod» selbst kommt zum erstenmal in der deutschen Sprache in Brentanos *Godwi* vor. Diotimas Tod in Hölderlins *Hyperion* ist Opfertod für den Mann. In Kleists *Penthesilea* ereignet sich der Liebestod in wildester Gewaltsamkeit und zartester Stille zugleich. Fouqués *Held des Nordens,* Fichte gewidmet, legt die liebenden Nibelungenhelden zum erstenmal im Theater auf den Scheiterhaufen:

> Glühte nicht lockend deinem edlen Mut,
> O lieber Sigurd, Wafurlogas Flamme?
> Das ist der Brautgang, für uns zwei bestimmt:
> Durch drohnde Glut zur süßen Liebesglut.

Richard Wagner schließlich hat sich hier Worte und Vorstellungen geholt für seine eigenen mehrfachen Variationen des Liebestod-Motivs.

Körners *Zriny* zeigt, wie der Versuch, im Tode die eigenen Grenzen oder Unzulänglichkeiten zu überwinden, in die Politik oder zumindest in eine nationale militärische Angelegenheit eingebracht wird: Das Ende ist ein «Feuerwerk», eine Katastrophe, die nichts mehr von der subtilen Transzendenz eines Novalis an sich hat. Transzendenz bietet hier allein die Geschichte selbst:

> Wer so für Gott und Vaterland gefallen,
> Der lebt im Herzen seines Volkes fort.

Das öffnete einer nationalistischen Durchhalteethik Tür und Tor und erweist die Gefährlichkeit einer solchen Mischung von Idee und Wirklichkeit.

Im Verhältnis zwischen Frau und Mann wird bei Körner zugleich zurückgenommen, was sich als relative Emanzipation seit den neunziger Jahren angebahnt hatte. Höchste Erfüllung der Frau ist nun, mit dem Manne zu sterben und notfalls selbst die Lunte an den Pulverturm zu legen, wie es Gräfin Zriny tut. Die Napoleonischen Kriege brachten insgesamt einen neuen Männlichkeitsrausch mit sich, durch den sich schließlich die bürgerliche Familie in ihrer konservativen Form konsolidierte.

> Doch anders ist es in des Weibes Brust,
> Die ihrer Liebe zarte Efeuranke
> Um eine kühne Heldeneiche webt,

erläutert Gräfin Zriny Körners Vorstellungen von der Rolle der Frau speziell im Kriege, und nibelungentreu wie später die Wagnersche Brünnhilde versichert sie ihrem Manne:

> Ich folge dir mit Freuden ins Verderben.

So ist schließlich im *Zriny* vom «schönsten Tod» die Rede. Durch die Ästhetisierung des Todes aber wird Kultur Instrument nur noch der Vorbereitung auf die Apokalypse.

Goethe

«Ich bin ein Kind des Friedens und will Friede halten für und für, mit der ganzen Welt, da ich ihn einmal mit mir selbst geschlossen habe», schreibt Goethe am 12. Oktober 1787 aus Castel Gandolfo an Herder, und er hält das Bekenntnis für so bemerkenswert, daß er es noch einmal aufnimmt in seine *Italienische Reise,* die insgesamt Zeugnis ablegen soll von seinem Versuch, Frieden zu stiften in sich selbst. Den aus Italien Zurückgekehrten hatte die große Ordnung der Natur, wie er sie in einfachen Gesetzen der Metamorphose erkannt zu haben glaubte, mehr und mehr gefangengenommen, die weltliche Unordnung der Revolution hingegen, die sich in der gleichen Zeit ausbreitete, zutiefst irritiert und verstört, denn da ereignete sich für ihn Unnatürliches, bedrohlich Dämonisches, von dessen Gefahren er aus sich selbst Bescheid wußte. Goethes Hochachtung für Napoleon hat nicht zuletzt ihren Grund darin, daß er in ihm einen sich selbst verwandten Ordnungsstifter sah, der seine Nation aus dem Chaos der Revolution herausführte. Durch ihn seien «Millionen» «aus düsterer Nacht» wieder «zu gesunden Tagen» und «zum festen Leben» erwacht, erklärte er in einem Huldigungsgedicht an die französische Kaiserin Marie-Luise, als er sie 1812 in Karlsbad traf: «Was Tausende verwirrten, löst der Eine.» Das klingt wie eine Vorübung zum zweiten Teil des *Faust,* und mehr noch die folgende Strophe:

> Worüber trüb Jahrhunderte gesonnen,
> Er übersieht's in hellstem Geisteslicht,
> Das Kleinliche ist alles weggeronnen,
> Nur Meer und Erde haben hier Gewicht;
> Ist jenem erst das Ufer abgewonnen,
> Daß sich daran die stolze Woge bricht,
> So tritt durch weisen Schluß, durch Machtgefechte
> Das feste Land in alle seine Rechte.

Man hat diese Zeilen als einen Kommentar zu Napoleons Kontinentalsperre gelesen, aber es fällt schwer, nicht auch größere Visionen dahinter aufschimmern zu sehen. Der jungen Kaiserin und Mutter von Napoleons Sohn gab Goethe nun allerdings auch eine sehr bestimmte Botschaft mit auf den Weg. «Der alles wollen kann, will auch den Frieden», lautet der Schlußvers von Goethes panegyrischen Stanzen. Aber eben den Frieden wollte Napoleon nicht oder konnte ihn wohl zu diesem Zeitpunkt nicht mehr wollen, denn dem Schicksal in Form der Politik und ihrer Dialektik war auch er unterworfen. Schließlich stellte ja der politische Frieden keinen durch Willensentschluß wieder einzuführenden Zustand dar, wie sich die Friedenskunst überhaupt bei weitem schwieriger erweist als die Kriegskunst. Dafür freilich fehlte Goethe und vielen seiner Zeitgenossen am Ausgang eines Zeitalters des fürstlichen Absolutismus noch die Erfahrung, insbesondere angesichts eines Krieges, der schon Züge der Weltkriege im bürgerlichen Zeitalter trug. Jedenfalls entließ, wie bereits zu sehen war, Goethe den französischen Kaiser nur widerwillig aus seiner Gunst. Das hatte nun allerdings auch mit Napoleons deutschen Gegnern zu tun, denen das «Kleinliche», wie es im Gedicht an die Kaiserin hieß, oft deutlich genug auf die Stirn geschrieben stand, und es hatte zu tun mit der politischen Zurückgebliebenheit der Deutschen an und für sich.

Am 13. Dezember 1813 erhielt Goethe den Besuch des Jenaer Historikers Heinrich Luden, der ihn für seine politische Zeitschrift *Nemesis* gewinnen wollte. Goethe lehnte ab und sprach sich dabei über sein Volk aus, «das so achtbar im einzelnen und so miserabel im ganzen» sei. Auf Ludens Bemerkungen von dem Erwachen und der Erhebung dieses Volkes erwiderte er dann:

«Ist denn wirklich das Volk erwacht? Weiß es, was es will? [. . .] Der Schlaf ist zu tief gewesen, als daß auch die stärkste Rüttelung so schnell zur Besinnung zurückzuführen vermöchte. Und ist denn jede Bewegung eine Erhebung? Erhebt sich, wer gewaltsam aufgestöbert wird? Wir sprechen nicht von den Tausenden gebildeter Jünglinge und Männer, wir sprechen von der Menge, den Millionen. Und was ist denn errungen oder gewonnen worden? Sie sagen: die Freiheit; vielleicht würden wir es aber Befreiung nennen; nämlich Befreiung nicht vom Joche der Fremden, sondern von einem fremden Joche.»

Wenn es auch nicht die Russen waren, die in jenem Augenblick der Geschichte nun eine neue Fremdherrschaft in Weimar oder Jena errichteten, so waren dennoch Goethes skeptische Fragen nur allzu berechtigt, und gerade Luden mußte das sehr bald erfahren, denn er geriet mit seiner *Nemesis* in das Kreuzfeuer von restaurativem, zwischenstaatlichem Feudalismus und borniertem Nationalismus. Luden war von Goethes ernster, wohlmeinender Sorge um das Land seiner Sprache tief beeindruckt, und er schließt die Aufzeichnung seines Gesprächs mit der Versicherung,

«daß diejenigen im ärgsten Irrtum sind, welche Goethe beschuldigen, er habe keine Vaterlandsliebe gehabt, keine deutsche Gesinnung, keinen Glauben an unser Volk, kein Gefühl für Deutschlands Ehre oder Schande, Glück oder Unglück. Sein Schweigen bei den großen Ereignissen und den wirren Verhandlungen dieser Zeit war lediglich eine schmerzvolle Resignation, zu welcher er sich in seiner Stellung und bei seiner genauen Kenntnis von den Menschen und von den Dingen wohl entschließen mußte.»

Dieses Schweigen hat Goethe selbst zum Thema des einzigen seiner Werke gemacht, das sich unmittelbar auf die Zeit des Krieges bezieht. Es ist das

Melodrama *Des Epimenides Erwachen* – ein Stück Kritik und Selbstkritik in der Form einer klassizistischen Allegorie.

Das Stück war eine Auftragsarbeit. Im Mai 1814 hatte Iffland als Direktor der Berliner Theater Goethe gebeten, zur Rückkehr des preußischen Königs nach dem Kriege – womöglich sogar in Begleitung des Zaren – etwas «der Zeit und des Gegenstandes» Würdiges zu schreiben, was Goethe sogleich ablehnte. Aber dann widerrief er die Ablehnung, denn es war ihm die schon lange vertraute Fabel des Epimenides eingefallen, der, «ein weiser, von den Göttern begünstigter Mann, durch sonderbare Schickung, eine ganze Lebens-Epoche verschlafen und dadurch die Erhöhung seiner geistigen Seherkraft gewonnen» hatte. So formulierte es Goethe selbst, und an den Kern dieses Einfalls schossen nun rasch die Kristalle einer Reihe bunt schillernder Allegorien an. Zu später Stunde entstand ihm so die Gelegenheit, einer großen und distinguierten Öffentlichkeit ein eigenes Wort über sich und das Vaterland zu sagen. Zur distinguierten Öffentlichkeit kam es dann freilich nicht. Der Zar erschien überhaupt nicht, der König jedoch bereits zu einem Zeitpunkt, da die Komposition der Begleitmusik und der Lieder – durch den Berliner Kapellmeister Bernhard Anselm Weber – noch nicht abgeschlossen war. Dann starb Iffland, und so blieb es schließlich Goethe nicht erspart, die Uraufführung anzumahnen. Sie fand am 30. März 1815 in Berlin statt, eine Siegesfeier voller Ironie, denn zehn Tage vorher war Napoleon gerade erst wieder aus Elba in Paris eingezogen.

Der Sage folgend läßt Goethe seinen Helden in Schlaf versenken, ehe rings um ihn die Welt in Trümmer geht und die Dämonen des Kriegs, der List und der Unterdrückung ihr Regime beginnen. Deren Macht ist so groß, daß selbst die Schwestern Glauben und Liebe von ihnen in Ketten gelegt werden. Nur die Hoffnung widersteht und wird das Werkzeug der Befreiung. Zeichen gibt es bereits:

> So hat die Tugend still ein Reich gegründet
> Und sich, zu Schutz und Trutz, geheim verbündet.

Auf nichts anderes als den 1808 in Königsberg gegründeten und vom preußischen König gebilligten «Tugendbund», der sich die Belebung der Vaterlandsliebe zum Ziel gesetzt hatte, spielt Goethe hier an. Und nach Goethes Willen sollte die Hoffnung, die diese Worte sagt, durchaus «der Höchstseligen Königin» ähnlich sein und wohl gar einen blauen Schild mit der «Chiffre der Königin» tragen. Es war Goethes ausdrücklicher Beitrag zum vielfältigen literarischen Gedenken an die preußische Königin, die er allerdings auch persönlich gekannt hat und die als junge Prinzessin mehrfach seine Mutter in Frankfurt besucht hatte. Wieder war es der Gegensatz von Chaos und Ordnung, der Goethes Denken bestimmte. Beim Wiedererwachen sieht Epimenides um sich:

> Nicht Spur von Kunst, von Ordnung keine Spur!
> Es ist der Schöpfung wildes Chaos hier,
> Das letzte Grauen endlicher Zerstörung.

Aber bald belehren ihn Hoffnung, der Jugendfürst und die «Hinan! – Vorwärts – hinan!» singenden Chöre, daß die Dinge sich zum Besseren gewendet haben und die Dämonen verschwunden sind. So entschuldigt sich schließlich Epimenides beschämt für seine «Ruhestunden» –

> Denn für den Schmerz den ihr empfunden,
> Seid ihr auch größer als ich bin –

aber dafür ist ihm die Gabe geblieben, in den Wirren der Zeit «rein» zu empfinden, wie ihm ein Priester versichert. Und Epimenides ist es am Ende, der der bunten Menge aus allegorischen Figuren und wirklichen Menschen – Frauen und Kriegern, darunter ein ganzes vom General Tauentzin bereitgestelltes Schock Soldaten zu Fuß und zu Pferde – die Einigkeit als alles versöhnende Göttin zuführt, die «Nachgiebigkeit bei großem Willen» empfiehlt.

Goethes kleine Rechtfertigungsallegorie dauerte bei der Uraufführung zweieinhalb Stunden, denn der Text war lediglich das Libretto für ein Festspiel mit viel Musik und szenischer Entfaltung. In Goethes Gesamtwerk fügt es sich vielfach ein. Seit der Beschäftigung mit einer Fortsetzung zu Mozarts *Zauberflöte* hatten ihn die Ausdrucksmöglichkeiten der Oper in zunehmendem Maße interessiert, ergab sich doch bei ihr wie im klassischen Theater die Gelegenheit zur stilisierten Darstellung dessen, was sich den Mitteln einer realistischen Bühnenkunst entzog. So weisen die Dämonen hier voraus auf Figuren wie die «drei Gewaltigen», die allegorischen «Lumpe» im vierten Akt von *Faust II*, einem Werk, in dem Goethe überhaupt Oper und Allegorie als Mittel zur Gestaltung von großen geschichtlichen Prozessen benutzt, ganz im Sinne der Seherrolle, die er seinem erwachten Epimenides zuweist. Auf solche Art ließen sich außerdem die Verwicklung in neue Heilserwartung und die Mythenbildung überhaupt vermeiden, wie am kleinen Beispiel der Verweis auf die Königin Luise zeigt. Denn im Unterschied zu Arnim, Brentano, Werner, Fouqué und Körner macht er keine Märtyrerin oder Himmelskönigin aus ihr, sondern beläßt sie als Allegorie in weltlicher Sphäre. Daß Goethe die große Abwendung vom Vorbild klassischer Kunst und klassischer Mythologie, die sich seit den neunziger Jahren unter dem Begriff romantischer Kunst ereignete, nicht mitvollzog, bewahrte ihn davor, aus der geschichtlichen Wirklichkeit religiöse Mythen zu destillieren und damit der rationalen Prüfung zu entziehen.

Die Uraufführung des *Epimenides* war eine große Haupt- und Staatsaktion, und man lobte Goethes Patriotismus. Aber die Mischung aus Allegorie, Wirklichkeit und klassizistischem Geschmack behagte dann doch nicht recht. «Ich glaube, wenn man den alten Hermann hätte auftreten lassen und das nordische Unzeug, hätten manche mehr Gefallen daran gehabt», meinte damals Knebel, Goethes Berater in klassischen Dingen. Für längere Wirkung aber fehlte die Substanz menschlicher Konflikte. Was dafür an scharfen Beobachtungen über das gefährliche Zusammenspiel von Diplomatie, Krieg und Unterdrückung vorgetragen wurde, mündete wiederum am Schluß in die recht schlichte Forderung nach dem Einklang von «Fürst und Volk und Volk und Fürst», die zu allgemein und uncharakteristisch war, als daß sie Goethes Stück auf die Dauer ein stärkeres Interesse hätte sichern können.

4. Literaturlandschaft

Von Weimar nach Berlin

Noch vor dem Ende des Heiligen Römischen Reiches Deutscher Nation hatte sich jenes große, einzigartige Zentrum deutscher Kultur in Sachsen-Weimar aufzulösen begonnen, das der Nation, die keine politische Mitte besaß, in einer glücklichen geschichtlichen Stunde eine geistige verschaffte. 1799 war Fichte durch den Atheismus-Streit nach Berlin vertrieben worden. 1801 starb im nahen Weißenfels Novalis; Wochen später siedelte Friedrich Schlegel nach Berlin über, und sein Bruder August Wilhelm begann im selben Jahr dort seine *Vorlesungen über schöne Litteratur und Kunst.* 1803 ging Schelling nach Würzburg. Im Dezember starb Herder, und eineinhalb Jahre später, im Mai 1805, Friedrich Schiller. 1803 folgte der Philologe Christian Gottfried Schütz einem Ruf nach Halle und nahm die hochangesehene *Allgemeine Literatur-Zeitung,* deren Herausgeber er war, dorthin mit, so daß in Jena ein Konkurrenzunternehmen unter Goethes Oberleitung, die *Jenaische Allgemeine Literatur-Zeitung,* gegründet werden mußte. Kurz nach der Schlacht bei Jena endlich verließ auch Hegel das kleine Herzogtum. Die Universität Jena war in eine Krise geraten, und Weimar wurde allein die Stadt Goethes. Von ihm aber verkündete Friedrich Schlegel seinem Bruder am 15. April 1806: «Goethe's Urtheil muß Dir gleichgültig seyn [...]. Sein Reich wird ohnehin bald zu Ende gehn.» Damit hatte es allerdings noch Weile, aber dennoch: was war geschehen?

Ihre Auflösung verrät, wie sehr die klassisch-romantische Kultur von Weimar und Jena um 1800 das Produkt einer Konstellation von glücklichen Umständen gewesen war. «*Weimar* war gerade nur dadurch interessant, daß nirgends ein Zentrum war. Es lebten bedeutende Menschen hier, die sich nicht miteinander vertrugen; das war gerade das Belebende aller Verhältnisse, regte an und erhielt jedem seine Freiheit.» So hat Goethe im Rückblick einmal die Anziehungskraft seiner Wahlheimat für die kurze Periode ihres großen Ruhms dem Kanzler von Müller gegenüber zusammengefaßt (6. 6. 1830). Wird aber das Gleichgewicht von Kräften gestört, so geraten die belebenden Verhältnisse selbst in Gefahr, wobei oft der Zufall Geschichte macht. Todesfälle, Ehekrisen, berufliche Ambitionen oder Konkurrenznöte, schließlich Kollisionen mit der Macht von Kirche und Staat – sie alle trugen dazu bei, daß jenes Kulturzentrum ohne «Zentrum» nach und nach seine Anziehungskraft verlor. Die Studentenzahlen der Universität Jena waren überdies von etwa 800 im Jahre 1795 auf 400 im Jahre 1805 geschrumpft, wobei schwer zu entscheiden ist, ob eine wesentliche Ursache dafür der Weggang bedeutender Lehrer war oder ob vielmehr erst die schwindenden Zahlen die Universität weniger attraktiv für manche ihrer Lehrer machten. Denn in den Zeiten politischer Krisen und der Kriegsgefahr bestand unter den Studenten die Tendenz, bei den nächstliegenden Universitäten zu bleiben, und gerade Jena im kleinen Herzogtum Sachsen-Weimar war vorwiegend auf Studenten von auswärts angewiesen. Bedeutend aber war außerdem noch die Zugkraft, die Berlin als neuer Mittelpunkt intellektuellen Lebens auszuüben begann, vor allem nach 1806 im Zusammenhang mit der preußischen Bildungsreform, die 1810 zur Gründung der Berliner Universität führte. Namen aus dem einstigen Jenaer Umkreis wie Wilhelm von Humboldt und Fichte waren damit verbunden. So fügte sich schließlich die Auflösung Sachsen-Weimars als Sammelpunkt vielfältiger intellektueller und künstlerischer Kräfte in das große Zeitgeschehen ein.

Die Wissenschaft als bürgerliche Tätigkeit hatte sich in Deutschland im wesentlichen außerhalb der Regierungsstädte entwickelt, teilweise an wirtschaftlichen Zentren, teilweise in Städten, die in erster Linie eben nur durch ihre Universität geprägt wurden. Dresden und Leipzig, Berlin und Halle, Hannover und Göttingen, Karlsruhe und Heidelberg, München und Ingolstadt, beziehungsweise ab 1800 Landshut, sowie schließlich eben auch Weimar und Jena sind Beispiele für eine solche Trennung. Kunst hingegen war in der Hauptsache eine Angelegenheit der Residenzstädte, diente also der Unterhaltung des Hofes durch das Theater und der Repräsentanz durch Gemäldegalerien oder zum Teil auch Bibliotheken. Sachsen-Weimar machte davon keine Ausnahme, nur war durch das Interesse des Fürsten, durch die Kleinheit des Landes und nicht zuletzt durch den Minister und Geheimrat Goethe die Verbindung zwischen Universitäts- und Residenzstadt so eng, daß die Trennung weniger deutlich sichtbar war als in den anderen Fällen.

Mit dem von Napoleon direkt wie indirekt geförderten Rückgang der Kleinstaaterei in Deutschland, mit der zunehmenden Macht und Bedeutung größerer Einzelstaaten und schließlich mit dem wachsenden Nationalbewußtsein, das die Nation als Sprach- und Kultureinheit dem Dualismus von Fürst und Volk, Herrscher und Beherrschten überordnete, entstand die Tendenz, Wissenschaft und Bildung nun an den Residenzstädten selbst zu versammeln und diese zu eigentlichen Landeshauptstädten zu machen. Damit bildete sich aber auch ein engerer Bezug zwischen Staat und Kultur heraus, mochte es nun ein freundlicher oder feindlicher sein. Das individu-

elle Mäzenatentum der Fürsten trat zurück. Die adlige und bürgerliche
Öffentlichkeit der großen Landeshauptstädte wurde als Theater- und Konzertpublikum, als Zuhörerschaft öffentlicher Vorlesungen sowie als Leser-
gemeinde der Bücher, Zeitungen und Zeitschriften zum eigentlichen Mäzen
der Kultur. Dergleichen Entwicklung hatte sich in anderen europäischen
Ländern schon früher vollzogen; London und das nachrevolutionäre Paris
waren die deutlichsten Beispiele dafür. Aber die Deutschen schlossen hier
nicht einfach auf, behielten sie doch weiterhin ihren Partikularismus bei, so
sehr er durch Napoleons Politik und seine Kriege in Bewegung geraten
war. Staaten verbanden sich, lösten sich voneinander, kämpften um ihren
Bestand im Kriege und mehr noch im Frieden danach auf dem Wiener
Kongreß. Sachsen-Weimar selbst, dessen Fürst zugleich preußischer General war, wurde davon bedroht, im Streit der größeren Mächte zermahlen zu
werden.

In einer solchen politisch verstandenen Landschaft gab es kein eigentliches Kulturzentrum mehr. Gegner Napoleons mußten von Berlin nach
Dresden ausweichen und von da nach Prag oder Wien, weniger Engagierte
paßten sich den Umständen an, und man traf sich dann vielleicht in den
böhmischen Bädern. Kleine Gruppen von Gleichgesinnten entstanden hier
oder dort für kurze Zeit. Aber das fruchtbare Zusammensein von bedeutenden Menschen, die sich nicht miteinander vertrugen, konnte sich nicht
mehr in den größeren Städten ereignen, in denen weder das Publikum noch
die wirkenden Kräfte von Wirtschaft, Politik und Gesellschaft so klar überschaubar waren, wie das für Weimar und Jena um 1800 gegolten hatte.

Mit der Auflösung von Sachsen-Weimar als kulturelles Zentrum war
auch die Auflösung literarischer Gruppen einhergegangen. Von den älteren
Autoren, die sich nationale Bedeutung erworben hatten, lebte 1806 – abgesehen von Goethe – nur noch Wieland, der seinen Alterssitz in Oßmann-
stedt bei Weimar hatte, wo er 1813 starb. Johann Heinrich Voß ging 1805
von Jena nach Heidelberg und machte dort im Streit für das Klassische
gegen das Romantische noch einmal Furore. Jean Paul hatte sich 1804 für
den Rest seines Lebens in Bayreuth niedergelassen. Der Jenaer Kreis der
nach einer romantischen Poesie strebenden jungen Autoren hatte sich ganz
zerstreut. Berlin, wohin Friedrich Schlegel nach Novalis' Tod übergesiedelt
war, wurde für ihn nur zum vorübergehenden Aufenthalt. 1802 ging er
nach Paris, später dann nach Köln und Wien. August Wilhelm Schlegel trat
1804 in den Dienst der Madame de Staël und begleitete sie zwölf Jahre lang
auf ihren Reisen durch Europa. Ludwig Tieck schließlich begann gleichfalls
ein Reiseleben, das anhielt, bis er sich 1819 in Dresden ansässig machte.
Aber während die Brüder Schlegel nun in großen Überblicken abendländi-
sche und orientalische Kultur und Geschichte darzustellen begannen, ver-
stummte Tieck für lange Zeit ganz.

Die literarisch produktivsten und zugleich bedeutendsten Autoren unter der nächsten Generation waren im Jahre 1806 gerade dreißig Jahre alt oder jünger. Hoffmann war Anfang dieses Jahres 30 geworden, Fouqué und Kleist waren 29, Brentano 27, Arnim und Chamisso 25 und Eichendorff erst 18. Ihre intellektuellen Urerfahrungen bildeten nicht mehr die Französische Revolution, Fichtes Wissenschaftslehre und Goethes *Meister,* sondern der europäische Krieg, Napoleon und das große Jahrzehnt deutscher Kulturentfaltung mit allen den Namen, die sie bestimmten: Kant, Fichte, Goethe, Schiller, die Brüder Schlegel, Novalis, Tieck und allmählich auch Hölderlin. Für diese Jüngeren aber wurde Berlin nun zum wichtigsten literarischen Umschlagplatz.

Im Jahre 1800 hatte Berlin 172 000 Einwohner und war damit nach Wien die zweitgrößte deutsche Stadt. Geistige Bedeutung hatte es schon im Laufe des 18. Jahrhunderts erhalten, teils durch die Internationalität, die Friedrich der Große dieser Stadt gab, wenn er Persönlichkeiten wie Voltaire an seinen Hof zog, teils als Stadt der Aufklärung, verbunden vor allem mit dem Namen Friedrich Nicolai, der als Verleger, Herausgeber, Kritiker und Romanautor auf lange Zeit beträchtlichen Einfluß auf den Geschmack und die Bildung seiner Landsleute ausübte. 1805 wurde er in eine späte Fehde verwickelt, als er die Wahl Fichtes in die Berliner Akademie verhinderte und ihn zunächst aus Berlin vertrieb, hatte Fichte ihn doch «das vollendetste Beyspiel einer radikalen *Geisteszerrüttung* und *Verrückung*» genannt, da sich die Meinungen entschieden teilten, wenn es um die Frage nach der Begründung des Wissens und Aufklärens ging, in deren Beantwortung aus der intellektuellen Anschauung heraus Nicolai nur Schwärmerei sehen wollte, so daß für ihn Fichtes Philosophie ein «leeres Spiel mit Begriffen» bot.

«In den Berliner Gesellschaften gab es nur eine sehr geringe Anzahl Männer, was diese beinahe immer verdirbt, weil für sie der Anreiz und das Bedürfnis zu gefallen wegfällt», meinte Madame de Staël in ihrem Buch über Deutschland, und sie meinte damit Berlin als die Hauptstadt eines preußischen Militärkultes, der die Armee über die Gesellschaft setzte, jene Armee, die 1806 ihre ganze Brüchigkeit gegenüber den Armeen Napoleons erwies. Aber zugleich war das Urteil der Französin auch wohl ungerecht, denn in den Salons von Henriette Herz oder Rahel Levin fanden sich schon seit dem Ausgang des 18. Jahrhunderts Männer verschiedener Stände und Tätigkeiten zusammen: Prinzen und Gelehrte, Politiker und Dichter. Madame de Staël konzediert denn auch, daß «die Freiheit der Presse, die Menge geistreicher Männer und die Kenntnis der Literatur und der deutschen Sprache, die sich» – gegenüber dem Französischen – «in der letzten Zeit allgemein verbreitet» habe, Berlin «zur wahren Hauptstadt des neuen Deutschlands, des Deutschlands der Aufklärung» gemacht habe. Das letztere war nun freilich nicht als ideengeschichtliche Definition gemeint, sondern nur als eine Umschreibung bürgerlicher Kultur schlechthin, denn die Aufklärung hatte als philosophisches Phänomen zur Zeit, da Madame de

Staël das Manuskript – um 1809 – abschloß, ihre großen Dienste schon
längst getan und bildete auch in den intellektuellen Auseinandersetzungen
keinen wesentlichen Gegenstand mehr. Aber es ist ebenso unpräzis, nun von
der Entstehung einer Berliner Romantik zu sprechen, verbunden mit der
Vorstellung, daß so etwas wie ein Geist der Romantik von Jena nach Berlin
emigrierte und es in der großen preußischen Hauptstadt zu einer ähnlichen
Gruppenbildung mit großer Ausstrahlungskraft gekommen sei wie einst für
wenige Jahre in der mitteldeutschen Universitätsstadt von 4000 Einwohnern. Keine der literarischen Interessengruppen, die sich in Berlin seit der
Jahrhundertwende immer wieder bildeten, war im programmatischen Sinne
romantisch, obwohl das Wort viel kursierte. Nirgends gingen von diesen
Gruppen insgesamt größere Wirkungen auf die Entwicklung der Literatur
aus – solche Wirkung kam immer nur von einzelnen Autoren –, und kein
Journal faßte, wie einst das *Athenaeum,* Tendenzen, Theorien und neue
Experimente zusammen.

Die früheste dieser Gruppen im neuen Jahrhundert war der «Nordsternbund», zu dem sich 1803 in Berlin einige junge oder gar sehr junge und
hoffnungsvolle Autoren zusammengeschlossen hatten, darunter Adelbert von Chamisso, Karl August Varnhagen von Ense, Friedrich Neumann,
Julius Eduard Hitzig und David Ferdinand Koreff. Angeregt sahen sie sich
durch ein Gleichnis in August Wilhelm Schlegels Berliner *Vorlesungen über
schöne Litteratur und Kunst,* der bei der Erörterung des Verhältnisses zwischen Wissenschaft – gemeint war die Philosophie als «Wissenschaft der
Wissenschaften» –, Kunst, Religion und Ethik sich der Himmelsrichtungen
zur Erläuterung seiner Gedanken bedient und dabei die «Wissenschaft»
dem durch den Polarstern bezeichneten Norden zugeordnet hatte, so daß
der Magnet als «das schönste Symbol von der Unwandelbarkeit und Identität des Selbstbewußtseins» erschien. Schlegel konnte Anregungen zu einem
solchen Gleichnis dem Klingsohr-Märchen in Novalis' Roman *Heinrich
von Ofterdingen* entnehmen, den er 1802 zusammen mit Tieck aus dem
Nachlaß des Freundes herausgegeben hatte. Aber es war ein ernstes Spiel,
in dem schon bei Novalis mit dem Bezug auf den Norden die Selbstbehauptung einer romantisch-christlichen Tradition gegenüber der südlichen
Antike ausgedrückt werden sollte, zugleich aber durch eine Vereinigung
der Himmelsrichtungen zeitgemäße Friedensgedanken genährt wurden, die
sich nicht mehr wie bei Kant auf die Wirksamkeit der Vernunft, sondern
auf die Überzeugung von einer höheren Einheit stützten, für die einst die
Mythologie als «das verbindende Mittelglied» gestanden hatte, wie
August Wilhelm Schlegel erklärte. Das Studium des Orients, das Friedrich Schlegel, Görres, Creuzer, auch Goethe und späterhin dann vor allem
August Wilhelm Schlegel betrieben, gehört in die Wirkungsgeschichte dieser Ideen. Das zunehmende Interesse an der nordischen Mythologie (vgl.
S. 234f.) hatte allerdings zugleich mit der nationalen Selbstbesinnung der

Deutschen in der Zeit der Kriege zu tun – zählt doch Fichte zum Beispiel die Skandinavier unter die Deutschen (vgl. S. 36) – und erhielt so einen besonderen politischen Akzent.

Der kleine Berliner Nordsternbund, der sich bald wieder auflöste, war von solchen Konsequenzen noch weit entfernt und hielt sich nur an Schlegels symbolische Identifikation des Nordens mit der «Wissenschaft», der Philosophie als Lebensdeutung. Die drei *Musen-Almanache,* die Chamisso und Varnhagen in den Jahren 1804 bis 1806 herausgaben, richteten ihre Suche nach Vorbildern geographisch eher nach dem Süden und waren, wie ein Kritiker damals bemerkte, vor allem «horazisierend, pindarisierend, anakreontisierend, klopstockisierend»; Griechenland und nicht der germanische Norden war ihr Ideal, zu dem sie sich als Deutsche, als «Griechen der Neuzeit» ins Verhältnis zu setzen versuchten, und ihre Verehrung galt Goethe ebenso wie Schiller. Chamisso steuerte sogar eine Szene mit dem Titel *Faust. Ein Versuch* bei. Aus dem Bereiche der romanisch-romantischen Literatur war es hauptsächlich die Form des Sonettes, an der man sich reichlich versuchte, sowie die Glosse, das Thema mit «Variazionen». Zu den Beiträgern zählten außer den Herausgebern noch der Prediger Franz Theremin, Tiecks Schwager Bernhardi und das Ehepaar Friedrich und Caroline de la Motte Fouqué. Neben den idealistischen erwog man satirische Projekte, aus denen als einziges Dokument das Romanfragment *Die Versuche und Hindernisse Karls* (1808) hervorgegangen ist, jener Kollektivroman, den Varnhagen in Gemeinschaft mit Fouqué, Bernhardi und Neumann zustande zu bringen versuchte (vgl. S. 524 f.).

Berlins literarische Bedeutung stieg mit seiner politischen, und diese wiederum wuchs, je mehr sich Preußen nach 1806 zur stärksten ideellen Kraft in der Opposition gegen Napoleon entwickelte. Die preußische Bildungsreform bot den Eindruck einer staatlichen Sanktionierung und Anerkennung der Rolle von Wissenschaft, Kunst und Erziehung in einem Maße, wie es dergleichen bisher noch nicht gegeben hatte. Eine der führenden Persönlichkeiten dieser Reform, Wilhelm von Humboldt, kam überdies aus dem engsten Kreis der Kultur von Sachsen-Weimar. Von 1794 bis 1795 hatte er in Jena gelebt, hatte in Schillers *Horen* publiziert und als einer der ersten Goethe-Philologen über dessen *Hermann und Dorothea* geschrieben aus vertrautem Umgang mit dem Meister selbst. Es schien nun, als würden die Ideen dieser großen Zeit Wirklichkeit und als würde Weimar tatsächlich nach Berlin getragen. Denn Bildung – und darum ging es an erster Stelle in diesen Reformen – sollte den Staatsbürger zur Freiheit erheben, sollte ihm einen eigenen Adel verleihen, damit er sich seinerseits für das Staatsganze verantwortlich fühlen konnte.

Am bedeutendsten für das intellektuelle Leben Berlins wurde die Gründung der Berliner Universität (vgl. S. 196 f.). Das Interesse für die Vorlesungen Schlegels, Fichtes, Schleiermachers und Adam Müllers hatte das Bildungsbedürfnis einer größeren Öffentlichkeit demonstriert; jetzt sollte diesem Bedürfnis institutionell entsprochen und die Bildung systematisch einer jüngeren Generation vermittelt werden. Denkschriften, Pläne und Konzepte waren vorgelegt worden, darunter solche von dem Mediziner

Christoph Wilhelm Hufeland, den Philosophen Schelling und Fichte, dem
Theologen Schleiermacher, dem Historiker Henrik Steffens und schließlich
von Wilhelm von Humboldt selbst. «Unsere neue Universität wird am 15ten
October, dem Geburtstage des Kronprinzen, begonnen werden», hieß es
endlich in einer Pressemitteilung aus Berlin vom September 1810, und die
Liste der ersten Lehrer enthielt die Namen Schleiermacher und Fichte als
Dekane. Berufen wurden außerdem in der Philosophie Karl Wilhelm Ferdinand Solger, in der Philologie Friedrich August Wolf und August Boeckh,
im Bereiche der altdeutschen Literatur Friedrich von der Hagen, bei den
Juristen   Friedrich Carl von Savigny,   bei   den   Historikern   Barthold
Georg Niebuhr, in der Theologie Wilhelm Martin Leberecht de Wette und
in der Medizin Johann Christian Reil und Christoph Wilhelm Hufeland,
um nur die wichtigsten zu nennen und speziell solche, die über ihr eigentliches Fachgebiet hinaus gewirkt und in der Literaturgeschichte auf diese
oder jene Weise eine Rolle gespielt haben. Mit gutem Recht läßt sich
behaupten, daß Berlin durch die Gründung der Universität ein intellektuelles Potential erworben hatte, wie es zu diesem Zeitpunkt keine andere Stadt
im einstigen Reich aufweisen konnte, obwohl sich die Gewichte dann im
Zuge der geschichtlichen Ereignisse bald verschoben. Abgerundet wurde
ein solches Bild von der kulturellen Bedeutsamkeit Berlins dann noch durch
Ifflands Theater und Zelters Singakademie sowie durch die Tätigkeit von
Verlegern wie Reimer, Hitzig und Unger, die sich zugleich als Förderer der
Literatur verstanden oder, wie im Falle von Hitzig, selbst der Schriftstellerei
oblagen.

Blickt man von hier aus auf das eigentliche literarische Berlin, so ist allerdings festzustellen, daß sich nur wenige Schriftsteller jeweils zur gleichen
Zeit dort aufhielten. Sternstunden von der Art, wie sie Rahel Varnhagen aus
der Erinnerung berichtet, als sie bei einer Abendgesellschaft «*nur*» mit
Kleist und Adam Müller sprechen mußte, weil Arnim und Brentano «in
schwarzen Theekleidern und Bestrumpfung» sich ausschließlich der Dame
des Hauses zuwandten, waren nicht die Regel und bezeichneten im übrigen
noch nicht einmal literarische Gemeinsamkeit. Lediglich Arnim und, seit
ihrer Heirat 1811 mit ihm, Bettine Brentano sowie Friedrich und Caroline Fouqué haben sich als preußische Landedelleute regelmäßig in Berlin
oder auf ihren Gütern in der Nähe aufgehalten, wobei das Gut Nennhausen der Fouqués eine Stätte besonderer Gastlichkeit für die Dichter war.
Chamisso lebte mit Unterbrechungen in Berlin und erst nach seiner Weltreise 1818 ständig dort, Hoffmann seit 1814. Rahels Sternstunde kann sich
nur innerhalb einer kurzen Zeit zwischen 1809 und 1811 ereignet haben, als
sich tatsächlich außer Arnim, Kleist, Müller und Fouqué noch Brentano,
der Graf Loeben und die Brüder Eichendorff auf begrenzte Zeit in Berlin
aufhielten und man einander bei gesellschaftlichen Anlässen traf.

Bindungen religiöser oder politischer Art waren oft stärker als die eines ästhetischen Interesses. Die neupietistische Erweckungsbewegung des Pastors Georg Hermes in der Spittelkirche zog damals viele Gebildete an, und im Politischen tat es die Christlich-deutsche Tischgesellschaft, die Anfang 1811 von Arnim begründet worden war als eine Vereinigung adliger und bürgerlicher Intellektueller und Künstler zur Pflege patriotischer Gesinnung.

> Unsre Krone ward erstritten
> Durch der deutschen Ritter Blut,
> Als die Heiden mußten bitten
> Um des ew'gen Friedens Gut;
> Seit die Heiden sind bekehret,
> Kam die gnadenfrohe Zeit,
> Und der Adel wähnt und lehret
> Freiheit in Ergebenheit;
> Freiheit christlich-deutscher Treue,
> Uns mit deinem Segen weihe!
> Ew'ger Glaube lebe hoch!

lautet die erste Strophe von Arnims «Stiftungslied».

Aber die «christlich-deutsche Treue» Arnims war exklusiver Natur. Frauen, Philister – also Nicht-Akademiker – und Juden waren ausgeschlossen, die getauften Juden übrigens gegen Arnims Willen, der in dieser Sache von den Mitgliedern überstimmt worden war. Deren illustre Liste enthält Namen wie Fichte, Brentano, Savigny, Adam Müller, Kleist, Clausewitz, den Populärschriftsteller Julius von Voß, Zelter, Reichardt, den Verleger Reimer und eine weitere Anzahl von Angehörigen des Adels und Hochadels, des Offizierskorps und der Beamtenschaft. Die Frequenz der Teilnahme an den vierzehntäglichen Mittagstreffen mag sehr unterschiedlich gewesen sein, unterschiedlich waren ganz sicherlich die politischen Überzeugungen. Ein reaktionärer, gegen die preußischen Reformen gerichteter Bund war die Tischgesellschaft ihrer Intention nach nicht; Arnim hat bei der Gründung sogar Vorstellungen vom Ausprobieren konstitutioneller Formen gehabt, war doch die Gesellschaft in ihrer Versammlungsordnung streng reglementiert. Das freilich macht auch wieder deutlich, daß es sich hier nicht um eine literarische Gesellschaft handelte, so daß sie am allerwenigsten zur Stützung des Bildes von einer «Berliner Romantik» dienen kann. Das Stigma des Reaktionären ist die Christlich-deutsche Tischgesellschaft im übrigen nicht losgeworden, förderte sie doch den Antisemitismus gerade zu einer Zeit, da die deutschen Staaten allmählich ihren jüdischen Bürgern die Gleichberechtigung zugestanden, am 11. März 1812 auch denjenigen in Preußen.

Im März 1811 trug Clemens Brentano der Gesellschaft seine Satire *Der Philister vor, in und nach der Geschichte* vor und erntete enthusiastischen

Beifall. Dafür gab es gute Gründe, denn Brentano zog nicht nur alle Register seiner üppigen Phantasie und seines scharfen Witzes, er kam auch den Überzeugungen seiner Zuhörerschaft beträchtlich entgegen. Intellektualität, Elitebewußtsein, Christlichkeit, Deutschheit und Antisemitismus – das alles enthielt Brentanos Abhandlung im Guten und Schlechten.

Der Philister, das war «der ausgeborne Feind aller Idee, aller Begeisterung, alles Genies und aller freien Schöpfung». Des Morgens tauchte er «aus seinem traumlosen Schlafe, wie ein ertrunkener Leichnam aus dem Wasser» herauf, die «weiße baumwollne Schlafmütze» trägt er mit «großer Liebe», «seine Kaffeekanne ist von Bunzlauer Steingut, und ist er ein langsamer Trinker, so hat sie ein ordentliches Kaffeemäntelchen um», in die Kirche geht er «nur des Kredits halber», und seine «geheimste Sehnsucht» ist, «einmal auf dem Guadalquivir fahren zu können». Wohl unterhalten sich die Philister «besonders gern von Vaterland und Patriotismus», aber «sie verachten alte Volksfeste und Sagen» und «würden gar nichts gegen die Franzosen haben, wenn ihnen nur die Einquartierung nicht so viel kostete».

Waren Philister im Sprachgebrauch der Zeit zunächst nur die Unstudierten, so nahm der Begriff doch bald die Bedeutung des Klein- und Spießbürgerlichen an, und zwar als Bezeichnung für ein soziales Phänomen und nicht so sehr für eine genau bestimmbare soziale Schicht. Die Kritik an aller Philistrosität war ein durchgehendes Thema der Zeit. Schon 1798 hatte Novalis das «Alltagsleben» eines Philisters auf ganz ähnliche Weise beschrieben wie Brentano. Das Personal von Jean Pauls Romanen bot reichliches, wenn auch oft ins Liebevolle gezeichnetes Anschauungsmaterial dafür, Bonaventuras Nachtwächter schaute dem braven Bürger nachts hinter die Kulissen, und Philisterkritik wurde bald auch ein Leitthema bei Eichendorff und Hoffmann. Dem Philister setzt Brentano nun – gleichfalls als negative Gestalt – den Juden entgegen, dem die Behaglichkeit und Beschränktheit des ersteren fehlt, der aber dafür das Geld zu seinem Abgott erhoben hat und sich mit «Theaterzetteln», «ästhetischem Geschwätz», «Humanität» und «Aufklärung» nur ein schmückendes Mäntelchen umhängt. In der Vorbemerkung zu seiner Abhandlung stellt Brentano unter anderem die folgenden «verteidigungswerten» Sätze auf:

> «Was hier als jüdisch aufgeführt wird, ist nur, was jeder Jude um alles in der Welt gern los würde, außer ums Geld, und was ein edler Jude selbst an unedlen Christen verachtet».

Und:

> «Bei den Juden assoniert Edel auf Ekel, bei den Philistern auf Esel.»

Brentanos Antisemitismus war zwar prinzipiell religiöser Natur, aber die Verbindung mit besonderen Eigenschaften zeigt zugleich den Weg zu Rassenkriterien. Daß dergleichen Anschauung nicht eine vorübergehende Entgleisung Brentanos war, erwies im Leben sein gelegentlich provokatives Verhalten gegenüber Rahel Varnhagen und in der Literatur vor allem seine Erzählung *Die Schachtel mit der Friedenspuppe* (1815) (vgl. S. 150 f.). Worauf auch immer der Frankfurter Kaufmannssohn sich zur Bestätigung seiner Ansichten mochte berufen wollen – der andere Frankfurter Dichter hat sein Werk mit vergleichbaren Ausfällen nicht befleckt. Gerade ihn, Goethe, aber zitiert Brentano in seiner Abhandlung als jenen deutschen Schriftsteller, der am freiesten von allen Symptomen des Philistertums sei. Schiller hingegen sei nie ganz frei gewesen davon, und auch bei der «Erzeugung» von Friedrich Schlegels *Lucinde* habe «ein örtlich philosophischer krankhafter Schweiß an den Genitalien vorgewaltet». Der Lieblingsdichter aller Philister aber sei Johann Heinrich Voß, mit dem Brentano sich gerade erst in Heidelberg im Streit über das Klassische oder Romantische herumgeschlagen hatte.

Brentanos Abhandlung ist unmittelbar kein politisches Dokument, dergleichen lag ihm nicht. Aber der Beifall der patriotischen Tischgesellschaft war ihm dennoch sicher, leistete er doch nichts Geringeres als eine soziologische Ortsbestimmung für die Mitglieder zu einer Zeit, da aus politischem Idealismus ebenso wie aus Realitätssinn die Unterschiede der Klassen in den Hintergrund gedrängt wurden. Über Juden und Philister erhob er sie als eine Gruppe von bürgerlichen und adligen Intellektuellen, die sich durch ihre Neigung zur Kunst Freiheit erworben zu haben glaubten, mit der sie die ernste Verpflichtung fürs Vaterland verbanden in der Hoffnung, damit eine progressive Elite zu bilden. Da aber die Freiheit lediglich negativ durch Antiphilistertum und die Verachtung des Geldes umschrieben wurde, blieben konservative politische Überzeugungen von der Führung des Staates, wie sie gerade in dieser Tischgesellschaft zu Hause waren, unberührt.

Im übrigen hatte freilich Brentano die Philister in der Wirklichkeit auch scharf und treffend beobachtet, kennzeichnete er doch mit ihnen jenes spezifisch deutsche Bürgertum, das seinen Frieden mit der Welt gemacht hatte und im Leben vorangekommen war, so wie dessen Abbilder auf der Bühne in den Kotzebueschen Stücken. Religiös war man abgesichert durch die Kirchen, sozial durch die staatliche Hierarchie von Titeln und Ämtern und philosophisch durch eine längst banalisierte und zur Legitimation des Bestehenden heruntergekommene Aufklärung. Häuslichkeit und Gemütlichkeit der Familie blieben sorgfältig vom Geschäft getrennt. Sexualität wurde von solcher Häuslichkeit ferngehalten im gleichen Maße, wie die Prostitution – auch auf sie geht Brentano ein – zur Stillung entsprechender Bedürfnisse diente, und die Kunst hatte für die Erfüllung der übrigen Träume zu sorgen. Entscheidend war, daß man die Trennung zwischen Wunsch und Realität, Innen und Außen akzeptierte und sich darum nicht weiter kümmerte. Gerade darin aber lag die Gefährlichkeit eines solchen Philistertums, wenn Situationen entstanden, wo das politische Geschehen diese Sphären durcheinanderbrachte. Der gerade damals in Berlin propagierte und geübte Nationalismus des Turnvaters Jahn war ein Beispiel dafür, ebenso wie der Deutschtumskult in der Zeit nach den Kriegen. Solche Konsequenzen hatte Brentano freilich nicht im Auge. Was ihn besorgte, war eher, daß durch die Ausbreitung des Philistertums als eine Art gesellschaftlicher Gesinnung schließlich seine eigene freie Existenz als Künstler bedroht war oder überhaupt das Interesse für Kunst als eine den Menschen über sich hinaushebende Kraft.

Brentano trug die zweite Hälfte seiner Abhandlung am 11. März 1811 vor. Knapp drei Wochen später, am 30. März, ging in Berlin ein Unternehmen zu Ende, in dem nun tatsächlich der Versuch gemacht worden war,

Ideale mit der Wirklichkeit und Patriotismus mit hoher Intellektualität sowie Kunstsinn zu vereinigen: Kleists *Berliner Abendblätter.*

Nach seiner Reise auf die österreichischen Schlachtfelder war Kleist im November 1809 nach Berlin gekommen. «Den 1sten October 1810» erschien das erste seiner *Berliner Abendblätter,* eröffnet mit Kleists «Gebet des Zoroaster», dessen politische Botschaft durch die Leser damals leicht zu entschlüsseln war. Zu den Beiträgern haben dann außer dem Herausgeber Arndt, Arnim, Brentano, Fouqué, Hitzig, Loeben, Adam Müller, Friedrich August von Stägemann und Friedrich Gottlob Wetzel gehört. Aber die *Abendblätter* waren keine literarische Zeitschrift, sondern der Vorläufer einer modernen Tageszeitung, zu deren erfolgreicher Führung Kleist freilich nicht die nötigen Gaben mitbrachte: Umsicht, Konzessionsbereitschaft und diplomatisches Geschick. So geriet Kleist bald in Schwierigkeiten, mit Mitarbeitern, der Polizeibehörde, von der er die sensationelleren Nachrichten empfing, und mit der preußischen Regierung, als er Adam Müllers Anschauungen «Über den Nationalcredit» abdruckte, die gegen Hardenbergs Reformpolitik gerichtet waren und wesentlich denen der konservativen Opposition entsprachen, die auch die Christlich-deutsche Tischgesellschaft bestimmte. Verbote hinderten die Veröffentlichung neuer Nachrichten und kritischer Meinungen, die finanziellen Fundamente brachen zusammen, und das Ende der Zeitung bestärkte den Herausgeber noch in dem Gefühl des Mißlingens seines Lebens. Seine Beiträge aber haben der Zeitung ihre Bedeutung gesichert, denn viele von Kleists kleineren Schriften sind dort zuerst erschienen, darunter *Das Bettelweib von Locarno* und *Die heilige Cäcilie oder die Gewalt der Musik.*

Berlin, immerhin, hatte sich zu einem Sammelpunkt intellektueller Tätigkeit entwickelt und war für kürzere oder längere Zeit zur Heimatstadt bedeutender Schriftsteller geworden. Das Kriegsgeschehen drängte dann die Kultur vorübergehend in den Hintergrund, aber danach wuchs der Stadt erneute Bedeutung zu, als sich dort nach 1815 Hoffmann und seine Serapionsbrüder oder, in der Mittwochsgesellschaft, Hitzig, Chamisso, Eichendorff, Fouqué, Varnhagen und Neumann trafen und nun tatsächlich gemeinsame Pläne und Ziele im Sinne ihrer Vorstellungen von romantischer Literatur entwickelten.

Heidelberg

«Der Vaterlandsstädte ländlichschönste» hatte Hölderlin die Stadt am Nekkar in einer ihr gewidmeten Ode genannt. Das war um 1800 gewesen. Sechs Jahre später beherbergte Heidelberg eine kurze Zeit lang einige junge Schriftsteller, durch die es in der Literaturgeschichte zu einem geradezu legendären Zentrum für eine ganz neue, eigenständige «Heidelberger Romantik» geworden ist. Genährt wurde die Legende vor allem durch die verklärende Erinnerung von damals Beteiligten und später wohl auch durch die «Alt-Heidelberg»-Schwärmerei von Rührstück und Operette. In seinen Jugenderinnerungen schreibt Joseph von Eichendorff:

«Heidelberg ist selbst eine prächtige Romantik; da umschlingt der Frühling Haus und Hof und alles Gewöhnliche mit Reben und Blumen, und erzählen Burgen und Wälder ein wunderbares Märchen der Vorzeit, als gäb es nichts Gemeines auf der Welt. Solch gewaltige Szenerie konnte zu allen Zeiten nicht verfehlen, die Stimmung der Jugend zu erhöhen».

Eichendorff war Ende der Sechzig, als er das schrieb; nach Heidelberg war er als junger Student im Alter von neunzehn Jahren gekommen. Die 1386 gegründete Universität hatte im 16. und 17. Jahrhundert bedeutende Lehrer beherbergt, verlor aber dann im Laufe des 18. Jahrhunderts ihren einstigen Ruf. 1803 wurde die Universität von Kurfürst Karl Friedrich von der Pfalz neu gegründet, und man machte den Versuch, ihr durch die Berufung tüchtiger Lehrer rasch neues Ansehen zu verschaffen, auch wenn das keineswegs so gelang, wie spätere Idealisierungen es vermuten lassen. Zu den ersten Professoren gehörten der Mythenforscher Georg Friedrich Creuzer, der Philosoph Jakob Friedrich Fries und der Philologe August Boeckh. Joseph Görres erhielt 1806 die *venia legendi* in Heidelberg und bot Vorlesungen über Naturphilosophie und Psychologie an. Creuzer und Clemens Brentanos Schwager, der Marburger Jurist Friedrich Carl von Savigny, hatten versucht, eine Berufung Ludwig Tiecks auf den Lehrstuhl für Ästhetik durchzusetzen, aber das Amt erhielt dann der noch ganz unbekannte Aloys Wilhelm Schreiber, der später als Herausgeber des *Heidelbergischen Taschenbuchs* auf die Jahre 1809 und 1812 und als Verfasser antiromantischer Satiren von sich reden machte. Um zugleich einen der großen Namen aus dem Bereiche der Literatur in der Stadt zu haben, wurde Johann Heinrich Voß eingeladen, bei gutem Gehalt, aber ohne Lehrverpflichtungen in Heidelberg ansässig zu werden. Bis 1802 hatte er in Eutin als Rektor gelebt, in der Nähe seines Jugendfreundes, des Grafen Friedrich Leopold Stolberg. Als Stolberg aber 1800 mit seiner gesamten Familie zum katholischen Glauben übertrat, kam es zum Bruch, und von 1802 an hielt Voß sich dann in Jena auf. Voß kam 1805 nach Heidelberg und holte dorthin auch noch seinen Sohn Heinrich nach, der 1807 eine außerordentliche Professur für klassische Philologie erhielt. Er unterstützte in den folgenden Jahren seinen Vater tapfer in dessen Kämpfen gegen Romantik, Katholizismus und speziell gegen Creuzer und Stolberg.

Seit 1804 hatte auch Clemens Brentano Heidelberg zu seinem festen Wohnsitz gemacht, dorthin gezogen von Friedrich Creuzer, dem Freund aus Marburger Studientagen, und von nun an ergab sich an diesem Ort ein fast unentwirrbares Durcheinander von persönlichen wie literarischen Beziehungen, Freundschaften und Feindschaften.

Mit vielen und zum Teil langen Unterbrechungen hielt sich Brentano bis 1807 in Heidelberg auf. Für ein halbes Jahr kam 1805 sein Freund Arnim in diese Stadt, und dort wurde die Arbeit an jenem Werk abgeschlossen, das fortan den eigentlichen Ruf der «Heidelberger Romantik» begründete: Im August 1805 begann der Druck des ersten Bandes von Arnims und Brentanos Liedersammlung *Des Knaben Wunderhorn*, der dann zur Michaelismesse mit der Jahreszahl 1806 bei Mohr und Zimmer in Heidelberg herauskam. Erst im folgenden Jahr folgte Brentanos Freund Görres nach Heidelberg, und in diesem Jahr begann auch ein ganz persönlicher Streit zwischen Brentano und Voß, der sich an einem Hauskauf entzündet hatte. Bald darauf verließ Brentano die Stadt und ging nach Kassel, wo ihm die Brüder Grimm bei der Weiterarbeit am *Wunderhorn* hilfreich wurden. Erst im folgenden Jahr kamen er und Arnim noch einmal für ein paar Monate in die Stadt zurück: Es war die Zeit, in der die von Arnim herausgegebene *Zeitung für Einsiedler* erschien, und zugleich der Höhepunkt der Fehde mit Johann Heinrich Voß, der im *Morgenblatt für gebildete Stände* eine Generalattacke gegen alle Romantik, so wie er sie verstand, vorgetragen hatte. Denn was Voß in einen Topf warf, waren sowohl die Gedanken der Brüder Schlegel, denen Arnim und Brentano skeptisch gegenüberstanden, wie die Arbeiten Arnims und Brentanos, die wiederum durchaus nicht den Beifall der Schlegels fanden, und es waren schließlich auch die Versuche eines literarischen Novalis-Kults, den besonders der junge Graf Otto Heinrich von Loeben pflegte, der 1807 für ein Jahr in Heidelberg zu studieren versuchte und sich dort zum Mittelpunkt eines enthusiastischen Freundeskreises, des «Eleusischen Bundes» machte, in dem sich jedes Mitglied klangvolle Bundesnamen gab (vgl. S. 769 f.). In diesen Kreis traten dann noch die beiden Freiherrn Joseph und Wilhelm von Eichendorff ein. Mit Arnim und Brentano kam es nur zu flüchtiger Berührung. Allein zu Görres hat Eichendorff engere Verbindung gehabt. Als Brentano später in Berlin Loeben und die Brüder Eichendorff wirklich kennenlernte, hielt er mit seinem Spott über deren Schwärmerei nicht zurück. Eichendorff hat sich dann auch bald von Loebens Einfluß befreit.

Diese biographischen Details und persönlichen Verhältnisse junger Leute wären kaum erinnernswert, wenn sie nicht Aufschluß gäben über die Problematik literarhistorischer Sammelbegriffe. Über eine «Heidelberger Romantik» läßt sich als Tatsache lediglich feststellen, daß in den Jahren zwischen 1804 und 1808 in dieser Stadt zeitweilig eine Reihe junger Schriftsteller lebte, deren literarische Arbeiten und Versuche in den großen Zusammenhang einer romantischen, nicht-klassizistischen Literatur eingereiht werden können. Teils führten sie eine solche Literatur schöpferisch weiter, teils kam es auch nur zu unfreiwilligen Parodien, wie im Falle des «Eleusischen Bundes» um den Grafen Loeben. Jener fruchtbare Geist der Gemeinsamkeit, der gegenseitigen Kritik und Inspiration, der «Symphilosophie» und der Anregung zu bedeutenden einzelnen Werken, wie er die Brüder Schlegel, Novalis, Tieck und Schelling auf dem Höhepunkt ihres Zusammenseins in Jena bestimmte, wiederholte sich nicht. Dazu waren die Besucher Heidelbergs und ihre Absichten wie Arbeiten zu verschieden voneinander, und dazu gab es zu viele vergleichbare Bemühungen anderswo in Deutschland, in Berlin zum Beispiel oder aber auch bei den Brüdern Grimm in Kassel. Die einen waren außerdem der Universität wegen da, die anderen – Arnim und Brentano – hauptsächlich wegen des Verlegers, der nun allgemein an die Stelle des Mäzens zu treten begann. Eine neue, sehr andere Zeit war im Anbruch, in der Kunst durch ihre Verkaufbarkeit in ein unmittelbares Verhältnis zum Gelde trat. So gab es also allenfalls Romantik in

Heidelberg, denn man identifizierte sich durchaus mit diesem Begriffe, aber nicht jeder verstand unbedingt dasselbe darunter.

Summarisch verfuhr eigentlich nur die Polemik gegen diese jungen Unternehmungen, insbesondere Johann Heinrich Voß, der Heidelberg zur gleichen Zeit zum Zentrum der «Anti-Romantik» machte. Voß eröffnete den Kampf im Januar 1808 durch einen Beitrag im *Morgenblatt für gebildete Stände*, in dem er jenen «Schwarm junger Kräftlinge» verdammte, die «dem Klassischen das wilde Romantische, dem Antiken das Moderne» vorgezogen hatten, was dem Übersetzer Homers und Verfasser des Hexameter-Epos *Luise* verständlichen Ärger bereitete. Ein langer und verzweigter Streit entspann sich (vgl. S. 693 ff.). Die junge Generation wußte sich jedenfalls ihrer Haut zu wehren und meldete sich von Heidelberg aus zu Wort, vor allem auf dem Weg der Satire, insbesondere in der *Zeitung für Einsiedler*.

Brentano und Görres hatten 1807 Anlaß zu Voß' Polemik gegeben mit einer anonymen, bei Mohr und Zimmer erschienenen Spottschrift, der sie den Titel *Wunderbare Geschichte von BOGS, dem Uhrmacher* gaben. Im Namen ihres Helden hatten sie die eigenen Namen zusammengezogen (B-rentan-O, G-örre-S) und in seinem Beruf auf das Gleichnis von der Welt als Uhr und Gott als himmlischem Uhrmacher aus Johann Christoph Gottscheds *Ersten Gründen der gesamten Weltweisheit* (1733/4) angespielt. Denn gegen aufklärerisches Nützlichkeitsdenken besonders hinsichtlich aller Kunstübung war diese Satire gerichtet.

BOGS soll in die bürgerliche Schützengesellschaft nur dann aufgenommen werden, wenn er seine «Neigung zur Musik» bändigt und nachweisen kann, daß er bei einem Konzert nicht zu sehr hingerissen wird. Das geschieht jedoch beinahe, als er sich mehr und mehr durch so romantische Instrumente wie Flöten, Klarinetten, Waldhörner und durch den Gesang von Volksliedern bezaubern läßt. Nur durch eine eigene Uhr, die zu repetieren anfängt, kommt er wieder «zu Verstand». Sein Rat ist: «Legt ab eure Füllhörner, Wunderhörner, Zauberhörner, euer Treiben ist nicht gut, werdet Uhrmacher, kommt bei mir in die Lehre, ich will euch ein Lehrjahr schenken.» Auch der Praktizismus eines Wilhelm Meister bekommt also hier einen gelinden Hieb.

Brentano und Görres ging es in erster Linie um das Engagement der Kunst für das Leben und um die Exponierung jener Kunstfeindlichkeit im Philistertum, die seit Wackenroders «merkwürdigem musikalischem Leben des Tonkünstlers Joseph Berglinger» in den *Herzensergießungen* (1797) sich zu einem Thema der gesamten jungen Generation dieser Zeit entwickelte. Gedanken der Aufklärung, einst zur Befreiung von autoritären Gottesvorstellungen gedacht, waren für sie lediglich zur Stütze eines nüchternen Egoismus in der arbeitsteiligen Gesellschaft und zu selbstgefälliger, fügsamer Unterordnung unter das Gegebene geworden. In ihren eigenen Vorstellungen jedoch sollte Kunst den ganzen Menschen erreichen und alle seine guten Kräfte mobilisieren für jene neue Zeit, die man unsicher zugleich und leidenschaftlich herbeiwünschte. Ein prophetisches, in Novalisschen Bildern, Gedanken und Visionen schwelgendes Paralipomenon zum BOGS, das von dieser neuen Zeit spricht, blieb allerdings bis 1926 unveröffentlicht.

In BOGS ist die Rede von Predigten «der neuen romantischen Clique

[. . .] gegen die klassischen Uhrmacher», und Voß betrachtete – zu diesem
Zeitpunkt wohl noch zu Unrecht – die Satire als einen persönlichen Angriff
von Görres und Brentano. Deshalb begann auch Anfang 1808 sein eigener
öffentlicher Kampf gegen die «Romantiker», die sich massiv und direkt vor
allem auf den Seiten der *Zeitung für Einsiedler* wehrten. Dieses von Arnim
in Gemeinschaft mit Brentano herausgegebene Journal erschien – ebenfalls
bei Mohr und Zimmer in Heidelberg – vom April bis zum August 1808; die
nicht verkauften Exemplare wurden noch im selben Jahr, als Buch gebunden, von Arnim unter dem Titel *Tröst Einsamkeit, alte und neue Sagen und
Wahrsagungen, Geschichten und Gedichte* veröffentlicht, wohl nicht unabsichtlich anspielend auf Tiecks Wortprägung «Waldeinsamkeit» in seinem
Blonden Eckbert von 1797.

Die *Zeitung für Einsiedler* wird gern als eine Art Programmorgan der «Heidelberger Romantik» betrachtet und damit dem *Athenaeum* als intellektuellem und poetischem Forum einer «Jenaer Romantik» gegenübergestellt. So unangemessen wie die
Kontrastierung der beiden Gruppen ist jedoch die Gleichsetzung der beiden Zeitschriften, ohne daß damit der eigenständige Wert der *Zeitung für Einsiedler* und ihrer
Konzeption im mindesten geschmälert werden soll. In einer der ersten Nummern der
in Heidelberg edierten und verlegten Zeitschrift hatte Arnim Jean Paul mit «Denksprüchen aus einer Friedenspredigt an Deutschland» zu Worte kommen lassen, einem
Appell gegen nationale Verantwortungslosigkeit, für Zucht und Ehrbarkeit als Sitte
und Religion und für jenes starke Gegengift gegen den Egoismus, das die Dichter in
Händen hielten: die «heilige Darstellung der höhern Liebe». Gleichgültig, ob der um
rund zwanzig Jahre ältere Autor auf andere Prämissen baute als der Herausgeber der
Zeitung für Einsiedler – Arnim und sein Freund Clemens Brentano sahen sich mit ihm
im Bunde. In einer Nachbemerkung entwickelt Arnim aus den Worten Jean Pauls die
Idee seiner Zeitung: «Wir möchten jedes gesunde Erzeugniß in der literarischen Welt
fördern und die Kritik vernichten, die gleich bemüht ist, das Kind der Liebe lebendig
zu seziren, um es in Spiritus scheinbar zu erhalten, oder in Wachs für ihre aestheti-
schen Vorlesungen nachzumachen.» Auch mit Lessing, Goethe, Tieck, Schlegel und
Fichte fühlten sie sich, wie Brentano in einem nach den «Denksprüchen» abgedruckten Brief an Arnim schreibt, verbunden gegen die «Gottschedianer, Nikolaiden, Mer-
kellumpen», denen diese Liebe abging und die als «versteinerte Geister» nur tödlich
gegen alles Neue wirkten, wie sich in der Aufnahme des *Wunderhorns* gezeigt hatte.
Ein solch breites Spektrum unterscheidet Arnims Zeitung von theorieorientierten
Journalen wie dem Schlegelschen.

Arnims Idee bestand also darin, eigentlich überhaupt keine theoretischen Prämis-
sen zu haben oder keinen ästhetischen Zielen zuzusteuern, sondern Leben zu fassen
und einzufangen. Was er darunter verstand, zeigt die Auswahl, die er – oft in
Gemeinschaft mit Brentano – traf. Um deutsche Identität geht es, wenn Görres die
Sage vom «gehörnten Siegfried und den Nibelungen» darstellt und Wilhelm Grimm
ein dänisches Gedicht von König Dieterichs Kampf mit dem Lindwurm übersetzt.
Philipp Otto Runges grausig-schönes Märchen *Von den Mahandel Bohm* setzt
Arnims, Brentanos und Görres' Versuche zur Entdeckung von Volksliteratur fort; die
Brüder Grimm haben es später in ihre *Kinder- und Hausmärchen* aufgenommen. Aber
auch Karl von Hardenberg, Fouqué, Justinus Kerner und der gerade einundzwan-
zigjährige Ludwig Uhland kommen zu Wort. Aus dem Landshuter Kreis um Friedrich Ast sind einige Studenten mit ihren ersten Poesien vertreten. Vom kranken Hölderlin finden sich einige Verse, Tieck steuert Teile einer Bearbeitung des *König*

Rother bei und vermittelt auch das bisher ungedruckte Drama *Golo und Genovefa* des in Rom lebenden einstigen Sturm-und-Drang-Dichters Maler Müller, dessen Schriften herauszugeben er im Begriff war. Von Friedrich Schlegel werden einige Übersetzungen aus dem Indischen und ein eigenes Gedicht gebracht, ebenso ein Gedicht von August Wilhelm Schlegel und ein Sonett Zacharias Werners.

Ein beträchtlicher Teil galt der Satire, insbesondere der gegen Voß sowie gegen Cottas *Morgenblatt für gebildete Stände* und dessen Angriffe wider das Sonettschreiben. In solchen polemischen Zusammenhang gehört auch Brentanos Volkssagenparodie «Geschichte und Ursprung des ersten Bärnhäuters», worin ein Landsknecht, der weder in den Himmel noch in die Hölle aufgenommen wird, schließlich eine Tochter von «Messalinus Cotta» heiraten soll, am Ende aber doch lieber Selbstmord begeht. Görres ergänzte das mit einer «Sonnettenschlacht bei Eichstädt» und Arnim mit der langen «Geschichte des Herrn Sonet und des Fräuleins Sonete» (vgl. S. 694). Alles in allem ist es ein weites und buntes Panorama, das diese Zeitung anbietet, nicht eingeengt auf das christlich Nationale, das ihr die Gegner vorwarfen, wohl aber Originalität und Traditionsbewußtsein verbindend und in der literarischen Praxis Natur und Kunst, Volkstümlichkeit und Bildung, Geschichte und Gegenwart vereinigend.

Arnim erhielt 1809 noch Waffenhilfe durch Baggesens *Der Karfunkel oder Klingklingel Almanach* (vgl. S. 695). Die jungen Kontrahenten jedoch hatten schon im Laufe des Jahres 1808 Heidelberg verlassen, während Voß dort blieb bis zu seinem Tode 1826, in tiefe Fehden um Glauben und Literatur verwickelt. Noch in seiner *Antisymbolik* von 1824 grollte er in der Erinnerung über den Zufall, «daß seit 1805 in Heidelberg eine Schaar päbstelnder Romantiker, von römischem und evangelischem Bekenntnis, sich ansiedelten, und mit Tönen der Wildnis glaubselige Pilgrame nach Rom einlud. Es war bloss die Ruine der alten Burg und die erhabene Naturschönheit, was sie herbannte, und was durchziehende Römlinge, nach Rom hin, und von Rom her, im freundlichen Neckarthale zu verweilen anzog.» Den Tatsachen entsprach das nicht, aber legendenbildend war es allemal.

Die *Zeitung für Einsiedler* blieb Episode. Aber zusammen mit Arnims und Brentanos monumentaler Leistung, dem *Wunderhorn* (vgl. S. 698 ff.), half sie doch einer großen Zahl junger deutscher Autoren, ein neues künstlerisches Selbstbewußtsein zu finden und förderte Quellen zutage, die danach lange Zeit, klar oder getrübt, ergiebig geströmt sind.

Weit in das 19. Jahrhundert hinein haben schließlich die *Heidelbergischen Jahrbücher der Litteratur* gewirkt, die seit 1808, ebenfalls im Verlag von Mohr und Zimmer, erschienen und eine der führenden Rezensionszeitschriften in Deutschland wurden. Friedrich Creuzer war unter den Herausgebern, und die Kontrahenten begegneten sich auf ihren Seiten, so Arnim, Görres, die Brüder Grimm, die Brüder Schlegel und Voß Vater und Sohn ebenso wie Aloys Schreiber.

Rundblick

Die Lösung der Kunst vom Mäzenatentum der Höfe, die Großstädte, die zunehmende Mobilität durch die Verbesserung des Verkehrswesens, aber auch die Nötigungen des Krieges zur Bewegung in dieser oder jener Richtung, nach den Bedürfnissen der politischen Überzeugung oder einfach nur der Sicherheit wegen, haben Musensitze im Bereich der deutschen Sprache nicht mehr aufkommen lassen. Gewiß war Wien, die alte Reichshauptstadt, noch vor Berlin eine Stadt hoher Kultur in dieser Zeit, aber es hatte eher den Ruf, die Stadt der Musik und des Theaters zu sein und nicht ein Ort bedeutender literarischer Vereinigungen, Gruppen oder einfach nur prominenter Schriftsteller. Natürlich gab es dort eine große Anzahl von Autoren, die die Theater mit Stücken versorgten oder die Journale und Almanache mit Gedichten und Geschichten, aber wirklichen literarischen Ruhm hatten sich nur Dramatiker wie die Brüder Heinrich und Matthäus von Collin oder als damals geachtetste Erzählerin Caroline Pichler erworben. Die Schreibversuche, die der junge österreichische Autor Franz Grillparzer zwischen 1806 und 1815 machte, blieben der Öffentlichkeit noch verborgen.

Was sich an auswärtigen deutschen Schriftstellern nach Wien wendete, kam hingegen mit wenigen Ausnahmen in der Rolle des Wissenschaftlers, Kulturhistorikers oder Publizisten. Das gilt für August Wilhelm Schlegel ebenso wie für seinen Bruder Friedrich, die beide dort ihre Vorlesungszyklen über Kunst, Literatur und Geschichte hielten. Friedrich Schlegel wurde überdies Wahlösterreicher, ein Hofsekretär in Uniform mit dem Auftrag, eine österreichische Tageszeitung zu gründen. «Er hatt sehr wohl ausgesehen, Federbusch und Säbel getragen», berichtete der Bildhauer Friedrich Tieck an August Wilhelm Schlegel in Coppet (27.5.1809). Die Anziehungskraft Wiens für Friedrich Schlegel war jedoch nicht in erster Linie dessen kulturelle Ausstrahlung, sondern die Katholizität und die Möglichkeit zu einer festen Anstellung für den in bedrängten finanziellen Verhältnissen Lebenden. Ähnlich ging es Adam Müller, der 1812 in Wien seine *Reden über die Beredsamkeit* hielt und in österreichische diplomatische Dienste trat, die ihn allerdings erst 1826 nach Wien zurückkehren ließen. Gentz war seit 1810 ständig an Wien gebunden, und vom gleichen Jahr an war Wilhelm von Humboldt preußischer Gesandter dort. Aber das alles konstituierte keine intellektuelle Gemeinschaftlichkeit. In der Kaiserstadt mit Hof und Metternich waren Schlegel oder Müller letztlich nur Figuren am Rande der großen Gesellschaft, selbst wenn diese sich in ihren Vorlesungen traf und die Vorlesenden mit «goldenen Dosen und zahllosen Dukaten» belohnte, wie Dorothea Schlegel von Müller berichtet hat (4.6.1812). Verdienste um die deutsche Literatur erwarb sich seit Josephs II. Zeiten die Bühne: 1810 wurde im Theater an der Wien Kleists *Das Käthchen von Heilbronn* zum ersten Mal aufgeführt. Danach war es dann freilich Theodor Körner, der in Wien Karriere machte; von 1811 bis zum Beginn des Krieges war er Theaterdichter am Burgtheater. Auch der ahasverische Brentano war eine Zeitlang – von 1813 bis 1814 – in Wien und war dort an der Gründung der Zeitschrift *Friedensblätter* beteiligt, die für die kurze Zeit ihrer Dauer vom Juni 1814 bis zum November 1815 einen interessanten Sammelpunkt «für Leben, Literatur und Kunst» bildete.

Brentano brachte darin seine Erzählung *Die Schachtel mit der Friedenspuppe*, Adam Müller publizierte über den Geist des Adels und über die Beredsamkeit, in Sonetten wurden Zacharias Werners Tragödien kommentiert, Kleists «Letztes Lied» fand darin einen ersten Leserkreis, und ebenso fanden ihn Gedichte von Helmina von Chézy, Koreff, Fouqué, Eichendorff und Brentano, aber daneben auch Horrorgeschichten von Clauren wie *Das Blutbeil* oder das *Raubschloß*.

Waren die *Friedensblätter* eher eine Mischung aus Tageszeitung und literarischem Journal, patriotisch getönt, aber ohne eine feste Konzeption, so bildeten die zwölf Hefte des von Friedrich Schlegel herausgegebenen *Deutschen Museums*, die von 1812 bis 1813 in Wien erschienen, den sorgfältig redigierten Sammelpunkt philosophischer, historischer, künstlerischer und besonders literarischer Interessen in diesen Jahren.

Dazu gehört in erster Linie die Erschließung mittelalterlicher deutscher, aber auch nordischer Sprache und Literatur innerhalb des Gesamtbegriffes einer europäischen romantischen Kunst, und es gehört dazu die Etablierung einer deutschen kulturellen Identität in diesem Zusammenhang. Zwischen dem Wiener Freiherrn August von Steigentesch und Christian Gottfried Körner in Dresden kam es zum Beispiel zu einem heftigen Streit über Unwert oder Wert deutscher gegenwärtiger Literatur im Vergleich insbesondere mit der französischen (vgl. S. 241 f.). Zu den wissenschaftlichen Beiträgern zählten neben den Brüdern Schlegel Jacob und Wilhelm Grimm, Görres, Bernhard Joseph Docen, Johann Gustav Büsching, Adam Müller, Friedrich Heinrich Jacobi, Wilhelm von Schütz und Wilhelm von Humboldt, zu den literarischen mit dem Nachdruck auf altnordischen oder historischen Stoffen die Brüder Collin, Friedrich und Caroline Fouqué, Zacharias Werner und Caroline Pichler. Die «kriegerischen Begebenheiten» nötigten dann Friedrich Schlegel, sein «*deutsches Unternehmen*», wie er es im Abschied von den Lesern nannte, zu «suspendieren». Ursprünglich hatte die Zeitschrift *Vaterländisches Museum* heißen sollen als Fortsetzung von Perthes' Hamburger Journal. Mit der *Concordia* (1820–23) ist er spät noch einmal unter anderen Vorzeichen in die Rolle eines Zeitschriftenherausgebers zurückgekehrt, diesmal mit einem höheren Vaterland im Sinne.

Zu den kleineren Zentren literarischer Aktivität gehörte in diesen Jahren für kurze Zeit die Stadt Landshut in Bayern. 1800 hatte sie eine Universität erhalten, die aber schon 1826 nach München verlegt wurde, auf diese Weise auch in Bayern Residenzstadt und Bildungszentrum in eins bringend. Mittelpunkt eines Kreises junger Intellektueller und Poeten dort war der Philologe Friedrich Ast, der sich 1805 bereits mit einem Trauerspiel *Krösus* (vgl. Bd. 1, S. 566) dichterisch versucht hatte und nun 1808 eine *Zeitschrift für Wissenschaft und Kunst* gründete, die, kurzlebig wie alle diese literarischen Journale damals, es auf insgesamt drei Jahrgänge brachte.

Asts eigene Beiträge bestanden unter anderem aus Aphorismen im Stile von Novalis, die kühne Analogien zwischen Geschichte, Religion und Mathematik entwarfen, denen aber Sachverständnis, historische Übersicht und die sprachliche Ausdruckskraft des Vorbildes abgingen. Das Interesse für mittelalterliche Literatur und für die lyrischen Formen der romantischen Literaturtradition, für Sonett, Canzone und Romanze also, trat hinzu, und Eichendorff, der Graf Loeben sowie eine Reihe lokaler Talente wie Karl Rottmanner und Joseph Löw machten dort lyrische Gehversuche. Schließlich wurde in Rezensionen entschieden gefördert, was man in der romantischen Tradition heranwachsen sah: Friedrich Schlegels und Kannes Untersuchungen zur indischen Mythologie, Schuberts Forschungen über die Nachtseite der Natur oder der *Dichter-Garten* von Rostorf. Aber auch Mythologie, christliche Religion und katholische Kirche spielten hier im Kreise der Novalis-Nachfolge eine gewisse Rolle, so daß Ast, sein Kreis und seine Zeitschrift der ausgesuchte Gegner von Attacken aus dem Zirkel um Johann Heinrich Voß in Heidelberg wurden, für den alles Katholische romantisch, alles Romantische katholisch und beides verdammenswert war. In Baggesens *Karfunkel oder Klingklingel-Almanach* gibt es ein Spott-Sonett «Landshuts romantische Weihe», das die «Landshuter Musen-Schweine» verhöhnt, wobei das Schimpfwort allgemeine Sprachregelung bei Voß und seinen Freunden gewesen zu sein scheint, denn der Ausdruck findet sich auch in Briefen. Das Voß' Kontrahent Brentano 1808 aus Heidelberg ausgerechnet nach Landshut gegangen war, wo sein Schwager Friedrich Carl von Savigny eine Professur erhalten hatte, vergrößerte Voß' Sympathien nicht. Asts Landshuter Kreis wäre ohne Bedeutung für die Literaturgeschichte, wenn nicht gerade in der Polemik gegen ihn eine Vorstellung von Romantik entstanden wäre, die das Bild von Romantik überhaupt stark und wirkungsvoll geprägt hat. Die Banalisierung und oft unfreiwillige Parodierung der Entwürfe zu romantischer Universalität bei Novalis und dem jungen Friedrich Schlegel durch Kreise wie diesen haben nicht unwesentlich dazu beigetragen, das Romantische als literarisches und philosophisches Phänomen für lange Zeit in Mißkredit zu bringen, und die ungebührliche Wichtigkeit, die dieser Banalisierung in der Polemik gegeben wurde, hat ein übriges dazu getan.

Anders verhielt es sich mit dem Bund der beiden Tübinger Studenten Ludwig Uhland und Justinus Kerner, die sich schon 1804 kennengelernt hatten und von 1807 an einen kleinen Kreis Literaturinteressierter um sich versammelten (vgl. S. 783 f.). Der wichtigste Unterschied zum Landshuter Kreis war, daß sie beide sehr viel begabter waren als – mit der Ausnahme Eichendorffs – die Beiträger zu Asts Zeitschrift. Außerdem aber waren ihre Ideen wie ihre Poesien nicht ein sekundäres, auf Vorbilder aufgepfropftes Produkt, sondern aus eigener Auseinandersetzung mit vorhandener Literatur und aus eigenem dichterischen Ausdrucksbedürfnis hervorgegangen. Protest gegen einen hartnäckig verteidigten Klassizismus in der Literaturkritik von Cottas *Morgenblatt für gebildete Stände*, das Interesse für alte deutsche Dichtung, für Volkslieder und Sagen bestimmten beide vor aller Begegnung mit unmittelbaren literarischen Vorbildern. Tieck, Novalis und *Des Knaben Wunderhorn* sorgten zwar für tiefe Eindrücke, aber waren nicht Modelle schlechthin. Wenn es um die Theorie ging, lehnte man Programme ab und blieb bei freien Konzepten einer Universalpoesie. «Romantik ist nicht blos ein phantastischer Wahn des Mittelalters. Sie ist hohe, ewige Poesie, die im Bilde darstellt, was Worte dürftig oder nimmer aussprechen», definierte Uhland in einem kleinen Aufsatz, der das handschriftlich hergestellte *Sonntagsblatt für gebildete Stände* 1807 abschloß – das Blättchen war als parodistische Attacke gegen Cottas Zeitung entstanden. Keine Zeitschrift, aber zwei bedeutende Almanache waren der Ertrag dieses frühen Bundes, mit dem Gleichgesinnte wie Varnhagen und Gustav Schwab zu verschiedenen Zeiten in Verbindung standen. Justinus Kerners *Poetischer Almanach für das Jahr 1812* und die bald darauf folgende Anthologie *Deutscher Dichterwald* «von Justinus Kerner, Friedrich Baron de la Motte Fouqué, Ludwig Uhland und Anderen» (1813) – Hebel und Chamisso waren im ersten, Eichendorff im zweiten vertreten – wurden zu Wegmarken in der Geschichte der deutschen Lyrik.

Der Rundblick über die deutsche literarische Landschaft zwischen 1806 und 1815 läßt sich durch Sprachgrenzen nicht beschränken. Deutsche Schriftsteller reisten oft wegen des Krieges, aber teilweise auch an ihm vorbei oder trotz seiner, und außerdem gab es zwischen 1806 und 1813 Phasen wie Felder des Friedens in der Mitte des Kontinents. Die Macht Napoleons über Europa hat gelegentlich sogar zu Vorstellungen eines Weltfriedens unter dem Schutze des Kaisers geführt. Jedenfalls brachte diese Macht bedeutende Kunstschätze als Beutegut nach Paris und in ihrem Gefolge kamen dorthin eine Anzahl Deutscher, die solche Schätze betrachten und studieren wollten oder von dem intellektuellen Leben in dieser, wie es schien, Hauptstadt Europas Anregung und Aufmerksamkeit empfingen, die ihnen im kleineren Deutschland gefehlt hätten. Letzteres hielt Alexander von Humboldt in Paris, zur ersteren Gruppe gehörten August Wilhelm Schlegel, Jacob Grimm und Ludwig Uhland. Auch Chamisso, Koreff, Varnhagen und Helmina von Chézy lebten damals für kürzere oder längere Zeit in Paris.

Natürlich zog Rom, die andere große europäische Hauptstadt, weiterhin deutsche Künstler und Kunstverehrer an, aber hier dominierten, wie seit Winckelmanns und Goethes Zeiten, die Maler und Bildhauer, die dort ihre Schulen bildeten, unter denen die Nazarener hervorragten und auch den Versuchen zur Literaturerneuerung unter dem Begriff des Romantischen am nächsten standen, zum Teil sogar persönliche Bindungen zu Autoren hatten wie die Brüder Philipp und Johann Veit, Söhne von Dorothea Schlegel. Die ewige Stadt blieb außerdem Thema der Literatur. Wilhelm von Humboldt und August Wilhelm Schlegel bedichteten sie, Eichendorffs Taugenichts sah sie kritisch, und Hoffmann führte dort die phantastische Parade der Prinzessin Brambilla vor. Weder er noch Eichendorff sind freilich je dort gewesen, ebensowenig wie Jean Paul, der die Stadt in seinem *Titan* verklärt hat. Für die Literatur war Rom jedenfalls in erster Linie Stoff, und Madame de Staël hatte mit ihrer *Corinna* (1807), die Dorothea Schlegel noch im selben Jahr ins Deutsche übersetzte, geradezu einen literarischen Baedeker geschaffen, der mitsamt der Autorin europäische Aufmerksamkeit erregte.

Madame de Staël war es, die ihr kleines Schloß Coppet am Genfer See, wohin sie sich vor ihrem Gegner Napoleon zurückgezogen hatte, zum merkwürdigsten Außenposten des deutschen literarischen Raumes machte, wo die Grenzen der Nationen, Sprachen und Literaturen nicht galten. Seit

1804 lebte August Wilhelm Schlegel dort als Erzieher ihrer Kinder; als ungeliebter Liebender ist er mehr als ein Jahrzehnt in ihrer Nähe geblieben. Die Briefe, die er in Coppet empfing, stellen in sich bereits ein ganzes Kapitel deutscher Literaturgeschichte dar, und mit dem Geld, das er verdiente, hat er seinen Bruder Friedrich, den Bildhauer Friedrich Tieck und manche anderen bedürftigen Deutschen unterstützt. Die Liste der Besucher in Coppet war groß und eindrucksvoll. Chateaubriand gehörte als einer der ersten, Byron als einer der letzten dazu. Als nicht mehr liebender Geliebter war Benjamin Constant dort, und in den Tagen seines Aufenthaltes führte man Zacharias Werners Schauertragödie *Der vierundzwanzigste Februar* am 13. Oktober 1809 auf, wobei der Autor und August Wilhelm Schlegel mitspielten (vgl. S. 572 f.). Friedrich Schlegel besuchte den Bruder, die Frau von Krüdener fand sich ein, aus Dänemark auch der deutsch schreibende Adam Oehlenschläger. Chamisso schließlich verbrachte zwischen 1811 und 1812 mehr als ein Jahr in Coppet. Nicht jeder traf jeden, aber der Geist dieser bedeutenden Frau verband die Besucher doch miteinander.

Zwischen 1808 und 1810 hat Madame de Staël ihr Buch *De l'Allemagne* geschrieben; auf Geheiß Napoleons wurde die erste Auflage vernichtet. Die scharfsichtige, belesene, leidenschaftliche und ganz subjektive Französin gab ein Bild der Kulturnation Deutschland in Geschichte und Gegenwart, wie es in solcher Größe und Weite kein Gegenstück besaß. Man hat ihr Irrtümer, Lücken und Entstellungen aufgerechnet, zu Recht oder zu Unrecht. Otto Heinrich von Loeben hat sogar ein ganzes Buch diesem Gegenstand gewidmet und es *Deutsche Worte über die Ansichten der Frau v. Staël von unserer poetischen Litteratur in ihrem Werk über Deutschland* (1814) genannt. Und Rahel Varnhagen meinte enttäuscht:

«Der lieben Staël ihr Buch ist für mich nichts anders, als ein lyrischer Seufzer, nicht die Konversation in Paris machen zu können». (23.5. 1814)

Aber es gibt Abschnitte und Sätze in diesem Buch, die seine Mängel aufwiegen, und seien es nur Beobachtungen wie diese:

«Der Geist der Deutschen und ihr Charakter scheinen keine Verbindung miteinander zu haben: der eine duldet keine Schranken, der andere fügt sich jedem Joch, der eine ist äußerst tatkräftig, der andere äußerst schwach – kurzum, die Aufklärung des einen verleiht nur selten dem andern Kraft».

Das Mißverhältnis zwischen Theorie und Praxis, die Achtung vor der Schicksalhaftigkeit aller Macht bei den Deutschen – wohl kaum ist das in dieser kritischen Zeit der deutschen Geschichte schärfer gesehen und gesagt worden als von Germaine de Staël. Wie klar sie sah, erwies der polternde Nationalismus vor und nach Napoleons Sturz nur zu deutlich. Bald nach

Napoleons Ankunft in Elba, nach dem Erscheinen von Madame de Staëls Buch in Frankreich und nach ihrer Kritik daran sprach Rahel Varnhagen in einem Brief über den «gebildeten Strom Europa's» und erläuterte ihn als «den Strom von Verständniß, Bildung, und sittlichen Gedanken, der mitten durch Europa strömt» (13.6. 1814). Das Werk der Französin und die Briefe der Deutschen hatten zu ihm gleichermaßen beigetragen, und der Krieg hatte ihm nichts anhaben können. Nur konnte dieser Strom in den kommenden Jahren nicht breit, ruhig und ungehindert durch die deutsche literarische Landschaft fließen.

ZWEITES KAPITEL

DEUTSCHE LITERATUR IN DER RESTAURATIONSZEIT
1815–1830

1. Deutsche Verhältnisse 1815–1830

«Das Volk hat sein Bestes an diesen Krieg gesetzt, es will daß der Friede nun auch zu seinem Besten führe. Sein Gut ist ihm verlohren, darum will es mit dem bessern Gut entschädigt seyn. Das Blut, das von ihm geflossen, würde den Rhein in seinem ganzen Laufe eine Jahreswoche röthen; es ist darum gar wohl der Mühe werth, daß es sich darum bekümmere, welcher Lohn ihm werde für alle Mühen, alle Opfer, die es hingegeben.» Das schrieb Joseph Görres am 19. Mai 1814 in seinem *Rheinischen Merkur.* Die Befürchtungen, die hinter diesen Worten standen, sollten sich allzubald als berechtigt erweisen. Im September 1814 traten die europäischen Fürsten zu einem Kongreß in Wien zusammen, der den Gewinn des Sieges über Napoleon eben diesen Fürsten sichern sollte, materiell im Hinblick auf die politische Geographie ihrer Länder, ideell aber hinsichtlich der Legitimität ihrer Macht. Eine Periode der Restauration begann in Europa; von einem Lohn des Volkes für seine Opfer war bei denen, die ihn friedlich hätten gewähren können, nicht mehr die Rede.

> Leipzig, Leipzig! arger Boden,
> Schmach für Unbill schafftest du.
> Freiheit! hieß es, vorwärts, vorwärts!
> Trankst mein rotes Blut, wozu?
>
> Freiheit! rief ich, vorwärts, vorwärts!
> Was ein Tor nicht alles glaubt!
> Und von schwerem Säbelstreiche   («Der Invalid
> Ward gespalten mir das Haupt.   im Irrenhaus»)

So hat Adelbert von Chamisso einen Invaliden der Völkerschlacht aus dem Irrenhaus klagen lassen. Das Bild des Gedichtes ist vielsagend genug, denn nicht nur daß man die Helden von einst vergaß – die Wünsche und Hoffnungen, mit denen sie in den Krieg gelockt worden waren, erschienen nun als Symptome des Irrsinns. Das Gespenst der Revolution aber ließ sich nicht nach St. Helena verbannen. Am 8. Juni 1815, zehn Tage vor der letzten Schlacht bei Waterloo, wurde der Deutsche Bund gegründet, in dem die

Monarchien Österreich und Preußen sich mit den kleineren deutschen Staaten arrangierten. Die Ära Metternich begann.

Daß es nicht zu jenem großen deutschen Kaiserreich kam, von dem Patrioten zwischen 1806 und 1813 geträumt hatten, mag für den Frieden in Europa nicht von Nachteil gewesen sein. Von Nachteil für die deutschen Länder aber war, daß vieles Angefangene in der Politik nun nicht weiterkam und wie alles Wachsende, dessen natürliche Entwicklung gewaltsam behindert wird, Mißwuchs und Abnormitäten bildete. Hatte der Krieg die Staatsbürgerschaft über die Standeszugehörigkeit gestellt, so sollte nun eine sich allmählich emanzipierende bürgerliche Gesellschaft wieder in bewahrte oder restituierte Herrschaftsverhältnisse aus vorbürgerlicher Zeit gebunden werden. Die Konstitutionen, die einst versprochen worden waren, wurden nicht Wirklichkeit, wie in Preußen und Österreich, oder sie blieben weit hinter dem zurück, was sie hätten bieten können. Die am 5. Mai 1816 verkündete Verfassung des Großherzogtums Weimar lasse «nicht eine Spur von *Staatsgrundgesetz* erkennen», bemerkte bald nach dem Erlaß der Jenaer Professor der Naturwissenschaften Lorenz Ochsenfuß, der sich Oken nannte, in der von ihm herausgegebenen Zeitschrift *Isis*. Nichts über die Freiheit der Meinung, über die Unverletzlichkeit des Postgeheimnisses, über die Freiheit des Handels, über die Aufhebung von Hof- und Frondiensten oder die «Heiligkeit der Wohnung» sei darin enthalten. Immerhin war Sachsen-Weimar liberal genug, solche Kritik zu dulden, bis die Folgen des auf seinem Territorium veranstalteten Wartburgfestes im Oktober 1817 zur Beschneidung der Freiheiten auch hier führten. Aber darüber wird später zu berichten sein. In Preußen blieben die großen Reformen halbvollendet liegen oder wurden gar teilweise zurückgenommen. Aus dem Versuch zur bürgerlichen Gleichstellung der Juden wuchs, da es mit der verantwortlichen Einbeziehung aller Bürger in die Geschäfte des Staates nicht weiterging, das Monstrum des Antisemitismus hervor, und aus dem Fieber des Patriotismus bildete sich als latente chronische Krankheit die Germanomanie heraus.

Für die deutsche Literatur nach 1815 bedeutete all dies eine schwere Krise. Was in der Zeit zwischen der Französischen Revolution und dem Ende der Napoleonischen Kriege die deutschen Intellektuellen und Künstler, die Philosophen und Schriftsteller aller Generationen wesentlich bestimmt hatte, waren Hoffnung und Idealismus im weitesten Sinne gewesen, wie immer tragisch auch Einzelne ihren Untergang fanden in Literatur oder Wirklichkeit. Hatte bis zum Anbruch des neuen Jahrhunderts weltbürgerlicher Universalismus und das Nachdenken über die besondere Aufgabe der deutschen Kulturnation solchem Idealismus Richtung gegeben, so waren es nach dem Beginn der französischen Okkupation politisch-patriotische Ziele gewesen, die mehr und mehr, wenn auch keinesfalls ausschließlich die Hoffnungen prägten. Jetzt aber ließ sich beides nicht mehr aufrechterhalten. Angesichts des Länder- und Titelhandels auf dem Wiener Kongreß verflüchtigten sich die Ideale von einst rasch, und was an Universalismus übrig blieb, wurde durch eine offizielle «Heilige Allianz» von oben verordnet, wenn auch nicht ohne Berufung auf manche Ideen der neunziger Jahre. Für die Durchsetzung patriotischer Wünsche aber fehlte nun im Deutschen Bund ein klar definierbarer Gegenstand oder aber wenigstens ein klar definierbarer Gegner, denn der äußere war geschlagen und als inneren ließen sich die Fürsten nicht mehr so eindeutig bezeichnen wie in den Zeiten des Absolutismus im 18. Jahrhundert. Dafür hatten zu tiefgreifende Veränderungen unter der politischen Oberfläche begonnen.

In den Jahren politischer Restauration begann in Europa die industrielle Revolution, die das Gesicht der Erdoberfläche mitsamt dem Leben der Menschen in einer Weise veränderte wie keine Revolution vorher. Darüber ist bereits in der Einleitung zum ersten Band dieser Darstellung gesprochen worden. Im Bereich des Deutschen Bundes vollzog sich jedoch langsamer, was sich bei der auf bürgerliche Privatinitiative gegründeten liberalistischen Ökonomie Großbritanniens schneller vollzog: der Bau von Fabriken und Eisenbahnen, die Entstehung großer Industriezentren, die Verstädterung der Bevölkerung und die damit einhergehende gesellschaftliche Umschichtung. In Berlin wurde 1800 in der Porzellanmanufaktur die erste deutsche Dampfmaschine in Betrieb genommen. Von 145000 Einwohnern im Jahre 1809 stieg die Bevölkerung der Stadt auf 220000 im Jahre 1825. 1820 wurden dort bereits die ersten Mietskasernen gebaut, während Karl Friedrich Schinkel zugleich seine repräsentativen und eindrucksvollen neuklassizistischen Bauten errichtete: ein Mausoleum für die Königin Luise, die Neue Wache, die Schloßbrücke und 1821 das Schauspielhaus am Gendarmenmarkt, dessen Vorgänger 1817 abgebrannt war. 1826 wurde die erste Gasbeleuchtung eingeführt, im September 1830 kam es, angefacht von der Pariser Juli-Revolution, zu einer Revolte der Berliner Schneidergesellen, wie es auch in Hessen, Sachsen, Bayern und Hannover zu Unruhen kam. In Braunschweig wurde sogar ein regierender Herzog abgesetzt und sein Schloß in Brand gesteckt, ehe wieder Ruhe einkehrte.

Das Wort «Zeitgeist», seit 1789 bezeugt, wird zum Modewort nach 1815, um die jenseits aller Personen existierende Macht zu bezeichnen, der man sich unterworfen zu fühlen anfängt. Assoziiert wurde mit diesem Zeitgeist gern die Vorstellung der Schnelligkeit, und «Reichtum und Schnelligkeit» waren es auch, die Goethe 1825 in einem Brief an Zelter als Ideale einer Zeit der Eisenbahnen, Schnellposten und Dampfschiffe bezeichnete – einer Zeit, der er sich selbst nicht mehr zugehörig fühlte (vgl. Bd. 1, S. 20). Nach dem Ende der kriegerischen Turbulenzen entfalteten sich die technischen und sozialen Veränderungen rascher, und das Bewußtsein, daß «unsere Zeit wirklich neu» sei, drang in die Köpfe. Diese Bemerkung steht in einem Brief von Rahel Varnhagen aus dem Jahre 1816, in dem sie dieses Neue weiterzudenken sucht. Sollte, meint sie, nach den Erfindungen der Technik die Menschheit nun nicht «vor einer der großen Erfindungen» stehen, «die man auch Offenbarungen nennt»? Und sie fährt fort:

> «Jetzt aber, wo die ganze Erde bereiset, gekannt, Kompaß, Teleskop, Druckerei, Menschenrechte, und wer weiß alles was erfunden ist, in vierzehn Tagen allenthalben gewußt ist, was allenthalben geschehen ist, und doch die Urbedürfnisse, Nahrung, Vermehrung, das höhere und höhere Wollen, fortexistiren: wie sollen die alten Sittenerfindungen noch vorhalten? Daran, glaube ich, krankt die jetzige Welt.» (5. 2. 1816)

Die Mentalitätskrise nach 1815 läßt sich nicht deutlicher bezeichnen, auch wenn bei Rahel noch nicht, wie zehn Jahre später bei Goethe, die Dampfschiffe und Eisenbahnen im Bewußtsein existieren konnten. Mit den großen Offenbarungen aber hatte es noch Weile. Weder die dubiosen Landgewinnungsprojekte des Teufelsbündlers Faust noch die Auswanderungspläne von Wilhelm Meister und Gesellen, wie sie Rahels Abgott Goethe in diesen Jahren ausarbeitete, ließen sich als Bilder dafür verwenden, denn man konnte sich nur erst allegorisch und symbolisch in eine neue Zeit hineindenken, die anschaulich noch nicht zu fassen war. Auch Hegels aus dem Geiste der Wünsche und Hoffnungen vor 1815 entwickelter siegreicher Zug des Weltgeistes war eine solche Offenbarung nicht. Erst wo die neue Zeit als eine Zeit des anonymen Machtverhältnisses von Geld und Arbeit verstanden wurde, konnte sich, mit dem roten Königsmantel des Materialismus um die Schultern, der deutsche Idealismus endlich die Krone aufsetzen: in Marx' politischer Theorie, die sich die Welt eroberte.

2. Literarische Übergangsjahre

Auch die Schreibhand habe sich in dem Kampf gegen Napoleon zur Kriegsfaust geballt, meint Jean Paul in einer kleinen Kollektion von Gedanken, die er «Nachsommervögel gegen das Ende des Jahrs 1816» nennt und in seinen *Politischen Fastenpredigten* (1817) veröffentlicht hat. Gesagt wird es in einem Abschnitt mit der Überschrift «Erste Pflicht der deutschen Fürsten gegen deutsche Völker», und in ihm wird die Frage gestellt, was denn «dieses Überspringen aus der Bücher-Stube des Friedens in die Lager der Gewalt und das Einüben und Gewohnen darin, dieses Stärken und Berauschen der Jünglingherzen gegen den Feind durch altdeutsche Blumen und neudeutsche Blüten der Dichtkunst» bewirkt habe. Nichts, versichert Jean Paul den Fürsten, als «die Achtung vor Recht und euch», und er fügt hinzu: «Das sittliche Gefühl, das gegen Außen in rächender Gestalt erschien, nahm gegen Innen eine gehorchende an.» Es war eine Mahnung mit didaktischem Zweck, nämlich dem, daß sich nun die Fürsten solcher Untertanen würdig zeigen, dieses «harmlose, rachlose, nie heuchlerische, nie meuterische Volk zu würdigen» lernen und ihm vertrauen, also ihm größere Freiheiten gewähren sollten. Denn:

> «Die Völker können sehr leicht gut angekorkten, fürstlich zugesiegelten Bier- oder Champagner-Flaschen ähnlich sein, in welchen so lange der versperrte *Geist* ohne Schäumen ruht und wächst, so lange der Kork nicht heraus gezogen worden; darnach aber wirds anders: unaufhörlich steigen die Blasen und Perlen und geisten fort, auch wenn wieder der Stöpsel darauf gedrückt worden.»

Eben das aber werde sich jetzt in Europa begeben, und davon war auch sein nie meuterisches deutsches Volk nicht ausgeschlossen.

«Darnach aber wirds anders.» Das Jahr 1815 bedeutet für die europäische Geschichte wie für die deutsche Literaturgeschichte ein einschneidendes Datum. Friedensschlüsse sind selten so spektakulär wie Kriege und Revolutionen, ihre Wirkung jedoch reicht weit. Spektakulär war auch nicht, was sich in den nächsten Jahren auf dem Gebiet der deutschen Literatur begab. Einzelne bedeutende Werke entstanden: Goethes *West-östlicher Divan* (1819), die meisten der Romane, Erzählungen und Märchen E. T. A. Hoffmanns, Brentanos Heimkehrer-Novelle, die *Geschichte vom braven Kasperl und dem schönen Annerl* (1817), sowie eine Reihe von Erzählungen Arnims und Eichendorffs, in den letzteren auch einige von Eichendorffs schönsten Gedichten. Aber betritt man die anderthalb oder zwei Jahrzehnte deutscher Literaturgeschichte nach 1815 von der Vergangenheit her, so erscheinen sie zunächst einmal als Jahre der Vollendung von Angefangenem. Goethe vollendet seine Lebenswerke: die Autobiographie bis zur *Italienischen Reise,* die Wilhelm-Meister-Romane und den *Faust.* Für die Welt jedoch ist er in dieser Zeit nicht so sehr deutscher Dichter als vielmehr europäischer Intellektueller, eine Art großes geistiges Kraftzentrum in der Mitte des Kontinents, zu dem man pilgert, und zwar nicht nur die Deutschen, sondern auch und vor allem die Engländer, Franzosen und Russen, die Musiker ebenso wie die Künstler, die Literaten wie die Könige. Gelegentlich verweigerte er sich, und einem zudringlichen, ihm unbekannten Besucher hat er sagen lassen, er sei kein Wundertier, um begafft zu werden. Zuweilen brüskierten ihn die Jungen auch ein wenig, so – wenn man dem Bericht trauen darf – Heinrich Heine, der ihm bei seinem Besuch 1824 versicherte, er selbst arbeite an einem *Faust,* und auf die spitze Gegenfrage, ob er weiter keine Geschäfte in Weimar habe, erwiderte: «Mit meinem Fuße über die Schwelle Ew. Exzellenz sind alle meine Geschäfte in Weimar beendet.» Es mag sein, daß Heine nur im Nachhinein, im Wiedererzählen der Begegnung Goethe zum Denkmal stilisieren und diesem Denkmal noch eine Papiermütze aufsetzen wollte auf der Suche nach eigener literarischer Identität. An Respekt für ihn

hat es Heine nicht gefehlt und auch nicht an Scharfblick dafür, daß Goethe
kein Denkmal war. Im Gegenteil, er blieb jung unter den älter werdenden
deutschen Schriftstellern nicht nur seiner Generation, denn von denen gab
es nur noch wenige, sondern auch unter denen der folgenden, die ihn einst
von Jena aus besucht, beraten, um Rat gefragt oder ihm vorgelesen hatten.
Die Zeit solcher Gemeinsamkeiten allerdings ließ sich mit der Generation
Heinrich Heines nicht mehr wiederholen. Die einstmals tragende Vorstellung vom entscheidenden Anteil der Kunst am Leben und von der besonderen kulturellen Mission der Deutschen war nach 1815 keine sichere und
feste Bindung mehr.

Ein Zeichen von Goethes Jugendlichkeit war unter anderem seine so
selbstverständlich erscheinende Erkenntnis, daß «die Poesie ein Gemeingut
der Menschheit» sei, wie er Eckermann gegenüber erklärt hat. Die Schlußfolgerung daraus geht jedoch über das Selbstverständliche hinaus, denn
Goethe fährt fort:

> «Ich sehe mich daher gerne bey fremden Nationen um und rathe
> jedem, es auch seinerseits zu thun. National-Literatur will jetzt nicht
> viel sagen, die Epoche der Welt-Literatur ist an der Zeit und jeder muß
> jetzt dazu wirken, diese Epoche zu beschleunigen.» (31.1.1827)

Zwei Wochen vorher, am 15. Januar, findet sich in einer Tagebucheintra-
gung Goethes das Wort «Weltliteratur» zum ersten Mal, ein Wort, das nun
seinerseits in vielen Sprachen so selbstverständlich geworden ist, daß es den
Gedankenschritt nicht mehr erkennen läßt, der es möglich und nötig
machte.

Was Goethe hier mit großem Weitblick erkennt, ist eine Tatsache, die bei
der Betrachtung der deutschen Literaturgeschichte nach 1815 stets mitzudenken ist. In diesen Jahren nämlich vollzieht sich ein Aufleben anderer
europäischer Literaturen, die schließlich das meiste von dem in den Schatten stellen, was im deutschen Bereich entstand. Im englischen Sprachbereich fand der Aufstieg Walter Scotts und, alles überflügelnd, derjenige
Lord Byrons in eben diese Weltliteratur statt, und Goethe nahm großen
Anteil an den Werken gerade dieser beiden Autoren. Auch auf den Ameri-
kaner James Fenimore Cooper war er sehr aufmerksam, und dessen
Romane *Die Ansiedler* (1823) und *Der letzte der Mohikaner* (1826) haben
sogar seinen eigenen späten Erzählstil noch beeinflußt. Einige der Roman-
gestalten aus dem *Wilhelm Meister* hat Goethe außerdem dann selbst in die
Welt der Indianer und Pioniere verfrachtet.

Das Stichwort zur «Welt-Literatur» hatte ein Gespräch über den französischen Lyriker Pierre Jean de Béranger gegeben, denn in der französischen
Literatur waren nun gleichfalls neue bedeutende Autoren hervorgetreten.
Germaine de Staël und Benjamin Constant hatte Goethe schon bei ihrer
beider Besuch 1803 in Weimar kennengelernt; Constants *Adolphe* erschien

1816. In Goethes Gesichtskreis traten auch noch Stendhals *Rot und Schwarz*, das 1830 im gleichen Jahr wie Balzacs *Gobseck* erschien, und im Jahr darauf Victor Hugos *Der Glöckner von Notre-Dame*. Das freilich fand er «in der unseligen romantischen Richtung seiner Zeit befangen» und «das abscheulichste Buch, das je geschrieben worden», wie er Eckermann gegenüber offenbarte (27.6. 1831), denn die Ästhetik des Häßlichen war nie seine Sache gewesen: Hier schieden sich Geister und Zeiten. Dafür «überflügelte» Manzonis Roman *Die Verlobten* (1825/26) für Goethe alles, «was wir in dieser Art kennen» (18.7. 1827). Zu den Weimar-Pilgern zählten damals der Engländer Thackeray, der Pole Mickiewicz und der Russe Shukowskij, der die neue deutsche Literatur in Übersetzungen seinen Landsleuten vermittelte, so wie es in England Thomas Carlyle tat. Wordsworth und Coleridge hatten schon um die Jahrhundertwende der jungen romantischen deutschen Literatur Aufmerksamkeit geschenkt und Einfluß auf Jüngere wie Keats und Shelley ausgeübt. Jane Austens Meisterromane, zwischen 1811 und 1817 erschienen, blieben im wesentlichen englischer Besitz, während ein orientalisierendes Epos wie Thomas Moores *Lalla Rookh* (1817) geradezu eine deutsche Mode auslöste, besonders als im Befreiungskampf der Griechen die Türken wieder näher ins Bild rückten. 1821 gab es den Stoff für ein pompöses Kostümfest am preußischen Hofe her: Fouqué, der dabei war, übersetzte das Werk 1822, und Arnim schrieb einen kleinen Zyklus Sonette darüber. Nicht von allem haben Goethe und seine Landsleute Notiz genommen, aber sein Wort von der «Welt-Literatur» bezeichnete, was sich in der Sphäre der Wortkunst vollzog: Seit dem Anfang des neuen Jahrhunderts und insbesondere nach dem Ende der europäischen Kriege gegen Napoleon bildete sich jene große Literatur des 19. Jahrhunderts heraus, in der die Deutschen schließlich nur noch eine bescheidene Rolle gespielt haben. Einige ihrer Besten gingen überdies außer Landes: Heine und Büchner ebenso wie später jene beiden, von denen in der Sphäre der Philosophie wie der Kunst die größte deutsche Weltwirkung des Jahrhunderts ausging: Marx und Wagner.

Erst gegen diesen Hintergrund läßt sich die deutsche Literatur nach 1815 sichten, betrachten und beurteilen. Was unmittelbar nach dem Kriege nur politische Übergangssituation zu sein schien, wurde dann ein lange währender hybrider Zustand, in dem das politische Regiment im ständigen Widerspruch zu der Entwicklung von Wirtschaft und Gesellschaft blieb; die Blasen und Perlen stiegen zwar immer weiter in der einmal entkorkten Champagnerflasche auf, aber der Stöpsel wurde auch immer wieder mit Gewalt darauf gedrückt. So bildeten sich als Resultat im intellektuellen Leben Verdrängungen und Komplexe heraus, die zu Weltschmerz – Jean Paul war es wieder einmal, der das Wort prägte, und zwar um 1823 –, Ennui, Provinzialismus, Ästhetizismus, Resignation oder aber auch Aggressionen verschiedenster Spielart führten. Für die deutschen Autoren, deren

literarisches Werk erst nach 1815 begann, wurde der ständige Widerspruch
zwischen Bewegung und erzwungener Bewegungslosigkeit, Geist und
Macht ihre erste, grundlegende Wirklichkeitserfahrung. Das zeigt sich in
Heines frühen Liebesgedichten genauso wie in seinen *Reisebildern*, es zeigt
sich auch in Immermanns großer Auseinandersetzung mit dem Erbe der
Kulturnation im Roman *Die Epigonen* (1836) oder in Platens polemischer
wie ästhetisierender Dichtung. Heine, Immermann und Platen sind jedoch
ebenso wie Börne, Grillparzer, die Droste, Grabbe, Lenau oder Hauff nicht
mehr Gegenstand dieser Darstellung, die jenen Autoren gilt, deren Welt-
und Kunstverständnis sich in den Jahren zwischen der Französischen Revolution und dem Ende der Napoleonischen Kriege herausbildete, auch wenn
sie dann, offen für Neues oder aber abgeschlossen dagegen, kreativ weiter-
gestaltend und weiterdenkend oder im Stile des Anfangs fortfahrend, noch
weit in das 19. Jahrhundert hineinragen. Darüber ist bei der Beschreibung
der Epoche (Bd. 1, S. 15 ff.) bereits gesprochen worden. Was immer aber
künftig über diese Autoren und ihre Werke zu sagen sein wird: Existenz
und Tätigkeit der Jüngeren müssen im Hintergrund des Bildes immer mit-
gesehen werden, während das Bewußtsein von der großen Weltliteratur des
19. Jahrhunderts den Rahmen zu bilden hat.

Die neue, ins Große wachsende Zeit der politischen Spannungen und
technischen Revolutionen war kaum noch der rechte Nährboden für Dich-
terbünde und literarische Gruppenbildungen. Zum Bindemittel wurde vorwiegend die Politik, aus dem Freundschaftsbund wurde die Fraktion. Allenfalls versuchten um 1818 in Berlin noch einmal die «Serapionsbrüder» so
etwas wie ein ästhetisches Programm zu entwickeln, das aber dann doch
wesentlich auf die Zentralgestalt E. T. A. Hoffmann zugeschnitten war und
seinen eigenen Möglichkeiten am besten entsprach. Als Hoffmanns Freund
Eduard Hitzig 1824 in Berlin seine literarische Mittwochsgesellschaft gründete – die Wiederbelebung eines Bundes, dem einstmals Nicolai und Moses
Mendelssohn angehört hatten –, tat er es mit der ausdrücklichen Bestimmung, daß die Mitglieder «sich gegenseitig das neueste aus der poetischen
Literatur» vorlesen sollten, aber immer nur «das neueste *von anderen, als
Mitgliedern des Vereins*», also beileibe nichts Eigenes. Dabei gehörten zu den
Mitgliedern der Gesellschaft, den «auswärtigen» und besuchenden eben-
so wie den lokalen, immerhin der, wie es in der Mitgliederliste heißt,
Regierungs- und Ober-Präsidial-Rath Freiherr Joseph von Eichendorff,
der Major Friedrich Baron de la Motte Fouqué, der Land-Gerichts-Rath
Karl Immermann, der Hof-Rath und Bibliothekar Dr. Wilhelm Müller, der
Kustos am Königlichen Herbarium Dr. phil. Adelbert von Chamisso, der
Kammer-Gerichts-Referendarius Häring, also Willibald Alexis, und dazu
Gelehrte, Beamte, Schriftsteller, Architekten und Künstler wie Büsching,
Gubitz, von der Hagen, Holtei, Houwald, Neumann, Raupach, Schadow,
Simrock, Stägemann und Varnhagen. Die Abdankung der Sympoesie

romantischen Stils kann kaum besser vorgeführt werden als durch diese Gesellschaft: bedeutenden Schriftstellern wurde per Statut der Mund verschlossen. Was aber die Mitglieder schließlich in dem *Liederbüchlein* (1827) der Gesellschaft an Eigenem boten, waren freundliche Rundgesänge auf Melodien von Mozart und Weber oder auf diejenigen für Gedichte Schillers, Arndts, Novalis' oder Goethes, dem die besondere Verehrung des Kreises galt. Zitierenswert ist eine Strophe aus Wilhelm Neumanns Lied «Treue der Poesie»:

> So hab' ich nun die ernsten Stunden
> Der Pflicht des Tages dargebracht;
> Des Lebens Druck ist überwunden,
> Und der Erholung Wonne lacht.
> Nimm nun mich auf in deine Hallen,
> Du heil'ge Freundin, Poesie:
> Denn deinen Dienst verließ ich nie,
> Welch Loos auch immer mir gefallen.
> Durchglühe meine Brust,
> Erhebe mich zur Lust!
> Zu dir, zu dir kehr' ich zurück,
> Du Freude mir und Glück.

Als Melodie dafür aber ist angegeben: «Allons enfants de la patrie». Welch ein Weg von den frühen deutschen Nachdichtern der «Marseillaise», darunter dem jungen Schelling, bis zu dieser Bekundung bescheiden-fröhlicher Geselligkeit, welch ein Weg von dem Konzept einer die Welt verändernden romantischen Poesie zu diesem gemessenen Lob auf die Poesie als ein biedermeierliches Naherholungsgebiet! Die Vorstellung, daß Eichendorff, Chamisso, Fouqué, Wilhelm Müller, Schadow, Alexis, Immermann und Varnhagen wohl gar diese deutsche Beamten-Marseillaise gemeinsam gesungen haben, bezeichnet für die Geschichte der deutschen Literatur eine kuriose Möglichkeit, so wenig sie auch schon etwas über das Werk jedes einzelnen aussagt. Von Fouqué und Arnim aber, der die Gesellschaft gleichfalls gelegentlich beehrte, ist die Anekdote überliefert, daß einem jungen Bewunderer, der die beiden romantischen Dichter dort gern sehen wollte, zwei ältere Herren gezeigt wurden, die sich über Schafschur, Weizenpreise und neue Düngungsmethoden unterhielten. Um der Perspektiven willen muß ergänzt werden, daß 1827, im Jahre also, in dem das *Liederbüchlein* erschien, Moritz Gottlieb Saphir in früher Gegnerschaft zur «Mittwochsgesellschaft» seinen «Berliner Sonntags-Verein» mit der zusätzlichen Bezeichnung «Tunnel über der Spree» gründete, der nun in der Tat wieder das Vorlegen eigener «künstlerischer Produktionen» und die Diskussion darüber zur Pflicht machte. Aber nicht um bestimmte ästhetische Tendenzen oder die Feier von Vorbildern ging es mehr, sondern um die Verbindung von

Literatur und Kritik im Zeitalter der Verkaufbarkeit der Kunst. Zu den Mitgliedern zählten im Laufe der Jahre Emanuel Geibel, Paul Heyse, Theodor Storm, Felix Dahn und Theodor Fontane.

Schon die bürgerlichen Titel der einzelnen Mitglieder der Mittwochsgesellschaft haben deutlich gemacht, daß die meisten deutschen Autoren Ämter angenommen hatten, denn von der Poesie allein ließ sich damals kaum leben. Hoffmann, Eichendorff und Chamisso waren Beamte oder Angestellte des preußischen Staats. Wilhelm Müller stand im Dienst des Hofes von Anhalt-Dessau. Johann Peter Hebel war erst Gymnasialdirektor und später hoher Beamter der evangelischen Kirche. Die Fouqués und Arnims – Bettine von Arnim begann nach dem Tod ihres Mannes 1831 ihre großen Briefbücher zu verfassen – besaßen als preußische Adlige ihren Rückhalt im Grundbesitz. Staatsdiener war auch Friedrich Schlegel, der als österreichischer Legationsrat seine Aufträge von Metternich empfing. Groß war die Zahl der Professoren unter den Schriftstellern. Dazu gehörten August Wilhelm Schlegel, Arndt, die Brüder Grimm, Uhland und Görres, obwohl das Lehramt in den politischen Bewegungen der Zeit nicht immer nur eine sichere Pfründe war, wie sich in der Frühzeit der Demagogenverfolgung 1819 bei Arndt und später 1837 nach dem Protest der «Göttinger Sieben» bei den Brüdern Grimm zeigte. Die Philosophen standen zumeist von Anfang an in der akademischen Laufbahn mit Ausnahme von Arthur Schopenhauer, dessen philosophisches Weltbild nach 1815 entstand: 1819 erschien der erste Band von *Die Welt als Wille und Vorstellung,* blieb allerdings weithin unbeachtet. Schopenhauer hatte sich jedoch durch gutes kaufmännisches Talent genügend von seiner väterlichen Erbschaft gesichert, um sein Leben ganz der Philosophie widmen zu können, während seine Mutter Johanna Schopenhauer, finanziell weniger glücklich als der Sohn und als Frau außerdem von jeder öffentlichen Erwerbstätigkeit ausgeschlossen, das Schreiben von Romanen und Novellen als einzige Einnahmequelle besaß. Freie Schriftsteller, die allein von den Einkünften ihrer literarischen Tätigkeit leben konnten, gab es außerhalb der Unterhaltungsliteratur nur wenige; und gelegentlich haben auch bei diesen Wenigen Ehrengaben, Pensionen und ähnliche Zuwendungen nachgeholfen, so bei Jean Paul und Ludwig Tieck. Nur Brentano war durch sein Familienvermögen stets unabhängig gewesen.

Was in der Zeit der Übergänge in Geschichte und Gesellschaft unverändert, stetig und erfolgreich weiterlief, das war die Produktion der Unterhaltungsautoren, August Lafontaine und August von Kotzebue voran, der freilich auf verhängnisvolle Weise in die Krisenerscheinung der Germanomanie verwickelt wurde und durch Gewalt umkam, woraus neue Gewalt entstand. Dabei war in seinen Werken immer alles am Ende so gut und harmonisch abgelaufen wie auch in den Werken von Carl Gottlieb Heun, der sich H. Clauren nannte, oder in denen von Julius von Voß – Schriftsteller, die beide nun, nach 1815, auf den Zenit ihres Ruhms stiegen. Ihre Kunstwelt war durch Übergänge nicht gefährdet, bleibt sich doch diese Literatur ihrem Wesen nach über die Jahrhunderte hinweg immer gleich und läßt nur die Kostüme und Kulissen wechseln.

Nun sind solche Unterscheidungen leichter in der Theorie als in der Praxis zu treffen. Zwischen der Erzählkunst Goethes, Jean Pauls, Hoffmanns, Arnims, Brentanos oder Eichendorffs und derjenigen Claurens liegt in Wirklichkeit nicht ein großes, unbevölkertes literarisches Niemandsland, sondern dichtbesiedeltes Territorium. Wie nahe die Talente oft beieinander standen, erweist der Fall des jungen talentierten Erzählers Wilhelm Hauff, der 1826 unter Claurens Namen einen Roman *Der Mann im Mond oder der Zug des Herzens ist des Schicksals Stimme* veröffentlichte, der als Parodie gemeint war, aber vom Lesepublikum keineswegs als solche aufgenommen wurde, sondern nur noch weiter zu Claurens Schriftstellerruhm beitrug. Ein Streit der Autoren über Recht oder Unrecht eines solchen Spiels war die Folge, aber Hauffs eigenständige Erzählungen zeigen auch, wie nahe er unabsichtlich da und dort an die Grenzen geriet, die er in seiner Parodie absichtlich überschritten hatte. Andere Fälle dieser Art sind Friedrich de la Motte Fouqué und, in seinen späten Romanen und Erzählungen, auch Ludwig Tieck. Insgesamt ist also zu bedenken, daß die deutsche Literatur dieser Zeit nicht nur aus den Werken jener wenigen Autoren besteht, die wirklich Literaturgeschichte gemacht haben als Erforscher neuer Sphären der Erkenntnis und des Empfindens. Zu ihr gehören außerdem die Werke jener Autoren, die gewöhnlich als Paradigma der trivialen Unterhaltungsliteratur genannt werden und die tatsächlich die größten Erfolge auf diesem Gebiet hatten, wie eben Clauren, Lafontaine, Kotzebue oder Julius von Voß, und dann überhaupt die unübersehbare Fülle von Gedichten, Dramen, Erzählungen und Romanen aus der Feder von einer ebenso unübersehbaren Menge von Schriftstellerinnen und Schriftstellern, aus der dann die Literaturgeschichte ihre Auswahl nach Maßgabe des Zukunftweisenden oder einfach Charakteristischen zu treffen hat. In Friedrich Kinds Zeitschrift *Die Harfe* findet sich 1821 ein Verzeichnis von rund einhundert Namen allein der «seit 1701 geborenen belletristischen Dresdner Schriftsteller», worunter freilich auch die gerechnet werden, die sich nur verhältnismäßig kurze Zeit in der Elbstadt aufgehalten haben wie Heinrich von Kleist oder Adam Müller. Auf Vollständigkeit erhebt das Verzeichnis keinen Anspruch.

Kinds Liste verweist auf die Idee der Zeitschrift als Sammelpunkt literarischen Lebens, aber auch auf ein wachsendes Interesse an der Regionalität von Literatur. Die Anfänge realistischer Literatur wachsen im Deutschen tatsächlich aus solcher Regionalität, also aus dem Bezug auf die engere Heimat der Autoren hervor, denn das nichtexistierende Vaterland als ganzes und seine Geschichte im großen waren kein Thema. Eine solche Tendenz spiegeln die Literaturzeitschriften der Zeit deutlicher als die unabhängigen Buchveröffentlichungen wider. Unter diesen Zeitschriften gab es jedoch keine mehr, die ästhetische Programme und auf sie bezogene literarische Repräsentationen oder Experimente vorstellten, wie das einst Schillers *Horen* und das *Athenaeum* der Brüder Schlegel getan hatten, oder die unter den besonderen Bedingungen wachsender politischer und militärischer Krisen durch Literatur und Gedanken über sie zu wirken suchten, wie Arnims *Zeitung für Einsiedler,* Kleists *Phoebus* und Friedrich Schlegels *Deutsches Museum.* Lediglich Goethes *Über Kunst und Alterthum* (1816–32) oder Friedrich Schlegels *Concordia* (1820–23) standen noch in dieser Tradition, aber beide versuchten eher auf jeweils eigene Art zu bewahren und zu verteidigen, als daß sie neue Entwicklungen suchend einleiteten. Darüber wird noch im Zusammenhang mit den theoretischen Grundlagen der Zeit zu sprechen sein. Die große Menge der eigentlichen Literaturzeitschriften ebenso wie der vielen Almanache diente mehr und mehr nur dem steigenden Lese- wie Schreibbedürfnis, weshalb mit Begriffen wie «klassisch» oder «romantisch» zu ihrer Kennzeichnung auch wenig anzufangen ist. Hatten Aufklärung und zunehmende Bildung zunächst die Lesefähigkeit gefördert und damit die Leselust geweckt, so war im Laufe der Zeit als Begleiterscheinung der Republikanisierung und bürgerlichen Vermarktung der Künste auch der Wunsch nach künstlerischer Eigentätigkeit gefolgt. Deshalb wurden die literarischen Journale der Ausstellungsort großer und kleiner Talente und damit so etwas wie das Gegenstück zu den nunmehr öffentlichen Konzerten und Kunstausstellungen, die gleichfalls ein Produkt dieser neuen Epoche darstellten.

Die tüchtigsten Initiatoren und eifrigsten Belieferer der literarischen Zeitschriften waren zweifellos Friedrich und Caroline de la Motte Fouqué. Fouqués erste Gründung, *Die Jahreszeiten* (1811–14), hatte er noch nahezu allein bestritten; das erste Heft enthielt sein ihn am längsten überlebendes Werk, die *Undine.* In den *Musen* (1812–14) kamen dann neben ihm selbst Berliner Freunde und Bekannte zu Wort, darunter Fichte, Varnhagen und Hoffmann. Zur Erforschung mittelalterlicher Literatur äußerte sich Uhland, zu Mythen Johann Arnold Kanne, und der Krieg schließlich nötigte zu Kampfgesängen. Erst mit dem *Frauentaschenbuch* (1815–21), der «Vierteljahrsschrift» *Für müßige Stunden* (1816–17) und später der «Wochenschrift» *Berlinische Blätter für deutsche Frauen* (1829–30) entstanden jedoch jene zumeist kurzlebigen charakteristischen Fouquéschen Periodika, die Lese- und Schreiblust gleichermaßen befriedigen sollten. Sächsische Gegenstücke dazu bildeten die von dem Dresdner Friedrich Kind, dem Verfasser des Librettos zu Webers *Der Freischütz,* herausgegebenen Journale *Die Harfe* (1815–19) und *Die Muse* (1821–22). Die als ausgesprochene Unterhaltungsautoren bekannten August Gottlob Eberhard und August Lafontaine veranstalteten ihre eigene Zeitschrift *Salina oder Unterhaltungen für die leselustige Welt* (1812 und 1816). Aber auch dort waren zum Teil die gleichen Autoren beteiligt wie an den anderen Journalen, also immer wieder Fouqué, dann Friedrich Laun, dessen bürgerlicher Name Friedrich August Schulze lautete, Louise Brachmann, Johann Christoph Friedrich Haug und Friedrich Wilhelm Gubitz, der wiederum selbst einen Almanach, die *Gaben der Milde* (1817–18) «für die Bücher-Verloosung zum Vortheil hülfloser Krieger» herausgab – vier Bände, die außer Beiträgen von Fouqué, Louise Brachmann, Haug und Gubitz sowie, als weiteren häufigen Journal-Gästen, solchen von Helmina von Chézy, Franz Horn und dem Grafen Loeben, auch den Erstdruck von Brentanos *Geschichte vom braven Kasperl und dem schönen Annerl*, von Arnims *Der tolle Invalide auf dem Fort Ratonneau* und von Hoffmanns *Erscheinungen* sowie Gedichte von Goethe und Wilhelm Müller enthielten.

Was Friedrich Kind über seine Zeitschrift *Die Muse* sagt, gilt im Grunde für alle diese Unternehmungen. «Diese Monatschrift soll», so schreibt er, «Unterhaltung mit Forschung und Belehrung möglichst vereinigen, und sich, so weit dieß ihre Gränzen gestatten, über Alles verbreiten, was für Freunde der Poesie und ihrer Schwesterkünste angenehm und anziehend seyn kann, vorzüglich über das Neueste desselben.» Dazu gehörte, und das zeigt sich in verschiedenen Zeitschriften an verschiedenen Stellen, neben dem Abdruck von lyrischen, epischen und dramatischen Originalbeiträgen in wachsendem Maße der Reisebericht und die Erschließung fremder Literatur. Von Seereisen, Reisen nach England, Rußland, Frankreich und Italien, aber auch durch deutsche Provinzen – Arnims Beobachtungen über das Münchner Oktoberfest in den *Berlinischen Blättern* verdienen, nicht vergessen zu werden – wird erzählt und Gedichte Blakes, Scotts und Byrons werden übertragen. Neben der Aufmerksamkeit auf Englisches fällt das Interesse für Orientalisches und Spanisches auf; letzteres, so meint Fouqué in den *Berlinischen Blättern* (1830), sei schon vor mehr als zwei Jahrzehnten erwacht, «vorzüglich seit dem Helden-Kampf der Pyrenäischen Halbinsel gegen Napoleon». Aber um die Politik ist es sonst still geworden. In Kinds *Harfe* wird einmal von einem Besuch an Theodor Körners Grab berichtet, und in den Erzählungen schimmert der vergangene Krieg als Hintergrund zuweilen auf, aber der Gesamteindruck ist doch der einer von der politischen Problematik der Zeit beträchtlich entfernten Literatur. Die ganze Resignation dem «Zeitgeist» gegenüber ist in Versen enthalten, die Friedrich Krug von Nidda, auch er ein tätiger Beiträger zu den Journalen dieser Jahre, in den *Berlinischen Blättern* 1829 veröffentlicht hat:

Der Zeitgeist

Ein *Proteus*, wie er je gehaus't im Meeresschooß,
Saugt sich an jeder Brust, an jedem Herzen groß;
Schwer zu erkennen nur, da *Mystik*, *Frömmelei*,
Und *Proselitenwuth* sein täuschend Conterfei;

Chamäleontisch hier mit fahlem Dunst bedeckt,
Dort löwengleich bemähnt, die Klaue vorgestreckt;
Doch wie er auch sich birgt, meist kuñden seine Ohren
Das graue Müllerthier, den Frevler oder Thoren!

Etwas von der spannungsgeladenen Innerlichkeit im Deutschen Bund in
Zeiten der Heiligen Allianz wird in diesen Zeilen spürbar ebenso wie die
intellektuelle Unsicherheit und Unbestimmtheit des Autors, die ihrerseits
wiederum ein Ausdruck des Zeitgeistes war.

«Unter den Deutschen, die nicht noch dämmern im alten Schlafe, regt
sich ein lautes Verlangen: wiederum heimisch zu werden in der Heimath,
sich zu begeben des Fremdthums, und das zerrissene Gebilde wieder neu
und edel zu gestalten», heißt es in der *Allgemeinen Deutschen Frauen-Zei-
tung* von 1816. Die Worte könnten so etwas wie ein Programm für einen
Großteil der erzählenden Literatur dieser Jahre darstellen, die als Haupt-
material zur Unterhaltung des Publikums viele Seiten der Journale füllt.
Eine anonyme Erzählung in Kinds *Harfe* führt den Leser zum Beispiel Ort
für Ort durch die Landschaft des Elbsandsteingebirges zwischen Dresden
und Teplitz und verbindet die Beschreibung, zum Wiedererkennen genau,
mit einer aufgesetzten banalen Handlung. Auch die Lokalgeschichte deutscher Schlösser und Burgen spielt in verschiedenen Erzählungen eine Rolle.
Die Skala der Kunstanstrengungen dabei ist verhältnismäßig breit, und zwischen den literarischen Versuchen einer Regina Frohberg, die in Fouqués
Die Musen von Varnhagen mit «denjenigen Surrogaten des Kaffe's» verglichen werden, «die es verschmähen einige ächte Bohnen unter sich aufzunehmen», und manchen Prosastücken Caroline oder Friedrich Fouqués
bestehen durchaus Unterschiede, aber dennoch muß das, was präsentiert
wird, mit ganz wenigen Ausnahmen – Arnim, Brentano und Hoffmann, hin
und wieder allenfalls auch Fouqué – zurückstehen gegenüber dem, was
damals gleichzeitig in anderen Literaturen entstand. Nirgends findet sich
die scharfe kritisch-humorvolle Charakterisierungskunst einer Jane Austen,
nirgends eine Andeutung der historischen und gesellschaftlichen Dimensionen wie bei Scott oder Byron. «Wo wollen Sie denn in Deutschland drey
literarische Helden finden, die dem Lord Byron, Moore» – gemeint ist
Thomas Moore – «und Walter Scott an die Seite zu setzen wären?» fragt
Goethe Eckermann und rät ihm, sich im Englischen «zu befestigen» (3.12.
1824).
An diesen zur allgemeinen Unterhaltung und gut gemeinten «Belehrung»
gegründeten Blättern wird jedoch auch greifbar, wie sich die Kluft zwischen Unterhaltungsliteratur und anspruchsvoller Literatur, die so charakteristisch für die deutsche Literaturgeschichte überhaupt ist, weit auftat und
nicht mehr überbrückt werden konnte. Gewiß gab es leichtere und schwe-
rere Literatur schon seit den Anfängen bürgerlicher Erzählkunst im

18. Jahrhundert und nicht nur in Deutschland. Der englische Schauerroman ist ein Beispiel dafür. Er berief sich gern auf deutsche Quellen und gab wiederum Muster an die Deutschen weiter. Aber während im Englischen Scott, Jane Austen oder Mary Shelley Elemente davon aufgriffen und in bedeutenden Kunstwerken verarbeiteten, unterblieb im Deutschen eine solche Verbindung von Bedeutendem und Populärem mit Ausnahme von Hoffmanns Roman *Die Elixiere des Teufels* (1815), der denn auch im eigenen Lande zunächst keineswegs reüssierte und auch weiterhin von der Literaturwissenschaft gern als Werk der Trivialliteratur verdächtigt worden ist. Die Schauer- und Gespenstergeschichten der Journale jedoch blieben weit unter seinem Niveau. Ebensowenig konnte die Darstellung gesellschaftlicher Konflikte in Drama oder Roman mithalten mit dem, was insbesondere in der englischen und französischen Literatur dieser Jahre entstand. Nicht daß es Entsprechendes im Deutschen nicht gegeben hätte, aber – um es am Beispiel zu erweisen – zwischen der feinfühligen, sinnschweren Erzählkunst von Goethes Alterswerken und den simplen, dünnen Geschichten in den Journalen über Grafen oder Kommerzienräte und deren rechte oder unrechte Ehepartner klafft eine Schlucht, über die einige populäre Erzählungen Hoffmanns, Brentanos oder Eichendorffs nur einen schmalen Steg bilden.

Es ist zu fragen, wie ein solcher Zustand entstehen konnte. Die irrationale Antwort, daß den Deutschen nach einer Zeit großer Errungenschaften die Talente ausgegangen seien, muß beiseitegelassen werden. Greifbare Gesetze über eine Art von literarischer Dreifelderwirtschaft haben sich bisher in der Kulturgeschichte noch nicht ausmachen lassen. Tatsache hingegen ist, daß den Deutschen nach 1815 in ihrer unerlösten Nationalität weiterhin die gesellschaftliche Entwicklung durch die Kleinstaaterei beschränkt blieb, auch wenn sich die Gesamtzahl der Staaten seit dem 18. Jahrhundert verringert hatte. Es gab weiterhin Residenzen und keine Hauptstadt, und die Berufung auf die Nationalgeschichte war in restaurativer Zeit offiziell schon ein Akt der Opposition und Demagogie. Auch die ruhige Überschau über den geschichtlichen Gang der Nation bis zur Gegenwart, die in andern Ländern historische Erzähler wie Scott oder Hugo besaßen, stand den Deutschen nicht zur Verfügung. Aus der großen Zeit literarischen Planens und Entwerfens, aus der Zeit Schillerscher und Schlegelscher Theorien wie aus den Jahren patriotischer Begeisterung war hingegen der feste Wille herübergerettet worden, mit der Literatur Gutes zu tun für den Einzelnen, das Vaterland und die Menschheit, die Leser also in den Mußestunden zu unterhalten, zu belehren und zu erbauen. Was jedoch als besonnenes Konzept einer ästhetischen Erziehung oder als Entwurf einer das Leben und die Gesellschaft durchdringenden romantischen Universalpoesie begonnen hatte, erwies sich eher als lähmend für die weitere Entwicklung einer das Leben wie die zahlreich gewordene Menge der Leser ergreifenden Literatur. Und was in den Jahren zwischen 1806 und 1813 an Ideen zum Aufbau einer deutschen Nationalliteratur gedacht worden war, wandelte sich nun ohne die Stütze einer nationalen Realität ins schale Klischee:

«Eine blühende Jungfrau in altteutscher Tracht und einen Kranz von Rosen im schönen Haar – was hindert uns, in der edlen Gestalt Teutschlands Muse, die Schöpferin Sigurds, der Undine, des Zauberrings zu erkennen – öffnet ernst und sinnig uns den Garten alter Ritterlichkeit und Poesie. Fröhliche Vögel – Bilder des leichten ätherischen Lebens – umflattern sie; aber im Hintergrund fesselt den Blick ein Bild jener Zeit, wo Ritterthum, Liebe und Dichtkunst noch als heiliger Dreiklang den Grundton des Lebens bildeten und die im neu erweckten teutschen Rittergeist und Gesang wieder aufzuleben scheint.»

Mit diesen Worten beschreibt Fouqués *Frauentaschenbuch für das Jahr 1815* das Titelkupfer. Fouqué, der mit seinem *Zauberring* (1812) selbst den gelungenen Versuch gemacht hatte, literarischen Anspruch, also bedeutende Darstellungskunst, und populäre Unterhaltung zusammenzubringen, geriet nun samt seinen Zeitschriften in den Ruf des literarischen Anachronismus, fehlte ihm doch die Kraft Eichendorffs, sich vom «alten Garten» in wehmütiger Ironie zu distanzieren. Allein für die Lyrik gelten überhaupt alle diese Einschränkungen nicht im gleichen Maße. Natürlich waren die Zeitschriften reichlich mit trivialen Versen versehen, aber in den Gedichten Eichendorffs, Brentanos, Uhlands, Kerners, Chamissos, Wilhelm Müllers und Heines entstand doch in dieser Zeit sowohl bedeutende wie populäre Lyrik, die allerdings ihre Popularität häufig erst dem Medium der Musik verdankte, die ja überhaupt den markantesten deutschen Beitrag zur Weltkultur in diesen Jahren bildete. Darüber wird bei der Darstellung der Lyrik noch zu sprechen sein.

Eine bedeutende und auf ihre Art einzigartige Einrichtung wuchs jedoch noch aus den Gedanken von deutscher Nationalerziehung und Nationalliteratur auf dem Boden des Deutschen Bundes hervor: der deutsche Buchhandel. Im Juli 1816 veröffentlichte der Hamburger Verlagsbuchhändler Friedrich Christoph Perthes seine Schrift *Der deutsche Buchhandel als Bedingung des Daseyns einer deutschen Literatur*. Kommerz und Kunst sollten auf würdige Weise zusammengebracht werden. «Der eigentlichste Beruf des deutschen Buchhandels» sei, so erklärt Perthes, die «*Einheit der deutschen Literatur* zu erhalten und zu befördern». Die Institutionen dafür – ein nationaler Stapelort, nämlich Leipzig, sowie allgemeine Verzeichnisse – seien bereits vorhanden, entstanden wie durch «nationellen Natursinn», und das gelte es nun auszubauen und fortzuentwickeln. Was im Praktischen nur als Maßnahme zur Eindämmung des Nachdruckens gedacht war, wurde unter der Hand zu einer ideellen Aufgabe. Denn Perthes sieht durch seinen Plan nicht nur Schutz und Einkommen der Verleger und Autoren gefördert und den Vertrieb erleichtert und erweitert. Im deutschen Buchhandel, der im Unterschied zu anderen europäischen Ländern nicht nur an die eine Hauptstadt gebunden sei, sondern ein dichtes Netz über das vielstaatliche Ganze entwickele, schließe sich sein Land auch die Welt auf und der Welt an. Denn «während man in London nur schwer Bücher aus Oxford, Cambridge und Edinburgh findet, vergebens in Paris nach Büchern aus Bordeaux, Lyon und Montpellier fragt und sucht», so können «in Deutschland an vielen Orten und nicht allein in Haupt- und Residenzstädten Buchhandlungen getroffen werden, in welchen und durch welche man sich die Literatur der ganzen gebildeten Welt zu eigen machen kann». 1825 wurde unter Perthes' Mitwirkung der Börsenverein des deutschen Buchhandels gegründet. Über ein mangelhaftes kommerzielles Instrumentarium für den Absatz ihrer Bücher hatten sich die deutschen Schriftsteller hinfort nicht mehr zu beklagen. Der Partikularismus hatte auch hin und wieder sein Gutes.

3. Der Fall Kotzebue: Wort und Tat

Am Morgen des 23. März 1819 traf der Student Carl Ludwig Sand aus Jena kommend in Mannheim ein. Gekleidet war er in das, was man damals altdeutsche Tracht nannte: schwarzer Anzug, rote Weste und darüber der offene weiße Schillerkragen. Ein metallenes oder gesticktes Eichenlaub auf der schwarzen Mütze oder goldene Bänder ergänzten gewöhnlich das Farbenspiel, denn gemeint war das Schwarz-Rot-Gold der Burschenschaften nach dem Vorbild der Uniformen für die Lützowsche Freischar; der Schillerkragen war ein zusätzliches Zeichen der Freiheit. Im kargen Gepäck trug der Student zwei Dolche, das Johannesevangelium und Körners *Leyer und Schwert*. Wieder einmal ging es um die Vereinigung von Wort und Tat: Am Abend des gleichen Tages ließ sich Sand bei dem in Mannheim lebenden russischen Staatsrat und in aller Welt berühmten Dichter August von Kotzebue unter falschem Namen melden und stieß ihm mit den Worten «Hier, du Verräter des Vaterlandes» den einen der beiden Dolche in den Leib. Kotzebue starb, und Sand versuchte nach einem verwirrten Fluchtversuch, sich mit dem anderen Dolch zu töten, verletzte sich aber nur schwer. Er wurde gefangengenommen. Am Abend ließ er sich in einem offenbar sehr freundlichen Gefängnis aus Friedrich Kohlrauschs *Teutscher Geschichte. Für Schulen bearbeitet* (1816) die Beschreibung der Schlacht bei Sempach im Jahre 1386 vorlesen, jener Schlacht also, in der Arnold Winkelried, von Kriegszeiten her ein patriotisches Idol (vgl. S. 18), mit den Worten «Der Freiheit eine Gasse» unter Aufopferung des eigenen Lebens seinen Landsleuten den Weg zum Sieg ebnete, auch er Wort und Tat verbindend. Hatten die Deutschen nun einen eigenen Winkelried, Tell oder eine Corday gefunden?

Die Tat erregte unbeschreibliches Aufsehen. Börne wollte in ihr gar den Kristallisationspunkt sehen, «um den die neuere Geschichte der Deutschen ansetzt». Aber jeder auch nur einigermaßen sachliche Beobachter sah sogleich, daß Kotzebue kein Geßler oder Marat war. Den tödlichen Haß seines Mörders hatte er sich hauptsächlich durch eine Affäre zugezogen, in die ihn eher Fleiß und Geltungsdrang als politische Gesinnungen oder Aktionen gebracht hatten. Kotzebue, der russischen Besitz hatte, war 1817 von Petersburg nach Weimar, seiner Geburtsstadt, übergesiedelt, hatte sich aber erbötig gemacht, nun von dort aus dem Zarenhof regelmäßig Berichte über schlechterdings alles zu senden, was sich in Wissenschaft, Literatur und Kunst auf deutschem – und später französischem – Boden begab. Eines dieser «Bulletins», das Stimmen zugunsten der Leibeigenschaft enthielt, war durch Indiskretion zunächst in die Hände Lorenz Okens in Jena gekommen, der Auszüge davon in der *Isis* veröffentlichen wollte, was Kotzebue aber verhindern konnte. Dafür jedoch brachte der Jenaer Historiker Heinrich Luden die Auszüge in seiner Weimarer Zeitschrift *Nemesis,* und Christoph Martin Wielands Sohn Ludwig übernahm sie in sein Blatt *Der Volksfreund.* Alle drei erhielten im April 1818 von einem Leipziger Gericht wegen «widerrechtlicher Beeinträchtigung fremden Eigenthums» und «öffentlicher Verletzung der schuldigen Ehrerbietung gegen das Oberhaupt eines fremden Staats» eine Geldstrafe, aber das war ein Pyrrhussieg für Kotzebue. Er stand von nun an in dem Ruf, russischer Spion zu sein, was – obwohl ein Mißverständnis – umso eher glaublich gefunden wurde, als sein eigenes, seit 1818 in Weimar erscheinendes *Literarisches Wochenblatt* nicht eben freundlich über manche Erscheinungsformen des deutschen Patriotismus, über Turnwesen oder die Nachwirkungen des Wartburgfestes berichtete. In Weimar wurden Kotzebue die Fenster eingeworfen, und Oken ließ in der *Isis* einen Reisenden die zynische Frage stellen: «Lebt Kotzebue noch, athmet er noch Deutsche Luft?» Kotzebue siedelte 1818 aus der ihm feindlichen Atmosphäre von Sachsen-Weimar nach Mannheim über und bereitete dort gerade seine Rückkehr nach Rußland vor, als Sand seinen todbringenden Besuch machte.

Carl Ludwig Sand, zum Zeitpunkt der Tat dreiundzwanzig Jahre alt, war am Ende der Napoleonischen Kriege noch Soldat gewesen und wie viele seiner Altersgefährten voller unklarer Hoffnungen und Ideale heimgekehrt in eine Zeit und Situation, wo die Regenten keinen Bedarf für Vaterländisches mehr hatten. Aus dem Geiste dieser Hoffnungen und Ideale war im Juni 1815 in Jena die erste deutsche Burschenschaft gegründet worden, deutsch-idealistisch und bürgerlich-konstitutionell entworfen im Gegensatz zu den älteren studentischen Vereinigungen, den Landsmannschaften und

Orden. Gedanken Jahns und Arndts hatten bei der Gründung Pate gestanden. In seiner Zeitschrift *Der Wächter* zeichnete Arndt zum Beispiel 1815 das Bild eines «teutschen Studentenstaats», feierte darin «das teutsche Studententhum» als den «freiesten Staat im Staate» und betrachtete die «Universitas» im übrigen als eine «Geburt germanischer Christen». Die Ideologie der Burschenschaften verquickte insgesamt viel von dem, was in den Theorien des Widerstands gegen Napoleon zum Ausdruck gekommen war. Man dachte gesamtdeutsch, empfand sich durch Sprache und Sitten dem ganzen Volke verbunden als einer über allem Politischen stehenden Gemeinschaft, lehnte Provinzialismus ebenso wie Kosmopolitismus ab und mochte keine Juden als Nicht-Christen und als Gefahr für das «Volkstum», was immer man sich darunter vorstellte.

Zu den Anregern und Lenkern der Burschenschaften in Jena gehörten Heinrich Luden und der Philosoph Friedrich Jakob Fries. Im Herbst 1818 kam der streng republikanische, zum Fanatismus neigende Jurist Karl Follen aus Gießen hinzu. Von Jena gingen auch die Vorbereitungen für das Wartburgfest zur Dreihundertjahrfeier der Reformation aus, das vom 17. bis 19. Oktober 1817 gefeiert werden sollte: Es waren die Daten der Völkerschlacht bei Leipzig. Dort trafen sich Burschenschaften von verschiedenen deutschen Universitäten zum erstenmal und versicherten sich ihrer Ideale und ihrer Existenz im großen. Die Feier Luthers als eines Nationalhelden setzte im protestantischen Deutschland die Tradition fort, die sich in der Zeit des Widerstands gegen Napoleon herausgebildet hatte. Aus Carl Ludwig Sands Erlanger Studentenzeit ist überliefert, daß er mit anderen «bei Chokolade und Bier des großen Dr. M. Luther Sterbetag und Sterbestunde» gedachte, dessen Lieder sang und ihm morgens um 2 Uhr «ein rührendes Vivat» brachte; in dem sogenannten «Todesstoß» für Kotzebue, Sands Versuch zur Rechtfertigung des Mordes, steht der Satz: «Die Reformation muß vollendet werden.»

Sand fehlte nun zwar jede Originalität im Denken, aber der Satz reflektiert deutlich die Motive und Ideen hinter dem Luther-Kult dieser Jahre. Luthertum war für Sand die Erhebung jedes einzelnen zum Priester seiner Religion bis zur Selbstvergottung. Auch der Satz *«Ein Christus kannst du werden!»* steht in Sands «Todesstoß»; er stammt aus dem Bundeslied der «Unbedingten», einer Gruppe von radikalen Burschenschaftlern, die Karl Follen in Gießen um sich versammelt hatte und in deren Gedanken sich radikaler Republikanismus, deutscher Nationalismus und protestantisches Christentum vermengten. Daß er mit solcher Selbstvergottung in die Nähe des von ihm als Weichling verachteten Romanhelden Werther geriet, der sich wie andere deutsche Bürgerssöhne um der Selbstverklärung willen ein Passionsschicksal zueignete, ist Sand nicht klar gewesen. Ihm war es um die unreflektierte Umsetzung von Literatur in Wirklichkeit zu tun. Seinem Volk riet er, «das, was deine Dichter singen», zu tun und es nicht bloß anzustaunen oder als leere Fabel zu nehmen. Dabei schwebte ihm in erster Linie Theodor Körner vor, der Dichten, Handeln und Sterben so demonstrativ verbunden zu haben schien. «Die Reformation, vor drei Jahrhunderten begonnen, wollte unser Volksleben nach dem Ebenbilde Gottes erneuen», heißt es weiter in Sands makabrer Resolution, dem «Todesstoß», und damit war sie als deutsche Bewegung letztlich verbunden mit der Forderung: «Wir Teutsche – ein Reich und eine Kirche!» Die politischen Ursachen wie Folgen solcher Gedanken sind erkennbar. 1819, im Jahre des Mordes an Kotzebue, lag die Französische Revolution erst dreißig Jahre zurück: Napoleon als ihr Erbe war geschlagen, aber ihre Ideen waren gerade im restaurativen Deutschen Bund weiterhin mit der Aura von Drohung oder Erwartung umgeben. Carl Albert von Kamptz, Direktor im Berliner Polizeiministerium und später Gegenstand Hoffmannscher Satire im *Meister Floh* (vgl. S. 458 f.), nannte damals die Burschenschaften «die neuen Jacobiner in Jena». Aber die deutschen Intellektuellen hatten sich einst in den Jahren des Terrors nicht umsonst von der Praxis ihrer französischen Nachbarn distanziert. Französischer Gewalt trat zunächst die deutsche Idee einer ästhetischen Erziehung entgegen, danach aber in der Napoleonischen Zeit allmählich die konkretere Vorstellung von der Reformation als einer deutschen, auf den einzelnen bezogenen Revolution von innen, die freilich noch nicht zum Abschluß gekommen war.

Nun existierten solche Gedanken in den Burschenschaften nur in einem höchst unklaren Gemisch. Sie waren keine politische Partei, aber sie waren immerhin eine politische Organisation mit einer wenn auch vagen Ideologie, eine Vereinigung, deren Zusammenhalt auf einer durch das Wort vermittelten Ideologie beruhte und deren Handlungsweisen wiederum erst Ergebnis solcher Ideologie darstellten und durch sie legitimiert wurden. Wort und Tat traten, wie schon zu Zeiten der Revolution in Frankreich, in ein grundsätzlich neues Verhältnis, das es im Zeitalter des Absolutismus und eines Gottesgnadentums der Regenten nicht gegeben hatte. Politische Führer erschienen, Kampfmethoden wie zum Beispiel der Vorlesungsboykott wurden entwickelt, und ein Kult der Jugend und der Jugendlichkeit verschaffte zusätzliche Legitimation als Verpflichtung allen Denkens und Handelns auf die Zukunft. Die erste aufsehenerregende Aktion der deutschen Burschenschaften war dementsprechend demonstrativ ideologiebezogen, auch wenn sie als spontane Handlung eines einzelnen begann: die Bücherverbrennung am 18. Oktober 1817 auf dem Wartburgfest. Vernichtet werden sollte das gedruckte Wort, das Buch als Herberge der gegnerischen Ideologie. Unter dem Verbrannten befanden sich der *Code Napoléon*, diverse politische Kommentare, aber auch Zacharias Werners Drama *Weihe der Kraft*, offensichtlich als Trivialisierung Luthers verstanden, Saul Aschers Schrift *Germanomanie* (1815) und August von Kotzebues *Geschichte des deutschen Reichs* (1814/15). Polizeidirektor von Kamptz in Berlin erhob

Einspruch beim Großherzog Carl August in Weimar: es sei eine «von *Schwärmern* und *Unmündigen* geübte Censur und ein terroristisches Verfahren gegen die Denk- und Preßfreiheit». Oken hingegen erklärte in seiner *Isis:* «Gerade dieser Brand ist die *Erscheinung* des Festes; diese ist es, welche ihm Rang gegeben; und dieser ist es, welcher unserer Jugend Stärke gibt: und diese ist es, welche einst Deutschland sich selbst gibt!»

Unmittelbar gestärkt wurde zunächst Carl Ludwig Sand, der hier den Namen Kotzebue zum erstenmal gehört hatte und sich die Feindschaft gegen ihn zur Lebensaufgabe machte. Sand war eine unbedeutende Persönlichkeit, unklar, schwärmerisch, humorlos, nicht intelligent, aber fleißig und voll unterdrückter Heldenwünsche. Er verehrte die Schriften Jahns und Arndts, aber sein eigentlicher Abgott war und blieb Körner, jene, wie es schien, ideale deutsche Verbindung von Wort und Tat. Im Abschiedsbrief an die Eltern, bevor er sich von Jena auf den Weg zu Kotzebue machte, zitiert Sand die von ihm besonders geliebten Worte aus Körners Gedicht «Aufruf»: «Das letzte Heil, das Höchste liegt im Schwerte, drück dir den Speer ins treue Herz hinein, der (deutschen) Freiheit eine Gasse.» Die Dolche, die er bei sich trug, pflegte er mit Körnerscher Archaisierung Schwerter zu nennen, und auf den einen hatte er sogar einen Körnerschen Vers einzuätzen versucht. Das aber, was er tun wollte, hieß bei ihm «Volksrache»: Das Bestimmungswort Volk sollte dem Grundwort Gewicht und moralische Rechtfertigung geben. Wort und Tat gerieten in einen neuen, ursächlichen Zusammenhang, und aus einem ideologischen Konzept heraus wurde Sprachlenkung zur Billigung politischer Gewalt betrieben. Nach der Tat haben Freunde in der Fortsetzung dieses Verfahrens Sand nicht als Mörder, sondern «Ertödter» bezeichnet und damit freisprechen wollen.

Gerade der Fall Kotzebue aber zeigt zugleich einen bestimmten deutschen Aspekt ideologisierten Handelns in der Rezeption Körners wie überhaupt der Literatur aus den Napoleonischen Kriegen in den Jahren der Restauration. Napoleon war für die deutschen Patrioten nicht so sehr politischer Gegner als vielmehr ein fremder Okkupant des eigenen Landes gewesen. Der Haß auf ihn war moralischer, der Kampf gegen ihn militärischer Natur. Dieser Haß nun wurde jetzt in einer weder kriegerischen noch revolutionären Situation allgemein auf den politischen Gegner übertragen, der mit dem moralisch verwerflichen Feind identifiziert wurde – ein jeden Ansatz zur Demokratie zerstörender Vorgang, der sich in einem Land ohne Parlament, ohne bürgerliche Repräsentation und Mitverantwortung besonders leicht bewerkstelligen ließ, und zwar auf der ganzen Skala politischer Tendenzen und Ziele. «Der Mensch darf alles thun, was nach seiner Überzeugung recht ist» – dieser Satz, den er aus der Schellingschen Identitätsphilosophie geschöpft haben wollte, kam in der Gerichtsverhandlung über Sand als dessen ethisches Credo zutage. In der Verknüpfung von parteilicher Ansicht und menschlichem Sittengesetz demonstrierte Sand unbewußt eine Entwicklungserscheinung modernen totalitären Denkens, und er demonstrierte sie in seiner Verwirrung besonders deutlich, da er sich einen Gegner gewählt hatte, dem keinerlei politische Bedeutung zukam, der keine greifbaren politischen Ansichten besaß und dessen Opportunismus ebenso wie seine immer seichter werdenden literarischen Produkte lediglich als moralisch anstößig empfunden werden konnten.

Kotzebues nicht unberechtigter Weltruhm, den er sich mit seinen frühen Unterhaltungsstücken erworben hatte, lag hinter ihm, als er sich dem Zaren andiente. Kotzebue habe, so hat Goethe einmal zusammengefaßt, bei allem Talent «eine gewisse Nullität» besessen, die ihn unablässig quälte, so daß er immer zugleich «Revolutionär und Sklav» gewesen sei, die Menge beherrschend, ihr zugleich dienend und sich ihr schließlich lästig machend. Darauf und auf schlechte Literatur steht nun freilich nicht die Todesstrafe. Sand jedoch schwang sich zum Richter, Ankläger, Zeugen und Scharfrichter in einer Person auf und damit «zu etwas Schrecklicherem als einem Inquisizionstribunal», wie Jean Paul scharf tadelnd in einer Fußnote zum Neudruck seines Corday-Aufsatzes 1823 anmerkte, nachdem er gehört hatte, eben dieser Aufsatz sollte Sand zu seiner Tat inspiriert haben. Die Unterschiede der beiden Täter waren flagrant. Wenn Charlotte Corday einen politischen Täter umbrachte, so fand sie es moralisch verwerflich und war bereit, mit dem Leben dafür zu zahlen, aber die Mittel schienen ihr durch den Zweck gerechtfertigt. Sand hingegen hat nie an der moralischen Berechtigung seiner Tat gezweifelt und nach einem Zweck, der die Mittel hätte heiligen können, nicht gefragt, denn es gab ihn bei der politischen Bedeutungslosigkeit Kotzebues nicht. Der letztlich pragmatisch politisch denkenden Französin trat nun der idealistische deutsche Terrorist gegenüber ohne jeden Begriff für die politische Realität. Die Körnersche Feier des Heldentods, der Versuch, im Tode die Grenzen der eigenen Unzulänglichkeit zu überwinden, hatte ein Opfer in Carl Ludwig Sand gefunden: am 20. Mai 1820 wurde er in Mannheim hingerichtet und war vom Moment des Todes an für viele ein Märtyrer.

Zu Sands Verklärung hat beigetragen, daß die öffentliche Achtung für Kotzebue allgemein gering war, daß man den Menschen zwar bedauerte, ihn aber doch, wie es eine kritische Stimme damals ausdrückte, als einen «literarischen Unhold» betrachtete, der sein Talent in immer größer werdenden Banalitäten oder unsinnigen Fehden verschlissen hatte. Arndt sprach später sogar von der «in Weimar ausgeheckten deutschen Schmeißfliege Kotzebue». Entschiedener noch trug jedoch zu Sands Märtyrertum bei, daß eine von Metternich einberufene Ministerkonferenz des Deutschen Bundes im September 1819 in Karlsbad aus Furcht vor weiteren Gewalttaten und einer möglicherweise existierenden großen revolutionären Verschwörung Beschlüsse erlassen hatte, die die Freiheiten der Universitäten und der Presse drastisch beschnitten und die Burschenschaften verboten.

Die sogenannte Demagogenverfolgung setzte ein, zu deren ersten Opfern Arndt, Jahn und Görres gehörten. Sand erschien dadurch gleichfalls als Opfer einer restaurativen, autoritären Politik. Nachrufe feierten ihn, und Lieder machten ihn zum Helden. Schon bei der Hinrichtung fing diese Erhebung zum Märtyrer an, wie ein anonymes Volkslied berichtet:

> Es kommt der Todtenwagen,
> Man stellt den Sarg darauf;
> Und lauter sproßt das Klagen
> Gleich Thränenweiden auf.
>
> Hoch auf den Wagen breitet
> Man hin das schwarze Tuch,
> Dann wird er fort geleitet
> In langsam stillem Zug.
>
> Nur eine Wache weilet
> Noch auf dem Wiesenplan,
> Die Menschenmenge eilet
> Schnell zum Schaffot hinan.
>
> Sie tauchet weiße Blätter
> Und Tücher in das Blut,
> Und schützt vor Wind und Wetter
> Sie dann als theures Gut.
>
> Die andern aber hauen
> Sich manchen Span heraus,
> Dran noch die Tropfen thauen,
> Und bringen ihn nach Haus.

In «Sands Abschied von seiner Geliebten» – nach allen Zeugnissen hat er freilich nie eine gehabt – verkündet er selbst:

> Nimm zum ew'gen Liebespfande
> Dies mein dunkles Lockenhaar
> Mit dem schwarz-rot-goldnen Bande,
> Das an meinem Busen war.

Auch die Tatsache, daß Sands Henker, demokratisch gesinnt, aus den Brettern des Schafotts eine Laube baute, in der er sich dann mit Freunden und Gesinnungsgenossen Sands traf, besang eine Ballade «Des Nachrichters Gartenhaus». Nach Ludwig Uhlands Lied «Es zogen drei Bursche wohl über den Rhein» aber wurde ein «Bekenntnis» Sands gesungen:

> Einst schwur ich Treue dem Vaterland,
> Und blieb ihm treu bis zum Grabesrand.

Volkslied, Stanze und spanische Romanzenform ertönten zu Sands Lob, und der Bamberger Schauspieler Ludwig Hiepe schrieb sogar ein Melodrama *Kotzebue und Sand* (1820) – «Versuch einer dramatisch-mimischen Darstellung von Kotzebue's Ermordung» –, das von einer Verklärung Sands freilich absah und in den Versen ausklang:

> Im Stillen für ihn beten, und *beweinen*
> Sein Loos – Doch ihn *bewundern* – *Nie!*

Auch Fouqué hatte schon bald nach der Tat einen «Freundes Ruf an Deutschlands Jugend» mit dem Titel *Der Mord August's von Kotzebue* (1819) gedichtet, ein langes Blankvers-Gedicht, das aber mehr den Dichter- und Waffenruhm des Autors zum Gegenstand hat als die Tat von Mannheim. Fouqués Analyse von deren Motiven und Hintergründen ist schlicht: Schuld ist der «Erbfeind, der aus Frankreich kam», womit er allerdings keineswegs die Franzosen selbst meint – dagegen verwahrt er sich ausdrücklich – sondern den Geist der Aufklärung:

> Des Uebels Wurzel, schädlicher Alraun,
> Mit Nachtgeheul verwirr'nd der Menschen Sinn.
> Er hieß Voltaire, als er auf Erden stand!

Die Revolutionsfurcht beherrschte ihn in gleichem Maße wie die führenden Kräfte der Heiligen Allianz, aber so einfach war es wiederum mit der Herkunft des «Jakobinismus» der Burschenschaften nicht bestellt. In ihren Republikanismus war ein gewaltiger Schuß Deutschheit gemischt, und Sands Schwärmertum stand dem Idealismus Fouqués sehr viel näher als dem Rationalismus eines Voltaire. Nur Fouqués politische Naivität konnte ihn zu diesen Schlüssen verführen und ihm nahelegen, «Lieb' und Glaube» für ein von fremdem Geiste «reines Deutschland» als politisches Ethos zu empfehlen.

Von größerem Gewicht waren zwei publizistische Reaktionen auf den Mord an Kotzebue, die bald nach der Tat erschienen: Henrik Steffens' kleine Druckschrift *Über Kotzebue's Ermordung* (1819) und Joseph Görres' Aufsatz *Kotzebue und was ihn gemordet,* der im April-Heft 1819 von Ludwig Börnes Zeitschrift *Die Wage* erschien. In beiden Fällen waren die Autoren noch ohne nähere Information über Person und Motive des Täters. Steffens, Professor für Naturwissenschaften in Breslau, sah eine der Ursachen in dem Kult der Jugend, der sich bei den Burschenschaften in ihrer Opposition gegen die restaurative Politik breitgemacht hatte. Die Jugend gefalle sich «in einer gefährlichen, scheinbar heldenmüthigen Rolle: daß sie berufen sey, das was sie böse nennt, zu strafen und zu vernichten, erscheint ihr groß und erhaben». Steffens beschreibt also, ohne es zu nennen, ein charakteristisches Heimkehrersymptom, denn eben eine solche Rolle hatte man von dieser Jugend, solange sie gegen Napoleon zu kämpfen angeregt wurde, erwartet und verlangt. Die Gefahr aber bestand in genau dem, was Sand in seiner Interpretation Körnerscher Verse tatsächlich vollzogen hatte, in der Umwandlung des politisch Gegnerischen ins moralisch Verwerfliche und damit Strafbare, und schließlich in dem Irrglauben, man könne «dem geistig Gefährlichen durch äußere Gewalt begegnen». Die letztere Bemerkung war nun freilich nicht nur an die Adresse der Jugend, sondern auch an die der Regenten gerichtet, denn Steffens befürchtete mit Recht, daß Repressionen an den Universitäten folgen würden, wodurch der Fanatismus, der vernichtet werden sollte, nur «schleichend im Finstern wuchern» werde.

Weiter noch als der Blick von Steffens ging derjenige von Görres, der seinen Aufsatz als eine Predigt über den «Geist der Zeit» verstanden wissen wollte, und Börnes späteres Wort von diesem Mord als dem Kristallisationspunkt der neueren deutschen Geschichte mochte sich wohl auf diese wort- und bildmächtige Analyse gründen, die er in seine Zeitschrift aufgenommen hatte. Für Görres ist Sands Tat der Zusammenstoß zweier Zeiten, der Zeit Kotzebues, die «vor der großen Catastrophe» des Krieges lag und von deren «hohlem, jämmerlichem Treiben» Kotzebue mit seinen vielfältigen Werken den Rahm abgeschöpft hatte, und der Zeit Sands,

> «die aus natürlichen Gründen vor Allem die heranwachsende Jugend in sich aufgenommen, die ein einiges, freyes, starkes, unabhängiges, wohl geordnetes und sicher gewährtes Teutschland sich versprochen, und der Reihe nach in allen ihren Hoffnungen aufs grausamste sich getäuscht gefunden, und nun mit schmerzlichem Zorn im Herzen, vor dem Pfuhle unseres öffentlichen Lebens steht, der in seinen gähnenden Schlund und seinen bodenlosen Abgründen alle ihre Ansprüche, Erwartungen, Wünsche und Träume herabgeschlungen».

Für seine Zeit und sein Land konstatiert Görres einen «politischen Brownianismus», ein Bezug auf jene einst von Schelling und Novalis geschätzte Theorie des schottischen Arztes John Brown, der alle Krankheiten in solche der Stärke oder der Schwäche, der Sthenie oder Asthenie einteilte und sie entsprechend durch das Stärken oder Schwächen des Körpers zu behandeln versuchte. Auf die deutsche Politik bezogen bedeutete das in Görres Sicht «dies ewige Revoluzioniren des Despotismus von oben herab und dies Despotisiren revolunärer Ideen von unten herauf» – eine Behandlungsmethode, die ihrerseits eine deutsche Krankheit war. Als ihre Urheber aber sah Görres diejenigen an, die die politische Macht in den Händen hielten:

> «Das Blut aber, das hier vergossen worden, wird über das Haupt derjenigen kommen, die nachdem sie Teutschland Alles geraubt, was es billig als den Preis seiner Anstrengungen erwarten konnte, nun auch mit frevelhaftem Beginnen den innern Frieden der Gemüther stören»,

die also jene Unterdrückungsherrschaft über Deutschland errichten woll-
ten, von der Görres dann in seiner bald darauf erschienenen Schrift *Teutschland und die Revolution* (1819) handelte. Deutlicher ließ sich den deutschen
Fürsten ihre Verantwortung nicht sagen. Börnes *Wage* war in Frankfurt am
Main erschienen; als eine Zeitschrift im preußischen Koblenz Görres' Aufsatz in Fortsetzungen übernahm, unterblieb der Abdruck des Schlusses.
Unmittelbar nach den Karlsbader Beschlüssen erging ein Befehl zu Görres'
Verhaftung. Er floh nach Straßburg und kehrte erst acht Jahre später wie-
der nach Deutschland zurück.

Irrational und verhängnisvoll war eine andere Reaktion auf den Mord an
Kotzebue. Führer und Ideologen der Burschenschaften wie Friedrich Jakob Fries waren entschiedene Antisemiten, wie ja der Antisemitismus
auch schon eine Begleiterscheinung des christlich-deutschen Patriotismus in
der Napoleonischen Zeit gebildet hatte. In der zeitgenössischen Literatur
über Sands Tat wird von einem Zeitungsartikel berichtet, der mit Bezug auf
den Mord die Notiz «Heute ist über das Schiksal der Juden abgestimmt
worden» enthalten haben soll. Im August 1819 jedenfalls kam es in einer
Reihe deutscher Städte zu wilden Pogromen, bei denen sich Studenten her-
vortaten. Gestaute Unzufriedenheit ergoß sich auf die Wehrlosen und am
wenigsten Verantwortlichen. Von Fries stammt das antisemitische Pamphlet
*Über die Gefährdung des Wohlstandes und Charakters der Deutschen durch die
Juden* (1816). Des Juden Saul Ascher Kritik an der *Germanomanie* aber war
auf der Wartburg verbrannt worden wie Bücher Kotzebues, der Ascher in
seinem *Literarischen Wochenblatt* verteidigt hatte. Das Verhältnis von Wort
und Tat erhielt nun noch eine weitere Dimension.

4. Themen

Heilige Allianz

Der 26. September 1815 gilt als der Gründungstag der Heiligen Allianz. An
diesem Tag legte der russische Zar den Monarchen Preußens und Österreichs ein selbstentworfenes Dokument vor, das den politischen Vereinba-
rungen zur restaurativen Verwaltung des Siegs über Napoleon eine Ideologie beizugeben bestimmt war. Katholische, protestantische und orthodoxe
Christen sollten sich die Hand reichen und im Namen des einen großen,
gemeinsamen Glaubens dem «Weltheiland huldigen», wie es in einer zeitgenössischen Schrift heißt, Macht und Glaube also zum Segen der Erde ein
Bündnis eingehen. Das war wohlmeinend gedacht und setzte sich mit großem Schwung über den Wunsch Kants in seinem Entwurf *Zum ewigen Frieden* hinweg, daß Könige nicht philosophieren und Philosophen nicht
Könige werden sollten, da «der Besitz der Gewalt das freie Urteil der Ver-

nunft unvermeidlich verdirbt» (vgl. Bd. 1, S.162). Kant hätte sich in der
Geschichte der Heiligen Allianz im Nachkriegseuropa glänzend bestätigt
gesehen. Mit seinem Dokument hatte der Zar sich auf das Territorium der Ideologen begeben, was an und für sich schon ein Zeichen des Zeitenwandels
nach der Französischen Revolution war, in der sich zum ersten Mal weithin
sichtbar Idee und Macht verbunden hatten; nun schien sie auch die Gegen-
revolutionäre zur ideellen Legitimation der Macht zu nötigen. Die Union
von Thron und Altar wuchs zur gängigen Metapher heran. Die eigentlichen
Ideen des Dokuments freilich konnten dann doch die Fachleute, die Prediger, Schriftsteller und Philosophen, als Urheber für sich in Anspruch nehmen, wenn sie nicht ohne Zustimmung dafür in Anspruch genommen wurden. Unter den ersteren war Barbara Juliana von Krüdener, Witwe eines
russischen Ministers und Verfasserin eines französisch geschriebenen
Romans *Valerie* (1785), der sich auf ihre eigenen Liebesaffären bezog. Später öffnete sie sich religiöser Erweckung, versuchte auf die preußische
Königin Luise Einfluß zu nehmen und wurde dann eine Zeitlang spirituelle
Beraterin Zar Alexanders. Ende 1815 begann sie einen Missionszug durch
Schweizer und deutsche Städte, auf dem sie auch nach Weimar kam, nicht
zuletzt mit dem Gedanken, Goethe zu bekehren, «dessen Herz ein Glet-
scher» sei, wie sie verlautbarte. «Hurenpack, zuletzt Propheten!» war Goethes bissige Antwort in ein paar ihr gewidmeten Versen. 1808 schon hatte
sie Verbindung zu einem Jugendbekannten Goethes, zu Heinrich Jung-Stilling in Karlsruhe aufgenommen, der insbesondere mit seinem großen
Roman *Das Heimweh* (1794–96) der pietistischen Erweckungsbewegung
eine starke Stütze bot und neue Ziele zeigte. Auch er konnte sich guter Verbindungen zum Zaren rühmen und hatte dessen eingebildeter Mission
schon in seinem Roman vorgearbeitet, wenn er das Ziel des «Heimwehs»,
die neue Heimat der Christen, in den Osten verlegte. Von ihm bewegt brachen zwischen 1817 und 1819 Scharen schwäbischer und pfälzischer Pieti-
sten in den Süden Rußlands auf und gründeten dort deutsche Kolonien.
Aber auch das Gefühl von einer wachsenden Bedrohung durch Rußland als
der tonangebenden Macht der Allianz wurde auf diese Weise genährt, wie
sich nur zu bald in den patriotischen Emotionen zeigte, die sich tödlich ent-
luden, als man glaubte, in Kotzebue einen russischen Spion enthüllt zu
haben.

Franz Baader, dessen frühe naturphilosophische Spekulationen Novalis
1798 veranlaßt hatten, ihn zusammen mit Fichte, Schelling, Hülsen und
Friedrich Schlegel ins «philosophische Directorium in Deutschland« zu versetzen, konnte ebenfalls eine Rolle bei der Gründung des Bundes der christlichen Monarchen für sich behaupten. An alle drei von ihnen hatte er 1814
eine Denkschrift geschickt, deren Inhalt er dann ein Jahr später veröffentlichte, und zwar unter dem Titel *Über das durch die Französische Revolution*

herbeigeführte Bedürfnis einer neuen und innigeren Verbindung der Religion und Politik. Im Unterschied zu Krüdener und Jung-Stilling beobachtete Baader historische und politische Zusammenhänge, und mit dem Verweis auf das Gespenst der Französischen Revolution hatte er in der Tat den Lebensnerv aller restaurativen Politik getroffen. Wenn er die Revolution zum Ausgangspunkt «einer neuen Ära für die christliche Religion» erklärte, wenn er diese neue Ära durch die «innigere Aufnahme des Prinzips der Religion der Liebe und Freiheit in die Politik» kennzeichnete, wenn er die Freiheit allein durch christliche Nächstenliebe bestimmte und wenn er schließlich auf solchem Wege «eine wahrhafte Gegenrevolution für die Zukunft» zu begründen glaubte, so konnte er sicher sein, von den Adressaten seiner Denkschrift wohlwollend angehört zu werden.

Von Baaders Gedanken bis zur Entdeckung eines Kirchenvaters der Heiligen Allianz war es dann nur ein Schritt. Das zweifelhafte Verdienst dafür kommt dem Hauptmann Rittig von Flammenstern zu, der 1818 im *Hesperus,* dem Prager «Nationalblatt für gebildete Leser», einen Korrespondenzbeitrag unter dem Titel «Der Ursprung des heiligen Bundes oder Alexander und Novalis» veröffentlichte. Während des Wiener Kongresses schon habe den Hauptmann ein Herr «aus den ersten Umgebungen des russischen Monarchen» auf die Segnungen eines durch die «Magie der Religion» geprägten Vereins der Regenten hingewiesen, «wie *Novalis* ihn in seinen höhere Begeisterung athmenden Schriften dachte und er in unsers hochherzigen *Alexanders* Seele dem Werden entgegenreift». In den damals allein bekannten letzten Abschnitten von Novalis' Essay *Die Christenheit oder Europa* sah nun Flammenstern die Bestätigung einer solchen Vorstellung, fanden sich doch da Sätze wie dieser:

«Nur die Religion kann Europa wieder aufwecken und die Völker sichern, und die Christenheit mit neuer Herrlichkeit sichtbar auf Erden in ihr altes friedenstiftendes Amt installiren.»

Erst 1826 erschien dann der Essay zum erstenmal als ganzes, wenig beachtet, denn die hohen Ideale der Heiligen Allianz waren bereits in der Realpolitik versickert. Aber Wilhelm Diltheys Satz von 1865, Novalis' experimenteller Entwurf von 1799 enthalte «die unhistorische Anschauung, welche der heiligen Allianz ein christliches Gewand lieh», hat die Vorstellungen von der politischen Anwendung romantischer Poesie nachhaltig beeinflußt. Kotzebues *Literarisches Wochenblatt* freilich hatte, als es von der begeisterten Entdeckung Hauptmann Flammensterns berichtete, sogleich zweifelnd und vernünftig hinzugefügt, daß der Zar wohl kaum die Schriften von Novalis kenne, und was die Versöhnung der Völker Europas durch die Religion angehe, so sollte es wohl nicht schwerfallen, «noch zwanzig solche Stellen in zwanzig verschiedenen Schriftstellern aufzufinden».

In der Rückschau der Geschichte erscheint die Zeit verkürzt und zusammengedrängt; Wichtiges kann dadurch deutlicher hervortreten, aber zuweilen vermögen auch hypothetische Verbindungen zwischen den Ereignissen leichter ihren Bann auszuüben. Das letztere trifft deutlich für die Verbindung zwischen den Gedanken von Novalis und der politischen Konzeption der Heiligen Allianz zu, durch die der Pauschalbegriff einer politischen Romantik gefördert worden ist. Gewiß gab es Parallelen zwischen den Ansichten von Baaders Denkschrift und Novalis' Essay im Hinblick auf die Bewertung der Französischen Revolution als Resultat einer Zeit des Unglaubens und als Signal für den Beginn religiöser Neubesinnung, aber das Originelle an Novalis war nicht die Wiedereinsetzung der Religion an und für sich und noch weniger die der Macht der alten Konfessionen, sondern die Fundierung dieser Gedanken in einer philosophischen Ästhetik, die auf die durchaus säkulare Macht der Kunst zielte, für die allein der Begriff des Romantischen am Platze ist. Für sie auch sollte sein Essay selbst als Ganzes ein Probestück sein. Baader hingegen verstand sich bei seinem Entwurf als politischer Philosoph, ähnlich wie Adam Müller und Friedrich Schlegel, die beide in ihren Schriften nach 1815 der Heiligen Allianz mehr oder weniger gern gesehene Dienste zu leisten versuchten. Die Verkürzung der Zeit in der geschichtlichen Rückschau verwischt hier Trennungslinien, die bei größerer Nähe deutlicher zu sehen sind.

Idealisten allerdings blieben sie allesamt, die Baader, Görres, Müller und Schlegel, indem sie sich den pragmatischen Verwaltern politischer Macht gegenüber auf spirituelle Kräfte, auf Glauben und Idee als Prinzipien geschichtlichen Handelns beriefen. Aber das rechtfertigt nicht, ihren Ideen deshalb schon das Prädikat des Romantischen zu verleihen, auch wenn sie, wie Friedrich Schlegel, die Romantik als ästhetische Bewegung einst mitgeschaffen hatten oder, wie Görres und Müller, wesentlichen Anteil an ihr nahmen. Politischer Idealismus ist von komplizierterer Natur, als daß er sich mit einer ästhetischen Kategorie einfangen ließe. Das erweist sich gerade bei den idealistischen Herolden des Heiligen in der Politik, die auf sehr verschiedene Weise und ungewollt in Gegensatz zu jenen Politikern gerieten, die sich eine Heilige Allianz christlicher Nationen auf die Fahnen geschrieben hatten. Daß die Ideen nicht in einem einfachen Kausalverhältnis zur Macht stehen, sondern diese ihre eigene Dialektik entwickelt, war bereits in der Französischen Revolution zu sehen gewesen. Die Revolution von 1789 beschwor nun auch Joseph Görres in seiner Schrift *Teutschland und die Revolution* (1819) als Menetekel für den christlichen Bund der Gegenwart.

Görres' Schrift, die schon Zensurkonflikte hervorrief, noch ehe sie überhaupt erschienen war, trieb ihren Verfasser außer Landes. Dabei war Görres alles andere als ein Demagoge, der zu subversiven Aktionen überreden wollte. Sprachmächtiger Prediger, der er war, ging es ihm um die Kritik an der Gegenwart aus seinen Visionen von einer besseren Zukunft, denn die Überzeugung von der menschlichen Perfektibilität, vom Besserwerden auf der Welt, hat er sich aus den frühen jakobinischen Zeiten stets bewahrt. Aber indem er die Kluft zwischen Idee und Wirklichkeit betonte, verwies er auch auf die ganze Scheinhaftigkeit des Heiligen dieser Allianz und wurde so den Regenten gefährlich. Dieser heilige Bund, der an die Stelle des alten Heiligen Römischen Reichs getreten sei, so schreibt er,

> «könnte wohl allenfalls die wechselseitige religiöse Toleranz der darin verbundenen Glaubenssecten gewähren; aber gerade die religiöse Indifferenz, die diese Gewähr entbehrlich machte, nahm der nothwendigen Garantie der Toleranz aller politischen Gegensätze in den verschiednen Gliedern des Bundes allen Grund und jegliche Sicherheit».

Denn nicht eine ökumenische Institution war die Heilige Allianz, so sehr das dem einen oder anderen ihrer Gründer schwärmerisch als Wunschziel vorgeschwebt haben mag, sondern ein Bund von Fürsten verschiedener christlicher Konfessionen, wobei das Gemeinsame dieser Konfessionen als probates Mittel zur Aufrechterhaltung und Festigung monarchischer Macht erkannt und eingesetzt wurde. Nicht religiöses Engagement, sondern religiöse Indifferenz lag der Allianz zugrunde, und in ihr sah der Idealist Görres auch mit gutem Recht einen schlechten Bürgen für politische Freiheit. In deren Unterdrückung aber bestand für ihn wiederum das Zeugungselement der Revolution, die er seinem Lande nicht wünschte, denn von ihren für die Freiheit der einzelnen wie den Frieden aller gefährlichen Folgen hatte er als Bürger einer zeitweilig französischen Provinz schon in seinen frühen republikanischen Jahren genügend Beobachtungen anstellen können. So versuchte Görres in seiner Schrift, eine Verbindung von «Autorität» und «Freiheit» in der Idee von einer «zweigliedrigen Dreiheit» der Stände herzustellen, in dieser Weise eigene frühe naturphilosophische Vorstellungen aufnehmend. Die Dualität von Geburt und Verdienst sollte in den herkömmlichen Ständen eine neue Verbindung eingehen, immer geleitet von der «Macht der Ideen», die Görres schließlich am reinsten in der Lehre der katholischen Kirche verkörpert sah. Auch wenn für ihn «in Gott alle Confessionen eins» waren, so sah er doch in einer Schar «protestantischer Zeloten», irregeleitet durch «eine kleine Sammlung jacobinischer Sentenzen und Metaphern, die zum Theil Goethe und Novalis verantworten müssen», jene gefährliche Kraft, durch die auf der Wartburg Bücher verbrannt und der Mord an Kotzebue inspiriert worden war. Die seltsame Bürgenschaft von Goethe und Novalis hat Görres nicht näher begründet, aber wenn er den Haß auf Jesuiten, Mittelalter, Feudalwesen, Ultras und Mystizismus als den «liberalen Turnplatz» bezeichnete, auf dem die jungen Protestanten sich tummelten, faßte er sehr deutlich gewisse Tendenzen der Burschenschaftsbewegung und einer liberalen Opposition gegen die Restauration zusammen. Das enthob ihn andererseits in den Augen der Exekutoren dieser Restauration nicht des Verdachts, nun seinerseits gefährliche Prinzipien zu propagieren, wenn er von einer «Verknüpfung des demokratischen und monarchischen Elements» oder von der Verbindung zwischen Autorität und Freiheit sprach.

Noch ein zweites Mal hat Görres die Heilige Allianz zum Gegenstand eigener politischer Überlegungen gemacht, und zwar in der Schrift *Die heilige Allianz und die Völker, auf dem Congresse zu Verona* (1822). Gemeint war der letzte der europäischen Monarchenkongresse, der Ende 1822 auf dem Hintergrund des griechischen Aufstands gegen die Türken stattfand, einer Befreiungsaktion, die gerade die christlichen Fürsten aus Furcht vor aller Insurrektion mißbilligten und damit das osmanische Reich favorisierten, womit dann freilich auch das Ende dieser christlichen Allianz eingeläutet wurde. Görres, im Straßburger Exil lebend, sah nun doch «segensvolle Erfolge aus den Grundsätzen der heiligen Allianz» hervorgehen, wenn sie «Ruhe gebietend, in die Mitte des Streites» trat und «den Extremen wehrte», die Fürsten «als

Familienväter» betrachtete und die Untertanen «in demselben Geiste der Brüderlich-keit» geleitet wissen wollte, der den Bund selbst beseelte. Mit einer Feier deutscher Tugenden – Geradheit, Aufrichtigkeit, Tapferkeit, Treue, Schlichtheit der Gesinnung, Unverdrossenheit, Emsigkeit und Natursinn, sittlichem Ernst und der Fähigkeit für das Unsichtbare – krönte Görres seine Schrift. Damit allerdings wollte er letztlich doch alte republikanische Überzeugungen bewahren, denn ein solcher Appell an deutsche Tugenden hatte wie schon zu Zeiten patriotischer Begeisterung um 1812 und 1813 das Ziel, die Fürsten nicht nur von der Ungefährlichkeit ihrer Bürger zu überzeugen, sondern ihnen auch ihre Verpflichtung nahezulegen, diese Bürger als aktive Kraft in den Prozeß der Nationalgeschichte einzubeziehen und im Kontrast zum griechischen Geschehen damit das Gespenst der Revolution zu bannen. Am Ende von Görres' Schrift steht der Satz, die Wiedergeburt Deutschlands als eine Nation könne

«nicht von oben herab durch Formen und Einrichtungen einseitig geschehen; sie kann nur durch Zusammenwirkung der Nation und ihrer Machthaber in gleicher Gesinnung zu ihrer Reife gedeihen».

Görres' Schriften über die Heilige Allianz sind ein guter Spiegel der widerspruchsreichen intellektuellen Situation im Bereiche des einstigen Heiligen Römischen Reiches nach den Napoleonischen Kriegen. Jean Pauls frühes prognostisches Gleichnis von den einmal entkorkten Champagnerflaschen, in denen auch dann die Blasen und Perlen immer weiter aufsteigen, «wenn der Stöpsel wieder darauf gedrückt worden», hatte sich für das Deutschland der Heiligen Allianz als recht treffend erwiesen. Alle Restitution fürstlicher Macht auch unter geistlichen Vorzeichen konnte weitere Bewegung nicht verhindern. Nur ging es bei Liberalen wie Konservativen durchweg darum, gegen die Legitimität des Geburtsrechtes die Legitimität menschlicher Gleichheit so zu behaupten, daß – um in Jean Pauls Bilde zu bleiben – das Chaos einer Explosion der Champagnerflaschen vermieden wurde, hatte man doch gerade erst das Chaos eines Krieges hinter sich, und wirtschaftliche Not führte zu regelrechten Hungerzeiten wie im Winter 1816.

Ein solcher Wunsch freilich war, wenn nicht der Versuch zur Quadratur des Zirkels, so doch immerhin der Anlaß für eine Fülle, ja Wirrnis einander widersprechender oder sich ausschließender Ideen, deren Vereinbarkeit man dennoch zu behaupten suchte und deren Sprengkraft oder Gefährlichkeit dort deutlich wurde, wo sie sich unversehens der Wirklichkeit stellten, wie bei den Vorgängen um den Mord an August von Kotzebue. Das Vaterland erhielt sich als eine große, aber unbestimmte Wertvorstellung, denn trotz des in seinem Namen ausgefochtenen und gewonnenen Krieges blieb es zerschlagen. Die Christenheit war trotz der Proklamationen der Politiker ihrer Einheit nicht nähergekommen, wie der fortgehende Streit zwischen den Konfessionen zeigte. Dabei bildete der Wunsch nach der Rückkehr zu religiösen Prinzipien, die das Leben ordnen und die Welt befrieden sollten, keineswegs nur die Angelegenheit einiger weniger Intellektueller, die sich ihrer eigenen Wichtigkeit versichern wollten, wenn sie die Macht der Ideen über die Wirklichkeit behaupteten. Er war auch nicht nur der billige Vorwand der Politiker, um sich die Friedlichkeit ihrer Völker zu bewahren. Von der protestantisch-pietistischen Erweckungsbewegung seit dem Ausgang des 18. Jahrhunderts bis zu der sogenannten Katholischen Bewegung in Bayern und den preußischen Rheinprovinzen in den dreißiger und vierziger Jahren des 19. Jahrhunderts zieht sich ein Faden christlicher Bewußtheit, der auf ein breites Bedürfnis deutet, das sich auf verschiedene Art und Weise dem Patriotismus, dem politischen Chiliasmus oder einem aufkläreri-schen Freiheitsenthusiasmus vermählte. In solchen Kontext gehört der nationalistische Luther-Enthusiasmus speziell der Burschenschaften ebenso-sehr wie Görres' Auseinandersetzung mit der Heiligen Allianz vom Stand-punkt einer erneuerten katholischen Kirche aus, einem Standpunkt, der ihn zu einer der leitenden Gestalten der Katholischen Bewegung machte. Es gehört dazu ebenfalls der Enthusiasmus junger Deutscher für die aufständi-schen Griechen, aber es gehört dazu schließlich auch die Judenfeindschaft, die sich bei Protestanten und Katholiken gleichermaßen äußerte und sich in Verbindung mit den vielen unerfüllten Erwartungen tief unter den Deut-schen festsetzte.

Vaterland

Der Traum vom großen deutschen Vaterland war nicht Wirklichkeit gewor-den. Was immer sich nun an patriotischen Energien ausdrücken wollte, bedurfte erneut der Träume und Hoffnungsbilder, der Symbole und Reprä-sentationsfiguren.

> Wenn heut ein Geist herniederstiege,
> Zugleich ein Sänger und ein Held,
> Ein solcher, der im heil'gen Kriege
> Gefallen auf dem Siegesfeld,
> Der sänge wohl auf deutscher Erde
> Ein scharfes Lied, wie Schwertesstreich,
> Nicht so, wie ich es künden werde,
> Nein! himmelskräftig, donnergleich.

So dichtet Ludwig Uhland ‹Am 18. Oktober 1816›, dem gefeierten Jahres-tag der Leipziger Völkerschlacht, und läßt dann seinen auferstandenen Dichtergeist den Fürsten, Völkern, Weisen und Hofmarschällen die vergan-genen Heldentage mit ihren Hoffnungen ins Gedächtnis rufen als strenge Mahnung eines Liberalen angesichts der vielen unerfüllten Erwartungen:

> Nicht rühmen kann ich, nicht verdammen,
> Untröstlich ist's noch allerwärts,
> Doch sah ich manches Auge flammen,
> Und klopfen hört ich manches Herz.

Diejenigen deutschen Schriftsteller, die wie Uhland, Arndt, Schenkendorf, Eichendorff oder Rückert in der Zeit des Krieges mit Versen den vaterländischen Enthusiasmus angefacht hatten, zeichneten nun in jeweils eigener Weise das patriotische Herzklopfen auf, das laut oder leise, stark oder schwach, zu vernehmen war. Rückert wurde geradezu zu einem poetischen Mentor des Zeitgeschehens, dichtete einen «Trost der Deutschheit» und registrierte lyrisch die «Hungerjahre» ebenso wie die Flucht aus dem Vaterlande, die Auswanderung nach Ost und West, die er mit sprichwörtlich gewordenen Versen zu dämmen suchte:

> Bleibet im Lande und nähret euch redlich,
> Rücket zusammen und füget euch fein.

Aber er feierte auch die Helden von einst: Blücher, Wellington und alle, die ihn persönlich inspiriert hatten, also Arndt, Jahn, Görres und Schenkendorf. Dem auf sie bezogenen Gedicht «Die vier Namen» fügt er aber dann noch den folgenden «Zusatz» bei:

> Was hilft's, daß Eckart-Arndt
> Vorm Bösen treulich warnt,
> Wenn doch die wilden Haufen
> Zum Venusberge laufen?

> Was hilft's, daß Meister Jahn
> In Runen zeigt die Bahn,
> Wenn man auf Eiderdunen
> Verschlafen will die Runen?

> Was hilft's, daß der Merkur
> Uns aufwärts weist die Spur,
> Wenn man den Götterboten
> Hinab bannt zu den Toten?

> Was hilft's, daß in die Gruft
> Der Kaiserherold ruft,
> Wenn draus kein Kaiser steiget
> Und seinem Volk sich zeiget?

Rückerts Verse haben weniger literarische als zeitsymptomatische Bedeutung, denn sie lassen den embryonalen Zustand einer neuen Symbolfigur erkennen, die Rückert selbst in einem anderen Gedicht ans Licht der Welt brachte:

> Der alte Barbarossa,
> Der Kaiser Friederich,
> Im unterird'schen Schlosse
> Hält er verzaubert sich.

Rückert hatte schon verschiedentlich mittelalterliche deutsche Herrlichkeit gefeiert, den Dom zu Köln, Roland den Riesen «am Rathaus zu Bremen» und eben auch Kaiser Friedrich I., der im Kyffhäuser saß mit seinem durch den steinernen Tisch gewachsenen Bart und dort der Auferstehung harrte:

> Er hat hinab genommen
> Des Reiches Herrlichkeit,
> Und wird einst wiederkommen
> Mit ihr zu seiner Zeit.

Der deutsche Patriotismus bekam ein neues Idol. Die prophetische Sage von einem Weltkaiser besaß allerdings ihre mittelalterlichen Quellen und eine verzweigte Wirkungsgeschichte. In Novalis' Pläne zur Fortsetzung des *Heinrich von Ofterdingen* spielt sie hinein als anschaulicher Ausdruck romantischer Erwartungen auf ein neues Goldenes Zeitalter. Görres hat von ihr in seinen *Teutschen Volksbüchern* (1807) berichtet und den Kaiser die Deutschen der Gegenwart tadeln lassen, die Brüder Grimm haben sie im ersten Band ihrer *Deutschen Sagen* (1816) nacherzählt, und auch Arnim, von dessen unvollendet gebliebenen *Kronenwächtern* 1817 der erste Band erschien, macht von der Idee des einstmals auferstehenden Kaisers Gebrauch mit der Bedingung, «daß die Krone Deutschlands nur durch geistige Bildung erst wieder errungen» werden könne. Aber keines dieser Bücher war dazu angetan, breite Wirkung zu erzielen. Erst Rückerts populäre Kondensierung der Sage in acht Volksliedstrophen hat sie dem 19. Jahrhundert aufgeschlossen und sie nicht nur der Literatur, sondern als Metapher auch den politischen Fraktionen vermittelt. Die Vorstellung von Tod und Auferstehung erhob die geschichtliche Gestalt in den Bereich des Mythos. Auf diese Weise wurde Barbarossa zu einer Art Nachfolger von Hermann dem Cherusker, dessen man nach 1815 nicht mehr in gleichem Maße bedurfte, stellte er doch hauptsächlich einen politisch-militärischen Musterhelden dar. Für die Gegenwart aber brauchte man die Prophetie nötiger als die kriegerische Praxis. Zu den frühen Resultaten des Barbarossa-Mythos hat übrigens Heinrich Heine in seinem Poem *Deutschland. Ein Wintermärchen* (1844) den ersten schneidenden Kommentar gegeben:

> «Herr Rotbart» – rief ich laut – «du bist
> Ein altes Fabelwesen,
> Geh, leg dich schlafen, wir werden uns
> Auch ohne dich erlösen.
>
> Die Republikaner lachen uns aus,
> Sehn sie an unserer Spitze
> So ein Gespenst mit Zepter und Kron';
> Sie rissen schlechte Witze.

Auch deine Fahne gefällt mir nicht mehr,
Die altdeutschen Narren verdarben
Mir schon in der Burschenschaft die Lust
An den schwarz-rot-goldnen Farben.

Das beste wäre, du bliebest zu Haus,
Hier in dem alten Kyffhäuser –
Bedenk ich die Sache ganz genau,
So brauchen wir gar keinen Kaiser.»

Der Wechsel von literarischen Symbolen und Leitgestalten beleuchtet gut die Tendenzen der neuen Zeit. Hermann, Luther und Winkelried waren in den Jahren des Kampfes gegen Napoleon die große Trinität des deutschen Patriotismus gewesen, die überall in der Literatur wie in den Pamphleten und Aufrufen Verehrung fand. Der Fürst, der als militärischer Führer und geschickter Politiker die Deutschen zusammenbrachte und zum Sieg über den gemeinsamen Feind führte, der Reformator, der eine deutsche Kirche schuf, Gottes Wort auf deutsch übermittelte und schließlich der opferbereite Held und Märtyrer der guten Sache, der sterbend seinen Mitkämpfern Bahn brach – das waren Figuren, von denen jede einzelne in Kriegszeiten ihre bestimmte, wichtige Funktion besaß. Im Frieden hingegen waren nicht alle gleichermaßen mehr von Nutzen. Barbarossa stellte Hermann in den Schatten; unentbehrlich blieb dieser nur, wenn es um deutsche Einheit ging und um den Kampf gegen äußere Feinde, besonders wenn man sie welsch nennen konnte. Winkelried hatte am ehesten ausgedient. Zwar berief sich noch einmal Carl Ludwig Sand mit allem Pathos auf ihn, als er Kotzebue ermordete, aber eben das war der Akt eines einzelnen gewesen, eine Gewalttat, die entgegen den Befürchtungen der Regenten allein stand und nicht die frühe Blüte einer großen revolutionären Bewegung darstellte. Noch zu den Glanzzeiten von Winkelrieds Ruhm hatte sich jedoch bereits ein Nachfolger für ihn auf den Weg gemacht:

Jung Siegfried war ein stolzer Knab,
Ging von des Vaters Burg herab.

Es war Ludwig Uhland, der «nach einer frühern Idee», wie er anmerkte, den jungen Helden Anfang 1812 auf seine gefährliche Bahn schickte, und zwar mit gleicher populärer Kraft wie Rückert den Barbarossa ein wenig später. Natürlich standen auch Uhlands Verse in einem größeren Zusammenhang. Fouqués erste Publikation 1803 war eine dramatische Szene *Der gehörnte Siegfried in der Schmiede* gewesen, woraus in den folgenden Jahren seine Nibelungen-Trilogie *Der Held des Nordens* (1808–10) hervorwuchs. Die Erforschung altdeutscher Literatur, an der sich Uhland damals beteiligte, rückte zugleich das Nibelungenlied als ganzes in den Gesichtskreis, denn von diesem Ganzen ging erst die Faszination durch die Siegfried-Gestalt in der Folgezeit aus. Sah Uhland nur den jungen Helden, so hatte Siegfried bei Fouqué bereits die tragische Verklärung durch Liebe und Tod erfahren, die vollendet wurde in Wagners *Ring des Nibelungen,* dessen Fouqué verpflichtete Textdichtung Ende 1852 fertig vorlag. Wie keine andere literarische Gestalt ist Siegfried Repräsentationsfigur für deutsche heroische Wunschträume und gleichermaßen für ihr Scheitern geworden, das sich durch ihn mit dem Mantel der Tragik umhüllen ließ. Kraft und Schwäche, Treue und Verrat und dann die Verwirrungen der Liebe machten seinen Heldentod zu einer viel verwickelteren Angelegenheit als den eines Arnold Winkelried und umgaben ihn mit der ganzen Fülle und Undurchdringlichkeit des Mythos. Auch hier blieb der Spott nicht aus. 1818 dichtete Friedrich Kind in seiner Zeitschrift *Die Harfe:*

> Wie mögt ihr Andern euch erkecken,
> Zu angeln nach Gesangesruhmb?
> Nur *Siegfried, Hagen* und die Recken
> Bekunden ächtes Dichterthumb.
> [...]
> Doch Altes muß sich neu gebären,
> Das Teutschthumb ist zurückgekehrt.
> Ich teutscher Manne kann's bewähren –
> Mein ist die Leier, mein das Schwerdt!

Aber Barbarossa wie Siegfried erwiesen sich als unentbehrlich, boten sie beide doch die Möglichkeit zur Verklärung eigener politischer Unzulänglichkeit, zum Ausdruck des Empfindens der Unerfülltheit ebenso wie zu dem der nicht absehbaren Erfüllung nationaler Hoffnungen und Wünsche. Das freilich schloß zugleich die Gefahr der Verblendung gegenüber der Wirklichkeit ein.

Die dritte Repräsentationsgestalt der Deutschen behielt jedoch auch in der Nachkriegszeit unvermindert ihre Symbolkraft und Bedeutung bei, ja die Verehrung für Martin Luther steigerte sich sogar noch, und nicht einmal ausschließlich im protestantischen Deutschland, obwohl natürlich dort vor allem. Die Dokumente der Luther-Idolatrie sind vielfältig, nach außen am sichtbarsten in den Feiern zum dreihundertsten Jahrestag der Reformation 1817, von denen wiederum das Wartburgfest der Burschenschaften die größte öffentliche Aufmerksamkeit erregte und die weitesten politischen Folgen hatte. Ausdrücklich für die Reformationsfeiern hatte Heinrich Schorch ein vieraktiges Stück *Luthers Entscheidung* geschrieben, das 1817 in Weimar erschien und auch dort uraufgeführt werden sollte, was aber wegen «Local-Hinderungen», wie der Autor es nannte, unterblieb: Die Geistlichkeit hatte Einspruch erhoben.

Schorch wollte seinen Vorgängern gegenüber ein nationales Stück geben. Bei Zacharias Werners *Martin Luther, oder: Die Weihe der Kraft* (1807) hatte der Akzent auf der Verbindung von Schöpfergestalt und Erotik gelegen, also auf Luthers Verhältnis zu Katharina von Bora gegen den Hintergrund des Kampfes um den Glauben überhaupt (vgl. S. 605 ff.). Schon in August Klingemanns «dramatischem Gedicht» *Martin Luther* (1808) hatte Luther gegen die Deutschen als «Affen fremder Völker» gewettert, was in Zeiten der Okkupation sehr verständlich war. Bei Schorch jedoch war Luther der deutsche Held der Nachkriegszeit, guter Bürger «in enger Häuslichkeit,/ Gefühlvoll für des Hauses Tugenden», der das «reine Bild des Christenthums» vorführt und dem kirchlichen Legaten gegenüber bekennt:

Ich trinke Teutschen Wein, und Teutsches Blut
Soll förder mir im Herzen fließen.

Im Sinne solch patriotischer Blutwäsche flucht Luther den «Schwächlingszeiten», in denen ein Franz von Sickingen, die «teutsche Hochgeburt von Teutscher Hand» erschlagen wird. Dem Aufstand allerdings tritt er entgegen: der «Aufruhr ist mein Bruder nicht!» So hat Luther viele Feinde, und zwar nicht nur von seiten der welschen Kurie. Ein Judendolch sei gegen ihn gezückt, lautet eine Warnung, die ihn nicht rührt, denn er ist mehr als Kirchenmann. Wenn er den Klerikermantel abwirft, steht er in «teutscher Tracht, in schwarzem Goller da», und seine Lehre drängt sich in den Satz zusammen: «Wie nur *Ein* Christus, so nur *Eine* Kirche!»

Schorchs Drama war ein Gefälligkeitsstück, das Beifall von vielen Seiten suchte und deshalb keine befriedigte. Für Konservative war es zu radikal, für Radikale zu konservativ. Aber es zeigt deutlicher als jedes aus der eigenen Konzeption eines Autors entstandene Werk die Tendenzen der Lutherverehrung in diesen Jahren: Luther war nationale Repräsentationsgestalt, Feind den «Welschen» und den Andersgläubigen, voll guter deutscher Eigenschaften, Rauhbein mit zarter Seele, gehorsam der Obrigkeit, und schließlich der Stifter einer Nationalkirche, die die Deutschen zum auserwählten Volk Gottes zu machen imstande war. Carl Ludwig Sand zog die militanten Schlüsse aus solchem Kult. Der Satz «Wir Teutsche – ein Reich und eine Kirche!» stand auch in seinem «Todesstoß dem August von Kotzebue».

Verbunden mit der Lutherverehrung war der Gedanke der unvollendeten und noch zu vollendenden Reformation. Die Forderung nach einer einzigen christlichen deutschen Kirche hat im protestantischen Patriotismus weit ins 19. Jahrhundert hineingewirkt, politisch bis zu dem Versuch des preußisch beherrschten Kaiserreichs nach 1871, das das Luthertum als Staatskirche etablieren wollte, aber auch allgemein ideologisch zum Beispiel in der Kunstphilosophie Richard Wagners, der sich mit seinen Vorstellungen von einem deutschen Kunstwerk der Zukunft durchaus als Fortsetzer des Reformators betrachtete. Mit dem Satz «Gewiß stünde Bayreuth nicht, wenn Luther in Worms nicht gestanden hätte» hat Cosima Wagner diese Mission zusammengefaßt. Vom offiziellen Preußen wurde Luther schon früh vereinnahmt. Friedrich Wilhelm III. ließ in Wittenberg ein Standbild des Reformators errichten, wofür er in Fouqués *Berlinischen Blättern* 1830 – von Caroline Bernstein – gebührend gefeiert wurde:

> Preußen-König, hochgetragen
> Hast du deines Ruhmes Macht,
> Und wo freie Herzen schlagen,
> Sei bis zu den fernsten Tagen
> Neben Luther Dein gedacht.

Aber auch Vorschläge zur Mythisierung wurden gemacht, freilich mit wenig Glück, da Lutherdramen und Wartburgfest gerade die Lebensspuren der geschichtlichen Persönlichkeit herauszustellen bestrebt waren. Adolf Müllner zum Beispiel versuchte, Luther in einem Gedicht zum Vorabend des Reformationsfestes 1817 um Auferstehung zu bitten als einen klerikalen Barbarossa, der «aus der Gruft» zu seinem Volk emporsteigen und den «Herrscherstolz zerbrechen» möge, allerdings mit einer Auflage:

> Doch *lebend* nicht tritt unter die Lebend'gen;
> Ein Toter komm, mit Leichenangesicht,
> Der Kunde bringt vom ewigen Gericht
> Und Schreck verbreitet, rohe Lust zu bänd'gen!

Dies und die am Schluß wiederholte «Als *Leiche* komm, und red in Geistertönen!» vermochte freilich keinen Mythos zu stiften und Luther der Geschichte zu entrücken, sondern demonstrierte lediglich die Geschmacksverirrung des Dichters.

Die neue patriotische Trinität von Siegfried, Barbarossa und Luther bringt die zunehmende politische Faktionalisierung, Vielfalt, ja Wirrnis nach 1815 ins Bild. Hermann und Winkelried waren noch Gestalten, die sich mit einem einzigen Ziel und einer unmittelbaren Bedeutung verbinden ließen. Siegfried und Barbarossa hingegen absorbierten und heroisierten sehr unterschiedliche Wünsche, Hoffnungen, Träume, Endzeitvorstellungen und neue Reichsideen, und Luther paßte sich solcher Vielfalt trefflich an. Revolution ohne Aufruhr, das Bündnis zwischen himmlischer Freiheit und irdischer Autorität ließen sich in seinem Bilde unterbringen ebenso wie die seit den Tagen der Französischen Revolution fortgehende Diskussion über Sinn und Bedeutung der Reformation. War sie Beginn der Aufklärung und damit der Beginn aller Geistesfreiheit wie auch der modernen deutschen Literatur? Heinrich Heine hat dieses Argument sorgfältig in seinen Gedanken *Zur Geschichte der Religion und Philosophie in Deutschland* (1835) ausgeführt. Oder war sie vielmehr der erste Schritt zu dem Chaos der Französischen Revolution, wie es Novalis in seinem Essay *Die Christenheit oder Europa* (1799) zuerst behauptet hatte, dort verbunden mit der Forderung, daß das Christentum zu einer neuen, ökumenischen Kirche finden müsse? War sie die deutsche Form einer Revolution, die nur eben erst vollendet, das heißt zu einer deutschen Nationalkirche als Bürge des Reiches geführt werden müsse, wie aus den Kreisen der Burschenschaften und ihrer

Inspiratoren verlautete? Oder war sie schließlich nichts anderes als ein Machtinstrument Preußens, gegen das sich dann die Katholische Bewegung wehrte? Alles das waren Fragen von großer Brisanz in den Jahren der Heiligen Allianz, denn sie reflektierten die politischen Interessen deutscher Einzelstaaten ebenso wie diejenigen der zunehmenden Zahl politischer Interessengruppen, die sich mit dem wachsenden Widerspruch zwischen ausgebreiteter Bildung, wirtschaftlicher Entwicklung, partikularen Machtkämpfen und allgemeiner politischer Restauration und Repression herausbildeten.

Zu welch ideeller Verwirrung diese Situation führte, zeigt sich deutlich in der politischen Literatur dieser Tage, und zwar weniger in den politischen Gelegenheitsgedichten Arndts, Uhlands oder Rückerts, als vielmehr in der eigentlich neuen, jungen Literatur der Burschenschaften. Denn hier wurde am ehesten die Tradition der politisch-patriotischen Dichtung der Napoleonischen Kriege lebendig fortgesetzt. Sammlungen von «Burschenliedern» erschienen, teils als studentische Kommersbücher, teils als Liederbücher für Turnvereine oder allgemeine «Liederkränze», die eine eigene deutsche Tradition geselligen Singens begründen halfen. Vieles aus der deutschen Lyrik von Luther bis zu Goethe und *Des Knaben Wunderhorn* war in diesen Büchern vertreten ebenso wie reichlich die Lieder aus dem vergangenen Krieg, also besonders Gedichte von Arndt, Körner, Schenkendorf und Uhland. Erst in den Gedichten der jungen Studenten jedoch zeigt sich die schwierige Suche nach politischen Zielen und nationaler Identifikation. Die interessantesten Persönlichkeiten in diesem Zusammenhang sind zweifellos die Brüder Adolf Ludwig und Karl Follen.

Karl Follen war der lyrisch kreativere der beiden Brüder. Er hatte, wie schon in Verbindung mit Carl Ludwig Sand erwähnt worden ist, als Student in Gießen eine radikale Gruppe der «Schwarzen» oder «Unbedingten» als eine Urzelle der Burschenschaften gegründet und war 1818 als junger Dozent nach Jena übergesiedelt, wo er in Verdacht geriet, einer der intellektuellen Inspiratoren des Mordes an Kotzebue zu sein. Karl Follen verließ Deutschland 1819, ging 1824 nach Amerika und wurde schließlich in Harvard einer der ersten nordamerikanischen Germanisten. Karl Immermann hat er für den Charakter des Medon in dem Roman *Die Epigonen* (1836) Modell gestanden. Adolf Ludwig Follen wanderte nach zwei Jahren deutscher Haft 1822 in die Schweiz aus. In Jena hatte er 1819 ein kleines Liederbuch unter dem Titel *Freye Stimmen frischer Jugend* veröffentlicht; aus Zürich sandte er 1823 *Harfen-Grüße aus Deutschland und der Schweiz*, einen Band mit eigenen Gedichten, getragen von der Erinnerung an die Helden des Krieges, den er mitgemacht hatte, also an Blücher, Körner und Scharnhorst, an die trüben Erfahrungen in seinem Heimatland («Kerkergedanken») sowie an die Helden eines freien Germaniens von Hermann über Siegfried, Tell, Winkelried, Luther, Hutten, Sickingen, Hofer und Schill bis wiederum zu Blücher, Körner und Scharnhorst.

Das bemerkenswerteste literarische Produkt dieser ganzen burschenschaftlichen Lyrik ist Karl Follens *Das große Lied*, eine Komposition aus Gedichten verschiedener Formen. Es wurde bei den geheimen Versammlungen der «Unbedingten» feierlich vorgetragen und hatte liturgischen Rang. Nur Teile daraus wurden als Flugblatt veröffentlicht, das Ganze kam erst später durch einen ehemaligen Verschworenen an die Öffentlichkeit. Lied, Spruch und Hymne sind in diesem *Großen Lied* vielfältig verbunden. Appellgedichte, Gemeinschaftslieder, lyrische Rezitative mit eingelegten «Arien» und lange Monologe vermitteln in einer Bildersprache, die der In-tyrannos-Lyrik des Sturm und Drang ebenso wie der jakobinischen und antinapoleonischen Lyrik verpflichtet ist, eine seltsame Mischung aus Begeisterung für Revolution, Religion und Nationalismus. «Zwingherrn-, Adel- und Pfaffenbrut» werden «zur Höllenglut» gewünscht, und demokratisch-republikanische Forderungen nach «Bürgergleichheit», nach einem «Reich freier Bürger» werden ihnen entgegengehalten. Vollzogen werden soll der Umsturz durch «Volkesmacht» unter der Losung «Volk ins Gewehr!»:

> Volksblut, Freiheitsblut, Du wirst gerochen,
> Götzendämm'rung, Du bist angebrochen.

Aber die Massenbewegung, der «Volkskampf», schließt das Elitebewußtsein nicht aus, «Fembrüder» schwingen den «heiligen rächenden Dolch», und die «mutigen Söhne der Turnerei» gehen den anderen voran. Den für alle revolutionären oder pseudorevolutionären Bewegungen charakteristischen Jugendkult pflegt Follen mit seinem Appell an «Jugendbraus» im Namen der «Freiheitslust». Gleichzeitig jedoch ist solche Freiheitslust tief mit christlichem Enthusiasmus durchsetzt. «Ein Christus sollst Du werden» – dieser Satz, den sich auch Sand zur Ermutigung vorsagte, steht in dem hier eingeschlossenen Bundeslied der «Unbedingten», das als «Abendmahlslied freier Freunde» deklariert wird. In Christus nämlich wird «der ew'gen Freiheit heil'ger Märt'rerorden» begründet, und wenn die Verschworenen singen «Zur Blutbühn', zum Rabenstein führt unsre Bahn», so setzt sich darin jene Todeslust fort, für die Theodor Körner das Schlachtfeld als einen im staatsbürgerlichen Sinne akzeptableren, allerdings auch weniger exklusiven Vollstreckungsort für den Opfertod zur Verfügung hatte. Die Gleichsetzung des einzelnen Menschen mit dem Gottessohn war überdies im Grunde nur konsequenter, wenn auch überzogener Protestantismus, aber literarische Helden wie Goethes Werther oder Jean Pauls Siebenkäs hatten bereits eine solche Erlöserlaufbahn unpolitisch-individualistisch vorgemacht. So wird bei Follen Luther kräftig gefeiert, aber nicht nur als Vater des Protestantismus, sondern zugleich auch als «zweiter Hermann», der «Volksblut» und «germanischen Gottesmuth» vereint. Denn in Follens Komposition von Protest, Revolte, Republikanismus, Terrorismus, Christlichkeit, Märtyrertum und Jugendkult mischt sich nun auch noch ein entschiedener germanisch-deutscher Patriotismus:

> Zu den Waffen! stürme, türme
> Berg auf Berg von Knecht und Herrn!
> Riesin Deutschland, brich die Klammer,
> Alter Freiheit Donnerhammer
> Wettre, schmettre nah und fern!
>
> Deutscher Hiebe Kraft zerstiebe
> Schlangenlist und Tigerwut,
> Schwerterblau wird Morgenröte,
> Schwerterblitz fahr' aus, und töte
> Dich im Meere, Zwingherrnbrut!

Mit diesen Versen schließt Follens *Großes Lied*. Leidenschaftlich und verwirrt, von starker Bildkraft zuweilen wie in der Zeile «Schwerterblau wird Morgenröte» und dann doch wieder grob oder verkrampft, achtbar in seinem Freiheitsenthusiasmus und gefährlich im blutrünstigen nationalen Sozialismus, den es arglos predigt,

bedrohlich in seiner germanischen Eschatologie und dem mystischen Todeskult, den
es bedenkenlos feiert, ist Follens Gedicht ein ebenso extremes wie zugleich bezeich-
nendes Produkt der frühen Restaurationszeit. Hat es als eigenständiges Werk auch
kaum über den engen Kreis der Verschworenen gewirkt, so besitzt es doch Bedeutung als ein Kaleidoskop von Gedanken, Begriffen und Bildern, die auch in der
Zukunft zum Grundstock extremistischer Ideologien in Deutschland gehörten.

In den Jahren nach 1815 machten es sich deutsche Schriftsteller zur Aufgabe, das auch weiterhin nur in unbestimmten Umrissen existierende Vaterland nach Zeit und Raum genauer auszumessen. Die Nation als Vereinigung deutscher Staatsbürger «so weit die deutsche Zunge klingt» war in
den Kriegen nicht nur ideell konstituiert worden, sondern hatte sich zum
politischen Nahziel entwickelt. Kulturelle Tätigkeit bezog sich hinfort in
zunehmendem Maße auf sie. Zu den bedeutendsten Leistungen in dieser
Hinsicht zählen die verschiedenen Arbeiten zur Erforschung älterer deutscher Sprache und Literatur, die Editionen, Beschreibungen und Untersuchungen mittelalterlicher Texte sowie der Volksbücher, Volkslieder, Sagen
und Märchen (vgl. S. 259 ff.). Aber auch in der Literatur selbst vollzog sich
die geographische und historische Ortsbestimmung des Deutschen, zum
Teil in direkter Fortsetzung dessen, was während der Napoleonischen
Kriege darüber geschrieben, gesagt und gesungen worden war.

In Rostorfs *Dichter-Garten* von 1807 hatte Friedrich Schlegel sein
Gedicht «Das versunkene Schloß» veröffentlicht, das die mystisch-poetische
Verbindung zwischen Vergangenheit und Zukunft jenseits der «starren
Zeit» zeigen sollte. Beginnen ließ er es mit den Zeilen:

> Im dunkeln Wald alleine,
> Liegt eine tiefe See [...]

Als das Gedicht 1809 erneut in Schlegels gesammelten Gedichten herauskam, lautete sein Anfang:

> Bei Andernach am Rheine
> Liegt eine tiefe See [...]

Der Rhein war Mode geworden, politisch als Deutschlands Strom und
nicht Deutschlands Grenze, wie Arndt es in seiner Flugschrift vom Jahre
1813 forderte, und landschaftlich als ein großes Nationalmuseum, das eine
vergangene Ritterzeit leibhaftig vor Augen führte und dabei, weil es sich
nur noch um Ruinen handelte, auch der Einbildungskraft freien Spielraum
gab. Eine üppige Rhein-Romantik – das Wort im Sinne von Schwärmerei
genommen – begann, die schon früh durch Brentanos Erfindung der Lore-
lei-Sage im *Godwi* (1802) gefördert worden war und zu der er dann weiterhin in Gedichten und in einem ganzen Zyklus von Rhein-Märchen beitrug.
Schlegels «Reise nach Frankreich» in der *Europa* (1803) hatte ebenfalls
einer Deutung des Flusses als nationalgeschichtlichen Natursymbols vorge-

arbeitet: Er sei «das nur zu treue Bild unsers Vaterlandes, unsrer Geschichte und unsers Charakters». Uhlands «Der Wirtin Töchterlein» («Es zogen drei Bursche wohl über den Rhein») gehört neben Brentanos «Lore Lay» zu den ersten einer großen Zahl von Rhein-Balladen. Schenkendorfs Gedicht «Am Rhein» (1814) zeigt den Rhein als Fluß der Nibelungen und als den Ort, wo «Siegfried ward betöret», und Eichendorff («Sängerfahrt», 1810/12) verbindet den Rhein mit der ihm vertrauteren Donau:

> Gegrüßt, du weite Runde,
> Burg auf der Felsenwand,
> Du Land voll großer Kunde,
> Mein grünes Vaterland!
>
> Euch möcht ich alles geben,
> Und ich bin fürstlich reich,
> Mein Herzblut und mein Leben,
> Ihr Brüder, alles für euch!
>
> So fahrt im Morgenschimmer!
> Sei's Donau oder Rhein,
> Ein rechter Strom bricht immer
> Ins ew'ge Meer hinein.

Christlichkeit dämpft beim Katholiken Eichendorff den vaterländischen Enthusiasmus, den er immer vorsichtig gehandhabt hat.

Die Erweiterung der Rhein-Romantik zu einer deutschen Fluß-Romantik, sofern nur die Ufer mit Ruinen oder Domen bestückt waren, illustriert auch eines der Volkslieder nach der Hinrichtung von Carl Ludwig Sand im Jahre 1820, das den Exekutionsort Mannheim «mit den grünen Wiesen/ An dem grünen Neckarstrom» zusammenbringt mit der Laube, die aus den Schafottbrettern dem Delinquenten zum Gedächtnis errichtet wurde und von der aus man den «alten, deutschen Rhein» sowie «Speier mit dem hohen Dom» erblickt. Schon in der *Europa* hatte Friedrich Schlegel Meißen und die Elbe in die Fluß-Romantik eingebracht.

Der Zusammenschluß deutscher Flüsse zu einer Art patriotischem Flußnetz und die Feier grüner Landschaft hatten ihre Ideologie. Einmal war es, wie schon gesagt, die Verbindung zur Vergangenheit, die diese Flußlandschaften durch die Zeugnisse ihrer Kathedralen, Schlösser und Burgruinen herstellten und die damit der historischen Ausmessung des Vaterlandes dienten. Zum anderen aber war es die Schönheit der Landschaft an und für sich, die in einer Zeit beginnender Industrialisierung zu schätzen und zu pflegen als eine nationale Aufgabe betrachtet werden konnte. In seiner Zeitschrift *Der Wächter* schreibt Ernst Moritz Arndt 1815: «Der Mensch soll die Erde, seine Natur, so verwalten und regieren, daß das Schöne und Gute in ihr bleiben und wachsen könne.» Ausdrücklich bezieht er das auf die

Gefahr der Entwaldung der Gebirge zur Brennstoffgewinnung für die größer werdenden Städte und die Industrie und fügt hinzu: «Auch wird das nackte und waldlose Germanien nicht mehr Germanien seyn.» Um deutschgermanische Identität ging es also letzten Endes, was freilich nicht heißen muß, daß alle, die den Rhein poetisch feierten, solche Schlüsse mit Arndt nun auch geteilt hätten. Zu den wirkungsvollsten poetischen Rhein-Romantikern zählte ja schließlich auch ein nicht-deutscher Dichter, Lord Byron, der im dritten Canto von *Childe Harold's Pilgrimage* (1816) in dem Preis rheinischer Schönheit hinter seinen deutschen Kollegen nicht zurückblieb:

Maternal Nature! for who teems like thee,
Thus on the banks of thy majestic Rhine?

Zum nationalen Symbol wuchs in diesen Jahren insbesondere der Kölner Dom. Geschichte, Christentum und das Bild des unvollendeten Vaterlandes vereinigten sich symbolisch in ihm. Arndt hatte 1814 den Vorschlag zu einem Völkerschlacht-Denkmal bei Leipzig gemacht, groß und herrlich «wie ein Koloß, eine Pyramide, ein Dom in Köln», und Görres dann Ende des Jahres im *Rheinischen Merkur* aufgefordert, die Arbeit der mittelalterlichen Baumeister zu Ende zu führen und das Fragment gebliebene Bauwerk zu vollenden: «So werde es denn auch ein Symbol des neuen Reiches, das wir bauen wollen.» Eine breite Bewegung voll patriotischem Schwung entstand zu diesem Ziel. Sulpiz Boisserée gehörte zu den energischen Förderern, und durch ihn wurde auch Goethe für den Plan interessiert. Rahel Varnhagen allerdings kommentierte 1819 in einem Brief:

«Unsere Regierung und ihre Legaten arbeiten sich ab, dem Modegeschrei Genüge zu thun und den dekrepiten Koloß wieder aufzupäppeln: aber mache mal einer einen sterbenden unartigen Greis wieder zum frischen, nahrungsgedeihenden, aufwachsenden Kinde! Zwar ist es auch schwer, solches Unthier untergehen zu lassen; nur soll man die alte Zeit nicht durch ihn herzustellen glauben; die ist *vorbei*geflossen *wie* der Rhein.»

Vor dem tatsächlich vollendeten Gebäude – der Bau wurde 1842 begonnen und 1880 abgeschlossen – mag sich das zwar als Fehlurteil erweisen, aber Rahels nüchterne Bemerkung behält zumindest ihre historische Berechtigung angesichts der sich nach 1815 weit ins Populäre ausbreitenden Mittelalter-Schwärmerei. Bis in den Alltag drang solche Verklärung der nationalen Vergangenheit. Antike Möbel, «kampanische Vasen und Tassen» verschwanden, wie Caroline von Fouqué berichtet. Österreichs repräsentativste Dichterin Caroline Pichler machte 1815 im *Journal des Luxus und der Moden* Vorschläge zu einer «Nationalkleidung für teutsche Frauen», und für Gewänder, Schmuck, Möbel und Hausgerät empfahl sie: «Erhebt euren Blick zu den Überresten Gothischer Baukunst! Seht dieß zierliche Laub-

werk, diese durchbrochenen luftigen Thürmchen über den Häuptern der
Statuen von Heiligen oder Helden, alle an dem majestätischen Dome so
fein und vollkommen ausgearbeitet, wie eine Zimmerverzierung! – Das ist
Teutsche Arbeit!» Arndt war ihr in dem Plan zu einer deutschen Männer-
tracht vorangegangen. Beides wurde zum heiß diskutierten Gegenstand
öffentlichen Interesses. Daß Ideale und praktische Tätigkeit dabei gelegentlich seltsame Gegensätze bildeten, zeigt das Beispiel Karl Friedrich Schin-
kels, der als Maler gotische Phantasiedome schuf und als Architekt Berlin
mit seinen vorzüglichsten klassizistischen Bauten ausstattete.

Was jedoch die Literatur angehe, so höre man bereits, «daß das Lied der
Niebelungen die Stelle der Ilias und Odyssea auf den Schulen vertreten soll,
und daß von manchem Minne- und Meistersänger Schulausgaben veranstaltet werden, um sie den Knaben, anstatt des *Pindar* und *Horaz*, in die
Hände zu geben.» Der eine solche Entwicklung befürchtete und beklagte,
war der Schriftsteller Saul Ascher in seinem Pamphlet *Germanomanie*
(1815). Wie im Falle von Rahel Varnhagens Urteil über den Kölner Dom
wird sein Urteil vor der Geschichte nicht bestehen können, aber in ihr hatte
es dennoch guten Grund. Denn Aschers Sorge galt vor allem der «Flamme
des Fanatismus», die Arndt, Jahn, Fichte und «mehrere Nachbeter derselben» im Kriege angefacht hatten, eine Flamme, die er nun weiterbrennen
sah und der dann später seine Schrift selbst zum Opfer fiel: Sie gehörte zu
denen, die auf dem Wartburgfest 1817 verbrannt wurden. Das Wort
«Germanomanie» stammt übrigens aus Jean Pauls *Friedens-Predigt* von
1808, was Ascher nicht bewußt gewesen sein mag. Für die Germanomanen
waren jedenfalls nach Aschers Definition «Christenthum und Deutschheit»
in eins verschmolzen, Deutschland aber sowie «deutsches Volk, deutsche
Sitte und deutsche Gemüthlichkeit» das «Höchste und Würdigste», umgeben mit einem «Nimbus von Vortrefflichkeit», in dem man freilich eher
«einen fieberhaften Rausch» als eine «vernünftige Besonnenheit» ahnen
konnte. Ascher hatte sehr verständliche Gründe für seinen Protest, denn der
Nationalität sah er die Humanität weichen und den Christen die Juden. Bei
der Suche nach den räumlichen und zeitlichen, geistigen und geistlichen
Grenzen des politisch amorphen Vaterlandes war man auf das alte Gespenst
der Judenfeindschaft gestoßen, das nun wieder zu spuken begann.

Juden

In keiner Sprache der Welt gibt es eine kunstreichere, überzeugendere Apotheose religiöser Toleranz und ein reineres, musterhaftes Lob jüdischer
Weisheit als in der deutschen: Lessings *Nathan der Weise*, 1779 vollendet
und 1783 zuerst aufgeführt. Aber ein Kunstwerk kann der Wirklichkeit
nicht Absolution erteilen. Je größer die Möglichkeiten wuchsen, Toleranz
von der Bühne herab oder in Büchern unter die Menschen zu bringen,

desto geringer wurde die Neigung der Deutschen, das auch wirklich zu
tun: Lessing fand in den Jahrzehnten nach seinem Schauspiel keinen gleichermaßen beredten und sprachmächtigen Nachfolger unter den deutschen
Schriftstellern. Nun waren am Anfang des 19. Jahrhunderts die Juden und
das Judentum gewiß kein zentrales Problem für die deutsche Gesellschaft
und ebensowenig für die deutsche Literatur. Im Jahre 1816 gab es im
Bereich des Deutschen Bundes etwa 300 000 Juden, also wenig mehr als ein
Prozent der Bevölkerung. Aber Saul Aschers Klage über die «Germanomanie», die nun tatsächlich ein zentrales Problem der Deutschen darstellte,
zeigt deutlich, wie Judenfeindschaft und Nationalismus im Begriffe waren,
hier eine unheilige Allianz einzugehen – «als wenn das Christenthum die
unumgängliche Bedingung der Deutschheit wäre», wie Ascher schreibt.
Aufklärung, Französische Revolution und Napoleon hatten die Juden in
Europa auf den Weg zur Emanzipation als selbständige und gleichberech-
tigte Bürger ihrer Staaten ein gutes Stück vorangebracht, was freilich unter
Napoleons Gegnern wiederum Judenfeindschaft förderte. In Preußen gab
das Edikt vom März 1812 den Juden Bürgerrechte, Gewerbefreiheit und
eine Reihe von anderen Freiheiten. Schon vorher hatte sich in den Salons
der Jüdinnen Rahel Levin und Henriette Herz gute Gesellschaft vorurteils-
frei getroffen, was freilich nicht bedeutete, daß anderntags Arnim oder
Brentano den Sitzungen jener Christlich-deutschen Tischgesellschaft fern-
geblieben wären, von der Juden ausgeschlossen waren und in der sie verspottet wurden – beide beteiligten sich vielmehr am Spott mit Vergnügen.
Opposition der Stände gegen Hardenbergs Reformen war in der Judenver-
achtung der Tischgesellschaft eingeschlossen. Wilhelm von Humboldt,
maßgebender preußischer Humanist und Reformer, traf hingegen damals
für sich die Unterscheidung, daß er die Juden nur en masse liebe, ihnen
dafür en detail eher aus dem Wege gehe.

Restauration bedeutet, um des Fortbestehens einer gegebenen staatlichen
Ordnung willen bereits gewährte Freiheiten einzuschränken oder zurück-
zunehmen, und das betraf nun auch die Juden, denen ohnehin die anderen
Bundesstaaten außer Baden während des Krieges nur weniger Rechte ein-
geräumt hatten als die Preußen. Spannungen entstanden erneut, und daraus
kondensierte sich intellektuelle und emotionale Judenfeindschaft, die in
Gewalt überging. Restaurative Politik allerdings war nicht die unmittelbare
Ursache des Anwachsens solcher Feindschaft. Bei den eigentlichen Pragma-
tikern der Macht, den in politischen Geschäften «geübten und bewanderten
Köpfen» fühlte sich Ascher, wie er schreibt, sogar noch am sichersten.
Gefahr droht, so meinte er, in erster Linie von den «literarischen Kongreß-
Adepten», also jenen Theoretikern der Deutschheit, die wie Arndt, Jahn,
Fichte, Friedrich Schlegel und Adam Müller Deutschheit und Christentum
in eine elementare Verbindung gebracht hatten, wobei die protestantische
Variante der Germanomanie noch bedrohlicher erschien, weil dort »im all-

gemeinen die Tiefe des Gemüths durch äußere Ritualien der Religion nicht unterminirt», also von ihnen auch nicht gebremst werde. Das bezog sich mit gutem Grund auf die Burschenschaften, die Turner und ihre Theoretiker. Einer von ihnen, der Berliner Historiker Friedrich Rühs, erklärte in einer Schrift *Über die Ansprüche der Juden an das deutsche Bürgerrecht* (1816) der «Judenschaft» als ganzer den Krieg und forderte, «daß diese Kaste mit Stumpf und Stiel ausgerottet werde, indem sie offenbar unter allen geheimen und öffentlichen politischen Gesellschaften und Staaten im Staat die gefährlichste ist». So jedenfalls faßten die *Heidelbergischen Jahrbücher* seine Thesen zusammen. Der Autor der Zusammenfassung war Friedrich Jakob Fries, auch er Verfasser antisemitischer Schriften, Professor der Philosophie erst in Heidelberg, danach in Jena und zudem einer der führenden Köpfe der Burschenschaften. Ludens Weimarer *Nemesis* überlegte im gleichen Jahre 1816, wie dergleichen Ausrottung geschehen könnte – «indem wir sie, etwa kreisweise, zusammentrieben, und *niederschössen,* oder *todtschlügen,* oder *ersäuften* – Alle, ohne Ausnahme, Männer und Frauen, Greise und Kinder, Kranke und Gesunde». Der Autor fügt allerdings christlich an seine Landsleute gewendet hinzu: «Aber daß Einer von Euch auftreten und im Ernst sagen könnte: wir wollen sie todtschlagen allesamt! – das – wahrhaftig – glaube ich nicht.» Ausweisung oder Taufe waren, wie es weiter heißt, «die gelindere Weise» zur Lösung des Problems. Denn noch überwog die religiöse Judenfeindschaft, aber die nationale ging allmählich daraus hervor.

In der Literatur war der Judenspott seit langem fester Bestandteil des Theaterrepertoires, und der Jude als gewitzter Händler oder aber betrogener Betrüger ein Standardtyp wie der gehörnte Ehemann oder der geile Pfaffe. Wenn ein bedeutender Dichter am Werk war, so konnte daraus ein ganzer Mensch mit seinen Trieben, Schmerzen und Qualen entstehen, eine Gestalt wie Shylock also, wobei es unwichtig bleibt, was Shakespeare tatsächlich beabsichtigte. Neben die Judenposse trat als Gewinn der Aufklärung das Bild des edlen Juden nach Lessings Modell, so daß in der Unterhaltungsdramatik bei Iffland oder Kotzebue zuweilen von Stück zu Stück der eine oder andere Typ erscheint.

Auch *Der travestirte Nathan der Weise* (1804) von Julius von Voß gehört noch zu dieser Tradition. Voß' *Nathan* ist eine Studie über die jiddisch-deutsche Mischsprache mancher Berliner Juden («Ich armer Schlemiel hob doch harbe Zotos») mit einer Fülle von übersetzenden Anmerkungen. Zugleich aber wird die Titelgestalt im Sinne einer Travestie aus der idealischen Sphäre von Lessings Drama heruntergeholt in eine realistische Welt des Handels und der Triebe, obwohl Nathan im Vergleich zu den christlichen Gestalten und dem Sultan im Stücke noch immer besser abschneidet. Juden und Judentum waren immer wieder Gegenstand von Voß' Schriften, am ausführlichsten in seinem zweibändigen Roman *Der Berlinische Robinson* (1810), den er «eines jüdischen Bastards abentheuerliche Selbstbiographie» nennt. Spott, Satire, triviale Späße und die Darstellung von Menschenschicksal gehen in diesem Buch eine unausgewogene Mischung ein. Erzählt wird der Weg des jungen Berliners Fritz

Schnurpfeifer hin zu seinem Vater, einem polnischen Juden, den er nicht kennt und von dem er nur ein Büschel roter Haare als Identifikation besitzt, die die Mutter, eine Prostituierte, im Moment der Zeugung ihrem Gaste ausgerauft hatte. Der Weg zum Vater und dessen Vermögen aber ist zugleich der Weg zur geliebten Ruth, der Tochter eines reichen Berliner Juden, in die Fritz seit seiner Kindheit verliebt ist, die ihm, dem Ungebildeten und Arbeitshäusler, aber mit der jeweils neuesten Bildungsmode voraneilt. Erst ist es die Fichtesche Philosophie, dann die Schellingsche. Als Fritz in Jena studieren will, werfen ihn die Studenten wegen «gemeinen Judensinns» hinaus. Später entweicht Ruth an den Genfer See zu einer «tiefgelehrten Dame», die verdächtig nach Frau von Staël aussieht, und wiederum danach ergibt sie sich der Jakobischen Philosophie, bis sie schließlich, von der spanischen Mode angetan, zum Katholizismus übertreten möchte. Wie Fritz sie dann doch noch bekommt, wie er über das Robinson-Dasein auf einer Insel im Indischen Ozean, über die Rolle als Herr eines Harems und über verschiedene Reisen am Ende zu seiner Ruth und ins väterliche Judentum und Vermögen kommt, das erzählt Voß mit einer wild ins Kraut schießenden Phantasie und mancher guten Spitze gegen zeitgenössische Literatur und Philosophie. Klischees vom Juden werden kolportiert, wenn Fritz von sich bekennt, die stärksten Züge seiner Persönlichkeit seien «ein reger Handelssinn und ein zeitig erwachter sehr lebendiger Geschlechtstrieb». Aber Voß stattet seinen Helden dann doch zusätzlich mit zu vielen freundlichen Zügen und die Welt der Christen und Muselmanen, durch die er leidend, schlau und immer wieder betrogen sich hindurchbewegt, mit zu vielen brutalen und häßlichen aus, als daß der Roman für den Antisemitismus brauchbar wäre.

Wirklicher Antisemitismus trat 1814 an die große Öffentlichkeit mit Karl Borromäus Alexander Sessas Stück *Unser Verkehr,* dem Voß übrigens 1816 mit einer Gegenposse *Euer Verkehr* widersprach und dort auf geradezu Shakespearsche Weise um Verständnis für die Juden warb.

Sessas Stück, eine einaktige Posse, wurde Anfang 1813 in Breslau uraufgeführt und fand von da nach und nach seinen Weg auf eine große Anzahl deutscher Bühnen. 1814, kurz nach dem Tode des Verfassers, wurde es anonym veröffentlicht. Das Stück blieb jahrelang auf dem Spielplan und fand zahlreiche Fortsetzungen und Seitenstücke. Sein Erfolg ist nur erklärbar, wenn eine große Aufnahmebereitschaft dafür vorausgesetzt werden kann. Friedrich August von Stägemann, hoher preußischer Beamter und Verfasser einer Anzahl patriotischer Gedichte, berichtet Ende 1815 an Varnhagen, daß in Berlin sogar das Opernhaus zur Aufführung dieses Stückes entweiht worden sei, und Rahel selbst schreibt 1817 von einer Baden-Badener Aufführung «auf hohen Befehl Ihrer Majestät der Königin von Baiern». Sessas Posse zieht Gelächter aus der Verhöhnung jüdischer Assimilationsbestrebungen. Lydie, die Tochter des reichen Juden Polckwitzer, singt im Kirchenchor («Es wird gegeben heit däs Requiem von Mossart»), versucht, sich zum Hochdeutsch durchzuringen, und ist deshalb uninteressiert an den Heiratsabsichten des einstigen Spielgefährten Jakob, Sohn des armen Trödeljuden Abraham Hirsch. Jakob wiederum will aus Liebe seinerseits den Weg ins Christentum antreten («Ich will werfen den Jüden bei Seit, ich bin doch aufgeklärt – ich hob doch gor nischt Jüdisches an mer!»), und als die Nachricht eintrifft, er habe das große Los gewonnen, scheint er tatsächlich ans Ziel seiner Wünsche zu kommen, denn Polckwitzer bietet ihm die Tochter nun förmlich an. Aber dann erweist sich die Nachricht als Falschmeldung, und Jakobs Hoffnungen stürzen zusammen. Er beschließt zu handeln «bis ich bin geworden raich» und wendet sich an die Zuschauer mit den Worten «Meine Herren! hoben Se nix zu schachern?»

Zum Spott über religiöse Assimilationsbestrebungen tritt noch der über den Versuch zu literarischen in der Figur von Isidorus Morgenländer, einem weiteren Bewerber um Lydie. Er hat, mit Jena angefangen, auf sämtlichen deutschen Universitäten studiert und ist nun einer mystisch-romantischen Morgenlandschwärmerei verfallen, die sich auf Novalis («Kennst du den Kerfunkel und die Hyazinthe») und Zacharias Werner beruft. Insgesamt fühlt er sich als «deutscher Jüngling», der mit dem «Haurapier» fechten gelernt hat und nun Jakob mit einem Stock vertreibt.

Sessas Stück ist billig gemacht, ohne Charakterisierungskunst oder Einsicht in Zusammenhänge. Aber es hat ausgereicht, die älteren Christen durch die Exposition des Schacherjuden und die jüngeren durch die Karikatur des undeutsch-deutschen Schwärmers im Gefühl der Überlegenheit gegenüber einer Minderheit zu bestärken. Dabei waren gerade die wirtschaftlichen Erfahrungen ebenso wie das große intellektuelle Potential dieser Minderheit beim Übergang von einer auf feudale Privilegien gestützten Agrarwirtschaft zur Geldwirtschaft des Industriezeitalters von besonderer Bedeutung. Aber dieser Übergang vollzog sich in Deutschland unter Beibehaltung, ja ausdrücklicher Wiederherstellung feudaler Herrschaftsformen. Überdies besaß das Land selbst als ganzes keine klare politische Identität, so daß es schließlich zu einem Boden wurde, auf dem durch politische Widersprüche und Verdrängungsreaktionen die Toleranz immer wieder aufs stärkste bedroht wurde. Der Antisemitismus – das Wort selbst stammt aus der zweiten Hälfte des 19. Jahrhunderts – blieb zwar in den ersten Jahrzehnten nur eine Tendenz unter anderen, und er spielt deshalb in der Literatur dieser Zeit eine begrenzte Rolle, aber es haben sich damals auch bedeutendere Autoren als Sessa seiner bedient, und es gibt außerdem auch kein Werk, das wie Walter Scotts *Ivanhoe* (1819) verständnisvoll Juden als Juden in einer christlichen Gesellschaft akzeptiert werden läßt.

Im Januar 1815 veröffentlichte Clemens Brentano in der von ihm mitbegründeten Wiener Zeitschrift *Friedensblätter* eine Erzählung *Die Schachtel mit der Friedenspuppe*. Napoleon war geschlagen, die Bourbonen waren nach Frankreich zurückgekehrt, und in Wien tagte der Kongreß. Für diese Situation hatte Brentano seine Erzählung gedacht als ein Stück Gegenwartsliteratur.

Ein deutscher Baron, Teilnehmer des Krieges, kehrt zu seiner Familie zurück. Die besagte Schachtel ist ein Mitbringsel aus Paris, aber sie wird zu einem Katalysator, der ein Gewirr von menschlichen und politischen Leidenschaften dann an den Tag bringt, als eine Gruppe aus Rußland heimkehrender Franzosen sie wiedererkennt. Das Gut des Barons wird zum Schnittpunkt großer Linien der Weltgeschichte, denn die Revolution als Urheberin allen Übels und aller verderblichen Passionen erscheint im Hintergrund. Die Friedenspuppe erst soll in symbolischem Sinn die gefährliche Kraft dieser «Büchse der Pandora» aufheben, und wie in Brentanos anderer Gegenwartsnovelle, der *Geschichte vom braven Kasperl und dem schönen Annerl*, soll ein Denkmal am Ende diesen symbolischen Sinn noch verstärken. In dieser Erzählung hier ist es die Jungfrau Maria, die eine Schlange zertritt. Mit der Schlange jedoch hat es eine besondere Bewandtnis.

Brentano erzählt die Geschichte einer Erbschleicherei, die ein Jakobiner während der Revolution mit Hilfe der Schachtel und mit einem untergeschobenen toten Kinde vollzieht, um sich das Vermögen seines adligen Schwiegervaters anzueignen. Das Verbrechen aber kommt durch einen der göttlichen Zufälle in Brentanos Werk ans Licht. Ein junges französisches Paar, Frenel und Antoinette, entdeckt seine Abkunft aus Adelsfamilien, der überführte einstige Jakobiner begeht Selbstmord und ebenso der Totengräber, der seinerzeit die Kindesleiche aus Gewinnsucht geliefert hatte. Er aber, Dumoulin, ist Jude. Brentanos politisch restaurative Geschichte erfährt auf diese Weise eine makabre Wendung. Denn nichts Geringeres als einen wenn auch versteckten Widerruf von Lessings *Nathan* bringt Brentano hier zu Papier. Dumoulin nämlich, der sich ein Vermögen durch das Plündern von Gräbern angeeignet hat und der einst ein totes Waisenkind beschaffte, damit die Erbschleicherei eines Jakobiners zustandekam, hat auch die lebendige Schwester des kleinen Toten – es ist Antoinette – zu sich genommen und, da er sich als Christ ausgibt, ohne allerdings getauft zu sein, sie auch als gute Christin erzogen. Das jedoch hält ihm Brentano nicht zugute; Dumoulins Bild bleibt so schwarz wie seine letzten Worte: «Ich brauche keine Gnade, was soll mir Gnade? Mein Geld werden sie mir doch nehmen!» Aber wenn Frenel nun seiner Antoinette die Trauer um den Stiefvater ausredet, wenn die Christen seine Leiche in einer Kartoffelgrube verscharren und dann der «nächsten israelitischen Gemeinde» mit einer Belohnung zur Bestattung anbieten, dann wird aus der Schwärze von Brentanos Charakterzeichnung ein Schatten, der auf das apotheotische Steinmonument der triumphierenden Jungfrau Maria fällt.

Brentano erlaubt seinem Dumoulin nicht, ein Nathan zu sein, obwohl dieser gleichfalls einem Waisenkinde Gutes tut, so groß auch die Unterschiede der Persönlichkeiten beider sonst sein mögen. Brentano wollte mit seiner Novelle eine Apotheose des Friedens im christlichen Glauben vorführen, aber sein Stoff brachte ihn in Widerspruch mit seinen guten Absichten. Für ihn gab es eine Union zwischen Jakobinern und Juden gegen die Christen, womit er der politisch motivierten Judenfeindschaft Vorschub leistete, wenn auch nicht von einem nationalistischen Standpunkt aus, denn für ihn war die Revolution Produkt des Unglaubens schlechthin ohne nationale Unterschiede, so daß sich am Ende deutsche und französische Adlige über gestraftem Jakobiner und gestraftem Juden die Hand reichen. Welch unsicheren Führer die kreative Phantasie des Künstlers darstellte, wußte Brentano nur zu gut. Daß auch seine Religiosität ihre Unsicherheiten aufzuweisen hat, läßt sich aus dieser Erzählung ablesen.

Brentanos Abneigung gegen das Judentum war, von Episoden aus seiner Biographie ganz abgesehen, bereits in der Abhandlung über den Philister offenbar geworden, die er vor der Christlich-deutschen Tischgesellschaft vorgelesen hatte (vgl. S. 88 ff.). Das *Märchen vom Schneider Siebentot auf einen Schlag* und das *Märchen von Gockel und Hinkel* (1815/16) bringen weitere Belege dafür. In der Spätfassung des Gockel-Märchens von 1838 allerdings hat er die drei Juden darin vorsichtig in «Morgenländer» umbenannt und das Antisemitische insgesamt gedämpft wie er auch nicht zugelassen hat, daß seine Philister-Abhandlung neu gedruckt wurde. Die eigene tiefe Religiosität führte ihn am Ende doch zur Achtung vor einem anderen Glauben.

Verachtung gegenüber den Juden hegte in oft extremer Weise auch Brentanos Freund Achim von Arnim. Immerhin war er der Gründer der Christ-

lich-deutschen Tischgesellschaft, vor der er im Anschluß an Brentanos Philister-Abhandlung eine infame Rede *Über die Kennzeichen des Judenthums*
hielt. Auch im persönlichen gesellschaftlichen Umgang machte er seit etwa
1809, nachdem er und seine Familie in finanzielle Abhängigkeit von Juden
geraten waren, kein Hehl aus seiner Abneigung. Er wollte allerdings, wie
berichtet, wenigstens den getauften Juden Zugang zu seiner Tischgesellschaft verschaffen. Sogar die Gründung einer «Gesellschaft zur Judenbe-
kehrung» hat er erwogen. Juden waren für ihn diejenigen, die sich durch
ihre Gesetze dem Evangelium Christi verschlossen hatten und deshalb
fluchbeladen durch die Welt ziehen mußten, die sich jedoch dieses Fluches
entledigen konnten, wenn sie den Weg zu Christus fanden und sich assimilierten. Der Triumph Christi ist das Thema seines ausladenden, barocken
Erlösungsdramas *Halle und Jerusalem* (1811), in dem neben einem Wucher-
juden namens Nathan auch Ahasver, der ewige Jude, erscheint, andere
Juden von dem Anschlag auf eine christliche Kirche abhält, zum Christentum übertritt und, mit dem Lied «Selig, selig, wer den Herren schauet» auf
den Lippen, Tod und ewigen Frieden findet (vgl. S. 615 ff.).

Der Stoff vom ewigen Juden ist nun allerdings nicht unmittelbar mit den
Juden als Minderheit in der christlichen Gesellschaft in Verbindung zu bringen. In der Gestalt des Verfluchten, Ruhelosen, Unerlösten liegt poetische
Anschaulichkeit für eine elementare menschliche Daseinsproblematik, und
das umsomehr, als sich diese Gestalt negativ auf den großen, allgemeinen,
durch Kirchen verschiedener Konfession machtvoll, ränkevoll oder steril
repräsentierten christlichen Glauben bezieht. Der Keim des Empörers wie
des Weltschmerzlers liegt in Ahasver verborgen. Goethe hatte, als er in jungen Jahren ein Epos über den ewigen Juden begann, zum ersteren geneigt,
ihn als Medium der Kritik am Christentum und seinen Kirchen benutzen
wollen, aber der Plan blieb unausgeführt. Bei Wilhelm Müller klagt 1823
nach dem Vorbild von Wordsworth' «Song of the Wandering Jew» (1800)
der «ewige Jude»:

> So zieh' ich Tag und Nacht einher,
> Das Herz so voll, die Welt so leer;
> Ich habe Alles schon gesehn,
> Und darf doch nicht zur Ruhe gehn.

Es läßt sich aus diesen Versen geradezu eine nichtexistierende Schubertsche
Melodie heraushören und das Lied durch sie als weiteres in die *Winterreise*
einreihen. Von der schmerzlichen Dialektik zwischen Fremdwerden in der
Heimat und Heimatlossein in der Fremde sprechen gleichfalls die Ahasver-
Gedichte Chamissos und Lenaus; die Problematik einer neuen Zeit wird auf
die mythische Gestalt übertragen.

Bei der Darstellung von Juden in der Literatur ist außerdem nicht überall
klar zu entscheiden, was tatsächlich feindlich gemeint ist. Das Bild des

geschäftstüchtigen jüdischen Händlers zum Beispiel gehörte zur Wirklichkeit der damaligen Zeit. Wirklichkeit ist zwar immer Gegenstand der Kunst gewesen, aber die Geister scheiden sich durch die Art und Weise, wie menschliche Eigenschaften in der Formung eines Charakters begründet werden und dieser bis zu seinen Wurzeln hin durchsichtig gemacht wird – Wurzeln, die je nach der Verstandes- und Auffassungskraft des Künstlers in die Tiefen der Geschichte hinunterführen oder nur bis zu den Untiefen der Vorurteile reichen können. Die ganz subjektiven religiösen und politischen Ansichten einzelner Künstler stehen dabei nicht selten im Widerspruch zu dem von ihnen Dargestellten oder decken sich zumindest nicht völlig mit ihm. Persönliche Skepsis oder gar Feindschaft gegenüber Juden schlagen sich bei Autoren nicht immer und überall auch in ihrem Werk nieder und sind damit für eine Literaturgeschichte ohne Belang; die häßliche, ja feindselige Darstellung von Juden in literarischen Texten läßt wiederum nicht ohne weiteres auf bewußten Antisemitismus schließen. Außerdem aber erscheinen den Lesern einer späteren Zeit im Lichte ihrer eigenen Erfahrungen die Texte der Vergangenheit – mit gutem Recht – anders, als sie der Zeit ihres Ursprungs erschienen sind.

In Johann Peter Hebels *Schatzkästlein des rheinischen Hausfreunds* (1811) zum Beispiel finden sich Erzählungen von guten und schlechten, freundlichen und gerissenen Juden, dazu der Bericht von Napoleons Befreiungstat 1806 für die Juden «Der große Sanhedrin zu Paris», der die Juden und Christen des gleichen Vaterlandes und des *«einen»* Gottes versichern sollte, sowie außerdem eine Nachricht vom großen Philosophen Moses Mendelssohn – «denn man muß um des Bartes willen den Kopf nicht verachten, an dem er wächst». Die Judenfeindschaft der Brüder Grimm wiederum ist verbürgt, und in einem ihrer Märchen – «Der Jude im Dorn» – muß ein Jude, ein Spitzbube allerdings, zur Fiedel eines naiven Knechtes in einer Dornenhecke tanzen, bis er gesteht, woraufhin er gehenkt wird.

Achim von Arnim ist bei seiner Abneigung gegenüber den Juden als den Ungläubigen geblieben. In der Novelle *Isabella von Ägypten* (1812, vgl. S. 406 f.) sind sie diejenigen, die die Zigeuner in ihre Ächtung getrieben haben, und der Golem, dem jüdischer Geist eingehaucht wird, zeigt Hochmut, Wollust und Geiz, alles drei freilich «plumpe Verkörperungen geistiger, herrlicher Richtungen, wie alle Laster»: Auch hier also ließ er den Juden noch die Türe zur Erlösung offen.

In seiner Erzählung *Die Majoratsherren* hat Arnim, wie vor ihm Brentano, gleichfalls das Nathan-Motiv aufgegriffen und sich sogar ausdrücklich auf Lessings Werk bezogen.

Um eines männlichen Erben willen wird ein Kindestausch arrangiert, durch den ein christliches Mädchen in eine jüdische Familie gerät, dort jedoch als Jüdin erzogen und von ihrer Stiefmutter ermordet wird. Im ersten Band des *Wunderhorns* hatte die tragisch-schöne Ballade von der «Judentochter» gestanden.

> Es war eine schöne Jüdin,
> Ein wunderschönes Weib [...]

Zwar liebt sie den christlichen Schreiber, aber lieber will sie sich, stolz auf den alten Glauben, im Meere ertränken als sich taufen lassen (vgl. S. 702). Daraus aber macht Arnim nun in seiner Novelle eine christliche Persiflage:

> Es war eine alte Jüdin,
> Ein grimmig gelbes Weib [...]

Gemeint ist die Stiefmutter, die alte Vasthi, die mit Gewalt verhindert, daß Esther, die christlich geborene Jüdin, im Kontrast zur Judentochter zum Meere eilt mit dem einzigen Erlösungswunsch: «Es muß mich heute taufen.»

Arnim hat seine subtil mit dem Wesen der Phantasie und dem Phänomen des Somnambulismus befaßte Erzählung in einen größeren Zeitrahmen gestellt: den Untergang einer heruntergekommenen feudalen Idylle vor einer aufgeklärten industriellen Zeit. Die alte Vasthi erwirbt das aristokratische Majoratshaus und macht daraus eine Salmiakfabrik; die mit Salmiakgeist gefüllten Riechfläschchen für feine Damen gehören der Vergangenheit an, die «Juden sind aus der engen Gasse befreit» und «der Kredit» tritt «an die Stelle des Lehnsrechts». Hier nun begibt sich Arnims Judenfeindschaft aus dem Kreis des Religiösen hinaus. Die Juden werden zu den eigentlichen Urhebern des Industriekapitalismus gestempelt und somit zum leicht faßbaren und denunzierbaren Medium, an dem sich alle Unzufriedenheiten mit der neuen Welt abreagieren lassen. Solch wirtschaftlicher Antisemitismus reichte dann bald dem politisch-nationalen gern die Hand.

Arnims Erzählung erschien Ende 1819, im gleichen Jahr also, in dem es in Deutschland, wie schon im Zusammenhang mit dem Mord an August von Kotzebue erwähnt worden ist, vielerorts zu Pogromen und Judenaustreibungen gekommen war – sie stellte Arnims Reaktion darauf dar. Verschiedene Ursachen kamen für diese Ausschreitungen zusammen: wirtschaftliche Not, antisemitische Germanomanie, der ältere, sozusagen traditionelle, teils in christlicher Überzeugung, teils in der Abneigung gegen jüdische Händler begründete Antisemitismus und schließlich auch die Unterstützung, die führende Politiker der Heiligen Allianz von jüdischen Bankhäusern wie den Rothschilds erhielten. Die Tumulte begannen in Würzburg und erstreckten sich auf eine Reihe anderer deutscher Städte. Synagogen wurden niedergebrannt, und eine Reihe von Juden wurde ermordet. Erst die Karlsbader Beschlüsse im September 1819 setzten dann mit der strengen Kontrolle revolutionärer Umtriebe Ruhe auch in diesem Bereich durch. Arnim forderte nicht zu neuen Exzessen auf, sondern wollte eher die Unabwendbarkeit einer ökonomischen Entwicklung vorführen, für die er jedoch sehr zu Unrecht die Juden verantwortlich machte.

Die jüngeren, erst jetzt hervortretenden Autoren haben gegen den Hintergrund der eigenen Zeiterfahrungen ihrerseits Juden und Judentum dargestellt: Hauff in der Novelle *Jud Süß* (1828), in der die Christen zumindest nicht besser sind als die Juden, Annette von Droste-Hülshoff in der Novelle *Die Judenbuche* (1842), Grillparzer in der Tragödie *Die Jüdin von Toledo,* die erst 1873 gedruckt wurde, und Hebbel in der schwachen Komödie *Der*

Diamant (1847). In einer seiner späten Erzählungen hat es sich Ludwig Tieck angelegen sein lassen, einen wirklich edlen Juden vorzuführen (*Der Jahrmarkt,* 1832) oder anderswo die «deutsche Roheit» zu beklagen, «sich ewig und immer wieder an den Juden reiben zu wollen, die wohl mehr Genie, Geist und Gelehrsamkeit zeigen, als die meisten jener eingefleischten Christen!» (*Der junge Tischlermeister,* 1836). Tieck hatte Grund zu seiner Bemerkung. Denn mit Ludwig Börne und Heinrich Heine waren inzwischen zwei deutsche jüdische Schriftsteller von hohem intellektuellem und künstlerischem Rang hervorgetreten, die weithin gehört wurden. Beide hatten sich taufen lassen, aber die Spannung zwischen dem alten und dem nur formal akzeptierten neuen Glauben, das Fremdsein darin schärften ihre Beobachtungen oder wurden in Heines Fall sogar zum Lebensthema, das ihm die Problematik seiner ganzen Zeit erschloß. Die Taufe, also die Assimilation, war, trotz verbriefter Bürgerrechte für die Juden, das eigentliche Eintrittsbillett in die christliche Gesellschaft. Dorothea Schlegel und Rahel Varnhagen hatten sie gleichfalls vollziehen lassen, und so auch Rahels Bruder Lipman Levin, der unter dem Namen Ludwig Robert Ansehen als Schriftsteller gewann. Sein Stück *Die Macht der Verhältnisse* (vgl. S. 569 f.) stellt, als Standes-, nicht Religionskonflikt verhüllt und dramatisch zugespitzt, eine Affäre aus der Berliner Gesellschaft dar, in die Arnim unrühmlich verwickelt war. Iffland in Berlin lehnte das Stück, als es ihm Robert 1811 zeigte, dieses Skandals wegen ab; es wurde erst 1815 aufgeführt.

Daß die Taufe nicht wirkliche Gleichheit schuf und daß im übrigen die Assimilation eine schwierigere Angelegenheit war als die Annahme eines christlichen Sakraments, kommt besonders deutlich in Roberts Sonett «Jude und Christ» zum Ausdruck:

Wenn der ein Jud' ist, der im Mutterleibe
Verdammt schon ward zu niedrem Sklavenstande,
Der ohne Rechte lebt im Vaterlande,
Dem Pöbel, der mit Kot wirft, eine Scheibe,

Dem gar nichts hilft, was er auch tu' und treibe,
Des Leidenskelch doch voll bleibt bis zum Rande,
Verachtungsvoll und schmachvoll bis am Rande –
Dann bin ich Jud' und weiß auch, daß ich's bleibe,

Und wenn der Christ ist, der sich streng befleißet,
Sein Erdenkreuz in Demut zu ertragen,
Und die zu lieben, die ihn tödlich hassen,

Glaubend, daß alles, was sein Herz zerreiße,
Der Herr, um ihn zu prüfen, zugelassen –
Dann bin ich Christ! Das darf ich redlich sagen.

Besonders Heine und Börne wurden bald Gegenstand eines seine Motivationen erweiternden Antisemitismus, dessen Ideologie wie Vokabular dann auf lange Zeit verhängnisvoll gewirkt haben. In einer auf Börnes *Briefe aus Paris* bezogenen Broschüre von Eduard Meyer *Gegen L. Börne, den Wahrheit-, Recht- und Ehrvergeßnen Briefsteller aus Paris* (1831) wird er als ein Beispiel «bodenloser Entartung» dargestellt, der das «Heiligste und Beste» der Deutschen «begeifert und zerfetzt» habe – gemeint ist Börnes scharfe Kritik an Goethe. Das Resultat ist Meyers Vorschlag zur Vertreibung «dieser Asiaten»: Rassische Merkmale verdrängen die religiösen in der Judenfeindschaft. Bei Heine war übrigens schon in einer Rezension seiner Polenbroschüre 1823 von seiner «garstigen Schmeißfliegennatur» die Rede. Ein paar Jahre danach hatte Platen Heine durch judenfeindliche Ausfälle im *Romantischen Ödipus* (1829) herausgefordert, und «Judenfrechheit», «Blasphemieen, Obscönitäten und Sansculottismus» wurden seinen *Reisebildern* 1831 auch in der Münchner Zeitschrift *Eos* in einem redaktionellen Beitrag attestiert. Das war seit 1828 die Hauszeitschrift jener Katholischen Bewegung in Bayern, in deren Mittelpunkt Görres, Brentano und Baader standen. Motto der Zeitschrift war St. Pauli erste Epistel an die Korinther I, 23: «Wir aber predigen den gekreuzigten Christ, den Juden ein Ärgernis und den Griechen eine Torheit.»

Griechen

Die Griechen im Zeitalter der Heiligen Allianz hatten allen Grund, den politischen Bund europäischer Christlichkeit wenn schon nicht als Torheit, so doch als höchst fragwürdiges Blendwerk zu betrachten. Sie, deren heidnischen Göttern samt Tempeln das christliche Abendland über Jahrhunderte hinweg Reverenz erwiesen hatte, waren selbst Christen geworden und unter die Herrschaft von Heiden gefallen: Seit der Mitte des 15. Jahrhunderts befand sich Griechenland und ein beträchtlicher Teil des Balkans unter türkischer Herrschaft. Es war noch nicht allzu lange her, daß die Griechen, während des russisch-türkischen Krieges (1768–1774), unterstützt durch ihre orthodoxen Kirchenbrüder, den Aufstand gewagt hatten. Hölderlin hatte diesen vergeblichen Aufstand zum Gegenstand seines Romans *Hyperion* (1797/99) gemacht, aber nur wenige hatten sich um Buch und Autor gekümmert, der jetzt, nach 1815, nicht registriert von der zeitgenössischen Literaturgeschichte, in geistiger Umnachtung dahindämmerte. Denn die Parole seiner Tage hieß Besinnung auf christliche Tradition, auf das Romantische, wie es allgemein genannt wurde. Die Heidengötter waren abgedankt. Daß Hölderlin in den Bildern von griechischer Gegenwart und Vergangenheit über die Gegenwart und Zukunft seines Landes nachdachte, mochte sich dabei wohl übersehen lassen. Nicht daß der Philhellenismus von Jahrhunderten durch solches Romantische mit einem Schlage weggewischt worden wäre, so rasch auch die Götter aus der Metaphorik der Dichter verschwanden. Man lernte weiterhin Griechisch und Latein in den Schulen, sah vor allem auch, wie sich die revolutionären Franzosen und dann ihr neues Imperium bei der Antike, allerdings bei den Römern, nicht den Griechen, Stil und Modelle suchten. Das veranlaßte Fichte in seinen *Reden an die deutsche Nation,* Französisch und Latein als tote, Griechisch und Deutsch dagegen als lebendige Sprachen wie Nacht und Tag zusammenzubringen. Eine neue Brücke zwischen den beiden Nationen und Kulturen war aus der politischen Not des Tages entstanden.

An einer anderen Brücke war seit langem schon gebaut worden. Der Apostel Paulus hatte den ersten Stein dazu gelegt, als er auf seinem Gang durch Athen in den griechischen Gottesdiensten jenen Altar fand, auf dem geschrieben stand «Dem unbekannten Gott», worauf er in geschickter Pädagogik hinzufügte: «Nun verkündige ich euch denselbigen, dem ihr unwissend Gottesdienst tut.» (*Apostelgeschichte* 17,23) Die antike Götterwelt wurde im Handstreich in das Christentum übergeführt. Paulinischer Satz und Gedanke aber übten um 1800 erneut Faszination auf die Dichter aus. Novalis notierte ihn sich ausdrücklich als Aufgabe, die er in seinen *Hymnen an die Nacht* im lyrischen Bild ausführte. Schillers Klage über den Untergang der «Götter Griechenlands» in dem großen Gedicht von 1788 wurde dadurch umgewandelt zum Triumphgesang für den christlichen Gott, der den Tod besiegte. Die alten Götter freilich verloren dennoch nicht ihren Wert; als frühe Stufe im geschichtlichen Prozeß menschlicher Gotteserkenntnis und menschlichen Glaubens behielten sie ihren würdigen Platz. Auch Hölderlin entwarf damals, um 1800, eine solche Lehre von der Kontinuität alles Göttlichen in seiner Elegie *Brot und Wein.* Antike und Christentum traten also bei aller Begeisterung für die romantische, christliche Tradition nicht in tiefer Gegensätzlichkeit einander gegenüber, und es gab hinfort viele neue Verbindungen zwischen ihnen. Entschieden christliche Fürsten ließen ihre Hauptstädte in klassizistischem Stil errichten von Baumeistern, die als Bewunderer des romantischen Mittelalters groß geworden waren, und hoch über der Donau erstand in den dreißiger Jahren des 19. Jahrhunderts zur Ehrung verdienter Christenmenschen eine germanischdeutsche Walhalla als griechischer Tempel.

Das Los der Neugriechen unter türkischer Herrschaft verschwand auch nach der Niederschlagung des Aufstands nie ganz aus der öffentlichen Aufmerksamkeit Europas, obwohl das Interesse manchmal sehr selbstischer Natur war. Lord Elgin veranstaltete in den ersten Jahren des neuen Jahrhunderts einen preisgünstigen Großeinkauf antiker Skulpturen in Athen, deren letzte 1812 nach England auf den Weg gebracht wurden. Es war das gleiche Jahr, in dem die ersten zwei Cantos von Lord Byrons *Childe Harold's Pilgrimage* erschienen, die den Reigen der poetischen Griechenbegeisterung der nächsten Jahrzehnte eröffneten, ein lyrischer Reisebericht voll Verachtung für den Kunstkommerz des Landsmannes, skeptisch hinsichtlich der Kraft und Einmütigkeit der gegenwärtigen Griechen und reich an Sympathien für das Land und seine Kultur, der sich der moderne, melancholische Odysseus verbunden fühlte. Byron hatte nicht nur aus der Ferne Idealen gehuldigt wie die meisten Deutschen vor ihm und nach ihm. Das Privileg seines Reichtums hatte ihm ermöglicht, das Land tatsächlich in Augenschein zu nehmen. Später, als erneut der Aufstand gegen die Türken losbrach, ist er dorthin zurückgekehrt und hat 1824 in Missolunghi den Tod gefunden.

Bis zum Beginn des Aufstands der Griechen 1821 blieb der literarische Philhellenismus trotz Byron nur eine schwache Unterströmung, aber danach brach er mit aller Gewalt hervor, obwohl und zum Teil gerade weil sich die Regierungen der Heiligen Allianz den christlichen Griechen gegenüber zunächst zurückhaltend oder gar feindlich verhielten, hatten sie sich doch gegen alles Aufständische verschworen. Im übrigen gab es sehr verschiedene Gründe für die Griechen-Begeisterung deutscher Intellektueller und Dichter. Wenn zum Beispiel Ludwig Rellstab sich einer Gruppe von Freiwilligen anschloß, so tat er es aus dem folgenden Grund:

> Ihr tadelt uns, wenn wir das Schwert gezogen
> Für das fremde Land?
> Für jenes Volk, jenseits der Meereswogen,
> Dem unsern nicht verwandt?
>
> Beim höchsten Gott! wir griffen zu den Waffen
> Nicht für ein fremd Geschlecht;
> Für heil'ge Güter, Jedem anerschaffen,
> Für Freiheit, Glauben, Recht!
>
> Dafür ist's Pflicht, zum Kampfe sich zu rüsten,
> Denn sie sind uns verwandt;
> Wer sie verletzt, wenn gleich an fremden Küsten,
> Verletzt das Vaterland.   («Die Fremdlinge»)

Hier kam also, nach außen gewendet, der Patriotismus der Napoleonischen Kriege wieder zu Sprache und Tat, und es verbanden sich mit ihm jene Wertbegriffe, die zwar in den Liedern von Arndt und Körner immer wieder gefeiert worden waren, deren bestimmter, liberaler Geist aber erst nach deren Entwertung in der Restaurationszeit deutlicher geworden war. Daneben mischte sich in die deutsche Griechenbegeisterung dieser Jahre auch der allgemeine humanistische Enthusiasmus für die Antike als Geburtsstätte der europäischen Kultur. Hinzu kam die besondere Affinität, die die Deutschen in Fichtes Sinn gerade zu den Griechen zu haben glaubten, und schließlich bestand auch das Gefühl christlicher Solidarität gegenüber dem Islam.

Wir dienen nicht dem unbekannten Gott:
Europa dient dem Hellerkannten längst!
Dem Gott der Lieb' und der Barmherzigkeit,
Und Hellas blutet seit Jahrhunderten;
Es krümmt sich in der Fessel, windet sich
Zu Füßen des Barbaren, der das Mitleid nicht,
Nicht das Erbarmen kennt, dem Christenqual
Ein Wohllaut ist, und Christenmord ein Fest.

So lautet Friederike Bruns Botschaft von «Hellas an Europa», 1821 zuerst im *Morgenblatt für gebildete Stände* veröffentlicht, später mit anderen Griechen-Gedichten noch einmal ausgesandt unter dem Titel *Ein Scherflein für Hellas niedergelegt auf den Altar der Menschlichkeit* (1824). Ähnliche solche «Scherflein», «Festgeschenke» oder «Opferblumen» wurden Legion, und wie sich in der patriotischen Lyrik um 1813 die älteren mit den ganz jungen Autoren trafen, so jetzt die alten oder älter gewordenen mit solchen um die Zwanzig wie Rellstab, Hoffmann von Fallersleben, Freiligrath oder Waiblinger. Auch in Dramen, Epen, Erzählungen und Romane ergoß sich die Begeisterung.

Wie Friederike Brun, so erinnerte Jean Paul an den «unbekannten Gott» des Apostels Paulus. Im *Morgenblatt* vom 14. August 1821 erschienen von ihm die *Gesichte einer griechischen Mutter. Ein Traum in den lezten Tagen des Juli-Monats,* also in einer Zeit, da sich der Aufstand gerade voll entfaltet hatte, aber ebenso die grausame Verfolgung und Bestrafung der Aufständischen durch die Türken.

Über dem Traum ist ein Wort aus Hölderlins *Hyperion* abgedruckt: «Ich stand über den Trümmern von Athen, wie der Ackermann auf dem Brachfeld. Liege nur ruhig, dacht' ich, schlummerndes Land! Bald grünt das junge Leben aus dir, und wächst den Segnungen des Himmels entgegen. Bald regnen die Wolken nimmer umsonst, bald findet die Sonne die alten Zöglinge wieder. [...]» Die seltene Aufmerksamkeit auf Hölderlin hatte ihren besonderen Sinn, denn Jean Paul veranstaltete in dem kleinen Prosastück ein ähnliches Ineinander von Zeitebenen, von Vergangenheit und Gegenwart um der Zukunft willen, wie es auch Hölderlins Roman enthielt. Eine griechische Seherin, eine Kassandra, sieht am Tage der Geburt Alexanders des Großen das Unheil ihres Landes voraus, sieht sich als Mutter erschlagener Söhne und geschändeter Töchter und zugleich ohne Hoffnung «vor dem Abgrunde der offnen Zukunft», «ohne Trost und ohne Götter». Die Schreckvision Jean Pauls in seiner *Rede des todten Christus vom Weltgebäude herab, daß kein Gott sei* (1796) wird wieder wach. Aber die Seherin findet das paulinische Wort, findet den Altar des unbekannten Gottes: «Unbekannter Gott, betete die Seherin, bist du der Gott meiner Kinder?» In ihm findet sie Trost, Jean Paul selbst aber findet ihn in einer panegyrischen Volte. Auf der Höhe des gewonnenen Trostes erfolgt das Erwachen, und in den letzten Worten des Textes heißt es: «Da erweckte mich die Seeligkeit des Traums; aber sie überlebte ihn; Alexander zieht den Griechen zu Hülfe.» Der Held des Altertums hatte sich in den russischen Zaren verwandelt. Der jedoch enttäuschte die Erwartungen.

Die Haltung der europäischen Fürsten blieb zwiespältig. Erst als Alexanders Nachfolger Zar Nikolaus nach 1825 russische Interessen gegenüber den Türken stärker zu wahren begann, entschlossen sich um ihrer eigenen Interessen willen auch die anderen Mächte der Heiligen Allianz zur Hilfe für die Griechen. 1829 erhielt Griechenland seine Unabhängigkeit. Unter den philhellenischen Enthusiasten und Sängern war früh schon der bayrische König Ludwig I. gewesen, und war er auch nicht der größte unter den Dichtern, so erhielt er doch den größten Lohn: Sein Sohn Otto wurde griechischer König. Eine schöne Harmonie von Freiheit und Ordnung, alter Republik und neuer Monarchie schien gestiftet, was manche frühe kritische Skepsis gegenüber dem Philhellenismus nicht entkräftete. Schon vor Ausbruch des Aufstandes hatte E. T. A. Hoffmann in seinen späten Erzählungen *Die Irrungen* und *Die Geheimnisse* (1820/21) Griechenschwärmerei in dem jungen Berliner Baron Theodor karikiert, der vor der Abreise in den Süden schon neugriechisch gekleidet «mit untergeschlagenen Beinen» auf dem Sofa sitzt und türkischen Tabak raucht, aber dann nur bis Zehlendorf kommt. Das gleiche Motiv des gar nicht erst zum Ziele kommenden deutschen Enthusiasten hat Karl Immermann in den *Epigonen* ausgesponnen zur sehr viel weiterreichenden Auseinandersetzung mit einer deutschen Kultur- und Bildungstradition, die in der klassizistischen Verehrung antiker Formen und Gedanken gegründet war und der gegenüber sich nun die junge Generation im beginnenden Industriezeitalter zwar als epigonal empfand, aber im Selbstbewußtsein auch als verantwortlich für das eigene, neue Zeitalter. Es war eine Auseinandersetzung, die aus der kulturellen Sphäre, in der sich die Ablösung des Romantischen vom Klassischen ereignete, nun auf die der technischen, ökonomischen und politischen Wirklichkeit überging. Der Philhellenismus in der Literatur der zwanziger Jahre wurde zu einem nicht unbedeutenden Katalysator dafür.

Goethe selbst hielt sich vom Philhellenismus der Zeit des Aufstands im großen ganzen fern. Dem unbekannten Gotte huldigte er auch im *Faust* nicht; Griechentum war ihm eine ästhetische Lebensform, die nichts mit dem Übergang von einer Religion zur anderen zu tun hatte. Aber er beobachtete geradezu mit Verehrung Byron, den neununddreißig Jahre jüngeren Engländer, ganz als ob er unter den deutschen Schriftstellern keinen ebenbürtigen finde. Als Byron während des Aufstands umkam, wuchs ihm dieser Tod zum Symbol einer ganzen Epoche. Sein *Faust,* so schrieb er an Wilhelm von Humboldt, werde «volle 3000 Jahre» spielen, von «Trojas Untergang bis zur Einnahme von Missolunghi» (22. 10. 1826), womit Goethe zunächst einmal nur den Helena-Akt meinte, denn die Klassische Walpurgisnacht des Zweiten Aktes führte noch hinter Troja zurück. Jedenfalls ging es ihm aber um menschheitsgeschichtliche Perspektiven, nicht um Zeitgeschichte, und dafür brauchte er die Allegorie und keine neugriechischen Helden, Konflikte oder Probleme. Nur ein paar neugriechische Helden- und Liebeslieder hat er in den frühen zwanziger Jahren übersetzt und als «Volksgesänge abermals empfohlen», wie der Titel des Aufsatzes lautete, der die Veröffentlichung von sechs dieser Lieder in *Kunst und Alterthum* 1823 begleitete. Da die Empfehlung mit seiner Autorität erfolgte, hat sie das Interesse für die Volksdichtung Griechenlands und des Balkans bedeutend beeinflußt.

Byrons Schicksal wirkte stark in Deutschland, denn wieder einmal hatten sich bei einem Dichter Wort und Tat verbunden, nicht mit dem lauten Heroentum eines Theodor Körner diesmal, sondern im Fiebertod, ganz angemessen dem Weltschmerz und der Melancholie, die Byron selbst in seinen Werken hatte Gestalt werden lassen. Sein erster deutscher Biograph und zugleich der beste und populärste deutsche Griechendichter war Johann Ludwig Wilhelm Müller, den man den «Griechen-Müller» nannte und dem zu Ehren das griechische Parlament eine Ladung Marmor sandte, damit ihm zum hundertsten Geburtstag 1894 in seiner Heimatstadt Dessau ein Denkmal errichtet werde wie vorher in gleicher Weise eines für Byron in England.

Wilhelm Müller steht an der Grenze zweier Zeiten. Auch wenn er als neunzehnjähriger Freiwilliger noch den Krieg gegen Napoleon mitmachte, konnte er doch nicht mehr wie der vier Jahre ältere Körner aus Schillerschem Idealismus einen poetischen Patriotismus herausdestillieren, ebensowenig jedoch wie der drei Jahre jüngere Heinrich Heine die Zeit dieses Idealismus anerkennend, aber skeptisch distanziert als ‹Kunstperiode› registrieren. Auch die sozialen Privilegien des Lord Byron standen allerdings dem deutschen Handwerkerssohn nicht zur Verfügung. Er suchte und fand Anschluß an literarische Kreise. Rahel Varnhagen, Luise Hensel, Brentano, vor allem Fouqué, der sich um ihn bemühte, später Rückert, Tieck, August Wilhelm Schlegel, Loeben, die Schwaben Kerner, Uhland, Schwab und Hauff sind als seine Bekannten oder gelegentlich gar Freunde zu nennen. Auch Carl Maria von Weber stand er nahe. Begabt, intelligent, tüchtig und ehrgeizig verzehrte er sich rasch auf dem Weg zu Bedeutung und Anerkennung in den verhärteten sozialen Strukturen des Deutschlands der Restauration. Zuweilen wirkte er wohl altklug oder selbstgefällig – «suffisant», wie Goethe meinte. Er starb 1827 im Alter von dreiunddreißig Jahren.

Müller spielte viele Rollen und konnte sich nicht recht zwischen ihnen entscheiden: Er war Dichter, Übersetzer, Reiseschriftsteller, Journalist, Rezensent, Herausgeber, Wissenschaftler, Biograph, Lehrer für Griechisch, Latein und klassische Geographie, Theaterdirektor und Bibliothekar, schließlich auch führender Mitarbeiter an Brockhaus' Konversationslexikon, immer atemlos tätig, oft unterwegs. Das alles geschah sicherlich nicht nur aus Neigung, sondern auch um des Geldverdienens willen, aber Müller leistete Nennenswertes in mancher dieser Tätigkeiten, als Reiseschriftsteller zum Beispiel mit seinem Buch über *Rom, Römer und Römerinnen* (1820) und als Übersetzer englischer Lyrik sowie jener neugriechischen Volkslieder, von denen Goethe ebenfalls bereits einige übersetzt hatte. Mittelhochdeutsche Dichtung übertrug Müller ins Neuhochdeutsche, um sie auch anderen als den Philologen zugänglich zu machen. Aus Rollen heraus sprach er schließlich in seiner eigenen Lyrik, vor allem im ersten jener beiden Zyklen *Die schöne Müllerin* (1821) und *Die Winterreise* (1824), die zwar erst durch Schuberts Musik wahrhaft weltberühmt geworden sind, die aber auch in sich selbst poetischen Wert und Reiz tragen als Ausdruck eines Lebensschmerzes unter der Last des Epigonentums (vgl. S. 793 ff.).

Müllers *Lieder der Griechen* (1821–1824) waren gleichfalls poetisches Rollenspiel, und auch sie fügen sich zu einer Art Zyklus zusammen.

> Sie haben viel geschrieben, gesungen und gesagt,
> Gepriesen und bewundert, beneidet und beklagt.
> Die Namen unsrer Väter, sie sind von schönem Klang,
> Sie passen allen Völkern in ihren Lobgesang;
> Und wer erglühen wollte für Freiheit, Ehr' und Ruhm,
> Der holte sich das Feuer aus unserm Alterthum,
> Das Feuer, welches schlummernd in Aschenhaufen ruht,
> Die einst getrunken haben hellenisch Heldenblut.

Mit diesen Worten, den ersten Zeilen des Gesangs der «Griechen an die Freunde ihres Alterthums», heben Müllers Griechenlieder an, und etwas von den Gründen für die große Wirkung, die sie auf die Zeitgenossen hatten, wird sogleich sichtbar. Denn was hier optisch wie die langen Zeilen einer klassizistischen Elegie aussieht, erweist sich akustisch sogleich als freie Nachbildung des Nibelungenverses, und Müller verweist sogar darauf, wenn er den Reim von «sagen» und «klagen» in der ersten Strophe des *Nibelungenliedes* zitiert. Das mittelhochdeutsche Epos hatte ihn schon in seinen Berliner Studientagen beschäftigt. Aber die entscheidende Veränderung zu metrischer Regelmäßigkeit, die Müller vornahm, bringt eine andere Form herein, in der so viele Gedichte Müllers geschrieben sind: den Vierzeiler des Volksliedes als Element des Populären. In ihn ließen sich eine ganze Reihe der Griechenlieder verwandeln, was allerdings auf Kosten der Kontinuität des Epischen geschähe, das den meisten dieser Lieder eigen ist. Das Epische aber, das durch den längeren Atem der Langzeilen – für die auch eine Reihe anderer metrischer Muster verwendet werden – unterstützt wird, ist für Müllers Gedichte von besonderer Bedeutung.

Müllers *Lieder der Griechen* begleiten den hellenischen Freiheitskampf als Frontberichte, Appelle und Bekenntnisse aus dem Mund von Beteiligten. Auf solche Weise trennt sich Müller, ohne seine Sympathien zu verhehlen, doch von dem deklamatorischen Stil patriotischer Dichtung Körnerscher Provenienz. Er wurde außerdem bewahrt vor der Heuchelei jener deutschen Philhellenen, die im Geiste die Griechen anfeuerten, in Wirklichkeit aber nur den Weg von Berlin bis Zehlendorf fanden. Nur ein Teil der Gedichte sind, wie das erste, Aufrufe. Viele folgen dem Kampf als ein Bilderbuch, zusammengestellt aus den Berichten der Aufständischen oder Versklavten aus verschiedenen Gebieten oder verschiedenen Schichten der Bevölkerung, Berichten vom Schicksal der «Armen, Nackten, Müden» («Die Pforte»). Ein Greis auf Hydra beklagt, daß er nicht mehr kämpfen und keinen Sohn mehr senden könne, eine Mutter ist bereit zum Opfer ihrer Söhne («Die Mainottin»), und eine als Sklavin verschleppte Griechin bedauert, kein Mann zu sein, um zu tun, was sie möchte: «drüben in dem freien Lande frei verspritzen freies Blut!» («Die Sklavin in Asien»). Auch Kleistscher Furor fehlt nicht: Ein kleiner Grieche bittet den Vater um abgeschnittene Türkenköpfe, damit er sich an ihnen im Schießen üben kann («Der Mainottenknabe»), und ein Bewohner des von den Türken verwüsteten Chios träumt vom Wiedergewinn des Verlorenen, wenn dann um ihn «weit und breit zerstückte Türkenglieder/ zu Bergen aufgehäuft» sein werden («Der Chier»). Wirkungsvoller als aus dem Munde eines Deutschen klingt auch die ironische Anklage gegen den politischen Opportunismus und die Revolutionsfurcht der Heiligen Allianz, wenn sie ein Grieche vorträgt:

> Lege reuig deine Waffen nieder vor des Türken Thron,
> Beuge friedlich deinen Nacken zu dem alten Sklavenfrohn:
> Dann, dann magst du sicher bauen auf die Macht der Christenheit,
> Dann, dann magst du sicher hoffen, daß der Türke dir verzeiht.

Natürlich berufen sich Müllers Griechen immer wieder auf die heroische Vergangenheit Griechenlands, also auf das, was den anderen Europäern «in der Schule recht» war; nur durchstreifen Arkadien jetzt «statt der Lämmer Wölfe» («Meine Muse»). Aber Müllers entschiedene Neigung ist doch, von dieser Vergangenheit Abstand zu halten:

> Laßt die alten Tempel stürzen! Klaget um den Marmor nicht,
> Wenn die Hand des blinden Heiden seine schöne Form zerbricht!
> Nicht in Steinen, nicht in Asche wohnt der Geist der alten Welt,
> In den Herzen der Hellenen steht sein königliches Zelt.

Bei Müller gibt es kein Interesse am paulinischen Brückenbau zwischen alten Göttern und neuem Gotte mehr. Das Christliche ist fest etabliert, und nirgends in seinen Griechenliedern tauchen noch jene Götter auf, über deren Untergang Schiller so beredt geklagt hatte und auf die sich so mancher Philhellene in den zwanziger Jahren weiterhin berief und poetisch stützte. Müllers Griechenlieder sind sowohl gedanklich wie poetisch selbständiger als das Gros der philhellenischen Lyrik in diesen Tagen. Sie sehen Griechenland als Teil eines modernen, christlichen, liberalen Europa, und die antike Welt ist nur insofern von Bedeutung, als eben dieses liberale Europa ihr als Lehrmeisterin freien, kultivierten Lebens Dank schuldet:

> Ohne die Freiheit, was wärest du, Hellas?
> Ohne dich Hellas, was wäre die Welt?

So lauten Anfang und Ende eines der wenigen in freien Rhythmen geschriebenen Lieder Müllers («Hellas und die Welt»). Darin, daß Müller im übrigen keine festeren Vorstellungen für die gepriesene Freiheit besaß, stand er nicht allein unter den deutschen Liberalen, aber Liberaler wiederum war er, wenn auch, auf sein Land bezogen, eher einer unter den stillen. Griechenland jedoch verschaffte ihm die Freiheit zu sagen, was er litt. Politischer Liberalismus und die romantische Abwendung von antiker Tradition gehen in Müllers Gedichten Hand in Hand. Dadurch erhalten sie eigenständige Bedeutung als ein Zyklus politischer Dichtung auf der Höhe ihrer Zeit. Die Beschäftigung deutscher Schriftsteller mit der Antike um des sinnvollen Lebens im eigenen Lande willen wird in ihnen auf eine neue Stufe geführt. Darstellung und Form aber zeigen bereits die Ansätze zur realistischen, sozialkritischen Dichtung des späteren 19. Jahrhunderts.

Als Begründer der sozialen Ballade gilt in der deutschen Literatur Adelbert von Chamisso, dessen Gedichte zum griechischen Aufstand diese Form ebenso prägen halfen wie seine Balladen nach deutschen Stoffen. Am bemerkenswertesten dafür ist sein kleiner Zyklus «Chios» (1829), der sich auf türkische Greuel aus dem Jahr 1822 bezieht.

Das zweite dieser sechs Gedichte trägt den Titel «Die Brüder» und ist seinem Inhalt nach nichts Geringeres als der Widerruf der klassischen deutschen Ballade, denn Chamisso schafft hier ein Gegenstück zu Schillers «Bürgschaft». Ein Grieche – von den Türken wurden sie Raja genannt – bietet dem türkischen Sieger in Chios Gold, Edelsteine und seinen eigenen Kopf, damit sein gefangener Bruder gerettet werde als «Vater vieler Kinder». Chamissos Bericht von der Reaktion des Tyrannen aber lautet so:

> Und es scheint, daß er sich freue
> An dem Glanze des Metalles:
> «Gilt dir, Raja, Brudertreue
> Überschwenglich mehr als alles?
> Willst den Tod für ihn erleiden?
> Wohl, ich werde nicht euch scheiden. –
> Schafft zur Stelle, den er meint!»
> Wie sie sich umarmen wollen,
> Winkt er; – beider Häupter rollen,
> Und der Tod hat sie vereint.

Auf solche Weise wird also Schillerscher Balladen-Idealismus (vgl. Bd. 1, S. 611 ff.) widerrufen in der Aufhebung eines Ethos, das auf der Überzeugung von der moralischen Natur des Menschen beruhte.

So war deutscher Philhellenismus in den zwanziger Jahren des 19. Jahrhunderts nicht nur ein Tummelplatz für politische Meinungen, Ansichten und Gesinnungen, für die zu Hause in den Zeiten der Demagogenverfolgung wenig erwünschte Verwendung bestand, noch war er nur ein karitativer Akt christlicher Solidarität. In dem griechischen Aufstand hatten sich gerade die Grenzen der Christlichkeit erwiesen, wenn die Führer christlicher Nationen Realpolitik mit einem nichtchristlichen Land trieben. Geschichtliche Tatsache war am Ende, daß Griechenland als Nationalstaat den anderen europäischen Nationen an die Seite trat. Über die politischen Erscheinungen und Konsequenzen hinaus bedeutete jedoch die Wiederbegegnung der Deutschen mit Griechenland in dieser Zeit, daß durch ihren Philhellenismus auch die Grenzen einer vergehenden Kulturepoche deutlich wurden. Die neue Zeit führte Literatur und Kunst in eine Periode sozialer und nationaler Machtkämpfe, die nicht mehr die Hoffnung aufkommen ließen, daß sie sich durch humane Gedanken und humane Kunst den Weg weisen und lenken ließen.

5. Ausblick

Wie Jean Paul vorhergesagt hatte, «geisteten» die «Blasen und Perlen» der einmal geöffneten Champagnerflaschen fort, nachdem der «Stöpsel» wieder daraufgedrückt worden war. Die Unruhe der europäischen Nationen unter dem festen Dach der Heiligen Allianz setzte sich vom Kriegsende an fort in großen oder kleinen Aufständen in Belgien, Italien und Spanien, auf dem

Balkan und in Griechenland, 1830 in der Pariser Juli-Revolution, danach im Aufstand der Polen gegen die Russen, 1832 auf dem Hambacher Fest der deutschen Burschenschaften oder auch nur 1844 in der Revolte von ein paar schlesischen Webern gegen ihre Fabrikherren, schließlich aber in der Revolutionsbewegung von 1848, die in Deutschland dennoch nicht zu einer bürgerlichen Nation führte. Das entscheidende Bewegungselement hinter all dieser Unruhe waren die sozialen und politischen Folgen der größten, aber für die Augen der Zeitgenossen noch kaum meßbaren, weil sich nur langsam vollziehenden Revolution der menschlichen Geschichte überhaupt: Die Entstehung moderner Industrie und Technik. Die Maschine ersetzte die physische Kraft des Menschen, menschliche Macht über die Natur gelangte auf die Höhe der einstigen Giganten und Götter.

Der Einschnitt des Jahres 1815 ist maßgeblich in der Geschichte deutschen Denkens und deutscher Literatur. Die Überführung einer großen nationalen Befreiungs- und Einheitsbewegung in die erzwungene politische Ruhe der Restaurationszeit veränderte rasch das Bewußtsein von der Wirkung oder Wirkungslosigkeit ästhetischer Beeinflussung der Welt, von ihrer Veränderbarkeit zum Beispiel durch ästhetische Erziehung oder romantische Universalpoesie, um die beiden bekanntesten solcher Konzepte zu nennen. Mit Kapital und Technik kamen anonyme Kräfte an die Macht, die dem Einfluß der Kunst nicht mehr zugänglich waren, und dadurch, daß Sprache als Vehikel politischer Ideologien selbst ein Machtmittel wurde, mit dem Fraktionen, Parteien oder schließlich Wählermengen gewonnen werden mußten, veränderten sich ihre Anwendungsmöglichkeiten auch in der Literatur. Novalis' schon zu seiner Zeit nicht unmißverständliches poetisches Spiel mit der Geschichte in seinem Aufsatz *Die Christenheit oder Europa* – mit dem Ziel, das Bild eines friedvollen Kontinents heraufzubeschwören – hatte nach 1815 nur noch die Chance totalen Mißverstehens. Sprache als Medium zur Beeinflussung des Weltzustandes bedurfte nun der Direktheit: Das *Kommunistische Manifest* hat gewiß seine poetischen Qualitäten und kommt nicht ohne Metaphern aus, aber es versucht, geschichtliche Realität zu analysieren und daraus ein politisches Programm zu entwickkeln, nicht jedoch mit Bildern aus der Geschichte ein sinnreiches Spiel zu humanem Zwecke zu treiben. Und wenn es um die humanitäre Beeinflussung der Regierenden ging, so wich nun auch das Konzept eines Staates «des schönen Scheins», das Schiller am Muster adliger Kultur in seinen Briefen *Über die ästhetische Erziehung* entwickelte, dem direkten Appell. 1837 forderten sieben Göttinger Professoren, unter ihnen Jacob und Wilhelm Grimm, den König von Hannover in einer Protestnote auf, die von ihm suspendierten konstitutionellen Freiheiten wiederherzustellen, worauf sie prompt von ihm entlassen wurden.

Der Literatur eröffnete sich in der neuen Zeit eine rasch komplizierter und vielfältiger, ja überwältigend werdende Wirklichkeit von Technik, Industrie, politischen Institutionen und Bewegungen sowie der neue Wortschatz, der sich damit verband. Die Welt als ganze wurde von der Technik aufgeschlossen, das Reisen wurde leichter und weit. Chamisso (†1838) schrieb das erste Eisenbahngedicht in der deutschen Literatur («Das Dampfroß», 1831, vgl. S. 807 f.), und Justinus Kerner (†1862) versetzte sich sogar lyrisch in die kommende Ära der Luftfahrt und der durch sie hervorgerufenen Umweltverschmutzung, wenn er sich von einem himmlischen Ölregen bedeckt sah («Unter dem Himmel», 1845, vgl. S. 792 f.). Nicht überall vollzog sich die literarische Anpassung an die neue Wirklichkeit so direkt. Im «Helldunkel» der Biedermeierzeit – die Bezeichnung stammt aus Friedrich Sengles umfassender Beschreibung dieser Epoche – schwankte das Lebensgefühl zwischen Ernüchterung und Idyllik, Aufsässigkeit und Kontemplation, und ließ ein weites Panorama des künstlerisch Möglichen entstehen. Ludwig Tieck (†1853), einst magister ludi romantischer Phantasie, verfaßte nach 1820 neben historischen Romanen und Novellen eine Fülle von Erzählungen, in denen die deutsche Gesellschaft des Biedermeier mehr über Welt und Kunst diskutiert als darin eindrucksvoll handelt. Fouqué (†1843) hingegen blieb bei seinen Rittern und Vorzeithelden, die ihm mit dem *Zauberring* einst die Liebe der Leser verschafft hatten, und sank dementsprechend noch bei Lebzeiten in völlige Vergessenheit. Brentano (†1842) hatte schon 1817 mit der Generalbeichte der Poesie verächtlich abgeschworen, zugunsten der Hingabe an Gott und die katholische Kirche, ohne freilich seinen Schwur ganz reinlich einzuhalten. Seine Schwester Bettine von Arnim (†1859) hingegen begann erst jetzt, nach Arnims Tod 1831, die persönlich erlebte Vergangenheit aufzuarbeiten und die Geschichte der vergangenen «Kunstperiode» als Wegweiser für die Jugend der Gegenwart zu vermitteln. Ihre Briefbücher über Goethe, die Günderrode und Clemens Brentano haben diese Funktion; *Die Günderrode* (1840) ist ausdrücklich «den Studenten» gewidmet. Eichendorff (†1857) vollendete sein Lebenswerk im Stile seines Anfanges, aber vorsichtig, offenen Auges und ohne in die Parodie seiner selbst zu verfallen wie Fouqué. Davor bewahrte ihn auch, daß er zugleich einer der ersten kritischen Historiker seiner eigenen Literaturepoche wurde – er überlebte Platen (†1835), Börne und Büchner (†1837), Immermann (†1840), die Droste (†1848) und Heine (†1856). August Wilhelm Schlegel (†1845) trat, seinen frühen Neigungen folgend, ganz in die Wissenschaft über und leistete Bedeutendes als Indologe, ohne je nach Indien zu reisen. Friedrich Schlegel (†1829) hingegen ging seinen Weg als Herold eines katholischen Weltbildes zu Ende. Wissenschaftler von Anfang an waren die Brüder Grimm gewesen. Beide hatten jedoch ihren politischen Mut erwiesen, und Jacob Grimm (†1863) erhielt die wohl außerordentlichste politische Ehre, die je einem deutschen Germanisten zuteil geworden ist: Im Frankfurter Parlament 1848 in der Paulskirche war ihm als einzigem der 800 Delegierten ein Ehrenplatz vorn im Mittelgang gegenüber der Rednertribüne eingeräumt worden. Auch Ludwig Uhland (†1862) war unter den Delegierten; er hatte die Politik seit 1833 schon zu einem Hauptgeschäft seines Lebens gemacht. In Tübingen aber, wo er wohnte und seine altdeutschen Studien fortsetzte, lebte bis 1843 auch noch Friedrich Hölderlin in der Einsamkeit seines Turmes dahin, unter den Trümmern zerschlagener Träume.

DRITTES KAPITEL

THEORETISCHE GRUNDLAGEN FÜR DIE LITERARISCHE
ENTWICKLUNG NACH 1806

1. Einführung

Als «Zeit der Geburt und des Übergangs zu einer neuen Periode» hatte Hegel jenen Moment der Geschichte gesehen, in dem er seine *Phänomenologie des Geistes* entwarf; «in der Mitternacht vor der Schlacht bei Jena» im Oktober 1806 hatte er das Manuskript abgeschlossen. Nichts anderes war sein Ziel, als dem «Weltgeist» bei der «ungeheuren Arbeit der Weltgeschichte» zuzuschauen und etwas von der Verfahrensweise dieses Geistes zu begreifen. Nicht um Geschichte freilich ging es ihm allein, sondern um Dasein schlechthin, um die Durchdringung von menschlichem Sein und Handeln mit philosophischer Erkenntnis. Denn was auch immer «dem Inhalte nach in irgendeiner Kenntnis und Wissenschaft Wahrheit» sei, das könne «diesen Namen allein dann verdienen», «wenn es von der Philosophie erzeugt worden» sei. Auf ein großes Ganzes war es also abgesehen, auf ein Ganzes der Geschichte freilich, dem der Weltgeist in jeder ihrer Perioden «den ganzen Gehalt seiner, dessen sie fähig ist», mitteilte, ein Ganzes, das sich also nur durch seine Entwicklung vollendete. In großen, dialektischen Sprüngen entstand aus alten zerbröckelnden Welten im Schimmer eines Blitzes jeweils das Gebilde der neuen Welt. Die Geschichte wurde zum Gott der Zeit, der Philosoph aber konstruierte ihre Bewegung, die er durchschaute, zum System: «Dies Werden der *Wissenschaft überhaupt,* oder des *Wissens,* ist es, was diese *Phänomenologie* des Geistes darstellt.»

Hegel trat aus den Abstraktionen der Fichteschen Wissenschaftslehre heraus in die Wirklichkeit der Geschichte, ein Schritt, den Fichte bei allen Versuchen zur ethischen und politischen Anwendung seiner Lehre von der Setzung des Ichs selbst nie getan hat. Die Konsequenzen von Hegels Schritt sind inzwischen längst offenbar geworden: Er wurde zum Stammvater politischer Ideologien, die sich ihre Legitimation eben aus der Geschichte, aus dem Fortschreiten von der Vergangenheit zu einer geplanten Zukunft für alle, ohne Unterschied von Geburt und Stand, geholt haben. Die Wahrheit existierte nunmehr in der Philosophie, in ihrer Sprache, ihren Begriffen und ihrem System. Natürlich war auch für Hegel weiterhin das letzte Ziel solcher Wahrheit die Humanität, aber deren Natur bestand in der «Übereinkunft mit andern» und ihre Existenz nur «in der zustande gebrachten Gemeinsamkeit der Bewußtsein». Auf dem Höhepunkt einer idealistischen Teleologie, denn eine solche stellt Hegels System vom dialektisch tätigen Weltgeist dar, deutete sich mithin schon der Abschied vom Idealismus zugunsten praktisch-politischer Übereinkünfte in einer kommenden Massengesellschaft an. Die Neigung zu Systembildungen gehörte in die Zeit. «Ich lasse gewöhnlich sechs oder acht Systeme zusammenkommen und lese das widerlegende früher als das widerlegte und weiß mich also durch *dieses* Rückwärtslesen – wie die Hexen mit dem Rückwärtsbeten des Vaterunsers bezaubern – so glücklich zu entzaubern, daß ich jetzo, wenn ich mir nicht zu viel zutraue, vielleicht der Mann bin, der gar kein System hat», meinte Jean Paul in einer *Politischen Fastenpredigt* aus dem Jahr 1811. Die Bemerkung ist mehr als nur eine beiläufige Ironie auf deutsche Theorielust. Waren bei Schiller sowie dem Jenaer Freundeskreis um die Brüder Schlegel und Novalis Philosophie und Literatur aufs engste verwachsen und manchmal kaum noch voneinander trennbar, so führten die hohen Ansprüche, die Hegel an die Philosophie hinsichtlich der Erkenntnis und Bestimmung von Geschichte stellte, zur Trennung der Literatur von ihr. Daß auch Goethes *Faust* die «ungeheure Arbeit der Weltgeschichte» in dialektischem Fortschreiten zum Gegenstand hatte, war nicht Wechselergänzung im früheren Sinne, sondern zeigt bei genauerer Betrachtung eher die Kluft, die sich auftat.

Der Drang der Theoretiker zu Systemen war nicht Modeerscheinung allein. Die gesamte Philosophie der Aufklärung hatte die Tendenz zum System gehabt, wogegen sich zunächst die jungen Denker von Jena mit ihren Fragmenten, literarischen «Sämereien» und einer provozierenden Unverständlichkeit auflehnten, bis sie selbst ihre Systeme zu bauen begannen, Schelling als erster, aber bald auch Novalis mit dem Plan zu einer Enzyklopädie, in der die Wissenschaften sich wechselseitig erhellen und über sich hinausführen sollten, und schließlich Friedrich Schlegel mit der Entwicklung einer theokratischen Weltsicht. Die rasch anwachsenden Erkenntnisse in den Naturwissenschaften nötigten zum Umdenken ebenso wie dazu, das neue Wissen in größere Zusammenhänge zu bringen. «Unsre Vorfahren hielten sich an den Unterricht, den sie in ihrer Jugend empfangen; wir aber müssen jetzt alle fünf Jahre umlernen, wenn wir nicht ganz aus der Mode kommen wollen», meint Eduard in Goethes *Wahlverwandtschaften* (1809), also in einem Roman, der sich mit neuen Begriffen aus dem Bereich der Chemie literarisch befaßt.

Aber je größer der Optimismus der Systemdenker war, je näher sie der Welt und ihren Gesetzen auf den Leib zu rücken glaubten, desto mehr entzog sie sich ihnen wie eine spröde Geliebte, so daß die Systeme schließlich eher eine Ganzheit beschworen, als daß sie sie konstatierten. Den Dichtern jedoch, deren Gegenstand letztlich immer der konkrete Mensch ist, ging es häufig wie dem Soldaten in Eichendorffs Märchendrama *Krieg den Philistern* (1824), der von sich sagt:

Im Meer der großen Zeit treib ich auf Trümmern
Gestrandeter Systeme und Gedanken.

Es ist, als wenn sich die Arbeitsteilung, die in der Gesellschaft begonnen hatte, nun auch auf das Gebiet der Literatur ausbreitete. Friedrich Schlegel zum Beispiel verabschiedete sich nach der Ausgabe seiner Gedichte 1809 ganz von der Literatur; Pläne zu einem Drama über Karl V. wurden nicht ausgeführt. «Friedrichs Philosophie ist seine Seele, sein Leben, sie wächst mit ihm, und bildet sich mit ihm so lange er denkt und athmet», schrieb Dorothea an August Wilhelm Schlegel und fügte hinzu: «Geht es nach meinem Sinn so kömmt sie als System erst nach seinem Tode heraus» (9. 11. 1809). Auch bei ihm also lief die Tendenz auf das Ganze eines Systems zu. Bei den um einige Jahre jüngeren Schriftstellern, bei Brentano, Kleist, Eichendorff oder Hoffmann hingegen ist die Absage an die Philosophie oder sogar deren völlige Negierung früh schon offenbar. Kleist verdankte der Philosophie Erschütterungen, aber sie lenkte nicht mehr sein Denken und Schreiben. Sichtbar wurde das vor allem, als spätere Interpreten an seine Dramen einen aus Schillers Kunstphilosophie gewonnenen Maßstab anlegten und sie so in das Streckbett einer Theorie zu zwingen versuchten, ein Verfahren, unter dem diese Werke stumm blieben. Bei Brentano und Eichendorff hatte Philosophie von vornherein keine entscheidende, ihr Leben prägende Rolle gespielt, und Hoffmann zeichnete eher die Schäden auf, die eine von der Fichteschen Philosophie genährte Hypertrophie des Ichs in der Psyche deutscher Bürger anrichtete, als daß er sich von ihr bestimmen ließ. Die Zeit, in der Philosophen zugleich Dichter und die Dichter zugleich bedeutende Theoretiker sein konnten – eine Zeit, der Lessing, Schiller und Jacobi ebenso angehörten wie Friedrich Schlegel und Novalis –, war abgelaufen, und nur Goethe hielt dem Drang zur Trennung der Sphären stand, wenn er die Arbeit an der *Farbenlehre* sogar über seine Dramen erhob. Aber dafür hielt er sich auch viel darauf zugute, Pragmatiker zu sein und nicht Naturphilosoph. Die Doppelexistenz als Dichter und Naturtheoretiker konnte er sich nur bewahren, weil er sich letztlich dann doch der Systembildung entzog.

Insgesamt erweist sich, daß das, was Gegenstand der philosophischen Systeme war, nicht mehr zugleich Gegenstand der Literatur sein konnte. Nicht nur die politische Realität der Napoleonischen Kriege und der politischen Krisen in der Restaurationszeit nötigte die Dichter zur unmittelbareren Teilnahme an den Interessen und Bedürfnissen ihrer Leser, sondern ebenso die gesamte Entwicklung zur modernen Gesellschaft, auch wenn man solche Entwicklung nur erst spürte und in ihren Konsequenzen keineswegs schon erfassen konnte. Ein philosophisches System wie das Hegelsche aber, das aus der Bewegung der Geschichte eine eigene Teleologie zu entwickeln trachtete, geriet bald in die Hände der Gruppen und Parteien auf der breiten Skala politischer Ideologien, die ihrerseits wieder ein Symptom der auch im Politischen arbeitsteilig gewordenen Gesellschaft darstellten. Erst über die Parteien im ideologischen Streit betrat Dichtung erneut die Sphäre der Philosophie. Wenn Heinrich Heine 1842 seine «Doktrin» vom Wachtrommeln der Leute mit Hilfe der Poesie verkündete, dann war solch rührige Tätigkeit zugleich «die ganze Wissenschaft»:

> Das ist die Hegelsche Philosophie,
> Das ist der Bücher tiefster Sinn!
> Ich hab' sie begriffen, weil ich gescheit,
> Und weil ich ein guter Tambour bin.

Die Tamboure jedoch, die die Poeten nach 1806 gegen Napoleon schlagen ließen, bedurften der Philosophie noch nicht – da genügte, daß man das Weiße im Auge des Gegners sah. In den Jahren danach aber war das Trommeln für lange Zeit überhaupt unerwünscht.

Es gibt nach 1806 keine Philosophien oder ästhetische Theorien mehr, die auf Schriftsteller in gleichem Maße gewirkt hätten wie diejenige Kants auf Schiller oder diejenige Fichtes auf den Jenaer Kreis. Wo hingegen tatsächlich ästhetische Systeme entworfen werden, wie bei Hegel oder Solger, bilden sie eher Zusammenfassungen und Urteile auf historischer Grundlage statt einer Konzeption für Kommendes. Das Philosophieren auf der Grundlage der Geschichte macht sich also auch in der Kunsttheorie bemerkbar. Ja, Kunst und Literatur werden in diesen Jahren nun selbst zum Gegenstand historischer Wissenschaft, wie die Anfänge der Germanistik im Umkreis der Brüder Grimm erweisen.

Das alles soll freilich nicht heißen, daß die theoretischen Reflexionen der Zeit spurlos an der Literatur vorübergegangen wären. Über die Wechselwirkungen zwischen den Theorien des Widerstands gegen Napoleon und der politischen Literatur und Publizistik dieser Tage ist bereits gesprochen worden. Aber damit ist wiederum nur ein beschränkter, wenn auch sehr öffentlichkeitswirksamer Teil politischer Philosophie bezeichnet. Wie Hegels Hinwendung zur Dialektik der Geschichte in seiner *Phänomenologie des Geistes* zeigt, kamen sehr viel größere Dimensionen in den Blick. Wahrhaft weltgeschichtliche Veränderungen wurden empfunden, deren Bedeutung noch nicht abzuschätzen war. In Gesellschafts- und Staatslehre, in den Naturwissenschaften wie in Philosophie und Theologie entstanden Ahnungen von einer wissenschaftlich fundierten Weltherrschaft des Menschen über die Natur, die den Menschen nun tatsächlich zum Gott dieser Erde machte in einem sehr viel konkreteren Sinn, als ihn die Abstraktionen der Fichteschen Setzung eines Nicht-Ich fassen konnten. Zugleich aber schienen sich damit auch Sinn und Wichtigkeit aller künstlerischen Tätigkeiten zu relativieren. Was die Theorien in solchen Zusammenhängen suchend reflektierten, in Bejahung oder Abwehr des Neuen, das reflektierte auf ihre

Art auch die Literatur. Verständnis und Geschichte der letzteren sind deshalb nicht ohne Kenntnis der ersteren zu denken, ganz davon abgesehen, daß eine Reihe von Künstlern selbst versuchte, in der theoretischen Begründung ihres Tuns eben dieses zu rechtfertigen, besonders wo es nicht, noch nicht oder nicht mehr, von öffentlichem Interesse gerechtfertigt wurde.

Widerstanden werden muß allerdings dem Versuch, die Theorien der Zeit mit Kunst und Literatur zu einer großen Romantik zusammenzubündeln und nun von romantischer Staatslehre, Geschichts- oder Rechtswissenschaft, Medizin, Theologie und dergleichen mehr zu sprechen. Die Bedenken dagegen sind bereits dargelegt worden (Bd. 1, S. 75 ff.), so daß nur noch einmal darauf hingewiesen zu werden braucht. Romantik und das Romantische sind Begriffe aus dem Bereiche der Kunst und haben allein in dieser Sphäre wirklich Geltung. Als das Romantische im Kreis um die Schlegels und Novalis neu definiert wurde, nicht nur als Bezeichnung einer europäischen Kunsttradition seit dem Mittelalter, sondern auch als Begriff für eine neue Kunst mit hohen, menschheitsversöhnenden Zielen, da war universalistisches Denken allein schon durch solche Ziele gegeben. In Novalis' Enzyklopädie-Projekt von 1798 erreichte dieser alle Wissenschaften und Künste miteinander in Beziehung setzende Universalismus seinen Höhepunkt. Aber derjenige, der hier aus vorzüglicher Sachkenntnis heraus die Wissenschaften in seinem eigenen Sinne «romantisierte», war dann doch in erster Linie Künstler, so wissenschaftlich gebildet er auch sein mochte, und die Erfüllung seiner Träume wäre ganz gewiß nur in der Vollendung des *Ofterdingen* und einer Kette weiterer Romane möglich gewesen. Allerdings stand die Arbeitsteilung in den Wissenschaften erst in ihren Anfängen, und die Grenzen zwischen Dilettantismus und Spezialistentum waren noch nicht scharf gezogen. Das beweisen im übrigen auch Görres' Schriften zu naturwissenschaftlichen Fragen ebenso wie Schellings Versuche, von den theoretischen Grundlagen der Naturphilosophie her Medizin zu praktizieren, und selbst Goethes bedeutende Leistungen als Naturwissenschaftler gehören schließlich in diesen Grenzbereich. Auf der anderen Seite blieben die eigentlichen Fachwissenschaftler nicht unbeeinflußt von dem Universalismus der Kunst und einer spekulativen Naturphilosophie aus dem engen Umkreis der Künstler; Johann Wilhelm Ritter ist das prägnanteste Beispiel dafür. Aber die vielfachen Beziehungen zwischen den Sphären der Kunst und den Fachwissenschaften unter dem Dachbegriff der Romantik unterzubringen, war ein Versuch der Geisteswissenschaften seit dem Ende des 19. Jahrhunderts, die dem philosophischen, die Denkbewegung eines ganzen Jahrhunderts umfassenden Begriff der Aufklärung nun dialektisch einen neuen, gleichwertigen Gegenbegriff in der Romantik entgegenzusetzen versuchte. Das hat zu einer Entstellung der historischen Proportionen dieses Begriffes geführt, zu einer künstlichen Gegnerschaft zwischen Aufklärung und Romantik, die letztlich nur dem Verständnis des Romantischen wie dem gerechten Urteil über seinen historischen Wert geschadet hat. So wenig also auf den Begriff des Romantischen im folgenden verzichtet werden kann, so wenig kann er außerhalb des Bereichs von Kunst und Kunsttheorie zur Charakterisierung von theoretischen Tendenzen präzise benutzt werden.

2. Tendenzen des Zeitalters

Geschichte, Staat und Gesellschaft

Im Jahre 1814 veröffentlichte Friedrich Carl von Savigny eine Schrift *Vom Beruf unsrer Zeit für Gesetzgebung und Rechtswissenschaft.* Der einstige gute Freund Karoline von Günderrodes, der Schwager von Bettine und Clemens Brentano, der bedeutende Rechtslehrer und spätere preußische Minister bekundete darin Anlaß zur Freude. «Geschichtlicher Sinn ist überall erwacht», erklärte er, denn die gegenwärtige Zeit unterscheide sich kräftig von den vergangenen Zuständen. Die Vergangenheit wiederum war für ihn durch eine «grenzenlose Erwartung» von der Gegenwart bestimmt gewesen, «die man keineswegs zu etwas Geringerem berufen glaubte, als zur wirklichen Darstellung einer absoluten Vollkommenheit». Gemeint war damit die Perfektibilität im aufklärerischen Denken, das die beste aller Welten zum Ziel hatte und in der Staatslehre das Gesetz als eine «mechanische Sicherheit» in «reiner Abstraktion für alle Völker und alle Zeiten» in «gleicher Brauchbarkeit» betrachtete. Savigny setzte sich also deutlich ab von der Rolle des Staates als eines reinen Schutzinstruments, wie es Wilhelm von Humboldt in den *Ideen zu einem Versuch, die Gränzen der Wirksamkeit des Staats zu bestimmen* (1792) entworfen hatte. Der Entwurf war freilich damals nicht an die Öffentlichkeit gelangt. Unter der Berufung auf den Sinn für Geschichte, auf den «organischen Zusammenhang des Rechts mit dem Wesen und Charakter des Volks» forderte Savigny nun die Abkehr von negativen Definitionen des Staates und stattdessen die Herausbildung eines positiven Rechts und mithin auch einer positiven Staatsauffassung.

Savignys Schrift erschien nach der Niederlage Napoleons, und ihr Autor ließ keinen Zweifel daran, daß er den *Code Napoléon,* der «krebsartig» in Deutschland eingedrungen sei, zu dieser vergangenen negativen Rechtsauffassung rechnete oder sogar als ihren letzten Auswuchs betrachtete. Der historisch-politische Anstoß für das Erwachen des «geschichtlichen Sinnes» ist damit noch einmal bezeichnet. Aber das Erwachen selbst vollzog sich allmählich, in einer langen Morgendämmerung. Im Lichte der Aufklärung hatte das 18. Jahrhundert die Nation über den Staat hinaustreten lassen. War der letztere eine Art Besitz des angestammten Fürsten, so die erstere die natürliche Vereinigung eines auf gemeinsamer Sprache, Kultur und geschichtlicher Tradition gegründeten Volkes. Staat, Nation und Volk entwickelten sich zu Begriffen, die vielfach gegeneinander ausgespielt oder nebeneinander gebraucht wurden. Je komplizierter sich gerade die deutschen politischen Verhältnisse darstellten, desto unsicherer blieb allerdings auch der Gebrauch dieser Begriffe. Humboldt zum Beispiel unterschied durchaus zwischen Staat und Nation, und wenn er dem Staat der Fürsten nur einen möglichst geringen, negativen Einfluß zubilligte, so war ihm die Bildung einer nationalen Kultur Grundlage aller menschlichen Zivilisation. Das befähigte ihn nach 1806 auch, einen bedeutenden Beitrag zu den preußischen Reformen zu leisten.

Novalis' Staatstheorien in seiner Fragmentsammlung *Glauben und Liebe* (1798) standen mit solchen Differenzierungen zwischen absolutistischem Staat und bürgerlicher Nation ebenfalls in Verbindung. Denn wenn er den Staat als «Polster der Trägheit» – wie es in dem *Allgemeinen Brouillon* heißt – ablehnte, wenn er die staatliche Existenz des Menschen als Voraussetzung aller Zivilisation betrachtete und schließlich sogar die äußere Sichtbarkeit des Staates durch eine Art Normalkleidung erwog, so dachte er nicht an die konkreten deutschen Feudalstaaten des 18. Jahrhunderts, wie er sie kannte, sondern an einen zukünftigen Nationalstaat im friedlichen Verein mit anderen Nationalstaaten. Daß solche Gedankenexperimente, besonders wenn sie wie bei Novalis in poetischer Metaphorik ans Licht traten, den Mißverständnissen Tür und Tor öffneten, ist an früherer Stelle erörtert worden (Bd. 1, S. 192 ff.).

Von sehr viel größerer Konkretheit war Fichtes «philosophischer Entwurf» *Der geschlossene Handelsstaat* (1800), die oft weitsichtige, aber auch kuriose Spekulation eines akademischen Lehrers über die praktische Handhabung von Politik und Wirtschaft. Schelling hat das Buch einmal «das wahre Urbild der preußischen Handelsverfassung» genannt, «nur versteht sich, mit einer die Wirklichkeit übertreffenden Konsequenz». Denn auch Fichte sprach freilich nicht über real Vorhandenes, sondern über eine utopische Konstruktion. Deutlich setzte er sich von der negativen Funktion des Staates ab, wenn er behauptete, Aufgabe des Staates sei nicht, «den Bürger in demjenigen Besitzstande, in welchem man ihn findet, durch das Gesetz zu erhalten», vielmehr sei es nötig, ihn «in den ihm zukommenden Besitz erst einzusetzen». Fichte entwickelte deshalb eine Mischung von sozialistischen, liberalistischen, wohlfahrtsstaatlichen und totalitären Forderungen, die den Entwurf ebenso impraktikabel wie herausfordernd machten, war doch darin bereits eine Vorahnung von den kommenden Selbstbehauptungskonflikten europäischer Nationalstaaten im 19. Jahrhundert enthalten. Zugleich aber deutete Fichte schon auf einen anderen großen Konflikt, der sich in der modernen Industriegesellschaft – von der Fichte noch keine Vorstellung haben konnte – innerhalb der Menschen selbst ereignete und seither mit dem Begriff der Entfremdung umschrieben worden ist. Über dem Bestreben, «Alles zu seyn», so meint Fichte, seien wir schließlich «nichts recht und ganz geworden», und in dem Bestreben, »allenthalben zu Hause« zu sein, befänden wir uns am Ende »nirgends zu Hause«. Was Marx später von einer Veränderung der Produktionsverhältnisse erwartete, das setzt Fichte hier als Hoffnung in den geschlossenen Handelsstaat, der dem Bürger eine Art absoluter Heimat und die Erlösung aus aller Entfremdung bieten sollte.

Wie in seiner Philosophie, so spielte auch in seinem Staatsdenken die Geschichte für Fichte keine maßgebliche Rolle, und selbst in den auf deutsche Tradition so stark reflektierenden *Reden an die deutsche Nation* geht es mehr um dauernde Charakteristika der Nationen als um solche, die von der jeweiligen geschichtlichen Situation abhängig sind. Damit ist zugleich Fichtes Position in der Ideengeschichte dem um acht Jahre jüngeren Hegel gegenüber bezeichnet. Bestärkt wurde Fichte in seiner Einstellung zur Geschichte durch die Überzeugung, in der Wissenschaftslehre ein philosophisches Denksystem geboten zu haben, das alles Denken und Wissen von nun an auf unumstößliche Gesetze gebracht und damit Geschichte transzendiert hatte.

Adam Müller

Für eine Staat und Geschichte verbindende politische Theorie erlangte in den Jahren nach 1806 Adam Müller besondere Bedeutung. In den Augen akademischer Schulphilosophen und Staatswissenschaftler war Müller allerdings letztlich immer nur Dilettant, ein Laie und Publizist, der sich in die Politik und Philosophie mischte. Wohl hatte er in Göttingen Staatswissenschaften studiert und seine Publikationen auf diesem Gebiet mit einem Aufsatz über Fichtes *Geschlossenen Handelsstaat* begonnen (1801), aber dann war er in den preußischen Staatsdienst und später in den österreichischen getreten und hatte sich über vieles zu verbreiten begonnen, über eine Philosophie vom Gegensatz, über Ästhetik allgemein und über das Drama insbesondere sowie über «deutsche Beredsamkeit», als es in den kritischen Jahren des Kampfes gegen Napoleon um die Selbstbesinnung auf nationale Identität ging (vgl. S. 44 f.).

In einer Zeit, in der sich die Literatur von der Theorie trennte, in der die Personalunion zwischen Dichter und Literaturtheoretiker schwand, war Adam Müller neben Joseph Görres eine hervorragende Vermittlergestalt zwischen Kunst und Theorie. Nicht nur persönliche Beziehungen verbanden ihn mit den Literaten, mit Kleist, Friedrich Schlegel, Eichendorff oder Zacharias Werner. Ein sich über strenge Kausalitäten hinwegsetzendes Denken sowie rhetorisches Talent und die Bildlichkeit der Darstellungsweise rückten ihn zuweilen selbst der Literatur nahe. Es ist das Essayistische in seinem Werk, das diesem sein besonderes Gepräge gibt und das sich zugleich allgemein zu einem Mittel für die Überbrückung des zunehmenden Abstandes zwischen Literatur und eigentlicher, strenger Theorie herausbildete.

Müller hat seine Gedanken zum Staat in dem Buch *Die Elemente der Staatskunst* (1809) dargelegt, die auf einer Dresdner Vorlesungsreihe im vorausgehenden Winter basieren. Fortan blieben Staat und Volkswirtschaft sein zentrales Thema. Müller bricht drastisch mit den aufklärerischen Vorstellungen vom Staat als einer durch Vertrag zustandegekommenen politischen Institution zum Schutze der Bürger, also mit dem, was auch gern als Nachtwächterstaat verspottet worden ist. Für Müller ist der Staat in der Natur des Menschen gegründet, «die Totalität der menschlichen Angelegenheiten, ihre Verbindung zu einem lebendigen Ganzen». Ein lebendiges Ganzes aber ist nun nichts anderes als ein Organismus, und mit diesem der Naturwissenschaft und Naturphilosophie entlehnten Begriff operiert Müller freigebig, der Anregung Schellings folgend, der zuerst diese Analogie hergestellt hatte, als er in den *Vorlesungen über die Methode des akademischen Studiums* (1803) Natur und Geschichte in Abhängigkeit voneinander brachte und erklärte:

> «Die vollendete Welt der Geschichte wäre demnach selbst eine ideale Natur, der Staat, als der äußere Organismus einer in der Freiheit selbst erreichten Harmonie der Nothwendigkeit und der Freiheit. Die Geschichte, sofern sie die Bildung dieses Vereins zum vorzüglichsten Gegenstand hat, wäre Geschichte im engern Sinn des Wortes.»

Jeder lebende Organismus aber befindet sich in ständiger Entwicklung und Veränderung, so daß auf diese Weise neben der räumlichen Dimension der Natur nun auch die zeitliche der Geschichte in Müllers Staatslehre eingebracht wird. Die Verbindung von Natur und Geschichte wiederum manifestiert sich für ihn im Bereich der menschlichen Gesellschaft am deutlichsten in der Familie. Der Staat ist ihm deshalb «nichts andres als die erweiterte Familie» und beide «eine Allianz der vorangegangenen Generationen mit den nachfolgenden, und umgekehrt». So kommt letztlich für Müller der Staat «zugleich mit dem Menschen eben daher, woher der Mensch kommt: aus der Natur: – aus Gott, sagten die Alten», und Müller hat den Alten im Laufe der Zeit immer kräftiger beigepflichtet.

Uralte Vorstellungen von einem großen Ganzen der Natur und des Universums hatten sich in den neunziger Jahren des vergangenen Jahrhunderts erneut belebt durch die Entdeckungen der auf Polaritäten aufbauenden Grundgesetze der Verbrennung und der Elektrizität; Johann Wilhelm Ritters Buch über den Galvanismus (1798) zum Beispiel klang in einen Hymnus auf ein «organisches All» aus, dem die gesamte Schöpfung angehörte (Bd. 1, S. 197). Die damals gern gebrauchte Gleichung zwischen Universum und Mensch als Makroanthropos und Mikrokosmos entstammte der gleichen Ganzheitsvorstellung. Auch Goethes Entwicklungslehre von der

Metamorphose der Pflanzen und Tiere hatte organistisches Denken zur Grundlage, und die «Allianz der Generationen» spielte in seinen literarischen Alterswerken, insbesondere dem Wilhelm-Meister-Roman, eine bedeutende Rolle.

Die politischen Schlußfolgerungen, die Adam Müller aus den Thesen und Hypothesen der Naturphilosophie zog, entfernten ihn jedoch beträchtlich von der Richtung auf Neues und Zukünftiges. Nichts anderes als «die göttliche Institution des Adels» sollte für ihn das «vorzüglichste Bindemittel» für Staat und Gesellschaft darstellen, die «Allianz der Generationen» repräsentieren und «tausendjähriges Recht» mit «augenblicklichem Nutzen» in Einklang bringen. Im Geburtsadel, denn der vor allem war gemeint, vereinigten sich sichtbar Vergangenheit und Zukunft. Dergleichen war zwanzig Jahre nach dem Beginn der Französischen Revolution starker, unmißverständlicher Konservatismus, zu dem sich Müller von der Revolutionskritik des Comte Joseph de Maistre und des Vicomte Louis de Bonald, insbesondere aber von derjenigen Edmund Burkes hatte anregen lassen und dazu noch durch Burkes deutschen Übersetzer Friedrich Gentz, zu dem Müller seit 1801 verehrende Freundschaft hegte und dem er sein Leben lang verbunden blieb. Auch Gedanken aus Novalis' *Glauben und Liebe* gingen in Müllers *Staatskunst* über, wenn er im Rahmen seines Konzeptes die Vereinigung von Monarchie und Republikanismus erwog, worunter er allerdings die Unterordnung des Streites »aller der unendlichen Parteien, deren Konflikt die bürgerliche Gesellschaft ausmacht«, unter ein monarchisches Regime als «höchst lebendige Entwickelung des Gesetzes» verstand und keineswegs die Erziehung der Staatsbürger zur allgemeinen «Thronfähigkeit» durch das Vorbild des schon Erzogenen. Anders als Novalis richtet Müller seinen Blick auf die Realitäten der Gegenwart, auf die Zukunft aber nur insoweit, als sie «organisch» aus der Gegenwart hervorgehen sollte.

Es ist in diesem Zusammenhang unerheblich, ob Ehrgeiz und Karrierismus entscheidende Motive bei der Herausbildung von Müllers politischen Anschauungen waren. Später, 1825, da das Adelsprädikat für ihn als verdienten österreichischen Staatsbeamten noch immer ausblieb, hat er sich bei Gentz beklagt: «Nach der Herstellung der Geburtsrechte, bei der wir selbst tätig genug gewesen, steht in Deutschland der Adelsunterschied schroffer als je da.» Gentz solle da doch beim Fürsten Metternich noch einmal für ihn vorstellig werden; auf Publizität sei man bereit zu verzichten: «Der Fürst soll sehn, daß ich, in gesellschaftlicher Hinsicht, mich so allmählich in den Adel einschwärzen will, daß zuletzt jeder hierlandes zweifelhaft werden soll, ob ich nicht von jeher dazu gehört» (24.11.1825). Die Nobilitierung ist dann schließlich auch gelungen, obwohl der Fürst sich über den Staats- und Wirtschaftstheoretiker Müller amüsierte, der in seinen späten Jahren selbst im Sommer einen Schafspelz trug, nur um aus Protest gegen die Industrialisierung nicht von Maschinen hergestellte Stoffe tragen zu müssen. Denn Müllers Lehre vom Staat als lebendigem Organismus lief auf Antikapitalismus und Antiindustrialismus hinaus und beschränkte dadurch von vornherein ihre praktische Bedeutung in einem Zeitalter, in dem sich Kapital und Industrie als die großen anonymen Triebkräfte der Gesellschaft konstituierten. Aber gerade aus dem Boden des Widerstands gegen die Zeit wuchs auch Müllers Idealismus hervor, der seinem Buch noch stellenweise Reiz und Interesse verleiht.

Am nachdenkenswertesten ist wohl Müllers Konstitution eines «geistigen Nationalkapitals» als Gegenkraft gegen die vom Finanzkapital bewirkte Arbeitsteilung. Besteht das eine dieser Kapitalien aus Geld, so das andere aus Sprache. Was Müller als geistiges Kapital vorschwebt, ist demnach die in sprachlicher Überlieferung gesammelte Erfahrung einer ganzen Nation – Erfahrung, die sich auf den gesamten Bereich des in «Sprache, Rede und Schrift» Festhaltbaren bezieht, auf das «Erfahrungskapital, welches im Feldbau und in der Stadtwirtschaft vermittelst der Sprache angewendet, mitgeteilt und in Bewegung gesetzt wird», ebenso wie auf das «geistige Kapital» von Wissenschaft und Kunst. Arbeitsteilung registriert Müller allerdings auch auf dem Gebiet des geistigen Kapitals in «wissenschaftlicher Industrie, wissenschaftlichen Märkten», Journalen, Universitäten und Akademien. Was deshalb fehle, sei ein «Nationalkapital des wissenschaftlichen Glaubens», eine «allgemein anerkannte Basis von Nationalerfahrungen und Nationalgeschichte», denn eben darin sah er die eigentliche Gegenkraft gegen alle Arbeitsteilung und den Zerfall der Gesellschaft in anonyme Interessengruppen.

So bemerkenswert Müllers Idee vom geistigen Kapital ist, so schwer ist es, sich vorzustellen, worauf er sie in dem realen Kontext seiner politischen und ökonomischen Vorschläge bauen wollte. Dieser Utopismus zusammen mit der Forderung, den Staat «mit Religion zu tränken» und Christus als «den Mittelpunkt der Familie, des Staates, der Menschheit, der Weltgeschichte» zu betrachten, haben dazu geführt, daß man in ihm den Ausbund romantischer Staatslehre sah. Die Zuordnung jedoch – am ausgeprägtesten in Carl Schmitt-Dorotićs Buch *Politische Romantik* (1919) – bleibt fragwürdig. Es geht dabei nicht um die Begriffsdefinition schlechthin, sondern um das differenzierte Urteil über historische Entwicklungen. Müller ist nicht der legitime Erbe der Staatsgedanken von Novalis. Dessen Experiment des Romantisierens politischer Gegebenheiten führte zum Ideal einer freien Menschengesellschaft ohne Rücksicht auf Rang und Stand. Der Spott über Goethes Romanheld Wilhelm Meister auf der «Wallfahrt nach dem Adelsdiplom» entfernte ihn meilenweit von Müllers anbiederndem Lob dieses Standes. Daß der Naturwissenschaftler, Bergbau- und Salinentechniker Friedrich von Hardenberg je Technik und Industrie hätte verachten können, ist ebenfalls höchst unwahrscheinlich. Es führt keine direkte Bahn von den politischen Gedanken des Jenaer Kreises zu den Anschauungen Adam

Müllers. Wo dieser sich unmittelbar auf Novalis bezieht – und das tut er
verschiedentlich in seinen Schriften – entsteht der Eindruck, daß er sich
eher mit den Ansichten des Älteren, Adligen, zu gewissem Ruhm Gekommenen und inzwischen Verstorbenen schmückt, als daß er diese Ansichten
verstehend aufnimmt und weiterführt. Von seinem restaurativen Denken
her ist Müller jedenfalls nicht für den Bereich des Romantischen qualifi-
ziert. Fraglich bleibt, ob sein Idealismus als Ästhetisierung der Politik
beschrieben werden darf. Ganz sicher trennt ihn die schon erwähnte essayistische Qualität seiner Schriften von den eigentlichen Theoretikern des
Konservatismus wie Karl Ludwig von Haller, der mit seinem Werk *Die
Restauration der Staatswissenschaft* (1816–34) der ganzen Epoche den
Namen gab, oder auch von August Wilhelm Rehberg. Aber ob eine solche
ästhetische Qualität ausreicht, Müller in die hypothetische Konstruktion
einer ‹politischen Romantik› einzureihen, läßt sich bezweifeln. Müller hat
in seiner Schrift *Die innere Staatshaushaltung* (1820) jeden «politischen
Mystizismus» verurteilt, der sich auf die verderbliche Anmaßung gründe,
alles eigenmächtig leiten und anordnen zu wollen, und der «das Gelüste,
Gott gleich zu sein, erst recht auf den Thron» hebe. Solchem Gelüste
gegenüber rechnete Müller es sich zur Ehre an, «für einen rückläufigen
Obskuranten zu gelten», und sein letztes politisches Credo ist in dem Satz
ausgedrückt: «Wir kennen nur Eine Tür zur wahren Freiheit, zur wesentlichen Weltverbesserung, und dies ist der christliche Gehorsam gegen die
sichtbare geistliche und weltliche Autorität.» Will man nicht, daß ein Begriff
zugleich sich selbst und sein Gegenteil bezeichnet, so wird man angesichts
solcher Bekundungen von der Einordnung Müllers unter den Begriff
Romantik Abschied nehmen müssen.

Friedrich Schlegel

Komplizierter liegen die Dinge bei Friedrich Schlegel, weil er nun tatsächlich zu den Begründern der Romantik in der deutschen Literatur gehört
hat. Er war es, der das Romantische zuerst definiert und am wirkungsvollsten propagiert hat, so daß die «romantische Schule» in Deutschland für
lange Zeit als synonym für eine «Schlegelsche Schule» galt, auch wenn
Schlegel selbst von einer «Schule» nichts wissen wollte. Es gehört zu den
Anliegen der Friedrich-Schlegel-Forschung, die immanente Konsequenz
seiner geistigen Entwicklung zu suchen, einer Entwicklung, die den kri-
tisch-ironischen Sohn eines lutherischen Generalsuperintendenten aus Hannover zum adelsbewußten katholischen Mystiker im Österreich der Restauration führte. Schlegel selbst war sich der Konsequenz nicht so ganz sicher,
wenn er aus der in den Jahren zwischen 1822 und 1825 veranstalteten
Gesamtausgabe seiner Schriften die *Lucinde* samt den *Athenaeums*-Frag-
menten und einer Reihe früher Rezensionen verbannte. Daß es Jugendsün-

den zu bereuen gibt, ist nichts Außergewöhnliches, und zu dem Bild, das Schlegel in Metternichs Wien von sich sehen wollte, mochten diese so viele Konventionen provozierenden Texte tatsächlich nicht passen. Aber zugleich sind sie eben doch für die Literaturgeschichte dasjenige, was Schlegel überhaupt erst seinen Platz darin gegeben hat und ihm den Anspruch darauf erhält.

Mit dem Übergang nach Österreich nahm Schlegel allmählich von der Literatur wie der Literaturtheorie Abschied; der Abschied vom Protestantismus ging um ein paar Schritte voraus – die Konversion war am 18. April 1808 erfolgt. Daß eine derartige Wandlung manche äußeren Anlässe hatte, ist nicht zu übersehen. Der Krieg verwies auf den Leichtsinn der jugendlichen Gedankenspiele, und die Existenz als freier Schriftsteller war schwer zu finanzieren; keine Madame de Staël kam ihm dabei, wie dem Bruder, zu Hilfe, und er hat zeitlebens nicht in gesichertem Wohlstand und ohne unmittelbare Abhängigkeiten gelebt. Der Katholizismus bot für ihn und seine Frau Dorothea, vormals Brendel Mendelssohn, eine Art Heimat als dritte, gemeinsame Konfession nach Protestantismus und Judentum. Ein starker Ehrgeiz, dessen Dimensionen nur zu ahnen sind, blieb Antrieb für vieles. «Für unsern Ruhm» sei das Gelingen der Wiener Vorlesungen des Bruders «von ganz entscheidendem Gewicht und Erfolg», schreibt Friedrich ihm im April 1808, und bald darauf schreibt er von «unsren großen Zwekken» (10.9. 1808). Gedacht haben mag er an eine Fortsetzung der Präzeptoren-Rolle, die Friedrich und August Wilhelm Schlegel zu Zeiten des *Athenaeums* innehatten; jetzt mochte er sie in größerem Maßstab suchen. Daraus ist dann allerdings nichts geworden, und die Brüder zerfielen untereinander, woran in erster Linie Friedrich Schlegels Eintauchen in den göttlichen Urgrund schuld war.

Das intellektuelle Volumen Friedrich Schlegels war jedoch zu groß, als daß seine Entwicklung und Wandlung in der Hauptsache von äußeren Gründen hätten abhängig sein können. Da stand er dann doch bedeutend über Adam Müller, dem Gefährten der Wiener Jahre, der übrigens bei der Nachricht von Schlegels Tod im Januar 1829 einen Schlaganfall bekam und fünf Tage nach ihm in die von beiden viel erörterte Ewigkeit einging. Es gibt gewisse Leitlinien in Schlegels Denken, mit denen sich tatsächlich manche scheinbaren Kontraste in seiner Gedankenwelt verbinden lassen. Das wird bei seiner Einstellung zu Staat und Geschichte besonders offenbar.

Schlegels früheste zusammenhängende Äußerung zu diesem Thema ist sein *Versuch über den Begriff Republikanismus* (1796), der ebenfalls nicht in die Gesamtausgabe von 1822 aufgenommen wurde; es war seine Auseinandersetzung mit Kants Traktat *Zum ewigen Frieden* (Bd. 1, S. 170 ff.). Prägend für Schlegels späteres Denken war darin die Forderung «Gemeinschaft der Menschen soll seyn» und «Der Staat soll seyn», was in seinem Kern bereits die Hinwendung zu einer positiven Staatsvorstellung andeutete. Daß der Staat zugleich republikanisch sein solle, wie Schlegel damals hinzufügte, hat er später allerdings revisionsbedürftig gefunden. Zur zweiten Konstante seines Denkens wurde der Verweis auf die Geschichte; nur aus der «Theorie der politischen Geschichte» lasse sich, so meinte er, das Verhältnis zwischen politischer Erfahrung und politischer Vernunft bestimmen, mithin also Politik überhaupt als Vermittlung zwischen idealen Zielen und realen Gegebenheiten. So sehr sich Schlegel später von dem aufrührerischen Lob des Republikanismus abwandte, so sehr hatte er sich doch im Umkreis von Überlegungen zur Geselligkeit romantischer Universalpoesie eigene Grundlagen für seine Einstellung zu Staat, Politik und Geschichte geschaffen. Geschichte trat nach 1806 immer dominierender in das Zentrum seines Interesses. 1810 hielt er in Wien Vorlesungen *Über die neuere Geschichte*, 1814 über die *Geschichte der alten und neuen Litteratur*, zwischen 1820 und 1823 veröffentlichte er als Kernstück in der von ihm gegründeten Zeitschrift *Concordia* Betrachtungen zur *Signatur des Zeitalters* als kritischen Blick auf die Gegenwart aus den Augen eines theokratisch denkenden Historikers, und auch die letzte abgeschlossene Vorlesungsreihe seines Lebens galt einer von göttlicher Lenkung überzeugten *Philosophie der Geschichte* (1828).

Aus der Wahrnehmung ihrer Zugehörigkeit zum christlichen Europa und dessen eigener Tradition der Antike gegenüber hatten Schlegel und seine Jenaer Freunde in den neunziger Jahren ihren romantischen Universalismus entwickelt, der sie allerdings über die Grenzen des Christentums hinausführte, indem sie den europäischen Kontinent zwischen «die Eisenkraft des Nordens» und «die Lichtglut des Orients» plazierten, wie Schlegel 1802 in seiner *Reise nach Frankreich* schrieb. Sein eigenes Interesse für den Orient freilich blieb, so fruchtbar es auch durch das Indien-Buch wurde (vgl. S. 228 ff.), dennoch Episode; der Orient wurde zur wissenschaftlichen Domäne des Bruders. Denn sah sich der im deutschen Lande lebende Friedrich Schlegel nach 1806 immer stärker genötigt, auf nationale Interessen zu achten, so konnte sich August Wilhelm Schlegel, in Coppet und auf Reisen ohnehin mehr Europäer als Deutscher, von politischen Bindungen und Verpflichtungen weitgehend freihalten.

Die Hauptfrage «unsers Zeitalters», so erklärt Friedrich Schlegel in seinen Vorlesungen *Über die neuere Geschichte*, sei «die große Frage von der gesellschaftlichen Verfassung», «von der Möglichkeit, das wesentlich Gute und Wohltätige der alten Verfassung, in den neu entstandenen Weltverhältnissen zu erhalten». Für Deutschland heiße das Rücksicht auf «die großen Kräfte und Formen des Staats», die für ihn Kirche, Kaisertum und «Rittergeist» darstellen, also geistliche, politische und gesellschaftliche Macht, denn der Verweis auf den «Rittergeist» bedeutete nichts anderes als die Respektierung einer ständischen Gliederung mit der Vormachtstellung des Adels. Schlegels Ansichten sind also von einem den Anschauungen Adam

Müllers vergleichbaren Konservatismus geprägt, und die Nation hat er wie dieser als «große allumfassende Familie» gesehen, wofür der Adel das Modell bot. Aus diesem Aspekt und um der Gegenwart willen betrachtet Schlegel in den Vorlesungen deutsche Geschichte nicht wegen der Einzelheiten und zufälligen Analogien von Fall zu Fall, sondern um am Beispiel dreier «welterschütternder Zeitalter», der Völkerwanderung, der Kreuzzüge und der Reformation, die Wirksamkeit und Bedeutung ihrer «großen Kräfte» aufzuweisen. Als Folgerung, so meint Schlegel, könne man sagen, «die deutsche Geschichte, von der ältesten bis auf die neuesten Zeiten, sei eine natürliche und höchst lehrreiche Theorie des wahren Staats, d. h. der ständischen Verfassung». Oder noch deutlicher: es gebe «kein besseres Gegengewicht gegen den Andrang des Zeitalters als die Erinnerung an eine große Vergangenheit».

Was Schlegel hier entwickelt, war nun freilich nicht nur dem österreichischen oder deutschen Adel zu Gefallen gesagt. Solcher Konservatismus hatte vielmehr tiefere Wurzeln in den frühen Entgegensetzungen von romantischer und antiker Tradition und in der Überzeugung von der Geschichte als Vermittlerin zwischen Erfahrung und Vernunft, was wiederum zurückging auf die Urerfahrung von Schlegels Generation, auf die Französische Revolution und das Verhältnis, das die Deutschen dazu unter ihren eigenen politischen und gesellschaftlichen Bedingungen finden mußten. Schlegels gesamtes Geschichtsdenken bleibt eine Auseinandersetzung mit dem Phänomen der Revolution, ihrer Unmöglichkeit unter deutschen Umständen und ihrer Fragwürdigkeit unter allen Umständen. Die Zeitgeschichte und der Aufstieg Napoleons konnten solchen Bedenken durchaus recht geben. Außerdem blieb der Adel weiterhin die stärkste gesellschaftliche und politische Kraft im Bereich des einstigen deutschen Reiches, und daß man mit ihm bei politischen Konzeptionen rechnete, war eher eine Sache des Realismus als des Idealismus. Den Realitäten gegenüber war Schlegel nicht blind. Wenn er am Ende der Vorlesungen in einer Art von Appell, vergleichbar demjenigen Schillers am Schluß von dessen Briefen *Über die ästhetische Erziehung,* vom «hohen Beruf des Adels» spricht, so erklärt er dazu ausdrücklich, daß «kein Adel, der nicht zugleich ein Adel des Geistes ist, den Kampf des Zeitalters siegreich bestehen» werde. Daß sich seine adligen Zuhörer in Wien von solchem Appell getroffen und zugleich geschmeichelt fühlen durften, weil sie sich zu einer derartigen Elite rechnen konnten, schon allein indem sie Schlegels Vorlesungen besuchten, war eine andere Sache, in der Idealität und Realität ein unvermeidbares, wenn auch etwas trübes Gemisch eingingen.

Was immer Schlegel an konservativen Gedanken in der Sphäre des Politischen und Gesellschaftlichen vortrug, er versuchte seinen Konservatismus ethisch zu begründen und womöglich vor dem Verdacht der Gefälligkeit zu bewahren durch den Bezug auf den «milden und liebevollen Geist des Chri-

stentums». Was als Schritt ins Konservative erscheinen mag, war doch in
Wirklichkeit als Bewahrung von Integrität gedacht, als Setzung eines Wertes über aller Politik und Geschichte, über nationale Gesinnung und Standesbewußtsein, als Bewahrung eines universellen Wertes, der mithin an den
alten romantischen Universalismus der Jugendzeit erinnerte. Wandlungen,
solange sie nur echt sind, haben ihre eigene Dialektik und ihre eigenen
Bewegungsgesetze, über die die Betroffenen nicht frei herrschen können. In
diesem Sinne ist der christliche Mystiker Friedrich Schlegel im Wien der
Heiligen Allianz tatsächlich aus dem romantischen Universalisten in Jena
hervorgewachsen.

Die Darstellung des Zusammenwirkens der drei Kräfte Gesellschaft,
Politik und Religion bildet in den Vorlesungen das Ziel Schlegels bei der
Behandlung der drei Zeitalter in der deutschen Geschichte. Mit einer Art
Geniestreich bewältigt der zum Katholiken gewordene Pastorensohn dabei
die Reformation, indem er der Gestalt des Reformators die des christlichen
Kaisers Karl V. gegenüberstellt und ihn als Mann vorführt, «welcher
Europa und sein Zeitalter, alle schwer zu lösende Verwirrungen, alle
furchtbar drohende Schicksale desselben in seiner Brust und seinem Geiste
umfaßte, trug und überschaute», als eine Gestalt von «wahrer Größe»,
deren gewöhnliches Los allerdings ist, «verkannt zu werden». Ihm gegenüber, der politische Macht und ethische Verantwortung, Weltliches und
Geistliches, Deutschland und Europa, Glanz und Entsagung in sich vereinigte, muß Luther notwendigerweise begrenzt erscheinen, ohne daß eigentlich Kritisches über ihn gesagt zu werden braucht. Karl V. hat Schlegels
ganze Liebe und Bewunderung gegolten. Ursprünglich – um 1807 – wollte
er ihn sogar zum Helden eines Dramas machen, in dem auch Luther, Hutten und Sickingen ihre Rolle zu spielen hatten. Aber mit dem Abschied von
der Literatur ist es dann bei Plänen dafür geblieben. Stattdessen konnte
Schlegel sein Idol als Lichtgestalt der Vergangenheit in den Vorlesungen
vorführen und als Gegengewicht gegen das Zeitalter, so wie er es für das
Studium und den Vortrag der Geschichte forderte, der in seiner essayistischen Meisterschaft die Ursprünge aus der Literatur nicht verleugnen
konnte.

Vergangenheit und Gegenwart in der Spanne des eigenen Lebens sind,
verbunden mit einem Blick in die Zukunft, der Gegenstand von Schlegels
umfangreicher dreiteiliger Schrift über die *Signatur des Zeitalters*. Drei
Generationen sieht er in diesem Zeitalter am Werk, die eine in der Zeit von
1763 bis 1789/90, also vom Ende des Siebenjährigen Krieges bis zum Ausbruch der Französischen Revolution, die nächste von 1792 bis 1814, also
vom Beginn der Koalitionskriege bis zum Ende von Napoleons Herrschaft
über Europa, und die dritte schließlich seit 1814. Von den geschichtlichen
Ereignissen ist es allerdings nur die Revolution, die als eine wirkliche Triebkraft der Geschichte betrachtet wird, und unter den Persönlichkeiten allein

Napoleon. Um die Geschichte als Vermittlerin zwischen Erfahrung und Vernunft, um politische Geschichte als Spiegel der in ihr wirksamen Kräfte und Ideen geht es Schlegel in diesem Werke allerdings nicht in gleichem Maße wie in seinen Vorlesungen *Über die neuere Geschichte* und später dann noch einmal in denen über *Philosophie der Geschichte* – dort sollten die Ideen unmittelbar am Werk gezeigt werden.

War, so heißt es in der *Signatur des Zeitalters*, die Periode der ersten Generation diejenige der «sogenannten *Aufklärung*» gewesen, im Politischen also eine der «bloß negativen Ordnung und Ruhe» und zugleich der *«moralischen Auflösung»* aller Stützen, Bande und Verhältnisse der politischen wie der intellektuellen Welt, so hatte sich in der zweiten aus der mechanistischen Staatsauffassung ein kräftiges, revolutionär gewordenes Nationalgefühl erhoben und in der «neuen deutschen Philosophie» zugleich ein erneutes «Suchen nach dem göttlichen Glauben». Schlegel beschreibt also darin die Zeit seiner eigenen Anfänge – denn nichts anderes als die gemeinsamen Jugendversuche mit Schelling und Novalis sind hier gemeint –, und er beschreibt sie als eine Vorstufe für sein gegenwärtiges Denken in der Absicht, eine gewisse Konsequenz seiner Entwicklung darzulegen.

«Und wenn auch nur wenige ganz durchgedrungen sind, wenn auch manches anfangs noch unvollkommen geblieben ist, und viele aus dem Labyrinth der Spekulation die Rückkehr nicht unmittelbar zu der göttlichen Offenbarung genommen, sondern zunächst sich an die Offenbarung der Natur gehalten, und an dem reichen Lebensquell, der da unter dem atomistischen Staub der falschen ungöttlichen Wissenschaft versteckt lag, zunächst wieder angeschöpft haben; so ist doch das Resultat des Ganzen schon für jetzt größtenteils ein erfreuliches zu nennen, da ohnehin eine geistige Erkenntnis der Natur und ihrer Offenbarung, wenn diese lebendig und mehr als dynamisch erfaßt wird, bei gründlichen wissenschaftlichen Charakteren früher oder später zu Gott und zur glaubensvollen Anerkenntnis der göttlichen Geheimnisse führt und führen muß.»

So sah nun der achtundvierzigjährige Friedrich Schlegel aus der Distanz von zwei Jahrzehnten sich selbst und seinen Jenaer Freundeskreis, der sich unter der Losung des Romantischen und des Romantisierens versammelt hatte. Seine Einschätzung rationaler Naturwissenschaft als «falsch» und «ungöttlich» wirkte freilich für ein Zeitalter, in dem diese selben Naturwissenschaften gerade durch Technik und Industrie zur universalen Macht aufstiegen, weltfremd und retrograd; erst ein späteres Zeitalter hat Verständnis für derartige Bedenken angesichts der ethischen Verantwortungslosigkeit dieser Macht bekommen. So ist es sehr stark die Auseinandersetzung mit dem Dilemma allen Fortschritts, die Schlegels Schrift durchzieht, ohne daß er dieses Dilemma allerdings als solches begriff und begrifflich fassen konnte.

Das wird bei seiner Charakterisierung der dritten Generation noch deutlicher. In ihr nämlich ist in Schlegels Sicht «das Absolute» ins Leben getreten, hinter dem sich so etwas wie der Geist dieses neuen, technisch-naturwissenschaftlichen Zeitalters verbirgt, also das Gefühl von der absoluten Macht des Menschen über die Erde. «Hohen Ernst» sieht Schlegel zwar am Werke, aber zugleich eine zerstörerische Radikalität. Der Mord an Kotzebue, auf den er anspielt, ist für ihn ein Symptom von Radikalität im Politischen. Als allgemeinen Charakterzug der Zeit aber nimmt er in diesem Zusammenhang wahr, »daß jetzt *alles* sogleich *zur Partei* werde, selbst Gott. Damit erkennt er zwar durchaus einen wesentlichen Bestandteil der modernen Entwicklung von der persönlichen Herrschaft des Feudalismus zur Machtausübung von Interessengruppen, die sich durch Ideologien und damit durch Sprache legitimieren müssen, aber er verkennt wiederum die historische Bedeutung einer solchen Entwicklung. Das probate Mittel gegen die Macht der Parteien ist für Schlegel das von Müller her Vertraute: ein christlicher Staat, der die «organische» Ordnung der «Korporationen», also der Stände und ihrer Institutionen, wahrt und der selbst eine «bewaffnete Friedenskorporation» darstellt, um alle auf seine Zerstörung gerichteten Elemente zu unterdrücken. Es ist Friedrich Schlegels Versuch zur Rechtfertigung der Karlsbader Beschlüsse und der Demagogenverfolgung, selbst wenn er es so direkt nun auch wieder nicht gemeint haben mag.

Die Begrenzung von Schlegels Analyse seines Zeitalters besteht, wie gesagt, darin, daß er für die neue Macht von Technik, Industrie und Kapital sowie für den im Wort öffentlich ausgetragenen Kampf der Interessen von Gruppen oder Parteien noch keinen Blick besaß und sein Verständnis der Geschichte ihm auch eine solche Erkenntnis verbaute. Mit der Berufung auf eine organische Entwicklung ließ sich eben nicht mehr viel anfangen zu einer Zeit, als mit der industriellen Revolution eine Verwandlung der Erde und des menschlichen Daseins einsetzte, die nicht mehr an jahrtausendealte gesellschaftliche Traditionen gebunden war, sondern etwas ganz und gar Neues schuf. So bleiben Schlegels Thesen zum christlichen Staat blaß und eine Forderung wie diejenige zur «aufrichtigen Annäherung, oder entschiednen Rückkehr» der protestantischen deutschen Staaten «zu den katholischen Staatsgrundsätzen» anachronistisch. August Wilhelm Schlegel sagte sich angesichts solcher Forderungen im Namen «meines Vaters, meines älteren Bruders, und so vieler Vorfahren, welche nicht nur Anhänger, sondern seit mehr als 200 Jahren Prediger des evangelischen Glaubens waren», von seinem Bruder los.

Friedrich Schlegel dachte in weltgeschichtlichen Dimensionen. Geschichte stellt für ihn Heilsgeschichte dar, ein großes Drama, in dem man inzwischen über die Mitte hinaus war. Visionen beschäftigen ihn. Er hört Hypothesen von der zukünftigen Bedeutung Amerikas, aber er bezweifelt sie freilich noch für eine «gute Anzahl von Generationen und Zeitläuften», müßte doch sonst «auch Neuholland oder Australien, als fünfter Weltteil und fünfter Akt in der Kulturgeschichte der Menschheit an die Reihe kommen». In letzter Konsequenz führt die heilsgeschichtliche Perspektive Schlegel bei seiner Auffassung vom christlichen Staat schließlich zur Suspendierung der Geschichte, wenn es um die Aufgabe des Staates geht, sich gegenüber dem Streit von Parteien und anderen «kriegführenden Elementen» kraftvoll durchzusetzen: «*Nicht* an den Enden und Extremen, und *nicht in der Mitte* liegt die Lösung des großen Problems, sondern einzig und allein in der *Tiefe*, und in *der Höhe*.» Das klingt wie eine Vorübung zu Nietzsches Gedanken über den Nutzen und Nachteil der Historie fürs Leben, es klingt aber auch wie eine letzte Reflexion auf die einstmals erhoffte Wirkung romantischer Universalpoesie. Auf Glauben und Liebe, die Novalis als ideales Bindemittel seines romantischen Staates betrachtet hatte, kommt denn auch Friedrich Schlegel noch einmal in seinen Vorlesungen über die *Philosophie der Geschichte* zurück als Prinzipien, auf denen Republik wie Monarchie beruhen sollen. Bei der ersteren seien es der Glaube «an das alte rechtliche Herkommen» und die Liebe «zu den altväter- lichen Sitten», die das Fundament des Staates zu bilden hätten, was sie dann dem «innern Prinzip nach» der Monarchie befreunde. Diese aber beruhe auf dem «Glauben an das alte Recht» und der «Liebe zu dem angestammten Herrscher, und Regentenstamm». Zwar hatte auch Novalis einst von einer Vereinigung zwischen König und Republik geträumt – «wären die Men- schen schon das, was sie sein sollten und werden können» –, aber wenn er die «Familienform» als die «schönste», «poetische» und «natürliche» Form des Staates betrachtete, so war sein Ziel nicht wie bei Schlegel Ordnung und Unterordnung, sondern das Erwachsenwerden. Nicht die dynastische Familie meinte er, sondern die bürgerliche, die ursprüngliche Familie als Vereinigung von Erzogenen und zu Erziehenden. So konnten die gleichen Worte im Laufe der Zeit weit voneinander Getrenntes bedeuten.

Familie

Das 19. Jahrhundert hub langsam, sehr langsam an im deutschen Sprachbe- reich, und für manche Augen mag es in seinen ersten Jahrzehnten in gesell- schaftlicher Hinsicht kaum von dem vorausgehenden zu unterscheiden sein. Die Industrialisierung schritt nur zögernd voran, und die patriarchalische Macht des Feudalismus schien ungebrochen. Politische Kontinuität darf jedoch nicht darüber hinwegtäuschen, daß sich auch bei den Deutschen die Verbürgerlichung der Gesellschaft seit dem Beginn des Jahrhunderts aus- breitete, obwohl dem Bürgertum gesellschaftlicher Status, politische Verant- wortlichkeit und wirtschaftliche Macht noch weithin fehlten, die es in west- europäischen Ländern wie Frankreich und Großbritannien inzwischen erreicht hatte. Diese gesellschaftliche Besonderheit hat die deutsche Geschichte bis weit ins 20. Jahrhundert hinein entscheidend und nicht zu ihrem Vorteil beeinflußt.

Anfang 1806 veröffentlichte Friedrich Schleiermacher ein Gespräch mit dem Titel *Die Weihnachtsfeier*. Der in Dialogform versierte Übersetzer Pla- tos brachte darin eine kleine Gruppe junger bürgerlicher Intellektueller mit ihren Frauen und Kindern zu einer theologischen Diskussion am Heiligen Abend in der spannungsvollen Stunde der Weihnachtsbescherung zusam- men. Was sie in einer Art populartheologischem Gespräch erörtern, läßt sich leicht als Fortsetzung von Schleiermachers Gedanken zur Innerlichkeit aller Religion erkennen, die er in seinen Reden *Über die Religion* (1799) zuerst entwickelt hatte und die von den jungen Schriftstellern des Jenaer Kreises so begeistert aufgenommen worden waren, gaben sie doch so etwas wie ein theologisches Fundament für ihre eigenen Spekulationen über die weltversöhnende Macht der Poesie. Mit seinem Dialog nun machte Schleiermacher selbst einen Ausflug in das Grenzgebiet zwischen Literatur und Theorie, denn in einer fiktiven Situation entwickelt er fiktive Charaktere mit Ansichten, die sich im Austausch bilden und präzisieren. Schleiermachers Dialog fand großen Widerhall, wenngleich Rahel Varnhagen meinte, daß er darin nicht der «Süßigkeit» widerstanden habe und seinen Lesern ganz bewußt «mit herabgestiegener Freude» ein Geschenk habe machen wollen.

Schleiermacher gestaltet aus der Schilderung christlichen «Weihnachtssinnes», wie er es nennt, ein Bild bürgerlicher Innigkeit, dessen Musterhaftigkeit für die kommende Zeit deutscher Gefühlsgeschichte leicht zu erkennen ist, auch wenn Schleiermacher selbst es nicht an kritischen Einwänden durch einen rationalistischen Dialogpartner fehlen läßt. Nicht daß der Dialog als ein Beispiel bürgerlicher Selbstentmündigung durch die Flucht vor der Wirklichkeit dienen könnte, denn gerade der Sprecher, der Schleiermachers eigenen Ansichten am nächsten steht, erklärt als Bedingung für den Gewinn des «Friedens Gottes» die Erkenntnis und Anschauung der Menschheit «als einer lebendigen Gemeinschaft der Einzelnen». Darin steckt noch ein gut Teil von der alten Freiheit des Ichs, die, von Fichte inspiriert, der wichtigste Teil bei der Operation des Romantisierens zur Verwandlung der Welt gewesen war und die auch zu den philosophischen Grundlagen der Reden von 1799 gehört hatte. Nun jedoch liegt der Akzent auf der bürgerlichen Familie, die sich am Weihnachtsabend als heilige Familie konstituiert, die Weihnachten zum «Kinderfest» macht und von der bedacht wird, ob in solcher Identifikation der Grund liegt, «daß die Mütter die Knaben lieber haben?» Das Fest selbst ist «die Verkündigung eines neuen Lebens für die Welt» und Anreiz für die Phantasie, «in welcher Gegenwart, Vergangenheit und Zukunft sich umschlingen».

Die Suche nach innerer Überwindung bürgerlicher Beengungen durch die Identifikation des Ichs mit dem Gottessohn hatte in der deutschen Literatur Goethes Werther zuerst demonstrativ vorgeführt, der sich am Tage vor dem Weihnachtsfest eine Kugel durch den Kopf schoß. Die erste Fassung des Wilhelm-Meister-Romans – *Wilhelm Meisters theatralische Sendung* – ließ Goethe am Weihnachtsfest beginnen. Werther wie Wilhelm Meister waren einzelne gewesen auf der Suche nach Heimat in der Familie, aber selbst Wilhelm Meister, der friedvollere der beiden, brachte es nur zu einem Sohn, nicht zur Familiengemeinschaft. Sie beherrschte dafür in üppiger Sentimentalität die unreflektierte Unterhaltungskunst der Gesellschaftsstücke oder moralischen Erzählungen der Jahrhundertwende. Mit diesen hat die klare, intellektuelle Erörterung der religiösen Grundlagen bürgerlicher Innigkeit in Schleiermachers Dialog nichts gemein. Aber wie kein anderes literarisches Dokument dieser Jahre macht die *Weihnachtsfeier* die Verbindung dieser Innigkeit mit religiöser Symbolik, insbesondere eben mit der des Weihnachtsfestes, anschaulich und wirft so helleres Licht auf ein

Stück Geschichte deutscher bürgerlicher Mentalität. Das Weihnachtsfest wurde ein beliebter Gegenstand der deutschen Literatur seit dem Ausgang des 18. Jahrhunderts in zahllosen Gedichten und Erzählungen, sei es nun romantisch-ironisch wie in E. T. A. Hoffmanns Märchen *Nußknacker und Mausekönig* (1816) und *Meister Floh* (1822) oder sentimental wie in Tiecks später Erzählung *Weihnacht-Abend* (1835), die schon den Kontrast zwischen Weihnachtsglück und Großstadtarmut zum Thema nimmt, der dann seine eigene Motivgeschichte entwickelte bis zu Arno Holz' und Johannes Schlafs *Familie Selicke* (1890) und darüber hinaus.

Schleiermachers Verklärung der bürgerlichen Familie in seinem Dialog wirft aber auch ein Licht auf die Bedeutung der Familie in den politischen Theorien der Zeit. Durch ihn wird augenfällig, daß zwischen zwei sehr verschiedenen Typen der Familie zu unterscheiden ist, und zwar zwischen der dynastischen des Adels, bei der der Anspruch auf politische Macht durch den Grundbesitz und die Erbfolge begründet ist, und der bürgerlichen, die zunächst keinen anderen Anspruch erhebt als den auf den Frieden Gottes. In der Hoffnung auf den Anbruch einer neuen Welt vereinigt sich romantisches mit aufklärerischem Denken. Es kann nun kein Zweifel sein, daß in einer Staatstheorie wie derjenigen von Novalis in *Glauben und Liebe* die bürgerliche Familie als Modell gemeint ist; seine Apotheose von König und Königin in Berlin war in dem Lob der «edlen Simplicität des königlichen Privatlebens», im «Bild dieses glücklichen, innig verbundenen Paars» und in seiner Verwebung «in das häusliche und öffentliche Leben» begründet. Schleiermachers heilige bürgerliche Familie in der *Weihnachtsfeier* läßt sich mit den Idealen von Novalis bruchlos verbinden. Und wenn Schleiermacher von der Kontinuität der Zeit, von der Umschlingung von Vergangenheit, Gegenwart und Zukunft spricht, so verbirgt sich dahinter die Bestätigung gegenwärtigen Wertes aus dem Identitätsgefühl mit den Ursprüngen des Christentums und um des «neuen Lebens» in der Zukunft willen. Es kann jedoch ebenfalls kein Zweifel daran herrschen, daß die Berufung auf die Familie als Keimzelle des wahren Staates bei Adam Müller und später bei Friedrich Schlegel die dynastische Familie meint; es war eine Berufung auf die Vergangenheit und die Forderung zur Aufrechterhaltung alter Vorrechte in alle Zukunft. Die Vermengung von beiden und ihrer sehr unterschiedlichen Funktionen hat zu manchen Mißverständnissen und Undifferenziertheiten bei der späteren Beurteilung dieser Anschauung geführt.

Nun war die bürgerliche Familie allerdings in der Wirklichkeit oft weit von den Idealen entfernt, die Novalis oder Schleiermacher in ihr sahen – Ideale, deren Kern die Verbindung freier Individuen durch nichts als ihre gegenseitige Liebe darstellte. Das Musterbild einer solchen idealen Verbindung hatte der junge Friedrich Schlegel in der *Lucinde* (1799) aufgestellt, und Schleiermacher hatte es in den *Vertrauten Briefen über Friedrich Schlegels Lucinde* (1800) gegenüber allen Anwürfen und Verdächtigungen verteidigt. Schlegels zunächst unkonventionelle Verbindung mit Dorothea Veit, Schellings mit Caroline Schlegel, Schleiermachers mit Eleonore Grunow, Brentanos mit Sophie Mereau oder schließlich Goethes mit Christiane Vulpius hatten Ideen und Ideale nicht nur als blasse Theorie erscheinen lassen. Rechte und soziale Achtung der Frau nahmen zu, und der *Code Napoléon* trug ein übriges dazu bei, wenn er auf solcher Basis die Ehescheidung als Akt des Zivilrechts erleichterte: «Wechselseitig können die Ehegatten auf Ehescheidung klagen wegen Excessen, harter Mißhandlungen oder grober Beleidigungen des einen gegen den anderen» (Art. 231). In rasch zunehmendem Maße wurde die Ehe zum Problemgegenstand der Literatur, und zwar besonders dort, wo bürgerliches und feudales Liebes- und Eheverständnis sich vermengten und kollidierten, wie in Goethes *Wahlverwandtschaften* (1809) oder Arnims *Armut, Reichtum, Schuld und Buße der Gräfin Dolores* (1810), Bücher, die die allgemeine Tendenz zur Verbürgerlichung besonders greifbar machen.

Gleichzeitig trägt jedoch gerade die Innigkeit bürgerlicher Familiengesinnung, also das, was Schleiermacher als «Weihnachtssinn» beschwört und was in gewissem Umfang den bürgerlichen Freundschaftskult des 18. Jahrhunderts ersetzt, den Keim zur erneuten Beschränkung der Rolle der Frau in sich; in der Praxis mag von weiblicher Selbstbestimmung und weiblichem Eigenrecht außerhalb der kleinen Intellektuellen- und Künstlerkreise ohnehin wenig zu spüren gewesen sein. Den Respekt vor der Frau als gleichwertiger Dialogpartnerin bringt Schleiermacher noch aus der *Lucinde* ein, und der Gedanke, daß die moderne Mutter in der Tochter wie die Gottesmutter im Sohn «die reine Offenbarung des Göttlichen» verehren könne, machte dem lutherischen Prediger Schleiermacher die Marienverehrung des gleichfalls lutherischen Novalis, der im Dialog zitiert wird, psychologisch und theologisch akzeptabler. Schelling stellte in seiner Rezension der *Weihnachtsfeier* mit leicht kritischem Akzent die Tendenz zur Vermischung der beiden Rollen bei Schleiermacher heraus: «Ihr erscheint, wenn es erlaubt ist zu sagen, nicht mehr unserer lieben Frauen allein dienend, sondern den Frauen, welches sich nicht sowohl darin kund thut, daß ihr ihnen liebevoll wie Christus begegnet, sondern daß ihr ihrer Fassungskraft, ihrem Verständniß und ihrer Neigung vor allem huldiget.» Aber zugleich sind in der idealen Konstitution einer neuen heiligen Familie die Geschlechterrollen damit doch schon wieder festgelegt, so daß die Ansätze zur Emanzipation der Frau, wie sie in Theorie und Praxis im Jenaer Freundeskreis gemacht wurden, rasch in Vergessenheit gerieten.

Einen entscheidenden Anstoß gaben dazu überdies die Napoleonischen Kriege, die einen Mythos der Männlichkeit förderten, der die Frauen ganz in die Rolle der Bewunderinnen, Dienerinnen, Pflegerinnen und Gespielinnen der Männer drängte, wenn sie nicht wie in dem von Theodor Körner proklamierten Ausnahmefall mit ihnen triumphal fürs Vaterland sterben durften. Helmina von Chézy, die bei der Pflege von Verwundeten im Rheinland und in Belgien gegen Ende des Krieges tatkräftig geholfen und zugleich miserable Zustände in den Lazaretten im *Rheinischen Merkur* angeprangert hatte, mußte sich vom Großherzoglich Sächsisch-Weimarischen Medizinalrath und Professor in Jena, Dietrich Georg Kieser, das folgende in Heinrich Ludens Zeitschrift *Nemesis* sagen lassen:

«Mulier taceat in ecclesia! – Es kommt nie etwas anders heraus, als Unziemlichkeiten, Unbilden und Verdruß, wenn Personen sich in Dinge mengen, für die sie nicht geschaffen sind, und sich vermessen, etwas leisten zu wollen, was außer ihrem Wirkungskreise liegt, und was sie ihrer Natur nach nicht leisten können»,

wenn also

«das weibliche Geschlecht aus seinem häuslichen Kreise tritt, und seine Bestimmung des häuslichen Wirkens verkennend, gleich dem zum Streite und Kampfe gebornen Manne in den Schlachtgefilden herumzieht, sich in die Militärlazarethe fremder Städte eindrängt, und sich über die Einrichtung derselben ein entscheidendes Urtheil erlaubt».

In der Nachkriegszeit bewahrten sich gerade die einstmaligen Helden und jungen Bürgerssöhne in den Burschenschaften ein solches häusliches Frauenideal und trugen zu seiner Verbreitung, Verklärung und Konsolidierung bei. Rahel Varnhagens herausfordernde Frage in einem Brief vom Januar 1820 «Wenn Fichte's Werke Frau Fichte geschrieben hätte, wären sie schlechter?» war zu diesem Zeitpunkt aktueller als zwei Jahrzehnte früher. Nur handelte es sich freilich bei einer solchen Tendenz nicht allein um die Restitution männlicher Vorurteile schlechthin; was eine derartige rückläufige Entwicklung hinsichtlich der Anerkennung weiblicher Gleichberechtigung förderte, war die Ausbreitung der Arbeitsteilung auch auf das Gebiet der bürgerlichen Familie. Schillers *Lied von der Glocke* hatte bereits den Entwurf zu dieser Teilung gegeben: Der Mann muß hinaus ins «feindliche Leben», während drinnen die «züchtige Hausfrau» waltet, und die jungen Jenaer wären fast von den Stühlen gefallen vor Lachen, als sie das lasen. Je größer die Verpflichtungen der einzelnen Bürger wurden und damit ihr Status in der Gesellschaft, desto weiter entfernte sie das von ihrem Hause, das dafür den Hort des Gemüts und der Gemütlichkeit darstellte, in den man sich zurückziehen konnte. Das Kulturbedürfnis des Bürgertums geriet in Abhängigkeit von solcher Lebensteilung. Fouqué edierte ein literarisches Journal ausdrücklich unter dem Titel *Für müßige Stunden,* und Friedrich Kind begründet 1816 die Notwendigkeit seines Journals *Die Harfe* gegenüber Cottas informativem *Morgenblatt,* das er als «Einleitung in die Geschäfte des Tages» verstand, mit folgendem Satz:

«Noch aber fehlt dem freundlichen Abende ein solches Unterhaltungsmittel, und damit keine zu trüben Gedanken mit in die Nacht hinübergehen, und etwa böse Träume erwecken, und damit das Gemüth bei ihm ausruhe von dem ernsten Treiben und Drängen des Tages, muß es erheiternder, insbesondere alles, was auf Geschäfte Bezug hat, ausschließend, kurz einem milden Sommerabende gleich seyn.»

Ob dergleichen sich als Romantik oder Biedermeier bezeichnen läßt, ist eine Sache von Begriffsdefinitionen. Wichtiger ist, daß sich auf diese Weise eine neue Art des Philistertums herausbildete, die weithin zum Gegenstand der Dichtung wurde. Neben dem einfachen, ländlich-patriarchalischen Philistertum, wie es noch Gedichte Eichendorffs und sein *Taugenichts* spiegeln, entsteht eine städtisch-bürgerliche Variante, auf die schon Novalis' und Brentanos Philisterkritik zielte. E.T.A.Hoffmanns Ironisierung oder Dämonisierung sentimentaler Familieninnigkeit bezieht sich auf diese städtische Variante ebenso wie Eichendorffs Literatursatire *Krieg den Philistern.*

Das städtische Leben in Deutschland blieb eng, wenn man ihm jene bürgerliche Welt entgegenhält, die den Gegenstand der Romane Stendhals oder Balzacs bildet und auf die sich beziehen läßt, was Marx und Engels im *Kommunistischen Manifest* vom Verfall menschlicher Beziehungen in einer kapitalistischen Gesellschaft behaupten: «Die Bourgeoisie hat dem Familienverhältnis seinen rührend-sentimentalen Schleier abgerissen und es auf ein reines Geldverhältnis zurückgeführt.» Damit hatte es im biedermeierlichen Deutschland noch gute Weile.

Daß jedoch das Miteinander von Sentimentalität und Kommerz in der bürgerlichen Familie eine neue Form des Außenseiters und Heimatlosen hervorbrachte, konnten auf ihre Weise auch die Deutschen demonstrieren, und zwar besonders in der bei ihnen am besten entwickelten Sphäre, der Kunst. Wackenroders Kapellmeister Berglinger war eines der frühen Beispiele dafür, und Hoffmann machte die zwischen philiströser Bürgerlichkeit und genialem Künstlertum schwankenden oder scheiternden Gestalten überhaupt zu seiner Spezialität. Die Gefahren beider Existenzweisen, der philiströsen wie der genialen, hat Eichendorff zum Gegenstand eines seiner bekanntesten und reichsten Gedichte gemacht: «Die zwei Gesellen» (1818). Auch Wilhelm Müllers Wanderer in der *Winterreise* gehört zu diesen neuen Einzelgängern auf der Flucht vor dem Philistertum, die mit Werther nur noch das Untergangsbewußtsein, aber nicht mehr die Auferstehungseuphorie teilen. Bei diesem Einzelgängertum war das außerdeutsche Volumen größer als das deutsche, wenn man an Byrons Weltschmerz und seine Wirkung auf den gesamten europäischen Kontinent denkt oder an die Beschreibung des Trostes gegen den Schmerz solcher Einsamkeit, an die Suche nach dem Vergessen im Drogenrausch bei de Quinceys *Bekenntnissen eines englischen Opiumessers* (1821/22) oder bei dem opiumberauschten

Helden von Berlioz' *Symphonie fantastique* (1830). Vier Jahre später schickte Berlioz Byrons Held als *Harold in Italien* (1834) sinfonisch auf die Wanderschaft. Erst durch die Musik, erst durch Schuberts Vertonungen hat dann auch der deutsche weltschmerzlerische Winterreisende internationale Statur erhalten.

Fruchtbar erwies sich das bürgerliche Familienbewußtsein vor allem auf dem Gebiet der Kindererziehung, zu dem wiederum die Literatur in ein besonderes Verhältnis geriet. Kurz nach 1800 entstanden zwei Werke, von denen das eine – der dritte Band von Arnims und Brentanos *Des Knaben Wunderhorn* (1808) – ausdrücklich eine Sammlung von «Kinderliedern» einschloß, während das andere – die *Kinder- und Hausmärchen* (1812/15) der Brüder Grimm – international zum Inbegriff von Kinderliteratur überhaupt wurden. Das Eigenrecht des Kindes gegenüber den Erwachsenen hatte seit Rousseaus *Emil* eine Tradition. Aufklärerischer Bildungseifer war vorwiegend darauf bedacht, das Kind möglichst rasch zum kleinen Erwachsenen auszubilden und es früh mit Wissen und Reife zu füllen. Rousseau hatte einen Einspruch dagegen vorgebracht, der periodisch schwand und wiederkehrte. Im deutschen Sprachbereich war es Pestalozzi, der den «menschlichen Geist sich von sinnlichen Anschauungen zu deutlichen Begriffen» erheben lassen wollte und als Richtschnur dafür den «Gang der Natur» betrachtete. In den *Reden an die deutsche Nation* hat Fichte in Pestalozzis Volkspädagogik das Modell einer deutschen Nationalerziehung gepriesen. Die Analogie zu Pestalozzis «natürlichem Gang» von der Sinnlichkeit der Anschauung zur Geistigkeit der Begriffe aber stellten jene Modelle von der Geschichte der Menschheit dar, die sich Herder und Lessing gemacht hatten, wenn sie geschichtliche Progression innerhalb einzelner Kulturen in Parallele setzten zu den Lebensaltern von Kindheit, Jugend und Reife.

Erziehung und akademisches Studium

Je stärker nach der Französischen Revolution und in der Abwehr ihrer Konsequenzen geschichtliche Kontinuität und ein organischer Zusammenhang von Vergangenheit, Gegenwart und Zukunft in den Vordergrund traten, je stärker sich das allgemeine Interesse für die christlich-romantische Vergangenheit Europas entwickelte, desto stärker bildete sich auch eine Verklärung von Kind und Kindlichkeit heraus, wovon sich in der Literatur bei Wackenroder, Tieck, Novalis und dem jungen Friedrich Schlegel vielfältige Zeugnisse finden. Daß sich dergleichen bis zu Zeichen religiöser Verehrung entwickeln konnte, hatte zuletzt Schleiermacher in seiner *Weihnachtsfeier* vorgeführt, wenn er dort die Psychologie der Mutterliebe theologisch auslotete. Bei Arnim und Brentano hingegen war es die Nähe des Kindes zu einer hypothetischen Ursprünglichkeit in Analogie zum einfachen Volke, die sie veranlaßte, Volkslieder und Kinderlieder zu sammeln und gemeinsam zu edieren. Ähnliche Gründe hatten auch die Brüder Grimm bei ihrer Märchensammlung beeinflußt, deren weitere Bearbeitungen über sieben Auflagen die Geschichte der Anpassung solcher Ursprünglichkeit an die gesellschaftlichen Kodizes des deutschen Bürgertums darstellten (vgl. S. 318 ff.). Das alles freilich hatte mit herkömmlicher Pädagogik nur insofern zu tun, als eine derartige Kinderliteratur gerade jeden didaktischen Anspruch abwies. Die Lieder des *Wunderhorns* wollten ebensowenig wie die *Kinder- und Hausmärchen* in aufklärerischem Sinne belehren oder erbauen; erziehen wollten sie allerdings, aber nur, wie alle Kunst, durch sich selbst, wobei die Frage nach der Absicht der Sammler oder Autoren von sekundärer Bedeutung ist. Bei den Brüdern Grimm zum Beispiel bildete den Ausgangspunkt ganz sicher das historisch-wissenschaftliche Interesse, obwohl es dabei nicht blieb, während bei Arnim und Brentano von vornherein die Faszination durch das Poetische dieser alten Texte gegeben war, die sie aber auch ohne Scheu ihrem eigenen Poesieverständnis durch Umarbeitungen anpaßten.

Auch das bedeutendste pädagogische Werk der Zeit steht in unmittelbarer Nähe zur Literatur: Es ist Jean Pauls *Levana oder Erziehlehre* (1806). Jean Paul hatte den Kult der Kindlichkeit in den neunziger Jahren nicht im gleichen Maße mitgemacht wie die ihn bewundernden Jüngeren. Aber Erziehung war von Anfang an das Thema seiner Romane gewesen, der *Unsichtbaren Loge* (1793) ebenso wie des *Hesperus* (1795) und dann, als Krönung, des *Titan* (1800–03), der die Bildung eines idealen Fürsten zum Gegenstand hatte und damit Pädagogik und Politik im kleinstaatlichen Deutschland nach der Revolution aufs engste miteinander verband. Den Idealen romantischer Kindlichkeit stand jedoch die *Levana* – es ist die römische Göttin, die das neugeborne Kind schützen soll – sehr nahe. «Ein Kind sei Euch heiliger als die Gegenwart, die aus Sachen und Erwachsenen besteht» (§ 2), erklärt Jean Paul gleich zu Anfang und baut darauf seine gesamte «Erziehlehre» auf. Aber nicht mehr die anfängliche Isolierung von der Gesellschaft ist die erste Methode, die Rousseau im *Emil* vorgeführt und Jean Paul in der *Unsichtbaren Loge* nachgeahmt hatte, sondern nun sind «Volks- und Zeitgeist» die «Schulmeister und das Schulmeisterseminar» (§ 7) zugleich. Die Bildung des Kindes zur Persönlichkeit, zur Individualität auf dem Wege zum «Idealmenschen» (§ 25), der in der Zeit und der Ewigkeit zugleich lebt, ist das Ziel von Jean Pauls pädagogischem Streben. Das Buch ist reich an Vorschlägen und Empfehlungen, die einer späteren Zeit zu Selbstverständlichkeiten geworden sind. Daß die Erziehung der Kinder bei den Eltern zu beginnen habe, daß die Erzeugung von Angst und Furcht vermieden werden müsse, daß unter den Spielsachen die einfachsten, ein Stück Holz oder ein Berg Sand, auch die fruchtbarsten und kreativsten seien oder daß körperliche Abhärtung «schon geistig nöthig» sei –

das alles sind Vorschläge, die Jean Paul zusammen mit vielen anderen, insbesondere zur Frauenbildung, in diesem Buche vorträgt. Es ist später die reichste Quelle für jene beliebten Aphorismensammlungen über die Weiblichkeit geworden, die man, den Kontext und damit das rechte Verständnis vernachlässigend, so gern aus Jean Pauls Schriften zusammengestellt hat.

Schillers ernster Satz aus dem fünfzehnten seiner Briefe *Über die ästhetische Erziehung des Menschen* – der Mensch sei «nur da ganz Mensch, wo er spielt» – kommt in Erinnerung bei dem, was Jean Paul in § 47 feststellt: «Das Spiel ist die erste Poesie des Menschen. [...] Folglich bildet das Spiel alle Kräfte, ohne *einer* eine siegende Richtung anzuweisen.» Aber es gibt einen feinen Unterschied zwischen diesen beiden Sätzen. Schillers ästhetische Erziehung war auf die Herstellung einer inneren Harmonie gerichtet, die der Mensch in Wirklichkeit verloren hatte. Der ästhetische Zustand sollte dem Menschen helfen, die Macht der Natur im moralischen Zustand zu beherrschen, die er im physischen lediglich erlitt. Jean Paul hingegen richtete seinen Blick auf die metaphysischen Koordinaten aller Existenz, auf das also, was sich durch «Poesie» in seiner ganzen Unendlichkeit erschloß und was ihm allein als das rechte Korrektiv einer unzulänglichen Wirklichkeit erschien. Diese Wirklichkeit tritt deshalb in Jean Pauls Werken kleiner, jämmerlicher, böser und korrupter, die Unendlichkeit dagegen ferner, weiter und größer auf, als sie der Philosoph Schiller je hat fassen wollen. Die Verwandtschaft mit Vorstellungen von romantischer Universalpoesie, die Jean Paul selbst erst im Laufe der Zeit erkannte, macht sich hier bemerkbar. Dazu paßt auch, daß die Entwicklung der Phantasie als der schöpferisch-genialen Kraft im Menschen ihm an erster Stelle wichtig ist; durch sie allein bilde sich die Harmonie der Kräfte und in ihr die Freiheit des Ichs, beides seine höchsten Ideale. Solche Harmonie und Freiheit aber sind erst über die Sprache möglich, erst sie «befiedert» den «Flügelknochen» der Phantasie:

> «Nur mit Worten erobert das Kind gegen die Außenwelt eine innere Welt, auf der es die äußere in Bewegung setzen kann.» (§ 48)

Dahinter steht sein Bekenntnis zur «Universalrepublik» und zum «Völkerverein» der Bücher, denn «seit der Erfindung der Buchdruckerei» gibt es «keinen abgeschlossenen Staat mehr» (§ 16). Nur auf dieser Grundlage, auf die er auch in den politischen Schriften der folgenden Jahre immer wieder Bezug nimmt, baut Jean Paul schließlich seine Vorstellung von Deutschheit auf (vgl. S. 11). Konkret hat sie ihn in der *Levana* zu der Forderung veranlaßt, die deutsche Sprache in den Mittelpunkt des Unterrichts zu stellen und die Literatur seiner eigenen Zeit als Lektüre zu empfehlen, also einer Zeit, in der «die Schullehrer Pindare und Aristophanesse» traktieren, statt die Zöglinge «in Klopstockische und Vossische Klang-Odeen, in einen Goethischen Antikentempel, in ein Schiller'sches Sprachgewölbe» (§ 146) einzuführen. So fügte sich Jean Pauls *Levana* bei ihrem ersten Erscheinen in das wachsende Selbstbewußtsein der Deutschen und in die Forderungen nach nationaler Erziehung ein. Aber so nahe ihm sein Land, das Land seiner Sprache stand, sein Erziehungsbuch läßt er dann doch mit einem Blick in die Ewigkeit ausklingen in einem weiteren seiner großen Endzeitträume, diesmal in demjenigen von den zwei letzten Kindern am Tage des Jüngsten Gerichts:

> «Sie wurden geboren, als eben die Welt voll Sünden unterging, und blieben allein; sie griffen mit spielenden Händen nach den Flammen, und endlich wurden sie auch davon, wie Adam und Eva, ausgetrieben, und mit dem kindlichen Paradiese beschloß die Welt.» (§ 303)

Über das, was danach kommen würde, hat er sich zwar viele Gedanken, aber keine Sorgen gemacht.

Über eine andere Art von Ewigkeit stellte Schelling in seinen Jenaer *Vorlesungen über die Methode des akademischen Studiums* (1803) Überlegungen an; ihm ging es um das andere Ende auf der Skala der Jugenderziehung. Betrafen die Theorien über deren Anfang vor allem die Beziehungen und Kollisionen zwischen dem Kind und der Gesellschaft, so die Theorien über den Abschluß das Verhältnis der Erzogenen und Gebildeten zum Staat, in den sie nun als tätige Mitbürger einzutreten hatten. Die Ewigkeit, auf die sich Schelling hierbei bezog, war nichts anderes als die Wissenschaft, die, auch «wenn sie ihrer Erscheinung nach eine Geburt der Zeit ist», doch «auf Gründung einer Ewigkeit mitten in der Zeit» ausgehe, denn das, «was wahr ist, ist wie das, was an sich selbst recht und schön ist, seiner Natur nach ewig, und hat mitten in der Zeit kein Verhältniß zu der Zeit». Es ist ein Satz, der deutsches Wissenschaftsverständnis auf lange Zeit geprägt hat. Hinter ihm steht das philosophische Konzept einer «absoluten Wissenschaft», wie es Schelling nennt, von «der die einzelnen Wissenschaften die Werkzeuge oder die objektive reale Seite seyn sollen». Romantischer Universalismus verbirgt sich hinter einem solchen Gedanken, und die zeugende Idee der Wissenschaftslehre Fichtes als einer Wissenschaft der Wissenschaften wird im tieferen Hintergrund sichtbar. Im Politischen jedoch bedeutete dieser Entwurf für Schelling die Beibehaltung einer Art von Nachtwächterstaat, der die Wissenschaften zwar zu fördern verpflichtet war, aber sie nicht nach deren praktischem Nutzen fragen und beurteilen durfte:

> «Die Wissenschaft aber hört auf, sobald sie zum *bloßen* Mittel herabgesetzt und nicht zugleich um ihrer selbst willen gefördert wird. Um ihrer selbst willen wird sie aber sicher nicht gefördert, wenn Ideen z.B. aus dem Grund zurückgewiesen werden, weil sie keinen Nutzen für das gemeine Leben haben, von keiner praktischen Anwendung, keines Gebrauchs in der Erfahrung fähig sind.»

Daß aus frei gebildeten Persönlichkeiten dem Staat sehr viel bedeutendere und förderlichere Bürger zuwüchsen, hat Schelling denjenigen, die die Macht über die Universitäten in den Händen hielten, nachdrücklich versichert, und unzählige Akademiker sind ihm bis auf den Tag mit diesen Argumenten gefolgt, ebenso wie unzählige Politiker sie nicht ernst genommen haben.

Schellings Vorlesungen waren veranlaßt durch die zunehmende Neigung der Regierenden, die Universitäten gegenüber Fachschulen oder «Akademien» zur praktischen Ausbildung ihrer Staatsdiener zurücktreten zu lassen. So folgte ihm in seinem Beginnen unmittelbar eine Reihe weiterer deutscher Gelehrter, deren Verteidigung universitärer Freiheit nun allerdings ganz konkret mit Plänen zur Gründung neuer akademischer Pflanzstätten zusammenhing, insbesondere mit Plänen zur Gründung der Berliner Universität. 1807 schrieb Fichte einen *Deducirten Plan einer zu Berlin zu errichtenden höheren Lehranstalt,* 1808 erschienen Schleiermachers *Gelegentliche Gedanken über Universitäten in deutschem Sinn,* 1809 Henrik Steffens' Vorlesungen *Über die Idee der Universitäten,* und 1810 verfaßte Wilhelm von Humboldt seine Denkschrift *Ueber die innere und äussere Organisation der höheren wissenschaftlichen Anstalten in Berlin.* Jede dieser Schriften trägt die Charakteristika ihrer Verfasser, aber jede offenbart auch eine Reihe von gemeinsamen Zügen. Der wichtigste, bestimmendste davon ist das «Bewußtsein von der notwendigen Einheit alles Wissens», wie Schleiermacher es formuliert. Fichte nennt es «organische Einheit» und konzipiert sogar «eine philosophische Encyklopädie der gesamten Wissenschaft, als stehendes Regulativ für die Bearbeitung aller besonderen Wissenschaften», hinter der natürlich seine eigene Philosophie aufscheint.

Wenn es um das Verhältnis zwischen Geist und Macht geht, folgt Schleiermacher der Kantischen Trennung zwischen Philosophen und Königen, denn von dem Worte Platos, daß die Wissenden herrschen und die Herrschenden wissen sollen, möchte er nicht den ersten, wohl aber den zweiten Teil gelten lassen. Der Staat habe in seinen Nützlichkeitsansprüchen zurückzutreten, er habe ohnehin genügend Vorsprung vor den Gelehrten und beraube sich sonst

> «auf die Länge der wesentlichsten Vorteile, welche ihm die Wissenschaften gewähren, indem es ihm je länger je mehr an solchen fehlen muß, die Großes auffassen und durchführen und mit scharfem Blick die Wurzel und den Zusammenhang aller Irrtümer aufdecken können».

Fichte wiederum rückt von vornherein die Tätigkeit der Universitäten von den Nützlichkeitsanforderungen des Staats weg, indem er sie zu Schulen «der Kunst des wissenschaftlichen Verstandesgebrauchs» ernennt. Auch Humboldt sieht in ihnen in erster Linie Erziehungsinstitutionen und nicht

Stätten der Wissensvermittlung, wenn er die «harmonische Ausbildung *aller* Fähigkeiten» den Universitäten zum Ziel setzt. Dem Staat sei es «ebensowenig als der Menschheit um Wissen und Reden, sondern um Charakter und Handeln zu thun».

Die Forderung nach der Priorität der harmonisch gebildeten Persönlichkeit gegenüber einem begrenzten Spezialistentum und die Behauptung der Ganzheit der Wissenschaften über allen Einzeldisziplinen entsprangen aus dem Denken der vorausgehenden Jahrzehnte. Aufklärerische Systemkonzeptionen, naturwissenschaftliche Entdeckungen, die auf allgemeine Gesetze deuteten, aus denen sie sich bestätigen ließen, der Entwurf einer Entwicklungslehre wie Goethes Metamorphose der Pflanzen, Schillers philosophische Versuche zur ästhetischen Versöhnung von Ideal und Wirklichkeit, Fichtes Philosophie der Philosophien als «Wissenschaftslehre» und die vielfältigen Experimente, mit Hilfe des «Romantisierens» der Wirklichkeit ihre innere Harmonie herauszustellen und sie im Kunstwerk zu vermitteln – alle diese intellektuellen Mühen sind spürbar in den Entwürfen zur Konstitution gelehrter Erziehungsanstalten. Die Entwicklung zum Spezialistentum hat sich durch sie jedoch nicht aufhalten lassen, denn die Macht der Technik und der Naturwissenschaften in den kommenden Jahrzehnten war stärker als jede Forderung der Philosophen. Dennoch sind diese Vorschläge nicht schlechthin Utopien geblieben. Humboldts Vorstellung von einer Verbindung zwischen Lehren und Forschen hat deutsche Gedanken von der Aufgabe der Universität tief beeinflußt. Humboldt nämlich sieht Wissenschaft als etwas Unendliches, «als etwas noch nicht Gefundenes und nie ganz Aufzufindendes» und kommt dann hinsichtlich der Methode des Lehrens und Forschens zu dem Schluß: «Ueberhaupt lässt sich die Wissenschaft als Wissenschaft nicht wahrhaft vortragen, ohne sie jedesmal wieder selbstthätig aufzufassen, und es wäre unbegreiflich, wenn man nicht hier, sogar oft, auf Entdeckungen stossen sollte.» Die ideale Forderung nach der Freiheit der Wissenschaften von staatlicher Nötigung konnte allerdings auch zur Entrückung aus der Verantwortlichkeit für den Staat führen. Von seinen naturphilosophischen Voraussetzungen her hat deshalb Henrik Steffens im Staat «den höchsten Verein und die innerste Durchdringung des innern und äußern Lebens aller zu einem höhern Leben» sehen wollen und wissenschaftliche Tätigkeit wie Erziehung nur in solchem Zusammenhang gelten lassen. Die Nähe zu einer Staatsauffassung wie derjenigen Adam Müllers wird hier erkennbar ebenso wie der Hintergrund der Napoleonischen Kriege, in denen sich Steffens deutsch-patriotisch engagierte. Fichtes, Schleiermachers und Humboldts nationale Gesinnung, so deutlich sie auch war, hat diesen Schritt zur Einheit mit dem Staate nicht vollzogen.

Mensch und Natur

Natur, das große, vielfarbige Losungswort des 18. Jahrhunderts, wurde zu Beginn des 19. Jahrhunderts zum Gegenstand umfassender sachlicher Forschung und weiträumiger philosophischer Spekulationen. Teilweise verliefen dabei Wissenschaft und Philosophie ineinander, teilweise traten sie sich schroff gegenüber. Beide aber empfingen ihren stärksten Anstoß aus jenen drei großen Entdeckungen, die in der zweiten Hälfte des 18. Jahrhunderts eine radikale Revolution in den Wissenschaften eingeleitet hatten: dem Magnetismus, der Elektrizität und dem, was Goethe in seiner *Farbenlehre* den «Chemismus» (§ 744) nennt, der neuen Verbrennungslehre also, die aus der Entdeckung des Sauerstoffs abgeleitet worden war. Nicht daß man die Konsequenzen dieser Entdeckungen schon hätte voraussehen können, wie sie ein späteres Jahrhundert kennt. Aber es bestand das Gespür dafür, daß hier nicht nur ein paar neue Funde gemacht worden waren, sondern daß diese Entdeckungen zu elementaren Kräften führten, die in der Natur existierten und die sich die Menschen zu ihrem Wohle nutzbar würden machen können. Der Bezug zur politischen Revolution in Frankreich ist nicht gesucht. Das Gefühl von der Größe und unbestimmbaren Gewalt dieser in der Natur entdeckten wie in der Gesellschaft entbundenen Kräfte entwickelte sich rasch, zusammen mit dem Wunsch, sie unter Kontrolle zu bringen. Gerade im revolutionären Frankreich traten die bedeutendsten Wissenschaftler als erste auf die Seite der neuen Chemie; der bedeutendste von ihnen, Antoine Laurent Lavoisier, endete allerdings unter der Guillotine infolge einer Kettenreaktion der Politik.

Das Besondere der neuentdeckten Naturkräfte war, daß sie nicht Behauptungen irgendeiner Theorie darstellten, sondern Resultate von Experimenten, deren Richtigkeit durch Wiederholbarkeit und Anwendbarkeit bewiesen werden konnte. Mit der Theorie vom Verbrennungsstoff Phlogiston ließ sich keine Dampfmaschine konstruieren; dazu bedurfte es des Sauerstoffs und einer auf ihm begründeten Verbrennungslehre. Ein beträchtlicher, ja gewaltiger Schritt war getan worden zur Erfüllung des göttlichen Auftrags an die Menschheit, sich die Erde untertan zu machen. Die Frage war nur, welchen Platz dann noch der Gott selbst auf dieser Erde behielt.

Die Herrschaft des Menschen über die Natur als Resultat einer triumphierenden Wissenschaft bahnte sich an, das Subjekt brachte, so schien es, in beständigem Ringen das Objekt unter seine Gewalt. Gewiß blieb die Skepsis eines Doktor Faust, daß sich die Natur ihr Geheimnis nicht mit Hebeln und Schrauben abnötigen lassen werde, nur hatte angesichts der tatsächlichen Erfolge der Forschenden der Pessimismus zunächst geringe Chancen. Aber auch die Optimisten begnügten sich zumeist nicht mit den Triumphen der exakten Forschung. Ziel und Leistung gerade der deutschen

Naturphilosophen an der Wende zum 19. Jahrhundert war die Überhöhung der Einzelwissenschaften durch die Hypothese eines großen Ganzen, auf das die neuen Entdeckungen geradenwegs zu führen schienen. Es entstanden jene zumeist als romantisch bezeichneten, aus dem Neuplatonismus hervorgehenden universalistischen Vorstellungen von einer «Weltseele» oder einem «organischen All», wie sie Schelling oder Johann Wilhelm Ritter konstruierten. Mit beiden Namen aber ist zugleich ein besonderes Charakteristikum deutscher Naturphilosophie dieser Zeit bezeichnet: Sie ist in gleichem Maße das Produkt von naturwissenschaftlicher Fachkenntnis wie philosophischer Spekulation, verbunden in Personen wie eben Schelling und Johann Wilhelm Ritter oder aber auch Franz Baader, Henrik Steffens, Gotthilf Heinrich Schubert, Lorenz Oken, Ignaz Paul Vital Troxler und Justinus Kerner. Novalis als einer der wichtigsten naturphilosophischen Anreger besaß ebenfalls eine gründliche Ausbildung in den Naturwissenschaften, und Achim von Arnim hat eine Zeitlang zwischen der Entscheidung für die Literatur oder für die Naturwissenschaft geschwankt, während Goethe zeitweilig seine Tätigkeit als Naturforscher über diejenige als Künstler stellte.

Die Berührungen zwischen Kunst, Philosophie und Naturwissenschaft waren umso leichter zu bewerkstelligen, als der Stand der Wissenschaften noch keine eigentliche Spezialisierung erforderte und damit auch dem Dilettantismus oft weiten Raum gab. Insgesamt sieht es so aus, als hätte damals gerade vor dem Beginn aller Spezialisierung und Trennung der geistigen Tätigkeit in zwei Kulturen eine Reihe von Intellektuellen versucht, Einheit und Ganzheit der Welt zu beschwören, bevor sie hoffnungslos in Teile zerfiel. Dieser Eindruck einer späteren Zeit deckt sich allerdings nicht mit den Absichten der damals Beteiligten, deren Intentionen man nicht zu hoch veranschlagen darf. Nicht um kulturgeschichtliche Prophetie ging es, sondern um die hypothetische Bewahrung eines Zusammenhangs, der die Funktion alter religiöser Bindungen übernahm, also Ausdruck der Säkularisation ebenso wie deren Abwehr darstellte, weil aus ihm bald wieder der durch das Wissen verdrängte Gott hervortrat, denn der Weg der deutschen Naturphilosophie führte zur Religion zurück. Darin liegen ihre Grenzen, liegt aber auch ihr Wert angesichts einer zunehmenden ethischen Verantwortungslosigkeit der sogenannten exakten Wissenschaften.

In seinen *Nachdämmerungen für Deutschland* (1810) hat Jean Paul einen kritischen Überblick über das gegeben, was in dem naturphilosophischen Bereich damals Aufmerksamkeit erregte:

«Was [...] das von der Naturphilosophie belebte infusorische Chaos anlangt, so zeigte noch kein Volk als unseres einen solchen Reichtum, Umfang und Unfug von Gleichungen, Polarisierungen und Trauungen auf, weil diesem Heere alle Wissenschaften ohne Ausnahme ihre Körper und Geister stellen, eine ungeheure Mischlehre von der Arznei-, Stern-, Natur-, Erdkunde und allen Wissenschaften auf einmal.»

Und er zählt zu diesen an einer «Algebra des Universums» arbeitenden «Harmonisten» Schelling, Oken, Schubert, Steffens, Troxler und Görres. In der Tat bestand das Hauptverfahren der Naturphilosophie in der Anwendung eines Rates, den Novalis in der *Christenheit oder Europa* gegeben und den er dann selbst schon musterhaft praktiziert hatte: «Lernt den Zauberstab der Analogie gebrauchen.» Man hatte es vom gerade erst wiederentdeckten Jakob Böhme aus der mystischen und pietistischen Tradition gelernt. Mit diesem Zauberstab berührte man die verschiedensten Wissensgebiete und sah ursprünglich Heterogenstes zur Einheit zusammenschießen wie Eisenspäne an einen Magneten. «Die Optik ist eine transzendentale Chemie», notiert Johann Wilhelm Ritter in den *Fragmenten aus dem Nachlaß eines jungen Physikers* (1810) als Versuch zu derartiger Analogie, oder er fragt: «Wird beim Taufen das Taufwasser *magnetisiert?*», womit sich denn wohl eine Verbindung zwischen Naturkraft und Göttlichkeit herstellen ließe. Es ist ein Verfahren, das Friedrich Schlegel und Novalis mit ihren Fragmenten zunächst im philosophischen und ästhetischen Bereich begonnen hatten und das sich nun, je weiter es verbreitet wurde und in je ungeübtere Hände es geriet, desto leichter dem Spott und der Parodie öffnete. 1805 zum Beispiel unternahm es Görres in seiner umfangreichen *Exposition der Physiologie,* «die Projection des Weltbau's in den Organism nachzuweisen, und die individuellen Lebensverhältnisse in die großen Cosmischen zu übersetzen, damit die Anschauung die allgemeinen Beziehungen des Concreten auch hier ergreife, und licht und klar in den Gestirnen lese, was sich hinieden in die Dunkel des Erdenstoffes birgt».

Schelling

Schon in den neunziger Jahren war Schelling der eigentliche führende Kopf der deutschen Naturphilosophie geworden, und er blieb es weiterhin, nachdem er 1803 Jena verlassen und zunächst nach Würzburg, später nach München übergesiedelt war. Von ihm gingen die wesentlichen Anregungen für die spekulativen Naturanschauungen von Steffens, Oken, Troxler und Schubert aus. Mit ihnen und einer Anzahl weiterer philosophierender Naturwissenschaftler und Ärzte stand er in persönlicher Verbindung, und ihnen gab er zeitweilig in den zusammen mit dem Bamberger Arzt Adalbert Friedrich Marcus herausgegebenen *Jahrbüchern der Medizin als Wissenschaft* ein publizistisches Medium. Denn Schelling bewegte sich gern im Grenzgebiet zwischen Philosophie, Medizin und Naturwissenschaft, und er hat sich sogar auf das Gebiet ärztlicher Behandlung vorgewagt, wo dann freilich die Natur der Philosophie erlag.

Schellings bedeutende Leistung bestand in der durchdachten Systematik seiner Naturphilosophie und darin, daß er die im Grunde uralte Vorstellung einer Gesamtnatur oder eines göttlich durchwalteten Alls mit der geschichtlichen Entwicklung verband, denn wie auf dem Gebiet von Staat und Gesellschaft, so erwies die Geschichte auch auf dem der Natur nun ihre Macht. Die wesentlichsten Werke Schellings in diesem Bereich seit den Jenaer Frühschriften sind das *System der gesamten Philosophie und der Naturphilosophie insbesondere* (1804) sowie die *Darlegung des wahren Verhältnisses der Naturphilosophie zur verbesserten Fichteschen Lehre* (1806), ergänzt durch eine Reihe kleinerer Beiträge wie die *Aphorismen über die Naturphilosophie* (1806) und die Rede *Über das Verhältnis der bildenden Künste zu der Natur* (1807). Schellings Weiterführung seiner Naturphilosophie entzündete sich vor allem an der Auseinandersetzung mit Fichte, dessen Objektivierung des Ichs im Nicht-Ich er als eine tote Abstraktion ablehnte: Die Natur als Nicht-Ich ist «ohne einwohnende Einheit; etwas, das da nicht seyn sollte und nur war, damit es nicht wäre, nämlich damit es aufgehoben werden könnte.» Demgegenüber behauptet Schelling nun eine dynamische Natur als «absolutes Continuum»: «eins ist durch alles und alles durch jedes bestimmt», eine wahre Identität von Subjekt und Objekt, Idealem und Realem. Goethes fortdauernde Sympathien für Schelling sind nicht zuletzt auf einen derartigen Gesamtbegriff der Natur als eines wirkenden, durch die Polarität seiner Kräfte sich fortbildenden Ganzen begründet. Schelling ging es jedoch nicht darum, Gesetze für dieses Wirken festzulegen. Für ihn leistete Naturphilosophie nichts Geringeres, als «daß sie die Philosophie in ihre angestammte Würde, Erkenntniß des Göttlichen zu seyn, wieder eingesetzt hat». Auf dieses Göttliche lief es denn in Schellings späterer Naturphilosophie wie in seiner Philosophie überhaupt hinaus, und so ist für ihn auch der «wahre Physiker» nicht «Techniker», sondern «Wissender», dessen Bedarf nach Wissen einzig auf das «Seyende» gerichtet ist: Er ist «der wahre Priester der Natur, der das Nichtseyende opfert, damit das Seyende zu seinem wahren Wesen verklärt werde». Schelling behauptet mithin also die Priorität der spekulativen Erkenntnis über die materielle Beobachtung und technische Erfahrung. Erst wenn man einen richtigen Begriff vom Ganzen habe, werde man Augen und rechtes Verständnis auch für das Einzelne bekommen. Daraus wiederum ergab sich, daß die Naturkräfte nicht nur dazu da waren, «um menschlichen Zwecken unterworfen zu werden»; es wäre «eine Tödtung des Lebendigen» gewesen.

Mit diesen Vorstellungen und Argumenten tritt Schelling in seiner *Darlegung* von 1806 der Fichteschen Philosophie entgegen, scharf und teilweise bissig attackierend und einen endgültigen Bruch mit dem einstigen Lehrer und Kollegen herbeiführend. Aber auch die Gegnerschaft zu dem Jugendfreund Hegel handelte sich Schelling mit seiner Naturphilosophie und ihren religiösen Tendenzen ein. Schon in der *Phänomenologie des Geistes* hatte

Hegel den «naturphilosophischen Formalismus» angegriffen, den er eine langweilig gewordene, weil durchschaute Taschenspielerkunst nannte, wenn dieser lehre, «der Verstand sei die Elektrizität, oder das Tier sei der Stickstoff, oder auch *gleich* dem Süd oder Nord und so fort», ein Spiel, das letztlich den Begriff ausspare, auf den alles in der Philosophie ankomme. Und er hält der Spekulation sein Argument entgegen: «Das wissenschaftliche Erkennen erfordert vielmehr, sich dem Leben des Gegenstandes zu übergeben oder, was dasselbe ist, die innere Notwendigkeit desselben vor sich zu haben und auszusprechen.» Auch wenn Hegel für die kritischen Bemerkungen in der *Phänomenologie* in Anspruch nehmen konnte, nicht den Freund selbst, sondern dessen nachahmende Bewunderer treffen zu wollen, so waren doch die Gegensätze zu offenbar und zu tief, als daß es nicht bald zur Trennung kommen mußte.

Die Einwände gegen die spekulative Naturbetrachtung Schellings und seiner Nachahmer wie Bewunderer liegen auf der Hand. Es war die entschiedene, sogar gesuchte Praxisferne dieser Theorien, die sie für die Entwicklung der Naturwissenschaften nutzlos, ja hinderlich werden ließ. Alexander von Humboldt, der sich nun wahrlich in der Praxis auskannte – seine *Ansichten der Natur* (1807) gehören zu den Anfängen wissenschaftlicher Reiseliteratur im Deutschen –, hat das einmal in einem Brief an Varnhagen so zusammengefaßt:

> «Es ist eine bejammernswürdige Epoche gewesen, in der Deutschland hinter England und Frankreich tief herabgesunken ist. Eine Chemie, in der man sich die Hände nicht naß machte.» (28. 4. 1841)

Die Frage liegt nahe, warum gerade Deutschland für derartige Theorien der beste Mutterboden war. Die historische Tatsache, daß die industrielle Entwicklung dort langsamer vonstatten ging als in anderen europäischen Ländern und damit die praktischen Bedürfnisse der Industrie und Technik zunächst geringer waren, hat zweifellos zur Fortdauer der spekulativen Naturphilosophie als Gegenstand des intellektuellen Interesses bis in die dreißiger Jahre des 19. Jahrhunderts beigetragen. Aber zu der Zeit, als sich diese Naturphilosophie kurz vor 1800 herausbildete, konnte von einer solchen Beziehung noch keine Rede sein. Schon damals jedoch hatte zum Beispiel die spekulative, auf ein dialektisches Wechselspiel von Kräften angelegte medizinische Theorie des schottischen Arztes John Brown sehr viel mehr Erfolg bei den Deutschen als auf den britischen Inseln, woher sie kam (vgl. Bd. 1, S. 202 f.). In die Gründe dafür gibt gerade Schelling, der zu den entschiedenen Anhängern Browns gehörte, einen guten Einblick. Wie jede schöpferische Persönlichkeit steht auch der Philosoph in einer Tradition, aus der er nicht wahlfrei ausbrechen kann, so originell der eigene Beitrag dazu sein mag. Die spezifisch deutsche Tradition jedoch, in der sich Schelling fand, war diejenige des aufklärerischen Systementwurfs, wie ihn Kant und Herder zuerst geboten hatten und wie ihn Fichte mit seiner Wissenschaftslehre fortsetzte, in der er nach eigener Überzeugung das System aller Systeme, die Philosophie der Philosophien geschaffen zu haben glaubte. Beim Aufkommen einer wahrhaft weltverändernden Naturwissenschaft am Ende des Jahrhunderts bestand also für die kreativen Schüler Kants, Herders und Fichtes die geradezu zwanghafte Nötigung, solche neuen Erkenntnise im System einer Philosophie zu bewältigen.

Daß jede philosophische Auseinandersetzung mit der Welt letztlich auch eine Auseinandersetzung mit den historischen Gegebenheiten einer Nation einschließt, auf deren Boden sie sich vollzieht, braucht nicht ausdrücklich betont zu werden. Aber es wäre falsch, wollte man in der Herausbildung einer spekulativen Naturphilosophie lediglich einen Beleg für deutsche Weltfremdheit oder eine politische wie ökonomische Misere sehen. Gerade die für die Praxis bedeutendsten deutschen Beiträge zur Philosophie der Aufklärung im 18. Jahrhundert induzierten diese Naturphilosophie, und als deren Erbe behielt sie auch ihren Wert in der Geschichte des Denkens. Ihre Vorstellungen von der Dialektik der Natur haben ins 19. Jahrhundert hinein fruchtbar gewirkt, weit über die Taschenspielereien der Analogien hinaus. Ebenso aber ließen sich aus ihr neue Einsichten in das Wesen, in die Psyche des Menschen gewinnen, und die Entwicklung einer Psychologie des Unbewußten ist diesen frühen gedanklichen Experimenten vielfach verpflichtet. Je reicher und spezialisierter die Entdeckungen wurden und je komplizierter sich die Natur den Beobachtern darbot, desto schwieriger wurde es allerdings auch, sie im System zu sehen, und desto mehr wuchs die Gefahr, daß man ihr nur noch von der Idee her ein spekulatives System aufzwang. In den Titeln naturphilosophisch gegründeter Abhandlungen dominieren entsprechend Begriffe wie «System» oder «Ideen», aber die Entfernung zur experimentell erfahrenen Wirklichkeit nahm zu.

Ansichten der Natur

Ansichten der Natur nannte Alexander von Humboldt eine Schrift, die er 1807, drei Jahre nach der Rückkehr aus Südamerika, in Berlin veröffentlichte und in der er Beobachtungen und Ergebnisse seiner Reise vorlegte. «Überblick der Natur im großen, Beweis von dem Zusammenwirken der Kräfte, Erneuerung des Genusses, welchen die unmittelbare Ansicht der Tropenländer dem fühlenden Menschen gewährt» – das, so schreibt er in der Vorrede, seien «die Zwecke, nach denen ich strebe». Solches Streben ist deutlich bestimmt von Goethes ganzheitlicher Naturauffassung. So sehr aber Humboldts und Goethes auf empirischer Forschung gegründete Naturphilosophie sich von der spekulativen Schellings unterscheiden mochte, so verband sie alle doch der Wunsch, die Vorstellung vom Ganzen der Natur und der Welt, vom Zusammenhang zwischen dem Mikrokosmos des Menschen und dem Makrokosmos der Natur in eine nun faktisch erschlossene und gerade deshalb in Teile zerfallende Welt hinüberzuretten. Dennoch lag allerdings die Indizierung insbesondere der Theorien von Schellings Schülern und Bewunderern als phantastisch oft sehr nahe. Über einige kühne Kombinationen und Analogien Johann Wilhelm Ritters ist bereits gesprochen worden. In München ist er auch experimentell den Verbindungen zwischen organischer und anorganischer Welt nachgegangen, und er hat sogar eine allerdings kurzlebige Schriftenreihe mit dem Titel *Der Siderismus* herausgegeben, womit er die magnetischen Spannungen zwischen Mensch und anorganischer Natur bezeichnete. Er ließ einen Wünschelrutengänger auftreten – zum Schrecken von Fachkollegen in der Bayerischen Akademie der Wissenschaften, für die er tätig war – und träumte von den Resultaten, über die er an Novalis' Bruder Karl von Hardenberg schrieb:

«Sie sehen, die *Magie* fängt wieder an. Mit ihr aber auch wieder jene gefährliche Grenze, an der man sich eben so leicht fürs *Gute,* wie fürs *Böse* entscheiden kann. Noch sind wir im Beginn, aber schon sehe ich größere Dinge vor mir. [...] Der Punkt, den Archimedes forderte, ist gefunden. *Wir werden die Erde wirklich bewegen.*» (1.2. 1807)

Nach einer alten Lehre war der Siderismus auch die Bezeichnung für eine magnetische Beziehung und Verwandtschaft zwischen der Erde und den Planeten, und Ritter glaubte allen Ernstes, den Menschen als Mikrokosmos und das Universum als einen Makroanthropos experimentell enthüllen und so die Welt bewegen, das heißt humanisieren zu können. Denn als großes Ziel stellte er in seiner Münchner Rede *Die Physik als Kunst* (1806) dem Menschen die Aufgabe: «Sich Selbst beherrschend soll er Herr und Herrscher einer Erde, einer Welt und einer Schöpfung, seyn.»

Andere Naturphilosophen aus Schellings Umkreis waren Steffens, Oken, Troxler und Schubert. Steffens hatte eine naturwissenschaftliche Ausbildung, Oken, Troxler und Schubert waren, wie übrigens auch Kerner und Baader, Ärzte, aber charakteristisch für alle ist, daß sie zwischen den akademischen Disziplinen oszillierten. Steffens, der eine Zeitlang Schelling in Jena zur Hand ging, veröffentlichte *Beiträge zur innern Naturgeschichte der Erde* (1801) und *Grundzüge der philosophischen Naturwissenschaft* (1806), Troxler, der gleichfalls zu Schellings Jenaer Schülern gehört hatte, *Elemente der Biosophie* (1807) und Oken, seit 1807 in Jena Professor der Medizin, ein *Lehrbuch der Naturphilosophie* (1809).

Lorenz Oken – eigentlich Ochsenfuß – gab in Jena die Zeitschrift *Isis* heraus, die zwar vorwiegend für naturhistorische Berichte und naturphilosophische Meinungen gedacht war und auf diesem Gebiet große Bedeutung und Anerkennung erwarb, die aber auch den ersten authentischen Bericht über die Bücherverbrennung 1817 auf dem Wartburgfest brachte, die Sympathien des Herausgebers für die Burschenschaften nicht verhehlend, und die auch in der Bezichtigung Kotzebues als eines angeb-

lichen russischen Spions eine Rolle spielte. Kotzebue kostete die Kontroverse das
Leben, Oken die Professur. 1827 folgte er nach Jahren des Privatisierens in Jena
einem Ruf nach München und später nach Zürich. Sein *Lehrbuch* hat er mit folgender Definition eröffnet: «Die Naturphilosophie ist die Wissenschaft von der ewigen
Verwandlung Gottes in die Welt.» Sie sei «Kosmogonie oder Genesis schlechthin»,
der Mensch aber «Gott, vorgestellt von Gott», Gott hingegen «ein Mensch vorstel-
lend Gott in *einem* Selbstbewußtsein». Und abschließend: «Der Mensch ist als Abbild
des Absoluten nur von sich abhängig, *frei.*» Nicht wegen spekulativer Analogien ist
Okens Naturanschauung interessant, sondern wegen der in ihnen enthaltenen politischen wie materialistischen Konsequenzen. Daß der Mensch als Abbild des Absoluten das eingeborene Recht besitze, frei zu sein, hat Oken schließlich veranlaßt, lieber
sein Amt als seine Zeitschrift aufzugeben, denn vor diese Wahl war er nach dem Fall
Kotzebue gestellt worden. Gott aber als Vorstellung des Menschen brachte Okens
Theorien auf den Weg zu Ludwig Feuerbach. Oken war übrigens einer der Gutach-
ter von Georg Büchners medizinischer Dissertation in Zürich, und er hat als Rektor
der dortigen Universität auch die Habilitation des jungen deutschen Dichters und
Revolutionärs nachdrücklich gefördert.

Der Schweizer Ignaz Paul Vital Troxler gehörte ebenfalls zu einer aus der Schellingschen Naturphilosophie emporwachsenden Linken. Kommunalpolitische Kritik
und die Propagierung demokratischer Ansichten brachten ihn mehrfach in seinem
Leben in Schwierigkeiten und in Kollision mit der Staatsmacht. Seine *Biosophie,* von
der er behauptete, daß darin «wirklich die Wissenschaft und Geschichte, welche in
der Philosophie noch getrennt auseinanderliegen, in eins zusammenfallen», baute auf
dem ins Universale gesteigerten Begriff des Lebens auf. Das brachte dann Sätze hervor wie diesen:

> «Das Leben ist der Ursprung und das Substrat von aller Idealität und Realität,
> von aller Aktuosität und Materialität; es ist die auch für die Philosophie nicht
> weiter zerlegbare Einheit, weil es die Ureinheit ist, die alles aus sich hervorruft,
> und in seiner Autokratie sich bald als mehr Subjektives, als Tätigkeit oder Geist,
> bald als mehr Objektives, als Sein oder Form darstellt, an sich ist es ewige
> Wahrheit und unendliches Wesen.»

Auf die Versöhnung von Subjekt und Objekt und auf die Ganzheit des Universums
war es also auch hier abgesehen, aber die Begriffe taumeln durcheinander. August
Wilhelm Schlegel, der gerade Troxlers ergänzende Schrift *Über das Leben und sein
Problem* (1807) durchgeblättert hatte, schrieb, einem gewissen Vulgärmaterialismus
dieser Anschauungen auf der Spur, an Schelling, dergleichen laufe unter hochtraben-
den Namen letztlich doch auf «gröbste Sinnlichkeit hinaus»:

> «Dieß war schon die Meinung des Junkers Christoph von Bleichenwang, man
> sage zwar, das Leben bestehe aus den vier Elementen, aber glaube eher, daß es
> aus Essen und Trinken besteht.»

Und Schlegel kommentiert: «Diese jungen Leute bilden sich gewaltig viel ein, und
meynen alles weit hinter sich zu lassen». Dann aber fügte er hinzu: «Einen vortrefflichen Mann habe ich dagegen in Dresden kennen gelernt an Dr. Schubert.»

Gotthilf Heinrich Schubert ist der für die Literaturgeschichte interes-
santeste unter den Naturphilosophen aus Schellings Schule, und zwar allein
schon, weil er in seinem Buch *Ansichten von der Nachtseite der Naturwissenschaft* (1808) von jenem seltsamen Vorfall im schwedischen Falun berichtete,
da eine alte Frau in dem ans Licht gebrachten Leichnam eines verunglück-

ten jungen Bergmanns ihren Verlobten von vor fünfzig Jahren wiedererkannte, einem Vorfall, der lange und ertragreich auf die Phantasie deutscher Schriftsteller gewirkt hat. Aber auch der Titel des Buches selbst enthielt eine starke Faszination.

Schuberts Bildungsgang war für einen jungen Naturphilosophen um 1800 geradezu klassisch: Vom Elternhause her war er zur Theologie bestimmt – sein Vater war Pfarrer im erzgebirgischen Hohenstein –, aber nach einem Jahr Studium erfolgte der Wechsel zur Medizin, nach der Approbation als Arzt jedoch noch das Studium an der Bergakademie zu Freiberg um der Geheimnisse nicht nur des Menschen, sondern auch der Erde willen. Erst das befähigte ihn, ein Buch mit *Ahndungen einer allgemeinen Geschichte des Lebens* zu füllen. Es erschien in drei Bänden, die ersten beiden 1806 und 1807, der dritte 1821. Seit 1807 lebte Schubert in Dresden im Hause des Malers Gerhard von Kügelgen, dem er seine *Ansichten* widmete, die wiederum aus jener Art von öffentlichen Vorträgen hervorgingen, wie sie in Dresden auch Adam Müller und andernorts die Brüder Schlegel hielten. Mit Müller kam Schubert in Dresden in Berührung und ebenso mit Kleist, der, wie Schubert selbst berichtet hat, gar nicht satt von dessen Ansichten und Ahndungen werden konnte «und immer mehr und mehr derselben aus mir hervorlockte». Zum nationalen Bekanntenkreis Schuberts gehörten außerdem Schelling, Ritter, Baader, Abraham Gottlob Werner, auch Goethe natürlich, die Brüder Schlegel und E.T.A.Hoffmann. In dem Kapitel über Naturbetrachtung in ihrem Deutschland-Buch behandelt Madame de Staël nur zwei Deutsche: «Novalis als Dichter und Schubert als Physiker». Schuberts *Ansichten* aber nennt sie ein Buch, «das zu lesen man nicht müde werden kann, so viele Ideen enthält es, die zum Nachdenken anregen». Die Natur, so meint sie, stelle sich Schubert «als eine aufsteigende Metempsychose vor, bei der es vom Stein an bis zum Menschen einen ständigen Fortschritt gibt, der das Lebensprinzip von Stufe zu Stufe bis zur höchsten Vollkommenheit führt».

Mit einer solchen Vorstellung zeigte Schubert nun freilich in erster Linie seine enge Bindung an die allgemeinen Tendenzen der naturphilosophischen Spekulation dieser Jahre, und man konnte, wenn man wollte, auch schon die Neigung zur Religiosität herauslesen, die ihn später zu einem streng christlichen Betrachter der Natur innerhalb und außerhalb des Menschen machte, worin der Widerruf mancher kühner Spekulationen der Jugendzeit eingeschlossen war. Seine *Ahndungen* bereits bringen ein Gemisch aus exakter Beobachtung, Spekulation, Erbauung und Poesie, das auch in den folgenden Büchern in verschiedener Dichte vorhanden ist. Die Analogielust und die von Polaritäten in der Natur induzierte Lehre vom Gegensatz – Adam Müller hatte 1804 ein Buch darüber geschrieben – hatten auch Schubert gepackt. Was seinen Gedanken jedoch eine besondere Note gab, war die Einbeziehung des Todes in das Stufenschema der sich höher entwickelnden Natur. Der Tod vermähle das «Daseyn des Einzelnen» mit dem «Weltganzen», er stehe «den glühendsten, schönsten Augenblicken des Lebens» am nächsten, «und das irdische Daseyn vergeht immer mehr, je lebendiger sich die höheren Kräfte regen». So heißt es in den *Ahndungen*, und die besondere Anziehungskraft des Titels der *Ansichten von der Nachtseite der Naturwissenschaft* beruht darauf, daß hier die Leser oder ursprünglich die Hörer in jenes unbekannte, lockende Reich geführt zu werden glauben mochten, in dem Traum, Rausch und Tod regierten und das Novalis erst vor kurzem in seinen *Hymnen* unter dem Bilde der Nacht poetisch vorgeführt hatte.

So war es nun allerdings von Schubert nicht ganz gemeint. Mit der «Nachtseite» der Naturwissenschaft war zwar in der Tat der Gegenpol zur meßbaren Forschung gemeint, also unter anderem das Gebiet «des sogenannten Wunderglaubens», aber für ihn war die Nacht durchaus kein mütterlicher Schoß, sondern die Dunkelheit vor dem Aufgang des Lichtes: «Die Psyche, von der Kälte der langen Nacht erstarrt, schlief noch ihren tiefen Schlummer unter den welken Blumen, bis der erste Frühlingsstrahl sie berührte, und die gebundnen Schwingen sich lösten, und die Befreyte frölich zurückkehrte in die alte Heymath.» Aber wenngleich Schuberts metaphorisches Verständnis der Nacht noch aufklärerisch wirkt, so ist sein Verständnis eines zeitlichen Entwicklungsgangs dennoch nicht mehr linear – aus dem Dunklen ins Helle führend –, sondern organistisch, also das eines Kreislaufs. Der Lebenskreislauf des Menschen im einzelnen und des Menschengeschlechts im ganzen besteht im Ausgang in die Vereinzelung und in der Rückkehr ins Ganze, in die Heimat: Zeugung und Tod stellen die beiden großen, einander verwandten Schritte dar. Was Schubert in den *Ansichten* vorführt, sind Anzeichen und Symptome für diesen größeren Zusammenhang in der Nacht der Heimatlosigkeit und Kälte.

Nichts kann Schuberts Ansichten besser illustrieren als die Geschichte vom unverhofften Wiedersehn zwischen alter Braut und jungem, aber totem Bräutigam in Falun. Gewiß beschreibt Schubert das Ereignis nur als Berichterstatter eines außerordentlichen Falles, und die menschliche Tiefe und metaphysische Weite, die Hebel seiner Nacherzählung dieses Falles im *Rheinischen Hausfreund* (1810) gibt, geht Schuberts Bericht ab. Aber auch Schubert ist es nicht nur um die Skurrilität des Vorfalls oder die naturwissenschaftliche Konstatierung einer Leichenbalsamierung durch Eisenvitriol zu tun, sondern um die Tod und Leben verbindende Kraft der Liebe:

> «Das Volk sahe mit Verwunderung die Wiedervereinigung dieses seltnen Paares, davon das Eine, im Tode und in tiefer Gruft das jugendliche Aussehen, das Andre, bey dem Verwelken und Veralten des Leibes die jugendliche Liebe, treu und unverändert erhalten hatte, und wie bey der 50jährigen Silberhochzeit der noch jugendliche Bräutigam starr und kalt, die alte und graue Braut voll warmer Liebe gefunden wurden.»

Die «Befreyung» des menschlichen Daseins «von dem Planeten» und der Eintritt «in eine höhere Ordnung der Dinge», von denen in den letzten Sätzen von Schuberts Buch die Rede ist – hier sind sie symbolisch vorbereitet durch die Überwindung des physischen Todes in der Liebe.

Was Schubert nun weiterhin in seinen *Ansichten* darstellt, ist die Relativität aller einzelnen Existenz, auch derjenigen der Planeten selbst, die in jeweils ganz verschiedenen Zuständen einer geschichtlichen Entwicklung zu stehen scheinen, den Organismen gleich, die blühen und vergehen. Herders Einfluß auf Schubert wird erkennbar; als Weimarer Gymnasiast hatte Schubert in freundschaftlicher Verbindung zu ihm und seiner Familie gestanden. Auf diese Weise transzendiert Schubert zugleich, was er in seinem Buch das «große Werk der Geschichte» nennt, die auf die «seelige Harmonie» des Universums zuführe. Darüber gibt es zwar kein Wissen, wohl aber Ahnungen, die sich in den Mythen und Mythologien alter und neuer Zeit ebenso ausdrücken wie in besonderen Seelenzuständen einzelner Menschen zu allen Zeiten. Im Zusammenhang mit ersterem erörtert Schubert die Theorie von einer Ursprache, die aus unmittelbarer göttlicher Offenbarung hergeleitet sei, jenes geheimnisvolle Sanskrit, das auch Novalis schon als Sprache der Natur in den *Lehrlingen zu Sais* bedacht hatte. Zum anderen aber schenkt Schubert seine Aufmerksamkeit den Zuständen der «Magnetisierung», der Hypnose und des Somnambulismus sowie den Geisteskrankheiten, die allesamt für ihn in der Tiefe der Nacht ein noch unbegriffenes Licht aufleuchten lassen. In der Aufmerksamkeit auf solche Zustände lag vor allem die praktische Bedeutung seines Beitrags zur Naturphilosophie; er hat die Erforschung der *Krankheiten und Störungen der menschlichen Seele* – so der Titel eines Buches von Schubert aus dem Jahre 1845 – sein Leben lang fortgesetzt.

In den *Ansichten* berichtet Schubert ausführlich von somnambulen Phänomenen, so von der «jungen 12jährigen Rathsherren-Tochter, von welcher der Heilbronner Gmelin erzählt», die «nur die Stimme der mit ihr in Beziehung gesetzten Personen verstand». Kleist war, wie schon gesagt, einer der Zuhörer Schuberts, und sein Käthchen von Heilbronn hat in ihm einen Paten gehabt. In den Momenten «des magnetischen Schlafs, des Nachtwandlens, Wahnsinns und andern ähnlichen krankhaften Zuständen» entdeckte Schubert die «dunklere Sympathie», die den Menschen mit dem Kosmos verbindet. So verträumt das klingt, darf man doch die Bedeutung dieser Studien nicht unterschätzen. Nicht nur versponnenes, mythisch getöntes, im populären Sinne «romantisches» Interesse am Irrationalen steckt darin, sondern es gehört dergleichen zu den Anfängen moderner Psychologie und zwar erste Vorstellungen von den unterbewußten Dimensionen der menschlichen Psyche und in ihr wirksamen Kräften. Zugleich aber verbesserte sich durch eine derartige Aufwertung des «Wahnsinns» auch die Behandlung geistig Kranker, die man damals häufig noch in Ketten zu legen pflegte oder denen man, wie es mit Hölderlin geschah, lederne Zwangsmasken über den Kopf stülpte.

Schubert hat seine Gedanken in den Studien zur *Symbolik des Traumes* (1814) weiter verfolgt, auch hier sachliche Beobachtungen mit der Konstruktion einer Erlösungslehre verknüpfend, die über die Ansätze in den *Ansichten* noch beträchtlich hinausging. Aus den Gedanken von einer Ursprache entwickelt er die Vorstellung von einer «Abbreviaturen- und Hieroglyphensprache», die sich unter anderem eben in den Bildern des Traums äußere und die, wäre sie nur mitteilbar, auch allgemein verständlich wäre. Könnten wir «im Traume mit einander reden, so würde der americanische Wilde und der Neuseeländer meine Traumbildersprache verstehen, und ich die ihrige». Schubert beschreibt vieles, für das die Psychoanalyse später Begriffe gefunden hat – das kollektive Unbewußte zum Beispiel oder Verdrängungsphänomene. Der die Psychoanalyse bestimmende Gedanke der Befreiung von den Nötigungen, die das unbenannte und unbekannte Unterbewußte dem Menschen auferlegt, kommt bei Schubert geradezu ekstatisch im Rahmen seines Weltbildes zum Ausdruck:

«Die Seele soll sich in dem jetzigen, verkümmerten Zustande, wieder eines höheren und ursprünglichen – eines neuen, künftigen Lebens fähig machen»,

zu dem der Mensch freilich erst durch den Tod reif werde. In diesem Sinne fügt
Schubert dieser Forderung hinzu:

«Ueberhaupt muß sich im Tode das Verhältniß von neuem umkehren; die (Geister)-sprache des Traumes muß wieder Sprache des wachen, gewöhnlichen
Zustandes werden.»

Die Suche nach einem Weg, wie «in dem jetzigen Daseyn» ein Zugang zu diesem
höheren Zustand gefunden werden könne, führt Schubert über die wirkliche, «arti-
culirte» Sprache zu einer «Sprache der Seelen», wie sie bisher allenfalls in Mythen
und Dichtungen sichtbar geworden sei. Erweckungserlebnisse wie dasjenige Jung-
Stillings werden als Zugangserfahrungen erwogen oder aber auch «Veränderungen
der äußerlichen religiösen Confession», also Konversionen, wobei dem Pastorensohn
Schubert beide Richtungen vom Protestantismus zum Katholizismus und umgekehrt
als möglich erscheinen. Schubert stützt seine Erhebungslehre auch noch medizinisch
durch die Entgegensetzung eines die unbewußten Sphären bestimmenden Ganglien-
systems gegenüber dem «Cerebralsystem» des bewußten Lebens, das allerdings die
Verbindung zu diesem Organ der Göttlichkeit in uns verloren hat. Das Ziel aller Existenz wird schließlich in den letzten Worten des Buches apotheotisch-enthusiastisch
gezeichnet:

«Das magische Dunkel unserer Träume wird nun wieder zu einem hellen Licht
von oben, der alte Zwiespalt unserer Natur ist versöhnt, das verlorene Kleinod
wird uns wieder. Das bange Sehnen in uns hat den ihm angemessenen Gegenstand wieder gefunden, und mit ihm volles Genügen, Friede, Freude!»

Jacob Grimm nannte Schuberts *Symbolik des Traumes* ein Buch, «das einem, wie alle
seine, gleich heimlich und recht ist». So hypothetisch oder mystizistisch darin auch
vieles über die Suche nach Naturerkenntnis erschien, so wurden doch Türen zu
einem neuen, tieferen Verständnis der menschlichen Psyche und ihrer Funktion
geöffnet.

Schubert stand bei seinen Explorationen des Unterbewußten oder Vorbewußten nicht allein in seiner Zeit, aber er war allerdings derjenige, der die
Beobachtungen am weitesten fortführte zur Konzeption eines naturphilosophischen Systems. Das «Mesmerisieren», also die Magnetisierungs- und
Hypnotisierungsversuche, wurden jedoch zu einer regelrechten Modeerscheinung und sind auch vielfach beschrieben, kritisiert und karikiert worden. David Koreff, Arzt und später Serapionsbruder E.T.A. Hoffmanns,
veröffentlichte in den *Friedensblättern* im Februar 1815 das «Gebet eines
Magnetiseurs», das mit folgender Strophe beginnt:

Hoch aus eurer sel'gen Ferne
Steiget nieder lichte Sterne,
Senkt euch in des Menschen Bau,
Wie ihr auf der Wandrung irret,
Und doch nie die Bahn verwirret,
Wogend in des Himmels Blau!

Wenn sie, die Boten des Kosmos, auf die Menschen treffen, dann wünscht
sich der Magnetiseur jedoch:

Wie sich Süd's und Nordens Klippe
Küßt mit des Magneten Lippe
Und vertraut zusammen wohnt:
So begegnet euch im Frieden,
Nicht mehr kämpfend-wild geschieden,
Menschen-Sonn' und Menschen-Mond!

Der Magnetismus geht, wie man sieht, sogar mit der Zeitgeschichte von 1815 ein Bündnis ein im Zeichen der Poesie und im Frieden Gottes; ein Gedicht und ein ärztliches Rezept waren für Koreff ohnehin nur verschiedene Ausflüsse derselben Göttlichkeit.

Ein anderer Arzt und Poet, Justinus Kerner, nahm eine psychisch Kranke in sein Haus auf und hat deren Zustände und Visionen unter dem «Magnetisieren» ausführlich beschrieben in dem Buch *Die Seherin von Prevorst* (1829), dessen beide Teile – «Eröffnungen über das innere Leben des Menschen» und «Eröffnungen über das Hereinragen einer Geisterwelt in die unsere» – schon die Absichten und Interessen des gesamten Werkes andeuten, zu dem auch Eschenmayer, Görres und Schubert beigesteuert haben.

Wie Schubert mit dem Gegensatz von Cerebral- und Gangliensystem operiert, so verwendet Kerner die Vorstellung von einem «Nervengeist», der durch den Leib mit der Welt verbunden sei, während er zugleich die Seele an den Leib binde, die Seele hingegen zwischen einem «intellektuellen Geist» und dem «Nervengeist» vermittle sowie der «intellektuelle Geist» schließlich das Göttliche mit der Seele. Ziel einer derartigen komplizierten Aktivität des Nervengeistes aber ist die Überwindung irdischer Schranken, die Aufhebung der Grenzen zwischen Subjekt und Objekt, was sich bereits in dem «außerordentlichen Zustand des magnetischen Lebens» ereignen könne, worin wiederum der Nervengeist aktiv tätig sei. So mündet Kerners detaillierte Beobachtung und Analyse einer handfesten schwäbischen Neurose in den allgemeinen Strom naturphilosophischen Denkens. Dem Magnetiseur aber gilt der Rat, es «recke um Gottes willen hier keiner seine Hand aus, dem nicht Religion und tiefer Ernst im Herzen lebt, *und der nicht frei und ungebunden von der Welt sein kann*».

Arzt, Naturwissenschaftler und Philosoph war schließlich auch Franz Baader, der seine ersten naturphilosophischen Überlegungen schon vor der Schellingschen Naturphilosophie entwickelt hatte, auch wenn er dann zu Schelling in Beziehung trat. Unbefriedigt von der Tätigkeit als Arzt hatte Baader – zehn Jahre älter als Schelling und fünfzehn Jahre älter als Schubert – bereits Anfang der neunziger Jahre in Freiberg Bergbaukunde studiert, war dann als Bergrat in bayrischen Diensten tätig und wurde schließlich 1826 in München akademischer Lehrer, wo er zu dem sich in der Zeitschrift *Eos* manifestierenden Kreis eines engagierten Katholizismus um Görres, Brentano und Ignaz von Döllinger gehörte. Nach den frühen, unter Schellings Einfluß stehenden *Beyträgen zur Elementar-Phisiologie* (1797) veröffentlichte Baader eine Reihe von Schriften, in denen es ausdrücklich um die Beziehungen zwischen Natur, Ethik und Religion ging. Nahmen Schubert oder Kerner trotz aller spekulativer Neigungen in ihren

Schriften doch zunächst die Haltung von wissenschaftlichen Beobachtern
ein, so trat Baader sogleich als Prophet auf, in einer Sprache, die zu
Archaismen neigte, klassische Gelehrsamkeit mit religiöser Inspiration verschmolz und kryptisch, didaktisch und erbaulich zugleich war, bezwingend
vor allem durch die tiefe Ehrlichkeit und menschliche Sorge des Sprechenden. Eindrucksvoll und überzeugend muß Baader auch persönlich gewirkt
haben; Schelling jedenfalls bemerkt einmal zu August Wilhelm Schlegel,
daß Baader noch «herrlicher» erscheine durch «persönliche Bekanntschaft»
als durch seine Schriften (7.11.1807), während Friedrich Schlegel mit
einem Seitenhieb auf den einstigen Jugendfreund dem Bruder mitteilt:
«Einen bessern und tiefern F[rei] M[aurer] und Theosophen wie Baader es
ist, kann es wohl nicht geben. Wie unermeßlich hoch steht er über Schelling
und die andern Naturphilosophen!» (13.3.1811)

Innerhalb seines umfangreichen Werkes setzte Baader seine Vorstellungen zur
Natur in einer Reihe kleinerer Aufsätze und Schriften auseinander wie in dem Essay
Über die Analogie des Erkenntniss- und des Zeugungs-Triebes (1808) oder dem *Über
den Blitz als Vater des Lichtes* (1816), um nur zwei der bekanntesten zu nennen. Auch
Baader sieht die Welt und das Leben von Gegensätzen durchwaltet, die nach Versöhnung drängen. Im Analogieverfahren der Zeit stellt er den Erkenntnistrieb zur Zeugung in Parallele und sieht im Drang nach Erkenntnis nichts anderes als «Zeugung,
Gebärung, Aussprache und Darstellen eines Worts, Namens, Bildes». In Zeugungs-
kraft wie Erkenntnislust aber sei die Doppelgeschlechtlichkeit der Natur vereinigt, so
daß Baader zu der außerordentlichen Behauptung gelangt:

> «Alles, was da lebt und leibet, geht aus dieser Androgynenlust hervor, sie ist die
> geheime, undurchdringliche, magische Werkstätte alles Lebens, das geheime
> Ehebett, dessen Rein- und Unbeflecterhaltung das selige, gesunde, dessen
> Verunreinigung das unselige, kranke Leben gebiert.»

Eine solche kühne Analogie zeigt nicht nur viel von der intellektuellen Verfahrensweise Franz Baaders, von seiner Suche nach der Erlösung einer gestauten Sexualität
in der Verbindung zur Tätigkeit des Geistes und – an anderer Stelle – zur Gläubigkeit der Seele, sie erweist auch etwas von dem besonderen Beitrag, den diese Art von
spekulativem Philosophieren für die Geschichte der Erkenntnis überhaupt zu bieten
hatte. Die Entdeckung und Beschreibung der Sexualität, die zur großen Arbeit des
20. Jahrhunderts geworden ist, hat ihre Ursprünge in diesem Morgennebel von
Mythos und Naturphilosophie. Baaders Argumentation wirft zugleich ein Licht auf
die Faszination durch Androgynengestalten in der Literatur der Zeit; das Klingsohr-
Märchen in Novalis' *Heinrich von Ofterdingen* gibt ein deutliches Beispiel dafür.
Gemeinsamer Urquell der Androgynen-Symbolik aber war vor allem die Mystik
Jakob Böhmes. Baader hat seine Gedanken später fortgesetzt in Schriften wie den
Sätzen aus der erotischen Philosophie (1828) und den *Vierzig Sätzen aus einer religiösen
Erotik* (1831). Es ist, als ob Baader die Gefahren gespürt hat, die Erschütterungen
und Gluten in der Tiefe, in die er hier eindrang – und von denen die Schriften des
Marquis de Sade bereits um die Jahrhundertwende das beklemmendste Zeugnis
abgelegt hatten –, wenn er immer wieder Religion und ein daraus gewonnenes Ethos
zur Hilfe und Kontrolle rief: «Was aber das Senkblei dem irdisch Bauenden, das ist
das Gebet dem innern, Geistiges und Ewiges bauenden Menschen», wie es in der
Abhandlung über den Blitz heißt.

Daß sich das naturphilosophische Denken und Spekulieren wie das Interesse an somnambulen und anderen okkulten Phänomenen auch sonst vielfach in der Literatur dieser Jahre widerspiegelte, ist allein schon aus den reichen, oft engen persönlichen Beziehungen zwischen Philosophen und Schriftstellern erkennbar, wenn sie nicht sogar, wie Koreff oder Kerner, Arzt und Dichter in einem waren. Kleist und Hoffmann sind genannt worden; Arnim, Brentano, Friedrich und Caroline Fouqué oder Johanna Schopenhauer gehören ebenso wie die Unterhaltungsschriftsteller Laun und Kind zu dem Empfängerkreis der Theoretiker. Die extremste künstlerische Meisterung des problematischen Zwiespalts zwischen Subjekt und Objekt freilich geschah außerhalb Deutschlands: Mary Shelleys *Frankenstein* (1818) ist die tragische Geschichte des künstlichen, von einem Naturwissenschaftler erzeugten Menschen, der zur Gefahr für seinen Schöpfer und die gesamte Menschheit wird. Solche Macht besaßen Hoffmanns Automaten von vornherein nicht, so weit ging aber auch Goethe nicht mit seinem Homunculus, den er zur richtigen Entstehung an die Natur zurückweist.

Goethes Farbenlehre

Gemessen an all den Analogien, Hypothesen, Amalgamationen, Verbindungen und Wahlverwandtschaften der Naturphilosophie erscheint das, was Goethe als seinen Beitrag zu den Naturwissenschaften in diesen Jahren anbot, das nüchtern, sachlich und ruhig vorgetragene Ergebnis eines vorurteilslosen Beobachters der Natur zu sein, und man muß schon sehr genau lesen, was er als Beitrag *Zur Farbenlehre* veröffentlichte, um das Feuer unter der Oberfläche, die begeisterte Subjektivität und subjektive Begeisterung zu erkennen, die diesen Beschreibungen von Studien zu dem farbigen Bild der Natur zugrunde liegen.

Als erstes tritt bei solcher Prüfung Goethe als Polemiker ans Licht mit einer sonst bei ihm keineswegs üblichen Aggressivität, die ein wenig von der letzten Unsicherheit verrät, die er selbst bei seiner Theorie empfunden haben muß. Goethes Beiträge *Zur Farbenlehre* erschienen 1810 in zwei Bänden, eingeteilt in einen didaktischen, einen polemischen Teil und eine Darstellung der Geschichte der Farbenlehre. Die Anfänge der Arbeit gehen auf seine *Beyträge zur Optik* (1791) zurück, und die Beschäftigung mit der Farbentheorie hat ihn dann noch bis in die letzten Tage seines Lebens begleitet. Mit seiner Theorie begab sich Goethe auf ein Gebiet, das sich schon seit einem Jahrhundert fest in den Händen der Fachleute befand durch die Forschungen Isaac Newtons.

Auch wenn die eigentliche Spezialisierung in den Naturwissenschaften erst ein Produkt des 19. Jahrhunderts ist, so war die Spezialisierung in der Physik zu Goethes Zeiten immerhin schon so weit fortgeschritten, daß er von vornherein als – wenn auch achtbarer und ernstzunehmender – Amateur oder Dilettant auf diesem Gebiet erscheinen mußte. Wenn Goethe selbst die Originalität seiner Lehre mit den neuen Entdeckungen zu Magnetismus, Elektrizität und Verbrennung in eins setzte, so verkannte er, daß Newton bereits für die Optik jene festen, wissenschaftlich und praktisch nutzbaren Grundlagen gelegt hatte, die in den anderen Bereichen erst am Ausgang des 18. Jahrhunderts geschaffen wurden. Goethe hat Newton eine geradezu irrationale Verachtung entgegengebracht, die so weit ging, daß er Fernrohre nicht mochte und eine Abneigung gegen Brillenträger hegte. Newtons Lehre, so behauptete er, sei eine alte Burg, übereilt gebaut, aber von den nachfolgenden Generationen vielfach erweitert und umgebaut, also ein von den Zufälligkeiten einer langen Geschichte geprägtes Gebäude, dessen Mythos nur deshalb fortbestand, weil es niemals bisher eingenommen worden sei. Diese Festung nun glaubte Goethe geschleift und an ihrer Stelle einen freien Platz geschaffen zu haben. Hätte er sich erlaubt, einen Neubau zu entwerfen, so wäre es wohl ein in klassizistischer Architektur errichtetes modernes Institut geworden, Forschungsstätte und Kunstakademie in einem. Entstanden ist in Wirklichkeit neben Newtons Burg ein Haus am Frauenplan, das die Nachwelt nur Goethes wegen besucht. Repräsentationsräume in sorgfältig aufeinander abgestimmten Farben gehen nach vorn hinaus, und vom asketischen Arbeitszimmer hinten eröffnet sich der Blick in den Garten der freien Natur. Durchwaltet aber ist es von dem Geschmack und der Eigenart einer bedeutenden Persönlichkeit, jeden auf seine Weise belohnend, der es betritt.

Goethes *Farbenlehre*, wie er sie im didaktischen Teil darlegt, ist zuallererst ein Bild seiner Welt, das Bild eines noch stark der Natur zugekehrten Lebens, das sich eine spätere Zeit erst begreiflich machen muß, wenn sie das enthusiastische, zuweilen wohl gar ekstatische Verhältnis dieser vergangenen Zeit zur Natur verstehen will. Da ist der Vollmond in einer Stadt ohne Straßenbeleuchtung die große, milde Lichtquelle der Nacht, während in den Häusern die Öllampen und Kerzen leuchten. Sonne, Mond, Lampe, Kerzen, Fensterläden, Trinkgläser, Flaschen, Seifenblasen, der Schaum auf der Trinkschokolade, sympathetische Tinte, wie sie die Schurken in Jean Pauls Romanen trügerisch gebrauchen – das ist Goethes Instrumentarium für seine Farbstudien. Kutschen, Eisenschmieden, Wirtshäuser, darin «ein wohlgewachsenes Mädchen mit blendend weißem Gesicht, schwarzen Haaren und einem scharlachroten Mieder», der Garten mit Päonien und «Kalendeln» oder die «Feenwelt» des Harzes im Winter – das sind seine Laboratorien. Gelegentlich werden ein paar fremde Erfahrungen hinzugetragen, wie diejenigen von Reisenden oder den ersten Luftballonfahrern, und nur ganz zögernd wird einmal ein Mikroskop benutzt. Goethes *Farbenlehre* ist das Werk eines Erzählers, der sich seine Welt entwirft, in der er dann, als die Hauptgestalt, auftreten kann: Schelling glaubte bei der Lektüre des Buches, mit Goethe «zu Tische zu sein und ihn perorieren zu hören» (30. 1. 1811). Einem Kunstwerk gemäß ist aber schließlich auch die Behauptung, der Mensch sei der «bedeutendste irdische Gegenstand» (§ 181). So steht Goethes *Farbenlehre* von vornherein unter anderen Gesetzen als denen einer physikalischen Theorie, unter Gesetzen der Kunst, der Psychologie und der Ethik.

Im Laufe seines Lebens hat sich Goethe aus den Beobachtungen der Natur wie des Menschen als Gesellschaftswesen eine Theorie geschaffen, die zwar kein Schlüssel zu den Geheimnissen des Seins war und auch nicht sein sollte, die ihm aber half, den Gang des Lebens im einzelnen und ganzen besser zu begreifen und als Künstler zu fassen. In der *Farbenlehre* hat er sie auf die bündigste Formel gebracht:

«Das Geeinte zu entzweien, das Entzweite zu einigen, ist das Leben der Natur; dies ist die ewige Systole und Diastole, die ewige Synkrisis und Diakrisis, das Ein- und Ausatmen der Welt, in der wir leben, weben und sind.» (§ 739)

Bezieht sich diese Formel vor allem auf das, was Goethe andernorts als «Polarität» bezeichnet, so tritt für ihn noch der Begriff der «Steigerung», also der qualitativen Entwicklung alles Lebens hinzu, die das ewige Spiel der Polaritäten dem Mißverständnis eines fatalistischen Kreisens enthebt, ohne daß Goethe allerdings auf eine natur- und weltgeschichtliche Teleologie abzielte. Das Unerforschliche wollte er ruhig verehren, aber sich nicht in seinem Namen engagieren. Daß diese Anschauungen aus den Auseinandersetzungen mit dem Denken der Zeit hervorwuchsen, ist erkennbar. Goethe ist immer ein Kind des aufgeklärten und aufklärenden 18. Jahrhunderts geblieben, so sehr er sich bis an sein Lebensende neuen Erkenntnissen öffnete. Mit Schelling und den anderen jungen Naturphilosophen oder teils auch schon vor ihnen sah und akzeptierte er aber gleichzeitig die Dialektik in der Natur als große Bewegungskraft. Von der Ganzheit, dem Einen und Allen des Universums war er wie sie überzeugt, nur den Weg zur Religion ging er nicht mit, und die Naturmystiker erschienen ihm so suspekt wie die positivistischen Zergliederer der Natur. Dergleichen war jedoch nicht nur persönliche Neigung und Einstellung schlechthin, es war ebenso die Haltung eines Epikers, der die Welt erzählt. Das aber tat Goethe seit den neunziger Jahren immer wieder – in den Meister-Romanen, der *Farbenlehre,* der Autobiographie, der *Italienischen Reise* und letztlich auch in dem epischen Drama oder dramatisierten Epos des *Faust.* Es war sein Hauptgeschäft.

Die *Farbenlehre* stellt eine Frucht seines Weltverständnisses dar. Farbe ist nicht Produkt oder Ingredienz des Lichts, wie Newton meinte, sondern Resultat des Gegensatzes zwischen Licht und Finsternis. Sie realisiert sich erst im «trüben Mittel» der irdischen Dinge. Licht und Finsternis sind also die beiden Pole, durch deren Wechselwirkung die Farberscheinungen möglich werden. Wird das weiße Licht durch das trübe Mittel der Wolken am

Abend gebrochen, so erscheint zunächst Gelb, dann Rot. Sieht man durch ein trübes, vom Lichte erleuchtetes Mittel gegen die Finsternis, so erscheinen Blau und Violett. Auf solchem Spiel der Gegensätze baut Goethe seine in viele Einzelheiten gehende Theorie auf, wobei das erkennende Auge eine entscheidende Rolle spielt:

> «Das Auge hat sein Dasein dem Licht zu danken. Aus gleichgültigen tierischen Hülfsorganen ruft sich das Licht ein Organ hervor, das seinesgleichen werde, und so bildet sich das Auge im Lichte fürs Licht, damit das innere Licht dem äußeren entgegentrete.»

Denn der Mensch ist, wie gesagt, der bedeutendste irdische Gegenstand. Goethes Lehre ist also nicht ohne Tendenz auf einen eigenen, säkularen Mythos. Mephisto im *Faust* hat die Erläuterung dazu gegeben:

> Ich bin ein Teil des Teils, der anfangs alles war,
> Ein Teil der Finsternis, die sich das Licht gebar,
> Das stolze Licht, das nun der Mutter Nacht
> Den alten Rang, den Raum ihr streitig macht,
> Und doch gelingt's ihm nicht, da es, so viel es strebt,
> Verhaftet an den Körpern klebt.
> Von Körpern strömt's, die Körper macht es schön,
> Ein Körper hemmt's auf seinem Gange,
> So, hoff' ich, dauert es nicht lange,
> Und mit den Körpern wird's zugrunde gehn. (1349–1358)

Mephistos Hoffnungen sind nicht diejenigen Goethes, wohl aber seine Theorie des Lichts, bis auf den entscheidenden Punkt allerdings, daß dieses Licht für Goethe nicht Geschöpf der Finsternis, sondern des Schöpfers ist. Auch die *Farbenlehre* hat einen – ungeschriebenen – «Prolog im Himmel»: Er ist in der Genesis nachzuschlagen. Und so entfaltet sich denn die *Farbenlehre* als eine Art göttliche Komödie. Farben sind Realien, «elementare Naturphänomene»; Licht ist kein Abstraktum, sondern nur in Bildern faßbar, begrenzt und bedingt wie alles Seiende. «Am farbigen Abglanz haben wir das Leben» (4727), peroriert Faust in solchem Sinne einmal in einem halbwegs ekstatischen Moment, und «Alles Lebendige strebt zur Farbe» (§ 586) heißt es in der *Farbenlehre*. Für Goethe stand jedenfalls der Schöpfer jenseits der Dialektik der Natur, und in dieser Sicherheit waren Ruhe und Schönheit gegründet. Das Licht aber als das Schwert Gottes gegen die Mächte der Finsternis anzusehen und über die Erleuchtung zu Gott selbst zu gelangen, war nicht seine Sache, sondern die der Naturphilosophen wie Schubert oder Baader, und das forderte den Triumph des Glaubens über das Wissen.

Überall läßt der Erzähler der *Farbenlehre* durchblicken, daß er es mit der wirklichen, der vom Menschen bestimmten Welt zu tun hat wie in einem

Roman. «Die Farben sind Taten des Lichts, Taten und Leiden», heißt es schon im Vorwort. Menschliche Qualitäten werden der Farbe beigemessen, wenn sie «energisch» oder «entschieden» genannt wird, und die Psychologie der Farben, des Ernstes und der Würde im Rot oder der Ruhe des Grünen – «deswegen für Zimmer, in denen man sich immer befindet, die grüne Farbe zur Tapete meist gewählt wird» (§ 801) – gehört zu den originellsten und nützlichsten von Goethes Betrachtungen. Goethes Farbenkreis (§ 707) soll ein Bild der lebendigen Natur sein, kein Derivat eines abstrakten Lichtes. «Daß alle Farben zusammengemischt Weiß machen, ist eine Absurdität» (§ 558), behauptet er gegen Newton und ließ sich dabei von der Theorie des Malers Philipp Otto Runge über eine Farbenkugel inspirieren, wobei für Runge dann freilich – charakteristisch für eine jüngere Generation – die Farben einen metaphysischen Wert annahmen und in rechter Anwendung Gott im Kunstwerk offenbaren sollten. Für Goethe hingegen bot der aus den Reaktionen trüber Mittel auf Licht und Finsternis sich ergebende Farbkreis von Rot über Gelb, Grün und Blau zu Violett in sich selbst die Erfüllung, jene «Totalität» (§ 60), deren Bedürfnis dem Auge «eingeboren» ist als Ausdruck des Bedürfnisses aller Existenz nach Harmonie (§ 803 ff.).

Daß sein Wunsch nach Harmonie wiederum entwicklungsgeschichtlich bedingt ist, versucht Goethe an verschiedenen Beispielen zu demonstrieren. Aus der ihm überlieferten Tatsache, daß bei Affen «gewisse nackte Teile bunt» seien, kommt er zu dem Schluß: «Je edler ein Geschöpf ist, je mehr ist alles Stoffartige in ihm verarbeitet; je wesentlicher seine Oberfläche mit dem Innern zusammenhängt, desto weniger können auf derselben Elementarfarben erscheinen. Denn da, wo alles ein vollkommenes Ganzes zusammen ausmachen soll, kann sich nicht hier und da etwas Spezifisches absondern.» (§ 666). So mündet seine *Farbenlehre* vielfältig in seine naturhistorischen Studien zur Metamorphose der Pflanzen und Tiere ein – Studien, die ihn über sein Zeitalter erhoben und deren Gedanken erst im Laufe des 19. Jahrhunderts Allgemeingut der Wissenschaft wurden. Wie bei vielen seiner Zeitgenossen erweist die Erkenntnis von der Geschichtlichkeit alles Daseins ihre Macht auch auf Goethe, und seine Darstellung der *Geschichte der Farbenlehre* ist weit über ihren unmittelbaren Zweck hinaus ein bedeutendes Werk zur Wissenschafts- und Erkenntnisgeschichte, gesehen durch ein «Individuum» im Kampf zwischen Überlieferung und «Erfahrung des Gegenwärtigen», wie Goethe es dort selbst ausgedrückt hat. Jeder Mensch, «dem eine originelle Wirksamkeit zuteil geworden», fühle den «Beruf», so bekennt er pro domo, «diesen doppelten Kampf persönlich zu bestehen, der durch den Fortschritt der Wissenschaften nicht erleichtert, sondern erschwert wird».

Damit hatte nun Goethe allerdings einen wunden Punkt seiner eigenen Tätigkeit als «Naturfreund», «Liebhaber der Natur» oder «Beobachter», wie er sich zuweilen nennt, deutlich hervorgekehrt. Weder von den gelehrten Physikern noch von den spekulierenden Naturphilosophen konnte er Beifall erwarten. Die Achtung, die man ihm als bedeutendem Schriftsteller und maßgeblichstem Repräsentanten des kulturellen Deutschland entgegenbrachte, konnte die Fachwelt nicht darin hindern, seinen Versuch zur Widerlegung Newtons in seiner ganzen Unmöglichkeit bloßzustellen, denn die Erscheinungen, die er gegen Newton deutete, ließen sich auch mit Hilfe von dessen Theorie erklären, und die Forschung bedurfte der objektiven Meßbarkeit von Lichterscheinungen, die sich aus Newtons Farbenlehre ergab. Daß sie Goethes Werk nicht als ein Stück dichterischer Weltinterpretation betrachteten, war verständlich und verzeihlich, denn der Autor selbst sah es nicht so und glaubte durchaus mit gleichen Waffen zu fechten, wenn er gegen die Festung Newton zu Felde rückte, so daß er die Attacken der Fachleute herausforderte. Hier eben zeigt sich, wie weit die Arbeitsteilung auf dem Gebiet intellektueller Tätigkeit bereits fortgeschritten war, als die *Farbenlehre* erschien und der universelle Geist Goethes, auch wenn es nicht in seiner Absicht lag, immer nur wieder dem Gesetz folgte, nach dem er angetreten war: dem des Dichters. Damit freilich werden auch die Einwände gegen die *Farbenlehre* von seiten der Fachwissenschaft letztlich nur historisches Dokument. Daß die Goethesche *Farbenlehre* «die todtgeborene Spielerei eines autodidaktischen Dilettanten» sei, wie der Physiker Emil Du Bois-Reymond in seiner Berliner Rektoratsrede *Goethe und kein Ende* (1882) behauptet hat, hilft, so richtig es vom Standpunkt der Physik der Zeit sein mochte, ebensowenig zum Verständnis des Werkes wie etwa der Einwand gegen ein physikalisches Fachbuch, es ermangle ihm die Poesie. Inzwischen haben die Physiker Goethe manches konzediert hinsichtlich der Objektivität und Relativität von wissenschaftlicher Naturerkenntnis. Angesichts der lebensbedrohenden Errungenschaften der exakten Naturwissenschaften ist auch das Verständnis für Goethes Forderung nach Achtung und Respekt für die Selbständigkeit der Natur gewachsen.

Er selbst hat die Natur von seiner Grundüberzeugung her noch weiterhin in ihren verschiedenen Erscheinungsformen verfolgt, wie seine Schriftenreihen *Zur Naturwissenschaft überhaupt* und *Zur Morphologie* (1817–24) mit Beiträgen unter anderem zu Geologie, Botanik und Wolkenlehre erweisen. Vielfältig spiegeln sich seine Gedanken und Forschungen zur Natur in seinem literarischen Werk, im *Faust* an erster Stelle, wie schon zu sehen war. In den *Wahlverwandtschaften* (1809) hat er Erkenntnisse der zeitgenössischen Chemie in einen menschlichen Kontext nicht nur symbolisch verwoben, sondern die ganze Abhängigkeit des Menschen von der Natur mit seiner besonderen Stellung als «bedeutendstem irdischen Gegenstand» konfrontiert und die tragischen Konsequenzen des Verkennens oder Verfehlens der erstrebten Harmonie vorgeführt. Die Summe aber des zu Erkennenden wie des nicht zu Erkennenden hat er in einem Gedicht ausgedrückt, das – aus dem Jahre 1817 stammend – noch einmal auf die *Farbenlehre* Bezug

nimmt mit dem Titel «Entoptische Farben», mit denen Farben «innerhalb
gewisser Körper» gemeint sind, Phänomene, die bei entsprechendem Licht-
einfall auf das innere Auge wahrgenommen werden können. Daß die
Krone der Natur die Liebe sei, wie es einst in dem Naturhymnus von 1783
geheißen hatte, scheint schließlich auch diese späte, an die fünfundzwan-
zigjährige Gräfin und Malerin Julie von Egloffstein gerichtete lyrische
Summe seiner Farbstudien nicht zu verleugnen:

> Laß dir von den Spiegeleien
> Unsrer Physiker erzählen,
> Die am Phänomen sich freuen,
> Mehr sich mit Gedanken quälen.
>
> Spiegel hüben, Spiegel drüben,
> Doppelstellung, auserlesen;
> Und dazwischen ruht im Trüben
> Als Kristall das Erdewesen.
>
> Dieses zeigt, wenn jene blicken,
> Allerschönste Farbenspiele;
> Dämmerlicht, das beide schicken,
> Offenbart sich dem Gefühle.
>
> Schwarz wie Kreuze wirst du sehen,
> Pfauenaugen kann man finden;
> Tag und Abendlicht vergehen,
> Bis zusammen beide schwinden.
>
> Und der Name wird ein Zeichen,
> Tief ist der Kristall durchdrungen:
> Aug in Auge sieht dergleichen
> Wundersame Spiegelungen.
>
> Laß den Makrokosmos gelten,
> Seine spenstischen Gestalten!
> Da die lieben kleinen Welten
> Wirklich Herrlichstes enthalten.

Religionen und Mythen

Es mag den Anschein haben, als ob die romantischen Entwürfe und
Systemprogramme von neuen Kirchen und Mythologien aus den neunziger
Jahren schließlich unter dem Marschtritt der *Grande Armée* zusammengebrochen seien, als diese ihren Zug durch Europa begann. Aber Entwürfe
und Visionen dieser Art sind niemals für lange Dauer bestimmt, ganz

gleich, wodurch sie schließlich in die Geschichte verwiesen werden. Sie erhellen für ein paar historische Sekunden weithin das Land, aber sie lassen sich nicht zur Straßenbeleuchtung umbauen. Dafür hatten sich seit Jahrhunderten bereits die traditionellen Kirchen institutionalisiert, deren Macht nicht nur äußerlich fortwirkte, sondern auch in den Köpfen und Herzen selbst der hellsten und mutigsten Visionäre. So kam es, daß in den Jahren nach 1806 sowohl von realen Staaten als auch häufiger wieder von realen Kirchen die Rede war und über deren Wirkungsmöglichkeiten nachgedacht wurde. Das mußte nicht bedeuten, daß alles früher Gedachte verlorengegangen war, denn große Gedanken haben ein starkes Leben, wenn man nur Geduld mit ihnen hat. Schon bei der spekulativen Naturbetrachtung zeigte sich, daß der Universalismus der romantischen Gründerjahre in ihnen weiterlebte in der «Beziehung der Mannichfaltigkeit der Welt auf die Einheit unseres geistigen Ichs und zuhöchst auf die Einheit ursprünglich göttlichen Wesens», wie es Carl Gustav Carus 1822 in einer Rede ausgedrückt hat. Nur war bald schon, bei Schelling, Schubert oder Baader, die Identifizierung dieses göttlichen Wesens mit dem christlichen Gott erfolgt, und von ihm wiederum war es nicht mehr weit zur Anerkennung seiner irdischen Repräsentationen und deren Heiliger Allianz im Bunde mit der Politik.

Aber die Früchte des universalistischen Geistes von einst, als man von einer einzigen großen Religion der Zukunft träumte, waren, wie gesagt, nicht verlorengegangen. Das Interesse an anderen Religionen als den christlichen war gestiegen und mit ihnen auch das Interesse an dem Ursprung, Wesen und Sinn religiöser Mythologien überhaupt. Nicht nur romantischer Geist ist allerdings dafür verantwortlich zu machen. Die bessere Befahrbarkeit der Welt im 18. Jahrhundert hatte genauere Nachrichten über die verschiedenen asiatischen Religionen ins Haus gebracht, während patriotische Gesinnung der Beschäftigung mit der nordisch-germanischen Götterwelt neuen Aufschwung gab. Ging es um Mythologien, so kam den deutschen Forschern ohnehin nicht zuerst das Christentum in den Sinn, das als offenbarter Glaube über den Mythologien stand, sondern die antike Mythologie. In den Texten griechischer und römischer Autoren war sie das alles beherrschende Bildungsgut gewesen, aber durch die Besinnung auf christlich-romantische Gemeinsamkeit wurde nun ihre Herrschaft gebrochen, so daß die Götter und Göttinnen des Olymp aus den literarischen Produkten der jungen Generation um 1800 nahezu über Nacht verschwanden. Indem andere Mythologien – die des Nordens oder des Orients – der antiken jetzt gleichgestellt wurden, geschah ein weiterer Schritt zu ihrer Entthronung. So erschien es schließlich nur als folgerichtig, daß die Einheit aller Mythen behauptet werden konnte. «*Eine* Gottheit nur wirkt im ganzen Weltall, *eine* Religion auch nur herrscht in ihm, *ein* Dienst und *eine* Weltanschauung in der Wurzel, *ein* Gesetz und *eine* Bibel», erklärte Görres in seiner *Mythengeschichte der asiatischen Welt* (1810). Schon vor ihm hatte sich Friedrich

Schlegel mit asiatischen Religionen beschäftigt in seinem Buch *Über die Sprache und Weisheit der Indier*, das er einen «Beitrag zur Begründung der Alterthumskunde» nannte. Es erschien 1808, im selben Jahr, in dem Friedrich und Dorothea Schlegel zum Katholizismus konvertierten. Entschiedene Christlichkeit und das Interesse für andere Religionen ergänzten also einander, und auch Görres hätte keinen Widerspruch zwischen der einen Religion mit der einen Gottheit, die im Weltall wirkte, und seiner festen, später sogar militanten Katholizität gesehen. Von romantischem Universalismus ließ sich also nicht in gleichem Sinne mehr reden wie in den Tagen des jungen Friedrich Schlegel und seiner Jenaer Freunde, aber er hatte seine Spuren hinterlassen. Die Neigung zur sichtbaren, kirchlichen Form christlicher Observanz deutete darauf hin, daß sich die Zeiten geändert hatten und daß das, was gleich klang, nicht unbedingt Gleiches bedeutete über einen Zeitraum von zehn Jahren hinweg.

Es ist schwer, die Veränderungen in der religiösen Einstellung deutscher Intellektueller und Künstler zwischen 1800 und 1810 ohne leichtsinnige Verallgemeinerungen zu fassen, also etwa von den Folgen romantischer Schwärmerei sowie der Rückkehr in den Schoß der alleinseligmachenden Kirche nach intellektuellen Ausschweifungen zu sprechen. Die sich im 18. Jahrhundert vollziehende Säkularisation christlicher Vorstellungen und Werte war ein komplizierter Vorgang, der sich nicht einfach in eine Dialektik von Aufklärung und Gegenaufklärung, Rationalität und Irrationalität zwingen, sondern nur in seinen verschiedenen Erscheinungen darstellen läßt. Manche großen Veränderungen im Glaubenszustand wurden jedoch allgemein empfunden. Im *Geist der Zeit* (1806) klagt Ernst Moritz Arndt als guter norddeutscher Protestant:

> «In meiner Kindheit da wandelte noch Gott und die Engel um die Häuser der Menschen und um die Wiegen der Kinder, da gingen noch Gespenster rund, und Märchen aus alter Zeit tönten süß zu dem Wiegenliede der Nacht, alte Lieder wurden gesungen, und im Frühling und Herbst klang es frisch aus Feldern und Büschen. Auch das ist ausgestorben, selbst der Geringste spricht davon wie von Kinderalbernheiten und Aberglauben; er ist ja klug und arm geworden wie die Vornehmen.»

Der von Arndt beschriebene neue Zustand der «Aufgeklärten» hatte vor ihm und mit ihm Autoren wie Tieck, Arnim, Brentano und die Brüder Grimm veranlaßt, solche Märchen, Lieder und Sagen aus «alter Zeit» zu sammeln, aber freilich nicht durchaus deshalb, damit Gott und die Engel erneut um die Häuser wandelten oder der Kinderglauben in alte Rechte eingesetzt werde, sondern um den Sinn für nationale Traditionen zu erwekken und Belege für sie gerade aus der Sphäre der «Geringsten», des Volkes zu bewahren. Darin war echte Aufklärung enthalten.

Andererseits ließen sich religiöse Tendenzen in dieser Literatur und diesen Dokumenten nicht übersehen. Goethes Rezension des *Wunderhorns* erhielt die Mahnung an die Herausgeber, sie möchten sich «vor dem Singsang der Minnesinger, vor der bänkelsängerischen Gemeinheit und vor der Plattheit der Meistersänger, so wie vor allem Pfäffischen und Pedantischen höchlich hüten». Teils war das eine ästhetische Empfehlung, teils betraf sie aber auch die Gesinnungen, denn schon im ersten Band war bei den religiösen Liedern eine gewisse Vorliebe für katholische Stoffe, vor allem für Marienlieder, zu erkennen gewesen – eine Neigung, die sich in den weiteren Bänden der Sammlung nicht verringerte, denn auch in den Zeiten seiner weitesten Entfernung von der Kirche war Brentano nie wirklich ein abtrünniger Katholik.

Anderes kam hinzu. Das Bewußtsein von einer romantischen gegenüber einer antiken Kultur hatte nicht nur das Interesse an mittelalterlichen und mithin christlichen Stoffen gefördert, sondern auch an den großen Autoren dieser Tradition außerhalb des deutschen Sprachbereichs. Tieck hatte Cervantes' *Don Quixote* (1799–1801) übersetzt, 1803 erschien der erste, 1809 der zweite Band von August Wilhelm Schlegels Anthologie *Spanisches Theater* mit seinen Calderon-Übersetzungen, darunter der *Andacht zum Kreuze*, die wiederum Zeitgenossen wie etwa E. T. A. Hoffmann tief beeindruckte. Sophie und Clemens Brentano übertrugen spanische und italienische Novellen, und Brentano ließ sein Stück *Ponce de Leon* in und um Sevilla spielen. Der Enthusiasmus für diese ferne, geradezu exotische Welt unter dem strengen Regiment der katholischen Kirche, eine Welt, die bei aller Buntheit durchdrungen zu sein schien von tiefer Gläubigkeit, zeigte seine Wirkung selbst im Geschehen des Tages, worüber Karl August Varnhagen von Ense einen bemerkenswerten Bericht gegeben hat, als spanische Besatzungstruppen in Napoleons Armee 1807 in Hamburg einrückten:

«Mit hohem Anteil sahen wir diese edlen südlichen Naturen voll Ernst und Feuer, von denen früher nur vereinzelte Beispiele uns genügen mußten, jetzt in solcher Vielheit und Masse als eine wandelnde Poesie vor unsern Augen, mit Entzücken horchten wir den Klängen der herrlichen Sprache, die auf den Straßen von allen Seiten uns zutönte, und nicht selten die gemeinste Örtlichkeit durch Guitarrenspiel und Gesang veredelten, die unsrer berauschten Einbildungskraft in dieser Art nur in Granada und Sevilla möglich geschienen hatten. Der romantische Zauber dieses spanischen Lebens wirkte nicht auf uns allein, auch die Franzosen empfanden ihn, und wichen gleichsam staunend und betroffen vor ihm zurück, der roheste Hamburger sprach ihn durch Wort und That aus. Die Theilnahme und Vorliebe für die Spanier, die Achtung und Verehrung für ihre Nationalität, die Sorgen und Wünsche für ihr Wohlergehen waren allgemein, und in dem erzprotestantischen Hamburg wurden diesmal sogar die häufigen Zeugnisse eines strengkatholischen Kirchendienstes, der sich mit dem militairischen Dienste verflochten hatte, weder angefeindet noch verspottet.»

In diesen Rahmen fügten sich schließlich noch einige, zum Teil spektakuläre Konversionen. Den Anfang machte Goethes Jugendfreund, der Hainbunddichter Graf Friedrich Leopold zu Stolberg, der 1800 mit seiner gesamten Familie zum Katholizismus übertrat. Unmittelbar beeinflußt durch ihn waren die Konversionen zweier Brüder von Novalis, Karl und Georg Anton von Hardenberg, die zwischen 1807 und 1808 zum katholischen Glauben übertraten. Beide hatten Ambitionen als Schriftsteller in der Nachfolge ihres bedeutenderen Bruders, der nun noch posthum in den Ruch geriet, Katholik geworden zu sein, was freilich nicht stimmte. Sein im Mittelalter spielender *Heinrich von Ofterdingen* sowie die Marien- und Märtyrerverehrung in seiner Lyrik ließen jedoch bei oberflächlicher Betrachtung eine solche Entscheidung zumindest nicht als unmöglich erscheinen. Am 18. April 1808 war außerdem sein einstiger Freund Friedrich Schlegel mit seiner Frau Dorothea zum Katholizismus übergetreten, und auch andere literarische Konvertiten machten in diesen Jahren von sich reden, so Adam Müller, der schon 1805, allerdings heimlich, übergetreten war, und dann Zacharias Werner, der 1810 den Weg zur römischen Kirche fand.

All das entfachte die Polemik alter Klassizisten wie Johann Heinrich Voß gegen die jüngeren Autoren, die von ihm und seinen Anhängern im Namen der Aufklärung erst zu einer katholisierenden romantischen Schule zusammengeworfen wurden, gegen die sich dann effektiver und in großen Zügen polemisieren ließ (vgl. S. 93 ff.). Aber die Konversionen blieben Einzelfälle mit jeweils sehr verschiedenen persönlichen Motivationen, so spektakulär sie bei dem einen oder anderen auch wirken mochten. Außerdem war der Wechsel von Konfessionen nicht außerordentlich bei dem oftmals raschen Wechsel der Regentschaft seit dem Reichsdeputationshauptschluß von 1803 und in den Kriegen, ebenso aber bei der zunehmenden Assimilation besonders in den Kreisen der gebildeten Juden. «Zur glückseligen inneren Veränderung» hatte Gotthilf Heinrich Schubert, wie schon bemerkt, in der *Symbolik des Traumes* sogar «eine Veränderung der äußerlichen religiösen Confession», ganz gleich in welcher Richtung, als eine besondere Möglichkeit erwogen, und 1805 machte Goethe in seiner Darstellung Winckelmanns die überraschende Bemerkung, eine Konversion oder eine Scheidung ließen eine Person besonders reizend und wundersam erscheinen, so daß «die Religionsveränderung Winckelmanns das Romantische seines Lebens und Wesens vor unserer Einbildungskraft merklich erhöht».

Glauben und Wissen

In dieser Zeit nicht nur der politischen Krisen, sondern auch der Erschütterung des religiösen Weltverständnisses durch die Ausweitung und Vertiefung faktischen Wissens über die Natur drängte sich die Problematik des
Glaubens insbesondere in die Frage nach seinem Verhältnis zum Wissen
zusammen. 1799 hatte Novalis in der *Christenheit oder Europa* das Bild
eines idealisierten Mittelalters entworfen als Bild der «ächt katholischen
oder ächt christlichen Zeiten», in denen noch «Glauben und Liebe»
herrschten, die dann aber bei dem Heraustreten aus dieser kindlichen Welt
in eine aufgeklärtere Zeit den «derbern Früchten Wissen und Haben» Platz
zu machen hatten. Das war ein dialektisches Spiel mit Metaphern um der
Synthese willen, der Vereinigung von Glauben und Wissen. In diese Synthese aber, zu der sich das menschliche Bewußtsein aufschwingen sollte,
wenn es sich seiner magischen Kräfte versicherte, versuchte Novalis den
Gedanken der Aufklärung von der ständigen Vervollkommnung der Welt
zu retten. Die Kunst, die romantische Poesie sollten die ersten Ahnungen
davon geben, denn es war eine ästhetische Religion im Gefolge der Fichteschen Philosophie, die Novalis hier verkündete.

Drei Jahre später nahm sich Hegel des Themas an in seiner Schrift *Glauben und Wissen oder die Reflexionsphilosophie der Subjectivität* (1802), worin
er sein eigenes Denken an der Auseinandersetzung mit Kant, Fichte und
Jacobi herausbildete. Auch er war Dialektiker wie Novalis und unzufrieden
damit, daß die drei großen Systematiker des Idealismus die Religion nicht
idealistisch auffaßten, sondern das, was besser ist als alle Vernunft, «als ein
Jenseits in einem *Glauben außer und über* sich» setzten, so daß der «unendlich leere Raum des Wissens nur mit der Subjectivität des Sehnens und
Ahnens erfüllt» wurde. Es sei der Protestantismus, das «Princip des Nordens», das sich in diesen Philosophien realisiert habe, die Hegel nun durch
seinen konsequenten Idealismus zu überbieten trachtete. Das Absolute ist
nichts Zusammengesetztes, sondern etwas Ganzes, «in der Idee ist Endliches und Unendliches Eins». Folgerichtig kulminierte die *Phänomenologie
des Geistes* nach der Erörterung der «offenbaren Religion» in der Apotheose
des «absoluten Wissens», des «sich als Geist wissenden Geistes», der sich in
der Geschichte erkennt. Für Hegel bildete «die begriffne Geschichte» die
«Wirklichkeit, Wahrheit und Gewißheit» des Throns, auf den er den «absoluten Geist» durch die Aufhebung des Zwiespalts zwischen Glauben und
Wissen gesetzt hatte.

Auch Görres veröffentlichte einen Traktat über *Glauben und Wissen*
(1805), worin er ein spekulatives Wechselspiel mit den Begriffen Polarität
und Trinität trieb. Die eine war ihm aus der neuen Naturwissenschaft
geläufig, mit der er sich in dieser Zeit als Koblenzer Lehrer der Physik
intensiv beschäftigte, die andere aus seiner kirchlichen Erziehung, die sein

Denken prägte. In der organischen Existenz ebenso wie in allen geistigen Äußerungen des Menschen existiere Dualität, behauptet Görres, und wie die Zweiheit der Geschlechter durch die Liebe verbunden sei, so die Gegensätze im Geistigen durch das Ideal. Was Görres im Sinne hat, ist also keine aus sich selbst fortschreitende Dialektik, sondern die Aufhebung des Gegensätzlichen durch etwas Drittes: eine Kraft und höhere Fähigkeit. So erhebt sich über alles Trennende eine «heilige Dreyheit» von Kräften: über alle Polarität im Organischen das «Leben», über solche im Seelischen die «Liebe» und über die im Geistigen die «Erkenntnis». Zu dritt aber seien sie das Göttliche, das dem Menschen «den ganzen Adel seines innern Wesens» gebe. «In der Gottheit, die sich selber denkend sezt, ist alle Existenz gesezt», heißt es gleich zu Anfang von Görres' Schrift, und es sei ein Irrtum, wenn Jacobi die Göttlichkeit des Wissens leugne. Glauben und Wissen seien nur zwei verschiedene Arten, die Göttlichkeit zu erkennen, «und das Jenseits ist der Vernunft nicht minder als auch der Einbildungskraft geöffnet». Die Identifikation von Glauben und Einbildungskraft jedoch führt geradenwegs zur Poesie, denn «Poesie und Wissenschaft», so führt Görres in seiner bildgesättigten Sprache aus, seien die beiden Schwingen, die den «erdgebornen aber sonnenverwandten Aar auf des Himmels Lüften» trügen. Die Apotheose seiner Schrift zielt deshalb auch nicht wie diejenigen bei Novalis und Hegel auf fortschreitende geschichtliche Erfüllung ab, sondern auf den großen Kreislauf alles Seins aus Gott heraus und in Gott zurück:

> «Aus der freyen Verbindung aller ausgebildeten einseitigen Tendenzen soll die Urtendenz sich wieder herrschend ausgebähren, die gegenwärtig zerworfne, in Trümmern zerfalle Idee soll aus den zerstreuten Elementen sich regeneriren: dann feyert die Menschheit ihre Auferstehung, und alles Irdische kehrt von der Sünde frey und mackellos zum Paradies in Gott zurück.»

Es wird deutlich, wie hier dem aus der Aufklärung hervorgehenden Geschichtsdenken eine grundsätzlich andere Einstellung aus der Perspektive religiös empfundener Ewigkeit gegenübertritt, angesichts deren Görres' romantische Hochschätzung der Poesie nur noch Schmuckwert besitzt. Während Novalis und der junge Friedrich Schlegel das Ideal eines erhofften harmonischen Weltzustandes bei aller Christlichkeit dennoch im antiken Bild des Goldenen Zeitalters als gesellschaftlicher Organisation dieses Ideals sehen, identifiziert Görres einen solchen Idealzustand ausschließlich mit dem christlichen Paradies, in das der Mensch aus der Einseitigkeit und Zerstreuung zurückkehrt, und seine gesamte sprachliche Metaphorik ist geprägt von der Bewegung des Kreisens, des in sich selbst Zurückkehrens (vgl. S. 254). Überhaupt dominierte in der Literatur des neuen Jahrhunderts mehr und mehr die Metapher des Paradieses über die ältere, antike, wofür es zahlreiche Beispiele bei Brentano, Kleist und Hoffmann gibt, obwohl in jedem Fall Voraussetzungen und Sinn sehr verschieden sind. Wie auch immer, das Paradies war ein verinnerlichter, personalisierter Idealzustand, kein gesellschaftlicher wie das Goldene Zeitalter, und es setzte einen urteilenden, richtenden Gott voraus, kein fröhliches, anthropomorphes Göttervolk. Es war kein Zustand, dessen Erreichbarkeit in die Verantwortung und Anstrengung des einzelnen gelegt war, denn Individuation und Überhebung über die Natur stellten die Ursünde des Menschen dar, durch die er sich aber zugleich zum Ebenbild Gottes zu machen versuchte. Erst das Gefühl der wachsenden Ohnmacht vor dem Selbstgeschaffenen, wie es sich nach der Französischen Revolution ausbreitete, erweckte das Bedürfnis für einen solchen Mythos. In seiner Aphorismensammlung *Funken* (1806) schreibt der Regensburger Bischof Johann Michael Sailer unter der Überschrift «Der höchste Menschenadel»: «Zwei Blicke scheiden den Menschen vom Thiere: der Blick in sich *hinein*, und der Blick zum Alleinguten *hinauf*.» In Novalis' *Blüthenstaub* war dem Weg nach innen hingegen der Blick nach außen gefolgt: Darin liegt der ganze Unterschied. Das Bild vom Kreislauf in Natur und Heilsgeschichte der Menschheit hatte aber noch weitere Konsequenzen. Die menschliche Erbsünde, die den Prozeß in Bewegung gesetzt hatte, rückte die Psychologie der Geschlechter und die Sexualität in den Vordergrund der Betrachtung eines Weltlaufs, in dem Menschsein das Leben in der Spannung zwischen dem Göttlichen und dem Animalischen in sich selbst bedeutete. Und schließlich leistete das Bild des Kreislaufs auch hin und wieder politischem Konservatismus Vorschub, indem es die Rückkehr zum Alten propagierte.

Schelling hat sich an der Bestimmung des Verhältnisses zwischen Glauben und Wissen mehrfach beteiligt, vor allen Dingen in den *Philosophischen Untersuchungen über das Wesen der menschlichen Freiheit* (1809) und in seiner Auseinandersetzung mit Jacobi, dem *Denkmal der Schrift von den göttlichen Dingen* (1812). Wie Hegel, so argumentiert auch Schelling gegen Jacobis Behauptung von der entschiedenen Trennung zwischen Wissenschaft und Glauben, die sich in Jacobis Schrift in dem nun allerdings sehr weitsichtigen Satz verdichtete: «Es ist das *Interesse* der *Wissenschaft*, daß *kein* Gott sey.» Aber Schelling führt dagegen nicht wie Hegel die Idee, sondern die Natur selbst, als Gegenstand der Wissenschaft, ins Feld. Die Zeit des bloß historischen, also in der Überlieferung einer Offenbarung gegründeten Glaubens sei vorbei, wenn «die Möglichkeit unmittelbarer Erkenntniß gegeben» sei:

> «Wir haben eine ältere Offenbarung als jede geschriebene, die Natur. Diese enthält Vorbilder, die noch kein Mensch gedeutet hat, während die der geschriebenen ihre Erfüllung und Auslegung längst erhalten haben.»

Nichts anderes als das Dasein Gottes sei deshalb «höchster, letzter Gegenstand» der Wissenschaft, «das *Ziel* ihres Strebens», womit denn jeder Gegensatz zwischen Glauben und Wissen gegenstandslos werde. Von der Warte festen kirchlichen Glaubens haben sich später auch Friedrich Schlegel und Franz Baader noch zum Thema geäußert. Mit der ganzen Hingabe und Beflissenheit des Konvertiten erklärt Schlegel im dritten Teil der *Signatur des Zeitalters* (1822), daß der feindliche Gegensatz zwischen dem Glauben und dem Wissen keineswegs «ein an sich gültiger und natürlicher» sei, sondern

> «eine durchaus protestantische Trennung, welche dem bessern Altertum in dieser Art durchaus unbekannt war, und erst mit dieser neuen Epoche begonnen hat: wo aus der Schlechtigkeit und Seichtigkeit des Wissens, welches sich vom Glauben abgetrennt, zuerst die Spaltung des Glaubens selbst entsprungen ist, woraus dann die feindlich gegen das schlechtgewordene Wissen gestellte Abschließung, und endlich die innere Lebenserkaltung des Glaubens hintennach folgte, wobei auch das Verderbliche des Wissens in seiner falschen antireligiösen Richtung immer höher stieg».

Schlegel konnte sich, wenn er das gewollt hätte, durchaus auf Gedanken aus der *Christenheit oder Europa* des Jugendfreundes berufen, der dort eine solche Assoziation von Protestantismus und Wissenschaft behauptet hatte, wie ja auch Hegel die Trennung zwischen Glauben und Wissen in den Philosophien seiner Vorgänger als nördlich-protestantisch bezeichnete. Polarisierungen wie diese lassen erkennen, wie stark das Nebeneinander und Gegeneinander zweier großer christlicher Konfessionen im Bereiche deutschsprachiger Kultur Denken und Denkweisen wie die Lust an der Dialektik beeinflußt hat im Unterschied zu anderen europäischen Kulturen. Für Schlegel verbürgt jedoch im Gegensatz zu den frühen Gedankenexperimenten einzig eine durch die bestehende Kirche gesicherte «göttliche Ordnung» die Einheit von Glauben und Wissen, womit sich die aufsteigende Linie auch hier – wie früher schon bei Görres, auf den sich Schlegel im übrigen bezieht – zum Kreise schließt und zum Bild der Rückkehr wird.

Aus der gleichen Überzeugung von der unerschütterlichen Macht göttlicher Ordnung sind schließlich auch Franz Baaders Äußerungen *Über das Verhalten des Wissens zum Glauben* (1833) hervorgegangen, die er für zwei Funktionen ansieht, «welche weder vermengt, noch getrennt oder einander entgegen gesetzt werden können, ohne dass sie beide ausarten, in Stillstand gerathen oder durch ihre wechselseitige Entstellung verfallen». Aber Baader betrachtete sich nicht nur als Philosoph, sondern zugleich als Missionar seines Glaubens. Das kommt am deutlichsten zum Ausdruck in seiner Rede *Über die Freiheit der Intelligenz*, die er bei der Eröffnung der Münchner Universität 1826 hielt, an die er als Professor für Philosophie der Natur

berufen worden war. In dieser Rede nämlich bringt Baader seine Sorge darüber zum Ausdruck, daß aus der Trennung der beiden Sphären inzwischen
Ausartungen entstanden seien, die jede Versöhnung und Vereinigung
unmöglich zu machen drohten. Bezeichnet werden die beiden Lager von
Baader mit den Begriffen Nihilismus und Obscurantismus, die er identifiziert mit «dem für die Religion destructiven Missbrauch der Intelligenz»
und «der gleich schlechten, theils aus Wissensscheue, theils aus Verachtung
des Wissens hervorgehenden Inhibition ihres Gebrauches». Beidem sollte
die Gründung der Universität entgegenstreben und der Monarch ebensowenig wollen, «dass Sein Volk auf Kosten seiner Religiosität wissend, als
dass es auf Kosten seines Wissens religiös sein» sollte. Baader hat sich stets
bei aller Anhänglichkeit an die Kirche die Unabhängigkeit seiner Meinung
bewahrt und dabei manche Schwierigkeiten gehabt. Seine Warnung gegen
die zwei Ausartungen wirft jedenfalls ein Licht auf das vordringende
19. Jahrhundert, auf den unaufhaltsamen Siegeszug der Naturwissenschaften und die Gegenreaktionen darauf.

Was den Obskurantismus, das religiöse Dunkelmännertum anging, so
wurde Baader allerdings selbst, prophetisch-mystisch, wie er zuweilen
schrieb, von dem einen oder anderen seiner Kritiker unter die ultramonta-
nen Mystagogen gerechnet. In der *Einleitung zu «Kahldorf über den Adel»*
(1831) sind für Heinrich Heine «der Mystizismus, der Pietismus, der Jesuitismus, die Legitimität, die Romantik, die Deutschtümelei, die Gemütlichkeit» allesamt Kräfte, die wider die Herrschaft der Vernunft streiten. Vor-
sichtige Differenzierung ist nicht das Ziel einer Polemik, und aus dem
Blickwinkel eines Zeitgenossen mochte auch manches ununterscheidbar
sein, besonders wenn man die Schlagworte der Gruppen und Bewegungen
im Ohr hatte. Aber aus der Ferne der Geschichte ergeben sich doch bedeutsame Unterschiede. Die Auseinandersetzung um Glauben und Wissen seit
dem Ausgang des 18. Jahrhunderts macht deutlich, daß dem Perfektibilitäts-
gedanken der Aufklärung, der sich in den Utopien des Jenaer Kreises
ebenso fortsetzte wie in der Hegelschen Philosophie, zu Anfang des
19. Jahrhunderts eine religiös geprägte Weltbetrachtung entgegentrat, für
die hier zuerst das Beispiel von Görres zeugte.

Aber hatte Heine recht, auch die Romantik in seinen Katalog zu bringen? Bei der Staatslehre wie bei den Naturwissenschaften und der Medizin
ließen sich deutlich Trennungslinien ziehen zwischen den eigentlichen
Fachwissenschaften auf der einen Seite und der Vereinnahmung dieser Disziplinen durch das ästhetische Konzept der romantischen Universalpoesie
auf der anderen – Trennungslinien, die lediglich später von einer um repräsentative Bedeutung ringenden Geisteswissenschaft zu beseitigen versucht
worden sind. Im Bereiche der Religion jedoch ist es schwieriger, eine solche
Trennung aufrechtzuerhalten. Romantische Literatur war erklärtermaßen
und von Anfang an Literatur der christlichen Tradition Europas gegenüber

der antiken. Die Assoziation zwischen Christentum und Romantik war also essentiell und nicht nur Resultat späterer Analogien. Was jedoch Romantik als Bezeichnung für zukünftige Kunst und als Kunst für die Zukunft anging, so verschmolz ein solches Ziel nicht nur mit dem Universalismus religiöser Wunschziele, das Verfahren dafür appellierte auch wesentlich an die Einbildungskraft, ohne die nun wiederum Religion nicht möglich ist. Ein übriges taten die Schriftsteller und Künstler selbst, die mit ihren ästhetischen Ansichten und Verfahren auf vielfache Weise christlich-religiöse Gesinnungen und Bilder verbanden. Friedrich Schlegel wurde zum Verfechter katholischen Glaubens, Brentano kehrte zu diesem Glauben zurück und sagte dem Ästhetizismus der Jugend ab, Eichendorff – für den als Literaturhistoriker «christlich» und «romantisch» immer Synonyme waren – stützte sich auf einen im Prinzip nie angefochtenen Glauben. Die Dramen Zacharias Werners liefen fast alle auf die Apotheose des Christentums hinaus, während Kleist eine Reihe von Dramen und Erzählungen eher auf Parodien christlicher Mythen anlegte. Philipp Otto Runge mischte seine reichen und schönen Farben zur höheren Ehre Gottes. Görres aber schrieb eine *Christliche Mystik* (1836–42), in der er eine alte päpstliche Instruktion über die Hexenprozesse – «die Folter darf nicht von der zerreißenden Art sein (Squasso), nicht mit angebrachten Gewichten oder Stöcken an den Füßen peinigen, auch nicht mit Stricken zusammenschnüren» und sie «soll nie länger als eine Stunde fortgesetzt werden» – mit den folgenden Worten pries: «Es ist reiner, gesunder Menschenverstand, eine umsichtige und einsichtige Praxis, Menschlichkeit, Billigkeit und Barmherzigkeit in ihr.» Die Unverhältnismäßigkeit des Wortes Menschlichkeit hat Görres hier nicht gestört; der Fortschritt, den die Instruktion vielleicht in der Geschichte gegenüber noch grausamerer Praxis dargestellt haben mochte, verleitete ihn zum Mißbrauch eines der großen Losungsworte seiner eigenen Zeit, das sich gegen jede Mißhandlung des Menschen richtete. Es war propagandistische Argumentation wie diese, die Heine veranlaßte, ihn eine «tonsurierte Hyäne» zu nennen und dem Wort Romantik eine schwarze Färbung zu geben, die sich nie wieder ganz hat abwaschen lassen, so fern solche Konsequenzen auch von der Idee einer romantischen Kunst lagen, die dem Begriff um 1800 Popularität und Bedeutung verschafft hatte.

Mythen und Mythologien

Anfang des 19. Jahrhunderts kam eine nicht nur thematische Verbindung zwischen Kunst und Religion zustande in der aufblühenden Mythen- und Symbolforschung, denn Mythen sind der Stoff, dessen die Religionen ebenso wie die Künste bedürfen, um das, was über die Begriffe und Realien geht, für den Glauben und die Einbildungskraft faßbar zu machen. Als die Autoren des *Ältesten Systemprogramms,* als also Hegel, Hölderlin und Schel-

ling 1795 oder 1796 eine «*sinnliche Religion*» und eine «neue Mythologie«
verlangten, verstanden sie das ausdrücklich als eine Forderung an die
Ästhetik: «Ehe wir die Ideen ästhetisch, d. h. mythologisch machen, haben
sie für das Volk kein Interesse.» Aber aus der utopischen Forderung nach
der Konstruktion einer neuen Mythologie – auch Friedrich Schlegel hatte
sie 1800 im *Athenaeum* in seiner «Rede über die Mythologie» erhoben –
wurde, als die Utopien ihre Kraft verloren hatten, das Studium der bereits
existierenden Mythologien. Dabei verbanden sich mit dem wissenschaftlichen Interesse auch weiterhin Überzeugungen und Gesinnungen.

Friedrich Schlegel hat das deutlich demonstriert in seinem umfangreichen
Werk *Über die Sprache und Weisheit der Indier,* das 1808, also im Jahr seiner
Konversion zur katholischen Kirche, erschien. Es ist wissenschaftliche Studie, Konfession und historisches Dokument zugleich und dazu ein Buch
von bedeutender sprachlicher Ausdruckskraft, das den markantesten
Anfang deutscher Indologie bildet. Schon in den neunziger Jahren hatten
Georg Forsters Übersetzung von Kalidasas *Sacontala* und seine Erläuterungen dazu dem Interesse für den indischen Subkontinent bedeutenden Auftrieb gegeben, und Sanskrit war eine Art von Synonym für eine Ursprache
oder Sprache Gottes geworden. Die ernsthafte Erforschung dieser Welt und
ihrer Sprache in Aufsätzen und Büchern breitete sich rasch aus. In Tiecks
Poetischem Journal (1800) stand ein umfangreicher Beitrag von Friedrich
Majer *Über die mythologischen Dichtungen der Indier,* und 1803 veröffentlichte Anton Theodor Hartmann nacherzählte *Früchte des Asiatischen Geistes* in zwei Bänden. Auch Friedrich Schlegels Bruder August Wilhelm, der
in seinen *Vorlesungen über schöne Litteratur und Kunst* Mythologie «eine
dichterische Weltansicht» und die Quelle der Poesie genannt hatte, machte
sich das Studium des Indischen zur wissenschaftlichen Aufgabe in der zweiten Hälfte seines Lebens, während es für Friedrich Episode blieb. Nach
Indien selbst sind sie beide nicht gekommen, das blieb damals noch den
Engländern vorbehalten, die das Land zu ihrer Kolonie gemacht hatten.

Für Friedrich Schlegel ist sein Interesse am Orient begründet in dem
Wunsch, zurück hinter die Antike zu gehen, der seine Jugendarbeiten
gegolten hatten, um auf diese Weise näher an die Ursprünge der Menschheit zu gelangen und damit aber auch näher zu Gott. «Diese ganz neue
Kenntnis und Anschauung des orientalischen Altertums» dürfte,

«je tiefer wir darin eindringen, um so mehr zu der Erkenntnis des
Göttlichen und zu jener Kraft der Gesinnung wieder zurückführen,
die aller Kunst und allem Wissen erst Licht und Leben gibt».

Der Mensch habe «seine irdische Laufbahn nicht ohne Gott angefangen»,
und ohne Offenbarung würde er «wohl noch in der Reihe der Tiere stehen». Die Mythologie aber ist erstes Dokument für diese Menschwerdung
des Menschen.

Die Bedeutung von Schlegels Werk erweist sich vor allem darin, daß er seinen Gegenstand von der hohen Warte eines philosophisch geschulten Theoretikers aus betrachtet, der eine Fülle von Ansätzen zum Weiterdenken und Weiterforschen entwickelt. Mythologie, so heißt es bei ihm, sei «das verflochtenste Gebilde des menschlichen Geistes» und besitze eine «innere Struktur» auf die gleiche Weise, wie sie auch die Sprache besitze. Schlegel behauptet sogar die innere Verbindung zwischen «allen Werken der Rede» und dem »Gesetz ihrer Sprache» und gibt damit der sich in diesen Jahren herausbildenden historischen Sprachforschung ebenso wichtige Anregungen wie der Mythenforschung. Bei seiner Untersuchung indischer Mythen zeigt sich allerdings beständig der Versuch zu deren Anverwandlung an christliche Vorstellungen. In der Lehre von der Seelenwanderung zum Beispiel sieht Schlegel eine «Lehre der Rückkehr» verkörpert, also des Zurückfließens in Gott, wie es auch Görres in der Schrift über Wissen und Glauben an der christlichen Paradiesesmythe aufwies. Das Engagement für den erworbenen Glauben wird in Schlegels Verurteilung des Pantheismus sichtbar, denn die Lehre, «daß alles eins sei», führe, so meint er, leicht zu dem Verständnis, «daß alles nichts sei». Unter allen orientalischen sei deshalb diese Lehre die jüngste, also schon eine Art Verfallserscheinung, ist doch Schlegels Untersuchung morgenländischer Mythen in ihrer historischen Entfaltung zugleich als Analogie für die moderne europäische Geistesgeschichte gedacht: Der «Kreislauf von einer Philosophie, die wenigstens den Begriff des Unendlichen und der selbsttätigen Kraft noch nicht verloren hat, zur Skepsis und endlich zur empirischen Denkart hat sich mehr als einmal wiederholt». Das «Eingreifen der orientalischen Philosophie als eines fremden Gärungsstoffs» habe dann jeweils mit «Fülle der Kraft und des Lichts» eine Besinnung gefördert, was schließlich Schlegels tiefste Motivation seines Orientinteresses im Versuch zur Begründung seines eigenen Glaubensbedürfnisses darstellt.

Letztlich schließen sich für Friedrich Schlegel alle die Gebilde des menschlichen Geistes, die Mythologien und Religionen Asiens und Europas «wie Glieder einer Familie» zusammen – auch das war ein lange wirksamer Gedanke, der die deutsche Indologie beflügelte –, und er kommt auf solche Art erneut zu einer Forderung, die schon sein und seines Bruders Tun und Denken in den frühen Jenaer Tagen bestimmt hatte, als sie sich als Theoretiker, Historiker und Übersetzer darum bemühten, den Sinn für das Ganze einer europäischen romantischen Literatur zu erwecken. Jetzt erweitert sich die Perspektive für Friedrich Schlegel zum Bilde der Weltliteratur und deren Geschichte im großen:

> «So wie nun in der Völkergeschichte die Asiaten und die Europäer nur eine große Familie, Asien und Europa ein unzertrennbares Ganzes bilden, so sollte man sich immer mehr bemühen, auch die Literatur aller

gebildeten Völker als eine fortgehende Entwicklung und ein einziges innig verbundenes Gebäude und Gebilde, als Ein großes Ganzes zu betrachten, wo denn manche einseitige und beschränkte Ansicht von selbst verschwinden, vieles im Zusammenhange erst verständlich, alles aber in diesem Lichte neu, erscheinen würde.»

Zwei Jahre nach Schlegels Werk erschien im gleichen Verlag, bei Mohr und Zimmer in Heidelberg, dem Verlag des *Wunderhorns* und der *Zeitung für Einsiedler,* Joseph Görres' zweibändige Darstellung der *Mythengeschichte der asiatischen Welt* (1810) – zwei Bände ohne jede Kapiteleinteilungen oder Überschriften, ein großer Strom, auf dem die Mythen der Inder, Chinesen, Perser, des Alten Testaments und selbst diejenigen der Griechen und des hohen Nordens dem Christentum zuschwammen.

Auch für Görres war, wie für Schlegel, die Mythenforschung ein Weg zurück zu Gott. Das Wort aus diesem Buch von der einen Mythe, einen Sprache und einen Kirche am Anfang aller Geschichte ist bereits zitiert worden (vgl. S. 219 f.). Für die Vereinigung seiner Aufgabe als Mythenhistoriker mit dem Glauben an die Ewigkeit Gottes hat Görres ein anschauliches Bild gemalt:

> «Die Geschichte hat ihre Perspective wie die Optik, Zeiten und Völker drängen sich gegen den fernen Augenpunct zusammen, der selbst in einem hellen glänzenden Lichtgewölke liegt.»

Das Licht Gottes scheint auf. So sah er, ebenso wie Schlegel, eine Verwandtschaft aller Mythen untereinander, und es war die Darstellung gewisser Urmythen wie derjenigen von der Umarmung zwischen Himmel und Erde als Urzeugung, durch die Görres fruchtbar auf die Vorstellungskraft seiner Zeitgenossen, insbesondere der künstlerisch tätigen, wirkte. Der Anfang von Eichendorffs mythischer «Mondnacht» – «Es war, als hätt der Himmel/Die Erde still geküßt» – kommt in Erinnerung (vgl. S. 778). Wie Baaders Androgynenmystik, so leistet aber auch Görres' vom Gegensatzdenken geprägte Mythenforschung einen Beitrag zur Beobachtung und Beschreibung der Sexualität, denn eben sie war großes Thema der meisten Mythen, und Görres gab sich gerade solcher Beobachtung sehr viel mehr hin als Friedrich Schlegel, geschah sein Mythenstudium doch nicht um das Weges zu einer neuen Religion willen, sondern experimentell, um herauszufinden, wie die Polarität als Gesetz der Natur sich mit der Einheit Gottes und der Trinität des Christentums vertrüge. Deshalb nimmt es nicht wunder, daß Görres ausdrücklich gegen Schlegels Verurteilung des Pantheismus polemisierte, der diesem, im eifrigen Mühen um die erworbene Konfession, Glanz und Macht des christlichen Gottes im Kampf mit dem Bösen zu beeinträchtigen schien. Jedoch auch für Görres, wie für Schlegel, stand alle Beschäftigung mit Religion und Mythen im Zeichen der Rückkehr zu Gott:

> «Ueber dem emsigen Thun aber steht die Gottheit ruhig, ernst und unbewegt, über die Ströme, die unten in dunkler Tiefe brausen, hat sie wie einen Mantel ihre stille Klarheit hingebreitet, von ihr sind die Zeiten ausgeflossen, zu ihr müssen sie im unendlichen Kreislauf kehren.»

Einen Thron für diese Gottheit wollte Görres in seiner Mythologie errichten. Denn der Mythos war für ihn Anfang und Ziel aller Geschichte.

Görres hat seine *Mythengeschichte* «Herrn Professor Creuzer und meinen ehemaligen Zuhörern in Heidelberg» zugeeignet. Georg Friedrich Creuzer war seit 1804 Professor für Philologie und alte Geschichte in Heidelberg und hatte um die gleiche Zeit wie Schlegel und Görres mit dem Studium der Mythologie begonnen. Grundlegend war sein Aufsatz *Philologie und Mythologie, in ihrem Stufengang und gegenseitigen Verhalten* (1808) in den *Heidelbergischen Jahrbüchern* und danach die vierbändige Darstellung von *Symbolik und Mythologie der alten Völker, besonders der Griechen* (1810–12). Creuzer stand in guter, freundschaftlicher Verbindung mit den jungen Literaten, die zwischen 1806 und 1808 Heidelberg streckenweise zum Hauptquartier ihrer literarischen Tätigkeiten und Polemiken gemacht hatten, mit Arnim und Brentano also, dazu mit den Brüdern Grimm, und deren Gegner waren auch seine. «Von jeher hatte ich gegen Voß den Vater eine wissenschaftliche Aversion», schreibt Creuzer an Savigny (14.4. 1807), was allerdings auch umgekehrt zutraf, denn der gleichfalls in Heidelberg lebende Johann Heinrich Voß wurde mit seiner *Antisymbolik* (1824) zu einem entschiedenen und wirkungsvollen Kritiker von Creuzers *Symbolik.*

War Görres Rhapsode, der sein Material nur in großen Zügen ordnete und um außerwissenschaftlicher Absichten und Ziele willen vortrug, so versuchte Creuzer es auf Begriffe und ein historisches System zu bringen. Der Ansatzpunkt bei beiden jedoch war gleich, weshalb sie denn auch Voß in seiner Polemik oft gemeinsam attackiert. «Der neue Weg zum Mutterland alter Religion durch die Literatur Indiens wird so eben erst gebahnt», lautet der erste Satz von Creuzers Aufsatz in den *Heidelbergischen Jahrbüchern* und bezeichnet damit nicht nur die Richtung seiner Arbeit, sondern auch die Pionierstimmung, in der man sich damals hinsichtlich der Erforschung von Mythen und Mythologien befand. Creuzers und Görres' Absicht war, durch das Studium von Mythen, die älter waren als die bisher dominierende antike Mythologie, eine Brücke entstehen zu lassen zwischen den Anfängen aller Religion irgendwo in der Nähe Gottes und der gegenwärtigen, höchsten Stufe seiner Anbetung im Christentum. Was Homer von der bunten griechischen Götterwelt überliefert hatte, war Sage, war epischer Bericht mit der Neigung zur Geschwätzigkeit. Älter als die Sage aber war das Symbol, das «ursprünglich ein Kind der *Bildnerey,* selbst noch der *Rede* einverleibt, durch seine bedeutsame Kürze, durch die Totalität und gedrungene Prägung seines Wesens, weit mehr als die Sage geeignet ist, das Eine und Unaussprechliche der Religion anzudeuten». Es wollte «das Unermessliche ermessen, und das Göttliche in den engen Raum menschlicher Formen zwingen», heißt es später in der *Symbolik,* und aus ihm gehe der Mythos mit dem ganzen Gewicht und der Tiefe «seines Inhalts» hervor. Mythen seien nichts anderes als «ausgesprochene Symbole».
Creuzers Studien führten also zu den orphischen und bacchischen Mysterien und von dort aus in asiatische Religionen hinein. Nicht mehr die «Sage», also der epische Zusammenhang von Göttergeschichten und Götterleben war interessant, sondern die Lebensdeutung durch Symbole und der Zusammenhang des Lebens, auf dessen Sinn die Mythen und Religionen zielen. Das bedeutete, daß die Forschung nun eine Angelegenheit vor allem der Philologie wurde, also der richtigen Datierung und Interpretation der Quellen, aus denen Kenntnis der alten Mysterien und Symbole zu entnehmen war. «Philologie in ihrer Gediegenheit und Vollendung» war die Methode, die Creuzer forderte: «Man soll es dem Mythologen ansehen, daß er selbst unter den Trümmern der Vorzeit gewesen.» Für diese Trümmer aber gab es Begriffe wie «alte Fabellehre», «alte mystische Symbolik» und «theologische Geheimlehre»,

also genug, um einen gründlichen Kenner und leidenschaftlichen Verehrer des «classischen Heidenthums» – auch das war eine Formulierung Creuzers – zu veranlassen, die Messer seiner Kritik scharf und spitz zuzuschleifen, wie Voß es tat.

Creuzers Theorie des Symbols und der Mythen, die auf das «himmlische Sehnen des Christianismus» zulief, verstand sich nach seiner eigenen Definition der Philologie als historische Forschung. Wellen des Einflusses von orientalischer Religion durch geschichtliche Bewegungen auf die Antike und über sie hinaus bis zum Neuplatonismus und zur Mystik des 15. und 16. Jahrhunderts waren festzustellen und daraus der «Geist des Volkes» abzuleiten, denn auch das «Nationalgepräge» der Mythen behauptete Creuzer in einer Zeit deutscher Suche nach eigener nationaler Identität. So ist es nicht verwunderlich, daß Creuzers vergleichende Mythen- und Symbolforschungen Beachtung und Widerhall unter seinen Zeitgenossen fanden; eine erweiterte Neuauflage seiner *Symbolik und Mythologie der alten Völker* kam von 1819 bis 1821 heraus, und sie war es wiederum, die Voß zum Angriffsziel für seine *Antisymbolik* nahm.

Voß' Kritik, witzig oft und aggressiv, läuft auf die Verurteilung von Creuzers Verfahrensweise hinaus: «Ein romantisches Wagestück, im Ganzen überschaun, was unerforscht ist im Einzelnen; zum Voraus bestimmen, was dem Neulingsblicke noch in verworrener Masse vorschwebt; das Innere anordnen, bevor nur die herumtastenden Vorarbeiten sich selbst befriedigten!» Denn Creuzer waren Fehler bei der Interpretation von Quellen nachzuweisen oder auch Fehlschlüsse aus der einen oder anderen Tatsache. Voß allerdings ging es um die Gesamttendenz, die Einschränkung, Relativierung des Klassischen, das «symbolische Gaukelspiel» zur «wirksamen Herstellung unbeschränkter Theokratie; wo nur den Geweiheten des Heiligthums die Sonne der Erkenntnis scheint, und das Volk im Helldunkel, oder in ägyptischer Nacht, den Frieden der Religion genießt; wo der Gottheit Statthalter Könige salbt, und wegschafft». Eine solche Attacke besaß in den Glanzzeiten der Heiligen Allianz und der Demagogenverfolgung ihre besondere Würze und trug ihrerseits natürlich wiederum zu jener Polarisierung zwischen «Klassisch» und «Romantisch» bei, die sich bei Heine zeigte und die auch Goethe veranlaßte, dem gesunden Klassischen das «kranke» Romantische verschiedentlich gegenüberzustellen. Denn Goethe stand gleichfalls Creuzers Arbeit skeptisch gegenüber. «Gehts nun aber gar noch weiter, und deutet man uns aus dem hellenischen Gott-Menschenkreise nach allen Religionen der Erde, um das Ähnliche dort aufzuweisen, in Worten und Bildern, hier die Frost-Riesen, dort die Feuer-Brahmen; so wird es uns gar zu weh, und wir flüchten wieder nach Ionien, wo dämonische liebende Quellgötter sich begatten und den Homer erzeugen.» Der Satz steht nirgends anders als in dem Brief vom 1. Oktober 1817, in dem Goethe sich bei Creuzer für die Zusendung von dessen *Briefen über Homer und Hesiodus, vorzüglich über die Theogonie* (1817) bedankt. Das klingt verständlich für den Autor des *Faust;* der zweite Teil der Dichtung war zu diesem Zeitpunkt entworfen, die Begegnung des Helden mit der antiken Helena bereits ausgeführt. Aber zugleich befand sich doch auch der *West-östliche Divan* in Vorbereitung; in Cottas *Taschenbuch für Damen auf das Jahr 1817,* im *Morgenblatt* und in zwei weiteren Anthologien waren bereits Vorabdrucke einiger Gedichte erschienen. Goethe hätte also allen Grund gehabt, die Ironie seines Dankes an Creuzer zu mildern, noch dazu wo beide sich bei ihren sehr verschiedenartigen Exkursionen ins Morgenland der Führung Joseph von Hammer-Purgstalls anvertrauten, der 1809 in Wien die *Fundgruben des Orients* herauszugeben begonnen hatte. Allerdings war dessen Motivation für seine Sammlung eher nach Goethes als nach Creuzers Geschmack. «Im Mittelalter, wo Asien in Europa einbrach durch die Eroberung der Araber in Spanien, und Europa in Asien durch die Züge der Kreuzfahrer nach Palästina, erhellte der Genius des Orients zuerst mit seiner Fackel die Finsternisse gothischer Barbarey, und milderte durch seines Odems Wehen den rauhen Anhauch nordischer Sitte», heißt es in der Vorrede Hammers zu den *Fundgruben.* Für Görres und Creuzer hingegen war die «gothische Barbarey» eher Erbe des orientalischen Genius von einer sehr viel früheren Zeit her und damit wiederum alles andere als Barbarei. Goethe jedoch trieb wiederum mit dem Orient kaum mehr als ein poetisches Spiel, und auf die Idee, seinen Faust zu weiterer Erfahrung nach Persien zu schicken, ist er nicht gekommen.

Die Jüngeren behaupteten ihren Anspruch auf das Neue und unterstützten Creuzer in Heidelberg mit einem Fackelzug – so öffentlich war der gelehrte Streit –, denn Voß' Kritik blieb im Grunde konservativ, ohne Blick für die neuen Perspektiven, die in Görres' und Creuzers Studien bei manchen Unzulänglichkeiten oder Fehlern enthalten waren. Ihnen traten andere Mythen- und Symbolforscher zur Seite oder haben auf ihnen gefußt. Zu den ersteren zählen Johann Arnold Kanne, Karl Otfried Müller und Karl Wilhelm Ferdinand Solger, in dessen Ästhetik der Symbolbegriff eine bedeutende Rolle spielt. Unter die letzteren aber sind Hegel und Schelling zu rechnen, die sich beide in ihrem späteren Werk der Mythologie zuwandten, Hegel, indem er sie in der *Ästhetik* in Geschichte hüllte, Schelling in der *Philosophie der Mythologie* (1842) in religionshistorischen Zusammenhängen. Auch Johann Jakob Bachofen war mit seinem *Mutterrecht* (1861) ein Erbe der frühen Mythologieforschung. Neben und mit Görres und Creuzer aber begannen zugleich die Brüder Grimm ihr großes Werk der Erforschung und Darstellung deutscher Mythen und Sagen. Denn das, was Hammer als «rauhe nordische Sitte» bezeichnete, die Welt der Goetheschen «Frost-Riesen», hatte inzwischen unter den Deutschen große Popularität erlangt. Ungerecht sei die Klage, so meinte Jacob Grimm 1813, daß uns, den Deutschen, eine Mythologie fehle, «da man nur die vorhandenen Sagen und Gedichte mythisch zu fassen braucht, um in ihnen ganz ähnliche Elemente und Bestandteile wie in der griechischen Religion zu entdecken». Auch hier gab es Vorgänger (vgl. S. 85 f.). Herder hatte sich bereits 1774 in der Schrift *Auch eine Philosophie der Geschichte zur Bildung der Menschheit* für den «neuen Menschen» des Nordens begeistert und die ganze neuere Welt Europas als dessen Werk betrachtet, und Novalis entwarf im Klingsohr-Märchen des *Ofterdingen,* alte Vorstellungen Jakob Böhmes von der nördlichen Krone eines künftigen Reiches aufbereitend, einen eigenen prophetischen Nordmythos. Görres schließlich gab in dem großen Aufsatz *Wachstum der Historie* (1807), veröffentlicht in Creuzers und Carl Daubs Schriftenreihe *Studien,* dem Norden einen festen Platz im Gang der zum Christentum führenden Geschichte. Von den «nordischen», durch «innere Anlage» dafür schon prädestinierten «Naturen» gehe eine Erneuerung des Christentums und dessen Ausbildung «zu einem strahlenden hyperphysischen Gottesreiche», also zu einem verinnerlichten, modernen Christentum aus. Überall, in der Mythologieforschung, Philosophie, Philologie, Literatur und Kunst – dort oftmals in Erinnerung an die rauhe Welt Ossians – wurde der erneute Blick gen Norden fruchtbar. Fouqué brachte den Nibelungenstoff zum erstenmal in dramatische Form in der Trilogie *Der Held des Nordens* (1808–10), aus der dann wiederum Richard Wagner geschöpft hat.

> So gönnt dem Norden auch sein strenges Recht,
> Und seht männlichen Auges in den Graus,
> Der alles Lebens dunkle Wurzel ist,

heißt es in Fouqués Widmung des zweiten Teils der Trilogie – *Sigurds Rache* – an Johann Gottlieb Fichte, aber wirklich wohlgefühlt hat sich Fouqués Phantasie dann erst, als sie den Graus dunkler Ursprünge im hellen Licht des Christentums auflösen durfte im Roman *Der Zauberring* (1813, vgl. S. 414 ff.). Darin wird in einem bunten Bilderbogen Gestalt, was der Mythenforschung von Friedrich Schlegel, Görres und Creuzer als Überzeugung zugrunde lag: die Idee von einer Familienzugehörigkeit der Bewohner Asiens und Europas durch ihre Mythen und zugleich der Glaube an den Triumph des Christentums über alle anderen Versuche zur Annäherung an das Unerforschliche. Goethe hingegen genügte als Talisman die Gewißheit, daß Orient und Okzident ebenso wie nördliches und südliches Gelände im großen Frieden von Gottes Händen ruhen.

3. Kunsttheorien

Wandlungen des Romantischen

Friedrich Schlegels Erwartung, in der romantischen Universalpoesie würden sich Kunst und Kritik, Literatur und Theorie wechselseitig durchdringen, hatte sich schon bei den ersten Versuchen dazu in den Jenaer Tagen als ein sehr fernes Ideal erwiesen. Danach aber strebten die beiden Bereiche immer weiter voneinander weg und gingen ihre eigenen Wege. Arbeitsteilung und Spezialisierung erwiesen ihre Macht. Kunsttheorien gab es zwar fernerhin, aber ihre Funktion veränderte sich beträchtlich, und von einer Genealogie der Theorien war nicht mehr zu sprechen. Der Weg von Kant zu Fichte und von Fichte zu Schelling oder Friedrich Schlegel sowie der Weg von Kant zu Schiller setzten sich nicht mehr konsequent fort. Bisher waren aus der Philosophie Konzepte für die Kunst hervorgegangen, die ihr in erster Linie eine Stelle und Aufgabe in der Gegenwart oder gar der Zukunft zuweisen sollten. Theorien waren außerdem entstanden, wenn Schriftsteller mit sich selbst ins reine zu kommen versuchten, begründend und entwerfend, aber ohne Rücksicht darauf, ob ihr eigenes literarisches Werk dann den selbstgesetzten Forderungen, Idealen oder Absichten entsprechen konnte oder nicht. Dergleichen hörte nach und nach auf. Schon Jean Pauls *Vorschule der Ästhetik* (1804) hatte einen Vorgeschmack von solcher Diskontinuität gegeben (vgl. Bd. 1, S. 367 ff.). Natürlich war das Werk Selbstausdruck Jean Pauls und auch eine Analyse dessen, was er unter Kunst verstand, aber zugleich enthielt es doch viel Beschreibung und Untersuchung des Vorhandenen, war ein Stück Literaturgeschichte, Interpretation und kritisches Sortieren. Die Geschichte, die den Blick auf Staat, Natur und Religionen verändert hatte, übte ihren Einfluß auch im Bereich der Kunsttheorien aus. In Hegels *Ästhetik*, der größten und umfassendsten kunsttheoretischen Leistung am Anfang des 19. Jahrhunderts, wird Geschichte ganz und gar auf den Thron gehoben. Es war nur konsequent, daß sich parallel dazu eine historistische Wissenschaft von deutscher Sprache und Literatur herausbildete. Natürlich fehlte es daneben nicht an Versuchen, der Kunst neue oder alte Wege zu weisen. Aber diese Versuche blieben an Umfang beschränkt, begrenzten sich auch wohl nur auf eine bestimmte außerkünstlerische Tendenz im Politischen oder Religiösen oder waren als gelegentliche Selbstorientierungen von Schriftstellern lediglich dazu geeignet, helleres Licht auf Absichten und Arbeitsmethoden dieser einzelnen Autoren zu werfen, blieben also Arbeitstheorien außerhalb der Begriffssprache oder mit einer selbstgeschaffenen Begrifflichkeit. E. T. A. Hoffmanns «serapiontisches Prinzip» (vgl. S. 435) kann als Beispiel dafür gelten.

Manches Bedeutende wurde auf dem Gebiet der Gattungspoetik geleistet; es soll bei der Betrachtung der epischen, dramatischen und lyrischen Literatur jeweils vorgestellt werden. Ebenso jedoch gab es Versuche, die Grenzen der Gattungen durchlässiger zu machen, wenngleich niemand mehr Friedrich Schlegels Hypothese von einer romantischen Universalpoesie übertreffen konnte oder wollte. Dafür aber vergrößerte sich das Interesse an der Verbindung zwischen den verschiedenen Künsten, zwischen Literatur, Musik und Malerei. Besonders die ersten zwei Jahrzehnte des 19. Jahrhunderts sind ausgezeichnet durch manche engen persönlichen und zugleich kreativen Beziehungen zwischen Literaten, Musikern und Malern, zwischen dem Maler Runge und den Schriftstellern Goethe, Arnim, Brentano und Tieck, zwischen Caspar David Friedrich und einer Reihe von Schriftstellern in Dresden oder zwischen Berliner sowie Dresdner Schriftstellern und Carl Maria von Weber. E.T.A. Hoffmann vereinigte Talente auf allen drei Gebieten in sich selbst. Aber es kam nicht mehr zu Künstlerbünden, die von einer Theorie oder zumindest der Suche danach regiert wurden; Jena und Weimar wiederholten sich nicht. Je loser jedoch der Zusammenhalt zwischen den einzelnen Schriftstellern oder den kleinen Freundeskreisen wurde, desto stärker trat paradoxerweise das Bild von einer romantischen Schule an die Öffentlichkeit. Die Ursachen waren äußerlich. Die Mobilität der Autoren hatte zugenommen, und viele waren an verschiedenen Orten miteinander in Berührung gekommen. Zum anderen aber schweißte die Kritik an der jungen Literatur die Literaten zu einer Einheit zusammen, die sich besser attackieren ließ, obwohl sie in Wirklichkeit gar nicht bestand. Die beiden energischsten Propagandisten der Idee von einer neuen romantischen Literatur in Deutschland aber, die Brüder Schlegel, hatten sich aus dem Streit der Theorien und dem Wirbel neuer Werke auf eine höhere Warte zurückgezogen, und das Romantische wandelte sich gegen ihre Vorstellungen oder auch mit ihnen, so wie sie sich selbst wandelten.

Die Brüder Schlegel

August Wilhelm und Friedrich Schlegel haben die junge deutsche Literatur nach 1789 in einem Maße angeregt, gestaltet und gefördert wie niemand sonst. Bei aller Verschiedenheit der Persönlichkeiten zeichnete sie beide profunde Bildung, scharfer kritischer Geist und sprachliche Meisterschaft aus. Lange Zeit haben sie gemeinsam gedacht und geplant, die Öffentlichkeit in Rezensionen und Aufsätzen aufeinander aufmerksam gemacht – «unser poetisches Wechsellob» nannte es Friedrich Schlegel – und sich als Literaturpolitiker mit einem gemeinsamen, wenn auch nicht definierten Ziel verstanden. Noch 1808 schreibt Friedrich Schlegel an den Bruder über «unsern litterarischen Einfluß in die Zeit» (24.2.1808) und im selben Jahr über «unsre großen Zwecke» (10.9. 1808). Es war Friedrich Schlegel vor allem, der sich als der agilere, ambitioniertere der beiden den Brüderbund als so etwas wie ein Duumvirat in der deutschen Literatur vorgestellt haben mag, einen Bund nicht unähnlich dem einstigen von Goethe und Schiller, einen Bund nicht nur von zwei Kritikern und Theoretikern, sondern auch von zwei kreativen Dichtern. Es ist erstaunlich zu beobachten, wie zwei der besten und scharfsichtigsten deutschen Literaturkritiker allem Beweismaterial entgegen auf lange Zeit am Glauben an ihre eigene dichterische Berufung festgehalten haben. An seine eigenen dichterischen Fähigkeiten erinnerte August Wilhelm Schlegel 1806 mit der Elegie «Rom» (vgl. S.691), die schon ihres Stoffes wegen Aufmerksamkeit unter den Gebildeten erregte, und 1810 trug ihm der Bruder den Vorschlag vor, daß er «ganz als dramatischer Dichter die Herrschaft der Deutschen Bühne übernehmen» möge (7.7. 1810). Friedrich selbst arbeitete damals an einem Drama über Karl V., und liebend schwärmte Dorothea Schlegel dem Schwager gegenüber: «Dichten Sie, schreiben Sie guter theurer Bruder, Eure Werke werden die Pyramiden seyn die aus den Trümmern der Zeit allein stehen bleiben, und der Nachwelt zeigen werden: hier hat ein edles Volk gewohnt; lichte Sterne die den forschenden Nachkommen den Weg durch die Wüste leiten» (23.7. 1809). Daraus ist nichts geworden, aber dafür haben beide in den Jahren des Krieges gegen Napoleon in Wien zwei Vorlesungsreihen gehalten, die grundlegend für eine wissenschaftliche Erforschung der deutschen Literatur geworden sind.

August Wilhelm Schlegel hielt seine Vorlesungen *Über dramatische Kunst und Litteratur* 1808 in Wien. Sie setzten fort, was bereits in den Berliner *Vorlesungen über schöne Litteratur und Kunst* (1801/04) vorbereitet worden war, aber sie gingen zugleich über deren Rahmen weit hinaus in der theoretischen Fundierung der Literaturbetrachtung. «Das ganze Spiel lebendiger Bewegung beruht auf Einstimmung und Gegensatz», behauptete nun Schlegel und gab damit seine auf die Literatur angewandte Version von der Dialektik in der Natur. «Harmonie» und «Entzweiung» regierten auch die Geschichte der künstlerischen Produktion, und es lag nahe, solche Dialektik mit den beiden großen Begriffen des Klassischen und des Romantischen in Verbindung zu bringen, die Schlegel schon in den Berliner Vorlesungen beschäftigt hatten und die überhaupt seinen und des Bruders frühen Theorien als produktives Gegensatzpaar zugrundelagen. Schlegel tat nun etwas sehr Folgenreiches: Er charakterisierte das Klassische als das Endliche, den «Besitz» einer Heimat auf der Welt, das Romantische hingegen als Sehnsucht danach, als «Erinnerung und Ahnung» davon. Was er jedoch meinte, war alles andere als eine Entgegensetzung von Weimar und Jena, von Goethe und Schiller auf der einen und den Brüdern Schlegel sowie ihren Freunden auf der anderen Seite. Der Gedanke hätte ihn um seiner selbst willen schaudern gemacht. Denn ebenso wie die Versuche seiner frühen Freunde

gehörten auch die Werke Schillers, Goethes oder Lessings zusammen mit
denen Shakespeares und Dantes für ihn unwiderruflich der romantischen
Literatur an, die in christlichem Denken ihren Ursprung hatte. Wo aber von
einer «Schule» bei ihm die Rede ist, und das geschieht tatsächlich in den
Vorlesungen, ist allein das kritisch-theoretische Verständnis dieses Gegensatzes gemeint. Eine solche «Schule» aber reicht dann für ihn zurück bis zu
Rousseau in der Beurteilung der Musik und zu Hemsterhuis in der Beurteilung der Malerei. Es sind Differenzierungen, die wenig beachtet und einem
pauschalen Gebrauch der Gegensätze geopfert worden sind.

Die romantische ist für Schlegel die moderne Kunst, und ihre Verbindung mit dem Christentum bezeichnet nicht eine religiöse Tendenz, sondern der christlichen Religion entsprechend die Verlagerung des Gottesbe-
griffes von außen nach innen. Erinnerung und Ahnung im weitesten Sinn
sind jedoch Begriffe aus der Psychologie, und sie erweist sich somit als die
eigentliche, wirksame Kraft in der modernen Kunst. Deren Ziel aber sei –
und damit rettet Schlegel den alten Glauben an die Macht der Poesie –, die
«innere Entzweiung» und das Streben nach Versöhnung und Harmonie «in
der sinnlichen Erscheinung sinnbildlich niederzulegen».

Die Originalität von Schlegels Vorlesungen beruht allerdings nicht auf
diesem Auftrag an die Kunst, der seine Herkunft aus Gedanken Schillers
und aus solchen des *Athenaeums* deutlich zeigt. Die eigentliche Bedeutung
der Vorlesungen liegt in der Anwendung derartiger Gedanken auf die
Geschichte der Literatur. Damit entsteht eine historisch orientierte Literaturgeschichte im Gegensatz zur kompilatorischen, wie sie die Kompendien
des 18. Jahrhunderts kannten und wie sie erst allmählich im 19. Jahrhundert
veraltete. Der Maßstab für die kritische Beurteilung der einzelnen Autoren
und Werke lag nun nicht mehr außerhalb der Geschichte in irgendwelchen
normativen Vorstellungen von dem, was eine als klassisch geltende Literatur
zu sein hatte. Die Trennung zwischen «korrekten Klassikern» und «lebendigen Lieblingsdichtern» war nichtig: «Das Genie ist eben die bis auf einen
gewissen Grad bewußtlose Wahl des Vortrefflichen, also Geschmack in seiner höchsten Wirksamkeit.» Mit anderen Worten: der scheinbar regellose,
unklassische, aber lebendige Künstler als Genie setzt, ob er es will oder
nicht, aus sich heraus neue Maßstäbe. In ihm ist die Geschichte mächtig, in
der sich der Geschmack wandelt. Schlegels ideales Beispiel dafür ist natürlich Shakespeare, der ihm, dem mustergültigen Übersetzer seiner Werke,
aufs intimste vertraut ist. Shakespeares Lebensumstände werden vorgeführt,
aus der historischen Situation wächst sein Werk hervor, und in diesem Werk
wiederum spiegelt sich romantisch-christliches Denken und Empfinden,
wofür Schlegel in Interpretationen einiger Dramen Beispiele gibt.

Wie der einzelne Autor in seinen Lebensumständen, so ist für Schlegel
die Kunst insgesamt in der Kultur einer Nation, in dem jeweiligen Zustand
ihrer Geschichte verwurzelt. Gerade der Übersetzer englischer, italieni-

scher, portugiesischer und spanischer Literatur findet deshalb, daß nicht die Kenntnis der Sprachen, sondern diejenige der «gesamten poetischen, künstlerischen, wissenschaftlichen und geselligen Bildung» in einer Kultur erst den rechten Weg zum Verständnis der einzelnen Kunstwerke ebne, was im übrigen mit besonderem Bezug auf die Antike gesagt wird, auf die unverhältnismäßige Dominanz des Studiums alter Sprachen an den Schulen und Universitäten und damit auf die Herrschaft der Philologie über die Literatur. So macht sich Schlegel zum Bahnbrecher einer kulturgeschichtlichen Betrachtungsweise, aber ebenso zu dem einer kunstinternen Literaturgeschichte, denn nichts anderes als eine Geschichte der «dramatischen Kunst und Literatur» wollen seine Vorlesungen geben. Literatur wird von ihm in ihrer gesellschaftlichen wie ihrer ästhetisch-technischen Perspektive, in der Perspektive der Kulturgeschichte wie der Gattungsgeschichte betrachtet. Auf diese Weise entstand Literaturgeschichte frei von der bloßen Aufhäufung des Materials wie von rein subjektiven, sozusagen unhandwerklichen Urteilen, Literaturgeschichte, in der zugleich auf die Kontinuität der Formen gegenüber der Diskontinuität der Kulturen aufmerksam gemacht wurde.

Seine theoretischen Voraussetzungen ermöglichten Schlegel scharfsichtige, verständnisvolle Urteile über die neueste deutsche Literatur, über das Unklassische in Goethes *Iphigenie,* über die Trennung von hoher und trivialer Literatur und insbesondere über den Verfall der Literatur angesichts des «glücklichen und ruhigen Hauswesens» der Deutschen, des letztlich undramatischen Philisteriums. Seine Empfehlung aber lautet, in einem Jahre, da sich die Kräfte zum Widerstand gegen Napoleon sammeln:

> «Auf hundert Komödienzetteln wird der Name romantisch an rohe und verfehlte Erzeugnisse verschwendet und entweiht; es sei uns erlaubt, ihn durch Kritik und Geschichte wieder zu seiner wahren Bedeutung zu adeln. Man hat sich neuerdings bemüht, die Reste unsrer alten Nationalpoesie und Überlieferung auf mancherlei Weise wieder zu beleben. Diese können dem Dichter eine Grundlage für das wundervolle Festspiel geben; die würdigste Gattung des romantischen Schauspiels ist aber die historische.»

Vielleicht war es als Ermutigung für den Bruder gedacht. Auf jeden Fall ist Schlegels Rat weithin beherzigt worden, auch von solchen übrigens, die gar nichts von ihm wußten, was wiederum zeigt, wie Schlegel mit seinen Betrachtungen, Theorien und Wünschen die Neigungen seiner Zeit reflektiert (vgl. S. 578).

Um Zeitgeschichte im erweiterten Sinne ging es auch in einer kleinen, aber interessanten Kontroverse, die sich auf den Seiten von Friedrich Schlegels Wiener Zeitschrift *Deutsches Museum* zwischen März und September 1812 abspielte:

Dort hatte nämlich der österreichische Lustspieldichter und Erzähler August Freiherr von Steigentesch einen kleinen Beitrag unter dem Titel «Ein Wort über deutsche Litteratur und deutsche Sprache» veröffentlicht, mit dem er offenbar seine allzu nationalstolzen deutschen Zeitgenossen provozieren wollte. Die Kritik betraf in erster Linie die deutsche Sprache, die ihm noch keineswegs die Eleganz anderer europäischer Kultursprachen erreicht zu haben schien. Er führt dafür bemerkenswerte Gründe an, soziologische sowohl als grammatische. Die deutsche Sprache habe etwas Demütigendes, meint er, was keine andere Sprache enthalte, «und ihr Sie, Er, Ihr und Du bezeichnen schärfer, als in jedem andern Lande die Scheidelinie der Stände». Und er fügt hinzu: «Noch am Ende des vorigen Jahrhunderts gefiel es einigen deutschen Herrschern das Er zu wählen, wenn sie mit Menschen sprachen, die Gott nicht gewürdigt hatte Zutritt an einem Hofe zu haben.» Einer seiner grammatischen Gründe aber lautet folgendermaßen: «Von zwey Deutschen, die zusammen sprechen, scheint immer einer etwas zu erwarten, und was er erwartet, ist das Zeitwort, das nicht kommen will, und ohne das er den andern nicht versteht.» Daran war nun freilich nichts zu ändern, auch wenn Steigentesch auf alle Zeiten der Sympathien aller derer sicher sein kann, die Deutsch als Fremdsprache zu lernen haben. Schwerer wog schon seine Kritik daran, daß den Deutschen noch eine nationale Literatur fehle und der «altdeutsche Klingklang, und die Lieder der Ammen und der Fuhrleute», die ein «unbärtiges Knabenheer» jüngst vorgeführt habe, kaum ein «Muster der deutschen Dichtkunst» darstellten. Was aber die Etablierten angehe, so gelte, daß der Deutsche es nicht wage zu gestehen, «daß er Langweile hat, so bald ein berühmter Nahme auf dem Anschlagzettel steht».

Das war, alles in allem, eher amüsant als aufschlußreich und als Ganzes zu oberflächlich, als daß es große Aufmerksamkeit verdiente. Goethe allerdings war indigniert und meinte, Schlegel habe sich nur durch Steigenteschs «leckre Tafel» zur Aufnahme des Beitrags in seine Zeitschrift verführen lassen. Schriftlicher Einspruch kam von Schillers einstigem Freund Christian Gottfried Körner in Dresden, dessen Sohn Theodor zur Zeit in Wien Theaterdichter war. Gerade der Mangel an Gesellligkeit und stilistischer Eleganz, meinte Körner, mache die Eigenart des deutschen Schriftstellers aus, und er überrasche uns «mitten unter seinen ernsten Arbeiten durch eine mächtig ergreifende Stimme, die wir aus einer höhern ätherischen Region zu vernehmen glauben». Bemerkenswert allein an diesem Streit jedoch war ein Nachwort Friedrich Schlegels, das Steigenteschs flüchtige Verallgemeinerungen durch sehr viel härtere Argumente ergänzte. Denn eben die Unzulänglichkeiten der deutschen Literatur empfinde auch er, schreibt Schlegel, und er führt dafür, außer dem Hinweis auf die Kraft und Größe der englischen und spanischen Literaturen, die Pflege der Schauspielkunst ausgerechnet bei den Franzosen ins Feld, die «lebendige Theilnahme des Publikums» dort bei den «großen Nationalwerken ihrer tragischen Dichtkunst». Angesichts der «gewaltsamen Sprachverrenkungen einiger alten Meister» und der «schnöden Spielereyen unsrer dichtenden Jugend» könne man hingegen noch nicht davon sprechen, daß die deutsche Literatur «im Steigen», sondern allenfalls in der Gärung sei. Aber freilich nicht die Nation sei das Höchste, sondern der innere Mensch, und gerade der «große Kampf der innern geistigen Entwicklung», das Ringen und Streben nach Wahrheit sei Seele und Triebfeder der deutschen Literatur, womit ein versöhnliches Ende erreicht war, das Schlegel nun wieder in Körners Nähe brachte. Denn ohne es zuzugeben, pflichtete er Körner hinsichtlich der Innerlichkeit als eines besonderen Merkmals der deutschen Literatur und der deutschen Schriftsteller durchaus bei. Aber, und das war der andere Aspekt, er meinte nicht jene allgemein humanistischen Erleuchtungen damit, auf die Körner anspielte, sondern die Verbindung von nationaler Kraft und Christlichkeit, die ihm musterhaft vor allem in der spanischen Literatur verwirklicht schien. Darüber hinaus spricht schließlich aus

seinem wie aus den anderen zwei Beiträgen das gemeinsame Empfinden, noch keineswegs in einer Blütezeit der deutschen Literatur zu stehen, so viel polemische
Übertreibung auch unter die Argumente gemischt sein mochte. Die Vorstellung von
einer romantischen Schule aber erwächst auch hier deutlich aus der Polemik gegen
die Jüngeren, das «Knabenheer», für das Schlegel, angebliches Haupt einer solchen
Schule, nur Verachtung übrig hat. Fruchtbar wurde durch ihn stattdessen der Blick
nach außen, auf andere Literaturen, wie ihn der Bruder in seinen Vorlesungen über
dramatische Literatur gleichfalls angewendet hat.

Die Wiener Vorlesungen August Wilhelm Schlegels bildeten für Friedrich
Schlegel eine feste Grundlage, als er 1812 in Wien nunmehr eigene Vorlesungen über *Geschichte der alten und neuen Litteratur* hielt. Sie führten in
einem großen Panorama der Weltliteratur das aus, was in dem Schlußwort
zum gleichzeitigen Streit um Steigenteschs Polemik als Konzept angedeutet
ist. In der Vorrede der 1815 als Buch erschienenen Vorlesungen weist Schlegel darauf hin, daß er schon seit zwölf Jahren, seit der Reise zum Rhein
und nach Frankreich, seit den Zeiten der *Europa* also mittelalterlicher Kunst
und «altdeutscher Poesie» Aufmerksamkeit und Liebe geschenkt habe. Nun
aber sollte diese Liebe zur «systematischen Übersicht des Ganzen» gedeihen.

Literatur war für Friedrich Schlegel der «Inbegriff des intellektuellen
Lebens einer Nation». So steht es in der Vorrede zu dem Buch. Aber der
«Sinn der vortrefflichsten und höchsten Hervorbringungen der bildenden
Kunst und der Poesie» werde erst dann deutlich, «wenn wir uns in den
Geist der Zeiten zu versetzen wissen, aus denen sie hervorgingen oder welche sie darstellen». Das hatte er schon 1810 in den Vorlesungen *Über die
neuere Geschichte* erklärt. Solcher Historismus verband sich nun in den Vorlesungen von 1812 mit dem Interesse für alte deutsche literarische Tradition
und dem aus der Diskussion des Romantischen als des Universellen hervorgegangenen Begriff einer christlich-romantischen Weltliteratur.

Die Originalität von Schlegels sechzehn Vorlesungen über Geschichte
der Literatur ist schwer zu beurteilen, da vieles von dem, was er hier zum
ersten Mal sagte, inzwischen gang und gäbe geworden ist. Die Nachfahren
schulden ihm jedenfalls mehr, als der erste Blick preisgibt, und erst im Vergleich zu anderen zeitgenössischen Ansätzen, Literaturgeschichte zu schreiben, wird die hohe Warte sichtbar, auf der Schlegel hier steht. Für Schlegel
ist Kultur zunächst und in erster Linie Nationalkultur, die an die Sprache
gebunden ist. Gerade dadurch aber kommt er zu einem erweiterten Litera-
turbegriff, der alle intellektuellen, in der Sprache ausgedrückten Leistungen
einschließt, genauer: «alle jene Künste und Wissenschaften, jene Darstellungen und Hervorbringungen, welche das Leben und den Menschen selbst
zum Gegenstande haben», was die Trennungslinie zu einer technischen
Fachliteratur bezeichnen soll. Philosophie hingegen und die Darstellung der
Geschichte sowie «Witz» und «Beredsamkeit» gehörten durchaus zu einer
derart erweiterten Nationalliteratur und machten in Verbindung mit einer

«zum gesellschaftlichen Umgang gebildeten Sprache» erst «das Gemälde einer wahrhaft gebildeten und geistvollen Nation» aus. So viel hatte sich Schlegel aus den Tagen der geselligen romantischen Universalpoesie herübergerettet, und der Gedanke eignete sich natürlich dann auch zur Rechtfertigung und Klassifizierung der eigenen Tätigkeit, nachdem mit dem Verzicht auf das Dramenprojekt um Karl V. der Abschied von der fiktionalen Literatur für ihn endgültig geworden war.

Für das ideale Gemälde einer gebildeten Nation stellte nach wie vor die Antike das beste Modell dar, und Schlegel beginnt auch seine Literaturgeschichte damit. Aber nur drei von fünfzehn Vorlesungen sind ihr gewidmet, zwei gelten dem Orient, insbesondere Indien, eine der nordischen Welt der Germanen, vier dem Mittelalter und vier der europäischen Literatur seit dem 16. Jahrhundert. Nichts macht die Wandlungen des Romantischen klarer als diese neuen Proportionen in Schlegels Vorlesungsreihe. Bei August Wilhelm Schlegel hatte noch nahezu die Hälfte seiner Vorlesungen über dramatische Kunst und Literatur der Antike gegolten, wobei er sich allerdings durch die Wahl des Themas von der Betrachtung nordischer und mittelalterlicher Literatur ausgeschlossen hatte, aus der dramatische Dichtung nicht bekannt war. Aus August Wilhelm Schlegels damals noch unveröffentlichten Berliner Vorlesungen über schöne Literatur und Kunst von 1803 rückte jedoch Friedrich Schlegel zur Unterstützung der eigenen neuen Schwerpunkte und der brüderlichen «großen Zwecke» die Vorlesung über das Mittelalter in das *Deutsche Museum* von 1812 ein, jenes beredte Lob des ritterlichen Geistes, der «aus der Verbindung der kernigen und redlichen Tapferkeit des deutschen Nordens, mit einer aus dem Orient gekommenen ganz geistigen Religion, dem Christenthum» hervorgegangen sei. Inzwischen war die Kenntnis des Orients und seine Verbindung zum Christentum nicht zuletzt durch Friedrich Schlegels eigene Studien sehr viel stärker aufgefächert worden. Schon die Proportionen der Vorlesungen machten aber jetzt deutlich, daß Indien Episode für Schlegel bleiben mußte. Das Mittelalter als poetische Vorzeit der Nation stand nun für ihn ganz im Zentrum seiner Literaturgeschichte, denn in ihm verbanden sich Nationalität und Internationalität auf eine ebenso ideale Weise wie einst in der Antike, nur daß dieses Mittelalter noch zu entdecken war und daß zugleich die Kultur, die dort ihre Anfänge nahm, christlich war, in die Gegenwart reichte und sich nicht erschöpft hatte, ja zu großen Hoffnungen Anlaß gab, bei deren Erfüllung man selbst mitwirken konnte.

Der politische, kulturelle und persönliche Hintergrund dieser Vorlesungen ist bei ihrer Betrachtung stets mitzudenken: Es waren der seinem Gipfel zutreibende Kampf gegen Napoleon, die Entdeckung mittelalterlicher deutscher Literatur, die plötzlich diese vergangene Epoche durch ihre großen epischen Werke in den Rang eines homerischen Zeitalters erhob und allein schon dadurch den Anspruch der Antike auf Klassizität einschränkte, und schließlich Friedrich Schlegels entschiedene Hinwendung zum katholischen Glauben, der zugleich die Grundlage aller dieser mittelalterlichen Literatur bildete. Allerdings sind Schlegels Vorlesungen nicht nur dadurch bemerkenswert, daß sie neue Proportionen und Perspektiven für eine Geschichte der europäischen Literaturen schufen, sondern auch durch die darin ausgeübte Methodik der Literaturbetrachtung. Bei aller metahistorischen Orientierung war Schlegel dennoch, was die Werke und ihre Autoren anging, Historist, und die hohe Kunst der Charakteristik literarischer Phänomene, Werke, Strömungen, Tendenzen und Persönlichkeiten in diesen Vorlesungen beruht unter anderem darauf, daß Schlegel sie in ihrer jeweiligen historischen Funktion sieht. Eines seiner Meisterstücke dabei ist die Interpretation der Bibel als literarisches Werk. Im Zusammenhang mit der orientalischen Literatur wird das Alte, in Verbindung mit dem aufsteigenden Christentum das Neue Testament betrachtet,

«da der literarische Einfluß desselben für das Mittelalter und selbst für die neuere Zeit durch Inhalt und Form nicht bloß in der Moral und Philosophie, sondern auch in der Kunst und Poesie, unberechenbar groß gewesen ist. Durch dieses göttliche Licht von oben, welches das Evangelium in seiner Einfalt und Klarheit in die Welt gebracht hat, wird der künstlerische Verstand und philosophische Scharfsinn der Griechen, der praktische Weltverstand der Römer, und der prophetische Tiefsinn der Hebräer erst zu einem vollständigen Ganzen wahrhafter Erleuchtung und Einsicht für das Leben wie für die Wissenschaft vollendet und beschlossen.»

Schlegel analysiert die Stilmittel beider Testamente, stellt die Funktion von Allegorie, Parabel und Spruch heraus und entwickelt aus, der an der Bibel gemachten Erfahrung von der «dreifachen Geburt des Wortes», der «geschichtlichen, ewigen, und der innerlichen in der Seele», die Grundlage seiner gesamten Literaturbetrachtung. Literatur also ist das durch seine historischen Umstände bestimmte Wort, in dem das ewige, das über die Beschränkung geschichtlicher Existenz hinausweisende aufscheint, und sie ist schließlich das Wort des einzelnen, der Psyche, die diese Spannung in sich birgt. In einem solchen literaturkritischen Versuch zur Versöhnung von Individualität mit Realität und Idealität ist Schlegels gesamte Literaturbetrachtung dieser Vorlesungen und seiner späteren Jahre gegründet. Eigene frühe Überzeugungen von der Freiheit individueller Phantasie setzen sich darin fort. Nur werden nicht mehr säkulare Begriffe verschiedener Provenienz einschließlich einer neuen Mythologie als Umschreibung für die Idealität gesucht – sie ist in dem Reich des christlichen Gottes gefunden, und sein Buch der Offenbarung ist das höchste literarische Zeugnis dafür, das erste Werk romantischer Literatur sozusagen.

In seiner letzten Vorlesung schenkt Schlegel der gegenwärtigen deutschen Literatur einige Aufmerksamkeit, ohne allerdings eine Übersicht zu versuchen. Von einer «neuen Schule» will er nichts wissen, «ja selbst Schüler dürften nicht viele gefunden werden, von denen man erwarten kann, daß sie einst Meister sein werden». Zwei Beispiele für große Leistungen und große Verirrungen aber führt Schlegel an: Fichte und Tieck, den einstigen Lehrmeister und den einstigen Freund. Sehr wohl zeichne die Deutschen vielversprechend der Weg nach innen, die Vertiefung des Individuums in sich selbst aus, womit sie eigentlich in der Gegenwart die idealen Schöpfer einer auf der dreifachen Geburt des Wortes beruhenden Literatur sein könnten. Das Resultat aber war bisher nur, daß «statt der bürgerlichen Revolutionen, in metaphysischem Kampfe Systeme» erzeugt und wieder zerstört wurden. Fichte gilt als das beste Beispiel dafür, eine «kraftvolle Männerseele», die «sich in sich selbst zerarbeitet, täuscht, zerstört und immer sich neue Gedankengebäude aus dem Nichts hervorbildet». Tieck aber habe der Phantasie zu neuem Leben verholfen, nicht zuletzt durch die Erweckung von Liebe zu alter Sage und romantischer Dichtung, und er habe diese Phantasie in «alle ihre Tiefen und auch ihre Verirrungen» verfolgt. Aber eben damit sei es nicht genug. Wie in den Vorlesungen zur Geschichte, so kommt es bei Friedrich Schlegel auch an dieser Stelle zur Apotheose der christlichen Religion, für die im Bereiche der Literatur musterhaft «Ein Görres als Nationalschriftsteller und bewährter deutscher Charakter in bleibendem Werte für die Zukunft» herausgestellt wird.

Hier wie in seinen Gedanken zu Staat, Geschichte, Gesellschaft, Religion und Mythologien ging Schlegel seinen Weg konsequent zu Ende. Das Reich Gottes war von den frühen Gedankenexperimenten an nie fern für ihn gewesen, und einstmals verwandte Geister wie die Tübinger Studenten Hegel und Hölderlin hatten es 1793 sogar schon als Losung ausgegeben. Nur hatten sie damals allesamt andere Vorstellungen von dem Gotte. Jeder hatte dann auf seine Weise die Anfänge aus der nachrevolutionären Jugendzeit in anderer Richtung verfolgt, auch wohl statt der Revolution, nach Schlegels Ansicht, Systeme gebaut wie Schelling und Hegel oder aber, wie Hölderlin, der dreifachen Geburt des Wortes in der Dichtung letztlich nicht mehr Herr werden können. Schlegels Vorlesungen jedenfalls dokumentieren die Wandlungen des Romantischen von den frühen Tagen nach der Französischen Revolution bis in die Jahre der Heiligen Allianz. Die äußeren Nötigungen der Geschichte werden sichtbar in ihnen, der Europa-Gedanken nach 1800, die nationale Besinnung in den Jahren unter Napoleon und insbesondere in der zweiten Auflage auch die Ideologie der Heiligen Allianz. Die Verlagerung von kulturellen Interessen zeigt sich, die Ablösung von der Antike als alleinigem literarischen Modell, die Zuwendung zum romantisch-christlichen Kulturbegriff und von da zu den Mythen anderer Nationen und Völker, zum germanischen Norden und zum Orient in seiner ganzen Weite zwischen Kleinasien und China. Aus dem Interesse an der romantischen Tradition ergibt sich wiederum das Interesse an mittelalterlicher Dichtung in nationaler wie internationaler Perspektive und im Verfolg der gleichen Tradition auch das Interesse für die europäischen Literaturen des 16. und 17. Jahrhunderts. Der Grundstein für komparatistische Literaturbetrachtung wird gelegt.

Führerin durch alles dies ist die Geschichte, in der jede einzelne Erscheinung ihr Recht und ihre Notwendigkeit erweist, in deren Erkenntnis aber auch erst ihr Wert und ihre Schönheit für den späteren Betrachter liegen. In der Förderung eines historisch begründeten Urteils und dazu, bei aller Betonung der eigenen Nationalität, in einer weltliterarischen Betrachtungsweise besteht ein besonderer Gewinn der Schlegelschen Vorlesungen. Die Krönung von Literatur und Literaturgeschichte durch den Glorienschein einer christlichen Konfession war Schlegels Privatentscheidung. Der Spiritualismus, zu dem ihn die Kritik an aller Spekulation und an der Entfesselung der Phantasie trieb, führte ihn mindestens ebenso in intellektuelle Isolation wie Fichte oder Tieck. Aber das betraf dann auch wieder nur seine geistlichen Wünsche und Erwartungen, nicht das, was auf dem Wege dazu von ihm ausgebreitet und dargestellt wurde. Seine Vorlesungen zur *Geschichte der alten und neuen Litteratur* sind jedenfalls der Anfang historisch begründeter und urteilender deutscher Literaturgeschichte schlechthin. Heine, kein Freund und Verehrer Friedrich Schlegels, hat davon gesprochen, daß, vielleicht sogar gegen Schlegels Wissen und Wollen, in eben diesen Vorlesungen die Kunst noch immer den herrschenden Mittelpunkt bilde, «der mit seinen goldenen Radien das ganze Buch umspinnt», und in der *Romantischen Schule* hat er sein Urteil in folgende Sätze zusammengefaßt:

«Friedrich Schlegel übersieht hier die ganze Literatur von einem hohen Standpunkte aus, aber dieser Standpunkt ist doch immer der Glockenturm einer katholischen Kirche. Und bei allem, was Schlegel sagt, hört man diese Glocken läuten; manchmal hört man sogar die Turmraben krächzen, die ihn umflattern. Mir ist, als dufte der Weihrauch des Hochamts aus diesem Buche und als sähe ich aus den schönsten Stellen desselben lauter tonsurierte Gedanken hervorlauschen. Indessen, trotz dieser Gebrechen wüßte ich kein besseres Buch dieses Fachs.»

Neuer Kunstgeschmack

Unter dem Titel «Neu-deutsche religios-patriotische Kunst» veröffentlichte Goethe 1817 im zweiten Heft seines Journals *Über Kunst und Alterthum* einen Beitrag seines Weimarer Freundes und Adlatus Heinrich Meyer, des Schweizer Malers und Kunstschriftstellers – an der Billigung des Beitrags durch den Meister besteht kein Zweifel. Meyer versucht darin, eine Art

Abriß der geschichtlichen Entwicklung bis zu einer Kunst zu geben, die national-deutsche und christlich-religiöse Themen als Gegenstand ergriff und eine teils allegorisch-altertümliche, teils alle strengen Konturen auflösende, oft geradezu kunstlose Malweise verwendete, womit sie allen Regeln klassizistischer Kunst widersprach. Denn auf letztere, auf das ausschließliche Studium «der alten Griechischen Kunst» als Muster für die Gegenwart war Meyer eingeschworen, und Goethe, so offen er auch allem Neuen war, im Grunde auch. In Meyers Geschichtsablauf hat die Literatur einen prominenten und verantwortlichen Platz. Vor den neunziger Jahren habe bei den deutschen Künstlern im eigenen Lande und in Italien – Goethe kannte sich dort durch eigene Erfahrung aus – noch ein akatholischer, protestantischer, ja, unchristlicher Sinn geherrscht. Aber dann habe das Interesse für die ältere italienische und deutsche Malerei begonnen und damit die entscheidende Abwendung von solchem Sinne. In Deutschland bezeichneten, nach Meyer, Tiecks und Wackenroders *Herzensergießungen eines kunstliebenden Klosterbruders* (1797) und danach Tiecks *Sternbald* (1798) und beider *Phantasien über die Kunst* (1799) den Anfang der neuen christlichen Mode, die weiter gefestigt worden sei durch Friedrich Schlegels *Europa* (1803) und «sogar» durch August Wilhelm Schlegel mit einer Reihe von kleineren Gedichten wie «Der Bund der Kirche mit den Künsten». Exponenten der neuen Kunst seien heutzutage insbesondere Runge und «der wackere Friedrich» zu Dresden, dazu Cornelius, Overbeck, Kügelgen und die Brüder Riepenhausen. Insgesamt, so meint Meyer rückblickend, sei diese religiösen und patriotischen Themen gewidmete und mystisch-allegorisch verfahrende Kunst wohl durch den «National-Enthusiasmus» in der Zeit des Joches fremder Gewalt zur Blüte gekommen und sollte nun, nach erreichtem Zweck, «in die Grenzen einer anständigen würdigen Selbstschätzung zurücktreten». Es hätte seinen Reiz, zu erfahren, wie und wo Goethe seinem Helfer die Feder geführt oder ihm zwischen die Zeilen geschrieben hat. Meyers Aufsatz konstatiert jedenfalls eine Mode oder Tendenz zeitgenössischer Kunst und Literatur, der Goethe selbst, obwohl nicht ohne Widersprüche, abgeneigt war, und er arbeitet einen Gegensatz heraus zwischen Klassizismus und dem Romantischen, womit speziell das «altdeutsche Costum» gemeint war, also der «neu-alterthümelnde Kunstgeschmack». Mit der Herleitung allerdings haperte es. Zu ihr hätte wohl auch jener Beitrag Goethes gehört, der unter dem Titel «Von deutscher Baukunst» das Straßburger Münster und seinen Baumeister feierte, und Herder wäre zu nennen gewesen, der 1772 den Beitrag in der Aufsatzsammlung *Von deutscher Art und Kunst* abdruckte. Die Geschichte des Interesses an altdeutscher und christlicher Kunst war jedenfalls älter als Meyer vorgab, und sie war auch komplizierter. Aber daß solche Kunst um 1800 neue Aufmerksamkeit und starken Widerhall fand, war dennoch richtig. Als Johann Jakob Bodmer um die Mitte des 18. Jahrhunderts mittelalterliche deutsche Dichtung, insbesondere das *Nibelungenlied,* ans Licht zog, geschah das weder um der Deutschheit noch um der Christenheit willen, und schon gar nicht interessierte das Mittelalter als historische Epoche. Das galt allenfalls als die Dämmerung einer Zeit, in deren hellem Licht man nun stand. Interessant war damals die alte deutsche Dichtung paradoxerweise nur im Hinblick auf Homer: In einer Zeit, da aus klassischen Vorbildern aufklärerische Regelpoetiken erarbeitet wurden, da man eine neue Theorie des Epos aufzustellen bestrebt war, boten sich hier Vergleichsmaßstäbe an – nicht mehr. Erst als Herder deutsche Art und Kunst lobte und loben ließ, erst als er in der Schrift *Auch eine Philosophie der Geschichte zur Bildung der Menschheit* (1774) gotischen Geist und «nordische Ritterehre» pries und, die Farbigkeit dieser Vergangenheit meinend, erklärte: «In unserm Jahrhundert ist leider! so viel Licht!» – erst dann fing man an, diese ferne Kultur christlicher Tradition um ihrer selbst willen zu beachten und zu achten. Herders historisches Verständnis vom Wachstum nationaler Kulturen und ihrem Eigenrecht stellte eine gedankliche Grundlage für diese Umwertung dar.

Das Interesse an der eigenen, nationalen Vergangenheit war nicht auf Herder und die Deutschen beschränkt. In England hatte Macpherson seit 1760 die echten und unechten Gesänge aus der rauhen und kalten Vorwelt des irischen Sängers *Ossian* ausgesandt und schließlich ganz Europa damit in seinen Bann gezogen. «Gotische» Romane wurden ein beliebter Gegenstand des lesehungrigen Publikums bei den Briten und auf dem Kontinent. Von Herder angeregt, gab Friedrich David Gräter von 1791 an die Zeitschrift *Bragur* heraus, die sich dem Studium nordischer Literatur und Mythologie widmete und einen wichtigen Zuträger für die Mythenforschung am Anfang des 19. Jahrhunderts darstellte. Ins Vorchristliche führte auch die Bardendichtung zurück, die seit der Mitte des Jahrhunderts bei Klopstock und den Dichtern des Hainbunds Aufschwung erhalten hatte. Im Gefolge des Siebenjährigen Krieges wiederum trat Deutsch-Patriotisches als Motiv für das Interesse an der Vergangenheit und alter deutscher Dichtung hinzu: «Vater» Gleim publizierte zwei Sammlungen mittelhochdeutscher Gedichte. In Berlin hielt Erduin Julius Koch 1792 Vorlesungen über die Geschichte deutscher Sprache und Literatur, unter seinen Zuhörern aber saß, von diesem Stoff begeistert, Wilhelm Heinrich Wackenroder, der seine Begeisterung wiederum dem Freunde Ludwig Tieck mitteilte. Von Tieck schließlich gingen dann die stärksten literarischen, künstlerischen und philologischen Anregungen für die Beschäftigung mit der deutschen Literatur älterer Zeiten und insbesondere des Mittelalters aus. Das hatte Meyer in seinem Aufsatz allerdings richtig gesehen.

Verschiedene Motivationen treffen also im Interesse an alter deutscher Literatur und Kunst zusammen oder durchkreuzen sich in der Genesis jenes Kunstgeschmacks, von dem in Goethes Zeitschrift zurückhaltend kritisch die Rede ist. An erster Stelle steht das wachsende Selbstbewußtsein der europäischen Nationen im Verlaufe der Umbildung vom feudalen Absolutismus zum bürgerlichen Nationalstaat. Wie im politischen Denken seit der Mitte des 18. Jahrhunderts immer stärker der Gedanke der Nation in den Vordergrund tritt, so kulturell der Gedanke der nationalen Geschichte und Vergangenheit. In der Kunst entwickelt sich im Verhältnis dazu der große Ablösungsprozeß von der Antike, der freilich nicht geradlinig verläuft, wird doch gerade die antike Kultur zunächst einmal als Bild harmonischer Bürgerlichkeit immer wieder zur Veranschaulichung und Legitimierung bürgerlicher Ideale zu Hilfe gerufen, während andererseits die Rückwendung zur nationalen Vergangenheit später verschiedentlich in den Dienst der Bestätigung des Ancien régime gerät.

Als zweite Motivation ergibt sich aus der ersten das Christliche, die christlich-romantische Identität gegenüber der Bildungsmacht des Altertums. Mittelalterliche Kunst, also gotische Baukunst ebensosehr wie mittelhochdeutsche Lyrik und Epik waren christliche Kunst durch und durch, auch wenn dahinter gelegentlich, wie im *Nibelungenlied,* eine ältere Welt ungemäßigter heidnischer Leidenschaften hervorscheint. Die Zuwendung zur eigenen, nationalen Geschichte bedeutete jedenfalls zugleich das Bekenntnis zur eigenen, modernen, gegenwärtigen Mythologie des Christentums, sei es nun literarisch in der versuchten Verschmelzung antiker Form mit christlichem Stoff wie in Klopstocks *Messias* oder später durch die Evokation einer christlichen Literaturtradition, die vom *Parzival* und dem *Nibelungenlied* über Dante, Cervantes, Shakespeare und Calderon bis zu Goethe reichen sollte, der Tradition romantischer Kunst also. Wie das Antike, so nahm auch das Christliche im Verlauf der künstlerischen Aneignung vielfältige Farben und Töne an, mit denen man teils Neues malte, teils Altes übertünchte. Die Zeitgenossen hatten es schwer, hier zu differenzieren, wie Meyers Aufsatz zeigt, wenn darin Philipp Otto Runge oder Caspar David Friedrich als angebliche Repräsentanten einer mystisch-religiösen Kunst mit sehr viel weniger bedeutenden nazarenischen Künstlern zusammengeworfen wurden.

Eine dritte, weitere Motivation kommt hinzu: das Interesse an dem Ursprung von Literatur überhaupt, das mit dem wachsenden Geschichtsbewußtsein entstand, das aber zugleich auch aus gesellschaftlichen Konflikten erwuchs. Wie Rousseau den natürlichen Menschen vor aller Kultur, vor aller Entstellung durch gesellschaftliche Zwänge als Ausgangspunkt für seine Theorie der Erziehung annahm, so suchten in den siebziger Jahren bereits Hamann und Herder nach den natürlichen Ursprüngen von Sprache und Poesie jenseits gesellschaftlicher Konventionen, und mit ihnen suchten andere Sammler und Forscher in Europa. Der Weg zu Ossian, zu alten Balladen und Liedern in Schottland und Irland, insbesondere Herders Weg zum Volkslied ist aus solcher Suche hervorgegangen. Zugleich aber gründen darin auch die vielen Diskussionen über den Gegensatz zwischen

Kunst- und Naturpoesie, die von Herder über Schiller bis zu den Brüdern Grimm reichen. Auch hier freilich ergaben sich Veränderungen und Gegensätze in Richtung und Zielen. In der Einleitung zu seiner Beschreibung der *Teutschen Volksbücher* (1807) schreibt Joseph Görres, sich von dem Verständnis des Begriffes Volk als «Janhagel» distanzierend:

> «Es giebt ein anderes Volk in diesem Volke, alle Genien in Tugend, Kunst und Wissenschaft, und in jedem Thun sind dieses Volkes Blüthe; jeder, der reinen Herzens und lauterer Gesinnung ist, gehört zu ihm; durch alle Stände zieht es, alles Niedere adelnd, sich hindurch, und jeglichen Standes innerster Kern, und eigenster Character ist in ihm gegeben.»

Es ist eine für die Geschichte deutscher politischer Ideologien höchst bedeutsame Umwertung des Wortes, die in diesem Satz greifbar wird und die sich vielfach im Sprachgebrauch dieser Jahre zeigt: Das Volk der einfachen Leute, das Herders Begriff des Volksliedes bestimmte, wandelt sich zur nationalen Gemeinschaft, die nur eben deshalb den Namen Nation nicht erhält, weil sie politisch keine Identität besitzt, sondern sie nur in ihrer Sprache und Kultur finden kann. Die Inflation des Wortes Volk mit allen seinen Komposita und Abwandlungen bis ins 20. Jahrhundert, häufig genug im Dienst der Eintrübung politischer Realitäten, hat ihren Ursprung in Sätzen wie diesem von Görres. Über den Gebrauch in der politischen Literatur im Kampf gegen Napoleon ist an früherer Stelle bereits gesprochen worden (vgl. S. 30). Aber zugleich war allerdings das Interesse an der «Volkstümlichkeit» von Literatur und Kunst auch von dem Wunsch getragen, verständlich zu sein als Künstler, intellektualistische Isolation zu überwinden und die Kunst umfassend gesellschaftlich zu machen. Friedrich Schlegel hatte das zwar bei der Konzipierung einer neuen romantischen Literatur vorgeschwebt, aber weder er noch seine Freunde in Jena hatten mit ihren literarischen Experimenten, so geschichtlich bedeutend sie waren, jene echte Popularität erreichen können, nach der man strebte.

Ludwig Tieck erhob früh schon Märchen und deutsche Volksbücher wie das von der schönen Magelone oder der heiligen Genoveva zum Gegenstand seiner Dichtungen und arbeitete an der Edition mittelalterlicher Literatur. 1803 erschien seine Anthologie *Minnelieder aus dem Schwäbischen Zeitalter* mit einer bedeutenden, grundlegenden Vorrede über mittelalterliche Literatur überhaupt. Im Minnesang, so meinte Tieck, seien noch «Natürlichkeit und Künstlichkeit» unbefangen miteinander verbunden, es seien darin sogar die späteren Formen romantischer Lyrik wie Stanze, Sonett oder Kanzone schon vorgeprägt. Dort herrsche auch gesellschaftliche Gemeinsamkeit zwischen «freiem unabhängigem Adel und den wohlhabenden Bürgern», und diese Dichtung spreche insgesamt von einer Zeit, in der Poesie «ein allgemeines Bedürfnis des Lebens» gewesen sei. Damit versuchte Tieck die mittelalterliche deutsche Dichtung in die romantische Weltliteratur einzubringen und sie zugleich als eine Art Vorform romantischer Universalpoesie zu charakterisieren.

Eine vierte Motivation für das national-antiquarische Interesse um 1800 war dessen Kontrast zu einer disharmonischen Gegenwart, ein gesellschaftskritisches Interesse also, das nur eben je nach den persönlichen politischen Neigungen und Positionen der einzelnen Personen in sehr verschiedene Richtungen auseinanderlief. Schon die Jenaer Debatte Ende 1799 um Novalis' *Christenheit oder Europa* und Schellings *Epikurisch Glaubensbekenntnis Heinz Widerporstens* hatte gezeigt, wie stark sich die Interpretationsmöglichkeiten dieses reizvollen, aber noch weithin unerforschten Mittelalters – des europäischen übrigens, nicht spezifisch des deutschen – unterschieden. Erst in den Jahren nach 1800 entstanden Versuche, in das deutsche Mittelalter jene Charakterzüge der Deutschheit, der Treue, Ehre, Ritterlichkeit und Todesbereitschaft hineinzulesen, die man zu den unmittelbaren politisch-militärischen Zwecken evozieren zu müssen glaubte und aus denen die ganze unerlöste Nationalität dieses zerteilten Landes sprach. Diente also die Entgegensetzung von Natur- und Kunstpoesie vor allem der Herstellung eines bürgerlich-staatsbürgerlichen Selbstbewußtseins und der Kritik an formalen Konventionen, die sich mit einer ständischen Kunst und Literatur herausgebildet hatten, so diente die Betonung des Deutschen in alter deutscher Literatur und Kunst der Konstitution des Nationalbewußtseins und der Bestimmung künstlerischer Aufgaben in einer Zeit nationaler Krisen. Aus dem Rückblick sollte der Blick in die Zukunft gewonnen werden, aus der – zumindest angenommenen – Popularität alter Kunst die Elemente einer neuen. Daß mittelalterliche Kunst ständische Kunst war, wurde, wie sich bei Tieck zeigte, durch die hypothetische Gemeinsamkeit von Adel und Bürgertum in dieser vergangenen Zeit aufgehoben.

Aber Tiecks Übergang von mittelalterlichen Stoffen in seiner eigenen literarischen Produktion zur Edition mittelalterlicher Texte weist schließlich noch auf eine fünfte Motivation des Interesses hin, die zwar ebenfalls im großen geschichtlichen Zusammenhang mit dem wachsenden Geschichtsbewußtsein und Nationalbewußtsein steht, die aber, einmal begonnen, ihre eigenen Wege ging: die wissenschaftliche Erforschung alter deutscher Sprache und Literatur. Zwar gab Tieck mit der Vorrede zu den *Minneliedern* den Brüdern Grimm einen starken Anstoß zu ihrer eigenen Editoren- und Forschertätigkeit, aber sie setzten sich entschieden von allen modernen Aufbereitungsversuchen ab und tradierten, ebenso wie die meisten anderen Sprach- und Literaturforscher dieser Jahre, eine aufklärerische Wissenschaftsgesinnung des kritischen Forschens, so eng auch ihre Bindungen an Arnim und Brentano sein mochten, die dem überlieferten Material gegenüber eine betont unwissenschaftliche, auf Adaptierung ans Gegenwärtige zielende Einstellung hegten. Auch die Brüder Grimm allerdings blieben nicht so konsequent, wie sie es sich vornahmen – darüber wird noch im Zusammenhang mit den *Kinder- und Hausmärchen* zu sprechen sein.

Wenn Heinrich Meyer also 1817 pauschal über eine «neu-deutsche religios-patriotische Kunst» sprach oder wenn Voß gar 1824 in seiner *Antisymbolik* August Wilhelm Schlegel spöttisch «Mitglied des geheimen Bundes zur Herstellung des Mittelalters» nannte, so wurde, vom Augenschein ausgehend, vieles leichthin auf einen Nenner gebracht, das sich nicht auf einen Nenner bringen läßt. Wohl ist ein großer geschichtlicher Gang durchweg erkennbar, aber die einzelnen Phänomene, die Kunstwerke und die Theorien von Wesen und Bedeutung der Kunst erhalten ihre rechte Bedeutung erst, wenn sie ihre eigene Gestalt und Farbe behalten. Die Vielfalt der Motivationen bedeutet außerdem, daß es für die «neu-deutsche religios-patriotische Kunst» keine summarische Theorie gab. Dafür hat die Literaturgeschichte dann eher, dem Vorbilde Heinrich Meyers folgend, das Einzelne als Facetten eines generellen Romantischen angesehen, ohne Rücksicht darauf, daß sich dieses Einzelne keineswegs zu einem Ganzen zusammenfügen läßt, sondern dem jeweils anderen nicht selten zuwiderläuft. Allerdings existierte, wie schon erwähnt, ohnehin nicht mehr jenes enge Verhältnis zwischen Theorie und Praxis, das in Jena und Weimar vor 1800 bei den Jüngeren wie bei den Älteren geherrscht hatte. Was an Theorien innerhalb der beschriebenen Motivationen zur Suche eines neuen künstlerischen Ausdrucks entstand, äußerte sich nicht mehr in philosophisch fundierten Abhandlungen wie den Schillerschen oder in einer eigens entwickelten Ausdrucksform wie dem Schlegelschen Fragment, sondern eher beiläufig in Vorworten, Nachworten, Beigaben, kleinen Beiträgen oder gar nur in privaten Briefen, die erst einer späteren Zeit bekannt geworden sind. Tiecks Einleitung «Die Altdeutschen Minnelieder» zu seiner Anthologie von Minnegedichten ist ein Beispiel dafür, ebenso ist es Arnims Aufsatz «Von Volksliedern», der dem ersten Band des *Wunderhorns* beigegeben war, und dann sind es auch Einleitung und Schlußwort von Görres' Band *Die teutschen Volksbücher* sowie eine Reihe von Beiträgen in Arnims *Zeitung für Einsiedler,* darunter solche der Brüder Grimm. Die einzige Ausnahme macht Adam Müller, der zwischen 1806 und 1809 eine Reihe von ästhetischen Arbeiten verfaßte, die er zum Teil erst als Vorlesungen vortrug, dann in Ausschnitten und zuletzt als Buch veröffentlichte. Erstes Publikationsorgan war für ihn die Zeitschrift *Phöbus,* die er mit Heinrich von Kleist herausgab und die, kurzlebig wie die *Zeitung für Einsiedler,* im gleichen Jahr 1808 wie diese erschien. Seine eigenen theoretischen Überlegungen druckte Kleist dann hauptsächlich in den *Berliner Abendblättern* ab.

Ludwig Achim von Arnims Aufsatz *Von Volksliedern* war dem Komponisten Johann Friedrich Reichardt gewidmet und 1805 zuerst in dessen *Berlinischer Musikalischer Zeitschrift* veröffentlicht worden, ehe er ins *Wunderhorn* aufgenommen wurde.

Volkslieder sind für Arnim Dokumente einer Zeit gemeinsamen Arbeitens und gemeinsamen Feierns, einer «Volksthätigkeit», die im schroffen Gegensatz steht zur Vereinzelung als einer verbreiteten Konsequenz des Jahrhunderts der Aufklärung. Arnims Versuch zur Definition der Kunstform des Volksliedes beruht also auf einer kulturkritischen Motivation und der aus ihr hervorgehenden Umwertung des Begriffes «Volk». Arnims Kulturkritik bezieht sich dabei auf dreierlei, das allerdings in der rhapsodischen Argumentation des Vierundzwanzigjährigen nicht immer deutlich voneinander geschieden wird. Vereinzelt steht der Staatsbürger in einem Staat, der dem Zweckdenken einer verflachten Aufklärung entsprechend nur noch Schutzinstitution für die Interessen aller zu sein vorgibt, in Wirklichkeit aber die einiger weniger schützt. Arnims Gedanken verbinden sich also hier mit einem Staatsdenken, das bei Novalis erste Artikulation fand und das Adam Müller zum System verengte. Vereinzelt steht aber auch der Arbeitende in einem zunehmenden Prozeß der Arbeitsteilung, zwischen «Fabriken» und «Fabrikaten», in einer Zeit, in der «keiner mehr sein eigner Herr» und «alle bereits eingefangen in einem großen Arbeitshause» sind. Die im Volkslied vielfach gespiegelte Festlichkeit des Volkes stellte dagegen das Ideal einer Gemeinschaft aller Bürger dar und damit auch das einer großen Öffentlichkeit als Adressat der Schriftsteller, ganz so wie es Hölderlin oder Novalis im literarischen Lob von Feier und Festlichkeit schon erträumt und gewünscht hatten gegenüber einer in Egoismus zerfallenden Welt. An eine solche große Öffentlichkeit sollte deshalb auch das *Wunderhorn* gerichtet sein oder, besser noch, es sollte sie bilden helfen. Denn Vereinzelung – und das war ein dritter Aspekt – hatte sich bei den Deutschen gerade im Bereich der Literatur besonders hemmend und lähmend entwickelt durch die Trennung zwischen Bildungsdichtung und Volksliteratur, die zu dem Absinken der letzteren «zum Schmutz und zur Leerheit der befahrnen Straße» geführt hatte, wofür Arnim und Brentano das *Mildheimische Lieder-Buch* (1799) als Beispiel ansahen, dem insbesondere sie ihr *Wunderhorn* entgegensetzen wollten. Die Sammlung und Neuedition von Volksliedern, die Besinnung auf tradierte Volksliteratur sollte deshalb auch der Regeneration von Literatur überhaupt dienen, einer Regeneration durch denjenigen, «der viel und innig das Volk berührt»:

> «Ihm ist die Weisheit in der Bewährung von Jahrhunderten ein offnes Buch in die Hand gegeben, daß er es allen verkünde, Lieder, Sagen, Sprüche, Geschichten und Prophezeihungen, Melodieen, er ist ein Fruchtbaum, auf den eine milde Gärtnerhand weiße und rothe Rosen eingeimpft zur Bekränzung. Jeder kann da, was sonst nur wenigen aus eigner Kraft verliehen, mächtig in das Herz der Welt rufen und sammelt sein zerstreutes Volk, wie es auch getrennt durch Sprache, Staatsvorurtheile, Religionsirrthümer und müßige Neuigkeit, singend zu einer neuen Zeit unter seiner Fahne.»

Denn der Dichter ist, so schreibt Arnim, «ein Gemeingeist, ein spiritus familiaris in der Weltgemeine». Nicht Nationalismus gegenüber dem Kosmopolitismus des 18. Jahrhunderts stand also hinter Arnims Ansichten, weder fatale Vergangenheitsschwärmerei noch auch die hohe Vorstellung vom Dichter als Priester, als Vermittler zwischen Gottheit und Menschheit, sondern das Bild eines Forscher-Dichters, geschichtsbewußt beobachtend, studierend, sammelnd und erst aus dieser großen, in das Herz der Welt rufenden Literatur den Weg zum eigenen Schaffen findend. Nicht Archaismus, sondern Gegenwart war letztlich gemeint für den Sammler wie den ·Dichter: «Es giebt eine Zukunft und eine Vergangenheit des Geistes, wie es eine Gegenwart des Geistes giebt, und ohne jene, wer hat diese?» Hinfort waren Volk und Volksgeist beliebte Wörter.

In der Einleitung zu den *Teutschen Volksbüchern* errichtete Joseph Görres das Ideal eines aus allen Ständen zusammengesetzten Volkes als nationaler Öffentlichkeit für die Literatur. Nichts anderes als Popularität, als Wirkung auf eine solche Öffentlichkeit über lange Zeit bildete auch das Kriterium für das, was er als Volksbücher sammelte und beschreibend vorstellte.

Sein Schlüsselbegriff für diese Literatur ist überall Natur, aber nicht jene Natur vor aller Gesellschaft, die Rousseau und Herder meinten, wenn sie in ihrem Namen Gesellschaftskritik übten, sondern die Natur, die der «Professor der Physik an der Secondarschule zu Coblenz» – so lautet Görres' Amtsbezeichnung auf dem Titelblatt der *Teutschen Volksbücher* – durch die spekulative Naturphilosophie kennengelernt hatte, zu der er selbst Beiträge anbot. Solche Naturbegeisterung äußert sich bei Görres zunächst in einer regelrechten Orgie von Kreis-Metaphern. Pflanzenleben, Tierleben, Menschenleben, Tageszeiten, Jahreszeiten, der Kreislauf des Wassers werden bemüht, um Görres' Gedanken zu veranschaulichen. Überall Entstehen und Vergehen, überall Blühen und Verwelken, Morgen und Abend, Sommer und Winter, Wolken, Regen, Ströme, Meer und wieder Wolken: «Denn ewig beherrscht der Kreis alles Menschenthum. [...] Mit dem Kreislauf aber ist ewiger Wandel auch und ewige Wiederkehr gegeben; unaufhaltsam dreht sich das Rad der Dinge.» In solches Kreisen fügt sich für Görres auch die Geschichte ein, die auf diese Weise nur noch Teil eines größeren Naturvorganges bildet; an die Stelle des Strebens nach einem Goldenen Zeitalter tritt der Kreislauf vom Ausgang aus dem Paradies und von der Rückkehr dorthin (vgl. S.224). Hier bei Görres gibt es also tatsächlichen Archaismus, die Suche nach der «alten Zeit», die sich «beim Volke» hat verbergen müssen. Denn der Widersacher in Görres' Weltbild ist der freie Geist, der den Menschen aus dem Paradiese vertrieb, ihn allerdings auch wieder dorthin zurückzubringen in der Lage ist. Nach Görres bestand Menschheitsgeschichte sogar im einzelnen in der Schaffung und Zerstörung kleinerer Paradiese durch den Geist. «Der schöne Garten in Griechenland» war «das zweite Paradies» und das Mittelalter ein drittes, «der neue Garten der Poesie, das Eden der Romantik».

Davon nun eben zeugten die noch erreichbaren Quellen, zeugte die im Volke bewahrte Literatur, das «Alte», das zusammenzutragen geboten war, «damit wir an ihm aus der Zerflossenheit uns sammelten, in der wir zerronnen sind». Denn um die Gegenwart war auch Görres besorgt, und seine leidenschaftliche Beschreibung des Mittelalters, in dem die «Poesie» einst «alle Unterschiede der Stände» ausglich, war durchaus eine Botschaft für seine Zeit, denn zu nichts Geringerem als zur Rekonstitution des zerfallenen Volkes sollte die Berührung mit der alten Literatur führen. Aus diesen alten Werken sprach ein «epischer Naturgeist», sprach der Garten des Paradieses und der Poesie, woraus Görres schließlich auch eine ästhetische Forderung ableitet: «Hat die Natur in diesen Formen ihre bildende Kraft offenbaren wollen, dann darf die Kunst auf keine Weise sich scheuen ihr zu folgen in dieser Metamorphose und im Worte wieder auszuprägen, was jene stumm und still gestaltete.» Nur dadurch werde Poesie zur «Volkspoesie», daß sie seinen – des Volkes – Formen «sich eingestaltet». Populäre, wirksame, die Gegenwart fördernde Literatur – denn das ist mit «Volkspoesie» an dieser Stelle gemeint – bedarf der Kenntnis und Besinnung auf solche Naturformen wie die Volksbücher. In ihnen erkennt sie das zweite, andere, ideale Volk und den «heiligen Geist, der im Volke wohnt», unter anderem auch «den echten innern Geist des teutschen Volkes, wie die älteren Maler seiner besseren Zeit ihn uns gebildet, einfach, ruhig, still, in sich geschlossen, ehrbar, von sinnlicher Tiefe weniger in sich tragend, aber dafür um so mehr für die höhern Motive aufgeschlossen». Hier also schlägt Görres' Patriotismus durch, in der preisenden Herausstellung angeblicher Nationaleigenschaften, mit denen man sich in dieser Zeit einer politischen Krise vielfach zu ermutigen versuchte. Hier auch findet sich überhaupt jene

Verbindung von Mittelalter, Christlichkeit und Deutschheit, die bei Goethe, Voß und Meyer in so schlechtem Ruf stand, aber freilich ein Bedürfnis der Zeit darstellte. Nur ist nicht zu übersehen, daß bei allem in Görres' Metaphern vom ewigen Kreisen und der ewigen Wiederkehr verborgenen Konservatismus noch ein Rest des einstigen Jakobinertums mitschwingt, wenn er auf seine Volksbücher bezogen feststellt, daß «in den untersten Klassen der Gesellschaft das Bessere siegreich sich offenbart».

Bei Görres' Denken im Bilde des Kreislaufs gab es letztlich keinen permanenten Unterschied zwischen Kunst und Natur und deshalb auch nicht zwischen Kunst- und Naturpoesie, zwischen Literatur der Gebildeten und des Volkes. Idealerweise waren beide eins. Darin trennten sich Görres' Ansichten entschieden von denen anderer Verehrer und Sammler alter Literatur und Volkspoesie in dieser Zeit. Im wissenschaftlich-historischen Denken der Brüder Grimm zum Beispiel bestand ein «ewig gegründeter» «Unterschied zwischen Natur- und Kunstpoesie», zwischen den im ganzen Volk überlieferten Geschichten und der Selbstaussage eines menschlichen Gemüts, das sein Inneres bloßlegt und seine «Meinung und Erfahrung von dem Treiben des Lebens in die Welt» gießt. Diese Ansicht war vor allem aus dem Studium der mittelhochdeutschen Epen, insbesondere des *Nibelungenliedes,* aber auch der Volkssagen hergeleitet. Jacob Grimms These bestand darin, daß die sich immer mehr erweiternde Herrschaft der Bildung Poesie und Geschichte voneinander trennte und «die alte Poesie aus dem Kreis ihrer Nationalität unter das gemeine Volk» flüchten mußte, «in dessen Mitte sie niemals untergegangen» war. Auf solcher kulturkritischen Motivation vor allem errichteten die beiden Brüder ihr Werk. Die zitierten Sätze finden sich als eine der frühesten theoretischen Äußerungen zu ihrem Vorhaben in den *Gedanken: wie sich die Sagen zur Poesie und Geschichte verhalten,* veröffentlicht im Juni 1808 in Arnims *Zeitung für Einsiedler.*

Johann Heinrich Meyers Attacke gegen die «neu-deutsche religios-patriotische Kunst» hatte den Zusammenhang zwischen Literatur und Malerei behauptet, wenn Werken Tiecks und Schlegels bedeutender Einfluß auf die Entwicklung der letzteren zugestanden wurde. In der Tat waren bildende Kunst und Musik bei Tieck und Wackenroder ein beliebtes Thema gewesen: Ihrer Phantasie entstammten der kunstliebende Klosterbruder und der am Musikbetrieb verzweifelnde Kapellmeister Berglinger, beides Figuren mit einer ganzen Reihe von Nachfahren in den kommenden zwei Jahrzehnten. Zwar hatte Wilhelm Heinse mit *Ardinghello* und *Hildegard von Hohenthal* Vorbilder für Künstler in der Literatur geschaffen, aber erst durch Tieck und Wackenroder waren bildende Kunst und Musik wirklich Reflexionsmedien über die Existenz des Künstlers in der modernen Gesellschaft geworden. Der Begriff von einer romantischen Kunst, die sich in alten Dokumenten manifestierte, unterstützte nun eine solche Tendenz. Görres' Volksbücher waren mit Illustrationen geschmückt, die zum Text die Anschauung alten Lebens gaben, und auch die *Zeitung für Einsiedler* zierte sich damit oder fügte zu den

Parodien Karikaturen im alten Stil hinzu. Mythen- und Symbolforschung förderten das Interesse für Bildlichkeit, und die enge Verbindung eines so bedeutenden Malers wie Runge zu Dichtern und Philosophen trug gleichfalls zum Austausch der Gedanken bei: Sowohl Arnim, Brentano und Tieck wie auch Schelling, Steffens und Goethe waren Briefpartner Runges. Meyer aber schrieb, daß Runge, «lebend im sechszehnten Jahrhundert, gebildet unter Correggio's Leitung, einer der würdigsten Schüler dieses großen Meisters hätte werden müssen». Das nun bezog sich auf die religiöse Motivik seiner Bilder, sah Meyer doch in Runge einen Geistes- und Themenverwandten Overbecks und anderer jener deutschen Künstler in Rom, die sich als Lukas-Brüder im Kloster San Isidoro trafen und als Nazarener in die Geschichte der Kunst eingegangen sind. Neben Runge stellte Meyer den anderen, «gleichfalls aus Pommern gebürtigen und in Dresden wohnenden Künstler genannt Friedrich», der «mittelst bewundernswürdig sauber getuschten Landschaften, in denen er, theils durch die Landschaft selbst, theils durch die Staffage mystisch religiöse Begriffe anzudeuten suchte». Und Meyer, Verehrer klassischer Harmonie, fügt hinzu: «Auf diesem Wege wird, wie auch gedachtem Runge in seiner Art begegnet ist, eben um der Bedeutung willen, manches Ungewöhnliche, ja das Unschöne selbst gefordert.» Runges Allegorien und Friedrichs Landschaften bildeten auf diese Weise geradezu Katalysatoren verschiedener Kunstanschauungen. Bedeutung und die Beziehungen in den Themen stellten dabei nur die Oberfläche dar. Runges üppige Pflanzen-, Blumen- und Kinderallegorik ließ sich gewiß leicht von Görres mit dem eigenen religiös-spekulativen Naturbegriff amalgamieren, was zum Beispiel in seiner aufmerksamen, in Worten nachzeichnenden Betrachtung *Die Zeiten. Vier Blätter, nach Zeichnungen von Ph. O. Runge* (1808) geschah, aber über die Darstellungsweise war damit noch nichts gesagt. Gerade auf sie jedoch kam es Runge an, wenn er behauptete: «Die Ewigkeit eines Kunstwerks ist doch nur der Zusammenhang mit der Seele des Künstlers, und durch den ist es ein Bild des ewigen Ursprungs seiner Seele.» Das Gewicht lag nicht auf religiöser Allegorik an und für sich, sondern auf Psychologie, auf der Suche nach einer Schrift, mit der sich darstellen ließ, was man an seelischen Dimensionen in sich entdeckte. Auf die Landschaft als Kunstgegenstand bezogen schreibt Runge an Tieck, ihre Funktion bestünde darin, «daß die Menschen in allen Blumen und Gewächsen, und in allen Naturerscheinungen, sich und ihre Eigenschaften und Leidenschaften sähen» (1.12. 1802). Der Mensch zwar sei das Abbild Gottes, fährt Runge fort, und ein anderes Bild solle er sich von Gott nicht machen, aber der Mensch allein ist für ihn auch – so läßt sich daraus schließen – der Gegenstand der Kunst und die Kunst nicht Konfession, sondern Exploration, Suche nach dem Menschenwesen. Die Macht säkularen Denkens hinter Runges Religiosität ist nicht zu übersehen; sie ist es, die ihn von einer streng biblischen Weltsicht wie derjenigen von Görres trennt.

Bei Caspar David Friedrich zählten letzten Endes gleichfalls nicht die Kreuze, Kirchenruinen oder Gottesstädte am Horizont, sondern die Malweise, wie schon Meyer spürte. Friedrichs Bild *Der Mönch am Meer,* 1810 zuerst auf der Berliner Akademieausstellung gezeigt, wurde in solchem Zusammenhang Gegenstand der Aufmerksamkeit dreier deutscher Schriftsteller. Arnim und Brentano hatten Kleist für dessen *Berliner Abendblätter* ein Manuskript «Verschiedene Empfindungen vor einer Seelandschaft von Friedrich, worauf ein Kapuziner» gegeben, das Reaktionen von Besuchern der erwähnten Ausstellung auf dieses Bild zusammenstellte und damit manches zur Interpretation von Friedrichs Bild aus verschiedenen gesellschaftlichen Perspektiven beitrug, aber ebenso die Besucher und die Banalität ihrer Urteile karikierte. Kleist nun strich den Beitrag auf etwa ein Viertel seiner Länge zusammen und veränderte ihn durch ein paar Sätze so, daß der karikierende Effekt verlorenging und eine eigene, bedeutsame Stellungnahme herauskam, was ihm Ärger mit Arnim und Brentano einbrachte, aber auch die Bewunderung seiner späteren Interpreten. Das Bild habe, so schreibt Kleist, «in seiner Einförmigkeit und Uferlosigkeit, nichts, als den Rahm, zum Vordergrund», und wenn man es betrachte, sei es, «als ob Einem die Augenlieder weggeschnitten wären». Gleichwohl aber habe «der Mahler Zweifels ohne eine ganz neue Bahn im Felde seiner Kunst gebrochen». Kleists Kommentar fußt auf dem Vergleich mit der klassizistischen Landschaft, die eingerahmt und begrenzt war durch Gegenstände und die durch weitere Gegenstände in Mittel- und Hintergrund Perspektive, Dimensionen und eine Ordnung bekam, zu der auch der auf diese Weise ins Bild einbezogene Standpunkt des Betrachters gehört. Eben das aber war in Friedrichs Bild aufgehoben: keine Schiffe, Wolken, Sträucher, Bäume oder Gebäude gaben diesem Bild Perspektiven. Einzig die winzige, kaum identifizierbare Figur des Mönchs deutete Proportionen an, erhöhte aber nur den Eindruck der Unendlichkeit, den das Bild suggerierte: Die Metapher von den weggeschnittenen Augenlidern macht die Dimensionen deutlich, nach denen hier der menschliche Blick hinstrebt, aber zugleich auch den ganzen Widerspruch dieses Strebens. Denn nicht mehr auf Schönheit und Maß zielt dieses Bild, allerdings ebenso nicht auf Transzendenz, sondern auf die ungelöste und unaufhebbare Spannung zwischen Endlichkeit und Unendlichkeit. Ein Bild ohne Rahmen ist kein Bild mehr, ein Auge ohne Lider, also ohne anatomische Begrenzung, kein Auge mehr. Das Kunstwerk scheint in die Wirklichkeit überzugehen, nicht mehr geschaffene Form zu sein und damit freilich sich selbst aufzuheben. «Ja, wenn man diese Landschaft mit ihrer eignen Kreide und mit ihrem eigenen Wasser mahlte; so, glaube ich, man könnte die Füchse und Wölfe damit zum Heulen bringen: das Stärkste, was man, ohne allen Zweifel, zum Lobe für diese Art von Landschaftsmahlerei beibringen kann», fügt Kleist in jener grimmigen Ironie hinzu, mit der er gern starke eigene Empfindungen zu kontrollieren suchte. «Achte genau auf die Stimme Deines Innern, denn sie ist Kunst in uns», hatte Caspar David Friedrich geschrieben, aber wo Kunst und das Innere des Unendlichen habhaft werden wollten, verloren sie ihren Rahmen und ihren Halt, denn dieses Unendliche war zwielichtig, war als Göttliches wie als Dämonisches erlebbar, als Erfüllung wie Vernichtung. An die Stelle des religiösen Bekenntnisses tritt wiederum die Psychologie, um nicht zu sagen Pathologie des an seiner Gottähnlichkeit leidenden Menschen, und die Kunst ist nur noch als Erlösung brauchbar, insofern man der Unendlichkeit durch Zeichen und Figuren einen Rahmen, einen Horizont oder einen Mittelpunkt zu geben versuchen kann. Diese Funktion eben hatten Friedrichs Kirchen, Kreuze und Gottesstädte, wie es für Kleist die Mythen waren, an die er seine Gestalten zu binden strebte, wenn sie ihren Halt und ihre Identität im Unendlichen suchten. Die Grenzen einer romantischen Kunst, so universell sie sich auch geben wollte, waren jedenfalls durch ihre mögliche Selbstaufhebung und die ebenso mögliche Selbstzerstörung des Menschen weit überschritten.

Auch Carl Maria von Weber stößt an diese Grenzen, wenn er in einem Bruchstück aus seinem fragmentarisch gebliebenen Roman *Tonkünstlers Leben* die Betrachtung einer Landschaft mit der Aufführung eines Musikstückes vergleicht, als einen «successiven Genuß», aber beim Reisen wird dem Künstler dann, um in Kleistscher Terminologie zu bleiben, der Rahmen entfernt in einer Erfahrung, die über die Grenzen der Kunst hinausgeht:

> «Wie jagen, durchkreuzen und rädern sich alle Begriffe und Vorstellungen in mir! [...] Mit welchen Purzelbäumen stürzen die Trauermärsche, Rondo's, Furioso's und Pastorale's durcheinander, wenn die Natur so meinen Augen vorbeigerollt wird. Da werde ich dann immer stiller und stiller, und wehre dem allzu lebendigen Drang in der Brust. Kann ich dann auch nicht den Blick abziehen von dem schönen Glanzspiele der Natur, so wird es mir doch bald nichts mehr als ein buntes Farbenspiel; meine Ideen entfernen sich durchaus von allem Tonverwandten, das bloße Leben mit seinen Verhältnissen tritt herrschend vor, ich gedenke vergangener Zeit, ich träume für die Zukunft.»

In sehr viel größerem Maße wird dieser Vorgang in der Musik noch einmal greifbar im schriftstellerischen, nicht im kompositorischen Werk E.T.A. Hoffmanns. Denn blieb Hoffmann als Komponist weitgehend konventionell, so überschritten seine literarischen Darstellungen von Musik und ihrer Wirkung durchaus die Grenzen der Musikästhetik seiner Zeit. Musik war ihm zwar die «romantischste aller Künste» und schloß dem Menschen «ein unbekanntes Reich» auf, wie er zu *Beethovens Instrumental-Musik* (1813) schreibt. Aber eben dieses unbekannte Reich erfüllt den Menschen, wenn er sich ihm auf dem Wege über die Kunst naht, «bald mit Grausen und Entsetzen, bald mit der höchsten Wonne», wie sein Komponist Ludwig in dem Dialog *Der Dichter und der Komponist* (1813) bemerkt, und die Schicksale von einer ganzen Schar Hoffmannscher Helden sind anschaulicher Beweis dafür; die Beschwörung der Kirchenmusik hat weder seinen Gestalten noch dem Meister selbst die Dämonen vertreiben können.

Die Dämonen aber waren nicht Sendboten des Antichrist, sondern des menschlichen Ichs, das sich durch die Romantisierung der Welt selbst zu setzen versuchte, indem es sich über sich hinaus begab und dabei auf eine Unendlichkeit in sich selbst stieß, für die es nicht ausgerüstet war. Daß das alles nichts mehr mit neu-deutscher religios-patriotischer Kunst zu tun hat, bedarf der Erwähnung kaum. Aber auch das, was als romantische Universalpoesie auf den Plan getreten war, war noch zu sehr von intellektuellem Pioniergeist erfüllt, als daß es sich Begriffe von den Gefahren dieser Universalität hätte machen können. In diesen Gefahren fand Romantik ihre Grenzen. Bemerkenswert ist, daß die bedeutendsten Wirkungen in der Kunst von jenen ausgegangen sind, die sich auf das Risiko des Untergehens hin dennoch in diese Unendlichkeit des Innern begeben haben: Heinrich von Kleist ebenso wie E. T. A. Hoffmann, Philipp Otto Runge und Caspar David Friedrich, um nur die wichtigsten Namen zu nennen, zu denen solche hinzuzufügen wären, deren Lebensthema das Ringen um die Bewahrung im Glauben darstellte, wie Brentano und Eichendorff. Die Sprache der Musiker – Beethoven, Weber, Schubert oder Schumann – besaß ihre eigene, wirklichkeitsfreie Semantik und zugleich eine feste Grammatik, die beide Schutz boten, wenngleich auch nicht eine letzte Sicherheit, wie in der Literatur Hoffmanns Kapellmeister, Komponisten, Musikanten und Sängerinnen erweisen. Was die Maler anging, so hatten auch sie in den konkreten Farben und Formen der Wirklichkeit fern von allen Wertungen einen Halt. Friedrichs «holde Gattin» hat allerdings einmal leise zu Helmina von Chézy bemerkt: «Den Tag, wo er Luft malt, darf man nicht mit ihm reden!» Ob es Andacht war oder kreative Not angesichts des Äußersten, die ihn beherrschte, läßt sich nicht mehr sagen. Die Wandlungen des Romantischen jedenfalls führten über das hinaus, was sich damit noch bezeichnen ließ, und der neue Kunstgeschmack enthielt Elemente kommender Kunst, für die noch die Begriffe fehlten.

Die Wissenschaft von deutscher Sprache und Literatur

Lorenz Okens «encyclopädische Zeitung» *Isis,* den Naturwissenschaften und den aufsässigen Burschenschaften zugetan, brachte 1817 eine «Übersicht der Arbeiten für die altdeutsche Literatur, seit 1800». Der Zeit der nationalen Not und Auflösung sei es vorbehalten geblieben, heißt es dort, das Interesse am Studium alter deutscher Literatur zu erwecken und für sie öffentliche Aufmerksamkeit zu finden, was Vorläufern wie Johann Jakob Bodmer oder Johannes von Müller nicht gelungen sei. Freilich sei alles bisher Arbeit von einzelnen gewesen, die Regierungen hätten nichts getan – «unter allen deutschen Universitäten ist Breslau die einzige, die einen Lehrstuhl für unsere Sprache und Literatur hat». Inhaber war Friedrich Heinrich von der Hagen, der 1810 zunächst in Berlin eine außerordentliche Professur für deutsche Sprache und Literatur, aber ohne Gehalt, erhalten hatte und 1811 nach Breslau gegangen war. Ihm trat 1817 in Breslau Johann Gustav Gottlieb Büsching als Extraordinarius bei. Mit ihm und Bernhard Joseph Docen hatte Hagen bereits in Berlin das *Museum für Altdeutsche Literatur und Kunst* (1809/11) herausgegeben. In Breslau erschienen nun seit 1816 *Wöchentliche Nachrichten für Freunde altdeutscher Literatur und Kunst,* die allein schon mit ihrer für altgermanistische Publikationen sicherlich unüblichen Frequenz das lebhafte Interesse und die rasch fortschreitende Forschung auf diesem Gebiet illustrieren. 1807 veröffentlichte Hagen eine freie Übersetzung des *Nibelungenliedes,* 1810 dann dessen originalen Text. Es folgten Ausgaben des *Hildebrandsliedes* und des *Wessobrunner Gebets* durch die Brüder Grimm (1812), des *Lohengrin* (1813) durch Görres, des *Armen Heinrich* (1815) durch die Brüder Grimm sowie einer *Blumenlese aus den Minnesingern* (1816) durch Wilhelm Müller. Neben ihnen stehen in Okens Liste verschiedene Bearbeitungen und Übersetzungen, also Tiecks *Minnelieder* (1803), Fouqués verschiedene freie Bearbeitungen mittelalterlicher Texte wie die *Historie vom edlen Ritter Galmy* (1806) oder *Karls des Großen Geburt und Jugendjahre* (1816) und Tiecks *Frauendienst* des Ulrich von Lichtenstein (1812). Aufgezählt werden schließlich Zeitschriften wie Gräters *Bragur,* das *Museum für altdeutsche Literatur und Kunst,* die *Altdeutschen Wälder* (1815/17) der Brüder Grimm sowie Hagens und Büschings *Grundriß zur Geschichte der deutschen Poesie* (1812) und Karl Lachmanns Arbeit *Über die ursprüngliche Gestalt des Gedichts von der Nibelungen Noth* (1816).

Zweierlei macht diese keineswegs vollständige Liste offenbar: die bereits konstatierte rasch wachsende Anteilnahme an altdeutscher Literatur und die Divergenz zwischen Editionen und Bearbeitungen. Modelle für Texteditionen gab es bisher nur in der klassischen Philologie, und sie war deshalb auch der Ausgangspunkt für die wissenschaftliche Erforschung deutscher Literatur. Was immer an schwärmerischem Enthusiasmus für eine vergangene Zeit und an patriotischer Gesinnung für deutsche Tradition in diese Forschung eingebracht wurde – wenn es um die Herstellung eines brauchbaren Textes und damit um ernstzunehmende wissenschaftliche Tätigkeit auf der Höhe des für die klassische Philologie geltenden Niveaus ging, dann kam nur eine Wissenschaftlichkeit in Frage, die sich an die beste Tradition aufklärerischen, empirischen Denkens anschloß. Deshalb auch begann sehr bald der Streit zwischen den Editoren und den Bearbeitern.

Weder Erfahrung noch Regeln bestanden für den Umgang mit altdeutschen Texten, mit verschiedenen Fassungen, mit der Wiedergabe der alten Sprache in modernen Drucken, ja, mit der Bedeutung des alten Wortschatzes und den Regeln der Grammatik. Das war jedoch nicht nur eine wissenschaftliche Herausforderung und Aufgabe, sondern zugleich auch eine Verlockung, sich dieses Materials nach Belieben zu bedienen, besonders wenn man von der guten Absicht geleitet war, für Interesse an dieser alten Literatur in möglichst breiten Kreisen zu werben. Tiecks oder Fouqués Bearbeitungen, aber auch die Bearbeitungen und Übersetzungen Hagens und Büschings stießen deshalb bald auf den Widerstand und die Kritik der empirischen Forscher, denen die wissenschaftliche Respektabilität der Erforschung altdeutscher Literatur und Sprache über deren rasche Popularisierung ging. Solche Forscher aber waren die Brüder Jacob und Wilhelm Grimm, die zu den eigentlichen Stammvätern einer germanistischen Wissenschaft, einer Wissenschaft von deutscher Sprache und Literatur geworden sind.

Die Brüder Grimm

Mit Jacob und Wilhelm Grimm trat in der deutschen Literatur ein Brüderpaar neben die Brüder Schlegel, das sie auf die Dauer an nationalem wie internationalem Ruhm, vor allem aber an echter Popularität übertraf. Popularität und internationalen Ruhm sicherte den Brüdern ihre Sammlung der *Kinder- und Hausmärchen,* die ein manchmal kaum noch als deutsch identifiziertes Werk der Weltliteratur geworden ist. Denn der Literatur gehört es an und ist nicht nur ein Produkt folkloristischen Sammeleifers. Nationalen Ruhm erwarben sich die Brüder aber außerdem durch das von ihnen begründete *Deutsche Wörterbuch,* das zwar erst rund einhundert Jahre nach seinem Beginn vollendet wurde, dafür aber zum 200. Geburtstag der Brüder noch ein später Erfolg des Buchhandels und damit so etwas wie das Volksbuch wurde, das sich die Brüder von Anfang an darunter vorgestellt hatten.

Das Leben von Jacob und Wilhelm Grimm erscheint wie eine Idylle der Brüderlichkeit.

> «So nahm uns denn in den langsam schleichenden schuljahren ein bett auf und ein stübchen, da saßen wir an einem und demselben tisch arbeitend, hernach in der studentenzeit standen zwei bette und zwei tische in derselben stube, im späteren leben noch immer zwei arbeitstische in dem nemlichen zimmer, endlich bis zuletzt in zwei zimmern nebeneinander, immer unter einem dach in gänzlicher unangefochten und ungestört beibehaltener gemeinschaft unsrer habe und bücher, mit ausnahme weniger, die jedem gleich zur hand liegen mußten und darum doppelt gekauft wurden.»

Das berichtet Jacob Grimm 1860, ein Jahr nach dem Tode des Bruders und drei Jahre vor dem eigenen. Fast erscheint der frühe Teil ihres Lebens, als wäre er einem ihrer Märchen nachgestaltet, und sicher haben sich manche Biographen von solcher Ähnlichkeit auch zur Romantisierung ihrer Helden verführen lassen. Eine große Familie, in der früh schon der Vater als Fürsorger wegfällt, bescheidene, ja ärmliche Verhältnisse, große Anhänglichkeit der Geschwister untereinander, insbesondere der beiden Brüder, Fleiß, Tüchtigkeit, Bescheidenheit – all das erscheint wie ein Bild altdeutschen Lebens, dessen Erforschung den Brüdern so sehr am Herzen gelegen hat. Aber von früh an waren beide auch Forscher, Intellektuelle, Wissenschaftler. Ihre Welt war die der Bücher und Bibliotheken, so daß sie als «Tintenfische» und «personifizierte Buchstaben» freundlich verspottet oder als «sehr rohe Teppen» weniger freundlich verachtet wurden. Letztere Bemerkung stammt aus einem Brief Friedrich Schlegels an seinen Bruder August Wilhelm vom 10. November 1810, was ihn bald darauf freilich nicht hinderte, Jacob Grimm für einen wichtigen theoretischen Aufsatz im *Deutschen Museum* Raum zu geben.

Ideale können trügen, Verachtung und Spott neigen zur Übertreibung. So waren auch die Brüder Grimm weder ein Musterbild altertümlicher Deutschheit, noch waren sie Teppen oder trockene Buchstabengelehrte – daß bei der Erforschung alter Sprache und Literatur Bücher das hauptsächliche Arbeitsmaterial darstellen, liegt in der Natur der Sache. Als Wissenschaftler hatten sie weltweite Verbindungen – man hat die von ihnen geschriebenen Briefe auf mehr als 40000 geschätzt –, und wenn ihnen auch gelegentlich die Beschäftigung mit der fernen deutschen Vergangenheit so etwas wie ein Refugium gegen die feindliche Gegenwart war, besonders als König Jérôme in Kassel regierte und Jacob Grimm sein Hofbibliothekar war, so haben sie sich doch immer wieder dieser Gegenwart gestellt. Zu Görres' *Rheinischem Merkur,* Organ des Kampfes gegen Napoleon, hat Jacob Grimm Beiträge beigesteuert; als der hannoveranische König 1837 die junge Verfassung suspendierte, protestierten die Brüder zusammen mit fünf Kollegen und verloren dadurch ihr Amt als Göttinger Professoren, und als 1848 in Frankfurt die Deutsche Nationalversammlung zusammenkam, saß Jacob Grimm, wie schon berichtet, auf einem Ehrenplatz im Mittelgang gegenüber der Rednertribüne. Höher ist ganz sicher kein Philologe je durch eine deutsche Volksvertretung geehrt worden.

Dabei waren die Brüder weder engagierte Patrioten noch engagierte Demokraten. Zwar gab die Zeit französischer Fremdherrschaft für die Deutschen einen entscheidenden Anstoß zur Definierung nationaler Identität und damit auch zum Studium alter Literatur und Sprache, und da die Brüder zu den Pionieren dieses Studiums gehörten, waren sie natürlich auch im weitesten Sinne Patrioten, aber die Franzosenfresserei lag ihnen nicht. 1811 wurde der sechsundzwanzigjährige Jacob Grimm von der *Aca-*

démie celtique in Paris zum korrespondierenden Mitglied ernannt, denn die Fronten trennten damals nicht die Länder als ganzes.

Im übrigen war das Interesse der Brüder für das Altdeutsche nicht schlechterdings nur aus der Liebe zum nicht existierenden Vaterland entstanden. In einem *Lebensabriß* von 1851 lobt Jacob Grimm seinen Vater dafür, daß er ihn zum Rechtsstudium genötigt habe, da er sonst wohl seiner Neigung zu den Sprachen gefolgt wäre und Altphilologie studiert hätte, während die ihm wesensfremde Rechtswissenschaft ihn in die Arme des Altdeutschen trieb. Letzteres geschah insbesondere durch Friedrich Carl von Savigny, dessen Schüler Jacob Grimm in Marburg war, der in ihm durch den Vortrag der Rechtsgeschichte historistischen Sinn erweckte, ihm durch seine Privatbibliothek den ersten Kontakt mit mittelalterlicher deutscher Literatur vermittelte und ihn dann als Assistent nach Paris holte, wo sich weitere und größere Gelegenheit darbot, alte deutsche Literatur im Original kennenzulernen und sie – das gehörte bei Jacob Grimm dazu – zu exzerpieren. Es ist für das Verständnis und die historische Beurteilung des Werkes der Brüder Grimm wichtig, dieses Initialinteresse an Philologie und Literatur zu konstatieren; vor allen anderen zeitgeschichtlichen und literaturgeschichtlich bestimmbaren Motivationen sind sie von einem solchen elementaren wissenschaftlichen Interesse zu ihrer Arbeit geführt worden, was immer sonst an Einflüssen dann zu deren theoretischer Begründung auf sie eingewirkt haben mag.

Früh schon entstanden Beziehungen zu Brentano und Arnim, wobei nur die Beziehung zu Arnim zur Freundschaft gedieh; Brentano mochte das Streben der Brüder nach wissenschaftlicher Genauigkeit eher als Pedanterie erscheinen. Von ihm allerdings stammt auch die erste warme Empfehlung der beiden an Arnim. Von einem Besuch in Kassel schreibt er ihm:

«Ich habe hier zwei sehr liebe, liebe altteutsche vertraute Freunde, Grimm genannt, welche ich früher für die alte Poesie interessiert hatte, und die ich nun nach zwei Jahre langem, fleißigen, sehr konsequenten Studium so gelehrt und so reich an Notizen, Erfahrungen und den vielseitigsten Ansichten der ganzen romantischen Poesie wiedergefunden habe, daß ich bei ihrer Bescheidenheit über den Schatz, den sie besitzen, erschrocken bin. Sie wissen bei weitem mehr als Tieck von allen den Sachen, und ihre Frömmigkeit ist rührend, mit welcher sie sich alle die gedruckten alten Gedichte, die sie aus Armuth nicht kaufen konnten, so auch das Heldenbuch und viele Manuscripte äußerst zierlich abgeschrieben haben. [. . .] Sie [. . .] werden uns alles, was sie besitzen, noch mittheilen, und das ist viel! Du wirst diese trefflichen Menschen, welche ruhig arbeiten, um einst eine tüchtige teutsche poetische Geschichte zu schreiben, sehr lieb gewinnen.» (19.10.1807)

Die Brüder haben in der Tat eine Anzahl von Liedern zum *Wunderhorn* beigesteuert, obwohl sie dem Bearbeitungsverfahren nicht zustimmten. Über Arnim und Brentano schreibt Jacob Grimm damals an den Bruder:

«Sie wollen nichts von einer historischen genauen Untersuchung wissen, sie lassen das Alte nicht als Altes stehen, sondern wollen es durchaus in unsere Zeit verpflanzen, wohin es an sich nicht mehr gehört, nur von einer bald ermüdeten Zahl von Liebhabern wird es aufgenommen. Sowenig sich fremde edele Tiere aus einem natürlichen Boden in einen andern verbreiten lassen, ohne zu leiden und zu sterben, sowenig kann die Herrlichkeit alter Poesie wieder allgemein aufleben, d. h. poetisch; allein historisch kann sie unberührt genossen werden.» (17. 5. 1809)

Die erste Berührung Brentanos mit den Brüdern war Ende 1803 durch Savigny, den Schwager Brentanos, in Marburg zustandegekommen, und Brentano kommt durchaus das Verdienst zu, das Sammelinteresse der Brüder angefacht zu haben. Ihr erstes Bild von der altdeutschen Literatur hatten sie allerdings bereits aus Tiecks Vorrede zu den *Minneliedern* erhalten, auf ihre Vorstellung von Mythen und Mythologie haben dann Schelling, Creuzer und vor allem Görres entscheidend eingewirkt, dessen *Mythengeschichte der asiatischen Welt* sie mitsamt der Vorstellung von der Offenbarung Gottes in den Mythologien begeistert in sich aufnahmen – «eines der herrlichsten Bücher, die seit langer Zeit geschrieben sind», nannte es Wilhelm Grimm (20. 3. 1811) –, entsprach sie doch eigenen, noch unbestimmten, mehr empfundenen als klar durchdachten Konzepten von dem Ursprung alter Poesie aus dem Mythos. Im Unterschied zu Görres freilich waren die Brüder Grimm keine Ideologen. Görres besaß ein religiöses Grundkonzept, das ihn bei seinen Mythenstudien inspirierte und leitete; aus dem Gedanken von der letztlichen Einheit der Welt in Gott erstand ihm religiöse Tröstung und das Wunschziel zur Rückkehr ins Paradies. Im Mittelalter glaubte er, die «starken Naturen» einer alten Zeit «demütig, fromm und hingegeben dem Heiligen zu sehen» und damit einen «Triumph der Idealität im Menschen» und einen «schönen Sieg des Göttlichen» zu erblikken. Von solcher Hymnik der Sprache wie der Empfindung waren die beiden reformiert erzogenen Brüder aus dem Hessischen weit entfernt. Die geistige Bildung des Mittelalters lasse sich, so schreibt Wilhelm Grimm in seiner *Selbstbiographie* (1830), kaum mit einer andern vergleichen, und er fügt hinzu:

«In ihrer Eigentümlichkeit ist zugleich Leben und Wahrheit, in ihrem Reichtume Mannigfaltigkeit, in einer nicht geringen Anzahl ihrer Erzeugnisse ein ausgezeichneter, innerer Wert; wie sollte jemand an einem für die Geschichte des menschlichen Geistes so wichtigen Zeitpunkte gleichgültig vorüber gehen können, oder sich vorsätzlich davon abwenden?»

Historisch-wissenschaftliches Interesse also dominiert im Rahmen des Bildes von einer «Geschichte des menschlichen Geistes», ohne heilsgeschichtliche Tendenz und Erlösungsmythos. So besaßen die Brüder Grimm auch kein Konzept einer romantisch-christlichen Literatur gegenüber der Antike. Nicht die Konfrontation von antiker und christlich-mittelalterlicher Literatur war ihnen wichtig, sondern deren Nebeneinanderstellung hinsichtlich ihres Wertes und ihrer Bedeutung in der Geschichte.

Dafür entwickelten sie jedoch eine Theorie von der Entstehung alter Poesie, die hypothetisch genug war und die besonders Jacob Grimm mit einiger Hartnäckigkeit verteidigt hat. Das geschah in einer Reihe von Zeitschriftenbeiträgen: in Jacob Grimms Aufsätzen *Von Übereinstimmung der alten Sagen* (1807) und – in der *Zeitung für Einsiedler – Gedanken: wie sich die Sagen zur Poesie und Geschichte verhalten* (1808) sowie in Wilhelm Grimms Aufsätzen *Über die Entstehung der altdeutschen Poesie und ihr Verhältnis zu der nordischen* (1808) und – in Schlegels *Deutschem Museum – Gedanken über Mythos, Epos und Geschichte* (1813). Allesamt waren es also Arbeiten, die zwischen dem zweiundzwanzigsten und siebenundzwanzigsten Lebensjahr der Brüder geschrieben wurden, die aber die theoretischen Grundlagen für ihr Literaturverständnis auch der späteren Lebenszeit bildeten.

Grundgedanken dieser Theorie sind, daß Geschichte – als Geschichtsschreibung und erkannte Geschichte – mit der Poesie in ihren Anfängen zusammenfällt und daß die Urform aller solcher Poesie das Epos sei. Dieses Epos aber dichte sich selbst, sei nicht Produkt der kreativen Anstrengung eines einzelnen, nicht «Kunstdichtung», sondern «Naturdichtung», vom Volke als ganzem erzeugt, wie denn auch die Volkssage, die mit dem Epos eng verwandt ist, keinen Verfasser kenne. Die Anregungen zu einer solchen Theorie waren vielfältig. An erster Stelle gehört dazu die Wiederentdeckung und Erschließung des *Nibelungenliedes* in diesen Jahren. Es demonstrierte zweierlei: daß die Deutschen ein Epos besaßen, das sich neben die Muster aller epischen Dichtung, die Epen Homers, gleichberechtigt stellen ließ, und ferner, daß die Deutschen zwar durchaus die Fähigkeit und das Talent besaßen, Epen zu schreiben, daß aber die Zeit der Epen inzwischen abgelaufen und die des Romans gekommen sei. Goethes Abbruch seiner Arbeit an der *Achilleis* nach 1799 ist für Jacob Grimm ein triftiger Beweis dafür. Die Theorie der Brüder Grimm, so hypothetisch sie insgesamt auch sein mag, bildete also letztlich doch einen auf historischen Beobachtungen beruhenden Beitrag zur Formgeschichte der Literatur.

Der Begriff von einer «Naturpoesie» brachte mit dem Epos und seiner Vorform, der Sage, natürlich auch die Mythen ins Spiel und damit den Rückgang aller Literatur auf göttliche Offenbarung. Der große Gewinn, «den alte Geschichte und Mythologie einem Volk geben», sei, «daß sie es nicht vergessen laßen, es habe sonst das Göttliche im Leben gewaltet und in den Königen, und das dürfe es nicht in sich verlöschen laßen», schreibt Wilhelm Grimm an den Dänen Hans Georg von Hammerstein-Equord (20. 3. 1811), allerdings unter dem Eindruck der Lektüre von Görres' *Mythengeschichte*. Später hat er sich – in einem Brief an Friedrich Heinrich von der Hagen – vorsichtiger geäußert. Er leugne nicht, schreibt er da, «die allgemeine Verwandtschaft und ursprüngliche Einheit aller Mythen», er «halte es aber für fruchtbarer und der beschränkten menschlichen Natur für angemessner, diese Einheit einstweilen vorauszusetzen und den Theil, der uns einzelnen zur Betrachtung und Erklärung übergeben ist, vorerst lediglich in freier Eigenthümlichkeit und, wenn der Ausdruck erlaubt ist, in seinem besondern Haushalt zu erörtern» (13. 11. 1819). Man sollte also, bedeutet dies, das Unerforschbare als Hypothese akzeptieren und im übrigen der empirischen Forschung alter Werke im historischen Umkreis ihren Lauf lassen, was sogar eine besondere Spitze gegen Hagen als einem Antipoden in der Erforschung mittelalterlicher Literatur besaß, die er nach Ansicht der Brüder sowohl unangemessen wie unsorgfältig popularisierte. Alle Bearbeitungen oder gar Umdichtungen alter Literatur waren den Brüdern Grimm aufs äußerste zuwider. Fouqué zum Beispiel habe die «Herrlichkeit alter Mythen» in seinen Sigurd-Dramen durchaus nicht erkannt, wobei noch hinzukam, daß das Drama auf ihrer Formenskala am niedrigsten stand als das eigentliche Muster der Kunstdichtung gegenüber dem Epos, der Urform aller Naturdichtung. Aber zunächst siegte ihr Begriff von Wissenschaftlichkeit und empirischer Forschung über den Wunsch, alte Literatur verbreitet und weit bekannt zu sehen.

Mit ihrer nun allerdings durchaus nicht empirischen Theorie handelten sich die Brüder Grimm manche Kritik und manchen Widerspruch ein, und zwar insbesondere aus dem Kreis junger Schriftsteller, die mit ihnen das Interesse an deutscher nationaler und national-literarischer Tradition teilten. Sie lasen aus den theoretischen Verlautbarungen der Brüder eine Abneigung gegen alle durch Kunstanstrengung und damit durch Dichterpersönlichkeiten hervorgebrachte Literatur heraus, eine Abneigung gegen alle Dichtung von Gebildeten, zu denen sich nun wiederum die Brüder Schlegel ebenso wie Arnim, Brentano oder Fouqué entschieden zu rechnen hatten. Ob vor allem Jacob Grimm ganz tief im Inneren eine stille Aversion gegen «Gebildete» als Repräsentanten einer städtisch-bürgerlichen Gesellschaft gehegt hat, muß Vermutung bleiben; in seiner *Selbstbiographie* berichtet er von der tiefwirkenden Erfahrung beim Eintritt in die Kasseler Schule, wo ein Lehrer den aus der Kleinstadt Kommenden «nach alter Sitte *Er* anredete, während alle meine Schulkameraden aus der Stadt ein *Sie* bekamen». In Jacob Grimms Aufsatz über das Verhältnis der Sagen zu Poesie und Geschichte findet sich die Bemerkung, er habe nie glauben können, «daß die Erfindungen der Gebildeten dauerhaft in das Volk eingegangen, und dessen Sagen und Bücher aus dieser Quelle entsprungen wären». Wilhelm Grimm sieht in der «romantischen Poesie» überhaupt «nicht nur Kunstpoesie, sondern auch Manier, ganz außer dem Geist des Volks». Auf Arnims brieflichen Widerspruch jedoch ward Jacob Grimm genötigt, seine Ideen zu präzisieren. Danach sollten Natur- und Kunstpoesie für ihn nie etwas Gleichzeitiges darstellen, sondern vielmehr Stufen in der Geschichte der Literatur seit ihrem Hervorgehen aus dem Mythus bis zur Gegenwart. Undenkbar sei ihm jedoch, so antwortet er Arnim, «daß es einen Homer oder einen Verfasser der ‹Nibelungen› gegeben» habe (20. 5. 1811), und er bleibt bei seinem Gedanken von einer Urmythe wie auch einer Ursprache, die aus göttlicher Offenbarung hervorgehend sich «unter alle Stämme» verbreitet hätten und in so frühen Anfängen die Kunstanstrengung einzelner ausschlossen. Als sie schließlich in der Vorrede zu ihrer Zeitschrift *Altdeutsche Wälder* (1813/1816) bemerkten, in der Forschung seien «treue historische und mythische Zusammenstellungen, die sich von selbst darbieten, bei weitem höher und ausreichender, als alle Reflexionen der Ästhetiker» anzusehen, da handelten sie sich eine scharfe öffentliche Entgegnung von August Wilhelm Schlegel als Rezensenten ein, der tadelte, daß sie «einer bloß leidenden, das Empfangene allenfalls unwillkürlich und unbewußt verändernden Ueberlieferung zu viel, der freien Dichtung hingegen zu wenig» einräumten.

Von Einfluß bei der Entstehung ihrer Gedanken waren nun allerdings weniger die ästhetischen oder mythologischen Theorien von Schelling oder Görres, zu denen sie wohl erst kamen, als sich die bestimmende Idee ihrer Theorie bereits herausgebildet hatte, sondern eher ihre unmittelbare Erfahrung bei der Entdeckung und dem Studium der alten Literatur. Dazu aber gehörte nicht nur das ohne bekannten Verfasser existierende *Nibelungenlied* als offensichtliches deutsches Nationalepos, nicht nur der dazu korrespondierende Zweifel an der Existenz Homers, sondern auch die Entdeckung des *Hildebrandsliedes* als Epos, die ihnen beiden gelang, indem sie in dem bisher als Prosa und historischem Dokument bekannten Stück den Stabreim fanden und das Werk damit als Dichtung identifizierten, wie es ihnen auch für das *Wessobrunner Gebet* glückte, das schon von seinem Gegenstand her die Frage nach einem Verfasser nicht nahelegte. Aus solcher Arbeit entsprang am ehesten die Idee von der ursprünglichen Einheit zwischen «Poesie und Historie».

«Poesie» war ebenso wie «Volk» eines der Schlüsselworte der Brüder Grimm. Es gehörte seit den neunziger Jahren der neuen, romantischen Modesprache in der Ästhetik an, aber der Sinn schwankte ebenso wie der des Wortes «romantisch» selbst, und im Munde der Brüder Grimm hatte das Wort ganz sicher eine andere Bedeutung als im Munde der Brüder Schlegel. Nicht mit einer Poetisierung des Lebens und der Gesellschaft im Hinblick auf eine ideale Zukunft hatte das zu tun, was die Brüder Grimm darunter verstanden, sondern mit einer Verlebendigung der Geschichte, was aber wiederum so viel bedeutete wie die Relevanz der Geschichte überhaupt zu erkennen. Über die Bedeutung geschichtlicher Erkenntnis und über die geschichtliche Bedingtheit allen Lebens und Denkens hatten sie bereits als Marburger Studenten von ihrem Lehrer Savigny erfahren. Jetzt, der alten und ältesten Literatur zugewandt, glaubten sie, der Bedeutung von Geschichte noch näher auf die Spur zu kommen und Geschichte sogar durch den Rückgang auf ihre dokumentierten Anfänge in ihrer Entstehung zu fassen. In seinem Aufsatz *Über die Entstehung der altnordischen Poesie* schreibt Wilhelm Grimm von der Trennung zwischen Poesie und Historie, die durch eine «wissenschaftliche», das heißt rationalistische Ansicht zustande gekommen sei und die allein der Poesie «ein unbeschränktes Aufwachsen gönnt, die Historie aber, nachdem der Glauben an die Treue der Volksgedichte verloren gegangen, auf jene kritische Wahrheit beschränkt, die an sich nichts gewährt und nur dann Wert hat, wenn sie verbunden ist mit jener höhern poetischen». Und Wilhelm Grimm fügt hinzu: «Denn nicht irgend ein bloßes Ereignis, sondern in seinem Zusammenhang mit dem Leben wollen wir es erkennen; was will die Geschichte zuletzt anderes, als daß das Gemüt ein Bild der Zeiten gewinne, welches sie darstellt?» Den Zusammenhang aber vermittelt erst die Poesie. Was hier abgewehrt wird, ist also ein rein positivistisches Geschichtsverständnis, für das Geschichte allein in der Akkumulation von Fakten besteht. So spiegelt sich in den frühen Theorien der Brüder, was das Denken der Zeit als ganzes bewegte: die Ablösung eines sich letztlich auf die Geschichtslosigkeit stützenden *Ancien régime* durch die Vorstellungen von Volk, Nation und bürgerlicher Freiheit, die sich samt und sonders auf die Geschichte beriefen.

Es sei mehr Wahrheit in den Märchen der Dichter als in «gelehrten Chroniken», hatte der Graf von Hohenzollern in Novalis' *Heinrich von Ofterdingen* behauptet. Es war derselbe Gedanke, der die Brüder Grimm bei ihrem Versuch zur theoretischen Fundierung ihrer Arbeit motivierte, nur darf darüber eben nicht vergessen werden, daß beide – Novalis wie die Brüder Grimm – andere «Chroniken» vor Augen hatten als die Leser eines Zeitalters, dessen Historiker sich schon auf die Methoden zur Darstellung von Geschichte stützen konnten, die die Brüder Grimm im Bereich von Sprache und Literatur oder Savigny im Bereiche des Rechts erst entwickelten: «Gelehrte Chroniken» waren nur Akkumulationen von Einzelheiten ohne den Versuch zu verstehender Überschau. Aus solcher Situation entsprang auch der Streit über Kunst- und Naturpoesie, eine Antithese, die sich in solcher Strenge nicht halten ließ, weshalb denn auch Wilhelm Grimm, der konziliantere der Brüder, schon früh einzulenken versuchte, indem er behauptete, daß Kunstpoesie ebenso vortrefflich wie Naturpoesie sein könne. Dem Freiherrn von Hammerstein-Equord erklärt er, jede Sprache habe eine geschichtliche und eine «idealische» Seite; so lange sie lebe, werde immer wieder Neues und Schönes hervorquellen, wofür Goethe als

Beispiel zitiert wird (4.7. 1811). Jacob Grimm hat dann noch einmal in seinem Beitrag zu Schlegels *Deutschem Museum* seine eigenen *Gedanken über Mythos, Epos und Geschichte* in ein System zu bringen versucht, die ihrerseits einen vermittelnden Charakter tragen und insbesondere Görres' Enthusiasmus über den im Mythos gefeierten göttlichen Ursprung dämpfen. Rücke man die Menschen und Helden der Vergangenheit zu sehr in die Nähe der Sterne und Götter, so schneide man sich «ein Stück unseres Trostes der Geschichte weg». Der aber bestehe «auf unserer Genoßenschaft und Gleichheit mit den gewesenen Menschen, da wir Gott nie gleich werden können». Daher verhalte sich der Mythos zur Geschichte wie das Schicksal zur Freiheit, die Poesie aber, das Epos, sei die «nährende Mitte» zwischen Göttlichkeit und Menschlichkeit, «diese irdische Glückseligkeit, worin wir weben und athmen, dieses Brod des Lebens», vereinige doch jeder Mensch in sich Göttliches und Menschliches.

Die Brüder Grimm haben keine konsequente Literaturtheorie entwickelt, die Teil einer größeren Theorie des Romantischen sein könnte. Sie haben aus den Gedanken mancher ihrer Zeitgenossen geschöpft oder Überzeugungen mit ihnen geteilt, aber der eigentliche Zweck ihrer Theorien war doch in erster Linie, dem eigenen tiefen Interesse an alter Literatur und Sprache Sinn und Richtung zu geben, es im Denken ihrer Zeit zu verankern und zur eigentlichen Forschertätigkeit hinzuleiten. Erst in ihr haben sich die Brüder erfüllt und jene Bedeutung wie Popularität erworben, die ihnen eine spätere Zeit zugesteht.

Die *Kinder- und Hausmärchen*, das erste öffentlich wahrgenommene große Produkt ihrer Forscher- und Sammeltätigkeit, gehören in den Zusammenhang der erzählenden Literatur der Zeit und sollen dort betrachtet werden (vgl. S. 318 ff.), denn in ihnen waltet nicht nur vergangene Poesie, sondern durchaus gegenwärtige, und das Archaische wird zur Fiktion. Den Märchen folgten die *Deutschen Sagen* (1816/18). Altdeutsche und altnordische Literatur wurde ediert und damit zugänglich gemacht, 1815 zum Beispiel eine Ausgabe von Hartmanns *Der arme Heinrich* «zum besten unserer Freiwilligen herausgegeben». In ihrer Zeitschrift *Altdeutsche Wälder* verfochten sie eigene Positionen hinsichtlich der Behandlung, Übertragung und Popularisierung altdeutscher Texte gegen von der Hagen und Docen. Abgesehen von Hagens Popularisierungsversuchen alter Literatur lag ihnen auch dessen engagierter Patriotismus nicht – 1807 hatte Hagen in der Vorrede zu seiner Bearbeitung des *Nibelungenliedes* erklärt, es feiere nicht nur deutsche Nationaltugenden, sondern erfülle auch «zugleich mit Muth zu Wort und That, mit Stolz und Vertrauen auf Vaterland und Volk, mit Hoffnung auf dereinstige Wiederkehr Deutscher Glorie und Weltherrlichkeit». Jacob Grimms *Deutsche Rechtsalterthümer* (1828), *Deutsche Mythologie* (1835), *Deutsche Grammatik* (1819/37) und *Geschichte der deutschen Sprache* (1848) sowie schließlich das von beiden Brüdern begonnene *Deutsche Wör-*

terbuch sind zu Fundamenten der germanistischen Sprachwissenschaft geworden.

Nicht überall und immer haben die Beobachtungen und Interpretationen der Kritik standgehalten, so wenn zum Beispiel Jacob Grimm in seiner Sprachgeschichte aus einer romantischen Vision anderthalbe macht, indem er nicht nur eine Ursprache am Anfang aller Zeiten annimmt, sondern auch die Spracheinheit für die ganze Welt einmal wiederherzustellen hofft. Dagegen bot die *Deutsche Grammatik* inhaltlich wie methodisch eine Fülle von Neuem. Nicht Regeln sollten der Sprache mehr von außen aufgenötigt werden; erst aus der Beobachtung ihrer geschichtlichen Entwicklung ließen sich die in ihr wirkenden Gesetze erkennen. Ein solcher methodischer Ansatz befähigte Jacob Grimm dazu, in sorgfältigem Studium von alten Zeugnissen so grundlegende Phänomene wie Ablaut und Umlaut zu bestimmen und die Lautverschiebung im Germanischen zu erkennen, die in der angelsächsischen Welt ihm zu Ehren bis heute «Grimm's Law» heißt. Gegenüber der normativen und spekulativen Sprachwissenschaft – der letzteren hatte er mit manchen kühnen Etymologien in der Jugendzeit noch angehangen – setzte er nun die historische durch. «Ihr Gang ist langsam, aber unaufhaltbar, wie der der Natur. Stillstehen kann sie eigentlich niemals, noch weniger zurückschreiten. Doch hindert die Richtung, welche das Ganze genommen, einzelne Teile, Wörter und Formen nicht, gleichsam am Wege hinten zu bleiben und noch eine Zeitlang fort zu währen.» Das sei einer der «Hauptsätze», die er aus der Geschichte der deutschen Sprache gelernt habe, erklärt Jacob Grimm in der Vorrede zu seiner Grammatik, und er bekräftigt mit ihm nicht nur seine Überzeugung von der Macht der Natur, sondern auch von derjenigen der Geschichte. Denn wenn Jacob Grimm das Abschleifen des alten Formenreichtums in Parallele zu seiner frühen Entgegensetzung von Natur- und Kunstpoesie als einen Verlust buchte, so hinderten ihn doch zugleich sein geschichtliches Denken und seine Leidenschaft für Detailforschung daran, sich in elegischen Klagen zu ergehen. Nicht nur hatte jede Gegenwart ihr historisches Recht, der historische Blick lenkte zugleich die Aufmerksamkeit auf den Zusammenhang der eigenen Sprache mit anderen, die sich an einem jeweils verschiedenen Zeitpunkt ihrer Entwicklung befanden. Von daher wurde die Arbeit Jacob Grimms zugleich bahnbrechend für Sprachgenealogie und eine vergleichende Sprachforschung.

Aus der Überzeugung vom geschichtlichen Recht aller Sprachen in ihrer jeweiligen Zeit entsprang schließlich die Idee zum *Deutschen Wörterbuch,* das ausdrücklich nicht gesetzgebend sein sollte: «Nein, wir wollen der Sprache nicht die Quelle verschütten, aus der sie sich immer wieder erquickt, wir wollen kein Gesetzbuch machen, das eine starre Abgrenzung der Form und des Begriffs liefert und die nie rastende Beweglichkeit der Sprache zu zerstören sucht.» So heißt es in Wilhelm Grimms *Bericht über das Deutsche Wörterbuch* (1846). Als wichtigste Quelle für den Wandel der Wortbedeutungen gelten beiden die Mundarten, was im Grunde das spezifisch Deutsche des Denkens und Planens der Brüder Grimm erweist, denn nur in einem nicht zentralistisch regierten Lande, in dem den regionalen Eigenarten der Hochsprache eine umfängliche Geltung eingeräumt wurde, konnte eine derartige nicht normative, sondern historisch beschreibende Sprachforschung am ehesten Fuß fassen. Das Wörterbuch der Académie française wird von Wilhelm Grimm ausdrücklich als Gegenbeispiel zitiert.

In Wilhelm Grimms Bericht heißt es am Ende: «Wir Germanisten». Die Brüder Grimm gehören an vorderster Stelle zu den Begründern einer Wissenschaft von deutscher Sprache und Literatur, die sich seitdem als Germanistik den Rang einer Universitätsdisziplin erworben hat. Sie selbst verstanden allerdings unter Germanisten den sehr viel weiteren Kreis der Erforscher deutscher Geschichte, deutschen Rechts und deutscher Sprache, also die Beschäftigung mit deutscher Tradition überhaupt, und Germanist war jemand, der sich der «deutschen Wissenschaft» ergab. Das trug in sich zweifellos den Kern zu einer nationalen Hybris, von der aber die Brüder selbst nie erfüllt gewesen sind, so sehr sie alles alte Deutsche um ihrer Nation willen verehrt und gepflegt haben. Der Stempel eines romantischen Nationalismus läßt sich ihnen nicht aufdrücken. Sie lebten in ihrer Zeit und mit ihrer Zeit, und die Gedanken philosophischer und literarischer Zeitgenossen haben sie beeinflußt. Aber von Anfang an war die sachliche Forschung, das Zusammentragen, Sortieren und Sondieren empirisch gewonnenen Materials die von ihnen gewählte und gewünschte Verfahrensweise, um zu Erkenntnissen allgemeiner Art und zu Begriffen zu kommen. In seiner *Selbstbiographie* erklärte Wilhelm Grimm 1830: «Ich möchte am liebsten das Allgemeine in dem Besondern begreifen und erfassen, und die Erkenntnis, die auf diesem Wege erlangt wird, scheint mir fester und fruchtbarer, als die welche auf umgekehrtem Wege gefunden wird.» Gegenüber den Anwandlungen, sich durch spekulativ gewonnene Konzepte leiten zu lassen, sind sie nicht gefeit gewesen, aber ihre wissenschaftliche Arbeit im großen ist dadurch nicht beeinträchtigt worden. Das Muster «gelehrter Behandlung» war ihr Beitrag zur Begründung der Wissenschaft von deutscher Sprache und Literatur.

Literaturgeschichte

«Wirklich ist altdeutsche Poesie auch hier während des letzten Winters der vorherrschende Gegenstand der Unterhaltung in den besten Gesellschaften gewesen, und es ist nicht zu zweifeln, daß sie in dem nächsten dieses wohlerworbene Recht noch ferner behaupten wird», berichtet im November 1809 ein Korrespondent des *Journals des Luxus und der Moden* aus Weimar. Goethe selbst war es, der in sein Mittwochskränzchen das Gespräch über mittelalterliche deutsche Dichtung einführte und dort das *Nibelungenlied* vorlas und erörterte. Denn dieses vor allem war es, was die Einbildungskraft der modernen Deutschen am stärksten fesselte und zum Vergleich mit Homers Untergangsepos vom Fall der Stadt Troja herausforderte. Johannes von Müller hatte zuerst das Werk eine «teutsche Ilias» genannt, und die Frage nach der Berechtigung einer derartigen Parallele wurde ein beliebter Gegenstand für Kontroversen ebenso wie die Frage danach, ob das Lied heidnische oder christlich-romantische Dichtung sei. Goethe versuchte ein paar Verse aus Friedrich Heinrich von der Hagens Bearbeitung des Liedes in Hexameter zu übersetzen, und aus Nürnberg berichtet Clemens Brentano 1810 nicht ohne Bosheit, der dortige Gymnasialrektor Georg Wilhelm Friedrich Hegel lese mit seinen Schülern die Nibelungen «und übersetze sie sich unter dem Lesen, um sie genießen zu können, ins Griechische». Friedrich Schlegel erklärte: «Das Nibelungenlied wird immer mehr der Mittelpunkt all meiner poetischen Liebe» (16.1. 1810), und August Wilhelm Schlegel veröffentlichte 1812 in des Bruders *Deutschem Museum* einen beredten Aufsatz *Aus einer noch ungedruckten historischen Untersuchung über das Lied der Nibelungen.* Er empfahl ausdrücklich: «Dieß Heldengedicht muß in allen Schulen, die sich nicht kümmerlich auf den nothdürftigsten Unterricht einschränken, gelesen und erklärt werden.» Es müsse «nächst dem ehrwürdigsten aller Bücher» ein «Hauptbuch bey der Erziehung der deutschen Jugend» werden, wenn «die Deutschen das Gefühl eines selbständigen, von uralter Zeit unvermischten, glorreichen und unzertrennlichen Volkes nicht ganz einbüßen» wollten. Auf diese Weise werde «den Geschichten unsers Volkes» ein «dichterischer Hintergrund» gegeben, an dem es bisher ganz und gar gefehlt habe.

Die Wiederentdeckung altdeutscher Poesie war nicht die Angelegenheit einiger junger enthusiastischer Intellektueller allein, sie wurde von breiten Kreisen der Gebildeten wahrgenommen, aufgenommen und weitergetragen. Sie erreichte Schulen und Universitäten, und der Held Siegfried, den Ludwig Uhland 1812 von seines Vaters Burg herab in viele Lesebücher einziehen ließ, wurde eine neue nationale Leitgestalt (vgl. S. 137 f.). Denn es war natürlich der allgemeine politische Hintergrund der napoleonischen Kriege, der der Beschäftigung mit der alten Literatur die rechte Resonanz verschaffte, aber zugleich kulminierte darin nur eine längere Geschichte des Weges zu nationalem Selbstbewußtsein, der von allen europäischen Nationen durchschritten wurde. Die Begründung einer Wissenschaft von deutscher Sprache und Literatur als offiziell anerkannter akademischer Disziplin in diesen Jahren war sowohl die Erfüllung einer romantischen Vision wie ein Akt politisch-gesellschaftlicher Reform. 1810, bei der Begründung der Berliner Universität, erhielt Friedrich Heinrich von der Hagen dort das erste Lehramt für deutsche Philologie überhaupt, wie schon berichtet. Sollten die Schulen hinfort die alte deutsche neben der klassischen Literatur lesen, so war es geboten, auch die wissenschaftlichen Grundlegungen für ein derartiges Studium an den Universitäten zu entwickeln. Die sich herausbildende Wissenschaft von deutscher Sprache und Literatur war also nicht eine literarische Parteiangelegenheit. Neben die «religiosen Mittelältler», wie Goethe sie nannte, die «Herren Görres und Konsorten» (25. 11. 1808), traten Forscher wie die Brüder Grimm, von der Hagen, Büsching, Docen, Lachmann oder schließlich, noch aus Christian Gottlob Heynes Göttinger Seminar hervorgegangen, Georg Friedrich Benecke, die zwar manche Beziehung zu den «religiosen Mittelältlern» hatten, aber zugleich doch eine andere, rationalistische Wissenschaftsgesinnung tradierten. Die Unterschiede, ja Gegnerschaften zwischen ihnen betrafen deshalb vor allem Fragen der Wissenschaftsmethodik, wie sich in dem Streit hinsichtlich der Modernisierung oder Bewahrung alter Texte und schließlich, daraus hervorgehend, in der von Lachmann vorbildlich entwickelten Editionstechnik zeigte. Die Disziplin fächerte sich auf. Ursprünglich waren Sprach- und Literaturgeschichte eins, denn die Sprache, die zum Gegenstand der Untersuchung und des Studiums genommen wurde, war alte Sprache und nur in alten literarischen Dokumenten überliefert, Grammatik entsprechend historische Grammatik – eben in der historischen Betrachtungsweise bestand ja das Neue dieser Arbeit gegenüber aller normativen Regelgrammatik. Daß sich neben der sprachhistorischen Forschung, aber nicht unbeeinflußt von ihr, auch eine aus empirischen Studien hervorgehende Sprachphilosophie herausbildete, die der Sprache eine eigene dynamische Größe als Ausdruck menschlicher Natur gab und sie damit über die Geschichte erhob, kann in diesem Zusammenhang lediglich erwähnt werden. Wilhelm von Humboldt war der repräsentative Vertreter dieser Richtung.

Die Geschichte der deutschen Literatur, gesehen als ein von den Anfängen bis zur Gegenwart reichender Prozeß, war allerdings nicht erst ein Ergebnis altgermanistischer Forschung, sondern ging mit dieser zusammen aus dem Versuch hervor, für die klassische Philologie ein deutsches Gegenstück aufzurichten. Der bedeutendste Anreger dazu war Erduin Julius Koch in Berlin, der ein *Compendium der deutschen Literatur-Geschichte von den ältesten Zeiten bis auf das Jahr 1781* (1790/98), also bis zu Lessings Tod, veröffentlichte und unter dessen Schülern sich der junge Wilhelm Heinrich Wackenroder befand, der wiederum, durch Koch von alter deutscher Literatur begeistert, seinen Enthusiasmus an seinen Freund Ludwig Tieck weitergab. In seiner Schrift *Über deutsche Sprache und Literatur* (1793) forderte Koch die Schulung des zukünftigen deutschen Philologen und Literaturhistorikers an der großen klassischen Literatur der Griechen und Römer zur Überwindung jedes provinziellen Standpunkts, denn erst dann dürfe man hoffen, «daß besonders die Geschichte unserer Literatur nicht fernerhin aus Biographien Deutscher Dichter, aus Inhaltsanzeigen Deutschgeschriebener Werke, und aus archivarischdiplomatischen Beschreibungen alter und seltener Drucke bestehen werde». Bis dahin hatte es freilich noch Weile. Die Brüder Schlegel führten zusammenhängende, nach historischen Prinzipien betrachtete Literaturgeschichte in ihren Wiener Vorlesungen vor, aber es war Weltliteratur im großen, die sie beschäftigte. Zu den eigentlichen Pionieren einer deutschen Literaturgeschichte wurden dann Autoren wie Franz Horn (*Die schöne Litteratur Deutschlands, während des achtzehnten Jahrhunderts,* 1812/13) und Johann Friedrich Ludwig Wachler (*Vorlesungen über die Geschichte der teutschen Nationallitteratur,* 1818/19). Horn ließ seinem Buch noch eine Darstellung der unmittelbaren Vergangenheit folgen, die erste Darstellung dieser Zeit überhaupt: *Umrisse zur Geschichte und Kritik der schönen Literatur Deutschlands während der Jahre 1790 bis 1818* (1819). Horn registrierte «mehr religiösen und vaterländischen Sinn» in dieser Zeit, aber es fehlte ihm freilich an einem übergreifenden Gesichtspunkt und sprachlicher Kraft, die es ihm ermöglicht hätten, über allgemeine Urteile und eine lose Kompilation von Autoren hinauszugehen. Solche Gesichtspunkte entstanden erst in der Polemik gegen die unmittelbare literarische Vergangenheit in Heines *Romantischer Schule* (1833) und in den umfassenden, von der philosophischen Reflexion auf die Geschichte getragenen großen literaturgeschichtlichen Darstellungen von Hermann Hettner und Georg Gottfried Gervinus.

So konstituierte sich im Bereich von Sprache und Literatur das, was Jacob Grimm «ungenaue Wissenschaften» genannt hat, Vorläufer der Geisteswissenschaften und noch ohne deren Anspruch. Gegensatz waren die «exakten» oder «genauen Wissenschaften», von denen Jacob Grimm meinte:

> «Sie lösen die einfachsten Urstoffe auf und setzen sie neu zusammen. Alle Hebel und Erfindungen, die das Menschengeschlecht erstaunen und erschrecken, sind von ihnen allein ausgegangen, und weil ihre Anwendungen schnell Gemeingut werden, so haben sie für den großen Haufen den größten Reiz.»

Auch die ungenauen Wissenschaften hatten ihre Anwendungen, worin Jacob Grimms Grund für ihre Rechtfertigung lag. In ihrem Mittelpunkt stand die «schöpferische Kraft darstellender Rede», von der letztlich alle Erfindungen des Menschengeschlechts ausgegangen waren und auf der alle intellektuelle Tätigkeit beruhte. Sprache, Dichtung, Recht und Geschichte repräsentierten das Menschliche gegenüber dem Elementaren der Natur und waren auf diese Weise dessen eigentlicher Hort. Daß auch sie, wie die exakten Wissenschaften, mit ihren Resultaten nicht nur erstaunen, sondern erschrecken konnten, war eine Erfahrung, die zu machen Jacob Grimm erspart blieb.

Kunst, Altertum und Gegenwart

Weit vor der deutschen Sprach- und Literaturwissenschaft war die Ästhetik als akademische Disziplin aufgeblüht. Als Aloys Schreiber – seit 1805 Professor für Ästhetik in Heidelberg – im Jahre 1809 ein *Lehrbuch der Ästhetik* veröffentlichte, konnte er seinen Lesern nicht weniger als fünfzig einschlägige deutsche und zwanzig ausländische Titel aus den letzten sechzig Jahren zur Erweiterung und Vertiefung ihres Wissens empfehlen. Unter den Deutschen waren Baumgarten, Sulzer, Eschenburg, Kant, Moritz, Herder, Schiller, Friedrich Schlegel, Bouterwerk, Jean Paul und Adam Müller, unter den Ausländern Diderot, Batteux, d'Alembert, Burke und Hume. Die Philosophie der letzten zehn Jahre hatte der Kunst sogar eine Bedeutung eingeräumt, die sie vorher noch nie besessen hatte. Schiller setzte seine ganze Hoffnung in die Besserung der Menschheit, insbesondere der deutschen, auf ästhetische Erziehung, Schlegel dachte sich das Ideal einer alles harmonisch vereinigenden und verbindenden Universalpoesie aus, Schelling schließlich ließ die Philosophie durch die Kunst krönen und gab ihr einen prominenten Platz in seiner Identitätsphilosophie. Die Jahre nach 1806 brachten Veränderungen, nicht nur die äußeren, greifbaren eines politischen Notstands, der der Kunst seine Bedingungen aufzwang und nach strengen ethischen Verbindlichkeiten blicken ließ, sondern auch im Inneren der Kunst selbst, deren Abnehmerkreis und Publikum sich erweiterte und verbürgerlichte, deren Produzenten als Autoren, Herausgeber, Theaterdirektoren, Kapellmeister oder Maler aber mit diesem Publikum in verstärktem Maße rechnen mußten, wenn sie ihre Produkte für den eigenen Lebensunterhalt verkaufen wollten. Mochte die Kunst göttlichen Ursprung haben – in ihrer täglichen Praxis war sie ein Teil bürgerlichen Lebens. Als Menschenwerk zeigte sie sich der Geschichte unterworfen wie Leben und Denken überhaupt. Außerdem hatte sich die Kunst zu den machtvoll werdenden Naturwissenschaften ins Verhältnis zu setzen; nicht nur in Regeln, sondern auch in Absichten und Zielen mußte sie sich den auf Naturbeherrschung zielenden Wissenschaften gegenüber rechtfertigen, wenn sie auf ihrer Ernsthaftigkeit bestehen wollte. Fachintern war schließlich zu bedenken, daß die Stütze durch klassische Muster und Beispiele, die bisher alles Nachdenken über Gesetze und Bestimmung der Kunst beherrscht hatten, nicht mehr die einzige bleiben konnte, seit man sich der Existenz einer nicht-klassischen, christlich-romantischen Kunst bewußt geworden war. So entstanden also der Ästhetik zu Beginn des 19. Jahrhunderts vielfältige neue Fragen und Aufgaben, denen sie sich widmen mußte, wenn sie nicht Würde und Nutzen des Lehrfachs in Frage stellen wollte.

Adam Müller

Adam Müller hat nie ein akademisches Lehramt innegehabt. Seine verschiedenen Vorlesungen über Fragen der Kunst hat er in derselben Form wie die Brüder Schlegel als freie Vorlesungen vor einer mäzenatischen oder bildungsbedürftigen Öffentlichkeit gehalten. Im Dresdner «Hotel de Pologne» hielt er 1806, wie der spätere Buchtitel lautet, *Vorlesungen über die deutsche Wissenschaft und Literatur,* im Winter von 1806 auf 1807 sprach er *Über die dramatische Kunst* und im folgenden Winter *Über das Schöne und Erhabene.* Die Texte erschienen bald danach im Druck, derjenige der letzten Vorlesung unter dem Titel *Von der Idee der Schönheit.* Grundlage für alle aber war seine erste Schrift, *Die Lehre vom Gegensatz* (1804) – um Gegensätze und ihre Aufhebung ging es ihm auch in der Kunst. Obwohl er dabei im ganzen kein Fundament für eine neue Ästhetik schuf, so gab er doch den Blick auf manche neue Erkenntnis frei.

«Wir alle, die Alten wie die Modernen, gehn einen großen, gemeinschaftlichen Gang», heißt es in seinen *Vorlesungen über die deutsche Wissenschaft und Literatur,* und dieser Voraussetzung entsprechend versucht Müller überall, das Kunstwerk aus seinen jeweiligen historischen Bedingungen zu begreifen. Das führt zunächst zu einer um diese Zeit überraschenden Würdigung der französischen Klassik, die er als Ausdruck eines weithin regierenden gesellschaftlichen Geschmacks betrachtet, wie er im zerklüfteten Deutschland noch durchaus fehle. Es führt ihn weiter zur Herauskehrung der individuellen Rolle einzelner Autoren jenseits von sich festsetzenden Epochenbegriffen. In seinen Vorlesungen *Über die dramatische Kunst,* die zusammen mit Werken Kleists den *Phöbus* füllten, verklärt er Sophokles als Künstler zum «ewigen Meister» auch der Gegenwart und stellt ihn in dieser Hinsicht sogar betont über den romantischen Kanon von Shakespeare bis Goethe.

Insgesamt schwebte ihm ein neues Drama als Synthese von Klassischem und Modernem vor, in dem das Leben in seiner Bewegung Gegenstand der Kunst werden sollte, was auch eine neue Rezeptionshaltung des Zuschauers einschloß. So unklar und oft widerspruchsvoll dieser Gedanke bei Müller ausgeführt ist, so hatte er doch vor allem in bezug auf die dichterischen Ambitionen und das Werk Heinrich von Kleists seine Bedeutung. Im selben ersten *Phöbus*-Heft 1808, das auch ein Fragment aus Kleists *Penthesilea* enthält, verlangt Müller für das Drama nicht mehr den Sieg einer Idee, sondern daß «die Welt selbst» in ihrer Widersprüchlichkeit «auf die Schaubühne gestellt» und zugleich «das Publikum mit seinen einseitigen Gliedern gleichsam von der Bühne aus betrachtet» werde, damit sich der bisher «monologische» Zuschauer zu einem «dialogischen» entwickle. Tieck hatte eine solche Überwindung der Trennung zwischen Bühne und Publikum in seinen Komödien bereits vorgemacht, und die Offenheit von Kleists Werken führte danach in eine gänzlich neue Region des Kunstverständnisses. Nicht um das Anschauen einer dramatischen Katastrophe mit kathartischer Wirkung sollte es jedenfalls in Müllers zukünftigem Drama gehen, vielmehr sollte der Zuschauer in das Geschehen unmittelbar verflochten werden, um Antworten auf Konflikte für sich selbst zu finden. Müller hat hier tatsächlich Ansätze zu einer Wirkungsästhetik und Zuschaukunst entwickelt, die erst das 20. Jahrhundert wieder aufgegriffen hat. «Die Zeit», schreibt er 1806, «wird schon noch kommen, wo der Vorhang nicht bloß deshalb aufgehen wird, damit ihr den Schauspieler sehen könnt, sondern auch damit euch der Schauspieler sehe.»

Fortgesetzt hat Müller dann diese Anschauungen in seinen Vorlesungen *Über das Schöne und Erhabene*, in denen er die Eigenständigkeit des dichterischen Werks als eines Organismus hervorhebt, zu dem sich der Rezipierende jeweils in ein kreatives, also aktives Verhältnis setzen müsse: «Wenn man in dem Augenblick der Betrachtung eines Kunstwerks nicht selbst zum Künstler wird, so wird man die Kunst beständig übersehen.» Damit war natürlich auch eine Aufwertung der Kritik zu einer künstlerischen Leistung verbunden, wobei sich Müller auf den Spuren von Friedrich Schlegel und Novalis bewegte, und er teilte mit ihnen ebenso die Bewunderung für Lessing und Goethe. Dazu kam die damals durchaus nicht allgemeine Würdigung Schillers, den er in erster Linie als Redner begreift: «Er bestieg die Bühne, weil es keinen Rednerstuhl für ihn gab.» Sein Werk – «ein nie verstummender Klagegesang über die zerrüttete Zeit» – sei dazu angetan, «die Nation für die übrige Musik ihrer Dichter» empfänglich zu machen.

Müllers Vorlesungen über das Schöne sind nicht im strengen Sinne mit der Kunst beschäftigt. Hat man behauptet, daß Müller versucht habe, Politik zu ästhetisieren, so wird in diesen Vorlesungen hinreichend deutlich, daß er eher die Ästhetik politisierte. Die Einbeziehung der Kunstkonsumenten in seinen Begriff von Kunst hatte nämlich zum Ziel, mit Hilfe von Termini und Idealen der Ästhetik des vorausgehenden Jahrzehnts – Schillers ebenso wie Schlegels oder Novalis' – politischen Konservatismus einzuschmuggeln. «Eine gute Gesellschaft» sei ein «Gedicht in Menschen» wie «ein gutes Gedicht eine Gesellschaft in Worten». Bedeuten sollte das eine Verklärung gesellschaftlicher Harmonie, konkret aber wurde daraus ein Loblied auf den Adel – «von Geburtsadel ist hier die Rede; denn das Wort Talentadel kenne ich nicht und will ich nicht verstehn». Später, als es um den eigenen Adelstitel ging, hat er das Volumen seines Verständnisses vergrößert. Auch Schiller hatte zwar seine Briefe *Über die ästhetische Erziehung* in einen Appell an den Adel ausklingen lassen, aber dort ging es um die Aufforderung, musterhaft zu sein, den Kern einer guten Gesellschaft zu bilden, die es noch nicht gab. Müller hingegen hatte die bestehende Gesellschaft in ihrer festen sozialen Ordnung im Sinn, und wenn er von Schönheit als Ziel der Staatskunst redete, dann war es nicht der Staat des schönen Scheins, den Schiller als Gegenbild zum wirklichen in dessen ganzer Unzulänglichkeit vor Augen hatte, sondern Müller meinte den Verzicht auf das «Gespenst eines Vollkommenheitsideals» und die Hingabe an die Harmonie des Wirklichen, die sogleich bestand, wenn man sich nur fügte.

Zu Müllers Lob ist festzustellen, daß ihm im einzelnen Beobachtungen und Formulierungen gelangen, die über das hinausragen, was er im ganzen zu sagen hatte. In seinen *Zwölf Reden über die Beredsamkeit* (vgl. S. 44 f.) hat er das Talent dazu zur Meisterschaft gesteigert. Was er von der Kunst in Zeiten äußerer, großer Krisen hielt, hat Müller am Ende seiner Vorlesungen über das Schöne in den folgenden Satz zusammengedrängt:

«Die Poesie, die Kunst ist eine kriegführende Macht, bei allen großen Welthändeln zugegen, alle Wunden der Menschheit nicht etwa streichelnd und überklebend, sondern durch ihren allmächtigen Zauber besänftigend und heilend.»

Müllers Wirkung blieb allerdings begrenzt, denn er vermochte den Verdacht nicht zu zerstreuen, daß er nur um des Beifalls willen sprach und schrieb oder diesen zumindest vordringlich im Auge hatte. Schelling meinte August Wilhelm Schlegel gegenüber, Müller übersetze nur «Sie, Friedrich u.s.w. in die Sprache des galanten Sachsens» und gehöre zu jenen vornehmen jungen Leuten, «die nun ohne den Fuß sich naß zu machen, über alle die schönen Wege einherziehen, welche mit Anstrengung und Mühe geebnet werden mußten» (26.8.1808).

Schelling

Am 12. Oktober 1807 zum Namensfest des bayerischen Königs Maximilian I. hielt Friedrich Wilhelm Joseph Schelling, beamtetes Mitglied der Bayerischen Akademie der Schönen Künste, in München einen Vortrag *Über das Verhältnis der bildenden Künste zu der Natur.* Als ungekrönter König der deutschen Naturphilosophie war er berufen dazu, aber es wurde sein letztes umfängliches Wort zum Thema Kunst, deren Rang für ihn nach und nach zurücktrat hinter der Suche nach der Bestimmung des Verhältnisses zwischen Wissen, Denken und Glauben. Von einer Apotheose der Kunst ist nun, 1807, nicht mehr wie einst die Rede (vgl. Bd. 1, S. 262). Der Naturphilosoph stellt dafür Kunst und Natur auf gleiche Stufe, indem er sie durch den Begriff einer «werktätigen Wissenschaft» verbindet, die freilich nichts von dem bedeutet, was sich ein Leser des 20. Jahrhunderts darunter vorstellen möchte, sondern die auf dem Fichteschen Gebrauch des Wortes Wissenschaftslehre als einer Philosophie der Philosophien beruht. Diese «werktätige Wissenschaft» ist für Schelling das Band zwischen Seele und Leib, Begriff und Form in Natur und Kunst, Gegensätze, die nur vereint denkbar sind. Von solcher «schaffenden Kraft» oder «werktätigen Wissenschaft» ist der Künstler als Schöpfer ergriffen, durch sie faßt er in der Kunst das Ewige im Augenblick des jeweiligen Werkes – im Begrenzten, also dem realen Gegenstand, «treu und wahr», im Ganzen jedoch «vollendet und schön». Denn Schönheit ist nichts anderes als die Erscheinung des Unendlichen im Endlichen, in ihr scheint der von der Seele sonst unabhängige, ja, «gewissermaßen ihr widerstrebende» «Naturgeist» wie «durch eine freiwillige Übereinstimmung und wie durch das innere Feuer göttlicher Liebe mit der Seele zu verschmelzen». Den «Beschauenden» aber, den Rezipienten der Kunst «überfällt mit plötzlicher Klarheit die Erinnerung von der ursprünglichen Einheit des Wesens der Natur mit dem Wesen der Seele: die Gewißheit, daß aller Gegensatz nur scheinbar, die Liebe das Band aller Wesen, und reine Güte Grund und Inhalt der ganzen Schöpfung ist». Das war Schellingsche Naturtheosophie in Reinkultur, hier auf das Gebiet der Kunst angewandt und deren einstige Verklärung als Krönung der Philosophie im *System des Transzendentalen Idealismus* in die neue religiöse Weltsicht fürs erste hinübertragend.

Der Gedanke einer Übersetzung des Unendlichen ins Endliche durch die Kunst war nicht neu. Nicht nur daß ihm Schelling in seiner *Philosophie der Kunst* Raum gegeben hatte – die Formulierung geht auf Novalis zurück, der in einem Brief an Caroline Schlegel, damals Schellings Geliebte und seit 1803 seine Frau, von dem *Ofterdingen* geschrieben hatte, er sollte nicht «Lehrjahre» darstellen, sondern «*Übergangs Jahre* vom Unendlichen zum Endlichen» (27. 2. 1799). Nicht Prioritäten für Schellings Formulierung sind allerdings wichtig, sondern die Beobachtung, daß die darin bezeichnete Richtung der gesamten Theorie von romantischer Poesie entsprach, wie sie im Jenaer Kreise diskutiert und vielfältig konzipiert wurde. Bezeichnend für die Veränderungen seitdem war nur, daß Schelling dieses Unendliche nun mit einem Feuer göttlicher Liebe identifizierte, das eine Trennung zwischen Mensch und Gott konstituiert, die der magische Idealist Novalis mit seinem Ideal einer innigen Vermischung von Menschlichem und Göttlichem nicht gebilligt hätte. In dieser Hinsicht war dessen Denken bei aller Religiosität doch säkular. Dafür aber faßte Schellings neue Bestimmung der Kunst in einen Punkt zusammen, was Literatur und Kunst der folgenden Jahre vielfach als Tendenz und Gesinnung zugrunde lag, so daß Gedichte Eichendorffs oder Bilder Runges fast wie eine Instrumentierung des Schellingschen Satzes erscheinen könnten. Hier in der Tat bildete sich das Romantische fort.

Schelling selbst nimmt von dem Begriff romantischer Kunst nicht Notiz, weder im historischen Sinne noch im Sinne des einstigen Jenaer Freundeskreises. Die «neue jetzt sich bildende Welt», also das Europa seit der Jahrhundertwende, lasse sich mit allen bisherigen Maßstäben nicht mehr messen, und die Kunst könne sich «aus ihrer Ermattung» nur durch «ein neues Wissen» und einen «neuen Glauben» erheben, insbesondere natürlich unter der «milden Herrschaft eines väterlichen Regenten». Denn eines Schusses Panegyrik bedurfte eine Rede zum Namenstag des Königs schon. Allerdings widersprachen diesem Lob auch nicht die Gedanken selbst, die zu einem deutschen Weg aufforderten, angemessen einem Volk, «von welchem die Revolution der Denkart in dem neueren Europa ausgegangen». Der Bund mit der Religion sicherte nicht nur den geistlichen Frieden, den die Kunst aus sich heraus dann doch nicht bereitstellen konnte; die neue Mythologie, von der Schelling einst mit seinen Tübinger Freunden im *Systemprogramm* träumte, hatte sich vom reinen Geist nicht aus dem Boden stampfen lassen. Das Bündnis mit der Natur jedoch sicherte der Kunst zugleich ihr Recht gegenüber einer Wissenschaft, die den Blick aufs Ganze einer göttlichen Schöpfung brauchte, um in Schellings Sinn relevant und der Menschheit wahrhaft nützlich zu sein. Auf die Sympathien der Mächtigen wollte man sich dabei gern verlassen.

Solger

Eine Rede über die Kunst zu Ehren eines Fürsten hielt auch Karl Wilhelm Ferdinand Solger am 3. August 1811, dem Geburtstag des preußischen Königs Friedrich Wilhelm III. Drei Wochen danach wurde Solger zum Professor für Philosophie und Mythologie an der gerade erst gegründeten Berliner Universität berufen. Ein Fürstendiener war er freilich nicht. Anfang Oktober 1819 hat er sich am Protest des Senats der Universität gegen Maßnahmen der preußischen Regierung auf Grund der Karlsbader Beschlüsse beteiligt, Ende dieses Monats allerdings starb er, noch nicht neununddreißig Jahre alt. Sein «echt spekulatives innerstes Bedürfnis» habe ihn gedrängt, fern von aller Oberflächlichkeit modischer Philosophie «in die Tiefe der philosophischen Idee hinabzusteigen», meinte Hegel in seiner *Ästhetik*. Aber Solgers Leben war zu kurz, als daß er sich in der Wissenschaft vollenden konnte. So blieben sein Ruhm wie seine Wirkung begrenzt, nicht jedoch seine Bedeutung.

Wie Schelling, so sieht auch Solger Kunst in bezug auf ein Unendliches. Die «ungetrennte Vereinigung eines Wesens aus einer höheren vollkommeneren Welt und der Erscheinung desselben in dem wirklich uns umgebenden Kreise der uns befreundeten endlichen Dinge ist die einzig wahre Natur des Schönen», heißt es im Vortrag – zum Königsgeburtstag – *Über den Ernst in der Ansicht und dem Studium der Kunst*. Solger setzt das Schöne zwischen Natur und Sittlichkeit oder Religion, und er spricht über «jene höhere Sehnsucht», die sich mit dem endlichen Stoffe in der Kunst vermähle. Drei Dinge seien deshalb dem Künstler nötig: Begeisterung für das Ewige, Besonnenheit in der technischen Ausführung seiner Arbeit und schließlich das Lächeln «über sein eigenes, immer doch nur endliches Streben», die «rührende Entsagung», die letztlich alle Kunst gegenüber dem Ewigen in ihre Grenzen verweise. Daraus hat Solger später vielfältige Gedanken zur Ironie entwickelt, deren Geschichte mit seinem Namen fest verbunden ist. Gegen die «Roheit und Stumpfheit» eines unmusischen Publikums zieht Solger leidenschaftlich zu Felde, ebenso wie gegen den Dilettantismus der «sogenannten Kunstliebhaber», also eben gegen jene Gruppe des Publikums, die die bestbezahlenden Abnehmer der verbürgerlichten Kunst und damit deren indirekte Mäzene wurden. Hoffmanns Erzählungen von den in behäbiger Bürgerlichkeit verkannten und daran scheiternden Künstlern oder Eichendorffs und Brentanos Philisterkritik können die Anschauung zu dem liefern, was Solger hier ohne jeden Bezug darauf über «Kunstliebhaber oder Dilettanten» klagt. Sein Schluß allerdings ist, ganz den Umständen des Vortrags, aber kaum der Wirklichkeit angemessen, daß der Dilettant auch ein unruhiger, besserwissender Staatsbürger sei, darauf aus, höher hinaus zu wollen und «seinen Platz» zu verlassen, während «nur in dem Zusammenwirken geordneter Kräfte» das Ganze bestehen könne. Solger war, wie gesagt, kein Panegyriker; sein feines Gespür für Wandlungen und Nuancen läßt ihn hier, wenn auch aus wenig überzeugendem Grund, zu Forderungen kommen, die erst im Laufe der folgenden Zeit ihre Entsprechung in dem Verhältnis zwischen Kunst und Wirklichkeit fanden. Denn nichts anderes als das Überleben der Kunst unter der Schirmherrschaft des Staats in machtgeschützter Innerlichkeit ist es, was sich aus solchen Wünschen Solgers ergibt: die Ersetzung des einzelnen fürstlichen Mäzens aus absolutistischer Zeit durch den Staat jenseits des freien Marktes der Kunst, auf dem sie in einer Zeit einflußreicher Philistrosität nur noch einen kleinen Verkaufsstand haben würde, es sei denn, daß sie sich herabließ, den Dilettanten zuliebe billigere Produkte anzubieten.

In seinen wenigen weiteren Schriften hat Solger diese aus dem besonderen Anlaß entstandenen Gedanken freilich nicht weiter entwickelt. Was ihn hinfort als Begründer einer eigentlichen spekulativen Ästhetik beschäftigte, war die Ausbildung eines Systems von Begriffen, die, neu definiert, seine Vorstellungen von Rang und Aufgabe der Kunst zusammenfassen sollten. Das geschah in seinem eigentlichen Hauptwerk *Erwin* (1815), vier Gesprächen «über das Schöne und die Kunst», sowie in den aus dem Nachlaß edierten *Vorlesungen über Ästhetik* (1829). Aus seiner Bestimmung der Ironie erwächst in diesen Schriften ein tragisches Kunstverständnis, das sich, blickt man auf seine Konsequenzen, im Grunde als die Zurücknahme der romantischen Universalpoesie erweist. Gehe die Idee, das Ewige also, durch den künstlerischen Verstand in die Besonderheit des Wirklichen, des Kunstwerks über, das immer in Zeit und Raum verankert ist, so entstehe, wie es im *Erwin* heißt, jener alles überschauende Blick des Künstlers, der das Vollkommene und das notwendigerweise Unvollkommene zugleich sieht, «und diesen über allem schwebenden, alles vernichtenden Blick nennen wir Ironie». Das Wort ist also in Solgers Sinn weder mit seiner generellen Bedeutung noch mit der Schlegelschen romantischen Ironie identisch. Es ist Ausdruck vielmehr von einer «unermeßlichen Trauer», die uns ergreifen muß, «wenn wir das Herrlichste, durch sein notwendiges irdisches Dasein in das Nichts zerstieben sehen». Von hier zu den Kunstanschauungen Schopenhauers drei Jahre später und zu dem Pantragismus, den Friedrich Hebbel praktisch und theoretisch demonstrierte, sind es nur noch kleine Schritte.

Solgers Ästhetik zielte allerdings keineswegs auf eine Selbstopferung der Kunst; er spricht ihr universelle Bedeutung nicht ab. Denn eben indem sie die ganze Problematik des menschlichen Daseins zwischen Unendlichkeit und Endlichkeit erfahrbar mache, begreife sie dieses Dasein vollständig. «Unser gegenwärtiges, wirkliches Dasein, in seiner Wesentlichkeit erkannt

und durchlebt, sei die Kunst», behauptet Solger dementsprechend im
Erwin, und die Ironie eben löse die Wirklichkeit auch wieder auf und führe
sie «in das Wesen der Idee» zurück. Der Glanz der Ewigkeit in Werden und
Vergehen, die «Harmonie der Weltbewegung» wird erst in der Kunst wirklich anschaubar: sie ist «die helle Pforte zum vollkommenen Erkennen».

Solger hat in seiner ästhetischen Philosophie aus der Phantasietätigkeit
als Organ der Kunst die Begriffe Symbol und Allegorie abgeleitet und
ihnen eine prominente Stelle und eine wesentlich historische Bedeutung
gegeben. Das Symbol ist in sich selbst wahr, die Allegorie nur das
Anschauen des Wirkens der Idee, ein Wirken, «das sich im Symbol vollendet hat», wie es in den *Vorlesungen* heißt. In beidem sind die Gegensätze
zwischen Idee und Wirklichkeit vermittelt, und auf diese Weise ist das
Schöne bewahrt: «Die Kunst rettet also das Schöne durch Symbol und Allegorie.» Historisch versucht Solger zwar, Symbol und Allegorie prinzipiell
jeweils auf alte oder neue Kunst zu beziehen, aber zugleich sind für ihn
beide Sicht- und Darstellungsweisen der Kunst auch über geschichtliche
Epochen hinaus zu allen Zeiten wirksam; der Gegensatz zwischen Antike
und Christentum wird bei Solger in seiner Bedeutung reduziert.
Geschichtsphilosophische Kategorien bilden sie bei ihm nicht. Interessant
ist, daß Solger aus dem Gegensatz allerdings gewisse Charakteristika
moderner, also christlicher Kunst ableitet, indem er sein Allegorieverständ-
nis mit der Sehnsucht nach Versöhnung und der Ausgleichung des Zwiespalts in Verbindung bringt, den das christliche Denken gerade in der Natur
suche, weil dort «Alles auf Gesetzen ruht, die im Zusammenhang mit dem
Ganzen stehen». Die Naturphilosophie erweist also ihre Wirksamkeit, und
Solger konstruiert daraus die Existenz einer eigenen dichterischen Naturmystik, den Hang sogar zur Zauberei, wofür er Goethes *Faust* und die Elementargeister in der Literatur dieser Jahre als Beispiel anführt. Die Gewalt
der Natur könne im schlimmsten Fall die Individualität der Gottheit ganz
entfremden: «Dann wird sie zum *Bösen*, zum *Teufel*, welches Princip daher
auch bei den Deutschen aus wahrer Tiefe und Innigkeit immer eine große
Rolle gespielt hat.» Eine dualistische, dem Bösen seine eigene, selbständige
Macht gebende Sicht auf die Natur macht sich bemerkbar, die Goethe trotz
allem faustischen Spuk- und Zauberwesen ebenso fernlag wie den frühen
romantischen Naturphilosophen.

Solgers Ästhetik ist bedeutend nicht durch das System, das darin angelegt, aber nicht ausgeführt ist, sondern durch die Beobachtung, Beschreibung und Interpretation zahlreicher Entwicklungstendenzen, die das Verständnis von Kunst aus den Vorstellungen von einer romantischen,
weltverändernden Kunst in das industrielle Zeitalter mit seinen materiellen
Prioritäten überführt. Den großen historischen Rahmen dafür aber entwarf
Georg Wilhelm Friedrich Hegel.

Hegel

1816 wird aus dem Nürnberger Gymnasialrektor Hegel ein Heidelberger Professor für Philosophie; zwei Jahre später geht er als Nachfolger Fichtes nach Berlin. An beiden Orten hat Hegel Vorlesungen über Ästhetik gehalten, die aber erst nach seinem Tod aus Manuskripten und Vorlesungsnachschriften herausgegeben wurden. Hegels Gesichtspunkt, aus dem er die Kunst betrachtete, war nicht die Natur, wie bei Schelling, oder das Ewige, wie bei Solger, sondern der Triumphzug des Weltgeistes durch die Geschichte. Die Kunst war nach ihrem Recht und ihrer Rolle darin zu befragen. Denn je stärker man sich der Geschichtlichkeit menschlicher Existenz bewußt wurde, desto mehr erhielt Ästhetik die Aufgabe, Rechtfertigungsästhetik zu sein, war es ja doch fraglich, ob dem Schönen in seiner vielfachen Gestalt im großen Prozeß natürlicher Entwicklung und politischen Handelns überhaupt ein nennenswerter Rang zukam oder ob es nicht lediglich einen letztlich entbehrlichen Schmuck im Dasein bildete. Die Frage, ob Kunst Naturnachahmung oder «Erregung des Gemüts» sei, also «das Hindurchziehen unseres Gemüts durch jeden Lebensinhalt, das Verwirklichen aller dieser inneren Bewegungen durch eine nur täuschende äußere Gegenwart», wird damit auf den zweiten Platz verwiesen, denn sie bezog sich auf die Funktion der Kunst, aber nicht auf ihr Recht, überhaupt da zu sein, auf ihren «höheren substantiellen Zweck», wie Hegel es nennt. Was bisher zu diesem Thema von der Ästhetik vorgebracht worden war, konnte Hegel nicht genügen. Belehrung durch die Kunst ebenso wie die Milderung der «Wildheit der Begierden» durch sie, Katharsis und «Reinigung der Leidenschaft» waren ihm unhistorisch gefaßte Zwecke. Erst die «historische Deduktion des wahren Begriffs der Kunst» konnte Hegel zum Ziele führen, und dieses hieß, «daß die Kunst die *Wahrheit* in Form der sinnlichen Kunstgestaltung» zu enthüllen habe und damit den «versöhnten Gegensatz darzustellen berufen» sei. So erhielt die Kunst ein prominentes Amt im dialektischen Prozeß, und erst mit dieser Beamtung wurden ihr Rang und Recht verliehen.

In Hegels Deduktion der Kunst steckt nun freilich mehr als das intelligente Spiel eines geistreichen Philosophen. Hegel war es ernsthaft um die Funktion der Kunst in seiner eigenen Zeit und in einer kommenden Zeit zu tun, soweit sich diese Kunst mit seinem Begriff von Geschichtsdialektik fassen ließ. Deshalb ist Hegel auch ein genauer Beobachter gegenwärtiger Kunst, und sein Fundus an Kunstkenntnissen ist insgesamt beträchtlich größer als derjenige der meisten anderen Ästhetiker. Das Hauptgewicht liegt für ihn dabei auf der Literatur. Allein die Häufigkeit von Verweisen gibt schon ein Bild von Hegels Akzenten, denn mit den weitaus häufigsten Nennungen begegnen sich bei ihm vor allen anderen Homer und Goethe, gefolgt von Sophokles und, auf seiten der Neueren, Schiller und Shakespeare, klassische und romantische Literatur also im Sprachgebrauch des Tages. In der deutschen Literatur führen die Beispiele bis zur unmittelbaren Gegenwart, zu Kleist, Hoffmann und Rückert. Kunst, das war Hegels Erkenntnis, war in keinem Falle etwas unbefangen für sich Existierendes, sondern «wesentlich eine Frage, eine Anrede an die widerklingende Brust, ein Ruf an die Gemüter und Geister». Es war Hegels Fassung des Gedankens, daß Kunst sich erst im Empfänger des Kunstwerks erfülle, jenes Gedankens, der das wachsende Bewußtsein von der Existenz eines anonymen bürgerlichen Kunstmarktes spiegelte, auf den sich der Künstler um seiner eigenen Existenz willen einzulassen hatte. In der Kunsttheorie Adam Müllers waren bereits Beispiele für eine derartige Rezeptionsästhetik zu finden (vgl. S. 276), am deutlichsten aber hat wohl Heinrich Luden den neuen Sachverhalt in seinen *Grundzügen ästhetischer Vorlesungen* (1808) bezeichnet, wenn er erklärt, das Schöne liege «*nicht im Kunstwerke allein*, sondern *in der Mitte zwischen dem Kunstwerke und dem Kunstfreunde*».

Hegels Interesse ging nun allerdings nicht in Richtung auf die produktiven, sondern die theoretisch-historischen Aspekte der Kunst. Wahrheit sollte sie darstellen, den absoluten Gegenstand des Bewußtseins und damit die Auflösung alles Gegensatzes und Widerspruchs überhaupt; in ihrer «bildlichen Weise» bot sie «die dem Gehalt der Wahrheit entsprechendste und wesentlichste Art der Exposition». Die Herkunft aus dem *Ältesten Systemprogramm*, das Wahrheit und Güte nur in der Schönheit, im «ästhetischen Akt» verschwistert sah, verleugnet sich also selbst zwanzig Jahre später noch nicht. Und selbst die Begeisterung des frühen Bundes mit Hölderlin und Schelling atmet noch in den Worten, mit denen Hegel seine Deduktion der Idee des Schönen beschließt:

> «Durch diese Freiheit und Unendlichkeit, welche der Begriff des Schönen wie die schöne Objektivität und deren subjektive Betrachtung in sich trägt, ist das Gebiet des Schönen der Relativität endlicher Verhältnisse entrissen und in das absolute Reich der Idee und ihrer Wahrheit emporgetragen.»

Ist die Kunst also berufen, den «idealen Weltzustand» gegenüber der «prosaischen Wirklichkeit» darzustellen, so ist ihr eigentlicher Gegenstand doch die Darstellung der Kollisionen zwischen beiden, sei es nun, daß solche Kollisionen «aus rein physischen, *natürlichen* Zuständen hervorgehen» oder geistige Kollisionen sind, die entweder in dem Zusammenstoß des Menschen mit der Natur oder aber in der eigenen Tat ihre Ursache haben. Die Auflösung der Widersprüche führt dann die Kunst zu ihrer Vollendung auf verschiedene Weise, denn aus Hegels dialektischem Grundkonzept und der möglichen Art der Kollisionen ergeben sich nicht nur die Theorien für verschiedene Gattungen, das Drama zum Beispiel oder Epos und Roman, sondern es ergibt sich daraus vor allem auch eine geschichtliche Perspektive, innerhalb derer erst die Gattungen ihre eigentliche Bestimmung erhalten. Wenn er aber «Pathos» als «den eigentlichen Mittelpunkt, die echte Domäne der Kunst» bezeichnet, so verweist er damit auf die Grundfigur des Widerspruchs überhaupt, der durchlebt und durchlitten werden muß, ehe Auflösung und Versöhnung alles besänftigen können. Das erscheint dann wiederum, geschichtlich bedingt, im Bilde «eines sogenannten *Goldenen Zeitalters* oder auch eines *idyllischen Zustandes*» in der alten Welt, in den «vollkommen ausgebildeten allseitigen Vermittlungen der bürgerlichen Gesellschaft» oder aber zwischen beiden im «dritten» und eigentlich besten Zustand für «ideale Kunst», einer heroischen Vermittlung, wo zwar «die ganze Äußerlichkeit nur als ein Beiwesen, als der Boden und das Mittel für höhere Zwecke da ist», aber auch Harmonie und Selbständigkeit des Menschen zum Vorschein kommen, weil «alles und jedes, menschlich hervorgebracht und benutzt, zugleich von dem Menschen selbst, der es braucht, bereitet und genossen wird». Das bedeutet in der Literatur, daß zwischen der Idylle einer geschichtlichen Frühzeit und dem Roman der Spätzeit die großen Epen stehen: Homer, das *Nibelungenlied,* das der Nürnberger Rektor Hegel mit seinen Schülern las, und als überraschendes, meisterliches Produkt «aus späteren, vollkommen ausgebildeten Zeiten» Goethes Epos *Hermann und Dorothea,* das ein heroisches Weltereignis mit dem bürgerlichen Leben vermittelt und das Hegel entsprechend interpretiert und feiert.

Hegels Konzept einer geschichtlichen Entwicklung der Kunst weist gleichfalls drei Stufen auf, die allerdings nicht ohne weiteres mit den drei Formen der Vermittlung zu identifizieren sind, die, wie Goethes Beispiel zeigt, über Geschichte bis zu einem gewissen Grad hinauszugehen in der Lage sind. Die drei historischen Erscheinungen der Kunst werden von Hegel geographisch geortet als symbolisch-orientalische, klassisch-antike und romantisch-christliche Kunst. Strebte die erste von der Natur zur Geistigkeit und versuchte die zweite, die errungene Geistigkeit in der äußeren Form des «Leiblichen und Sinnlichen» erscheinen zu lassen, so kehrt erst in der dritten der Geist «zur Versöhnung seiner in sich selber zurück». Die Totalität des Ideals löse sich auf in Subjektives und Objektives, um «den Geist durch diese Trennung die tiefere Versöhnung in seinem eigenen Elemente des Inneren erreichen» und «damit erst seine Unendlichkeit und Freiheit» genießen zu lassen. Das aber ist wiederum «die Erhebung des Geistes aus der Endlichkeit seines unmittelbaren Daseins zu seiner Wahrheit» und damit auch die eigentliche Erfüllung des Zweckes aller Kunst.

An diesem Punkte nun gehen freilich bei Hegel Theorie und Praxis getrennte Pfade. Seine Bestimmung christlich-romantischer Kunst als Kunst der Subjektivität und Individualität, in der das «wirkliche, einzelne Subjekt in seiner inneren Lebendigkeit» erst «unendlichen Wert erhält», in der eine «*geistige* Schönheit» sich über die sinnliche erhebt – all das sind Charakteristika, die sich durchaus sinnvoll aus den frühen Theorien zur Kunst im

Jenaer Kreise unter dem Einfluß der Fichteschen *Wissenschaftslehre* herausbilden konnten, die die Grundzüge eines in der Aufklärung geformten neuen Verhältnisses des einzelnen zu Natur und Gesellschaft philosophisch zu beschreiben versuchten und die durch Hegels Entwurf einer dialektischen Phänomenologie des Geistes eine besondere, bestimmte Richtung erhielten. Die romantische Kunst konstatiert die Herrschaft des Geistes über das Äußere, das «Absolute» macht «den inneren Gehalt der romantischen Kunst aus», und das «Reich des Äußerlichen» vermag «die Innerlichkeit nicht mehr auszudrücken», so daß am Ende die Musik als die idealste romantische Kunstform erscheint, die die Bindungen des Äußeren am weitesten von sich geworfen hat. Denn das Innere ist «die äußerlichkeitslose Äußerung» – «ein Tönen als solches ohne Gegenständlichkeit und Gestalt, ein Schweben über den Wassern, ein Klingen über einer Welt, welche in ihren und an ihren heterogenen Erscheinungen nur einen Gegenschein dieses Insichseins der Seele aufnehmen und widerspiegeln kann».

Das alles bezieht sich, wie gesagt, auf die romantisch-christliche Kunst schlechthin und keineswegs nur auf die literarischen Experimente von Hegels eigener Generation. Gemeint ist damit auch nicht Kritik an einer weltabgewandten Innerlichkeit, als die eine solche Analyse mißverstanden werden könnte, sondern es ist die Konstitution moderner Kunst überhaupt als Ausdruck von Hegels geschichtsphilosophischer Überzeugung von der Selbsterkenntnis des Geistes, die den Menschen zu nichts Geringerem befähigen soll, als sich zum Herrn der Geschichte aufzuschwingen, um damit wahre und dauernde Versöhnung zu bewerkstelligen. Es ist bekannt, daß Hegel damit das intellektuelle Gerüst für politische Ideologien als Religionsersatz geliefert hat zu einem Zeitpunkt, als mit dem Entstehen bürgerlicher Parteien das Bedürfnis dafür entstanden war. In seiner *Ästhetik* gab er der Kunst ihre besondere Aufgabe, indem er sie Versöhnung darstellen ließ, wobei die Kunst die Freiheit besaß, das Gelingen oder Scheitern solcher Versöhnung vorzuführen. Was es freilich mit der Wahrheit auf sich hatte, die das eigentliche Ziel der Kunst sein sollte, so hat es jede Ideologie dann für sich entschieden, was sie sich unter Wahrheit vorstellen wollte und was demzufolge auch der Kunst den Weg zu weisen hatte.

Der Geschichte der Kunst hat Hegel eine dialektische Interpretation gegeben, die einzelne Stellen seiner *Ästhetik* wie einen ästhetisch-idealistischen Entwurf von Marx' Vorwort zu seiner Schrift *Zur Kritik der politischen Ökonomie* (1859) erscheinen lassen. Der Geist arbeite so lange an den Gegenständen herum, wie noch Geheimes, Nichtoffenbares darin sei, heißt es bei Hegel:

> «Dies ist der Fall, solange der Stoff noch identisch mit uns ist. Hat nun aber die Kunst die wesentlichen Weltanschauungen, die in ihrem Begriffe liegen, sowie den Kreis des Inhalts, welcher diesen Weltan-

schauungen angehört, nach allen Seiten hin offenbar gemacht, so ist sie diesen jedesmal für ein besonderes Volk, eine besondere Zeit bestimmten Gehalt losgeworden, und das wahrhafte Bedürfnis, ihn wieder aufzunehmen, erwacht nur mit dem Bedürfnis, sich gegen den bisher allein gültigen Gehalt zu kehren.»

Im Schoß der alten Kunst also reife die neue heran, wie zum Beispiel Cervantes sich in einem Ritterroman gegen das Rittertum wende. Hegels romantisch-christliche Kunst entspricht dabei – um es in einem allerdings anfechtbaren Vergleich auszudrücken – der Marxschen Bourgeoisie, mit der nach Marx' Worten «die Vorgeschichte der menschlichen Gesellschaft» endet und nach der die große Zeit der erkannten und beherrschten Geschichte anbrechen soll. Der Vergleich besitzt seine Anfechtbarkeit darin, daß Hegel von der romantischen Kunst eine sehr viel positivere Vorstellung hatte als Marx von der Bourgeoisie, aber nicht nur konnte Hegels *Ästhetik* das Grundbuch für eine marxistische Kunstbetrachtung bieten, er selbst hatte auch die Vision von einer Kunst, die über das Romantische hinausging; der «Auflösung der romantischen Kunstform» ist ein großer Abschnitt seiner *Ästhetik* gewidmet. Der «heutige große Künstler» bedürfe «der freien Ausbildung des Geistes», der «großen, freien Seele», das Heilige dieser neuen Kunst aber sei der *«Humanus»*, das Menschenschicksal, «die Tiefen und Höhen des menschlichen Gemüts als solchen, das Allgemeinmenschliche in seinen Freuden und Leiden, seinen Bestrebungen, Taten und Schicksalen». Damit erhalte der Künstler seinen Inhalt «an ihm selber» und sei erst «der wirklich sich selbst bestimmende, die Unendlichkeit seiner Gefühle und Situationen betrachtende, ersinnende und ausdrückende Menschengeist, dem nichts mehr fremd ist, was in der Menschenbrust lebendig werden kann».

Mit dieser Apotheose des freien Künstlers gibt Hegel nun allerdings alles andere als das Bild eines Dieners von Ideologien. Die Dialektik der Ideen wie der Geschichte hat stets ihren eigenen Weg genommen. Was Hegel jedoch hier als sein Wunschbild für neue Kunst skizziert, sind nicht nur Umrisse des bürgerlichen Realismus, sondern der modernen Kunst überhaupt, die sich dann freilich in einer von Hegel noch nicht faßbaren technisierten Welt wieder ihre eigenen Widersprüche schuf. Hegels *Ästhetik* jedenfalls, als große Summe ästhetischen Denkens zwischen Französischer Revolution und dem Beginn der Restaurationszeit, vermittelte die Gedanken dieser Periode der kommenden Zeit, indem sie ihre geschichtliche Position zu definieren, ihre Hoffnungen auf das Fortschreiten zu Höherem und Besserem aber zugleich zu bewahren suchte. Zum *«Belehren»*, meint Hegel in der Vorrede zu der *Philosophie des Rechts* (1820), komme die Philosophie immer zu spät, sie erscheine erst, «nachdem die Wirklichkeit ihren Bildungsprozeß vollendet und sich fertig gemacht hat»:

«Wenn die Philosophie ihr Grau in Grau malt, dann ist eine Gestalt des Lebens alt geworden, und mit Grau in Grau läßt sie sich nicht verjüngen, sondern nur erkennen; die Eule der Minerva beginnt erst mit der Dämmerung ihren Flug.»

Schopenhauer

«Sieh, lieber Arthur, Du bist nur auf Tage bei mir zum Besuch gewesen, und jedesmal gab es heftige Szenen um nichts und wieder nichts, und jedesmal atmete ich erst frei, wenn du weg warst, weil Deine Gegenwart, Deine Klagen über unvermeidliche Dinge, Deine finstern Gesichter, Deine bizarren Urteile, die wie Orakelsprüche von Dir ausgesprochen werden, ohne daß man etwas dagegen einwenden dürfte, mich drückten.» Johanna Schopenhauer, die das am 13. Dezember 1807 aus Weimar ihrem neunzehnjährigen Sohne schreibt, war eine gute Schriftstellerin und eine bedeutende, großherzige Frau. Nicht elterliches Unverständnis dem genialen Sohne gegenüber ist ihr vorzuwerfen, denn auch die gesamte gelehrte Welt brauchte noch mehr als drei Jahrzehnte, um die Schärfe in Arthur Schopenhauers finstrem Blick auf die Welt zu erkennen. Johanna Schopenhauers ganz unsentimentale Art, die Unvereinbarkeit zwischen Mutter und Sohn auf sich beruhen zu lassen, statt eine Familienkonformität erzwingen zu wollen, bezeichnete vielmehr ihren eigenen Rang. Denn Unvereinbarkeit bestand in der Tat zwischen den Lebensformen und Lebenswünschen der Witwe eines Hamburger Kaufmanns, die den Geheimrat Goethe zu den regelmäßigen Gästen ihres Weimarer Hauses zählte, und dem jungen Manne, der sich des «Lamentierens über die dumme Welt und das menschliche Elend» nicht enthalten konnte, wie die Mutter klagte. Die kommenden Jahre und seinen Anteil des väterlichen Vermögens benutzte er dazu, seine Weltklage in ein philosophisches System zu bringen: 1819 erschien sein Werk *Die Welt als Wille und Vorstellung*. Von Kant über Fichte zu Schelling seien die Philosophen gewaltig in die Lüfte geraten, so daß man sich wieder etwas Grund und Boden wünsche, meinte der Kritiker des *Literarischen Wochenblatts*. Darüber sei indes der Eifer für neue Systeme erloschen, «so daß einer jetzt das kühnste Gebäude aufstellen» könne, ohne nur im mindesten Bewunderer, Nachfolger oder auch nur Kritiker zu finden. So scheine es auch «dem zum Kampf gerüsteten Arthur Schopenhauer zu gehen in seinem Buche», über das nirgends etwas zu vernehmen sei. Erst als 1844 die zweite Auflage erschien, wurde man hellhöriger.

Schopenhauer war nicht zeitgemäß in den Zeiten der Heiligen Allianz, der politischen Bewegung um den Mord an Kotzebue, des beginnenden Summierens der «Kunstperiode» in den Auseinandersetzungen um Antike, Romantik und Gegenwart und eines aus technischem Fortschritt erwachsenden Optimismus. Dennoch präzisierte sich in dem, was Schopenhauer in seinem Werk über die Kunst zu sagen hatte, gerade das, was Hegel über die große, freie Seele des modernen Künstlers annahm, nur nicht auf Hegels Weise. Schopenhauers Künstler ist der Genius, der die Gabe besitzt, «das Wesentliche, außer allen Relationen liegende der Dinge» zu erkennen und der überdies fähig ist, «uns seine Augen aufzusetzen», «uns durch seine Augen in die Welt blicken zu lassen». Das erhebt ihn über den gewöhnlichen Menschen, «diese Fabrikwaare der Natur», ohne Fähigkeit zur Kontemplation, ohne die «Säligkeit des willenlosen Anschauens», «welche über die Vergangenheit und Entfernung einen so wundersamen Zauber verbreitet und sie in so sehr verschönerndem Lichte uns darstellt». Nur auf diese Weise nämlich werden wir «als reines Subjekt des Erkennens» mit den Objekten der Erinnerung völlig eins, alle Fremdheit und Trennung zwischen ihnen und uns ist aufgehoben: «Die Welt als Vorstellung ist dann allein noch übrig, und die Welt als Wille ist verschwunden.» In Schopenhauers Weltkonzept spielte also die Kunst eine zentrale, die Erfüllung seiner Philosophie betreffende Rolle. Nur war sie nicht Produkt eines historischen Prozesses, wie bei Hegel, sondern zeitlos, «überall am Ziel» wie der Genius, der sie schuf, mit der Fähigkeit zur Kontemplation. Zu einer Zeit, da man sich gerade erst der Geschichtlichkeit menschlicher Existenz bewußt wurde, widerrief sie Schopenhauer bereits in einem entscheidenden Punkt. Nicht zuletzt deshalb fand er sogleich das Ohr seiner Zeitgenossen.

Für Schopenhauer waren die Ideen im platonischen Sinne die reinsten Objektivationen des Willens, nicht durch die Sinne und rationales Denken, sondern nur durch Kontemplation erkennbar. Mithin bildeten sie den besonderen Gegenstand der Kunst, die auf diese Weise über die Erscheinungen hinaus ins Ewige reichte. So habe die Poesie entsprechend zur Absicht, «die Ideen, die Stufen der Objektivation des Willens, zu offenbaren und sie mit der Deutlichkeit und Lebendigkeit, in welcher das dichterische Gemüth sie auffaßte, dem Hörer mitzuteilen». Es überrascht nun nicht, daß bei einer Weltbetrachtung, die Leben prinzipiell mit Leiden identifiziert, die die objektive Betrachtung der Objekte hingegen als die Möglichkeit erkennt, «uns allem Leiden» zu entziehen – daß bei einer derartigen Weltbetrachtung im Bereich der Literatur das Trauerspiel am höchsten rangiert und den «Gipfel der Dichtkunst» darstellt. In ihr werde der Widerstreit des Willens mit sich selbst auf der höchsten Stufe seiner Objektivität vorgeführt. Die «Darstellung der schrecklichen Seite des Lebens», «der namenlose Schmerz, der Jammer der Menschheit, der Triumph der Bosheit, die höhnende Herrschaft des Zufalls und der rettungslose Fall der Gerechten und Unschuldigen» seien der eigentliche Gegenstand der Tragödie, die damit einen «bedeutsamen Wink über die Beschaffenheit der Welt und des Daseyns» gebe. Das *principium individuationis* und der aus ihm resultierende Egoismus würden darin anschaubar und erstürben, wenn ihnen nicht

mehr der Schleier der Maja umgehängt werde. Die vollkommene Erkenntnis des Wesens der Welt führe die Resignation herbei, das Aufgeben «nicht
bloß des Lebens, sondern des ganzen Willens zum Leben selbst». Darum
allein gehe es in der Tragödie, aber nicht um irgendeine poetische Gerechtigkeit.

Wie die Tragödie Gipfel der Dichtkunst, so war für Schopenhauer die
Musik Gipfel der Kunst überhaupt, dringe sie doch noch eine Stufe tiefer
als die anderen Künste. Sie sei *«Abbild des Willens selbst»*, nicht nur seiner
Objektivationen, der Ideen. Frei von dem Materiellen der anderen Künste
drücke sie nicht mehr Einzelnes aus, diese oder jene Freude, diesen oder
jenen Schmerz, sondern *«die* Freude, *die* Betrübniß, *den* Schmerz, *das* Entsetzen, *den* Jubel, *die* Lustigkeit, *die* Gemüthsruhe *selbst* gewissermaßen *in
abstracto»*. Sie gebe «das Herz der Dinge». Auch Hegels *Ästhetik* hatte der
Harmonie der Musik den höchsten Platz zumindest auf der Skala der
romantischen Künste eingeräumt, aber sie sollte bei ihm Ausdruck der vollendeten Übereinstimmung des Ichs mit der Welt, des Subjekts mit dem
Objekt sein, nicht die Aufgabe und Preisgabe alles Individuellen. Schopenhauer blickte mit seiner Theorie vom Wesen der Kunst tief in jene Widersprüche der modernen Kunst hinein, die von Hegels Ästhetik noch nicht
erfaßt wurden. Der Elan des Romantisierens zur Poetisierung der Welt war
ebenso zurückgenommen wie der Versuch, durch ästhetische Erziehung Ich
und Welt in harmonische Beziehung zu setzen. Was übrig blieb, war die
Kontemplation des Ichs, die Absolutsetzung der Psychologie, des Seelenzu-
standes. Daß Schopenhauers Erwartungen von der Musik geradezu nach
einem Richard Wagner riefen, ist im Rückblick nur zu deutlich, und daß
seine Verklärung des Genius gegenüber den Massenmenschen sowie die
Aufhebung aller Geschichtlichkeit einen Friedrich Nietzsche herausforderten, ist ebensowenig überraschend. Daß solche Gedanken bereits 1819
gedacht wurden, mit den Klängen Haydns, Mozarts, Beethovens, Webers
oder Hummels im Ohr und den Ideen Schellings oder Hegels im Kopfe,
erhellt die Außerordentlichkeit von Schopenhauers Blick. Quantitativ war
es bei alledem nur ein verhältnismäßig kleiner Schritt von den nihilistischen
Perspektiven in Werken Jean Pauls oder den pantragischen in den Schriften
Solgers, aber die Konsequenz von Schopenhauers Negation schuf eine
andere, neue Qualität, deren Wirkung in der Kunst noch lange auf sich
warten ließ. Schopenhauer, achtzehn Jahre jünger als Hegel, hatte Eichendorff und Rückert als Jahrgangsgefährten, aber auch Byron. Hätte ihn
Europa früher erkannt, wenn er auf Englisch geschrieben hätte? Den Deutschen wäre dann freilich ein Meister ihrer Sprache verlorengegangen.

Goethe

Was Literatur und Kunst anging, so führte Goethe in Weimar seit dem Anbruch des neuen Jahrhunderts ein seltsames Doppelleben. In dem Mittwochskränzchen erörtert er über lange Zeit das *Nibelungenlied*. Bei Frau Schopenhauer liest er «standhaft», wie sie meint, den *Standhaften Prinzen* Calderons vor, ein gut katholisches Märtyrerdrama – «mit seiner unbeschreiblichen Kraft, seinem Feuer, seiner plastischen Darstellung». Den Deutschen und der Welt schenkt er den romantischsten aller Helden, den Doktor Faust, der deutsch-romantisch bleibt auch nach Absolvierung einer klassischen Schulung in den Armen der schönen Helena. Auf der Weimarer Bühne fördert er Zacharias Werner und läßt sich durch ihn von der romantischen Sonnettenlust anstecken. Von Arnim und Brentano erhält er nicht nur *Des Knaben Wunderhorn* dediziert, sondern schreibt darüber auch eine lange, freundliche, verständnisvolle Rezension, die einem Ritterschlag für die beiden jungen Leute gleichkommt. Den Maler Runge, der ihm Gedanken für seine *Farbenlehre* zuträgt, nennt er seinen Freund. Im Roman von den *Wahlverwandtschaften* blicken am Ende Engelsbilder von einer Kirchendecke auf die Gruft herab, die die sterblichen Überreste der beiden Märtyrer der Liebe birgt. Und als ihn selbst als Mittsechziger erneut die Liebe packt, flüchtet er sich in das Kostüm des «reinen Ostens», der orientalischen Sprach- und Bilderwelt, um die sich Mythologen wie Görres und Creuzer gemüht hatten. Bei alledem aber genießt es der Kunsttheoretiker Goethe geradezu, dem Romantischen die klassische Meinung zu sagen, es samt allem Religiös-Patriotisch-Mittelalterlichen in seine Schranken zu verweisen und sich von ihm zu distanzieren. Widersprüche über Widersprüche.

Daß die theoretischen Ansichten bedeutender Künstler von ihrer Praxis abweichen, wird oft beobachtet, und Goethe ist darin keine Ausnahme. Aber die Vehemenz seiner Kritik am Romantischen, zusammen mit dem Einfluß, den seine Meinungen ausübten, fordert doch das Nachdenken über die Ursachen derartiger Divergenzen. Vom 28. August 1807, Goethes neunundfünfzigstem Geburtstag, berichtet Friedrich Wilhelm Riemer, daß ein Gespräch über das Antike und das Romantische stattgefunden habe, wobei letzteres von Goethe mit dem Modernen gleichgesetzt wurde. Die Prädikate dafür können nicht unfreundlicher sein. Absurd, phantastisch, zügellos, betrunken, unwirklich, unmöglich, täuschend, komisch, geschmacklos, willkürlich, sinnlich, unnatürlich, gemacht, gesucht, gesteigert, übertrieben, bizarr, fratzenhaft, karikaturartig, stillos, maßlos, ohne Charakter – all das ist auf kaum mehr als einer Seite von Riemer als Eigenart des Romantischen zusammengetragen und entsprach, wenn man ihm glauben darf, Goethes eigener Ansicht davon. Die Glaubhaftigkeit wiederum kann nicht prinzipiell in Zweifel gezogen werden, gibt es doch eine Reihe von autorisierten Äußerungen Goethes, die zumindest die gleiche

Richtung des Urteils besitzen, auch wenn der Katalog des Schlimmromantischen nirgends so üppig und umfassend wiederkehrt wie hier in Riemers Geburtstagsbericht.

Möchte man Goethes Theorien über romantische und klassische Kunst näherkommen, so wird man zunächst davon absehen müssen, unbedingt und überall eine Versöhnung mit seiner literarischen Praxis herstellen zu wollen. Das ist weder nötig noch möglich. Manches von dieser Widersprüchlichkeit in Goethe hat zweifellos biographische Ursachen; es entstand in der Lebenssituation eines von aller Welt geachteten und gesuchten berühmten Mannes an der Schwelle des Alters. Seine Bindungen zur jüngeren deutschen Literatur waren seit den Blütetagen der Jenaer Gruppe schwächer geworden. Damals rief man ihn noch als Schiedsrichter an, wenn man nicht wußte, ob Texte im *Athenaeum* veröffentlicht werden sollten oder nicht, und die jungen Leute machten immer wieder ihre Aufwartung in Weimar. Das hatte sich gelegt. Von den Schlegels kam ihm Kritisches über sich zu Ohren und von dem inzwischen verstorbenen Novalis dessen scharfe Auseinandersetzung mit dem *Wilhelm Meister* zu Gesicht. Brentanos Manuskript der Komödie *Ponce de Leon* hatte er für einen Weimarer Preis abgelehnt, zu dessen Schwester Bettine bestand zunächst eine undeutlich zwischen Sinnlichkeit und Verehrung schwankende Beziehung, bis es, als sie schon Arnims Frau war, zu einer tätlichen Auseinandersetzung zwischen ihr und Christiane von Goethe und damit zum Bruche kam. Zacharias Werner lud sich durch seine Aufdringlichkeit aus Weimar selbst aus, mit Kleists und Hoffmanns Werk hatte Goethe wie mit dem Hölderlins von vornherein nichts anzufangen vermocht, von Fouqué hielt er nicht viel, und andere, jüngere Poeten wie Chamisso, Eichendorff oder Uhland nahm er kaum oder gar nicht wahr. Daß sie in ihren Anfängen von anderen, heute vergessenen Talenten, die sich Goethe präsentierten, auch wohl nicht ohne weiteres unterscheidbar waren, kann ihm zu einer gewissen Entschuldigung dienen, denn die Moden wurden von vielen kolportiert. Außerdem hegte er, der es mit seinem Christentum ohnehin nie besonders strenggenommen hatte, eine Abneigung gegen katholisierende Mittelalterschwärmerei, wie sie insbesondere sekundäre Talente betrieben, und dem Patriotischen stand er gleichfalls fern als der Epimenides, der sich zu kritischer nationaler Zeit in den Heilschlaf begibt (vgl. S.79). Tieck gegenüber aber bekannte er einmal freundlich: «Laßen Sie uns ja bey dieser Gelegenheit wohl betrachten, welchen großen Werth es hat mehrere Jahre neben einander, wenn auch in verschiedenen Richtungen gegangen zu seyn. Waren die früheren Zwecke redlich und ernstlich, so neigen sie sich in späteren Tagen wieder von selbst zu einander, besonders wenn man gewahren muß daß die nachfolgenden in solchen Divergenzen hinauszuschwärmen geboren sind, die kein Begegnen mit dem was wir für das Ächte und Wahre halten jemals hoffen lassen.» (2.1.1824) Über den Enkeln versöhnten sich die Väter und Söhne – schon

1799 hatte Goethe übrigens in Jena Tiecks Vorlesung seiner romantisch-mittelalterlichen heiligen *Genoveva* so hingerissen gelauscht, «daß ich die nahertönende Thurmglocke überhörte und Mitternacht unvermuthet herbeykam» (9.9. 1829, vgl. Bd. 1, S. 539).

Goethes Festhalten am Ideal einer klassischen Kunst ist zu einem nicht unwesentlichen Teil in seiner Vereinsamung in Weimar begründet, die nun freilich ihrerseits wieder ihre Ursache darin besaß, daß er sich seit Italien und dem Bund mit Schiller einen Kunstklassizismus erarbeitet hatte, der ihm die Möglichkeit zu neuem künstlerischem Ausdruck und dem Wunschbild einer humanen Harmonie gab, mit der er sich weit über die Provinzialität deutscher Verhältnisse erhob. Theorie jedoch war Erörterbares, war Sache des Gesprächs zwischen dem Meister und dem Kreise seiner Freunde und Assistenten. Riemer, Eckermann oder Johann Heinrich Meyer umgaben ihn in den letzten zweieinhalb Jahrzehnten nicht deshalb, damit sie ihn herausforderten, ihm widersprachen und förderten; sie bildeten vielmehr einen Kreis von verehrenden Gleichgesinnten mit geringerer geistiger Flexibilität, der ihn nur bestätigte. Der Bereich des Nicht-Erörterbaren hingegen, das künstlerische Schaffen, das für sich allein entstand, blieb bei Goethe von der Strenge der Theorie frei.

Publikationsorgan für Goethesches Kunstdenken in seinem Alter wurde das Journal *Über Kunst und Alterthum,* das in acht Bänden zwischen 1816 und 1827 zu seinem höheren Ruhm erschien, hauptsächlich von Beiträgen Goethes und seiner engsten Weimarer Freunde bestritten. Begonnen hatte es mit einem Beitrag *Über Kunst und Alterthum in den Rhein und Mayn Gegenden,* der dem Journal dann den Namen gab und einen Bericht Goethes über seine Reise in diese Gegend im Sommer des voraufgehenden Jahres darstellte. Mit der Lässigkeit einer Persönlichkeit, die weiß, daß sie schon durch sich selbst interessant ist, präsentiert Goethe hier Impressionen seiner Kunstbeobachtungen auf dieser Reise, die sich nun allerdings auf alles andere als antike Kunst beziehen. Angesichts des Kölner Doms wird «die kühne Frage nochmals» aufgeworfen, «ob nicht jetzt der günstigste Zeitpunct sey, an den Fortbau eines solchen Werks zu denken», eine Frage, die freilich kein Ja findet, da der Dom aller finanziellen «Hülfsmittel» beraubt sei. Aber jedenfalls ist es wesentlich christliche Kunst, über die Goethe wenn auch nicht schwärmerisch, so doch sympathisierend berichtet, sogar der gegenwärtigen «patriotischen Deutschen» väterlich wohlwollend gedenkend, bis dann im zweiten Heft Meyers Aufsatz über *Neu-deutsche religios-patriotische Kunst* (vgl. S. 246 ff.) den Akzent wieder umkehrt und der alten Verachtung des Romantischen laut das Wort redet.

In zwei Beiträgen hat Goethe den Gegensatz selbst noch einmal aufgegriffen, und zwar 1818 in den Aufsätzen *Antik und modern* sowie *Klassiker und Romantiker in Italien, sich heftig bekämpfend.* Im zweiten kommt die Klage zum Ausdruck, daß durch die Wendung zum Romantischen, zu

«christlich-religiosen Gesinnungen» und den «trüben, nordischen Helden-
sagen» eine Art Mode entstanden sei, «so daß jetzt kaum ein Dichter,
Maler, Bildhauer übrig geblieben, der sich nicht religiosen Gefühlen hin-
gäbe und analogen Gegenständen widmete». Derjenige aber, der von
Jugend auf seine Bildung den Griechen und Römern verdanke, könne ein
antikes Herkommen nie verleugnen, auch wenn er schließlich modern
endige, wo er antik angefangen habe. Und so kommt es denn im ersten
Aufsatz zu jener gern zitierten Forderung Goethes, die aus seiner Bewunderung antiker Kunst entspringt:

> «Die Klarheit der Ansicht, die Heiterkeit der Aufnahme, die Leichtig-
> keit der Mittheilung das ist es was uns entzückt, und wenn wir nun
> behaupten, dieses alles finden wir in den ächt griechischen Werken,
> und zwar geleistet am edelsten Stoff, am würdigsten Gehalt, mit siche-
> rer und vollendeter Ausführung, so wird man uns verstehen, wenn wir
> immer von dort ausgehen, und immer dort hinweisen. Jeder sey auf
> seine Art ein Grieche! Aber er sey's.»

Im September 1818, also bald nach der Publikation des ersten Aufsatzes im
ersten Heft des zweiten Jahrgangs von *Kunst und Alterthum,* erschienen –
noch dazu im Weimarer *Journal für Literatur, Kunst, Luxus und Mode* –
Bemerkungen zu dieser Vorliebe Goethes für die Klassiker. Darin wird die
Frage aufgeworfen, ob Goethe nicht dem Versuch, die Gegenwart von
Ungehörigem, Leblosem und Veraltetem freizuhalten, dadurch schade, daß
er ängstlich bemüht sei, «alles was an treflichen Köpfen die Gegenwart
besitzt, auf's Alterthum der Griechen und Römer hauptsächlich zurückzu-
weisen». Er wäre bei seinem umfassenden Sinn und schöner Naturanlage
«allenfalls auch ohne Griechen und Römer Goethe geworden», meint der
Autor, während andere selbst mit Griechen und Römern sich nicht auf seine
Höhe hätten heben können. Er verweist Goethe auf das «Schauervolle,
Grausenhafte in seinen beßten Romanzen», auf den *Faust* und schließlich
darauf, daß selbst in der *Pandora* trotz durchgeführter «antiker Nomencla-
tur» sehr viel moderner Geist und deutscher Sinn stecke. Und er schließt
mit den kräftigen Worten:

> «Wer sind die Griechen, daß sie verdient haben, so überschwänglich
> im Besitz alles ursprünglich Schönen, Rechten und Wahren einzig und
> allein zu seyn, und wer sind wir Neuern, daß wir es verschuldet haben
> sollen, auf so gemeinen Anlagen gegründet zu seyn, um ewig und ewig
> immer nur nachahmen und entlehnen zu müssen. Der Affe ist dem
> Menschen doch sonst ziemlich verhaßt; giebt es denn einen Welt- und
> Gottesplan, nach dem ein Mensch des andern Affe zu seyn die traurige
> Bestimmung hat?»

Goethes Aufsatz über Klassiker und Romantiker stammt aus dem Oktober

1818, obwohl er erst 1820 im zweiten Heft des zweiten Jahrgangs von *Kunst und Alterthum* veröffentlicht wurde. Es hat ganz den Anschein, als ob Goethe sich darin die Mahnungen seines Kritikers habe zu Herzen gehen lassen, auch wenn er hauptsächlich nur über italienische Literatur redet. Aber in solchem Zusammenhang berichtet er immerhin von dem Plan zu einem italienischen Journal, das «Der Vermittler» heißen sollte, und vermittelnd ist schließlich auch, was er selbst in Sachen Romantik vorzubringen hat. Daß alles Vaterländische und Heimische zum Romantischen gerechnet werde, sei wohl überhaupt ein Mißverständnis, und es erhelle, «daß unter diesem Namen alles begriffen sey was in der Gegenwart lebt und lebendig auf den Augenblick wirkt». Goethe fügt, eigene Position mit der anderen vermittelnd, hinzu, es sei durch solche Bedeutungsverschiebungen ein Beispiel dafür gegeben, «daß ein Wort durch Gebrauchsfolge einen ganz entgegengesetzten Sinn annehmen kann, da das eigentlich Romantische unseren Sitten nicht näher liegt als Griechisches und Römisches». Etwas Eigensinn steckte in der letzten Behauptung, denn um ein Stück weiter waren die Griechen und Römer den Deutschen doch noch entfernt als die Ursprünge und die Geschichte christlicher und deutscher Kunst und Literatur. Aber damit hatte es für ihn dann sein Bewenden und durfte es auch, denn alle die Blicke zurück hinderten ihn nicht daran, sein Auge zugleich auf die Zukunft zu richten. Im sechsten und letzten Band von *Kunst und Alterthum* spricht er von dem, was man überall von dem «Vorschreiten des Menschengeschlechts» höre, «von den weiteren Aussichten der Welt- und Menschenverhältnisse». Die Zeit rapider technischer Veränderungen legte es nahe. Nur sei darüber zu befinden nicht seines Amtes. Überzeugt aber sei er, daß sich «eine allgemeine *Weltliteratur*» bilde, «worin uns Deutschen eine ehrenvolle Rolle vorbehalten ist». Kunst und Welt, Altertum und Gegenwart, Klassisches und Romantisches, Nationalität und Weltbürgertum – in dem Wunsch zur Versöhnung, Vermittlung der Gegensätze kulminiert, was Goethe an Gedanken zur Kunst seinen Zeitgenossen mitzuteilen hatte, und so durfte er ihnen auch ihr Klassiker sein, wie er umgeben von seinen suchenden, fragenden, über sich hinaus strebenden Gestalten, von Werther, Wilhelm Meister und Faust, der Welt ein deutscher Romantiker geworden ist.

Daß diese Weltliteratur dann ihrerseits etwas anderes wurde, als es sich Goethe vielleicht vorstellte, und daß sie nicht immer nach seinem Geschmacke war, tut im Grunde nichts zur Sache. Als er 1831 Victor Hugos gerade erschienenen Roman *Der Glöckner von Notre-Dame* gelesen hatte, bemerkt er zu Eckermann verärgert: «Es ist das abscheulichste Buch, das je geschrieben worden!» Ohne alle Natur sei es und ohne alle Wahrheit, mit elenden hölzernen Puppen bevölkert statt wahrer Menschen. Und dann kopfschüttelnd: «Was ist das aber für eine Zeit, die ein solches Buch nicht allein möglich macht und hervorruft, sondern es sogar ganz erträglich und ergötzlich findet!» (27.6. 1831) In seiner Novelle *Die Vogelscheuche* (1835) führt Tieck eine Person vor, die eben das tut – Amalie von Weilern, zwar nicht das Sprachrohr des Dichters, aber eine ernstzunehmende Gestalt in einer skurrilen Geschichte. Amalie entschuldigt sich dort nämlich dafür, das Buch überhaupt bei sich liegen zu haben, was im übrigen andeutet, daß Goethes Urteil offenbar auch das der guten Gesellschaft in Deutschland war. Gerade der Widerwille und der Ekel, den es errege, sei aber das gewesen, was sie angezogen habe. Und um das zu erklären: «Jede Geisteskrankheit, jeder Zustand, der von dem abweicht, was wir Natur und das Nothwendige und Wahre nennen, fesselt unsere Aufmerksamkeit.» Nicht die Schönheit allein tue das: «Das entschieden Häßliche kann, wenn der Maler Talent hat, uns so fasciniren, wie jene Schlange, die durch ihren Blick die kleinen Vögel so bezaubert, daß sie ihr in den Rachen fliegen müssen. So habe ich also dieses Krankheits-Symptom, oder diese ihre Romantik, wie die Franzosen sie nennen, mir etwas näher ins Auge gefaßt, auch um zu erfahren, in wiefern das neuste Jahrzehend mit dem linken Fuß zuerst aus dem Bette getreten ist.» 1829 schon hatte Goethe, auf «die neuesten französischen Dichter» bezogen, Eckermann gegenüber das Klassische das Gesunde und das Romantische das Kranke genannt, wobei er allerdings «die *Nibelungen*» diesmal unter das Klassische zählte, nachdem er gesehen hatte, was unter der Fahne des Romantischen marschierte. Denn die letzte Instanz seines theoretischen Urteils war nicht die Logik der Begriffe, sondern sein Geschmack, und der fügt sich nicht immer der Logik. Das Urteil von Tiecks Novellengestalt aber verweist auf die Sprengkraft, die in diesem Romantischen bereitlag. Bald sollte die «Ästhetik des Häßlichen» ein Thema der Kunsttheorie werden und die Verzerrung des Menschlichen ein Thema der Kunst: Die technische Revolution, von deren Anfängen Goethe noch Zeuge wurde, legte den Grund dafür, und was er als Absurdes, Bizarres, Fratzenhaftes, Phantastisches, Maßloses der Romantik zurechnete, sollte ein Jahrhundert später aus gutem geschichtlichem Grund das Bild der Kunst zu einem beträchtlichen Teile prägen. In den Werken, die Goethe zu der von ihm getauften Weltliteratur beisteuerte, also im *Faust* vor allem, aber auch in den Wilhelm-Meister-Romanen, hat er im übrigen selbst in mancher Hinsicht romantische Theorien angewendet und erfüllt, ohne die Absicht dazu zu haben. Das gilt für sein Experimentieren mit der Romanform, und es gilt ebenso für die Universalität der *Faust*-Dichtung in ihrer Thematik wie in einer Form, die den romantischen Plänen zur Aufhebung der klassischen Gattungsgrenzen durchaus entsprochen hätte. Denn jene «Kunstperiode», die nach Heines Wort bei der Wiege Goethes angefangen hatte und bei seinem Sarge aufhören sollte, hatte in gut dialektischer Art in ihrem Schoß durchaus schon die Kräfte entwickelt, die in der kommenden Zeit wirksam werden sollten.

WERKE

VIERTES KAPITEL

ERZÄHLENDE LITERATUR

1. Prosakunst auf dem Buchmarkt

Die Erkenntnis, daß Sprachkunst nicht nur in Versen auftreten könne, wuchs erst allmählich im Laufe des 18. Jahrhunderts. Selbst als der Triumph des Romans durch die zunehmenden Leserzahlen offenkundig geworden war, dauerte es noch geraume Zeit, bis die Ästhetiker den Roman und die Prosa überhaupt als Kunstform akkreditierten. Der «Romanschreiber» sei nur der «Halbbruder» des Dichters, hatte Schiller in seiner Abhandlung über *Naive und sentimentalische Dichtung* erklärt, die zur selben Zeit wie *Wilhelm Meisters Lehrjahre* erschien, den Schiller wiederum im Manuskript gelesen hatte und dem er freilich auch den Rang eines vollendeten Kunstwerks nicht absprach. Aber insgesamt war Prosa doch eben immer nur Prosa, schien Gips gegenüber dem Marmor des Epos zu sein. Für Hegel setzte der Roman, den er die «moderne *bürgerliche* Epopöe» nannte, «eine bereits zur *Prosa* gewordene Wirklichkeit voraus», nicht mehr den *«ursprünglich* poetischen Weltzustand», und in ihm stand der «Poesie des Herzens» die «Prosa der Verhältnisse» entgegen. Wohin man sieht: Prosa war das im Grunde nüchtern Bürgerliche, Unheroische, aber damit eigentlich auch Unpoetische. Dennoch ließ sich ihr Sieg über den Vers nicht mehr aufhalten, auch wenn Epen noch weiter geschrieben wurden, oft sogar in regelrechtem Protest gegen die überhandnehmende Romanproduktion und die korrespondierende Lesewut des Publikums. Die Prosa jedoch breitete sich weiter und weiter aus in der Literatur. Neben der Erzählkunst in Prosa entwickelten sich andere, selbständige Formen der Prosakunst. Brief und Tagebuch zum Beispiel wurden nicht mehr nur als Fiktionen innerhalb eines Romans benutzt, sondern auch als selbständige Dokumente zu Kunstwerken verwoben wie in Goethes *Italienischer Reise* oder den Briefbüchern Bettine von Arnims. Das Dokumentarische drang in die Schreibkunst ein. Die Kunst der Essayistik entfaltete sich und ebenso die der Reisebücher.

Johann Carl Wezels und später Hegels Definition vom Roman als «bürgerlicher Epopöe» (vgl. Bd. 1, S. 270) verwies auf wesentliche Ursachen solcher Veränderungen. Die zunehmende Bedeutung der Prosa hatte tatsächlich mit den bürgerlichen Verhältnissen zu tun, mit jenen beiden Dingen vor allem, die die Geschichte als ausgesprochen bürgerliche Errungenschaften betrachtet, mit Bildung und Technik, mit Aufklärung als pädagogischem

Prinzip und den Naturwissenschaften als Mittel der Naturbeherrschung. Der Buchdruck und später die maschinelle Produktion von Büchern waren die äußeren Voraussetzungen für das Vordringen der Prosa; die Fähigkeit zu lesen und damit die Möglichkeit, still und für sich in ein sprachliches Kunstwerk einzudringen, bildete die innere Voraussetzung dafür. Von da an war die Ausbreitung des Buchmarktes mit vorwiegend erzählender Literatur, mit Romanen, moralischen Erzählungen, Novellen, Kalendergeschichten oder Märchen nur noch eine Sache des sich gegenseitig steigernden Ausgleichs zwischen Angebot und Nachfrage. Lesen hörte auf, ein Privileg von wenigen zu sein, und wurde zum Bedürfnis für viele. «Nachher, wenn die Frau Gräfin einen Band durch hat, lesen wir ihn auch im Bedientenzimmer», ließ Wilhelm Hauff in seiner kleinen Studie *Die Bücher und die Lesewelt* (1827) einen Diener dem Besitzer der Leihbibliothek gegenüber erklären. Die Leihbibliothek wurde zu einem der wichtigsten Medien der Literaturvermittlung im frühen 19. Jahrhundert. «Die Leihbibliotheken studiere, wer den Geist des Volkes kennen lernen will», erklärt der Bibliothekar in Hauffs Studie und fügt sogleich erläuternd hinzu, daß die beliebten und gefragten Autoren freilich nicht Jean Paul oder Herder seien, sondern eher Clauren, Cramer, Caroline Pichler und vor ihnen noch Walter Scott, dessen Werke beinahe so verbreitet seien «als die Bibel». Hauffs Bibliothekar klagt damit in zwei verschiedene Richtungen. Einmal ist es die Banalität des herrschenden Lesegeschmacks, die seine Unzufriedenheit herausfordert, und in Verbindung damit die tatsächliche oder kalkulierte Banalität der deutschen Autoren, die ihm entgegenkommen. Er schlägt sogar ironisch die Einrichtung einer Art Literaturfabrik, einer «Gesellschaft von Romanschreibern» vor, in der jeweils einer der Schreibenden für ein gewisses Ressort, für Landschaften, Kostüme, Gespräche, das Komische oder Tragische zuständig ist, so daß auf diese Weise Romane nach vorgesetzten Mustern an einer Art Fließband rasch und in großer Menge entstehen können – ein Plan, der nicht weit von der Wirklichkeit der späteren Produktion von Trivialliteratur entfernt liegt. Die Klage des Bibliothekars richtet sich jedoch auch auf den Unterschied zwischen angelsächsischer und deutscher Literatur. Scott und neben ihm anderen Publikumslieblingen wie James Fenimore Cooper oder Washington Irving gesteht er durchaus Qualität zu, aber ihr Erfolg läßt ihn schlechte deutsche Nachahmungen in großer Zahl fürchten und außerdem den Ruin des eigenen Geschäfts, wenn «Groschenbibliotheken» sich dieser Literatur annähmen und sie für jedermann erschwinglich machten. Mit Goethe und Schiller aber sei kein Geschäft mehr zu machen: «Das Publikum hat Glauben, Vertrauen und Lust an unserer Literatur verloren.»

Nun waren freilich weder Goethes noch Schillers Werke kaum je Verkaufsschlager gewesen, und was die Popularität von Jean Paul angeht, so war sie im Hinblick auf den Absatz der Bücher sicherlich nicht so groß wie sein Ruf (vgl. Bd. 1, S. 332). Immerhin aber geht aus Hauffs Studie hervor, daß sich am Anfang des 19.Jahrhunderts jener Buchmarkt in Deutschland herausbildete, der sich in der folgenden Zeit nur noch quantitativ, aber nicht mehr qualitativ veränderte, bis schließlich andere technische Medien zur Unterhaltung neben dem Buch ihr Recht zu beanspruchen begannen. Die Buchproduktion stieg an, durch die Erfindung der Schnellpresse wurden die Bücher billiger, Erzählprosa dominierte mehr und mehr, eine üppige Trivialliteratur entstand, und das Bessere kam hauptsächlich aus dem Ausland. Die im Deutschen so oft und zu Recht beklagte Kluft zwischen Unterhaltungsliteratur und anspruchsvoller Literatur (vgl. Bd. 1, S. 295) weitete sich; Beispiele dafür gibt es in der gesamten Erzählkunst der hier zu betrachtenden Periode. Brücken jedoch sind immer wieder von ausländischen Schriftstellern gebaut worden, über die sich die Anspruchsvolleren das Unterhaltende und die Unterhaltungslustigen das Anspruchsvollere besorgten.

Bei dem Blick auf den Buchmarkt dieser Jahre sind die Institutionen des Buchhandels zu bedenken. Von den älteren gehörte der Kolporteur noch dazu, der die weitgehend ländliche Bevölkerung der deutschen Staaten mit Lesestoff versorgte und dem es allein um das Geschäft zu tun war, nicht um die Bildung seiner Klientel. Er ergänzte auf diese Weise die städtische Leihbibliothek, auch wenn sein Gut nicht allein in Romanen, sondern ebenso in Erbauungsschriften und Sachliteratur bestand, so daß sein Einfluß durch die Auswahl oft von großer Bedeutung sein konnte, selbst wenn es nicht in seiner unmittelbaren Absicht lag. Auf der anderen Seite aber entwickelte sich in Deutschland ein Buchhandel, der sich musterhaft organisierte und sich außerdem pädagogische und patriotische Ziele vorsetzte. Friedrich Christoph Perthes hat mit seiner Schrift *Der deutsche Buchhandel als Bedingung des Daseyns einer deutschen Literatur* (1816) bahnbrechend gewirkt (vgl. S. 118 f.), wenn er die Literatur als «den Gesamtausdruck des geistigen Lebens deutscher Völker» betrachtete und dieses geistige Leben durch verantwortliche Verbreitung der Literatur den Deutschen ins Bewußtsein heben wollte. In einem Beitrag *Vom freien Geistes-Verkehr* in Heinrich Ludens Jenaer Zeitschrift *Nemesis* war 1814 sogar die Idee vom besoldeten Nationalschriftsteller erörtert worden, damit der Autor auf diese Weise nicht um den Gewinn aus seiner Arbeit betrogen werde, was wegen der vielen Nachdrucker und in Ermangelung eines allgemein gültigen Urheberrechts eine ständige Bedrohung schriftstellerischer Existenz darstellte. Dabei werden zugleich einige der Zeit weit vorauseilende Vorschläge zu einem Erbrecht für geistiges Eigentum, also zu dessen Schutz über den Tod des Autors hinaus gemacht, und außerdem für eine Steuer der Bibliothek an den Schriftsteller dafür, «daß sie ihm den Markt verderbt» durch die für ihn ertraglose Ausleihe seiner Bücher. Das Bewußtsein, daß Literatur ein Produkt ist, das der Autor, selbst wenn er es um höherer Ideen willen produ-

ziert, doch zu seinem Lebensunterhalt zu verkaufen genötigt ist, setzte sich
durch. In seiner Erzählung *Der Jahrmarkt* (1832) hat Ludwig Tieck alte und
neue Welt der Bücherproduktion hart aufeinanderstoßen lassen. Gutsbesit-
zer Titus, der Jean-Paul-Verehrer, der in seinem Stil Romane schreibt, ist
angewidert von dem Angebot eines Verlegers, nach dessen Vorschriften aus
modischen Gedanken und Versatzstücken ein Buch zusammenzuschreiben,
worauf er sich sagen lassen muß:

> «Wo kommen Sie denn her? [. . .] Wie fremd sind Sie in der Literatur.
> Zwei Dritteil unserer Bücher werden von uns Buchhändlern geradezu
> bestellt. Und das ist auch recht und billig. Wir sitzen an der Quelle der
> Erfahrung und sehen, was gekauft, was vernachlässiget wird. Macht
> was Aufsehen, Furore, reißt man sich darum, ist unsereins gleich hin-
> terdrein, da wird fortgesetzt, ergänzt, in derselben Manier etwas gelie-
> fert. Oder wir bemerken von unserer Warte herab eine Lücke in der
> Literatur: gleich lassen wir sie durch ein neues Buch ausfüllen. [. . .]
> Wir sind die Verwalter der Wissenschaft und Literatur, und die
> Gelehrten und Schriftsteller nur unsere Handlanger, wenige abgerech-
> net, die sich emanzipieren wollen. Aber wir werden, wie ein großes
> Fabrikgeschäft, gewiß binnen kurzem die ganze Sache des Volkstums
> und Volkswissens ganz allein dirigieren.»

Der Verleger und das Käuferpublikum wurden die Mäzene der Literatur.

2. Erzählformen

Für die europäische und nordamerikanische Literatur wurde der Roman im
19. Jahrhundert zur dominierenden, populärsten Form erzählender Prosa.
Auch die Deutschen hatten ihren Anteil daran, wenngleich mit weniger
Glück als die Autoren anderer Nationen. Die Behauptung, daß bei ihnen
die Guten nicht populär und die Populären nicht gut waren, mag in solcher
Zuspitzung zu allgemein und damit fragwürdig sein. Blickt man jedoch auf
das, was im Bereiche der deutschen erzählenden Literatur aus der Zeit zwischen 1806 und 1830 auf lange Sicht nationale wie internationale Anerkennung gefunden hat, so werden sich darunter nur wenige Romane finden.
Für die strengsten Kritiker mögen aus diesem Gesichtspunkt sogar nur
Goethes *Wahlverwandtschaften* übrigbleiben. Dafür aber eroberten sich
Hoffmanns Erzählungen rasch europäische Aufmerksamkeit, Kleists internationaler Ruhm als Erzähler wuchs langsamer, jedoch stetig, und auch
eine Reihe von Novellen wie Chamissos *Peter Schlemihls wundersame
Geschichte* oder Fouqués *Undine* drangen über die deutschen Grenzen hinaus. Die Novelle wurde tatsächlich der wirksamste Beitrag der Deutschen
zur Erzählkunst im 19. Jahrhundert, und neben ihr wurden es mit grenzen-

loser Popularität die Märchen der Brüder Grimm. Roman, Novelle und Märchen sind deshalb als wichtigste Erzählformen dieser Zeit nebeneinanderzustellen. Wenn ihnen die Kalendergeschichte als vierte Form zugesellt wird, dann allerdings nur eines einzigen Autors wegen, nämlich Johann Peter Hebels, der sich mit dieser Form einen besonderen Platz in der Geschichte deutscher Literatur erworben hat.

Bürgerliche Epopöen

Das Epos wollte Jacob Grimm an den Ursprung aller Poesie gesetzt sehen als Dokument göttlichen Ursprungs, noch vor die archaischen Anfänge von Lyrik und Drama also. Die Entstehung des Romans hingegen hatte sich geradezu noch unter den Augen der Gegenwart vollzogen. Er hatte so, wie er sich am Ende des 18. Jahrhunderts ausbreitete, eine übersehbare Geschichte, deren technische wie soziale Voraussetzungen offen zutage lagen. Das gerade erklärte allerdings auch die Zurückhaltung der Ästhetiker dieser neuen Form gegenüber, die in einer Zeit erwachenden Geschichtsbewußtseins weder den Segen der nationalen Geschichte noch den der Klassizität besaß. Dabei schien der Aufstieg des Romans im 18. Jahrhundert geradenwegs zu dessen Sieg über die anderen Kunstformen auch in der Theorie zu führen. Auf dem Höhepunkt der Propagierung einer neuen, romantischen Kunst, in Friedrich Schlegels *Gespräch über die Poesie*, 1800 im *Athenaeum* veröffentlicht, war von ihm der Roman rundheraus als «romantisches», also ideales Buch deklariert worden und als «gemischt aus Erzählung, Gesang und andern Formen», worunter sogar die Theorie des Romans im Roman gehören sollte. In den eigenen praktischen Versuchen, in Schlegels *Lucinde* oder in Novalis' *Heinrich von Ofterdingen*, sollte die Verwirklichung eines solchen Ideals erstrebt werden. Beide jedoch waren Fragment geblieben wie übrigens zunächst auch Goethes bewunderte Darstellung von *Wilhelm Meisters Lehrjahren*, die eindeutig nur den ersten Teil eines Weges zur Meisterschaft bildeten. Das Interesse am *Nibelungenlied* und allgemein am alten deutschen Epos nach 1800 war wiederum dem weiteren Aufstieg des Romans in Deutschland nicht günstig, zumindest nicht seinem Aufstieg in der Achtung der Theoretiker. Gewiß verstand Jacob Grimm bei aller schwärmerischen Verehrung des Epos, daß dessen Zeit abgelaufen war, und sein Bruder Wilhelm hat in einer großen Rezension von Arnims *Gräfin Dolores* 1810 Ort und Absicht des Romans in der Zeit deutlich und leidenschaftlich bezeichnet, wenn er ihn «das wichtigste Buch der modernen Poesie» nennt und dann fortfährt:

> «Er vertritt gewissermaßen die Stelle des Epos. Dieses entspringt in der Zeit einer großen Nationalgesinnung, es begreift daher in dem Ganzen jeden Einzelnen, und seine Thaten schreiten über die Erde hin wie ein

großes Heer, wie die Wandrung eines Volks; es dringt über die Felder, Berge, Thäler und Flüsse, aber auch in die einsamste Hütte, und betrachtet das niedrigste Leben, wie das höchste. Während unten bey lustigen Feuern das Volk sich lagert und tummelt, hat der König und die Helden die Nachtwache oben auf den Bergen, er sieht die Sterne und ihren Gang, und welches Schicksal sie verkündigen, und auf seinen Ruf versammeln sich alle gehorsam unter ihm. Der Roman entsteht da, wo das Leben einsam geworden, in einem gemeinschaftlichen Interesse sich nicht mehr vereinigt, wo es keine öffentliche Versammlung mehr gibt. Er betrachtet die Erscheinung und das Streben des Einzelnen in dieser Zeit, die Verbindung der Familien, die wir als das Liebste und Wichtigste derselben ansehen: alles was nicht erstarrt sich noch regen und bewegen kann.»

Verbürgerlichung der Literatur in einer arbeitsteiligen Gesellschaft gibt dem Roman, der «gegenwärtiges Leben» fordere, seine äußeren Bedingungen, aber gesagt wird das von Wilhelm Grimm mit einem Unterton der Resignation, die im übrigen die Kritik an der Definition vom Roman als «romantischem Buch» einschließt.

Dem Respekt vor dem Roman als eigener Kunstform waren die Vergleiche mit dem Epos nicht dienlich. In Solgers *Vorlesungen über Ästhetik* (1819) wird der Roman zwischen Märchen und Erzählung nur mit wenigen Bemerkungen im Anhang zur ausführlichen Behandlung des Epos bedacht, obwohl Solger sich freilich über die Bedeutung dieser neuen Form durchaus im klaren war. In seinem Essay über Goethes *Wahlverwandtschaften* von 1809 steht der Satz: «Alle heutige Kunst beruht auf dem Roman, selbst das Drama.» Denn Gegenstand dieser Form sei das Verhältnis zwischen Individuum und Gattung, und eben das sei der einzig moderne Konflikt. Auch bei Hegel erscheint «das Romanhafte» zwar nur als Nachtrag bei der Behandlung der romantisch-heroischen Kunst, aber auch bei ihm erhält es die Bedeutung des Modernen. Es sei, so erklärt er, «das wieder zum Ernste, zu einem wirklichen Gehalte gewordene Rittertum» im Gegensatz zu dessen Parodie bei Cervantes. Jedoch die «Prosa der Wirklichkeit» herrsche darin – «Familie, bürgerliche Gesellschaft, Staat, Gesetze, Berufsgeschäfte usf.» –, eine «Ordnung der Dinge» also, in die der Held zwar ein Loch zu stoßen versuche, mit der er sich aber am Ende dann doch zu versöhnen hat, wenn seine Lehrjahre abgelaufen sind:

> «Denn das Ende solcher Lehrjahre besteht darin, daß sich das Subjekt die Hörner abläuft, mit seinem Wünschen und Meinen sich in die bestehenden Verhältnisse und die Vernünftigkeit derselben hineinbildet, in die Verkettung der Welt eintritt und in ihr sich einen angemessenen Standpunkt erwirbt. Mag einer auch noch soviel sich mit der Welt herumgezankt haben, umhergeschoben worden sein – zuletzt

bekommt er meistens doch sein Mädchen und irgendeine Stellung, heiratet und wird ein Philister so gut wie die anderen auch: die Frau steht der Haushaltung vor, Kinder bleiben nicht aus, das angebetete Weib, das erst die Einzige, ein Engel war, nimmt sich ohngefähr ebenso aus wie alle anderen, das Amt gibt Arbeit und Verdrießlichkeiten, die Ehe Hauskreuz, und so ist der ganze Katzenjammer der übrigen da.»

Es ist offensichtlich, daß Hegel sich seine Vorstellungen vom Roman sowohl am *Wilhelm Meister* gebildet hat wie an der gängigen Unterhaltungsliteratur, die er in ihrer Tendenz als gar nicht so verschieden von Goethes Roman betrachtet haben mag. Novalis' Kritik am *Wilhelm Meister,* am Untergang der Poesie darin, an der bürgerlichen «Wallfahrt nach dem Adelsdiplom» und am «Eindringen des Evangeliums der Oeconomie» lag im Grunde auf derselben Linie, nur daß Novalis als Schriftsteller hoffte, mit der eigenen Arbeit Goethe zu übertreffen, während Hegel als der historisch urteilende Philosoph und Kunsttheoretiker lediglich eine Entwicklung konstatierte, für die schließlich auch der bürgerliche Roman der kommenden Jahre vielfach die Anschauung lieferte. Die Weiteres und Größeres umspannenden Ziele des romantischen Romans wurden hingegen erst wieder bedeutsam, als sich das Interesse an den Darstellungen von Arrangements mit den prosaischen Verhältnissen erschöpft hatte. Denn letztlich griff die Definition des Romans als «bürgerliche Epopöe» doch zu kurz, historisierte eine neue Kunstform innerhalb der Sozialgeschichte, die zwar in deren Konstellationen ihren Ursprung hatte, die aber wie andere Kunstformen auch sehr viel weitere Möglichkeiten in sich barg als nur die Darstellung ihrer Ursprungssituation. Kunstformen wie Instrumente dienen nicht nur ihren Schöpfern, und sie lassen sich nicht nur zu den Zwecken gebrauchen, zu denen sie zunächst geschaffen worden sind. Im Laufe seiner Geschichte ist der Roman zur künstlerischen Ausdrucksform moderner Welterkenntnis in einem Maße geworden, wie sie das Epos zu seiner Zeit nicht umfassender bieten konnte. Außerdem aber wurde er im breiten Lesepublikum zum Inbegriff für Literatur schlechthin von ihren höchsten bis zu ihren trivialsten Formen. Von ihm wurden alle anderen Formen der Literatur nicht in ihrem Wert, wohl aber in ihrer Verbreitung weit abgeschlagen.

In seinen *Grundzügen ästhetischer Vorlesungen* (1808) siedelt Heinrich Luden den Roman zwischen «Poesie» und «Wirklichkeit» an. Seien im Epos Göttliches und Irdisches eins, so werde im Roman lediglich «die entgötterte Wirklichkeit hinauf verklärt zur Poesie». Das war eine weitsichtige Bemerkung, die den Roman ein Stück über die Darstellung bürgerlicher Wirklichkeit und Ökonomie erhob. Aber gleichzeitig wurden bei solch höherem Ziel doch auch die Hemmnisse offenbar, die gerade das kleine, zerfallene Deutschland einer derartigen Verklärung und Erhebung entgegensetzte.

Darüber hat Goethe bei seinem *Wilhelm Meister* geklagt; er und Schiller fragten, was wohl Großes aus dem Kleine-Leute-Romancier Jean Paul Friedrich Richter in London, in der großen Welt des britischen Königreichs geworden wäre (vgl. Bd. 1, S. 329), und auch Hegels Ansichten vom Roman mit dem sich darin in die Prosa der Verhältnisse einordnenden Subjekt waren auf die kritische Beurteilung der deutschen Verhältnisse gegründet, in denen sich «die epische Poesie» aus den «großen Völkerereignissen in die Beschränktheit privater häuslicher Zustände auf dem Lande und in der kleinen Stadt geflüchtet» hatte. Im Grunde bedürfe jedoch der Roman, so meinte Hegel, ebenso wie das Epos, der «Totalität einer Welt- und Lebensanschauung», und gerade die war im Deutschland des frühen 19. Jahrhunderts genauso schwierig zu gewinnen wie jemals zuvor. Die Propagierung des politischen Widerstands und der Enthusiasmus des Kampfes gegen Napoleon waren, wie überhaupt dergleichen Tätigkeiten, nicht Sache episch-erzählender Darstellung, wenngleich in diesen Jahren am ehesten das Bild eines größeren Ganzen für die Deutschen vorübergehend festere Umrisse bekam. Die Jahre danach aber konsolidierten wiederum die «Beschränktheit privater häuslicher Zustände» und ließen sie bei den Ingenieuren der Heiligen Allianz sogar als äußerst erwünscht erscheinen.

So waren die deutschen Leser genötigt, sich ihre besseren Romane vor allem aus dem Ausland zu holen. Walter Scott konnte am Eingang zu seinem Roman *Waverley* (1814) behaupten, daß er seinem Publikum lediglich ein Kapitel aus dem großen Buch der Natur präsentiere, worunter er die sich in der Geschichte seiner Nation manifestierenden menschlichen Leidenschaften verstand, die wiederum allen Menschen zu allen Zeiten eigen waren. In nichts anderes als in den Kampf zwischen dem partikularen Interesse der Schotten und dem größeren Interesse des britischen Königreiches gerät ja dort der Held und kommt beinahe darin um, wenn nicht die Gnade des Königs und die Liebe ihm am Ende heraushülfen. Auch Victor Hugo verband Geschichte und Gegenwart, wenn er das architektonische Monument vergangener Gläubigkeit – Notre Dame de Paris – der inzwischen entgötterten Wirklichkeit als Schauplatz menschlicher Leidenschaften vorführte. Dazu gehörte untrennbar die Einbettung dieses Schauplatzes in die Nationalgeschichte, gehörte das Bewußtsein von der großen Stadt als Zentrum dieser Nation. Die gleiche Handlung in den Kölner Dom verlegt hätte allenfalls eine Gruselgeschichte ergeben, für die tatsächlich die Deutschen einen besonderen Ruhm genossen. Wäre *Waverley* mit dem Untertitel «Ein Roman nach dem Deutschen» erschienen, meinte Scott, so hätte man damit sogleich einen lasterhaften Abt, einen tyrannischen Fürsten, eine geheime und mysteriöse Gesellschaft von Rosenkreuzern und Illuminaten sowie die zugehörigen Requisiten von schwarzen Kapuzen, von Höhlen, Dolchen, Elektrisiermaschinen, Falltüren und Blendlaternen assoziiert. So also stand es mit dem Ruf des deutschen Romans bei den Engländern.

Scotts Zauber ruhe «auf der Herrlichkeit der drei britischen Königreiche und der unerschöpflichen Mannigfaltigkeit ihrer Geschichte, während in Deutschland sich nirgends ›zwischen dem Thüringer Wald und Mecklenburgs Sandwüsten‹ ein fruchtbares Feld für den Romanschreiber finde», erklärte Goethe dem Kanzler von Müller (17.9. 1823), und er fügt hinzu, daß er selbst im *Meister* «den allerelendsten Stoff habe wählen müssen, der sich nur denken lasse, herumziehendes Komödiantenvolk und armselige Landedelleute, um nur Bewegung in sein Gemälde zu bringen». Daß er dennoch aus solcher Armseligkeit poetisches Feuer zu entfachen vermochte und daß ihm das erneut mit den *Wahlverwandtschaften* gelang, war der Triumph des Talents über die Umstände dadurch, daß es sie erkannte und darauf künstlerisch zu reagieren vermochte innerhalb der Grenzen, die jeder Persönlichkeit gegeben sind.

Seinen jüngeren deutschen Bewunderern fiel dergleichen schwerer, denn sie hatten sich nicht nur mit ihrer Zeit, sondern auch mit Goethes Werk auseinanderzusetzen. Bemerkenswert an der deutschen Romankunst nach 1806 ist, wie weit sie sich thematisch auffächerte. Im Jahrzehnt nach dem Erscheinen des *Wilhelm Meister* stand noch der Bildungs- und Entwicklungsroman junger bürgerlicher Helden im Vordergrund: Tiecks *Sternbald*, Hölderlins *Hyperion*, Schlegels *Lucinde*, Novalis' *Ofterdingen* oder Brentanos *Godwi*. Jean Paul gab mit der Erziehung des idealen Fürsten im *Titan* seinen eigenen Beitrag zu diesem Genre. Nach 1806 aber setzte im strengeren Sinne eigentlich nur noch Eichendorff mit *Ahnung und Gegenwart* diese Tradition fort, im weiteren Sinne allenfalls auch Hoffmann mit dem *Kater Murr*, obwohl hier das Muster schon ironisch gebrochen war. Bücher jedoch wie Fouqués *Zauberring* oder Arnims *Kronenwächter* versuchten trotz zentraler Heldenfiguren nicht ein Einzelschicksal, sondern vor allem Geschichte in den Griff zu bekommen, während Goethe mit den *Wahlverwandtschaften* und Arnim mit der *Gräfin Dolores* die Ehe als gesellschaftliches Phänomen in den Mittelpunkt stellten. Geschichtsroman und Gesellschaftsroman oder Zeitroman bildeten sich heraus. Jean Paul entwickelte im *Komet* eine Summe seiner dichterischen Welt- und Menschenbetrachtung, und Hoffmann experimentierte in den *Elixieren des Teufels* mit der Psychologie des Individuums in einer entgötterten Welt. Aber gerade Hoffmanns Name gibt auch das Stichwort für die Betrachtung jener Erzählform, die in diesen Jahren vor allem auf deutschem Boden aufblühte, der Novelle.

Der Aufstieg der Novelle

In der Literaturgeschichte erscheint seit dem Ausgang des 18. Jahrhunderts die Novelle als eine spezifisch deutsche Erzählform. Arnim, Brentano, Chamisso, Eichendorff, Fouqué, Hoffmann, Kleist und Tieck bezeichnen den Anfang einer Tradition novellistischen Erzählens im deutschen Sprachge-

biet, die sich dann mit Fontane, Heyse, Keller, Meyer, Raabe und Storm bis
zu Kafka und Thomas Mann sowie in die Gegenwart hinein fortsetzte. In
ihr streiften die Deutschen früh schon jene Kleinheit der Verhältnisse und
jene Esoterik ab, die ihre Romankunst lange behindert haben. Die Novelle
setzte sich rasch bei einem größeren Lesepublikum durch und errang auch
internationale Achtung, so daß zum Beispiel Hoffmanns Ruhm in Frankreich zeitweise größer war als im eigenen Lande.

Die Anfänge der neueren deutschen Novelle in der Praxis wie Theorie
liegen im letzten Jahrzehnt des 18. Jahrhunderts. In der Praxis war es Goethe, der mit den *Unterhaltungen deutscher Ausgewanderten* (1795) eine
Novellensammlung schuf, in der die einzelnen Stücke über eine Rahmenerzählung mit der unmittelbaren Zeitgeschichte verbunden waren; Novellen-
erzählen ereignete sich bei ihm charakteristisch als gesellschaftliches Erzählen, ganz so wie es das große Vorbild aller Novellenkunst, Boccaccios
Decamerone, vorgemacht hatte. Mit Boccaccio ist aber bereits auf eine
Grundlage für das Interesse der Jüngeren an der Novelle hingedeutet, denn
er gehörte zu den frühen großen Repräsentanten dessen, was man in diesen
Jahren als romantische Kunst zu verstehen und der antiken entgegenzusetzen begann. Auch Cervantes gehörte mit den *Exemplarischen Novellen* in
diese Geschichte romantischer Literatur und mit beiden zusammen eine
Reihe anderer italienischer und spanischer Erzähler. Clemens Brentano und
Sophie Brentano-Mereau gaben 1804/06 eine zweibändige Kollektion –
von ihnen übersetzter – italienischer und spanischer Novellen heraus. Die-
drich Wilhelm Soltau hatte 1801 die Novellen von Cervantes und 1803 das
Decamerone neu übersetzt. Man legte sich also die Muster in der eigenen
Sprache bereit. In Friedrich Schlegels Studienheften dieser Zeit spielte die
Theorie des Begriffs eine große Rolle. Novellen seien «romantische Fragmente», notierte er, ihr Grund sei die Anekdote, sie selbst die «Poesie der
guten Gesellschaft» und zwischen Roman und Romanze angesiedelt, etwas
von beidem in sich tragend. Vielfach wird der Begriff von ihm hin und her
gewendet, auf Sage, Märchen und Essay bezogen und manchmal schon die
Frustrationen aller Novellentheoretiker vorausnehmend, denn die Novelle
hat sich noch stets einer genauen Definition entzogen. August Wilhelm
Schlegel bestimmte in den Berliner *Vorlesungen über schöne Litteratur und
Kunst* (1803/04) die Novelle gleichfalls als gesellige und vor allem unterhaltende Erzählform, in der das «Außerordentliche» und «Einzige», ja das
«Unwahrscheinlichste» ihr Recht vor dem Alltäglichen haben, solange der
Erzähler sich an die «materielle Wahrscheinlichkeit», an die «Bedingungen
der Wirklichkeit eines Vorfalls» binde. Goethes klassisch gewordene Definition von der Novelle als einer «sich ereigneten unerhörten Begebenheit»
(1827) kündigt sich darin bereits an.

Aber die neuere deutsche Novelle war nicht nur romantisch-romanischen
Ursprungs. Die vielen neuen Zeitschriften und Journale forderten, je mehr

sie sich die Unterhaltung und Erbauung ihres Leserkreises in «müßigen Stunden» zum Ziele setzten, auch eine Menge von kürzeren Erzählungen, die in einer oder, als Fortsetzung, zumindest in wenigen Nummern gebracht werden konnten. Parallel zum Unterhaltungsroman und dem bürgerlichen Rührstück entstand deshalb in der zweiten Hälfte des 18. Jahrhunderts die moralische Erzählung, an deren Produktion sich fast alle Verfasser von Unterhaltungsliteratur damals beteiligten, im Deutschen vor allem August Lafontaine, August von Kotzebue, Benedikte Naubert und, mit dem besonderen Akzent auf der Kriminalgeschichte, August Gottlieb Meißner sowie später dann vor allem H. Clauren. Als Heinrich von Kleist 1810 vorschlug, seine Novellen unter dem Titel «Moralische Erzählungen» erscheinen zu lassen, sah er sich in dieser Tradition, allerdings nicht als deren Verwalter, sondern eher als ihr Parodist.

Christoph Martin Wieland als Pionier deutscher Novellenkunst hat nach den Abgrenzungen zwischen Novelle und moralischer Erzählung gesucht. 1803 erschien *Das Hexameron von Rosenhain*, eine Sammlung von sechs in einen Rahmen eingebetteten Novellen, von denen die eine sogar schlicht als «Die Novelle ohne Titel» überschrieben ist. Goethe hat solche Lakonik mit seiner eigenen *Novelle* (1827) wiederholt.

Wielands künstlerische Heimat war die romantisch-romanische Tradition, und wie bei Boccaccio oder Goethe wuchsen auch hier die einzelnen Novellen aus einer gesellschaftlichen Erzählsituation hervor. So beschließt man eingangs, «daß alle empfindsamen Familiengeschichten und alle sogenannten moralischen Erzählungen, worin lauter in Personen verwandelte Tugenden und Laster, lauter Menschen aus der Unschuldswelt, lauter Ideale von Gute, Edelmut, Selbstverleugnung und grenzenloser Wohltätigkeit aufgeführt werden, ein für alle Mal ausgeschlossen sein sollten». Grund für einen solchen Wunsch aber ist – darauf einigt sich die Gesellschaft im Gespräch –, daß alle diese Verkörperungen von Tugenden und Lastern unglaubwürdig erscheinen müssen, wenn man sie als «unsre Landsleute und Mitbürger» ausgibt, wenn sie also «wie Menschen aus dieser Welt aussehen sollen». Es ist das Kriterium des Realismus, das hier von Wieland an die novellistische Erzählkunst angelegt wird, wie es ja auch für den Roman galt, sobald man in ihm die «bürgerliche Epopöe» sah. Hegel hat das in der Beziehung des «Romanhaften» auf die «Prosa der Wirklichkeit» anschaulich gemacht. Nicht in «idealischen oder utopischen Landen» sollte denn auch spielen, was Wieland in seiner eigenen «Novelle ohne Titel» vortragen läßt, sondern in «unserer wirklichen Welt»; Begebenheiten sollten es sein, die sich «alle Tage allenthalben zutragen könnten».

Die Novelle entstand also in Deutschland als ein Seitenstück zum Roman und erwies sich, wie ihr Erfolg zeigt, als dem kleinen Deutschland «zwischen Thüringer Wald und Mecklenburgs Sandwüsten» (Goethe) angemessener als der nach «Totalität einer Welt- und Lebensanschauung» (Hegel) verlangende Roman.

Was im einzelnen dann wirklich die Novelle konstituierte, blieb letztlich dem schöpferischen Ingenium der Autoren überlassen. Für Goethe war es, wie er in Verbindung mit seiner eigenen *Novelle* bemerkte, weniger das Alltägliche, als vielmehr eben die «eine sich ereignete unerhörte Begebenheit», die das Wesen der Novelle ausmachen sollte. Aber seine Praxis von den als Novelle geplanten *Wahlverwandtschaften* bis zu den verschiedenen Novelleneinlagen in *Wilhelm Meisters Wanderjahren* zeigt, daß das nicht als Gegensatz zu Wielands Hervorkehrung des Wirklichen und Gegenwärtigen zu verstehen war, sondern eher als Enthüllung des Wesens dieses Alltäglichen durch den Kontrast mit dem Unerhörten.

Wieland und Goethe haben sich beide auch als Märchenerzähler versucht und bewährt, sowohl das *Hexameron* wie die *Unterhaltungen* boten ein Beispiel dafür. Wie sich Märchenhaftes in die prinzipiell realistische Novelle einführen ließ, probierte zuerst Ludwig Tieck mit seinen frühen Novellen, vor allem dem *Blonden Eckbert* und dem *Runenberg*, aus, und Hoffmann hat die Verbindung beider Sphären, die Friedrich Schlegel theoretisch erwog, zu höchster Meisterschaft geführt. Aber auch Arnim, Chamisso, Fouqué und Eichendorff verbanden Märchenhaftes, Sagenhaftes, überhaupt Irrationales mit dem geschichtlichen oder zeitgeschichtlichen Kontext ihrer Novellen. Kleist ließ irrationale Kräfte sichtbar werden im *Bettelweib von Locarno* oder in der alten Zigeunerin im *Michael Kohlhaas*, und selbst in die vorwiegend bürgerliche Wirklichkeit von Tiecks späten Novellen fuhr hier und da noch Märchenhaftes hinein wie das Absolute überall ins Endliche einging – ein Gedanke, den sich Tieck für seine Novellistik aus der Ästhetik des einstigen Freundes Karl Wilhelm Ferdinand Solger angeeignet hat. Romantische Erzähltradition seit Boccaccio und romantische Universalpoesie im Sinne Friedrich Schlegels verbanden sich themen- und gestaltenreich in dieser deutschen Novellenkunst nach 1800. Wo die ideale Mischung aus edlen bürgerlichen Intellektuellen und intelligenten Edelleuten vielleicht für die Totalität eines Romans nicht überzeugend oder ausreichend war, dort war sie es wenigstens als Urheber und Publikum gesellschaftlichen Erzählens, also in den Rahmengeschichten der Novellensammlungen. Tiecks *Phantasus* und Arnims *Wintergarten* ebenso wie Hoffmanns *Serapionsbrüder* sind einschlägige Beispiele dafür. Aber auch Goethes Altersroman über *Wilhelm Meisters Wanderjahre* schuf letztlich nichts anderes als einen solchen Rahmen für gesellschaftliches Erzählen.

Kalendergeschichten

Mit derartiger romantischer Tradition und Universalpoesie hatten die Erzählungen in den zahlreichen Kalendern für das Landvolk, aber auch für die Bürger der kleineren oder größeren Städte Deutschlands wenig oder nichts zu tun. Es gab um 1800 eine umfangreiche Literatur, die sich weder der anspruchsvollen, neue Gedanken und Formen suchenden Poesie noch der zum Trivialen tendierenden Unterhaltungsliteratur zurechnen läßt. Der überwiegende Teil der Bevölkerung lebte damals noch auf dem Lande oder in den kleinen Städten ohne Residenz, Theater und Universität. Für sie schuf das Jahrhundert der Aufklärung ein umfangreiches Schrifttum, das sowohl aufklärend, unterrichtend, erbauend wie unterhaltend sein sollte. Bücher für «den klugen Bauer», «Sittenspiegel fürs Landvolk», Vorlesungen gegen «Irrthümer, Aberglauben, Fehler und Misbräuche» und ein so beliebtes und oft aufgelegtes Werk wie Rudolf Zacharias Beckers *Noth- und Hülfs-Büchlein, oder lehrreiche Freuden- und Trauer-Geschichte des Dorfes Mildheim* (1788/98) sind dieser Kategorie zuzurechnen. Pestalozzis und Christian Gotthilf Salzmanns Schriften zielten vor allem auf diese Leserkreise und später dann auch Heinrich Zschokke mit dem *Schweizerboten* (1804/08), nachdem er die Lust am Abenteuerroman überwunden hatte (vgl. Bd. 1, S. 294).

Die kondensierteste und zugleich abwechslungsreichste Erscheinungsform dieser Literatur war dabei der «Kalender», also das mit einem Kalendarium und vielen praktischen Hinweisen versehene Jahrbuch für Unterhaltung, Erbauung und Wissen, das in den meisten Haushalten neben Gesangbuch und Bibel das einzige Druckerzeugnis war und einen für die ganze Familie und für immer wiederholtes Lesen geeigneten Lesestoff enthielt. Die Zahl der Kalender und ihre Spezialthemen waren groß. Es gab sie für die Landwirtschaft, den Gärtner oder Weinbauer, die Dienstboten, Eheleute, Geburtshelfer, Revolutionsopfer und die israelitische Jugend. Das Bürgertum brauchte seine Geschäfts- und Comptoirkalender, und der Adel bedurfte, je mehr seine Autorität in Zweifel geriet, desto mehr des «Genealogischen Hofkalenders» aus Gotha. Als «Hinkender Bote», «Volksfreund», «Hausfreund», «Gevattersmann», «Pilger» und «Volksbote» schließlich betrat der Kalender die Stuben aller derjenigen, die sein handfestes und nützliches wie amüsantes Material den Musenalmanachen vorzogen, die im übrigen, wie Schillers Jenaer *Musen-Almanache*, zumeist gleichfalls noch ein Kalendarium enthielten.

So ging die Kalenderliteratur ihren eigenen Gang, teils neben der anderen Literatur einher, teils deren Weg kreuzend oder ihn auch auf ein Stückchen teilend. Ihre Geschichte wäre hauptsächlich eine Sache der Lesersoziologie, wenn nicht durch die besonderen Konstellationen der Zeit, Tradition und Persönlichkeit ein bestimmter Kalender auch das Urteil der Ästhetik herausgefordert hätte, indem er Texte präsentierte, die ihre Zeit und unmittelbare Aufgabe überdauert haben und im Geschmack Kundiger zu den schönsten der deutschen Literatur gerechnet werden. Herausgeber und hauptsächlicher Beiträger dieses Kalenders aber war Johann Peter Hebel.

Johann Peter Hebel

Johann Peter Hebel zählt nicht zu den frühgeübten Professionellen unter
den Schriftstellern. Als er 1803 zum erstenmal Literarisches veröffentlichte
– die *Alemannischen Gedichte* – war er bereits dreiundvierzig, und als er vier
Jahre später nach einem *Unabgeforderten Gutachten* über die Einrichtung
des *Badischen Landkalenders* in Karlsruhe dessen Redaktion übernahm und
ihm den Namen *Rheinländischer Hausfreund* gab, tat er es sicherlich nicht,
um sich auf diese Weise weiteren und höheren dichterischen Ruhm zu
erwerben. Dazu wäre auch das Medium eines Volkskalenders am wenigsten
angetan gewesen. Hebel war Kirchenrat und seit 1808 Direktor des Gym-
nasiums in Karlsruhe, ein christlicher Pädagoge also. Allerdings stieg durch
ihn rasch die Beliebtheit des *Hausfreundes,* so daß ihm Cotta in Tübingen,
der Verleger Goethes, eine Auswahl aus seinen Beiträgen als Sammelband
vorschlug. Das *Schatzkästlein des rheinischen Hausfreundes* erschien 1811, in
seiner Mitte die Geschichte von «Kannitverstan», am Ende die vom
«Unverhofften Wiedersehen» beim Bergwerk zu Falun. Mit diesem Buch
gewann Hebel einen festen Platz in der deutschen Literatur weit über die
regionale Anerkennung hinaus, die ihm seine *Alemannischen Gedichte* verschafften und noch weiterhin verschaffen.

Nimmt man es ganz genau, dann sind es eigentlich nur fünf Seiten Prosa,
mit denen sich Hebel in die Unsterblichkeit geschrieben hat: die beiden
genannten Kalendergeschichten. Nicht daß sein *Schatzkästlein* arm wäre an
guterzählten, sinnreichen komischen, traurigen, erfreuenden oder schlimmen Geschichten und Berichten. Manches davon ist in die Schullesebücher
eingedrungen: der «Seltsame Spazierritt» von Vater, Sohn und Esel, «Das
Mittagessen im Hof», als einen Bedienten die Wut über seinen launischen
Herrn packt, die Abenteuer der Diebsgesellschaft des Zundelheiner, Zun-
delfrieder und des roten Dieters, die Heilung eines reichen «Patienten» von
der Freßsucht oder die beliebte Geschichte vom mutigen «Barbierjungen
von Segringen», aus der Adelbert von Chamisso eine ebenso beliebte Ballade mit dem Titel «Der rechte Barbier» gemacht hat, um nur einige Beispiele zu nennen. Für sich allein jedoch wären diese Geschichten nicht
mehr, als sie zu sein beanspruchen, das heißt kleine Parabeln von menschlicher Tugend und Untugend, Weisheit und Torheit, Güte und Bosheit. Erst
durch die anderen beiden Geschichten erhalten sie eine größere Perspektive, wie diese wiederum allein durch die Einbettung in das Ganze des
Schatzkästleins ihre Dimensionen recht wahrnehmen lassen. Denn das
Schatzkästlein ist ein wohlgeordnetes, ausgewogenes Buch, keine zufällige
Kollektion, und sein Gesetz ist nicht nur eines der Nützlichkeit durch
Belehrung und Erbauung, sondern auch eines der Ästhetik, die durch Form
und Bild erschließt, was sich lehrreicher, vernünftiger Aussage entzieht.

Es ist bekannt, daß Hebel und Jean Paul einander geschätzt haben. Das überrascht nicht, wenn man ihre Schriften betrachtet. Bei beiden wächst aus deutscher Kleinstaatlichkeit die Universalität unmittelbar hervor, bei beiden gehen Kleinstadt und Gottesstadt, Flachsenfingen oder Duttlingen und neues Jerusalem ohne Grenzzäune ineinander über. Beider Welt ist zunächst und zuerst die der kleinen Leute, worunter Landvolk, Diener, Soldaten, Bergleute und Gauner ebenso zu rechnen sind wie kleinstädtische Honoratioren, Kaufleute, Gastwirte, Ärzte oder Richter und Advokaten. Wo jedoch in der fiktiven Welt der Jean Paulschen Romane die Residenzen und kleinen Höfe eine gewichtige Rolle spielen, da sind es in der vorgeblich realen Welt der Hebelschen Kalendergeschichten die Helden der Historie, Napoleon, Suworow, Andreas Hofer oder Captain Cook, die über die kleine Welt der kleinen Leute hinausblicken lassen im Guten oder Bösen.

Bei beiden Autoren aber kommt auch die Faszination durch die neuen Erkenntnisse von der Natur hinzu, die Jean Paul mit einer Fülle von Fußnoten zu den vielen Vergleichen aus dieser Sphäre in seiner Prosa belegt, womit er zugleich die Übermacht dieser Wissenschaft abwehrt, während Hebel, anschaulich unterrichtend, aber gleichfalls nicht ohne distanzierende Ironie, Aberglauben, Unvernunft und Irrlehren zu bekämpfen sucht. Mit einer «Allgemeinen Betrachtung über das Weltgebäude» fängt das *Schatzkästlein* an, und aus dem Buch eines Naturwissenschaftlers, aus Gotthilf Heinrich Schuberts *Ansichten von der Nachtseite der Naturwissenschaft* (vgl. S. 205 ff.), ist der Stoff für das «Unverhoffte Wiedersehen» am Ende entlehnt. Denn im Unterschied zu Jean Paul war Hebel bei seiner Kalenderarbeit nie eigentlich Schöpfer von Gestalten, die er selbst in Bewegung setzte, sondern er bearbeitete hauptsächlich Vorgefundenes, Überliefertes aus anderen Quellen, aus Kalendern, Lehrbüchern oder Journalen. Alles, was Hebel erzählt oder nacherzählt, ist jedoch von seiner Persönlichkeit, seiner Denk- und Sprechweise durchdrungen. In letzterer freilich unterscheidet er sich beträchtlich von Jean Paul, denn beide schreiben für ein sehr verschiedenes Publikum, der eine für Gebildete, der andere für die Leser von Volkskalendern. Allein der intellektuelle Habitus der beiden ist nicht verschieden, nur mußte Hebel für seine Leser eine andere, eigene Kommunikationsweise finden. So entstand ein ganz bestimmter, charakteristischer Hebel-Ton, der das große Band zwischen allen Beiträgen des *Schatzkästleins* bildet. Es ist eine Sprache ohne Herablassung oder forcierte Volkstümlichkeit, konkret, anschaulich, grammatisch klar strukturiert, nur hier und da eine kleine Abweichung zulassend, wie sie die gesprochene Sprache sich erlaubt, denn diese Geschichten konnten und sollten vorgelesen werden. Dazu treten geläufige Sprichwörter und Redensarten, die aber wiederum vor allem zur größeren Anschaulichkeit und Konkretheit beitragen:

> «Der Mensch hat wohl täglich Gelegenheit, in Emmendingen und Gundelfingen, so gut als in Amsterdam Betrachtungen über den Unbe-

stand aller irdischen Dinge anzustellen, wenn er will, und zufrieden zu
werden mit seinem Schicksal, wenn auch nicht viel gebratene Tauben
für ihn in der Luft herumfliegen.»

Damit beginnt die Geschichte vom reichen Herrn Kannitverstan in Amsterdam und vom Mitleid, das ein armer deutscher Handwerksbursche mit ihm
empfindet, als er sieht, daß ihm trotz seines großen Hauses und reichen
Schiffes am Ende auch nichts anderes bleibt als ein enges Grab.

Mit Erkenntnissen wie dieser hat sich Hebel allerdings den Vorwurf ein-
gehandelt, der Konservierung des Bestehenden in der Politik und damit der
Unterwürfigkeit der Kleinen das Wort zu reden. Andere wiederum haben
in seinen Geschichten dagegen von fern die Klänge der Marseillaise zu
hören geglaubt. Geschichte, das ist wahr, spielt in seinem *Schatzkästlein* eine
bedeutende Rolle und muß es im übrigen auch, denn letztlich hatte ein
Kalender das Buch für einen genau bestimmten Zeitraum, also im weitesten
Sinne aktuell zu sein. Daß sich Hebels Kalendergeschichten für konservative wie revolutionäre Deutungen benutzen lassen, erweist, daß Instrument und Untersuchungsgegenstand einander häufig nicht entsprechen.
Geschichte ist für Hebel dasjenige, was sich zwischen Alltag und Ewigkeit
ereignet. Das wird nirgends schöner und klarer anschaulich als im «Unverhofften Wiedersehen», wenn der Strom geschichtlicher Ereignisse, durch
den das Verfließen von fünfzig Jahren sichtbar und spürbar gemacht werden soll, in das Meer des Alltäglichen mündet:

«Napoleon eroberte Preußen, und die Engländer bombardierten
Kopenhagen, und die Ackerleute säeten und schnitten.»

In der Geschichte bewähren sich die Handelnden als menschlich, oder sie
versagen. Dem Kaiser Napoleon wird manches Lob zuteil, was freilich
nicht von dem Hintergrund der Zeit abzulösen ist, also von der Tatsache,
daß Baden 1811 ein Rheinbundstaat war. Aber nicht Opportunismus
bestimmt die Anekdoten um Napoleon in Hebels Buch; die Glorie des Kaisers strahlt infolge seines Sinnes für Gerechtigkeit, seiner Sorge für die kleinen Leute und seines Respekts vor Andersgläubigen, wovon der Bericht
vom «großen Sanhedrin» der Juden in Paris Zeugnis ablegt. Gegenbild aber
ist Andreas Hofer, der geschichtliches Handeln in seine Hände nehmen
möchte; er und seine Tiroler jedoch «wußten zuletzt selber nimmer recht,
was sie wollten», so daß sein Tod am Ende als die Folge eigener Anmaßung
und Torheit erscheint: «Vorgetan und nachbedacht, hat manchen in groß
Leid gebracht.» Mit Hegelscher Geschichtsdialektik, mit der Vorstellung
von einem Siegeszug des Weltgeistes hat Hebels Denken keine Verwandtschaft, und Erwartungen dieser Art muß seine Prosa enttäuschen.

Dafür blickt Hebel immer wieder auf die Ewigkeit, aus der für ihn der
Mensch kommt und in die er wieder zurückkehrt. Er weiß sie dem Gefühl

ebenso wie dem Verstand faßbar zu machen in jenen aus den schlichten Überlegungen oder gar Irrtümern einfacher Leute herauswachsenden plötzlichen Erkenntnissen, die überraschend und wie ein Blitz eine ganze Gedankenlandschaft erhellen können und die den Kern von Hebels besten Kalendergeschichten ausmachen. Der Irrtum des deutschen Handwerksburschen in Amsterdam gehört dazu, der die Macht des Todes und die Machtlosigkeit des Reichtums ihm gegenüber erfährt, nur weil er nicht Holländisch versteht, und es gehört dazu ebenso der Kommentar der alten Braut, als sie in Falun ihren toten Bräutigam von einst wiederfindet: «Was die Erde einmal wiedergegeben hat, wird sie zum zweitenmal auch nicht behalten, sagte sie, als sie fortging, und noch einmal umschaute.»

Die große Überzeugungskraft gerade dieser, Schuberts Bericht nachgebildeten, Geschichte beruht vor allem darauf, daß sie nicht sentimental ist. Das gelingt Hebel dadurch, daß er zwar die Umstehenden dieses Wiedersehens gerührt sein läßt, aber nicht die alte Frau selbst. Vielmehr sind es deren Bestimmtheit und Sachlichkeit, die ihren Worten erst das volle Gewicht geben. Auch sonst ist Hebel nicht sentimental, eher ironisch zuweilen und manchmal sogar mit einem Hang zur Ausmalung des Grausamen oder Bösen. Es fehlt ihm zumindest jede Betulichkeit und Idyllik, und seine Ironie verhindert die ungewollte Feier der Philistrosität. Die bürgerliche Familieninnigkeit, die sich in diesen Jahren ausbreitete, schließt er aus dem *Schatzkästlein* aus, wenn er, der Junggeselle, nicht gar das Hauskreuz des Ehestandes vorführt. Sein Bild deutscher Bürgerlichkeit ist kritisch, das der Schichten darunter differenziert und ohne die Absicht zu Idealisierungen. Das sicherte dem *Schatzkästlein* viel von seinem besonderen Erfolg, denn als Buch eines Verlags, der das *Morgenblatt für gebildete Stände* herausgab, war sein Leserkreis nicht mehr in erster Linie der «Landmann», der den Kalender ohnehin schon kannte, sondern es waren eben diese «Stände», die nun von Hebel mit Augenzwinkern in eine ihnen teils bereits fern gewordene, teils allerdings auch sehr nahe Welt geführt wurden. Solches Spiel mit der Distanz erst hat seinen Geschichten Dauer verliehen und sie als Bilder menschlicher Schwächen oder Erhebungen relevant bleiben lassen, noch lange nachdem die darin abgebildete Welt untergegangen war. Von Dauer waren sie jedoch auch dadurch, daß Hebel in den ohnehin wirren und undurchsichtigen politischen Verhältnissen der deutschen Provinzen dieser Jahre sich nicht um Botschaften und Hoffnungen mühte, sondern den Blick vom Engsten sogleich aufs Weiteste richtete. Herrschte auch bei ihm wie etwa bei Görres die Vorstellung vom Kreislauf alles Menschlichen und Natürlichen, wovon nicht zuletzt die den Sommer und Winter, Sankt Johannis und Sankt Luciä verbindende Geschichte des schwedischen Bergmannes und seiner Braut zeugt, so bewahrte er doch gerade sich und seinen Erzählungen eine weltliche Freiheit, indem er das Geschichtliche von solchem Kreisen freiließ und nicht nach Gesetzen dafür suchte.

Bei seiner Rheinreise 1815 machte Goethe die persönliche Bekanntschaft Hebels. Im ersten seiner Hefte *Über Kunst und Alterthum* (1816) pries er den Vorzug der Gegend des Oberrheins,

> «in Herrn *Hebel* einen Provinzialdichter zu besitzen, der von dem eigentlichen Sinne seiner Landesart durchdrungen, von der höchsten Stufe der Cultur seine Umgebungen überschauend, das Gewebe seiner Talente gleichsam wie ein Netz auswirft, um die Eigenheiten seiner Lands- und Zeitgenossen aufzufischen und die Menge ihr selbst zur Belustigung und Belehrung vorzuweisen».

Aus dem Huldvollen klingt die Achtung vor der etwas mehr als provinziellen Bedeutung Hebels als Beobachter der «Zeitgenossen» heraus. «Nationalschriftsteller» zu sein, hat Hebel, wie er einmal an Justinus Kerner schreibt (20.7. 1817), nicht für sich in Anspruch genommen. Gerade deshalb wohl ist er einer geworden.

Märchen

Aufklärung und Märchen stehen ihrem Wesen nach in keinem guten Verhältnis zueinander. Verstandeshelle und die Willkür von Feen, Hexen und Zauberern widersprechen einander aufs gründlichste. Dennoch erhielt sich selbst im aufgeklärten 18. Jahrhundert die Freude am märchenhaften Spiel, solange es geistreich und damit wenigstens von der überlegenen Haltung des Erzählers her für die Vernunft durchsichtig blieb. Die Quellen für solch spielerisch-phantastische Märchen fanden sich in Italien und Frankreich. In Italien waren es die Märchensammlungen von Gianfrancesco Straparola aus dem 16. Jahrhundert und Giambattista Basile aus dem 17. Jahrhundert, in Frankreich die Feenmärchen von Charles Perrault, Marie Cathérine d'Aulnoy und Louise d'Auneuil, die um 1700 herum erschienen, sowie Antoine Gallands Übersetzung von *Tausendundeine Nacht* in den Jahren 1704 bis 1717, die Johann Heinrich Voß wiederum ins Deutsche übertragen hatte (1781–85); sie alle stellten Muster und Material in Fülle bereit. In Deutschland gehörte Wieland zu den Hütern und Trägern dieser Gattung, während Karl August Musäus mit seiner Sammlung *Volksmärchen der Deutschen* (1782/86) bereits das fremde Gut mit nationalem zu verbinden suchte, ohne allerdings eine grundsätzlich aufklärerische Einstellung dazu aufzugeben. Erst als mit dem Entwurf einer neuen, zukunftheischenden romantischen Poesie in den neunziger Jahren der Phantasie unumschränkte Herrschaft in der Kunst eingeräumt wurde, hörte das Märchen auf, literarische Randerscheinung und nur geduldet zu sein. Es bildete, wie Novalis sich ausdrückte, den «*Canon* der *Poësie*» als «*prophetische Darstellung*». Mit der Zeit sollte sogar in seiner Vorstellung die Geschichte wieder «Märchen werden» wie der Mensch zum Kinde, allerdings zu einem «ironischen» Kinde, das weit klüger und weiser als ein Erwachsener war.

Es war utopisches Gedankenspiel, dem Goethes *Märchen* (1795) in den *Unterhaltungen deutscher Ausgewanderten* und Tiecks *Volksmärchen, herausgegeben von Peter Lebrecht* (1797) vorausgegangen waren. So entstand seit den neunziger Jahren eine umfangreiche und vielfältige Märchendichtung unter den Deutschen, zu deren bekanntesten und hervorragendsten Beiträgern außer den Genannten noch Brentano, Hoffmann, Hauff und natürlich die Brüder Grimm gehören. Tieck wurde ein Meister der Novellendichtung mit stark märchenhaften Einschlägen. Klare Grenzen zwischen aufklärerischem Feenmärchen, romantischem Kunstmärchen und einem ebenso romantischen Volksmärchen lassen sich nirgends ziehen. Dazu waren sich alle Beteiligten zu ähnlich in ihrer Intellektualität, so sehr sie sich in Zielen und Geschmack unterscheiden mochten. In Wielands *Hexameron von Rosenhain* zum Beispiel kommt es 1803 zu merklichen romantischen Konzessionen hinsichtlich der Freiheit und Irrationalität der Phantasie:

«Das Märchen ist eine Begebenheit aus dem Reich der Phantasie, der Traumwelt, dem Feenland, mit Menschen und Ereignissen aus der wirklichen verwebt und mitten durch Hindernisse und Irrwege aller Art von feindselig entgegenwirkenden oder freundlich befördernden unsichtbaren Mächten zu einem unverhofften Ausgang geleitet. Je mehr ein Märchen von der Art und dem Gang eines lebhaften, gaukelnden, sich in sich selbst verschlingenden, räthselhaften, aber immer die leise Ahnung eines geheimen Sinnes erweckenden Traumes in sich hat, je seltsamer in ihm Wirkungen und Ursachen, Zwecke und Mittel gegen einander zu rennen scheinen, desto vollkommener ist [...] das Märchen.»

Denn der Dichter, so heißt es, ahme darin «nach seiner Weise dem Traum nach».

Motiviert ist die Aufwertung des Märchens durch sehr Unterschiedliches. Wenn Goethe sein *Märchen* schreibt, so vor allem, weil sich darin der Ausblick über die eigene Zeit hinaus in eine künstlerische Form bringen ließ, wozu sich die der Realität verbundene Novelle nicht geeignet hätte. Es war ein Experiment mit der Form. Novalis setzte in seinem utopischen Märchen im *Heinrich von Ofterdingen* ein derartiges Verfahren mit eigenen Gedanken und utopischen Zielen fort. Wielands Märchentraum im *Hexameron* wiederum stand im Zeichen sozialer Gleichheit. «Wir Feen», erklärt dort die Feenkönigin, «sind, wie bekannt, sonst keine Freundinnen von Mißheiraten und sorgen immer dafür, daß die Königstochter, die sich in Hirtenknaben, oder die Prinzen, die sich in Gänsemädchen und Ascheprödeln verlieben, am Ende Ihresgleichen in ihnen finden. Aber keine Regel ohne Ausnahme.» Das vorgeführte Märchen von der «Entzauberung» sollte es beweisen.

Prinzipielle Gleichheit mußte aber nicht nur sozial sein, sie konnte sich

auch auf die Geschlechter und die Altersstufen beziehen. In der Pädagogik
der späten Aufklärung erhielt das Kind einen eigenen Rang und Wert, und
aus dem Rousseauismus entwickelte sich eine regelrechte Verklärung des
Kindes und des Kindlichen. Damit aber erhielt auch das Interesse an kindli-
cher Phantasie neuen Auftrieb, und die Verachtung der «Ammenmärchen»
schwand. Mit zunehmendem Geschichtssinn und Geschichtsbewußtsein
drang man schließlich auch zu jener Vergangenheit vor, die noch im Dunkel der Frühgeschichte der Nationen und der Menschheit lag und sich als
deren Kindheit, als ursprüngliches Goldenes Zeitalter oder Paradies darstellte. Davon boten, wie man glaubte, jene Märchen das beste Zeugnis, die
ohne bekannte Verfasser im Volksmund weitergegeben wurden. An dieser
Stelle setzte das Märchenwerk der Brüder Grimm an.

Die Kinder- und Hausmärchen der Brüder Grimm

Vor allen anderen Werken der deutschen Literatur zwischen 1806 und 1830
sind die *Kinder- und Hausmärchen* von Jacob und Wilhelm Grimm in den
Besitz der Welt übergegangen. Obwohl die Brüder weder die ersten noch
die letzten waren, die eine Sammlung im Volke umgehenden Märchengutes
anlegten und es ihrem Publikum neu erzählten, hat keine andere Kollektion
die Popularität der ihren auch nur annähernd erreicht. Arnims und Brentanos *Des Knaben Wunderhorn* hatte der Beschäftigung mit alter deutscher
Volksliteratur am Anfang des 19. Jahrhundert den stärksten Anstoß gege-
ben. Görres' Beschreibung der *Teutschen Volksbücher* erschien 1807 und im
Verlage der *Volksbücher* und des *Wunderhorns* bei Mohr und Zimmer in
Heidelberg kam 1809 auch eine Sammlung von *Kindermährchen* heraus, die
Albert Ludwig Grimm, ein Lehrer aus Weinheim, veranstaltet hatte, der am
Sammeln für das *Wunderhorn* beteiligt gewesen war und mit den Brüdern
Grimm nur den Namen teilte. In Arnims *Zeitung für Einsiedler* war 1808
Philipp Otto Runges Märchen *Von den Mahandel Bohm* erschienen, und
1812 brachte der Germanist Büsching ein Buch von *Volks-Sagen, Märchen
und Legenden* heraus. Im Märchenerzählen übten sich in diesen Jahren auch
Ernst Moritz Arndt und Justinus Kerner, so daß die Arbeit der Brüder
Grimm zunächst nichts Außerordentliches oder Originelles darstellte und
den ersten Ausgaben ihrer Märchen kein sonderlicher Erfolg beschieden
war. Der erste Band der *Kinder- und Hausmärchen* erschien 1812, der
zweite 1815. Eine zweite Auflage kam 1819 heraus, aber erst mit der «kleinen Ausgabe» von 1825 und dann mit der dritten Auflage von 1837 begann
der eigentliche Siegeszug der Märchen in die Weltliteratur. Ausgabe letzter
Hand wurde die siebente Auflage von 1857.

   Ihre Sammeltätigkeit begannen die Brüder auf dem Hintergrund der
Suche nach deutscher Identität in den napoleonischen Kriegen und unter
dem direkten Einfluß von Clemens Brentano, dem sie ihre Materialien mit-

teilten und der selbst starkes Interesse am Märchen besaß, allerdings mit der Absicht, eigene Märchen zu erzählen, so daß die Wege schließlich auseinander führten. Denn die Grimms gaben sich wie in ihren anderen Arbeiten so auch hier als strikt wissenschaftliche Forscher, die nach Dokumenten einer mündlich tradierten, von einer Zeit vor aller schriftlichen Überlieferung kündenden Literatur suchten. Ideelle Richtschnur waren dabei ihre eigenen Theorien von Epos und Sage als Naturpoesie, die nicht von einem einzelnen Schöpfer herrührte, sondern sich sozusagen selbst erzählt hatte am Ursprung aller Geschichte (vgl. S. 265). Auch die Märchen gehörten zu solch epischer Urliteratur und waren, wie es Jacob Grimm in seiner Vorrede zu den *Deutschen Sagen* (1816) ausdrückte, «ein ganzes Stück alter Dichtung». Der Unterschied zur romantischen Märchendichtung von Novalis ist evident: Ging es dort um die poetische Konstruktion der Zukunft, so hier um die wissenschaftliche Rekonstruktion der Vergangenheit.

Über ihre Verfahren und ihre Absichten haben sich die Brüder mehrfach ausgelassen, zunächst in der Vorrede zum ersten Band und dann wieder in der Vorrede zu der Ausgabe von 1819. Grundlegend ist ihre Betonung von «Treue und Wahrheit»:

> «Wir haben nämlich aus eigenen Mitteln nichts hinzugesetzt, keinen Umstand und Zug der Sage selbst verschönert, sondern ihren Inhalt so wiedergegeben, wie wir ihn empfangen hatten; daß der Ausdruck und die Ausführung des Einzelnen großenteils von uns herrührt, versteht sich von selbst.»

Dergleichen klingt späteren Ohren widersprüchlich oder zumindest undeutlich, und der Streit um die Quellentreue der Brüder Grimm währt noch fort.

Ganz sicher ist die einer nationalistischen Literaturbetrachtung Stoff zutragende Vorstellung falsch, nach der die Brüder Grimm aufs Land gingen, wo sie aus dem Mund der einfachen Leute ihre Märchen hörten, die sie dann unverfälscht als Dokumente gesunden Volksempfindens der Nachwelt überlieferten. Ihre wesentlichen Märchenlieferanten waren bürgerliche Damen, die bereits etwas durch ihr eigenes Verständnis Gefiltertes boten, das sie gehört oder gelesen hatten. Wo eine ältere «Märchenfrau» beteiligt war, besaß sie, wie andere Zuträger, hugenottische Ursprünge und kannte ihren Perrault recht gut. Was die Grimms sammelten, war, mit anderen Worten, keineswegs in erster Linie altes urtümliches deutsches Volksgut, sondern Stoff aus der Geschichte europäischer Märchendichtung in der Abwandlung einzelner Regionen und Erzähler. Daß diese Märchen wiederum den Blick freigaben auf alte Mythen und Deutungen des Menschlichen in seinen vielfältigen Verhältnissen, ist eine Sache der Interpretation.

Schwer zu sagen ist, wie weit die Brüder selbst bewußt entgegen der Wahrheit eine solche Fiktion absoluter Quellentreue gefördert haben.

Sicherlich ist es ein Mißverständnis, am Anfang des 19. Jahrhunderts jene
Editionsakribie zu erwarten, die erst eine spätere Philologie entwickelt hat,
nicht zuletzt übrigens dank der Pionierarbeit der Brüder Grimm auf dem
Gebiet der altdeutschen Textedition. Arnim und Brentano waren mit ihrem
Material zum *Wunderhorn* frei umgesprungen; ihnen gegenüber hatten sich
die Brüder Grimm stets als die dokumententreuen Forscher behauptet. Aber
den Märchen gegenüber ließ sich nicht auf gleiche Art und Weise verfahren
wie gegenüber dem schriftlich überlieferten *Nibelungenlied*. Außerdem
mochten sich die Brüder selbst als ein durchaus rechtmäßiges Glied in der
Kette solcher Märchenüberlieferung betrachten. Vor allem aber geschah
etwas, was sich weder voraussehen, noch steuern oder theoretisch begründen ließ: Wilhelm Grimm wurde an den Märchen zum Dichter, ähnlich wie
es Hebel am Stoff der Kalender geworden war. Von der zweiten Auflage
der *Kinder- und Hausmärchen* an übernahm Wilhelm Grimm allein die
Bearbeitung; die Form, in der sie heute erscheinen, ist sein Werk. Von ihm
rührt der Anfang aller Anfänge, das «Es war einmal», her und von ihm der
Schluß aller Schlüsse: «Da lebten sie zusammen in Glückseligkeit bis an ihr
Ende.» Wilhelm Grimm hat zu einem poetischen Ganzen geformt, was bei
genauer Untersuchung aus Magisch-Mythischem und Modernem, aus
Volksgut und Biedermeier, aus der Verbildlichung verdrängter sozialer oder
sexueller Konflikte besteht. Beim Vergleich der einzelnen Überarbeitungen
zwischen 1819 und 1857 läßt sich erkennen, wie an der einen Stelle moralische Wachsamkeit am Werke ist und zum Beispiel die Schwangerschaft der
Rapunzel auf dem Turm übermalt, an der anderen jedoch wiederum
Archaisch-Grausames freigelegt wird. Denn die Welt dieser Märchen ist
keine harmonisch glückliche schlechthin. Brunnen, «tief, so tief, daß man
keinen Grund sah», lassen «heimliches Grausen» aufkommen, als wäre man
in einem Gedicht von Eichendorff. Teufel, böse Stiefmütter und Hexen treiben ihr Unwesen, auch wenn sie zumeist am Ende verbrannt werden. Überhaupt sind die Strafen grausam, die in diesen Märchen ausgeübt werden,
primitiv kannibalistisch, mittelalterlich folternd oder modern wie im Märchen «Die drei Schlangenblätter», wo die Bösen «in ein durchlöchertes
Schiff gesetzt und hinaus ins Meer getrieben werden» – «patriotische
Schiffahrt» nannte man das im revolutionären Frankreich (vgl. Bd. 1,
S. 88 f.).
        Zweigeteilt bleibt die soziale Sphäre. Die der Könige und Königinnen,
der Prinzen und Prinzessinnen ist die Welt der Schönheit, die freilich ihre
narzißtischen Gefahren in sich trägt. Die Welt der kleinen Leute hingegen,
all der Holzhacker, Müller, Schneider, Köhler, Schmiede, Schreiner, Schuster und Gastwirte, ist die des Fleißes und der Arbeit, aber auch der Betrü-
gereien, weil man sonst zu nichts kommt. Offen allerdings sind die Grenzen, und der Tüchtige schafft es mehr als einmal, seine Prinzessin zu
bekommen, auch wenn er nicht standesgemäß ist. Da hatte also Wielands

Fee nicht recht, wenn sie die Abneigung gegen «Mißheiraten» behauptete. Der Harmonie in der bürgerlichen Familie zuliebe, dem wichtigsten Leserkreis der Märchen, ist manches Elementare zugedeckt worden wie Gewalt, Inzest und Verführung, denn für Freudsche Psychologie war es noch zu früh. Die Nähe der Menschen zum Animalischen ist jedoch überall da, im Guten und im Schlimmen, und die Tierwelt dieser Märchen ist reich bestückt. Man denke nur an die vielgedeutete Beziehung zwischen Rotkäppchen und dem Wolf oder an den Aufstand der Verstoßenen, der Bremer Stadtmusikanten – Esel, Hund, Katze und Hahn – gegen die Menschen, von den vielen Verwandlungen in Rehe oder Raben ganz zu schweigen.

Fernes und Nahes, Eigenes und Fremdes treffen in diesen Märchen zusammen und bieten unendlichen Stoff für Interpretation wie kritische Forschung. Stellenweise haben die Brüder Grimm in ihren Anmerkungen selbst den Weg dazu zu bahnen versucht, wenn sie beim Bild des schlafenden Dornröschens auf die vom Feuer umgebene «schlafende Brunhild» verweisen, obwohl gerade da nun wieder die neuere Forschung ihre Einwände vorgebracht hat und elementarere religiöse oder sexuelle Konnotationen in der Symbolik des Märchens erkennen will. Für die Literaturgeschichte ist wichtiger, daß eben das Märchen vom «Dornröschen», wie kein anderes, die ins Zeitlose reichende Weite dieser Märchen sichtbar macht, ganz im Sinne der Brüder Grimm. Über alle Geschichte hinaus weitet sich der Blick der Lesenden oder Zuhörenden, wenn ein Jahrhundert wie ein Tag erscheint, sobald der Bann der Befangenheit durch die Gegenwart gelöst ist. Der Kuß des rechten Prinzen erweckt Dornröschen nach hundert Jahren:

> «Da gingen sie zusammen herab, und der König erwachte und die Königin und der ganze Hofstaat und sahen einander mit großen Augen an. Und die Pferde im Hof standen auf und rüttelten sich; die Jagdhunde sprangen und wedelten; die Tauben auf dem Dache zogen das Köpfchen unterm Flügel hervor, sahen umher und flogen ins Feld; die Fliegen an den Wänden krochen weiter; das Feuer in der Küche erhob sich, flackerte und kochte das Essen; der Braten fing wieder an zu brutzeln; und der Koch gab dem Jungen eine Ohrfeige, daß er schrie; und die Magd rupfte das Huhn fertig. Und da wurde die Hochzeit des Königssohns mit dem Dornröschen in aller Pracht gefeiert, und sie lebten vergnügt bis an ihr Ende.»

Es ist außerdem ein schönes Beispiel für die Kraft und Anschaulichkeit von Wilhelm Grimms Erzählkunst, denn seine Tätigkeit hat sich nicht auf die stoffliche Bearbeitung der Märchen beschränkt. Er hat auch ganz bewußt seine Erzählsprache mit Idiomen, Sprichwörtern und Redewendungen angereichert, ganz ähnlich wie Hebel, um so diesen letztlich literarischen, nicht ohne Ironie erzählten Märchen den Charakter der Mündlichkeit

zurückzugeben (vgl. S.683), den sie in seiner Vorstellung ursprünglich
besessen hatten. Gerade die Fiktion des Mündlichen jedoch hat wesentlich
zum Erfolg der Märchen beigetragen zu einer Zeit, da das Lesen schon Allgemeingut geworden war. Daß an jemandem «Hopfen und Malz verloren»
sei, daß jemand «kein Wasser trüben» könne oder «jüngere Beine» habe,
daß etwas «nach mehr» schmecke, daß man «dem Ding einen Riegel vor-
schiebt» – all das und noch vieles mehr findet sich in Grimms Märchen und
ist durch sie bewahrt oder gar dem allgemeinen Sprachgebrauch erst zuge-
führt worden.

Denn trotz aller Magie und Mythik ist die Welt der Grimmschen Märchen Menschenwelt. Gewiß wird darin Archaisches oft für den bürgerlichen
Leserverstand und -geschmack zubereitet oder zugestutzt, aber es fehlt den
Märchen insgesamt eine didaktische oder gar religiös-erbauliche Tendenz,
wie sie andere Märchenerzähler dieser Zeit oft aufweisen. Grimms Märchen sind keine moralische Anstalt. In ihrer Welt ist das Gute nicht garan-
tiert, und die Menschen sind zumeist allein auf sich angewiesen. Die Sicherheit des glücklichen Lebens ist nicht fest und erkennbar im Glauben
begründet. Überall lauern die Gefahren und Bedrohungen. Auch das gehört
zur Poesie dieser Märchen und gibt ihnen ihren Platz in der deutschen Literatur dieser Zeit, in der Autoren wie Arnim, Brentano, Chamisso, Eichendorff, Fouqué, Hoffmann oder Kleist gleichfalls Sicherheit oder Unsicherheit menschlicher Existenz in ihren Werken erwogen.

3. Erzähler

Mit der Ausbreitung des Lesens stieg auch die Produktion des Lesestoffes,
und das nicht nur im Bereich der literarischen Unterhaltungsindustrie, sondern auch dort, wo einzelne Schriftsteller anspruchsvolle Prosakunst schufen und durch ihre Gestalten und Konflikte neue Perspektiven des Welt-
und Menschenverständnisses entwarfen. Jean Paul war der erste bedeutende deutsche Schriftsteller, der nur Prosa schrieb. Ihm gesellte sich nach
1800 Ernst Theodor Amadeus Hoffmann bei. Auch Ludwig Tieck konzentrierte sich nach der Wiederaufnahme schriftstellerischer Arbeit 1811 fast
ausschließlich auf Erzählendes. Arnim und Fouqué verfaßten zwar neben
einem umfangreichen epischen Werk auch eine Reihe von Dramen, die aber
nicht den Weg zur Bühne und zum Publikum fanden. Bei Brentano und
Eichendorff blieb die Lyrik zentrale Ausdrucksform, obwohl beide daneben
auch ein beachtliches erzählerisches Werk schufen, innerhalb dessen einige
oder, in Eichendorffs Fall, sogar die meisten ihrer populärsten Gedichte
zuerst die Öffentlichkeit erreichten. Bei Kleist bestand Gleichgewicht zwischen seinem erzählerischen und dramatischen Werk; Novellen und Dramen erwiesen seine Meisterschaft in beidem. Goethe schließlich hielt an

dem dreigeteilten Interesse fest und bot auch im letzten Drittel seines Lebens Bedeutendes in allen Gattungen.

Im folgenden soll das Werk der eben genannten neun Autoren ausführlicher betrachtet werden. Eine solche Auswahl stellt ein Urteil dar, das sich jedoch durch das Gewicht und die fortdauernde Wirkung ihres erzählenden Werkes rechtfertigen läßt. Bei der Art der Wirkung zeigen sich allerdings beträchtliche Unterschiede. Fouqué zum Beispiel stand bereits im zweiten Jahrzehnt des 19. Jahrhunderts im Zenith seines schriftstellerischen Ruhms, als Kleist noch ein nahezu unbekannter Autor war; später kehrte sich das Interesse für beider Werk um. Außerdem aber muß die Literaturgeschichte nacheinander vorführen, wer in Wirklichkeit in den rund drei Jahrzehnten nach 1806 miteinander oder nebeneinander, manchmal auch gegeneinander arbeitete. Deshalb ist im folgenden als Prinzip für die Aufeinanderfolge der neun Autoren der Moment ihres signifikanten Auftretens in der hier betrachteten Zeit gewählt worden.

Goethe

Goethes episches Werk in dem Zeitraum von 1806 bis zu seinem Tode – *Die Wahlverwandtschaften, Wilhelm Meisters Wanderjahre* und die *Novelle* – ist nur der spezifische Teil einer sehr viel umfangreicheren Tätigkeit als Prosaschriftsteller. Denn in eben diesem Zeitraum arbeitete Goethe auch an seiner Autobiographie und verfaßte wissenschaftliche Studien, die, wie die *Farbenlehre* (vgl. S. 212 ff.), durchaus Anspruch darauf haben, als Prosakunst betrachtet zu werden. 1809 erschienen die *Wahlverwandtschaften*, 1810 die *Farbenlehre* und 1811 der erste Band von *Dichtung und Wahrheit* – die weiteren kamen 1812, 1814 und 1833 heraus. 1816 und 1817 wurden der erste und zweite Teil der *Italienischen Reise* veröffentlicht, das Ganze dann mit dem dritten Teil in der Werkausgabe von 1829. 1816 begann auch das Journal *Über Kunst und Alterthum* (vgl. S. 293 ff.). 1821 erschien die erste, 1829 die endgültige Fassung von *Wilhelm Meisters Wanderjahren,* 1822 wurde die Erzählung der Autobiographie fortgesetzt mit der *Belagerung von Mainz* und der *Campagne in Frankreich.* 1828/29 erschien, von ihm ediert, der Briefwechsel mit Schiller, auch dies ein Prosawerk eigenen Ranges, wenngleich einer früheren Zeit angehörig, und 1828 die *Novelle,* eine endlich gereifte Frucht nach langem Wachstumsprozeß. Eine beträchtliche Anzahl naturwissenschaftlicher und kunsttheoretischer Essays sowie Rezensionen begleiteten alle diese Arbeiten.

Zum Verständnis der epischen Arbeiten dieser Periode ist es nötig, sich diesen größeren Zusammenhang bewußt zu machen, denn die Romane und Novellen entstanden nicht isoliert davon. Das Studium der Natur, die Untersuchung von Wesen und Sinn der Kunst sowie schließlich die bewußte Reflexion auf eigene Lebenserfahrung im Gang der Geschichte schlugen

sich in den rein erzählenden Werken gleichfalls nieder und bestimmten sie
zu einem nicht unbeträchtlichen Teil. Das zeigt sich bereits bei den *Wahl-*
verwandtschaften, deren Titel ein neuer, zu Assoziationen einladender
Begriff der damaligen Naturwissenschaften war.

Die Wahlverwandtschaften

«Es tat einem wohl, auf einige Stunden in eine idealische Welt zu kommen», schreibt Charlotte von Stein ihrem Sohn am 29. April 1809, nachdem
sie Goethe in Weimar aus den noch unvollendeten *Wahlverwandtschaften*
hatte vorlesen hören, und sie fügt hinzu: «Wieviel Kenntnis des menschlichen Herzens, was für feine Gefühle, wieviel Sittlichkeit, Verstand und
Anstand darin vorgetragen ist, kann ich Dir nicht genug sagen.» Unter den
Menschen aus Goethes näherem Umkreis mag man sich tatsächlich eine
Persönlichkeit wie Frau von Stein als ideale Empfängerin dieses Buches
vorstellen, hatte sie doch mit Goethe selbst einst das Dilemma zwischen
Liebe und Ehe durchlebt und ihn die vielgestaltige Rolle des Weiblichen
erfahren lassen: «Ach, du warst in abgelebten Zeiten / Meine Schwester
oder meine Frau.»
Goethe zielte mit dem Roman nicht auf breite Wirkung.

«Die Wahlverwandtschaften schickte ich eigentlich als ein Zirkular an
meine Freunde, damit sie meiner wieder einmal an manchen Orten
und Enden gedächten. Wenn die Menge dieses Werkchen nebenher
auch liest, so kann es mir ganz recht sein. Ich weiß zu wem ich eigentlich gesprochen habe, und wo ich nicht mißverstanden werde»,

schreibt er in einem Brief an den Grafen Carl Friedrich von Reinhard
(31.12. 1809) mit einem Exemplar des im Oktober erschienenen Buches.
War es ernst gemeint? War es ein wenig übertriebene Bescheidenheit oder
gar der Versuch, Kritik abzufangen, die zu erwarten war?
    Denn die *Wahlverwandtschaften* fanden keineswegs einhellige Zustim-
mung bei ihren deutschen Lesern. Die «denkenden Mütter» verböten es
ihren Töchtern, schreibt Minna Bertheau an August Wilhelm Schlegel
(16.7. 1810); die «allgemeine Stimme» sei wider das Buch, teilt ihm seine
Schwester Charlotte Ernst mit und bricht dann allerdings in ein begeistertes
Lob dieses Werkes voll großer tragischer Poesie aus (14.8. 1810). Friedrich
Schlegel hatte «wenig Trost noch Freude» daran (16.1. 1810); Friedrich
Heinrich Jacobi aber war schlechterdings empört und nannte «die scheinbare Verwandlung am Ende der Fleischlichkeit in Geistlichkeit» eine «Himmelfahrt der bösen Lust» (12.1. 1810). Wieland fand den Titel albern, hielt
sich aber sonst mit seinem Urteil zurück, denn immerhin hatte er selbst
gerade erst im *Hexameron von Rosenhain* (vgl. S. 309) in der Novelle
Freundschaft und Liebe auf der Probe eine Art doppelter Wahlverwandtschaf-

ten dargestellt, wo nach dem ersten Partnertausch die Enttäuschung folgte und es zum Rücktausch der ursprünglichen Partner kam. Jugendliche Ungeduld ins Maßlose wird dort überwunden und aufgeklärte Vernunft trägt den Sieg davon. Hintergrund für seine Konflikte bildete, wie Wieland ausdrücklich ironisch erklärt, das «zu gutem Glück» gerade in Frankreich erschienene «berüchtigte Gesetz, welches die Unauflöslichkeit der Ehe aufhob und die Scheidungen so leicht und willkürlich machte, als es der Leichtsinn und Wankelmut des lebhaftesten Volkes auf dem Erdboden nur immer wünschen konnte». Das war der historische Boden, aus dem auch Goethes Roman hervorwuchs, nur daß hier konkretere Gesellschaft beschrieben wurde als bei Wieland im imaginären Freiraum einer «unter französischer Botmäßigkeit stehenden deutschen Provinz». Der Roman forderte jene Genauigkeit als bürgerliche Epopöe, zu der die Wielands an der Grenze zur Anekdote stehende Novelle nicht genötigt war.

Daß der Roman als Gesellschaftsroman in Deutschland den Adel zum Gegenstand haben mußte, war eine Nötigung deutscher Verhältnisse. Therese Huber hat das klar gesehen in einem Brief an Johann Gotthard Reinhold:

> «Um diese Verkettungen der Schicksale, diese Verirrungen der Einbildungskraft zu schildern, konnte er nicht below stairs bleiben. Bei einem Logis über drei Stiegen, wenn die Frau die Eier selbst einkauft und der Mann erst in die Wirklichkeit versetzt werden soll, nimmt das Gute und Böse eine andere Gestalt an. Diese Willkür und diese Notwendigkeit trägt sich above stairs zu.» (19.2. 1810)

Wie es im übrigen «below stairs» zuging, hatte ein Jahrzehnt früher schon Jean Paul im *Siebenkäs* vorgeführt, als das französische Gesetz noch nicht seine Wirkung auf Deutschland ausgedehnt hatte und der an der Ehe leidende Held noch das frivole Spiel mit dem Tode bemühen mußte, um sich die idealere Partnerin zu verschaffen. Jetzt aber war ein deutscher Gesellschaftsroman entstanden, der die großen europäischen Eheromane des 19. Jahrhunderts einleitete und es dennoch seines exklusiven Personals wegen schwer hatte, sich unter ihnen zu behaupten. Denn nicht die Krise einer gegenwärtigen Ehemoral sahen viele in den Konflikten unter deutschen Landadligen gespiegelt, sondern nur die Dokumentation einer vergangenen. Achim von Arnim, der sich in dieser Sphäre auskannte, bestätigte, er habe nirgends mehr Ehescheidungen gefunden als unter den von Langweile und Hypochondrie geplagten gebildeten Landedelleuten, und er dankte Goethe dafür, daß in den *Wahlverwandtschaften* «wieder ein Teil untergehender Zeit für die Zukunft in treuer, ausführlicher Darstellung aufgespeichert ist» (5.11. 1809). Als er das schrieb, hatte er selbst das Manuskript zu einem großen Eheroman über *Armut, Reichtum, Schuld und Buße der Gräfin Dolores* (vgl. S. 396 ff.) begonnen, der Ostern 1810 erschien.

Nur war es fraglich, ob dergleichen historistische Deutung den Absichten Goethes entsprach, der sich nach Wielands Bericht wünschte, man möge das Buch dreimal lesen, um es recht zu verstehen. Diesen Absichten mochte Jacob Grimm näher kommen, als er meinte, es sei ihm begreiflich, «daß man in dergleichen Geschichten aus moderner Zeit recht leis in das eigentliche Leben, durch alle Konvenienzen hindurch, durch alles förmliche Wesen einbrechen muß» (11./12.11.1809).

Während der abschließenden Arbeit an dem Roman hat Goethe Zelter gegenüber die Bemerkung gemacht, er habe «viel hineingelegt, manches hinein versteckt». Und er fügt den Wunsch hinzu: «Möge auch Ihnen dies offenbare Geheimnis zur Freude gereichen» (1.6.1809). Dieses offenbare Geheimnis nun hat seitdem vielen Interpreten die Freude beschert, es entdeckt zu haben, so sehr sie einander dabei auch widersprachen. Das größere Geheimnis ist allerdings, warum dieses Buch eine noch immer zunehmende Anziehungskraft ausstrahlt, die nach und nach sogar über die deutschen Sprachgrenzen hinausgedrungen ist. Denn im Grunde handelt es sich bei den *Wahlverwandtschaften* um eine ziemlich stille Geschichte unter ziemlich durchschnittlichen Menschen aus einer vergangenen sozialen Schicht in einer vergangenen Zeit. Aus dem leicht frivolen Gesellschaftsspiel mit dem naturwissenschaftlichen Begriff der Wahlverwandtschaften entwikkelt sich wirkliche Liebe, derer zwei der vier Beteiligten nicht mehr Herr werden können, so daß der Tod schließlich ihr einziger Ausweg wird, aber nicht ein dramatischer mit Pistolen oder Gift, sondern ein ganz undramatischer, physiologischer durch Anorexie und Herzkollaps. Die von den Mitmenschen und dem Erzähler versuchte Verklärung dieses Endes verdeckt dessen Banalität nur oberflächlich. Keine Weltenstürmer, Genies, Außenseiter, Revolutionärinnen und Revolutionäre leben in diesem Roman; das Lauteste, was sich ereignet, ist ein Feuerwerk und das traurigste vor dem Ende der Unfalltod eines Säuglings. Aber dennoch ereignet sich zugleich Faszinierendes, ja Ungeheures. Es ereignet sich freilich nicht in der Handlung des Buches, sondern in deren Darstellung durch Goethe, der einmal Eckermann gegenüber erklärt hat, es gebe darin keine Zeile, «die ich nicht selber erlebt hätte» (9.2.1829). Man darf das allerdings nicht in einem biographischen Sinne verstehen.

Mit den *Wahlverwandtschaften* ist es Goethe gelungen, eine an und für sich gewöhnliche Geschichte so zu erzählen, daß sie zur bewegten Oberfläche über einer schier unermeßlichen Tiefe wird. Die «Richtung gegen das Unermeßliche» ist ein Ausdruck des Buches selbst, ebenso wie die Trennung von «Bewußtsein» und «unbewußten Erinnerungen». Ein besonderer Kunstgriff Goethes ist dabei, daß er den Hauptgestalten Biographien verleiht, die weit hinter die Handlung des Romans und das für sie unmittelbar Nötige zurückführen in eine nicht mehr durchschaubare Vergangenheit, in der aber die Konturen nicht im Ungefähren verschwimmen, sondern ins

Archaisch-Elementare menschlicher Beziehungen übergehen. Das Wort «Verwandtschaft» zieht sich als Grundton durch das ganze Werk, nicht nur als die von Wissenschaftlern entdeckte und von den Gestalten experimentell erprobte Wahlverwandtschaft, sondern auch als «Blutsverwandtschaft», wie es Goethe mehrfach nennt.

Eduard, der «reiche Baron im besten Mannesalter», von der Mutter verwöhnt, hat zuerst aus gesellschaftlichen Rücksichten eine sehr viel ältere Frau geheiratet, ehe er als Witwer zur gleichfalls verwitweten Jugendgeliebten Charlotte zurückkehrt. Diese wiederum, zuerst ebenso in einer Vernunftehe gebunden, aus der ihre flatterhafte Tochter Luciane stammt, möchte sich als junge Witwe dem Jugendgeliebten dennoch verweigern und ihm die sehr junge Nichte Ottilie aufdrängen, ehe sie der früheren Neigung nachgibt. Ottilie, verarmt und auf sich gestellt nach dem frühen Tode der Eltern, trägt das Bild ihres Vaters auf der Brust, das ihr sehr viel mehr als nur Schmuck bedeutet. Der Hauptmann schließlich, der als Freund herbeigerufen wird, ist seinerseits in der Jugend in eine außergewöhnliche Liebesgeschichte verwickelt gewesen, die die Beteiligten allesamt offenbar genau kennen, von denen der Leser aber nur durch die eingelegte Novelle *Die wunderlichen Nachbarskinder* einige Nachricht erhält, ohne daß man sie als die Nacherzählung seiner eigenen Geschichte, die offenbar unglücklich ausging, nehmen darf.

Die geheime Verwandtschaft der Hauptgestalten untereinander exponiert Goethe sogar durch ein Spiel mit Namen und Namenstagen an der Grenze des Subtilen. Denn Eduard hatte wie sein Jugendfreund, der Hauptmann, einst Otto geheißen, aber um Verwechslungen zu vermeiden, trat er ihm früh schon in einer Geste, die einem Romane Jean Pauls entstammen könnte und von der Georg Forster als einer tahitischen Sitte berichtet hat, diesen Namen ab und eignete sich seinen jetzigen rein aus Vorliebe für den Klang an. So kommen also zwei getaufte Ottos, eine Charlotte und eine Ottilie zusammen, und das im «doppelten Ehbruch» gezeugte Kind Eduards und Charlottes soll selbstverständlich wiederum Otto heißen, so daß es fast gerecht erscheint, wenn der Tod in die Leichtsinnigkeit, ja Frivolität eines solchen Spiels eingreift. Aber zum Teil ist es auch das Spiel des Autors selbst und nicht nur das seiner Gestalten, die er dadurch hätte charakterisieren können. Charlotte und Ottilie haben ihre Namen nur durch seine Gunst, und der Tod, als archaische Macht, meldet außerdem seine Präsenz schon in den ersten Zeilen des Romans an, wenn vom Pfad «über den Kirchhof» die Rede ist.

Vor aller Aufmerksamkeit auf die unter der Oberfläche wirkenden Kräfte läßt sich dieser Roman jedoch zunächst einmal als Geschichte am Übergang zweier historischer Zeiten lesen. Arnim hatte von der untergehenden Zeit des gebildeten deutschen Landadels gesprochen, den er von Goethe porträtiert sah. Gebildeter Müßiggang ist es denn auch, was die Gestalten in diesem Buch treiben: Man legt einen Park an, läßt ein neues Haus bauen oder die Kapelle ausmalen, veranstaltet Feuerwerke und liest oder musiziert gemeinsam. Die Wirtschaft selbst ist in den Händen von Pächtern, nur soll sie allerdings bald selbst übernommen werden; der Plan dazu ist das eigentliche äußere Motiv für die Berufung des Hauptmanns. Denn eine neue Zeit wäre nach Goethes Sinn nicht die der Entmachtung des Adels gewesen, sondern die seines gesellschaftlich verantwortlichen Handelns. In seiner *Novelle* ebenso wie in *Wilhelm Meisters Wanderjahren* hat er jeweils verschiedene Beispiele dafür gegeben. Zu solchem Handeln jedoch kommt es in den *Wahlverwandtschaften* nicht. Im gesellschaftlichen Niemandsland der Mooshütte wird stattdessen gleich zu Anfang das Experiment zu dritt und dann zu viert beschlossen. «Ich habe Freunde gesehen, Geschwister, Liebende, Gatten, deren Verhältnis durch den zufälligen oder gewählten Hinzutritt einer neuen Person ganz und gar verändert, deren Lage völlig umgekehrt wurde», meint Charlotte bei dieser Gelegenheit, und sie soll nach Goethes Willen recht behalten. Ihrer aller Neigungen und Wünsche stehen im Mittelpunkt: «Sich etwas zu versagen, war Eduard nicht gewohnt.» Auch das steht am Anfang des Buches.

Von den Handelnden sind Freundschaftsbünde zwischen zwei Männern und zwei Frauen beabsichtigt. Aber was auf dem Boden der Empfindsamkeit als einer über Standesvorurteile hinausdrängenden bürgerlichen Gesellschaftskultur im 18. Jahrhundert denkbar gewesen wäre, das erweist sich nun in diesem Kreise und zu dieser Zeit als nicht mehr möglich. Zeitsymptomatisch und über die Verführung durch eine privilegierte Existenz hinausgehend ist die Konzentration auf individuelle Wuscherfüllung, die eine Begleiterscheinung der Emanzipation des Individuums überhaupt darzustellen scheint. Der gesellschaftliche Freundschaftskult verliert seine Kraft, die Liebe allein beginnt zu herrschen in ihrer ganzen Unbedingtheit.

Die Schnittstelle zweier Zeiten erweist sich, wie oft, am deutlichsten im Wandel der Einstellung zur gesellschaftlichen Regelung geschlechtlicher Beziehungen, zur Ehe also. Ein Teil der Vorgeschichten der Hauptgestalten dient zunächst deutlich der Illustration dieser Veränderungen, denn bei ihnen tritt an die Stelle der ersten Ehe aus gesellschaftlichen Rücksichten in der zweiten die Liebesheirat oder zumindest etwas, das in den Augen der Beteiligten so erscheint. Aber sogleich wird auch sichtbar, daß sich neue Komplikationen ergeben, je freier sich die Individuen bei ihrer Wahl fühlen. Denn nicht nur der Übergang von der Ideologie der einen Klasse zu derjenigen einer anderen bildet den historischen Hintergrund dieser Geschichte, sondern die sehr viel weitere Krise, die aus der freien Subjektivität menschlichen Wollens überhaupt entsteht. Bezeichnet die Liebesheirat von Eduard und Charlotte nach der ersten Bindung aus Pflicht den Fortschritt in der gesellschaftlichen Achtung vor der Subjektivität der Liebe, so die Grenzenlosigkeit in Eduards Liebe zu Ottilie sogleich auch deren Gefahren.

Auf welche falschen Wege der Anspruch auf gesellschaftliche Achtung der Liebe jenseits von dynastischen oder ständischen Rücksichten führen kann, erweisen besonders die Ratgebergestalten, die Goethe um sein Quartett anordnet. Graf und Baronesse geben dem subjektiven Anspruch der Liebe ihre eigene, feudal frivole Interpretation, zum Beispiel bei der Erwägung einer Ehe auf Zeit; und es ist im übrigen auch der Graf, der Eduard in die Stimmung des erotischen Abenteuers versetzt, ehe dieser den Weg zu Charlotte und zu jenem Ehebruch im Ehebett nimmt, aus dem der Knabe Otto als späteres Medium des tragischen Ausgangs und als Seelenführer zu den Toten hervorgeht. Die andere Interpretation aber kommt von Mittler, dem ehemaligen Geistlichen, der sein geistliches Amt um eines Lotteriegewinnes, also des Geldes willen aufgegeben hat, der nun die Stimme der bürgerlichen Tugend erhebt und dabei ins Philiströse gerät, woraus denn gleichfalls Verwirrung in der Wirklichkeit gestiftet wird. Die Scheidung, als deren Gegner sich Mittler aufwirft, wird jedoch gerade in Anbetracht der freien Subjektivität eine gesellschaftlich akzeptable Möglichkeit und von den Hauptgestalten als moderne Lösung mehrfach erwogen. Daß es allerdings nicht Goethes Lösung ist, macht der Verlauf des Geschehens offenbar.

Drei Jahre vor der Veröffentlichung der *Wahlverwandtschaften* hatte Goethe seine Lebensgefährtin geheiratet, wofür das Ehepaar im kleinen Weimar, trotz allen Respekts vor dem großen Dichter, doch manchen gesellschaftlichen Ostrazismus erfahren mußte. Das Geschehen des Romans und die Ansichten über die Ehe, die darin betrachtet oder gezeigt werden, sind ohne diese Tatsachen nicht denkbar. Aber Goethe war kein bürgerlicher Moralist; dazu hatte er die Figur des Mittler im Roman. Die verzaubernde, schöpferisch belebende, bewußtseinserweiternde, ja für die Betroffenen geradezu weltverändernde Kraft der Liebe hat er vielfach und dankbar in seinem Leben erfahren, und er hat sich ihr auch als Ehemann nicht verschlossen. Die Lösung des Dreieckskonflikts am Ende seiner *Stella* (1776), die Trinität von Wohnung, Bett und Grab zu dritt, war keine; Goethe hatte das Drama 1803 für die Weimarer Bühne neu bearbeitet und als Tragödie enden lassen. Aber auch der Viererbund einer Wahlverwandtschaft erwies sich als untauglich, das Dilemma zwischen bürgerlichem Pakt und subjektiver Empfindung aufzuheben, wo sie erst einmal miteinander in Kollision geraten waren.

Das Wort ‹Wahlverwandtschaft› stammt aus der zeitgenössischen Chemie, und seine Bedeutung darin wird im Roman selbst von den Gestalten erörtert. Dabei gibt Goethe dem Begriff eine erweiterte Bedeutung über die rein naturwissenschaftliche hinaus, denn nicht nur eine Verbindung über Kreuz suchen die Gestalten, sondern eine Steigerung des Lebens aller aus der Versöhnung von Polaritäten. Eigene naturphilosophische Konzepte Goethes scheinen durch. Wahlverwandtschaft wird mit Geistes- und Seelenverwandtschaft in Beziehung gebracht, und das Gespräch über Chemie bringt Charlotte nicht nur zu dem Wunsch, «Natur- und Wahlverwandtschaften unter uns» zu sehen, sondern veranlaßt sie auch zu dem Entschluß, «Ottilien zu berufen». Die Bemerkung des Hauptmanns, die Verwandtschaften würden erst interessant, «wenn sie Scheidungen bewirken», ließ sie zwar die Analogie zwischen Chemie, also der «Scheidekunst», und den Beziehungen und Einrichtungen der Menschen erkennen, galt ihr aber nicht als Warnung, daß hier von zwei sehr verschiedenen Sphären die Rede war und die Analogie lediglich ein kluges Gedankenspiel sein konnte. Beim Entschluß zur Einladung des Hauptmanns war Eduard schon unabsichtlich in die Sphäre der Wissenschaften geraten, wenn er erklärt hatte: «In Gottes Namen sei der Versuch gemacht.» Das ist zwar nichts als eine Redewendung, aber es ist auch ein ironisches Signal des Autors, der sehr wohl wußte, daß Gott nicht in den Experimenten wirkt, sondern höchstens als Berufungsinstanz über ihnen steht. Es ist ein Thema seiner *Faust*-Dichtung.

Die Aufmerksamkeit auf die neuen Entdeckungen in den Naturwissenschaften und ihre metaphorische Benutzung in der Literatur läßt sich in dieser Zeit vielfach konstatieren. Novalis hat den Galvanismus in seinem Klingsohr-Märchen allegorisch benutzt, Jean Paul beruft sich auf Schritt und Tritt in seinen Romanen und Erzählungen auf Tatsachen der Wissenschaft und macht sogar in *D. Katzenbergers Badereise* (1809) einen skurrilen Naturwissenschaftler zum Helden der Geschichte. Hebel erläutert den Lesern seines *Schatzkästleins* das Universum, und die Phänomene des Okkulten, des Magnetismus, Siderismus und Somnambulismus an der Grenze zwischen naturwissenschaftlicher Forschung und naturphilosophischer Spekulation bieten vielfache Faszination für die Künstler der Zeit (vgl. S. 203 ff.). Auch Charlotte und Ottilie setzt Goethe siderischen Versuchen des reisenden Engländers aus, allerdings weniger um ein Wort zum Okkultismus zu sagen, als vielmehr um die Darstellung seiner Charaktere zu vertiefen, indem er auf diese Weise Seelisches sichtbar macht. Denn das große Zeitthema der Einheit zwischen Mensch und Natur, dessen Fürsprecher Goethe in seinen Dichtungen ebenso wie in seinen naturwissenschaftlichen Schriften immer war – man denke nur an die poetische Verschmelzung seiner Liebeserklärung mit der didaktisch gemeinten lyrischen Erzählung von der «Metamorphose der Pflanzen» –, dieses Thema behandelt er in den *Wahlverwandtschaften* mit Vorsicht und Zurückhaltung. Kein Widerruf ist zu finden, aber auch kein Enthusiasmus. Im Hinblick auf die Natur bewegen sich alle die Gestalten des Romans in einem Zwischenreich zwischen der Hingabe an sie und deren unabsichtlicher Verhöhnung. Das erweist sich im großen in dem Spiel mit dem Naturphänomen der Wahlverwandtschaft, aber es erweist sich auch in vielen Einzelheiten im Umgang mit der Natur, zum Beispiel bei der Anlage des Parks oder der Beseitigung der Gräber auf dem Friedhof, und es erweist sich vor allem in der Zeugung des todgeweihten Kindes, das die Züge jener beiden Personen trägt, denen die wahre Liebe der Eltern beim Zeugungsakt gegolten hatte. Gerade durch solche Überhebung über die Natur, in der «das Menschenbild am vorzüglichsten und einzigsten das Gleichnis der Gottheit an sich trägt», wie Ottilie in ihr Tagebuch schreibt, muß der Mensch seine Machtlosigkeit ihr gegenüber erfahren, denn im Element des Wassers holt sie sich zurück, was im trügerischen Spiel mit ihr als ein Monstrum gezeugt wurde.

Die Menschen, die in den *Wahlverwandtschaften* «in Gottes Namen» Experimente machen, sind nicht selbst Götter. Ebenso wie ihnen im Ennui der gesellschaftlichen Existenz das Dasein zum Spiel wird ohne verantwortliche Beziehung zu den Menschen um sie herum, so entgleitet ihnen im Spiel mit der Natur und ihren Gesetzen die Verantwortung vor deren Schöpfer, was ebensoviel heißt wie fehlende Ehrfurcht und Demut im Umgang mit der Schöpfung. Die Selbstbespiegelung ist ein Zug, der ausdrücklich an Eduard hervorgehoben wird, von dem die Worte herrühren: «Der Mensch ist ein wahrer Narziß; er bespiegelt sich überall gern selbst, er legt sich als Folie der ganzen Welt unter.» In Ottilie hat man auf solch mythischem Boden als Ergänzung dazu die Gestalt der Nymphe Echo als Spieglerin der Töne sehen wollen. Drastisch ist Selbstbespiegelung im Bilde der Affen karikiert, die Luciane, Charlottes Tochter, da sie ihr Leibäffchen nicht um sich hat, wenigstens im Bilderbuch genießt. Überhaupt ist sie nicht Gegenfigur zum ernsteren Quartett, sondern nur die Karikatur von deren gemessenerem, aber keineswegs sehr viel sinnreicherem Dasein. Sie und ihre Interessen sind ein grotesker Kommentar zum Thema Verwandtschaft. Daß man nicht nur gesellschaftlich, sondern auch wissenschaftlich in «einer bedenklichen Zeit» lebe, hat Bernhard Rudolf Abeken in seiner von Goethe ausdrücklich gebilligten Rezension der *Wahlverwandtschaften* 1810 betont. Die fragwürdige Stellung des Menschen in der Natur, seine Doppelexistenz als Kreatur zwischen Tier und Gott, als Teil der Natur und als ihr Herr, als Subjekt und Objekt der Geschichte, war ein großes, altes Thema Goethes und des Jahrhunderts, in dem er aufwuchs und das sein Denken prägte. Der *Faust* spricht davon ebenso wie die naturwissenschaftlichen Studien, und was er dazu in den *Wahlverwandtschaften* vorträgt, hat er später in der kleinen *Novelle* noch einmal zusammengefaßt.

Das Medium Goethes, das solche Konflikte ebenso exponiert, wie es sie zu einer tragischen Lösung führt, ist Charlottes Nichte, die verarmte Adlige Ottilie, die als letzte zu den anderen hinzutritt. Wie diese ist sie in ihrer gesellschaftlichen Position genau bezeichnet und mit einer Biographie versehen. Verarmte adlige Fräuleins befanden sich damals in einer miserableren Lage als andere ihrer Geschlechtsgenossinnen. Sie stellten keine attraktive Partie dar, besaßen aber auch nicht die Möglichkeit, selbständig zu sein, und waren damit auf die Gunst reicherer Verwandter oder adliger Stifte angewiesen. Auf diese Weise gerieten sie oft zwischen die Klassen in eine

Situation, die die Bereitschaft zu sehr viel weiter greifenden existentiellen
Unsicherheiten oder Verirrungen begünstigte. Graf und Baronesse, dieses
verunsichernde Paar, haben jeweils verschiedenes Interesse an ihr – der
Graf persönlich-männliches, die Baronesse, im Selbstschutz vielleicht, als
Kupplerin, denn sie möchte sie dem Gehilfen aus der Erziehungsanstalt verbinden; wenn zwischen diesem und Ottilie «einiges Mißverhältnis des Standes war, so glich sich dieses gar leicht durch die Denkart der Zeit aus».

In der Literaturgeschichte bieten Werk und Dokumentation des Lebens
der Karoline von Günderrode einen guten Einblick in die Gedanken und
Empfindungen einer so betroffenen jungen Frau. Goethes Ottilie ist in der
Absolutheit ihrer Liebe wie in derjenigen ihrer Entsagung nach der Natur
gezeichnet, nicht nach derjenigen der Günderrode, sondern nach derjenigen junger Adliger, die Goethe aus nächster Nähe beobachten konnte. Otti-
lies Erhebung über sich selbst ist also in dieser sozialen Zwischenstellung
glaubhaft angelegt. Es ist bemerkenswert, wie sie sich in ihrem Tagebuch
von der Enge befreit, in die sie genötigt ist, und zwar zunächst dadurch,
daß sie sich durch geographische Exotik, durch die Meditation über «Affen,
Papageien und Mohren» über ihre äußeren Grenzen erhebt, dann aber daraus auch in eine große Weite des Menschenverständnisses und menschlicher
Verantwortung vorstößt. Ihr Tagebuch ist ein außerordentlicher Kunstgriff
Goethes, denn nur durch dieses kann sie sich überzeugend für den Leser
dem Zwang der Leidenschaft entziehen und über sie triumphieren. In der
Gesellschaft, in der sie sich bewegt, hätte sie für ihr Nachdenken keinen
Dialogpartner gefunden.

Es hat schon bei seinen frühen, insbesondere protestantischen Lesern
Anstoß erregt, daß Goethe Ottilie stellenweise geradezu zur Heiligen verklärt. Opferte er hier dem Romantischen oder gar dem Katholizismus, zu
dem ein Jahr vor dem Erscheinen der *Wahlverwandtschaften* Friedrich
Schlegel konvertiert war? Aber der Leser sieht eigentlich nur die Reaktionen anderer auf das für sie Unbegreifliche in Ottiliens Verhalten; ihre eigenen Verlautbarungen geben keinen Anlaß, sie zur Heiligen zu machen. Um
mit dem Außergewöhnlichen fertig zu werden, das zeigt Goethe hier,
bedürfen die Menschen lediglich jener Verfahren, Vorstellungen und Bilder,
die sie sich im Umgang mit dem Unbegreiflichen, Göttlichen geschaffen
haben, und dazu kann unter primitiveren Gemütern sogar die Wunderhei-
lung als Reaktion gehören. Die von den Naturwissenschaften durchwaltete
Welt ist jedoch eine säkularisierte Welt, und das Heilige kann allein aus
dem Willen des Menschen selbst entstehen. Nur in diesem Sinne ist Ottilie
wirklich eine religiöse Figur, ebenso wie nur in diesem Sinne der Schluß des
Faust ein religiöser Schluß ist. Für einen offenbarten Glauben, dessen
andere wirklich teilhaftig werden können, stirbt Ottilie nicht.

«Jede einzelne Regung oder Bewegung in dem ganzen Verlaufe ist
unmittelbar in dem Charakter der Personen gegründet», hat Solger in sei-

nen bedeutenden Betrachtungen zu den *Wahlverwandtschaften* erklärt. Keine Metaphysik muß zu ihrem Verständnis bemüht werden. Wohl aber erweisen sich überall die Grenzen der Charaktere, nicht nur in ihren Versuchen, sich in Gesellschaft und Natur zu behaupten, sondern auch dort, wo sie versuchen, mit sich selbst ins reine zu kommen. Das wird insbesondere bei Eduard gut erkennbar, der mit allen guten Absichten, zu begreifen und aus seinem Verständnis der Dinge die Ereignisse zu lenken, immer nur erneut in die Irre geht und nicht allein Verwirrung, sondern auch Unheil stiftet. Sehr rasch erweist er sich im Roman als ein Verwandter Werthers in der Mischung aus Leidenschaft, Hartnäckigkeit und Schwäche. Seine Wünsche richten sich auf das Unerreichbare, vor allem eben auf jene Frau, die er nicht bekommen kann. Zuerst ist es Charlotte, als sie eine konventionelle Heirat eingeht, danach Ottilie. Aber nicht der Widerstand reizt hier einen Abenteurer, sondern die Totalität des Weiblichen ist es, die er sucht. «Man betrachte ein Frauenzimmer als Liebende, als Braut, als Frau, Hausfrau und Mutter, immer steht sie isoliert, immer ist sie allein und will allein sein. [...] Jede Frau schließt die andre aus, ihrer Natur nach; denn von jeder wird alles gefordert, was dem ganzen Geschlechte zu leisten obliegt», erklärt der Gehilfe. Es muß nur noch die im Roman mehrfach benannte «Blutsverwandtschaft», die Rolle von Tochter und Schwester ergänzt werden, um jene Totalität des Weiblichen zu sehen, die das Wunschziel Werthers in der schwesterlich-mütterlich-bräutlichen Lotte ebenso darstellt wie dasjenige Eduards in der töchterlichen Ottilie, die ihm das Bild des Vaters auf ihrer Brust opfert. Der Begriff der Verwandtschaft erhält hier, in der Psychologie der Geschlechter, eine weitere Dimension genau wie der Akt des «doppelten Ehbruchs», der zwar ein Frevel gegen die Natur sein mag, aber auch in das «Unermeßliche» der in Goethes Zeitalter begrifflich noch nicht erfaßbaren Sexualpsychologie hineinführt. Das Bekenntnis Goethes in den Versen an Frau von Stein von deren Rolle als Schwester oder Frau in «abgelebten Zeiten» leitet letztlich zur gleichen Unermeßlichkeit. Es ist das, was Sulpiz Boisserée kritisch-skeptisch das «bösc Wühlen in den *Eingeweiden* des menschlichen Herzens» genannt hat (24.5.1811).

Das Bedeutende an Goethes Darstellungsweise ist, wie schon eingangs erwähnt, seine Fähigkeit, dem Leser das Bewußtsein zu verschaffen, daß das Erzählte nur die Oberfläche darstellt, unter der Kräfte wirksam sind, die sich dem verstandesmäßigen Zugriff des Menschen in der Begrenztheit seines Wesens und Wissens entziehen. Das Kunstwerk erhält dort seine besondere Funktion, wo der Verstand als Erklärer des Wirklichen versagt. «Das Gedicht behauptet sein Recht, wie das Geschehene», heißt es in dem Brief an Reinhard (31.12.1809) im Zusammenhang mit den *Wahlverwandtschaften*. Der Roman wird von einem Erzähler erzählt, der mehr sieht als seine Gestalten, aber weniger als der Autor. Auf sein Urteil ist nicht überall Verlaß, und wo es besonders schwierig wird, muß er die Gestalten für sich allein reden lassen wie in Ottiliens Tagebuch. Erst auf diese Weise wird die Vielschichtigkeit des Romans möglich, derentwegen es nach Goethes ausdrücklichem Wunsch sowohl möglich wie nötig ist, das Buch dreimal zu lesen.

Goethes *Wahlverwandtschaften* verbinden Konflikte in der gesellschaftlichen Realität einer bestimmten Schicht im Deutschland um 1800 mit der Problematik naturwissenschaftlicher Erkenntnis in säkularisierter Zeit und dem Subjektivismus der Geschlechterpsychologie des modernen Individuums in einer so kunstvollen Weise, daß jedes mit jedem im Begriffe der «Verwandtschaft» eine ursächliche Verbindung erhält. Das eigentliche Geheimnis dieses Buches ist und bleibt die Kraft des Autors, eigene Erfahrung in sich und um sich mit der Erkenntnis des Historischen künstlerisch auf eine Weise zu verschmelzen, daß ein Werk entsteht, das alle seine Bestandteile notwendig macht und sie in ein Ganzes aufgehen läßt. Entstanden ist aber auch ein in jeder Hinsicht deutscher Roman, in der Beschränktheit seiner gesellschaftlichen Sphäre ebenso wie in Selbstbezug und Introspektion der Charaktere, durch die es zur tragischen Kulmination der Konflikte kommt. Der Liebestod von Ottilie und Eduard reiht sich in die Geschichte deutscher Liebestode von Novalis über Brentano und Kleist bis zu Wagner ein, allesamt Produkte einer säkularisierten Welt, in der Liebe als das letzte, einzige Mittel zur Steigerung und Transzendierung des Daseins gesucht wird (vgl. S. 75 f.). Aber er ist zugleich der psychologisch und physiologisch konkreteste von allen, denn Angstneurosen, Depressionen und Anorexie werden als psychiatrische Symptome mit Todesfolge genau bezeichnet im Zusammenhang mit der literarischen Psychoanalyse ihrer endogenen und exogenen Ursachen. Aus einem novellistischen Kern hat Goethe mit den *Wahlverwandtschaften* einen deutschen Roman geformt, der ein Anrecht darauf besitzt, unter die großen europäischen Romane des 19. Jahrhunderts gezählt zu werden.

Novelle

Obwohl die Ursprünge von Goethes *Novelle* noch vor den *Wahlverwandtschaften* liegen und die Ausführung weit nach ihnen erfolgte, steht sie doch in thematischem wie stofflichem Zusammenhang mit dem Roman. Auch in ihr gehören die Hauptpersonen dem deutschen Adel an, allerdings dem regierenden, und auch in ihr geht es um Ordnung und Unordnung im Gesellschaftlichen wie Persönlichen. Aber die Atmosphäre ist stilisierter. Fürst und Fürstin sind namenlos wie die meisten anderen Gestalten, und die Exotik wird nicht per Bilderbuch oder Phantasie beschworen, sondern betritt leibhaftig die Szene.

Nach dem Abschluß von *Hermann und Dorothea* im März 1797 hatte Goethe vor, ein Epos unter dem Titel *Die Jagd* zu beginnen, das im Kern der Handlung – dem Ausbruch wilder Tiere bei einer Feuersbrunst in einer deutschen Kleinstadt – mit der späteren *Novelle* identisch war. Daß dergleichen mit Goethes künstlerischem Nachdenken über die Französische Revolution zu tun hatte, ist mehr als wahrscheinlich. Ob ihn schließlich Thema und Stoff oder die gewählte Form oder beides von der Ausführung abhielten, ist nicht bekannt. Die Krise des Epos in den Frühlingstagen der bürgerlichen Epopöe des Romans war Goethe jedenfalls offenbar geworden, wie der Abbruch seiner Arbeit an der *Achilleis* zeigt, und das außerordentliche Gelingen von *Hermann und Dorothea* mochte seinen Grund gerade darin haben, daß hier im Grunde schon eine bürgerlich-deutsche Novelle lediglich in der Versform des antiken Hexameters erzählt wurde. Erst während der Arbeit an den Novellen von *Wilhelm Meisters Wanderjahren* nahm Goethe den Stoff von einst wieder vor. Im Herbst 1826 begann er erneut die Arbeit an dem Plan, aber die Vollendung dieser wenigen Seiten Prosa zog sich dann noch rund anderthalb Jahre hin; die *Novelle* erschien zur Ostermesse 1828.

Wie bei den *Wahlverwandtschaften* betonte Goethe auch hier in seinen privaten Kommentaren die tiefe persönliche Anteilnahme. Die *Novelle* habe sich «vom tiefsten Grunde meines Wesens losgelöst», erklärte er, und im Zusammenhang mit ihr fiel auch die gern als Definition der gesamten Gattung Novelle betrachtete Bemerkung Goethes, eine Novelle sei nichts anderes als «eine sich ereignete unerhörte Begebenheit». Tatsächlich ereignet sich Außerordentliches, wenn in einer deutschen Stadt exotische Menagerietiere ausbrechen und schließlich gejagt oder eingefangen werden müssen. Aber der Zusammenhang dieses Unerhörten mit dem sonst Erzählten ist zunächst keineswegs offensichtlich.

Die *Novelle* erzählt das Geschehen eines Herbsttages vom Frühnebel bis zum Abendrot. Ein junger, sehr auf friedliche Marktwirtschaft bedachter Fürst hat sich überreden lassen, nach langer Zeit wieder auf die Jagd zu gehen und so die «friedlichen Bewohner» der Wälder «durch einen unerwarteten Kriegszug zu beunruhigen». Seine junge Frau übergibt er der Obhut zweier Männer, des «Fürst-Oheims, Friedrich mit Namen», und des «Stall- und Hofjunkers» Honorio. Man betrachtet Bilder der Ruine des alten Stammschlosses, das im Begriffe ist, allmählich von der Natur wieder zurückerobert zu werden, und die Fürstin beschließt einen Ausflug dorthin, da sie Lust hat, sich «heute weit in der Welt umzusehen», was eine Übertreibung wäre, wenn man es wörtlich nähme. Außerdem gelangt die Fürstin aber nicht einmal zum auserwählten Ziel.

Auf dem Ritt zur Stammburg sehen Fürstin, Oheim und Hofjunker, daß Feuer in der Stadt ausgebrochen ist. Der alte Fürst reitet davon, um bei den Löscharbeiten mit seiner Autorität hilfreich zu sein, hat er doch früher schon eine Feuerkatastrophe erlebt, die ihm tief in der Erinnerung geblieben ist. Honorio, allein gelassen mit der Fürstin, die, wenn man die Sitte der adligen Ehen dieser Zeit bedenkt, im gleichen Alter wie er sein mag, wird sogleich in eine Ritter-Rolle versetzt, denn er sieht sich und die Fürstin plötzlich dem Tiger aus der Schaubude auf dem Markt gegenüber, der im Tumult des Feuers ausgebrochen ist. Daß es sich um ein zahmes Tier handelt, läßt sich schwerlich ahnen, und so veranstaltet der junge Honorio eine kleine Großwildjagd in mitteleuropäischer Kulturlandschaft, die erfolgreich mit der Erlegung des Tigers endet. Für den Lohn der schönen Dame freilich muß er in seine eigene Wirklichkeit und Zeit zurückkehren: Zwar kniet er vor ihr, aber was er erbittet, ist Urlaub, um davonzugehen. Auf Bildungsreise wie Wilhelm Meister? Nach Amerika,

wie dieser es in seinen Wanderjahren vorhat? Entsagung? Formeln und Bilder aus
Goethes Werk dieser Jahre drängen sich auf, ohne viel zu erklären.
Der Schluß wird zum Melodrama. Die Jagdgesellschaft des Fürsten ist, von den
Zeichen des Brandes alarmiert, aus den Wäldern zurückgekommen und trifft nun
nicht nur auf die kleinere, unfreiwillige Jagdgesellschaft sowie den zur Strecke
gebrachten Tiger, sondern auch auf die inzwischen herbeigeeilten Schausteller, die
um das tote Tier klagen. Außerdem aber sind sie besorgt um den ebenfalls ausgebro-
chenen Löwen, der sich in der Stammburg niedergelassen hat. Ihren eindringlichen
Bitten, in hymnischer Prosa und im Gesang vorgetragen, folgt der junge Fürst und
verzichtet auf die Löwenjagd. Von den Flötentönen des Schaustellerknaben besänf-
tigt, wird der «Tyrann der Wälder» zum Lamme, vermutlich um auf Jahrmärkten
auch fernerhin die Bürger mit exotischem Reiz zu locken und zugleich die Anschauung gezähmter Wildheit zu liefern. Aber das bleibt außerhalb von Goethes Betrachtung.

Es ist überlegt worden, ob die Fürstin die Heldin dieser Novelle sei,
besteht doch das Unerhörte dieser erzählten Begebenheit zunächst einmal
darin, daß sie bei einem Ausritt mitten im friedlichen Deutschland von
Tiger und Löwe bedroht wird und von einem jungen Ritter beschützt werden muß, den sie nach seinem ersten Schuß auf den Tiger energisch
anspornt: «Gebt ihm den Rest.» Auch sie also wird für den Augenblick nach
Maßgabe ihrer Möglichkeiten zur Jägerin, verschwistert der Jägerin Euge-
nie, der natürlichen Tochter in Goethes Drama, die aus dem adligen
Geschäft des Jagens ins Bürgerliche genötigt wird (vgl. Bd. 1, S. 493). Dergleichen widerfährt der Fürstin nicht in einer historischen Zeit, die mehrere
Jahrzehnte nach derjenigen Eugenies liegt. Die Revolution ist vorüber und
allenfalls nur noch in den Brandberichten des Oheims anwesend; nach
Goethes Wunsch herrschen Maß und Gleichgewicht in diesem Ländchen.
So war auch, wie die Schausteller versichern, der Tiger das gefährliche Tier
nicht, für das man ihn halten mußte und das dem hohen Geiste der Jagd
und dem Triumph nach dem Sieg erst die rechte Weihe gegeben hätte. Daß
sich im Inneren der beiden jungen Menschen, der Fürstin und Honorios,
gleichfalls Tiger geregt haben im Aufkommen einer unstatthaften Neigung,
ist spürbar, ohne daß es gesagt zu werden braucht. Aber in Honorios Bitt-
szene verhält sich die Fürstin sogleich, wie sie soll, und Honorio desgleichen. Danach tritt die Fürstin in den Hintergrund der Novelle, die, das
zeigt sich damit, nicht nur ihretwegen erzählt wird.

Das letzte Drittel der Erzählung nämlich wird von der Schaustellerfamilie beherrscht, deren Dialogpartner zunächst der junge Fürst ist, der seine
Jagd abgebrochen hat. In der bilderreichen, mit Bibelzitaten geschmückten
Anrede des Schaustellers an ihn erfolgt Fürstenerziehung. In all ihrer metaphorischen Buntheit und sprachlichen Fremdheit enthält diese Rede nämlich eine ganz unmittelbare Botschaft an ihren Empfänger: die Botschaft
vom Anachronismus der Jagd in einer Welt, wo friedlicher Ausgleich herrschen sollte. Der Rede folgt der erste Vortrag eines Liedes von der Besänftigung der Welt durch den Geist einer im Religiösen begründeten Liebe, die

Löwen zu Lämmern werden lassen kann. «Alles war wie beschwichtigt; jeder in seiner Art gerührt. Der Fürst, als wenn er erst jetzt das Unheil übersähe, das ihn vor kurzem bedroht hatte, blickte nieder auf seine Gemahlin, die, an ihn gelehnt, sich nicht versagte, das gestickte Tüchlein hervorzuziehen und die Augen damit zu bedecken.» Mit dem «Schnupftuche» hatte sie ihm bei seinem Ausritt zugewinkt. So verknüpfen sich Anfang und Ende. Danach ruft den Fürsten der Brand in seine Stadt, kein Jagdspiel gibt es mehr, und «die Fürstin folgte langsamer mit dem übrigen Gefolge».

Die letzte Szene der Löwenzähmung vollzieht sich unter Ausschluß der Öffentlichkeit. Allein die unmittelbar Mitwirkenden selbst, die Schaustellerfamilie und der Burgwärtel, sind daran beteiligt und von Außenstehenden nur noch Erzähler und Leser. Was sie hören und sehen, ist märchenhaft, wenngleich nicht gänzlich die Grenze des Wahrscheinlichen überschreitend; denn es ist zumindest denkbar, daß eine Schaustellerfamilie ihr entlaufenes Tier auf die dargestellte Weise mit Musik und Beschwörungsformeln einfängt. Insofern also bleibt Goethe dem Realen verhaftet. Gesang und Musik entrücken die ganze Szene ins Melodramatische und geradezu Opernhafte; der Vortrag des Goetheschen Liedes vollzieht sich als Solo und Duett mit Begleitung der «sanften süßen Flöte» sowie dann als Terzett der ganzen Familie, bis am Ende der Knabe, wieder allein, noch eine weitere Strophe hinzufügt. Aber merkwürdig ist, daß Goethes Lied, so kunstvoll und kompliziert es auch sein mag, den einfachen Leuten doch glaubhaft anzugehören scheint.

Das Lied ist aus Bestandteilen biblischer Mythen, christlicher Legenden und neutestamentarischer Gedanken komponiert. Höhepunkt der Beschwörung des Gedichts ist die dritte Strophe mit der Adaption der Prophetie des Jesaja: «Wolf und Lamm sollen weiden zugleich, der Löwe wird Stroh essen wie ein Rind, und die Schlange soll Erde essen. Sie werden nicht schaden, noch verderben auf meinem ganzen heiligen Berge, spricht der Herr.» (Jes. 65,25):

> Denn der Ew'ge herrscht auf Erden,
> Über Meere herrscht sein Blick;
> Löwen sollen Lämmer werden,
> Und die Welle schwankt zurück;
> Blankes Schwert erstarrt im Hiebe;
> Glaub' und Hoffnung sind erfüllt;
> Wundertätig ist die Liebe,
> Die sich im Gebet enthüllt.

Das ist, ganz wörtlich genommen, eine Absage an die Jagd als legitime Tätigkeit und damit natürlich eine Beschwörung des Friedens überhaupt. Es ist ein Gedanke, der die gesamte *Novelle* durchdringt, die ursprünglich ein Epos über die Jagd hatte werden sollen. Verbunden wird diese alttestamen-

tarische Prophetie aber mit der paulinischen Apotheose der Liebe innerhalb
der Trias von Glaube, Liebe und Hoffnung, eine Verbindung, die freilich so
problemlos nur im Gedicht zu vollziehen ist, das keinen theologischen Verbindlichkeiten unterliegt. Deshalb wird notwendigerweise noch jene vierte
Strophe als Schlußwort der *Novelle* hinzugefügt:

> Und so geht mit guten Kindern
> Sel'ger Engel gern zu Rat,
> Böses Wollen zu verhindern,
> Zu befördern schöne Tat.
> So beschwören, fest zu bannen
> Liebem Sohn ans zarte Knie
> Ihn, des Waldes Hochtyrannen,
> Frommer Sinn und Melodie.

Der Blick geht wieder auf den Knaben zurück, auf die Beschwörung im
Burghofe, wo sich nun der Löwe dem Knaben zu Füßen gelegt hat, und die
Mittel dieser Beschwörung werden preisgegeben: «frommer Sinn», also
Glaubensfähigkeit, und «Melodie», also Musik, Kunst, das Schöne als
Instrument zur «schönen Tat».

Daß letzte Wahrheiten einfach sind, ist bekannt. Von solchen letzten
Wahrheiten aber ist in der Apotheose der *Novelle* die Rede. Die adlige
Gesellschaft des frühen 19. Jahrhunderts wird von Goethe in ihre eigene,
von ihm allerdings einigermaßen idealisiert gesehene Wirklichkeit entlassen,
nachdem sie die Gedanken und Bilder des Liedes zusammen mit den Erfahrungen des Tages von der Gefährlichkeit oder Fragwürdigkeit ihrer Ausritte
und Jagdunternehmen zur Kenntnis genommen hat. Feudale Gebaren und
Belustigungen haben bürgerlicher Tätigkeit, der Marktwirtschaft zu weichen, wenn Feuersbrünste samt ihren Folgen gebannt werden sollen. Der
Wandel der Zeiten wird im Bilde sichtbar. Daß es sich bei den Beteiligten
um Entsagende handelt, wie gelegentlich behauptet wird, ist aus dem Text
nicht zu ersehen. Honorios Optionen für anderes Verhalten waren im Hinblick auf seine Stellung zur Fürstin gering, er hätte sich höchstens schlechter benehmen können. Daß Fürst und Fürstin etwas gelernt haben, ist zu
hoffen, aber Entsagung wäre ein zu großes Wort dafür. Ihr ferneres Leben
geht in das Dunkel zurück, aus dem dieser Tag hervorkam. Die Schluß-
szene jedoch ist nur für den bestimmt, der Weiteres übersieht, für den
Erzähler also und seine Leser, die er ins Vertrauen zieht. Auch sie allerdings
werden nicht eigentlich belehrt und dürfen sich frei aus dem Text hinausbe-
geben. Konstatiert wird lediglich wiederum, wie in den *Wahlverwandtschaften,* die Doppelnatur des Menschen als Kreatur zwischen Naturwesen und
Ebenbild Gottes. Der Löwe herrscht «über alles Getier», erklärt der Schausteller in seiner Rede an den Fürsten und großen Jäger: «Doch der Mensch
weiß ihn zu zähmen, und das grausamste der Geschöpfe hat Ehrfurcht vor

dem Ebenbilde Gottes, wonach auch die Engel gemacht sind, die dem
Herrn dienen und seinen Dienern.» Es sind die Engel, die im Liede dann als
Boten des Göttlichen auf und nieder schweben, wie am Ende der *Wahlverwandtschaften* und des *Faust* in ähnlicher Mission. Für die Erfüllung des
Menschlichen in seiner Ebenbildlichkeit mit Gott gibt es für Goethe keine
anderen Erwartungen als die paulinischen, vermittelt durch die Poesie. Daß
dergleichen gelingt, ist dann ein «seltener menschlicher Fall», ins Legendäre
entrückt in einem alten Burghof, und ist schließlich eine «unerhörte Begebenheit», als die Goethe seine *Novelle* bestimmte.

Wilhelm Meisters Wanderjahre

Den gebildeten deutschen Bürgern waren die Lehrjahre Wilhelm Meisters
im ausgehenden 18. Jahrhundert zum Katalysator eigener Konflikte auf
dem Wege zur Selbstverwirklichung geworden. So nimmt es nicht wunder,
daß man über sein weiteres Schicksal spekulierte, nachdem Goethe ihn
zwar am Ende des Romans die Lichtgestalt der adligen Natalie in Liebe
hatte finden lassen, den Gesetzen der Turmgesellschaft entsprechend ihn
aber sogleich wieder auf Reisen und weg von der geliebten Frau schickte.
Eine Einladung des italienischen Marchese, des Onkels der abgeschiedenen
Mignon, diente als guter Anlaß. Mit der Erbschaft Mignons wohl versehen,
sollte Meister in seine Wanderjahre ziehen, aber für das Lesepublikum verschwand er zunächst.

Zum ersten Mal tauchte er 1808 wieder auf, als ihn ein junger adliger
Abenteurer namens Karl in einer Kutsche zusammen mit dem Marchese
entdeckt und von ihm erfährt,

> «daß er seinen Felix bei Natalien gelassen, und ungeachtet der Liebe
> zu seiner neuvermählten Frau, dennoch den Markese auf seinen Rei-
> sen durch Deutschland begleite, wozu besonders der Abbé und Jarno
> sehr geraten hätten. Doch denke er bald auf eine kurze Zeit nach
> Hause zu gehn, weil Natalie, nachdem sie so viele Jahre unfruchtbar
> gewesen, endlich in Wochen kommen werde.»

Darauf folgt ein Gespräch über das Alter von Felix, denn Karl meint: «Aus
dem was Göthe über Sie geschrieben, werde ich durchaus nicht klug.» Die
Begegnung, das zeigt sich also, kommt nicht in einem Werk Goethes
zustande, sie ereignet sich in dem Roman *Die Versuche und Hindernisse
Karls,* einem literarischen Experiment, das Karl Varnhagen von Ense
zusammen mit Fouqué, August Bernhardi und Friedrich Wilhelm Neumann
veranstaltete (vgl. S. 525). Ihre weiteren Absichten schlossen ein, den Wandernden später nach Weimar zu senden, und zwar aus dem einzigen
Grunde, weil Schiller dort wohne!

Ein weiteres Mal tauchte Wilhelm Meister 1821 auf den Seiten eines

Buches auf. Auch dort befindet er sich auf Reisen, diesmal auf dem Schlosse eines Verwandten jener Familie, «in die er selbst einzutreten sich Hoffnung machte». Er gerät in die Gesellschaft eines Hauptmanns und einer jungen Dame namens Mathilde, die mit ihm einen Lesezirkel zur Lektüre der Werke Goethes bilden, eines Autors, den Wilhelm sich ausgesucht hat, da er «keine großen Anforderungen an ihn machte und, vornehmlich seit er selbst geadelt wurde, es sich zum Lieblingsgeschäft zu machen schien, alle menschlichen Verhältnisse aus dem Gesichtspunkt einer edlen, gesellschaftlichen Convenienz darzustellen». Bei solcher Voraussetzung ist es nicht überraschend, daß der Hauptmann, ein entschiedener Goethe-Kritiker, Wilhelm Meister schließlich auf seine Seite bringt, der nun, angeregt insbesondere von der Lektüre der *Wahlverwandtschaften*, zu der folgenden Erkenntnis über Goethe kommt:

> «Was ist denn die Menschenwelt in seinen Schriften? Gerade die großen Charaktere, welche am meisten Aufmerksamkeit verdienen, weil sie etwas Hohes klar erkannt haben und mit Entschiedenheit ausführen, die Helden der Freiheit, des Patriotismus, der Kraft, der sittlichen Strenge, des Glaubens, der Liebe, der Freundschaft, gerade die vermißt man völlig. Vor uns liegt sie da, eine Welt ohne Heroen, in der nur untergeordnete Größe, Lebensgewandtheit, Klugheit, Sinnlichkeit, Leidenschaften der Schwäche, Anmaßung, vornehme Bildung, guter Wille eine Anerkennung finden, und die einzige weibliche Reinheit nur als ein Wunder begriffen wird, dessen Grund nicht nachgewiesen und beinahe abergläubig aus der sinnlichen Natur hergeleitet ist. Ist denn das die Menschheit ganz? Ist das ihr durch die Kunst erhobenes Bild, und soll die Wirklichkeit noch gemeiner, niedriger seyn? Nein, es wäre eine Lästerung, das zu sagen. Es giebt in ihr etwas Edles, Hohes, wovon in Göthen keine Spur ist.»

Das war, alles in allem, kein harmloser parodistischer Scherz mehr wie im Falle von Varnhagens Kollektivroman. Das Buch erschien im Mai 1821 anonym unter dem Titel *Wilhelm Meisters Wanderjahre,* kurz bevor Goethe die Fortsetzung seines Romans herausbrachte, und es stiftete nicht geringe Verwirrung. Denn daß Goethe an einem Buch eben dieses Titels arbeite, war schon seit 1810 bekannt, als er die Novelle *Sankt Joseph der Zweite* als erstes Buch des Romans veröffentlichte. Erst Jahre später hat sich der Pastor Johann Friedrich Wilhelm Pustkuchen zur Verfasserschaft der «falschen» *Wanderjahre* bekannt; dem ersten Band hat er bis 1828 noch vier weitere und ein «Tagebuch» Wilhelm Meisters nachgeschickt. Goethes Umarbeitung und Erweiterung der ersten Fassung von 1821 bis zur endgültigen Gestalt von 1829 geschah nicht unbeeinflußt von diesem kritischen Konkurrenzunternehmen.

«Ich könnte wohl noch bemerken», sagt der aufgeklärte, gerade erst aus

Amerika zurückgekehrte Graf Brandenstein in Tiecks Novelle *Die Verlobung* (1823) anläßlich der «unächten Wanderjahre», «daß dieser geistliche Schwindel sich auffallend genug mit einem politischen verbindet, und daß diese kranke Stimmung, die sich über ganz Deutschland verbreitet, es einem überaus verwirrten und schwachen Buche möglich gemacht hat, den Beifallsruf einer Menge zu erwerben, die nun erst beurkundet, wie wenig sie je unsern großen Dichter faßte, als sie ihm zujauchzte.» Mit Pustkuchen von der religiösen und Wolfgang Menzel von der burschenschaftlich-politischen Seite her formierte sich jedenfalls in den zwanziger Jahren eine lautstarke Opposition gegen Goethe, die zwar auch entschiedene Verteidiger Goethes auf den Plan rief, aber im Zeitalter der Heiligen Allianz und des unterdrückten Patriotismus doch schwere Anklagen gegen ihn, seine unzulängliche Deutschheit und sein schwer, wenn überhaupt greifbares Christentum, kurz gegen seinen Charakter vorbrachte. Es war nicht erstaunlich, daß sich diese Kritik auf die frühe Auseinandersetzung des Jenaer Kreises mit *Wilhelm Meisters Lehrjahren* berief. Menzel zitiert in seinem Buch über *Die deutsche Literatur* (1828) ausführlich aus Novalis' Fragmenten, denn dessen sarkastisches Wort von der «Wallfahrt» Wilhelm Meisters «nach dem Adelsdiplom» war ganz nach Menzels Sinne. «Goethe schwamm immer mit dem Strome und immer oben wie Kork. Sein Geist war mit dem Zeitgeiste immer in einer seltnen Harmonie», lautet der Vorwurf, den Menzel nun selbst erhob. Aber seine Kritik kam nicht mehr vom idealistischen Standpunkt einer ästhetischen Utopie her, sondern war eine sehr reale Reaktion auf die Zeitumstände, in denen Parteien und Gegenparteien nunmehr die Dichter als Lieferanten von Idealen für die politische wie religiöse Praxis sehen wollten. Anklagen dieser Art sind in der deutschen Kritik an Goethe nie ganz verstummt. Dabei schenkte Goethe gerade mit *Wilhelm Meisters Wanderjahren* seinen Landsleuten ein sehr deutsches Buch, das in seiner Kunstform Tendenzen fortsetzte, die seine frühen Kritiker um 1800 zuerst in der Auseinandersetzung mit den *Lehrjahren* erwogen hatten, das in seiner Aussage aber sehr deutlich auf Deutschland und die Deutschen bezogen war und ihnen allerdings auch einiges von der Kritik zurückgab, die sie gegen ihn vorbrachten.

Unter den Prosawerken Goethes sind *Wilhelm Meisters Wanderjahre* am sperrigsten und schwersten zugänglich geblieben. Die Haupthandlung des 1829 in seiner endgültigen Fassung erschienenen Werkes drängt sich im Grunde auf ein paar Wanderbegegnungen Wilhelm Meisters zusammen, von denen keine jedoch zu einem erzählbaren Resultat oder zu darstellbaren menschlichen Verbindlichkeiten führt außer der eben nur mitgeteilten Tatsache, daß er sich zum Chirurgen ausbildet, welche Kunst ihn dann instand setzt, seinem Sohne das Leben zu retten. Wohl nötigt ihn ein Gelübde, von Ort zu Ort zu ziehen, aber ein pikaresker, in die Fülle des Lebens seiner Zeit gemengter Reisender wird er damit keineswegs. Hauptsächlich hört oder liest er Novellen und Märchen, und hin und wieder schreibt er auch an die einst so mühsam errungene geliebte Natalie, während er gleichzeitig mit seinem Sohne um die Aufmerksamkeit einer jungen Dame konkurriert, ohne dabei Natalie oder dem Goetheschen Prinzip, daß der Romanheld «leidend, wenigstens nicht im hohen Grade wirkend sein» solle, wirklich untreu zu werden. Natalie wiederum scheint bereits auf dem Wege nach Amerika zu sein, und die Vorbereitung zur Auswanderung dorthin schlingt sich als Band durch das ganze Werk. Es ist ein Plan, der reich und bedeutend an Sinn ist, aber als epischer Vorwurf in sich selbst nur von mäßigem Interesse. Das eigentliche poetische Leben des Buches liegt stattdessen in einer Reihe von Erzählungen, die in den Zusammenhang des Buches übergehen. Erst dort finden sie zumeist ihren Abschluß oder zumindest die Andeutung einer Lösung, in einem Zusammenhang also, der seinerseits kaum anders als fragmentarisch bezeichnet werden kann, denn zum Besteigen von Schiffen, zur Überquerung des Atlantik oder gar zur Rodung von Neuland und zum Kampf mit Indianern kommt es in der Erzählung nicht, auch wenn die schöne Hoffnung auf einen freien Grund mit einem freien Volk durchaus am Horizont aufglüht.

Ein derartiges ästhetisches Gemisch, das sich einer eingängigen, genießenden Lektüre viel stärker widersetzt als seine anderen Prosaschriften, hat man mit großem Recht auf Goethes Altersstil zurückgeführt. Goethe hat wie kein anderer Deutscher an den historischen, geistigen und künstlerischen Bewegungen seiner Zeit in großer Weite und Tiefe teilgenommen und sie – da griff Menzels böswillige Kritik zu kurz - durch seine Schriften über ein halbes Jahrhundert hinweg wesentlich mitgeprägt. Unter solchen Voraussetzungen mochte am Ende manches romanhafte Auflösen von Konflikten dem gealterten Autor banal erscheinen. Vieles war längst gesagt und nur noch höchst Konzentriertes des Aussprechens wert. Anderes hatte sich in der Erfahrung dem Aussprechen entzogen, und so bildete sich schließlich bei Goethe eine Art von Metasprache aus Bezügen und Symbolen, Sentenzen, Verweisen und Anspielungen heraus, die nicht mehr unmittelbare Kommunikation zwischen Autor und Leser war, sondern für deren volles Verständnis die ganze Persönlichkeit des Sprechenden immer mitgedacht werden muß.

Außer der skizzenhaften Rahmenerzählung über die Lebensumstände Wilhelm Meisters enthalten die *Wanderjahre* Novellen, Märchen, Briefe, Dialoge, Auszüge aus Tagebüchern, technisch-ökonomische Berichte, theoretische Gespräche, ganze Aphorismensammlungen und, wie nahezu jeder deutsche Roman dieser Jahre, eine Reihe von Lied- und Gedichteinlagen. Im Arrangement dieses Materials ist Goethe oft recht großzügig verfahren. Hinsichtlich der Aphorismensammlungen gab er sogar Eckermann den Auftrag, «sechs bis acht gedruckte Bogen» «zusammenzuredigieren», «um damit vorläufig die Lücken der Wanderjahre zu füllen». Ein solches Verfahren läßt sich letztlich ebenfalls nur mit dem Altersstil eines bedeutenden Künstlers erklären, der für die rein handwerklichen Leistungen seine Werkstatt hat. Außerdem hielt Goethe es nicht mehr für nötig, Weisheiten als Summe dargestellter Erfahrungen episch zu grundieren, wie im Lehrbrief am Ende der *Lehrjahre* oder im Tagebuch der Ottilie in den *Wahlverwandtschaften*. Für das Ganze als Gegenstand der Kunst trug er in sich ein großes Konzept, von dem alles von ihm Vollendete – auch der *Faust* – nur repräsentative Teile darstellte, zwischen denen er weiterhin Lücken empfand, so daß die späten Werke abgeschlossen und offen zugleich geblieben sind.

Goethes Konzept war die Darstellung universeller Erfahrung von Menschen als Naturwesen, Gesellschaftswesen und «herrlich Ebenbild Gottes», wie es am Ende der *Wanderjahre* in Parallele zu ähnlichen Formulierungen in den *Wahlverwandtschaften* und der *Novelle* heißt. Gerichtet aber ist dieses Konzept auf eine Selbsterfüllung des Individuums in solcher Konstellation und bei den ihm notwendig gegebenen Begrenzungen. Gewinnt der *Faust* als Drama seine Universalität aus dem Reichtum von Mythen um die eine, selbst zum Mythos gewordene Gestalt, so gewinnen sie die *Wanderjahre* als Roman aus der Vielfalt von Formen, die auf einen in der Idee nicht faßbaren Prozeß und Progreß menschlicher Entwicklung hindeuten sollen. Nicht umsonst ist das Wort «Geheimnis» eines der Lieblingsworte der *Wanderjahre;* am Leitfaden einer «durchgreifenden Idee» produziert zu haben, hat Goethe für seine größeren Werke immer von sich gewiesen. Nur für die *Wahlverwandtschaften,* die ja einem novellistischen Kern entsprangen, hat er das zugegeben mit der Bemerkung: «Der Roman ist dadurch für den Verstand faßlicher geworden; aber ich will nicht sagen, daß er dadurch *besser* geworden wäre. Vielmehr bin ich der Meinung: *je incommensurabeler und für den Verstand unfaßlicher eine poetische Production, desto besser.*»

Künstlerisch erfüllte sich in Goethes *Wanderjahren* manches, was einst unter der Fahne einer romantischen, progressiven Universalpoesie theoretisch formuliert und gefordert worden war. Getrennte Gattungen der Poesie wurden hier vereinigt, Philosophie und Rhetorik, Poesie und Prosa, Genialität und Kritik, Kunstpoesie und Naturpoesie bald gemischt, bald verschmolzen, ganz so, wie es einst Friedrich Schlegel im *Athenaeum* programmatisch verlangt hatte. Schließlich hatte er als Modell dafür unter anderem die *Lehrjahre* Wilhelm Meisters vor Augen, die mit einer reichen Zahl von Liedern, Briefen, Tagebüchern, Berichten, theoretischen Diskursen, gesammelten Sentenzen und novellenartigen Einlagen von der Form der *Wanderjahre* gar nicht einmal so stark abweichen, wie es in Anbetracht der dominierenden und reich ausgeführten Haupthandlung den Anschein hat. Solche Form mochte um 1795 noch hauptsächlich als kreative Fortführung und Steigerung von charakteristischen Romanelementen des 18. Jahrhunderts erscheinen, während ihr Inhalt auf einen Kompromiß mit den Verhältnissen in Deutschland deutete, was Novalis nicht nur zu seiner Kritik des Buches veranlaßte, sondern ihn und Schlegel auch zu einer Romantheorie, die das von Goethe künstlerisch Gebotene für die Darstellung universaler Verhältnisse und Ziele zu engagieren suchte.

Die Napoleonischen Kriege, die Heilige Allianz und die Karlsbader Beschlüsse hatten die Träume auf die Erde zurückgeholt. Zwar überschaute Goethe in den *Wanderjahren* noch die Existenz des einzelnen von einem höheren Standpunkt, aber gleichzeitig versuchte er doch allen Idealen und Hoffnungen gegenüber den realen Veränderungen im gesellschaftlichen und ökonomischen Leben Rechnung zu tragen und mit einer gewissen pragmatischen Didaktik seinen Lesern durch die Begriffe von Ehrfurcht und Entsagung konkrete ethische Verpflichtungen vorzuführen. Vorsicht ist allerdings geboten, solche Begriffe allzu abstrakt als pädagogische Maximen von großer Allgemeinheit zu verstehen, wodurch sie in alles und nichts verwischt werden. Sie sind gleichsam nur Metaphern für ein gesellschaftsbewußtes praktisches Leben und Handeln ohne jedes Gemeinschaftspathos. Im gleichen, metaphorischen Sinne ist auch das Projekt einer Auswanderung nach Amerika zu sehen – nicht als Entwurf eines fernen Utopia, ebensowenig jedoch als Ausdruck der Europamüdigkeit und als ernster Vorschlag, in den Vereinigten Staaten eine Kolonie zu gründen, obwohl sich Goethe als Leser der Romane James Fenimore Coopers oder der von Heinrich Luden edierten *Reise Sr. Hoheit des Herzogs Bernhard zu Sachsen-Weimar-Eisenach durch Nordamerika in den Jahren 1825 und 1826* (1828) manche Anschauung von der neuen Welt verschafft hatte – Amerika war zur greifbaren Realität geworden für das Weimar der zwanziger Jahre. Aber das Auswanderungsprojekt im Roman ist eher bildlicher Ausdruck des Wunsches zu einer Regeneration der deutschen Gesellschaft und ihrer Verhältnisse, ein Wunsch also, der Lotharios Wort aus den *Lehrjahren* – «Hier oder nirgend ist Amerika» – im Prinzip nicht entkräftete, so sehr wohl auch Goethes Skepsis hinsichtlich der Realisierbarkeit solcher Neugeburt auf deutschem Boden im Laufe der Zeit gewachsen war.

Aus der Weitsicht des Alters und mit starker künstlerischer Gestaltungskraft gelang es Goethe, in den *Wanderjahren* ein Kunstwerk zu schaffen, in dem der aufklärerische Gedanke einer universellen Ordnung der Welt in das arbeitsteilige Industriezeitalter des 19. Jahrhunderts glaubhaft hinübergetragen wurde, und zwar glaubhaft allein deshalb, weil Goethe durch den Plan eines Auswanderungsprojektes nicht nur viele Menschen und viele Formen zusammenbringen konnte, er transzendierte damit auch deutsche Enge, zeigte seine epische Welt in ständiger Bewegung und versetzte schließlich metaphysische Orientierung im Bilde der den Gestirnen und damit dem Universum verbundenen «edlen Tante» Makarie nicht an einen Zielort, sondern beließ sie sozusagen in beratender Funktion über der sich fortbewegenden Welt und Gesellschaft. Damit ging allerdings unvermeidlich der Verzicht auf konsekutives, also populäres Erzählen einher.

Im Hochgebirge beginnt und an einem zum Meer und damit zur neuen Welt führenden Fluß endet der Roman. Dieses Landschaftsgefüge ist in hohem Grade Symbollandschaft, denn auch in seiner Handlung ist der Roman eine Art Abstieg. Er beginnt in mythischer Urgebirgslandschaft, wo noch die Heilige Familie eines Sankt Joseph des Zweiten wohnt, wie sie Goethe in der ersten novellistischen Einlage des Buches beschreibt. Dort oben, in der Höhle eines «Riesenschlosses», wird Sohn Felix vor den Augen des Vaters neu geboren, wenn er ihn aus dieser Höhle und damit «aus der Erde» hervorblicken sieht: «Man konnte wirklich sagen, aus der Erde: denn die Felsenspalte, durch die er herausschaute, war kaum breit genug, um seinen Kopf durchzulassen» – wie es doppelsinnig genug in der ersten Fassung des Romans heißt. In der zweiten Fassung ist das kondensiert auf die nicht weniger doppelsinnige Bemerkung, Felix sehe «aus einer Kluft des schwarzen Gesteines hervor». Aus den Tiefen der Urwelt bringt er auch jenes geheimnisvolle Kästchen mit, das dann den ganzen Roman als ein Katalysator des Inkommensurablen begleitet.

Goethes Roman erhält durch den Reichtum möglicher symbolischer Lesarten neben – nicht über – den beschriebenen realen Vorgängen seinen ästhetischen Reiz für diejenigen Leser, die bereit und in der Lage sind, solche Wege mitzugehen, und das Buch lädt auch immer wieder durch unaufgelöste Anspielungen, durch Erzählerfiktionen und eine Fülle verschiedener Erzählperspektiven ausdrücklich dazu ein. Es ist Goethes Mittel, seiner Romanwelt jene Universalität zu sichern, um die es ihm der Harmonie unter den Menschen zuliebe immer gegangen ist.

Goethes *Wanderjahre* sind insgesamt aber auch ein sehr deutsches Buch, nicht allein von der Formproblematik her, sondern ebenso vom Stoff und seinen Tendenzen. Der Personenkreis stammt fast vollständig aus dem deutschen Erfahrungsbereich, und an seine Deutschen wendet sich der Roman überall, wenn man ihn im Lichte jener zahlreichen Äußerungen liest, die Goethe während der Arbeit an der zweiten Fassung über seine Landsleute Eckermann gegenüber gemacht hat. Es entsteht sogar der Eindruck, als ob Goethe mit seinem Buch ausdrücklich ein Stück Nationaldidaktik hat geben wollen. Den Deutschen, so sagt er am 3. Mai 1827 zu Eckermann, fehle es an einer tatsächlich wirksamen nationalen Kulturtradition:

«Wir Deutschen sind von gestern. Wir haben zwar seit einem Jahrhundert ganz tüchtig cultivirt; allein es können noch ein paar Jahrhunderte hingehen, ehe bei unseren Landsleuten so viel Geist und höhere Cultur eindringe und allgemein werde, daß sie gleich den Griechen der Schönheit huldigen, daß sie sich für ein hübsches Lied begeistern, und daß man von ihnen wird sagen können, es sey lange her, daß sie Barbaren gewesen.»

Politisch seien sie «Particuliers», und an «Übereinstimmung» sei nicht zu denken, erklärt Goethe am 1. Oktober 1828. Die Universalität der *Wanderjahre* erhält ihre eigentliche Funktion und Bedeutung erst auf dem Hintergrund solch nationaler Kritik. Das betrifft die Thematik ebenso wie die Form des Buches. Denn durch die Verwendung der verschiedensten sprachlichen Kommunikationsformen, die vom Aphorismus angefangen über Brief, Bericht, Gespräch, Gedicht und Novelle in die Großform eines Romanganzen münden und darin zusammengeführt werden, wird bereits ästhetisch ein Übergang in gesellschaftliches Denken und Empfinden induziert, das nach Goethes Ansicht den Deutschen bisher mangelte. Das Amerika-Projekt ist dann eine äußere Nötigung, über die partikularen Grenzen hinauszudenken.

Innerlich entsprechen dem gesellschaftlich Wünschbaren die Gesinnungen der Entsagung und Ehrfurcht, also Forderungen nach einer humanen Gesellschaftlichkeit, die sich von jeder partikularen und egoistischen Eigensinnigkeit ebenso unterscheidet wie von einem das Individuum auslöschenden Kollektivismus. Daß es sich dabei nicht in erster Linie um eine erzieherische Überwindung von Unterschieden zwischen den Klassen handelt, sondern um eine Reflexion Goethes vor allem auf nationale Unzulänglichkeiten, machen die eingelegten Novellen der *Wanderjahre,* die den literarischen Grundstock des Romans bilden, hinreichend deutlich. Was immer sie für sich selbst als künstlerische Exposition menschlicher Verhaltensweisen aussagen, sie sind zunächst einmal in jedem Fall die Darstellung eines sozialen Fehlverhaltens, eines Mangels an Rücksicht, Takt, Geschmack, Gemeinsinn und Pragmatik. Über dem Eingang zu einem Raum des Auswandererbundes steht das Motto: «Ubi homines sunt modi sunt; welches wir deutsch erklären, daß da, wo Menschen in Gesellschaft zusammentreten, sogleich die Art und Weise, wie sie zusammen sein und bleiben mögen, sich ausbilde.» Eben um diesen Modus gesellschaftlichen Verhaltens ist es Goethe für seine Deutschen zu tun. In den *Lehrjahren* hatte der Bürgerssohn Wilhelm Meister ein Gleichgewicht zwischen innen und außen, Einzelnem und Ganzem in dem Begriff der «öffentlichen Person» ausgedrückt und diese Vorstellung unter den gegebenen Verhältnissen mit dem Adel identifiziert. Für den inzwischen mit einer Adligen verbundenen Wilhelm Meister der *Wanderjahre* gilt ein solcher Unterschied der Stände nicht mehr, denn in Goethes Erfahrung hatte auch der deutsche Adel einen bedeutenden Anteil an den gesellschaftlichen Mängeln, die er einst nur am und im Bürgerssohn empfand. Dafür gaben die *Wahlverwandtschaften* das Beispiel.

Die Einlagen der *Wanderjahre* erweisen in mehr als einer Hinsicht ihre ‹Deutschheit›. So sind die hintereinander erzählten und gleichsam ein Paar bildenden Erzählungen von der «Neuen Melusine» und der «Gefährlichen Wette» innerlich verbunden als Komödie und Tragödie der Gefühllosigkeit und des Mangels an Rücksicht. In der «Gefährlichen Wette» wird von einer Studentenschar, «ungleich von Geburt und Wohlhabenheit, Geist und Bildung», ein Scherz getrieben, der die Würde eines Hotelgastes herabsetzt, was schließlich mittelbar dessen Tod zur Folge hat. Im Melusinen-Märchen ist es ein deutscher Barbier, der sein Bestes tut, der aus königlichem Stamme kommenden Melusine durch eine Taktlosigkeit nach der anderen zu beweisen, daß er nicht jene Ritterlichkeit in sich trägt, die sie in ihm suchte und zu finden hoffte, weshalb er schließlich, statt auf den Thron, am Ende wieder «an den Herd zur Köchin» gelangt.

Ein ähnliches Paar bilden die Novellen beziehungsweise Novellenbruchstücke «Die pilgernde Törin» und «Der Mann von fünfzig Jahren», diesmal jedoch mit einem nationalen Unterschied, denn die erste Geschichte wird ausdrücklich als «eine Übersetzung aus dem Französischen» deklariert. Obwohl es sich in beiden um den gleichen Konflikt handelt – der dann auch noch in der Haupthandlung des Romans gespiegelt wird –, nämlich um die Konkurrenz zwischen Vater und Sohn in der Liebe für ein Mädchen, so sind doch beide Geschichten von einer sehr charakteristischen Verschiedenheit hinsichtlich der Gefahren und Auswirkungen solcher Verwicklungen. Die französische Geschichte bleibt ein relativ leichtes Spiel, in dem ein Kodex ritterlichen, das heißt taktvollen Verhaltens sich durchsetzt und damit seine Bewährungsprobe besteht. Das geschieht allerdings nicht ohne weiteres bei den Männern – französischen Adligen –, sondern erst durch das Mädchen selbst, das auslösender Faktor für eine Demonstration guter Sitten wird und das mit einer regelrechten kleinen Predigt über Rücksicht und soziales Wohlverhalten abgeht. In ganz kleine Gefahren begeben sich da die Handelnden in der deutschen Novelle: Sie gehen durchaus wörtlich aufs Glatteis. Die Begegnung von Vater, Sohn und der von beiden Geliebten in einer vom Eise überzogenen, vom Vollmond beleuchteten Landschaft ist eine der schönsten, gefühlsstärksten Szenen in Goethes Prosa: «Auszumalen ist nicht die innere Gestalt der drei nunmehr nächtlich auf der glatten Fläche im Mondschein Verirrten, Verwirrten.» Bei ihnen kommt es nicht zu einer leichten internen Lösung, sondern erst durch die Lenkung und Weisheit Makaries, der spirituellen Autorität des Romans, durch das «Vorhalten eines sittlich-magischen Spiegels» wird vermieden, daß eine neue Tragödie zerstörerischer Wahlverwandtschaften entsteht, und erreicht, daß Vater wie Sohn die ihnen gemäßen Verbindungen finden.

Gesellschaftliches Verhalten, Takt und Rücksicht sind auch ein entscheidendes Thema in der Novelle «Wer ist der Verräter?», die einen jungen Professorensohn nicht nur in all seinem Ungeschick zwischen dem ihm zugedachten und dem von ihm geliebten Mädchen zeigt, sondern die ihn auch in seiner sich in Monologen äußernden Egozentrik, Überempfindlichkeit und gesellschaftlichen Unsicherheit exponiert, so daß er am Schluß, nachdem die Richtige die Seine geworden ist, erst noch eine Lehre empfangen muß hinsichtlich seiner Taktlosigkeit der nunmehr abgedankten, ursprünglich ihm Zugedachten gegenüber. Auch hier bildet wie in der vorausgehenden Novelle der Bereich des deutschen Landadels den Hintergrund – im Gegensatz zu den Barbiergeschichten und dann vor allem zu der am engsten und ausgedehntesten in den Roman verwobenen Geschichte «Das nußbraune Mädchen», in der die Standesgrenzen deutlich transzendiert werden. Denn Lenardos Suche nach der Tochter des Pächters, der einst von seinem Vater zu Recht, aber dennoch Unglück verursachend ausgewiesen worden war und dem er trotz seines Versprechens der Tochter gegenüber nicht hatte helfen können, geschieht in dem Gefühl – wie Wilhelm Meister erfährt – «früher ein weibliches Wesen unseres Kreises verletzt zu haben». Am Faden dieser Geschichte wird nicht nur im Roman die von der Industrialisierung bedrohte Arbeitswelt der Spinner und Weber im Gebirge dargestellt; der von solcher über Standesgrenzen hinausgehenden menschlichen Achtung und Verantwortung und schließlich auch von Liebe getragene Lenardo wird konsequenterweise die führende geistige und praktische Kraft im großen Auswanderungsunternehmen, ein Vorbild, das unter deutschen Verhältnissen nur erst erhofft werden konnte.

Die Herausstellung unsozialen und ungesitteten Verhaltens sowie der Notwendigkeit gesellschaftlicher Modi zur Bewahrung der Rechte des einzelnen im Einklang mit denen der Gesellschaft, also das Nationaldidaktische, sind jedoch nicht die einzige Art und Weise, auf die sich Goethe in der Romanhandlung wie in den Einlagen mit den deutschen Verhältnissen auseinandersetzt und sie zu beeinflussen versucht.

Der Handlungsrahmen der Wilhelm-Meister-Romane läßt sich in seiner reduziertesten Form wohl so bezeichnen: Die *Lehrjahre* beginnen mit der Zeugung eines Sohnes; die *Wanderjahre* enden damit, daß der Vater dem Sohne nach einem Unfall das Leben wiedergibt und ihn als Bruder adoptiert – «Kastor und Pollux, Brüder die sich auf dem Wechselwege vom Orkus zum Licht begegnen». Das ist auf so sinnfällige Weise allerdings nur möglich, weil es keine Mutter des Sohnes mehr gibt, der gegenüber eine betonte Brüderlichkeit zwischen Vater und Sohn natürlichen Unterschieden widerspräche. Am Ausgang der *Wanderjahre* kann es mangels einer Mutter aber auch nicht zu einer ebensolchen heiligen Familie kommen wie am Anfang des Buches, obwohl Felix, also «der Glückliche», ja immerhin eine Mutter hatte, die Mariane hieß. Aber weder sie noch die zukünftige Stiefmutter Natalie, das «Geburtstagskind», hatten oder haben auf seine Bildung und Ausbildung Einfluß. Am Ende stehen Vater und Sohn, Tabuschranken berührend, in einem subtilen Wettbewerb um die Neigung der Kästchenbewahrerin Hersilie. Es fragt sich, was angesichts dessen von Wilhelm Meisters Selbstreflexion zu halten ist, in der er eine Lebensabsicht damit bezeichnet, «einen edlen Familienkreis in allen seinen Gliedern erwünscht verbunden herzustellen». Das ist keine beiläufige Reflexion, sondern sie geschieht nach der Begegnung mit Makarie und auf der Sternwarte angesichts der Unendlichkeit der Gestirne. «Ich soll erforschen», fährt Wilhelm fort, «was edle Seelen auseinanderhält, soll Hindernisse wegräumen, von welcher Art sie auch seien», und der Blick auf den Jupiter – «das Glücksgestirn» – gibt ihm schließlich das Selbstvertrauen, in solcher Absicht fortzufahren.

Es ist für die heutigen Leser von geringer Bedeutung, die inneren und äußeren Motivationen eines Romanhelden auf den Autor selbst biographisch zurückzubeziehen, auch wenn dieser in seiner Autobiographie ausdrücklich schrieb, daß Jupiter und Venus sich freundlich bei seiner Geburt angeblickt hätten, auch wenn dessen Kinder illegitim zur Welt kamen und er den Frauen gegenüber doch letztlich immer der Einzelgänger blieb, aus welch inneren Ursachen auch immer. Wichtiger als die Spiegelung des Privaten ist die des Öffentlichen und Historischen. Die Geschlechts- und Familienbeziehungen in den Meister-Romanen sind von großer Komplexität und reichen von Mythisch-Elementarem bis zu Geschichtlich-Konkretem unter deutschen Verhältnissen. Im Handlungsrahmen durchdringt sich beides, das Mythische und das Deutsch-Bürgerliche.

So sehr er Ansätze dazu macht, so wenig gelingt doch Wilhelm Meister irgendwo die Gründung eines «Familienkreises». Wie Werther bereits aus den christlichen Erlösungshoffnungen ausbrach und sich eigenständig neben den «Sohn Gottes» stellte auf dem Weg zum Vater, so wird schon im ersten Meister-Roman das Bild einer «heiligen Familie» durch dasjenige vom kranken Königssohn überdeckt, von einem Prinzen also, der die Frau seines Vaters liebt und auf diese Weise die einfachste Ordnung der Familie aufhebt. Was der Lehrling Meister im Bild erfährt, geschieht dem Gesellen Meister in der Wirklichkeit, wenn der Sohn wie der Vater um die Zuneigung der gleichen Frau bemüht ist. Der Schluß zeigt die vom Vater konzedierte, ja indirekt bewerkstelligte Aufhebung patriarchalischer Verhältnisse zugunsten der Brüderlichkeit. Der «edle Familienkreis», dessen Herstellung Wilhelm Meister als seine Absicht betrachtet, ist ein Bund «edler Seelen», keine Fortführung oder Neugründung patriarchalisch-dynastischer Ordnungen. Der Kreis unterscheidet sich deshalb auch prinzipiell von jener «Allianz der vorangegangenen Generationen mit den nachfolgenden, und umgekehrt», die Adam Müller in den *Elementen der Staatskunst* zur Aufrechterhaltung und Feier des Geburtsadels gefordert hatte (vgl. S. 177).

In den Zusammenhang eines solchen bluts- und wahlverwandten «Familienkreises» gehört Goethes merkwürdige Onkel-, Tanten-, Neffen- und Nichten-Gesellschaft, die sozial in der Haupthandlung dominiert und in die Meister schon in den *Lehrjahren* eingetreten war, obwohl es sich um jeweils verschiedene Familien handelt. Gewiß, das ist zunächst lediglich das «ewig in Romanen und Schauspielen wiederholte» Personal: «ein wunderlicher, Oheim, eine sanfte und eine muntere Nichte, eine kluge Tante, Hausgenossen nach bekannter Art; und käme nun gar der Vetter wieder», so lernte man «einen phantastischen Reisenden kennen, der vielleicht einen noch sonderbareren Gesellen mitbrächte, und so wäre das leidige Stück erfunden und in Wirklichkeit gesetzt». Wenn Goethe dennoch das von ihm auf diese Weise ironisierte Personal in seiner Prosa immer und immer wieder verwendete, so muß er dazu gewiß eine stärkere künstlerische Nötigung empfunden haben als den Reiz, dergleichen nur unablässig zu parodieren. Schon in den *Lehrjahren* spielt der Oheim oder eigentlich «Großoheim» Lotharios, Natalies und der Gräfin eine bedeutende Rolle. Im Hause dieses Oheims findet Meister seine Natalie wieder, die er einst zuerst in dessen Begleitung erblickt hatte. Das Haus allerdings ist, wie Wilhelm Natalie versichert, eigentlich «kein Haus, es ist ein Tempel, und Sie sind die würdige Priesterin, ja der Genius selbst». Die Onkelschaft ermöglicht also sogar das Spiel mit dem Sakralen. Jedenfalls lockert sich auf diese Weise die strenge Dynastie einer adligen Familie, ohne daß Besitz und Erbe verloren gehen. Wilhelm Meister, «der ausging, seines Vaters Eselinnen zu suchen, und ein Königreich fand», wächst als bürgerlicher Prinz hinein. Aber die Familie mutiert auf diese Weise nicht zum gemütvoll Bürgerlichen, sondern sie löst sich zugunsten größerer Bindungen in den *Wanderjahren* mehr und mehr auf. Dort wird dann nicht nur eine weitere Onkel-Familie vorgestellt, in die sich Meister und sein Sohn verwickeln; eine Tante – Makarie – wird auch zur universellen ethischen Instanz, vor der alles Neue in seinem Wert zu bestehen hat. Familiale Auflösungstendenzen werden außerdem dadurch unterstützt, daß an Stellen, wo Väter und Söhne einerseits oder Mütter und Töchter andererseits auftreten, der jeweils andere Elternteil zumeist bereits gestorben ist.

In der Novelle «Der Mann von fünfzig Jahren» ist es eine Onkel-Nichten-Liebe, die Verwirrungen anrichtet, wenngleich es hier zu einem einfachen, Erbfolge und Familienordnung bewahrenden Schluß kommt: Neffe und Nichte finden zueinander, wie es zum Wohl des Besitzes und der Familie eingangs geplant war. Allerdings schließen sie sich auch nicht dem Auswandererbund an. Die Personenbeziehungen in dieser umfangreichsten Einlage der *Wanderjahre*, die wohl ursprünglich ein Gegenstück zu den *Wahlverwandtschaften* hatte sein sollen, weisen, wenn auch nur andeutungsweise, auf eine andere Verwandtschaftsproblematik in den Meister-Romanen hin. Denn die Ehe zwischen Neffe und Nichte ist der letzte von der Gesellschaft noch tolerierte Bund zwischen Verwandten vor einer tabuisierten Verbindung von Geschwistern, wie der Bund einer Tochter mit dem Onkel demjenigen mit dem Vater am nächsten gestanden hätte. Die Grenze wird in Goethes Deutschland gewahrt, und nur im Italien der Mignon war sie überschritten worden. Aber die Nähe zum Inzest führt, wenn an die Nachkommen gedacht wird, auch unter den deutschen Liebenden schon zu fragwürdigen Ergebnissen, so sehr derartige Ehen der Praxis des Adels entsprochen haben mögen. Denn durch Verbindungen dieser Art lösen sich Dynastien eher auf, als daß sie sich festigen. Das hat das Inzestmotiv in der Literatur zu allen Zeiten demonstriert. Für Goethes *Meister* gilt jedenfalls, daß durch die vielfachen Formen der Auflösung von herkömmlichen Familienbindungen oder durch die Verunsicherung von Elternschaften und Verwandtschaftsverhältnissen der Grund gelegt wird zur Evolution einer neuen, auf gegenseitigem Respekt beruhenden fraternalen Gesellschaft, für die dann das Bild des Auswandererbundes gewählt wurde. Hinter den Familienkonstellationen der *Wanderjahre* steckt allerdings kein ausgeklügeltes symbolisches System. Der besondere Wert eines Kunstwerks wie dieses Romans liegt darin, daß es in eine kommende Zeit weitsichtig hineinblickt, indem es ihre Anfänge in der Gegenwart sensibel nachzeichnet und deren Potenzen sichtbar macht, nicht aber darin, daß es mit den Begriffen einer späteren Zeit bereits symbolisch operiert. Goethes Romanpersonal setzt sich realistisch aus jenen Schichten zusammen, die ihm den eigenen Erfahrungen entsprechend am ehesten eine gute Entwicklung der deutschen Dinge versprachen: also aus liberalem Adel in Verbindung mit liberalen Bürgern. Der vierte Stand war, wie das Märchen vom Barbier und der königlichen Melusine zeigt, erst in den Anfängen auf seinem Wege zur Selbsterkenntnis und damit zum Bewußtsein eigener Bedeutung und Verpflichtung im Ständebund der Auswanderer.

Das den ganzen Roman durchziehende Losungswort ‹Entsagung› wirkt unter solchen Voraussetzungen am ehesten als eine Art Hilfsbegriff oder sprachliche Metapher, die faßbar machen soll, worauf es in Goethes Verständnis ankommen muß, wenn sich die Gesellschaft in einer «Zeit der Einseitigkeiten» produktiv fortentwickeln soll. ‹Entsagung› heißt Verzicht auf Privilegien und Partikularinteressen, so daß die dynastisch-adligen und patriarchalisch-bürgerlichen Ordnungen in Brüderschaftlichkeit übergehen können, und ‹Entsagung› heißt im weitesten Sinne auch die Fähigkeit, sich zu wandeln, sich vom geschichtlich Gewordenen nicht beschränken zu lassen, ohne es aufzugeben. Evolution statt Revolution ist ein altes Goethesches Thema. In den Jahren nach der Französischen Revolution hatte er es schon in *Hermann und Dorothea* am Beispiel eines kleinen Bürgerkreises in einer kleinen deutschen Stadt – im «deutschen Mittelstand in seinen reinen Häuslichkeiten», wie es später in den *Wanderjahren* heißt – episch-novellistisch dargestellt und auf andere Art, am Thema der Jagd, später in der *Novelle.* Erst aus der größeren Distanz zu den historischen Umwälzungen wurde dann auch der Versuch realisierbar, die ausgebreitete Romanwelt des *Meister* zusammenzufassen und zu einem künstlerischen Schluß zu bringen. Eben dies aber geschah in der Form eines letztlich offenen, im einzelnen unvollendeten und unvollendbaren Romanes, in einem Gefüge künstlerischer Ausdrucksmöglichkeiten. Mythen aus verschiedenen Sphären laufen darin ineinander über, werden verschleiert oder reduziert, so daß das Ganze nicht aus dem Gleichgewicht gerät oder einseitig gelesen werden könnte, und die verschiedenen künstlerischen Ausdrucksformen werden «durch einen romantischen Faden unter dem Titel: Wilhelm Meisters Wanderjahre zusammengeschlungen». «Romantisch» bedeutet in dieser Bemerkung Goethes in seinen *Tag- und Jahresheften* von 1807 ganz sicherlich nichts anderes als ‹romanhaft›, aber die Doppelsinnigkeit des Wortes gerade in jener Zeit weist noch einmal zurück auf die theoretischen und praktischen Entwürfe um 1800 zu einem ‹romantischen Roman›, dem doch die *Wanderjahre* in nicht unbeträchtlichem Maße ähnlich wurden. Der Grund dafür liegt auf der Hand: Die ‹inkommensurable› Fragmenthaftigkeit und Vielgestaltigkeit des deutschen Romans bezog sich auf eine staatliche und gesellschaftliche Öffentlichkeit, die selbst fragmentiert und vielgestaltig war. Von den Autoren waren deshalb die Bücher als Mittel zur geistigen Auseinandersetzung mit eben jener Wirklichkeit bestimmt; die Kunst sollte in der nachvollziehenden Aufnahme des Lesers das einzelne zusammenfügen und auf die Idee einer Universalität weisen, an der es der Wirklichkeit gebrach. Der Widerspruch, in den sich dabei der deutsche Roman als bürgerlich-prosaische Erzählform begab, bestand darin, daß er auf einer Gesellschaft beruhte und eine Gesellschaft ansprach, die durch ihn erst entstehen sollte. Das aber war eine so schwere Aufgabe, daß sich viele dieser Bücher und nicht zuletzt die *Wanderjahre* durch ihren Anspruch und durch die schwierige Verbindung von Theorie und Fiktion gerade von denjenigen Lesern ausschlossen, für die sie eigentlich in erster Linie bestimmt gewesen wären. «Der *Meister* belege, in welcher entsetzlichen *Einsamkeit* er verfaßt worden» sei, hat Goethe 1821 dem Kanzler von Müller gegenüber bemerkt. Im besten Falle hielt sich statt dessen das große Lesepublikum an die schöne, aber begrenzte Harmonie von *Hermann und Dorothea*, im schlimmeren wurde es Opfer der üppig blühenden Trivialliteratur.

Daß Goethe die Erfüllung des «Wünschenswertesten» in ein äußeres oder inneres Amerika entrückt, macht, wie gesagt, deutlich, daß er sich hinsichtlich der deutschen Verhältnisse keinen übertriebenen Hoffnungen hingab. Unter allen Romanciers der ‹Kunstperiode› war er der pragmatischste und zugleich weitsichtigste. Der Blick auf große Entwicklungslinien verband sich immer mit der genauen Kenntnis dessen, was die Deutschen an Gutem und Gefährlichem auszeichnete und wessen sie vor allem anderen bedurften. Weder die sozialen und ökonomischen Utopien noch die Erkenntnisse über Ort und Gang des Menschen in der Geschichte und im Universum sind für sich allein Sinn oder gar Botschaft der *Wanderjahre*. Als Prediger hat sich Goethe nie gefühlt. Er versuchte vielmehr, seinen Landsleuten Geschichten zu erzählen, Geschichten von Menschen, die sich mit Idealen befaßten und zu Einsichten kamen, für deren Anwendung sie in erster Linie nicht rücksichtslose Hartnäckigkeit oder idealistischen Schwung brauchten, sondern geselliges Verhalten, Rücksicht, Takt und gemeinschaftliche Verantwortung. In den Meister-Romanen ging es deshalb um die Aufhebung alter, nicht am Neuen geprüfter Abhängigkeiten und um die Herstellung eines «edlen Familienkreises», der auf Ehrfurcht voreinander und vor dem Unerkennbaren ebenso gegründet war wie auf praktischer Tüchtigkeit. An Absolutem läßt sich nicht rütteln: Der Mensch, «herrlich Ebenbild Gottes», wird «immer aufs neue hervorgebracht» und doch «sogleich wieder beschädigt, verletzt von innen oder von außen». Angesichts dessen resigniert Goethes Held nicht oder läßt sich dazu treiben, Ideale rigoros und gewaltsam zu verfolgen. In der Kette der Generationen liegt die eigentliche Hoffnung auf Transzendenz. Er rettet seinem Sohn als Arzt das Leben und müht sich – Gleichnis der ärztlichen wie der poetischen Kunst – ihn «sogleich wieder in den gesellig anständigsten Zustand zu versetzen». Das sind im übrigen auch die letzten Worte in *Wilhelm Meisters Wanderjahren*. Universelles Verständnis und humane gesellschaftliche Praxis verbinden sich in diesem Romanende. Die deutschen Verhältnisse, unter denen das Buch entstand, bestimmen im Vergleich mit dem europäischen Roman des 19.Jahrhunderts die Grenzen seiner Wirkung ebenso wie die große Weite seiner Aussichten und den Reichtum seiner künstlerischen Ausdrucksformen.

Jean Paul

Bei seinem Besuch einer Leihbibliothek, von dem Wilhelm Hauff in der Skizze *Die Bücher und die Lesewelt* (1827) berichtet (vgl. S. 300), weist ihn der Bibliothekar auch auf eine lange Reihe von Bänden hin, die unberührt und mit ihren weißen Pergamentrücken so rein dastehen, als seien sie nie angefaßt worden. Auf die Frage, wer denn dieser so vergessene und in Ruhestand versetzte Autor sei, erhält er die überraschende Auskunft: «Es ist Jean Paul.» Gefragt, wie denn dieser «tiefen Ernst und Humor, Wehmut und Satire, Empfindsamkeit und leichten Scherz» in sich vereinigende Autor, der «für die Unsterblichkeit geschrieben» habe und zugleich populär gewesen sei, so rasch vergessen werden könne, erhält der Fragende die Erklärung:

> «Alles hat er in sich vereint, um die verschiedensten Gaumen zu befriedigen; aber er hat jene Ingredienzen klein gehackt, wunderlich zusammengemischt und mit einer Sauce piquante gekocht; als es fertig war und das Publikum kostete, fand man es wohlschmeckend, delikat; aber es widerstand dem Magen, weil niemand seine Kraftbrühen, den sonderbaren, dunkeln Stil, ertragen konnte. Dort stehen alle seine Gerichte unberührt, und nur einige Gourmands im Lesen nehmen hie und da ein ‹Kampanertal› oder einen ‹Titan› nach Hause und schmekken allerlei Feines heraus, das ich und mein Publikum nicht verstehen.»

Das war zwei Jahre nach Jean Pauls Tod, und das Urteil ist in seiner ganzen Beschränktheit noch immer zu hören. Jean Paul wurde schon zu Lebzeiten ein Autor für einen begrenzten Kreis von Kennern und Verehrern; das große Lesepublikum, darunter auch eine ganze Reihe von Literaturverständigen, hat ihn vergessen; sein «schleichend Volk» ist ihm, wie Börne es 1825 in einer Denkrede auf ihn gehofft hatte, nicht nachgekommen, so viele gute Anstrengungen auch im einzelnen immer wieder gemacht werden, sich seiner zu erinnern. Die Fülle der Metaphern und Vergleiche, die aus allen Bereichen des Wissens und der Wirklichkeit in sein Werk strömten, machte es schon den zeitgenössischen Lesern schwer, in diese Bücher einzudringen, und sie hat es der Nachwelt noch schwerer gemacht, da dieses Wissen und diese Wirklichkeit versunken sind.

Daß Jean Pauls Werk weithin in Vergessenheit geriet, ist freilich nicht nur Schuld der Dunkelheiten seiner Sprache. In den neunziger Jahren war er ein beliebter und berühmter Autor gewesen, zumindest im gebildeten

deutschen Lesepublikum, das er jedes Jahr mit einem neuen Roman oder
wenigstens einem Teil davon beliefert hatte. Das hörte nach dem Erscheinen der *Flegeljahre* 1805 auf. 1804 war Jean Paul nach Bayreuth übergesiedelt, 1806 besetzten es die Franzosen, und das kleine Fürstentum, das 1791
von Markgraf Karl Alexander an Preußen abgetreten worden war, geriet in
das Tauziehen der sich bekriegenden Mächte und wurde schließlich baye-
risch. Die äußeren Bedingungen für den deutschen Romanschriftsteller
Jean Paul Friedrich Richter hatten sich damit ebenso verändert wie die Voraussetzungen für sein Denken. Es gab hinfort Schwierigkeiten, Verleger zu
finden, es gab aber noch größere Schwierigkeiten, jene in allen den frühen
Büchern angelegten Hoffnungen und Erwartungen aufrechtzuerhalten.
«Die Bücher liegen voll Phönixasche eines tausendjährigen Reichs und
Paradieses; aber der Krieg weht, und viel Asche verstäubt», lautet eine der
Fußnoten zur Geschichte des *Feldpredigers Schmelzle.* Immerhin war ja der
Titan nichts anderes als der Musterroman für eine ideale Fürstenerziehung,
also die Ausbildung eines jungen deutschen Adligen zum bürgerlichen
Herrscher seines Ländchens. Die Zeitereignisse jedoch hatten solche Utopie
über Nacht zu einem Stück Geschichte gemacht. Der Verschmelzung privater und politischer Erlösungen, die Jean Pauls Romane seit der *Unsichtbaren Loge* bestimmend geprägt hatte, war nun die Basis entzogen worden,
denn das politische Geschehen ging seinen eigenen Gang nach nicht mehr
abzusehenden Gesetzen. So blieb im Grunde einzig die Satire, denn wo
Krieg das Land überzog, hatte auch die Idylle, Jean Pauls bisheriger Sied-
lungsort der Privatheit, keinen Boden mehr. Satire in Verbindung mit Groteske, Komik und Humor bestimmen deshalb Jean Pauls erzählerisches
Werk in den letzten zwanzig Jahren seines Lebens, nur daß dieses Werk im
Vergleich zum frühen außerordentlich schmal ist: ein Roman – *Der Komet*
(1820/22) – und zwei Erzählungen – *Des Feldpredigers Schmelzle Reise nach
Flätz* (1809) und *D. Katzenbergers Badereise* (1809) – sowie eine kleine fiktive Biographie in der Nähe zum Roman – *Leben Fibels* (1812).

Diese Schriften bilden nun allerdings nur einen Bruchteil von Jean Pauls
Prosawerk in dieser Zeit. Denn wo Fiktion nicht mehr der überzeugende
Träger für die Mission zur Höherbildung seiner zeitgenössischen deutschen
Landsleute sein konnte, dort machte sich Jean Paul direkt zu deren Lehrer.
Die *Vorschule der Ästhetik* (1804), die er für eine zweite Auflage 1813
beträchtlich erweiterte, stellte die Summe seiner künstlerischen Erfahrung
und seiner Einschätzung der Literatur der eigenen Zeit dar (vgl. Bd. 1,
S. 367 ff.). In der *Levana* (1807) wurde er zum Pädagogen und Verkünder
einer aufgeklärten, psychologisch durchdachten «Erziehlehre» als angewandter Erfahrung des Romanschriftstellers aus dem Archiv seiner Menschenbeobachtung (vgl. S. 193 ff.). Was aber die Politik anging, so dienten
seine *Friedens-Predigt* (1808) und die *Dämmerungen für Deutschland* (1809)
nun dem direkten Eingriff des Schriftstellers in die Politik, der Verkündung

eines deutschen Patriotismus, ohne dem Götzen eines gesellschaftlichen Konservatismus zu opfern (vgl. S. 11).

Von 1806 an wurde Jean Paul zu einem rege tätigen Publizisten und Feuilletonisten mit zahlreichen Beiträgen insbesondere zu Cottas *Morgenblatt für gebildete Stände* sowie zu Taschenbüchern, Almanachen und einigen der kurzlebigen Journale der Zeit wie dem *Vaterländischen Museum* oder Friedrich Schlegels *Deutschem Museum*. Poetische Kommentare zum Zeitgeschehen wie die schon erwähnten *Gesichte einer griechischen Mutter* (vgl. S. 159), Rezensionen, Grotesken, Satiren, Essays, Betrachtungen, Meditationen und immer wieder seine «Polymeter», die selbstgeschaffene Form der Prosalyrik, ließ er erscheinen und sammelte sie danach in einem eigens dafür bestimmten Werk, der *Herbst-Blumine*, das in drei Bänden 1810, 1815 und 1820 herauskam. Privates und Politisches, Wissen und Phantasie verschmelzt Jean Paul nun im Feuilleton als Kunstform, für das er der erste deutsche Repräsentant wird. An die Nachricht von den Flugversuchen, die ein Wiener Uhrmachermeister 1808 unternommen hat, knüpft er zum Beispiel sofort Betrachtungen über Flugordnung, Flugpostämter, Luftinspektion, Lufträume, Luftpolizei, Höhenkleider und Polarflüge an, überlegt spöttisch, daß eigentlich Flugkammer und Luftsenat nur dem Adel das Fliegen erlauben sollten, denn «die untern Stände müssen unten bleiben», und entfaltet so die ganze Üppigkeit seiner Phantasie ungebunden durch die Enge, die ein epischer Vorwurf ihm aufgenötigt hätte. Jean Pauls Leidenschaft für alles Wissen, insbesondere das über die Natur und die Naturkräfte, erhält so eine Ausdrucksform, die ganz der zunehmenden Kompliziertheit und Unüberschaubarkeit der Wissenschaften entspricht und sich ihnen gegenüber nicht als hilflos erweist, denn die Spekulation zielt nicht ernsthaft auf Naturphilosophie, sondern kritisch-satirisch auf die Realität.

Wissenschaft spielt nun auch eine bedeutende Rolle in den beiden Erzählungen, die 1809 herauskamen und beide eine Reise ihrer jeweiligen Helden durch kleindeutsche Landschaft zum Gegenstand haben.

Die frühere von ihnen ist die des Feldpredigers Attila Schmelzle, der in Flätz bei dem Minister und General Schabacker vorstellig werden will, denn dieser soll ihm, nachdem er ihn wegen Feigheit aus der Armee geworfen hat, nun wenigstens eine Professur für Katechetik beschaffen. Kriegs-, also Zeitgeschehen steht im Hintergrund dieser Novelle, auch wenn es in ihr selbst unmittelbar keine Rolle spielt. Die Erzählung ist ein «Zirkelbrief des vermutlichen katechetischen Professors Attila Schmelzle an seine Freunde, eine Ferien-Reise enthaltend, samt einer Einleitung, sein Davonlaufen und seinen Mut als voriger Feldprediger betreffend». Schmelzle nämlich, der Erzähler, sieht sich, seinem Vornamen entsprechend, durchaus als Held, und alles, was in den Augen seiner Umwelt und der Leser vielleicht als Feigheit erscheinen mag, ist für ihn eine durchaus notwendige Vorkehrung, sein Leben nicht nutzlos aufs Spiel zu setzen. So plaziert sich Schmelzle bei Gewitter mitten in die Stube, nachdem er sich aller Metallgegenstände entledigt hat, und auf der Reise führt er einen «Blitzschirm» bei sich, eine Art tragbaren Blitzableiter. Aus Furcht davor, daß zurückgehaltener Urin Blasensteine hervorrufen könnte, ist er «sogar in Weimar oft aus den längsten Abschieds-Auftritten Schillers mit Tränen in den Augen hinausgelaufen». Es gibt überhaupt kaum etwas in Schmelzles Leben, das nicht eine potentielle Gefahr enthielte, gegen die er sich zu wappnen sucht, was ihn zunächst natürlich zum Gegenstand der Komik macht, aber einer Komik, die ihren besonderen Akzent dadurch erhält, daß alle diese Gefahren nicht einfach erfunden sind, sondern – dafür sorgte der Wissenssammler Jean Paul – von seriösen Gelehrten der Zeit als durchaus real betrachtet werden. So entsteht also schon auf dieser Ebene der Novelle die Frage, was Wahrheit sei, eine Frage, die auch die anderen, sehr kunstvoll miteinander verbundenen Ebenen dieser Novelle stellen.

Jean Paul schafft Distanz zu seinem Helden, indem er Schmelzle als Ehefrau eine Teutoberga, sein «Bergelchen», beigibt, die alles andere als das «furchtsame Frauenherz» ist, das Schmelzle in ihr sieht. Sie rettet ihn schließlich aus den groben Fäusten eines «Markt-Portiers», und von ihrem Vermögen wird er hinfort leben können, da die Vorsprache beim General mißlungen ist. Durch sie und ihre Liebe zu Schmelzle bewahrt Jean Paul seinen Helden auch letztlich vor der Verachtung, die er verdient zu haben scheint. Denn Schmelzle ist zwar komisch, aber ohne die Liebenswürdigkeit der in sich selbst lebenden Jean Paulschen Idyllengestalten, des Wutz oder des Quintus Fixlein. Dieser Attila hier ist schlechterdings feig, ein Untertan, der nur eben alle Handlungen der Feigheit und Untertänigkeit für sich als Heldentum umzustilisieren weiß und vor der Wirklichkeit, die ständig seinen wahren Charakter zu enthüllen droht, immer wieder in die Phantasie ausweicht, in der er jede Niederlage in einen Sieg verwandeln kann. In dieser Hinsicht ist er übrigens ein Verwandter von Kleists Dorfrichter Adam, nur ist Adams Sündenfall so viel größer und elementarer, sinnlicher als Schmelzles untertänige Feigheit. Schmelzles kleine Sünden ermöglichen deshalb auch die Absolution durch die Liebe Teutobergas.

Außerdem aber ist es wohl nicht allein Schmelzles Schuld, daß er so ist, wie er ist. Wenn er durch das Wissen von den Gefahren in der Natur verunsichert wird, so trägt dieses fortschreitende, die Welt in eine Fülle von bedrohlichen Kräften auflösende Wissen schließlich auch selbst einen Teil der Verantwortung. Liest Schmelzle bei Lichtenberg von der Gefahr der «Luftzersetzung», so treibt ihn das zu folgender Erwägung:

> «Ach, ja wahrlich! Da die Erdkugel in der größern Luftkugel eingekapselt steckt: so erfinde bloß ein chemischer Spitzbube auf irgendeiner fernsten Spitzbubeninsel oder in Neuholland ein Zersetz-Mittel für die Luft, dem ähnlich, was etwa ein Feuerfunke für einen Pulverkarren ist: in wenig Stunden packt mich und uns in Flätz der ungeheure herschnaubende Weltsturm bei der Gurgel, mein Atemholen und dergleichen ist in der Erstick-Luft vorbei und alles überhaupt.»

Damit wird aber aus der Angst Schmelzles um sich selbst eine Weltangst, die nicht nur einen einzelnen Feigling charakterisiert, sondern die ein Stück von jenen ernsthaften und ernstzunehmenden Spekulationen darstellt, die Jean Paul selbst immer wieder mit dem Fortschritt der Wissenschaften, mit deren guten Möglichkeiten ebenso wie mit deren Gefahren, angestellt hat. Jean Paul hat sich, wie in vielen seiner anderen Schriften, so auch in diesem Buch als Kunstfigur unter das Personal gemengt. Schmelzle muß berichten, daß in seine Reisekutsche ein blinder Passagier zusteigt namens «Jean Pierre oder Jean Paul», im roten Mantel des Scharfrichters, «der in vielen Gegenden trefflich *Angstmann* heißt». Was solche Einführung seiner selbst als literarische Gestalt bewirken kann, wird selten deutlicher als hier: Es ist der Effekt der «wiederholten Spiegelungen», freilich nicht im Sinne jener Metapher Goethes, nach der sich die Erscheinungen «von Spiegel zu Spiegel» zu «einem höhern

Leben emporsteigern», sondern im Sinne des letztlich ins leere Unendliche führenden Spiegelbildes im Spiegelbilde. Die Geschichte der *reductio ad absurdum* des Feldpredigers Schmelzle wäre also eine beängstigende Satire auf menschliches Dasein überhaupt, wenn es, wie gesagt, in ihr nicht die Liebe der mutigen Teutoberga gäbe.

War Schmelzle menschlich, allzu menschlich, so ist es der Doktor Katzenberger nicht mehr. In ihm schuf Jean Paul einen seiner groteskesten Charaktere, den Arzt und Sendboten eines naturwissenschaftlichen Zeitalters, wie er unter den Bedingungen seiner Zeit kaum abstoßender gezeichnet werden könnte. Katzenberger ist ein Verwandter jenes medizinischen Enthusiasten und Experimentators Dr. Sphex im *Titan*, der aber Katzenberger gegenüber noch eher als harmloser Kauz erscheint. Denn kauzig ist zwar Katzenberger auch, aber sein leidenschaftliches Interesse für Mißgeburten der Tier- und Menschenwelt rückt ihn über den Rand des bloß Kauzig-Komischen hinaus ins Grotesk-Ekle. Um einer weiblichen Mißgeburt habhaft zu werden, könnte er, der Witwer, «wenn sie sonst durchaus nicht wohlfeiler zu haben wäre», mit ihr sogar «in den Stand der Ehe treten». Nun macht Jean Paul zwar dieses Interesse für Mißgeburten verständlich als das Interesse an den «organischen Baugesetzen», die am ehesten in ihren Abweichungen zu fassen seien, denn «auch die unregelmäßigste Gestalt bildete sich nach den regelmäßigsten Gesetzen». Aber Katzenbergers «Wissenschaftsliebe», die Tatsache, daß es ihm «im Leben bloß um die Wissenschaft zu tun» ist, läßt ihn zu einer furchterregenden Gestalt werden angesichts einer grausamen und pervertierten Nachfahrenschaft gewissenloser Wissenschaftler. Jean Paul hat Katzenberger mit einer Reihe von zusätzlichen Merkmalen des Abstoßenden ausgestattet – er saugt Maikäfer aus oder ißt Spinnen –, die schon auf seine zeitgenössischen Leser wenig sympathisch gewirkt haben dürften. Überdies ist Katzenberger ein Rauhbein, denn Grund seiner Reise in das Bad Maulbronn ist einzig, dort den Badearzt und Rezensenten seiner Bücher durchzuprügeln, was wirklich auf tückische Weise geschieht. Sympathische Züge sind Katzenberger allenfalls dort abzugewinnen, wo er als Bürgerschreck zugleich an den Grundfesten einer starren, eitlen Gesellschaft rüttelt: «Eine Mißgeburt ist mir als Arzt eigentlich für die Wissenschaft das einzige Wesen von Geburt, und Hoch- und Wohlgeboren; denn ich lerne mehr von ihm, als vom wohlgeborensten Manne.»

Ihm nun hat Jean Paul eine Tochter Theoda beigegeben, die auch in jedem anderen seiner Werke als Idealgestalt Ehre eingelegt hätte. Aus sentimentaler «Einkräftigkeit», wie sie Jean Paul manchen seiner Gestalten attestiert hatte, entwickelt sie sich zu einer resoluten, selbstbewußten Frau, die einer Freundin anvertraut:

> «Ich wollt', ich wär' ein Mann, so duellierte ich mich so lange, bis keiner mehr übrig wäre, und legte einer Frau den Degen mit der Bitte zu Füßen, mich zu erstechen.»

Für die Novelle bedeutet solche emanzipatorische Theorie, daß Theoda ihre Schwärmerei für den Dichter Theudobach aufgibt, nachdem sie ihn kennengelernt hat, und stattdessen einen Hauptmann und Militärschriftsteller gleichen Namens heiratet, der die Zustimmung des Schwiegervaters dadurch gewinnt, daß er Besitz hat und über eine Höhle voller interessanter Bärenknochen verfügt.

In seiner Vorrede hat Jean Paul das Zynische kategorisiert, von dem seine Erzählung eine Abart darstellen soll. Er beruft sich dabei auf Lessings Rechtfertigung des Ekelhaften als Gegenstand der Kunst im *Laokoon*, wo es heißt: «Das Ekelhafte kann das Lächerliche vermehren, oder Vorstellungen der Würde, des Anstandes, mit dem Ekelhaften in Kontrast gesetzet, werden lächerlich.» Eben darum ist es ihm mit *D. Katzenbergers Badereise* in erster Linie zu tun. In der Vorrede zum *Schmelzle* steht die Bemerkung, der Verfasser versuche immer wieder, für seine «Episoden neue Epopöen zu erdenken»; die Erzählung selber aber bezeichnet er als «Charakterstück». Im gleichen Sinne ist auch in *D. Katzenbergers Badereise* Charakterstück und Episodisches in eine Epopöe gebracht. Aber hinter der Gestalt Katzenbergers und seiner grotesken Liebe zu Mißgeburten steht freilich auch das Interesse des Autors selbst an dem fragwürdigen Zusammenhang zwischen Häßlich und Schön, Böse und Gut, Leib und Seele, Teufel und Gott, Endlichkeit und Unendlichkeit und damit am Menschen, der einsam und unsicher zwischen diesen Gegensätzen existiert und von beidem in sich trägt. Für die mit ihrem Wissen zunehmende Einsamkeit der Menschen in dieser schwankenden Existenz enthält gerade die Erzählung dieser Badereise ein anschauliches Bild dort, wo von der ursprünglichen «adamitischen» Verwandtschaft der Menschen untereinander gesprochen und die Beobachtung hinzugefügt wird: «Mit jedem Jahrhundert, das uns weiter von Adam entfernt, werden die Menschen weitläuftigere Anverwandte von einander, und am Ende nur kahle Namensvettern.» Jean Pauls Denken strebte aus der Enge seiner Welt ins Grenzenlose, und er hat auf dieser Reise bedeutende Entdeckungen gemacht. Je stärker ihn die Angst vor dem Verlorensein im Nichts ergriff, desto stärker hielt er allerdings an dem Glauben an einer von Gott gehüteten Unsterblichkeit fest. Dafür gab dann sein nächstes erzählerisches Werk den deutlichsten Ausdruck.

Das *Leben Fibels, des Verfassers der Bienrodischen Fibel* hat Jean Paul eine Reihe von Jahren mit sich herumgetragen, ehe er es 1812 abschloß. Das Buch stellt den Versuch dar, mit Hilfe von Satire und Parodie eine Idylle zu errichten, deren Baugrund historisch nicht mehr tragfähig war. Denn satirisch-parodistisch ist der eigentliche Vorwurf dieses kleinen Romans. Er enthält die fiktive Biographie des Autors eines damals verbreiteten ABC-Buches mit kleinen, beliebten Merkversen wie: «Der Affe gar possierlich ist,/Zumal wenn er vom Apfel frißt.» – eines Buches, das in Wirklichkeit von dem Wernigeroder Konrektor Bienrod herrührt. Aber Jean Paul macht aus Bienrod den Ort Bienroda und aus dem Begriff Fibel einen Namen, jenen Prozeß umkehrend, bei dem in der Wirkungsgeschichte eines Buches aus dem Namen des Autors ein Begriff wird. Ein solcher parodistischer Ansatz gibt in der Ausführung Jean Paul willkommene Gelegenheit, seinen Spaß mit Autoren, Rezensenten und Philologen zu treiben, besonders wenn die äußerste Trivialität des Fibelschen Textes den höchsten Werken der Dichtkunst gleichgesetzt wird. Ein ganzer Stab von Interpreten und Biographen sammelt sich um Fibel, eine Akademie wird seinetwegen gegründet und sein Text über 24 Buchstaben als Epos mit 24 Gesängen und außerdem als «Wissenschaftslehre jeder Wissenschaftslehre» behandelt. Auf diese Weise, heißt es, könne die Interpretation des Fibelschen Werkes Modell jedes Philologen sein:

«Ein guter Humanist sollte wahrlich im Stande sein zu sagen: Gebt mir irgend eine alte elende matte klassische Scharteke her, ganz nahr- und mehllos und nur voll von Wurmmehl, ich will Euch zeigen, was darin steckt, wenn nicht ein Vor-Homer, doch ein Nach-Homer, oder ich will nicht Professor der Alten heißen.»

Solche Literaten- und Philologensatire nun hat Jean Paul jedoch eingebettet in die Lebensgeschichte Fibels von der Geburt bis zu seinem 125. Lebensjahr, als ihn Jean Paul besucht, der sich auch hier sein Stelldichein als Kunstfigur um der Perspektiven willen gibt. Diese Lebensgeschichte ist, wenn nicht im ganzen, so doch in einzelnen Zügen eine von Jean Pauls rührendsten und zugleich persönlichsten Idyllen: In ihr schafft er die kleindeutsch-dörfliche Abart einer heiligen Familie. Fibels Vater ist ein kauziger Vogelsteller, der durch die Vögel dem Sohn die Gabe des «Gesanges» vermittelt und der im Grunde seines schweigsamen Wesens ein Ewigkeitsnarr ist. Zu den wenigen letzten Worten vor dem Tode gehört der seine ganze Verachtung gegenüber dem Irdischen ausdrückende Satz: «Es ist halt Welt» – eine jener unvergeßlichen Prägungen, deren Jean Paul fähig war.

Der Tod des Vaters gibt den Sohn Gotthelf Fibel ganz in die Hände und Arme der Mutter, die er mit aller Hingabe liebt, wobei das Weihnachtsfest als mythische wie sentimentale Bekundung der Bindung zwischen Mutter und Sohn mehrfach in diesem Buch eine Rolle spielt. Und als Fibel schließlich die «Wildmeisterin» Drotta heiratet, kommt es nach Abzug der Hochzeitsgäste zur glücklichen Erkenntnis Fibels, «Mutter und Braut allein vor sich zu haben und ihnen zu melden, welche Flitterwochen und Flitterjahre allen Dreien bevorstanden» im «dreistimmigen Seelensatz»: «Mutter und Tochter und Sohn konnten sich kaum von ihren wechselseitigen Küssen sondern.» Daß eine solche Stelle in erster Linie etwas über Jean Pauls eigenen Eros, über seine Einstellung zum Weiblichen und Geschlechtlichen aussagt, ist offensichtlich. Fünfzehn Jahre früher hatte es im *Siebenkäs* eine vergleichbare Szene gegeben, wo am Hochzeitstag der Held seine junge Frau Lenette und seinen Doppelgänger und Freund Leibgeber in eine gleiche Umarmung zu dritt zieht – erst in der zweiten Auflage des Romans (1818) hat Jean Paul korrigierend hinzugefügt: «Aber Braut und Freund blieben geschieden aus einander und umfaßten nur ihn allein.» Das Zeitalter enthusiastischer Freundschaften war vorüber; was an Gefühlen innerhalb und zwischen den Geschlechtern wirkte, wird eine Sache bürgerlicher Familieninnigkeit, wodurch das Persönliche in Jean Pauls Buch wiederum in Geschichtliches übergeht (vgl. S. 189).

Vieles Persönliche vermag Jean Paul in seiner Geschichte unterzubringen. Fibels «Erfindung und Erschaffung des sächsischen ABCs» läßt sich zum Beispiel als listige Parodie des dichterischen Schöpfungsprozesses lesen, denn ein symbolischer Hahn auf einem alten ABC-Buch wird zur Stimme von oben, die ruft: «Schreibe dergleichen, mein Fibel, und die Welt liest!» Scherz getrieben wird also mit einer Sache, die Jean Paul im Grunde sehr ernst war. Buchdruck und Bücher, das Lesen und Schreiben hatte er, während er am *Fibel* arbeitete, in den *Dämmerungen für Deutschland* entschieden als Akte der Verbreitung von «Licht und Wärme» über die Welt, als Stufen zu größerer Unabhängigkeit gepriesen (vgl. S. 11), und Fibel war ihm deshalb im Prinzip auch ein durchaus nahestehender liebenswerter Held. Nur gingen Idylle und Lob des Helden nicht in der ursprünglichen parodistisch-satirischen Absicht rein auf, so daß das Buch in seinen Teilen stärker ist als im Ganzen. Zu den gelungensten dieser Teile aber gehört der Besuch des Erzählers bei dem Gegenstand der Biographie, dem uralten Fibel, der mit dem hundertsten Jahr noch einmal ein neues Leben begonnen hat, umgeben nur von Tieren und allenfalls von Kindern – reichlich Gelegenheit für Jean Paul, seine Ansichten über das Altern und die Ewigkeit vorzutragen, über «jene erhabene Altersstellung» insbesondere, «wo der Mensch gleichsam wie auf dem Pole lebt; kein Stern geht da unter, keiner auf, der ganze Himmel steht und blinkt, und der Polarstern der zweiten Welt schimmert unverrückt grade über dem Haupte». Mit seiner «romantischen Lieblingsblume», der blauen spanischen Wicke, als Geschenk Fibels verläßt der Erzähler den Alten. Aus dem Spiel, das in diesem Buch mit Wissenschaft und Phantasie getrieben wird, leuchtet die Frage nach dem Wesen der Wahrheit und insbesondere nach dem Sinn des Schreibens auf.

Aber auch an der großen Form des Romans wollte sich Jean Paul noch einmal versuchen, nur eben nicht mehr auf der Grundlage einer Vision vom höheren Menschen, sondern auf dem der Komik, der Parodie und Satire. Seit 1806 trug er die Pläne zu dem *Komet* mit sich herum, aber erst 1820 erschienen die ersten zwei und 1822 der dritte Band; der Lebenslauf des Helden blieb dennoch Fragment. Einem Kometen sollte dieser Held gleichen, der «bekanntlich sich im Himmel unmäßig bald vergrößert, bald verkleinert – sich ebenso stark bald erhitzt, bald erkältet – der auf seiner Bahn oft geradezu der Bahn der Wandelsterne zuwiderläuft, ja im Stande ist, von Mitternacht nach Mittag zu gehen – und der oft zweien Herrinnen oder Sonnen dient und von einer zur andern schweift». So erläutert Jean Paul den Titel, den Helden und die komische Grundsituation des Buches, denn natürlich mußte ein auf diese Weise durch Welt und Menschheit schweifender Komet in alle möglichen Kollisionen mit den Regeln und Konventionen des gewöhnlichen Lebens geraten allein dadurch, daß er zu ihnen zu gehören glaubte. Jean Paul hat den *Komet* einen «Anti-Titan» genannt, und in der Tat war das Buch die Parodie eines Bildungsromans diesen Musters. Denn weder soll ein Fürst zum Bürger noch ein Bürger zum Fürsten erzogen werden; Nikolaus Marggraf, der «Komet», ist von Anfang an beides zugleich und auch wieder nicht. Er ist Sohn eines Apothekers namens Marggraf und einer Sängerin, hat aber, wie die Mutter auf dem Totenbett bekannt hat, in Wirklichkeit einen Fürsten zum Vater, dessen Namen keiner weiß. Im übrigen wird Nikolaus Marggraf bereits durch den Namen seines Apotheker-Vaters in den Adelsstand erhoben, denn er entspricht einer gelegentlichen alten Schreibweise des Adelstitels. Zugleich aber erbt er von diesem die Berufsausbildung und das Interesse an der Chemie, so daß er als ein neuzeitlicher Alchemist sogar künstliche Diamanten herstellen kann, die ihm die Möglichkeit verschaffen, seinen ständischen Ansprüchen auch den nötigen materiellen Rückhalt zu geben, obwohl der Leser fürchten muß, daß seine Freigebigkeit den Reichtum bald übertreffen wird. Denn Nikolaus Marggraf alias Markgraf Nikolaus ist einer von Jean Pauls reinen Toren aus der Familie der Wutz, Fixlein oder Walt, gerührt von jedem Unglück, das er in der Welt vorfindet, und geneigt, aus seiner fürstlichen Vollmacht diesem abzuhelfen. Daß er dadurch das ideale Objekt zur Ausbeutung durch weniger ideale Mitmenschen wird, ist zu erwarten.

Jean Paul hat vom Titel an nicht mit Hinweisen gespart, die seinen Helden als eine kleindeutsche Imitatio Christi erscheinen lassen. Nikolaus' Kopf umgibt, besonders wenn er schwitzt, betet oder sich ängstigt, ein Heiligenschein, was «wohl weiter nichts als die Bosische Beatifikazion war». Die Fußnote dazu lautet: «So nennt man den elektrischen Kopfschimmer an Menschen, die auf einem isolierenden Pechkuchen elektrisiert werden», denn man befindet sich im Zeitalter der Entdeckung der Elektrizität. Außerdem besitzt Nikolaus auf der Nase zwölf Blatternarben von Geburt her, «Stigmen», wie der Erzähler meint, die er also früher als die Wunden habe. Sein wahrer Vater ist unbekannt, den Tod seiner Mutter Maria Margarethe sieht er selbst als eine «Himmelfahrt» an, die Mutter ist katholisch, der Vater protestantisch, und das Landstädtchen, in dem er geboren wird, heißt Rom. Daß sich deutsche Romanhelden gern mit dem christlichen Erlöser identifizieren, um über die Grenzen ihrer engen Welt hinauszudringen und sich ein höheres Wertgefühl zu verschaffen, war schon seit den Leiden des jungen Werther bekannt. Jean Pauls Siebenkäs hatte sogar in dieser Rolle eine fragwürdige Komödie mit Tod und Auferstehung inszeniert. Jetzt jedoch läßt Jean Paul sogar einen solchen Helden als Fürsten dieser wie jener Welt unter die Menschen treten, obwohl er eigentlich keins von beiden ist. Die Frage danach, was Wahrheit sei, wird auf beiden Ebenen gestellt, der spirituellen wie der politischen.

Jean Pauls *Komet* ist durchaus ein politisches Buch. Sein Geschehen beginnt am Anfang der Französischen Revolution, in ihm wird von jenem Ausbruch der Gefängnisinsassen berichtet, die versucht hatten, die «Bastille von innen heraus» zu stürmen, was eine wundervolle Metapher für so manche deutsche intellektuelle Bestrebungen dieser Zeit darstellt. Von Napoleon ist ebenfalls gelegentlich die Rede, und wenn Marggrafs Reisemarschall Peter Worble im Hotel «Stadt Wien» ein großes Gastmahl veranstaltet, so ist das nicht zuletzt ein Stück Parodie auf den Wiener Kongreß. Schließlich karikiert aber der fürstlich-unfürstliche Tor vor allem durch sich selbst und die Reaktion seiner Umwelt auf echten oder falschen Adel jene Immobilität deutscher gesellschaftlicher Strukturen, die durch die Heilige Allianz bestätigt und gerade in den Jahren der Demagogenverfolgung, in denen Jean Paul den *Komet* abschloß, mit Macht durchgesetzt wurde.

Solche Karikierung nun wird vor allem durch die Reise betrieben, die Nikolaus Marggraf mit großem Troß veranstaltet und die Gegenstand des dritten Bandes ist. Ziel dieser Reise aber ist zweierlei: die Suche nach dem fürstlichen Vater, der Marggrafs fürstliche Abkunft bestätigen und ihn damit in seiner Rolle beglaubigen könnte, und die Suche nach der geliebten Amanda, einer jungen Prinzessin, die er einmal gesehen und deren wächserne Büste er in seiner Verliebtheit gestohlen hat, um sie als Reliquie mit sich zu führen. Wiederum spielt Jean Paul also mit sakralen Bezügen. Denn nicht nur ist der Weg zum höheren Vater ein Modell jedes christlichen Lebensganges. Wenn es von Marggrafs anbetender Verehrung für Amanda heißt, daß es ihm ganz unmöglich sei, auch nur ihr Wachsbild anzurühren, ebensowenig «als etwa die Taube des heiligen Geistes zu rupfen und zu braten», dann ist das ein kaum mißverständlicher Hinweis darauf, daß das Ziel der Reise schließlich nichts anderes als die Herstellung der Trinität von Vater, Sohn und Heiligem Geist ist. Die Wachsbüste als ein Stück katholischen Reliquienkults fügt sich darin gut ein. Ebensowenig aber überrascht, daß Marggraf am Ende seiner Reise der «Ledermensch», der Ewige Jude, Kain, Sohn des Antichrist oder Teufel begegnet. Daß Marggraf ihn in Lukasstadt trifft, wo er im Hotel «Römischer Hof» residiert, dessen Besitzer natürlich Papst heißt und wo er zuerst «als Fürst anerkannt worden» ist – alles das bestätigt nur das Spiel mit sakralen Analogien, das Jean Paul hier treibt. Zu welchem Ende?

Nikolaus Marggrafs Gefolge weiß mit menschlicher Schläue, daß es einen Narren vor sich hat, der ihnen aber fürs erste die Existenz sichert. So läßt man die Narrheit des Herrn bei der Polizei registrieren, damit niemand den Toren aus seinem Traum reiße. Die Funktion der Religion in moderner Zeit kann keinen kritischeren Kommentar erfahren. Deshalb erhält aber auch der Ewige Jude das Schlußwort mit einem gewaltigen Fluch auf die Menschheit:

> «Und euere Generazionen werden durch nichts reif als durch die Würmer-Kaprifikazion unter der Erde, und ihr legt, da keine Zeit euch weiter bringt und treibt, euern Soldatenleichen Sporen an den Stiefeln an, die eben auf der Bahre liegen. – Tödtet euch nur öfter [...] gehorcht ihnen jedesmal, wenn sie euch in das Schlachtfeld beordern [...] thut etwas noch darüber, sterbt wenigstens, wenn ihr nicht umbringt [...] Was hindert mich jetzt im Reden? Ich spür' etwas, die Augenlieder fallen mir nieder – ich mag auch nicht lange mehr sehen auf der dummen, trüben Erde; die Hölle ist heller.»

Diesem Fluch freilich folgt als allerletztes Wort dann doch noch die Sehnsucht des Gestürzten nach dem «Gott der Liebe», den anzubeten die Menschen das Privileg haben, während ihn am Ende «Vater Beelzebub» holt.

Jean Paul selbst erscheint natürlich gleichfalls wieder in diesem Roman, diesmal allerdings als der junge Kandidat Richter, der gerade seine *Auswahl aus des Teufels Papieren* veröffentlicht hat, was wirklich im Jahre 1789, dem Jahr der Revolution, geschah. Anfang und Ende rahmen also das Werk eines Lebens ein, und politische Koordinaten eines ganzen Zeitalters werden noch einmal angedeutet. In solcher Sicht erscheint der *Komet* als eine große dichterische Auseinandersetzung Jean Pauls mit sich selbst, mit dem Sinn seiner Arbeit, mit der Wichtigkeit oder Nichtigkeit der Phantasie, die den Motor im Künstler ebenso wie in dem eingebildeten Fürsten Nikolaus Marggraf bildet, der als reiner Tor Gegenstand des Spottes, aber doch zugleich ein Mensch ist, gütiger als alle anderen, die ihn umgeben. Nur ist eben sein Reich nicht von dieser Welt. Christusschicksal und Dichterschicksal zwischen Traum und Wirklichkeit, Glauben und Wissen – das ist es, was dieses Buch voller Komik und Trauer zum persönlichsten Buch Jean Pauls macht, zu seinem lustig-melancholischen Abgesang.

Allerdings ist der *Komet* keine sorgfältig konstruierte Parabel. Dazu ist Jean Paul als genauer Beobachter der Wirklichkeit und zum Vorteil seiner Werke nie in der Lage gewesen. Der Roman erhält Reichtum erst durch die Fülle der Nebengestalten, den gerissenen und doch treuen «Reisemarschall» Peter Worble, die beschützende und praktische Schwester Libette und eine ganze Schar deutscher Kleinstadthonoratioren. Großartig sind Porträts wie das des Apothekergehilfen und «Stößers» Stoß, der, um mit der Zeit zu gehen, falsch auf Französisch flucht, und ebenso großartig sind eine Reihe von erzählerischen Kabinettstücken, wie die Beschreibung einer Prügelei, der «Schlacht bei Rom», oder die der Residenz Lukasstadt im Nebel. Und seinen Spaß treibt Jean Paul auch mit der romantisierenden Modedichtung, durch die wie zuerst durch die Lyrik Tiecks das Waldhorn allzu laut und allzu häufig hindurchtönte. Auch im *Komet* klingt es auf, aber bei näherem Zusehen ist es ein fetter Schornsteinfeger, der es mit dem Mund nachahmt und auf dem Baum sitzt, um sich schlankzuhungern.

Der Komet ist Fragment und ist es doch auch wieder nicht. Episoden hätten sich noch hinzufügen lassen, aber der Weg zum Vater und zur Taube des heiligen Geistes der Liebe verläuft ins Unendliche. Dafür gab es nur einen Anfang, den einstmals ein Komet bezeichnet hatte – wodurch der Titel des Romans außerdem einen doppelten Sinn erhält –, aber das Ende liegt jenseits alles Beschreibbaren. Es war Jean Pauls Wunsch, Wirklichkeit, Alltäglichkeit einzufangen mit seiner Darstellung, aber sie sollte doch zugleich auch «Spiegelung des Großen sein». Diese Vereinigung, so erklärt er in einem der «Ausschweife» im *Komet,* erreiche der echte Dichter,

> «wenn das Gedicht ein Strom ist, der wol den Boden zeigt, worauf er fließt, aber ihn durchsichtig macht und unter ihm in einer größeren Tiefe, als er selber hat, den unergründlichen Himmel ausbreitet und spiegelnd ihn mit dem obern verwölbt».

Auf diese Weise verbindet ihn seine Absicht tatsächlich mit den frühen Idealen einer die Welt «romantisierenden» neuen Kunst, die Friedrich Schlegel und Novalis, nicht zuletzt von Jean Paul angeregt, in den neunziger Jahren konzipiert hatten. Nur deren weltverändernde Gewalt war nicht mehr zu erwarten.

Jean Pauls Werk entzieht sich mehr als das anderer Autoren dieser Zeit der literarhistorischen Kategorisierung. «Aus dem Orient und dem Occident, von den Gegenfüßlern und den Nebenfüßlern, aus allen Wissenschaften und Ständen und Erdwinkeln kommen die Gedankenzüge wie Karavanen zu ihm hergereist, und er treibt seinen Tauschhandel und Verkehr.» So charakterisiert Joseph Görres 1811 in einer großen, wortberauschten, aber sorgfältig analysierenden Abhandlung seine Werke. Nicht nach dem Maß der Alten sei Jean Paul mehr zu messen, eine neue Kunst komme hier zu Wort, die dem gotischen Dom näherstehe als dem griechischen Tempel, die für das Unaussprechliche die Formeln biete und die ganze Welt «mit allen ihren Formen und Gestalten» zu einem «Infusorium» mache, aus dem der «Bildungstrieb» eine «neue höhere Form» zu schaffen suche. Es ist der romantische Künstler also, den Görres aus Jean Pauls Werken herausdestilliert. Acht Jahre später findet sich in Goethes *Noten und Abhandlungen zu besserem Verständnis des West-östlichen Divans* die Charakterisierung von Jean Pauls Werken als regelrecht «orientalisch», nur mit der Einschränkung gegenüber den echten alten orientalischen Dichtern, daß «dieser Freund» in einer «ausgebildeten, überbildeten, verbildeten, vertrackten Welt» leben und wirken und eben daher sich anschicken muß, die seltsamsten Elemente zu beherrschen», was denn hieß, daß er auf einen «durch Kunst, Wissenschaft, Technik, Politik, Kriegs- und Friedensverkehr und Verderb so unendlich verklausulierten, zersplitterten Zustand mannigfaltigst anspielen mußte.» Darin bestehe seine spezifische moderne «Orientalität». Dem folgt das Zugeständnis, daß Jean Paul als Prosaist viele Freiheiten gegeben seien, so daß «unsere Einbildungskraft» durch das vielfältige Bild einer rätselhaften, «buntverschränkten Welt» Unterhaltung, Erregung, Rührung, ja Erbauung zu finden vermöge. Es ist jedoch Herablassung in Goethes Urteil über den reinen Prosaisten, der sich mit dem Abbild des Widersprüchlichen zufriedengibt, wo der klassizistische Lyriker sich durch fremde Kunstformen herausgefordert fand. Aus Görres' Essay hingegen sprach aneignende Liebe.

Aber die Verknüpfung von Jean Pauls Werk mit der Geschichte sah Goethe klarer als der jüngere. Jean Pauls «Orientalismus», seine Nähe zu Morgenländischem, die auch Görres aus seiner eigenen Affinität dazu andeutete, war nicht Symptom einer tatsächlichen Überwindung klassizistischer Bindungen, sondern nur bildlicher Ausdruck für die scharfe Beobachtung einer sich spezialisierenden, patriarchalische Strukturen auflösenden Gesellschaft am Beginn des industriellen, bürgerlichen Zeitalters unter den besonderen Bedingungen Deutschlands. Unter eben diesen Bedingungen erwiesen sich die politischen Utopien vom Bürgerkönig Siebenkäs oder dem idealen Fürsten Albano als nicht mehr relevant, aber Jean Paul hatte sie, das zeigt sein Spätwerk deutlich, auch nicht zu ersetzen gesucht. Görres' politisches Denken im Bilde des Kreislaufs, das den Konservatismus stützte, lag ihm fern, ebenso fern freilich wie die gemessenen Utopien, die sich Goethe in *Wilhelm Meisters Wanderjahren* und im *Faust* bewahrte.

Aus dem Nachlaß Jean Pauls erschien 1827, von seinem Freund Christian Georg Otto herausgegeben, der Band *Selina oder über die Unsterblichkeit der Seele*, von Jean Paul als Fortsetzung seines einst so erfolgreichen Bändchens *Das Kampaner Thal* (1797) gedacht.

Fünfundzwanzig Jahre später finden sich auf dem Hintergrund des griechischen Freiheitskampfes einige der Personen von einst mit dem Autor wieder zusammen, um über Freiheit und Tod, Gott und Unsterblichkeit nachzudenken. Die Welt ist anders geworden, und es bleibt heutzutage sogar die Wahl, für welche Freiheit man fechten will, «ob für die amerikanische oder die spanische oder die griechische», während man «in früheren Zeiten nur in elenden Erbfolgekriegen für einen Louis und andere sich mit den Völkern verbluten konnte». Henrion, Sohn einer der Heldinnen des *Kampaner Thals* und Geliebter der Titelheldin Selina, stirbt an den in Griechenland empfangenen Wunden, und gerade sein Tod wirft die Frage nach der Unsterblichkeit der Seele und dem Sinn menschlichen Tuns unmittelbar auf. Eine Antwort darauf hat der Autor allerdings nur im Bilde zu bieten, wenn er die den Menschen letztlich vorantreibende Kraft das «Heimweh nicht nach einem alten verlassenen, sondern nach einem unbetretenen Lande» nennt. Das ist nicht als verhaltener Ausdruck einer politischen Utopie gemeint, sondern als Wunsch, im Zuständigkeitsbereich des Dichters, zur Inthronisation aller «Lebenskraft» in dem «großen Reich des Unbewußten in der Seele selber», womit ein mystischer Begriff aus dem Sprachgebrauch von Jung-Stilling und Novalis eine psychologische, auf diesseitige Verantwortung zielende Bedeutung erhält, unter der Voraussetzung allerdings, daß es «ohne eine Gottheit» für den Menschen weder Zweck noch Ziel gibt.

Jean Paul ist nicht nur wie alle bedeutenden Künstler nicht festlegbar auf Kategorien, er hat auch bewußt davon Abstand genommen, sich literarischen Gruppen oder Parteiungen anzuschließen. So bleiben also die weit auseinanderklaffenden Gegensätze zwischen «Kleinstädterei und Weltbürgerschaft», wie es in der Vorrede zu *D. Katzenbergers Badereise* heißt, zwischen kleinem Irdischen und großem Unendlichen, zwischen Bindung und Freiheit, Bösem und Gutem, Leib und Seele, Häßlichem und Schönem unversöhnt in seinem Werk. Aber gerade daraus gewinnt dieses Werk seine Dauer, die Ludwig Börne meinte, als er den Deutschen zeigte, wie weit ihnen da einer ihrer Schriftsteller vorausgeeilt war.

Kleist

Wie ein Monolith stehen Heinrich von Kleists Erzählungen in der literarischen Landschaft ihrer Zeit, ohne sichtbare Verbindungen zu deren Gipfeln und Niederungen. Sie erscheinen kompakt, als ein Ganzes, und ein Gefälle von Vortrefflichkeit zu Unzulänglichem ist nicht zu erkennen, denn alle diese acht Erzählungen sind gleichermaßen gelungen und ausgezeichnet. Aber auch in sich selbst wirkt jede davon geschlossen und vollendet. Überall kommt es zu einem die Handlung klar abschließenden Ende, über das nichts mehr hinauszuführen scheint – in fünf Fällen ist es der Tod der Hauptpersonen, in zweien eine Ehe und in einer der irreversible Irrsinn. Das Numinose der frühen Geschichten Tiecks fehlt ihnen ebenso wie das Märchenhafte in der Erzählkunst von Novalis oder Fouqué, und es fehlt ihnen bis auf ein, zwei Anklänge der Spuk, den Hoffmann in seinen Erzählungen entfaltet. Alle diese Geschichten spielen in einer historisch greifbaren Zeit und an geographisch genau bezeichneten Orten, allerdings keine in der Gegenwart von Kleists eigenem Lande. Deutschland im 14. und 16. Jahrhundert, Chile im 17. Jahrhundert, Italien in einer nicht genau bestimmbaren historischen Ferne und nur einmal nahe an Kleists eigener Zeit, einmal auch nahe an ihr im fernen Haiti – das sind Schauplätze und Daten dieser acht Erzählungen. In keinem Fall ist die eine oder andere nach Stoff und Handlung mit der Autobiographie und persönlichen Erfahrung des Autors zusammenzubringen. In allen erscheint er als der Erzähler, der einem leselustigen Publikum Aufregendes, Fesselndes, Außerordentliches berichtet, das er nicht selbst erlebt haben kann. Nur in einer Erzählung gibt es einen Hinweis auf Quellen; nirgends jedoch existiert ein erzählerischer Rahmen, in den die Geschichten eingebettet und in Bezug zu dem Erzähler gesetzt wären. Wo und wie dieser dergleichen gehört oder gelesen hat, wird nicht gesagt, aber gehört oder gelesen haben muß er es irgendwo schon des zeit- oder raumfernen Stoffes wegen.

Die «genaue und sprechende Zeichnung» der Charaktere sowie die Neigung, «oft bei Nebenzügen am mehrsten zu verweilen», gäben diesen Erzählungen, so meint ein früher Rezensent im Oktober 1812 in der *Allgemeinen Literatur-Zeitung*

> «einen so täuschenden Schein wahrer Geschichte, daß Rec. selbst ungewiß über den Antheil, welchen die Wirklichkeit an der einen oder andern dieser Dichtungen haben könnte, hierüber Aufklärung von denen wünscht, gegen welche sich der Vf. vielleicht mündlich geäußert hat: denn sein Buch ist ohne Vorrede und alle sonstigen Andeutungen».

Kleist selbst war für Auskünfte nicht mehr erreichbar; er war knapp ein Jahr vorher, am 21. November 1811, freiwillig in den Tod gegangen. Aber auch mehr als ein Jahrhundert aufmerksamer und sorgfältiger Kleist-Forschung hat für seine Erzählungen lediglich ein paar Fragmente möglicher Quellen zutage schaffen können, mit Ausnahme des *Michael Kohlhaas,* einer geschichtlichen Gestalt, für deren Lebenslauf Kleist Material aus einem Geschichtsbuch des 18. Jahrhunderts entnommen hat, weshalb er unter dem Titel die Bemerkung «Aus einer alten Chronik» hinzusetzte. Für die anderen gibt es Vorbilder in Handlungskonstellationen oder in diesem und jenem Zug des Geschehens, aber ihre Wirklichkeitstreue erweist sich bei näherem Hinsehen als Fiktion, «täuschender Schein»: In ihrer wesentlichen Substanz sind diese Geschichten mit Ausnahme des *Kohlhaas* offenbar frei erfunden. Daß aber Kleist die Produkte seiner Einbildungskraft in eine räumliche und zeitliche Ferne entrückt, erhält auf diese Weise einen Sinn: Es wird der unmittelbaren Überprüfbarkeit und Vergleichbarkeit durch den gegenwärtigen Leser entzogen, denn manches, was Kleist als Tatsache berichtet, ist durchaus unwahrscheinlich, wie noch zu sehen sein wird. Das Außerordentliche des Geschehens in den meisten dieser Geschichten wirkt durch eine solche Entfernung zur Gegenwart der deutschen Leser glaubhafter und fremder zugleich. Aus diesem Grunde aber erscheint es auch ernster und gewichtiger als ein Geschehen, dessen Außerordentlichkeit sich in Verhältnissen ereignen würde, die die Leser aus eigner Erfahrung als dafür zu eng, zu klein und insgesamt nicht tragfähig erachten müßten. Das Fremdmachen von Bekanntem zum Zwecke der Erkenntnis jedoch war ein Verfahren, das gerade Novalis, Friedrich Schlegel und Ludwig Tieck entschieden für ihre Ideen von einer neuen romantischen Poesie in Anspruch nahmen. Es gibt also sehr wohl unterirdische Verbindungen zwischen dem Monolith von Kleists Erzählungen und den Bergen in der historischen Nachbarschaft. Und selbstverständlich besteht ein beständiger inniger Bezug zwischen dem erzählerischen und dramatischen Werk Kleists, der sich im Zusammenhang dieser Darstellung nur eben andeuten läßt (vgl. S. 629 ff.).

In der Literatur über Kleist ist eines der am häufigsten gebrauchten Epitheta das von der Rätselhaftigkeit seines Werks. Denn was so klar, fest umrissen und sicher erscheint, erweist sich bei genauerer Betrachtung als auf sehr schwankendem Boden gebaut. Wohl werden die Geschichten zu einem plausiblen und oft dramatischen Ende geführt, aber was die Menschen zu diesem Ende getrieben hat, was die Handlungen motiviert, bleibt unerklärt und häufig dunkel, und die Aussagen oder die Parteinahme des Erzählers hier und da erweisen sich oft als widersprüchlich. An den Schluß der Erzählungen hat Kleist bei ihrer Veröffentlichung als Buch die Novelle *Der Findling* gesetzt, deren letzter Satz lautet: «Wenn es Gottes Wille ist.» Die Unsicherheit über das, was Gottes Wille ist, durchzieht alle diese Geschichten und löst die klaren Konturen, die sie bei erster Betrachtung haben, wieder auf. «Moralische Erzählungen» wollte Kleist auf den Titel schreiben und damit auf jene kürzere Erzählform anspielen, die gegen Ausgang des 18. Jahrhunderts neben dem Roman populär geworden war und in der sentimentale, sensationelle und schaurige Begebenheiten vorwiegend aus der bürgerlichen Lebenssphäre zur moralischen Erbauung des ständig zunehmenden Leserkreises erzählt wurden (vgl. S. 309). Kotzebue und Lafontaine gehörten in Deutschland zu ihren bekanntesten und beliebtesten

Produzenten. Aber in diesen Erzählungen wußte der Autor sehr wohl, was Gottes Wille war: Es war derjenige der öffentlichen Gesetze, Konventionen und religiösen Gebote. Wenn Kleist auf sie verwies, dann eher in parodistischer Absicht, denn seine Erzählungen waren durchaus geeignet, Autorität zu untergraben, im *Kohlhaas* die des Staates, im *Erdbeben von Chili* die der Kirche, in der *Marquise von O . . .* oder im *Findling* die der Familie und Ehe, bis schließlich der *Zweikampf* am Ende ganz den Willen Gottes in eine für den Menschen unerkennbare Sphäre entrückt. Allerdings war nicht ethische Unverbindlichkeit oder gar die Aufhebung aller Werte das Resultat, denn schließlich wird auch bei Kleist das Böse gerichtet und das Gute anerkannt, aber die Begriffe dafür schwanken, und sowohl Gericht wie Gesetz sind nicht mehr durchaus diejenigen einer in der Zeit kodifizierten Ordnung von Staat und Kirche.

Mochte nun dergleichen Kleists Erzählungen von den moralischen Erzählungen der Unterhaltungsliteratur abheben, so unterschied es sie gewiß nicht von der Auflehnung gegen Konventionen in den Werken seiner gleichermaßen bedeutenden Schriftstellerkollegen. Aber weder läßt sich in Kleists Werk eine philosophische Grundierung erkennen wie bei Schiller oder Novalis, noch lassen sich Bezüge herstellen zu einer Gesamtvorstellung vom Platz des Menschen in der Natur wie bei Goethe; keine Apotheose des Künstlers tritt hervor wie so häufig bei Tieck oder Hoffmann, auch keine Absicht auf die Satirisierung bürgerlicher oder adlig-kleindeutscher Verhältnisse wie bei Jean Paul und danach wiederum bei Hoffmann; es zeigt sich keine greifbare Liebe für die Welt mittelalterlicher Ritterlichkeit wie bei Fouqué und ebenso keine religiöse Tendenz wie bei Brentano. Bei Kleist scheint alles tendenzlos, absichtslos, allein um der sensationellen Ereignisse willen berichtet, nur daß eben diese Ereignisse überwiegend Erfindung eines einzelnen Autors sind. So bleibt also nur der Schluß übrig, daß Kleist in diesen Erzählungen ganz offenbar seine Phantasie auslebt im Bilde einer genau gefaßten Wirklichkeit, deren Details er aus seiner eigenen Beobachtung menschlichen Verhaltens hineinträgt, Gegenwart in fiktive Vergangenheit.

Diese Erkenntnis öffnet nun Kleists Erzählungen weniger einer ideen- oder sozialgeschichtlichen Analyse als vielmehr der psychologischen und strukturanalytischen, also Versuchen, ihnen durch das Studium bewußter und unbewußter künstlerischer Gestaltungsweise näherzukommen. Das bedeutet zum Beispiel Aufmerksamkeit auf häufig wiederkehrende Bilder, Motive und Themen, unter ihnen prominent die unehelichen, außerehelichen oder verstoßenen Kinder, aber ebenso die aus der Gesellschaft oder der Familie verstoßenen Menschen allgemein. Es gehören dazu Reaktionen der Gewalt, der Rache und des Terrors – in nicht weniger als drei der acht Erzählungen wird Gehirn an den Wänden verspritzt –, aber es gehören dazu ebenfalls Reaktionen der Ohnmacht und der Sprachlosigkeit. Fester

Halt wird gesucht in Häusern, Festungen und Türmen, die dennoch der Zerstörung anheimgegeben sind, obwohl manchmal im letzten Augenblick noch ein Retter im brennenden Haus auftaucht, wie überhaupt die Opferbereitschaft ein Zug Kleistscher Gestalten ist. Ebenso wird Halt gesucht in schriftlichen Dokumenten und Verträgen, die sich allerdings oft gleichfalls als erschütterbar erweisen. Fenster, Türen, Fremdenzimmer zeigen sich als Durchbrechungen dieser Sicherheit oder als Öffnungen zu Ungekanntem, vielleicht Erhofftem. Gesten wie das Hutaufsetzen, Helmverlieren oder Nüsseknacken werden in aller Genauigkeit beschrieben, ohne daß ihnen im Kontext ein offenbarer Sinn unterliegen könnte, und schließlich gaukelt Mythisches durch die so konkrete Realität dieser Geschichten, also der scheinbar nur umgangssprachliche Bezug auf Engel, Teufel, die Gottesmutter und das Paradies, so daß insgesamt Kleists Erzählungen die Leser in dem Netz einer hermetischen Bildersprache fangen, deren Sinn nicht übersetzbar ist und die nicht als symbolisch oder allegorisch zu verstehen ist, wie das zum Beispiel bei Tieck mit seinen der Wirklichkeit entrückten alten Frauen, nackten Damen, bunten Vögeln und magischen Runenbergen der Fall ist.

Alles dies existiert nun allerdings nicht völlig ohne geschichtlichen und biographischen Hintergrund. Wie jeder andere deutsche Autor seiner Zeit nahm Kleist Anteil an den großen und vielfältigen Veränderungen im Europa nach der Französischen Revolution, Veränderungen, die sich auf die Rolle des Adels, dem Kleist angehörte, auf die Bedeutung Preußens, dessen Bürger er war, und außerdem auf die Veränderungen in der Familienstruktur und in der Interpretation von Weltlauf und Naturgeschichte in Philosophie und Theologie bezogen. Vieles davon berührte ihn unmittelbar. Kleist war noch nicht elf Jahre alt, als er den Vater verlor, und gerade fünfzehn, als auch die Mutter starb. Die kritische Zeit des Erwachsenwerdens ereignete sich für ihn nicht in der Familie, sondern unter der Obhut anderer Menschen. Der Vater hatte dem niederen Offiziersadel angehört, so daß nennenswertes Vermögen nicht vorhanden war, das ihm eine gewisse Unabhängigkeit hätte geben können. Mit vierzehn wurde Kleist Kadett, mit fünfzehn stand er als Soldat der preußischen Armee vor den Toren von Mainz, wo sich übrigens auch der Herzog von Weimar und sein ehemaliger Minister Goethe befanden. Mit einundzwanzig kehrte er der Armee den Rücken und drängte zu den Naturwissenschaften. Preußischer Beamtendienst wartete auf ihn, was ihn zu ruhelosem Reisen und zur Suche nach einer alternativen Lebensform drängte. Das frühe Verlöbnis mit der Tochter eines preußischen Generals ließ sich auf diese Weise nicht mehr aufrechterhalten. Der Sturz Preußens verwickelte ihn unglücklich in die Zeitgeschichte; als angeblichen Spion brachte man ihn nach Frankreich und setzte ihn dort eine Zeitlang fest. Und während dieser ganzen Zeit wuchs in ihm unbezwinglich der Drang, Schriftsteller zu werden, zusammen mit der

Überzeugung, auf diesem Gebiete auch wirklich etwas leisten zu können. Davon aber wollte kaum jemand von den Zeitgenossen Notiz nehmen. Für literarische Freundschaftsbünde war er nicht geschaffen, obwohl er nicht ungesellig war und zur Arbeitsgemeinschaft bereit. In Dresden gründete er 1808 mit Adam Müller die kurzlebige Zeitschrift *Phöbus*, in der einige seiner Werke zuerst an die Öffentlichkeit traten, und dort begegneten ihm auch Gotthilf Heinrich Schubert und Caspar David Friedrich. In Berlin lernte er auf den Sitzungen der Christlich-deutschen Tischgesellschaft oder bei Rahel Varnhagen Arnim, Brentano, Fouqué, die Brüder Eichendorff, den Grafen Loeben und eine Reihe anderer junger Autoren kennen. Von den älteren hatte sich Wieland seiner während einer tiefen Krise Anfang 1803 angenommen. Aber wie Kleist nicht eigentlich eine schriftstellerische Lehrzeit durchmachte und sich erst in der Nachahmung von Fremdem übte, ehe er zu Eigenem kam, so blieb er auch weiterhin als Autor allein und, was schlimmer war, ohne nennenswerte Anerkennung. Deshalb konnte ihm sehr wohl am Ende sein Leben als ein Gemisch von Mißlingen und Versagen erscheinen, in hartem Kontrast zu den höchsten Erwartungen von sich selbst als Künstler. Versagt hatte er im militärischen wie bürgerlichen Leben, in der Bindung an das andere Geschlecht wie an das Vaterland, das zusammengebrochen war und dessen sich erneuernder Kern ihn nicht wollte, was sich bei dem gescheiterten Unternehmen der *Berliner Abendblätter* zeigte (vgl. S. 91).

Daß ein in seinen Handlungsmöglichkeiten behinderter Mensch größere Sensitivität entwickeln kann als der aktive, erfolgreich ins Leben drängende, ist eine bekannte Erfahrung. Bei Kleist verband sich zudem eine solche Sensitivität mit einer mächtigen, wahrhaft genialen Sprachkraft und einem feinen Kunstsinn, so daß ihm Werke gelangen, in denen menschliche Verhältnisse und Konflikte zur Sprache kamen, die sich erst ein Jahrhundert später allmählich dem begrifflichen Verständnis aufschlossen. Darauf beruht das im 20. Jahrhundert stetig gewachsene Interesse an dem Gesamtwerk Heinrich von Kleists, seine Modernität oder Aktualität, die freilich nicht verdekken darf, daß Kleist wie jeder andere Autor mit seinem Denken und Wünschen der eigenen Zeit angehört und auch zu deren literarischen Tendenzen in Beziehung stand und an ihnen auf seine Weise Anteil hatte.

Kleists Erzählungen sind in dem verhältnismäßig kurzen Zeitraum von vier Jahren niedergeschrieben worden, zumindest in ihrer endgültigen Form. Frühe Ansätze sind möglich oder sogar wahrscheinlich, aber nicht sicher dokumentiert. Der relativ kurze Zeitraum ihrer Entstehung trägt zu dem Eindruck der Kompaktheit insgesamt bei; Stilwandlungen eines Autors spiegeln sie nicht. *Michael Kohlhaas* wurde um 1804 begonnen, aber erst 1808 erschien ein Teilabdruck im *Phöbus*, der außerdem vollständig die 1807 vollendete *Marquise von O . . .* brachte. 1807 hatte Cottas *Morgenblatt für gebildete Stände* das im gleichen Jahr geschriebene *Erdbeben in Chili* unter dem Titel *Jeronimo und Josephe* veröffentlicht, und diese drei Werke bildeten zusammen dann den ersten Band der *Erzählungen* (1810). Die übrigen entstanden zwischen 1810 und 1811 und waren im zweiten Band der *Erzählungen* zusammengefaßt, der im August 1811, also drei Monate vor Kleists Tod herauskam. *Das Bettelweib von Locarno* und *Die heilige Cäcilie* hatte Kleist 1810 vorher schon in seine *Berliner Abendblätter* aufgenommen, und *Die Verlobung in St. Domingo* stand zuerst im Berliner *Freimüthigen*. *Der Findling* und *Der Zweikampf* waren Originalbeiträge für die Sammlung.

Die Erzählungen Kleists entstanden zur gleichen Zeit wie seine Dramen. Wohl unterscheiden sie sich von ihnen in Stoffen und Stoffbehandlung, aber die Bildersprache und die daraus ablesbaren Probleme und Konflikte durchdringen beide Formen, so daß die Betrachtung der einen diejenige der anderen ergänzen muß. Mit der Gattungsbezeichnung «Erzählung» wollte sich Kleist, wie schon gesagt, auf die populäre moralische Erzählung beziehen, aus der er das Element des Sensationellen und Sentimentalen in sehr verschiedener Konzentration in die Erzählungen eingehen ließ und teilweise parodierte, während deren erbaulicher Effekt durch die latente Unsicherheit von Ordnungsprinzipien und moralischen Konventionen aufgehoben wurde. Den Begriff Novelle jedoch gebrauchte Kleist nicht, weil dieser damals noch keine für die eigene Form des Erzählens anwendbare Bedeutung besaß, sondern noch vorwiegend von den italienischen und spanischen Mustern bestimmt war, die in diesen Jahren übersetzt wurden, um die Tradition und den Formenreichtum romantischer Dichtung seit dem Mittelalter und der Renaissance bekannt und bewußt zu machen. Kleist jedoch ging es nicht um literarische Muster, sondern um die Mitteilung von Ereignissen, Fällen und Konflikten; er hat sich nie, auch nicht in seiner Dramatik, als Formexperimentator verstanden. Dennoch wurde er gerade auf diese Weise zu einem Begründer der spezifisch deutschen Novelle. Denn Kleists Erzählungen sind, wenn man sie innerhalb der Geschichte der deutschen Novelle im 19. Jahrhundert betrachtet, geradezu Muster dieser neuen Form. Das gilt für die knappsten wie die umfangreichsten dieser Texte. Weder ist *Die heilige Cäcilie* eine echte Legende oder *Das Bettelweib von Locarno* eine Anekdote, was der Vergleich zu den eigentlichen Anekdoten Kleists zeigt, noch aber ist der *Michael Kohlhaas* ein Roman. Was alle diese Erzählungen als Novellistisches verbindet, ist ihre Konzentration auf die – in Goethes Worten – «unerhörte Begebenheit», auf den außerordentlichen Fall. Kleists Novellen sind Fallstudien über das Verhalten von Menschen in außerordentlichen Situationen. Sie konstituieren also aus ihrem Inhalt heraus diese Erzählform; das Pointierte der Anekdote, das Didaktische und Erbauliche der Legende und die auf ein Abbild der Welt im großen zielende Weite des Romans fehlen ihnen durchaus.

Es liegt nahe, bei der Kompaktheit von Kleists Novellenwerk nach einem gemeinsamen Nenner der acht Novellen untereinander zu fragen, nach dem, was sie nicht nur formal und sprachlich, sondern auch gedanklich verbindet. Eben dieses Gemeinsame nun findet sich in ihrem spezifisch Novellistischen, der Beschreibung eines außerordentlichen Falles. Die «unerhörte Begebenheit» der Kleistschen Novellen ereignet sich allerdings im Grunde bereits an ihrem Anfang: Etwas Fremdes, Ungewöhnliches bricht in das gewöhnliche Leben gewöhnlicher Menschen ein, denn um diese handelt es sich stets – um städtische Bürger, Kaufleute, den niederen Adel der Schloßherren, um Geistlichkeit und allenfalls, im *Zweikampf,* um Grafen und regierende Herzöge, aber dort in der großen Ferne spätmittelalterlicher Geschichte. Insgesamt ist es ein Personal, mit dem sich die Leser dieser «moralischen Erzählungen» leicht identifizieren konnten. Künstler, Halbkünstler, Schauspieler oder bürgerliche Intellektuelle und Außenseiter, die bevorzugten Helden der Prosa des vorausgehenden Jahrzehnts, also derjenigen Goethes, Hölderlins, Tiecks, Wackenroders, Novalis', Friedrich Schlegels oder Brentanos, kommen bei Kleist nicht vor. Dieses Ungewöhnliche nun, dieser Einbruch des Fremden wirft die gewöhnlichen Menschen aus ihrer Bahn, vertreibt sie, bildlich gesprochen, aus dem Paradies ihrer Gewöhnlichkeit. Ein Schlagbaum ist an einer Grenze errichtet, wo er früher nicht vorhanden war, eine alte Bettlerin wird in ein Zimmer eingelassen, das nicht für solche Zwecke bestimmt ist, ein Bettelknabe hält die Fahrt eines Wagens auf, oder es geschehen die großen Katastrophen im Leben der Menschen und dem der Natur: ein Erdbeben, ein Mord oder eine Vergewaltigung. Triebe und Kräfte außerhalb oder unterhalb menschlicher Vernunft sind am Werk und geben nun dem vernünftigen Dasein einen anderen Gang, verändern es durch und durch. Sie setzen eine Eskalation ins Werk, deren Antriebskraft der verunsicherte Mensch selbst ist, dem durch den Einbruch des Fremden die Orientierung in seinem gewöhnlichen Dasein genommen ist. Es entsteht sogar der Eindruck, daß auch der Autor die Fäden dieser Gestalten nicht mehr fest in den Händen hält und von deren eigener Logik mitgerissen wird, ganz zu schweigen vom Erzähler und seinen schwankenden Urteilen. Der Ausgang ist dann Triumph oder Untergang oder beides in einem, wie Kohlhaas auf dem Schafott beweist, oder es ist die Rückkehr ins Gewöhnliche, wie sie am Ende der Marquise von O . . . zuteil wird.

Nun sind die Störungen des Gewöhnlichen als Ausgangspunkt einer literarischen Handlung nicht eine Erfindung Kleists. Wilhelm Meister wird durch die Entdeckung der vermeintlichen Untreue Marianes in seine Lehrjahre getrieben, und dem jungen Heinrich von Ofterdingen begegnet ein Fremder, der ihm von der blauen Blume erzählt, die das Ziel seines Lebens wird. Ofterdingen erfährt allerdings eher ein Initiationserlebnis, und der Gang zum Guten ist vorbestimmt. Auch bei Wilhelm Meister eskaliert nichts ins Unbestimmte, Gefährliche; dafür sorgt schon die Turmgesellschaft. Held und Welt suchen und finden in den gegebenen Grenzen ein Verhältnis zueinander. Mit den Novellenhelden Tiecks stand es da schon anders. Auch Christian im *Runenberg* wird zum Beispiel aus dem Gewöhnlichen seines Daseins vertrieben in die Gefahren des Gebirges hinein. Aber dort wiederum waren es nurmehr die als naturmagische Kräfte kostümierten Antriebe der außerordentlichen Persönlichkeit im Gegensatz zu den gewöhnlichen anderen Menschen, die in die Einsamkeit, Isolation und innere Zerstörung führten. Auch E. T. A. Hoffmanns Helden nähren später häufig ihre Konflikte aus einem solchen Protest gegen die Gewöhnlichkeit. Bei Kleist hingegen ist nichts von einer Auflehnung der Besonderen zu spüren. Hier sind es die gewöhnlichen Menschen selbst, die aus der Bahn geworfen werden, und da sie für dieses Schicksal intellektuell nicht auf die gleiche Weise vorbereitet sind wie ihre Brüder und Schwestern bei Tieck, Hoffmann, Novalis oder Goethe, sind ihre Untergänge erschütternder und ihre Triumphe erhebender. Die große und anhaltende Wirkung von Kleists Novellen, die inzwischen zu Werken der Weltliteratur geworden sind, hat entschieden mit dieser Wahl gewöhnlicher Menschen zu tun, deren historisches Kostüm die Leser der verschiedensten Weltteile und Zeiten nicht daran hindert, sich mit ihren Hoffnungen und Schmerzen, ihren Irrungen und Erlösungen zu identifizieren. Bemerkenswerterweise steht dieses Personal der Kleistschen Novellen demjenigen der Unterhaltungsliteratur näher als dem der Bildungsdichtung, und ebenso bemerkenswert ist, daß Kleist damit seine Figuren von jenem Stigma der Deutschheit fernhielt, das alle die anderen schweifenden und suchenden bürgerlichen, intellektuellen Helden mit sich tragen, und Kunst ist bei Kleist nicht Gegenstand der Kunst. Daraus leiten sich im übrigen die Versuche der Philologie her, Kleist in der Literaturgeschichte außerhalb des Romantischen anzusiedeln. Damit jedoch werden allzuleicht die vielen Fäden überdeckt, die seine Werke mit den Interessen, Themen und Arbeitsweisen seiner deutschen Zeitgenossen verbinden. Auf diese Verbindung wird bei der Betrachtung der einzelnen Novellen hinzuweisen sein.

Die Vorstellung einer Austreibung aus dem «Paradies» der Gewöhnlichkeit am Anfang dieser Novellen legt nahe, an Kleists Gespräch *Über das Marionettentheater* zu erinnern, das er im Winter 1810 in den *Berliner Abendblättern* veröffentlichte und das Gegenstand heftiger Debatten geworden ist über die Frage, ob es eine Summe von Kleists Weltverständnis oder lediglich ein beiläufiges und logisch inkonsequentes Produkt darstelle.

In diesem Prosastück macht Herr C., der erste Tänzer der städtischen Oper in M., im Winter 1801 in einem Gespräch die Bemerkung, daß es uns Menschen nicht länger gegeben sei, in unseren Bewegungen die Leichtigkeit etwa einer Marionette zu erreichen, und zwar «seitdem wir von dem Baum der Erkenntnis gegessen haben». Eine Zurücknahme dieser Behinderung, hervorgerufen durch die Gabe des Wissens und der Reflexion, sei aber schlechterdings nicht möglich: «Das Paradies ist verriegelt und der Cherub hinter uns.» Einen hoffnungsvollen Gedanken knüpft der Sprecher dennoch an: «Wir müssen die Reise um die Welt machen, und sehen, ob es vielleicht von hinten irgendwo wieder offen ist.» Beispiele verlorener Unschuld werden gegeben, wo der Mensch, durch sein Bewußtsein gehemmt, weder die instinktive Grazie des Tieres oder die auf mechanischen Gesetzen beruhende der Marionette besitzt, noch aber sich zu der vollkommenen eines Gottes aufschwingen kann. Denn Grazie, die Haltung und Bewegung der Unschuld, erscheint am reinsten nur dort, wo gar kein Bewußtsein vorhanden ist, im «Gliedermann», oder aber, «wenn die Erkenntnis gleichsam durch ein Unendliches gegangen ist», im unendlichen Bewußtsein des Gottes. «Mithin, sagte ich ein wenig zerstreut, müßten wir wieder von dem Baume der Erkenntnis essen, um in den Stand der Unschuld zurückzufallen? Allerdings, antwortete er; das ist das letzte Kapitel von der Geschichte der Welt.»

Ganz gleich, ob man nun diesem Gespräch programmatische Bedeutung beimißt oder nicht: sicher ist, daß die Eskalation der Handlungen in Kleists Novellen durch die Unsicherheit der handelnden Figuren im Hinblick auf das, was unter den gegebenen Umständen zu tun sei, entschieden vorangetrieben wird. «Grazie» oder ein Gleichgewicht zwischen göttlicher Vernunft und instinktiver Sicherheit besitzen sie nicht, wie äußerlich am deutlichsten von allen Kleistschen Helden der klumpfüßige Dorfrichter Adam im *Zerbrochnen Krug* zeigt, der, je mehr er dem Bekenntnis seines Sündenfalls zu entweichen versucht, desto stärker dessen Enthüllung zutreibt.

Kleist hat häufig mit der Metapher des Paradieses die Konflikte seiner Gestalten erläutern und durchsichtig machen wollen. Damit stand er in seiner Zeit nicht allein. Der Rekurs auf die Paradiesmetaphorik war gerade in der Literatur und dem Geschichtsdenken dieser Jahre wieder besonders modern geworden, wofür insbesondere die Schriften von Joseph Görres reichlich Beispiele bieten (vgl. S. 254). Bei Görres löste das Bild des Paradieses die geschichtliche Utopie des Goldenen Zeitalters ab, die vor allem im Denken von Novalis und Hölderlin eine bedeutende Rolle gespielt hatte. An die Stelle des klassischen Musters trat nun das christliche, an die Stelle des Voranschreitens im dialektischen Dreischritt zu einem noch nie dagewesenen höheren Zustand das Bild des Kreislaufes, die Rückkehr in das Paradies, aus dem die Menschen einst der Erbsünde wegen vertrieben worden waren. Beim Blick auf Kleists Gebrauch des Bildes zeigt sich nun jedoch sogleich, daß er ohne Absicht auf Geschichte schreibt und mit seinem Bild vom Paradies eine wie immer geartete humanistische oder religiöse Erlösungsvorstellung nicht im Sinne hat. Der Weg in das «letzte Kapitel von der Geschichte der Welt» ist ein innerer, psychologischer Vorgang, der sich mit geschichtsphilosophischen oder theologischen Begriffen nicht bestimmen läßt. Historisch ist nur der Vorgang selbst, da er einen Zeitpunkt in der Geschichte europäischen Denkens bezeichnet, an dem der Austritt aus einem theologischen Weltbild den Blick auf Triebkräfte des Individuums freigibt, die bisher der genauen Beobachtung entzogen waren. Noch einmal erweist Kleist jedoch seine Entfernung von der deutschen Bildungstradition ins «Gewöhnliche» hinein. Die tragischen oder untragischen Lösungen und

Erfüllungen in seinen Novellen wie auch in seinen Dramen entstammen Wunschträumen von Gerechtigkeit, von Strafe oder Belohnung in einer Welt, deren äußere Gesetze und Verhältnisse dergleichen nicht bewirken können, sondern eher das Irren der Menschen fördern. So sind die Novellen durchaus «moralische Erzählungen», nur war das Moralische für Kleist nicht die sittliche Konvention der gegenwärtigen Gesetze und Religionen, sondern dasjenige, was den Menschen vom Tier unterschied und ihn auf den Weg zum Göttlichen und ins Paradies brachte, nichts Kodifiziertes, sondern nur im Handeln Erfahrbares und Erreichbares. Da war er, trotz aller Erkenntniskrisen, im Grunde doch ein gelehriger, wenngleich eigenständiger Schüler Kants, wie seine deutschen Altersgefährten auch. Dieses besondere Moralische aber ist zugleich der tiefere Sinn jener kaiserlichen Verordnung im *Findling*, die befiehlt, in ein geschriebenes Gesetz den Satz einrücken zu lassen: «Wenn es Gottes Wille ist.» Denn einen Gott gibt es für Kleist über all dem Irren und Suchen. Darüber dürfen die schwankenden Urteile der von ihm eingesetzten Instanz eines Erzählers nicht hinwegtäuschen, und seine Novellen lassen sich gewiß nicht als moderne existentielle Parabeln lesen, so nahe sie auch modernem Empfinden stehen mögen.

Michael Kohlhaas

Die Novelle vom brandenburgischen Roßhändler Michael Kohlhaas hat Kleist bereits 1804 begonnen, früher als die anderen, aber abgeschlossen wurde sie erst für die Buchausgabe 1810. Der Stoff stand ihm, dem preußischen Bürger, am nächsten, und die Tatsachen hat er wirklich, wie der Untertitel angibt, «aus einer alten Chronik» entnommen, aus Christian Schöttgens und George Christoph Kreysigs *Diplomatischer und curieuser Nachlese der Historie von Ober-Sachsen und angrentzenden Ländern* (1731). Die Zeitumstände beim Erscheinen legen es nahe, das Werk als ein Stück patriotischer Literatur zu betrachten, denn der Schlußsatz des Dramas über *Prinz Friedrich von Homburg* – «In Staub mit allen Feinden Brandenburgs» – könnte auch am Ende des *Michael Kohlhaas* stehen. Als Kleist die Novelle zu Ende schrieb, war Preußen von den Franzosen besetzt, und patriotische Kräfte bereiteten den Aufstand gegen sie vor, während Sachsen dem Napoleon ergebenen Rheinbund angehörte. So erscheint es als sicher, daß Kleist ein solches politisches Verständnis der Novelle wie des Schauspiels nicht nur hingenommen, sondern sogar gewünscht hat. Ein treuer Bürger seines Landes ist er immer gewesen (vgl. S. 55 ff.), ganz abgesehen davon, daß er sich durch derartig auf den Zeitlauf bezugnehmende Werke etwas von der Anerkennung und Förderung versprechen mochte, die ihm sonst so ganz fehlten. Wenn ihm das dennoch nicht gelang, so lag das daran, daß der Perspektivenreichtum dieser wie der anderen Werke die Beschränkung auf ein an der Oberfläche liegendes Thema fragwürdig machte, daß also verhaltenere Töne die patriotischen Fanfarenstöße einigermaßen hohl klingen ließen.

Was immer sich an Patriotismus oder an Kritik feudaler Willkürherrschaft aus dieser Novelle herauslesen läßt, es berührt nur die Oberfläche dieser unerhörten Begebenheiten.

Als «Muster eines guten Staatsbürgers» hat Kohlhaas «bis in sein dreißigstes Jahr» dahingelebt, in die Institutionen von Staat, Kirche, Ehe und Familie treu und fest eingefügt. Ein relativ geringfügiges Ärgernis, die unrechtmäßige Konfiskation zweier Pferde und deren Mißbrauch, ein Akt der Willkür also bei einer Grenzüberschreitung nach Sachsen, reißt ihn aus diesem geordneten Dasein heraus und stürzt ihn selbst sowie die Welt um ihn herum in tiefste Unsicherheit und Unordnung. Als Anführer einer kleinen Privatarmee sucht er den Schuldigen für das erlittene Unrecht und wird dabei zum Terroristen in eigener Sache, dem alles mögliche, nur nicht der Gesuchte zum Opfer fällt. Menschliche Schwäche und Tücke, Willkür und Ungerechtigkeit nicht nur der einzelnen, sondern auch der Staaten werden entblößt, bis am Ende alles wieder in eine höhere Ordnung zusammenläuft. Luther greift ein und stellt den äußeren Frieden her, und der Kurfürst von Brandenburg sorgt schließlich dafür, daß Kohlhaas auch den inneren Frieden erhält. Das an ihm begangene Unrecht wird wiedergutgemacht; für das von ihm getane legt er willig sein Haupt auf den Block des Henkers, allerdings nicht bevor er noch den wortbrüchigen Kurfürsten von Sachsen durch das Verschlingen eines geheimnisvollen und für die Zukunft Sachsens prophetischen Zettels gestraft und innerlich vernichtet hat. Steht dieser Racheakt auf dem Schafott der Apotheose des Kohlhaas störend entgegen, oder macht er sie gerade erst vollkommen? Gleicht er die Schalen der Goldwaage aus, mit der der Erzähler das «Rechtgefühl» des Helden vergleicht, jenes «Rechtgefühl», das ihn paradoxerweise «zum Räuber und Mörder» macht? Denn Kohlhaas, das versichert der Erzähler gleich in seinem ersten Satz, ist «einer der rechtschaffensten zugleich und entsetzlichsten Menschen seiner Zeit».

Michael Kohlhaas ist die Geschichte einer Passion von der Erweckung über den Leidensweg bis zum Opfertod und zur Verklärung. Das biblische Muster, das sich so viele deutsche Literaturhelden – Werther, Siebenkäs, Hyperion – auf den Leib zu schreiben versuchten, um ihrem Dasein Wert und Würde zu geben, findet sich auch in dieser Novelle wieder, deren Held nicht zufällig im dreißigsten Jahr, dem Lebensalter Christi zur Zeit seiner Passion, aus der Bahn des Gewöhnlichen und in seine neue Rolle als Kämpfer für die Gerechtigkeit auf Erden gedrängt wird. Verkennung, Vertreibung und Verrat waren auch das Schicksal des großen Vorbildes, das danach freilich sehr viel friedfertiger und eine Lehre vom Frieden verkündend durch die Welt ging. Kohlhaas' Passion hingegen ist ebenso säkularisiert wie diejenige Werthers oder Siebenkäs'. Keine Gottessöhne, sondern Menschen sind am Werk, die um ihrer selbst willen handeln, nicht um der Erlösung der Welt willen. Darin liegt allerdings auch erst die Wahrheit und Zeitgemäßheit dieser Passionen; andernfalls entstünde eine Heiligenvita und damit Erbauungsliteratur.

Kohlhaas legt in seinem Handeln die ganze Schwäche des Menschen bloß, die Unfähigkeit, größere Zusammenhänge von Ursache und Folge, also einen Sinn der Welt zu überschauen, die in Gott ruht. Eben dieser Mangel ist es, der die Eskalation der Handlung in Bewegung setzt. Welchen Schritt Kohlhaas auch tut, er scheint ihn immer weiter in die Verwirrung zu führen, so daß die Suche nach dem Recht nur neues Unrecht hervorruft. Glaubt er aber dann und wann mit sich selbst im reinen zu sein, so sorgt die Umwelt dafür, besonders in Gestalt von Briefen und Botschaften, daß er aus diesem momentanen resignativen Gleichgewicht vertrieben wird, bis es ihm schließlich nicht mehr «um die Pferde zu tun war», sondern ihn nur noch der Schmerz motiviert, «die Welt in einer so ungeheuren Unordnung zu erblicken». Daß er gleichzeitig «seine eigne Brust nunmehr in Ordnung zu sehen» glaubt, erweist sich allerdings bald als Täuschung. Es wird bis zum Ende, bis zum Moment vor dem Tode dauern, ehe Kohlhaas wirklich eine solche Ordnung in sich erfährt, und zwar deshalb, weil auch die Welt um ihn herum für seine Begriffe wieder in Ordnung ist. Denn der Weg des Michael Kohlhaas durch die Welt ist letztlich der Weg eines Menschen zu sich selbst, und die Ereignisse auf diesem Wege sind der Spiegel dessen, was sich in ihm selbst ereignet.

Kleist erzählt seine Novellen nicht schlechterdings um sensationeller Fälle aus der Historie willen, sondern als menschliche Fälle, wobei das Wort Fall in unmittelbarer Beziehung steht zu jenem ursprünglichen ersten Fall der Menschen aus der Gnade Gottes. Allerdings geht es nicht um ein parabolisches Abbild des ersten Sündenfalles, sondern um den zweiten, um den Fall aus der Gewöhnlichkeit. Gesetze und Institutionen sind die «gebrechliche Einrichtung der Welt», von der im *Kohlhaas* und an anderen Stellen von Kleists Werk die Rede ist; ihre fraglose Hinnahme aber ist eine Art zweiter Sündenfall der Menschheit, aus der die einzelnen aufgerüttelt werden, um danach zu suchen, ob es nicht einen Weg über eine solche Einrichtung im Unzulänglichen hinaus gebe. Die Hoffnung auf das Fortschreiten zum Höheren teilt Kleist also durchaus mit dem Idealismus der neunziger Jahre, nur waren die Konzepte einer Romantisierung der Welt vorwiegend Sache der Kunst in Verbindung mit der Philosophie, während Kleist mit dem Instrument der Psychologie arbeitend seine Hoffnungen allein in das Innere des einzelnen Menschen verlegt, der die Welt reflektiert. Das beschränkt seine Hoffnungen und Erwartungen immer wieder durch die Realität, auf die er sich konkret beziehen muß, macht die Erhebungen allerdings auch triumphaler und stellt sie doch zugleich in Frage.

Es kann kein Zweifel sein, daß Kohlhaas im Laufe des Geschehens zu einem höheren Standpunkt emporwächst. Denn was er als «allgemeine Not der Welt» oder «gebrechliche Einrichtung», als deren «ungeheure Unordnung» ansieht, muß er schließlich auch als Teil von seinem inneren Selbst erfahren. Nicht in Ordnung steht er dem Chaos gegenüber, wie er zunächst glaubt, sondern er selbst erkennt sich als Teil und Instrument des Chaos. Die Unterredung mit Luther vor allem hat diesen Effekt, und protestan-

tisch-lutherisch ist der Verweis des Menschen an sich selbst und seine Verantwortung vor Gott, dessen Wege und Urteile zu kennen oder gar zu
übernehmen er sich nicht anmaßen darf, wie Luther ausdrücklich Kohlhaas
vorhält. Hat ein kleiner Vorfall, ein Zeichen der latenten Ungerechtigkeit
ihn aus seinen Bahnen gerissen, den reflektierenden Menschen zum
Bewußtsein der Unsicherheit des einzelnen wie der Gesellschaft gebracht,
so wird die Unvollkommenheit der Welt nun durch den einzelnen exponiert, bis sie wankt und ganz und gar «aus ihren Fugen» zu geraten droht,
denn der Fall Kohlhaas erschüttert das gesamte Heilige Römische Reich.
Aber wie Kohlhaas schließlich zu sich selbst findet, wie «Ruhe und Zufriedenheit» in ihn am Ende zurückkehren, so gerät durch Kohlhaas auch die
Welt wieder ins Gleichgewicht. Da Kohlhaas die Welt als Spiegel seines
Inneren und sich als Spiegel der Welt erfahren hat, ist er bereit, um der
neuen Ordnung willen mit dem Leben zu bezahlen, was er der Gesellschaft
schuldet, nachdem ihm die Gesellschaft wiedergab, was sie ihm schuldete.
Es scheint, als seien der einzelne und das Ganze dem Paradiese um einen
Schritt nähergekommen.

Etwas Irritierendes bleibt. Der prophetische Zettel der vermeintlichen
Zigeunerin, der Kohlhaas zu seiner neuen Ruhe und Harmonie verhilft, ist
ein Eingriff aus der Sphäre des Irrationalen. Es ist bezeichnend für Kleist,
daß er in der Sphäre der Ratio solche Hilfe nicht finden und ausdenken
konnte; das erklärt nebenbei auch die kompositorische Sorglosigkeit, mit
der Kleist die Episode einfügte, nachdem er erst einmal deren innere Notwendigkeit empfunden hatte. Aber der letzte Akt, den Kohlhaas mit dem
Zettel vollzieht, erscheint als ein allzumenschlicher der Rache. Hatte ihm
einst seine sterbende Frau christliche Vergebung empfohlen, so erhält er
nun von einer, der Verstorbenen ähnlich sehenden, Zigeunerin die Aufforderung zur Vergeltung. Gewiß ist die Bestrafung des sächsischen Kurfürsten das letzte, kleine Gewicht, das die Goldwaage der Gerechtigkeit wieder ins Gleichgewicht bringt. Aber öffnet die solcherart entstandene
Harmonie sich nicht vielleicht schon wieder neuer Störung, da sie nur zu
erzielen war durch das Hinwegsetzen über ein für das menschliche Zusam-
menleben wesentliches ethisches Gebot? Die Balance der Waage ist nur
Glücksfall für einen Augenblick in einer langen Geschichte der Verirrungen. Dann wäre der Schluß des *Kohlhaas*, die Ehrung der Kinder und die
Verklärung Preußens nach der Hinrichtung, konventionelle Floskel, die
Einschränkung auf das Private im Hinblick auf das Nachleben des Helden
und zugleich eine Verbeugung vor den patriotischen Gefühlen der preußischen Leser. Oder sind solche Überlegungen belanglos, weil es Kleist um
innere Vorgänge geht, für die alles Äußere nur ein unzureichendes Abbild
darstellt? Dann nämlich gäbe der Zettel Kohlhaas die Freiheit, von sich aus
die Ordnung der Welt herzustellen und sich über das momentane, das
Unheil nur eskalierende, befangene Handeln zu erheben. Er kann durch

ihn sein Leben frei überschauen, den Tod frei wählen, Strafe annehmen, Schuldige bestrafen, aber nicht Rache nehmen, und er kann die Zukunft seiner Familie ordnen, in der sich fortan – auch das gehört zur Apotheose – durch den Ritterschlag für die Söhne Adel und Bürgertum in einer neuen, idealen Familie verbinden.

Betrachtet man die erzählten Tatsachen, so zeigt sich, daß Kleist mit diesem Schlußtableau seinen Lesern viel zumutet. Die Anwesenheit des sächsischen Kurfürsten inkognito bei der Hinrichtung, sein Kollaps, als ihm die Prophezeiung über die Zukunft seines Landes endgültig entzogen wird, die Standeserhebung der Söhne durch den obersten Gerichtsherrn nach der Hinrichtung des Vaters sind zusammen mit der ganzen Zettel-Episode selbst und einer Reihe von anderen Zufällen und Begegnungen Vorkommnisse, die derartig weit über die Wahrscheinlichkeit in einer historischen Erzählung hinausgehen, daß die Glaubwürdigkeit der Novelle als ganzes in Frage gestellt werden könnte. Gewiß waren die zeitgenössischen Leser an viel Unwahrscheinliches und Phantastisches in den moralischen Erzählungen und Romanen gewöhnt, so daß Kleists Zumutungen vielleicht wenig ins Gewicht fielen. Andere Leser und spätere Interpreten haben von vornherein die äußeren Vorgänge als Symbole für patriotische oder ethische Absichten des Autors verstanden, so daß auch ihnen die historische Wahrscheinlichkeit der Vorgänge nicht von besonderer Bedeutung war, und nur die Affäre mit dem Zettel hat oft Kritik herausgefordert als die Grenzen eines erwarteten Realismus überschreitend. Denn solche Erwartungen hat Kleist allerdings selbst genährt. Entrückt er zwar mit der Entscheidung für ferne Stoffe seine Novellen als ganzes der Überprüfbarkeit durch seine Leser, so entzieht er gerade umgekehrt durch konkrete Wirklichkeitsschilderung im einzelnen die bildliche Darstellung innerer Vorgänge der Frage nach der Wahrscheinlichkeit der Bilder und übrigens auch derjenigen nach der historischen Treue. Ludwig Tieck hat sich über eine Reihe geschichtlicher Unstimmigkeiten gerade im *Kohlhaas* beklagt. Die Faszination, die Kleists Novellen ausüben, entsteht über alles Interesse an ihrer Problematik hinaus durch Kleists genaue, detaillierte und zugleich charakteristische Darstellung von Menschen, ihrer Gestik und ihrer Handlungsweisen. Scheinbar Belangloses dort, wo keine Kausalitäten zu erkennen sind, wird zum Zeichen von Stimmungen, verborgenen Gedanken oder unbewußten Reaktionen. «Der Prinz, indem er den Stuhl, ohne sich zu setzen, in der Hand hielt», der Mundschenk, «indem er den Finger an die Nase legte», Kohlhaas, «indem er sich von der Halsbinde befreite», oder der Junker, «der sich die Wamsschöße frierend vor den Leib hielt» – alles dies sind Gesten, die Kleists Novellen jene Intensität des Realen verleihen, die sie so stark aus der Erzählkunst seiner Zeit heraushebt. Gesten wie das häufige Ans-Fenster-Treten vermögen, Gedanken über die Beziehung zwischen Innenwelt und Außenwelt zu vermitteln, und eine so großartige Darstellung

wie die Besichtigung der Pferde durch den Abdecker auf dem Schloßplatz
zu Dresden und die daraus folgende Rebellion braver Bürger ist in sich
selbst schon ein Meisterstück Kleistscher Erzählkunst. Denn letztlich
erweist sich kein Zug dieser reich und detailliert dargestellten Wirklichkeit
als überflüssig, sondern als notwendig für das Fortschreiten der Ereignisse
durch die Irrtümer, Schwachheiten, Unsicherheiten und Triebe der Menschen. Der Satzbau, also Kleists berühmte lange syntaktische Konstruktionen, in denen zwischen Subjekt und Prädikat oder dessen Objekt durch
sorgfältig aufeinandergeschichtete Satzteile eine kaum erträgliche dramatische Spannung erzeugt wird, zeigt sich gleichermaßen als die angemessenste Ausdrucksform für dieses Fortschreiten und Eskalieren. Der Erzähler,
der Dichter kümmert sich nicht um die Abstraktheit der Begriffe, und er
will sich um sie nicht kümmern, hatte er sie doch aus dem eigenen Studium
der Philosophie als nicht tragfähig erkannt für die Orientierung in der Welt.
In Kleists Erzählungen wird diese Welt also selbst zum Ausdrucksmittel seines Denkens, und *Michael Kohlhaas* gibt dafür das erste, bedeutende Beispiel.

Die Marquise von O ...

War der Weg des Michael Kohlhaas zu sich selbst mit der Welt der großen
Politik verflochten, so ist derjenige der Marquise von O ... ein Weg priva-
tester Natur, ganz der Rolle der Frauen in ihrer Zeit angemessen. Das
Interesse der Leser beansprucht sie allerdings in gleichem Maße wie jener,
denn stellte bei Kohlhaas das Öffentliche auch ein Bild des Privaten, Individuellen dar, so ist bei der Marquise das Private, Individuelle zugleich
Öffentliches, und die historischen Verhältnisse hinter ihrer Geschichte sind
von nicht geringerer Macht als diejenigen, die sich in Kohlhaas spiegeln.
   Die Novelle erschien zuerst 1808 im *Phöbus* und erregte sogleich Widerspruch und Kritik ihres Stoffes wegen. Gentz fand sie flach, Dora Stock,
Schwägerin Christian Gottfried Körners, meinte, kein Frauenzimmer
könne sie ohne Erröten lesen, und Karl August Böttiger erklärte, «nur die
Fabel derselben angeben» heiße schon, «sie aus den gesitteten Zirkeln verbannen». Solche sittliche Empörung überrascht nicht, denn schließlich ist
ein prominentes Thema dieser Novelle die Sexualität, also ein Gegenstand
eher des späten 20. als des frühen 19. Jahrhunderts. Sexualität erscheint
überdies in ihrer wildesten Form als Vergewaltigung und erst später dann in
derjenigen der Liebe, die in das feste Bett von Ehe und Familie als gesellschaftlicher Institution geleitet wird, wobei die Familienzusammengehörig-
keit ihrerseits seltsame Blüten der Sexualität zeitigt. Außerdem spielt die
Novelle im Zeitraum von neun Monaten zwischen Zeugung und Geburt
eines Kindes, wenn man den Epilog der letzten zwanzig Zeilen abrechnet,
und Gespräche über Zeugung und Empfängnis werden mit beträchtlicher

Offenheit geführt. Für junge Damen der Zeit war es also tatsächlich eine Angelegenheit zum Erröten, wobei man Kleists eigenen Epigramms «Die Marquise von O . . .» eingedenk ist:

Dieser Roman ist nicht für dich, meine Tochter. In Ohnmacht!
Schamlose Posse! Sie hielt, weiß ich, die Augen bloß zu.

Die Jungfräulichkeit der Tochter als kostbarster Besitz der zukünftigen Braut muß von der Kleists Novelle lesenden Mutter in weiblichem Interesse und aus Familienstolz gehütet werden. Waches Bewußtsein ist dafür nötig und Ohnmacht keine Entschuldigung. Der Grund des konventionellen Schamhaftigkeitskultes enthüllt sich in diesem epigrammatischen Kommentar.

In der Behandlung von Sexualität lag noch nicht die ganze Provokation dieser Novelle. Es ist ein Edelmann, der vergewaltigt, nicht nur eine Rotte von Soldaten, die schon für den Versuch dazu bestraft wird, und es ist eine unbescholtene adlige Witwe, die ihm zum Opfer fällt. Eine Witwe freilich mußte es, um die Erzählung erträglich zu machen, allerdings auch sein, denn nur bei ihr waren Erkenntnis der Schwangerschaft ebenso wie die Versöhnung denkbar. Immerhin jedoch klaffen die Gegensätze weit auseinander, denn der Vergewaltiger ist niemand anders als der Retter vor anderen Vergewaltigungen, ist Engel und Teufel zugleich, wie in der Metaphorik der Novelle selbst betont wird. Die Doppelnatur des Menschen, der Tierisches und Göttliches in sich trägt und zwischen beidem eine prekäre Balance halten muß, wird drastisch und grausam offenbar, und kein Gott selbst scheint ihn auf diesem Wege zu beschützen, es sei denn er fände ihn in sich selbst.

Als Mythos jedoch ist Göttliches auch hier wieder wie im *Kohlhaas* vorhanden, und um die unbefleckte Empfängnis lassen die Gestalten selbst ihr Nachdenken kreisen; in seinem Drama *Amphitryon* (1807) hatte Kleist bereits ein sehr viel ausführlicheres «Lustspiel» mit diesem Mythos getrieben (vgl. S. 642 ff.). Mythisierung des Realen aber ist ein Grundzug aller Säkularisation, und Kleists parodistische Verwendung christlicher und – an anderer Stelle – antiker Mythen sowie Mythensynthesen steht durchaus in innerer Verbindung zu den theoretischen Forderungen nach einer neuen Mythologie in Schellings, Hegels und Hölderlins *Ältestem Systemprogramm* und bei Friedrich Schlegel. Aber die teleologische Tendenz dieser Theorien ist bei ihm geschwunden; einzige Tendenz bei ihm ist die Frage nach den Möglichkeiten zur Bewährung des Menschen.

Auch in der *Marquise von O . . .* erfolgt dementsprechend eine Art Vertreibung aus dem Paradies der Gewöhnlichkeit, in dem man sich eingerichtet hat, die Witwe bei den Eltern als Tochter und als Mutter ihrer Kinder, aber offenbar unter Verzicht auf jede Absicht, noch einmal Frau zu sein. Aus dieser Situation reißt sie die Vergewaltigung heraus, und sie kann durch die Schwangerschaft dieser Rolle physisch nicht entfliehen. Der Vergewaltiger hingegen, der das könnte, ist nun durch sein Gewissen an sie gebunden. Kleist hat die Annäherung dieser beiden Menschen in unübertrefflicher Feinheit und Genauigkeit dargestellt. Von der versuchten Flucht in den Tod nähert sich der Graf der Marquise schon allein durch den mehrfachen Wechsel seines Wohnorts immer mehr. Aus den Forderungen des Gewissens wächst allmählich Liebe, die gerade auf dem Höhepunkt den Sturz in das Bekenntnis der Gewalttat wagen muß, ohne das die spätere Versöhnung nicht möglich wäre; der Mann muß das Tier in sich ganz überwinden, um zum Menschen zu werden.

Die Marquise allerdings hat ebenfalls einen großen Weg zurückzulegen von der schwärmerischen Verehrung ihres Retters und der Isolation im Elternhaus bis zur Aufnahme ihrer Rolle als Frau und damit als Gefährtin eines Mannes auch im Sinnlichen. Auch sie hat erst die Doppelnatur des Menschen zu verstehen, ihre eigene und die des Grafen, ehe sie mit sich selbst versöhnt auch zur Versöhnung mit ihm kommen kann. Allerdings treten ihr Schwierigkeiten von außen, von seiten der gesellschaftlichen Konventionen entgegen in Gestalt der eigenen Familie. Im Grunde ist ja diese Novelle durchweg eine Erzählung über das Verhältnis von Eltern zu Kindern, und ein Kind, nämlich das vom Grafen außerehelich in der Vergewaltigung gezeugte, ist überhaupt der eigentliche Motor des Geschehens. Zwei Formen des Zusammenlebens der Familie stehen einander gegenüber: das eine im Bilde der Festung und das andere im Bilde des bürgerlichen Wohnzimmers. Erstürmung, Eroberung und Waffen gehören zum ersteren, waffenlose, auf Gemeinsamkeit beruhende Intimität zum anderen. Darin spiegeln sich Übergänge von einer adlig-dynastischen zur bürgerlichen Familienstruktur. Denn der Vater der Marquise ist zunächst von der gleichen Mentalität beherrscht wie der Graf, wenn er, als er von der Schande der Tochter hört, sie aus dem Hause vertreibt und «ein Pistol» ergreift, das losgeht. Dafür ist er es allerdings auch, der sich zuerst zur neuen Intimität durchfindet, wenn schließlich mit der Antwort auf die kühne Anzeige der Marquise, die nach dem Vater des Ungeborenen sucht, ihre Unschuld manifest wird. Die Versöhnungsszene von Vater und Tochter ist notorisch. Als heimliche Beobachterin sieht die Mutter

«die Tochter still, mit zurückgebeugtem Nacken, die Augen fest geschlossen, in des Vaters Armen liegen; indessen dieser, auf dem Lehnstuhl sitzend, lange, heiße und lechzende Küsse, das große Auge voll glänzender Tränen, auf ihren Mund drückte: gerade wie ein Verliebter! Die Tochter sprach nicht, er sprach nicht; mit über sie gebeugtem Antlitz saß er, wie über das Mädchen seiner ersten Liebe, und legte ihr den Mund zurecht, und küßte sie. Die Mutter fühlte sich, wie eine Selige; ungesehen, wie sie hinter seinem Stuhl stand, säumte sie, die Lust der himmelfrohen Versöhnung, die ihrem Hause wieder geworden war, zu stören.»

Was Kleist hier seinen Erzähler mitfühlend berichten läßt, ist so außerordentlich, daß man nicht glauben möchte, es geschehe ohne Ironie. Man möchte sogar der Vermutung beistimmen, er habe absichtlich eine Szene aus der Trivialliteratur parodieren wollen. Aber Inzest – und in dessen unmittelbarer Nähe steht diese Szene – ist in der Kunst immer Signal für das Durchbrechen alter Verhaltensnormen und Konventionen. Eine auf Gefühlen füreinander beruhende Bindung innerhalb der Familie wird hier – mit der Mutter als Zuschauerin – in einer extremen, vom Sentimentalen ins Komische umschlagenden Szene dargestellt als Voraussetzung für den versöhnlichen Ausgang der ganzen Novelle. Denn nur unter Verzicht auf die Strenge der alten Konventionen, nur «um der gebrechlichen Einrichtung der Welt willen» ist dem Grafen am Ende zu verzeihen, und da er außerdem noch, schon ganz bürgerlich, eine bedeutende Geldsumme in die Wiege des Sohnes wirft, wird diese Verzeihung umso leichter.

Ist der Schluß eine Farce wie vielleicht die Liebesszene zwischen Vater und Tochter? Hat sich die Marquise wirklich emanzipiert, wie der Widerstand gegen ihre eigene Familie, als sie ihr die Kinder nehmen möchte, zu beweisen scheint? Ist sie «mit sich selbst bekannt» geworden, oder sind das alles nur Bekenntnisse für den Augenblick, die der Erzähler stolz berichtet, aber ohne Konsistenz? Steht am Ende ein billig-komischer Kompromiß? Kleists Novelle ist ganz sicher nicht die Geschichte von weiblicher Selbstverwirklichung in modernem Sinne, aber sie erzählt sehr wohl von dem wachsenden Selbstbewußtsein einer Frau, die nicht als Festung zu erobern ist. Kleists Novelle ist außerdem eine Liebesgeschichte, aber sie berichtet auch von der Unzulänglichkeit des Menschen mit seiner Erbschaft von Gott und Tier in sich, und sie berichtet von der Fragwürdigkeit der Konventionen, mit denen er sich einzurichten versucht. Das geht nicht ohne neue Irrtümer und Unzulänglichkeiten ab, und das Ernste steht an der Grenze zum Lächerlichen, wenn man nur den Standpunkt des Betrachters weit genug entfernt. Mythische, soziale und psychologische Bezüge werden sichtbar, die das einzelne für den Leser bedeutend machen, weil er diese Bezüge mit seinen eigenen Erfahrungen verbinden kann. Was Kleist mit seiner Erzählkunst aufschließt, sind allerdings Bereiche, für die auch einer späteren Zeit noch weitgehend die Begriffssprache fehlt, falls sie sich jemals finden läßt. In der Übergangssituation zwischen zwei Zeitaltern erweist sich Kleist als ein Künstler von außergewöhnlicher Hellsichtigkeit gerade deshalb, weil er nicht zu einer begrifflichen Fassung des von ihm Geschehenen und Empfundenen vorzudringen versucht, über seinem Erzähler stehend und dessen Standpunkt in der Überschau immer wieder relativierend. Wie weit schließlich Kleist mit seinen schwierigen Relationen zum anderen Geschlecht, sei-

nen Qualen und Hoffnungen, Verdrängungen und Wunscherfüllungsträu-
men in diesen Erzählungen anwesend ist, muß für die Literaturgeschichte
im Raum der Vermutung und Spekulation bleiben.

Die übrigen Novellen

Uneheliche und außereheliche Kinder sowie Familienkonflikte spielen auch
in den übrigen Novellen Heinrich von Kleists eine gewichtige Rolle. *Das
Erdbeben in Chili* ist ein anschauliches Beispiel dafür, denn mit nichts
Geringerem beginnt diese Novelle als damit, daß die Tochter eines ehrsa-
men, wohl angesehenen Bürgers von «St. Jago» am «Fronleichnamsfeste»
als Novizin in einer Nonnenprozession auf den Stufen der Kathedrale «in
Mutterwehen» niedersinkt. Daß sie deshalb hingerichtet werden soll – nach
der Wahrscheinlichkeit eines solchen Urteils fragt Kleist mitnichten –, daß
ihr Geliebter sich bei ihrem Tode im Gefängnis aufhängen will und daß
schließlich ein Erdbeben diese ganze in ihren Gebäuden konsolidierte Ordnung zerstört, den Liebenden, Jeronimo und Josephe, die Freiheit gibt, die
Menschen in ihrer Not gleichmacht und sie schließlich nicht aus dem Paradies, sondern ins Paradies der Natur hinauszutreiben scheint – das alles
erzählt Kleist am Anfang dieser Novelle auf ein paar Seiten. Es ist wahrlich
eine unerhörte Begebenheit, die diese Novelle zum Gegenstand hat.
    Aber das neue Paradies erweist sich als trügerisch. Eine Kirche ist stehen-
geblieben, und der Gottesdienst, den auch das wiedervereinigte Liebespaar
samt dem Sprößling besucht, wandelt sich unter der Hand zu einem neuen
Gericht gegen sie, nicht aus zielgerichtetem religiösem Eifer übrigens, sondern wiederum durch eine Eskalation von Worten und Aktionen, die durch
den «Fluß priesterlicher Beredsamkeit» in Gang gesetzt wird und an deren
Ende schließlich ein Vater seinen Sohn erschlägt, während der Urheber der
öffentlichen Aufregungen und Verfolgungen, der kleine uneheliche Sohn
Jeronimos und Josephes, von fremden Händen gerettet wird und übrigbleibt. Kleist weiß das Gewebe seiner Handlungen so dicht zu knüpfen, daß
die Frage nach dessen Wahrscheinlichkeit es nicht durchdringen kann.
    In dieser Novelle kollidiert die natürliche Liebe zweier Menschen mit
Standesrücksichten sowie den Moralvorstellungen der Kirche, die eben
diese Liebe als das Stück Erbsünde betrachtet, das die Menschen vom Paradies her mit sich tragen. Die Gesellschaft, die solche Liebe vereiteln möchte
und verurteilt, erweist sich als brüchig, der Zerstörung durch ein Erdbeben
würdig, einer Zerstörung, die Kleist übrigens geradezu systematisch
beschreibt, indem er Gebäude für Gebäude zusammenstürzen läßt, in dem
sich das Unglück der beiden Liebenden vollzogen hatte. Eine patriarchalische Welt stürzt zusammen, aber keine neue geht aus ihr hervor. Die Idylle
im «Garten Eden», im Tale außerhalb der zerstörten Stadt, dort, wo sich die
Menschen auf einmal wieder als eine große Familie geben, ist keine Vision

von Zukünftigem, sondern nur eine Erinnerung an ein vergangenes Paradies. Politischer Visionär und Konstrukteur zukünftiger Gesellschaft ist Kleist nirgends und nie. Aber die Aufmerksamkeit rückt von den beiden Hauptgestalten ab, weshalb Kleist folgerichtig die Novelle in der Buchausgabe nicht mehr nach ihnen benannt hat. Ein zweites Erdbeben ereignet sich nämlich jetzt in den Köpfen der Menschen, wenn sie mit eigner Hand verfolgen und vernichten, was vorher eine Sache ihrer Institutionen war. Der Erinnerung an das Paradies gegenüber wirkt die Anarchie, dieses zweite Erdbeben, umso katastrophaler. Von der Furcht vor ihr war man unter den Deutschen seit den Jahren der Französischen Revolution besessen, aber Kleists Beschreibung eines solchen Zustandes geht in elementarere Dimensionen. Gewalttätigkeit, Brutalität, Leidenschaftlichkeit – sie alle erscheinen als Massenphänomen sowie als Macht im Einzelwesen immer wieder in seinem Werk und als etwas kaum Zähmbares, in der Natur des Menschen Begründetes. Der Fall Kohlhaas und der Fall der Marquise von O ... haben das bereits gezeigt. Enthält der Schluß des *Erdbebens in Chili* jedoch gleichfalls eine Hoffnung, und wenn ja – worauf? Don Fernando, «dieser göttliche Held», wie der Erzähler ihn nennt, hat sein eigenes Kind verloren im Versuch, das junge Paar zu retten. Mit dessen kleinem Philipp geht er am Ende aus der Volkswut allein hervor:

> «Don Fernando und Donna Elvire nahmen hierauf den kleinen Fremdling zum Pflegesohn an; und wenn Don Fernando Philippen mit Juan verglich, und wie er beide erworben hatte, so war es ihm fast, als müßt er sich freuen.»

Das fremde Kind, der «Bastard», wird zum Katalysator eines neuen Verständnisses menschlicher Zusammengehörigkeit. Nur wo der Mensch über seine Natur hinauszugehen in der Lage ist, besteht Hoffnung. In solchem Sinne hat Don Fernando tatsächlich das Göttliche in sich selbst aktiviert im Kampf gegen die «satanische Rotte».

Der Mythos vom Kinde als Erlöser, der schon bei Tieck und Novalis eine gewichtige Funktion besaß in der Konzeption eines romantischen Chiliasmus, tritt auch bei Kleist zutage. Kleists Anspielungen auf den christlichen Mythos sind sogar direkter, stärker und deutlicher als dort und zuweilen an der Grenze zum Blasphemischen, besonders wenn man bedenkt, daß der kleine Philipp im «Karmeliterkloster unsrer lieben Frauen vom Berge» empfangen und am Feste Corpus Christi geboren wurde. Aber diese Anspielungen sind zugleich wertfreier, unverbindlicher. Kleists kleine Fremdlinge, Kinder, Bastarde sind nicht Symbole menschlicher und gesellschaftlicher Erneuerung oder Erhöhung, der Romantisierung also, sondern allenfalls eben Mittel, die einen Prozeß im Menschen bewirken können oder auch nicht. In ihnen selbst, als Menschenwesen, schlummert der Keim zum Guten ebenso wie zum Bösen.

Das wird besonders sichtbar in der Novelle *Der Findling*, die in dieser Hinsicht geradezu an das *Erdbeben in Chili* anzuschließen scheint, denn wenn die eine mit der Adoption eines Waisenkindes endet, so beginnt die andere damit, nur daß am Ende dann kein Schimmer einer Hoffnung bleibt.

Der römische Kaufmann Antonio Piachi, mit seinem jungen Sohn auf Geschäftsreise nach Ragusa, hört von einer pestartigen Erkrankung, die in der Stadt ausgebrochen sei, und will, schon in der Vorstadt angekommen, noch rechtzeitig umkehren, als ihm ein Knabe entgegentritt, der durch die Krankheit verwaist worden ist und darum bittet, «um aller Heiligen willen» auf der Flucht aus der Stadt mitgenommen zu werden. Eine rasche Regung des Mitleids besiegelt Piachis eigenes Schicksal, denn von ihr aus eskalieren die Ereignisse bis zu seinem Tode auf dem Schafott. Eben dieses Knaben wegen, den man für infiziert hält, läßt man ihn nämlich nicht mehr aus dem Bereich von Ragusa hinaus, sondern verweist ihn in die Stadt hinein; der eigene Sohn stirbt an der Krankheit, und Piachi findet sich schließlich mit dem fremden Knaben allein. Dessen Zeichnung in dieser Situation ist eines der außerordentlichsten Stücke Kleistscher Beschreibungskunst; er war, so heißt es,

«von einer besondern, etwas starren Schönheit, seine schwarzen Haare hingen ihm, in schlichten Spitzen, von der Stirn herab, ein Gesicht beschattend, das, ernst und klug, seine Mienen niemals veränderte. Der Alte tat mehrere Fragen an ihn, worauf jener aber nur kurz antwortete: ungesprächig und in sich gekehrt saß er, die Hände in die Hosen gesteckt, im Winkel da, und sah sich, mit gedankenvoll scheuen Blicken, die Gegenstände an, die an dem Wagen vorüberflogen. Von Zeit zu Zeit holte er sich, mit stillen und geräuschlosen Bewegungen, eine Handvoll Nüsse aus der Tasche, die er bei sich trug, und während Piachi sich die Tränen vom Auge wischte, nahm er sie zwischen die Zähne und knackte sie auf.»

Dichte, konkrete Realität wird erzählt. Gesten, in sich selbst nichtssagend, werden jedoch im ganzen bedeutend, denn nichts Gutes bringt dieses Kind Piachi und seinem Hause, obwohl es offen bleibt, ob das Böse, das sich entfaltet, in ihm angelegt war oder Folge einer sehr viel komplizierteren Verknüpfung von Umständen darstellt. Piachi und seine junge, zweite Frau Elvire adoptieren den Knaben, der nach einiger Zeit seiner Stiefmutter nachstellt und sie in den Tod treibt, den Stiefvater aber, der ihn zu seinem Erben eingesetzt hatte, aus dem Hause treibt, so daß dieser ihm im Zorn «das Gehirn an der Wand» eindrückt, wofür Piachi dann wiederum den eigenen Tod bereitwillig hinnimmt, aber ohne priesterlichen Segen, damit er in der Hölle seine Rache an dem Findling fortsetzen kann. «Kein Priester» begleitete Piachi, «man knüpfte ihn, ganz in der Stille, auf dem Platz del popolo auf» – was einen seltsamen Widerspruch zwischen «Stille» und Öffentlichkeit enthält.

An Seltsamkeiten ist diese düsterste und hoffnungsloseste unter Kleists Novellen reich, und sie beschränken sich nicht auf den Adoptivsohn. Ein geheimer Antrieb der gesamten Handlung scheint die unterdrückte Sexualität aller Beteiligten zu sein. Elvire, die junge Frau Piachis, konnte nicht mehr hoffen, «von dem Alten» Kinder zu erhalten, was den Ausschlag für die Adoption des Knaben gibt. Sein sechzigstes Lebensjahr erreicht Piachi jedoch erst, nachdem der Knabe «in seinem zwanzigsten Jahre» geheiratet hat – eine Nachlässigkeit des Erzählers oder eine Absicht Kleists? Elvire wiederum ist in ihrem dreizehnten Jahre bei einem Hausbrand von einem genuesischen Ritter unter Aufopferung des eigenen Lebens gerettet worden, sein Bild, noch dazu «in Lebensgröße», hängt – eine Zumutung an den Ehemann – hinter einem Vorhang im Schlafgemach der erwachsenen Frau als Objekt ihrer Anbetung. Den Findling Nicolo, der im Kostüm einer Ritterrüstung diesem Retter sprechend ähnlich sieht, treibt sein «Hang für das weibliche Geschlecht» in die Arme der Mätresse eines Bischofs und kirchlicher Korruption. Die Ähnlichkeit zwischen sich, Nicolo, und dem Angebeteten der Stiefmutter, der anagraphisch Colino heißt, gibt ihm jedoch schließlich den Mut, der Stiefmutter nachzustellen, was die Katastrophe einleitet. Eine Geschichte sexueller Repressionen und der sich daraus ergebenden Verwicklungen? Eine Geschichte, in der christliches Mitleid unter Mithilfe der Kirche zur ewigen Verdammnis führt? Eine versteckte böse Parodie gar auf den Versuch zur Konstitution einer heiligen Familie, denn ausdrücklich versichert Nicolo, «daß er Gottes Sohn wäre»? Keine dieser Lesarten läßt sich allein für diese Novelle in Anspruch nehmen, aber von allen sind Spuren in ihr zu erkennen, stärkere oder schwächere. Es sind Fragen wie diese, die Kleists Werk den Ruf der Rätselhaftigkeit eingetragen haben. Und dennoch erscheinen seine Geschichten, wenn man sie liest, nicht rätselhaft, sondern geschlossen, konsequent, über alle scheinbaren oder tatsächlichen Widersprüche und Unstimmigkeiten hinweg tragend, denn sie haben ihre Einheit im Autor selbst und in dem, was er ihnen von seiner eigenen suchenden, leidenden Persönlichkeit sprachkräftig zu geben versteht. Gerade damit gehört Kleist jedoch seiner Zeit an und reicht dennoch zugleich über sie hinaus, die «Stille» des Persönlichsten mit der Öffentlichkeit seiner Bedeutung verbindend wie im paradoxen Schluß des *Findlings*. Denn was sich in dieser Novelle im kleinen einer unerhörten Begebenheit ereignet, ist das große historische Phänomen des Übergangs von Religion in Psychologie im Zeitalter der Säkularisation und der Einsetzung des Ichs als Mittelpunkt der Welt. Nirgends sonst in der deutschen Literatur dieser Tage wird ein solcher Übergang so greifbar und anschaulich erlebbar wie in Kleists Werk, in dem Jonglieren mit dem Sakralen und Mythischen darin und im Zwiespalt zwischen unsicherem Glauben und unsicherem Wissen. Der *Findling* gibt davon den dunkelsten Aspekt wieder.

Obwohl auch dort die Hauptgestalten in den Tod gehen, obwohl auch dort wieder Hirn an den Wänden verspritzt wird, erscheint *Die Verlobung in St. Domingo* dennoch um einige Töne heller als *Der Findling*. Theodor Körner sah sich sogar veranlaßt, daraus ein Drama mit glücklichem Ende zu machen, das er *Toni* (1812) nannte. Darin kommt es zu Proklamationen Tonis wie dieser:

Gebt mir ein Schwert! Auch in des Weibes Hand
Drückt die Verzweiflung eines Riesen Stärke,

Und bei der Liebe ist der Heldenmut,
Und bei der Liebe ist der Sieg.

Gustav hingegen bewahrt sich und das Negermädchen vor der Katastrophe
mit dem Bekenntnis:

Gefährlich blieb's, ein Taubenpaar zu pflegen,
Verderblich wär' der Lilie Frühlingsduft,
Des Lammes Sanftmut würde zum Verbrechen,
Wenn diese Augen heucheln, wenn dies Herz
Der Unschuld Zauber künstlich vorgelogen.
Nein, Toni, nein! das kannst du nicht! Dein Wort
Kam aus den Tiefen deiner Brust. Erraten
Hab' ich dich nicht; doch glauben will ich dir.

Das veranlaßte dann Brentano in der Besprechung einer Aufführung 1813
zu der ironischen Bemerkung über eine hybride Mischung von Schiller und
Kotzebue in diesem Stück (vgl. S. 70). Vor allem aber irritiert ihn, «daß die
Mohren angeschwärzt und die Weißen weißgebrennt werden». Davon ist
Kleists Novelle frei, denn Toni, die Farbige, die Mestize, ist mit ihrem
unverschuldeten Tod die Heldin dieser Geschichte, die durch das Unverständnis ihres weißen Geliebten umkommt.

Kleists Novelle war aktuell, denn der Befreiungskampf der Neger auf Haiti gegen
die französische Kolonialmacht fand im Gefolge der Französischen Revolution statt.
Kleist hatte sich während seiner französischen Gefangenschaft 1807 in Fort de Joux
befunden, dem gleichen Gefängnis, in dem 1803 der in der Novelle erwähnte Führer
der Aufständischen, Toussaint l'Ouverture, starb. Aber der politische Kampf ist für
Kleist letztlich nur Hintergrund eines Konflikts zwischen zwei Menschen, auch
wenn das eine sich nicht vom anderen reinlich trennen läßt. Denn Toni, als Mestize
äußerlich zwischen den Rassen stehend und von den Ihren als Lockvogel für Weiße
benutzt, ist zwar bereit, gegen die Gebote ihrer farbigen Mutter und deren Gefährten
zu handeln, um den Geliebten Gustav von der Ried samt seinen Angehörigen zu retten, aber sie tut es nicht aus Ideologie, sondern weil sie Gustav liebt und sich ihm hingegeben hat. Waren ihr sonst für ihre revolutionäre Locktätigkeit Liebkosungen
erlaubt, so war ihr «die letzte» «bei Todesstrafe verboten», so daß der Akt sexueller
Hingabe an Gustav sie bereits unwiderruflich auf seine Seite stellt, was nur eben
Gustav nicht versteht. Sexualität und Liebe, Liebe und Tod, Tod und Ewigkeit – hier
erscheinen sie in unauflösbarer Verbindung als absolute Dinge in einer Zeit schwan-
kender Ordnungen und Werte, und Kleist läßt unerklärt beiseite, warum unbedingt
die «letzte» Liebkosung in dieser bestimmten Situation ein todeswürdiges Verbrechen
zu sein hat. Der Rest ist wiederum eine Eskalation der Irrungen. Toni bindet Gustav an sein
Bett, als ihr Stiefvater mit seinem Trupp farbiger Guerillas eintrifft, aber sie tut es
nicht – ein sehr Kleistsches Paradox –, um ihn auszuliefern, sondern um ihn vor
rascher und mithin tödlicher Gegenwehr abzuhalten, um ihn also zu retten. Inzwischen eilt sie, die Familie Gustavs herbeizuführen und die Befreiung ins Werk zu setzen. Von Gustav hat sie zwei Geschichten über das politische Handeln von Frauen
gehört, von einem Negermädchen, das den Liebesakt zur Rache an einem Weißen

benutzt, und von Gustavs einstiger Verlobten, die sich für ihn auf der Guillotine geopfert hat. Kontraste stehen ihr so vor Augen, als sie sich zur Rettungsaktion entschließt und «selbst einen Helm und einen Spieß» nimmt, wie es heißt, eine haitische Johanna von Orleans. Hier liegt der Schillersche Zug der Novelle, den Körner aufgriff, nur daß er den Spieß gegen das Schwert austauschte, was besser klang. Nicht nur er, sondern auch Kleist fragte im Grunde nicht, was im haitischen Urwald und einer Negersiedlung denkbar war oder nicht. Gustavs Verständnislosigkeit, wenn er bei der Befreiung Toni als vermeintliche Verräterin tötet, seine Verzweiflung, in der er sich umbringt, als er die Wahrheit erfährt, vollenden die Tragödie der Irrungen. «Du hättest mir nicht mißtrauen sollen», haucht ihm die sterbende Toni zu. Vertrauen und Mißtrauen, verstandesmäßiges Handeln und aus der Tiefe des Gefühls kommende Entscheidungen – diese Gegensätze finden sich vielfältig in Kleists Werken und sind oft konstatiert worden. Ganz sicher war es Kleists Absicht zu zeigen, daß der Verstand allein kein sicherer Führer durch das Unbegreifliche der Welt darstellt. Aber das reicht nicht aus, die Tragik der vorgeführten Ereignisse zu erfassen. Noch eine andere, tiefere Problematik in einer säkularisierten Welt – und ein Negeraufstand gegen die Weißen ist ein sehr geeignetes Symbol für tiefgreifende Veränderungen im Denken des christlichen Europa – erhebt sich dahinter. Es ist das Ineinandergreifen von Sexualität, Liebe, Tod und Ewigkeit als Medium auf der Suche nach Transzendenz dort, wo die Religion und ihre Institutionen sie nicht mehr glaubwürdig vermitteln können. Wiederum mischt sich Psychologisches ins Religiöse. Um die Verbindung von Sexualität und Liebe geht es in der *Marquise von O . . .*, die Kirche und ihre Verdammung der erbsündigen Sexualität spielen eine bedeutende Rolle in den Konflikten des *Erdbebens in Chili* und des *Findlings.* Hier schließlich, in der *Verlobung in St. Domingo,* wird einem der Partner sogar die Verklärung im Tode ermöglicht, ein besonderer Fall in der langen Geschichte deutscher Liebestode, zu der Kleist mit der *Penthesilea* (1808) noch einen anderen unauslotbaren Beitrag leistete.

Auch in der Novelle *Der Zweikampf* sind Liebe und Sexualität entscheidend in den Konflikt gemischt, aber Besitz- und Machtgier schaffen erst die Voraussetzungen dafür in der fernen Sphäre romantischen, spätmittelalterlichen Rittertums, das Kleist im Schauspiel vom *Käthchen von Heilbronn* (1810) ebenfalls zum Schauplatz eines recht modernen psychologischen Konfliktes genommen hat.

Der Zweikampf ist die Geschichte von der Aufklärung eines Mordes, der im Auftrag des Grafen Jakob des Rotbarts an seinem Halbbruder Wilhelm von Breysach begangen wird, während der Auftraggeber sich ein Alibi durch den Besuch bei einer Dame verschafft. Die unbeantwortete Frage, ob dieses Alibi wirklich so wichtig ist, da ja Morde eben doch bestellt werden können, ist der schwache Punkt der Novelle. Aber Kleist überspielt das, denn etwas anderes steht im Mittelpunkt seines Interesses. Ein Zweikampf soll als Gottesurteil erweisen, ob Frau Littegarde, die das abstreitet, tatsächlich in der fraglichen Nacht mit dem Grafen Jakob zusammengewesen ist. Ihr Verteidiger, Herr Friedrich von Trota, vermag bei diesem Kampf dem Grafen nur eine belanglose Wunde beizubringen, während er selbst von ihm zusammengehauen wird. Dennoch erweist sich die schwere Verwundung am Ende als heilbar und die leichte als tödlich. Vom Scheiterhaufen, zu dem sie als Lügner verdammt waren, werden Littegarde und Friedrich triumphal heruntergeholt; stattdessen wird darauf die Leiche des geständigen Mörders Jakob Rotbart verbrannt. Es ist der Vorfall, der den Kaiser veranlaßt, jene bereits erwähnte Klausel in das Statut über Gottesurteile einsetzen zu lassen, daß durch solche Verfahren die Schuld nur dann zutage komme, «wenn es Gottes Wille ist». Der aber offenbart sich auf andere Weise und in anderen Zeitdimensionen als in denen der Menschen.

Der Zweikampf steht in der Darstellung unerhörter Begebenheiten keiner anderen Kleistschen Novelle nach. Charakteristisches begibt sich, zum Beispiel die Täuschung durch das nur scheinbar Wirkliche und die Eskalation falschen Handelns, das von solchen nicht wahrgenommenen Täuschungen ausgeht. Denn Graf Jakob weiß nicht, daß er statt mit Frau Littegarde nur mit deren Zofe geschlafen hat, und er tritt ins Gottesgericht im vollen Bewußtsein, die Wahrheit gesprochen zu haben. Sein Gegner wiederum stützt sich allein auf das Vertrauen, das ihm aus der Liebe zu Frau Littegarde zugewachsen ist, und läßt sich darin auch nicht erschüttern, so daß moderne Psychologie wahrscheinlich seine Heilung von den schweren Wunden nicht zuletzt auf seine gute seelische Kondition zurückführen könnte, während bei Jakob gerade das Gegenteil der Fall ist und die schwärende Wunde Ausdruck seines schlechten Gewissens in der Mordsache wird. Gefühl triumphiert über rationale Berechnung, Gerechtigkeit ereignet sich am Ende, die Welt scheint in Ordnung zu kommen, aber auf Kosten der alten Institution des Gottesgerichts, denn der kaiserliche Zusatz zu dessen Statuten hebt es im Grunde auf. Die unerwartete Manifestation göttlichen Willens in diesem Zweikampf erschüttert die Überzeugung, daß dieser Wille sicher zu erkennen sei; nur von Fall zu Fall und auf schwankendem, unsicherem Boden ist ihm nachzuspüren. Eben dies aber tun Kleists Novellen insgesamt als unerhörte Begebenheiten, als Fälle, in denen solche Orientierung gelingt oder mißlingt.

«Bewahre deine Sinne vor Verzweiflung! türme das Gefühl, das in deiner Brust lebt, wie einen Felsen empor: halte dich daran und wanke nicht, und wenn Erd und Himmel unter dir und über dir zu Grunde gingen! Laß uns, von zwei Gedanken, die die Sinne verwirren, den verständlicheren und begreiflicheren denken, und ehe du dich schuldig glaubst, lieber glauben, daß ich in dem Zweikampf, den ich für dich gefochten, siegte!»

rät Friedrich von Trota der verzweifelten Frau Littegarde nach dem scheinbar unglücklichen Ausgang des Zweikampfes, und er fügt hinzu:

«Wo liegt die Verpflichtung der höchsten göttlichen Weisheit, die Wahrheit im Augenblick der glaubensvollen Anrufung selbst, anzuzeigen und auszusprechen?»

Als letzten Trost aber hat er den Rat bereit:

«Im Leben laß uns auf den Tod, und im Tod auf die Ewigkeit hinaus sehen.»

Nur um ein Haar bleiben die beiden davon verschont, im Liebestod auf dem Scheiterhaufen diese Überzeugung zu bewähren. In der fernen Sphäre eines romantischen Mittelalters ließ sich ihre Rettung glaubhaft inszenieren, aber der Kaiser sorgte sehr wohl dafür, daß auch die Zeit des Autors zu Worte kam.

Das Bettelweib von Locarno ist die kürzeste unter den Kleistschen Novellen, kaum länger als eine Anekdote, davon jedoch deutlich unterschieden. Denn nicht ein pointierter Vorfall wird erzählt, sondern die Lebensgeschichte zweier Menschen, eines Marchese und seiner Frau, deren gewöhnliches Leben durch eine alte Bettlerin aus dem Gleise geworfen und zu einem schrecklichen Ende gebracht wird.

An der Oberfläche mag es erscheinen, als ob in dieser Novelle Schuld und Sühne das Thema seien, denn der Marchese verweist eine alte Frau «unwillig» hinter den Ofen seines Waffenzimmers, als er sie dort überraschend vorfindet; sein Befehl hat den Tod der Frau zur Folge, da sie bei dessen Ausführung ausgleitet und sich verletzt. Wie immer hartherzig jedoch ein solcher Befehl sein mag, ein todeswürdiges Verbrechen ist er nicht. Deshalb scheint auch die Bestrafung ohne rechte Proportionen, da es doch keineswegs die Absicht des Marchese war, der Bettlerin Schaden zuzufügen – er wollte sie lediglich aus seinem Gesichtskreis verbannen. Genauer besehen beginnt diese Novelle also, wie die anderen auch, mit dem Einbruch von etwas Fremdem in das gewöhnliche Leben zweier Menschen, und sie beginnt noch dazu mit der Entscheidung einer Ehefrau, eben dieses Fremde, das Bettelweib, in der Domäne ihres Mannes, einem schönen Zimmer im ersten Stock des Schlosses, unterzubringen. Die Wahrscheinlichkeit einer solchen Entscheidung erklärt Kleist nicht; wie in anderen Novellen muß das geschickt verborgene Unwahrscheinliche in Kauf genommen werden, wenn es darum geht, das Unfaßbare im Verhältnis der Menschen zueinander und zur Ordnung dieser Welt ins Bild zu bringen. Die Störung jedenfalls ist ein von der Marquise willkürlich, wenn auch nicht notwendigerweise bewußt hervorgerufener Akt. Mit dem Tode der Alten aber wird sie permanent: Als Gespenst geht diese im Hause um, und ein Spuk läßt sich nicht des Zimmers oder des Hauses verweisen.

Alle Fluchtversuche helfen nichts, das Schloß läßt sich nicht mehr verkaufen – wegen des Spukes, wie es heißt. Ähnliche Fluchtpläne scheitern übrigens auch in anderen Werken Kleists. Kohlhaas' Versuch, «nach der Levante oder nach Ostindien» auszuweichen, ist ebenso hoffnungslos wie der des Prinzen von Homburg, vor sich selbst und seinem Tode in eine ländliche Idylle zu fliehen. Auch Jeronimo und Josephe können dem menschlichen Erdbeben in Chili nicht nach La Conception entweichen. Im *Bettelweib von Locarno* sind alle Versuche, den Spuk zu bannen, das heißt seine Nichtigkeit zu erweisen, sinnlos. Das Ende ist die Katastrophe. Marquise und Marchese werden gemeinsam Zeuge der Erscheinung des Bettelweibes, und ein Hund bestätigt mit seiner instinktiven Reaktion die Existenz des Spuks. Der Marchese steckt in Verzweiflung sein Schloß in Brand und kommt darin um, die Marquise flieht.

Was Kleist erzählt, ist nicht eine Gespenstergeschichte im modischen Stile der Zeit; es ist die Geschichte der Entfremdung zwischen zwei Menschen bis zur endgültigen Zerstörung ihrer Gemeinsamkeit, in diesem Falle der Gemeinsamkeit einer Ehe. Seit dem Einbruch des Bettelweibes in den innersten Bezirk des Mannes ist durch das Zutun der Frau diese Gemeinschaft gestört, gespiegelt in den Dingen, die sie umgeben. Was sich als Spuk manifestiert, ist Nichtbegreifen und Nichtverstehen der Menschen. Kleist hat dafür sorgfältig die anderen Zeugen der Vorgänge ausgewählt. Ein fremder Ritter bringt als Entdecker des Spuks den Prozeß in Gang, der zur Vernichtung führt. Er verschwindet, ehe er sich beim Wort nehmen läßt. Ein «treuer Bedienter» begleitet das Paar bei seiner zweiten Probe, und Kleist erwähnt dessen Anteilnahme auch grammatisch beiläufig – sie hörten es «samt einem treuen Bedienten» –, also offenlassend, wieweit der auf die Reaktionen seiner Herrschaft Eingeübte tatsächlich etwas wahrnimmt oder nur eben mitreagiert. Der einzige, der ausdrücklich das spukhafte, «entsetzliche Geräusch» mithört und durch seine Bewegungen den Todesgang des Bettelweibs nachvollzieht, ist der Hund. Er aber ist kein rationales Wesen; die instinktive Sensitivität der Tiere gegenüber menschlichen Seelenzuständen war in einer Zeit intensiver Beschäftigung mit Magnetismus, Telepathie und Somnambulismus allgemein bekannt. Unbewußte oder unterbewußte Reaktionen zweier Menschen werden also hier nach außen projiziert. Der Spuk ist so real wie die Entfremdung zwischen dem Marchese und seiner Frau.

Deutlich wird die Nähe solchen Erzählens zu demjenigen von Kleists deutschen Altersgefährten. Wer Kleists Realitäten und Requisiten beim Wort nimmt und sie nicht zugleich als Repräsentationen innerer Zustände oder Vorgänge sieht, wird am Wesentlichen vorbeigehen. Tiecks alte Frauen oder Runenberge, Novalis' Fremde oder Höhlen wird niemand nur an der Realität messen. Daß hier Äußeres für Inneres steht, liegt auf der Hand und war zum Teil offen ausgesprochenes poetisches Konzept der Autoren. Bei Kleist dagegen – und das bezeichnet allerdings auch seinen Rang als Erzähler – ist das aus den Elementen der Realität komponierte Bild so dicht, daß man es schon für sich nehmen kann: Seine alten Frauen und Schlösser, seine Adelsherren und Bettler sind nicht lediglich Resultate einer Übersetzung des Unendlichen ins Endliche. Die Zitadelle, deren Schutz gegenüber der Marquise von O. versagt, ist so real wie das Schloß des Marchese oder die elterliche Burg der Frau Littegarde. Aber zugleich verweisen die Gebäude ebenso wie das Erdbeben in Chili oder die verschiedenen Feuersbrünste auf innere Zustände und Vorgänge. Mit seinen literarischen Zeitgenossen teilte Kleist die fortgesetzte Suche nach einer Verbindung zwischen Außen und Innen, zwischen gegebener Realität und menschlichem Bewußtsein. Das war nicht intellektuelle Spielerei, sondern der Versuch zu sinnvoller Existenz unter den Bedingungen einer Zeit großer äußerer und innerer Revolutionen.

In dem Aufsatz *Über die allmähliche Verfertigung der Gedanken beim Reden* hat Kleist theoretisch auf seine Sprach- und Denkproblematik Bezug genommen. «Wenn du etwas wissen willst und es durch Meditation nicht finden kannst», heißt es dort, «so rate ich dir, mein lieber, sinnreicher Freund, mit dem nächsten Bekannten, der dir aufstößt, darüber zu sprechen.» Diese neue Form diskursiver «Meditation», die Kleist hier entwickelt, gründet also auf dem Zweifel an der Tragfähigkeit des direkten Sprechens, wofür der Aufsatz dann noch Beispiele enthält. So wenig Kleist damit eine eigene Poetik darlegen wollte, so sehr spricht er doch über sich selbst als Schriftsteller, wenn die Rede von den Nöten des Sprechenden ist,

der das klar Gedachte nur verworren oder durch ein verlegenes Gebärden-
spiel andeuten kann, weil der Übergang vom Denken zum Ausdrücken die
innere Erregung, «die zur Festhaltung des Gedankens notwendig, wie zur
Hervorbringung erforderlich war», niedergeschlagen hatte. Psychologische
Vorgänge, in denen sich persönliche Anlagen und gesellschaftliche Erfahrungen verbinden, führen zu einer Sprach- und Ausdrucksskepsis, aus der
Kleists literarisches Werk hervorgewachsen ist.

Innerhalb der acht Kleistschen Novellen nimmt die «Legende» *Die heilige
Cäcilie oder Die Gewalt der Musik* eine besondere Stellung ein: Sie ist aus
einem besonderen Anlaß geschrieben worden. Adam Müller, der mit Kleist
zusammen 1808 in Dresden Herausgeber des *Phöbus* gewesen war, hatte
1809 in Berlin Sophie von Haza, die Frau seines ehemaligen Dienstherrn,
geheiratet. Am 27. Oktober 1810 wurde ihnen eine Tochter geboren, die am
16. November in der französischen reformierten Gemeinde auf den Namen
Cäcilie getauft wurde; Kleist gehörte mit Arnim unter die Taufpaten. Vom
15. bis 17. November erschien in den *Berliner Abendblättern* eine erste, kürzere Fassung der *Heiligen Cäcilie* mit dem Zusatz «Zum Taufangebinde für
Cäcilie M.» Was öffentlich nicht bekannt war: Adam Müller war am
30. April 1805 in Wien zum Katholizismus konvertiert, hielt aber diesen
Schritt im protestantischen Norden geheim. Gegen einen solchen Hinter-
grund nun liest sich das «Taufangebinde» der protestantisch getauften
Tochter des geheimen Katholiken Müller deutlich als eine Persiflage von
Konversionen.

Vier junge bilderstürmerische Feinde des «Papsttums» werden durch das Eintreten
der heiligen Cäcilie für die erkrankte Schwester Antonia nicht nur an der Ausführung
ihrer tückischen Pläne gehindert, sondern sogar in den Irrsinn getrieben, so daß sie
hinfort, «an der Ausschweifung einer religiösen Idee krank», ein «geisterartiges
Leben» führen, den Tag vor einem Kruzifix betend verbringen und um Mitternacht,
«mit einer Stimme, welche die Fenster des Hauses bersten» macht, das Gloria in
excelsis intonieren. Es ist die Mutter dieser vier Söhne, die zusammen mit den Lesern
erfährt, was das «innerste Gemüt» ihrer Söhne umgekehrt hat, und die schließlich,
tief bewegt durch das Eingreifen der Heiligen zur Rettung des Glaubens, «in den
Schoß der katholischen Kirche» zurückkehrt. Entscheidend zu diesem Schritt trägt
freilich bei, daß die Mutter auch einen Blick in die Partitur des Gloria excelsis geworfen hat und die «unbekannten zauberischen Zeichen» ihr «das ganze Schrecken der
Tonkunst» gegenwärtig machen, «das ihre Söhne verderbt hatte». Diese «geheimnisvolle Kunst» jedoch war, wie Kleist gleich zu Anfang vermerkt, von «weiblicher
Geschlechtsart», was vermutlich eine Anspielung auf Müllers die ganze geistige und
natürliche Welt in Polaritäten zerlegende Lehre vom Gegensatz zu verstehen ist.

Das alles läßt sich, wie gesagt, als Spott auf Konversionen lesen, speziell
auf die verschwiegene von Adam Müller. Die Feinde der Kirche werden zu
Irren, die den rechten Glauben nicht erreichen, sondern ihn nur noch parodieren können, von der «weiblichen» Kunst der Musik in die Perversion
getrieben, vor der wiederum die Rückkehr in den kirchlichen Schoß die
einzige sichere Rettung ist. Allerdings: die Söhne «starben, im späten Alter,

eines heitern und vergnügten Todes, nachdem sie noch einmal, ihrer
Gewohnheit gemäß, das Gloria in excelsis abgesungen hatten». Kleist, das
zeigt sich darin, schreibt auch mit dieser «Legende» keine Parabel, die in
einen abstrakten Sinn übersetzbar wäre, und sein Blick auf die Verwicklungen im menschlichen Bezirk ist zu scharf und zu weit, als daß er es mit
einer oberflächlichen Persiflage hätte bewenden lassen können. So führt
Die heilige Cäcilie in offene Fragen hinein. Daß die Kunst eine sakrale und
eine dämonische Seite besitze, war in Kleists Zeit ein verbreitetes Thema,
und die Musik galt auf Grund ihrer Freiheit von allem Gegenständlichen als
beliebtes Beispiel für dieses Doppelgängertum. In Tiecks und Wackenroders
Phantasien über die Kunst (1799) stand etwas von den Abgründen, die die
Musik in der Seele enthülle (vgl. Bd. 1, S. 258), in Hoffmanns Musikerge-
stalten wird der innere Kampf zwischen den Verführungen der weltlichen
Musik und der Erlösung durch die geistliche ein beherrschender Gegensatz,
und Brentano hat sich später aus aller Kunst hinweggesehnt in die Tröstungen der Religion. Etwas von diesem Gegensatz zwischen einer freien, auf
die Unabhängigkeit des Ichs bauenden Kunst und der innerhalb einer Konfession funktionierenden ist auch in Kleists Novelle zu spüren. Allerdings
war der Protestant Kleist fern davon, die katholische Kirche still schwärmerisch zu verehren, wie das _Erdbeben in Chili_ und der _Findling_ zeigten. Deshalb ist auch _Die heilige Cäcilie_ keine wirkliche Legende, sondern eine
Novelle, in der es um einen außerordentlichen menschlichen Fall, einen
Sündenfall, geht. Denn was Gottes Wille ist, geht daraus nur sehr unbestimmt hervor. Vielmehr spricht aus ihr etwas von jenem Dualismus der
Kunst, der auch in jener Betrachtung zu einem Bilde Caspar David Friedrichs zum Ausdruck kommt, die am 13. Oktober 1810 in den _Berliner
Abendblättern_ erschien (vgl. S. 257 f.). In ihr, in der Bemerkung von den
weggeschnittenen Augenlidern eines Bildes, wird die ganze Spannung zwi-
schen Endlichkeit und Unendlichkeit empfindbar, die die Kunst in Kleists
Verständnis wohl faßbar machen, aber nicht auflösen kann. Von dieser
Spannung berichten letztlich alle Novellen Kleists; das macht sie im wörtli-
chen Sinne spannend als Kunstwerke ebenso wie als menschliche Fälle und
Sündenfälle.

Arnim

Wider die Erwartungen, die man gewöhnlich gegenüber diesem Stande
hegt, wurden drei preußische Junker in ihrem von Napoleon geschlagenen
Vaterland zu bedeutenden deutschen Schriftstellern: Heinrich von Kleist,
Friedrich de la Motte Fouqué und Ludwig Achim von Arnim. Kleists dichterischen Rang nahmen die Zeitgenossen kaum wahr, und erst nach seinem
Tode wuchs allmählich eine Vorstellung davon heran. Fouqué wiederum
erlebte höchsten Ruhm schon früh, aber er überlebte ihn auch und sank noch

zu Lebzeiten in die Vergessenheit. Mit Arnim jedoch geschah keins von beidem: Weder war er je so berühmt noch je so vergessen wie einer der beiden anderen, und doch war er kein mittelmäßiger Schriftsteller. Wenn sich seine Landsleute ihm gegenüber spröde zeigten, so liegt das auch an einer gewissen Sprödigkeit seines Werkes selbst, das bei wachsender Vertrautheit der Leser mit ihm sich kühl von ihnen wieder zurückzuziehen scheint.

Ludwig Achim von Arnim hat ein umfangreiches literarisches Werk geschaffen: zwei Romane, zahlreiche Erzählungen und Dramen sowie, teils selbständig, teils über dieses Werk ausgebreitet, eine Fülle von Gedichten. Im Unterschied zu Heinrich von Kleist war Arnim fest in das literarische Leben und seine Parteiungen verflochten. Sein Jugendinteresse hatte zwar den Naturwissenschaften gegolten, aber seit der Freundschaft mit Clemens Brentano trat für ihn die Literatur in den Mittelpunkt. Als sich die beiden 1801 kennenlernten, war Arnim zwanzig, Brentano dreiundzwanzig. Den Weg zu hohem literarischem Verdienst beschritten sie beide sogleich gemeinsam und wurden damit in der Literaturgeschichte zu einer Art von Dioskuren, obwohl sie sehr verschiedene Persönlichkeiten besaßen und auch schließlich sehr verschiedene Ziele verfolgten und Wege gingen. Produkt der ersten Gemeinsamkeit war die Edition von *Des Knaben Wunderhorn* (1806/08) und, im Gefolge davon, der *Zeitung für Einsiedler* (1808) zur Zeit des gemeinsamen Aufenthalts in Heidelberg. Früh wurde Arnim auf diese Weise in literarische Fehden verwickelt (vgl. S. 95 f.). In Jens Baggesens satirischem *Karfunkel oder Klingklingel-Almanach* (1809) wird spöttisch die «Arnimswurzel» gegen Schlangenbiß empfohlen mit der Erläuterung: «Arnica montana L., die auf Apothekerbüchsen ARNI.M gezeichnet ist. In kleinen Dosen genommen, erregt sie Schläfrigkeit, in großen Erbrechen. Gegen das Natterngift der Philisterei wird sie von Zigeunern, Marktschreiern, und romantischen Poeten besonders empfohlen.» So wurde Arnim rasch, aber dauerhaft mit dem Etikett eines romantischen Dichters versehen. 1811 gründete er in Berlin die Christlich-deutsche Tischgesellschaft (vgl. S. 88), und im gleichen Jahr heiratete er Brentanos Schwester Bettine, jene exzentrische, geistreiche, lebhafte Frau, die ihm sieben Kinder gebar und nach seinem Tode 1831 selbst zu einer bedeutenden Schriftstellerin wurde.

War Arnim durch persönliche Bekanntschaften der gegenwärtigen Literatur verbunden, so war er es der vergangenen durch seine extensive und intensive Kenntnis alter Werke verschiedener Nationen. Bei keinem anderen Schriftsteller dieser Epoche spielt Literatur als Stoff der eigenen kreativen Arbeit eine so bedeutende Rolle wie bei ihm. Seine erste Novellensammlung *Der Wintergarten* (1809) besteht zu beträchtlichen Teilen aus nacherzählten oder adaptierten Stücken von Büchern anderer Autoren, von Grimmelshausen, Christian Weise, Christian Reuter oder Johann Gottfried Schnabel, ebenso aber auch von Werken aus der italienischen Renaissance oder dem französischen Spätmittelalter. Auch in seine späteren Werke, in die Romane, Novellen und Dramen, ist vielfältiges, weit auseinanderliegendes Material aus Sagen und literarischen Stoffen eingegangen, nie allerdings um seines dokumentarischen Wertes willen. Denn Arnim war es als Schriftsteller immer um die Wirkung auf seine eigene Zeit zu tun. Seine politischen Anschauungen entsprachen dabei dem, was im 20. Jahrhundert in ganz anderem Zusammenhang als «konservative Revolution» bezeichnet worden ist. Das Schreckerlebnis der Französischen Revolution geistert durch viele seiner Schriften; von Gewaltsamkeiten hielt er nichts, wobei die Ablehnung nicht nur eine Sache seines Standes, sondern auch seiner Natur war. Veränderung wiederum schien ihm für seine Zeit und sein Land gleichwohl dringend nötig, so daß seine Sympathien den preußischen Reformen gehörten, selbst noch zu einer Zeit, als sie offiziell unpopulär wurden und in die Vergessenheit sanken. Davon spricht sein Werk in der Restaurationszeit. Die Verwendung alten literarischen Materials in seinen Schriften geschah also um der Bewahrung von Traditionen willen, um der Geschichtlichkeit, die dieses Material ausstrahlte. Das brachte ihn in manche freundschaftliche Auseinandersetzung mit den Brüdern Grimm, die jede Bearbeitung alten literarischen Gutes zum Gebrauch für die Gegenwart – zumindest in der Theorie – entschieden ablehnten. Arnim verwendete überdies das Alte zugleich um seines immanenten poetischen Wertes und seiner Aussagekraft über Menschliches willen, was für die Forscher im Grunde noch weniger akzeptabel war, obwohl gerade die Brüder Grimm einfühlsam genug waren, dergleichen zumindest zu begreifen, wenn auch nicht zu billigen – einige der verständnisvollsten, schönsten und treffendsten Urteile über Arnim stammen von ihnen. Arnim selbst jedenfalls ging es in seinem literarischen Werk um Ich und Gemeinschaft in der Gegenwart, um Politik und Psychologie und ebenso um die Religion. Damit unterschied er sich merkbar von Kleist, für den Literatur nirgends auf ein bestimmtes Ziel gerichtet war. Arnim sah sich seinen Lesern gegenüber als Bildner und Erzieher, aber er war entfernt davon, sich an bestimmte politische Parteien und ästhetische Theorien zu binden. Seine Fähigkeit, die Vielfalt des Menschlichen zu erkennen und zu gestalten, trug ihn über jede Enge einer didaktischen Absicht hinweg. Allerdings hat die schon benannte Sprödigkeit seines Werkes zum Teil ihre Ursache in den Widersprüchen, die sich daraus ergaben.

Die Romane

Aufmerksamkeit, wenn auch nicht einhellige Anerkennung fand Arnim zuerst mit dem Roman *Armut, Reichtum, Schuld und Buße der Gräfin Dolores* (1810):

«In der Stube fand ich auf einem Tische ein Buch aufgeschlagen, es war die ‹Dolores›. Ich [...] setzte mich hin und fing an in dem Buche zu lesen. Ich las und las, vieles Dunkle zog mich immer mehr an, vieles kam mir so wahrhaft vor, wie meine verborgene innerste Meinung oder wie alte, lange wieder verlorene und untergegangene Gedanken, und ich vertiefte mich immer mehr. Ich las bis es finster wurde. Die Sonne war draußen untergegangen, und nur noch einzelne Scheine des Abendrots fielen seltsam auf die Gemälde, die so still auf ihren Staffeleien umherstanden. Ich betrachtete sie aufmerksamer, es war, als fingen sie an lebendig zu werden, und mir kam in diesem Augenblicke die Kunst [...] begreiflich vor. Ich kann überhaupt nicht beschreiben, wie mir damals zumute war; es war das erstemal in meinem Leben, daß ich die wunderbare Gewalt der Poesie im Innersten fühlte, und ich erschrak ordentlich vor mir selber.»

So beschreibt Joseph von Eichendorff in seinem Roman *Ahnung und Gegenwart* (1815) den Eindruck, den Arnims Buch auf eine der Gestalten macht, und der Held des Romans teilt diese hohe Würdigung. Die *Gräfin Dolores* ist ein Eheroman: das Buch erschien im Jahre nach Goethes *Wahlverwandtschaften*, einen Vergleich herausfordernd. Eben dies geschieht indirekt mit Eichendorffs Urteil: Arnims Buch sah sein begeisterter Leser als etwas grundsätzlich Neues, als ein Buch, das nicht um des Konfliktes zwischen einigen Personen, sondern um der Poesie willen existierte, ein Buch, wie es dergleichen in der deutschen Literatur bisher nicht gegeben hatte. In der Tat waren die auf Poesie zielenden bedeutenderen Romanexperimente der neunziger Jahre Fragmente geblieben. Hier aber trat eine Erzählung ans Licht, die sich von vornherein deutlich als Zeitroman gab und nicht als die Geschichte eines frustrierten Bürgers und Künstlers im Gefolge des *Wilhelm Meister*. Die Literatur, die Poesie durchdrang die Gegenwart in ihrer Breite und Tiefe. So jedenfalls empfanden es die Bewunderer von Arnims Roman. Außerdem aber war es keine Ehegeschichte im Kammerton, wie Goethes *Wahlverwandtschaften*. In seiner endgültigen Gestalt ist der umfangreiche Roman erst zwischen Anfang Dezember 1809 und Ende Januar 1810 entstanden in einem durchaus bewußten Versuch Arnims, ihn gegen Goethes Werk abzuheben.

Aus nächster Nähe betrachtet, ist Arnims Roman eine sehr private Angelegenheit. Der junge Graf Karl, Landadliger mit Universitätsbildung, verliebt sich in die schöne Gräfin Dolores, die zusammen mit ihrer Schwester Klelia auf dem heruntergekommenen klassizistischen Schlößchen ihres in die Welt davongegangenen Vaters mehr schlecht als recht lebt. Werbung, Verlöbnis, Hochzeit und die Geburt eines Sohnes mit dem Namen des Vaters folgen, aber die junge Frau erweist sich vom ersten Tag an als oberflächlich, gefallsüchtig und den Vergnügungen des Stadtlebens eher zugetan als dem öden Fleiß des Landes und den Dorfleuten. So verfällt sie leicht den Verführungskünsten eines Marchese, der sich hinterher als der Ehemann von Schwester Klelia herausstellt, die sich einem spanischen Herzog mit Besitzungen in Sizilien hatte antrauen lassen. Beichte, Reue, die Geburt eines im Ehebruch gezeugten Sohnes, der jedoch dem Grafen ähnlich sieht, und die tätige Buße der Gräfin folgen. In Sizilien, wohin man nach dem Tode des Herzogs gezogen ist, wird Dolores vielfache Mutter und nach einigen internen Verwicklungen und Mißverständnissen am Ende eine Heilige. Der Graf errichtet nach ihrem Tode eine «übergroße Bildsäule der Gräfin», umringt von den zwölf Kindern, und da die Augen der Gestalten sowie deren gräfliche Kronen «durch eine kunstreiche Einrichtung» nachts leuchten, nennen die Seeleute fortan «diesen Leuchtturm ‹Das heilige Feuer der Gräfin› oder auch ‹Das heilige Feuer der Mutter›».

Goethe, dem Arnim ein Exemplar des Romans zugeschickt hatte, meinte damals in einem Brief an Carl Friedrich Graf Reinhard, es falle ihm schwer, Arnim gegenüber, «den ich recht lieb habe», nicht grob zu werden. Und er fügte den groben Satz hinzu:

> «Wenn ich einen verlorenen Sohn hätte, so wollte ich lieber, er hätte sich von den Bordellen bis zum Schweinkoben verirrt, als daß er in den Narrenwust dieser letzten Tage sich verfinge: denn ich fürchte sehr, aus dieser Hölle ist keine Erlösung.» (7. 10. 1810)

Die Kritik der Freunde, Jakob Grimms und Brentanos vor allem, war freundlicher, aber nicht minder scharf. Jakob Grimm fand die Geschichte als ganzes unwahr, und Brentano meinte, der Roman sei «nicht klassisch», weil er zwar ernst gemeint, aber auch leichtsinnig gearbeitet sei. Es sind Urteile, die verraten, daß Arnim mit Erzähltraditionen gebrochen hatte, von denen man zumindest bei Brentano meinen sollte, daß er ihnen als Autor des *Godwi* selbst kritisch gegenüberstand. Aber ein solcher Konsensus über das, was man als romantischen Roman hätte verstehen können, existierte offensichtlich nicht, und mit den Anfängen dazu in den neunziger Jahren brachten selbst die Beteiligten dieses Buch nicht in Verbindung. Auch in einem gemeinsamen Brief von Dorothea und Friedrich Schlegel an den Bruder August Wilhelm steht über die *Gräfin Dolores* die Bemerkung, es sei «neu gepreßter Most halbreifer Trauben, worin sich die Jugend gern berauscht» (5. 3. 1811).

Dabei liegt es durchaus nahe, Arnims Romantechnik auf die Theorien Friedrich Schlegels über die Verbindung und Vereinigung der konventionellen Gattungen zu einer neuen, höheren, also romantischen Form des Romans zu beziehen. Denn die *Gräfin Dolores* ist alles andere als eine straffe, auf die Hauptpersonen konzentrierte Erzählung eines Ehekonfliktes, wie das in den *Wahlverwandtschaften* der Fall war. Eine Reihe von Gestalten sind eingeführt, die mit der Haupthandlung nur in losem, mittelbarem Zusammenhang stehen, aber als Spiegelung der Hauptpersonen in anderen Menschen und anderen Eheverhältnissen sehr wohl ihre Funktion haben. Die Skala reicht von der Karikatur bis zur voll ausgeführten Lebensgeschichte. Das erste gilt speziell für die Gestalt des Dichters Waller, in dem Arnim einen unverbindlichen Dichtertyp treffen wollte, für den alle persönliche Erfahrung nur ihren Wert in deren leichtherziger Umsetzung in Literatur besitzt und den er drastisch in seinem Kritiker Baggesen verkörpert sah. Aber auch ganze selbständige Geschichten, Gedichte und Szenen über die Beziehungen der Geschlechter zueinander hat Arnim eingefügt, so seinen frühen Roman *Hollins Liebeleben* (1802), allerdings mit kritischen Veränderungen, außerdem Teile aus einem Drama über die *Päpstin Johanna,* das er später ausgeführt hat, und ein Gedicht wie *Des ersten Bergmanns ewige Jugend.* Das Gedicht war Arnims Version des Vorfalls um den Bergmann zu Falun, den er aus Schuberts *Ansichten von der Nachtseite der Naturwissenschaft* kennengelernt hatte (vgl. S. 206 f.). Bezeichnenderweise ist es bei Arnim die Familienkontinuität, für die das seltsame Wiederfinden von alter Braut und jungem Bräutigam einsteht, wenn die Alte am Ende bekennt:

> Als meinen Enkel muß ich schauen,
> Den ich als Bräut'gam einst gesehn.

Die Quintessenz seiner Poetik des Romans hat Arnim in der *Gräfin Dolores* in dem Satz ausgedrückt:

> «Was ist uns denn in einer Geschichte wichtig, doch wohl nicht, wie sie auf einer wunderlichen Bahn Menschen aus der Wiege ins Grab zieht, nein die ewige Berührung in allem, wodurch jede Begebenheit zu unserer eigenen wird, in uns fortlebt, ein ewiges Zeugnis, daß alles Leben aus Einem stamme und zu Einem wiederkehre.»

Wie in dem Roman die Einlagen die Haupthandlung zugleich beleuchten und transzendieren sollen, so sollen beide zusammen als Kunstwerk dann den Lesern Leben und Zeit erhellen. Ausdrücklich läßt er die zwischen Dolores und Karl gewechselten Briefe verbrennen, bevor sie dem Leser mitgeteilt werden können. An Ich-Bekenntnissen liegt ihm nichts, weshalb er sich auch immer wieder als der Erzähler einschaltet, um sicherzugehen, daß nicht zum leeren Spaße erzählt, sondern das Erzählte mit teilnahmsvollen, aber auch kritischen Augen aufgenommen wird. Einmal geht er allerdings so weit, an dem Sinne selbst einer derart verantwortlich verstandenen Kunst zu zweifeln, wenn er sich fragt, «ob nicht das Lesen dieses Buches selbst, so gut es gemeint ist, für viele, welche ernste Tat ruft, ein müßiges unvergnügliches Spiel sei». Romantische Ironie im Quadrat? Wohl eher ist es der sehr ernst gemeinte Umschlag aus dem Glauben an eine universelle Kunst in die Skepsis über ihre Wirkungsmöglichkeiten in einer bewegten Zeit.

Der Ehebruch der Gräfin Dolores erfolgt am 14. Juli, ihr Tod vierzehn Jahre später am gleichen Tag. Der Wink des Autors war nicht zu übersehen, ja aufdringlich: Es war der Tag des Bastillesturms. Die Analogie verrät etwas von Arnims Ansicht über die Französische Revolution, die ihm als Folge einer verantwortungslosen, egozentrischen, irreligiösen Lebensein-

stellung erscheint und diese zugleich sanktioniert. Der Adel lebt seinem
Vergnügen und seinen Lastern, die Verbindung zum Volk, der Quelle seines
Reichtums, hat aufgehört. Der Herzog als Verführer bedient sich, um zum
Ziele zu kommen, bemerkenswerterweise der Mittel des Magnetismus und
Mesmerismus, die Arnim als modischen Mißbrauch und als Entgleisungen
einer Wissenschaft betrachtet, die er als Student selbst mit Eifer betrieben
hatte. Wo aber der Herzog Religiosität zu erkennen gibt, dort benutzt er
sie nur noch – Symptom des Ennui – als Droge, nachdem er die Laster
«überlebt» hat: «Die Religion ward ihm eine neue Art Opium.» Karl Marx
ist später in der *Kritik der Hegelschen Rechtsphilosophie* (1843) zu einer fast
gleichlautenden Definition der Religion gekommen. Als Jakob Grimm den
Verführer mit Jean Pauls Roquairol im *Titan* verglich, wehrte sich Arnim:
Sein Herzog sei »ein üppiger Südsohn von allen Fesseln des ideellen Lebens
befreit mit allen Kräften nach Genuß strebend» und nach dem Vorbild süd-
licher Franzosen gezeichnet, Roquairol aber sei Deutscher, durch Reflexion
zerstörend und zerstört. Arnim dachte prinzipiell politisch, und an die Stelle
der Zerrüttung durch den freien, ungebundenen Geist trat die Zerrüttung
durch entartete Nationaleigenschaften.

Als Gegensatz zum Herzog arbeitet Arnim den Grafen Karl als seine
Idealgestalt heraus, der er sich nahe fühlte, wie er selbst bekannt hat: ein
tüchtiger Ökonom, ein guter Christ, ein schlichter, ja naiver Mensch und
ein Humanist, der die Welt zum Besseren reformieren und am liebsten alle
Menschen adeln möchte.

> Nein, daß adlig all auf Erden,
> Muß der Adel Bürger werden.

schreibt der Graf der Gräfin in ein «Gedenkbuch». Auch Novalis hatte in
Glauben und Liebe von der Thronfähigkeit aller Menschen gesprochen,
aber was bei ihm prinzipiell ein innerer Vorgang war, von der Philosophie
initiiert und von der Poesie ausgeführt, das erscheint bei Arnim als eine
praktische ökonomische und volkserzieherische Aufgabe. Adel und Volk
treffen sich sozusagen in der Mitte, in der Gestalt des Bürgers als Staatsbürger, des Citoyen, ohne daß an das ständische Gerüst der Gesellschaft
gerührt wird. Graf Karl aber eilt nach dem Tode von Dolores aus Palermo
wieder in den Norden zurück, um «den Deutschen mit Rat und Tat, in
Treue und Wahrheit bis an sein Lebensende zu dienen; ihm folgten seine
Söhne mit jugendlicher Kraft».

Die sizilianische Episode bleibt allerdings eine seltsame Art Arnims, seinen Ehe- und Zeitkonflikt zu einem versöhnlichen Ende zu führen, und hat
zweifellos zu den Irritationen über dieses Buch beigetragen. Am Ende
bringt er noch als mysteriöse Vermittlergestalt den Prinzen von Palagonien
in die Handlung, jenen Prinzen, dessen mit grotesken Figuren geschmückte
und ebenso grotesk ausgestattete Villa in Bagheria bei Palermo Goethe auf

seiner italienischen Reise besichtigt hatte; er hat sie im zweiten Band der *Italienischen Reise* (1817) abweisend beschrieben (vgl. S. 549f.). Bei Arnim, der gleichfalls eine Beschreibung des vorgeblichen «Schlosses» gibt, ist der Prinz der «unglücklichste und edelste Mensch, den die Erde getragen». Außerdem aber dankt ihm der Erzähler «die meisten Nachrichten von dieser Geschichte», wobei unklar bleibt, ob damit nur deren sizilianisches Finale oder das Ganze gemeint ist. Vom Prinzen soll nach Auskunft des Erzählers auch die Idee zur Statue der Dolores als Leuchtturm herrühren, was die Geschmacksverirrung des Projektes einigermaßen entschuldigen könnte. Indem Arnim jedenfalls eine derartige Autorität außerhalb des deutschen Bereichs schuf, an die er die Verantwortung für die Verklärung seiner Heldin delegierte, war es ihm wohl darum zu tun, eben diese Verklärung künstlerisch akzeptabel zu machen. Er selbst hat die Villa des Prinzen nie gesehen, und Berichte mögen ihm eher das Wunderliche suggeriert haben als das Groteske und Skurrile, das Goethe abstieß, obwohl Arnim angesichts der Verzerrungen des Wirklichen dort seinen Grafen ebenfalls von «Gedankenunzucht» sprechen läßt.

Zwischen Wunderlichem und Wunderbarem bewegt sich das Ende des gesamten Romans. Arnims Entscheidung, dessen Hauptgestalten Katholiken sein zu lassen und sie zur Lösung ihrer Konflikte nach Italien zu schikken, hat letztlich etwas mit den Möglichkeiten des Romans unter deutschen Verhältnissen zu tun. Der Liebestod von Eduard und Ottilie in den *Wahlverwandtschaften* war keine religiöse Verklärung. Arnim jedoch war es mit der Umkehr und Buße seiner Heldin sehr ernst. Zweck und Inhalt seines Buches seien, so bekannte er Wilhelm Grimm gegenüber, «daß kein Mensch auf Erden verloren, der den Willen in sich zum Guten gewinnen kann, denn jeder, auch der verzerrteste, trägt noch eine Spur vom Ebenbilde Gottes, der im Zufälligen ihm lehrt, auf ihn wirkt und nimmer verloren giebt, jeder Sünder trägt in sich ein verlornes Paradies» (2.11.1810). Das vorzuführen nötigte dazu, die Gestalten dem Deutschen zu entrücken, wo Arnim sie einem kirchlichen Katholizismus hätte zuordnen müssen, den er nicht wirklich genau kannte. Vor allem aber war im wirklichen Deutschland nichts an geschichtlichen Tendenzen zu registrieren, das die Buße ebenso gerechtfertigt hätte erscheinen lassen, wie die Verfallserscheinungen den Ehebruch. Die Entfernung von der deutschen Wirklichkeit war erforderlich, um den Roman, die bürgerliche Epopöe, zu einem die Ideale des Autors befriedigenden Ende zu bringen. Aber es geschah freilich um den Preis jener Wahrheit, die Jakob Grimm in dem Buche vermißte, die aber nichts mit der subjektiven Ehrlichkeit und Ehrbarkeit des Autors zu tun hat, wie Arnim die Kritik mißverstehend deutete. Was die Psychologie der Ehe anging, so hatte Goethe wiederum den weiteren und schärferen Blick.

Arnim mußte noch ein zweites Mal das Dilemma erfahren, in das sich deutsche Autoren versetzt sahen, wenn sie einen Roman schreiben wollten.

Bald nach dem Erscheinen der *Gräfin Dolores* begann er mit Arbeiten zu einem großen politisch-historischen Werk, dessen erster Teil 1817 unter dem Titel *Die Kronenwächter* erschien. Aus dem Nachlaß hat Bettine von Arnim dann noch weitere Materialien herausgegeben, die sich auf die Fortsetzung beziehen, die aber größtenteils einer Arbeitsstufe angehören, die vor dem Erscheinen des ersten Bandes lag und die deshalb nicht Material für die Fortführung des Romans darstellen, so wie sie Arnim nach 1817 vorgehabt haben mag. *Die Kronenwächter* sind Fragment geblieben, aber sie sind es auch ihrer Anlage und ihrer Idee nach.

Arnim führt in dem Buche seine Leser in die Zeit der Reformation und der Bauernkriege, in die Zeit Luthers und des Doktor Faust, die beide im Roman erscheinen. Die Titelhelden sind ein terroristischer Geheimbund, der die Hohenstaufenkrone verwaltet und sich zum Ziel gesetzt hat, die mittelalterliche Kaiserherrlichkeit der Staufer zurückzubringen, indem er deren Nachkommen vor gegenseitiger Zerstörung behütet und durch gesetzliche oder ungesetzliche Maßnahmen sowie natürliche wie übernatürliche Mittel fördert, so daß sich Arnims Roman ständig zwischen Geschichte, Sage und Märchen hin und her bewegt. Zentrale Figur ist der Hohenstaufensproß Berthold, der nach Waiblingen, den Geburtsort Friedrich Barbarossas, gebracht wird und dort ein bürgerliches Leben beginnt, mit Hilfe der Kronenwächter Reichtum erlangt, auf der Stelle von Barbarossas Palast eine Textilfabrik aufbaut und Bürgermeister der Stadt wird. Dabei bleibt er ein schwächlicher Mensch, bis ihm Doktor Faust überschüssiges Blut des jungen Kraftmenschen Anton, ebenfalls eines Staufersprosses, überträgt. Berthold beginnt nun, nach Rittertum zu streben, versucht, durch Anschluß an die falschen politischen Kräfte, seine Stadt zur freien Reichsstadt zu machen, und heiratet Anna, die Tochter seiner Jugendliebe Apollonia. Aber sein Streben, Held, Politiker und guter Ehemann zu werden, mißlingt. Er verliert das Vertrauen seiner Frau und seiner Bürger und stirbt schließlich in der Gruft der Väter.

In Arnims Buch erscheint deutsche Geschichte als Regionalgeschichte, als die Geschichte einer Region zudem, die der preußische Adlige zu diesem Zeitpunkt nicht aus eigener Anschauung kannte. Es hat später einen besonderen Reiz für ihn gehabt, jenes Waiblingen zu besuchen, über das er so ausführlich geschrieben hatte. Preußen wiederum konnte zu diesem Zeitpunkt nennenswerte, auf die Nation als ganzes bezügliche Geschichte kaum bieten, und was es davon besaß, war literarisch mit Werken wie Lessings *Minna von Barnhelm* oder Kleists *Michael Kohlhaas* bereits ausgeschöpft. Stoff für eine bürgerliche Nationalepopöe war dort nicht zu finden. Gerade darauf aber zielte Arnim, und die süddeutsche bürgerliche Stadtkultur zum Zeitpunkt großer geschichtlicher Bewegung bot dafür eine gute Grundlage. Aber die Regionalität deutscher Geschichte sagt schon etwas über die Schwierigkeiten des Romans in Deutschland aus. Fouqué, der seinen so populären *Zauberring* (1813) gleichfalls in Schwaben beginnen und enden läßt, setzte sich über solche Grenzen hinweg, indem er ganz Europa zum Schauplatz internationaler mittelalterlicher Ritterherrlichkeit machte. In der bürgerlichen Sphäre war nur den Briten Erfüllung beschert: Scott konnte sich – in *Waverley* (1814) – gerade die Überwindung der

Regionalität zum Thema nehmen. In Deutschland blieb sie erhalten. Wilhelm Hauff siedelte den Roman *Lichtenstein* (1826) in derselben Zeit und derselben Gegend wie Arnim an und nannte ihn eine «romantische Sage aus der württembergischen Geschichte»; Kritiker tadelten schon am Titel das Zudecken des Widerspruchs, der prinzipiell zwischen Geschichte und Sage bestand. Aber die Stilisierung deutscher Regionalgeschichte ins national Bedeutsame war ohne die Poesie von Sage und Märchen nicht zu bewerkstelligen. Das erweist Arnims Roman auf Schritt und Tritt. Auch Novalis' *Heinrich von Ofterdingen* wird von mittelalterlicher Kaiserprophetie beherrscht; der Weg des Helden sollte am Ende in das heimatliche Thüringen zurückführen zum Kyffhäuser, in dessen Tiefen der alte Barbarossa auf bessere Zeiten wartete. Aber die Unterschiede zwischen Novalis' und Arnims Roman sind fundamental. Novalis ging es um Poesie, Arnim um Politik, Novalis um die Welt, Arnim um Deutschland. Wurde der eine von der Philosophie in utopische Fernen geleitet, so der andere durch die Beobachtung der Praxis in die Nähe der eigenen Zeit.

Arnims Berthold ist eine schwache, unglückliche, im Grunde hoffnungslose Figur; er versteht weder mit seiner Vergangenheit, seinen Bürgern noch seinen Frauen umzugehen. Denn Apollonia und Anna stellen sich als ein sehr makabres Paar von Mutter und Tochter heraus, das einander eifersüchtig bespitzelt. Die staufische Kronenburg über dem Bodensee, ein gläsernes Wundergebäude in den Wolken, kann der Erzähler selbst nicht vorführen, sondern nur vom Hörensagen beschreiben. Der Sitz der Kronenwächter hingegen, die Burg Hohenstock, ist ein heruntergekommenes, verdrecktes Grafenschloß mit ebenso heruntergekommenen und verdreckten Bewohnern. Von Kunst und Poesie ist nirgends nennenswert die Rede. Als Poet erscheint lediglich der Halbnarr Grünewald, der lieber Frauenkleider anzieht, und als Maler der blutvolle Anton, der mit dem Porträt der schönen Anna als Madonna auf dem Hausgiebel vor allem das Gerede der Stadtgesellschaft in Gang setzt. Bei Arnim ist die «Kunstperiode» bereits zu Ende gekommen, lange ehe Heine es ihr bescheinigte.

Allerdings war es Arnims Absicht nicht, mit dem Roman eine Parodie von Geschichte und Kunst zu schaffen. Er hatte sich eine tatsächlich für die weitere deutsche Geschichte bedeutsame Epoche gewählt, weil darin Adel, Bürgertum und Bauern aufeinanderstießen oder miteinander gingen in einer Zeit der Gärung, die er als Abbild seiner eigenen Zeit großer historischer Veränderungen empfand. Kaiser Maximilians Schreiber Mark von Treitsauerwein bekennt Berthold gegenüber, es sei nötig, «das Menschliche in allem Gegenwärtigen zu erkennen und nur aus der Vergangenheit sich Strahlenbilder fleckenloser Vollendung zum Vorbild dieser Gegenwart aufzustellen». Wichtig sei es in dieser Zeit, «den Bürgerstand empor zu bringen» und «gegen dies unser verwirrtes, übermächtiges, deutsches Adelsvolk und die Menge kleiner Fürsten» die Macht eines Kaisers einzusetzen, denn

jetzt gehe es «ins Große», während der Adel nur ans Kleine denke und den
Handel verachte in einem geschichtlichen Augenblick, da «die Geschichte
alles zu Nationen zusammenfegt». Das war nicht nur die Meinung einer
Romangestalt im 16. Jahrhundert, es war auch Arnims Botschaft an seine
Zeit. Der Roman sollte sie durch die Beobachtung des «Menschlichen» in
einer vergangenen geschichtlichen Periode belegen.

Arnims politisches Ideal in der Restaurationsepoche war das Zusammengehen aller Stände zur Eindämmung revolutionärer Gefahren ebenso wie
zur wirtschaftlichen und intellektuellen Entwicklung der Nation. Denn daß
die Geschichte des 19. Jahrhunderts Nationalgeschichte sein würde, war
eine klare und richtige Erkenntnis. Die Wahl des Zeitalters der Reformation
und der Bauernkriege, des Widerstreits zwischen Zentralmacht und den
Einzelinteressen der Fürsten war aus diesem Grunde auch schlüssig und
fruchtbar. Für den Ausgang des Romans bedeutete das konsequent, was in
den Aufzeichnungen zu dessen Fortsetzung angedeutet wird: Anton, der
Hohenstaufensproß, «zerstört Hohenstaufen und die Kronenburg». Und
die Schlußfolgerung daraus lautet: «Die Auflösung ist endlich, daß die
Krone Deutschlands nur durch geistige Bildung erst wieder errungen
werde.» Solch guter Vorsatz enthob freilich den Autor nicht der Schwierigkeit, daß sich dergleichen in einem Roman kaum darstellen ließ. Deshalb
blieben auch *Die Kronenwächter* Fragment, Torso einer deutschen Hoffnung, die ins Bild zu setzen die Mittel der bürgerlichen Epopöe des
Romans nicht ausreichten. Arnims Poetik des historischen Romans, die er
in der Einleitung zu den *Kronenwächtern* ausdrückt, nämlich die
Geschichte «zur Wahrheit» zu läutern und auf diese Weise der Dichtung
«einen sichern Verkehr mit der Welt» zu schaffen, reflektierte auf eine
Kunstform, die zwar einmal als romantischer Roman konzipiert worden
war, die Arnim aber selbst mit seinem unbestechlichen Blick für menschliche
Realitäten immer wieder unterlief. In diesem Widerspruch hat auch die
begrenzte Wirkung dieses Romans ihre Ursache.

Die Novellen

Clemens Brentanos strenges Urteil über die *Gräfin Dolores,* das er den Brüdern Grimm mitteilte, war auf dem Tadel an der «Unordnung», ja «Lüder-
lichkeit» des ganzen Buches gegründet, das ihm «zusammengeflickt»
erschien. Darauf folgt die Bemerkung, die eingelegten Novellen in diesem
Buch seien ihm als Novellen, also außerhalb des Romans, lieber, denn
Arnim habe «bis jetzt nur für die Erzählung Ruhe genug gezeigt» (2. 10.
1810). Tatsächlich hatte Arnim schon vor der *Gräfin Dolores* einen umfangreichen Band mit Novellen veröffentlicht – *Der Wintergarten* (1809) –, und
diesem folgte eine Fülle weiterer Erzählungen. Aus dem Bereich dieser kleineren Erzählformen stammen jene Werke, die Arnim über einen Kreis von

Literaturfreunden hinaus bekannt machten und die ihm diese, wenngleich begrenzte, Beliebtheit auch erhielten. Allerdings läßt sich nicht behaupten, daß Arnim in ihnen seine eigentliche ideale Ausdrucksform gefunden hätte. Die gedrängte kleinere Form nötigte ihn lediglich zu jener Ordnung, die Brentano sich von ihm wünschte, und sie gab ihm am Einzelfall besser Gelegenheit, seine Gedanken, Wünsche und Hoffnungen zu gestalten, als das in der großen Masse eines Romans über das amorphe Deutschland möglich war. Auch in den Novellen blieb Arnim, was er in den Romanen war: ein Künstler voll reicher Phantasie, genauer Beobachtung und dem Sinn für die großen, schwer faßbaren Zusammenhänge zwischen menschlichem Einzeldasein und dem Gang der Geschichte. Das Episodische des Einzelfalles galt für ihn stets nur als Teil eines größeren Gewebes, auf dessen Muster die Begebenheit ein Licht warf, ohne daß sich damit schon die Regeln für das Weben fassen ließen.

Dem Blick auf ein Ganzes entsprechend war *Der Wintergarten* als Novellenwerk innerhalb eines Rahmens konzipiert, und auch später, mit dem Band *Landhausleben* (1826), hat sich Arnim noch einmal in dieser ältesten, ursprünglichen Form des Novellenerzählens versucht.

Im *Wintergarten* schafft er die klassische Situation dafür: eine kleine Gesellschaft außerhalb einer bedrängten Stadt, eingeschlossen durch den Winter und verbunden in gemeinsamer Gesinnung, erzählt sich Geschichten. Die Bedrängnis bietet die französische Besetzung Berlins nach 1806, die Gemeinsamkeit die Sorge um das Land, das, wie aus den Gesprächen und Novellen nach und nach hervorgeht, nicht Preußen, sondern Deutschland ist. Der Patriotismus, der dieses Buch verhalten durchzieht, ist also ein nationaler, kein regionaler. Zur Erzählsituation für Novellen gehört freilich auch, daß man sich ablenken, also nicht von Politik sprechen, «nichts Bestimmtes von den Begebenheiten der Zeit» reden möchte. Aber das Verdrängte meldet sich dafür auf andere Art umso stärker, denn Arnims *Wintergarten* steckt voll von Geschichten aus guter deutscher Tradition. Arnim nahm, wie schon erwähnt, sein Material zu den einzelnen Erzählungen vor allem aus der älteren deutschen Literatur. Jakob Böhme wird gefeiert und mitten drin eine Rede Blüchers, 1806 vor Soldaten, in Alexandriner gesetzt und als ein Gedicht «Der Krieg» «nach alten Erzählungen» abgedruckt. Über weite Strecken übernahm Arnim seine Quellen wörtlich, milderte oder verbesserte sie jedoch hier und da oder mischte sie auch mit anderem, mit Eigenem oder Fremdem, sprang also damit ebenso frei um, wie Brentano und er mit den Texten zum *Wunderhorn* umgesprungen waren. Gesammelt galt es ihm als Material «zur geheimen Geschichte unsrer Zeit».

Manche Erzählungen hingegen waren durchaus Arnims eigenes Werk, wie zum Beispiel die Geschichte von *Mistris Lee,* einer undurchsichtigen Engländerin zwischen drei Männern, dem Ehemann, von dem sie getrennt lebt, und zwei Verehrern, einem Brüderpaar, bei dem sie sich nicht entscheiden kann, so daß sie sich schließlich von dem, den sie am Ende weniger mag, entführen und schwängern läßt und dafür beide fast an den Galgen, wenigstens aber nach Australien bringt.

Bei allem Interesse Arnims für die geheime oder offene Geschichte seiner Zeit und seines Landes, bei aller politischen und moralischen Leidenschaft darf nicht übersehen werden, daß es für ihn als empfindsamen Künstler jenseits aller Absichten und Ideale eine elementare Teilnahme und Teilhabe an menschlichen Konflikten gibt. Der poetische Reichtum der *Gräfin Dolores* und der *Kronenwächter* beruht darauf ebenso wie der seiner besten Novellen. Die Geschichte von der offenbar charakterschwachen Mistris Lee ist in dieser Hinsicht ein Mosaikstein in dem großen Panorama der Weiblichkeit, das Arnim in seinen Werken entwirft und das er im übrigen wiederum in geschichtlicher Perspektive sieht, wenn er im Anschluß an diese Novelle von einem Zuhörer die Frage aufwerfen läßt, ob nicht möglicherweise «in Europa endlich eine Herrschaft der Weiber alles vereinte». Verbunden wird das mit dem Verweis auf Mary Wollstonecraft, die Vorkämpferin weiblicher Rechte in England. Noch deutlicher sind jedoch diese Verse:

> Wo große Zeichen hin zur Zukunft deuten,
> Da wollen wir nicht stets nach Männern schauen,
> Es ändern sich auch einmal wohl die Zeiten:
> Vielleicht beginnt nun bald die Zeit der Frauen!

Sie folgen der Bemerkung «In den Frauen ruht der Zukunft Heldentum» und bilden zusammen damit den geheimen Kommentar des Erzählers zu Arnims außerordentlichster und zugleich großartigster Novelle *Isabella von Ägypten, Kaiser Karl des Fünften erste Jugendliebe.* Sie ist die erste von vier Novellen, die Arnim 1812 in einem Band ohne Gesamttitel, aber lose verbunden durch die Figur eines Erzählers veröffentlichte.

Friedrich Schlegel hatte 1810 in den Vorlesungen *Über die neuere Geschichte* Karl V. zu seinem Abgott erhoben, zum Bewahrer deutscher Kaiserherrlichkeit und zum Repräsentanten eines tiefen, zur Entsagung bereiten Glaubens (vgl. S. 183). Von solcher Erhebung des Kaisers ist bei dem unerschütterlichen Protestanten Arnim nicht die Rede. Sein Karl, der, noch als Erzherzog, in der Novelle an den Grenzen zwischen Jugend und Erwachsensein, zwischen Spiel und Kaiserwürden steht, versagt in seiner ersten Liebe, wie er später auch – nach Arnim – in der Politik versagte und ein «politisches Glaubenswesen» einführte, das zusammen mit «schnöder Geldlust» schließlich die «Trennung Deutschlands» konsolidierte. Kein Held, aber auch kein Schurke wird von Arnim gezeichnet, der der Gerechtigkeit halber hinzufügt, daß «nur ein Heiliger auf dem Throne jene Zeit hätte bestehen können». Verklärung wird ihm allerdings dennoch zuteil, wenn er, obwohl fern von ihr, am gleichen Tage wie Isabella stirbt und sie ihm «den Weg zum Himmel» zeigt – ein Liebestod als letztmögliche Form der Überwindung weltlichen Irrens.

Denn nicht Karl ist der Titelheld der Novelle, und nicht seinetwegen wird sie in erster Linie erzählt. Ihre faszinierendste, bewegendste Gestalt ist Bella, die kindlich-schöne Tochter des hingerichteten Zigeunerfürsten Michael, die bestimmt sein soll, ihr vertriebenes Volk nach Ägypten zurückzuleiten und ihm dort eine Heimat und einen Führer zu geben. Dieser aber soll ein Sohn von ihr und dem künftigen großen Kaiser der Christenheit sein. Wie es zu diesem Kinde kommt, erzählt Arnims Novelle. Aber sie erzählt es nicht als ein Stück poetisierter Geschichte, nicht als eine rührende Erzählung aus fernen Zeiten, sondern als ein phantastisches Märchen, das jenseits aller Geschichte eine Tragikomödie menschlicher Leidenschaften, schöner und häßlicher, bildet. Denn außer der alten Zigeunerin Braka als Beraterin Isabellas gesellen sich nach und nach zu ihr ein Alraun aus dem Samen – oder den «Tränen», wie Arnim schonend schreibt – ihres gehenkten Vaters, ein Bärenhäuter, also ein toter Soldat und Besitzer eines reichen Schatzes, und schließlich ein Golem, eine tönerne, aber lebendiggemachte Doppelgängerin von Bella. Arnims Meisterschaft erweist sich darin, wie er in dieser Atmosphäre von Monstren und kalkulierenden Menschen – auch die Höflinge Karls gehören zu seiner Erzählung – eine zarte Liebesgeschichte der beiden Hauptpersonen entwickelt, die ihre Unschuld schließlich nicht um einer Absicht willen, sondern aus Liebe aufgeben, obwohl sie damit wiederum eine größere Absicht erfüllen. Die künstlerisch gelungene Verbindung von zarter Neigung und grotesker Phantasie ist es, was Arnims Novelle vor allen anderen auszeichnet. Der nie aufhebbare Widerspruch zwischen dem Traum von schönem Dasein und der harten Realität bezeichnet deren tiefsten Konflikt, wobei bedeutsamerweise die reale Liebesgeschichte für den Traum einsteht, während die Figuren einer grotesken Phantasie die Realität karikierend darstellen.

Jenseits ihres geschichtlichen Stoffes ist Arnims *Isabella von Ägypten* eine Erzählung von der Macht und Ohnmacht des Menschen. Die Zeugung eines Kindes ist das Motiv, das die beiden Liebenden zueinander bringt, aber zugleich werden andere Wesen von den Menschen geschaffen, Halbnaturen oder künstliche, Alraunen und Golems. Nicht prometheische Kraft ist bei letzteren noch am Werke, sondern vielmehr die eines Frankenstein. Auf die Frage, ob er Geist oder Mensch sei, antwortet der Alraun Cornelius Nepos, das sei eine dumme Frage: «Ich bin ich und ihr seid nicht ich.» Der subjektive Idealismus der Fichteschen Ich-Philosophie produziert hier also eine späte Mißgeburt. Nepos wird in Zukunft der Verführer des jungen Kaisers durch das Geld, über das er dank seiner besonderen Kraft, verborgene Schätze aufzuspüren, verfügt. Der Golem aber ist die Verzerrung der Liebe, die Sexualität, die für sich allein unerfüllt läßt, wie Karl feststellen muß, als er unwissentlich mit der falschen Bella eine Nacht zugebracht hat und sich betrogen fühlt: «In der Liebe ist alles so ehrlich, daß jeder Betrug, wie ein falscher Stein in dem prachtvollsten Ringe, das freie Zutrauen stören kann», bemerkt Arnim dazu. Sie, die Liebe allein, ist es, die für ihn den Menschen, «der ein Ebenbild Gottes ist», zum wahren Schöpfer macht. Sie ist eine Kraft, zu der unbeeinträchtigt von allen Zwecken und Absichten allein Bella fähig ist, und auf sie gemünzt ist auch die im Kommentar ausgedrückte Erwartung einer «Zeit der Frauen».

Arnim hat in seinen Novellen dieses Thema noch vielfach umkreist, zum
Beispiel in der «Anekdote» *Melück Maria Blainville, die Hausprophetin aus
Arabien* (1812), eine Version des Arnim vielfach verfolgenden Stoffes des
Grafen von Gleichen (vgl. S. 584, 618 ff.).

Ein französischer Adliger nimmt eine christianisierte Araberin, mit der er eine
Affäre gehabt hat, zu sich und seiner französischen Frau, bis sie sich in der Revolution für das Fortbestehen von dessen Familie opfert. Auch hier soll etwas von besonderer weiblicher Kraft übermittelt werden, wenn es am Ende heißt, Melück wäre
fähig gewesen, «Prophet einer ganzen abendländischen Welt für Jahrhunderte zu
werden». Dafür mag die Novelle als ganzes nicht genügend Anhaltspunkte bieten,
aber was Arnim vorschwebte, sagt deutlicher ein kurzer Kommentar des Erzählers:
Es ist ein Nachruf auf Karoline von Günderrode. Denn die Geschichte von der fremden Hausprophetin wird auf einem Boot erzählt, das im Augenblick ihres Endes an
jener Stelle am Rhein anlegt, wo die Günderrode sich 1806 den Tod gegeben hatte.
Bettine von Arnim, wohl als Zuhörerin dieser Geschichte mitzudenken, hat später in
ihrem Buch *Die Günderode* (1840) nicht nur der einstigen Freundin ein Denkmal
gesetzt, sondern auch die Gedanken ihres Mannes über eine besondere, weibliche
Kraft in den Verwicklungen der Geschichte und der Politik fortgeführt und ihnen
weitere Substanz gegeben.

Nach dem Kriegsende 1815 schrieb Arnim hauptsächlich für Almanache
und Jahrbücher eine Reihe von Heimkehrergeschichten, wie es sie damals
in großer Zahl gab.

Darunter ist die Novelle *Der tolle Invalide auf dem Fort Ratonneau* (1818) die
beliebteste und bekannteste geworden, weil sie eine Handlung leicht überschaubar
zusammendrängt, die phantastisch grotesken Elemente unter strenger Kontrolle hält
und vor allem zu einem guten, ja erbaulichen Ende führt. Auch hier ist die Frau, eine
Rosalie aus Leipzig, eigentliche Heldin und noch dazu Erlöserin ihres französischen,
vom Teufel und einem Knochensplitter geplagten Mannes, der in eifersüchtiger
Besessenheit mit der ganzen Stadt Marseille ein Geiseldrama veranstaltet. Für die
Zeitgenossen war der gute Ausgang ein Stück deutsch-französischer Versöhnung, für
spätere Leser ist er allenfalls ein Beispiel göttlichen Waltens.

Von größerer Gewalt ist die bereits in früherem Zusammenhang betrachtete Novelle *Die Majoratsherren* (1820), in der Judentum und Christentum,
alte und neue Zeit aufeinanderstoßen (vgl. S. 153 f.). Daß Arnim wenig von
Juden hielt, hat er in seinem Werk immer wieder deutlich gemacht, obwohl
er sich nicht hinreißen ließ zu jenem radikalen Judenhaß, der in nationalistischen Kreisen anzutreffen war. Aber immerhin stellte der Golem in der
Isabella von Ägypten das auf Bestellung der Christen gelieferte Geschöpf
eines Juden dar, dem dieser ein «echtes Judenherz» und «ein gemeines jüdisches Gemüt» verliehen hatte. In den *Majoratsherren* aber werden die Juden
für Arnim zu Schöpfern des modernen Industriekapitalismus, womit er
ihnen eine besondere, traditionsstörende Funktion im Deutschland der
Restauration zuschreibt und sie als negative Kraft in sein Gesellschaftsbild
einfügt.

Dem restaurativen Deutschland, also der Zeitgeschichte, und außerdem

Fragen der Kunst und der Literatur gelten dann in erster Linie Arnims letzte Novellen aus den zwanziger Jahren wie *Die Kirchenordnung* (1822) oder *Raphael und seine Nachbarinnen* (1824) und ebenso die locker verbundene Sammlung *Landhausleben* (1826), die unter anderem eine Parodie von *Wilhelm Meisters Wanderjahren* enthält, verkleidet als ein «indisches Märchen» mit dem Titel *Wunder über Wunder,* sowie die umfangreiche, Arnims Zeitkritik summierende Erzählung *Metamorphosen der Gesellschaft.*

Leichter Zeitspott durchsetzt die Goethe-Parodie, wenn dort Jarno, jugendlich aussehend, aber mit Perücke, ein florierendes kapitalistisches Unternehmen Montan & Co. gründet und die Aufseher in der pädagogischen Provinz auf Draisinen daherkommen. Die *Metamorphosen der Gesellschaft* jedoch beziehen sich direkt und konkret auf die Ereignisse der zwanziger Jahre. Karl August Varnhagen hat in einer Rezension diese Erzählung mit Tiecks Novelle *Die Verlobung* (vgl. S. 514) verglichen, aber es gibt auch im Text selbst Stellen, die andeuten, daß Arnim auf sie replizierte, obwohl die Ähnlichkeiten mit dem Angriff auf gängige Frömmelei dort nur oberflächlich sind. Arnims mehr um der Gespräche als um einer belanglosen Handlung willen erzählte Novelle führt politische und religiöse Ansichten im Widerstreit vor. Ein liberaler, anglophiler Schriftsteller und Rittmeister, der zum «Minister der geistlichen Aufklärung» erhoben wird, ein Polizeichef, ein einstmals jakobinischer Graf, ein junger «Demagoge» und Philhellene, der den Griechen jedoch das Geschick abspricht, «eine Republik zu bilden», und ein gleichfalls junger, anglophober, legitimistischer «Ultra» – das ist das Personal dieser Erzählung, das am Ende auf einem großen Maskenball durcheinandergeschüttelt und in neue Verhältnisse zum andern Geschlecht gebracht wird. Zwischen einer unübersichtlichen, vom einzelnen nicht mehr lenkbaren Politik und dem Persönlichen kann Arnim freilich nicht mehr effektiv vermitteln und will es auch nicht, aber daß seine Sympathien nicht der einen oder anderen Seite gehören, sondern der Forderung nach Ausgleich extremer Positionen, zur Verhütung von gewaltsamen Veränderungen, ist das eigentliche politische Testament, das er mit dieser Erzählung vermitteln will.

Wilhelm Grimm, voller Freundschaft und Verständnis für Arnim, hat einmal von des Freundes Lust geschrieben, «sich einsam zurückzuziehen und das Leben historisch zu betrachten» (6. 11. 1810). Diese Distanz prägt Arnims Werk in der Stoffwahl ebenso wie in der Erzählweise. Die leidenschaftliche Unmittelbarkeit von Kleists Erzählungen lag ihm fern. Ist Kleist vielfach Dramatiker in seinen Novellen, so ist Arnim selbst in seinen Dramen vorwiegend Erzähler. Aber Arnims distanzierte Haltung schließt Leidenschaftlichkeit nicht aus, sie drängt sie in eine üppige Phantastik, wie das neben ihm, nur auf eine naivere Weise, auch bei Friedrich de la Motte Fouqué geschah. Dieser Rückzug auf sich selbst ist sicherlich zuerst in der Persönlichkeit Arnims gegründet, aber darüber hinaus auch in dem Verhältnis der Persönlichkeit zu ihrer Umwelt. Herkommen und gesellschaftliche Stellung banden den preußischen Adligen an gewisse Anschauungen und Überzeugungen; daraus, daß er sie nicht fraglos übernahm, entstand zum guten Teil seine Einsamkeit. «Ich wählte das Buch statt des Schwertes», läßt er Ariel in der Rahmengeschichte des *Wintergarten* bekennen, und das ist eine so persönliche Aussage, wie man überhaupt nur die Aussagen von Kunstfi-

guren persönlich deuten darf. Persönlich aber ist auch das darauf folgende
Bekenntnis: «Ich bin entschieden, lieber nicht zu leben, als etwas zu treiben,
wovon ich voraus überzeugt, daß es vergeblich.» Das Verantwortungsge-
fühl für sein eigenes Leben leitete Arnim zur Geschichte als dem größeren
Ganzen, worin sich die Einzelexistenzen bewegten. Nicht literarische
Moden veranlaßten ihn dazu, und so wäre es auch schwer, Arnim als
Erzähler einer romantischen Tendenz zuzurechnen, für die er und Brentano, insbesondere in den Augen der Heidelberger Gegner wie Voß oder
Baggesen, mit dem *Wunderhorn* und der *Zeitung für Einsiedler* einstehen
sollten. Die Hinwendung zu deutschen und christlich-europäischen Traditionen, die diese gemeinsamen Schriften repräsentierten, ist zwar auch aus
Arnims erzählenden Werken abzulesen, aber darüber hinaus behielten sie
als Kunstwerke eine Selbständigkeit, die sich nicht in die Begriffe fest
umrissener ästhetischer Tendenzen einfangen, sondern sie eher als sehr
individuelle literarische Versuche zu Verständigung und Verständnis in
einer Zeit großen historischen Wandels betrachten läßt.

Fouqué

Friedrich de la Motte Fouqué, neben Kleist und Arnim der dritte der literarischen Junker in Preußen, umgab sich in einer Weise mit Literatur wie kein
anderer Schriftsteller dieser Jahre. In der frühen Laufbahn unterschied er
sich, acht Monate älter als Kleist, wenig von den anderen. Fouqué stammte
aus einer alten preußischen Offiziersfamilie, mit siebzehn diente er als
Kornett im Feldzug gegen Frankreich, und schließlich wählte auch er, wie
Kleist und Arnim, «das Buch statt des Schwertes» – um Arnims Ariel zu
zitieren. Aber sein Abschied vom Schwert war nicht so entschieden wie derjenige seiner beiden Kollegen. Nicht nur kehrte er 1813 zur Vaterlandsbe-
freiung vorübergehend in die Armee zurück, im Geiste schrieb er auch seine
Bücher mit dem Schwerte, denn deren Klirren durchhallt sie kräftig. Viele
dieser Werke haben mittelalterliche Ritterherrlichkeit zum Gegenstand,
deutsche und provenzalische, denn der französischen Herkunft seiner
Familie wegen fühlte sich Fouqué beiden Sphären verbunden – ein engstirniger preußisch-deutscher Patriot war er nie. Wo nicht das christliche Mittelalter der Wohnort für die Gestalten seiner Phantasie war, dort war es die
altgermanische und keltische Sagenwelt, über die dann freilich stets das
Christentum triumphierte. Gelegentlich war es auch die spätere deutsche
Geschichte, wenngleich nie in der Weise greifbar wie bei Arnim oder gar bei
Scott die britische. Heldenmut und treue Minne beherrschten sein erdichtetes Lichtreich, unter dessen Oberfläche es allerdings zuweilen dumpf bro-
delte. Für Freunde wie Feinde, Verehrer wie Kritiker stellte Fouqué den
Ausbund dessen dar, was man sich unter Romantik vorstellte, und zwar im
doppelten Sinn als christlich-europäischer Tradition seit dem Mittelalter wie

als Entwurf einer schönen Idealität gegenüber der unzulänglichen Gegenwart. Dieser Romantik verschaffte Fouqué Popularität, und man formte an seinen Werken wiederum Begriffe vom Romantischen, die erhalten blieben, als die Werke schon längst in Vergessenheit gesunken waren.

Fouqués Eintritt in die Literatur erfolgte unter dem Einfluß zweier Personen, seiner zweiten Frau Caroline von Rochow, geborene von Briest, die er Anfang 1803 heiratete und die gleichfalls eine ambionierte Schriftstellerin war, sowie August Wilhelm Schlegels, der zu dieser Zeit seine Vorlesungen über schöne Literatur und Kunst in Berlin hielt. Berlin und Nennhausen, das Gut Caroline Fouqués in der Mark, wurden fortan und für lange Zeit zu Lebenszentren Friedrich de la Motte Fouqués. Mit viel Fleiß und Ernst las er sich in die Literatur hinein, die Schlegel in seinen Vorlesungen als die romantische vorstellte. Fouqués Briefe an ihn sind manchmal regelrechte Leseberichte des Schülers für den Lehrer. Ariost, Tasso, Calderon wurden bewältigt, das Altisländische wurde erlernt, um den Dichtungen diesen Ursprungs nahezukommen, aber früh schon war es auf eine schöpferische Rezeption abgesehen. Zwar übersetzte Fouqué Calderons *Numancia* (1809), aber Hauptsache war für ihn von früh an die Umsetzung der Leseerfahrungen in eigene literarische Produktion, in Romane, Erzählungen und Dramen, von denen er eine unüberschaubare und teilweise sogar unveröffentlicht gebliebene Menge geschrieben hat.

Fouqué liebte Gesellschaft, und es gibt kaum einen nennenswerten, ja nicht einmal einen nicht nennenswerten deutschen Autor dieser Zeit, mit dem er nicht in irgendeiner Verbindung gestanden hätte. In dem reichen intellektuellen Leben Berlins um 1810 war er eine zentrale Figur. Immer wieder hat er neue Zeitschriften herausgegeben, und obwohl sie vor allem Forum für seine eigenen Produkte und die seiner Frau sein sollten, wurde er doch zeitweilig geradezu so etwas wie ein Literaturmakler, der herausgab, alles mögliche druckte und selbst überall gedruckt wurde. Zu den von Fouqué ans Licht geförderten Werken gehören Chamissos *Peter Schlemihls wundersame Geschichte* (1814) und Eichendorffs Roman *Ahnung und Gegenwart* (1815). Auch an literarischen Experimenten und Gemeinschaftsunternehmen beteiligte er sich gern. Zu Varnhagens Kollektivroman *Versuche und Hindernisse Karls* (1808) steuerte er ein Kapitel bei, und zu den *Kinder-Märchen*, die Contessa 1816/17 herausgab, ein Märchen. Die eigene Novelle *Undine* gestaltete er zum Libretto für die erste deutsche romantische Oper um, die Hoffmann komponierte. Und kein Zeitschriftenherausgeber ging leer aus, wenn er an Fouqué mit der Bitte um Beiträge herantrat – Kleists *Berliner Abendblätter* sind ein Beispiel für viele. Es war Betriebsamkeit, aber keine eitle. Fouqué konnte einem Freunde das Manuskript eines ganzen Epos schenken mit der Bemerkung: «Es soll jetzt Dein seyn, mache damit was Du willst.» Franz Horn, dem das 1812 mit dem Manuskript zu *Karls des Großen Geburt und Jugendjahre* geschah, entschloß sich, es 1816 zu edieren; Fouqué war es gleichgültig. Für die Welt schrieb er zwar, weil «die heilige Poesie» das wiederschenken sollte, «was die unheilige Zeit versagte» (16.6. 1806); für sich selbst schrieb er aber wohl auch, weil sich «doch öfters sehr dunkle Schatten» über ihn hinzogen, wie er August Wilhelm Schlegel bekannte (11.4. 1806). Mit seinem Schreiben wollte Fouqué nicht nur gute Geister um sich herum erwecken, sondern auch böse Geister in sich selbst bannen. Damit aber fügen sich seine Werke in den Zusammenhang einer zunehmenden Ich-Erforschung in der Kunst dieser Jahre ein.

Das Werk, das ihn vor allen anderen berühmt gemacht und überlebt hat, ist die Märchennovelle *Undine*, die im Juni 1811 im ersten Heft der *Jahreszeiten* erschien, einer «Vierteljahrsschrift für romantische Dichtungen», die Fouqué herausgab und nahezu allein bestritt. Die Erzählung vom Ritter Huldbrand, der aus der Stadt ausreitet und jenseits eines Zauberwaldes bei einem Fischer die Meerfee Undine trifft und zu seiner Frau macht, hat sehr viel mit Christentum und Mittelalter, aber ebenso mit den dunklen Schatten zu tun, die ihren Schöpfer bedrängten. Denn der neuen Christin, die sich mit der Ehe eine Seele erworben hat, tritt Bertalda, die dunkle Ehrgeizige, entgegen, und aus dem Märchen wird eine Ehetragödie.

Neu war in der *Undine* vor allem die Verflechtung von Psychologie, Religion und Naturmystik. In seinen *Vorlesungen über Ästhetik* hat Karl Wilhelm Ferdinand Solger auf die besonderen Zusammenhänge zwischen Christentum und Natur hingewiesen (vgl. S. 282). Bei den Alten habe sich Natur in der Wirklichkeit verloren, mit der «christlichen Sinnesart» hingegen sei immer «eine Sehnsucht nach der Natur verbunden, als einem Reiche, worin sich aller Zwiespalt ausgleicht, weil Alles auf Gesetzen ruht, die im Zusammenhang mit dem Ganzen stehen». Daher sei eine «eigene *Natur-Mystik*» entstanden, «durch welche die Natur personificirt erscheint, aber in ihren allgemeinen Beziehungen unter der Form der *Elementargeister* und beseelter *Naturmächte*». Davon zeugt auch Fouqués *Undine*, und das machte sie einer Zeit interessant, die das Ganze der Natur wissenschaftlich zu erkennen wie philosophisch festzuhalten bestrebt war, zugleich aber zwischen Glauben und Wissen, Religion und Naturerkenntnis ebenso Widersprüche spürte wie in der Natur des Menschen zwischen seinen Trieben und dem Wollen der Vernunft.

Fouqué berührte all das freilich nur, und das Glück dieser einen Novelle bestand in der gelungenen Balance zwischen einer ganzen Reihe von unaufgehobenen Gegensätzen und ungelösten Widersprüchen psychologischer, religiöser und gesellschaftlicher Art. Es zeigt sich ritterliches Standesbewußtsein, ist doch Undine eine Fürstentochter gegenüber dem schlimmen Fischerkinde Bertalda. Aber andererseits ist Bertalda wiederum echte Christin gegenüber der ihrer Herkunft und ihrem Wesen nach unchristlichen Nixe. Gewiß ist Huldbrand ein braver treu-deutscher Ritter ohne Furcht und Tadel, aber hilflos ist er dennoch in der Bewährung gegenüber menschlicher Verwirrung und Not. Wohl spukt es schließlich schreckerregend in dieser Geschichte wie in anderen Volkssagen auch, aber die Wassergeister sind menschlicher als die Menschen. Man hat zur Deutung auf ein frühes erotisches Erlebnis Fouqués hingewiesen, auch auf seine spätere Erfahrung von sich als einem schwachen und labilen Manne, für den Schreiben ein großer Akt der Selbstbestätigung war. Aber solche autobiographischen Lokalisierungen eines alten und immer neuen Konfliktes tragen kaum zum Verständnis des Werkes bei. Reichtum und literarisches Gewicht der *Undine* beruhen gerade darin, daß der Konflikt kunstvoll, durch die Verbindung mit einer Mythe, im Liebestod aller biographischen Bezüge enthoben wurde.

Von Fouqués weiteren Novellen hat die *Geschichte vom Galgenmännlein* (1810) noch besondere literarische Wirkung gehabt, also die Erzählung vom biederen deutschen Kaufmann Reichard, der im sündigen, gewissenlosen Welschland den materiellen und sinnlichen Genüssen sowie dem Geldgeist des Galgenmännleins, eines Verwandten von Arnims Alraune in der *Isabella von Ägypten*, beinahe zum Opfer fällt. Die Geschichte mit ihrem Verführungsteufel hat auf E. T. A. Hoffmann und eine Reihe anderer Autoren, zum Beispiel Robert Louis Stevenson, großen Eindruck gemacht. Es ist jedoch für Hoffmanns bürgerliches Bewußtsein bezeichnend, daß er in der von Fouqué inspirierten *Geschichte vom verlornen Spiegelbilde* (1814) auch die deutsche Gegenwelt in ihrer Kleinbürgerlichkeit relativiert und seinen Helden schließlich zum schlemihlhaften Weltwanderer werden läßt (vgl. S. 430).

Im Unterschied zu dem südlichen Teufel sind die Geister der deutschen Volkssagen, die Fouqué einführt, nicht bösartig-verführerischer, sondern eher gutmütiger Natur und rücksichtslosem, kapitalistischem Erwerbstrieb abhold. Das gilt insbesondere vom Rübezahl im *Schauerfeld* (1812), aber auch von biederen Geschichten über biedere Leute wie *Die Köhlerfamilie* (1814) oder *Ein Waldabenteuer* (1816). Nur dort, wo sich für Fouqué die Sphäre der Elementargeister auftut, die jenseits alles Gesellschaftlichen, Christlichen oder Nordisch-Deutschen liegt und in der nur die elementarsten und zugleich tiefsten menschlichen Gefühle zu gelten scheinen – nur dort, also in der *Undine*, öffnete sich für ihn eine viel weitere Dimension jenseits der Koordinaten seiner Welt. Im übrigen breitete sich Fouqué in der Thematik seiner Erzählungen weit aus. Im germanischen Norden siegt das Christentum, wenn eine *Götzeneiche* (1817) gefällt wird; die Zeit des großen Kaiser Karl V. wird durch *Die beiden Hauptleute* (1812) ins Bild gebracht; in *Adler und Löwe* (1816) werden Wappentiere symbolisch bemüht, um den Triumph des Christentums über germanischen Norden und afrikanischen Süden vorzuführen; der Wahnsinn wird zum Thema in der zuerst in den *Berliner Abendblättern* erschienenen Novelle *Die Heilung* (1810), und *Ritter Toggenburg* (1817) illustriert Entsagung auf dem Hintergrund einer Gegenwart mit ständischen Gegensätzen und ist im übrigen auch ein bemerkenswertes Dokument der Rezeption Schillerscher Lyrik, der die Gestalten nachleben. Züge von Resignation, unaufgehobener tragischer Verwirrung und latent bleibender Gefahr mischen sich unter scheinbar versöhnliche Ausgänge, wenn es nicht gar zu offener Tragik kommt. Der Dichter Leonardo in den *Vierzehn glücklichen Tagen* (1812) verliert sich an den Teufel, Graf Wallborn in *Ixion* (1812) zerbricht im Wahnsinn. Die Rettung Reichards vom Galgenmännlein vollzieht sich nur auf dem dünnen Eise des Zufalls. Ein recht einfaches Weltbild von der Überlegenheit christlichen Glaubens, von Ritterlichkeit als gesellschaftlicher Ordnung und deutscher Redlichkeit als ihrer Moral spiegelt sich in diesen Erzählungen. Aber die Gefahr der Trivialität wird bei Fouqué dadurch aufgehoben, daß er zwei Bereiche miteinander verknüpft: einen realen oder historischen, der nach den Grundlinien seiner einfachen Weltanschauung gesehen und entworfen ist, und einen zweiten, nur den Gesetzen der Phantasie folgenden, der dem ersten Durchsichtigkeit und Bedeutung gibt, ja ihn gelegentlich sogar aufhebt. In der *Undine* trifft die ständische Ordnung des Mittelalters mit einer mythischen Welt der Naturgeister zusammen und ruft so eine innere, unaufhebbare Spannung hervor zwischen dem, was der Mensch vermag, und dem, worüber er keine Macht hat, auch wenn es in ihm selbst vorgeht. Die Widersprüchlichkeit zwischen Rationalität und Irrationalität wird im Bilde anschaulich. Ähnliches vollzieht sich dort, wo Fouqué Zauberei, orientalische Magie oder populäre Sagengestalten einführt, im *Galgenmännlein* zum Beispiel, in der Rübezahlgeschichte oder in den *Vierzehn glücklichen Tagen*. Wenn ihm die Verbindung auch nicht immer mit der gleichen Eindringlichkeit gelingt wie in der *Undine*, so kann Fouqué im Bereich der Phantastik sein beträchtliches Erzähltalent frei entfalten, ohne es durch den Bezug auf eine in starren Koordinaten gesehene Realität immer wieder zu beeinträchtigen. Hier hat wohl vor allem die Bewunderung durch einige seiner Schriftstellerkollegen ihren Ursprung.

Seinen größten Dichterruhm erwarb Fouqué jedoch damals durch den Roman *Der Zauberring* (1813), dessen Handlung einen großen Akt der Familienzusammenführung im Zeitalter der Kreuzzüge darstellt. Aus Arabien, Italien, Frankreich und dem germanischen Norden stammen vier der fünf Kinder des Ritters Hugh von Trautwangen, die er auf seinen Heldenzügen in diese Weltteile gezeugt hat. Sie alle treffen am Ende als Christen oder zu Christen geworden auf der väterlichen Burg in Schwaben zusammen. Erbe der Burg aber ist das fünfte Kind, der Ritter Otto von Trautwangen, ein christlicher und deutscher Held zugleich. Er ist die Zentralgestalt des Romans, und in ihm erst erfüllt sich die Handlung. Denn Otto von Trautwangen, der von des Vaters Burg herab auszieht, um sich im Kampf um den Zauberring als Held zu bewähren und ritterliche Lorbeeren reichlich zu ernten, geht im Grunde und ohne daß ihm das wirklich bewußt ist, auf die Suche nach seiner Mutter. Sie bringt er dem Vater nach Haus sowie drei Brüder und eine Schwester, um dann auf des Vaters Burg auch die Geliebte zu finden, die dem Manne die Mutter zu ersetzen hat und von der er einst davongelaufen war, ohne sie als die ihn Liebende zu erkennen. Ein bißchen Parzival steckt in solchem Lebenslauf, aber mehr noch ein gutes Stück Wilhelm Meister, Heinrich von Ofterdingen oder Godwi, also der Lebensgeschichte jener zeitgenössischen Romanhelden, die innerhalb einer sich herausbildenden bürgerlichen Welt um der Selbsterkenntnis und eines sinnvollen Lebens willen ein neues Verhältnis zu ihrer Herkunft herstellen wollen. Friedrich Schlegel hielt das Buch für den besten Roman «seit dem Don Quixote», E.T.A.Hoffmann schwärmte von dem «über alle Maßen» «herrlichen und ergreifenden *Zauberring*», und Heinrich Voß fand in einer Rezension, daß ihm von der Lektüre des *Zauberring* die «ganze Seele» durchglüht sei. 1816, also drei Jahre nach dem ersten Erscheinen des

Romans, kam bereits eine neue Auflage heraus, und das bedeutete viel bei einem Buch, das nicht einfach der Konfektion der Trivialliteratur zuzurechnen war, denn nur dort gab es gewöhnlich rasche Neuauflagen. Spricht also vielleicht der Erfolg von Fouqués Buch doch ein Urteil aus über seine wirklichen Qualitäten und rückt es dorthin, wo es eigentlich hingehört: unter die leichte, anspruchslose und eben häufig auch banale Unterhaltungskunst? Allein der flüchtige Blick in einen der populärsten Ritterromane der Zeit, in Karl Gottlob Cramers *Adolph der Kühne, Raugraf von Dassel* (1792), zeigt die gewaltige Kluft, die derartige grobe Nachzeichnung ritterlicher Vergangenheit von Fouqués «Ritterroman» trennt. Beeinflußt freilich hat ihn diese Ritter-Literatur durchaus. Nach eigenem Bekenntnis waren ihm die *Sagen der Vorzeit* (1787–98) von Leonhard Wächter – eine Sammlung von Rittergeschichten, die dieser unter dem Pseudonym Veit Weber veröffentlichte und die noch einen Hauch von Goethes Götz in sich tragen – eine wesentliche Quelle für mittelalterliche Lebensumstände.

Fouqué – das wird bei einem Vergleich deutlich – vermag eine große Geschichte wohlorganisiert zu erzählen. Nichts Einzelnes, Episodisches ist bei ihm nur zufällig vorhanden und für sich allein da, sondern es ist mit Ökonomie eingefügt in den Zusammenhang des Romans als eines Ganzen. Es gibt eine klare erzählerische Logik in diesem Buch, und der Erzähler erweist sich überall als Herr des Geschehens, so verwirrend es für die Gestalten – und zuweilen auch für den noch nicht eingeübten Leser – zugehen mag. Drei ihrem Umfang nach gut gegeneinander ausgewogene Teile demonstrieren Ordnung, wo der Weltsinn undurchschaubar bleibt. Erst auf der Grundlage solcher Ökonomie und Ordnung im Bewußtsein des Autors aber kann das entstehen, was den elementarsten Anreiz zu aller Lektüre ausmacht: die Spannung, also die Neugier auf das, was der Autor noch vorenthält, aber natürlich selbst bereits weiß. Geschickt handhabt Fouqué einen großen Personenkreis und verleiht ihm Individualität, so grobstrichig sie auch hin und wieder gezeichnet sein mag. Emotionen stoßen aufeinander, verwirren sich oder gelangen zur Klarheit. Das «Rührende», wie man es damals nannte, also das menschlich Bewegende gesellt sich zum Spannenden und fordert zur Anteilnahme heraus.

Fouqué ist ein bedeutender Schreibkünstler, und der *Zauberring* steht in seiner Formkunst den Trivialromanen ferner als den anspruchsvollen Werken seiner Zeit. Was ihn von diesen wiederum unterscheidet, ja sogar vor ihnen auszeichnet, ist eben seine große Popularität, die im Grunde darauf beruht, daß hier ohne jede theoretische Reflexion in Bildern und Vorgängen anschaulich und phantasievoll nichts weiter als eine Geschichte erzählt wird.

Was die Zeitgenossen am *Zauberring* besonders faszinierte, war nicht nur die gut erzählte Geschichte an und für sich, waren nicht nur Spannung und Rührung, die sie hervorrief, sondern war auch das ästhetische Spiel mit der

Gegenwart, das Fouqué in der Darstellung von scheinbar längst Vergangenem trieb. Denn natürlich ging es Fouqué nicht darum, Geschichtslehrer zu
sein und Vergangenheit um ihrer selbst willen vorzuführen, sondern sie als
Instrument zum Verständnis des Gegenwärtigen zu benutzen. Das ist beim
Zauberring nicht auf den ersten Blick erkennbar. Es scheint eher, als ob es
darin um so etwas wie ein Bild deutscher Ritter- und Sängerherrlichkeit zur
Zeit des Dritten Kreuzzuges am Ausgang des 12. Jahrhunderts gehe, einer
deutschen Welt, die umgeben ist von der größeren Gemeinschaft des christlich-europäischen Rittertums, denn die verklärten Hintergrundsgestalten
des Buches und die einzigen historisch eindeutig erfaßbaren Personen sind
König Richard Löwenherz von England und sein treuer Sänger Blondel.
Nun war ganz sicherlich 1811, als Fouqué den Roman schrieb, und 1813,
als er erschien, die Berufung auf ein christliches Europa mit den Deutschen
im Zentrum für deutsche Leser nicht ohne Aktualität, denn 1811 befand
sich Napoleon auf der Höhe seiner Macht in Europa, und die heilige Allianz der christlichen Nationen Europas unter Führung der Deutschen war
ein beliebter konservativer Gegenentwurf gegen den Eindringling, den man
in vieler Hinsicht noch als den Erben der Revolution betrachtete.

Es scheint, als ob das große Schlußtableau im *Zauberring* nichts anderes
als eine poetische Illustration dieser Vision sei. Im Lande der Mitte, im
deutschen Schwaben, treffen sich nicht nur die tapferen Repräsentanten
europäischer Christlichkeit und erkennen sich als eine Familie. Zu Christen
geworden, verbinden sich damit auch einige Heiden von der Nord- und
Südgrenze des christlichen Europa, die im Grunde ihrer Herkunft nach
schon immer dazugehört haben. Integrationsgestalt ist dabei der alte Herr
Hugh von Trautwangen, der in jüngeren Jahren als loser Verführer durch
die Lande gezogen war und fünf Vaterschaften auf dem Gewissen trägt,
von denen er bisher nur die für den jüngsten Sohn Otto freudig akzeptiert
hat. Es erweist sich jedoch im Laufe der Handlung, daß er auch Erzeuger
der schönen Französin Blancheflour, des exzentrischen Italieners Tebaldo
und zweier regelrechter Heiden ist, des finsteren nordischen Ottur und des
stolzen arabischen Emirs Nureddin, die beide allerdings ihre Ohren und
Herzen für die Botschaft des Christentums öffnen. Hatte in Lessings *Nathan* die Verwandtschaft der Protagonisten am Ende die Botschaft der
Ring-Parabel von der letztlichen Gleichberechtigung aller Religionen sinnfällig gemacht, aber ganz in diesem Sinne niemanden zur Konversion
genötigt, so muß bei Fouqué vielmehr der magische, Verwirrung und
Streit stiftende heidnische Zauberring erst vernichtet werden, ehe allein im
Zeichen der Christlichkeit Familienharmonie als sinnbildlicher Frieden entstehen kann.

Der *Zauberring* ist kein allegorischer Roman. Fouqué hatte keine neuen
politischen Konzepte zu vermitteln, und seinem Christentum ist nicht jene
philosophisch gegründete Transzendenzerfahrung zu eigen, die dem reli-

giösen Denken von Novalis seinen besonderen Charakter und seine Bedeutung gibt. Die dem *Zauberring* zugrundeliegenden politischen und religiösen Gedanken sowie das Geschichtsverständnis darin bleiben im konventionell Konservativen, und das war für Fouqué allemal eine ständische Ordnung mit dem Adel als führender Kraft. Aber so ritterlich-adlig sich Fouqué auch gebärdet – in seinem Familiendenken gehört er durchaus an die Grenze zwischen dynastischem Denken und einem neuen, bürgerlichen Familienbegriff. Nichts könnte charakteristischer für bürgerliches Familiendenken sein als Otto von Trautwangens Bekenntnis: «Denn im innersten, heiligsten Funken des Daseins muß das Band angeknüpft werden, an Vater und Mutter und Geschwister, oder an ein liebendes Weib, oder an ein blühendes Kind; sonst ist es mit all anderm Lieben und Leben nichts Rechts.» Bald darauf findet Otto, der sich schon rüstig in manchem Kampf geschlagen hat, ganz kindlich, zur Erlösung aus bekümmerter Einsamkeit seine eigene Mutter, Frau Minnetrost, die den Sohn mit «edlen Rittergaben» reich beschenkt. Als der junge Held sein Erstaunen ob des Reichtums der Gaben ausdrückt, erhält er von der Mutter eine Antwort, die auch jeder Regierungsratsgattin in einem Trivialroman gut anstünde: «Ich habe dir ja durch so viele Jahre nichts zu Weihnachten oder zum Geburtstag bescheren können, du armer, verlassener Knabe. Da soll es denn nun mit einem Male geschehen.» Die Sentimentalisierung des Weihnachtsfestes zeigt sich in dieser scheinritterlichen Atmosphäre extremer noch als in der bürgerlichen Literatur dieser Jahre (vgl. S. 186 ff.).

Und schließlich durchwaltet auch das Unheimliche diesen Roman in gleichem, wenn nicht größerem Maße als die Verklärung von Christentum und Rittertum. Zauberspiegel, Doppelgänger, Opferherde, unterirdische Schlösser, gespenstische Erscheinungen, «unheimliches Nachtgevögel», Zaubersprüche und -trünke: all dies und vieles andere aus dem Arsenal schwarzer oder weißer Magie verstört das Dasein der lichten Ritter, leitet sie in die Irre und wohl gar in den Tod. Selbst die magisch-schöne, harmonische Welt der Frau Minnetrost auf ihrem Turm in Ostfriesland fällt der Zerstörung anheim, ist sie doch mit dämonischen Kräften zutiefst verbunden. Es bedarf keiner großen Anstrengung, solche Manifestationen und Wirkungen der «uralten Finsternis» psychologisch zu lesen, das scheinbar Äußere also als innere Verstörung zu verstehen, als ein Chaos in den Gestalten selbst, dessen sie nur mühevoll oder zuweilen auch gar nicht Herr werden.

Der große Publikumserfolg von Fouqués *Zauberring* beruhte vor allem darauf, daß das Buch bunt und anschaulich viele Vorstellungen und Tendenzen seiner Entstehungszeit illustriert. Gekrönt wird es von einer urromantischen Überzeugung. Ganz am Schluß nämlich tritt als historische Gestalt Blondel, der berühmte Sänger, Begleiter, Freund und Retter des Königs Richard Löwenherz, in eigener Person auf, um den Bund von Otto und Bertha zu segnen, während der König selbst nur mehr als geahnte

Erscheinung vorübergleitet. Löwenherz und Blondel, König und Sänger: darin liegt jener Wunsch nach der Macht der Poesie verborgen, der überhaupt so sehr eine deutsche Hoffnung ausdrückt. Der Gegensatz zur Wirklichkeit blieb flagrant. Selbst zur Zeit der preußischen Reformen, als der *Zauberring* entstand, gab es für derartige Hoffnungen wenig konkreten Anlaß. Wo Scott als Bürger des britischen Imperiums in *Ivanhoe* dem Mittelalter eine gesellschaftliche Dynamik geben konnte, die dem Erzählten im Widerspiel von Vergangenheit und Gegenwart Realität verlieh, schrieb der Deutsche einen Märchenroman. Die Ängste wurden mythisiert, die Hoffnungen hingegen richteten sich auf das fortexistierende Alte. Für einen realistischen Geschichtsroman standen die Chancen schlecht in Deutschland.

Fouqué hat den Erfolg des *Zauberrings* nicht wiederholen können, obwohl er weiter fleißig Novellen, Romane, Epen und Dramen schrieb. Da theoretische Reflexionen nicht seine Sache waren, hat er sich zum Beispiel um die Möglichkeit oder Unmöglichkeit des Epos in einem bürgerlichen Zeitalter nicht gekümmert und sich wohl zeitweise gar als ein deutscher Ariost gefühlt. Schon ein Jahr nach dem *Zauberring* erschien das große Stanzen-Epos *Corona* (1814), das einen Ausflug in das alte romantische Land des Kampfes zwischen Christen und Heiden darstellt, jedoch auf dem Hintergrund des Krieges 1813 gegen Napoleon und der persönlichen Verwicklung des Autors darin. Anfang und Schluß jedes Gesanges sind diesem Gegenstand gewidmet. Dem Leser sei bei diesen Stellen zumute, meinte ein Kritiker damals, «als hätte jemand statt der Corona die Frankfurter Oberpostamtszeitung vom Januar 1814 untergeschoben». Ebensowenig hatte Fouqué Glück mit dem Epos *Bertrand Du-Guesclin* (1821), das als «historisches Rittergedicht» das Leben eines französischen Grafen aus dem 14. Jahrhundert auf mehr als 1300 Seiten in Stanzen nachzuerzählen versuchte.

Eine ganze Reihe von Ritterromanen folgte dem *Zauberring*: 1814 *Sintram und seine Gefährten*, 1815 *Die Fahrten Thiodolfs des Isländers* und 1816 *Sängerliebe*, «eine provenzalische Sage», die ein leicht durchsichtiger Schlüsselroman über Fouqué im Jahre 1813 war. Altgermanien und dessen allmählicher Übergang aus dem Götzenglauben ins Christentum waren Gegenstand des aus vier Werken bestehenden *Altsächsischen Bildersaals* (1818/20): aus dem «Heldenspiel» *Hermann*, der «altdeutschen Geschichte» *Welleda und Ganna*, dem Märchen *Schön Irsa und ihre weiße Kuh* und der ebenfalls «altdeutschen Geschichte» *Die vier Brüder von der Weserburg*. Bedeutender als alle diese war in seiner Komposition wie in der psychologischen Zeichnung der Hauptcharaktere der Roman *Die wunderbaren Begebenheiten des Grafen Alethes von Lindenstein* (1817), dessen Schauplatz nicht mehr die mittelalterliche Ritterwelt, sondern Deutschland und Frankreich im 17. Jahrhundert sind, allerdings so dünn gezeichnet, daß kein Eindruck von der geschichtlichen Umwelt der Figuren entsteht. Fouqué ging es hauptsächlich darum, Ritterlichkeit und deren seelische Problematik jenseits von ihrer Urheimat vorzuführen. Daß er sich damit selbst in die Hauptgestalt hineinschrieb, lag nahe, ebenso allerdings, daß damit auch sehr persönliche Konflikte zur Sprache kamen. Denn Graf Alethes, der die Witwe Yolande geheiratet hat, wird von ihr in allerlei ehrgeizige Unternehmungen getrieben, die im Grunde seinen Prinzipien als Verteidiger des protestantischen Deutschland entgegenlaufen. Erst als Yolande stirbt, kann er in deren Halbschwester Emilie die zarte Gefährtin finden, die er in Yolande im Grunde immer schon geliebt hat. Der unsichere, ja schwache Mann in den Händen einer starken Frau – es ist in der Tat ein Leitthema von Fouqués Werken. In Alethes stilisiert er sich mithin als den tapferen Einzelkämpfer für sein Land und seinen Glauben, dessen eigentliche Herausforderung jedoch das Doppelwesen der Frau aus Reinheit und Verführung bildet. Davon aber hatte auch die *Undine* gehandelt, und tatsächlich gehen die Anfänge zum *Alethes* bis auf das Jahr 1807 zurück.

Gerade in solcher Psychologisierung scheinbar historischen Geschehens lag das Moderne von Fouqués Romanen. «Tief, tief nach innen grabe», heißt es im Lied gleich zu Anfang des *Alethes*. Nur hatte Fouqué die Neigung, das zu Tage Geförderte durch eine Fülle von in sich selbst oft interessantem, aber kaum relevantem Beiwerk wieder zuzudecken, was letztlich keinen anderen Grund besaß als seine Unfähigkeit, intellektuell über die konventionellsten Ansichten seines Standes und seiner Zeit hinauszublicken. Er habe, so schreibt Heinrich Heine an Varnhagen, Fouqué in Berlin seine Tragödien geschickt und von ihm «einen herzlichen Brief und ein Gedicht» erhalten. Und er fügt hinzu: «Des Mannes Herz ist gut, und nur im Kopfe sitzt die Narrheit.» (17.6. 1823) In seiner Literaturgeschichte von 1857 ging auch Eichendorff streng mit Fouqué ins Gericht, wenn er ihn einen «Partisan der Romantik» nannte, einen ihrer «ersten und letzten Verfechter», der unabsichtlich dazu beigetragen habe, die Romantik «in Mißachtung, ja Verachtung zu bringen». Aber er schließt seine Betrachtung versöhnlich mit den Worten: «Friede und Achtung seinem Andenken, wie Allen, die es redlich meinten!» Fouqué meinte es redlich, was ihn allerdings nicht davor bewahrte, daß sein riesiges Werk bereits aus dem Gedächtnis der Öffentlichkeit verschwunden war, als er 1843 starb.

Hoffmann

Ernst Theodor Wilhelm Hoffmann, der Mozart zu Ehren seinen dritten Vornamen in Amadeus änderte, gehört zu den wenigen Schriftstellern der Zeit zwischen 1789 und 1830, die eine wirklich tiefe, breite und anhaltende Wirkung ausübten. In Deutschland galt er zu Lebzeiten als Held der «jüngeren Gesellschaft» und der «gelehrten Damenwelt», wie Charlotte von Schiller 1820 schreibt; danach ließ sein Einfluß nach und lebte erst um 1900 wieder auf. Aber Übersetzungen hatten ihn bald auch außerhalb des deutschen Sprachgebiets bekannt gemacht, und in den dreißiger Jahren kam es vor allem in Frankreich und Rußland zu einer regelrechten Hoffmann-Mode. Autoren wie Gautier, Nerval, George Sand, Puschkin, Dostojewski, Gogol, Edgar Allan Poe und später auch Baudelaire waren von ihm beeinflußt, und seine Wirkung reicht bis in die Gegenwart, wozu Offenbachs Oper *Hoffmanns Erzählungen* (1881) nicht wenig beigetragen hat. So bedeutend Hoffmanns Wirkung war, so begrenzt war sie allerdings im Spektrum der Weltliteratur, denn dort gilt er vor allem als Spezialist für das Phantastische. Hoffmanns Werke seien «ein entsetzlicher Angstschrei in zwanzig Bänden», hat Heine 1833 in seiner *Romantischen Schule* geschrieben, und als Gespenster-Hoffmann, als Erfinder von Gestalten und Konflikten in den Grenzbereichen des Menschlichen, in der Nähe von Wahnsinn, Somnambulismus und Magie ist er vor allen Dingen bekannt geworden. Dies war in der Tat das Besondere und Eigenartige, das Hoffmann aus dem Denken und den Erfahrungen seiner Zeit in die Literatur hinübertrug, aber dennoch läßt sich damit nicht schon sein Werk in seiner ganzen Fülle bezeichnen. Interesse und Bedeutung erhält es vielmehr erst dadurch, daß in ihm die Beziehungen zwischen dem Abnormalen und dem Normalen, dem Außergewöhnlichen und dem Gewöhnlichen, dem Zeitenthobenen und dem Historischen empfindbar und erkennbar gemacht werden.

Hoffmanns literarisches Werk ist in dem kurzen Zeitraum von rund zehn Jahren entstanden. 1809, gleich nach der Vollendung seiner ersten, kleinen Erzählung vom *Ritter Gluck*, vermerkt er im Tagebuch: «M[eine] litterarische Carriere scheint beginnen zu wollen», jedoch erst mit dem *Goldnen Topf*, angefangen mitten in den Kriegswirren in Dresden im November 1813, glückte ihm ein gewichtiges litterarisches Werk. Alle seine weiteren Märchen, Novellen, Romane und Skizzen sind in den ihm danach noch bleibenden achteinhalb Lebensjahren niedergeschrieben worden, und es will geradezu unbegreiflich erscheinen, daß die Schriftstellerei im Grunde nur Nebenarbeit für ihn war, denn in eben dieser Zeit war Hoffmann auch ein sehr beschäftigter Kammergerichtsrat in Berlin und hatte zugleich alte Ambitionen als Musiker und Komponist keineswegs aufgegeben. Dergleichen deutet zunächst auf eine außerordentliche Arbeitskapazität, wie sie in den Zeiten geringerer Lebenserwartung häufiger war als später. Aber bei Hoffmann wurde die Fähigkeit zu rastloser Arbeit auch durch eine in ihm arbeitende Rastlosigkeit ergänzt oder vielleicht sogar erst hervorgerufen. Sie drängte ihn früh zur Ausdruckssuche in den verschiedensten Medien und Formen: Hoffmann war zugleich ein talentierter Maler und ein ausgezeichneter Musiker. Von seinen Kompositionen, zu denen drei Opern zählen, haben ihn allerdings nur wenige überlebt, und sie sind keineswegs so originell, daß sie ihm einen bedeutenden Platz in der Musikgeschichte sichern. Dennoch gehörte seine größte Liebe zeitlebens der Musik; seine bleibende Leistung dagegen ist sein literarisches Werk.

Wenn Kleist, Arnim und Fouqué in ihren Ansichten sowie der Thematik und den Stoffen ihrer Werke von der Herkunft aus preußischem Adel entscheidend geprägt wurden, so Hoffmann durch seine Bürgerlichkeit. 1778, zwei Jahre nach Hoffmanns Geburt, trennte sich sein Vater von der Familie, und Hoffmann wuchs unter der Vormundschaft eines Onkels in einer großen bürgerlichen Familie auf, aus der aber gerade die eigenen Eltern – die Mutter war krank – weitgehend ausgeschlossen waren. Der Niederschlag solcher frühen Erfahrungen findet sich überall in Hoffmanns Werk, in den vielfältig dargestellten Beziehungen zwischen Onkeln und Neffen und in ebenso häufigen fragwürdigen oder aber idyllisch-harmonischen Beziehungen zwischen Eltern und Kindern, speziell einzigen Söhnen. Hoffmann wurden also die Widersprüche und Unzulänglichkeiten der bürgerlichen Kleinfamilie bereits zu einem Zeitpunkt offenbar, da diese gerade erst zu gesellschaftlicher Anerkennung kam. Besonders in seiner Heimat Ostpreußen trat Hoffmann allerdings auch der starke Gegensatz zwischen dem grundbesitzenden Adel und dem städtischen Bürgertum täglich vor Augen, und die Brüchigkeit der auf Standesdünkel und Grundbesitz gegründeten adligen Familien wurde eine andere frühe Erfahrung für ihn, die sich ebenfalls reichlich in seinem Werk widerspiegelt. Ein dritter Widerspruch, der sein ganzes Leben bestimmen sollte, war der aus der Familiensituation hervorgehende Konflikt zwischen künstlerischer Neigung und bürgerlichem Beruf. Denn für eine Familie von Kriminal-, Justiz- und Legationsräten wie die Hoffmannsche war Kunst kein Beruf, auch wenn man selbst gern musizierte. Hoffmann war für die Laufbahn eines preußischen Justizbeamten bestimmt, und die Kunst – Musik wie Literatur – blieb für ihn immer eine Freizeitbeschäftigung mit Ausnahme der Jahre 1808 bis 1813, als der preußische Staat darniederlag und für seine Diener nicht sorgen konnte, so daß Hoffmann sich seinen Lebensunterhalt als Theaterkomponist und Dirigent in Bamberg, Dresden und Leipzig verdienen mußte. Zur Liebe für die Kunst kam auf diese Weise die Kenntnis einer keineswegs idealen Kunstpraxis hinzu, denn die Realitäten des Theaterlebens – Kompetenzstreitigkeiten, berufliche Eifersüchteleien und Eitelkeiten, schlechte Arbeitsbedingungen und geringe Bezahlung sowie die Nötigung zu einem großen Repertoire für einen kleinen Zuschauerkreis – mußten ernüchternd wirken und sich als Profanierung der Kunst darstellen.

Theaterleben und Komponistentätigkeit führten ihn schließlich noch in einen weiteren, ganz unaufhebbaren Widerspruch, und zwar den zwischen Sexualität, Liebe und Ehe. Hoffmann hatte 1802 geheiratet, das Theater bot günstigen Nährboden für eine Liebschaft hier und da, aber was Hoffmann im innersten traf, war eine tiefe, ganz unerfüllte Liebe zu «Julia», seiner Bamberger Musikschülerin Juliane Mark. Es war eine Liebe ohne Erwi-

derung und ohne Realität. Auf dem Höhepunkt von Hoffmanns Neigung
in den Jahren 1811 und 1812 war er selbst ein Mann Mitte Dreißig, Julia
dagegen fast noch ein Kind und jedenfalls zwanzig Jahre jünger. In den
Tagebüchern steht für sie die Chiffre «Käthchen» nach Kleists Schauspiel
über eine im Unterbewußten gegründete Liebeskraft, *Das Käthchen von
Heilbronn*, zu dessen Bamberger Aufführung 1811 Hoffmann die Dekorationen entwarf und das er neben Shakespeares *Romeo und Julia* und Calderons *Die Andacht zum Kreuze* besonders schätzte. Diese Stücke versetzten
ihn, so schreibt er am 28. April 1812, «in eine Art poetischen Somnambulismus in dem ich das Wesen der Romantik in mancherley herrlichen leuch-
tenden Gestaltungen deutlich wahrzunehmen und zu erkennen glaubte!»
Daß die Neigung zu Juliane Mark für Hoffmann eine existentielle Erfahrung wurde, die wahrscheinlich gerade durch die Versagung Dauer und
Nachdruck gewann, ist aus den verschiedenen Julia-Gestalten in seinem
Werk zu erkennen, denn diese sind keineswegs nur repetitiv autobiographisch, sondern in ihrer jeweiligen poetischen Individualität durchaus verschieden voneinander und eine ganze Skala weiblicher Idealbilder. Hoffmann ging darin die Ahnung von Beziehungen zwischen den Geschlechtern
und von Liebesmöglichkeiten auf, die zwar jenseits alles gesellschaftlich
Realisierbaren lagen, die gerade dadurch aber auch als Ideal und Wunschziel den Blick über alle Beschränkungen der Zeit zu erheben vermochten.
Liebe dieser Art führte in die Nähe von religiösen Empfindungen und
konnte wohl nur in der Einbildungskraft und mit ihr in der Kunst erfahren
werden. Der Zug zur mythischen Verklärung der Frau ist also bei Hoffmann ebenso vorhanden wie bei Novalis, Hölderlin oder Kleist, und mit
Kleist teilte Hoffmann überdies die Furcht vor dem mänadischen Gegenbild
des Ideals, die dann bei ihm zeitweilig zu regelrechtem Frauenhaß führte.

Der Widerstreit von Gegensätzlichem hat Hoffmanns Persönlichkeit
ebenso wie sein gesamtes literarisches Werk geprägt – nur erlaubte die
Kunst eher als die Realität, auch dem Streben nach Synthese Ausdruck zu
geben. Das wurde gerade in den letzten Berliner Jahren Hoffmanns besonders deutlich. 1816 war Hoffmann zum Kammergerichtsrat und 1819 auch
zum Mitglied einer «Immediatkommission zur Ermittlung hochverräteri-
scher Verbindungen und anderer gefährlicher Umtriebe» ernannt worden,
die sich in den Jahren der Restauration besonders mit den einstigen Patrioten von 1812 und 1813 sowie ihrer womöglich republikanischen Gesinnung
zu beschäftigen hatte. Erster prominenter Untersuchungsgegenstand der
Kommission war der «Turnvater» Friedrich Ludwig Jahn, der im Juli 1819
in Spandau verhaftet und auf die Festung Küstrin gebracht wurde, wo man
ihn fast ein Jahr festhielt, obwohl ihm keine Vergehen nachgewiesen werden konnten. Im Namen der Kommission hat sich Hoffmann mehrfach
bei dem preußischen Justizminister für Jahns Freilassung verwendet.
Daneben aber hat er die Atmosphäre der «Demagogenverfolgung» auch in

der Knarrpanti-Episode seines Märchens *Meister Floh* (1822) wiederzuge-
ben versucht, was ihm jedoch selbst ein Untersuchungsverfahren eintrug.
Die Affäre führte zur Zensierung einiger Stellen des Märchens und fand
erst mit Hoffmanns Tod ihr Ende. Ernst Theodor Amadeus Hoffmann
starb 1822 in Berlin an einer Nervenkrankheit, durch die er nach und nach
völlig gelähmt worden war.

In Berlin hatte Hoffmann schon einen Tag nach seiner Rückkehr in den
Staatsdienst im September 1814 Fouqué, Tieck, Chamisso und Bernhardi
kennengelernt. Julius Eduard Hitzig, Buchhändler, Schriftsteller und Kri-
minalrat, wurde sein engster Vertrauter und erster Biograph. Auch zu
Begegnungen mit vielen anderen Gestalten des intellektuellen Berlins sowie
mit seinen zahlreichen häufigen Besuchern ist es gekommen, darunter mit
Brentano, Carl Maria von Weber und Varnhagen von Ense. Im Weinkeller
von Lutter und Wegner war er ein zu besichtigender Stammgast, obwohl es
Unterschiede zwischen der Wirklichkeit und jener Legende von dem ständig trinkenden, phantasierenden und dichtenden Hoffmann gegeben hat,
an der vor allem Offenbachs Oper kräftig mitgewoben hat. Bis zu seiner
letzten Krankheit war Hoffmann gewissenhafter Beamter und begeistert
tätiger Musiker und Komponist; seine Oper *Undine* nach Fouqués Erzählung und Libretto wurde 1816 in Berlin uraufgeführt. Hoffmann hat sich
also nicht in erster Linie als Literat empfunden; dazu war auch sein Verhältnis zu anderer zeitgenössischer Literatur zu beliebig und zufällig. Shakespeare, Calderon, Goethe, Schiller und Gozzi waren die Säulen seiner literarischen Kenntnis, wobei die Auswahl weniger durch den Leser als den
Theaterexperten Hoffmann bestimmt wurde. Unter den Werken der Gene-
rationsgefährten waren es diejenigen von Tieck, Kleist, Fouqué und Zacharias Werner, die er kannte und die ihn berührten. Natürlich verehrte er Jean
Paul, und er gewann ihn für eine Vorrede zu seinem ersten Buch, den *Phantasiestücken in Callots Manier.* Und verehrt hat er dann vor allem Novalis,
von dessen Naturphilosophie besonders in den *Lehrlingen zu Sais* tiefe Wirkung auf ihn ausgegangen ist. Brentanos *Lustige Musikanten* hat er 1805 als
Singspiel komponiert, und Chamissos *Peter Schlemihl* geistert als wahlver-
wandte Figur sogar durch einige seiner eigenen Geschichten. Aber wie
manche anderen bedeutenden Schriftsteller war Hoffmann nur ein sehr
flüchtiger Leser. Daß er durch Trivialliteratur, besonders die englischen
«Gothic Novels», also Romane wie Matthew Gregory Lewis' *Der Mönch*
(1796), beeinflußt wurde, hat er selbst bekannt. Die Anregungen und Inspirationen, die ihm vor allem jene Kolportage- und Zauberopern beschert
haben, die er dirigieren mußte, sind noch nicht erforscht. Gerade in ihren
Motiven und Stoffen konnte er viel dem finden, was ihn jenseits alles
Literarischen immer wieder beschäftigte und interessierte: das Phantastische, Surreale, mit dem Verstand nicht Faßbare und Parapsychologische.
Gotthilf Heinrich Schuberts *Ansichten von der Nachtseite der Naturwissen-*

schaft (1808) und *Die Symbolik des Traums* (1814) haben in dieser Hinsicht
besonders nachhaltig auf ihn gewirkt und ihn gefördert auf der Suche nach
einem allgemeinen «geistigen Prinzip» hinter allen Widersprüchen. Nach
einem solchen Prinzip, nach Harmonie und Synthese suchte er überall in
seinem Werk. So sehr er aber zu diesem Zwecke die Phantasie engagierte,
so wenig war er selbst ein Schwärmer oder Phantast.

Besonnenheit und künstlerisches Formbewußtsein bestimmen Hoffmanns
literarisches Werk von der ersten Zeile an. Wenn ihm auch das Schreiben
leicht fiel und er manchmal sorglos in stilistischen Dingen war, so ist dieses
Werk doch keineswegs Produkt impulsiven oder gar rauschhaften Schaffens. Literatur ist für Hoffmann vielmehr eine Form der Reflexion; der
Autor beobachtet Begebenheiten und allgemein das Verhalten der Menschen zueinander und zu sich selbst. Aufgabe ist ihm die Suche nach dem
verborgenen «Prinzip», das solches oft unbegreifliche Verhalten lenkt und
den Geschehnissen einen Sinn geben könnte. Nur zu häufig steht in seiner
eigenen Erfahrung das Ich im Widerspruch zu sich selbst, zur Gesellschaft,
in der es existiert, oder zur Natur, von der es abhängt und deren Teil es ist.
Jene von der Kantischen und der Fichteschen Philosophie eingeleitete Krise
des Ich-Bewußtseins im Verhältnis zu Mensch, Natur und Gott steht hinter
vielen der literarischen Reflexionen Hoffmanns. Oft tragen seine Geschichten ähnlich wie diejenigen Kleists den Charakter eines Versuchs und einer
Versuchung: Das Verhalten und die Reaktionen des Menschen werden
unter bestimmten Verhältnissen und in bestimmten Situationen ausprobiert
und auf ihre Konsequenzen hin untersucht. Der Autor ist Berichterstatter,
der über die seine Gestalten lenkende Macht genausowenig Bescheid weiß,
wie diese es selbst wissen, und der nur eben den Vorteil ihnen gegenüber
hat, daß er sie und ihre Erlebnisse überlebt, überblickt und davon berichten
kann. Das Werk Hoffmanns ist voll von Erzählfiktionen, also von fingierten
Erzählern, die einen Abstand zwischen dem erzählten Geschehen und dem
tatsächlichen Autor Hoffmann schaffen. So bekommt Literatur bei Hoffmann eine gewisse Autonomie; sie ist wiedergegebene, aber vom Autor in
ihren Bewegungsgesetzen durchaus nicht klar durchschaute oder gar
erklärte Wirklichkeit. Dieser Unsicherheitsfaktor macht jedoch häufig
gerade den Reiz der Hoffmannschen Erzählungen aus, und er wird noch
verstärkt dadurch, daß Hoffmann in seine poetischen Reflexionen auch
jenen Bereich anschaulich mit einbezieht, der den fünf Sinnen und mithin
einer Darstellung realer Vorgänge nicht zugänglich ist: das Innere des
Menschen, die Sphäre seiner Träume, Phantasien, Wünsche und Triebe,
deren er sich im Unterschied zu seinen Gedanken oft selbst kaum klar
bewußt ist und die er deshalb auch selbst nicht artikulieren kann. In dieser
Hinsicht ist der Autor nun allerdings seinen Gestalten überlegen, ist eine
Art Geburtshelfer ihres Unbewußten, ohne jedoch besser als sie bestimmen
zu können, wohin das alles führt. Im Märchen von der *Prinzessin Brambilla*

heißt es einmal, daß «der Schauplatz manchmal in das eigne Innere der auftretenden Gestalten verlegt» werde. Das ist in der Tat das Geheimnis von Hoffmanns Phantastik, seiner Geister-, Gespenster- und Maskenwelt. Inneres tritt nach außen und lebt gleichberechtigt mit dem Äußeren, sinnlich Erfaßbaren zusammen. Der künstlerischen Darstellung wird eine ganz neue Dimension erschlossen.

Phantasiestücke und Nachtstücke

Hoffmanns erste Buchveröffentlichung waren die *Phantasiestücke in Callots Manier.* Sie erschienen in vier Bänden, der erste 1813, die nächsten beiden 1814 und der vierte 1815. Jacques Callot, der französische Schöpfer grotesker Radierungen und Zeichnungen, wird von Jean Paul in der Vorrede zum ersten Band der *Phantasiestücke* als «malender Gozzi und Farben-Leibgeber» bezeichnet und mit dem letzteren, dem Doppelgänger von Siebenkäs (vgl. Bd. 1, S. 345 ff.), sogleich in Jean Pauls eigenes dichterisch-phantastisches Imperium aufgenommen. Hoffmann selbst widmet Callot das erste dieser Stücke, spricht darin vom «Zauber seiner überregen Phantasie», von «romantischer Originalität», aber auch von «Ironie», die seinen Zeichnungen erst Tiefe gebe: «Und so enthüllen Callots aus Tier und Mensch geschaffene groteske Gestalten dem ernsten, tiefer eindringenden Beschauer alle die geheimen Andeutungen, die unter dem Schleier der Skurrilität verborgen liegen.» Es ist eine angemessene Ouvertüre für Hoffmanns Werk, denn eben das, was er hier in Callot erkennt, sollte auch Absicht seiner eigenen literarischen Arbeiten werden. Wenn Hoffmann jedoch auch noch von ihm die Anekdote erzählt, «daß, als Richelieu von ihm verlangte, er solle die Einnahme seiner Vaterstadt Nancy gravieren, er freimütig erklärte, eher haue er sich seinen Daumen ab, als daß er die Erniedrigung seines Fürsten und seines Vaterlands durch sein Talent ‹verewige›», so stellte er Callot zugleich als einen patriotischen Künstler mit Zivilcourage vor – ein Beispiel, das im Jahre 1813 seine aktuelle Bedeutung besaß. Bezog sich der Titel von Hoffmanns erstem Buch auf einen Maler, so dominierte dennoch darin die Musik. Seit 1809 hatte Hoffmann in der Leipziger *Allgemeinen Musikalischen Zeitung* eine Reihe von Beiträgen veröffentlicht, die er nun hier noch einmal gebündelt vorlegte als *Kreisleriana*, als Produkte jenes fiktiven Kapellmeisters Johannes Kreisler, zu dem er eine tiefe Affinität besaß. 1810 hatte er zuerst dessen «musikalische Leiden» beschrieben. Jetzt versuchte er ihn ausführlicher vorzustellen mit Fragen im Stile des Anfangs von Diderots Roman *Jakob, der Fatalist,* einem Buch, das Hoffmann besonders schätzte: «Wo ist er her? - Niemand weiß es! – Wer waren seine Eltern? – Es ist unbekannt! – Wessen Schüler ist er? – Eines guten Meisters, denn er spielt vortrefflich, und da er Verstand und Bildung hat, kann man ihn wohl dulden, ja ihm sogar Unterricht in der Musik verstatten.» In Hoffmanns Porträt ist Kreisler der sensitive Musiker, beherrscht von der Fülle seiner «innern Erscheinungen und Träume», auf der Suche nach «Ruhe und Heiterkeit [. . .], ohne welche der Künstler nichts zu schaffen vermag», nach Gleichgewicht und Harmonie also zwischen Innen und Außen, dem Ich und den verschiedenen Verhältnissen, in denen es sich befindet, auf der Suche nach jener Besonnenheit schließlich, «welche vom wahren Genie unzertrennlich ist» und die der Schriftsteller Hoffmann tatsächlich weitgehend besaß.

Es fällt auf, daß in den ersten *Phantasiestücken* viel von Romantik die Rede ist. Bei Hoffmann sind es vor allem der Begriff des Unendlichen und die Sehnsucht danach, die das Romantische bestimmen, die Sehnsucht also nach der Einheit hinter der Vielfalt, nach dem Ideal hinter der unzulänglichen Realität, nach der Erkenntnis des «geistigen Prinzips», das dirigierend und determinierend hinter allen Erscheinungen und Handlungen steht. Das Korrektiv solcher Romantik ist jedoch jene «Ironie des Poetischen», von der in der Charakterisierung des Meisters Callot die Rede ist und die in enger Verwandtschaft zur künstlerischen Besonnenheit steht. Ohne beide hat das Kunstwerk kaum Aussicht, erkenntnisbringende und wirksame Reflexion zu sein. Solche Theorie bestätigen die Novellen, die den *Phantasiestücken* ihr eigentliches literarisches Gewicht geben: *Ritter Gluck, Don Juan*, die *Nachricht von den neuesten Schicksalen des Hundes Berganza, Der Magnetiseur* und *Die Abenteuer der Silvesternacht.*

«Ironie des Poetischen» zeigt bereits Hoffmanns erste Novelle, der *Ritter Gluck*, «eine Erinnerung aus dem Jahre 1809» und damals auch zuerst gedruckt.

Im Berlin von 1809 trifft der Erzähler einen Sonderling, der ihm schließlich aus leeren Notenbüchern Glucks Werke in «neuer, verjüngter Gestalt» vorspielt, sich am Ende aber als der «Ritter Gluck» selbst vorstellt – in jenem Kostüm, in dem der 1787 gestorbene Christoph Willibald Gluck tatsächlich umhergegangen sein mochte. Wahnsinn oder fehlgeleitetes Künstlertum, Phantasie und Traum oder die nach außen gewendete innere Realität eines jungen, nach neuen, sinnvollen Ausdrucksformen innerhalb einer großen Tradition suchenden Komponisten? Hoffmann läßt die Frage zwar offen, aber erst im letzteren Sinne, in dem nach außen gebrachten kreativen Nachdenken eines Künstlers, der versucht, das «Heilige» unter «Unheiligen» zu bewahren und zu neuem Glanze zu bringen, erhält die kleine «Erinnerung» ihre Bedeutung und ihren Wert und bildet mit ihrem Gegensatz von Traumwelt und Realität den Keim zu vielen anderen Erzählungen Hoffmanns.

Im *Don Juan* erlebt der Erzähler, der «reisende Enthusiast», der noch öfters Autorfiktion bei Hoffmann sein wird, in einer kleinen Stadt die Aufführung von Mozarts *Don Giovanni.* Mehr noch: die italienische Darstellerin der Donna Anna besucht ihn auf geheimnisvolle Weise während der Vorstellung in seiner Loge und spricht zu ihm über ihre Rolle. Erst danach, als er nachts noch einmal ins Theater zurückkehrt, geht dem Erzähler der Sinn der Oper auf. Am nächsten Morgen allerdings muß er erfahren, daß zum gleichen Zeitpunkt – «heute morgens Punkt zwei Uhr» – die Signora gestorben sei. Wiederum ist Inneres zu Äußerem geworden. Eine im Kunstwerk und der Musik ‹verewigte› Frau hat dem jungen Enthusiasten nicht nur das Wesen einer großen Oper aufgeschlossen, sondern ihm darüber hinaus auch die Problematik des menschlich-männlichen Sündenfalls bewußt gemacht. Denn eben darum handelt es sich in der Don-Juan-Mythe für Hoffmann. Der auf sich selbst reflektierende, sein Ich setzende Mensch, der zwischen Gott und Dämon steht, strebt nach einem «Ideal endlicher Befriedigung», nach Harmonie und Gleichgewicht. Don Juan wird von solcher Sehnsucht getrieben, wenn er die Liebe in den Armen der Frauen sucht, bis er erkennen muß, daß dieses Suchen vergeblich ist. Die Sehnsucht kehrt sich nun um in Haß und Rache, und jede weitere Verführung soll nur noch zerstören. Donna Anna tritt ihm gegenüber als die letzte, die freie Frau, «ein göttliches Weib, über deren reines Gemüt der Teufel nichts vermochte». Aber auch sie vermag ihn nicht zu erlösen. Don Juan ist der Verirrte in einer ihm fremd gewordenen Welt, unfähig zu «bürgerlicher Vereinigung», aber auch nicht stark genug zur Erhebung über die Natur in ihm, zugrundegehend an den Widersprüchen, deren er nicht Herr wird. So interpretiert Hoffmann Mozarts Oper in eine romantische Künstlernovelle um, entwickelt darin sein eigenes zwiespältiges Verhältnis zur Weiblichkeit und bringt es zugleich in Beziehung zu jenem Mythos, der sein Werk wie das seiner Zeitgenossen häufig genug beeinflußte und bestimmte, zum Mythos von der Vertreibung des Menschen aus dem Paradies durch sein Wissendwerden, durch seine Fähigkeit zur Reflexion.

Das ist schließlich auch das kaum verborgene Thema jenes Werks, das den dritten Teil der *Phantasiestücke* füllt und eines von Hoffmanns Meisterwerken ist: *Der goldne Topf.* Dieses «Märchen aus der neuen Zeit» wurde in Dresden begonnen und Anfang März 1814 in Leipzig beendet. Mythische Ferne und unmittelbare, konkrete Gegenwart wechseln miteinander ab und durchdringen einander.

Schauplatz des Märchens sind das Feenreich Atlantis und die Stadt Dresden um 1813. Außerhalb des Dresdner Schwarzen Tores, in der Nähe des Linkeschen Bades, hatte Hoffmann selbst in diesem Jahre vorübergehend gewohnt, und durch eben dieses Tor zum Bade hin läßt er «am Himmelfahrtstage, nachmittags um drei Uhr» den Studenten Anselmus hinauslaufen, «geradezu in einen Korb mit Äpfeln und Kuchen hinein, die ein altes häßliches Weib feilbot». Anselmus hatte «an der Glückseligkeit des Linkischen Paradieses» teilnehmen wollen, aber der Unfall mit dem Apfelweib – «da führt mich der Satan in den verwünschten Äpfelkorb» - bringt ihn um seine Barschaft und damit um die kulinarischen Freuden des «Familienfestes», das er in dem Restaurant des Bades hatte feiern wollen. Stattdessen begegnen ihm in einem Holunderbaum «drei in grünem Gold erglänzende Schlänglein», und er verliebt sich in eine von ihnen, in Serpentina. Daß hier eine Vertreibung aus dem «Paradiese» vor sich geht, ist ganz unübersehbar, ebenso entsteht auch der Eindruck, daß die Liebe ausgerechnet zur Schlange den Helden womöglich in ein besseres Paradies als das «Linkische» zu führen vermag. Im Schlaf unter dem Holunderstrauch hatte Kleists Käthchen von Heilbronn dem Grafen Wetter vom Strahl die Ursachen ihrer Liebe bekannt; auch für Hoffmann, der über zwei Jahre lang in seinen Tagebüchern die geliebte Julia hinter dem Namen «Käthchen» verbarg, lag es also nahe, den Holunderstrauch mit feiner Selbstironie zum Ort der Offenbarung zu machen.

Der goldne Topf wie auch die weiteren Märchen und ein beträchtlicher Teil von Hoffmanns Geschichten überhaupt sind aus verschiedenen Bestandteilen zusammengesetzt, die der Autor zur ästhetischen Einheit fügt. Ein erster solcher Bestandteil ist zunächst der Spott über die Philisterwelt, entspringend aus Hoffmanns reichlicher Erfahrung mit dem deut-

schen Bürgertum der Residenz- und Regierungsstädte, dem Publikum seiner Theateraufführungen, dem Schülerkreis seiner Musiklehrertätigkeit,
der Klientele des beamteten Juristen und dem Stammtisch in den Lokalen.
In Dresden und für Anselmus sind es der Konrektor Paulmann und seine
Tochter Veronika, die den Helden ans Bürgerliche zu binden versuchen,
denn Veronika möchte gern Hofrätin werden, und da sie Anselmus für
einen vielversprechenden jungen Mann halten darf, hat sie sich in ihn verliebt. Sie verwickelt sich sogar in Hexereien, um den Geliebten der
Schlange Serpentina zu entreißen. Aber Anselmus, täppisch und empfindsam, ist nicht zum Staatsdiener geschaffen, und so nimmt Veronika schließlich statt seiner den zum Hofrat avancierten Registrator Heerbrand als
sichrere Partie. Biedersinn, Bildungsdrang, aufklärerischer Rationalismus,
Phantasielosigkeit, Karrierismus und Untertänigkeit zeichnen den Philister
aus, obwohl Hoffmann weit davon entfernt ist, Klischees zu schaffen und
seinen Räten, Rektoren, Doktoren oder Registratoren alle liebenswerten
Züge zu nehmen oder ihnen die Gelegenheit zu versagen, in der Skurrilität
ihre Menschlichkeit zu bewahren.

Dem Philister steht – und das ist der zweite Bestandteil von Hoffmanns
Märchen – der Künstler gegenüber, ausgezeichnet durch Begeisterung und
gesellschaftliches Ungeschick, hohe Empfindsamkeit und kritische wie
selbstkritische Ironie, in Bürgertugenden erzogen, sie respektierend und
sich doch zugleich über sie erhebend. Anselmus und der Kapellmeister
Kreisler sind Verwandte, und sie haben noch andere Brüder und Vettern in
Hoffmanns Werk. Anselmus ist zum Dichter bestimmt wie Kreisler zum
Musiker, und wie dieser später im *Kater Murr* in Meister Abraham eine
väterliche Erzieherfigur beigesellt bekommt, so hier Anselmus den Archivar
Lindhorst. Lindhorst, der Herr eines Heims («Horst») für Schlangen
(«Lindwürmer»), ist Bürger, Künstler und mythische Gestalt in einem, und
wo immer man den einen zu fassen glaubt, ist er das andere. Bei Lindhorst
lernt Anselmus, sich über die «dürftige armselige Zeit der innern Verstocktheit» zu erheben, bei ihm bekommt er eine Ahnung von der «sogenannten
Weltbildung», an der es den deutschen Künstlern und Bürgern so viel mehr
als denen in anderen Ländern fehlt, und durch ihn erhält er schließlich Serpentina, den goldnen Topf und ein Rittergut in Atlantis. Er muß es sich
allerdings verdienen und muß als der wahre Künstler das Leben nicht nur
aus der Kristallflasche betrachten, in die ihn Lindhorst zeitweilig zur Strafe
verdammt, obwohl sich andere, wie er erfahren muß, damit abgefunden
haben. Erfüllung freilich ist letztlich nicht im Kompromiß mit der dürftigen
Zeit, sondern nur im Gegensatz zu ihr möglich. Diesem höheren Zwecke
dient nun die dritte Komponente der Erzählung, der Mythos von Lilie,
Salamander und Schlange.

Hoffmann hat derartige Mythen auch in andere seiner Märchen eingeführt – eine Sage vom Undargarten steht in der *Prinzessin Brambilla*, die

Geschichte der Fee Rosabelverde in *Klein Zaches,* und ein seltsames Feenreich von Famagusta wird im *Meister Floh* heraufgezaubert. Mythen und Märchen erlaubten den Blick über die Befangenheit der eigenen gesellschaftlichen und historischen Enge hinaus, aber da sie schließlich höchstens zu glauben und nicht zu beweisen waren, gaben sie dem Autor zugleich die Freiheit, von ihnen zurückzutreten und ironisch mit ihren Elementen zu spielen, Assoziationen anzudeuten und wieder wegzuwischen und damit das Kunstwerk als Ganzes zu dem zu machen, was es nach Hoffmann sein sollte: Vergnügen und ein ästhetisches Medium der Reflexion zugleich. Der Mythos vom goldnen Topf entspricht solcher Absicht aufs idealste, und sie wird dadurch bewirkt, daß sich Mythos und Realität zunächst untrennbar miteinander zu verbinden scheinen, dann aber am Ende wieder ganz auseinandertreten, denn klares Denken ist nur möglich, wo Gegensätze nicht zugedeckt werden.

Hoffmann geht im Mythos des *Goldnen Topfes* auf den Anfang der Dinge zurück, auf eine Art Urzeugung der Elemente und die Entstehung der Elementargeister in Luft, Feuer, Wasser und Erde. Aus der Vereinigung der erdgebundenen Feuerlilie mit dem Geisterfürsten Phosphorus entspringt die Schlange, die sich ihrerseits dann dem Salamander alias Archivarius Lindhorst in Liebe verbindet und Mutter dreier Schlangentöchter wird, von denen Serpentina die erste ist. Es ist ein triadischer Mythos, den Hoffmann hier entwirft. Aus der Urzeugung entstehen Gegensätze zwischen Liebe und Haß, Schöpfung und Zerstörung. Aber Erlösung ist versprochen, wenn alle drei Schlangen mit einem Menschen verbunden sind: Der Mensch wird zum Erlöser der Natur, womit er zugleich sich selbst erlöst. Der Rückgang auf die Urfrühe des Mythos ist bei Hoffmann nicht als Suche nach tatsächlichen Ursprüngen in der Nähe Gottes gemeint wie in der Mythenforschung seiner Tage bei Görres und Creuzer (vgl. S. 231 ff.), sondern vielmehr als der Versuch, der befangenen, zerklüfteten Wirklichkeit ein Gegenbild der Einheit und des Sinnes gegenüberzustellen.

«In der unglücklichen Zeit, wenn die Sprache der Natur dem entarteten Geschlecht der Menschen nicht mehr verständlich sein, wenn die Elementargeister, in ihre Regionen gebannt, nur aus weiter Ferne in dumpfen Anklängen zu dem Menschen sprechen werden, wenn, dem harmonischen Kreise entrückt, nur ein unendliches Sehnen ihm die dunkle Kunde von dem wundervollen Reiche geben wird, das er sonst bewohnen durfte, als noch Glauben und Liebe in seinem Gemüte wohnten – in dieser unglücklichen Zeit entzündet sich der Feuerstoff des Salamanders aufs neue, doch nur zum Menschen keimt er empor und muß, ganz eingehend in das dürftige Leben, dessen Bedrängnisse ertragen. Aber nicht allein die Erinnerung an seinen Urzustand soll ihm bleiben, sondern er lebt auch wieder auf in der heiligen Harmonie

mit der ganzen Natur, er versteht ihre Wunder, und die Macht der ver-
brüderten Geister steht ihm zu Gebote.»

Jene neue Harmonie aber repräsentiert der goldne Topf, selbst ein Kunstwerk, in dem sich «in tausend schimmernden Reflexen» das Leben spiegelt.
Als Gefährte Serpentinas wird Anselmus Dichter in Atlantis; der Autor des
Märchens jedoch hat in seiner letzten, zwölften «Vigilie» in seine reale
Dachkammer zurückzukehren. Gegensätze bleiben bestehen, aber gerade
dadurch gelingt das Märchen als Kunstwerk, das nicht das Ideal, sondern
die Suche danach zum Thema hat. Für alle weiteren Kandidaten stehen
noch zwei heiratsfähige Serpentinas zur Verfügung, vorausgesetzt, daß die
Helden ihnen Glauben und Liebe entgegenbringen. Dem Novalis-Verehrer
Hoffmann waren die politischen Implikationen mit einer solchen Anspielung auf dessen Sammlung politischer Fragmente aus dem Jahre 1798 gewiß
deutlich, umsomehr als *Der goldne Topf* in der kurzen hoffnungsvollen Zeit
unmittelbar nach der Völkerschlacht bei Leipzig entstanden ist.

　　Zu den übrigen Phantasiestücken gehören die mit Anekdotischem und sehr persönlichen Erlebnissen vermischten Kunst- und Literaturgespräche unter dem Titel
Nachricht von den neuesten Schicksalen des Hundes Berganza, deren Held einer
Novelle Cervantes' entlehnt ist, und außerdem Hoffmanns erste eigentliche «Gespenstergeschichte», *Der Magnetiseur.* Es ist die Geschichte von der Zerstörung einer kleinen adligen Familie durch einen dämonischen Verführer, der Gewalt gewinnt über
die Gefühle und Gedanken eines jungen Mädchens und einen frühen Versuch zu
dem anstellt, was spätere Zeitalter ‹Gehirnwäsche› genannt haben, eine Geschichte,
die für Hoffmanns starke Faszination durch die Phänomene des Mesmerismus und
Magnetismus als versuchte Zugänge zu der «Nachtseite» der menschlichen Natur
Zeugnis ablegt. In den Gesprächen der *Serapionsbrüder* wird später erwogen, ob der
Magnetismus vielleicht gar «die im Geist geschaffene Waffe» sei, das «im Geist wohnende Übel» des ungestützt und ungeschützt in seine Tiefen dringenden Bewußtseins
zu bekämpfen. Zu den Phantasiestücken gehören außerdem die Erzählung von *Ritter
Gluck*, die *Abenteuer der Silvester-Nacht* mit der meisterlich gedrängten, von Fouqués
Geschichte vom Galgenmännlein (vgl. S. 413) inspirierten Erzählung *Geschichte vom
verlornen Spiegelbild*, worin der brave Deutsche Erasmus Spikher der italienischen
Kurtisane Giulietta zuliebe sein Spiegelbild verkauft und schließlich heimatloser Rei-
segefährte von Peter Schlemihl wird, der einst seinen Schatten verlor (vgl. S. 526 ff.);
Versuchungen, Unheil, Schrecken und Angst steigen aus den Tiefen hervor, wenn
man zwischen die Gegensätze und Widersprüche dieser Welt gerät und sich nicht in
märchenhafter Sicherheit über sie erheben kann.

　　In die «Nachtseiten» versuchte Hoffmann in den folgenden Jahren tiefer
einzudringen. Die zwei Bände der *Nachtstücke* (1817) und die vier der *Serapionsbrüder* (1819/1821) enthalten insgesamt 37 kürzere oder längere
Geschichten, Märchen und Betrachtungen. Der erste Band der *Nachtstücke*
wird von einem der bedeutendsten und wirkungsvollsten Werke Hoffmanns
eröffnet, der Novelle *Der Sandmann,* die mit dem Titel schon auf ein
Nachtgespenst deutet. Gewiß mag ein Teil der Popularität dieser Novelle
auf das Konto Offenbachs gehen, dessen musikalische Charakterisierung

der Puppe Olimpia, in die sich ein sterblicher Jüngling verliebt, zu einer der Paraderollen der Opernbühne geworden ist. Aber der Reiz der Erzählung geht über solche Äußerlichkeiten doch weit hinaus. Kaum eine andere Geschichte ist häufiger interpretiert worden, und die Skala der Deutungen reicht von geistesgeschichtlicher und sozialkritischer Analyse bis zur Psychoanalyse Sigmund Freuds, der die Vorfälle um den Studenten Nathanael zur Illustration seiner Theorie des Unheimlichen benutzt hat. Die Schwierigkeit, aber zugleich auch das künstlerische Gewicht der Erzählung besteht darin, daß Hoffmann in ihr aufs konzentrierteste und zugleich sinnfälligste die Widersprüche seiner eigenen Existenz zusammengefaßt hat. Philisterexistenz, Künstlerschicksal und Zerstörung von Familienbindungen sind eng mit dem eigentlichen Hauptthema verbunden: dem Versuch, eine rechte Relation zwischen Innenwelt und Außenwelt im sensitiven, seiner selbst bewußten Menschen herzustellen.

Der Held Nathanael, dessen Name die hebräische Version von ‹Theodor› ist, wird frühzeitig in Not gebracht durch den zu Beginn der Nacht erscheinenden «Sandmann», den Advokaten Coppelius, mit dem zusammen der Vater alchimistische Experimente anstellt, bei denen er schließlich umkommt. Das Elternhaus ist zerbrochen. Nur unter der Hand fast erfährt der Leser, daß die Mutter ein Geschwisterpaar adoptiert hat – Lothar und Klara, von denen der eine zum besten Freunde Nathanaels, die andere zu seiner Braut wird. Beide sind sie verständig, vernünftig, gute Menschen und gute Bürger. Die Mutter adoptiert also den idealen bürgerlichen Sohn als Modell für den leiblichen und dazu auch noch die ideale bürgerliche Frau. Aber eben der Formierung einer solchen idealen Kleinfamilie entzieht sich der Sohn, nicht durch Absicht, sondern durch eine innere Entscheidung, die ihm jedoch nur als äußeres Verhängnis verstehbar wird. «Etwas Entsetzliches ist in mein Leben getreten!» schreibt er der Braut, dem «holden Engelsbild» in «zerrissener Stimmung». Es ist der Wetterglashändler Coppola, eine Reinkarnation des Sandmannes Coppelius, der einst den Tod seines Vaters verschuldet und sein Elternhaus zerstört hatte. Von ihm erwirbt er jenes «Perspektiv», also Fernrohr, durch das betrachtet die Automate Olimpia ihm als fühlender Mensch erscheint, als ihm die menschliche Klara zum «leblosen, verdammten Automat» geworden ist. Die Realität aber verschlingt das Ideal. Als Olimpias Automatencharakter auch für Nathanael offenbar wird, treibt ihn der Widerspruch zwischen Außenwelt und Innenwelt in den Wahnsinn und schließlich in den Tod. Klara findet das «ruhige häusliche Glück [...], das ihrem heitern lebenslustigen Sinn zusagte und das ihr der im Innern zerrissene Nathanael niemals hätte gewähren können», an der Hand eines anderen Mannes.

Der Sandmann ist in erster Linie eine Familiengeschichte, die Geschichte von der Unzulänglichkeit bürgerlicher Familienbindungen gegenüber dem außerordentlichen Menschen. Beengung ist ein Hauptanlaß für die Ausbruchsversuche des Vaters und des Sohnes. Satirisch ist solche Darstellung bei Hoffmann nicht gemeint, sondern skeptisch-ironisch allenfalls, und wirkliche Tragik erwächst daraus, daß eben das Bürgerliche zugleich in vieler Hinsicht das Normale und gute Durchschnittliche ist, ohne das eine Gesellschaft nicht bestehen könnte. Nathanael aber ist der Ungewöhnliche und Außenseiter, der Künstler, der mehr sieht als die anderen und solche

Erkenntnisse auch im Kunstwerk zu bewältigen und damit zu beherrschen versucht: Er schreibt «ruhig und besonnen» ein Gedicht über Coppelius, den Störer seines Glückes. Aber er zerbricht schließlich daran, daß er immer wieder durch Coppolas, des Nächtigen, Glas blickt; die optischen Instrumente des Sandmannes, die «sköne Oke», zerstören das Gleichgewicht des in der Reflexion gespaltenen, selbstentfremdeten Menschen. Anselmus befreit sich aus seiner Kristallflasche, Nathanael geht am Glas zugrunde. Persönliche Erfahrungen und Zeiterfahrungen Hoffmanns gehen in eins.

Unter den weiteren Nachtstücken finden sich eine an Kleists *Marquise von O* . . . anklingende Erzählung mit dem Titel *Das Gelübde* und als stärkste *Das Majorat*, die Geschichte von einem Familienfluch, historisch konkret erzählt als die Geschichte von der Zerstörung einer baltischen Adelsfamilie durch Besitzgier und Standesvorurteile. In sie wird der Erzähler als junger bürgerlicher Jurist verwickelt, als er sich schwärmerisch in die schöne Baronesse verliebt. Der Großonkel und Familienjustitiar – ein Denkmal wohl für Christoph Ernst Voeteri, den tatsächlichen Großonkel Hoffmanns – bewahrt ihn vor weiterem Unheil. In dieser Erzählung wie im *Gelübde* erweist sich Hoffmann zunächst als Gesellschaftskritiker, der als Erzähler Überlegenheit gegenüber dem ahnenstolzen Adel an den Tag legt. Aber es wäre nicht Hoffmanns Erzählung, wenn nicht die Musik darin ebenfalls eine Rolle spielte: Sie wird zur Brücke zwischen dem jungen Juristen und der adligen Dame, so daß diese sich zu seinem «Engel des Lichts» verklärt und im Gesang von einfachen Volksliedern ein Gefühl der Bewußtseinserweiterung entsteht über alles Gesellschaftliche hinaus. «Ein geheimnisvoller Zauber liegt in den unbedeutenden Worten des Textes, und zur Hieroglyphe des Unaussprechlichen wird, von dem unsere Brust erfüllt.» Zugleich jedoch wird die historische Stunde im Hinblick auf solch schwärmerische Hoffnungen von den Wirkungen der Kunst durch die Baronin sehr genau bezeichnet: «Wissen Sie denn nicht, daß Orpheus', Amphions fabelhafte Zeit längst vorüber ist, und daß die wilden Tiere allen Respekt vor den vortrefflichsten Sängern ganz verloren haben?» Heinrich von Ofterdingen war einst die entgegengesetzte Lektion erteilt worden. Von unversöhnlichen Gegensätzen, vom Zerfleischen der Menschen untereinander, unbesänftigt durch die Kunst der Töne, handelt diese Novelle, wenn sie den aus Mord und Bruderhaß hervorgehenden Erbschaftsstreit bis zum bitteren Ende verfolgt. Der junge Erzähler muß sich sogar den Vorwurf des Barons gefallen lassen, sein Musikmachen mit der Baronin habe verstörend und «wie ein böser Zauber» auf sie gewirkt, aber aus diesem Munde wiederum bewirkt das Wort Zweifel, ob nicht eben doch gerade deshalb der Kunst eine humane Kraft innewohne, weil sie die Augen über eine böse Welt hinaus erheben läßt. Es ist eine offene Frage am Ende einer Tragödie.

In den *Nachtstücken* erweiterte und vertiefte Hoffmann nicht nur frühe Gedanken und Themen; auch Erzähltechnik und Sprache reiften. Die stärkere Orientierung an Kleist als stilistischem Vorbild befähigte ihn, wie er selbst bekannte, innere Vorgänge durch äußere Erscheinungen bis hin zu kleinen Gesten und Bewegungen immer präziser auszudrücken, denn wenn auch weiterhin seine Liebe der Musik gehörte, so war nun die Literatur durchaus sein eigentliches Medium als Künstler geworden.

Die Serapionsbrüder

In den *Serapionsbrüdern* hat Hoffmann den Reichtum seiner Phantasie voll ausgebreitet. Eine Fülle einzelner Erzählungen ist darin eingerahmt von der Erzählfiktion eines regelmäßigen Freundestreffens zwischen vier, später sechs jungen Leuten, die einander Erlebtes, Erdachtes und Gelesenes berichten. In der Form reicht das von der Anekdote bis zur voll ausgebildeten Novelle, in der Qualität vom Konventionellen bis zum meisterhaft Originellen. Fiktionen dieser Art schaffen einen gesellschaftlichen Bezugsrahmen für das Erzählte. In Hoffmanns Fall handelt es sich bei den Versammelten offensichtlich um bürgerliche, großstädtische Intellektuelle, Künstler und Beamte, deren ästhetisches oder ethisches Urteil zum Maß der erzählten Dinge wird. Denn der Rahmen ist bei Hoffmann nicht nur ein Notbehelf, um Heterogenes einigermaßen plausibel aneinanderzureihen. Die Gespräche kommentieren, und die einzelnen Geschichten werden häufig im Kontrast zueinander erzählt. Das Ganze hat also etwas von dem freien Spiel der Ironie an sich, wovon schon bei Meister Callot die Rede war. Durch Ironisierung, durch die Betrachtung des einzelnen von einem höheren oder zumindest entgegengesetzten Standpunkt aus soll es möglich werden, jenen größeren Zusammenhang, jenes «geistige Prinzip» einzubeziehen, das zwar nicht direkt erfaßbar und darstellbar ist, das sich aber wenigstens aus dem Widerspiel von Gegensätzen, von Anschauung und Reflexion sollte erspüren lassen. Hoffmanns Absicht geht also zweifellos über das unmittelbare Vorbild, Ludwig Tiecks *Phantasus* (1812–1816), hinaus, dessen Rahmengespräche zum Teil nur Vorwand für die Neuherausgabe früherer Erzählungen waren und dessen Rahmengesellschaft zugleich eine Gruppe reicher Grundbesitzer ist, deren positiver kritischer Gesichtspunkt am ehesten aus ihrer Naturnähe erwächst. Auch Arnims *Wintergarten* gehörte in diese gesellschaftliche Sphäre. Für Hoffmann dagegen ist sowohl persönlich wie im Kunstwerk der städtisch-bürgerliche Hintergrund bestimmend. Im übrigen waren Gesprächssituationen für ihn ein Bedürfnis. Er produzierte im Gespräch und hat es auch als Kunstform für die Darstellung seiner Gedanken zu Theater, Oper, Musik und Literatur benutzt, wie sie in den beiden großen Dialogen, der *Nachricht von den neuesten Schicksalen des Hundes Berganza* und den *Seltsamen Leiden eines Theaterdirektors* (1818), vorliegen.

Modell für die «Serapionsbrüder» war ein wirklicher Kreis von Schriftstellern, die sich in Berlin um Hoffmann versammelt hatten: Adelbert von Chamisso, Carl Wilhelm Salice Contessa, Friedrich de la Motte Fouqué, Julius Eduard Hitzig und Johann Friedrich Koreff. Sie kannten einander schon von einer früheren kurzlebigen kleinen Schriftsteller-Vereinigung her, dem «Seraphinenorden», der sich 1814 traf und aus dem ein gemeinsames, nur Anfang gebliebenes Romanprojekt sowie eine zweibändige Sammlung von *Kinder-Märchen* (1816/17) hervorgingen. Jetzt hatte man sich wieder am 14. November 1818 getroffen, im Kalender der Tag des Heiligen Serapion, eines ägyptischen Märtyrers des 4. Jahrhunderts. Tag und Name waren also eine Sache des Zufalls, das «serapiontische Prinzip», das daraus entstand, wurde jedoch eine regelrechte Theorie des Erzählens, die allerdings nur Hoffmann für sich in Anspruch nahm. Die einzelnen Erzählungen waren jedoch nicht nach einem solchen «Prinzip» gemodelt, sondern zumeist schon vorher publiziert worden. Der Brüder-Bund gab Hoffmann lediglich die Idee des Rahmens für das gesellschaftliche Erzählen, das so sehr mit den Ursprüngen der Novelle verbunden war, und die Möglichkeit der Selbstinterpretation. Der Rahmen ist seine Fiktion, was immer von Kommentaren der tatsächlichen Bundesmitglieder darin eingegangen sein mag, und er ist eine geniale Verbindung von Literatur und Kritik, von Fiktion und bedeutender Diskussion zeitgenössischer Literaturproblematik, die späte Erfüllung eines romantisch-universalpoetischen Ideals.

Den Zufall der Namenswahl erhebt Hoffmann zu ästhetischem Sinn, indem er von einem verrückten Grafen erzählen läßt, der sich einbildet, eben jener Einsiedler Serapion zu sein. Das sich aus solcher Scheinidentität ergebende Problem ist ontologischer Natur und seit Kant und Fichte der Philosophie wie der Ästhetik vertraut: Sind wir, was wir sein wollen, was unser Geist, unsere Einbildungskraft bestimmen, oder gibt es objektive Realitäten wie Natur, Raum und Zeit, denen wir uns nicht entziehen können und von denen letztlich auch unser geistiges Dasein und unsere Phantasie abhängen? Glorie sowie Fragwürdigkeit des Subjektivismus waren in neuem Licht erschienen, als zu Anfang des neuen Jahrhunderts die Macht des Geistes konkret von einer harten und rauhen kriegerischen Wirklichkeit, ebenso wie von der exakten Naturwissenschaft herausgefordert worden war. Hoffmann hilft sich in solcher Situation mit der Feststellung einer «Duplizität»: «Es gibt eine innere Welt und die geistige Kraft, sie in voller Klarheit, in dem vollendetsten Glanze des regesten Lebens zu schauen, aber es ist unser irdisches Erbteil, daß eben die Außenwelt, in der wir eingeschachtet, als der Hebel wirkt, der jene Kraft in Bewegung setzt.» Das bedeutet zugleich, daß die Phantasie dort zur Phantasterei und zum Wahnsinn wird, wo dieser Bezug zur Außenwelt, wo die Anerkennung der Duplizität des Seins fehlt. Erst aus der Wechselbeziehung zwischen Innen und Außen, aus der beständigen Reflexion des einen aufs andere ergibt sich die Vorstellung von einem Ganzen und beginnt das höhere «geistige Prinzip» tatsächlich durchzuscheinen. Damit hatte Hoffmann einen Maßstab geschaffen, der sowohl für zeitkritische, weltanschauliche wie für ästhetische Urteile verwendbar war. Denn so wie eine Wirklichkeit verkommen muß, die sich nicht am Geistigen orientiert, so wird Geistiges nutzlos und sinnlos, wenn es nicht von der Wirklichkeit seine Anstöße nimmt und sich auf sie zurückbezieht. Die Bedeutung solcher Überlegungen gerade in der Restaurationszeit nach den Napoleonischen Kriegen, in einer Zeit also, in der sich Geistiges und Wirkliches weit voneinander entfernten, liegt auf der Hand. Die künstlerische Nutzanwendung jedoch ist in dem eigentlichen «serapiontischen Prinzip» enthalten, das lautet:

> «Jeder prüfe wohl, ob er auch wirklich das geschaut, was er zu verkünden unternommen, ehe er es wagt, laut damit zu werden. Wenigstens strebe jeder recht ernstlich darnach, das Bild, das ihm im Innern aufgegangen, recht zu erfassen mit allen seinen Gestalten, Farben, Lichtern und Schatten und dann, wenn er sich recht entzündet davon fühlt, die Darstellung ins äußere Leben zu tragen.»

Ausgangspunkt dieses Prinzips ist also eine Urzeugung des Kunstwerks in der Phantasie, aber es geht nicht mehr wie bei Novalis darum, dem Unendlichen nur so viel Endliches zu geben, daß es überhaupt greifbar wird, sondern Unendlichkeit und Endlichkeit, Idee und Wirklichkeit miteinander zu verbinden und das eigentliche Kunstwerk dann aus solch versuchter Verbindung entstehen zu lassen. Damit nimmt Hoffmann frühere romantische Ansprüche auf die Vorherrschaft der Phantasie zurück, indem er sie zugleich nutzbar zu machen versucht für eine von Realien beherrschte Zeit. Dieses «serapiontische Prinzip» ist die Anerkennung der Phantasie als eines dem Verstand gleichwertigen Erkenntnismittels, als eines kreativen Organs, das eine Schicht der Wirklichkeit zu zeigen vermag, die sich der verstandesmäßigen Erkenntnis verschließt und die sich begrifflich nicht fassen läßt. Auf diese Weise erhält also Kunst ihr Eigenrecht neben wissenschaftlicher Erkenntnis. Hinsichtlich des Resultats trug dann das einzelne Werk allerdings häufig den Charakter eines Experiments, da die Verbindung zwischen den Duplizitäten von Fall zu Fall und von Stoff zu Stoff verschieden waren. Daher die vielen Erzählfiktionen in Hoffmanns Werk, und daher auch die Neigung, das Erzählte sogleich von wiederum fiktiven Gestalten diskutieren zu lassen, wie es in den *Serapionsbrüdern* geschieht. Die Novelle, die Darstellung von Fällen, erwies sich als die einem solchen Prinzip angemessenste Erzählform.

Hoffmann beginnt die *Serapionsbrüder* nun sogleich mit drei innerlich zusammenhängenden Erzählungen, die seine Absichten und Kriterien aufs beste deutlich machen. Die Geschichte vom *Rat Krespel,* die zuerst einem Briefe an Fouqué im September 1816 als ‹Postscriptum› beigefügt worden war, ist eine von Hoffmanns bedeutendsten und tiefsinnigsten Arbeiten geworden.

Nach einem Berufsleben als Jurist und Diplomat hat sich Krespel in ein seltsames, von innen her entworfenes Haus zurückgezogen; er seziert dort, Materie und Geist der Musik verbunden wähnend, wertvolle Violinen, um hinter ihr Geheimnis zu kommen, und hütet seine Tochter Antonie vor dem Singen. Denn von ihrer Mutter, einer Sängerin, hat Antonie sowohl musikalisches Genie wie einen «organischen Fehler in der Brust» mitbekommen, der das Singen für sie zu einer tödlichen Kunst machen würde. Den Bräutigam der Tochter, einen Komponisten, vermag der Vater zu vertreiben, aber im Traum vollzieht sie dennoch die Verbindung mit ihm und der Musik: Antonie stirbt.

Einheit und Zentrum der Geschichte ist der Titelheld, der sich nach dem Rückzug aus der Welt in seinem Hause eine Gegenwelt gegen die äußere Realität schaffen will, und zwar in der Musik als einer Art absoluten und damit göttlichen Kunst, die aber deshalb zugleich auch das Medium der Liebe ist. Der Bedrohung durch die Zeit, also durch den Tod der väterlich Geliebten, glaubt er auszuweichen, indem er schließlich eine Violine findet, deren Ton ganz der Stimme der Tochter zu entsprechen scheint, so daß sie nun durch das Instrument für ihn singen kann, ohne Schaden zu leiden. Die Geige wird zur Automate und die vollkommene Automate zu idealer, göttlicher Kunst, in der alle Begrenzungen und Beschränkungen des Menschen aufgehoben sind. Aber die Duplizität des Menschlichen setzt sich am Ende durch, der Zeitlichkeit läßt sich nicht trotzen, und der Vater begräbt die Geige mit der Tochter. So wird die Erzählung vom Rat Krespel zur Tragödie des künstlerischen Menschen, dem sein bürgerliches Leben die tiefen Widersprüche zwischen Ideal und Wirklichkeit deutlich gemacht hat – früh schon hatte sich Krespel von seiner Frau, der Sängerin, getrennt – und der nun, alle Widersprüche überwindend, eine Existenz von innen heraus begründen will in einer transsexuellen Liebe, bis ihn die Wirklichkeit einholt, denn der Mensch ist nicht Gott.

Die darauffolgende Erzählung *Die Fermate* ist das komisch-leichte Gegenstück zur Tragödie Krespels, das Abenteuer eines jungen Musikers mit zwei italienischen Sängerinnen, die ihm seine «innere Musik» aufschließen, deren Zorn er jedoch auf sich zieht, als er die eine nicht zu ihrer verdienten Kadenz – «Fermate» – kommen läßt. Als er die Sängerinnen vierzehn Jahre später in einer italienischen Schenke wiedertrifft, sieht er, daß sein Schicksal gnädig mit ihm verfahren ist, denn wird die Sängerin «unsere Geliebte – wohl gar unsere Frau», dann kann es nur heißen: «Der Zauber ist vernichtet, und die innere Melodie, sonst Herrliches verkündend, wird zur Klage über eine zerbrochene Suppenschüssel oder einen Tintenfleck in neuer Wäsche.» Krespel hätte so ähnlich über seine Ehe sprechen können, und Hegel hat Gleiches über das allgemeine Schicksal des Helden in der bürgerlichen Epopöe des Romans festgestellt. Die Totalität der zeitlosen, göttlichen Kunst, die im Moment freiester schöpferischer Tätigkeit, der Fermate, am tiefsten erfahren werden könnte, enthebt den Menschen dennoch nicht der Zeit. Anregung zu dieser Erzählung hatte übrigens ein Gemälde gleichen Titels von Johann Erdmann Hummel in Berlin gegeben. Bilder waren damals allgemein ein beliebtes Mittel für Autoren, sich Anschauung zu Stoffen zu holen, die ihrer eigenen Erfahrung verschlossen bleiben mußten. Eichendorffs *Taugenichts*, gleichfalls von einem Autor geschaffen, der, wie Hoffmann, Italien nicht aus eigener Anschauung kannte, hat dann nicht nur Hummels Bild, sondern auch gleich noch Hoffmanns Erzählung in ein italienisches Abenteuer des Helden einbezogen (vgl. S. 494). Mit wahrer romantischer Ironie bietet Eichendorff auf diese

Weise seinen eigenen Kommentar über das distanzierte Verhältnis zwischen Kunst und Leben an.

In dem Dialog *Der Dichter und der Komponist,* der den ersten Abschnitt der *Serapionsbrüder* beschließt, wird nun eine Art Reflexion auf das bisher Erzählte versucht. Auf dem Hintergrund des gegenwärtigen Krieges mit Kanonenkugeln, Soldaten und Trompeten kommt es zum Gespräch zweier Freunde über die romantische Oper. Die Musik als «die geheimnisvolle Sprache eines fernen Geisterreichs» soll sich ganz in jener Form der Oper verwirklichen, für die der Italiener Carlo Gozzi mit seinen Märchendramen bereits die idealen Handlungen und Libretti entworfen habe, in denen das Wunderbare als notwendig erscheine und worin sich Realität und Idealität ungebrochen verbinden, also das Göttliche der Musik mit den Realitäten der theatralischen Handlung. Auf solche Synthese ist es bei der romantischen Oper abgesehen. Aber: «Was soll aus der Kunst werden in dieser rauhen, stürmischen Zeit?» «Dem Kampfe entstrahlt das Göttliche, wie dem Tode das Leben!» Und von einer «Morgenröte» und neuen «Kirche» ist hier bei Hoffmann die Rede wie knapp zwanzig Jahre früher im Jenaer Kreise. Aber es ist eine Hoffnung allein des Künstlers. Die Ansprüche sind zurückgesteckt durch das Bewußtsein von der bleibenden Duplizität aller irdischen Verhältnisse. Erst die drei Geschichten zusammen machen ein Ganzes aus.

Die Erzählungen der *Serapionsbrüder* lassen sich in zwei Gruppen einteilen: in Erzählungen, in denen familiale Situationen, Liebes- oder Ehekonflikte im Vordergrund stehen, und in Erzählungen, in denen das Schicksal einer einzelnen Gestalt, zumeist eines Künstlers, dominiert. Allerdings sind die Übergänge oft fließend, wie sich allein schon im Fall des *Rat Krespel* zeigt. Zumindest aber sind es diese beiden Sphären, in denen sich in verschiedener Mischung Hoffmanns Erzählungen hauptsächlich bewegen. Den Kontrast zwischen enthusiastischer jugendlicher Liebe und ernüchternder bürgerlicher Ehe hat zum Beispiel das *Fragment aus dem Leben dreier Freunde* zum Inhalt. Ebenso drehen sich darum aber auch die beiden größeren Novellen *Der Artushof* und *Die Brautwahl,* in die zugleich die Suche des Künstlers nach seinem Ideal hineinverwoben ist.

Allen gesellschaftlichen Beschränkungen und Bedrohungen gegenüber steht stets die Erfahrung einer echten und tiefen Liebe jenseits der Koordinaten von Raum und Zeit, einer Liebe als Versprechen eines höheren Zustands, der vielleicht einmal kommen wird und kommen sollte, einer Liebe, in der die Realität zeitweilig untergeht, obwohl sie dann ihrerseits auch wieder die Liebe verschlingt. Hoffmann und seine Zeitgenossen haben viel von einer solchen Liebe geträumt, und jeder hat sie literarisch auf seine Weise gesucht – Novalis in der Geliebten der *Hymnen an die Nacht,* Hölderlin in Diotima, Hoffmann in zahlreichen Julia-Gestalten, Friedrich Schlegel in der mütterlichen Lucinde, Kleist in den meisten Heldinnen seiner Dramen und Novellen. Charakteristisch für diese Liebe als Erwartung und Hoffnung ist, daß die Begegnung der Partner häufig als Wiedererkennen und Wiederbegegnen erscheint, weil der tatsächliche Beginn der Liebe irgendwo im Vorbewußten und Vorgeschichtlichen, zeitlich Unendlichen liegen soll. Darin drückt sich allerdings auch das Versprechen der Ewigkeit einer solchen Liebe aus, und zwar gerade dort, wo sie von der Wirklichkeit versagt wird. Hoffmanns inneres, geheimes Verhältnis zu Julia Mark steht hinter diesem Empfinden. Einen derartigen Vorgang hat Hoffmann in der Novelle *Die Automate* dargestellt.

Der Held – Ferdinand – hört in einem Gasthaus das Lied einer italienischen Sängerin, die ihm dann im Traume erscheint: «Welches unnennbare Entzücken durchströmte mich, als ich nun sah, daß es die Geliebte meiner Seele war, die ich schon von früher Kindheit an im Herzen getragen, die mir ein feindliches Geschick nur so lange entrissen und die ich Hochbeglückter nun wiedergefunden.» Tatsächlich begegnet er dem Urbild in der Wirklichkeit des nächsten Tages, aber die Postkutsche führt sie hinweg, und als er später den weissagenden Türken, einen Automaten, befragt, erhält er die Auskunft: «Unglücklicher! in dem Augenblick, wenn du sie wieder siehst, hast du sie verloren!» Der Spruch bewahrheitet sich, denn Ferdinand sieht sie, so glaubt er jedenfalls, bei ihrer Hochzeit wieder, in die er zufällig auf einer Reise gerät. Seelisch zerrüttet, aber auch in dem Gefühl, die Geliebte im «innern glühenden Leben» ewig zu besitzen, zieht er sich aus der größeren Welt zurück, und der Freund meditiert: «Doch vielleicht tritt künftig die frohe Ahnung ins Leben, die ich in meinem Innern trage, und die meinen Freund trösten soll! Der verhängnisvolle Spruch des Türken ist erfüllt und vielleicht gerade durch diese Erfüllung der vernichtende Stoß abgewendet, der meinem Freunde drohte.» Das Weitere bleibt offen. Die Liebe aus der «tiefsten Tiefe des Gemüts» ist ohne Wirklichkeit, obwohl sie sich in Formen und Gestalten der gewohnten Wirklichkeit manifestiert. Ein «fremdes geistiges Prinzip» weckt die «innere Stimme», aber was sie sagt, tritt oft von außen entgegen – in der Weissagung eines Automaten oder in der Liebe zu einem Ideal. Der Zusammenhang zwischen Außen und Innen bleibt wunderbar und rätselhaft; würde er einmal begreifbar, so ließe sich wohl auch die Liebe, die, wie Ferdinand sagt, «ewig in meinem Innern waltet», nach außen tragen als Lösung «des Konflikts wunderbarer psychischer Beziehungen».

Daß gerade das Entsetzliche, «was sich in der alltäglichen Welt begibt», dasjenige sei, «was die Brust mit unüberwindlichen Qualen foltert, zerreißt», bedenken die Serapionsbrüder in einem ihrer Gespräche. Tiecks *Liebeszauber* und Kleists *Bettelweib von Locarno* werden als Beispiele dafür genannt; Kleist, so heißt es, mußte «keinen Vampir aus dem Grabe steigen lassen, ihm genügte ein altes Bettelweib», existiere das Grauenhafte doch eher in den Gedanken als in der Erscheinung. Und zusammengefaßt heißt es als Erklärung für die Funktion von Hoffmanns eigener Phantasie in seinen Geschichten: «Ja, wohl gebärt die Grausamkeit der Menschen, das Elend, was große und kleine Tyrannen schonungslos mit dem teuflischen Hohn der Hölle schaffen, die echten Gespenstergeschichten.» Die Welt der Dämonen liegt im Menschen selbst. Auch das ist eine Konsequenz des «serapiontischen Prinzips», der Verbindung von Außen und Innen. Wo andererseits gegenüber menschlicher Tragik von Versöhnung in der Kunst die Rede ist, also vor allem in der Harmonie des Märchens, selbst dort müsse allerdings, so meinen die Serapionsbrüder, «das Märchenhafte in die

Gegenwart, in das wirkliche Leben» versetzt werden, um sinnvoll und wirkungsvoll zu sein. «Ich meine», sagt Theodor, der eine der Brüder, der seinem Autor sehr nahe steht, «daß die Basis der Himmelsleiter, auf der man hinaufsteigen will in höhere Regionen, befestigt sein müsse im Leben, so daß jeder nachzusteigen vermag.»

Solche Harmonie im freien Spiel des Märchens entwickelt sich in *Nußknacker und Mausekönig*, jener durch Tschaikowskis Ballett weltberühmt gewordenen Erzählung Hoffmanns. Die auf seiten des Nußknackers kämpfenden drei Skaramuzze und ein Pantalon verraten deutlich die Herkunft dieses sonst so deutschen Märchens aus dem Geiste Gozzis und seinen von der Commedia dell'arte inspirierten Fiabe. Es ist geistreiches Spiel von Pathos und Komik, echtem Gefühl und ironischer Distanz, Zauberwelt und Wirklichkeit. Denn wenn schließlich der vom wunderlichen Paten Droßelmeier gefertigte Nußknacker in den Träumen der kleinen Marie den Mausekönig besiegt – unter Aufopferung seiner ursprünglich menschlichen Gestalt als Neffe des Onkels Droßelmeier –, so geschieht das doch schließlich, damit sie daraus dessen scheinbare Mißgestalt lieben lernt: «Ach, lieber Herr Droßelmeier, wenn Sie doch nur wirklich lebten, ich würd's nicht so machen wie die Prinzessin Pirlipat und Sie verschmähen, weil Sie um meinetwillen aufgehört haben, ein hübscher junger Mann zu sein!» Und als der junge Droßelmeier wirklich kommt, wird denn auch Demoiselle Stahlbaum seine Braut. Zweifellos ist Hoffmanns Trauma von seiner äußeren Häßlichkeit in dieses Märchen eingegangen, aber nicht nur dies macht es zu einem Märchen für Erwachsene. Kinder möchten sogar, so meinen die Serapionsbrüder, «die feinen Fäden, die sich durch das Ganze ziehen und in seinen scheinbar völlig heterogenen Teilen zusammenhalten», kaum erkennen. Wenn in romantischer Ironie das Phantastische ins «gewöhnliche Leben» hineinspielt und es durchdringt, dann dürfen auch wohl einmal die Widersprüche von Zeit und Ewigkeit, Liebe und Gesellschaft im Guten aufgehoben werden.

Von den Geschichten mit einem Familien-, einem Liebes- oder Ehekonflikt heben sich trotz vieler Übergänge dennoch deutlich diejenigen ab, bei denen ein einzelner empfindsamer Mensch, ein Künstler zumeist, als Außenseiter in Gegensatz zu allen gesellschaftlichen Institutionen und sozialen Verhältnissen tritt. Daß in den Künstlergeschichten die Einsamkeit des einzelnen ihre sozialen Bedingungen hat, ist gerade für Hoffmann selbstverständlich, denn eben das war auch seine persönliche, biographische Erfahrung. Verlust der Eltern, Elternlosigkeit oder unbekannte Herkunft sind bei Hoffmann – wie bei Kleist – Teil einer literarischen Einsamkeitsmetaphorik, aus der sich die Sehnsucht nach Familienbindung gleichzeitig mit der Angst davor entwickelt. Der *Sandmann* zeigt das und ebenso der *Goldne Topf* mit dem zum «Familienfest» ausziehenden, jedoch offenbar elternlosen Anselmus. In den *Serapionsbrüdern* sind die beiden bezeichnendsten und bedeutendsten Illustrationen solcher Konflikte die Erzählungen *Die Bergwerke zu Falun* und *Das Fräulein von Scuderi*.

Die *Bergwerke zu Falun* sind, nach Hebel und Arnim (vgl. S. 313 f. und 399), eine weitere literarische Gestaltung der seltsamen Begegnung einer alten Frau mit der durch Vitriol konservierten Leiche ihres vor fünfzig Jahren im Bergwerk verunglückten Bräutigams nach Schuberts Bericht in den *Ansichten von der Nachtseite der Natur-*

wissenschaft (vgl. S.205). Aber der Akzent Hoffmanns liegt nicht auf dem Wiedersehen zwischen der lebenden und noch liebenden Alten und dem jungen Toten, nicht auf der Frage nach Zeit und Ewigkeit, sondern ihm liegt vor allem das Schicksal seines Elis Fröbom am Herzen. Die Heimkehr Elis' aus der Fremde und der Tod der Mutter sind dessen eigentlich erweckendes Erlebnis, das ihn in die Hände eines Alten gibt, der ihn zur geheimnisvollen Bergkönigin führt. Dort unten blüht eine Welt der Schönheit, der Auflösung aller Gegensätze, zugleich aber auch des Todes:

> «Er blickte in die paradiesischen Gefilde der herrlichsten Metallbäume und Pflanzen, an denen wie Früchte, Blüten und Blumen feuerstrahlende Steine hingen. Er sah die Jungfrauen, er schaute das hohe Antlitz der mächtigen Königin. Sie erfaßte ihn, zog ihn hinab, drückte ihn an ihre Brust, da durchzuckte ein glühender Strahl sein Inneres, und sein Bewußtsein war nur das Gefühl, als schwämme er in den Wogen eines blauen, durchsichtig funkelnden Nebels.»

Das Erlebnis von Erotik und Schönheit zusammen mit dem Gefühl, «daß sein Ich zerfloß in dem glänzenden Gestein», machen Elis fortan zum Fremdling für die Oberwelt, untauglich zur bürgerlichen Ehe mit Ulla Dahlsjö, dem «glanzvollen Paradiese» der Königin wie dem Tode ganz anheimgegeben. Der Unterschied zu Hoffmanns anderer Quelle für seine Erzählung, zu dem Bergmannskapitel in Novalis' *Heinrich von Ofterdingen*, ist deutlich: Nicht Einklang zwischen Oberwelt und Tiefe entdeckt der forschende Bergmann, sondern Trennung, Auseinanderfallen der Bereiche. Es nimmt nicht wunder, daß es gerade Hoffmanns Version war, die Künstler wie Hugo von Hofmannsthal (*Das Bergwerk zu Falun*, 1900/01) und Georg Trakl (*Elis*-Gedichte, 1914) in einer späteren Zeit der noch extremeren Trennung zwischen Kunst und Gesellschaft, Geist und Macht anregte und inspirierte. Daß die gesamte Novelle durchzogen wird von der Spannung zwischen den Geschlechtern bis zum endgültigen Zerfall des Mannes in der letzten Umarmung, hat einer psychologisch und psychoanalytisch interessierten Zeit einen weiteren Grund zur Aufmerksamkeit gegeben. Aber es darf dabei auch wieder nicht übersehen werden, daß schließlich die historischen Voraussetzungen für Hoffmann dennoch andere waren. Bei ihm vollzieht sich zwar ein elegischer Widerruf romantischer Kunsthoffnungen, aber deren Kraft wird immerhin noch stark empfunden. Dergleichen gilt für die Künstler um 1900 nicht mehr.

Wie tief Hoffmann der Überzeugung seiner Zeit verhaftet war, daß sich solcher Einklang zumindest in einzelnen, musterhaften Gestalten zumindest als Zeichen bewahren lasse, zeigt die Titelheldin einer anderen Erzählung von der Macht schöner, glänzender Steine, *Das Fräulein von Scuderi*, worin Hoffmann freilich das innere «Schauen» sich oft kühn über die historischen Realitäten hinwegsetzen läßt – Rahel Varnhagen hat eine ganze Liste voll «blühender Unwahrscheinlichkeiten» in dieser Novelle zusammengestellt (Februar 1820). Aber Hoffmanns «Schauen» zielte allerdings auch nicht auf Geschichte, sondern auf Gegenwart, und für diese war das Fräulein von Scuderi, die als Dichterin in humaner Mission Zugang zum König besaß, eher ein Wunschbild als eine historische Gestalt. Die Novelle erschien zuerst einzeln 1819 und ein Jahr später im dritten Band der *Serapionsbrüder.*

Auch hier wieder ist es eine Mutter, von der ein tragischer Konflikt seinen Ausgang nimmt. Die «Begierde nach den funkelnden Steinen, die ihr ein überirdisches Gut dünkten», treibt die Mutter des Goldschmieds Cardillac, als sie mit ihm «im ersten Monat schwanger ging», in eine verfängliche Situation mit einem Kavalier, der ihr als «der Inbegriff aller Schönheit» erscheint und der bei einer versuchten Umarmung stirbt. Die pränatale Erfahrung von Schönheit und Tod jedoch macht Cardillac später zum Künstler und Raubmörder, zu einem «der kunstreichsten und zugleich sonderbarsten Menschen seiner Zeit», wie es im Anklang an Kleists *Michael Kohlhaas* heißt. Verliebt in die Schöpfungen seiner Kunst holt er sie sich mit Gewalt zurück, indem er seine einstigen Kunden tötet und beraubt.

Der Fall wird von Hoffmann als spannende, sorgfältig konstruierte Kriminalnovelle auf dem konkret gefaßten Hintergrund von Frankreich im ausgehenden 17. Jahrhundert erzählt. Die dreiundsiebzigjährige zarte und würdige Dichterin Magdaleine von Scuderi tritt auf als ideale Mutter, Detektivin und humane Gegenspielerin nicht nur der dunklen Mächte im einzelnen Menschen, sondern auch derjenigen in der Gesellschaft angesichts einer inquisitorischen, die «heiligsten Bande» mißachtenden Geheimpolizei. Sie tritt ihnen entgegen nicht obwohl, sondern gerade weil auch sie, wie Cardillac, Künstlerin ist. Selbst wenn sie Cardillac nicht erlösen kann, so doch immerhin dessen Tochter und deren Bräutigam. Ihre Forderung an die Pariser Untersuchungsorgane «Seid menschlich», nicht unaktuell 1819 zu Beginn der «Demagogenverfolgungen», steht schon rein äußerlich im Zentrum der Novelle, aber sie ist auch zugleich deren inneres. Zwar kann das alte Fräulein nicht wie eine Iphigenie entsühnen, wohl aber das Verhängnis wenigstens von den Nachkommen des genialen Außenseiters wenden und als einstige Pflegemutter des Bräutigams ein Paar zusammenführen, das eine neue Lebenschance bekommt.

Wie das *Fräulein von Scuderi,* so wurde auch *Der Kampf der Sänger* durch ein Werk des Nürnberger Historikers Johann Christoph Wagenseil angeregt, obwohl daneben allerdings auch Novalis' *Heinrich von Ofterdingen* Pate gestanden hat.

Ofterdingen ist Hoffmanns Held, nur ist sein Meister Klingsohr nicht ein väterlich-gütiger Lehrer, sondern ein dämonisch besessener Künstler, dessen Einfluß den Jüngeren fast zerstört. Im Hinblick auf Ofterdingens Mitstreiter im Sängerkrieg auf der Wartburg sagt Klingsohr:

> «Meine Kunst beruht auf andern Grundfesten als die ihrige und will sich nun auch dann ganz anders gestalten von innen und außen. Mag es doch sein, daß ihr frommer Sinn und ihr reiches Gemüt (wie sie es nennen) ihnen genug ist zum Dichten ihrer Lieder, und daß sie sich wie furchtsame Kinder nicht hinauswagen wollen in ein fremdes Gebiet, ich will sie darum gar nicht eben verachten, aber mich in ihre Reihe zu stellen, das bleibt unmöglich.»

Klingsohr als der moderne, auf sich selbst gestellte Künstler, für den Kunst eine Lebenstotalität, eine Verbindung von Innen und Außen darstellt, aber damit zugleich auch Göttliches und Dämonisches in sich einschließt – das ist eine Möglichkeit, die Hoffmann hier zumindest entwirft, wenn er sie auch nicht im einzelnen entwickelt. Ofterdingen entsagt ihm, denn «wehe dem, der nicht begabt ist mit der eigentümlichen Kraft, die ihm eigen, es wagt, ihm gleich entgegenzustreben dem finstern Reich, das er sich erschlossen».

Von der modischen Wiederbelebung des christlichen Mittelalters ist Hoffmanns Novelle weit entfernt. Aber ein ganz anderer, privater zeitgenössischer Verweis deutet sich an, und zwar der auf Zacharias Werner, über den sich die Serapionsbrüder ausdrücklich unterhalten, den Hoffmann schon von Jugend auf kannte und zu dem er Abneigung wie eine gewisse

innere Verwandtschaft empfand. Denn ähnlich wie Werner – und wie Cardillac – empfand Hoffmann sich durch eine mütterliche Erbschaft belastet:
«Man sagt, daß der Hysterismus der Mütter sich zwar nicht auf die Söhne
vererbe, in ihnen aber eine vorzüglich lebendige, ja ganz exzentrische
Phantasie erzeuge, und es ist einer unter uns, glaube ich, an dem sich die
Richtigkeit dieses Satzes bewährt hat.» Nach diesem Verweis auf sich selbst
fährt «Theodor» mit Bezug auf Werner, den Sohn einer Geisteskranken,
fort: «Wie mag es nun mit der Wirkung des hellen Wahnsinns der Mutter
auf die Söhne sein, die ihn auch, wenigstens der Regel nach, nicht erben?»
Und er verweist als Antwort auf die Gegensätzlichkeiten in Werners Werk,
auf Sündenlast und Religionsmystik, auf Höllenfeuer und Heiligenglorie.
Hoffmann als besonnener Künstler hat sich vor den Kompromissen wie
Exzessen Werners gehütet, aber auch nicht dem Meister Klingsohr entsagt
wie Heinrich von Ofterdingen. Erzählen bedeutete ihm bei aller persönlichen Anteilnahme die Gestaltung möglicher Schicksale aus der Distanz des
kritischen Autors.

Eine besondere Nuance von Hoffmanns Künstlererzählungen und Mär-
chen ist der häufig darin als Kontrast eingeführte mildere oder stärkere
Spott gegenüber den zeitgenössischen Wissenschaftlern. Das trat schon im
Sandmann zutage und setzt sich fort in der Karikatur von Ärzten, wie sie in
Doge und Dogaresse und ausgeprägter in *Signor Formica* vorkommen, worin
sich ein junger Arzt in Gegensatz zu dem mörderischen Quacksalber Doktor Splendiano Accoramboni stellt und sich über seinen ursprünglichen
Beruf hinaus zum bedeutenden Künstler entwickelt. Im Professor Mosch
Terpin des *Klein Zaches* wird dann die Satire auf eine pseudo-aufkläreri-
sche, besserwisserische Wissenschaft am ausführlichsten entwickelt. Es handelt sich in allen diesen Fällen jedoch nicht um Kritik an der tatsächlichen
Aufklärung des 18. Jahrhunderts, um die Proklamierung des Irrationalismus
gegen den Rationalismus, sondern vielmehr um kritische Auseinandersetzung mit jener utilitaristischen Ideologie des deutschen Bildungsphilisters,
in der Hoffmann nicht zu Unrecht eine wesentliche Stütze der bestehenden
Ordnung sah. Wo alles seinen Nutzen und Zweck hat, wo alles geordnet
und aufgeräumt ist, gibt es nichts mehr zu verändern. Der Gegensatz zum
pseudoaufklärerischen Rationalisten ist nicht der Irrationale und Mysta-
goge, sondern der Skeptiker, der romantische Ironiker.

Romane

Noch am selben Tag, dem 15. Februar 1814, an dem Hoffmann den *Goldnen Topf* an den Verleger Kunz nach Bamberg sandte, begann er seinen
ersten Roman, *Die Elixiere des Teufels* (1815/16). Hoffmanns Modell war
allerdings nicht der etablierte deutsche Bildungsroman von der Art eines
Wilhelm Meister, es waren vielmehr die Ritter-, Räuber- und Gespenster-

romane, die sich das große Lesepublikum aus den Leihbibliotheken holte. Genauer gesagt: Die Geschichte des Mönches Medardus von seinem einstigen Leben voller Irrungen, Verbrechen, Wollüsten und Qualen ist ein Schauerroman im Stile von Matthew Lewis' schon genanntem *Der Mönch*, auf den im Buche sogar ausdrücklich hingewiesen wird.

Getrieben und in Wirren gestürzt wird Hoffmanns Held durch seinen Doppelgänger, den Grafen Viktorin, durch seine Liebe zu Aurelie, einer deutschen Adligen, durch teuflische Mönche und schließlich durch einen Familienfluch, den einst sein Ahnherr, der Maler Francesko, auf sich geladen hatte, als er ein Bild der heiligen Rosalie malte und sich zugleich mit einer Venus-Teufelin verband. Der Fluch soll gelten, «solange der Stamm, den sein Verbrechen erzeugte, fortwuchert in freveliger Sünde!» – in Medardus findet er sein Ende.

Hoffmanns Interesse an einem solchen Vorwurf ist deutlich: Es war der Fluch des Sündenfalls, der den Menschen in unvermeidliche Verstrickungen und Verhängnisse trieb und der sich durch einen doppelten Widerspruch zu erkennen gab: einerseits durch die Teilung der Liebe in sinnlich-teuflische und göttliche, andererseits durch die Spaltung des Ichs im Prozeß des Wissendwerdens und der Selbstanschauung. Die eigentliche Romanhandlung beginnt bezeichnenderweise damit, daß der Held seinen Doppelgänger und Halbbruder schlafend am Rande einer Schlucht trifft, in die dieser stürzt, als er von dem anderen Ich angerufen wird. Der Sündenfall der Selbsterkenntnis kann nicht beziehungsreicher dargestellt werden.

Wie schon im *Magnetiseur* und in vielen späteren Erzählungen Hoffmanns ist das eigentliche Handlungsgerüst des Romans der Verfall einer Familie – in diesem Fall der einer Künstlerfamilie, die auf vielfältige Art mit den Herrschern dieser Welt, den Fürsten, Grafen und Baronen verschwistert und verschwägert ist. Das gibt Hoffmann Gelegenheit zu Beobachtungen über die Rolle des bürgerlichen Künstlers oder Gelehrten an Höfen und Residenzen und ist zugleich ein indirekter Kommentar zur Relativität aller Standesgrenzen. Wenn sein Roman dennoch nicht ein deutscher Gesellschaftsroman wurde, so deshalb, weil dem großen Schwunge der Darstellung von Medardus' Sünden und Schicksal gegenüber die deutschen Verhältnisse als einziger historischer Hintergrund eher klein und harmlos erscheinen. Um des ästhetischen Gleichgewichts willen hat Hoffmann deshalb zwei internationale Mächte eingeführt, die beide ihre Stammsitze in Italien besaßen: die Kunst und die Kirche. Beide sind in sich selbst höchst widersprüchlich, wie das Schicksal Franceskos und eine Reihe von Verbrechen der Mönche zeigen, aber im Unterschied zur deutschen Gesellschaft schließen sie wenigstens potentiell die Möglichkeit zur Erlösung und Versöhnung ein. Wackenroder hatte in den *Herzensergießungen eines kunstliebenden Klosterbruders* die Verbindung beider Mächte zum ersten Mal in Deutschland literarisch manifest gemacht. Hoffmanns Held Medardus ist

zwar kein praktizierender Maler mehr wie sein Ahnherr, aber in Kunst und
Kirche findet er dennoch schließlich Ruhe. Als kunstliebender Klosterbruder verfaßt er in Glauben und Liebe seine Memoiren: *Die Elixiere des Teufels.* Aus dem Verfall einer Familie geht als Chronist dieses Verfalls der bürgerliche Schriftsteller hervor. Die Frömmigkeit wird man dabei vor allem
als literarisches Mittel zu verstehen haben, das die Darstellung des sonst
Undarstellbaren ermöglicht, als den Versuch, einen Menschen wenigstens
im Kunstwerk aus der Entfremdung von sich und der Welt auf den Weg zur
Rückkehr ins Paradies, in die Heimat zu senden. Wie hatte Medardus
geklagt? «Ich bin das [nicht], was ich scheine, und scheine das nicht, was
ich bin, mir selbst ein unerklärlich Rätsel, bin ich entzweit mit meinem Ich!»

Um die Zeit, da die ersten beiden Bände der *Serapionsbrüder* erschienen,
also im Frühjahr 1819, machte Hoffmann nach den *Elixieren des Teufels*
noch ein zweites Mal einen Versuch mit der größeren Form des Romans in
den *Lebensansichten des Katers Murr nebst fragmentarischer Biographie des
Kapellmeisters Johannes Kreisler in zufälligen Makulaturblättern.* Damit ent-
ging Hoffmann zwar nicht den ästhetischen Schwierigkeiten, in die die Disproportion zwischen den Lebensidealen des epischen Helden und der deutschen Wirklichkeit den Romanautor stürzte, aber er bewältigte sie dann
doch durch einen genialen Kunstgriff auf beispiellose Weise. Laurence Ster-
nes *Leben und Meinungen Tristram Shandys* standen beim Titel und in einigen Einzelzügen Pate; als ganzes ist der Roman ohne die künstlerische
Vorgängerschaft Jean Pauls nicht denkbar. Drei Bände waren vorgesehen:
Der erste erschien Ende 1819, der zweite Ende 1821 mit der Jahreszahl 1822, dem Todesjahr Hoffmanns; einen dritten hat es nicht mehr gegeben und auch keine Pläne oder Aufzeichnungen dazu. Der *Kater Murr* ist
also äußerlich unvollendet, aber wie der Titel zeigt, war Kreislers Biographie von vornherein als Fragment geplant, während die Kater-Geschichte
mit dem Tod Murrs am Ende des zweiten Bandes eigentlich bereits abgeschlossen ist, so daß durchaus der Eindruck entsteht, es handle sich hier
paradoxerweise um ein vollendetes Romanfragment.

Hoffmanns Versuch, der Disproportion zwischen dem Ernst eines Künst-
lerlebens und der Lächerlichkeit der kleinen, sterilen deutschen Verhältnisse
episch Herr zu werden, vollzieht sich auf dem Wege der Parodie. Ein Kater
erzählt sein Leben: Das ist der eigentliche, mit dem Tod des ‹Helden›
endende Roman, für dessen epische Fiktion lediglich ein «Vorwort» und
eine «Nachschrift des Herausgebers» nötig waren. Aber da der Kater auch
Löschpapier und Unterlagen braucht, so verwendet er dazu Blätter aus der
ihm zufällig zur Hand kommenden Biographie eines deutschen Musikers,
eben jenes Johannes Kreisler, dem Hoffmann schon zu Beginn seiner
schriftstellerischen Laufbahn Gedanken über Kunst und Musik in den
Mund gelegt hatte. Nun nimmt zwar die Geschichte Kreislers mehr und
mehr eigenen Platz im Buche ein, so daß sie fast doppelt so lang wird wie

diejenige des Katers, aber sie bleibt, wie gesagt, unabgeschlossen. Die doppelte Perspektive von Kater und Mensch gibt Hoffmann jedoch die Möglichkeit, jene besagte Disproportion auf diese ganz besondere Weise künstlerisch zu gestalten, also dem Ernst wie der Lächerlichkeit zu gleicher Zeit Rechnung zu tragen. Denn Leben und Arbeit, Liebe und Tod sind stets ernste Dinge, möge auch der Hintergrund, auf dem sie sich vollziehen, noch so armselig, grotesk und possenhaft sein. Wie anachronistisch die deutschen Verhältnisse im europäischen Ganzen auch sein mochten, für die einzelnen Menschen war die Macht, der sie unterworfen waren, real und unter Umständen gefährlich. Das erweist sich auch im *Kater Murr.* Der mediatisierte, also wohl seit dem Reichsdeputationshauptschluß von 1803 oder dem Rheinbund 1806 seiner tatsächlichen Regentschaft über sein Land entledigte Fürst Irenäus hat in dem Landstädtchen Sieghartsweiler und auf seiner Residenz Sieghartshof die Uhr der Geschichte angehalten:

> «Er tat nämlich so, als sei er regierender Herr, behielt die ganze Hofhaltung, seinen Kanzler des Reichs, sein Finanzkollegium etc. etc. bei, erteilte seinen Hausorden, gab Cour, Hofbälle, die meistenteils aus zwölf bis funfzehn Personen bestanden, da auf die eigentliche Courfähigkeit strenger geachtet wurde als an den größten Höfen, und die Stadt war gutmütig genug, den falschen Glanz dieses träumerischen Hofes für etwas zu halten, das ihr Ehre und Ansehn bringe.»

Denn eben auf ein politisch unmündiges, aber gesellschaftlich ambitioniertes Bürgertum stützte sich solche Welt des Scheins. Der Gegensatz zwischen Anspruch und Wirklichkeit ist jedoch nur eine groteske Übersteigerung tatsächlicher deutscher Verhältnisse, und Hoffmann deutet in Kreislers Biographie an, daß dort, wo die reale Macht des Landes lag, insgesamt ein ähnlicher Widerspruch zur Zeit bestand. Es sind Hoffmanns Bamberger Erfahrungen, die hier verarbeitet wurden, und eine Julia ist Kreislers «Engel des Lichts». Aber mit der Elle des Autobiographischen läßt sich das Kunstwerk dieses Romans nicht messen. Denn ein Kunstwerk ist es schon seiner besonderen Zeitstruktur wegen, die allerdings wohl geeignet ist, den Leser zunächst zu verwirren.

Bereits am Anfang des Romans werden verschiedene Zeitebenen ineinandergeschoben. In der ersten Kreisler-Makulatur-Episode wird der Kater Murr dem Kapellmeister als neuem Herrn übergeben, und seine gesamten Lebenserinnerungen werden vermutlich unter dessen Protektion aufgeschrieben. Aber diese erste Episode berichtet zugleich von einem Hoffest, an dem Murr von Meister Abraham gefunden wird und mit dem sein Lebenslauf unter den Menschen beginnt, das jedoch zugleich eben jenes Hoffest ist, das in der letzten Episode des Romans von Abraham in einem Brief an Kreisler erst angekündigt wird. Das Ende von Kreislers fragmentarischer Biographie geht also dem Anfang des Murr-Romans voraus,

wodurch sie in sich selbst kreist und die Frage nach Lücken in dieser Bio-
graphie und nach ihrem schließlichen Fortgang zu unterdrücken versucht.
Chronologisch präsentiert dagegen Murr sein Leben: Es ist der Bildungsroman eines bürgerlichen Katers. Daß Murr für die Überschrift des zweiten
Teils seiner Biographie – «Auch ich war in Arkadien» – das Motto von
Goethes 1816 erschienener *Italienischer Reise* benutzt, daß er im dritten Teil
von «Lehrmonaten» spricht, wo Menschen «Lehrjahre» haben, macht den
Bezug auf das klassische Vorbild solchen Beginnens unmißverständlich. An
der Ausbildung von Murrs moralischem und ästhetischem Instinkt wirken
die großen Zeitgenossen ebenso mit wie die Ahnen der romantischen Lite-
ratur; zu Murrs Bildungsgut zählen vor allem Shakespeare, Cervantes,
Goethe, Schiller, Kant, Tieck und Knigges *Über den Umgang mit Menschen.*
Denn das Ziel der Erziehung des Katers soll die vollendete Anpassung eines
Intellektuellen an die Gesellschaft sein, und zwar gerade mit Hilfe jener
Kultur, die er erwirbt und in der er sogar selbst als Autor zu existieren versucht. In seinen verschiedenen, zum Teil sehr schmerzhaften Abenteuern
lernt er den Widerspruch zwischen Schein und Sein wenigstens vorübergehend in sich selbst versöhnen, indem er den Gegensatz von Gesagtem und
Getanem, von moralischem und physischem Instinkt einfach als Einheit
setzt. Kultur und Ethos werden auf diese Weise hauptsächlich zur Kostümierung und Verbrämung des Egoismus der Triebe und Wünsche.

Eine solche vorgebliche Einheit von tatsächlich Widersprüchlichem ist
aber eine Situation tiefster Ironie, die nicht nur Hoffmann die Gelegenheit
zu einigen Meisterstücken ironischer Dichtung gibt, wie etwa zur «Trauer-
rede am Grabe des zu früh verblichenen Katers Muzius», sondern durch
die auch Murr die Gelegenheit erhält, sich für den Leser zu profilieren,
indem er sich zeitweise der Anpassung entzieht und die Ironie der Situationen durchschaut. Damit gewinnt er an Sympathien, und zugleich erhält sein
früher Tod einen tieferen Sinn. Denn glücklich ist er letzten Endes bei den
burschenschaftlichen «Katzburschen» und ihrer studentischen Verhöhnung
der «Katzphilister» ebensowenig, wie er den Pudel Ponto um sein besseres
und sklavischeres Leben beim Baron Alzibiades von Wipp beneidet. Auch
unter den Pudeln und der seine Dichtungen beiläufig bewundernden
Minona ist deshalb seines Bleibens nicht; am Ende seiner Biographie steht
der Satz:

> «Die Liebe zur Kunst und Wissenschaft erwachte in mir mit neuer
> Stärke, und meines Meisters Häuslichkeit zog mich mehr an als jemals.
> Die reiferen Monate des Mannes kamen, und weder Katzbursch noch
> kultivierter Elegant, fühlte ich lebhaft, daß man beides nicht sein
> dürfe, um sich gerade so zu gestalten, wie es die tieferen und bessern
> Ansprüche des Lebens erfordern.»

Mit diesen Gedanken geht er zum Kapellmeister Johannes Kreisler «in

Kost», der ihm von den Schwierigkeiten hinsichtlich der Erfüllung der «tieferen und bessern Ansprüche des Lebens» einiges erzählen könnte. Die Lehrzeit Murrs wird also auf diese Weise zum Vorspiel der Lebensgeschichte Kreislers, nicht zu deren komischem Kommentar oder Gegenstück, wie oft behauptet worden ist. Unsichere Familienverhältnisse herrschen hier wie dort, und Parallelen wie der frühe Verlust der Mutter, eine Ohrfeige des Oheims, Liebesabenteuer und Kunstliebe verstärken lediglich die Abhängigkeit der einen Biographie von der anderen, und das gleiche Hoffest am Anfang und Schluß des Romans verbindet sie.

Die Biographie Kreislers ist die Geschichte eines Nichtangepaßten, eines jener «Fremdlinge», die

«einem höheren Sein angehören und die Ansprüche dieses höheren Seins für die Bedingung des Lebens halten, so aber rastlos das verfolgend, was hienieden nicht zu finden, ewig dürstend in nie zu befriedigender Sehnsucht, hin und her schwanken und vergeblich Ruhe suchen und Frieden, deren offne Brust jeder abgeschossene Pfeil trifft, für deren Wunden es keinen Balsam gibt als die bittere Verhöhnung des stets wider sie bewaffneten Feindes.»

Das sind allerdings Worte eines Abtes, der Kreisler überreden will, in sein Kloster einzutreten. Kreisler lehnt ab: Nicht der Rückzug aus solchen Gegensätzlichkeiten, sondern ihr Durchstehen und Durchleiden machen sein Künstlertum aus. Das Höhere ist nur denkbar als Resultat und Synthese von Widersprüchen; in solchem Gefühl ist Kreisler Dialektiker, der nicht entsagt, sondern Synthese fordert. «Seht», sagt Meister Abraham zu der Rätin Benzon,

«der Kreisler trägt nicht eure Farben, er versteht nicht eure Redensarten, der Stuhl, den ihr ihm hinstellt, damit er Platz nehme unter euch, ist ihm zu klein, zu enge; ihr könnt ihn gar nicht für euresgleichen achten, und das ärgert euch. Er will die Ewigkeit der Verträge, die ihr über die Gestaltung des Lebens geschlossen, nicht anerkennen, ja, er meint, daß ein arger Wahn, von dem ihr befangen, euch gar nicht das eigentliche Leben erschauen lasse, und daß die Feierlichkeit, mit der ihr über ein Reich zu herrschen glaubt, das euch unerforschlich, sich gar spaßhaft ausnehme.»

Nun ist Kreisler allerdings nicht Sozialreformer oder Revolutionär, sondern Künstler, und es ist die Kunst, die ihn als Paradigma einer harmonischen Existenz ganz erfüllt. Aber gerade deshalb, weil sie so sehr eine Lebensäußerung von ihm ist, muß Kreislers tatsächliche künstlerische Produktion auch Ausdruck der Gegensätze sein, die er in sich und um sich erfährt – die Harmonie ist lediglich das Gewünschte, Gesuchte, Erhoffte und Erträumte. Kreislers Kunst ist der «höchste Ausdruck des Moments», und sie muß wohl manchem seiner Zuhörer, wie zum Beispiel der Prinzessin Hedwiga, als etwas erscheinen, das angetan ist, «das Innere» zu «zerschneiden»: «Ich habe mich bemüht, mein Ohr, meine Brust zu verschließen dem wilden Schmerz des Orkus, den Kreisler mit unser leicht verletzliches Inneres verhöhnender Kunst in Tönen aufgefaßt hat, aber niemand war so gütig, sich meiner anzunehmen.» Kreislers vorübergehender Ausweg ist die Komposition vor allem von Kirchenmusik, die versuchte Besänftigung des Orkus durch das Heilige, das ihm im Erlebnis der Liebe aufgegangen ist. Zu Kreislers pathetischem Bekenntnis: «Nur einen Engel des Lichts gibt es, der Macht hat über den bösen Dämon. Es ist der Geist der Tonkunst, der oft aus mir selbst sich siegreich erhebt, und vor dessen mächtiger Stimme alle Schmerzen irdischer Bedrängnis verstummen», gibt die Prinzessin den Kommentar: «So ist», sagt sie zu Kreisler, «unsere Julia ein Engel des Lichts, da sie vermochte, Ihnen das Paradies zu erschließen.» Denn in der Liebe zu Julia Benzon erfährt Kreisler erst die höchsten Möglichkeiten der Kunst, wie er nur in der Kunst seiner Liebe den rechten Ausdruck geben kann: «Und *sie, sie* selbst ist es, die Herrliche, die, zum Leben gestaltete Ahnung, aus der Seele des Künstlers hervorleuchtet als Gesang – Bild – Gedicht!» Der Engel ist aber zugleich ein realer Mensch, und Kreisler sieht sich damit wohl oder übel in dem gleichen Paradox gefangen, das auch eine Reihe von Autoren vor Hoffmann erfuhr. Die Transzendenzerfahrung durch eine Geliebte stiftet keine neue Religion, an die sich wirklich glauben läßt, sondern ist lediglich säkulare Inspiration für ein neues, vielleicht kühneres, aber ebenso säkulares ästhetisches Gebilde. Deshalb bleibt auch Kreisler der Zerrissene zwischen künstlerischen Aufschwüngen und dem Zweifel, ob dieses Leben hienieden, wie es die Prinzessin ausdrückt, vielleicht nur «eine entsetzliche Neckerei des Weltgeistes» sei. Gerade diese Unsicherheit, diese «Duplizität» macht allerdings das Besondere von Kreislers Künstlertum aus und ist für ihn unverzichtbar, ist jene Erbsünde der Phantasie, die dem Menschen bei der Vertreibung aus dem Paradies mitgegeben wurde und die doch zugleich das einzige Mittel für ihn scheint, über sich hinauszugehen und sich über seine animalische Existenz zu erheben – sie ist «ein wirrer rätselhafter Traum von einem Paradies der höchsten Befriedigung, das selbst der Traum nicht zu nennen, nur zu ahnen vermag», wie Kreisler selbst bemerkt. In diesem Sinne ist Kreisler romantischer Künstler, für den die Kunst zur Lebenstotalität geworden ist; sein Schöpfer und Autor beschreibt ihn mit Liebe und Distanz zugleich. Hoffmanns Roman gehört in der Tat zu den wichtigsten literarischen Auseinandersetzungen mit den ursprünglichen Idealen einer romantischen Kunst.

Wie in den *Elixieren des Teufels* und vielen Erzählungen Hoffmanns verbindet sich auch im *Kater Murr* das Künstlerschicksal mit Familienkonflikten, die immer verwirrender und verwirrter werden. Als in Kreislers Fluchtort, dem Kloster Kanzheim, beim Eintreffen des asketischen und inquisito-

rischen italienischen Mönchs Cyprianus vorübergehend Leonardo da Vincis
«Heilige Familie» von der Wand genommen und durch Cyprianus' eigenes
Bild ersetzt wird, ist das keine leere Geste. Denn eben dieser Mönch ist in
böse Familienschicksale verstrickt, die ihn überdies mit dem Hof in Sieghartsweiler verbinden: Er hat einst die illegitime Tochter des Fürsten und
der Rätin Benzon aus Eifersucht auf seinen Bruder, den Prinzen Hektor,
umgebracht, der ihn dafür wiederum zu ermorden versucht hat. Von einer
«heiligen Familie» am kleinen Hofe ist nicht zu reden, denn allein der
schwachsinnige Prinz Ignaz scheint das legitime Kind von Fürst und Fürstin
zu sein. Ist überdies die Prinzessin Hedwiga aus einem Seitensprung der
fürstlichen Mutter mit dem Maler Ettlinger hervorgegangen, der in den
Wahnsinn getrieben wird und dem die echte «Liebe des Künstlers» fehlte?
War er auch der Vater Kreislers? Wer war dann seine Mutter? Welche Rolle
spielt eine alte Zigeunerin, und wie ist Meister Abraham mit seiner ver-
schwundenen Frau Chiara hineinverflochten? Es sind Fragen, die vermutlich der dritte und letzte Band des *Kater Murr* beantwortet hätte. In einer
seiner letzten Erzählungen, *Die Doppeltgänger,* die er im Jahr vor seinem
Tode abschloß, hat Hoffmann sehr ähnliche Verwicklungen um Fürst,
Künstler, Zigeuner und einen Prinzen Hektor zu einem versöhnlichen Ende
geführt und damit auch schon erwiesen, daß die Kreisler-Biographie ihrem
ganzen Wesen nach fragmentarisch bleiben mußte, sollte sie nicht wie die
Doppeltgänger ihre künstlerische Überzeugungskraft weithin einbüßen. Wie
in den *Elixieren des Teufels* wäre es wohl auch im *Kater Murr* zu inzestuösen
Verstrickungen gekommen. Die Austauschbarkeit der Frauenrollen von
Mutter, Schwester, Tochter und Geliebter hatte – wie anderswo in der Literatur der Zeit – die Funktion, die Unterordnung der Frau unter den Mann
im System gesellschaftlicher Konventionen zeitweilig aufzuheben oder
wenigstens in Frage zu stellen. In der Sphäre der Kater konnte sich Hoffmann da größere Freiheiten nehmen: Murr verliebt sich in seine schöne
Tochter Mina, die überdies den Namen seiner Mutter führt, und meint, daß
gegen eine solche Beziehung bei Katzen doch wohl nichts einzuwenden sei.
Die Zerrüttung der gesellschaftlich akzeptierten Familienordnung des
Hofes jedoch relativiert die unnatürlichen Standesgrenzen und den an hohe
Geburt geknüpften Dünkel, und sie hat außerdem die Funktion, den
Zustand der Entfremdung des Helden von seinen eigenen Ursprüngen und
damit auch von sich selbst anschaulich, also seine tatsächliche «Elternlosig-
keit» zu einer metaphorischen zu machen.

Von solcher Einsamkeit mag es eine Erlösung durch Heirat in der Märchenwelt des Peregrinus Tyß im *Meister Floh* oder eine Erlösung durch
Weltentsagung in der Klosterwelt des Mönches Medardus in den *Elixieren
des Teufels* geben – für Kreisler gibt es nach der Absage an den Abt von
Kanzheim nur die Möglichkeit, den Widerspruch in seiner realen Welt aus-
zuhalten und im Kunstwerk jene Harmonie aus dem Innern zu verkünden,

für die es in der Wirklichkeit keine Modelle und Vorbilder gab, oder wie es
der Abt Kreisler gegenüber ausdrückt: «Und so verkündet Ihr in mächtigen
Tönen das herrliche Wunder der Erkenntnis des ewigen klarsten Lichts aus
Euerm tiefsten Innern heraus.» Der Abt beklagt daneben die gegenwärtigen
«Zeiten des Unglaubens und der Verderbtheit», in denen der Künstler nicht
mehr die heiligen Geschichten «unmittelbar im Leben» anschauen könne,
sondern «sich mit dem Reflex davon» in alten Werken begnügen müsse.
Aber was er beklagt, haben Kreisler als Musiker und sein Schöpfer Hoffmann als Schriftsteller gerade zu künstlerisch fruchtbarer Methode gestaltet. Kunst ist ihnen Erhebung und kritische Reflexion zugleich. Zu Kreislers
Aufschwüngen gehört als Gegenpol das Bewußtsein des Dämons und der
erniedrigenden Realität, zu seiner fragmentarischen Biographie die ironische Bildungsgeschichte des Katers Murr und zu beiden jene christlich-
europäische Kultur, der man sich verbunden fühlt und auf die in Anspielungen und einer reichen Technik des Zitierens immer wieder zurückgegriffen
wird, ernst oder ironisch, betont oder beiläufig, bewußt oder unbewußt.
Der *Kater Murr* ist im gleichen Maße Literatur aus Hoffmanns Erfahrung,
wie er Literatur aus Literatur, Kunst über andere Kunst ist, eine deutsche
Möglichkeit des Romans als «bürgerlicher Epopöe».

Märchen

Daß die Phantasie der «schlimmste» Teil unserer Erbsünde sei, hatte Hoffmann schon seinen Kapellmeister Kreisler in den «Gedanken über den
hohen Wert der Musik» voller Ironie niederschreiben lassen. Diese Fähigkeit des wissendgewordenen und über sich hinausdenkenden Menschen ließ
sich nun am reinsten und glücklichsten in der Form des Märchens entfalten,
wo die Wirklichkeit als Stoff der Literatur einer harmonischen Lösung, dem
erträumten Eingang in ein neues Paradies, den geringsten Widerstand entgegensetzte. Allerdings haben auch die freieste Phantasie und der Traum
ihre Bedingungen und Gesetze, die als Wertmaßstab zu erfassen gerade die
Serapionsbrüder versucht hatten. Dem *Goldnen Topf,* diesem «Märchen aus
der neuen Zeit», hatte Hoffmann das Gelingen und die Überzeugungskraft
dadurch gesichert, daß er am Ende Rittergut in Atlantis und Dachstube in
Dresden unverbunden nebeneinander bestehen und nur eins im andern sich
spiegeln ließ. Auf ähnliche Weise war er auch mit den Märchen in den *Sera-*
pionsbrüdern verfahren, und gleiches tat er schließlich mit den drei größeren
Märchen, die als unabhängige Publikationen erschienen und auf die sich
ein beträchtlicher Teil seines literarischen Ruhms gründet: *Klein Zaches*
genannt Zinnober (1819), *Prinzessin Brambilla* (1821) und *Meister Floh*
(1822).
    Alle drei sind Versuche, dasjenige, was in der Wirklichkeit im Wider-
spruch fortexistieren muß, durch die Phantasie zum Einklang zu bringen,

ohne daß jedoch für den Leser das Bewußtsein eines solchen Zwiespalts zwischen dem Gegebenen und dem Geträumten aufgehoben wird. Im Sinne der Callotschen Ironie erhält vielmehr das ästhetische Gebilde durch solches Bewußtsein erst seine Konkretheit und wird davor bewahrt, zur beziehungslosen, unverbindlichen Phantasterei zu werden. Hoffmanns besonderes Verfahren dabei, das er schon im *Goldnen Topf* angewandt hatte, war die Einbettung eines triadischen Mythos in eine Geschichte aus der eigenen Zeit: Aus einer Urharmonie entwickeln sich Prinzipien, die miteinander in Gegensatz geraten und kämpfen, bis sich Erlösung und neuer Einklang herausbilden. So war es im Mythos von Salamander und Lilie im *Goldnen Topf* geschehen, und so begibt es sich im Streit zwischen dem Zauberer Prosper Alpanus und der Fee Rosabelverde in *Klein Zaches*, so im Mythos vom Urdargarten in der *Prinzessin Brambilla* und so schließlich auch in der seltsamen Sage von der Prinzessin Gamaheh in *Meister Floh*. In allen Fällen ist die Gattungsbezeichnung «Märchen» nur ein sehr äußerliches Hilfsmittel. Mit dem Volksmärchen haben diese Erzählungen am wenigsten zu tun; eher schon besteht eine Verwandtschaft der eingelegten Mythen zu den Feenmärchen des 18. Jahrhunderts, die auch in den Märchen von Goethe und Novalis wieder auflebten. Aber Hoffmanns hauptsächliche Anregungen kamen zweifellos von den Zauberopern, den Stücken der Commedia dell'arte und Gozzis, und es ist von künstlerischer Logik, daß das meisterhafteste dieser drei Werke, die *Prinzessin Brambilla*, nicht nur in Italien spielt und italienisches Theater zum Gegenstand hat, sondern auch dem Begriff «Märchen» ausweicht – Hoffmann hat sich hier mit dem musikalischen Ausdruck «Capriccio» geholfen. In den anderen beiden, mit sehr konkreten deutschen Begebenheiten und Verhältnissen angefüllten Werken würde wahrscheinlich der Kompromißbegriff einer ‹Märchennovelle› noch am ehesten die besondere Form treffen, die sich Hoffmann hier geschaffen hat, wobei «Märchen» das Wunderbare, «Novelle» das Außerordentliche, aber realistisch Mögliche bezeichnet.

In *Klein Zaches* ist die Proportion zwischen beidem durchaus nicht gleichmäßig; die Darstellung zeitgenössischer Realität überwiegt. Selbst der Titelheld, ein Verwandter des Wurzelmannes in Arnims *Isabella von Ägypten*, ist eher Karikatur als Märchengestalt, auch wenn er zeitweise unter der Protektion der echten Feenwelt steht. In ihm hat Hoffmann jedenfalls seine groteskeste Gestalt geschaffen – eine seltsame Mischung aus Elementargeist, Alraune, Wechselbalg und Mensch: «Der Kopf stak dem Dinge tief zwischen den Schultern, die Stelle des Rückens vertrat ein kürbisähnlicher Auswuchs, und gleich unter der Brust hingen die haselgertdünnen Beinchen herab, so daß der Junge aussah wie ein gespaltener Rettich.» Er ist der Ausbund männlicher Häßlichkeit und extremste Variation eines Typus, der sich in verschiedenen Werken Hoffmanns findet, wohl nicht zuletzt als Ausdruck des Selbsthasses auf die eigene Gestalt. Das Groteske an Klein

Zaches besteht nun darin, daß er sowohl eine komische wie eine bemitleidenswerte, aber auch böse und tückische Figur ist. Er ist ein Mensch, einer Mutter Sohn, und zugleich ein kleines Ungeheuer. Denn nicht nur zieht er durch eine magische, von der Fee Rosabelverde verliehene Gabe das Lob für alles das auf sich, was andere in seiner Gegenwart an Gutem und Schönem tun, er benutzt auch die ihm auf diese Weise zufliegende Gunst eines Fürsten zur Steigerung seiner Macht und seines Einflusses und schließlich dazu, die schöne Candida dem Studenten Balthasar abspenstig zu machen und diesen zur Flucht zu nötigen. Da aber hört der Spaß auf.

Das ganze Märchen läßt sich also zunächst als eine Satire auf die höfische Gesellschaft in einer deutschen Residenzstadt lesen, auf jene Gesellschaft, deren einziger Inhalt nur noch ihr Schein ist. Titel und Auszeichnungen werden nach Willkür verliehen, Verdienst und Leistung geringgeschätzt, und Nichtigkeiten wie Nichtswürdigkeiten herrschen. Das Ende ist tatsächlich eine kleine Revolution. Steine fliegen, Kampfrufe ertönen («Klopft dem Klein Zaches die Ministerjacke aus»), «und damit stürmte das Volk an gegen das Haus». Die «Rebellion oder die Revolution» – «es ist all eins», meint der fürstliche Kammerdiener – treibt Zaches in den schmählichen Tod; erst durch die Rührseligkeit beim Begräbnis wird die Einheit von Fürst, Bürgern und dem im Grunde braven Volke wiederhergestellt.

Solche Bravheit war nun vor allem gefördert worden durch die Erfüllung der Bitte jenes Kammerdieners an den regierenden Fürsten: «Sire! – führen Sie die Aufklärung ein!» (vgl. Bd. 1, S. 27 f.) Was der deutsche Marquis Posa damit erreicht, formuliert einer der fürstlichen Minister auf folgende Weise:

> «Ehe wir mit der Aufklärung vorschreiten, d. h. ehe wir die Wälder
> umhauen, den Strom schiffbar machen, Kartoffeln anbauen, die Dorf
> schulen verbessern, Akazien und Pappeln anpflanzen, die Jugend ihr
> Morgen- und Abendlied zweistimmig absingen, Chausseen anlegen
> und die Kuhpocken einimpfen lassen, ist es nötig, alle Leute von
> gefährlichen Gesinnungen, die keiner Vernunft Gehör geben und das
> Volk durch lauter Albernheiten verführen, aus dem Staate zu verban
> nen.»

Ganz besonders aber gehören dazu solche, die sich nicht scheuen, «unter dem Namen Poesie ein heimliches Gift zu verbreiten, das die Leute ganz unfähig macht zum Dienste in der Aufklärung». Denn Poesie und Phantasie stiften Unruhe und machen ihre Verehrer – wie den Studenten Balthasar – suspekt. Die große Stütze aufklärerischer Bemühungen ist die zeitgenössische Wissenschaft, hier in der Residenz- und Universitätsstadt Kerepes ist es der Professor der Naturkunde Mosch Terpin, der «erklärte, wie es regnet, donnert, blitzt, warum die Sonne scheint bei Tage und der Mond des Nachts, wie und warum das Gras wächst etc., so daß jedes Kind es begreifen mußte», und der schließlich herausgefunden hatte, «daß die Finsternis hauptsächlich von Mangel an Licht herrühre». Für Hoffmann und zu Hoffmanns Zeit bedeutete Aufklärung also im wesentlichen nurmehr den Kompromiß zwischen Herrschaft und Wissenschaft, bedeutete die Einführung gewisser materieller Fortschritte unter der Voraussetzung, daß der soziale und politische Bau des Staates unangetastet blieb. Terpin wird einer der besonderen Günstlinge des Günstlings Zaches, und ihm will Terpin seine Tochter Candida zur Frau bestimmen. Nach der Rebellion und dem Tode von Zaches löst sich zwar alles im guten, Fürst und Staat stehen wieder fest, und Balthasar bekommt seine Candida. Aber er kehrt nicht in die Stadt zurück, sondern richtet sich auf jenem Landgut ein, das ihm der Zauberer Prosper Alpanus als guter «Oheim» geschenkt hat. Es wird ein Paradies sein, in dem es die «herrlichsten Früchte» und den «schönsten Kohl» geben wird, in dem nichts anbrennt, zerbricht und an Waschtagen immer das beste Wetter herrscht. Aber es liegt nicht in Atlantis, sondern in der Nähe des Dorfes Hoch-Jakobsheim und ist also sehr viel realer als das Rittergut des Studenten Anselmus, ganz gleich ob man den Dorfnamen nun «jakobinisch» liest oder nicht. Und dort im Paradies wird sich schließlich auch die Poesie mit der idealen Familie zu schöner symbolischer Einheit verbinden, denn bei derartigen Bedingungen konnte es nicht fehlen, «daß Balthasar die glücklichste Ehe in aller Wonne und Herrlichkeit führte, wie sie nur jemals ein Dichter mit einer hübschen jungen Frau geführt haben mag». So veranlaßt das phantasievolle Spiel der Ironie, also vor allem die magische Macht eines guten Onkels, daß sich der Blick des Lesers über Satire und Groteske hinweghebt zu einer freundlichen Utopie, durch die allerdings die tatsächliche Realität ebensowenig aufgehoben wird wie das Rittergut in Atlantis die Dachstube des Autors annihiliert.

Die Frage nach der Wirksamkeit der Kunst steht ganz und gar im Zentrum des Märchens von der *Prinzessin Brambilla*. Sie sei «eine gar köstliche Schöne, und wem diese durch ihre Wunderlichkeit nicht den Kopf schwindlich macht, der hat gar keinen Kopf», erklärte Heinrich Heine in seinen *Briefen aus Berlin* und segnete damit für manche Leser und Interpreten die Verwirrung ab, in der sie sich nach der Lektüre befanden und befinden. *Prinzessin Brambilla* ist zweifellos Hoffmanns kunstvollstes Werk, in dessen Komposition und Gestaltung er der Schreibweise seiner Zeit weit voraus war, so daß ein mehr und mehr sich auf Realistisches einschwörendes 19. Jahrhundert damit wenig anfangen konnte. Die höchst romantische Verbindung des Inneren der Gedanken wie Gefühle und des Äußeren der gesellschaftlichen wie natürlichen Umwelt des Menschen ist Ziel dieses Märchens, und Hoffmann hat selbst erklärt, daß darin «der Schauplatz manchmal in das eigne Innere der auftretenden Gestalten verlegt» werde. Kompliziert wurde das Verständnis noch dadurch, daß schon die Realität in diesem «Capriccio nach Jakob Callot» bereits ein Maskenspiel ist, nämlich der römische Karneval und das römische Theater, so daß gelegentlich der

maskierte äußere Mensch mit dem maskierten inneren auf dem Korso oder
der Bühne zusammentrifft. Dennoch ist die *Prinzessin Brambilla* gar nicht
so schwer verständlich oder konfus, wie es zuerst den Anschein haben mag.

Erzählt wird eine Erziehungsnovelle: Ein junges Paar, der Schauspieler Giglio
Fava und die Näherin Giacinta Soardi, werden durch die Begegnung mit ihren Wünschen, Hoffnungen und Träumen zur Selbsterkenntnis und zu gegenseitiger Erkenntnis geführt, worauf sich ihre Ehe als ein idealer und dauerhafter Bund gründen soll.
Medium und Ziel dieses Erkenntnisprozesses aber ist die Kunst und speziell das Maskenspiel der Commedia dell'arte, die Gozzi in seinen Fiabe fortgeführt hatte. Regisseur des Spiels ist Signor Celionati, der sich später als römischer Fürst herausstellt: Er
verkauft Brillen, mit denen man sowohl die äthiopische Prinzessin Brambilla wie den
assyrischen Prinzen Cornelio Chiapperi erkennen kann. Das optische Instrument
wird wie so oft bei Hoffmann ein Mittel zur Entfremdung des Ichs von sich selbst als
dem ersten Schritt zur Selbsterkenntnis, die freilich nicht überall gelingt, wie die Tragödie des Nathanael im *Sandmann* bezeugt. Giglio und Giacinta entdecken in Prinzessin und Prinz ihre jeweiligen Ideale und Wunschbilder, und es bedarf einer Reihe
von Abenteuern, Enttäuschungen und Erfahrungen, bis sie in einander Prinz und
Prinzessin erkennen als das «Urbild», das in ihrem Inneren liegt.

Das Erkenntnismittel dafür ist vor allem die Märchen-Mythe von der
Urdarquelle, die Celionati erzählt und in die die Prinzessin auf besondere
Weise hinein verwickelt ist. Celionati, so heißt es, habe «auch in Halle und
Jena mit Nutzen Kollegia gehört», und es wird deutlich, daß er in Jena vor
allem bei Fichte in die Schule gegangen ist, denn das Märchen von der
Urdarquelle, von König Ophioch und Königin Liris, ist ein durchaus dia-
lektisch-fichtisches Märchen in der Nachfolge und im Stile von Novalis.
König Ophioch – ein Sternbild wie Novalis' Arctur – trägt in sich noch die
Ahnung «aus jener wunderbaren Vorzeit» von der Einheit des Menschen
mit der Natur, die ihm «die unmittelbare Anschauung alles Seins und mit
derselben das Verständnis des höchsten Ideals, der reinsten Harmonie ver-
stattete». Aber dergleichen ist nun vergangen, der König «entzweit» mit der
«Mutter» und in tiefe Trauer gestürzt, bis endlich ein weiser Magus Her-
mod verkündet: «Es ist nun an der Zeit!», nämlich für ihn, nach Atlantis zu
gehen und dort das geheimnisvolle Prisma zu holen, das dann zur Urdarquelle zerfließt und neue Harmonie stiftet. Eine Botschaft «von oben» lautet:

> «Der Gedanke zerstört die Anschauung, und losgerissen von der Mut-
> ter Brust wankt in irrem Wahn, in blinder Betäubtheit der Mensch hei-
> matlos umher, bis des Gedankens eignes Spiegelbild dem Gedanken
> selbst die Erkenntnis schafft, daß er ist, und daß er in dem tiefsten,
> reichsten Schacht, den ihm die mütterliche Königin geöffnet, als Herr-
> scher gebietet, muß er auch als Vasall gehorchen.»

Es ist also ein Erlösungsmärchen reinsten Wassers, und die Spuren zu seinen Vorgängern werden von Hoffmann nicht verborgen. «Es ist an der

Zeit!» war sowohl die Erlösungsparole in Goethes *Märchen* wie auch der Titel eines Distichons von Novalis, das vorauswies auf Klingsohrs Märchen im *Ofterdingen*. Aus Novalis' Werk stammt ebenfalls die Bergbau-Metapher von der Mutter im «tiefsten, reichsten Schacht», wie schon die Vorstellung von der Bergkönigin als Mutterersatz und Geliebter in den *Bergwerken zu Falun*. Vor allem aber ist das triadische Grundmuster ganz aus dem Denken Fichtes und seiner Anhänger erwachsen, der Dreischritt von der unmittelbaren Anschauung über den Sündenfall des Denkens hin zu einer neuen Harmonie durch die ‹Reflexion der Reflexion›, durch das zweite Essen vom Baum der Erkenntnis, wie Kleist es ausdrückte. «Der Gedanke zerstörte die Anschauung, aber dem Prisma des Kristalls, zu dem die feurige Flut im Vermählungskampf mit dem feindlichen Gift gerann, entstrahlt die Anschauung neugeboren, selbst Fötus des Gedankens», heißt es an anderer Stelle in Celionatis Mythe. Das «Prisma des Kristalls» sammelt das Licht in seiner durchsichtigen Klarheit und wirft es dann wieder in der gesamten Farbenskala des Regenbogens aus. So wird der Durchgang durch das Kristall, wie so oft bei Hoffmann, ein Erkenntnis- und Reflexionsprozeß, der den Betroffenen zu einer höheren Anschauung und Einsicht führt. Daß der Magus den Kristall aus Atlantis holen muß, ist deutlich genug ein Verweis auf den ersten Hoffmannschen Helden, der «ins Kristall» muß, nämlich auf Anselmus im *Goldnen Topf.*

Glas dagegen – speziell die Fernrohre, Linsen und Brillen – entfremdet nur das mit den natürlichen Augen Gesehene und leitet so schlimmstenfalls den Prozeß der Zerstörung einer Persönlichkeit, bestenfalls aber den Prozeß der Erkenntnis ein. Das letztere eben geschieht Giglio Fava, dem Helden der *Prinzessin Brambilla,* der durch das Spielen pathetischer Tragödien zum schlechten Schauspieler heruntergekommen ist. Eine Brille Celionatis ermöglicht ihm den Anblick der Prinzessin, und durch sie gerät er in den zweiten Teil des Erlösungsmärchens mitten im römischen Karneval. Denn die Gegenwart bedarf der Erlösung ebenso wie einst der König Ophioch; die reine Urdarquelle von damals ist später zum Sumpf geworden, und erst ein neuer Zauber soll ihr die alte Klarheit und Spiegelkraft zurückgeben. Wiederum heißt es, daß es «an der Zeit» sei, eine «wunderbare Nadel» solle das «Reich» erschließen, wie einst die Magnetnadel in Novalis' Klingsohr-Märchen, die den Erlösungsweg nach Norden wies. Bei Hoffmann bleibt es der Süden:

> Italien! – Land, des heitrer Sonnenhimmel
> Der Erde Lust in reiche Blüt' entzündet!
> O schönes Rom, wo lustiges Getümmel
>
> Zur Maskenzeit den Ernst vom Ernst entbindet!
> Es gaukeln froh der Phantasei Gestalten
> Auf bunter Bühne klein zum Ei geründet;

Das ist die Welt, anmut'gen Spukes Walten.
Der Genius mag aus dem Ich gebären
Das Nicht-Ich, mag die eigne Brust zerspalten,

Den Schmerz des Seins in hohe Lust verkehren.
Das Land, die Stadt, die Welt, das Ich – gefunden
Ist alles nun. In reiner Himmelsklarheit

Erkennt das Paar sich selbst, nun treu verbunden
Aufstrahlet ihm des Lebens tiefe Wahrheit.
Nicht mehr mit bleicher Unlust mattem Tadel

Betört den Sinn die überweise Narrheit;
Erschlossen hat das Reich die Wundernadel
Des Meisters. [. . .]

Was geschieht, ist in Wirklichkeit, daß Giglio und Giacinta einander als ihre
Ideale erkennen und nun wissen, daß das «Reich» ihnen gehört, wenn sie
nur wollen. Dadurch aber werden beide schließlich nicht nur zu einem
glücklichen, friedlichen Paar, sondern auch zu guten Schauspielern. Denn
im Unterschied zu Novalis' totalem Anspruch beschränkt sich Hoffmann
hier auf eine Erlösung im Privat-Menschlichen und auf dem Theater, also
im Bereiche der Kunst. Der zweite Teil des Märchens ist tatsächlich ein von
Celionati in Rom inszeniertes Schauspiel, eine Art Gozzisches Stück, mit
dem Giglio zugleich das pathetische Tragieren überwindet. Die geheimnisvolle Nadel jedoch ist das Werkzeug des neuen Impresario, die Schneider-
nadel des Meisters Bescapi, der die Kostüme für diese zweite Welt bereitet
und ihr, wie es heißt, «Form und Stil» gibt.

So ist die *Prinzessin Brambilla* nicht nur Fortführung, sondern auch Parodie und Kritik von Novalis' Märchen, ebenso aber auch überraschender-
weise Kritik an Goethes Vorstellung von einer klassizistischen Schauspielkunst. Denn in jenen Forderungen nach einem hochdramatischen Agieren,
wie sie der banale Dramenschreiber, der Abbate Pietro Chiari, von Giglio
fordert, sind Anspielungen auf Goethes «Regeln für Schauspieler» erkannt
worden oder zumindest Entsprechungen zur Praxis des Weimarer Theaters.
Diese merkwürdige Verschränkung von Weimar und Jena, von Parodie
klassizistischer Schauspielkunst und romantischer Dichtung macht die *Prinzessin Brambilla* literarhistorisch zu einem ganz besonderen Dokument.
Denn für Hoffmann tritt hier der Anspruch Goethes mit dem von Novalis
zusammen als ein Versuch, von dem Kunstwerk her direkt in die Wirklichkeit überzugehen, ihr Vorbilder zu schaffen und sie so unmittelbar zu
beeinflussen. Was beiden fehlt, ist das «im Innern liegende Prinzip der Ironie», wie es in der *Brambilla* heißt, einer Ironie, die die Grenzen zwischen
Kunst und Wirklichkeit nicht aufhebt, sondern gerade betont, aber eben

dadurch ihre besondere Erkenntnisfunktion ausüben will. Prinzipiell neue, in ihren Ansprüchen reduzierte Anschauungen von Aufgabe und Wesen der Kunst im industriellen Zeitalter künden sich an, auch wenn das Hoffmann selbst noch nicht so empfunden haben mag, blieb ihm doch die Kunst stets höchste Lebenserfüllung. Am Ende wird die *Prinzessin Brambilla* zur Apotheose eines Theaters, für das Hoffmann Carlo Gozzi als großes Vorbild betrachtete, das aber dann weder von ihm noch von anderen Autoren je geschrieben wurde. Auf diesem Theater sollte der «Schmerz des Seins» in «hohe Lust» verkehrt werden und dadurch der Mensch einen Schritt zu jenem wünschenswerten Zustand tun, den Prinz Chiapperi «im klaren existieren» nennt. Erzählungen wie die *Prinzessin Brambilla* sind allerdings immerhin eine epische Erfüllung dieses Zieles, wie man sie vollkommener nicht wünschen kann. Denn hier geschieht im Ganzen des Werkes, was Celionati in Rom inszenieren wollte:

> «In der kleinen Welt, das Theater genannt, sollte nämlich ein Paar gefunden werden, das nicht allein von wahrer Phantasie, von wahrem Humor im Innern beseelt, sondern auch imstande wäre, diese Stimmung des Gemüts objektiv, wie in einem Spiegel, zu erkennen und sie so ins äußere Leben treten zu lassen, daß sie auf die große Welt, in der jene kleine Welt eingeschlossen, wirke wie ein mächtiger Zauber. So sollte, wenn ihr wollt, wenigstens in gewisser Art das Theater den Urdarbronnen vorstellen, in den die Leute gucken können.»

Gemessen an solch hohem künstlerischem Raffinement, am feinsinnigen und kunstvollen Spiel mit literarischen und philosophischen Traditionen, muß Hoffmanns letztes Märchen, *Meister Floh*, schlichter und eingeschränkter erscheinen. Was ihm zunächst Aufsehen verschaffte, waren äußere Umstände. In dem überall staatsgefährdende Umtriebe witternden Geheimrat Knarrpanti hatte Hoffmann eine für die Zeitgenossen erkennbare Karikatur des späteren preußischen Justizministers Carl Albert von Kamptz gezeichnet, der damals Geheimer Oberregierungsrat war und sich besonders durch rege Aktivität in der ‹Demagogenverfolgung› hervortat, was Hoffmann bei seiner eigenen Tätigkeit in der Immediatkommission mehrfach zu spüren bekam. Kamptz selbst verfaßte eine Klage gegen Hoffmann, in der er diesem vorwarf, mit dem Märchen seine Treue- und Verschwiegenheitspflicht verletzt zu haben, denn Hoffmann hatte einen Satz («Heute war ich leider *mord*faul!») aus tatsächlichen Untersuchungsakten übernommen. Hoffmann forderte in seiner Verteidigungsschrift die Freiheit der dichterischen Phantasie, auch deren Freiheit gegenüber den Deutungen und Mißdeutungen anderer, und erklärte zu seinem Märchen:

> «Der Held des Stücks Peregrinus Tyß genannt, ist ein beinahe kindischer welt- und vorzüglich weiberscheuer Mensch, und der Zufall will

es, daß gerade er den Verdacht einer Entführung auf sich ladet. Der Contrast einer inneren Gemüthsstimmung mit den Situationen des Lebens ist eine Grundbasis des Komischen, welches in dem Märchen vorherrschen sollte.»

Meister Floh erschien mit einigen Streichungen Ende April 1822; zwei Monate später war Hoffmann tot.

Noch einmal werden in diesem Märchen viele aus Hoffmanns Erzählungen vertraute Motive zusammengebracht. Ein einsamer Held, fremd geworden gegenüber der Welt durch den Verlust der Eltern, lebt in sich versponnen in einer künstlichen Weihnachtsabendwelt der Kindheit, bis ihn eine Art Sündenfall, die Begegnung mit Dörtje Elverdink alias Prinzessin Gamaheh, aus seiner Beschaulichkeit reißt. Denn auch hier gibt es einen Feenmythos im Hintergrund, gibt es schimmernde Karfunkel und romantische Lotosblumen, aber der Mythos hat nur eine auslösende, katalytische Wirkung; er verflüchtigt sich am Ende vor der realen Familie, die Peregrinus mit seinem Röschen Lämmerhirt im Landhaus «in der Nähe der Stadt» gründet. Und mit ihm verschwinden auch die beiden dubiosen Gelehrten Leuwenhoek und Swammerdamm, die mit ihren Linsen und Mikroskopen über die Dinge herrschen wollen, aber nur den sehr menschlichen Meister Floh und seine republikanisch organisierte Flohwelt zeitweilig zu versklaven vermögen, indem sie als aufgeklärte Wissenschaftler strengste Arbeitsteilung und Standesordnung einführen, aber nichts Menschliches bewirken können. Deshalb verzichtet Peregrinus Tyß auch schließlich auf ein Gedankenmikroskop, das Meister Floh ihm gegeben hat: Der Mensch ist kein Gott, der in das Innere des anderen hineinsehen darf, denn er würde es nur statisch sehen, statt es in seiner Dynamik und Dialektik zu erfassen. Mißtrauen entstünde, wo Verständnis wachsen sollte:

> «Immer tiefer und tiefer bis in die Wurzel des Lebens frißt das tötende Gift des bösen Grolls, der mich mit allem Sein hienieden entzweit, mich mir selbst entfremdet. Nein! Frevel, ruchloser Frevel ist es, sich wie jener gefallene Engel des Lichts, der die Sünde über die Welt brachte, gleichstellen zu wollen der ewigen Macht, die das Innere des Menschen durchschaut, weil sie es beherrscht.»

Denn auch Peregrinus Tyß hat, wie Meister Celionati, an der Universität Jena studiert: Der tiefe und nachhaltige Einfluß der Fichteschen Philosophie wird noch einmal sichtbar. Tyß weiß von «Dissonanzen» und von der «tiefen Grundharmonie», die alles, «was entzweit geschienen», zu «ewiger namenloser Lust» vereinigen kann. Aber was im *Goldnen Topf* dem Anselmus nur in Atlantis geschieht, das soll sich hier für Peregrinus Tyß in der Nähe von Frankfurt am Main in Deutschland ereignen; und war das Landhaus des Studenten Balthasar in *Klein Zaches* noch die magische Gabe eines wohltätigen Zauberers, so ist dieses hier ganz und gar bürgerlicher Besitz, gekauft mit dem elterlichen Vermögen, das der gute Sohn vermehrt hat. Auf solchem Grund blüht die Familie des Peregrinus, hier hat der Fremdling seine Heimat gefunden, seine Selbstsucht, Selbstentfremdung und Zerrissenheit überwunden, und hier kann er, wie schon bei der ersten Begegnung mit ihr, sein Röschen als seinen wirklichen «Engel des Lichts» betrachten, «ohne daß ihm dabei Werthers Lotte und ihre Butterbrote in den Sinn kamen». Denn Röschen ist armer Leute Kind und von dem bürgerlich-philisterhaften Karrieredenken einer Veronika Paulmann nicht belastet.
    Dennoch ist nicht alles Widersprüchliche nun schon in schöner Realität versöhnt und entgegen aller zeitgenössischen Wirklichkeit das Paradies auf Erden eingekehrt.

Hoffmann läßt seinen Helden Nachfolger im Kaufmannsgeschäft des Vaters werden. Auf dessen Vermögen stützt sich die Idylle im Landhaus, und nur im Märchen besteht die Aussicht, daß es so bleiben wird und Meister Floh mit seinem Volke als guter Geist sie nicht verläßt. Durch ihn hebt sich also die Realität im Märchen humoristisch-ironisch selbst wieder auf; und deshalb ist auch der *Meister Floh* Schauspiel und erhellendes Theater über alle unmittelbare Zeitkritik, alle Satire hinaus, aber ein Spiel, in dem das versöhnende Schlußbild doch sehr viel forcierter erscheint als in den früheren Märchen.

Bis in die letzten Tage seines Lebens hinein, bis zur völligen Lähmung seines Körpers ist Hoffmann produktiv gewesen und hat diktiert, als er nicht mehr schreiben konnte. Aus dem April 1822 stammt der Dialog *Des Vetters Eckfenster,* in dem der leidende Dichter sich selbst im Gespräch vorführt, wie er einem jungen Verwandten das «Schauen» beizubringen versucht, jenen inneren Blick auf die äußere Wirklichkeit, den schon die Serapionsbrüder sich zur Vorschrift machten. Aus der Realitätskenntnis wächst die schöpferische Phantasie, die hinter die Außenseite dringt, um die Menschen in ihrem Gravitationszentrum zu erfassen und damit auch ihre Motivationen und Handlungsweisen zu verstehen sowie vielleicht etwas von jenem «geistigen Prinzip» zu erblicken, das womöglich hinter allem steht und alles regiert. Von solchem Prinzip allerdings ist in *Des Vetters Eckfenster* nicht mehr die Rede wie früher so oft in Hoffmanns Erzählungen, sondern nur noch vom «Schauen», von den möglichen Beweggründen und Absichten, Gedanken und Gefühlen einer Reihe von Menschen verschiedener Stände, die der Kranke unten auf dem Berliner Gendarmenmarkt beobachtet. Aber am Bettschirm des Leidenden steht das Horazische «Et si male nunc, non olim sic erit» – «Wenn es auch jetzt schlimm geht, wird es dereinst nicht so sein». Diesem einen, inneren Leitmotiv der Erzählung steht das andere, äußere, der Markt, gegenüber, ein «treues Abbild des ewig wechselnden Lebens».

> «Rege Tätigkeit, das Bedürfnis des Augenblicks trieb die Menschenmasse zusammen; in wenigen Augenblicken ist alles verödet, die Stimmen, welche im wirren Getöse durcheinanderströmten, sind verklungen, und jede verlassene Stelle spricht das schauerliche ‹Es war!› nur zu lebhaft aus.»

In der Literaturgeschichte ist Hoffmann für vieles in Anspruch genommen worden, für Romantik, Realismus und Modernität insbesondere. Die vielen Spuren der Auseinandersetzung mit der Literatur seiner Zeit zeigen, daß er sich auf sie bezog, ebenso wie er ihr gegenüber eigene Standpunkte entwickelte. Goethe rechnete ihn zur «mittleren Literatur», und das war verständlich, denn für Goethe existierte eine prinzipielle Ordnung der Dinge, die ihn in der *Italienischen Reise* die grotesken Figuren des Prinzen von Palagonien verachten ließ (vgl. S. 549 f.). Hoffmanns Gestalten mochten ihm durchaus als deren Verwandte erscheinen. Von Jean Paul wiederum trennte

Hoffmann bei allen wechselseitigen Sympathien der Kunstenthusiasmus; Jean Paul war die Ewigkeit ohne Vermittlung der Künste zugänglich, während sie bei Hoffmann, wenn überhaupt, nur durch sie erreichbar war, wobei die Frage offenbleiben muß, ob das Wort bei beiden dasselbe bedeutet, denn eigentliche religiöse Transzendenz spielt bei Hoffmann ebensowenig eine wichtige Rolle wie die von den historischen Anfängen her mit allem Romantischen verbundene Christlichkeit. Die Kunst als Thema der Kunst trennt Hoffmann von Kleist, während sie in der Leidenschaft verbunden waren, in noch unentdeckte Tiefen, in die «Nachtseiten» der menschlichen Psyche einzudringen und die darin wirksamen Kräfte aufzudecken. Arnims und Fouqués Phantasie übertraf Hoffmann noch, aber zugleich auch deren Verständnis der historischen Wirklichkeit. Das entschieden kritische Verhältnis zur bürgerlichen Gegenwart hatte er, der Künstler und Kammergerichtsrat, den preußischen Adligen voraus, während ihn sein skeptisches Verhältnis zu den gesellschaftlichen Realitäten von Kunst und Künstler, von künstlerischer Praxis und dem Marktwert der Kunst, von den Begründern der romantischen Universalpoesie trennte. Das Romantische, dieses bei Hoffmann vielgebrauchte Wort, bedeutete ihm keine religiöse, aber auch keine ins Historische übersetzbare Utopie, sondern einen Zustand, der sich allenfalls im Einzelnen erstreben ließ und dessen Medium allerdings die Kunst war. Es war mehr als nur das Spiel zufälliger Anlagen und Neigungen, daß dem Schriftsteller Hoffmann als höchste Kunstart dabei die Musik erschien. Wegen ihrer Freiheit von allem Materiellen hatte sie Schopenhauer 1819, drei Jahre vor Hoffmanns Tod, als diejenige Kunst gefeiert, die allein noch das «Herz der Dinge» gebe (vgl. S. 290). Wie Schopenhauers Philosophie, so bezeichnet auch Hoffmanns Werk ein Stück von der Zurücknahme hoher Hoffnungen auf den Triumph des Geistes, einer Zurücknahme in das Bewußtsein vom Ungewissen aller Existenz. Hoffmann hat jedoch diese Zurücknahme künstlerisch fruchtbar gemacht wie kein anderer deutscher Autor dieser Zeit.

Brentano

Unter den deutschen Schriftstellern seiner Zeit war Clemens Brentano der ungebundenste, frei lebend auf der Grundlage des ansehnlichen Vermögens seiner Frankfurter Kaufmannsfamilie. Kein Hof und kein Amt hielten ihn fest, nicht einmal ein Ort, bis er sich für die letzten zehn Jahre seines Lebens in München niederließ. Die Stetigkeit, die ihm vielleicht die Ehe mit Sophie Mereau hätte geben können, war durch deren frühen Tod 1805 nicht zustande gekommen. Seitdem führte er ein Reiseleben, das ihn zu literarischen Zentren führte oder weit von ihnen weg. Viele unter den Schriftstellerkollegen kannten ihn, viele kannte auch er und hat sie scharf und kritisch in seinen Briefen skizziert. Heidelberg, Landshut, Kassel, Berlin, das

Gut Bukowan in Böhmen, Wien – das sind die wichtigsten Orte, an denen Brentano zwischen 1805 und 1818 für längere oder kürzere Zeit gelebt hat. Danach trat ein anderes Zentrum, im Westfälischen, in den Brennpunkt seines Interesses: Dülmen, der Wohnort der stigmatisierten Nonne Anna Katharina Emmerick, deren Visionen und Gedanken er bis zu ihrem Tod 1824 aufzeichnete. Denn mit der Generalbeichte am 27. Februar 1817 war Brentano zu der Kirche, von der er getauft worden war, zurückgekehrt. Das freie Spiel der Kunst, das er als Student in den Jenaer Tagen mit Werken wie dem *Godwi* (1801/02) eingeübt hatte, war ihm zutiefst suspekt geworden; die Verpflichtung gegenüber dem Glauben trat an seine Stelle, ohne daß Brentano freilich aufhörte, produktiver Schriftsteller zu sein. Erbauungsschriften entstanden, frühe freie Gedichte wurden ins Religiöse umgeschrieben, aber die Handschrift eines bedeutenden Dichters blieb auch in ihnen zu erkennen.

Brentanos literarischer Ruf in seiner eigenen Zeit gründete wesentlich in dem mit Ludwig Achim von Arnim veranstalteten Gemeinschaftswerk *Des Knaben Wunderhorn* (1806/08), jener bedeutenden Sammlung von alten Liedern, die von beiden zusammengetragen und umgeformt worden waren zur Schatzkammer deutscher Volksliedtradition. Von seinem eigenen schriftstellerischen Werk war jedoch, als er 1842 starb, nur ein Bruchteil veröffentlicht, am reichlichsten noch auf jenem Gebiet, auf dem er das wenigste Glück hatte, dem Drama (*Gustav Wasa*, 1800; *Ponce de Leon*, 1804; *Die Gründung Prags*, 1815; *Victoria und ihre Geschwister*, 1817). Keine Sammlung seiner Gedichte, Märchen oder Erzählungen, die verstreut oder noch gar nicht veröffentlicht waren, ist je zu seinen Lebzeiten erschienen. Manches liegt bis heute noch ungedruckt und tritt erst mit der allmählichen Entstehung einer Gesamtausgabe ans Licht.

Seinen Einstand in die erzählende Literatur hatte Brentano mit einem Roman, dem *Godwi* (vgl. Bd. 1, S. 431 ff.), gegeben. Aber nur einmal noch – um 1811 – hat er sich an dieser Form versucht mit einem Romanentwurf, dessen Titel *Der schiffbrüchige Galeerensklave vom toten Meer* lautete und von dem erst mehr als hundert Jahre nach seinem Tod ein Kapitel bekanntgeworden ist, das sich aber, so interessant das Spiel zwischen zeitgenössischer deutscher und italienischer Atmosphäre darin sein mag, kaum schon als Teil eines großen Romans empfinden läßt. Dabei war es Brentanos Sache durchaus, die Fäden einer komplizierten Handlung zu knüpfen; weniger dagegen lag es ihm, nun wirklich daraus einen fertigen Gobelin herzustellen, denn schon in den Teilen spiegelte sich für ihn immer das Ganze. Man mag das die besondere Eigenschaft eines Lyrikers nennen, aber die Charakterisierung durch einen literarischen Gattungsbegriff ist nur eine recht unzulängliche Umschreibung einer Persönlichkeit. Abstraktionen lagen Brentano nicht; er war ein durch und durch sinnlicher Denker und Autor. Zeitlebens trug er in sich einen Grundstock von Metaphern und

Mythen, in deren Anschaulichkeit sich sein Fühlen, Erfahren und Denken artikulierte. Dieser Vorrat, der religiöse Ursprünge hatte, erweiterte sich durch vielfältige Lektüre, durch die Begegnung mit Volkssagen, alchimistischer Tradition, Naturreligionen und anderen religiösen Überlieferungen zu einem reichen poetischen Instrumentarium. In dessen archetypischer Bildlichkeit vollzog sich Brentanos Weltverständnis, und diese Metaphern gaben ihm zusammen mit der Musik der Sprache die eigentliche Form für sein Schreiben. Die künstlerisch-technische Ausführung und Durchgestaltung aber war dieser inneren Form erst nachgeordnet, was für alle umfangreicheren Kunstformen freilich ein Hindernis bedeutet. Im Epischen ist ihm deshalb das Große immer Fragment geblieben, vom *Godwi* bis zu den Rahmengeschichten seiner Märchensammlungen und dem Terzinenepos *Romanzen vom Rosenkranz*. Das Geschlossenste und Vollendetste in seinem erzählerischen Werk bilden deshalb eine Reihe von Novellen und seine Märchen.

Die Märchen

Clemens Brentanos Märchendichtung ist die umfangreichste seiner ganzen Zeit, umfangreicher noch als diejenige E. T. A. Hoffmanns, deren Popularität sie jedoch nie erreichen konnte. Brentanos Neigung zum Märchen begann früh; das Märchen *Die Rose* (1800), geschrieben in den Jenaer Tagen, gehört unter seine ersten Veröffentlichungen. Das Interesse an den Ausdrucksmöglichkeiten dieser Form wuchs bei der Arbeit am *Wunderhorn* und durch die freundschaftlichen Beziehungen zu den Brüdern Grimm während der ganzen Zeit, da sie selbst an ihren *Kinder- und Hausmärchen* arbeiteten. Die Grimmschen Märchen erschienen 1812 und 1815; Brentanos Märchen hingegen wurden zu einer Hinterlassenschaft: Eine Gesamtausgabe erschien erst einige Jahre nach Brentanos Tod.

Brentanos Märchen bestehen aus zwei Gruppen: den *Italienischen Märchen* und den *Märchen vom Rhein*. Die einen sind freie Bearbeitungen einzelner Stücke aus der Märchensammlung *Lo Cunte de li Cunti* (1634) des italienischen Dichters Giambattista Basile, einem Buch, das später unter dem Titel *Pentamerone* bekannt wurde, die anderen eine Vermischung lokaler Rheinsagen mit eigenen Erfindungen wie der von der schönen Lureley oder Lore Lay, die Brentano zuerst in einer Ballade des *Godwi* vorgestellt hatte. In beidem spiegelt sich Persönliches und Zeitgenössisches: Rheinische Heimat und die italienische Familientradition gehen zusammen mit dem wachsenden Bewußtsein von einer europäisch-christlichen Kultureinheit in lebendiger Verbindung mit der eigenen deutschen Tradition, die hinter alle ständische Teilung der Gesellschaft zurückreichen und ihre Wurzeln in dem Mutterboden des Volkes als eines großen Ganzen haben sollte.

Brentano begann seine Märchendichtung um 1805, und er arbeitete daran bis etwa 1817, machte sie jedoch nur Freunden zugänglich und veröffentlichte nichts. Ohne sein Wissen erschien schließlich 1826/27 auf Veranstaltung eines Bekannten in der Frankfurter Zeitschrift *Iris* ein Fragment aus den *Märchen vom Rhein* und das «Märchen vom Myrtenfräulein» aus den *Italienischen Märchen,* wodurch Brentano veranlaßt werden sollte, seine gesamten Märchen dem Lesepublikum zugänglich zu machen. Brentano jedoch, der seit seiner religiösen Besinnung tiefe Zweifel an der Notwendigkeit und Lauterkeit aller Poesie hegte, war verärgert, konzedierte aber eine Publikation unter dem Titel «Mährchen, nachläßig erzählt und mühsam hingegeben von C. Brentano. Als Almosen für eine Armenschuhle erbeten, geordnet, und herausgegeben von milden Freunden». Dazu kam es aber nicht, denn Brentano hatte begonnen, die Märchen im Sinne seines gegenwärtigen Welt-, Zeit-, Poesie- und Gottesbewußtseins umzuarbeiten. Lediglich das «Märchen von Gockel, Hinkel und Gackeleia», gleichfalls den *Italienischen Märchen* zugehörig, übergab er schließlich 1838 dem Drucker; es war um nahezu das Vierfache erweitert. Die erste Gesamtausgabe erfolgte posthum durch Guido Görres (1846/47), und später wurden dann noch die Erstfassungen der Märchen vom Gockel und vom Fanferlieschen veröffentlicht.

Wie schon das Interesse für alte Dichtung im *Wunderhorn,* so war auch Brentanos Einstellung zum Märchen nicht antiquarisch. «Seine Märchen hat er mit mehreren Zugaben geschmückt, zierlich, zuweilen witzig, aber ohne Märchencharakter, oder vielmehr in einem solchen, den ich nicht liebe», hatte Arnim 1812 an die Brüder Grimm geschrieben, und auch die Grimms drückten ihre Zurückhaltung aus und nannten sie «durchaus unvolksmäßig» (13.6. 1816). Das ist nicht verwunderlich, denn was Brentano hier anhand vorgegebener Stoffe seinen Lesern vorstellte, das war eine bunte, krause, phantastische Welt von Bildern und Vorgängen, die alles das ausdrückten, was er an Gedanken, Gefühlen, Neigungen, Trieben, Erfahrungen und Erlebnissen in sich trug. Bewußte Gestaltung und der suchende Ausdruck des Unbewußten ergänzten einander, und alles zusammen konnte Brentano zugleich erst künstlerisch entbinden unter den Voraussetzungen einer Zeit großer gesellschaftlicher und ideengeschichtlicher Veränderungen, so daß seine Märchen auch von diesem überpersönlichen Hintergrund ein gut Teil in sich aufgenommen haben. Er mußte und muß weiterhin damit die Erwartungen und das Begriffsvermögen der meisten Märchenleser übersteigen, aber zu unterhalten und zu vergnügen weiß er sie doch in reichlichem Maße. Wer darüber hinaus in diese Märchen einzudringen bereit ist, nimmt teil an aufregenden Exkursionen in das weite Territorium der menschlichen Seele.

In Brentanos Märchen erscheint der Mensch in allen Formen der Menschlichkeit: als Natur- und Triebwesen, als Gesellschaftswesen und als Gotteskind. Die Macht der Sexualität tritt in Streit mit der ordnenden Kraft

des Geistes; Machtstreben, Gier und Triebe halten das Gute nieder, und nur
der Blick auf Gott kann letztlich den Menschen über sich selbst und seine
Nöte erheben. Mit Urmythischem verbinden sich also bei Brentano Zeitkritik und die verschlüsselte Darstellung persönlicher Verhältnisse oder Wünsche. Ähnliches läßt sich zwar auch von den Ofterdingen-Märchen des
Novalis sagen, aber Brentano unterscheidet sich von ihm prinzipiell
dadurch, daß er in seinen Märchen weder nach einer eigenen, neuen
Mythologie sucht, um der Rolle des modernen Menschen zwischen wissenschaftlicher Erkenntnis und religiösem Glauben adäquaten Ausdruck zu
geben, noch daß er auf irgendeine Geschichtsprophetie zielt. Nicht Philosophie, sondern Phantasie ist das entscheidende Zeugungselement seiner
Dichtung, gestützt auf einen geschichtslosen Glauben. Die tiefe existentielle
Ironie und die Kunstverehrung Hoffmanns, des anderen großen Phantasie-
dichters dieser Zeit, wies er damit letztlich von sich ab.

Die künstlerische Gestaltung der Märchen ist dann allerdings das Werk
eines jungen Intellektuellen. Brentanos Märchen sind voll von parodistischen Anspielungen, von Literatursatire, ironischen Zeitkommentaren und
von spöttischen oder tief ernst gemeinten Zitaten. Ein artistisch-manieristi-
sches Spiel mit Namen, Wörtern und Lauten wird oft über jede poetische
Notwendigkeit hinaus getrieben, sprachliche Girlanden und Arabesken
werden geschlungen, und es ist angesichts dessen verständlich, daß Brentano später solche Eitelkeiten der Poesie verdammte – nur daß er gleichzeitig in den Spätfassungen der Märchen das Spiel mit der Sprache nicht nur
fortsetzte, sondern bis zu den äußersten Extremen steigerte. Wie religiös er
auch war, er konnte zeitlebens nicht davon lassen, ein Dichter und damit
ein Sprachkünstler zu sein. Man wird also wohl Brentanos Märchen am
ehesten gerecht werden, wenn man sie vor allem anderen als eine Art experimenteller Dichtung betrachtet, wie das für so viele Kunstwerke dieser
ganzen Zeit der Zweifel und Hoffnungen, der Übergänge und Veränderungen, der neuen Perspektiven und alten Fesseln gilt.

Eine gute Vorstellung von den Dimensionen Brentanoscher Märchendichtung gibt
das «Märchen vom Myrtenfräulein» in den *Italienischen Märchen*. Zwar hat sich
Brentano in der Handlung eng an Basile gehalten, aber seine Zusätze und Veränderungen sind charakteristisch genug. Wenn er zum Beispiel dem Prinzen darin den
Namen Wetschwuth gibt und ihn in Porzellania residieren läßt, so war das für die
zeitgenössischen Leser eine kleine ironische Anspielung auf jenen englischen Kerami-
ker Josiah Wedgwood, der feines, von ihm erfundenes Steinzeug mit antiken Motiven schmückte und damit die Klassik sozusagen auf den bürgerlichen Nachmittags-
kaffeetisch brachte. Dieser Prinz nun verliebt sich in ein Myrtenbäumchen, das er bei
einem alten Ehepaar findet und das er dann regelmäßig besucht, um es bemerkenswerterweise mit einem «goldenen Gießkännchen» zu begießen. Natürlich steckt im
Bäumchen ein verzaubertes Fräulein verborgen, das dann im Duett mit dem Prinzen
einige von Brentanos schönsten Gedichten singt («Säusle, liebe Myrte!», «Hörst du
wie die Brunnen rauschen?»), ihm zugleich aber auch «vortreffliche Lehren über die
Kunst zu regieren» gibt. Was danach folgt, ist, der Vorlage gemäß, ein Vorgang sexu-

eller Initiation: Das Myrtenfräulein wird von zehn neidischen Fräulein zerrissen, aber dem Tode folgt die Wiederauferstehung durch die Liebe und die Bestrafung der Übeltäter. Die Hütte der Eltern wird neben den Palast gesetzt und die Liebe des Herrscherpaares mit einem «kleinen Myrtenprinzchen» gekrönt. Politisches, Zeithistorisches, Erotisches und Poetisches werden in dieser Umformung eines Stückes Literatur aus der großen romantischen Tradition zu einem kleinen Kunstwerk, das in der Tat auf Initiation aus ist: auf den Eingang in einen Zustand der erfüllten Wünsche, wie ihn in aller Reinheit nur das Märchen vorführen kann.

In anderen seiner italienischen Märchen hat Brentano weiteres Zeitgenössisches in den alten Märchenkontext eingebettet. Im «Märchen von dem Dilldapp» etwa kommt der deutsche Michel in die Welt. Das «Komanditchen» mit ihrem Vater, dem Herrn Seligewittibs-Erben, seinem Geschäftspartner Risiko und dessen Tochter Kreditchen lassen Erinnerungen des Kaufmannssohnes und einstigen Handelsvolontärs Brentano in zunehmend kapitalistischen Verhältnissen lebendig werden. Literatursatire gegen Johann Heinrich Voß ereignet sich in der Geschichte vom «Schulmeister Klopfstock und seinen fünf Söhnen», von denen der Jüngste, Trilltrall der Sänger, schließlich die Prinzessin Pimperlein bekommt. Die ganze kleine Allmacht deutscher Duodezhöfe aber bildet den Hintergrund zur Geschichte vom Baron von Hüpfenstich, dem Floh, der als «Geheimer Geschwindigkeitsrat» sich schließlich Prinzessin Willwischen, die Tochter des Königs Haltewort, gewinnt, jenes Königs, der sich für geistige Anstrengungen einen «Hofnachdenker» hält. Von einer solchen satirischen Vermenschlichung des Flohs war in der italienischen Vorlage allerdings noch nicht die Rede gewesen; dort ist der Floh nur Anlaß zum Kampf zwischen Mensch und Dämon. Erst Goethe hat wohl mit Mephistos Lied in Auerbachs Keller Anstoß zu satirischen Identifikationen gegeben; Brentano wie E. T. A. Hoffmann in seinem Märchen *Meister Floh* (vgl. S. 457 ff.) haben allerdings beide das kleine, zu diesen Zeiten noch recht verbreitete Insekt zum durchaus positiven Helden ihrer Geschichten gemacht.

Die umfangreichsten und bedeutendsten Märchen dieser Sammlung sind das vom «Fanferlieschen Schönefüßchen» und das von «Gockel und Hinkel», wie der Titel der ersten Fassung lautet – die beiden Stücke also, die Brentano dann später beträchtlich erweitert hat.

In der Geschichte vom Fanferlieschen geht es um die Überwindung eines animistischen Götzen Pumpelirio Holzebock, einer Lingam-Figur im deutschen Walde mit einem sexuell anzüglichen Namen, der in Abwandlungen als Pumpan, Pimperlein oder Pimpernell auch durch andere Märchen Brentanos geistert und in diesem hier noch eine Verwandte in der bösen Verführerin Würgipumpa findet. Vor diesem Götzen ermordet der schlimme König Jerum zahlreiche Jungfrauen, bis die Zaubermacht gebrochen wird durch die Liebe von Jerums erster Frau Ursula, die wie Genoveva ihr Kind in der Verbannung herangezogen hat. Durch ihre Treue und durch die stille Lenkung des guten Fanferlieschens – Personifikation der Poesie – kommt dann auch Jerum als guter Herrscher in seine Hauptstadt Besserdich zurück.

Das war nicht nur die Erzählung eines jener Christianisierungsvorgänge, die in der Zeit des wachsenden Interesses an der germanischen Vergangenheit und im Bewußtsein von einer romantisch-christlichen Kultur durch Autoren wie Fouqué oder Werner in der Literatur populär wurden. Zugleich war auch von Brentanos komplexer Liebe zur Schwester Bettine, die wie Frau Ursula zeitweilig in dem Ort Bärwalde wohnte, verhüllt die Rede und unverhüllt dann von der Hoffnung auf die Befreiung aus allem Trieb nach politischer und sexueller Macht durch die Liebe Gottes.

Am tiefsinnigsten wird diese Liebe zur Anschauung gebracht in der Spätfassung des «Märchens von Gockel, Hinkel und Gackeleia», das Brentano als einziges seiner Märchen selbst veröffentlicht hat. Den Handlungsverlauf der frühen Fassung hat er bei seiner Bearbeitung im wesentlichen beibehalten.

Durch einen Zauberring, den der verarmte Rauhgraf Gockel von Hanau im Halse seines Haushahns Alektryo findet, werden er, seine Frau Hinkel von Hennegau und ihre Tochter Gackeleia in neues Glück und neue Würden versetzt. Aber drei Juden locken Gackeleia mit Hilfe einer Puppe den Ring ab und werfen so Gockel in seine frühere Armut zurück. Erst mit Hilfe des Mäusevolks kommen sie wieder in ihr früheres Besitztum. Am Ende werden die Menschen zu Kindern, alles Verlangen ist gestillt, und der Ring kann wieder in den Kropf des Hahns zurückkehren, denn er konnte, wie es bei Brentano heißt, «nur Zeitliches, Natürliches, Künstliches, Weltliches, aber nicht Ewiges und Geistliches geben». Auf Ewiges und Geistliches aber war der Sinn Brentanos nach 1817 gerichtet.

Was in der frühen Fassung eher ein loses Spiel mit Märchenfiguren, Märchenelementen und einer regelrechten Hühner-und-Eier-Sprachbesessenheit war und nur mehr zu allgemeiner Märchenerlösung führte, das erscheint nun in Prosa und Vers als Triumph christlichen Glaubens über alle Verführungen, Tücken und Schmerzen der Welt. Wie eine Beschwörungsformel tauchen hier jene beiden Verse auf, die das ganze Spätwerk Brentanos durchziehen und die zuerst von einer schönen edlen Frau angesichts eines Kometen «in der Gestalt eines Paradiesvogels» gesungen werden:

O Stern und Blume, Geist und Kleid,
Lieb, Leid und Zeit und Ewigkeit.

Für Brentano war in diesen Worten die ganze menschliche Existenz eingefangen in ihrer Spannung zwischen Irdischem und Himmlischem.

Allerdings ist sein spätes Gockelmärchen bei alledem nicht einfach die erbauliche Katholisierung eines frühen säkularen Textes. Wohl wird es bestimmt vom Willen zum Gottvertrauen und vom Wunsch, allen «Kunstfiguren» zu mißtrauen, aber in seiner Form ist es aufs äußerste gesteigerte, bis ins Artistische gehende Sprachkunst. Davon konnte Brentano nicht lassen. Klangorgien werden gefeiert («schicklich, erquicklich», «witzig, spitzig», «figürlich, manierlich», «zimperlich, spärlich, klimperklärlich») – wie danach erst wieder in den Wort- und Lautkaskaden der Jugendstilkunst des *Phantasus* (1916) von Arno Holz. Gackeleia spricht plötzlich in den Worten von Hölderlins «Brot und Wein»; Schiller- und Goethe-Zitate werden teils eingeschmuggelt, teils unverhüllt präsentiert; künstliche Gärten und Schmuckwerk mit üppiger, exotischer Ornamentik entstehen, und auch der Witz oder ein satirischer politischer Seitenhieb sind nicht ausgelassen. Alles das zeigt Brentano durchaus auf der Höhe seiner künstlerischen Kraft, für die man allerdings in den vierziger Jahren des 19. Jahrhunderts wenig Sinn hatte und für die vor allem der Blick getrübt wurde durch Brentanos reales katholisches Engagement, zu dem man dann die literarischen Werke über Gebühr in Beziehung gesetzt hat.

In der «herzlichen Zueignung» dieses späten Gockel-Märchens an Marianne von Willemer hat Brentano von dem «Ländchen Vadutz» erzählt, jenem kleinen Reich, das er sich nach einem Rat von Goethes Mutter «auf die geflügelten Schultern der Phantasie» bauen sollte. Ob ihm dabei bewußt war, daß auch Jean Paul schon seinen Siebenkäs in die gleiche liechtensteinische Utopie entlassen hatte, ist nicht erfindlich. Die auf Schönheit gehende Phantasie hatte dann allerdings getrogen und sich degradiert. Erst im großen Anhange des Märchens, den «Blättern aus dem Tagebuch der Ahnfrau», die zusammen mit der «Zueignung» dessen notwendigen Rahmen bilden, wird sie wieder zugelassen als Schlüssel zum «Himmelsgarten», dem einst «geraubten Paradies». Brentano unterwarf in seinen ästhetischen Ansichten die einstige autonome Kunst nun ganz dem heiligen Zweck. Aber zugleich tat er es im Kunstwerk, und so findet sich denn auch im «Tagebuch», ausgedrückt in den Bildern der Genesis (VI, 1–5), eine eigentümliche neue Legitimation der Kunst. Die «Sagen, Meinungen, Geheimnisse und Überlieferungen», die Mythen, «Erzählungen» und überhaupt alle «Reden der auf der Erde spielenden Menschenkinder seit Jahrtausenden» seien nicht die Wahrheit, die allein in Gott liege, aber sie haben dennoch teil an ihr:

> «Die Geschichte der Kinder Gottes sind diese Erzählungen nicht. Da aber die Kinder Gottes nach den Töchtern der Menschen gesehen hatten, wie sie schön waren, erzählten sie sich Menschenkindermärchen, die waren kristallisiert in Formen der Wahrheit und waren doch nicht die Wahrheit und rollten von Mund zu Mund im Strom der Rede zu uns nieder, bis sie rund und bunt waren gleich Kieselsteinlein, mit denen auch wir spielen.»

Dieses Verständnis der Kunst als eines Widerspiels von Wahrheit und Schönheit, von Göttlichem und Menschlichem ist Brentanos letztes Wort zum Thema Poesie geworden.

Brentanos *Märchen vom Rhein* kommen in volkstümlich deutschem

Gewand. Die Sagen vom Rattenfänger von Hameln, vom Bischof Hatto von Mainz und dem Binger Mäuseturm sowie die Melusinensage, die Tieck 1800 dramatisiert und Görres 1807 in seinen *Teutschen Volksbüchern* behandelt hatte, spielen darin eine bedeutende Rolle. Denn aus der letzteren erwuchs Brentanos eigene Sagenschöpfung von der Wasserfee Lureley, jener «Tochter der Phantasie», die durch die Ballade im *Godwi* unsterblich geworden ist. Undinen und Elementargeister hatten in der Zeit neuer Naturerkenntnis große Popularität erhalten – Fouqués so erfolgreiche *Undine* (1811) war ein Zeugnis dafür –, und es zog die dichtenden Städter zu Menschen, die scheinbar außerhalb der Gesellschaft und in enger Bindung zur Natur lebten. Müller und Mühle waren in der Lyrik der Zeit eine der beliebtesten Metaphern, durch die sich Elementares, Volkstümliches und ein intellektuell erfahrenes historisches Zeitbewußtsein gut miteinander vereinigen ließen. Ein Müller Radlauf ist in diesem Sinn der Held von Brentanos fragmentarischem Rheinmärchen-Zyklus.

Wie die *Italienischen Märchen,* so sind auch die *Märchen vom Rhein* als Rahmengeschichte mit Einlagen konzipiert, aber wie diese blieben sie unvollendet. Abgeschlossen wurden das einführende «Märchen von dem Rhein und dem Müller Radlauf», dann die umfangreiche Erzählung von dessen Abkunft, «Das Märchen von dem Hause Starenberg und den Ahnen des Müllers Radlauf», sowie zwei nur lose mit dem Gesamtzusammenhang verbundene Märchen, das «Märchen vom Murmeltier» und das «vom Schneider Siebentot auf einen Schlag», worin Motive der Volksmärchen aufgenommen und teilweise parodiert sind.

Die Radlauf-Märchen wachsen aus einem Krieg zwischen den beiden Städten Trier und Mainz hervor, der nach der mißglückten Verbindung des Trierer Prinzen Rattenkahl mit der Mainzer Prinzessin Ameley entstanden sein soll. Radlauf, der voreheliche Sohn des jetzigen Königs von Trier und der Wasserfee Lureley, bekommt zwar am Ende selbst die schöne Ameley, aber erst nachdem seine Familie ihren frühen Sündenfall der Geschwätzigkeit gebüßt hat, mit der die Männer immer wieder die geheimnisvolle, feenhafte Herkunft ihrer Frauen aus allen vier Elementen und damit sie selbst verraten hatten. Radlaufs Bruder Hans von Starenberg, der seiner Redseligkeit wegen in einen Star verwandelt wurde, vermag durch das Selbstopfer schließlich den alten Fluch zu lösen, damit das liebende Paar in dauernder glücklicher Verbindung zusammenkommen kann.

Dieser Überblick über das Geschehen deutet bereits an, daß Brentano aus den einfachen Märchenelementen ein Handlungs- und Beziehungsnetz geknüpft hat, das sich weit von der Volkstümlichkeit der Stoffe entfernt. In der Beziehung des Weiblichen zu den Elementen ist zugleich dessen Überlegenheit begründet; Brentano hat den Streit der Geschlechter um Matriarchat oder Patriarchat zu einem Leitthema seines Dramas *Die Gründung Prags* gemacht. Aber nicht nur um die mythische Darstellung der Verwurzelung menschlicher Existenz im Elementaren und um die Herstellung einer märchenhaft harmonischen Welt am Ende geht es, nicht nur um die

Entthronung ungerechter Herrscher wie des Königs Hatto von Mainz, gegen den seine Bürger eine regelrechte Revolution veranstalten und der schließlich von Wanderratten aufgefressen wird, von Tieren also, die Heinrich Heine in einer Ballade zum Symbol des hungrigen Proletariats machte. Es wird gleichzeitig auch alles Geschehen in ein christliches Heilskonzept eingeordnet, in dem erst das Opfer die Erlösung einleitet nach Täuschungen und Verrat unter dem Zwang der Natur. Gewiß erscheint dieses Opfer im Bilde des Staren Hans geradezu blasphemisch hier, aber die poetischen Arabesken, an denen auch die *Märchen vom Rhein* reich sind, dürfen über Brentanos tiefe innere Heilssehnsucht, die ihn zeitlebens bewegte, nicht hinwegtäuschen. Seine spätere entschiedene Rückwendung zur Religion war darin schon angelegt.

In seiner Märchensammlung erweist sich Brentano allerdings durchaus auch als ein deutscher Intellektueller seiner Zeit. Alte Könige werden durch neue, gütigere, volkstümlichere ersetzt, schlechte Fürsten zu besseren erzogen. Der Rhein erscheint als Deutschlands Strom in einer Zeit, da man ihn zu Deutschlands Grenze machen wollte. Denn die *Märchen vom Rhein* sind zwischen 1810 und 1812 entstanden; für eine nennenswerte spätere Revision gibt es keine Belege. Damit fallen sie aber auch in die erste hohe Zeit der Rhein-Begeisterung, der sogenannten Rhein-Romantik (vgl. S. 143 ff.). Deutsche und europäisch-christliche Überlieferung verbinden sich in ihnen insgesamt zu jener universalistisch-romantischen Einheit des Engen und Weiten, Nationalen und Weltbürgerlichen, die zu den besten Zielen zeitgenössischen Denkens und Wünschens gehörte. Die Macht der Natur über den Menschen wird sichtbar, deutlicher sichtbar als in der naiven Welt der Volksdichtungen, denn sie wird hier in alten und neuen Mythen enthüllt durch die schöpferische Phantasie und die hohe Intellektualität eines aufmerksamen Menschenbeobachters. Das freie Spiel der Kunst, das Brentano als ästhetische Prämisse aus seiner Jenaer Lehrzeit mitgebracht hatte, ermöglichte es ihm, tiefer in den Märchen- und Mythengrund einzudringen, als es je wissenschaftliche Restaurateure tun konnten. Aber auch über die andere Märchendichtung der Zeit, über die von philosophischen, ästhetischen und sozialen Aspekten sehr viel unmittelbarer bewegten Märchen von Novalis, Tieck oder Hoffmann geht Brentano in dieser Hinsicht beträchtlich hinaus.

Die Novellen

Schon früh hatte sich Brentano in kürzeren Erzählungen versucht. In Sophie Mereaus Almanach *Kalathiskos* war 1801 das Novellenfragment *Der Sänger* erschienen, und mit ihr übersetzte er 1804 und 1806 zwei Bände *Spanische und Italienische Novellen*. Der Einfluß der romanischen Kurzerzählung auf die Herausbildung der Novellenform wird offenbar.

Zwei Werke ragen unter Brentanos Novellen hervor: die *Chronika eines fahrenden Schülers* und die *Geschichte vom braven Kasperl und dem schönen Annerl.* Mit der *Chronika* hat sich Brentano über anderthalb Jahrzehnte beschäftigt, ohne daß er sie abschloß. Ihre Anfänge gehen in die Jenaer Zeit zurück; der gesamte erhaltene Text, der erst 1923 bekannt wurde, stammt vermutlich aus der Heidelberger Zeit um 1806. Selbst veröffentlicht hat Brentano nur Auszüge unter dem Titel *Aus der Chronika eines fahrenden Schülers,* die 1818 in Friedrich Försters Almanach *Die Sängerfahrt* erschienen.

Die *Chronika* ist eine Art Kompromiß zwischen der großen Form des Romans und verschiedenen kleinen Erzählformen – Märchen, Novelle, Parabel. Äußerlich ist die *Chronika* so romantisch, wie man es sich für eine Lehrbuchdefinition nur wünschen könnte. Ein gottesfürchtiger fahrender Schüler des Mittelalters, gütige Ritter, freundliche Einsiedler und Priester, frommer Morgengesang im lieblichen Monat Mai, ein kleines Haus mit Efeu überwachsen, eine verlassene, melancholische Mutter, Schlösser und schöne Mädchen, trügerisches Wasser mit lockenden Nixen, Schiffbruch und Scheitern, die Sehnsucht nach einem besseren Leben und schließlich aus himmlischer Distanz das Gefühl, als sei alles Irdische «bloß ein Rufen aus der Ferne» – all das ist hier in kunstvoller Komposition beisammen. Brentano arbeitete also mit jenem Wort- und Bildschatz, der sich damals auf Schritt und Tritt in der Literatur vorfand, aber nur selten so reich und verführerisch schön. In seiner Fassung von 1818 hat Brentano dann einiges davon ausgestrichen und es aus seinem neu errungenen religiösen Bewußtsein heraus durch den klaren Bezug auf die Verheißung Christi ersetzt.

Die *Chronika* in ihrer Urfassung ist nicht Erbauungs- oder Bekenntnisdichtung, sondern am ehesten als Erkenntnisdichtung zu bezeichnen, ähnlich wie Novalis' *Heinrich von Ofterdingen,* bei dem die in Geschichten und Märchen enthaltenen Erfahrungen dem Helden immer neue Fenster zu seinem Weltverständnis öffnen. Wie dieser ist sie der Ansatz zu einem Entwicklungsroman, der in der Ich-Form retrospektiv von einem Ende her erzählt wird, das der Autor aber nie ausgeführt hat.

Die Handlung der *Chronika* ereignet sich auf zwei Zeitebenen: auf der ersten des Jahres 1358, da Johannes, der fahrende Schüler, seinem Herrn, dem Ritter Veltlin von Thüringen, die Geschichte seiner Herkunft als unehelicher Sohn eines Ritters zu erzählen beginnt und gleichzeitig Veltlins vier Töchter beziehungsweise Pflegetöchter kennenlernt. Die zweite Ebene bildet jene eigene Vergangenheit, von der Johannes berichtet. Auf beiden Ebenen sind jedoch verschiedene Einlagen eingefügt. Die umfassendste davon ist die Erzählung «Von dem traurigen Untergang zeitlicher Liebe», die in einem alten Buch des Ritters gefunden wird und die Johannes ihm und den Töchtern vorliest. Deren Kernstück wiederum ist die darin eingelegte «Geschichte des Schönen Bettlers und seiner Braut», eine Abwandlung der Hero- und-Leander-Sage, ähnlich der, die Fouqué 1812 als *Altitaliänische Geschichte* nach einer italienischen Renaissancenovelle veröffentlicht hat. Daneben hat Brentano auch anderes in seine *Chronika* verwoben: die Goethesche Ballade vom König von Thule, die Melusinensage und Gedanken aus seinen eigenen *Romanzen vom Rosenkranz*.

Die *Chronika* ist tiefer Selbstausdruck Brentanos und reflektiert zugleich Wesentliches im Denken und Kunstempfinden der Zeit. Zugrunde liegt ihr der Wunsch nach Selbstbestätigung des bürgerlichen Künstlers, des «fahrenden Schülers» illegitimer ritterlicher Abkunft gegenüber dem Utilitarismus einer trivialisierten Aufklärung, ein Wunsch, der seit Wackenroder und Tieck in vielen Formen gestaltet wurde: Vom «Schönen Bettler» heißt es, er sei «nicht faul, sondern in beständiger Arbeit mit seinen Gedanken, nur tat er nichts von allem dem, was man so unter den Leuten Arbeiten nennt». Aber den finanziell unabhängigen Brentano haben soziale Konflikte stets nur am Rande interessiert; seine Persönlichkeit drängte auf Elementareres. Wie in den Märchen zog es ihn auch hier direkt oder in Anspielungen zu Wasser, Wassergeistern und Melusinen, war doch das Wasser archetypisch das Element des Eros, der Auflösung, Hingabe und Vereinigung. Aber es war auch das Element der «weltlichen Lust und Liebe» und der «Strudel der ewigen Trauer». Die herabziehende Macht des einen Elements hat Brentano jedoch gern sinnbildlich durch die Vereinigung aller oder wenigstens durch die Verbindung der anderen Elemente aufzuheben gesucht, so schon in der Geschichte von Müller Radlaufs Herkunft in den *Märchen vom Rhein*. In der *Chronika* lassen sich die vier Töchter des Ritters Veltlin deutlich zu Luft, Erde, Feuer und Wasser in Beziehung setzen, nur fügt Brentano in einem Wunschbild dann die Hände der «Braut des Himmels» und der «Braut der Erde» im Schoße der dritten Schwester, des Lichtes, zum Bilde eines «seligen schönen Bundes Himmels und der Erde» zusammen, in dem die vierte Schwester als Personifikation des Wassers keinen Platz mehr hat. Aus den Elementen steigt die Trinität empor.

Ein anderer Aspekt der *Chronika* ist Brentanos Darstellung seiner Kunstauffassung zu dieser Zeit. Er legt sie vor allem in der Parabel vom großen Meister mit dem sinnreichen Spiegel dar, der, vom Meister «in steter Bewunderung der Allmacht Gottes endlich zustande gebracht», nun Welt und Gott in schöner Harmonie spiegelt. Durch öffentliche Ausstellung aber wird er profaniert und von den Betrachtern zur Spiegelung ihrer selbst und ihrer Begierden mißbraucht, so daß er zwar dem Meister großen Reichtum bringt, aber ihn auch in tiefe Schuld verstrickt, da die Menschen durch das Spiegeln vom «Glauben, Hoffen und Lieben gewendet wurden», bis schließlich der Meister im Selbstopfer Haus und Stadt niederbrennt. Brentanos Abneigung gegen alle Kunst war also früh schon in ihm vorhanden, und in der Tat mußte Kunst Furcht hervorrufen, wenn sie nur Selbstspiegelung ohne jeden ethischen Bezug darstellte. Brentano war solcher Furcht um so mehr ausgesetzt, als er sich nicht im Weltbild einer Geschichtsphilosophie geborgen fühlen konnte. In den Mythen, Metaphern und Archety-

pen seiner Dichtung enthüllte er seine intimsten Wünsche, Triebe und
Irrungen oft so direkt und ungeschützt, daß er sich gelegentlich wirklich
vor sich selbst scheute, aber auch fürchten mußte, der Verführer anderer zu
werden. Die Zurückhaltung Brentanos gegenüber seinen Kunstprodukten,
das Zögern, sie zu veröffentlichen, die Neigung, sie zu kritisieren und
ihnen dann später das als unanfechtbar fest dastehende äußere System einer
kirchlichen Konfession einzuverleiben oder sie darauf hinauslaufen zu lassen, sprechen deutlich für seinen Wunsch nach einem göttlichen Gnadenakt, der ihn von solcher Verantwortung befreite.

Die *Chronika* begleitete ihren Autor über eine wichtige Strecke seines
Lebens, und sie ist ein anschauliches Dokument für jene Konsequenzen, die
sich aus der romantischen Emanzipation poetischer Schöpferkraft ergaben:
dem Schwanken zwischen Allmacht und Ohnmacht des Künstlers. In ihrer
Form geht sie über die normativen Gattungsbegriffe hinaus und wäre vollendet wohl eine Art Roman im Sinne einer romantischen Universalpoesie
geworden. Brentanos höchstes Begehren war jedoch an einem historisch-
realen Stoff episch nicht darstellbar, ohne diesen zugleich aufzuheben und
aufzulösen. So blieb die *Chronika* unvollendet, und erst in seiner Leben-
Jesu-Trilogie hat Brentano dann am mythischen Stoffe des Christentums
selbst den Weg zur Gnade noch einmal als Erzähler darzustellen gesucht.

Brentanos novellistisches Meisterwerk ist seine *Geschichte vom braven
Kasperl und dem schönen Annerl* – eine Geschichte, die sich so volksbuch-
haft einfach liest wie ihr Titel, die zu ihrer Einfachheit aber erst durch
Kunst und großes Menschenverständnis gekommen ist. Brentano hat die
Novelle im Frühjahr 1817 niedergeschrieben und im gleichen Jahr in Fried-
rich Wilhelm Gubitz' Anthologie *Gaben der Milde* «zum Vortheil hülfloser
Krieger» veröffentlicht. Ihre Volkstümlichkeit nimmt sie in erster Linie aus
den verschiedenen Quellen, von denen Brentano sich hat anregen lassen.
Dazu gehören Lieder, die er für das *Wunderhorn* gesammelt hat, wovon das
eine – «Weltlich Recht» – über die Kindsmörderin Nannerl dem Schicksal
Annerls besonders nahe kommt. Es gehören dazu aber auch ein Märchen
der Brüder Grimm und die Geschichte eines Nürnberger Scharfrichters aus
dem 17. Jahrhundert. Einige Sätze der alten Erzählerin klingen deutlich an
Johann Peter Hebels *Unverhofftes Wiedersehen* an, jene einzigartige Parabel
über Zeit und Ewigkeit. Den Charakter einer solchen Kalendergeschichte
trägt tatsächlich Brentanos Novelle; Lehrhaftes will er nicht verbergen, und
das menschliche Leben zwischen Zeit und Ewigkeit ist auch sein Thema.
Aber nicht eine Parabel hat er geschrieben, sondern eine voll ausgebildete
Novelle, die eine Begebenheit aus dem Grund der Verhältnisse hervorwach-
sen läßt.

Was der Leser einer späteren Zeit leicht übersieht, ist die Tatsache, daß es sich hier
um eine Gegenwartserzählung handelt, eine Heimkehrergeschichte am Ende des
eben abgeschlossenen Krieges gegen Frankreich. Von soldatischer und nationaler

Ehre war damals oft die Rede, ebenso auch von der zukünftigen Pflicht der Fürsten gegenüber ihren Untertanen. Beides aber steht deutlich im Zentrum dieser Novelle, so wenig sie sich auf dieses Thema beschränkt. Zweimal geht es um Ehre, um soldatische und um bürgerliche, einmal wenn Kasperl aus Frankreich in seine Heimat zurückkommt und dort findet, daß Vater und Stiefbruder zu Räubern geworden sind. Da er sich als Sohn eines Diebes um seine Ehre gebracht sieht und sich auf dem Grabe der Mutter erschießt, bleibt ihm erspart, die Tragödie um die Ehre seiner Braut zu erfahren, also Annerls Hingabe an einen adligen Verführer und ihren Tod als Kindesmörderin. Beide sind auf ihre Art Opfer einer «falschen Ehrsucht», wie es heißt, geworden. Kasperl stirbt, weil für ihn die Ehre mit dem Ansehen unter den Menschen identisch ist, und Annerl aus einem vergleichbar weltlichen Grunde, denn sowohl ihre eigene Eitelkeit wie die Schnödigkeit des adligen Herrn, der sich über das einer Bauerndirne gegebene Versprechen hinwegsetzt, führen sie in ihr Unheil.

Die Einheit seiner Novelle erreicht Brentano nun dadurch, daß er diese beiden volksliedhaften Schicksale in einen größeren Rahmen stellt und Personen einführt, die damit nur mittelbar zu tun haben, und zwar einen Erzähler, sodann die alte, achtundachtzigjährige Anne Margret – die Großmutter Kasperls und Patentante Annerls –, von der der Erzähler die beiden Tragödien erst erfährt, und schließlich den Herzog, der versucht, Tragik in Verklärung umzuwandeln. Von allen drei Gestalten ist die Alte die eindrucksvollste.

Brentano macht seine Novelle zur Geschichte einer Nacht: In tiefer, unreflektierter Glaubenssicherheit, in der festen Überzeugung, daß Gott allein die Ehre gehöre, hat sich die Alte fünf Stunden vor der Hinrichtung Annerls in die Stadt begeben, um Gnade zu suchen, freilich nicht gerichtliche Begnadigung, sondern einen menschlichen Gnadenakt, der den späteren göttlichen erst möglich macht. Sie möchte ein «ehrliches Grab» für Kasperl, den Selbstmörder, und für Annerl, die Delinquentin, denn nur aus dem «ehrlichen Grab» wird der Mensch einst am Tage des jüngsten Gerichts auferstehen können. Dazu sichert sie sich die Dienste des Erzählers, der die Geschichte der beiden Menschen in eben dieser Nacht erfährt und der seinen Schriftstellerberuf der Alten nicht anders erklären möchte als durch die Bezeichnung «Schreiber», da er von der Bedeutsamkeit seines Berufes keinen hohen Begriff hat: «Einer, der von der Poesie lebt, hat das Gleichgewicht verloren.» Brentanos ganze tiefe Zweifel, ob denn Kunst Menschliches zu wirken vermöge, sind in diesem Satz ausgedrückt, und das Beste dieser Kunst läuft darauf hinaus, Gnadengesuche für die irrenden Menschen zu verfassen. Tatsächlich gelingt es dem «Schreiber», den Wunsch der Alten zu erfüllen und den Herzog in der Nacht in Aktion zu bringen, so daß Annerl beinahe noch das Leben gerettet wird. Der Erzähler ist es, der des Herzogs Gewissen schlagen macht, befindet sich dieser doch auf ähnlichen Bahnen wie einst der Verführer Annerls. Aber der Bruder der vom Herzog Umworbenen, der Fähnrich Graf Grossinger, kommt als Gnadenbote zu spät ans Hochgericht und kann sich nur noch als einstiger Verführer Annerls zu erkennen geben. Und da nun kommt es gegen den adligen Herrn zu einer außerordentlichen Szene: «Die Weiber und Jungfrauen drangen heran und rissen ihn von der Leiche und traten ihn mit Füßen, er wehrte sich nicht; die Wachen konnten das wütende Volk nicht bändigen.» Erst dem Herzog gelingt das durch vielfache Gnadenerweise: durch die Gewährung eines ehrlichen Grabes für die beiden Toten, durch die Beförderung des toten Kasperl zum Fähnrich und dessen Beisetzung mit Grossingers Offiziersdegen – der Verführer hat sich vergiftet –, durch die eigene Heirat mit der Geliebten und durch die Errichtung eines allegorischen Monuments zur Verklärung der Toten.

Die *Geschichte vom braven Kasperl und dem schönen Annerl* ist, wie gesagt, eine Novelle aus Brentanos Gegenwart. Daß hier ein adliger Ver-

führer im elementaren, nicht politisch motivierten Mänadenaufstand
bestraft wird und sich schließlich der weltlichen Gerechtigkeit nur durch
den Selbstmord entzieht, daß hier ein Fürst erzogen wird zu menschlicher
Verantwortung gegenüber seinen Untertanen, ja, daß hier sogar ein einfacher Mann aus dem Volke mit Offiziersehren beigesetzt wird, das sind Zeichen, die Brentanos eigene Zeit deutlicher in einem sozialen Kontext gelesen haben wird, als eine spätere sie lesen kann. Gesellschaftliche Werte und
Strukturen erweisen ihre zerstörerische Wirkung, aber ihnen werden als
rettende Perspektive nicht politische Ziele, sondern die Werte eines Glaubens gegenübergestellt.

Brentano hat seine Geschichte in weite, übergesellschaftliche Zusammenhänge gestellt. Über die Novelle in ihrer kunstvollen Zusammenführung
von Rahmenhandlung und Binnenhandlungen hat er ein Netz von Allegorien und Symbolen verstreut, das zwar tief in den Versuchen der Volks-
phantasie zur Lebensdeutung wurzelt, sie aber dann hinüberführt zu Bildern der christlichen Religion, mit denen der menschlichen Existenz in
ihrer Beschränkung zwischen Geburt und Tod ein Sinn gegeben werden
soll. Das Geschick Annerls steht in dunklem Zusammenhang mit mehreren
Requisiten: der Schürze, dem Schwert und den Zähnen. Die Schürze verdeckt das Geschlechtliche, das in Annerl mächtig ist, das Schwert dürstet
nach Blut, und tierhaft gierig reißen die Zähne den Menschen ins Verderben:

«Manchmal, wenn kein Mensch es sich versah, fuhr sie mit beiden
Händen nach ihrer Schürze und riß sie sich vom Leibe, als ob Feuer
drin sei, und dann fing sie gleich entsetzlich an zu weinen; aber das hat
seine Ursache, es hat sie mit Zähnen hingerissen, der Feind ruht nicht.»

Solcher Not gegenüber birgt sich das Mädchen in Melancholie. «Sie litt oft
an Melancholie», heißt es von Annerl. Für ihr Handeln bedeutet das, daß
sie den Tod auf sich nimmt, statt den Verführer preiszugeben, nicht zur
Schonung des Mannes, sondern zur Bewahrung ihrer eigenen Würde. So
überwindet Melancholie menschliche Befangenheit, ohne an den Widersprüchen und Zwängen der Welt rütteln zu können oder zu wollen – ein
Motiv, das sich in Brentanos Werk von früh an findet, da die politisch-
gesellschaftliche Veränderung der Welt nie eigentlich sein Thema war.

Brentano stellt allerdings den alten Symbolen andere gegenüber: dem
Schwert den Degen, der Schürze den Schleier, und als drittes Symbol kommen dazu noch Kranz und Rose, die sich zum Zeichen menschlicher wie
göttlicher Liebe zusammenfügen lassen, zum Brautkranz, zum Totenkranz
und zum Rosenkranz. Diese Symbole haben freilich bei Brentano keine eindeutig auflösbare und übersetzbare Bedeutung. Das Schwert ist zugleich
Zeichen irdischer Gerechtigkeit, wie es in Kreuzgestalt dasjenige der höheren darstellt, und das allegorische Monument, das der Herzog am Ende

errichten läßt, versucht nur gewaltsam, diese Vieldeutigkeit in die Eindeutigkeit von abstrakten Begriffen zu übersetzen – den Begriffen der Ehre, der Gnade und der Liebe. Sinnbildliche Konfiguration, die ähnlich auch anderswo in seinem Werk vorkommt, liebte Brentano. Aber deutlicher als durch sie spricht er durch das Werk als ganzes. Die *Geschichte vom braven Kasperl und dem schönen Annerl* ist keine erbauliche Parabel, so sehr Brentano religiöse Einkehr am Herzen lag. Ihr Thema ist der Untergang zweier Menschen zwischen den Verführungen der Natur, den Konventionen der Gesellschaft und der schwerverständlich gewordenen Botschaft, die von einer höheren Gnade kündet. Annerl wie Kasperl sind bei all ihrer volkstümlichen Schlichtheit Menschen einer neuen Zeit; zum naiven Glauben der Großmutter führt kein Weg mehr zurück. Brentanos Novelle ist mithin ein Probefall im unsicheren Ringen um ein menschlich würdiges Leben, vergleichbar den Erzählungen Heinrich von Kleists oder E. T. A. Hoffmanns, nur daß Brentano sich in der Religion jene letzte Stütze herstellte, die den anderen beiden nicht gegeben war.

Aus den Jahren zwischen 1811 und 1817 stammt noch eine Reihe anderer Erzählungen Brentanos. Am kunstvollsten davon ist die Novelle *Die mehreren Wehmüller und ungarischen Nationalgesichter* (1817), in der hinter der erzählerischen Phantastik so ernste Dinge wie das Verhältnis der Kunst zur menschlichen Identität und die Erreichung eines Zustands wahrer Harmonie und Liebe hervorscheinen.

Der reisende österreichische Porträtmaler Wehmüller trägt nämlich immer schon eine Sammlung von 39 vorgefertigten Porträts, den «National-» oder Typengesichtern mit sich herum, die er dann nur durch ein paar ergänzende Pinselstriche dem jeweiligen Auftraggeber ähnlich macht. Aber als man ihm von Doppelgängern seiner selbst berichtet, gerät er in eine eigene Identitätskrise. Am Ende wendet sich alles zum Guten. Der eine Doppelgänger war seine Frau, der andere ein Konkurrent, der sich ihm als Kompagnon anschließt. Harmonie wird hergestellt: Die Verbindung von Kunst und Liebe mit der Realität ist inneres Ziel dieser Geschichte, die im übrigen mit der Kasperl-und-Annerl-Novelle nicht nur den Hintergrund einer aus den Fugen geratenen Welt teilt, sondern auch Akteure, deren Heil nicht mehr von vornherein fest in ihnen begründet ist.

Sehr viel weniger Harmonie liegt der Novelle *Die Schachtel mit der Friedenspuppe* (1815) zugrunde. Formal kommt sie am ehesten jener Novellentheorie nahe, die Paul Heyse später aus dem «Falken» in einer Novelle von Boccaccios *Decameron* abgeleitet hat: Eine bemalte Schachtel wird zum Mittel, das ein Gewirr von menschlichen und politischen Leidenschaften an den Tag bringt. Sie ist «die Büchse der Pandora», deren verderbenbringende Macht schließlich durch eine Friedenspuppe aufgehoben werden soll. Auch sie schließt mit der Errichtung eines allegorischen Steinmonuments, diesmal von der Jungfrau Maria, die eine Schlange zertritt, aber der scharfe Antisemitismus dieser Novelle läßt ihre Christlichkeit doch in einem recht trüben Licht erscheinen (vgl. S. 150f.). Welch unsicherer Führer die kreative Phantasie des Künstlers in «spröder Zeit» war, wußte Brentano nur zu gut. Daß auch Religion ihre Unsicherheiten besitzt, läßt sich aus dieser Erzählung ablesen.

Romanzen vom Rosenkranz

Auch in der Großform des Epos hat sich Brentano versucht. Dort, im Zwischenbereich zwischen Epik und Lyrik, mochte er wohl sogar am ehesten künstlerische Erfüllung zu finden hoffen, besonders wenn es darum ging, Erfahrenes und Geglaubtes, Allegorie, Symbol und Wirklichkeit, Kunst und Religion miteinander in Einklang zu bringen. Aber nicht nur der Stoff widersetzte sich ihm dabei, sondern auch die Form des Epos, da nun einmal die Zeiten bürgerlicher Prosa gekommen waren. So blieben die *Romanzen vom Rosenkranz* Fragment. Geschrieben hat Brentano sie in einer der spanischen Romanze nachgebildeten Versform – vierfüßige trochäische Verse, in Vierzeilern arrangiert und durch Reime oder Assonanzen vielfältig verbunden. August Wilhelm Schlegel hatte spanische Formen durch seine Übersetzungen neu belebt und Herder ihnen im *Cid* (1803), den er ein «Romanzenepos» nannte, öffentliche Achtung verschafft. Auch Tieck versuchte sich in der spanischen Romanze, und Novalis plante 1800 «eine Sammlung Romanzen» unter dem Titel «Die Gitarre oder Reliquien der romantischen Zeit». Sogar den Roman wollte er «völlig als Romanze» betrachten. Schon das Wort also war attraktiv, denn es enthielt Assoziationen sowohl zum Begriff des Romantischen, den man mit Inhalt zu füllen suchte, als auch zum Roman, den man seit Friedrich Schlegel als die höchste Ausdrucksform einer neuen, romantischen Kunst betrachtete. Für den Lyriker Brentano bestand daneben im Romanzenepos noch die Möglichkeit, der Faszination durch den Klang nachzugeben und den lyrischen Ausdruck von seiner sekundären Rolle lediglich als Einlage innerhalb einer Erzählung zum eigentlichen Handlungsträger in der Epik zu erheben.

Der Vorwurf der *Romanzen vom Rosenkranz* ist gewaltig:

> «Das Ganze ist ein apokryphisch religiöses Gedicht, in welchem sich eine unendliche Erbschuld, die durch mehrere Geschlechter geht, und noch bey Jesu Leben entspringt, durch die Erfindung des Katholischen Rosenkranzes löset.»

Das schrieb Brentano im März 1810 an Philipp Otto Runge, den er für die Illustration des Werkes gewinnen wollte und dem er gleichzeitig die ersten sieben Romanzen schickte. Runge starb jedoch bereits Ende 1810. Ein oder zwei Jahre lang hat Brentano danach noch an seinem Werk weitergearbeitet, aber es dann aufgegeben und es später sogar verbrennen wollen.

Stoff und Handlung waren in der Tat unendlich und dabei zugleich von einer tief persönlichen Natur:

Den *Romanzen,* die im mittelalterlichen Italien spielen, liegt der Sündenfall eines sich über mehrere Geschlechter fortsetzenden Geschwisterinzests zugrunde, der am Ende entsühnt werden soll. Aus zwei Geschwisterehen gehen Abano und Kosme sowie Rosatristis und Rosaläta hervor. Kosme zeugt mit Rosatristis die Mädchen Rosarosa, Rosablanka und Rosadore, welch letztere auch als Biondette auftritt, mit Rosaläta aber die drei Brüder Pietro, Jacopone und Meliore. Die Geschwister verlieben sich nun ineinander, aber trotz aller Versuchungen und Anstrengungen des akademischen Teufelsdieners Apone kommt es nicht zu neuem Inzest. Unter dem Einfluß göttlicher Gnade und dem Beistand des Knaben Agnuscastus weihen sich die drei Schwestern in frommem Opfer der Jungfrau Maria, der einst die Vorväter dieses Geschlechts Hilfe bei der Flucht nach Ägypten verweigert und damit den Fluch auf sich geladen hatten. Nicht alles von diesem Konzept ist ausgeführt worden, aber jedenfalls sollte der «Kranz» der drei gottergebenen «Rosen» dann die endliche Erlösung bringen.

Die Brentano tief berührenden Themen liegen deutlich zutage: Es sind Zerstörung oder Erhaltung einer Familie, die dem einzelnen Stütze bot und ihn doch zugleich in Schuld verstrickte, das Ringen zwischen Triebhaftem und Heiligem und schließlich die Irrungen der Liebe, also jene Gegensätze und Konflikte, die sein Leben wie sein Werk von Anfang bis Ende durchziehen. Dazu traten noch die Gefahren durch den allein auf sich selbst reflektierenden Geist, denn die Lehren von Apone decken sich oft ganz deutlich mit Gedanken von Fichte und Schelling. Die Weisheit seines Lehrers Apone nennt Meliore, der Brentano innerlich am nächsten stehende der drei Brüder, «des Teufels Hirngespinste»:

> Denn in trunkenem Erfrechen
> Will sie sich mit Gott vermischen,
> Und empfangen von der Erde
> Gleicht sie wohl dem Drachenkinde.

Und seinen Mitstudenten sagt er mit einem Blick auf den von Schiller und Novalis literarisch verwendeten Mythos vom «verschleierten Bild zu Sais»:

> Euch steht nur das Haar zu Berge,
> Und dies nennt ihr reines Wissen;
> Nennt's der Isis Schleier heben,
> Hebt ihr schamlos euern Kittel!

Über weite Strecken jedoch wird solche Argumentation zugleich zur kaum verhüllten Auseinandersetzung mit dem intellektuellen Übermut von Goethes Faust; der erste Teil der Tragödie samt dem «Prolog im Himmel» war 1808 erschienen. Es ist eine im einzelnen noch unerforschte Beziehung.

Wenn es Brentano nicht gelang, ein episches Ganzes aus seinem Romanzenepos zu bilden, so einmal deshalb, weil er sich als der allen Eindrücken Aufgeschlossene durch eine unübersehbare Menge von Mythischem, Sagenhaftem und Historischem überwältigen ließ, dem er in seinen Stoffstudien begegnet war. Dann aber verlor er sich auch als der lyrische Dichter in der Fülle von Bildern und Klängen, die ihm Stoffe und Form anboten. Vor allem aber war es ein Vorwurf, der letztlich in der Objektivität des Epischen überhaupt nicht zu behandeln war. Im Grunde wollte ja Brentano sein «Lied» schaffen als «Fata Morgana über meinem versunkenen irdischen Paradiese», wie er an Runge schrieb, wollte also eigentlich nichts Geringeres als auf ästhetische Weise eine Art subjektive Selbsterlösung betreiben, und zwar im Bilde eines Kunstwerks und am Beispiel eines objektiven Geschehens, die zusammen nichts anderes als die Unmöglichkeit aller subjektiven und ästhetischen Selbsterlösungen demonstrieren sollten. Das wäre wohl nichts anderes gewesen, als sich am eigenen Schopfe aus dem Sumpfe zu ziehen. Dennoch wurden die *Romanzen vom Rosenkranz* ein unheimliches, teils makabres, teils betörend schönes Dokument eines solchen Versuches. Was Brentano selbst anging, so waren Gebet, religiöse Kontrafaktur früherer Lyrik und die Darstellung christlicher Visionen ein sicherer und besserer Weg aus den eigenen Wirrnissen. Ihn zu zeigen wurde die letzte große Aufgabe des Erzählers Brentano.

Die religiösen Schriften

Zu Brentanos epischem Werk gehört gleichermaßen jene schier unübersehbare und erst teilweise veröffentliche Menge religiöser Schriften, die er nach den Berichten der stigmatisierten Nonne Anna Katharina Emmerick verfaßt hat und deren Kern eine Trilogie über das Leben Jesu bildet. Davon erschien zu seinen Lebzeiten nur *Das bittere Leiden unsers Herrn Jesu Christi. Nach den Betrachtungen der gottseligen Anna Katharina Emmerich, Augustinerin des Klosters Agnetenberg zu Dülmen* (1833). Ein weiterer Band – *Leben der heil. Jungfrau Maria* – erschien, von Christian und Emilie Brentano herausgegeben, erst 1852. Ein dritter Teil, die *Lehrjahre Jesu,* sollte hinzukommen; zu ihm gibt es umfangreiche Aufzeichnungen. Görres hat Brentanos Vorhaben einmal ein «gewaltiges religiöses Weltepos» genannt, womit bereits angedeutet ist, daß es sich dabei keineswegs um schlichte Traktätchen- oder Erbauungsliteratur handelte, sondern um ein Prosawerk mit sehr viel anspruchsvolleren Dimensionen, wie auch das von Brentano selbst in offensichtlich parodistischer Absicht verwendete Wort «Lehrjahre» erweist. Eine gerechte literaturhistorische Beurteilung und Einschätzung dieses großen Projektes stößt dennoch auf beträchtliche Schwierigkeiten. Das Werk ist unvollendet, es gibt außerdem vor, lediglich Protokoll der Visionen einer Nonne zu sein, und es ist tatsächlich mit erbaulicher Absicht verfaßt worden.

Brentano hat sich mit einigen Unterbrechungen von September 1818 bis zum Tode der Nonne im Jahre 1824 in Dülmen aufgehalten, dort seine Aufzeichnungen gemacht und auch eine Reihe von Proben veranstaltet, in denen er ihre Reaktion auf Reliquien oder auf andere Personen feststellen wollte, Luise Hensel eingeschlossen, die er damals umwarb. Seine Studien zu einer umfassenden Biographie der Nonne sind ein interessantes Dokument für das Studium parapsychologischer Phänomene in dieser Zeit (vgl. S. 210), ganz abgesehen von dem Wert, den sie für die innere und äußere Biographie Brentanos besitzen. Sein Verhältnis zu Katharina Emmerick wird sich nicht bis ins einzelne aufklären lassen, ebensowenig wie sich sein Anteil an ihren Visionen und die Mischung von Protokoll und Dichtung in diesen religiösen Schriften je wird genau bestimmen lassen. Aber die Tagebuch-Aufzeichnungen zu diesem großen religiösen Werk enthüllen doch in der Unmittelbarkeit des Ich-Bezugs deutlicher als der gedruckte Text die seltsame Mischung aus Frömmigkeit und Erotik, Erbaulichkeit und Poesie, die Brentanos Spätwerk insgesamt seinen besonderen Charakter gibt. Erste Pläne zu dem Gesamtwerk hat Brentano in seiner frühen Dülmener Zeit gemacht, aber die Niederschrift ist dann in den Jahren danach erfolgt. Vielfach spiegelt sich darin Brentanos persönliche Problematik, das Hin- und Hergerissensein zwischen Glaubenwollen und den Störungen des Bewußtseins, die dabei immer wieder hindernd eingreifen. Wesentlicher jedoch ist, daß hier der literarische Versuch gemacht wird, eine in Leidenschaften und Leiden zerrissene Welt episch zusammenzuhalten, indem sie ins Mythische transponiert wird. So übertrieben es klingen mag und sowenig das schon als literarisches Werturteil verstanden werden darf: Das Gegenstück zu dieser Trilogie über das Leben Jesu sind nicht nur Goethes *Wilhelm Meisters Lehrjahre,* sondern ebenso dessen *Faust* mit seiner humanistischen, das Religiöse nur allegorisch benutzenden mythisch-welthistorischen Gesamtperspektive. Beide aber, Brentanos wie Goethes Werke, sind ein deutsches Komplement des realistischen Romans, den die anderen Länder Europas auf der Grundlage ihrer eigenen sozialen und ökonomischen Situationen entwickeln konnten, während den Deutschen sich die Möglichkeit zu solchen bürgerlichen Epopöen und Weltbildern verschloß, da Anschauung und Realität dazu fehlten. Allerdings bestehen zwischen Brentanos religiösem Erzählwerk und Goethes «göttlicher Komödie» zugleich beträchtliche Differenzen der künstlerischen Absicht, Gestaltung, der geistigen Durchdringung und des Gelingens.

In Brentanos *Bitteren Leiden* findet sich immerhin eine realistische Erzählweise, die dem Jahrhundert des realistischen Romans tatsächlich Ehre macht. So erzählt Anna Katharina Emmerick von ihrer Vision der Kreuzigung:

> «Die Nägel, bei deren Anblick Jesus so sehr geschaudert hatte, waren so lang, daß sie, in die Faust gefaßt, oben und unten etwa einen Zoll hervorstanden. Sie hatten oben ein Plättchen mit einer Kuppe, welches im Umfange eines Kronenthalers die Hand füllte. Die Nägel waren dreischneidig, oben so dick wie ein mäßiger Daum, unten wie ein klei-

ner Finger und dann spitz zugefeilt. Eingeschlagen sah die Spitze an der hintern Seite des Kreuzarmes ein wenig hervor.»

Und den Nagel trieben dann die Henkersknechte

«mit großer Anstrengung, durch den verwundeten Rist des linken und durch den des unten ruhenden rechten Fußes krachend hindurch, in das Loch des Standklotzes und durch diesen in den Kreuzesstamm hinein [...] Ich zählte an 36 Hammerschläge unter dem Wehklagen des armen Erlösers, das mir so süß und hell und rein klang [...].»

Aus dem sachkundig-naturalistisch dargestellten Grauen steigt – man hört es – Brentanosche Poesie hervor. Und Brentanos ganze Hoffnung, wie in vielfältig anderer Form die Hoffnung mancher seiner deutschen Altersgenossen, kommt zum Ausdruck, wenn es von dem Moment der Aufrichtung des Kreuzes heißt:

«Das heilige Kreuz stand zum erstenmale in Mitte der Erde aufgerichtet, wie ein anderer Baum des Lebens im Paradiese.»

Novalis' *Hymnen an die Nacht* werden darin fast wörtlich zitiert. Aber Brentanos Werk bleibt von ihnen entfernt durch seine Bindung an die Dogmen der Kirche, und es wird deshalb auch ebensowenig ein *Messias* des 19. Jahrhunderts noch ein dem *Faust* vergleichbares Werk genannt werden können. Brentano versuchte, das Romantisch-Ästhetische in Fesseln zu legen, indem er sich lediglich zum Protokollanten einer tatsächlich Gläubigen machte. Aber unter der Hand geriet dann das Protokoll doch immer wieder zur Kunst und wäre als ganzes auch nur in ästhetischer Form, als Roman, präsentabel gewesen. Darin hätte dann jedoch das Ästhetische wieder über den Glauben triumphiert. So gab es keinen Ausweg aus diesem Dilemma, und das Fragment blieb auch hier die letzte Antwort auf den Versuch, Kunst mit dem Wirklichen wie dem Ewigen zu vereinigen.

Eichendorff

In der Geschichte der deutschen Literatur erscheint Joseph von Eichendorff als der Inbegriff eines Lyrikers. Wenn er einen literarischen Weltruf besitzt, so einzig durch seine Gedichte, die durch bedeutende Kompositionen über die deutschen Sprachgrenzen hinweggetragen worden sind. Eichendorff ist sogar neben Goethe der am meisten vertonte deutsche Dichter. Das läßt leicht übersehen, daß viele dieser Gedichte zuerst in einem epischen Zusammenhang als Gedichteinlagen von Romanen und Novellen erschienen sind, von denen wohl nur die eine Erzählung *Aus dem Leben eines Taugenichts* für einen größeren deutschen Leserkreis lebendig geblieben ist. Das weitere

Eindringen in Eichendorffs Prosa gleicht einer Reise, auf der man unversehens viele alte Bekannte trifft, eben jene Gedichte, die teils durch die Musik von Robert Schumann, Johannes Brahms oder Hugo Wolf, teils durch ihren Platz in Anthologien oder aber gar als Volkslieder vertraut geworden sind. Bei Goethe gehören die Lieder Mignons oder des Harfners den Gestalten selbst, die er im *Wilhelm Meister* gezeichnet hat, und die Rollenfunktion dieser Gedichte wird gewöhnlich sogar einem Konzertpublikum bewußt gemacht, das sonst nichts von deutscher Literatur weiß. Für Eichendorffs «Zwielicht» oder «Alten Garten» ist der epische Kontext, in dem sie zuerst erschienen sind, vergessen worden. Obwohl er manches zum Verständnis des Gedichtes beizutragen vermag, kann auf ihn bei solchen Gelegenheiten verzichtet werden, während umgekehrt allerdings der epische Kontext nicht auf das Gedicht verzichten kann. Enger als bei jedem anderen deutschen Autor dieser Zeit sind erzählende Prosa und lyrisches Gedicht bei Eichendorff miteinander verbunden, und zwar nicht hinsichtlich des Inhalts, sondern der sprachlichen Mittel, die darin verwendet werden. Denn in seinen Gedichteinlagen intensiviert und konzentriert Eichendorff nur jene Bilder, Metaphern und Symbole, die er auch in der Prosa verwendet, und die lyrische Kondensation der Bildlichkeit gibt dieser Prosa nicht nur einen besonderen Glanz, sondern versieht sie geradezu mit einer Anweisung zum rechten Lesen: Durch die Gedichteinlagen enthüllt sich auch die Art und Weise Eichendorffschen Erzählens als metaphorisch.

Das darf freilich nicht so mißverstanden werden, als habe Eichendorff eine Art Prosalyrik geschrieben, handlungsarm und nur auf die Entfaltung von Stimmungen bedacht. Es begibt sich viel, wenn auch nicht immer eindeutig Durchschaubares in Eichendorffs Erzählwerk, und oft ist es regelrecht spannend. In Inhalt, Thematik und Darstellungsform weichen die einzelnen Werke beträchtlich voneinander ab. Außerdem aber ist dieses Erzählwerk nicht Produkt einer allmählichen, konsistenten Entwicklung eines Prosaschriftstellers. Konsistenz besitzt für Eichendorff allein sein lyrisches Werk; sein erzählerisches ist in Sprüngen entstanden.

Den Anfang bildet ein stark autobiographisch getönter Zeitroman – *Ahnung und Gegenwart* –, der nach eigenem Bekenntnis des Autors die «gewitterschwüle Zeit der Erwartung, der Sehnsucht und Verwirrung» als Hintergrund besaß, in der die jungen deutschen Intellektuellen zwischen 1809 und 1812, also zur Zeit der Napoleonischen Kriege, nach sich selbst und ihrer Bestimmung im Leben suchten. Rund zwanzig Jahre später hat er mit einem zweiten Roman – *Dichter und ihre Gesellen* – an den ersten anzuknüpfen versucht, dessen Hintergrund nun das restaurative Deutschland bildete, aber die Intensität des frühen, bekenntnishaften Buches hat er nicht wieder erreicht. *Ahnung und Gegenwart* erschien 1815. In den zweiundvierzig Jahren bis zu seinem Tode 1857 vollendete Eichendorff insgesamt neun Erzählungen, darunter drei, die eher Zeit- und Literatursatire darstellen als ein in sich geschlossenes novellistisches Ganzes, und nur fünf, die in strengerem Sinne als Novellen bezeichnet werden können. Alles in allem war das also keine reiche erzählerische Produktion, aber auffällig ist, daß sie sich in gewissen Zeitabschnitten und abhängig von historischen Situationen oder Ereignissen zusammenballt, in der frühen Restaurationszeit, in den Jahren nach der Pariser Julirevolution von 1830 und zuletzt noch einmal um 1848. Die Entstehungszeiten von Eichendorffs Prosawerk erweisen deutlich dessen Verbindung zu Politik und Zeitgeschichte, auch wenn Werke wie zum Beispiel der *Taugenichts* geradezu als Inkarnation des Unpolitischen erscheinen mögen. Für die Verbindung zur Politik aber und ebenso für die Sprunghaftigkeit der epischen Produktion sorgte das äußere Leben des Autors.

Mit Joseph von Eichendorff betrat ein weiterer preußischer Adliger die Bühne der deutschen Literatur. Im Unterschied zu Kleist, Arnim und Fouqué kam er jedoch nicht aus preußischen Stammlanden, sondern aus jenem Teil Schlesiens, der erst am Ende des Siebenjährigen Krieges 1763 von Österreich in preußische Hände übergegangen war und in dem auch das Luthertum nicht festen Fuß gefaßt hatte: Eichendorff gehörte einer katholischen Adelsfamilie an, die allerdings durch Spekulationen ihren Besitz, das Rokokoschloß und Gut Lubowitz bei Ratibor an der Oder, Anfang des 19. Jahrhunderts verlor. Erinnerungen an das Glück dieser Jugendheimat durchziehen Eichendorffs gesamtes Werk; die Realität seines Lebens hingegen war die eines glücklosen preußischen Verwaltungsbeamten. Für den Beruf qualifizierte ihn das Studium der Rechtswissenschaften in Halle, Heidelberg und Wien. Auch die Namen dieser drei Städte üben in Eichendorffs Werk eine immer wieder beschworene Magie aus, denn jede war jenseits ihrer gesellschaftlichen Bedeutung noch durch einen Hauch von Poesie umgeben, Halle durch die Saalelandschaft mit Burgen wie dem Giebichenstein, Wien als die Kaiserstadt in der reichen Donaulandschaft und Heidelberg außer durch seine, Burg- und Flußlandschaft vereinigende, äußere Schönheit durch die akademische Verkündung des Wertes von Poesie. Joseph Görres' Vorlesungen bildeten damals einen kräftigen Kontrast zu dem Studium der nüchternen Brotwissenschaften, die dort sonst regierten. Denn Eichendorff war, in Gemeinschaft mit seinem Bruder Wilhelm, in eben jener für die Literaturgeschichte bedeutsamen Zeit zwischen 1807 und 1808 in Heidelberg, als auch Görres, Arnim und Brentano sich dort aufhielten und die *Zeitung für Einsiedler* erschien. Görres' Vorlesungen hörten die Brüder, aber mit Arnim und Brentano kam es nur zur flüchtigen Begegnung. Es entstand um sie selbst und den Grafen Loeben ein eigener kleiner Dichterbund, den Eichendorff in *Ahnung und Gegenwart* später karikiert hat (vgl. S. 93). Erst in Berlin nach 1809 sind die Eichendorffs mit Arnim und Brentano öfter zusammengetroffen, wobei sich Brentano über die ärmlich lebenden poetischen Barone und den Grafen Loeben amüsiert hat, gehörten sie doch schon wieder einer anderen, jüngeren Generation an, die man als das Zerrbild der eigenen sehen mochte.

Eichendorff, 1788 geboren, war elf Jahre jünger als Fouqué und Kleist, zehn Jahre jünger als Brentano, und sieben trennten ihn von Arnim. Das bedeutete ein anderes Verhältnis zur Geschichte ebenso wie zur Literatur. Eichendorffs politisch-historische Urerfahrung bildeten die Kriege gegen Napoleon, an denen er 1813 als Freiwilliger der Lützowschen Freischar teilnahm. Kleist und Fouqués politische Vorstellungen hatten sich hingegen in der Zeit zwischen den Koalitionskriegen und der Niederlage Preußens 1806 gebildet, während die wiederum um acht oder zehn Jahre älteren Brüder Schlegel und Novalis in ihrem Denken von der Französischen Revolution geprägt waren. Auch literarisch ergaben sich vergleichbare Altersstufen. Wuchsen Arnim, Brentano, Fouqué, Adam Müller oder Kleist aus dem mehr oder weniger starken Bezug auf die Kultur von Weimar und Jena um 1800 hervor, so bildeten sie ihrerseits wieder die Anreger und Vorbilder, auf die sich Eichendorff oder Hoffmann bezogen. Gab August Wilhelm Schlegel Fouqués erste Werke heraus, seine *Dramatischen Spiele* (1804), so Fouqué Eichendorffs Roman *Ahnung und Gegenwart* (1815). Zwar blieb durch das Fortleben der Personen das Gefühl eines Zusammenhangs der deutschen Literatur erhalten, und Goethe war dabei wohl die stärkste koordinierende Figur. Auch die eigentlichen literarischen Vorbilder für die jungen Schriftsteller blieben vielfältig und waren nicht nach Generationen gestaffelt. Aber das theoretische Verständnis von Literatur und insbesondere des Romantischen mußte sich wie jede Theorie immer auf die zuletzt erreichten Ansichten und Gedanken beziehen. Wo es zu Begegnungen mit den ersten Theoretikern romantischer Literatur kam, hatten diese ihre früheren Ansichten entschieden fortentwickelt oder wohl gar widerrufen: Als Eichendorff 1811 zuerst mit Friedrich Schlegel in Wien zusammentraf, war für diesen inzwischen alle Romantik in das feste Gerüst der katholischen Kirche eingebaut. Für Eichendorffs Literaturverständnis und insbesondere für seine oft kritisch-parodistische Auseinandersetzung mit der Idee einer romantischen Literatur ist also seine Stellung innerhalb der Altersskala der deutschen Schriftstellerkollegen von besonderer Bedeutung.

Äußerlich blieb für Eichendorff Literatur immer nur eine Nebentätigkeit, was allerdings nicht heißt, daß er sie als eine vom Beruf ganz losgelöste und über dessen Mühen hinwegtröstende Freizeitbeschäftigung betrachtete. Aus der Zeit der preußischen Reformen hatte sich bis in die vierziger Jahre des 19. Jahrhunderts bei einer Reihe von hohen Vertretern dieses Staates durchaus noch die Vorstellung erhalten, daß ein gebildetes und für die Kunst offenes Beamtentum ein wichtiger Hebel zu gesellschaftlichen und politischen Veränderungen sein könne. Eichendorffs Berufslaufbahn erweist das allmähliche Absterben dieser Vorstellung und den Triumph eines nur als Verwaltung von Macht verstandenen Regierungsapparats. Eichendorff war zunächst in Breslau, später für lange Zeit in Ostpreußen als Beamter tätig. 1831 zog er nach Berlin, aber seine Anstellungen dort waren stets nur Vertretungsämter. 1844 trat er in den Ruhestand. Die Jahre bis zu seinem Tod 1857 widmete er literarhistorischen und autobiographischen Arbeiten.

Eichendorffs erzählerisches Werk verrät nach außen wenig davon, daß es von einem Juristen und Verwaltungsbeamten stammt, ganz im Gegensatz zu dem E. T. A. Hoffmanns, des Berufskollegen, dessen juristische Tätigkeit ebenso wie die Erfahrung mit den verschiedenen Schichten des städtischen Bürgertums der Hauptstadt Berlin überall deutlich sichtbar sind bis hin zu Details der Verfahren, in denen er tätig war. Gewiß, es gibt literarische und

politische Satire bei Eichendorff, in der auch dem Bürgertum sein Platz
zuteil wird. Aber sein gesellschaftlicher Orientierungspunkt bleibt doch der
Adel, aus dem er stammte, ein Adel, der in seiner idealen Form immer stärker in die Weiten und die Zeitlosigkeit der Erinnerung rückte, zusammen
mit dem Jugendparadies von Lubowitz.

> «Kindisch lag ich im Lubowitzer Garten am Lusthause im Schatten in
> der Mittagsschwüle und sehe die Wolken über mir und denke mir dort
> Gebirge und Inseln mit Schluchten.»

So heißt es in Aufzeichnungen Eichendorffs zu einem «Idyll von Lubowitz», das er 1839 zu schreiben vorhatte. Liegend und träumend hört er
darin

> «ein leises Rauschen durch den Garten [...] die Blumen oder die
> Ähren neigen sich leise; mich schauert – es war die Muse, die lächelnd
> vorüberging, Garten und Täler beleuchtend».

Diese Muse nun ist durch alle seine Erzählungen geschritten, und wer
jemals Eichendorffs Prosa gelesen hat, wird ihre Spur auch im kleinen
Bruchstück wiedererkennen. Garten, Täler, Wolken, Schwüle und Träume,
dazu das leise Rauschen, Neigen und, als Resultat der Begegnung mit dem
Numinosen, das Schauern – all dies vollzieht sich an Hunderten von Stellen
in seinem Werk. Aus dem Imperfekt der Erinnerung ersteht das Präsens
lyrischer Gegenwart, und die einzelnen Bilder der Wirklichkeit – Ähren
oder Blumen – werden unwichtig im Vergleich zu dem Moment der inneren Erfahrung, den sie bezeichnen sollen. Die Szenerie von Eichendorffs
Erzählungen ist voll von weiten Landschaften oder Waldeinsamkeit, von
rauschenden Wäldern, wogenden Kornfeldern, funkelnden Flüssen und
schroffen Abgründen. Wasserkünste spielen, Nachtigallen schlagen, Post-
hörner und Waldhörner tönen von irgendwo, zwischen den Bäumen leuchten weiße Schlösser hervor, auf deren Marmorstufen irgend jemand eingeschlafen liegt, über einsame Weiher ziehen Schwäne, scheue Rehe grasen,
und in stillen Parks und Gärten stehen Marmorbilder. Über alles aber breitet sich Sonne oder ein permanenter prächtiger Mondenschein, bis auf das
Wetterleuchten in der Ferne oder gelegentlich einen warmen Regen.
Schöne Mädchengestalten reiten auf weißen Zeltern vorbei, Studenten singen, Maler wandern in altdeutschen Röcken daher, und die fröhlichen Bür-
gersleute bewundern ein paar schlanke und ranke Grafen. Nur Wörter wie
«geheimnisvoll», «unbekannt», «rätselhaft» oder «schauerlich» verbreiten
zuweilen Unsicherheit über diese stille schöne Welt, in der tatsächlich tückische Gefahren lauern und böses Scheitern droht, wenn es sich nicht sogar
vollzieht.
    Die Bausteine der Szenerien von Eichendorffs Erzählungen entstammen
zwar der Wirklichkeit, aber durch Wiederholung und Kombination werden

sie ihr vom Erzähler entrückt und sind im einzelnen, wie das Beispiel des Lubowitzer Idylls zeigt, auch austauschbar. Am selben Tage, an dem der Schnee noch emsig vom Dache tröpfelt, wogen in der Mittagsschwüle schon Kornfelder, und vollends verwirrt Eichendorff seine Leser, wenn es um topographische Tatsachen geht, wenn Rhein und Donau überall zur Hand sind, wo man sie gerade braucht, oder man von angeblichen Bergen um Rom aufs Meer blicken kann.

Eichendorff ist nie in Rom gewesen, und außerdem nahm man es mit der Darstellung von Wirklichkeit um 1800 noch nicht so genau. Erst das leichter werdende Reisen und die zunehmende Reiseliteratur, die Anerkennung der Geschichte als Ergebnis von Gesetzlichkeiten, unter denen auch die Gegenwart stand, sowie die grundsätzlich gewandelte Einstellung zu einer technisch beherrschbar werdenden Wirklichkeit haben dokumentarische Richtigkeit auch für die literarische Darstellung zu einem Wertkriterium werden lassen. Weder *Wilhelm Meisters Lehrjahre* noch die Romane von Tieck, Novalis oder Fouqué zielen auf Treue in der Darstellung von Landschaften, Szenerien oder geschichtlichen Umständen. Kleist und Arnim allerdings begannen ihr poetisches Spiel damit zu treiben, indem sie sich unter dem Deckmantel eines historischen und geographischen Realismus bedeutende Freiheiten mit der Wirklichkeit nahmen. Rahel Varnhagens scharfe Kritik an den historischen Unwahrscheinlichkeiten von Hoffmanns *Fräulein von Scuderi* (vgl. S. 440 f.) belegt, wie das Kriterium dokumentarischer Treue zu wachsen begann, was übrigens auch der Wandel in der Landschaftsdarstellung zwischen *Wilhelm Meisters Lehrjahren* und den *Wanderjahren* erweist. Eichendorff als der jüngste von allen scheint nun allerdings in Hinsicht auf die Wirklichkeitstreue seiner Landschaften und Szenerien wieder in das 18. Jahrhundert zurückzufallen. Die Geschichte der Rezeption seiner Werke zeigt jedoch, daß das von vielen seiner Leser kaum so empfunden worden ist. Vielfach sind die Unstimmigkeiten übersehen und ist ihm die stereotype Schönwetter- oder Mondscheinlandschaft nachgesehen, wenn nicht gar geglaubt worden, was zunächst einmal für die Suggestivkraft dieser Prosa spricht.

Ein wesentlicher Grund für das Hinnehmen von so viel Märchenhaftem besteht allerdings auch darin, daß Eichendorff in der Darstellung gesellschaftlicher Gegebenheiten und idealer Konzepte keineswegs unrealistisch ist. Fern von der Verklärung des Rittertums, die Fouqué in seinen Romanen vollzog, sieht Eichendorff den Adel seiner Zeit – und nur mit ihm beschäftigt er sich zumeist – sehr differenziert, zeigt dessen Korrumpierung und Verfall gerade in seinen höheren oder höchsten Repräsentanten und plaziert seine sympathischsten Figuren allein in jenen niederen Adel, dem er selbst angehörte. Die Literatursatire in einigen seiner Werke, insbesondere der Spott über die Auswüchse alles dessen, was sich als romantische Literatur ausgab, oder aber das Lob des Besten in der zeitgenössischen Literatur machten sie aktuell, und aktuell waren auch die großen Wertvorstellungen eines besonnenen Patriotismus und einer ebenso besonnenen, nicht fanatischen Christlichkeit.

Eichendorff war alles andere als ein naiver, unbefangener Märchenerzähler und romantischer Schwärmer. Seine Reflexivität war stärker als die der meisten seiner deutschen literarischen Zeitgefährten, wie der Vergleich in der Einstellung zu Adel und Rittertum bei Fouqué zeigt. Er besaß ein deutliches Bewußtsein von seinem Ort in der Geschichte, was ihn befähigte, ein ernstzunehmender Literaturhistoriker zu werden. Er bezog sich denkend auf die große Spannung zwischen Antike und Christentum, durch die zuerst der Begriff des Romantischen als einer spezifisch modernen Kunst ins Leben gerufen worden war. Vor allem aber sah er zugleich die Fragwürdigkeit dieser modernen Kunst, wenn sie den Anspruch erhob, eine autonome, über den Widersprüchen des Lebens stehende, ja sie aufhebende Kraft zu sein. Denn in diese Kunst war beides eingegangen, die Freiheit des Individuellen, Sinnlichen im Bilde des Antiken und das Spirituelle als Bändigung dieser Freiheit im Zeichen des Christentums. Der Widerspruch, ja, Kampf zwischen beiden durchzieht Eichendorffs gesamtes Werk. Aber nicht nur um Kunst ging es dabei, sondern letztlich um Leben überhaupt, um den einzelnen und um dessen Platz im größeren Ganzen der Gesellschaft in ihrer geschichtlichen Entwicklung. Freiheit manifestierte ihre Gefahren psychologisch in der Sexualität und politisch in der Revolution. In beidem konkretisierte sich für Eichendorff der Kampf der Gegensätze, den er in sich und um sich erlebte, und nicht in der Kunst, vielmehr im Glauben suchte er Versöhnung und Erlösung.

Die ideologische Tendenz von Eichendorffs Erzählungen ist verhältnismäßig leicht zu entschlüsseln und damit der Platz dieser Erzählungen in der Geschichte. Über deren Magie jedoch ist damit noch nichts gesagt, denn Eichendorffs Erzählungen haben weit über die Zeit hinaus, in der seine Gedanken relevant sein konnten, einen Leserkreis behalten, obwohl zugestanden werden muß, daß nur diejenige Erzählung, in der diese Tendenz am unbestimmtesten und verborgensten existiert, die Novelle *Aus dem Leben eines Taugenichts*, wirkliche Popularität behalten hat. Aber auch die anderen Prosawerke, wie der Roman *Ahnung und Gegenwart* oder die Novelle *Das Marmorbild*, werden nicht in erster Linie ihrer Tendenzen wegen gelesen, sondern wegen der psychologischen Konflikte ihrer Gestalten. Deren Streben, was Rechtes in der Welt zu vollbringen, wie es in Vers und Prosa mehrfach bei Eichendorff heißt, deren Kampf gegen oder deren Hingabe an Verführungen, deren Verkümmern in Alltäglichkeit oder deren erfüllbare wie unerfüllbare Sehnsucht über die Grenzen ihrer gesellschaftlichen Existenz hinaus machen sie erst interessant. Alle diese psychologischen Konflikte gehören durchaus einer historischen Situation am Anfang jenes noch andauernden technischen Zeitalters an, in dem Leistung und die

Erweiterung menschlicher Macht einhergehen mit dem Anspruch des einzelnen, frei zu sein, sowie mit der Tatsache von seiner Gebundenheit an unübersehbar gewordene Machtsysteme. Außerdem aber entwickelt sich eine Situation, in der die Emanzipation der Sinnlichkeit aus den Fesseln alter Vorurteile nicht mehr von dem Wertsystem der Religion unter Kontrolle gehalten wird. So stehen die Probleme von Eichendorffs Gestalten am Beginn eines großen Prozesses der Bewußtseinsveränderung in Europa.

Eichendorff hat seine Darstellung solcher Konflikte und Konfliktsituationen reich instrumentiert, und er hat es mit eben jenem der Wirklichkeit entliehenen, aber sie keineswegs reproduzierenden Inventar getan, von dem eingangs die Rede war. An diesem Punkt treffen sich bei ihm auch Lyrik und Prosa. Der Lyrismus seiner Bilderwelt ersetzt ihm nämlich jene Wirklichkeit, in der sich die Konflikte real hätten darstellen lassen. Es wäre eine Wirklichkeit gewesen, die er nicht mit der gleichen Genauigkeit kannte wie etwa der bürgerliche Musikdirektor und Kammergerichtsrat Hoffmann. Bei der metaphorischen Benutzung landschaftlicher und atmosphärischer Elemente half ihm überdies, daß er im Unterschied zu Goethe, Novalis, Arnim oder Hoffmann kein wissenschaftliches Verhältnis zur Natur besaß, so daß ihm Wolken Wolken und nicht von der Art der Cirrocumulus oder Cumulonimbus waren und daß geologische, botanische oder physikalische Details ihm nichts bedeuteten.

So entsteht auch bei Eichendorff insgesamt ein grundsätzlich anderes Verhältnis zwischen Erzähltext und Verseinlage als etwa bei Goethe oder Tieck, dessen *Sternbald* Eichendorff für seinen ersten Roman als Muster am stärksten beeinflußt hat. Die große Zahl der Gedichteinlagen in seiner Prosa – in *Ahnung und Gegenwart* sind es nicht weniger als 52 Gedichte, in *Dichter und ihre Gesellen* 32 und im *Taugenichts* 14 – bedeutet nicht nur, daß sich in Momenten höchster Gefühlsintensität die Gestalten nur noch in Versen ausdrücken können, sondern es geht die Lyrik auch wieder in die Prosa über und identifiziert deren Bestandteile als Metaphern, als eine Bildersprache um der poetischen Artikulation innerer Probleme, Konflikte, Wünsche und Zweifel willen. Denn die gleichen Bäume, die sich im Gedicht schaurig rühren, rühren sich auch im Prosatext, die Waldhörner schallen in beidem, und Sterne und Mond leuchten gleichfalls hier wie da.

Die Romane

Mit *Ahnung und Gegenwart* gab Eichendorff seinen Einstand in die deutsche Literatur, als Erzähler sowohl wie als Lyriker, denn eine Reihe seiner bekanntesten Gedichte traten darin zum erstenmal an die Öffentlichkeit. Das Buch entstand zwischen 1810 und 1812; zu den ersten Lesern des Manuskriptes gehörten Friedrich und Dorothea Schlegel in Wien. Von letz-

terer soll auch die Formulierung des Titels stammen und außerdem eine
ganze Anzahl von Korrekturen, die «dreiste Sinnlichkeit» mancher Stellen
zensierend. Das so bearbeitete Manuskript schickte Eichendorff seinem
Freunde Graf Loeben, und von diesem ging es dann an Fouqué, der es mit
einem Vorwort versah und an einen Nürnberger Buchhändler weiterleitete.
Dort erschien es zur Ostermesse 1815. Hatten die Kriegsverhältnisse
zunächst nicht den Druck begünstigt, so schienen sie immerhin die Sicherheit des Postwesens im Umgang mit Originalmanuskripten nicht zu beeinträchtigen.

Die literarisch versierten Leser des Manuskriptes konnten viel Vertrautes
in Eichendorffs Roman vorfinden, denn stellenweise ist es ein Buch aus
Literatur über Literatur. Die Vaterschaft des *Wilhelm Meister* ist erkennbar,
besonders durch einen mignonähnlichen, zwitterhaften Knaben Erwin, der
als Erwine in geistiger Verstörung endet. Schauspielertruppen ziehen hindurch, und ähnlich wie in den *Wahlverwandtschaften* gibt es sinnreiche
Tableaux vivants. Die Naturseligkeit von Tiecks *Sternbald* läßt sich spüren,
und ebenso finden sich Eindrücke aus der Lektüre von Brentanos *Godwi,*
wie zum Beispiel ein allegorisches Grabmal. Eichendorffs Held Graf Friedrich ist außerdem selbst Leser, und hatten auf ihn in der Jugend die Volksbücher einen tiefen, lebensbestimmenden Eindruck hinterlassen, so ist es
später Arnims *Gräfin Dolores* (vgl. S. 396 ff.), die er den verspielten poetischen Unterhaltungen einer eitlen Stadtgesellschaft als ernste, bedeutende
Kunst gegenüberstellt.

Auch ein richtiger professioneller Dichter, durchsichtig Faber, also der
Schaffende genannt, taucht auf und muß, was seine ganze Einstellung zur
Poesie verrät, einen Waldhornbläser zur Ruhe nötigen, weil der ihn mit seiner Musik beim Abfassen eines Gedichts über Waldhörner stört. Bei Graf
Friedrich hingegen, dem immer leicht ein Lied auf den Lippen bereitliegt,
entsteht das Gedicht «in seinem glücklichen Herzen». Als er es gesungen
hat, zieht er zwar seine Schreibtafel heraus, «um es aufzuschreiben. Da er
aber anfing, die flüchtigen Worte bedächtig aufzuzeichnen und nicht mehr
sang, mußte er über sich selber lachen und löschte alles wieder aus.» Nirgends sonst wird die Fiktion der Mündlichkeit in der Literatur dieser Jahre
so deutlich wie bei diesem zwar vom Sänger ausgelöschten, vom Romanautor aber dennoch aufgezeichneten Gedicht.

Dieses Lob mündlicher Tradition in schriftlichen Aufzeichnungen findet
sich verschiedentlich bei Eichendorff und seinen deutschen Zeitgenossen
(vgl. S. 683) bei Arnim und Brentano in ihren Kommentaren und Überlegungen zum *Wunderhorn* und bei den Brüdern Grimm, die ihre Märchen direkt
aus dem Volksmund empfangen zu haben vorgaben, während sie in Wirklichkeit direkt oder indirekt aus literarischen Quellen schöpften. Diese
Hochschätzung des Mündlichen erfolgte aus verschiedenen, nicht leicht
aufeinander zu beziehenden Motiven. Politische und literarische Reflexio-

nen gehören dazu ebenso wie persönliche Erfahrung und das generelle Lebensgefühl einer Zeit und einer Generation. Hatte Jean Paul den Buchdruck als ein Mittel zu größerer Publizität und mithin Freiheit begrüßt (S. 11), so stellt die Berufung auf das Mündliche – Eichendorff hat Gedrucktes sogar ausdrücklich «mumienhaft» und «stationär» genannt – den Ausdruck des Zweifels an der sicheren Deutbarkeit des gedruckten Wortes dar, wie es durchaus der Erfahrung mit dem politischen Gebrauch der Rhetorik seit dem Beginn der Französischen Revolution und gleichermaßen in den Zeiten des Kampfes gegen Napoleon entsprach. Das Ideal einer mündlichen Tradition bedeutete jedoch auch die symbolische Durchbrechung eines Bildungsprivilegs zu einer Zeit, da im Krieg gegen fremde Okkupanten die Gemeinsamkeit eines Volkes, das keine Nation war, sondern nur durch die Sprache verbunden wurde, eine neue, lebenswichtige Bedeutung annahm. Die Abwehr eines literarischen Formalismus und Manierismus, wie er besonders im Zeichen des Romantischen mit romanischen Formen um die Jahrhundertwende getrieben wurde, gehört ebenfalls zu den Motivationen. Bei Eichendorff aber ist schließlich zu bedenken, ob nicht eben in dem fiktiven Vorzug des «Singens» ein sinnbildlicher Ausdruck der Selbstbewahrung liegt für ihn, den lyrischen, auf die Gestaltung eines die Zeit transzendierenden Menschenzustands gerichteten Dichter in der sich rasch bewegenden Gegenwart, weshalb denn eben mitten im leichten, ironischen oder parodistischen Text die schönsten, alle Zeit und literarischen Bezüge hinter sich lassenden Gedichte stehen können.

Eichendorffs Graf Friedrich geht durch seine Zeit hindurch, abgestoßen von Hohlheit und Verantwortungslosigkeit des ästhetisierenden Adels in den Städten, den Verführungen einer ebenso verantwortungslosen Sinnlichkeit widerstehend, beglückt von den Idyllen auf den kleinen Schlössern des Landadels, aber zugleich überzeugt von dessen Archaik und Wirkungslosigkeit, und schließlich frustriert von dem mißlungenen Kampf gegen die fremden Okkupanten in Tirol, bei dem er seinen eigenen Besitz verliert. So bleibt ihm am Ende nur das Gewand des geistlichen Ritters und der geistliche Kampf für sein Land im Zeichen des Kreuzes.

Mit den anderen Gestalten des Buches verfährt Eichendorff dem Charakter entsprechend. Friedrichs engster Freund Graf Leontin heiratet und wandert nach Amerika aus; die einstige Angebetete, Leontins Schwester Gräfin Rosa, wird von dem lüsternen Erbprinzen verführt, der sie allerdings dann auch heiratet, und Dichter Faber zieht weiterhin in das «blitzende, buntbewegte Leben» hinaus. Die Gräfin Romana jedoch, jene faszinierende, leidenschaftliche, schöne, freie Amazonengestalt, die um ihrer Freiheit willen die Männer beneidet und die es auf die Verführung Friedrichs angelegt hat, erschießt sich.

In einem Brief an Eichendorff über die erste Lektüre des Romans vermutet Graf Loeben, die Idee zur Romana sei bestimmt «in irgend einem Abenteuer empfangen» worden. Eichendorff, der den Brief für sich selbst mit Randbemerkungen versehen hat, notierte sich als Antwort zu dieser Stelle: «Nein, sondern in mir selbst.» *Ahnung und Gegenwart* spiegelt selbstverständlich die Erfahrungen seines Autors, aber es ist kein autobiographischer Roman. Seine Gestalten sind keine Porträts von wirklichen Personen; ihnen fehlt sogar oft jenes Quantum von Individualität, das sie leicht voneinander unterscheidbar machte, ganz so wie auch der Landschaft des Romans diese Individualität fehlt. Wie die Bemerkung über die Gräfin Romana zeigt, inszeniert Eichendorff eher ein Spiel innerer Kräfte, wenngleich mit solcher Anschaulichkeit und Farbkraft, daß der Roman nirgends zur blassen Allegorie erstarrt. Angelpunkt in diesem Spiel aber ist der Gegensatz von Freiheit und Bindung, Bewegung und Ruhe, und zwar im Politischen ebenso wie im Literarischen und Erotischen. Sind jedoch die politischen und literarischen Gegensätze verhältnismäßig leicht erfaßbar, so führt das Erotische in jene Abgründe hinein, die Eichendorff in den Bildern seiner Lyrik unvergeßlich dargestellt hat, seien es nun die Tiefen der Berge, des Waldes, der Nacht oder des Meeres. Eichendorffs eigene lyrische Version von der männerverschlingenden Lorelei steht in diesem Roman:

> Es ist schon spät, es wird schon kalt,
> Was reit'st du einsam durch den Wald?
> Der Wald ist lang, du bist allein,
> Du schöne Braut! Ich führ' dich heim!
>
> «Groß ist der Männer Trug und List,
> Vor Schmerz mein Herz gebrochen ist,
> Wohl irrt das Waldhorn her und hin,
> O flieh! Du weißt nicht wer ich bin.»
>
> So reich geschmückt ist Roß und Weib,
> So wunderschön der junge Leib,
> Jetzt kenn' ich dich – Gott steh mir bei!
> Du bist die Hexe Lorelay.
>
> «Du kennst mich wohl – vom hohen Stein
> Schaut still mein Schloß tief in den Rhein.
> Es ist schon spät, es wird schon kalt,
> Kommst nimmermehr aus diesem Wald!»

Im Erotischen wird nicht nur der Gegensatz von Freiheit und Bindung, Genuß und Verantwortung am tiefsten erfahren und drängt auf Versöhnung; in ihm verbindet sich auch historische Erfahrung mit Elementarem in der menschlichen Natur und gibt so Eichendorffs Zeitroman eine tiefere Dimension.

Wie eng dabei Lyrik und Prosa miteinander verbunden sind, zeigt noch eine weitere Stelle, in der Graf Friedrichs hohe Hoffnungen vom Leben und die «Macht hoher, freudiger Entschlüsse und Gedanken» beschrieben werden: «Das Abendrot draußen war ihm die Aurora eines künftigen, weiten, herrlichen Lebens und seine ganze Seele flog wie mit großen Flügeln in die wunderbare Aussicht hinein.» Eichendorffs wohl berühmtestes Gedicht – «Mondnacht» – ist in diesen Worten bereits vorgebildet, obwohl es erst zwei Jahrzehnte später entstand. Solche Stetigkeit seiner Metaphorik hat dazu geführt, daß man Eichendorff überhaupt eine künstlerische und ideelle Entwicklung absprach, und in der Tat sind die Veränderungen in seiner Bildersprache geringfügig angesichts des großen Zeitraums, über den sich sein Werk erstreckt. Aber gerade sein erzählendes Werk zeigt deutlich, welche tiefe Spuren die sich wandelnde Zeit in Eichendorff zurückließ.

Eichendorffs letztes Wort in *Ahnung und Gegenwart* ist die Religion.

> «Mir scheint in diesem Elend, wie immer, keine andere Hülfe, als die *Religion*. Denn wo ist in dem Schwalle von Poesie, Andacht, Deutschheit, Tugend und Vaterländerei, die jetzt, wie bei der babylonischen Sprachverwirrung, schwankend hin und hersummen, ein sicherer Mittelpunkt, aus welchem alles dieses zu einem klaren Verständnis, zu einem lebendigen Ganzen gelangen könnte?»

erklärt Graf Friedrich am Ende des Romans und stellt somit über die Kunst eine höhere Instanz. Aber im Unterschied zu Brentano entsagte ihr Eichendorff nicht, und Graf Friedrichs unmittelbar darauf folgendes Bekenntnis

> Der Dichter kann nicht mit verarmen;
> Wenn alles um ihn her zerfällt,
> Hebt ihn ein göttliches Erbarmen,
> Der Dichter ist das Herz der Welt.

blieb auch für Eichendorffs weiteres Werk gültig, das bei allem Bekenntnis des Autors zum katholischen Glauben nie den Charakter der Erbauungsliteratur annahm und in den Episoden der Erzählungen und Gedichte oft genug das Erbauliche untergrub und den Glauben in Frage stellte. Eichendorffs Roman ist Zeitdokument, wie es der Autor selbst beabsichtigte, aber er tut zugleich als Kunstwerk einen Schritt in Neues, in die epische Gestaltung der Gegenwart ohne utopisches Ziel. Die lyrischen Einlagen werden ihm notwendiger Bestandteil solch epischer Form als Blick auf ein Dasein jenseits der Geschichte, an die wiederum alle Erzählkunst immer gebunden bleibt.

Rund zwanzig Jahre nach *Ahnung und Gegenwart* hat Eichendorff in einem zweiten Roman versucht, den ersten ideell fortzuführen auf dem Zeithintergrund der Restaurationszeit. Aber es ist eher eine Reprise des Vorgängers daraus geworden ohne dessen Geschlossenheit und Überzeugungskraft. *Dichter und ihre Gesellen* erschien 1834.

In der Gestalt eines «im schönen Leben verirrten» Fürsten, der sich «nicht wieder nach Hause finden» kann, ist offenbar sogar der Erbprinz aus *Ahnung und Gegenwart* gemeint, dessen nunmehrige Zerrüttung nicht zuletzt zurückzuführen ist auf die dort erzählte Verführung eines Bürgermädchens, das aus verlorener Liebe starb. Aber solcher Brücken bedarf es im Grunde nicht. Wiederum gibt es einen Grafen, einen inzwischen berühmt gewordenen Dichter, der am Ende katholischer Priester wird, nachdem er, in Affären verstrickt und am Tod der amazonenhaften Gräfin Juanna nicht unschuldig, die Fragwürdigkeit von Sinnlichkeit, Kunst und Weltleben erfahren hat. Graf Fortunat hingegen, sein weltliches Pendant, findet wie Leontin am Ende in der italienischen Marchesina Fiametta seine Lebensgefährtin und begibt sich nun allerdings nicht mehr nach Amerika, sondern eben nach Italien. Denn die Akzente haben sich verschoben. Priester-Graf Victor denunziert ausdrücklich – was 1812 nicht möglich gewesen wäre – die Freiheit als Teufelswerk: In «funkelndem Ritterschmuck» reitet der Teufel «die Reihen entlang und zeigt den Völkern durch den Wolkenriß die Herrlichkeit der Länder und ruft ihnen zu: ‹Seid frei, und alles ist euer!›» Fortunat aber ist jetzt die eigentliche zentrale Gestalt, und gegen ihn kontrastieren nun Studienfreunde, die zu pflichtbewußten Bürgern und Beamten werden, zum Teil schon in der Nähe lächerlicher Philisterhaftigkeit. Ihre gleichfalls bürgerliche Alternative sind die ungebundenen Dichter, die der Sinnlichkeit und inneren Heimatlosigkeit erliegen. Die «zwei rüst'gen Gesellen» in Eichendorffs Gedicht «Frühlingsfahrt» sind der kondensierteste bildliche Ausdruck solcher Alternativen, die beide zu mißlungenem Leben führen.

Im Unterschied zu *Ahnung und Gegenwart* tritt Eichendorff jedoch jetzt aus dem deutschen Raum hinaus; Italien – Landschaft schon vorausgehender Novellen – wird einbezogen, teils als sinnliche Gefahr, teils der künstlerischen Moden nazarenischer Maler wegen, teils aber auch als exotischer Gegensatz zu einem langweiligen, politisch unbeweglichen Deutschland. Denn Held Fortunat holt sich aus Italien seine zukünftige Frau und kauft sich dort auch mit Landbesitz ein. Eichendorff brauchte Italien wie den Süden überhaupt, um seinem blassen, restaurativen, in den Hoffnungen enttäuschten Deutschland nach 1815 Farbtupfen aufzusetzen als Kontrast gegen jenes Grau des Philistertums, das die deutsche Szenerie als ganze in diesem Roman annahm, der nicht mehr von Ahnung, sondern eher von Erinnerung und Gegenwart handelt. Nach der «ernsten, bewegten Zeit» der Kriege, «in der er ehrlich gerungen», kam dem Grafen Victor «zu Hause nun alles so klein und unbedeutend vor, ihm war wie einem Schiffer nach langer, stürmischer Fahrt, der den Boden unter sich noch immer wanken fühlt und aus dem Wirtshaus am Ufer sehnsüchtig wieder in den kühlen Wogenschlag hinaussieht».

In diesem Roman gibt es auch einen professionellen Dichter, mit einem Doktortitel sogar, der eine verarmte Adlige heiratet und dem das Dichten als Beruf so lästig wird, daß er stattdessen lieber Landwirtschaft lernen möchte. Sein Name ist Dryander. Daß «dryas» Baum und speziell die Eiche bedeutet – ist es Zufall oder ein selbstironischer Verweis Eichendorffs? Dryander ist beileibe nicht sein Selbstporträt, aber fern von eigenen Gedanken steht Dryanders Lied nicht, das er singt, als er eine Schauspielergesellschaft wiedertrifft, deren Musikdirektor er einst gewesen ist, und dessen Botschaft lautet:

> Und keiner kennt den letzten Akt
> Von allen, die da spielen,

Nur der da droben schlägt den Takt,
Weiß, wo das hin will ziehen.

Es ist auch die Botschaft des Romans, Natur und Zeit entgrenzend.

Die Novellen

Unter Eichendorffs Novellen sind die ersten beiden – *Das Marmorbild* und *Aus dem Leben eines Taugenichts* – die bekanntesten und beliebtesten geworden, die eine ihres Tiefsinns, die andere ihres Leichtsinns wegen. Von dem *Marmorbild* (1818) hat Eichendorff behauptet, daß er sich mit diesem «Märchen» aus «unersprießlichen Geschäften» in «die Vergangenheit und in einen fremden Himmelsstrich zu flüchten» versucht habe, voll von Sehnsucht nach «Abgeschiedenheit und Unbeflecktheit von den alltäglichen Welthändeln». Als er die Novelle schrieb, war er Referendar im preußischen Staatsdienst in Breslau.

Eine harmlos heitere Fluchtwelt stellt das *Marmorbild* jedoch keineswegs dar. Zwar geht alles am Ende gut aus, aber der junge Edelmann Florio gerät doch immerhin auf einer Reise in Lucca in die gefährlichen Fänge der Frau Venus, denn als deren «Zauberberg» erweist sich das Schloß außerhalb der Stadt, mit den marmornen Bildsäulen, Springbrunnen, Ruhebetten aus köstlichen Stoffen, reichgeschmückten Edelknaben und lockenschüttelnden schönen Mädchen. In Eichendorffs Nachzeichnung dieses Venusberges liegt schon etwas von der schweren Süße einer Fin-de-siècle-Stimmung, nur daß sich der Held durch den Anruf an den lieben Gott schließlich von diesem ganzen Zauber befreit und bei der geliebten Bianca mit dem christlichen Namen Schutz findet.

Eichendorffs Fluchtversuch ins Märchen ist auch ein Fluchtversuch in unbürgerliche, freie Sinnlichkeit, zu jener Gräfin Romana in sich selbst, die er in *Ahnung und Gegenwart* gezeichnet hatte. Nirgends sonst in seinem Werk geschieht das jedoch so unverhohlen und direkt wie hier. «Ein jeder glaubt mich schon einmal gesehen zu haben, denn mein Bild dämmert und blüht wohl in allen Jugendträumen mit herauf», erklärt ihm die Frau Venus, kurz ehe Florio ihr entflieht. Ihr künstlich-heidnisches Paradies ist am hellen Tag nur Wildnis und Trümmerhaufen, in der Nacht aber blüht es in alter Schönheit. Über die Nachtseite der menschlichen Natur also berichtet Eichendorffs Novelle und über deren Beherrschung durch den Tag, über Heidentum und dessen Beherrschung durch das Christentum. Damit ereignet sich eine bemerkenswerte Umwertung ursprünglicher romantischer Vorstellungen. Das Klassische wird das Nächtige, das Christentum das hell Aufgeklärte, das das Dunkle bezwingt. Gerade umgekehrt war es bei Novalis geschehen, von dessen Bildersprache Eichendorff in seiner Novelle beeinflußt wurde, nur daß bei Novalis eben das Sinnliche und Sexuelle zutiefst mit dem Nächtlich-Unbewußten und dem Christlichen in Einklang stand, ja innig verbunden war. Eichendorffs Novelle gehört deutlich in eine

Zeit, in der es nicht mehr um Befreiung, sondern um Beherrschung der Freiheit geht, was im *Marmorbild* allerdings nicht die Politik, sondern die Psychologie betrifft und außerdem die Kunst, denn sie ist neben der Sinnlichkeit das andere Thema der Novelle. Nicht die Ausmalung künstlicher Paradiese soll Gegenstand der Kunst sein – obwohl es Eichendorff dennoch tut –, sondern «ohne Stolz und Frevel» soll sie «die wilden Erdengeister, die aus der Tiefe nach uns langen», besprechen und bändigen. Alte fromme Lieder als «Erinnerungen und Nachklänge aus einer andern heimatlichen Welt» sind die Zauberformeln, mit denen sich der gefährliche Zauber bannen läßt. So klingt das *Marmorbild* in der Forderung nach Bändigung einer Kunst aus, die die Novelle selbst auf das üppigste inszeniert. Es verweist damit auf jenen Zwiespalt in Eichendorff selbst, der jede selbstsichere Erbaulichkeit verhindert hat und seinem lyrischen wie epischen Werk erst Spannung und Tiefe verleiht.

Daß die Novelle *Aus dem Leben eines Taugenichts* (1826), die Eichendorff bereits 1817 begann, aber erst 1825 abschloß, zu seiner beliebtesten und am weitesten verbreiteten Erzählung überhaupt geworden ist, überrascht um so weniger, je genauer man sie betrachtet. Jede auch nur im entferntesten als didaktisch verstehbare Tendenz fehlt. Was immer an Gedanken und Absichten in sie eingegangen sein mag – sie bildet ein harmonisches Ganzes und bereitet jenes ästhetische Vergnügen, das zu immer neuer Wiederholung einlädt. Märchenhaftigkeit herrscht, aber sie ist nie weit von der Realität entfernt. Das größte Märchen, die Handlung selbst, findet am Ende eine realistische Erklärung, während scheinbar Reales – Landschaft, Städte, Wetter – ins Märchen versinkt. Denn der *Taugenichts* ist das ideale Beispiel für die schon erwähnte Lyrisierung und Metaphorisierung der Wirklichkeit bei Eichendorff, wenn Frühling und Sommer, Schnee und Kornfelder, Wien und Rom, Deutschland und Italien nicht mehr sie selbst sind, sondern nur noch Seelenzustände der Gestalten auslösen oder bezeichnen ohne Rücksicht auf die Wahrscheinlichkeiten einer wirklichen Welt. Daneben steht jedoch höchst Konkretes. *Des Knaben Wunderhorn* wird erwähnt, in Rom selbst erlebt der Taugenichts Literatur statt Wirklichkeit, wenn er in eine Szene aus Hoffmanns Erzählung *Die Fermate* (1816, vgl. S. 437) hineinläuft – die sich im übrigen auf das Verhältnis von Augenblick und Dauer bezieht –, und aus Webers *Freischütz*, uraufgeführt 1821, wird der Brautjungfernchor gesungen. Zugleich aber wird dem Leser wiederum der feste Zeitboden unter den Füßen weggezogen, denn die ganze Novelle ist eine Ich-Erzählung des Taugenichts, der sich erinnert und einmal melancholisch bemerkt: «Und ach, das alles ist schon lange her!» Aber als die Novelle 1826 erschien, war Webers *Freischütz* keineswegs lange her, sondern vielmehr das Neueste und Modischste. Die Gegenwart wird aufgehoben und erscheint als Vergangenheit, weil sie von der Zukunft her beschrieben wird.

Eichendorffs größter Glücksgriff war jedoch sein Held, der Taugenichts, als Hans im Glück eine Märchenfigur, aber ohne deren Dümmlichkeit, sondern bereichert vielmehr durch eine Neigung zur Melancholie, die allen Leichtsinn und alle Spiellust nur als Oberfläche einer tieferen Natur erweist. Denn der Taugenichts zieht aus in die Welt, um heimzukehren, jedoch nicht einfach zurück in des Vaters Mühle – von der Mutter ist ausdrücklich nicht die Rede –, sondern in den Schoß des Weiblichen, zu dem der Mann zurückstrebt. Ehe allerdings dergleichen schwerfällig symbolisch werden kann, mischt sich anderes darunter, ein Schuß Patriotismus – «Grüß dich Deutschland aus Herzensgrund!» singt der Taugenichts vom höchsten Baume aus in Italien – und ein Schuß Gesellschaftliches, wenn die «schöne gnädige Frau» sich nicht als Gräfin und ihm damit sozial entrückt erweist, sondern als Kammerjungfer und folglich in der Lage, die Seine zu werden. Denn an den Grundfesten der Gesellschaft, durch die er sich geigend und singend hindurchbewegt, möchte dieser Taugenichts nicht rütteln.

Mit leichter Hand hat Eichendorff in dieser Novelle das auch seine anderen Werke bevölkernde Personal gezeichnet, die Grafen, Gräfinnen, Künstler, Studenten und philiströsen Kleinbürger, in deren Existenz sich der Taugenichts nirgends recht zu fügen vermag. Worein er sich einmal zu fügen hat, wenn er von der Hochzeitsreise nach Italien zurückgekehrt sein wird, bleibt ungesagt und nur angedeutet, indem sich der Ich-Erzähler an alle diese Vorgänge von einer unbestimmten Zukunft her melancholisch erinnert. Darin liegt das Märchenhafte, aber auch Begrenzte dieser Novelle. Melancholie resultiert, wie sich schon bei Brentano zeigte (vgl. S. 474), aus dem Sichabfinden mit einer Situation, mit der man sich eigentlich nicht abfinden möchte. Immer wieder wird der Taugenichts auf seiner Reise durch die Welt von tiefen Depressionen heimgesucht, aus denen er sich vorwiegend durch zweierlei befreit: durch das Schlafen oder das Klettern auf Bäume, durch das Versinken in die Geborgenheit des Unbewußten oder durch den Versuch zum Überblick von oben. Es sind zwei in Eichendorffs Werk immer wiederkehrende Vorgänge, Metaphern für das Transzendieren von Tagesbewußtsein und Oberfläche. Daß es ihm «wie ein ewiger Sonntag im Gemüte» sei, ist lediglich eine Aussage des Taugenichts als Ich-Erzähler, die man nicht als vollgültige Interpretation durch den Autor nehmen darf.

Dennoch hat allerdings Eichendorff seine Novelle insgesamt in einen Ton der Heiterkeit getaucht, der über alle Melancholie dominiert. Nicht zuletzt geschieht das durch die Lieder, die der Taugenichts ebenso parat hat wie seine Fiedel, zu der er sie manchmal singt, und von denen besonders das erste – «Wem Gott will rechte Gunst erweisen» – regelrecht zu einer Art Volkslied geworden ist. Daß der liebe Gott in dieser Geschichte waltet, versteht sich. Über die Venus triumphiert in Rom die Maria, und auf «einigen zerbrochenen Statuen über einer vertrockneten Wasserkunst» in dem geheimnisvollen italienischen Schloß «war gar Wäsche aufgehängt». Aber die Erzählung als ganzes bleibt ein Balanceakt, ein Kunststück, in dem Ele-

mente des Bildungsromans, des pikarischen Romans, der Schauer-, Liebes-
und Entführungsromane, der Zeit- und Literatursatire und schließlich des
Volksmärchens so fein ineinandergewoben sind, daß etwas Eigenes daraus
entstanden ist, das über Sehnsüchte und Wünsche des Menschen, die erfüll-
baren wie unerfüllbaren, etwas auszusagen vermag. Daß dieses Kunststück
sich nicht mit dem Begriff von der Novelle als außerordentlicher Begebenheit fassen läßt, erweisen schon die aufgeführten Spuren romanhafter Elemente. Aber andererseits beruht sein künstlerisches Gelingen gerade wieder
darauf, daß es kein Roman sein wollte. Eichendorffs *Taugenichts* gehört in
die Literaturgeschichte der Aussteiger, Gesellschaftsflüchtlinge und Frei-
heitsucher, und er enthüllt ihre Stärken und Schwächen, ihre Möglichkeiten
und Grenzen. Daß Eichendorff die Lust an der Freiheit im Schwebezustand
der imaginären Gegenwart dieser Geschichte beläßt, gibt ihr außerdem eine
besondere Stellung in seinem gesamten Werk.

Erst acht Jahre nach dem *Taugenichts* veröffentlichte Eichendorff wieder
ein Prosawerk, die Literatursatire *Viel Lärmen um nichts* (1832). Schon in
Ahnung und Gegenwart und im *Taugenichts* hatte er auf zeitgenössische
Literatur Bezug genommen; jetzt wurde Literatur überhaupt der Gegenstand der Literatur.

«Ja, das fliegende Korps der Jugend, dem wir angehören, ist längst
aufgelöst, das Handgeld flüchtiger Küsse vergeudet; diese ästhetischen
Grafen und Barone, diese langhaarigen reisenden Maler, die genialen
Frauen zu Pferde, sie sind nach allen Richtungen hin zerstreut; unsere
tapfersten Anführer hat der Himmel quiesziert, ein neues, aus unserer
Schule entlaufenes Geschlecht hat neue, langweilige Chausseen gezo-
gen, und wir stehen wie vergessene Wegweiser in der alten, schönen
Wildnis.»

Das erklärt in Eichendorffs Satire Graf Leontin aus *Ahnung und Gegenwart*,
der offenbar von Amerika zurückgekehrt ist, dem Prinzen Romano und
bezeichnet damit den Tenor der gesamten Erzählung, in der Herr Publikum
der Gräfin Aurora nachstellt, aber am Ende nur deren Kammerjungfer
bekommt, während die Gräfin nach Italien entflieht – eine entstellte *Taugenichts*-Handlung. Novellenmacherei, Hoffmannisieren, «romantischer
Tran» sind es, über die sich Eichendorff lustig macht, aber mitten in Satire
und Spott ertönt ein ernstes, charakteristisches Eichendorffsches Lied, das
durch Schumanns *Liederkreis op. 39* zusätzliche Berühmtheit erlangt hat:

> Aus der Heimat hinter den Blitzen rot
> Da kommen die Wolken her,
> Aber Vater und Mutter sind lange tot,
> Es kennt mich dort keiner mehr.

Wie bald, wie bald kommt die stille Zeit,
Da ruhe ich auch, und über mir
Rauschet die schöne Waldeinsamkeit
Und keiner mehr kennt mich auch hier.

Ironisiert der Kontext das Lied von der «schönen Waldeinsamkeit»? Oder
verleiht vielmehr der Ernst des Liedes der Satire und dem Spott den Unterton der Trauer darüber, daß Spott und Satire nötig sind? Eichendorffs Kritik an Verfallserscheinungen der sich romantisch gebenden Literatur seiner
Zeit erfolgt in der Tat aus dem Bewußtsein, zu ihr beigetragen zu haben
und selbst über kein anderes Instrument zu verfügen. Eichendorffs Intellektualität und Reflexionsfähigkeit hinderten ihn daran, ein letzter Ritter der
Romantik zu werden wie Fouqué und damit in Lächerlichkeit und Vergessenheit zu geraten, aber die Mittel seiner Reflexion blieben diejenigen, mit
denen er seine Laufbahn als Schriftsteller begonnen hatte. Das führte unter
anderem dazu, daß sich in einer Satire auf romantische Literatur eines der
schönsten romantischen Gedichte findet.

Eine weitere Satire, *Auch ich war in Arkadien,* 1832 entstanden, aber erst
1866 veröffentlicht, ist dann nicht mehr nur literarischer, sondern direkt
politischer Natur, ein Walpurgisnachtstraum nach der Julirevolution, der in
der Huldigungszeremonie für die «öffentliche Meinung» gipfelt. Redak-
teure liberaler Zeitschriften reiten auf ihren Schreibpferden zum Brocken,
die «öffentliche Meinung» erscheint als leichtfertig angezogenes Frauenzimmer und macht sich am Ende mit einem Studenten davon. Eichendorffs
tiefes Mißtrauen gegenüber dem Liberalismus und seinen Erscheinungsformen erhält hier seinen extremsten Ausdruck.

Es ist konsequent, daß Eichendorff sich in seinen letzten Erzählungen
der Geschichte zuwandte. Mit den Satiren hatte er sich im Grunde die
Lubowitz-Romantik ebenso als Stoff verschlossen wie diejenige der durch
die Zeit reisenden Grafen und Taugenichtse. Der preußische Beamte ohne
festes Amt in Berlin und ohne Hoffnung, etwas sinnvoll Gutes darin bewirken zu können, konnte sich seine Ideale ebensowenig aus dieser Zeit mehr
nehmen, wie es ihm lag, zu deren kritischem Chronisten zu werden. Dazu
hätte er aus sich selbst, aus seinem Herkommen, seinen Anschauungen und
den Grenzen seines Talents hinaustreten müssen. Nun bereitete ihm allerdings gerade das, was ihn hinderte, zum realistischen Zeitkritiker zu werden, zugleich Schwierigkeiten mit der Geschichte, denn der die Welt und
die Menschen darin in Bildern erfassende Lyriker dachte auch als Erzähler
nicht geschichtlich und besaß im strengeren Sinne keine prozessuale Vorstellung von Geschichte. Sie manifestierte sich für ihn hauptsächlich als
Erlebnis der Vergänglichkeit und als Heilsgeschichte, als Hoffnung auf die
Erlösung durch Gott. Als feinfühliger Zeitbeobachter war er zwar vorzüglich in der Lage, die Literatur seiner Sprache im Zusammenhang mit seiner

eigenen Zeiterfahrung darzustellen. Aber Hegelsche Geschichtsdialektik
oder Schellingsche Naturdialektik entsprachen nicht seiner Art zu denken.
Es ist bemerkenswert, daß die erste seiner historischen Erzählungen, *Eine
Meerfahrt* – um 1840 entstanden, aber erst 1864 posthum veröffentlicht –
mit dem Gedicht «Meeresstille» beginnt, jenen viel interpretierten und gern
motivgleichen Gedichten Goethes und Heines gegenübergestellten Versen,
die tiefe Statik und Stille atmen:

> Ich seh von des Schiffes Rande
> Tief in die Flut hinein:
> Gebirge und grüne Lande,
> Der alte Garten mein,
> Die Heimat im Meeresgrunde,
> Wie ich's oft im Traum mir gedacht,
> Das dämmert alles da drunten
> Als wie eine prächtige Nacht.

Wie durch ein Lethe-Meer fahren die spanischen Seefahrer dieser im Jahre 1540
spielenden Novelle zu zwei Inseln, die eher symbolische Lebensmöglichkeiten für
diejenigen darstellen, die in der Welt was Rechtes vollbringen wollen, als exotische
Ziele für kühne Unternehmungen. Denn die zuerst angesteuerte Insel erweist sich als
eben die, auf der schon eine Expedition vor dreißig Jahren gescheitert ist; gescheitert
an den Verführungen der Wilden dort, die Gold über die Eindringlinge ausschütten
und die von einer Frau Venus oder auch Diana regiert werden. In dieses Matriarchat
in den traurigen Tropen kommen erneut die spanischen Entdecker zur Walpurgisnacht, mit dem Ergebnis, daß sie nicht nur im Hexensabbath durch «scheußliche
Gestalten» umgebracht zu werden drohen, sondern daß auch sogleich unter ihnen
selbst Rebellion durch einen Schiffsleutnant ausbricht wie seinerzeit, nur daß diesmal
eine opferbereite Eingeborene, Tochter der seinerzeit umgekommenen Königin, die
Spanier rettet und zu jener anderen Insel bringt, wohin sich Don Diego, den zu
suchen überhaupt Ziel der zweiten Expedition war, als einziger Überlebender des
früheren Unternehmens gerettet hat. Dort will er als Einsiedler in Gottes Händen
bleiben, während das Schiff, das natürlich «Fortuna» heißt, wieder in die Heimat
zurücksegelt. Antonio, Neffe des Don Diego, hat die zur Christin gewordene
Königstochter liebend mit an Bord genommen. Don Diego «segnete noch einmal die
fröhlichen Gesellen, denen auch wir eine glückliche Fahrt nachrufen» – in das
Jahr 1540.

Es bedarf eines solchen kühnen Sprunges des Autors durch die Zeiten
kaum, um deutlich zu machen, daß diese Novelle wenig mit der Veranschaulichung von Vergangenem zu tun hat, sondern daß vielmehr eine
menschliche Lebensfahrt nach des Dichters Sinn allegorisch vorgeführt
wird mit den Gefahren der Freiheit, des Goldes und der Sexualität. Auf der
Venusinsel ist Rebellion eine geradezu naturnotwendige Konsequenz. Ein
Leitgedanke von Eichendorffs Zeitkritik wird veranschaulicht, aber er legt
auch der Erzählung Fesseln an: Sie wird zur Allegorie auf Kosten der epischen Überzeugungskraft.

Eichendorffs Erzählung *Das Schloß Dürande* (1837) ist die bekannteste und geschlossenste unter seinen späten Novellen. Auch in ihr sind Gefahren der Freiheit das Thema, aber ihr Stoff – die Französische Revolution – rückt sie der Zeit und Erfahrung Eichendorffs näher. Außerdem aber besitzt sie einen ernsten, menschlich motivierten Liebeskonflikt, der ihr künstlerische Geschlossenheit gibt.

Dreißig Jahre früher hatte Eichendorff als Heidelberger Student mit Begeisterung August Lafontaines *Klara du Plessis und Klairant* (1795; vgl. Bd. 1, S. 143) gelesen und war zu den Stätten dieses Romans gepilgert, der eine Liebe zwischen den Klassen in den Jahren der Revolution in Frankreich und dann in der deutschen Emigration darstellte. Es ist nicht unwahrscheinlich, daß das frühe Leseerlebnis in der späten Novelle seine Spuren hinterlassen hat, aber während Lafontaines Charaktere an den Umständen zugrunde gingen, so Eichendorffs Gestalten vorwiegend an sich selbst, wenn auch nicht unabhängig von den Umständen. Denn der Klassengegensatz zwischen dem Grafen Dürande und Gabriele, der Schwester seines Jägers Renald, ist der auslösende Faktor des Konfliktes, möchte doch der Jäger verhindern, daß seine Schwester zur Mätresse des Grafen wird, da sie ihm in Liebe verfallen ist. Aber da auch der Graf das Mädchen aufrichtig liebt und keine Absicht hat, sie nur selbstsüchtig zu mißbrauchen, was freilich der Jäger nicht weiß, ist die Novelle eher eine aus Irrungen als aus geschichtlichen Konstellationen hervorwachsende Tragödie. Denn daß Renald sich mit den Revolutionären verbündet, geschieht, um den vermeintlichen Verführer zur Ehe mit der Schwester zu nötigen, die ihm – eine der vielen Eichendorffschen Frauen in Männerkleidern – als Gärtnerbursche unerkannt gedient hatte. Und so ist auch der Sturm auf das Schloß nur Resultat von Besitzgier der Stürmenden und der privaten, aber aus einem Irrtum hervorgehenden Rache Renalds. Der Untergang der Beteiligten ist eine psychologische, keine historische Konsequenz. Der Liebestod vereinigt die durch Verkennungen stärker als durch Realitäten getrennten Liebenden: «wie eine Opferflamme, schlank, mild und prächtig stieg das Feuer» des brennenden Schlosses «zum gestirnten Himmel auf». Geopfert hat sich allerdings nur Gabriele, die Frau, dort wo die Männer, irrend und verkennend, unabsichtlich das Werk der Zerstörung betrieben. Daraus erwächst der Rat des Autors: «Du aber hüte dich, das wilde Tier zu wecken in der Brust, daß es nicht plötzlich ausbricht und dich selbst zerreißt.»

Von gefährlicher Wildheit im Menschen handelt auch die Novelle *Die Entführung* (1839).

In ihr benutzt Eichendorff das Frankreich Ludwigs XV. zum Hintergrund für eine Erzählung vom Mann zwischen zwei Frauen, der wild verführerischen Amazone, die hier in deutlicher Allegorie den Namen der Jagdgöttin Diana trägt, und der stillschönen, opferbereiten Leontine. Solche Dualität des Weiblichen von Verführungsmacht und Opferbereitschaft, Hölle und Himmel, Teufel und Engel, Heidnischem und Christlichem durchzieht Eichendorffs gesamtes Werk und ist in seiner Weltsicht ein Bild menschlichen – auch männlichen – Zustands. Daß er ihn jedoch an Frauen zeigt, ist Folge jener neuen Einschätzung, wenn nicht Emanzipation der Frau, die sich mit Büchern wie Friedrich Schlegels *Lucinde* Bahn gebrochen hatte und die der Frau die Rolle einer Führerin und Erlöserin des Mannes gab. In der Zeichnung der Diana liegt der eigentliche Reiz und Reichtum dieser Novelle. Sie ist die Jägerin, sie klettert auf Bäume, um in die Weite des Landes zu blicken und den Flug der «weißen Möwen» in «die unermeßliche Freiheit» sehnsüchtig zu beobachten, sie singt melancholisch das Lied vom «alten Garten» – «Kaiserkron und Päonien rot / Die müssen

verzaubert sein» –, sie auch möchte entführt werden und ist bereit, sich auf dem Gipfel der Freiheit mit dem Manne ins zerstörende Feuer zu stürzen: «Wir beide müssen
drin verderben.» Eichendorff hat mehrfach in dieser Novelle Zitate aus Brentanos
Lore-Lay-Ballade benutzt, um seine Diana zu charakterisieren, jene verführerische
Weiblichkeit also, die ihn von der Gräfin Romana als Teil seiner selbst verfolgt hat
und die diesmal vor der Selbstzerstörung nur durch den Mut des Mannes bewahrt
wird, der sich von ihr nicht ins Feuer ziehen läßt, sie aber nach der gemeinsamen
Rettung von sich weist: «Du verwirrst mir der Seele Grund.» Allerdings läßt Eichendorff seiner Diana gelingen, was Brentanos Lore Lay versagt blieb: Sie geht ins Kloster und bringt es dort sogar zur Oberin, als Heilige verehrt, aber «furchtbare
Strenge gegen sich und die Schwestern übend». Ein wenig Angst vor der Amazone
auch als Äbtissin klingt noch durch. Daß sich das alles im Frankreich vor der Revolution abspielt, mag mit der Warnung vor der Verwirrung der Seele und der Mahnung
zu verantwortlichem Handeln insbesondere des Adels seinen stillen Sinn haben für
das Deutschland des Vormärz. Von Geschichte jedoch war auch in dieser Novelle
nicht die Rede.

Eichendorffs letzte Novelle *Die Glücksritter* (1841) aus dem Deutschland
nach dem Dreißigjährigen Krieg ist der Versuch eines leichteren poetischen
Spiels mit «Fortunas Schildknappen», Komödianten, Musikanten, Studenten, demoralisierten, aber lustigen Soldaten und einem ebenso lustigen Grafen – ein Scherzspiel in Erinnerung an den *Taugenichts,* aber ohne dessen
innere Geschlossenheit. Alte Eichendorffsche Gegensätze sind dennoch
sinnreich am Werk: Verwirrung und Ordnung, Freiheit und Bindung, und
von fern blinkt «eine goldne Stadt still überm Land» als Phantom einer
Gottesstadt.

Am Ende von Eichendorffs Prosawerk steht eine Satire, das «Märchen»
Libertas und ihre Freier, im Revolutionsjahr 1848/49 geschrieben, aber wie
andere späte Prosatexte wiederum erst posthum veröffentlicht (1864).

Die Allegorien sind durchsichtig. Staatsbürger Pinkus, durch Namen, Schiefbei-
nigkeit, «gebogene Nase» und Sprechweise («Man muß nur haben Verstand») deutlich genug als Jude ausgewiesen, kaufte den Nachlaß des «seligen Nicolai», also die
Ideale der Aufklärung auf, als sie billig zu haben waren, «weil soeben die Romantik
aufgekommen war», versetzt einen Grafen samt Hofstaat in «unauslöschlichen Zau-
berschlaf», übernimmt dessen Schloß, wandelt es in eine «Gedankendampffabrik»
um, macht sich zum Baron und setzt die Libertas, die ihm die neue Ordnung stört,
gefangen. Zu ihrer Befreiung jedoch zieht nun der Doktor Magog aus, der biblische
Feind der Kinder Israels, und bedient sich zu seinem Geschäft des Herrn Rüpel, der
«von dem berühmten deutschen Bärenhäuter» abstammt und der sich gern bereden
läßt, wenn ihm die Libertas als «die Schutzpatronin aller Urwälder, die Patronin dieses langweiligen – wollt sagen: altheiligen Waldes» vorgestellt wird. Denn mit der
Berufung auf deutsche Frühe und Waldesseligkeit ist, das weiß der Doktor Magog
ebensogut, wie es der daran nicht ganz unschuldige Autor weiß, bei den Deutschen
immer noch ihr patriotischer Sinn und Kampfgeist zu beleben. Aber auch Pinkus freilich hat sich inzwischen den patriotischen Zopf angehängt, und in Schloß und Garten
ist

«die gute alte Zeit wieder repariert und neu vergoldet worden. [...] In der
schillernden Mittagsschwüle plätscherten die Wasserkünste wieder wie blödsin-
nig immerfort in endloser Einförmigkeit; die Statuen sahen die Buchsbäume,

die Buchsbäume die Statuen an und die Sonne vertrieb sich die Zeit damit, auf den Marmorplatten vor dem Schlosse glitzernde Schnörkel und Ringe zu machen; es war zum Sterben langweilig.»

Libertas aber ist entkommen, und was Magog mit Hilfe des Rüpels als vermeintliche Göttin entführt, ist nur die «Pinkussche Silberwäscherin Marzebille», mit der er nach Amerika entflieht. «Von der Libertas dagegen sagt man, daß sie einstweilen bei den Elfen im Traumschlosse wohne, das aber seitdem niemand wieder aufgefunden hat.» Adel, nationalistisches oder kapitalistisches Bürgertum, Aufklärung oder Romantik – sie alle vermögen die Freiheit nicht zu halten, an sich zu binden oder auch nur wieder aufzufinden. Das war Eichendorffs resigniertes politisch-poetisches Testament für seine Zeit.

In seiner *Geschichte der poetischen Literatur Deutschlands* (1857) hat Eichendorff «Reichtum, Schuld und Buße der Romantik» darstellen wollen. Die «geistige Erschütterung» um 1800, wodurch mit der Besinnung auf die christliche Tradition europäischer Kultur «die Poesie [...] einen überraschenden Reichtum an Inhalt und Formen» gewann, ist der Ausgangspunkt auch für sein Werk geworden. Aber im Glauben der Zeit an die Autonomie der Kunst, im Ästhetizismus mit seinen «glühenden Paradiesesblumen» lauerten nach seinem Urteil auch schon «Sünde und Tod der Romantik». Es ist bezeichnend, wie das entgrenzende, transzendierende Vokabular eines Novalis, bei dem so vieles wunderbar, unendlich oder unaussprechlich erscheint, einem Vokabular der Unsicherheit und Unbestimmtheit bei Eichendorff weicht, für den die Welt eher ungewiß, seltsam, wirr, geheimnisvoll, rätselhaft, heimlich oder zum Erschauern ist. Faszination liegt darin und Abwehr zugleich. Vor der Rolle eines «Don Quichotte» der Romantik, wie er sie Fouqué zuschrieb, hat Eichendorff sich gefürchtet. Er hat sich davor bewahrt, indem er von sich so weit denkend zurücktrat, als es ihm sein Standort in Zeit und Gesellschaft erlaubte. So stellte er das Romantische mit romantischen Mitteln in Frage und wurde zugleich dessen Historiker.

Tieck

«Ist es aber nicht recht traurig wie der Ludwig zu Grunde geht mit allen seinen Gaben? mir ist dabei zu Muthe wie im Tannhäuser, wo man die Leute in den Venusberg einem alten Fiedler nachtaumeln sehen muß, ohne sie zurückhalten zu können», schreibt Dorothea Schlegel am 16. Januar 1810 an ihren Schwager August Wilhelm und fügt hinzu: «Manchmal wünschte ich recht er wäre früher schon gestorben!» Wäre dieser fromme Wunsch in Erfüllung gegangen, so wäre die deutsche Literatur um einen Schatz von rund vierzig Novellen und Romanen gekommen, dessen Taxwert allerdings immer strittig geblieben ist. Dorothea Schlegels Bemerkung, in ernster Sorge um den Freund aus Jenaer Tagen gemacht und mit dem Zusatz «Ich habe diesen Ludwig sehr geliebt» versehen, bezieht sich auf eine tiefe per-

sönliche und schöpferische Krise, in die Ludwig Tieck nach dem Tode von
Novalis und der Auflösung der Jenaer Gemeinschaft geraten war. Ein eigenes, ihn unabhängig haltendes Einkommen fehlte, denn die ohne Rücksicht
auf geschäftliche Vorteile publizierte literarische Produktion der vorausgehenden Jahre reichte zum Lebensunterhalt nicht aus. Tieck geriet in Abhängigkeit von adligen Mäzenen oder lieh sich von Freunden Geld, was die
Freundschaft nicht stärkte. Eine Ehekrise kam hinzu und ebenso Krankheit,
außerdem eine längere Italienreise in Gemeinschaft mit der Schwester
Sophie Bernhardi, die ihrerseits in einen Scheidungskonflikt verwickelt war,
so daß Tiecks eigene, schriftstellerische Arbeit nach dem Erscheinen des
Kaisers Octavianus (1804) auf Jahre hinaus fast gänzlich versiegte.

In Vergessenheit geriet Tieck allerdings nicht, denn dazu war gerade sein
literarisches Frühwerk zu reich an Neuem gewesen. Aus *Franz Sternbalds
Wanderungen* lasen sich nicht nur jüngere Autoren wie Eichendorff den
Enthusiasmus für Kunst, Natur, Italien und Altdeutschland heraus, das
Buch über vagierende Maler zur Dürer-Zeit beeinflußte mit seiner Lyrik
und den Schilderungen von Seelenlandschaften auch die Maler selbst,
Caspar David Friedrich etwa oder Philipp Otto Runge. Beide hatten persönliche Verbindungen zu Tieck, und Runge korrespondierte mit ihm über
Wesen und Sinn der Kunst. Tiecks Ausgabe der *Minnelieder aus dem schwäbischen Zeitalter* (1803) wirkte nachhaltig auf das gerade im Entstehen
begriffene Interesse an mittelalterlicher deutscher Literatur, und Tieck förderte dieses Interesse noch in den folgenden Jahren. 1802 hatte er außerdem zusammen mit Friedrich Schlegel eine Auswahl von Novalis' Schriften
herausgegeben und damit diesen Autor überhaupt erst einem größeren
Leserkreis zugänglich gemacht. 1811 folgten Übersetzungen Shakespeares,
eine Ausgabe der Werke Maler Müllers, den Tieck in Rom kennengelernt
hatte, und ein Jahr darauf schien er sogar selbst der Literatur zurückgege-
ben, als er seinen *Phantasus* publizierte, in dem er Werke aus der Frühzeit
mit einigen neuen in den Rahmen eines geselligen Erzählerkreises stellte.
Zwei Bände erschienen 1812, der dritte 1816. Aber das Werk, auf größere
Dimensionen angelegt, blieb unvollendet, und das Neue darin, drei Mär-
chennovellen und zwei Dramen, stand in der Form dem Jugendwerk zu
nahe, als daß es sich von ihm wirklich deutlich genug als Neues abheben
konnte. Es dauerte nach 1812 noch einmal ein Jahrzehnt, bis Tieck wiederum, wie einst zwischen 1792 und 1802, zu einem produktiven Schriftsteller wurde und eben jenes Werk von Novellen und Romanen entstand,
das berechtigt, ihm im Überblick deutscher Erzählkunst nach 1806 als Älte-
rem einen Platz nach dem um fünfzehn Jahre jüngeren Eichendorff zu
geben. Denn Tieck trat nunmehr, wie Heine in der *Romantischen Schule*
schreibt, auf «als Gegner der Schwärmerei, als Darsteller des modernsten
Bürgerlebens, als Künstler, der in der Kunst das klarste Selbstbewußtsein
verlangte, kurz, als ein vernünftiger Mann».

Die Dualität von Künstlertum und Bürgerlichkeit war Tieck von Jugend auf bewußt. Was Thomas Mann erst für den Ausgang des 19. Jahrhunderts in Anspruch nahm, die Wendung einer Bürgerfamilie zur Kunst, ereignete sich in der Familie des Berliner Seilermeisters Johann Ludwig Tieck bereits ein Jahrhundert früher. Ludwig Tiecks Bruder Friedrich wurde ein bedeutender Bildhauer, seine Schwester Sophie war eine beachtete Schriftstellerin. Alle drei demonstrierten das problematische Verhältnis ihres Künstlertums zur Bürgerlichkeit nicht nur durch Leistungen, sondern auch durch psychologische Labilität und mannigfache Zusammenstöße mit gesellschaftlichen Konventionen. Ihrer Umwelt sind sie nicht selten lästig gefallen, und selbst ihre Freunde waren des öfteren irritiert. Ludwig Tiecks tiefe seelische Konflikte, seine Verdrängungen, Depressionen und Ängste, die ihn sich manchmal am Rand des Wahnsinns fühlen ließen, bildeten den Stoff für seine frühesten Schriften. Die Verbindung mit Wackenroder und später mit dem Jenaer Kreise brachten ihm Halt im Thema Kunst, dem hinfort sein ganzes Interesse galt als Gestalter von Künstlerschicksalen, als Herausgeber oder Nachgestalter alter Literatur und als Übersetzer. Kunst wurde sein Lebensinhalt, und als Künstler ist er auch aufgetreten, indem er für sich die ideale und zugleich außerordentliche Rolle des Vorlesers schuf, in der er Schauspielertalent mit der Existenz eines distinguierten Schriftstellers verbinden konnte. Als Vorleser vor kleinen ausgewählten, aber für Geschmacksbildung wie Publizität oft maßgeblichen Kreisen schuf er sich also eine Art von eigenem deutschem Nationaltheater, denn das Theater war und blieb seine große Leidenschaft, obwohl er selbst für die Bühne nichts wirklich Aufführbares geschrieben hat. Dazu war er wohl auch zu sehr mit der eigenen Rolle beschäftigt.

Seit 1819 lebte Tieck in Dresden, und da er immer verstanden hat, Menschen in seinen Bann zu ziehen, so wurde sein Haus am Altmarkt dort ein Sammelpunkt lokalen und nationalen literarischen Lebens. Die ortsansässigen Schriftsteller waren eher unbedeutend und kultivierten, wie Friedrich Kind oder Friedrich Laun, jene Schauer- und Gespensterliteratur, von der Kinds Libretto zum *Freischütz* das einzige die Zeiten überlebende Dokument geblieben ist (vgl. S. 576 f.). Sie hat auch in manchen Erzählungen Tiecks ihre Spuren hinterlassen, bei ihm allerdings zumeist mit der Tendenz, sie zu ironisieren. Karl August Böttiger, sächsischer Beamter und seit den Weimarer Zeiten um literarischen Klatsch bemüht, lebte ebenfalls dort und bot das Modell für den Magister Ubique in Tiecks Novelle *Die Vogelscheuche* (1835). Bedeutende Persönlichkeiten der Dresdner Gesellschaft wie Carl Maria von Weber, der Arzt Carl Gustav Carus, Eduard von Bülow, späterer Novalis-Herausgeber und Kleist-Biograph, oder der Shakespeare-Übersetzer Wolf Heinrich Graf Baudissin versammelten sich enger um Tieck. Seine Vorlesungsabende bildeten einen Mittelpunkt Dresdner Geselligkeit. «Man fühlte beim Zuhören», schreibt Helmina von

Chézy, die gleichfalls eine Zeitlang in Dresden lebte, «wie dies Lesen der Meisterwerke Shakespeare's und Calderon's Tiecks höchster Lebensgenuß sei». Tiecks Haus in Dresden wurde allmählich und besonders nach Goethes Tod sogar zu einer Art nationaler Wallfahrtsstätte. Jean Paul, Hegel, Wilhelm Müller, Grillparzer, Alexis, Hauff, Grabbe, Immermann, Hans Christian Andersen und Bertel Thorvaldsen gehörten zu den Besuchern, während James Fenimore Cooper, auf Urlaub von seinen Indianern, sich zwar nicht getraute, ihm eine Visite zu machen, ihn aber dafür von seiner eigenen Dresdner Wohnung aus beobachtete. Tiecks Geburtstage wurden überall im Lande gefeiert, und mit viel Ehren und einer guten Pension holte ihn schließlich der preußische König 1842 in die Heimatstadt Berlin zurück. Friedrich Wilhelm IV. hatte sich mancher kulturell repräsentativer Interessen wegen den Ruf eines «Romantikers auf dem Thron» erworben; als Tieck 1853 in Berlin starb, nannte Hebbel den Dichter einen «König der Romantik». Der König als Romantiker, der Romantiker als König – war hier ein alter Dichtertraum in Erfüllung gegangen? Die Wirklichkeit sah, wie man weiß, anders aus. Als 1848 in den Berliner Straßen Barrikaden errichtet wurden, verstanden die beiden Könige die Welt nicht mehr. Der Allerweltsbegriff Romantik erwies zuletzt seine Vagheit und Nutzlosigkeit.

Tiecks Rolle am königlichen Hofe war nur dekorativ, bei den Vorleseabenden machten die Damen Handarbeiten, und der König las mit, beides Dinge, die Tieck zutiefst verabscheute. Die literarische Produktion hatte überdies 1841 mit der Novelle *Waldeinsamkeit* aufgehört, jener selbstironischen Wiederaufnahme des Zauberwortes, mit dem Tieck für das Verständnis der Zeitgenossen erst so recht zum literarischen Romantiker geworden war. Nun, da man ihn zum König machte, klang es eher nach Abdankung. Die Meinung der Jüngeren war außerdem zumeist gegen ihn. Er, der nicht ganz zu Unrecht das Manierierte, Schwächliche, Prätentiöse an Fouqués Werken scharf kritisiert hatte, teilte schließlich das härteste Dichterschicksal mit ihm: das Absinken in die Vergessenheit.

So schwer verständlich einer späteren Zeit Tiecks Erhebung in den Rang eines fürstlichen Repräsentanten deutscher Literatur erscheinen mag, so ungerecht erscheinen ihr zugleich die vernichtenden Urteile über seine Roman- und Novellenproduktion zwischen 1821 und 1841. Das Lob ist allerdings erklärbar aus dem Bedürfnis nach nationalkultureller Repräsentation zu einer Zeit, da nationale Werte Gegenstand heftigen Parteienstreites waren. In Tieck als einem unmittelbarer politischer Thematik ausweichenden Schriftsteller mit liberaler, aber zugleich konservativer Gesinnung war eine Person gegeben, die, insbesondere nach Goethes Tod, durch ihre Existenz mehr noch als durch ihr Werk eine Kontinuität der großen kulturellen Leistungen der Zeit um 1800 zu verbürgen schien. Seine editorischen Mühen um die weniger Bekannten dieser Zeit, um Lenz, Maler Müller, Novalis und Kleist, sowie um die mittelalterliche deutsche Literatur und, über jede nationale Enge hinaus, um die Übersetzung der großen englischen und spanischen Literatur konnten einen solchen Ruf nur fördern. Tiecks eigenes Talent zur Geselligkeit und zu einem repräsentativen Leben taten ein übriges. Zugleich aber ist nicht erstaunlich, daß sich jüngere, von politischen Leidenschaften bewegte Schriftsteller wie Karl Gutzkow, Heinrich Laube oder Theodor Mundt von ihm distanzierten. Tieck hat sich mit dem Jungen Deutschland in seiner Novelle *Liebeswerben* (1838) auseinandergesetzt. Die scharfe Ablehnung seines späten erzählerischen Werkes entstand jedoch nicht allein aus politischen, sondern auch aus ästhetischen Motiven und hat sich von da aus vor allem in der Literaturwissenschaft festgesetzt. Die Herausbildung eines Gerüstes fester Epochenbegriffe war einer der wichtigsten Faktoren dabei, denn weder ließen sich diese Novellen und Romane unter den Begriff Romantik rubrizieren, noch ließen sie sich bündig für eine neue, realistische Literatur in Anspruch nehmen, und auch Zwischenstufen wie das Biedermeier schufen nur wenig Abhilfe, da Tieck dort an Autoren gemessen werden mußte, die mehrere Generationen jünger waren als er.

Nun sind allerdings Tiecks späte Erzählungen leichte Beute für jede Verrißlust. Die Handlungen sind oft nicht nur verwickelt, sondern neigen zum Trivialen. Zuweilen sind sie unglaubhaft oder unfreiwillig komisch, wenn etwas als wunderbar oder außerordentlich Gemeintes in ein real gezeichnetes bürgerliches Milieu eintritt. Tieck mutet seinen Lesern viel zu, wenn er den geistig behinderten Sohn eines holländischen Handelsherrn in Pidgin-Deutsch sprechen («Du geschenkt – lange her – der da ist!»), ihn trotz aller Behinderung ein seetüchtiges Boot bauen und bei einer einbrechenden Flut schließlich damit die eigene Familie und die halbe Umgegend retten läßt. Danach versenkt Tieck seinen Helden in einen Heilschlaf, aus dem dieser gesund aufersteht, worauf er sogleich seine Cousine heiratet (*Der funfzehnte November*, 1827). Was immer Tieck damit für das Verständnis Geisteskranker tun wollte, es wird vom Stoff und seiner Ausführung nicht getragen. Rahel Varnhagen hat sehr präzis die Grenzen Tiecks mit einem einzigen Satz bezeichnet: «Ein Stück Leben darf er nicht in ein Buch fassen wie Goethe, wo das noch mit hinein geht, von welchem er nicht spricht!» (Februar 1813) Geschmacksunsicherheit zeigt sich auch in Tiecks Sprache, die besonders dort leicht ins Peinliche gerät, wo sie naturalistisch oder, schlimmer noch, humoristisch sein will. Als flach und stereotyp erweist sich daneben eine große Anzahl von Charakteren. Heine hat zwar Tieck attestiert, er könne «Gestalten schaffen», aber viele davon sind einzig von ihrer Funktion im Handlungskonzept bestimmt und vermögen wenig Interesse darüber hinaus zu erwecken, also als Menschen in der ganzen Fülle von Anlagen, Trieben, Kräften und Widersprüchen. In der dramatischen Satire *Meierbeths Glück und Ende* (1827) hat Eichendorff Tiecks Verfahren mit diesen Worten karikiert:

Da geht mir's über Kunst, über Religion,
Über dies und das in dem Kopfe herum,
Und will ich's loswerden ans Publikum,
So greif ich mir Michel, 'nen Hofrat, Baron,
Und häng ihn'n meine Diskurse zum Halse heraus,
Sie plaudern – zuletzt wird eine Novelle daraus.

Gestalten so unvergeßlich wie die Marquise von O . . . oder Michael Kohl-haas, wie Rat Krespel oder Kapellmeister Kreisler sind Tieck nicht gelungen. Ein Indiz für diese Begrenzung ist bereits die Namenwahl, die nur zu oft das Glück des Erzählers ausmachen kann. Tiecks Helden heißen Franz, Erich, Walther, Freimund, Carl, oft ohne Nachnamen, der Pfarrer heißt Gottfried, der Küster Hülfreich, der Lehrer Fülletreu, der Handwerker Krummschuh und die Kommerzienrätin Bertha Wendlig. Unter den Adligen finden sich die Familien von Eisenflamm, Eisenschlicht, Wildenstein, Atelsthau und die Barone Mannlich oder von Selten. Entweder ist in diesen Namen schon die Person auf eine Funktion oder einen Charakterzug festgelegt, oder sie sind so uncharakteristisch, daß den Personen bereits vom Namen her schwer wird, lebendige Gestalt anzunehmen. Es überrascht nicht, daß Tieck dort, wo er sich konkreter Geschichte zuwendet und Namen daraus benutzt, auch als Erzähler und Menschengestalter sehr viel farbiger und lebendiger wird, vor allem in seinen beiden Romanen *Der Aufruhr in den Cevennen* und *Vittoria Accorombona*.

Nun ist allerdings bemerkbar, daß auch die frühen Erzählungen Tiecks dort, wo sie in einem nicht genau umrissenen zeitgenössischen deutschen Milieu spielen, sich durch Figuren mit ähnlichen Namen und einem ähnlichen Mangel an Individualität auszeichnen, während sich dort, wo Tieck das deutsche zeitgenössische Milieu verläßt, die Charaktere runden, bei William Lovell oder Franz Sternbald zum Beispiel. Das verweist nicht nur darauf, daß zwischen Frühwerk und Spätwerk Tiecks, zwischen vermeintlicher Romantik und vermeintlichem Realismus eine sehr viel stärkere Kontinuität besteht, als gemeinhin angenommen wird. Es verweist auch auf Tiecks Verständnis von Literatur, die ihm nie allein nur Darstellung menschlicher Begebenheiten und Konflikte war, sondern auch unmittelbar ein Medium der Reflexion über Sinn oder Unsinn des Daseins und über dessen Bedingungen in Seele, Zeit und Geschichte. Seine theoretischen Überlegungen finden sich zumeist innerhalb der Erzählungen und sind in ihren Kontext einbezogen, seltener hingegen als selbständige theoretische Versuche, wie das bei den Jugendfreunden Friedrich Schlegel und Novalis in ihren Fragmenten der Fall war. Diese Eigenart aber verweist schließlich darauf, daß Tieck von früh an in einer besonderen Tradition stand, und zwar derjenigen der aufklärerischen Unterhaltungsliteratur, die ebensosehr erzählen wie erziehen wollte. Denn bei einem Autor von Unterhaltungsromanen, bei seinem Berliner Gymnasiallehrer Friedrich Eberhard Rambach war Tieck als Schriftsteller in die Schule gegangen, und diese Schule ist noch in seinen letzten Erzählungen deutlich zu erkennen.

Überwucherten bereits im *Sternbald* die Gespräche über Kunst stellenweise den Gang der Handlung und bildeten eine von den jüngeren Lesern ebenso begrüßte wie von den älteren beklagte Verbindung von Fiktion und Theorie, so wurden Gespräche über Zeit, Kunst und Leben ganz und gar dominierend in Tiecks Prosawerk seit dem *Phantasus*. Teilweise existieren diese Gespräche für sich selbst, wie im Rahmen des *Phantasus*, der eine eigene Handlung entwickeln sollte, die aber nie zu Ende geführt wurde, teils sind die Gespräche eng in die Handlung der Erzählungen verflochten. Manche Handlung wird gewaltsam zurechtgebogen, um sich den Gedanken und Überlegungen darin anzupassen, manche Gespräche laufen jedoch nahezu selbständig nebenher und sind durch den Kontext nur spärlich motiviert. *Der junge Tischlermeister* gibt für den zweiten Fall besonders viele Beispiele.

Eichendorff konstatiert in seiner *Geschichte der poetischen Literatur Deutschlands* Tiecks «Doppelnatur, jene kühle Lust am Tiefsinnigen und am Gewöhnlichen, an der Mystik und am Zweifel». Man wird diese Doppelnatur voraussetzen und akzeptieren müssen, wenn man Tiecks erzählerischem Werk seiner zweiten Lebenshälfte gerecht werden will. Das Gewöhnliche darin ist deutlich offenbar; des Autors Lust daran ist genährt aus seinen frühen Schreibübungen in der Trivialliteratur. Auch der Tiefsinn ist erkennbar, wenngleich in unsicherer Relation zum Gewöhnlichen, und als Vermittlung zwischen beiden besteht die «doppelgängerische Ironie», wie Eichendorff es nennt. Für breite, populäre Wirkung war solche künstlerische Doppelgängerei schlecht geeignet, und Tieck hat sein Verfahren mit dem Verzicht auf einen großen Leserkreis bezahlen müssen, auch wenn zu seiner Zeit das eine oder andere Werk in Deutschland und manchmal sogar außerhalb Deutschlands beträchtliche Beachtung fand.

Theorien des Erzählens

Die im *Phantasus* gesammelten frühen Erzählungen und Dramen hat Tieck, großer novellistischer Tradition folgend, in einen Rahmen gestellt und sie sieben nur mit dem Vornamen bezeichneten jungen deutschen Intellektuellen in den Mund gelegt, die sie einander und ihren Damen erzählen und anschließend kommentieren. Daß der Rahmen selbst eine Novelle bilden sollte, war, wie gesagt, Tiecks Absicht, aber er hat sie nicht ausgeführt. Arnim hatte gerade erst im *Wintergarten* (vgl. S.405) ein Modell solch gesellschaftlichen Erzählens veröffentlicht, und die Beispiele Wielands, Goethes und Boccaccios waren Tieck geläufig. Phantasus, der Gott der Träume, sollte regieren in dieser Verbindung von gesellschaftlichem Rahmen und den Produkten der Dichterphantasie; 1802 war bereits eine Bearbeitung von Märchen aus *Tausendundeine Nacht* durch Johann Christian Ludwig Haken unter diesem verführerischen Titel erschienen. Tiecks Rahmengespräche übertreffen nun freilich alle Vorgänger an Länge und Breite: Sie entsprechen im Umfang den drei frühen Novellen *Der blonde Eckbert, Der getreue Eckart* und *Der Runenberg* zusammengenommen und erstrecken sich über Literatur, Geschichte, Kunst, Natur, Erziehung, Gesellschaft, Technik, Gartenbau, Eßsitten und manches mehr. Rahel Varnhagen nannte es «roh zusammengestoppelte Reden und Gegenreden ohne alle Situation» und meinte: «Ich müßte toll werden in *den* Sälen, Gärten, bei den Wasserfällen und Brunnen; bei den leblosen Scherzen!» (Februar 1813) Sie hat Tieck nie gemocht, aber als Gebieterin eines Salons und Meisterin des Gesprächs stand ihr immerhin ein Urteil zu.

Nicht dem einstigen Jenaer Freundeskreis setzte Tieck ein Denkmal und auch nicht dem geselligen Kreis auf dem Landgut Ziebingen östlich der Oder, das Tiecks einziger fester Aufenthalt zwischen 1802 und 1817 war. Was er sich vornahm, war vielmehr eine intellektuelle und ästhetische Bestandsaufnahme seiner selbst, war der Versuch, durch dialogisches Nachdenken mit sich und seinem Schriftstellerdasein, nach Jahren tiefer persönlicher und kreativer Krisen, ins reine zu kommen. Dies geschieht einmal durch die Besinnung auf die Zeitumstände – kaum übrigens auf die politischen – und auf den Kontrast zwischen künstlerischer und philiströser Existenz, worunter das Symptom der Ehe-Skepsis für ihn eine besondere Rolle spielt, denn Tieck hatte in Ziebingen zu einer Tochter seines Mäzens, Henriette von Finckenstein, ein inniges Verhältnis begonnen, während seine Frau von einem Jugendfreund ein Kind bekam. Es geschieht weiterhin durch die Distanzierung von früheren Ansichten, zum Beispiel dadurch, daß er sich in der Erinnerung an die Gemeinschaft mit Wackenroder den Kontrast zwischen Alt-Nürnberg, das er selbst eifrig idealisiert hatte, und der Fabrikstadt Fürth bewußt macht. Es geschieht durch eine Bestandsaufnahme seiner Bindungen an andere Literatur, wobei bemerkenswerterweise die Unterhaltungsliteratur von August Lafontaine, Christian Heinrich Spieß und Karl Gottlob Cramer gut abschneidet. Es geschieht weiterhin durch den Versuch, das unsichere Ich in einen festen Bezug zu stellen – «ein Weltumsegler unsers Innern wird auch wohl noch einmal die Rundung unsrer Seele entdecken, und daß man nothwendig auf denselben Punkt der Ausfahrt zurück kommen muß, wenn man sich gar zu weit davon entfernen will». Der Vergleich mit Kleists Bemerkung von der Reise um die Welt zum Hintereingang des Paradieses in dessen Gespräch *Über das Marionettentheater* (vgl. S. 373 f.) erweist, daß sich Tiecks rein psychologisches Verhältnis merklich von Kleists mythischem und damit über sich hinaus sehenden unterscheidet.

Tiecks Inventur seiner selbst in den Rahmen-Gesprächen des *Phantasus* führt ihn schließlich zur Gartenkunst, einem Thema aus der letzten Zeit der Gemeinschaft mit Novalis. Tieck wird sie zur Metapher für Kunst überhaupt und zur Frage nach dem Verhältnis zwischen Phantasie und Ordnung. Shakespearesches und Calderonsches Lustspiel werden Formen des Parks gleichgesetzt mit dem Ergebnis:

> «Scheinbare Willkühr in jenem, von einem unsichtbaren Geist der Ordnung gelenkt, Künstlichkeit, in anscheinender Natürlichkeit, der Anklang aller Empfindungen auf phantasirende Weise, Ernst und Heiterkeit wechselnd, Erinnerung an das Leben und seine Bedürfnisse, und ein Sinn der Liebe und Freundschaft, welcher alle Theile verbindet. Im südlichen Garten und Gedicht Regel und Richtschnur, Ehre, Liebe, Eifersucht in großen Massen und scharfen Antithesen, eben so Freundschaft und Haß, aber ohne tiefe oder bizarre Individualität, oft mit den nehmlichen Bildern und Worten wiederholt, Künstlichkeit und Erhabenheit der Sprache, Entfernung alles dessen, was unmittelbar an Natur erinnert, das Ganze endlich verbunden durch einen begeisterten hohen Sinn, der wohl trunken, aber nicht berauscht erscheint.»

In dieser Gegenüberstellung zweier Kunstformen ist der Wunsch nach Synthese verborgen, der Synthese von Kunst und Natur, Realität und Phantasie, die für Tieck in zunehmendem Maße zum Wunschbild seiner eigenen literarischen Arbeit wurde und unter deren Gesichtspunkt er im *Phantasus* auch sein teilweise zu diesem Zweck überarbeitetes Jugendwerk präsentierte. Gegen die überhandnehmende wissenschaftliche Naturerkenntnis stellte er den Begriff des Wunderbaren; den Errungenschaften der Technik hat er auszuweichen gesucht und sich zum Beispiel nicht in die Eisenbahn zwischen Berlin und Potsdam gesetzt.

Das Ideal einer Synthese erfüllte sich für Tieck vor allem in der Form der Novelle, der er selbst in seinen frühen Erzählungen eigene Gestalt gegeben hatte und die er nun rings um sich her bei seinen deutschen Schriftstellerkollegen sich entfalten sah, von außen gefördert durch die zahlreichen Taschenbücher und Almanache, die den stets bedürftigen Markt für solche Kurzformen der Prosa darstellten. Tiecks Definition der Novelle, zu der er im Laufe der nächsten Jahre gelangte, unterscheidet sich deutlich von der Goetheschen Hervorhebung der «unerhörten Begebenheit», die ein Licht auf die widerstrebenden Kräfte einer Welt warf, die sich als ganzes im Gleichgewicht befand. Im Sinne der Vorüberlegungen des *Phantasus* ist es eine Synthese, die Vermittlung zwischen Gegensätzen, die er sich für die Novelle zum Ziel setzt. Sie könne, schreibt er 1829,

> «auf ihrem Standpunkt die Widersprüche des Lebens lösen, die Launen des Schicksals erklären, den Wahnsinn der Leidenschaft verspotten, und manche Räthsel des Herzens, der Menschenthorheit in ihre künst-

lichen Gewebe hinein bilden, daß der lichter gewordene Blick auch hier im Lachen oder in Wehmuth, das Menschliche, und im Verwerflichen eine höhere ausgleichende Wahrheit erkennt.»

Der erzähltechnische Griff dafür aber ist ein «Mittelpunkt», der sich als Wendepunkt im Geschehen zugleich als Vermittlungspunkt erweist. Die Novelle stelle

«einen großen oder kleinern Vorfall in's hellste Licht, der, so leicht er sich ereignen kann, doch wunderbar, vielleicht einzig ist. Diese Wendung der Geschichte, dieser Punkt, von welchem aus sie sich unerwartet völlig umkehrt, und doch natürlich, dem Charakter und den Umständen angemessen, die Folge entwickelt, wird sich der Phantasie des Lesers um so fester einprägen, als die Sache, selbst im Wunderbaren, unter andern Umständen wieder alltäglich sein könnte.»

Die spätere, von einer Novelle Boccaccios deduzierte «Falkentheorie» Paul Heyses findet hier ihren Vorläufer, aber es ist ein Vorläufer, der ganz klar seinen historischen Ort erweist. Denn Tiecks Novelle erhält durch ihren Wendepunkt einen humanen Sinn als Beispiel von gelungener oder mißlungener Vermittlung zwischen Gegensätzen. Die aufklärerische Mission des Unterhaltungsautors und die romantischen Hoffnungen auf die versöhnende Kraft der Poesie will Tieck mit Hilfe seiner Novellentheorie einer neuen Zeit vermitteln. Der Realität wird ihr volles Recht zugestanden, ohne daß damit der Kunst ihr eigenes Recht und ihr eigener Anspruch aufgesagt werden müssen.

Tieck hat diesen Standpunkt nicht ohne Mithilfe der Philosophie erreicht. Es waren die Ideen Karl Wilhelm Ferdinand Solgers (vgl. S. 280ff.), die ihn in seinen Gedanken zur Kunst seit dem *Phantasus* stark beeinflußt haben. Freundschaft und Korrespondenz zwischen ihm und dem um sieben Jahre jüngeren Berliner Philosophen bestanden bis zu Solgers frühem Tod 1819. Insbesondere Solgers tiefgefaßter und mit der Alltagsbedeutung des Wortes nicht identischer Sinn der Ironie halfen Tieck, die Idee einer Versöhnung der Gegensätze in sich nachzuvollziehen. Für Solger bestand im Selbstbewußtsein jener Punkt, wo die Dualität alles Seins aufgehoben wird, gerade indem es seine Vergänglichkeit akzeptierte: Im Moment des Vergehens zünde sich «das göttliche Leben an», erklärte er. Darin lag sein höheres Verständnis von Ironie, darin lag aber auch, was Tieck als «Auflösung des Rätsels» betrachtete. Es war die Antwort auf die Frage nach der Verbindung zwischen einer vergänglichen Realität und, auf der anderen Seite, dem in der Phantasie Erfahrenen, dem «Wunderbaren», das viele böse und gute Gesichter hatte. In diesen Gedanken war ihm ein Schlüssel für die «Doppelnatur» gegeben, für die Beherrschung und Bewältigung seiner – um Eichendorff noch einmal zu zitieren – «kühlen Lust am

Tiefsinnigen und Gewöhnlichen». Aus dem Boden dieser theoretischen Überlegungen wuchsen Tiecks späte Novellen und Romane hervor.

Kunst und Zeitgeist

An der eigenen Novellentheorie hat Tieck festgehalten. In seiner letzten Novelle *Waldeinsamkeit,* in der Tieck unter anderem sogar über sich selbst eine Anekdote aus der Jenaer Zeit zu dem magisch-romantischen Titelwort erzählen läßt, findet sich der junge Waldschwärmer Baron Linden unversehens als Gefangener in einem Häuschen mitten im Walde, das sein Ideal darstellen könnte. Der Gewaltakt der Gefangennahme, böse gemeint, stellt in ihm das rechte Verhältnis zur Wirklichkeit her und verschafft ihm gerade damit jene Braut, die ihm durch Entführung und Gefangenschaft entzogen werden sollte. Das Schlimme erweist sich als Wendepunkt zum Guten, weil es Instrument der Erkenntnis wird. Das romantische Zauberwort von einst (vgl. Bd. 1, S. 388) wird in die neue Wirklichkeit zurückgenommen. Tiecks späte Erzählungen lassen sich allerdings oft besser interpretieren als lesen, denn auch in dieser Novelle ist die Handlung forciert, und die Frage, ob ein junger Adliger seine Angebetete bekommt oder nicht, interessiert so wenig, daß Tiecks eigentliches Anliegen, altes Ideal und neuen Zeitgeist zu konfrontieren, sich nur angestrengt behauptet.

Dergleichen war nicht allein persönliche Schuld Tiecks, sondern ergab sich auch aus den gesellschaftlichen Konstellationen seines Landes, das weiterhin sehr entschieden den Handlungsspielraum seiner Bürger von ihrer gesellschaftlichen Herkunft abhängig machte. Zwischen Wilhelm Meisters Definition seiner Grenzen als Bürger gegenüber dem Edelmann in den *Lehrjahren* (1795) und Tiecks *Waldeinsamkeit* (1841) lagen weder Revolution noch tiefgreifende Reformen in Deutschland, und welche Ehren auch dem alten Dichter danach noch am preußischen Hofe zuteil wurden, es blieb ihm nicht erspart zu bemerken, daß er letztlich für die hohe Gesellschaft nur ein Unterhaltungskünstler war. Der Unterschied zwischen Adel und Bürgertum hat Tiecks Leben und Schreiben seit dem Beginn des Jahrhunderts tief beeinflußt. Er lebte lange Zeit als Gast auf dem Schloß eines adligen Mäzens, besaß adlige Freunde, hatte eine Gräfin als Geliebte und gehörte dennoch nicht dazu. So hat er sich teils in die adligen Helden seiner Geschichten zu projizieren versucht, teils sie in ihrer Schwäche oder Charakterlosigkeit bloßgestellt, teils auch den Drang der Bürger nach oben verspottet. In *Des Lebens Überfluß* ist es die Liebe eines sozial ungleichen Paares, die den Konflikt auslöst, und auch in einer Reihe anderer Erzählungen kommen Verbindungen zwischen den Klassen zustande, problematische oder unproblematische.

Am ausführlichsten jedoch hat Tieck sich mit der deutschen gesellschaftlichen Situation in der «Novelle in sieben Abschnitten» *Der junge Tischler-*

meister beschäftigt, einem Werk, das umfangreicher als seine Romane ist; die Arbeit daran hat ihn sein ganzes Leben begleitet von 1795 bis zur Publikation 1836. Die Novelle als Erzählung halte er, so meint Tieck im Vorwort, für geeignet, «manches in konventioneller oder echter Sitte und Moral Hergebrachte überschreiten zu dürfen». Der Roman beschränkte sich für ihn ganz offenbar auf Realität; die Novelle sollte größere Freiheiten geben.

Tatsächlich ist die Geschichte des jungen Tischlermeisters, erzählt vom Handwerkerssohn Ludwig Tieck, kein Bildungsroman, sondern trotz des Umfangs nur die episodische Eskapade eines Bürgers in Gemeinschaft mit seinem adligen Freund auf dem Schlosse des letzteren. Das schließt neue Liebesverhältnisse des verheirateten Meisters ein, ohne daß jedoch am Ende Welt und Ehe durcheinandergeraten. Denn die eigentliche Substanz dieses Buches bilden Berichte von Theateraufführungen und Gespräche über sie – ein sehr deutsches Buch also, ein wenig langweilig, aber intellektuell bedeutsam. Aufgeführt werden Goethes *Götz von Berlichingen*, Schillers *Räuber* und Shakespeares *Was ihr wollt*, aber nur das letztere erzeugt jene Harmonie, auf die es Tieck abgesehen hat. Der Vorliebe des Jungen Deutschland für die Werke des Sturm und Drang entsprach das gewiß nicht, aber Tieck war es in der Tat nicht um die Exposition genialer und aufsässiger Charaktere, sondern um Harmonie, und zwar um Harmonie durch die Kunst zu tun in einer Zeit, deren Wandel er gleichzeitig literarisch zu fassen versuchte. «Eine Wasserscheu vor diesem Strome der Zeit», wie es Leonhard, sein bürgerlicher Held, ausdrückt, besaß er keineswegs. Daß sich trotz der Bewahrung grundsätzlicher sozialer Ungleichheit im Verhältnis von Adel und Bürgertum zueinander entschiedene Veränderungen vollzogen, brachte schließlich den Tischler und den Baron bei Tieck zusammen. Aber auch innerhalb beider Stände selbst veränderten sich durch die Macht von Technik und Kapital die Lebensbedingungen. Tischlermeister Leonhard wehrt sich gegen ein «totes und tötendes Fabrikleben» und preist an seiner Arbeit «die Freude am Material, die ich mit meinen tätigen Gehülfen teile, die Lust, das bestimmte Wesen nach und nach immer reiner hervortreten zu sehen, das Gefühl, daß ich als Vater und Lehrer für meine Mitarbeiter sorge und ihnen weiterhelfe», und er glaubt nicht, durch «die Auslage des Geldes» für die Arbeit sich ein Recht zu erwerben, «daß ich andere despotisieren und quälen dürfe». Entfremdete Arbeit, Verdinglichung und Ausbeutung bereiten Tiecks Handwerksmeister Sorgen, noch bevor die Begriffe von der politischen Philosophie gefaßt und definiert wurden.

Was die in den *Herzensergießungen* und im *Sternbald* gefeierte Kunst- und Handwerkerherrlichkeit von Alt-Nürnberg betrifft, heißt es einmal an anderer Stelle bei Tieck, daß sich in dieser Stadt die Kunst inzwischen «in die Kinderpfeifen und Puppen und Lebkuchen zurückgezogen» habe «und in ihnen nur noch einigermaßen fortvegetiert» (*Der Jahrmarkt*, 1832). Meister Leonhard bewahrt am Ende dennoch die patriarchalischen Verhältnisse der handwerklichen Großfamilie, aber Tieck ist es dabei nicht um die schwärmerische Verklärung der Vergangenheit zu tun, sondern um historisch freilich wenig fundierte Anregungen für eine reale Zukunft. Adlige Freunde und Freundinnen finden sich im Handwerkerhause ein, und eine der Damen interpretiert ihre Beobachtungen bürgerlicher Tüchtigkeit auf folgende Weise:

«Mir gefällt am meisten dies Hobeln, Lärmen und Hämmern aus der Ferne. Wie hübsch ist das Gefühl hier, daß ein jeder Schlag, den ich vernehme, etwas einbringt; daß der Gewinn wieder das Gewerbe vergrößert; daß alles, was gesprochen und gedacht wird, in jenes Kapital hineinströmt, das die Wohlhabenheit befördert, die wieder das Glück und die Zukunft der Untergebenen begründet, damit sie dereinst in dieselbe Stelle treten können.»

Auf die Frage aber, ob dergleichen nicht aller Poesie widerspreche, erklärt sie rundheraus:

«Poesie! [...] Ei, so müßten denn auch einmal Dichter kommen, die uns zeigten, daß auch alles dies unter gewissen Bedingungen poetisch sein könnte.»

Es ist die Verklärung bürgerlicher Tüchtigkeit in einer immer noch von den Geburtsprivilegien des Adels beherrschten deutschen Gesellschaft.

Allerdings hatte derartige Idyllik die Tendenz, tatsächliche Verhältnisse mit dem Schleier einer erwünschten nationalen Gemeinschaft zu umhüllen. «Der Roman soll das deutsche Volk da suchen, wo es in seiner Tüchtigkeit zu finden ist, nämlich bei seiner Arbeit.» Diesen Satz Julian Schmidts stellte Gustav Freytag 1855 seinem Roman *Soll und Haben* als Motto voran. Ein paar Jahre später ließ Richard Wagner in den *Meistersingern von Nürnberg* (1862) den sinnreich benannten Walter von Stolzing den Adelsstolz dämpfen mit Hans Sachs' kräftiger Mahnung «Verachtet mir die Meister nicht!» Daß indessen nicht der Adel handwerkliche Existenz bedrohte, sondern die Entwicklung der Großindustrie, also das Bürgertum selbst, führte im Deutschland der Gründerzeit und zum Dreikaiserjahr Max Kretzer vor, dessen Roman *Meister Timpe* (1888) die Geschichte vom tragischen Untergang eines Drechslermeisters in der industrialisierten Großstadt enthielt. Tiecks *Der junge Tischlermeister* zeigt also ein Stück des Weges aus der Zeit, da Hoffnungen in die weltverändernde Kraft romantischer Universalpoesie gesetzt wurden und der Handwerker – wie in Tiecks eigenem Frühwerk – häufig noch eins mit dem Künstler war, zeigt einen Weg, der über den Versuch literarischer Repräsentation bürgerlicher Tüchtigkeit bis zur kritischen Darstellung des Sieges der Maschine über alle Individualität führte. Dieser Weg ist zugleich ein Stück Geschichte der Funktion von Literatur und Kunst überhaupt, von universalem Anspruch bis zu naturalistischer Wiedergabe der gegebenen Wirklichkeit als sozialer Kritik.

Auch der Adel war entschiedenem Wandel ausgesetzt, und der Respekt, den Wilhelm Meister diesem Stande entgegenbrachte, dessen freie Erscheinung und personelle Ausbildung er bewunderte, schwand nach und nach. Tieck führt diesen Prozeß auf manche Weise vor. In der Novelle *Die Gesellschaft auf dem Lande* (1825) – sie spielt 1802 – ist zum Beispiel das Zopfabschneiden der novellistische Wendepunkt, der die neue Zeit in Preußen von der Idolisierung der Regentschaft Friedrichs des Großen trennen und den Übergang von einem hohl gewordenen Heroismus zur Ökonomie bezeichnen soll, das heißt zur kapitalistischen Bewirtschaftung junkerlicher Güter. Der Zeithintergrund bleibt freilich blaß, keine Nachgewitter der Revolution, keine Vorzeichen der kommenden Niederlage Preußens sind darin zu spüren. Tiecks Adressaten waren die Zeitgenossen der Zwanzigerjahre, und was er an Wirklichkeit einer vergangenen Zeit in seinen Novellen bot, war nur gerade genug, um die Botschaft zu tragen. Der Erzähler Tieck breitet in seinem Novellenwerk eine Fülle von Wirklichkeit aus. Er sieht, im Unterschied zu Eichendorff etwa, die rasch wachsenden Städte, sieht – ähnlich wie E. T. A. Hoffmann – das Leben und Vergnügen des Volkes auf Festen und Märkten, sieht eine breite Skala bürgerlicher Gestalten, von Geheimräten, Dorfhonoratioren, Intellektuellen, Offizieren, Künstlern und Kaufleuten, sowie eine entsprechend breite Skala der den Männern unterworfenen Weiblichkeit. Auch innerhalb des Adels ist die Vielfalt der Charaktere vom Prinzen bis zum Rittergutsbesitzer beträchtlich. Aber Tieck erzählt nicht um der Darstellung einer wie immer gearteten Wirklichkeit willen. Vielmehr versucht er, sich ein Thema oder Themen zu stellen und wenn nicht didaktisch zu sein, so doch immerhin der Kunst eine human bildende Aufgabe einzuräumen. Das führt zu dem oft Konstruierten seiner Fabeln oder dem aufdringlich Symbolischen von Vorfällen und Aktionen.

Um Tiecks späten Erzählungen gerecht zu werden, muß man sie in erster Linie als Texte für ein bestimmtes, von ihm gut gekanntes Publikum betrachten. Die vielen Debatten und Konversationen transponierten das Publikum oft als Dialogpartner in die Novellen selbst hinein. Auf dieses Publikum zielte aber zugleich die Mission seiner Geschichten, denn auch wenn Tieck in den Jenaer Tagen nicht zu den eigentlichen Theoretikern romantischer Literatur gehört hatte, so war doch aus dieser Zeit die Vorstellung von einer humanen Verpflichtung der Kunst fest in ihm verankert. Religiöser oder politischer Ideologe allerdings war Tieck nie. Wo bei ihm Absichten und Tendenzen vorhanden sind, kommen sie nicht aus einem System politischer Ansichten, sondern sind Symptomkuren von Fall zu Fall auf dem Hintergrund sehr genereller liberal-konservativer Überzeugungen.

Religiöse Bigotterie in einer adligen Familie ist zum Beispiel das Thema der Novelle *Die Verlobung* (1823), in der eine statt aller Lippenbekenntnisse still karitativ tätige Heldin schließlich Recht erhält und einen aus Amerika zurückgekehrten liberalen Grafen für sich gewinnt. Daß sie außerdem das Beste von Goethe auswendig weiß, während ihre bigotte Familie dessen «himmlische Natur» wegen «Verführung» und «Sinnenlust» verdammt, bildete die besondere Würze dieser Erzählung und deren Bezug auf Tiecks Lebensthema Kunst. Goethe belohnte solche Huldigung mit einer kleinen Anzeige in *Über Kunst und Alterthum.* «Ein geprüfter anerkannter Dichter der besten Art» habe sich, so heißt es dort in huldvollem Altersstil, «humoristisch geneigt» gefühlt, «jene leidigen Nebel zu zerstreuen, welche die sinnig-geistigen Regionen Deutschlands zu obskurieren bei dem niedrigsten Barometerstand sich anmaßen». Die Atmosphäre der Heiligen Allianz wird spürbar und auf ihrem Hintergrund so dubiose Missionswerke wie das der Juliane von Krüdener.

Der Verweis auf Goethe in Handlung und Dialog ist allerdings kein Einzelfall in Tiecks Werk. Goethe wird sogar eines der häufigsten Gesprächsthemen seiner Gestalten, und dessen Werke bilden gelegentlich den Angelpunkt der Handlung wie in der Novelle *Der Mondsüchtige* (1832), in der ein Band Goethescher Gedichte nicht nur die erste Verbindung zwischen Liebenden herstellt, sondern auch Verwicklungen, ja sogar ein Duell hervorruft, bis am Ende «Göthe und der Mondschein» alles so lösen, wie es Goethes Gedicht «An den Mond» als Wunsch ausgedrückt hatte. Tieck verschafft sich allerdings selbst das letzte Wort, indem er die Novelle mit den eigenen Versen von der «mondbeglänzten Zaubernacht» aus dem Prolog zum *Kaiser Octavianus* schließen läßt. Wie diese hier, so enthalten Tiecks Novellen aus der zweiten Hälfte seines Lebens überhaupt zu einem bedeutenden Teil Literatur über Literatur. Schon seit seiner gemeinsamen Tätigkeit mit Wackenroder hatten, wie gesagt, Kunst und Künstler ein Zentrum seines Interesses dargestellt, aber im Vordergrund standen zunächst bildende Kunst und Musik. Jetzt, nachdem nicht zuletzt durch Goethe die Literatur zur repräsentativen Kunstform in Deutschland geworden war und nachdem Tieck selbst sich in ihr als «geprüfter anerkannter Dichter» gelobt sah, dominierte sie auch als Gegenstand und Thema der eigenen Werke.

Es gibt Werke wie die «Mährchen-Novelle in fünf Aufzügen» *Die Vogelscheuche* (1835), die im Grunde aus nichts anderem als Literatur über Literatur bestehen. In der Sphäre der Realität gibt es darin Personen wie den Magister Ubique, was ein Spitzname Goethes für Karl August Böttiger war, der, aus Weimar nach Dresden umgesiedelt, nun dort auch Tieck lästig fiel. Die Personen diskutieren Literatur unter den Aspekten engstirniger Philisterhaftigkeit wie unter denen liberaler Bürgerlichkeit. Die Namen reichen dabei von den Heroen romantischer Literatur bis zu Müllner, Raupach, Hoffmann, Immermann, Balzac und den Jungdeutschen. Im Zusammenhang mit Wolfgang Menzels Feldzug gegen Goethe entsteht die Bemerkung, «daß Poesie und Kunst auch bei uns Standarten und Feldgeschrei der politischen Faktionen werden». Die Kunst, die sich in die Abhängigkeit eines anonymen Publikums, des Marktes also, begibt, gerät damit auch unter die Parteien. So konstatiert Tieck eine Entwicklung, die seit der Französischen Revolution immer deutlicher sichtbar geworden war, der er aber in seiner Novelle entgegenzutreten sucht, indem er in sie eine Märchenwelt von Elfen, Feen, Prinzen und Naturwesen aus dem *Sommernachtstraum* und aus eigener Phantasie verwebt und sich in die Handlung lenkend mischen läßt, so daß der Ausbund der Philisterhaftigkeit, Herr Ledebrinna, schließlich bemerkt: «Das ist ja ein verfluchtes Stück einer ganz neuen Mythologie!» Friedrich Schlegels Forderung von einst scheint hier in realistischeren Zeiten nun doch ihre Erfüllung zu finden, denn diese Mythologie lenkt alles zur Versöhnung, obwohl die Engstirnigen sich lieber in der gegebenen Mittelmäßigkeit einrichten möchten. «Juste milieu» statt des Romantischen ist ihre ausdrückliche Losung. Aber Tiecks Ideal ist literarische Reminiszenz, wie der ganze Stoff dieser «Mährchen-Novelle». Die Macht des Gewöhnlichen bleibt bestehen, und so tröstet er sich schließlich mit dem Glauben, eine neue Form geschaffen zu haben: «Weder die Regel des Aristoteles, noch irgend eine bis jetzt bekannt gewordene Regel paßt auf eine Novellen-phantastische Komödie.» Es fragt sich hier, ob Tiecks, aus Solgers Gedanken entwickelte, Novellen-Theorie ihm nicht durch die Bindung an eine Kunstmetaphysik auch gewisse Fesseln anlegte.

Unter den späten Novellen Tiecks gibt es Werke, in denen er eine regel-
rechte poetisch-phantastische Theorie der Literaturgeschichte romantischer
Zeit vom Mittelalter bis zu sich selbst darstellt (*Das alte Buch,* 1835).
Und es gibt schließlich die Erzählung *Eine Sommerreise* (1834), die man eine literarische Dokumentarnovelle nennen kann und die, stark autobiographisch
getönt, Begegnungen mit den Brüdern von Novalis, mit Brentano, dem
Unterhaltungsschriftsteller Karl Gottlob Cramer, aber auch mit Malern wie
Runge und Friedrich im Kontext einer Reise durch Deutschland im Jahre
1803 schildert. Eine Reihe «interessanter Tagebücher und Briefe» verschiedener Personen gibt Tieck ausdrücklich im Vorwort als Quelle an. In anderen Novellen hat Tieck allerdings einen sehr viel praktischeren, wenn auch
oft nicht weniger märchenhaften Nutzen der Kunst gestaltet. In *Des Lebens
Überfluß* kommt zum Beispiel dem jungen, in der Dachkammer gestrandeten Paar die Erlösung durch eine Chaucer-Ausgabe, die der junge Ehemann als letzten Besitz verkauft hat, nachdem er sie mit einem Bericht von
seiner Not versehen hatte. Ein reicher Freund findet sie und kann nun zur
Erlösung des Paares herbeieilen. Neue, wahre Literatur wird lebenswen-
dend in die alte hineingeschrieben.

Um Geld sowie um falsche und echte Kunst geht es auch in der Novelle
Die Gemälde (1822), in der man mit Fälschungen Gewinn zu machen
bestrebt ist, während das Echte, Große im Verborgenen versteckt liegt, sich
der «Grausamkeit des Besitzes» auf diese Weise wenigstens zeitweilig ver-
weigernd. In der Novelle *Der Jahrmarkt* (1832) tritt jener bereits erwähnte
Verleger Zinnober auf, der Literatur als ein regelrechtes Fabrikgeschäft
betreiben möchte (vgl. S. 302), und dort erweisen zugleich Kunst und Geld
umgekehrt proportional ihre abnehmende oder zunehmende Macht. Ein
Herr von Titus zeigt sich als Jean-Paul-Narr, der erfolglose Romane in
dessen Stil schreibt, ein anderer, der Baron von Steinsberg, richtet einen
literarisch-symbolischen Park ein, für den er einen dekorativen Einsiedler
per Zeitungsanzeige suchen muß. Ein Pfarrer aber leiht sich Geld von
einem Juden, der ihm «das Geldchen» zu mäßigen Zinsen verspricht und
sich auch sonst als ein liberaler, gütiger Mann erweist, so daß er dem Pastor
als «von wahrhaft christlicher Gesinnung» erscheint – Nathan redivivus,
was gewiß kein Regelfall für die deutsche Literatur dieser Tage und auch
nicht für Tieck war. Lotteriegewinne oder der aus Indien überraschend am
Weihnachtsabend auftauchende verlorene und reich gewordene Sohn
(*Wunderlichkeiten,* 1837; *Weihnacht-Abend,* 1834) zeigen, daß Tieck kein
Mittel und keinen noch so unwahrscheinlichen Zufall scheut, um das Geld
humanem Nutzen zuzuführen. Einige seiner Novellen geraten auf diese
Weise mit ihren Fabeln verdächtig in die Nähe sentimentaler Unterhaltungsliteratur einer Gartenlauben-Erzählkunst, die sich in der zweiten
Hälfte des 19. Jahrhunderts ausbreitete. Tieck darf hier als Vermittler zwi-
schen der frühen deutschen Unterhaltungsliteratur, an der er das Schreiben

lernte, nicht außer acht gelassen werden. Aber Episoden oder einzelne Gemmen in selbst den schlichtesten seiner Novellen zeigen dann doch immer wieder den bedeutenden Prosakünstler, der er war, im *Weihnacht-Abend* zum Beispiel die farbenprächtige Schilderung des Berliner Weihnachtsmarktes als eines von der neuen Zeit bürgerlichen Reichtums allmählich verdrängten Volksfestes.

Viele von Tiecks Novellen enthalten ein Konglomerat von Themen und lassen sich nicht so eindeutig wie *Die Verlobung* auf eine Haupttendenz festlegen. Dazu treibt der Autor noch häufig ein mehr oder weniger geschicktes, nicht selten verwirrendes Spiel mit Erzählperspektiven, der Erzählerrolle und Handlungsschichten. Außer Kunst und Kapital erscheinen als Elemente der Zeit in diesen Novellen Patriotismus, die Gegensätze zwischen den Klassen oder zwischen Stadt und Land, das Verhältnis zur Natur im Zeitalter der industriellen Revolution, gesellschaftliche Institutionen wie Ehe oder Gerichtsbarkeit und das Nebeneinander von Konfessionen. Wie in einem Kaleidoskop werden diese Elemente durcheinandergeschüttelt, von der Form der Novelle leicht zusammengehalten und von freier Ironie durchsetzt, die, um ein Wort Eichendorffs über diese Novellen zu gebrauchen, darin «fast dialektisch die Gedankenwelt der Gegenwart überschwebt».

Nur selten tritt noch die psychologische Problematik des Künstlers in den Vordergrund, die einst die Jugenddichtungen so stark bestimmt hatte. Ausdrücklich geschieht es in der Novelle *Musikalische Leiden und Freuden* (1824), die einige deutliche hoffmanneske Züge aufweist. Aber gerade in dieser Behandlung eines Stoffes aus der Sphäre der Musik, die Tieck unter den Künsten wohl am entferntesten stand, kommt es zum unverhüllteren Ausdruck eigener Problematik als in den von so vielen Gedanken, Erfahrungen und Kenntnissen belasteten Novellen mit literarischen Stoffen und Themen. Die Novelle, in der ein Graf schließlich eine Sängerin heiratet, die – Rat Krespels Tochter verwandt – ihrem Vater zuliebe öffentliche Auftritte aufgegeben hat, enthält ein historisch bedeutsames Bekenntnis des Grafen: «Ich wollte nichts anders lernen, und verwünschte oft meinen Stand, der mich hinderte, ein ausübender Künstler zu werden», erklärt der Edelmann rundheraus. Deutsche bürgerliche Helden wie Wilhelm Meister suchten in der Kunst Ersatz für die Freiheit, die nur dem Adel offenstand. Ein Vierteljahrhundert später aber klagt ein Adliger, daß ihm nicht die Freiheit der Kunst vergönnt ist, die allein den Bürgern offensteht. Die Kunst also ist nicht nur Domäne des Bürgers, sie hat auch seit dem Ausgang des 18. Jahrhunderts eine immense soziale Aufwertung erfahren.

Die Bemerkung des Grafen bezieht sich allerdings ausdrücklich auf die ausübende Kunst im Einklang mit der Heldin der Novelle. Diese aber setzt sich als Künstlerin ein höchstes Ziel:

«Einen tragischen oder göttlichen Enthusiasmus gibt es, der heraus-
klingend jeden Zuhörer von seiner menschlichen Beschränktheit erlöst.
Ist die Sängerin dieser Vision fähig, so fühlt sie sich vom Sinn des
Komponisten, aber auch zugleich vom Sinn der ganzen Kunst durchdrungen, daß sie Schöpferin, Dichterin, wird.»

Die Worte sind Tieck aus dem Herzen geschrieben. Denn ausübender
Künstler war er sein Leben lang, und sein Ruf in seiner Zeit beruhte darauf
ebensosehr, wenn nicht stärker, als auf seiner eigentlichen literarischen Produktion. Der Interpret wird zum eigentlichen Künstler und Schöpfer, wie
die Literatur zum Gegenstand der Literatur wird. Beides sind Versuche, sich
gegen eine nun möglicherweise beginnende Entwertung der Kunst zu wehren. Der Abbau einer auf Originalität des Künstlers beruhenden Kunst, die
sich eine eigene Welt schafft, hat damit eingesetzt. Die Macht des Objektiven nimmt überhand, und das Verfahren, darauf als Künstler zu reagieren,
ist erst noch zu finden. Tiecks späte Novellen stellen immerhin einen Versuch dazu dar.

Geschichte

Dem Objektiven in Gestalt der Geschichte setzte sich Tieck als Erzähler
mehrfach aus, und in diesem Bereich schuf er zugleich das Bedeutendste
seines Spätwerks. Walter Scott stellte ein europäisches Ereignis für das
frühe 19. Jahrhundert dar und forderte unter den Deutschen zahlreiche
Nachahmer heraus; historische Novellen und Romane wurden in den
Zwanzigerjahren zur Mode. Zu Scotts Nachahmern jedoch ist Tieck nicht
zu rechnen, und er selbst war sich des Unterschiedes sehr bewußt. Wie
schon die Beispiele Arnims und Fouqués zeigten, war neuere deutsche
Geschichte hauptsächlich Regionalgeschichte, nicht Nationalgeschichte,
und diese Beschränkung erwies auch ihre Wirkung auf die Erzähler, die ins
Märchenhafte entglitten, wie Fouqué, ihre Projekte nicht vollendeten, wie
Arnim, oder die sich als provinziell zeigten, wie Hauff. Tieck aber wählte
die Stoffe für seine geschichtlichen Erzählungen nicht aus der deutschen
Geschichte und verschaffte sich so von vornherein einen größeren stoffli-
chen Freiraum.

Mehr Selbstausdruck als Geschichte suchte Ludwig Tieck in Werken, die
das Leben von Schriftstellern zum Gegenstand hatten, wie die Shakespeare-
Trilogie (*Das Fest zu Kenelworth* und die zwei Teile von *Dichterleben*,
1824/29) oder die Erzählung vom *Tod des Dichters* (1832), nämlich des Por-
tugiesen Luis de Camões. In die politische Geschichte begab er sich dagegen mit zwei Romanen, dem Fragment gebliebenen *Aufruhr in den Cevennen* (1826) und *Vittoria Accorombona* (1840). Beide Werke lassen sich
allerdings nur bedingt als Darstellung politischer Geschichte bezeichnen,

denn Tieck besaß kein Geschichtsbild, das ihm erlaubt hätte, Geschichte als Spiel und Widerspiel politischer und sozialer Kräfte darzustellen. Seine Verachtung des Faktionalismus in der Literatur dehnte sich auf die Geschichte aus. Dem Erzähler Tieck gereichte zum Vorteil, daß für ihn Geschichte nicht Heilsgeschichte war, sondern der Schauplatz menschlicher Leidenschaften und Empfindungen, aus denen allenfalls vorübergehend Ideale von Schönheit und Glück jenseits aller Geschichte aufleuchten. Seine Berührung mit dem Historismus in Deutschland – Friedrich von Raumer war einer seiner engsten Freunde – trug jedoch dazu bei, daß er in seinen beiden späten Romanen der Geschichte ihr Eigenrecht und ihre Individualität in der Erscheinung gewährte und nicht einfach sich in sie hineinschrieb.

Der *Aufruhr in den Cevennen* behandelt den Hugenotten- oder Camisarden-Aufstand Anfang des 18. Jahrhunderts in Frankreich, den schon Hölderlins Freund Isaac von Sinclair 1806/07 zum Vorwurf einer Dramen-Trilogie genommen hatte (vgl. Bd. 1, S. 568 f.). Tieck kannte Sinclairs Werk, aber war es diesem um eine Spiegelung gegenwärtiger Geschichte, um die Darstellung seiner Enttäuschung über die Revolution zu tun gewesen, so galt Tiecks Interesse den religiösen Leidenschaften in diesem Aufstand und den Konsequenzen für die Lebensgeschichten einer Reihe von Menschen, die in den Kampf der Religionen verwickelt werden. Die eigentliche Fabel des Romans, die Geschichte Edmunds von Beauvais aus guter katholischer Familie, der zu den Camisarden übergeht und ein entschiedener Kämpfer für sie wird, ist dabei nur der Faden, an dem einzelne andere Lebensgeschichten, Episoden der Kämpfe und Beschreibungen jener seltsamen religiösen Ekstasen oder Trancen aufgereiht werden, in denen sich die betroffenen Camisarden als Propheten erweisen. Die Fabel selbst ist nicht zu Ende geführt, der Roman blieb, wie gesagt, unvollendet.

Real ist die Szenerie der Kämpfe dargestellt, und Tieck erweist sich in der Freiheit, die ihm der nichtdeutsche Stoff gibt, als genauer, anschaulicher, spannender Erzähler mehr als in jeder seiner späten Novellen. Aber gemeinsam mit den Gestalten sucht er nach Sinn hinter der Realität. In einem der – historisch beglaubigten – visionären Trancezuständen im Berglager der Aufständischen sieht ein Camisarde «die alte Finsternis der uralten Gesteine» erwachen und mit ihr die Gewalt der Elemente:

> «Da regen sich Gebilde, in Meer, Luft und auf der Erde, und alles verfolgt, haßt, tötet sich; Blutdurst ist Wollust, Zerreißen, Zerfleischen, Martern und Verschlingen eins das andere ist Lebensbedürfnis und Nahrung.»

Reminiszenzen an die Welt des *Runenbergs* sind erkennbar, aber statt der in Natursymbolik gespiegelten Nöte eines sich aus dem Gewöhnlichen entfernenden einzelnen wird jetzt reale Geschichte zum Schauplatz menschlicher Unsicherheit im großen, des Streites zwischen Sinn und Sinnlosigkeit, Vernunft und Wahnsinn, aber auch zwischen Gut und Böse. «Nicht alle Streiter für eine gute Sache können selber gut sein», lautet die Botschaft von Tiecks Helden Edmund an seine Gegenwart, wie später ähnlich die Botschaft Bertolt Brechts an die Nachgeborenen lautete. Die Erkenntnis eines Wesenszugs des «Faktionalismus», des Vorrechtes von Parteizielen vor jeder generellen humanitären Gesinnung, zeigen Tiecks klaren Blick auf Wandlungen in der Geschichte seit den deutschen Utopien zur Zeit seiner literarischen Anfänge. Die Welt gestaltete sich seitdem zu einem Kampf ums Dasein, in dem weder die moralische Natur des Menschen noch die Berufung auf den Glauben verläßliche ethische Wertmaßstäbe bildeten. Von dieser Mentalität einer durch anonyme Machtverhältnisse bestimmten modernen Industriegesellschaft hat Tieck in seinem Romanfragment ein erstes Bild gegeben, mehr als drei Jahrzehnte vor Charles Darwins wissenschaftlicher Absegnung durch den Begriff des «struggle for life».

In noch viel stärkerem Maße wird der Kampf um Überleben oder Tod zum Gegenstand von Tiecks letztem Roman, *Vittoria Accorombona,* der Geschichte vom Verfall einer Familie im Italien der Renaissance.

Historische Personen und tatsächlich vorgefallene Begebenheiten bilden den Hintergrund für dieses Werk. Von 1557 bis 1585 hat die wirkliche Vittoria gelebt, nur war sie nicht die Dichterin, als die sie Tieck vorführt. Seine alte Liebe zur Kunst entfaltet sich in diesem Roman noch einmal und geht über in die Verklärung von Schönheit im Untergang. Die Lebensjahre der Heldin waren Teil einer großen Zeit italienischer Literatur, des Cinquecento von Ariost und Tasso, die beide wiederum zu den Stammvätern romantischer Literatur gehörten. Die Geschichte von Tassos Scheitern ist in Tiecks Roman verwoben nicht ohne Reflexion auf eigene Resignation. Aber als Blütezeit romantischer Kunst zeichnet Tieck sein Kolossalgemälde nicht, obwohl alle die Sonette, Terzinen, Stanzen und Kanzonen, in denen sich Tieck selbst seit den Tagen der *Genoveva* reichlich geübt hatte, dort ihren wahren Grund und Boden besaßen. Schon in der *Genoveva* stand die Kunst der Form im Kontrast zu den dämonischen Kräften, die im Innern des Menschen zerstörerisch am Werk waren, und besonders die frühen Novellen gaben anschauliche Beispiele von der Macht «böser Geister» als Verkörperungen psychischer Phänomene. In der *Vittoria Accorombona* jedoch steht der Satz: «Nein, das Geisterreich bietet uns die Schrecken nicht, die der Wirklichkeit zu Gebote stehn.» Die Geschichte hatte mit Schlimmerem aufzuwarten, als es den einzelnen in seiner Seele bedrohte. Leiden und Größe des Individuums werden unbedeutend angesichts ihrer Macht. Davon handelt Tiecks Roman in einer Wirrnis von Leidenschaften, Trieben, Gewalt, Bigotterie und Korruption. Päpste, Kardinäle und Priester, Prinzen, Herzöge und Räuberbanden erscheinen in einem Panorama der Kriminalität, ohne daß der Glaube, zu dem sie sich alle bekennen, noch im mindesten einen verläßlichen ethischen Maßstab oder Lichtblick darstellt. Nur Liebe und die Sehnsucht nach Schönheit lassen sich noch als unsichere Werte in dieser Szenerie des Kampfes aller gegen alle ausmachen.

Vittoria Accorombona liebt den Herzog Bracciano, aber sie lehnt ab, sich von ihm entführen zu lassen, ist sie doch wider ihre Neigung mit einem schwachen Wüstling verheiratet. Der Geliebte nimmt solche Weigerung mit diesen Worten an:

> «Wer dich so sieht, dies große Auge, diese Träne wie ein gefangenes Vögelchen in Goldstäben des Käfigs, diese aneinandergelegten Finger der flehenden schönen Hände, und dazu den Silberton, das süße Flöten dieser seelenvollen Stimme vernimmt, der muß, ist er nicht wahrer Skythe und Barbar, dir alles bewilligen.»

Der Satz ist nicht nur ein Beispiel für Tiecks zuweilen zum Überladenen und Sentimentalen neigenden Stil, er enthält auch ein bedeutendes Goethe-Zitat. Es höre selbst «der rohe Scythe, der Barbar die Stimme der Wahrheit und der Menschlichkeit» – das war entgegen den Zweifeln von König Thoas die feste Überzeugung der Iphigenie auf Tauris, und Goethe ließ sie recht behalten. Nicht allgemeine Humanität, sondern individuelle Schönheit erscheint nun allein noch als überredende Stimme, und sie versagt. Bracciano, der seine Frau mit den eigenen Händen erwürgt hatte, wird vergiftet und Vittoria bald darauf gleichfalls ermordet. Vittorias Mutter und einer ihrer Brüder enden im Irrsinn. Das letzte Mitglied der Familie der Accoromboni, der Bruder Marcello, kommt auf das Schafott: Verfall einer Familie, aber auch Beispiel des Verfalls einer ganzen Kultur.

Viele Themen und Motive treffen in Tiecks Roman zusammen und bilden ein künstlerisch gelungenes Ganze. Die Zeitgenossen waren geteilter Meinung über das Buch, und manche sahen in dessen Heldin nur eine jener emanzipierten Frauengestalten, die seit Karl Gutzkows *Wally, die Zweiflerin* (1835) öffentliches Interesse und auch öffentliche Skandale erregten. Daß in Vittoria tatsächlich etwas von einer selbstbewußten Frau steckt, die das Leben nach ihren eigenen Vorstellungen unabhängig von der Macht der Männer und der gesellschaftlichen Vorurteile gestalten möchte, ist unleugbar, auch wenn das nicht die leitende Absicht Tiecks bei der Zeichnung ihrer Gestalt war. Vittoria bekennt, daß sie «ein Grauen vor allen Männern empfinde, wenn ich den Gedanken fasse, daß ich ihnen angehören, daß ich ihnen mit meinem ganzen Wesen mich aufopfern soll». Henriette von Finckenstein, Tiecks Gefährtin und Freundin, hat den Roman als ihr liebstes Buch betrachtet. Andere Kritiker sahen in dem Roman einen Versuch, der historischen Schauerromantik im Stile von Victor Hugos *Der Glöckner von Notre-Dame* (1831) Tribut zu zollen, aber Hugo schrieb Nationalgeschichte, und das Monument der Kathedrale bestand fort und verband über alles Schaurige hinweg Vergangenheit und Gegenwart. Tiecks italienische Renaissance aber sollte nicht deutsche Vergangenheit oder deutsche Gegenwart spiegeln, sondern die Dämonie einer Wirklichkeit, in der keine festen Wertmaßstäbe mehr die Dämonie jedes einzelnen unter Kontrolle hielten.

Sucht man nach dem geschichtlichen Ort für Tiecks Roman, so wird man ihn, ebenso wie eine Reihe seiner Novellen, in der Mitte zwischen den eigenen, die Tiefen der Seele auslotenden, aber auch Kunst und Künstler idealisierenden Anfängen um 1800 und dem Geschichtspessimismus am Ausgang des 19. Jahrhunderts sehen müssen. In Tiecks Nähe aber geraten unter seinen jüngeren Zeitgenossen vor allem Friedrich Hebbel und Conrad Ferdinand Meyer, in deren Werken Schönheit und Kunst so sehr in tragische Kollisionen mit einer ganz und gar nicht ästhetisch urteilenden und denkenden Wirklichkeit der Geschichte geraten. Tiecks spätes erzählerisches Werk ist nicht nur der Epilog auf eine vergangene Zeit, sondern zugleich der Prolog für eine neue.

4. Im Umkreis des Romantischen

«Wenn ich oft keinen Namen für mein Verlangen habe, und weinen möchte vor schmerzlichem Vergnügen, und hinaus, hinaus in's Kühne und Grüne, in's Blaue und Graue – da ruf' ich: romantisch, nun wird die Brust mir frei und treu, als ob ich es nun besäße, als ob ich's in der Gestalt eines Mädchens mit beiden Armen ewig umschließen könnte. Ach! es sieht aus wie grüne Luft und goldene Erde, wenn ich das Wort nenne.» Der junge Mann, dem es um eine solche romantische Seelenfahrt ins Blaue, Grüne, Graue und Goldene zu tun ist, entstammt dem Roman *Guido*, den der Graf Otto Heinrich von Loeben unter dem Pseudonym Isidorus Orientalis 1808 veröffentlichte. Es waren Bekundungen wie diese, die das Wort «romantisch» rasch in Mißkredit brachten und zum Spottbegriff aller Kritiker junger Literatur machten, so verschieden auch der Anlaß für diese Kritik sein mochte. Denn nicht klare Fronten entstanden auf dem großen Felde der Literatur und mit ihnen zwei Heerlager, das der Romantiker und das der Nicht-Romantiker oder Anti-Romantiker, sondern wie zu allen Zeiten gab es lediglich Unterschiede und Gegensätze zwischen innovativen und konservativen Autoren, zwischen modernen und traditionsbewußten, originellen und epigonalen, erfolglosen und erfolgreichen, alten und jungen, guten und schlechten. Es sind Unterschiede und Gegensätze, die sich nicht einem Gegensatzpaar von «romantisch» oder «nicht-romantisch» zuordnen lassen, sondern sich bunt vermischen. Was «romantisch» wirklich bedeutete, hätten diejenigen am wenigsten sagen können, die am freigebigsten damit umgingen. Niemand zeigt das deutlicher als Loeben und sein Romanheld. Das Stichwort war gegeben, aber subjektive Gedanken, Gefühle und Vorstellungen, persönliche Zuneigungen, Abneigungen oder Geschmacksurteile beherrschten im Gebrauch des Wortes das Feld.

Das banalisierte, verwischte Verständnis des Wortes «romantisch», das sich so drastisch bei Loeben zeigt, lief auf eine sehr simple Sehnsucht ins Unbestimmte hinaus, die ganz offenbar erotischen Inhalts war und zudem in innere Freiheit und äußere Ferne wies, was immer man sich darunter vorstellen wollte. Und da bekanntlich nicht alle Blütenträume reifen, bedurfte es nur noch eines Hauches von Melancholie, um das Bild des Romantischen abzurunden, das nun, bar jedes intellektuellen Gehalts, den einen als Idol und den anderen als Zielscheibe der Kritik diente in eine lange Zukunft hinein.

Ganz unschuldig an solchen Vorstellungen waren allerdings diejenigen nicht, die das Wort gegen Ende des 18. Jahrhunderts aus unbedeutender Existenz ans Licht ästhetischer Diskussion geholt und eigene, hochfliegende Gedankenkonzepte damit bezeichnet hatten. Nicht nur ging es tatsächlich um innere und äußere Freiheit in solchem Gebrauch, um Bewußtseinserweiterung also und die Überwindungen aller Grenzen, es war auch in der deutschen Literatur seit Wilhelm Meister eine ganze Reihe von Helden auf die Suche nach etwas geschickt worden, das sie im Jahre 1808 noch nicht gefunden hatten. Wilhelm Meister zog irgendwo durch die Welt, das wußte man, aber es dauerte noch Jahre, ehe man von seinem weiteren Schicksal erfuhr. Für Novalis' Heinrich von Ofterdingen besaß man nur eine Art Landkarte für die ihm zugedachten Reisen; der Autor selbst war 1801 gestorben und hatte den Helden auf dessen Weg nach Hause der Phantasie der Leser überlassen. Tiecks Sternbald und Brentanos Godwi waren gleichfalls noch an keinem soliden Ziel angekommen, für den *Stern-*

bald ebenso wie für Friedrich Schlegels *Lucinde* hatten die Verfasser zwar einen zweiten Teil versprochen, der aber nie kam. Es nimmt also nicht wunder, wenn unter dem changierenden Banner der Romantik noch weitere Helden von jüngeren Autoren auf die Fahrt ins Blaue geschickt wurden. Die Betrachtung des erzählerischen Werks von Jean Paul, E. T. A. Hoffmann und Joseph von Eichendorff hat gezeigt, daß sowohl Nikolaus Marggraf im *Komet*, der Kapellmeister Kreisler im *Kater Murr* und Graf Friedrich in *Ahnung und Gegenwart* zu der Familie dieser einsamen deutschen, in die Welt ziehenden Helden gehören. Aber in jedem Fall handelte es sich um sehr eigenständige Variationen des Musters, ja teilweise bereits um dessen Parodierung. Im Umkreis des Romantischen entstand daneben eine Reihe weiterer Werke, die auf ihre Weise das Thema variierten, die aber Einzelwerke geblieben sind und nicht Teil eines epischen Lebenswerks, wie das für die bisher betrachteten Erzähler gilt.

Literatur aus Literatur

Schon bald nach Novalis' Tod 1801 begann, wenn auch in kleinem Kreise, die Idolisierung seiner Person in Verbindung mit Versuchen zur Weiterführung seines Werkes. Insbesondere waren es seine Brüder Karl und Georg Anton von Hardenberg, die sich dergleichen zur Aufgabe setzten, sich Dichternamen gaben und in seinem Stile mit Hilfe seiner Gedanken zu schreiben begannen (vgl. Bd. 1, S. 430). Loebens *Guido* setzte diese Novalis-Idolisierung fort, denn dessen Schriften waren sein poetischer Kosmos geworden, seit er sie 1806 kennengelernt hatte. Loebens Roman entstand während des Studiums 1807 in Heidelberg; zu seinen engsten Studienfreunden gehörten damals die Brüder Eichendorff, die mit ihm zusammen und einigen weiteren Freunden einen kleinen Dichterkreis gebildet hatten, den Eichendorff dann wiederum in *Ahnung und Gegenwart* mit freundlichem Spott bedachte (vgl. S. 769 f.).

Guido war Loebens Versuch, den *Heinrich von Ofterdingen* noch einmal zu schreiben und zu Ende zu führen. Novalis' Pläne zur Fortsetzung seines Romans wurden von Loeben gründlich verarbeitet, und überhaupt gab es in der Handlung Entsprechungen auf Schritt und Tritt: Ein thüringisch-sächsischer Held durchwandert die Welt, hört fortgesetzt Geschichten und Gedichte an, kommt zu Ritterburg und Reichsstadt, erlebt Liebe, Tod und Auferstehung und erfährt schließlich eine alle Grenzen von Raum und Zeit aufhebende Verklärung. Einzelne Motive aus Novalis' Roman werden ins Breite gezogen, so zum Beispiel die Suche nach dem «Reichs-Karfunkel», der als der prächtigste Stein der deutschen Kaiserkrone verlorengegangen ist und durch dessen Auffinden die Einheit des Reiches symbolisch wiederhergestellt werden soll. Im *Ofterdingen* war der Karfunkel nur einmal als mineralogisches Symbol des Leuchtens von innen benutzt worden, jetzt erhält er seine politischen Konnotationen. Für die Wandlungen literarischer Vorstellungen vom universalen romantischen Reich des Geistes zum vergangenen, gegenwärtigen und zukünftigen politischen Reich der Deutschen, die sich zwischen Novalis' Roman und Arnims

Kronenwächtern vollzogen, ist Loebens Buch also ein interessantes Mittelglied. Allerdings war es Literatur aus Literatur, die Loeben präsentierte, und seine Individualität bestand in der Hauptsache aus einem weichen, rezeptiven Gemüt. Alles andere – Gedanken, Gefühle, Metaphorik und Sprache – bezog es fast ausschließlich aus bereits Geschriebenem. Dabei war er subjektiv ehrlich und durchaus kein Plagiator. Das, was durch ihn entstand, läßt sich deshalb eher als parasitäre Literatur bezeichnen, die aus der Rezeption anderer Literatur hervorwächst und nicht aus der Auseinandersetzung des Autors mit seiner eigenen Realität.

Die Verwandlung des geistigen Reichs ins politische, die Loeben nun allerdings doch aus eigenen konservativen Vorstellungen heraus förderte, ereignete sich deshalb auch nicht konsequent bei ihm. Loeben wollte gleichfalls aufs Universale hinaus und hatte keineswegs die Absicht, den Roman seines Idols ins Patriotisch-Nationale umzuschreiben. Aber gerade weil es sich um einen parasitären Schreibprozeß handelte, gerade weil nicht ein selbständiger künstlerischer Reflexionsvorgang vor sich ging, konnte sich der unreflektierte Konservatismus des sächsischen Grafen so leicht und unbewacht in das hineinmengen, was der Autor für eine Fortführung romantischen Dichtens hielt. Im *Guido* verschwindet am Ende die Menschenwelt allmählich hinter den kreisenden Gestirnen, «und das Welt-Ende jauchzte durch die sprühenden Funken hindurch, und die Walzer flogen um Gott». Und in versuchter Parallele zu Novalis' Frage «Wo gehn wir denn hin?» und der berühmten Antwort «Immer nach Hause» heißt es bei Loeben: «Wohin trieb es ihn denn eigentlich? – immer um denselben Gegenstand herum.» Man liest das amüsiert, weil der Autor offenbar mehr sagen wollte, als er sagen konnte, aber zugleich mehr sagt, als er eigentlich will: Es ist erkennbar, wie er unter einen konservativen Bildzwang gerät. Wo es bei dem Vorbild aufwärts und vorwärts ging, denn das Nachhause besaß eine spirituelle Dimension, dort dreht sich bei Loeben alles im Kreise. In der Metaphorik von Joseph Görres, den Loeben in Heidelberg kennengelernt hatte, zeigte sich eine ähnliche, wenn auch intellektuell sehr viel tiefer dringende und besser verarbeitete Tendenz zum Denken im Bilde des Kreises (vgl. S.254). Loebens Werk jedoch, so wenig ihm großer Erfolg beschieden war, förderte hinfort die Tendenz, Novalis mit konservativer Brille zu lesen oder die Schwächen des Nachahmers für diejenigen des Vorbildes zu halten, besonders da es fortan in der Literatur minderer Talente überall von Karfunkeln zu schimmern begann.

Aus Loebens reger Tätigkeit als Lyriker und Erzähler ragt noch ein weiteres kleines Stück Literatur aus Literatur heraus, die Novelle *Loreley* (1821) mit dem Untertitel «Eine Sage vom Rhein», in der jedoch im Unterschied zu Brentanos Ballade die schöne Fee und ihr Geliebter, ein Pfalzgrafensohn namens Hugbert, nur durch das Eingreifen verständnisloser Menschen in den Liebestod getrieben werden, nachdem sie zum ersten Mal in Loreleys submariner Kristallburg «Lieb' um Liebe» getauscht hatten. Es ist Loebens Version eines verbreiteten Motivs; unterseeisches wie unterirdisches Gefilde besaßen bereits eine Geschichte in der Literatur dieser Jahre bei Novalis, Tieck, Fouqué, Arnim und Hoffmann.

Literatur aus Literatur ist gleichfalls ein Werk, das anonym im selben Jahre wie der *Guido* erschien: *Die Versuche und Hindernisse Karls* (1808). Man hatte zunächst Fouqué in Verdacht, aber Dorothea Schlegel berichtete ihrem Schwager August Wilhelm aus Wien, daß dieser Roman, «der so die Ehre Ihres Beifalls hat», «von einer ganzen Gesellschaft sogenannter Hanswürste» stamme, «deren Einer Namens *Varrenhagen* mir hier ein Exemplar davon schenkte» (9.11. 1809). Gemeint war der zum Zeitpunkt der Publikation des Buches dreiundzwanzigjährige Karl August Varnhagen von

Ense, und die übrigen «Hanswürste» hießen Friedrich Wilhelm Neumann, Johann Christian August Bernhardi und, in der Tat, Fouqué. Denn das Buch war ein Gemeinschaftsprodukt der vier zu dieser Zeit in Berlin ansässigen Autoren, wobei der eine jeweils fortsetzen mußte, was der andere begonnen hatte, und Dorothea Schlegels Prädikat verdienten sie sich dadurch, daß es ihnen keineswegs ernst mit der Literatur war, die in solchem Verfahren zustandekam. *Die Versuche und Hindernisse Karls* waren eine Parodie der Bildungsromane seit *Wilhelm Meisters Lehrjahren* (vgl. S. 339), mit einem guten Schuß Parodie auch der Unterhaltungsliteratur vermischt.

Für die Kenner der Szene waren in den Figuren des Buches manche persönliche Anspielungen verborgen, im ständig sich duellierenden Helden Karl ebenso wie in seinem Freund Striezelmeier und einer ganzen Schar von weiteren adligen oder bürgerlichen Damen und Herren. Für die Leser einer späteren Zeit hingegen sind eher die literarischen Begegnungen interessant, denn der Held trifft auf seinen Reisen unter anderem Wilhelm Meister persönlich, der in Gemeinschaft mit dem Marchese durch die Lande zieht, auf dem Wege nach Weimar, wo er gern Schiller treffen will, was freilich zu diesem Zeitpunkt nicht mehr zu machen war. «Doch denke er bald auf eine kurze Zeit nach Hause zu gehn, weil Natalie, nachdem sie so viele Jahre unfruchtbar gewesen, endlich in Wochen kommen werde.» Außerdem aber muß Wilhelm Rede und Antwort stehen über das Alter seines Felix, denn darüber sei bei Goethe doch nur sehr Widerspruchsvolles zu erfahren. Der Mann aber, den man in einem Schloßpark trifft und der «trotz der ziemlichen Dicke und Größe seines Körpers sich die Mühe nicht verdrießen ließ, in ein Körbchen, das er mit sich führte, Erdbeeren zu sammeln», ist niemand anderes als Jean Paul.

Das Parodistische, das allerdings nicht sonderlich viel von seinen Objekten enthüllt, stammte hauptsächlich von Varnhagen und Neumann. Bernhardi, ein guter Freund Fichtes, trug ein ganzes Kapitel von Anekdoten bei, darunter die «von dem Absoluten» oder dem «Schicksal aller Philosophie», in der eine Mutter ihre zwei Knaben, Hans und Peter, nach der Heimkehr von der Kirmes fragt, ob sie Kuchen bekommen hätten und darauf die Antwort erhält: «Ich nicht, versetze Hans, aber Peter hätte bald welchen gekriegt.» Viel Aktuelles ist in die konfuse Handlung gemengt, zum Beispiel Verführung in Trance und, von Fouqué geschrieben, am Ende Kriegsschilderungen, denn die Franzosenzeit war angebrochen. Aber der parodistische Kontext läßt natürlich daraus keinen rechten patriotischen Ernst werden, wie das Buch als ganzes eben von vier sehr verschiedenen Autoren herrührte, deren Einstellung zu Zeit, Kunst und Gesellschaft voneinander abwichen und die untereinander nicht den Versuch machten, sich ideologisch abzustimmen. Man mag gerade diese Unabgestimmtheit, die zur Unbestimmtheit des Ganzen wird, als charakteristisch für junge deutsche Intellektuelle in dieser Zeit halten. Man mag in dem Spiel mit der Literatur so etwas wie eine Verwirklichung romantischer Ironie sehen, obwohl nur sehr an der Oberfläche, man kann aber auch, wie Clemens Brentano, literarischem Spiel gewiß nicht abhold war, darin «die elende Frechheit und Vatermörderei der Zeit» erblicken – eine Ohrfeige, die Wilhelm Meister am Ende bekommt, ging ihm zu weit. Da fühlte er sich denn doch zu sehr mit Goethe verbunden.

Ein fünfter Autor hatte übrigens gleichfalls noch ein Kapitel für den Roman verfaßt: der junge emigrierte Franzose Adelbert von Chamisso, der

im Begriffe stand, ein deutscher Schriftsteller zu werden. Aber das Manuskript kam zu spät und wurde nicht mehr gedruckt. Auch mit einem zweiten Beitrag zu einem Kollektivroman hatte Chamisso kein Glück, aber da
blieb das ganze Unternehmen, der «Roman des Freiherrn von Vieren»,
ungedruckt, bis es erst im 20. Jahrhundert ans Licht gezogen wurde. Es
handelte sich um einen Versuch, den E. T. A. Hoffmann und drei seiner
Freunde – Chamisso, Carl Wilhelm Salice Contessa und Fouqué – 1815
anstellten und den Chamisso mit dem Sturz eines Dachdeckers vom Turme
und der Entbindung seiner Frau von Drillingen eröffnete. Aber die Fabel
verstrickte sich bald in Unsinniges, und das Projekt blieb liegen. Hoffmann
veröffentlichte seinen Anteil später unter dem Titel *Die Doppeltgänger*
(1822) und Contessa gestaltete den seinigen zu der Erzählung *Das Bild der
Mutter* (1818) aus, einer Erzählung von bürgerlichen Künstlern und adligen
Herrschaften, von Kindesunterschiebung, verlorener und wiedergefundener
Identität und natürlich von der Vereinigung mit der richtigen Geliebten am
Ende. Chamisso aber begab sich auf seine Weltreise und ließ seinen Teil liegen. Noch vor der Begegnung mit Hoffmann jedoch und sozusagen als
Einstand in seinen Kreis, der sich eine kurze Zeit «Seraphinenorden»
nannte, hatte er eine Novelle veröffentlicht, die ihm einen festen Platz in
der Geschichte der deutschen Literatur und sogar der Weltliteratur verschaffte.

Chamissos Peter Schlemihl

Peter Schlemihls wundersame Geschichte (1814) ist im Grunde gleichfalls
Literatur aus Literatur. Nur war sie weder ein parasitäres noch ein parodi-
stisches Werk, sondern ein höchst originelles. Aus einem Gespräch mit Fouqué waren Chamisso die ersten Anregungen zu einer Geschichte von dem
verlorenen Schatten gekommen. Fouqué hat das fertige Werk dann zum
Druck befördert, für das zudem seine eigene *Geschichte vom Galgenmännlein* (1810) ein deutliches Vorbild bot als die Geschichte eines Menschen,
der um des Geldes willen in die Fänge des Bösen gerät. Mit literarischer
Korrespondenz beginnt die Novelle: Durch einen Brief an den Verleger
und Literaturfreund Julius Eduard Hitzig errichtet Chamisso seine Erzäh-
lerfiktion. Populäre Motive aus älterer Literatur werden benutzt, und die
Trivialliteratur gibt Stoff und Worte für manche sentimentale Szene. Peter
Schlemihls Lebenslauf aber rief wiederum neue Literatur hervor.
E. T. A. Hoffmann ließ Erasmus Spikher, der sein Spiegelbild um einer
Dame willen versetzt hatte, mit Schlemihl in «Kompagnie gehen» (*Die
Abenteuer der Silvester-Nacht* , 1815, vgl. S. 430). Schlemihl selbst aber
zeugte eine große, langlebige Familie von schattenlosen Helden, wovon
unter anderen Hans Christian Andersens *Skyggen* (1847) und Hugo von
Hofmannsthals *Die Frau ohne Schatten* (1919) Zeugnis ablegen.

Das Motiv des Schattenverlustes hält Chamissos Geschichte zusammen, aber ihr Erfolg schon bei den Zeitgenossen erklärt sich erst aus der glücklichen Fusion vieler reizvoller und bedeutungsreicher Bestandteile. Die Erzählform schwankt zwischen Novelle und Märchen. Für beides hatte sich in den vorausgehenden zwei Jahrzehnten Sinn und Interesse entwickelt, seitdem Goethe in den *Unterhaltungen deutscher Ausgewanderten* ein Märchen in eine Novellensammlung einfügte und das Märchenerzählen oder -nacherzählen wie das Novellenschreiben spezifisch deutsche Beschäftigungen geworden waren. Verbindungen zwischen beiden Formen, der phantastischen und der auf reale, wenn auch außergewöhnliche Begebenheiten gerichteten, gab es bereits: Fouqués Geschichten vom *Galgenmännlein* und der *Undine* sind Zeugnis dafür. Das Besondere an Chamissos Novelle jedoch war, daß eine solche Verbindung mit Ironie geschah, denn das Märchenhafteste darin betraf gerade das realistischste, das Geld und das Reisen durch die Welt. Beide aber, Reise wie Geld, waren historisch etwas Neues, die eine erst seit Cook und Forster deutlich ein Mittel zu globaler Welterfahrung, das andere seit der Französischen Revolution deutlich ein Mittel zur Macht. Solch Neues nun verknüpfte Chamisso mit Uraltem, mit den Sagen von Teufelsbündlern, Glückssäckeln und Siebenmeilenstiefeln, die aber ihrerseits gleichfalls originell wirkten, insofern das auflebende Interesse an Märchen und Sage die Reaktion auf eine besondere deutsche Situation bedrohter oder gesuchter nationaler Identität darstellte. Im Gefolge davon waren in Deutschland Gespenstergeschichten in Mode gekommen, die in anderen Ländern schon vorher ihre Zeit gehabt hatten. Dem Helden aber gab Chamisso einen christlichen Vornamen und einen jüdischen Nachnamen und damit ein Charakteristikum, das ihn über den durchschnittlichen Novellenhelden deutsch-bürgerlichen Zuschnitts erhob, der – wie bei Tieck – einfach Walter, Ludwig, Christian oder Ferdinand hieß. Auch mit dem vorsichtigen Bezug auf das Jüdische traf Chamisso also einen Nerv der Zeit.

Schlemihl war jedoch überhaupt ein Mensch von Charakter, und die gesamte Fabel ist darauf angelegt, das zu demonstrieren. Denn so menschlich schwach er ist, wenn er sich verführen läßt, so stark erweist er sich in der Abwehr, wenn es darum geht, dem Geld seine Seele zu opfern. Zwar sind die Dimensionen des Begriffes Seele metaphysisch, real jedoch bedeutet die Seele, die Schlemihl für den Schatten nicht preiszugeben bereit ist, nichts anderes als die Stimme des Gewissens, das – und darauf läuft die zeitgenössische Botschaft hinaus – dem anonymen Gelde ebenso leicht zu erliegen droht wie der personellen Verführung durch Rang und Stand. Wohl dem, heißt es in der Anzeige des Verlages, «der wie der ehrliche Schlemihl, wenn er auch von Goldes Glanz bethört, sich den Bösen am Schatten fassen ließ, doch die Seele nicht an diesen setzt, und sich den Blick rein und frey erhält in jene wahre Welt, wo kein Schatten mehr ist». Da ihm die Seele höher steht als Glück und Erfolg unter Menschen, begibt er sich in die Einsamkeit, in Resignation und Entsagung. Nur geht er nicht ins Kloster, wohin Hoffmann den gejagten Medardus in *Des Teufels Elixiere* schickt. Schlemihls Kloster ist die Welt, und die thebanische Wüste, «wo christliche

Einsiedler sonst wohnten», bietet ihm lediglich ein festes Domizil zwischen den Wanderungen. Sein Monument unter den Menschen aber ist ein Krankenhaus, kein allegorisches Denkmal wie bei Brentano, und sein Nachlaß soll «bei der Berliner Universität niedergelegt werden». Der französische Adlige Chamisso ließ seinen Helden zum deutschen bürgerlichen Wissenschaftler werden.

Medium der Handlung in Peter Schlemihls wundersamer Geschichte ist bei alledem der Verkauf und Verlust des Schattens. Durch ihn erst erhält Schlemihl seine Einzigartigkeit, wie Faust durch den Teufelspakt, durch ihn wird er in seine Konflikte und deren resignative Lösung getrieben. Es war eine Lösung, die dem Naturwissenschaftler Chamisso sehr anstand, der in der Novelle schon ahnend und wünschend vorführte, was in seinem Leben dann Wirklichkeit wurde, nur daß er sich nicht in der thebanischen Wüste niederließ, sondern Kustos am Königlichen Herbarium zu Berlin wurde und auch der Liebe keineswegs entsagte. Schlemihls Schatten jedoch erwies seine Wirkung weit über Chamissos Tod hinaus, und zwar nicht nur in den Nachgestaltungen, sondern auch in der mächtigen Zahl von Interpretationen, die ihm zuteil wurde. Aber Schlemihls Schatten ist weder Allegorie noch Symbol, ist nicht begrifflich entschlüsselbar, und eine Definition ist auch nicht erforderlich, um die Geschichte sinnvoll zu lesen. Er ist eher ein Katalysator, der Konflikte ans Licht bringt, ohne dabei selbst in ihnen eine besondere Bedeutung anzunehmen. Diese Konflikte jedoch waren die des einstigen Emigranten Chamisso, der Deutsch sein Leben lang mit französischem Akzent sprach, waren die Konflikte zwischen Heimat und Fremde, wobei die eine unter der Hand zur anderen wurde, war der Versuch, Gewissen zu bewahren, wo es um der behaupteten menschlichen Gleichheit nötig wurde, die Machtausübung hinter gesellschaftlichem Schein zu verbergen, und war die Sehnsucht nach realer Weltkenntnis und Welterkenntnis, die doch wiederum nur deutlich machten, wie wenig damit schon zu Zielen zu gelangen war. Neu-Holland, also Australien zu erreichen, gelang Schlemihl trotz zauberhafter Reisemittel nicht. *Peter Schlemihls wundersame Geschichte* ist, alles in allem, eine kleine Parabel vom Menschen am Anfang des Industriezeitalters. Das machte sie modern und wird sie modern erhalten, solange dieses Zeitalter andauert.

Eine ganz andere literarische Beschäftigung mit dem Schatten verdient in diesem Zusammenhang noch der Erwähnung: Justinus Kerners 1811 anonym erschienener kleiner Roman *Reiseschatten*. Er ist die Geschichte eines durch Deutschland reisenden Schattenspielers, die aber erst durch ihre vielen literarischen Einlagen, durch Gedichte, Balladen und dramatische Spiele, teils von Kerner selbst geschrieben, teils aus Volksüberlieferung stammend und nur von ihm bearbeitet, Gewicht und Leben erhält. Auch hier also liegt im weitesten Sinne ein Stück Literatur aus Literatur vor. Kerner, fest gegründet in seiner süddeutschen Heimat, steht allerdings der Skepsis und Resignation Chamissos fern. Sein künstlerisches Urerlebnis war die Entdeckung deutscher literarischer Volkstraditionen und der Formen romantischer Dichtung, war die literarische Begeisterung für deutsche Landschaft und die Entdeckung deutscher Geschichte. Der Besuch in Alt-Nürnberg, das Begräbnis Dürers und ein Umzug des Kaisers durch die Stadt bilden den Höhepunkt des Buches. Aber da alles das nur wiederum in erzählten Schattenspielen geschieht, entsteht ein interessantes Experiment mit künstlerischen Formen. Der Sentimentalität werden Zügel angelegt, und die Wirklichkeit bleibt hinter aller Phantasie als Kontrast bestehen, was satirische Attacken gegen die «Plattisten», die «Aufklärer» einschließt, die, wie Johann Heinrich Voß, in Cottas *Morgenblatt für gebildete Stände* vor Kerners Tür den Kampf gegen alles Romantische oder das, was sie dafür hielten, mit Vehemenz aufgenommen hatten.

Schriftstellerinnen

Werke wie Friedrich Schlegels *Lucinde* und Schleiermachers *Vertraute Briefe* über dieses Buch hatten zwar ein neues Verhältnis zwischen den Geschlechtern proklamiert, in dem die Frau dem Manne eine ebenbürtige Gefährtin werden sollte, statt ihm dienend untergeordnet zu sein, und die Institution der Ehe wurde kritisch auch von Goethes *Wahlverwandtschaften* und Arnims *Gräfin Dolores* geprüft. Aber bis zur gesellschaftlichen und rechtlichen Gleichheit von Mann und Frau war es noch ein langer und keineswegs gerader Weg (vgl. S. 189f.). Gelegentlich gelang der Versuch einzelner Frauen, in Männerbereichen tätig zu werden. Sophie Mereau-Brentano gab eine Zeitlang den Göttinger *Musenalmanach* heraus, und Therese Huber wurde von 1816 bis 1823 Redakteurin von Cottas *Morgenblatt,* aber das geschah allerdings ohne Vertrag und hatte anonym zu sein. Wo es um die Literatur selbst ging, war die Selbständigkeit leichter gefordert als verwirklicht. Oft haben Frauen ihre Arbeiten hinter männlichen Pseudonymen oder dem Namen des Ehemannes verborgen. Die Frau solle ihr eigenes Talent üben, ließ Karl August Varnhagen von Ense einen fiktiven Gesprächspartner in einem Dialog über die Schriften von Caroline de la Motte Fouqué 1811 in eben dem *Morgenblatt* erklären und hinzufügen:

> «Will sie einmal schreiben, so sollen nicht Verhältnisse, nicht Abgeleitetes, nicht Gemachtes und Erlerntes ihre Feder beschäftigen; sie selbst, mit allen Quellen ihres Daseyns, allen Gründen ihres Wesens, allen Kräften ihrer Natur, sollte ihr einziger Gegenstand seyn; dann würde die Welt wahren Gewinn haben von ihren Erzeugnissen, die unvertilgbar in die Reihen des Lebens träten.»

Die Frauen, so meint er, könnten

> «ganz andern Vortheil und Wirkung von ihren Talenten und ihrem

Geist sehen, [. . .] wenn sie, unbekümmert um Anderes, nur *sich* klar
und rein aussprechen wollten».

Das aber war leichter gesagt als getan.
Die Sphäre für weibliche Lebenserfahrung blieb eingeschränkt und an
den Mann gebunden. Studium und Berufsarbeit waren der gebildeten Frau
weiterhin verschlossen; nur Mägden war Arbeit erlaubt. Mischte sie sich in
eigener Verantwortung in Angelegenheiten der Männer, wie Helmina von
Chézy das bei der Verwundetenpflege während des Krieges tat, wies man
sie rasch in ihre Schranken. Das Dilemma, in dem sich intellektuelle
Frauen, sofern sie nicht reich waren, in dieser Zeit gefangen sahen, bestand
darin, daß ihr Geschlecht ihnen die Tätigkeit verbot, die sie ihrer Freiheit
oder wirtschaftlichen Unabhängigkeit wegen hätten ausüben müssen. Das
Leben Karoline von Günderrodes oder Sophie Mereaus gibt ausreichend
Beispiele dafür. Für alle Frauen aber, ob reich oder arm, bot die Schriftstellerei nur ein unzulängliches Feld der Selbsterfüllung und wirksamen Tätigkeit, denn die beschränkte weibliche Bewegungsfreiheit hinderte sie, sich
jene Bildung anzueignen und jene Erfahrungen zu machen, die sie für
bedeutende literarische Leistungen auf der Höhe der männlichen gebraucht
hätten. Wo Schriftstellerinnen eine Ehe eingingen, gerieten sie rasch in die
Abhängigkeit vom Manne; wo sie allein blieben, waren sie oft zur Vielschreiberei genötigt, um sich den Lebensunterhalt zu sichern. Nach der Ehe
mit Friedrich Schlegel hat Dorothea Schlegel, das Urbild der Lucinde, ihre
schriftstellerische Arbeit nicht fortgeführt und eine Reihe von Übersetzungen, zuletzt der *Corinna* von Madame de Staël, unter dem Namen ihres
Mannes veröffentlicht. Andere bedeutende intellektuelle Frauen wie Caroline Schelling oder Rahel Varnhagen haben ihre Neigungen und Fähigkeiten zu schriftstellerischer Tätigkeit allein auf die private Kommunikation
des Briefeschreibens beschränkt. Von den an die Öffentlichkeit getretenen,
bekannteren Schriftstellerinnen um 1800 aber begingen nicht weniger als
drei Selbstmord: Karoline von Günderrode, Louise Brachmann und Caroline Pichler. So verschieden auch die Gründe dafür in diesen Fällen waren,
so sehr sagt dennoch die Tatsache etwas über den Grad der äußeren und
inneren Konflikte und Schwierigkeiten von Autorinnen in dieser Zeit aus.

Zu den meistgelesenen anspruchsvollen deutschen Schriftstellerinnen der
Zeit gehört Caroline de la Motte Fouqué, geborene von Briest, die Frau
Friedrich de la Motte Fouqués. Es muß ein sehr literarischer Haushalt in
Nennhausen gewesen sein, denn beide Ehepartner produzierten über
nahezu drei Jahrzehnte hinweg Romane und Erzählungen in großer Fülle.
In dem zitierten kritischen Gespräch über ihre Romane läßt Varnhagen
Caroline Fouqué einer Fee vergleichen, «die vom Himmel herabsteigend
immer mehr den Menschen sich gesellt». Gemeint war die Entwicklung von
der Nachahmung von Novalis in den *Drei Mährchen* (1806) über den

Roman *Roderich* (1807), ohne Ort und Zeit, zu dem Roman von der *Frau des Falkensteins* (1810), wo bereits «das wirkliche Seyn der Welt» zutage trete. Caroline Fouqué hat diese Tendenz zu stärkerer und genauerer Realität in den nächsten Jahren fortgesetzt in einer Reihe von Romanen, die Gegenwart und unmittelbare Vergangenheit, also Französische Revolution und Napoleonische Kriege, zum Hintergrund hatten. 1812 erschien der Roman *Die Magie der Natur. Eine Revolutionsgeschichte.*

Absicht der Autorin in diesem Buch war es, Harmonie und deren Störung in Natur und Gesellschaft in Parallele zueinander zu setzen. Denn der Marquis von Villeroi, der später vorübergehend Opfer der Revolution wird, ist von der Suche nach den Geheimnissen der Natur besessen, will in tiefer Nacht «die flammenden Hieroglyphen» entziffern und glaubt, in einem mysteriösen Buch den Schlüssel zum «großen Räderwerk des ewigen Weltmechanismus» gefunden zu haben. Er eignet sich okkulte Kraft an, die dazu führt, daß er das «Gemüth» seiner Frau beherrscht und ein anhaltender Blick von ihm sie «in convulsivische Zuckungen» versetzen kann. So stirbt sie, von ihm gequält, früh, aber nicht ohne ihm vorher zwei Töchter zu schenken, von denen die eine, Antonie, das Abbild des Vaters und die andere, Marie, dasjenige der sanften Mutter ist. Flucht aus Frankreich in die Schweiz und schließlich nach dem Ende der Revolution die Rückkehr in die Heimat bilden den Hintergrund zu einer Liebesgeschichte, in der Antonie ihrer Schwester den jungen Ehemann mit magischen Mitteln abspenstig zu machen sucht, aber endlich scheitert und sich im somnambulen Zustand den Tod gibt. Der Marquis stirbt im gleichen Augenblick, und das überlebende Paar, Marie und ihr Adalbert, erhalten zusammen mit den Lesern die Lehre: «Ein Ausrenken oder Verzerren der schönen Naturverhältnisse kann nur durch einen Stoß oder Schlag in seine Ordnung zurückspringen. Der Schlag ist erfolgt. Sieh nun auf die heitere Ordnung des Lebens». Der Schlüssel des großen Buches, den der Marquis im Leben vergebens gesucht hatte, ist nichts anderes als «das einzige und ewige Wunder», «die Fortentwicklung der Zeit!»

Caroline Fouqué hat sich, das wird in diesem Buch offenbar, ausführlich mit den Phänomenen des Mesmerismus und Somnambulismus beschäftigt und mit Schriften wie Gotthilf Heinrich Schuberts *Ansichten von der Nachtseite der Naturwissenschaft.* Aber dergleichen bleibt bei ihr freilich unreflektiert. Interessant ist der Versuch, die Entfesselung des Irrationalismus in einem Adligen, der sich berufen glaubt, die «magischen Kräfte» seines Stammes wiederaufzufinden, mit der Entfesselung irrationaler Kräfte in einer Revolution zur Befreiung des Bürgertums in Verbindung zu bringen. Aber da auch die historischen Vorgänge unreflektiert sind und nur als sehr allgemeiner Hintergrund mißbilligend erzählt werden, entbehrt die Beschwörung der «Fortentwicklung der Zeit» letztlich der Begründung und Überzeugung. Caroline Fouqué kannte sich auf adligen Schlössern und in den durchaus ernsten Problemen adliger Familien aus, aber hier lagen auch die Grenzen ihrer Gestaltungskraft. Wo sie sich an die Darstellung einer bürgerlichen Revolution machte, ging sie über diese Grenzen ihres Verständnisses und der inneren wie äußeren Erfahrung hinaus. Der Mangel aber ließ sich nicht durch Phantasie kompensieren.

Gerade an der Revolution als Stoff hat sich Caroline Fouqué dennoch mehrfach versucht, was unter anderem zeigt, wie stark dieses Thema auch noch zwei oder drei Jahrzehnte danach ihren Gesellschaftskreis beherrschte. 1816 erschien der Roman *Das Heldenmädchen aus der Vendée*, die Geschichte einer royalistischen Kämpferin als Seitenstück zur Corday-Literatur. Daß am Ende der General Buonaparte als «Ruhestifter», aber auch Nachfolger Robespierres auftaucht, deutet auf die politische Inkonsequenz der deutschen adligen Autorin. Mehrfach nahm Caroline Fouqué auch die Kriege gegen Napoleon zum Stoff ihrer Romane (*Der Spanier und der Freiwillige in Paris*, 1814; *Edmunds Wege und Irrwege*, 1815), bis dann in der Restaurationszeit Weltschmerz und Entsagung ihr Thema wurden (*Resignation*, 1829). Gerade dieser Roman um Mißheiraten und Ehekonflikte in der Welt adliger Grundbesitzer und Regierungspräsidenten läßt erkennen, wie schwer es der Verfasserin wurde, mit der «Fortentwicklung der Zeit» Schritt zu halten. Caroline Fouqué konnte eine anschauliche Erzählerin sein und die eine oder andere ihrer Gestalten lebendig werden lassen. Bei der Darstellung realer Situationen oder historischer Szenerie übertraf sie nicht selten ihren zeitweilig berühmteren Ehemann, und auch in manche psychologischen Komplexitäten wußte sie besser einzudringen. Aber wenn es um die Lösung von geschichtlichen, politischen, sozialen und psychologischen Konflikten ging, wurde sie ein Opfer der Konventionen, in denen und von denen sie lebte. Das traf zwar gleichfalls in weitem Maße auch auf Friedrich Fouqué zu, aber er war dafür in seinen besten Werken in der Lage, durch gründlicheres Wissen, breitere Weltkenntnis und allerdings auch stärkere Phantasie bei der Projektion eigener seelischer Problematik das zu kompensieren, was ihn konventionell beschränkte. Ein so verzweifelt selbstkritisches Bekenntnis wie das in Caroline Fouqués Roman *Resignation* – «Mein innerer Mensch zuckt vor abgedroschenen Redensarten zusammen. Die Lüge des Hergebrachten preßt mir den Angstschweiß auf die Stirn!» – dürfte man allerdings in seinem Werk vergeblich suchen. Durch Caroline Fouqués *Resignation* schwebt etwas von der Einsicht, daß die schwärmerische Romantik, mit der sie selbst begonnen hatte, inzwischen zu Ende gegangen war. Aber auch die Fesseln werden erkennbar, die einer Frau hinsichtlich aller Welterfahrung angelegt waren.

Resignation, also Entsagung, dieses große Thema Goethescher Kunst seit den *Wahlverwandtschaften* und ausdrücklicher noch seit *Wilhelm Meisters Wanderjahren*, wo das Wort bereits im Untertitel erscheint, wurde ein beliebtes Thema auch bei deutschen Schriftstellerinnen. 1826 veröffentlichte Amalie Schoppe den Roman *Antonie, oder Liebe und Entsagung*. Zwar ging das Buch mit seiner Welt der Barone, Gräfinnen und Prinzen nicht über das konventionelle und offenbar beliebte deutsche Roman-Milieu hinaus. Aber immerhin führte er in der Darstellung der Liebe zwischen einer älteren Frau und einem jüngeren Manne, der am Ende statt der Geliebten dann doch eine Jüngere heiratet, manches von den unveränderten Beschränkungen weiblicher Existenz in ihrer absoluten Abhängigkeit von Wunsch und Willen des Mannes vor. Sehr viel subtiler und zugleich fundierter hatte jedoch dieses Thema einige Jahre vorher bereits Johanna Schopenhauer behandelt.

Johanna Schopenhauer, die Mutter Arthur Schopenhauers, ist zweifellos die bedeutendste deutsche Schriftstellerin der zwei Jahrzehnte nach 1806, ehe Bettine von Arnim und Annette von Droste-Hülshoff ihr Werk begannen. 1805 hatte sie sich, früh verwitwet, in Weimar niedergelassen und blieb dort mehr als zwanzig Jahre. Goethe war in ihrem Hause ein häufiger Gast, und sie war es, die auch seine Frau Christiane als erste einlud, dem Standesdünkel der hohen und feinen Weimarer Gesellschaft zum Trotz. 1819, im Jahr, in dem sie ihr Vermögen verlor, so daß sie sich von nun an durch Schriftstellerei ernähren mußte, erschien der erste Teil ihres Romans *Gabriele* (1819/20). Eine Darstellung des Lebens von Carl Ludwig Fernow, dem Weimarer Kunstschriftsteller, und Reisebeschreibungen von England, Schottland, Frankreich und dem Rhein waren als schriftstellerische Arbeiten vorausgegangen.

Gabriele ist die Lebensgeschichte einer jungen Adligen auf dem Hintergrund der Napoleonischen Kriege, aber mehr noch auf dem der gesellschaftlichen und intellektuellen Kultur der Entstehungszeit dieses Romans. Das Leben in kleinen Residenzstädten im geselligen Kreise von Adligen und Künstlern, auf Landsitzen und Schlössern, vor allem aber in den böhmischen Bädern ist mit einer Anschaulichkeit und scharfen, klaren Beobachtung dargestellt wie kaum sonstwo in der Literatur dieser Zeit. Solche Schärfe und Klarheit rührt nicht zuletzt daher, daß Johanna Schopenhauer dieses Leben zwar gut kannte und an ihm teilnahm, aber als eine Frau aus bürgerlichem Stande und von hohem Intellekt ihm doch zugleich kritisch gegenüberstand. Außerdem jedoch verfügte sie über eine bedeutende Sprach- und Gestaltungskraft, und wenn ihr Sohn Arthur, der früh mit der Mutter zerfiel, immer wieder seiner Sprachmeisterschaft wegen gerühmt wird, so darf dabei nicht übersehen werden, daß die Mutter seine erste Sprachlehrerin war.

Daß sich Johanna Schopenhauer eine Heldin aus niederem Adel und nicht aus ihrem eigenen Stande erwählte, war eine Notwendigkeit, wenn sie ein bedeutendes Frauenschicksal in einer Zeit darstellen wollte, die der bürgerlichen Frau jene gesellschaftliche Beweglichkeit noch streng versagte, die man immerhin einem Wilhelm Meister schon zugestand. Eine geheime Ständeklausel war da in Deutschland weiterhin am Werk. Die bürgerlichen Heldinnen einer Jane Austen besaßen keine deutschen Schwestern, und ernste oder gar große, erhabene Schicksale blieben immer noch den adligen Damen vorbehalten. Die kleinen Schicksale bürgerlicher Frauen hingegen entfalteten sich allein in der Enge gestörter Familienidyllen, wie sie zum Beispiel E. T. A. Hoffmann vorgeführt hat.

Johanna Schopenhauers Gabriele macht eine charakteristische Frauenerfahrung der Zeit: Eine Jugendliebe zerbricht trotz des Einverständnisses beider Liebenden, weil gesellschaftliche Rücksichten den Mann bereits gebunden haben. So muß sie sich dem Gebot eines starrsinnigen Vaters unterwerfen und einen ältlichen, schrulligen, heruntergekommenen Vetter heiraten, während der Vater, wie Karoline Fouqués Marquis, von der Magie der Natur besessen, seine Vernunft und sein Schloß mit alchimistischen Versuchen zerstört. Aber allen Umständen zum Trotz läßt Johanna Schopenhauer ihre Heldin sich dennoch zu Selbständigkeit und eigener Würde erheben, indem sie ihrem unfähigen und untätigen Mann die Geschäfte aus der Hand nimmt und zur tüchtigen Ökonomin wird. Denn dergleichen stand einer adligen Dame immerhin offen, während die bürgerliche in ihrer Not allenfalls Bücher schreiben konnte. Die Entsagung in der Liebe zu einem sehr viel jüngeren Manne war schwieriger zu bewerkstelligen, und Johanna Schopenhauer nimmt schließlich der Heldin den Versuch, ihren Verzicht auf Glück zu bewältigen, aus der Hand und läßt sie, kaum über die Mitte der Zwanzig hinaus, an einer Krankheit, die sie sich bei der Pflege ihres Mannes zugezogen hat, sterben. Es ist ein notwendiges Ende, wenn das Leben dieser jungen Frau als ein Weg zur inneren Selbständigkeit Wahrheit behalten sollte. Jede untragische Lösung hätte letztlich solche Selbständigkeit wieder annulliert.

Genaue Beobachtung und brillante Analysen sozialer Verhältnisse und insbesondere weiblicher Abhängigkeit geben der Lebensgeschichte Gabrieles historische Substanz. Adlige Geselligkeit und deren «flache Charakterlosigkeit» werden ebenso vorgeführt wie die Herausbildung einer neuen Lesekultur. Johanna Schopenhauer hat allerdings ihre Heldin zuweilen ins Überwirkliche verklärt, aber sie zugleich mit einer Reihe von Frauenschicksalen umgeben, die ihr durch Kontraste Tiefendimension geben. Vor allem aber hat sie sie mit Eigenschaften, Gedanken und Empfindungen ausgestattet, die sie weit über jede sentimentale Durchschnittlichkeit erheben. Zwei dominierende Begriffe in diesem Buch der Mutter Arthur Schopenhauers sind der Wille und der Schmerz. Der eine bezieht sich auf den Weg einer Frau zur Selbstbehauptung als einen Weg aus dem Netz fremden Wollens zum eigenen, der andere auf die Unmöglichkeit, daraus einen Weg auch in eine glückliche Existenz werden zu lassen. Zwei weitere Begriffe treten deshalb ergänzend hinzu: Der einstige Jugendfreund erkennt am Ende, «welche lange Reihe von Entsagungen und Opfern jeden Tag in Gabrielens Leben bis zu dieser Stunde bezeichnete».

Goethe las das Buch «mit der größten Gemütsruhe» und schrieb «gemütlich wohlmeinend» einige Bemerkungen darüber nieder. Er lobte die «Freiheit des Gemüts» darin und «die Fazilität der allgemeinen Anordnung, des innern Ausdrucks, des äußern Stils». Das «heitere Behagen», das sich dadurch bei ihm einstellte, mögen allerdings andere Leser nicht ohne weiteres mit ihm zu teilen in der Lage sein.

Epigonen

In parasitärer Literatur denkt ein zweiter Autor in den Bildern, Motiven und Worten des ersten zugleich auch dessen Gedanken mit und versucht sie lediglich auszubreiten und ihnen allenfalls durch diese oder jene Zutat ein eigenes Gesicht zu geben. Epigonale Literatur hingegen ist zwar ebenfalls Vorbildern verpflichtet und übernimmt Muster und Konzepte, versucht jedoch im abgesteckten Bereich schöpferisch zu sein und veränderte Bedingungen im Vergleich zu den Vorbildern darzustellen. Auch in der Zeit nach 1806 gab es solche epigonale Literatur, die zu unterscheiden ist von der Ausbeutung romantischer Vorstellungen und Novalisscher Bildersprache in Werken wie denen des Grafen Loeben, aber ebenso von der Unterhaltungsliteratur, deren Verfasser im Grunde an den neuen literarischen Tendenzen vorbeischrieben. Allerdings sind diese Werke heute samt und sonders vergessen, so sehr manche von ihnen zeitweilig erfolgreich waren und achtungsvoll gewürdigt wurden.

Einer dieser epigonalen Autoren war Ernst Wagner, dem Jean Paul 1805 eine Stelle als Kabinettssekretär beim Herzog von Meiningen verschaffte, wo er 1812 im Alter von dreiundvierzig Jahren starb. Ende der Zwanzigerjahre wurde ihm eine Gesamtausgabe in zwölf Bänden zuteil. Wagners Beitrag zur Literatur bestand in einer Reihe von bürgerlichen Bildungsromanen, von denen *Die reisenden Maler* (1807/10) am meisten beachtet wurden. Tiecks *Sternbald* hat neben dem *Wilhelm Meister* für sie am deutlichsten Modell gestanden.

Wagner legte sein Buch trotz vieler Gespräche und Erörterungen über die Kunst vor allem auf sozialen Frieden an, wenn sich die bürgerlichen Künstler am Ende als verkappte oder verlorene Adlige herausstellen, damit aus den angesponnenen Liebesverhältnissen keine Mesalliancen werden. Bürgerlichkeit, Künstlertum und Adel – alles das vereinigt sich harmonisch unter der Obhut eines mild und einsichtig gewordenen Landesfürsten von echter deutscher Biederkeit. Die Absage an frühere Ideale von romantischer Universalität aber formuliert Wagner in dem Roman *Ferdinand Miller* (1809). «Die Mode der Zeit» sei vorüber, heißt es dort, «wo man sich einen Weltbürger oder *Cosmopoliten* nannte, um alle nähern Verhältnisse, als zu eng für diesen Gesichtspunkt, zu verachten, und sich für nichts eigentlich zu interessieren, weil man die ganze Erde im Herzen zu tragen sich das Aussehen geben wollte».

Künstlerleben war auch das Thema von Franz Horns Roman *Die Dichter* (1817/18). Horn, ein Berliner Schriftsteller, der sich durch seine Übersichten über die Geschichte der deutschen Literatur und über die Literatur der Gegenwart verdient gemacht hat (vgl. S. 274), richtete seine Ambitionen darauf, selbst ein Dichter zu sein, und in den *Umrissen zur Geschichte und Kritik der schönen Literatur Deutschlands, während der Jahre 1790 bis 1818* (1819) nennt er bei der Betrachtung seiner selbst *Die Dichter* «unter allen meinen Romanen» das Buch, das er am meisten liebte. Begonnen hatte er es bereits 1812.

Im Unterschied zu Wagner ist es ein Roman unter bürgerlichen Künstlern, deren Väter zumeist wie Horn selbst Lehrer waren. Aber diese Lehrerskinder benehmen sich zunächst durchaus wie Adlige, duellieren sich oder ermorden einander sogar vorübergehend, bis am Ende die Liebe die Scheintoten wieder zum Leben erweckt und alles heilt. Julius, der eigentliche, positive Held des Buches, muß zwischen den Klippen der Philistrosität und seelischen Haltlosigkeit hindurchschiffen, die seine beiden Freunde Karl und Heinrich verkörpern wie Eichendorffs «Zwei Gesellen». Am Ende aber steht das Ideal des Dichters als Staatsbürger:

> «Halte ja den unsittlichen und thörichten Gedanken fern ab von Dir, als könne oder solle der Dichter nicht ein fleißiger Staatsbürger sein. Wer nicht in einem wohlorganisirten Staate die dargestellte Idee des Unendlichen findet, der ist nicht werth, sie jemals wo anders zu finden, und der Staat hat das unbestreitbare Recht, einen solchen hochmüthigen Weichling, der sich zu gut für ihn dünkt, verachtend auszustoßen.»

Diese Interpretation sozialer Verantwortlichkeit des Künstlertums zieht die Konsequenzen aus der Staatslehre Adam Müllers und opfert die romantische Idee einer durch die Poesie zu bildenden schönen «Weltfamilie», wie Novalis es ausdrückte, auf dem Altar des Vaterlands. Biedermeierliche Behaglichkeit breitet sich unter den Bürgern aus, für die schließlich alles, was ist, auch vernünftig ist. So jedenfalls las die eine Seite dann ihren Hegel.

Hatte nun Hegel auch das Ende des Epos für die moderne bürgerliche Zeit verkündet, so bedeutete das allerdings noch längst nicht das Ende der Produktion von Epen. Neben Kosegarten, Tiedge und Fouqué traten Jüngere wie Ernst Konrad Friedrich Schulze, dessen «romantisches Gedicht» *Die bezauberte Rose*, das 1818, ein Jahr nach dem frühen Tode des Autors, erschien, das ganze 19. Jahrhundert hindurch immer wieder aufgelegt wurde. Namen aus Ossian und Jean Paul, Orientalisches und Abendländisches, Natur und Astralwelt, Rosen, Nachtviolen und viel Liebe werden in Stanzen klangvoll und gedankenarm zur biederen Feier von Familieninnigkeit zusammengefügt, so daß wohl manche Leser glauben konnten, darin die Essenz von allem dem zu finden, was einst als Romantik in die Kunst eingezogen war. In Wirklichkeit war es freilich nur noch ein Stück von dessen äußerer Schale.

5. Unterhaltungsliteratur

Je weiter sich die Kultur des Lesens verbreitete, desto größer, aber auch differenzierter wurde das Angebot. Jene Werke, in denen neue Sprache, neue Gedanken, neue Bilder zu künstlerisch vollendeter Form gestaltet waren, erzielten dabei, wie zu allen Zeiten, keineswegs immer durchschlagende Wirkung und breite Erfolge. Das Mittelmäßige und Epigonale liest sich stets müheloser. Aber auch das stellte nicht das eigentliche Lesegut all jener dar, die diese Fähigkeit im Gefolge aufgeklärter Zeiten erworben hatten und nun im Lesen ihr Ich mit der Phantasiewelt der Kunst verschmelzen und über seine Grenzen hinausheben konnten in heroische Höhen oder dämonische Tiefen, ohne daß Halt und Sicherheit in der wirklichen Welt verlorengingen. Denn solche Funktion hat vom Anfang der Lesekultur an die Unterhaltungsliteratur erfüllt, und die Erfüllung dieser Funktion war ihr Daseinsrecht. Was an Belehrendem, Erziehendem und Erbauendem daruntergemengt war, blieb im Grunde sekundär, so wichtig es auch den Autoren jeweils sein mochte. Alle solche Literatur beläßt im Kopfe der Lesenden die Wirklichkeit unverändert. Ihr Wunsch ist nicht, die Leser in ihrer wirklichen Welt zu beunruhigen und sie darüber nachdenken zu lassen, sondern sie darin zu bestätigen. Nur unter dieser Voraussetzung ist Unterhaltungsliteratur in großen Mengen und immer wieder konsumierbar. Sie zielt also grundsätzlich nicht auf eine Auseinandersetzung mit der Wirklichkeit und läuft deshalb neben der, aus eben dieser Absicht entstandenen, Sprachkunst einher, nur äußerlich oder gar nicht beeinflußt von deren Bewegungen und Tendenzen.

Allerdings haben auch die Produzenten von Unterhaltungsliteratur in vielen Fällen Ambitionen, Ehrgeiz und Ideale. Im Vorwort der von Fouqué und anderen herausgegebenen Zeitschrift *Für müßige Stunden* (1816) heißt es:

«Nur für *müssige* Stunden wollen wir arbeiten? Dürfen wir uns nicht zu etwas höhern berufen dünken? so frug uns einer der zu unserm Unternehmen eingeladenen Freunde! Müssige Stunden, antworteten wir ihm, sind ja die, in welchen wir am meisten die Last des Lebens fühlen, und deren Erleichterung einem jeden willkommen ist. In dem Ermüdeten neue Kraft, in dem Erschlaffenden neue Antriebe zu reger Thätigkeit, in dem Verzagenden frischen Lebensmuth zu wecken, das ist ein des Genius nicht unwürdiger Beruf.»

Es sind Sätze, die auf veränderte Zeiten und die Rolle der Literatur darin aufmerksam machen (vgl. S. 115 ff.). Denn im Hintergrund einer solchen Gesinnung steht die bürgerliche Arbeitsmoral, das Ideal der Tüchtigkeit im Leben draußen und die Erholung drinnen, zu Hause und im Schoße der Familie. Die deutsche Unterhaltungsliteratur des frühen 19. Jahrhunderts ist ihrer Ideologie nach im wesentlichen bürgerlich, selbst wenn sie, wie Wilhelm Hauff meinte, im Salon der Frau Gräfin ebenso gelesen wurde wie im Bedientenzimmer. Ihr Personal verbürgerlichte sich gerade bei den bekanntesten und verbreitetsten Autoren immer mehr oder stellte wenigstens eine Mischung der Stände dar, um breites Vergnügen zu sichern. Da nun allerdings jede Kunst ihre Wirkung über das Vergnügen an ästhetischen Gegenständen, am künstlich Geschaffenen ausübt und in Schillerschem Sinne Spiel ist, so läßt sich gegen ein Vorhaben wie das der *Müßigen Stunden* selbst bei strengeren Grundsätzen über die Kunst nichts einwenden. Erst in den Werken erweist sich dann, wie verschieden Unterhaltung und ästhetisches Vergnügen sein können.

Leicht ist es, Extreme zu konstatieren und zwischen Goethe und Kotzebue, Kleist und Clauren zu unterscheiden. Schwieriger mag es schon sein, zwischen einer Reihe der späten Erzählungen Ludwig Tiecks und denen eines Friedrich Laun Demarkationslinien zu ziehen. Aber bei genauerer Betrachtung tut sich dann doch eine große Kluft auf zwischen einem seine Zeit kritisch betrachtenden und gestaltenden, wenn auch manchmal in seinem Geschmack unsicheren Autor wie Tieck und einem Schriftsteller wie Laun, dessen erklärtes Ziel es war, nach den Anfangserfolgen möglichst «viele *neue* Launiana» herzustellen. Trotz der anwachsenden Breite des literarischen Feldes in den ersten Jahrzehnten des 19. Jahrhunderts vertiefte sich dennoch in Deutschland der Graben zwischen einer populären, aber flachen Unterhaltungsliteratur und bedeutenden, anspruchsvollen Werken. Qualitätsurteile sind also unvermeidlich mit dem Begriff der Unterhaltungsliteratur verbunden. Nicht daß sie für den Tageskonsum bestimmt war, sondern daß sie gerade über die Problematik des Tages hinwegtrösten möchte, bezeichnet ihre Beschränkung. Deshalb hat die Unterhaltungsliteratur des frühen 19. Jahrhunderts in Deutschland auch nichts mit Romantik zu tun. Kreative Phantasie ist eine Herausforderung des Denkens, nicht dessen Besänftigung. Nicht dort, wo nach romantischer Theorie die Allmacht der Phantasie das oberste Gesetz für den Dichter bildete, wurde den Lesern die Flucht aus einer problematischen Wirklichkeit in eine heile Welt des Scheins geboten, sondern Fluchtmöglichkeiten boten sich vielmehr in jener Literatur an, wo den Lesern eine aus Bruchstücken ihres Alltags zusammengesetzte und der eigenen täuschend ähnliche Wirklichkeit vorgesetzt wurde, die zum Schein heil war. Die große Menge der Unterhaltungsliteratur war «realistisch», nicht «romantisch».

Es kann nicht Absicht eines Blicks auf die Unterhaltungsliteratur der Zeit nach 1806 sein, eine Wertskala aufzustellen und die Autoren danach zu messen. Charakteristische Züge, die qualitativ oft große Verschiedenheit sowie die unterschiedliche soziale Funktion können nur an einigen wenigen Beispielen gezeigt werden. Vieles ist versunken und verschwunden. Jean Pauls Vorschlag in den *Politischen Fastenpredigten,* in die öffentlichen Bibliotheken nicht nur gute Werke aufzunehmen, sondern wenigstens an einer Stelle im Lande ein Exemplar von jedem «Schmierbuch» und jeder «Scharteke» aufzuheben und so «eine einzige Sudelbibliothek für ganz Deutschland» einzurichten, ist unausgeführt geblieben. Jean Paul nämlich unterschied streng zwischen «Oberklasse» und «Unterklasse» bei den Schreibenden, und er gesellte den «schlechten Autoren» auch «schlechte Leser» bei.

Vieles von dieser Literatur wurde nur in den Journalen, Taschenbüchern und Almanachen gedruckt, aber es gab, wie das Beispiel Friedrich Launs zeigt, gelegentlich auch Gesamtausgaben. Laun, der mit seinem bürgerlichen Namen Friedrich August Schulze hieß und in Dresden lebte, gehörte zu den arriviertesten und bestangesehenen unter den deutschen Unterhaltungsschriftstellern. Sein erster Erfolg war die Novelle *Der Mann auf Freiers Füßen* (1800), die in 87 kurzen Kapiteln, in die Laun sich selbst als «privatisirender Gelehrter» verwickelt, flott und mit viel Geschick bürgerliche Welt in Dresden vorführt. Die Landschaft wird sichtbar, der Plauensche Grund, die Loschwitzer Gegend, das Buschbad, aber keine grünen Schlänglein züngeln wie später in Hoffmanns *Goldnem Topf* aus dieser sächsischen Gemütlichkeit beunruhigend empor. Der Erfolg war Ansporn für Laun, «in neuen Produktionen *gleicher* Art fortzufahren», wie er im Vorwort zu der Gesamtausgabe von 1843 erklärt. Ein Grundprinzip der Unterhaltungsliteratur, die Wiederholung des Gleichen und die unablässige Produktivität sind damit authentisch bezeichnet. Später trat dazu der Entschluß, sich auch im Tragischen zu versuchen, und «von da an tummelte ich mich unter dem Namen Laun auf dem geräumigen Felde der Literatur in den Regionen des Ernstes wie des Scherzes bis zur neuesten Periode herum». Auch das steht im Vorwort.

Laun war ein geschickter Erzähler, der sich in manchen Formen versuchte. *Die Fehdeburg* (1810/11) stellt zum Beispiel ein mehrbändiges Novellenwerk dar, in dem das gesellschaftliche Erzählen als Grundlage für die Novellenform wirklich durchgestaltet wird. Daß es eine gebildete adlige Gesellschaft ist, die sich bürgerliche Geschichten erzählt, zeigt, wie Laun für das Interesse aller Stände bedachtsam sorgt. Wie aufmerksam er dabei Veränderungen in Rechtsvorstellungen und öffentlichem Bewußtsein registrierte, läßt darin, zwei Jahre nach dem Erscheinen des ersten Teils von Goethes *Faust*, die Novelle *Die Kinderlose* erkennen.

Therese nämlich, die junge Frau des Kriegsrats Klar, die von ihrem Manne keine Kinder bekommt und deswegen Vorwürfe erhält, hat sich Mutterfreuden durch dessen Neffen verschafft, aber tief reuig dann das zu früh geborene und kaum lebensfähige Kind so an ihre Brust gedrückt, daß es stirbt. Sie übergibt sich dem Gericht, und nach dem Verfahren erhält der Geistliche die schwere Aufgabe, ihr das Urteil zu verkünden. Denn man hat sie freigesprochen, während Therese unbedingt auf den Richtplatz möchte. Daß ihr kein Todesurteil gewährt wird und man sie nicht einmal in «eine öffentliche Anstalt für Verbrecher» einliefert, zerstört ihr moralisches Gleichgewicht: Sie endet im milden religiösen Wahnsinn. An Launs Novelle ist bemerkenswert, daß sie auf ihre Art ein Dokument für die Dialektik von Aufklärung bietet. Denn jene Konventionen, an denen Goethes Gretchen zugrunde geht, sind zwar in einer aufgeklärten Gesellschaft verschwunden, aber bürgerliche Familiengesinnung, im Wunsch nach Kindern und damit nach Erben, fordert nun auf andere Weise Opfer von der Frau und festigt die Vormachtstellung des Mannes erneut. Ihr steht die Neigung der Frau gegenüber, sich durch den Rückgriff auf die alten Konventionen zu heroisieren, wobei Bildung und Kenntnis der Literatur – also etwa von Goethes *Faust* – durchaus eine Rolle gespielt haben mögen.

Viel Widerhall fand das von Laun zusammen mit dem Leipziger Schriftsteller Johann August Apel herausgegebene *Gespensterbuch* (1810/12), das die Mode der Gespenstergeschichten in Deutschland mit begründete. Alles, «was Herr Schubert die Nachtseite der Natur nennt», treibe darin sein Wesen, wie eine zeitgenössische Rezension schreibt, und die erste Geschichte, die «Volkssage» *Der Freischütz,* hat durch Friedrich Kinds Libretto und Carl Maria von Webers Musik sogar über die Zeiten hinweg Bedeutung behalten. Freilich ist sie geschwätzig erzählt, und die Berufung auf Sage und Volk war eher ein Schmuck mit zeitgenössischen literarischen und intellektuellen Tendenzen als etwa ein Seitenstück zur Arbeit der Brüder Grimm.

Die bekanntesten Figuren in der Unterhaltungsliteratur nach 1806 waren Julius von Voß und H. Clauren, obwohl auch diejenigen der vorausgehenden anderthalb Jahrzehnte, also Lafontaine und Kotzebue, noch weiter fleißig schrieben und einen großen Leserkreis besaßen. Voß, ein preußischer Offizier, der nach seinem Abschied aus der Armee in Berlin lebte, verfaßte ein literarisches Werk, das auf insgesamt 160 Bände geschätzt wird, vor allem Erzählungen, Romane, Schauspiele und militärische Schriften. Er war ein aufmerksamer und kritischer Beobachter seines Landes und seiner Armee; dem Nationalismus, der Turnerei Jahns und allem Irrationalismus war er abhold. Sein Bestes gab er dort, wo er sein satirisches Talent voll entfalten konnte. Das geschah allerdings weniger in den eigentlich satirisch-parodistischen Werken wie den Travestien von Lessings *Nathan der Weise* und Friedrich Schlegels *Alarcos,* als vielmehr in einem so großangelegten Roman wie dem *Berlinischen Robinson* (1810), der Geschichte eines jüdischen Findlings in dieser Zeit. Das Buch ist beim Blick auf die Rolle von Juden in der deutschen Literatur bereits betrachtet worden (vgl. S. 148 f.). So amüsant aber dieser Roman stellenweise ist und so spitz die satirischen Ausfälle gegen intellektuelle Moden der Zeit gelegentlich sein können, so befangen bleibt er im komischen Detail.

Solche Befangenheit zeigt sich noch stärker dort, wo Voß allein die Phantasie sprechen läßt. Im gleichen Jahr 1810 veröffentlichte er nämlich *Ini,* einen «Roman aus dem ein und zwanzigsten Jahrhundert», eine technische und politische Utopie, die dennoch kaum ernsthaft das Denken der Leser in Bewegung setzt.

Held des Buches ist Guido, der zukünftige Kaiser von Europa, Ini aber ist Tochter des Kaisers von Afrika, die im Tempel zum ewigen Frieden in Karthago die Seine wird. Als Titus und Ottona werden sie ihre beiden Erdteile gemeinsam regieren und sie gegen jene Gefahr schützen, die ihnen vom «Cäsar von Neu-Persien» droht, der Asien mit Ausnahme von Japan und China in Besitz genommen hat. Das ist nun freilich nur ein von Voß großzügig behandelter Hintergrund. Der eigentliche Inhalt des Buches besteht in der Bildungsreise Guidos durch sein Reich und durch Teile Amerikas, einer Bildungsreise, die jedoch eher der Vorführung des Weltzustandes als der Entwicklung des Helden dient. Voß kann dabei zwar seine Phantasie frei schweifen lassen, aber sie bleibt recht beschränkt. Überraschend vor allem ist, wie sehr am Vorabend der industriellen Revolution, zu einem Zeitpunkt, da es in England bereits eine Dampflokomotive und in den Vereinigten Staaten ein Dampfschiff mit Schaufelrädern gab, die Technik dem deutschen Autor noch unvorstellbar ist. Sein Held reist zwar durch die Luft, aber per Ballon, der von Adlern gezogen wird, die wiederum, wie die Pferde, auf «Luftposten» von Zeit zu Zeit ausgetauscht werden. Fortschritte sind hauptsächlich in der Ökonomie zu verzeichnen, in besserer Feldbestellung, in der Anlage von «Kunststraßen», in der sozialen Fürsorge für Alte oder in der Nutzung des Galvanismus zu medizinischen Zwecken. Telegraph und eine Musikwalze existieren bereits, und Europa spricht eine einheitliche Sprache, in die inzwischen auch die Werke Shakespeares übersetzt worden sind. Von Goethe ist nicht die Rede. Die Sklaverei ist abgeschafft, der Reichtum einzelner wird als gesellschaftsfördernd betrachtet, Könige oder Kaiser sind geblieben, aber durch Erziehung veredelt und durch Räte und «Bundesgerichte» unterstützt. «Das Weib» allerdings kann weiterhin «daheim nur im Stillen sinnen», und der Friedensapostel Voß gerät mit dem Militärschriftsteller gelegentlich in Kollision, wenn er sich ausführlich neue Arten der Kriegführung ausmalt. Aber immerhin standen die Franzosen im Lande, als das Buch erschien.

Voß' Roman erweist deutlich die Grenzen der Unterhaltungsschriftstellerei, wenn sie die Realität ihrer Leser äußerlich modifiziert, innerlich jedoch, in ihrem sozialen Gefüge und ihren Wertvorstellungen, unverändert läßt. Die Phantasie, die hier ins Werk gesetzt wird, ist das Gegenteil von derjenigen, die als romantische das Bewußtsein der Menschen von Grund auf verwandeln sollte.

Der ungekrönte König deutscher Unterhaltungsliteratur in den ersten Jahrzehnten des 19. Jahrhunderts wurde H. Clauren. Der Name war ein Anagramm von Carl Heun, einem königlich preußischen Hofrat und Ritter des Eisernen Kreuzes, dessen «Maurerlied» («Der König rief und alle, alle kamen») patriotische Berühmtheit erlangte. Zu noch größerer Berühmtheit aber gelangte Clauren durch das, was er zur Unterhaltung großer Lesermengen im In- und Ausland beitrug, denn er stand nicht nur auf den Popularitätslisten deutscher Leihbibliotheken obenan, sondern wurde auch vielfach übersetzt; Edgar Allan Poe hat eine englische Übersetzung von Claurens Erzählung *Das Raubschloß* (1812) für seine Novelle *The Fall of the House of Usher* (1839) benutzt. Claurens Berühmtheit speziell in Deutschland sei sogar so groß, meinte Heine, «daß man in keinem Bordell eingelassen wird, wenn man ihn nicht gelesen hat».

Denn mit der Verehrung seiner großen Leserschar zog sich Clauren auch Verachtung in einem Maße zu, wie sie keinem anderen deutschen Unterhaltungsschriftsteller zuteil wurde. Das nun wieder lag daran, daß bei Clauren jene subjektive Ehrlichkeit in Zweifel geriet, die anderen Unterhaltungsschriftstellern zumeist zugestanden wurde, wenn sie ihre fiktive Welt so gut und so wahr gestalteten, wie sie es eben konnten. Bei Clauren jedoch entstand der Eindruck, daß hier Literatur genau kalkuliert für einen bestimmten Lesergeschmack zubereitet wurde, daß also die Poesie, deren öffentliche Wertschätzung man gerade erst errungen hatte, sich prostituierte. Eben das besagt Heinrich Heines Bemerkung. Clauren begann mit kleinen Erzählungen aus der Gegenwart der napoleonischen Zeit, mit Gespenstergeschichten wie dem *Raubschloß,* das allerdings die Leser in die Ruhe einer rationalen Erklärung entließ, und mit Schauergeschichten wie dem *Blutbeil* (1814), einer Mordaffäre. Seinen Durchbruch als populärer Autor aber erzielte Clauren erst mit *Mimili* (1816), einer Novelle, die seinen Namen, wenn auch nicht seinen Ruhm bis ins 20. Jahrhundert hineingetragen hat und die auf ihre Art unsterblich geworden ist.

Solche Unsterblichkeit verdankt *Mimili* in erster Linie der Titelheldin, der Schweizer Alpenjungfrau mit dem «Pfirsich-Sammet ihrer Wangen», der «Purpurwürze ihrer Lippen», dem «Lilienweiß ihres schönen Halses» und ihrem «unter dem dicht aufliegenden Batisthemdchen» lebendig wogenden Busen sowie den botanischen, geographischen und musikalischen Kenntnissen, über die sie wie ein gutausgebildeter Gymnasiallehrer verfügt. Daß ein sympathischer junger Deutscher und Ritter des Eisernen Kreuzes «Türe, Herz und Mieder» dieser Alpenunschuld öffnen möchte, bildet dann den eigentlichen Inhalt der Geschichte, und selbstverständlich gelingt ihm das nach manchen Hindernissen, die den vorübergehenden Tod des Helden im Kriege einschließen, woran ihrerseits die Heldin gleichfalls beinahe zugrunde geht, aber wieder auflebt als glücklichere Gesellin einer Hölderlinschen Diotima.

Was Clauren bot, war nicht mehr nur Unterhaltungsliteratur, sondern eine bedacht zubereitete Trivialliteratur.

> Ein Schmätzchen für Julchen, Moral für Mama,
> Verteufelt viel Großmut, dann Mädchen verführen,
> Bald etwas kitzeln, bald etwas rühren –

lautet Eichendorffs satirisches Rezept für Claurensche Manier in der Literaturkomödie *Meierbeths Glück und Ende.* Konflikte entfalten sich, wie sie jeder kennt, aber alle werden heiter und glücklich gelöst. Das unruhige Drängen männlicher Sinnlichkeit wird detailliert vorgeführt, aber die landläufige Moral siegt, ebenso wie die Deutschen über die Franzosen siegen, und der Segen der Religion ist natürlich immer mit dabei. Ein wenig milde Kritik «an der flachen Erbärmlichkeit unserer Konventionswelt» ist eingestreut. Dem bildungshungrigen Lesepublikum wird außerdem viel Information gegeben, so daß die Novelle stellenweise zum Baedeker wird, Fußnoten erklären Wörter aus dem Schwyzerdütschen, denn der Trivialautor hat immer die Ambition, Realist zu sein. Beschreibungen von Alpenlandschaft und Alpenmode dienen dem gleichen Zweck.

So befriedigte Claurens Erzählung viele Bedürfnisse, aber sie tat es auf eine derart drastische, extreme, kompilierte Weise, daß die Verachtung Heines oder auch Wilhelm Hauffs nur zu begreiflich ist. Hauff sprach in einer *Controvers-Predigt über H. Clauren* (1827) über die «Mimili-Manier», die zur «Mimili-Manie» geworden sei und Clauren zur regelrecht fabrikmäßigen Herstellung derartiger Literatur veranlaßt habe. Hauffs «Predigt» war unmittelbar dadurch hervorgerufen worden, daß er selbst sich zum

Schein in diese Fabrik begeben und aus Versatzstücken Claurenscher Poesie einen eigenen Roman *Der Mann im Monde oder Der Zug des Herzens ist des Schicksals Stimme* (1826) als Parodie geschrieben und unter Claurens Namen veröffentlicht hatte, was nun wiederum dazu führte, daß Heun-Clauren gegen den Verleger Strafantrag stellte. Das Publikum jedoch nahm den Roman durchaus nicht als Parodie, sondern genoß ihn als Original, was allerdings auch damit zu tun hatte, daß Hauff weder wirklich so schlecht sein konnte wie Clauren, noch aber wirklich in seinem Talent so weit von ihm entfernt war, daß ein eindeutiger Unterschied zwischen Parodie und Muster entstanden wäre. Hauffs Kritik an Clauren baut auf den im 18. Jahrhundert entwickelten Vorstellungen von der Kunst als originellem Ausdruck einer Persönlichkeit auf. Aber sie entsprach durchaus nicht einer allgemeinen Ansicht der Gebildeten als Gegensatz zum breiten Publikumsgeschmack. Christian Gottfried Schütz' *Allgemeine Literatur-Zeitung* vom Januar 1817 begann ihre Rezension von *Mimili* immerhin mit dem Urteil, das Werk sei «ein braves, einfach aber verständig gruppirtes, mit lebendigen Farben und freyen, aber gelungenen Pinselstrichen gearbeitetes Gemälde echt schweizerischen Lebens und weiblicher Gemüthsart.» Durch die «Wärme und Wahrheit» des «genialen» Verfassers werde man mit allem so vertraut, «daß man an dem kleinsten Worte der Liebe so viel Antheil nimmt, als sey es eine wichtige Begebenheit».

Es gibt gute und schlechte, scharfsichtige, befangene und sentimentale Kritiker, und über Geschmack läßt sich nicht streiten. Aber die mit der Lesefähigkeit und Produktion erzählender Literatur sich ausbreitende Menge von Unterhaltungs- und Trivialliteratur hat dennoch immer wieder die Frage nach Kriterien für solche Literatur aufgeworfen. Die Meinungsverschiedenheiten um ein so charakteristisch unterhaltendes, ja triviales Werk wie Claurens *Mimili* machen das deutlich. Wahrheit nahmen Clauren wie sein Kritiker für diese Literatur ebensosehr in Anspruch, wie andere sie der Unwahrheit, Verlogenheit und billigen Mache bezichtigten. Geschmacksentscheidungen bleiben subjektiv; was jedoch nicht subjektiv bleibt, das ist die Feststellung über die Funktion dieser Literatur. Durch sie wurde in der Tat verraten oder prostituiert, was im Zeitalter der Emanzipation des Individuums die wesentlichste Errungenschaft der Ästhetik darstellte: daß sich nämlich das reflektierende Ich im Spiel der Kunst erkenne, seiner Freiheit versichere und sein Bewußtsein im Zusammenhang mit der Welt erweitere. Es ist durchaus möglich, daß Clauren selbst manche guten Ideale gehabt hat. Effektiv aber nahm das, was er schrieb, eben jene Errungenschaften zurück, indem es die Wirklichkeit als Ausgangspunkt aller Reflexion entproblematisierte und trivialisierte. Unübersehbare äußere Ähnlichkeiten der *Mimili*-Handlung mit Hölderlins *Hyperion* machen das deutlich, was nicht heißen soll, daß Clauren sich darauf bewußt bezog oder überhaupt Hölderlins Werk gekannt haben muß. Clauren hat fleißig nach

angefangenem Muster weitergeschrieben, Erzählungen, Romane und Dramen. 1851, drei Jahre vor seinem Tode, erschien eine Ausgabe von gesammelten, wenn auch nicht sämtlichen Schriften in 25 Bänden.

6. *Nichtfiktionale Prosaliteratur*

Daß Literatur nur das umschließe, was sich sicher in die Gattungen des Epischen, Dramatischen und Lyrischen einordnen oder als eine Mischung von
ihnen bezeichnen lasse, war schon angesichts der rasch zunehmenden Produktion von vielgestaltiger Literatur für Leser in der zweiten Hälfte des
18. Jahrhunderts nicht mehr aufrechtzuerhalten. Briefe, Reisebücher, Tagebücher, Essays oder Reden gerieten zuweilen in ebensolche Nähe zur fiktionalen Literatur wie diese als Darstellung persönlicher Schicksale und
Erfahrungen zur nichtfiktionalen. In einem Roman wie Karl Philipp
Moritz' *Anton Reiser* mischen sich deutlich Fiktion und Autobiographie, in
einer Rede wie Novalis' *Christenheit oder Europa* unverkennbar politische
Publizistik mit literarischer Metaphorik, die sich wiederum historischer
Ereignisse frei bedient. Vollends wollte Friedrich Schlegel programmatisch
Poesie mit Philosophie und Rhetorik sowie «Genialität und Kritik», also
originelle Erfindung und intellektuelle Analyse, zur romantischen Universalpoesie mischen, so daß auch auf diese Weise zur äußersten Erweiterung
der Grenzen aufgerufen wurde. Grenzen allerdings bleiben, denn nicht
alles, was geschrieben wird, ist schon Literatur. Es gibt die Zweckprosa
sprachlicher Mitteilung von der Notiz bis zur umfangreichen wissenschaftlichen oder philosophischen Abhandlung, die in der Betrachtung von Literatur und Sprachkunst keinen Platz hat. Denn Kunst ist das Kriterium, das
das eine von dem andern trennt. Kunst ist in einem Text wirksam durch literarische Mittel und Formen, in einem Text, der nicht nur als Mitteilung aufgenommen wird, sondern als ästhetisches, den Geschmack, Kunstsinn und
die Einbildungskraft ansprechendes Werk. Daß es in einem solchen Bereich
zahlreiche Übergänge geben muß, ist offenbar, und die Meinungen gehen
hin und her, ob nur Dokumente der Mitteilung oder Kunstwerke vorliegen,
zum Beispiel wenn es um die Briefe Rahel Varnhagens geht. Wichtiger als
die Entscheidung des kaum Entscheidbaren ist für die Literaturgeschichte
die Beobachtung historischer Entwicklungsvorgänge von den Grenzen her,
ebenso aber auch die Betrachtung und Anerkennung sprachkünstlerischer
Leistungen in solchen Grenzgebieten selbst.

Das Jahrzehnt der Napoleonischen Kriege brachte die Fortsetzung politischer Pamphletistik und Rhetorik, die sich zum ersten Mal in Deutschland
in den Jahren der Französischen Revolution weit verbreitet hatte (vgl. Bd. 1,
S. 90 ff.). Als Verfasser solcher Texte traten nun in noch größerem Maße
auch Schriftsteller hervor, die entweder schon zu hohem Ansehen gekom-

men waren oder die ihr Talent zugleich auf einem anderen Gebiet als dem der politischen Agitation unter Beweis stellten. Zu den ersteren gehören vorzüglich Jean Paul und Johann Gottlieb Fichte, zu den letzteren Heinrich von Kleist, Adam Müller und Joseph Görres. Der Umfang der Publizistik dieser Jahre hatte mit der Lesefähigkeit der Bevölkerung weiterhin zugenommen; Arndts *Katechismus für den teutschen Kriegs- und Wehrmann* war tatsächlich für den einfachen Soldaten bestimmt, was für die Söldnerarmeen des 18. Jahrhunderts noch undenkbar gewesen wäre. Aber Fichtes *Reden an die deutsche Nation* zum Beispiel zeigen, daß neben pamphletistischer Prosa die Kunst mündlicher Überredung weiterhin hochgehalten wurde, selbst dort, wo von vornherein die Publikation beabsichtigt war. Nicht nur praktische Erwägungen, also die größere Verbreitung durch den Druck, da wirkliche Reden immer nur einen sehr kleinen Kreis erreichen konnten, spielten dabei eine Rolle, sondern auch ästhetische. Rhetorik war Überredungskunst, ihre Regeln hatte man mit der klassischen Bildung an Schulen und Universitäten gelernt, sie erhielt man deshalb auch aufrecht in einer Zeit, in der sie wichtiger als je seit den Tagen der antiken Republiken geworden war, wie das Beispiel der Französischen Revolution gezeigt hatte, denn die republikanische Staatsform und die Faktionalisierung von Interessen brachten auch die Nötigung zur Überredung anderer mit sich. Nur ging es in Deutschland nicht um den Streit von Parteien, sondern um nationale Interessen, und vor allem in diesem Sinne feierte Adam Müller deutsche Beredsamkeit und das «lebendige Wort» (vgl. S. 44 ff.). Je mehr die Verbreitung des gedruckten Wortes zunahm, desto stärker wurde gerade in Zeiten nationaler Krisen die Neigung, die Fiktion mündlicher Kommunikation aufrechtzuerhalten als Zeichen der Unmittelbarkeit, die man zu den Lesern suchte, als Beschwörung einer Öffentlichkeit, die tatsächlich nicht existierte, und einer Tradition, die tatsächlich verlorengegangen war. Die verschiedenen Serien öffentlicher Vorlesungen, die Fichte, August Wilhelm Schlegel, Friedrich Schlegel und Adam Müller seit der Jahrhundertwende in verschiedenen Städten hielten und sogleich danach publizierten, entsprachen gleichfalls dieser Tendenz. So wurden Vorlesungen über die «Anweisung zum seligen Leben», über «schöne Literatur und Kunst» oder «deutsche Wissenschaft und Literatur» gehalten, Ästhetik und Geschichte zum Verständnis und Nutzen der Gegenwart verbindend, wo ein Jahrzehnt früher Schiller «über die ästhetische Erziehung des Menschen in einer Reihe von Briefen» geschrieben hatte, die zur Besinnung an sehr viel kleinere «auserlesene Zirkel» adressiert waren.

Daß wiederum der Brief Selbstausdruck und ein persönliches, ja privates Bekenntnis darstellte, war seit den Briefromanen Richardsons, Rousseaus und Goethes literaturkundig, und Schillers Verwendung dieser Form hatte etwas mit dem Inhalt seiner Gedanken zu tun, die er einem Kreis von Vertrauten vermitteln oder durch die er gar diesen Kreis erst schaffen wollte.

Zu Beginn des 19. Jahrhunderts jedoch trat nun auch der reale Brief, der ursprünglich wirklich allein private Mitteilung war, in den Bereich der Literatur ein. Mit der wachsenden Genauigkeit bei der Beobachtung individueller Existenz in den Koordinaten von Zeit, Geschichte, geographischem und politischem Raum, von Natur, Anlagen und psychischen Möglichkeiten, deren man sich durch die Ergebnisse zeitgenössischer Wissenschaft bewußt wurde, erhält der Brief als Dokument literarischen Rang.

Goethes Autobiographie

Neben den *Faust* und die Wilhelm-Meister-Romane trat als Goethes drittes Projekt, das ihn von den Anfängen des 19. Jahrhunderts bis zu seinem Tod beschäftigte, die Selbstdarstellung seines Lebens auf der Grundlage von Dokumenten als die Verbindung von «Dichtung und Wahrheit», als Autobiographie. Teil davon war auch die Edition seines Briefwechsels mit Schiller in den Jahren zwischen 1794 und 1805, die er 1828/29 besorgte und veröffentlichte als historisches Dokument einer sich selbst zur Geschichte gewordenen Persönlichkeit. Goethes Autobiographie besteht also insgesamt aus den vier Bänden von *Dichtung und Wahrheit* (1811/33), die sein Leben bis zur Übersiedlung nach Weimar 1775 beschreiben, aus der *Italienischen Reise* (1816/29) von 1786 bis 1788, aus den Schriften über die Revolutionszeit *Campagne in Frankreich* und *Die Belagerung von Mainz* (1822) und eben aus der Dokumentierung einer bedeutenden Epoche seines Lebens in der Ausgabe der Korrespondenz mit Schiller.

Goethe war nicht nur Zeuge des Aufstiegs einer Nation aus der Unbedeutendheit zum Selbstbewußtsein und zu europäischer Wirkung allein durch seine Kultur, sondern hatte ihn selbst entscheidend mit bewirkt. Als er 1809 die Arbeit an seiner Autobiographie begann, konnte er sich aus vielen guten Gründen sogar als den hervorragendsten Repräsentanten dieser nationalen Kultur betrachten, neben, nicht unter dem Kaiser der politisch mächtigen französischen Nation und von diesem anerkannt. Deshalb besaß Goethe Anlaß, sich historisch zu sehen, aber gerade zu diesem Zeitpunkt auch auf seine historische Leistung hinzuweisen. Das hatte überdies damit zu tun, daß das Herzogtum seine große kulturelle Ausstrahlungskraft allmählich verlor. So konnte sich Goethe im Entwurf eines Vorworts zum dritten Teil von *Dichtung und Wahrheit* 1813 darüber beklagen, daß man häufig Werke desto weniger schätze, «jemehr sie zur Verbreitung der vaterländischen Kultur beigetragen haben; wie die Mutter so leicht durch eine Anzahl schöner Töchter verfinstert wird». Das bezog sich nun freilich nicht auf eigene Schriften allein, sondern auch auf solche seiner Zeit- und Weggenossen, an die er erinnern wollte. Erinnerung und Selbstrechtfertigung jedoch waren nicht die Hauptmotive, die ihn zur Darstellung seines Lebens trieben. Die Beschreibung der eigenen Rolle nicht nur in den «Zeitverhältnissen», wie er im Vorwort von *Dichtung und Wahrheit* schreibt, sondern auch als deren Mitgestalter sollte darüber hinaus Sinn für intellektuelles und künstlerisches Wirken in geschichtlichen Proportionen erwecken und einer neuen Zeit etwas von der Dynamik zeigen, die kulturelle Werte gegen manche scheinbare oder tatsächliche Ungunst der Umstände entwickeln können.

Natürlich entstand eine solche Lebensdarstellung auch um des Autors selbst willen. Von Glück, Schöpferkraft und Erfolg ausgezeichnet wie kein anderer seiner deutschen Zeitgenossen, war es ihm darum zu tun, die Gesetze seiner selbst zu begreifen, das ihm Verliehene nicht nur als Zufall hinzunehmen, sondern es auf seine Ursachen zu befragen. Goethe hat das zunächst damit versucht, daß er das Modell der Metamorphose, das er in der Natur gefunden hatte, auf die Persönlichkeit übertrug. Aber die Darstellung seines Lebens in *Dichtung und Wahrheit* zeigt, daß dergleichen nicht durchzuhalten war, denn über die Bindung an die Gesetze der Natur ragte beim Menschen nach Goethes eigener Überzeugung seine Doppelnatur hinaus; seine Fähigkeit zu denken und zu fühlen erhob ihn über das Naturgesetz, dem er als Naturwesen unterworfen blieb. In der frühen Weimarer Zeit war ihm dies als das «Göttliche» erschienen, später, zu Zeiten der Autobiographie, immer stärker als «Dämonisches», freilich nicht im negativen Sinne des Wortes, sondern positiv als eine nur eben nicht gesetzlich faßbare oder bestimmbare schöpferische Kraft. Das schließlich hatte zur Folge, daß er sich nicht nur historisch, sondern auch literarisch sah, das heißt das Ich der Autobiographie zu einer künstlerisch geformten Gestalt machte. Er gab sich Freiheit im Umgang mit dem Material der Dokumente und der Erinnerung, um das herauszuarbeiten, was ihm als wesentlich erschien, ganz so, wie es auch mit einem Roman hätte geschehen können. Formen der Wilhelm-Meister-Romane wurden in der Autobiographie verwendet, also Erzählung, Beschreibung, Märchen oder Novelle. Dem bayrischen König Ludwig I. aber erklärt er am 12. Januar 1830:

> «Was den freilich einigermaßen paradoxen Titel der Vertraulichkeiten aus meinem Leben Wahrheit und Dichtung betrifft, so ward derselbige durch die Erfahrung veranlaßt, daß das Publikum immer an der Wahrhaftigkeit solcher biographischen Versuche einigen Zweifel hege. Diesem zu begegnen, bekannte ich mich zu einer Art von Fiktion, gewissermaßen ohne Not, durch einen gewissen Widerspruchs-Geist getrieben, denn es war mein ernstestes Bestreben das eigentliche Grundwahre, das, insofern ich es einsah, in meinem Leben obgewaltet hatte, möglichst darzustellen und auszudrücken.»

In stärkerem Maße als *Dichtung und Wahrheit,* wo überall der Charakter einer wohl aufgebauten Lebenserzählung bewahrt ist, löst sich die *Italienische Reise* scheinbar ganz in dokumentarische Bestandteile und Materialien auf und wirkt seltsamerweise dennoch gleichfalls als geschlossenes Werk, und zwar nicht nur nach dem Willen des Autors, sondern auch für einen großen Leserkreis. Denn Goethes *Italienische Reise* ist innerhalb wie außerhalb des deutschen Sprachbereichs eines seiner bekanntesten Werke geworden.

Goethes Reise nach Italien begann im September 1786 und führte ihn über Rom und Neapel bis Sizilien und von dort nach Rom zurück. Erst im Juni 1788 kehrte er nach Weimar heim, mit verwandeltem Blick auf sich selbst, auf Kunst, Natur und die enge Welt des Hofes wie sein heimatliches Deutschland überhaupt. Was er mehr als dreißig Jahre später in der *Italienischen Reise* darbot, waren die Tagebücher und Briefe aus dieser Zeit, aber nicht nur die Namen der Adressaten waren verschwunden. Der Autobiograph hatte das Material rigoros bearbeitet, umgestellt, auseinandergerissen, gekürzt oder erweitert. Persönlichstes wurde getilgt, denn vieles davon war einst als großer Liebesbrief in Tagebuchform an Frau von Stein gerichtet gewesen. Ziel der Redaktionsarbeit war allerdings nicht, Vergangenes zu verschleiern, sondern es zum Stoff für ein eigenständiges neues Werk zu machen. Daß damit Weimar als Bezugspunkt des Reisenden überhaupt zurücktritt und einem allgemeineren Gegenbild von Deutschland und dem europäischen Norden Platz macht, hat die Wirkung, daß der Empfängerkreis dieser scheinbar so ganz persönlichen Dokumente zum Leserkreis des Buches erweitert wird.

Die *Italienische Reise* entstand in dieser redigierten Form parallel zu *Dichtung und Wahrheit* und *Wilhelm Meisters Wanderjahren,* und wie diese beiden Bücher präsentiert sie verschiedene Erzählformen. In den ersten beiden Teilen sind Brief und Tagebuch zumeist ununterscheidbar gemischt, der dritte jedoch enthält Novellistisches, wie die Geschichte von der schönen Mailänderin, und, von Goethe selbst so bezeichnet, «Korrespondenz», «Berichte» sowie eine Reihe von essayistischen Einlagen über päpstliche Teppiche oder über Philipp Neri, den «humoristischen Heiligen». Einiges ist von fremder Hand, von Moritz und Tischbein, und das «Römische Karneval», von Goethe zuerst 1789 veröffentlicht, stellt den Text zu einem kleinen Kunstbuch dar, das Karneval und Leben, Spiel und Wirklichkeit auf eine höchst poetische Weise miteinander verbindet und zueinander in Beziehung setzt.

«Zu meiner Welterschaffung habe ich manches erobert, doch nichts ganz Neues und Unerwartetes. Auch habe ich viel geträumt von dem Modell, wovon ich so lange rede, woran ich so gern anschaulich machen möchte, was in meinem Innern herumzieht, und was ich nicht jedem in der Natur vor Augen stellen kann.» Den Satz hat Goethe in den ersten Anfängen seiner Reise, am 8. September auf dem Brenner, aufgezeichnet – im Tagebuch spricht er von «Weltschöpfung», und statt des Verweises auf das Innere ist die Rede von dem, «was immer mit mir herumreist», aber der Gedanke ist der gleiche. Unmittelbarer Anlaß zu der Bemerkung ist in Innsbruck die

Begegnung mit dem Sohn eines Gastwirts, in dem Goethe eine Gestalt aus seinen *Mitschuldigen* wiederzuerkennen glaubt. Kurz vorher, am Walchensee, waren ihm, der einen Roman über «Wilhelm Meisters theatralische Sendung» begonnen hatte, ein Harfner und seine Tochter für eine Weile Reisebegleiter gewesen: «So begegnen mir nach und nach meine Menschen.» Der hier reist, ist also immer der Schriftsteller Goethe, der sich als eine Art «Weltschöpfer» sieht, als Schöpfer eines Modells, das nur langsam, in Stufen und Teilen, am Leben von Gestalten sichtbar zu machen ist, und auch die Biographie des eigenen Lebens ist Teil davon.

Überall in der *Italienischen Reise* ist die Präsenz des deutschen Schriftstellers Goethe zu spüren, der zwar inkognito reist, dies aber auch den Lesern bei passender Gelegenheit des öfteren mitteilt: Er spielt mit seinem Ruhm wie mit seinem Beruf, denn um dessen Sinn, um das exemplarische Leben eines deutschen Künstlers, der sich in der Fremde von innen und außen betrachtet, geht es vor allem in diesem Buch. Zeit und Bedingungen für die Entstehung eines klassischen deutschen Nationalautors hatte Goethe 1795 in dem Aufsatz *Literarischer Sansculottismus* erwogen und für sein eigenes Land jene Umwälzungen nicht gewünscht, die nach seiner Ansicht dafür nötig gewesen wären (vgl. Bd. 1, S. 231 ff.). In Italien nun beobachtete er glücklichere Verhältnisse zwischen Vergangenheit und Gegenwart, zwischen Enge und Weite, Kunst und Öffentlichkeit als in dem eigenen Lande. Das spricht überall aus der *Italienischen Reise* und nicht etwa nur aus der Bemerkung, daß man hier «in der Welt zu Hause und nicht geborgt oder im Exil» sei oder daß die venezianischen Gondolieri den Tasso und Ariost «auf ihre eignen Melodien singen». Aber als Schriftsteller gehörte er seiner Sprache und seinem Lande. Das Dasein eines deutschen Künstlers in Rom war auf die Dauer nicht seine Sache; das wäre dann doch wohl zum Exil geworden. Wie es Goethe trotz der Ungunst der Bedingungen gelang, dennoch ein deutscher Nationalschriftsteller zu werden, das eben sollte sein autobiographisches Werk demonstrieren, innerhalb dessen die *Italienische Reise* die eigentliche Peripetie darstellt. Im Botanischen Garten von Palermo, diesem «wunderbarsten Ort von der Welt», kommt ihm die Idee der Urpflanze, eine große Ordnung entsteht in seinem Denken, und seine Arbeit erscheint ihm nun tatsächlich nach und nach als ein Stück Weltschöpfung, dessen letztliche Unvollkommenheit allein in der Endlichkeit und Begrenztheit menschlichen Daseins überhaupt bedingt ist. Am 13. April 1787 steht im Tagebuch: «Zwischen Weimar und Palermo hab' ich manche Veränderung gehabt.»

Unordnung als Prinzip wird Goethe aufs tiefste zuwider. Daher rührt seine scharfe Ablehnung der Grotesken in der Villa des Prinzen von Palagonien, den Arnim so lebhaft in der *Gräfin Dolores* feierte (vgl. S. 400 f.), ohne freilich die Villa selbst je gesehen zu haben. Daher rührt aber auch die genaue Trennung zwischen Wirklichkeit und Schein im römischen Karneval, eine Trennung, die zum Beispiel in E. T. A. Hoffmanns *Prinzessin Brambilla* bei gleichem Anlaß gerade aufgehoben ist. Allerdings fehlte auch Hoffmann die unmittelbare Anschauung dessen, worüber er schrieb. Die einzelnen Gedanken und Beobachtungen von Goethes Reisebuch existieren nicht nur für sich selbst. Das Studium der Natur in einer Vielzahl von Phänomenen, das Interesse für die Kunst in ihren vielfältigen Erscheinungsformen sind nicht für sich allein da, sondern immer als Vorbereitung und Grundlegung der Existenz des sich zum deutschen Nationalautor herausbildenden Weimarer Bürgers, auch wenn ein solcher Zweck dem Reisenden selbst noch keineswegs durchweg deutlich war. Erst der Autor der *Italienischen Reise* ist sich dessen wirklich bewußt geworden. Für ihn stehen deshalb auch Geschichte und Gegenwart in einem neuen Verhältnis zueinander. «Wenn man so eine Existenz ansieht, die zweitausend Jahre und darüber alt ist, durch den Wechsel der Zeiten so mannigfaltig und vom Grund aus verändert und doch noch derselbe Boden, derselbe Berg, ja oft dieselbe Säule und Mauer, und im Volke noch die Spuren des alten Charakters, so wird man ein Mitgenosse der großen Ratschlüsse des Schicksals», heißt es in einer Eintragung aus Rom vom 7. November 1786. Gedanken dieser Art sind der eigentliche Ertrag der Begegnung Goethes mit Italien. Sein *Faust* spiele «volle 3000 Jahre [...], von Trojas Untergang bis zur Einnahme von Missolunghi», schreibt er am 22. Oktober 1826 an Wilhelm von Humboldt, und im *Divan* stehen die Verse:

> Wer nicht von dreitausend Jahren
> Sich weiß Rechenschaft zu geben,
> Bleib im Dunkeln unerfahren,
> Mag von Tag zu Tage leben.

Goethes autobiographisches Werk ist durch solche Gedanken untrennbar mit seinen anderen Alterswerken verbunden. Es erläutert sie nicht nur, sondern tritt ihnen eigenständig zur Seite mit Goethe als literarischem Helden, dessen Bildungsroman diese Autobiographie darstellt. «Goethe und sein Jahrhundert» wollte Karl Ludwig Woltmann 1815 in einer Rezension von *Dichtung und Wahrheit* das Buch zweckmäßiger betitelt sehen. Die Idee der «Goethezeit» war geboren.

Rahel Varnhagens Briefe

Rahel Varnhagen war Goethes heißeste, hingegebenste Verehrerin. Aber ihre Bedeutung in der Literaturgeschichte hat sie nicht dieser Tatsache zu verdanken, sondern ihren Briefen, die sie als ein vielbändiges Werk der Nachwelt hinterließ, obwohl diese Briefe zunächst nichts anderes als eben Briefe, also persönliche Mitteilungen waren und keine literarischen Kompositionen. Der Brief als private Schreibform entsprach der Domäne der Frauen und ihrer Beschränkung auf Haus und Familie (vgl. S. 529 f.). Von den Schwierigkeiten, Bücher nicht nur zu schreiben, sondern sie zu publizieren und dann noch als Autor ernstgenommen zu werden, sprechen die Lebensläufe aller schreibenden Frauen in dieser Zeit. Für den Brief jedoch gab es solche Begrenzungen nicht; in seiner intimen Atmosphäre war man als Erzählerin, Menschenbeobachterin und Philosophin frei, wenngleich öffentlich wirkungslos. Mit welch bedeutenden schriftstellerischen Talenten unter den Briefschreiberinnen man es zu tun hatte, wußten nur die Empfänger. Die Korrespondenzen so außerordentlicher Sprachmeisterinnen wie Dorothea Schlegel oder Caroline Schelling sind erst lange nach ihrem Tode als Dokumente einer vergangenen Ära bekanntgeworden. Nur Rahel Varnhagen machte bis zu einem gewissen Grade eine Ausnahme. Sie sorgte zunächst selbst dafür, daß ihre Briefe nicht nur Mitteilungen an einen einzigen Empfänger blieben: «Thun Sie mir den einzigen Gefallen, Herzensgute, wenn Sie diesen Brief gelesen haben, ihn *gleich* an Markus nach Berlin zu schicken». Die so entstehende Öffentlichkeit war zwar klein, aber es wurde der Brief immerhin zu einem Medium gesellschaftlichen Gesprächs, das sein Fundament im literarischen Salon besaß, den Rahel zu verschiedenen Zeiten ihres Lebens in Berlin um sich bildete. Der Brief stellte in diesem Sinne für sie nicht nur private Mitteilung dar, sondern eine gesellschaftliche Kunstform. Daß es Rahel Varnhagen, der Tochter des jüdischen Bankiers Markus Levin, gelang, in ihrem Salon allen gesellschaftlichen Vorurteilen zum Trotz eine geradezu unübersehbar große Anzahl bedeutender Menschen anzuziehen und um sich zu versammeln, läßt sich nur aus ihrer Persönlichkeit verstehen. Eigenart und Reichtum dieser Persönlichkeit aber sind der zentrale Gegenstand ihres Briefwerks, das ein einziges großes Porträt ihres Charakters in seiner Entwicklung und seinen vielen Facetten bildet. Denn die Zeit, die sich in Rahel Varnhagens Briefen spiegelt, ist nicht um ihrer selbst willen da, sondern ist ihrerseits Spiegel dieser einzigartigen Frau, durch die die Zeit erst interessant wird, also alle die Persönlichkeiten, geschichtlichen Ereignisse, politischen Tendenzen, literarischen Werke, die Krankheiten und Sorgen des Alltags, von denen in diesen Briefen zu lesen ist. Geschrieben waren sie zwar, wie gesagt, nur für einen kleinen Kreis, und gedruckt wurde zu Rahel Varnhagens Lebzeiten davon nur wenig – eine Reihe von Bemerkungen zu Goethe vor allem und der eine oder andere Brief aus besonderem Anlaß –, aber als unmittelbar nach ihrem Tode ihr Mann, Karl August Varnhagen von Ense, «als Handschrift» *Rahel. Ein Buch des Andenkens für ihre Freunde* (1833) veröffentlichte, fand sich rasch ein großer Leserkreis, und das eine Buch bildete den Grundstein für eine ganze Reihe weiterer mit Briefen und Korrespondenzen von ihr.

Rahel Varnhagens Briefwerk macht die Definitionsschwierigkeiten für nichtfiktionale Literatur besonders greifbar. Ihre Briefe behalten insgesamt

stets den Charakter persönlicher, privater Mitteilung bei, auch wo sie im
einzelnen oft weit darüber hinausgehen. Sie sind nicht durchkomponierte
literarische Gebilde, und noch viel weniger sind es die Briefbücher, die nach
ihrem Tode herausgegeben wurden. Literarisch in ihren Briefen ist das
kunstvoll gezeichnete Bild des einen oder anderen Menschen, eines
gewöhnlichen oder außergewöhnlichen, denn auf beide verstand sich Rahel
Varnhagen gleich gut, ist die anekdotische Darstellung einer Szene oder die
Schilderung politischer ebenso wie klimatischer Atmosphäre, sind die kritischen Urteile über Bücher und Künstler und sind schließlich auch die scharfen Selbstanalysen ebenso wie die Visionen von einer neuen Zeit, in der sie
«auf Großes, Neues», auf «Wunder der Erfindung, der Gemüthskraft, der
Entdeckung, Offenbarung, Entwicklung» gefaßt ist. In einem anderen Jahrhundert als dem ihren und bei größeren Entfaltungsmöglichkeiten für eine
Frau wäre sie vielleicht eine Maßstäbe setzende, überragende Journalistin
und Kulturkritikerin geworden, eine Spekulation allerdings, die außer acht
läßt, daß gleichzeitige größere Bildungsmöglichkeiten auch die Richtung
ihres Talents und dessen Entwicklung beeinflußt hätten.

Rahel Varnhagen selbst neigte nicht zu Spekulationen; ihr Bedeutendstes
gibt sie in der Beobachtung der Wirklichkeit und den Schlüssen daraus.
Daß sie an E. T. A. Hoffmanns *Fräulein von Scuderi* mangelnde Genauigkeit
des historischen Details rügte (vgl. S. 440), sagt auch etwas über sie selbst
und ihre Einstellung zu den Tatsachen aus. Den Anspruch darauf, Dichterin
zu sein, erhob sie nicht, allerdings aus bemerkenswertem Grunde. Von
ihrem Bruder, dem Dramatiker Ludwig Robert, schreibt sie einmal: «Er ist
ein Dichter: und ich keiner; weil ich nie seicht bin. *Ein Frevel?!* dem Klange
nach; erklärt, nicht.» (13. 8. 1814). Erklärt hat sie es selbst jedoch nicht,
zumindest nicht an dieser Stelle. Aber knapp zehn Jahre früher hatte sie an
David Veit geschrieben, sie vermöge, einen Menschen ganz zu verstehen,
vermöge es,

> «wie doppelt organisirt ihm meine Seele zu leihen, und [ich] habe die
> gewaltige Kraft, mich zu verdoppeln ohne mich zu verwirren. Ich bin
> so einzig, als die größte Erscheinung dieser Erde. Der größte Künstler,
> Philosoph, oder Dichter, ist nicht über mir. Wir sind vom selben Ele-
> ment. Im selben Rang, und gehören zusammen. Und der den andern
> ausschließen wollte, schließt nur sich aus. Mir aber war das *Leben*
> angewiesen; und ich blieb im Keim, bis zu meinem Jahrhundert, und
> bin von außen *ganz verschüttet,* drum sag' ich's selbst.» (16. 2. 1805)

Selbst sagen mußte sie es in der Tat, denn Frauentum, Bürgertum und
Judentum waren zusammen durchaus dazu angetan, das ganz zu verschütten, was sich innen bildete und nun mit Selbstbewußtsein aus solcher Ver-
schüttung hervordrängte. So war es auch denkbar, daß Rahel Varnhagen
sich angesichts vieler literarischer Seichtigkeit, die sie in ihrem Umkreis

beobachten konnte, zuweilen jedem Dichtertum gegenüber als ebenbürtig, wenn nicht überlegen empfand. Ihre Briefe sprachen schließlich nicht nur über Zeit und Persönlichkeit, eigene und fremde, sondern über Leidenschaften, Leiden, Leidensfähigkeit, die immerwährenden Themen der Literatur, aber nicht gebunden an deren Tendenzen und Programme. Daß sie die Fülle der Empfindungen durch Ironie kontrollierte, verband sie allerdings mit den vorzüglichsten ihrer deutschen schreibenden Zeitgenossen und ermöglichte ihr, ihnen überdies in Person und Urteil Verständnis entgegenzubringen, denn von Goethe bis Heine hat sie sie alle gekannt, hat sie bewundert oder einfach nur beobachtet, skeptisch und kritisch zum Teil, aber stets mit Feingefühl, Geschmack, Kenntnis und die Arbeit der Kunst zu verstehen und zu zeigen suchend. An Varnhagen schreibt sie einmal: «Wir sind Alle eigentlich Gottes Statthalterchens hier, und so schaff' ich und treib' ich mit nach meiner Einsicht.»

In den Briefbüchern Bettine von Arnims ist die Form des Briefes danach gänzlich zur literarischen Form geworden. Die Dokumente der vergangenen Zeit, die sie aus ihren Beziehungen zu dem Bruder Clemens Brentano, zu der Freundin Karoline von Günderrode und zu Goethe besaß, hat sie zu eigenständigen Büchern umgearbeitet, indem sie frei mit dem Material umging, änderte oder hinzuschrieb, nicht um zu bewahren, sondern um der Gegenwart, der Zeit industrieller Entwicklung und politischer Kämpfe, mit Hilfe des Bewahrten ihre eigenen Gedanken zu vermitteln. Hier wurde Dokumentarisches also fiktionalisiert, und Bettine von Arnims Bücher *Goethes Briefwechsel mit einem Kinde* (1835), *Die Günderode* (1840) und *Clemens Brentanos Frühlingskranz, aus Jugendbriefen ihm geflochten, wie er selbst schriftlich verlangte* (1844) gehören deshalb einer anderen Zeit an als das Briefwerk von Rahel Varnhagen.

Reiseliteratur

Noch ehe Dampfschiff und Eisenbahn das Reisen revolutionierten und alle bisherigen Begriffe von Ferne und Nähe umstürzten, war im Europa des ausgehenden 18. und beginnenden 19. Jahrhunderts das Reisen durch bessere Straßen, zunehmenden bürgerlichen Wohlstand und ebenso zunehmende Bildung leichter und wünschenswerter geworden. Das eigene Land, provinziell noch und ohne nationales Zentrum, wurde kritisch befahren, Italien lockte als großes Sehnsuchtsziel durch Kunst, Kirche und blauen Himmel, und auch die Welt öffnete sich schließlich seit den Reisen des Captain Cook. Georg Forster hatte mit der *Reise um die Welt* (1777) und den *Ansichten vom Niederrhein* (1791) Mustergültiges über Deutschland und die ferne Welt der Südsee geschrieben; für Italien war durch Winckelmann bereits der Blick geöffnet und das Verlangen geweckt worden.

«Es gehört jetzt zum eleganten Ton, keine Reise zu machen, ohne sie zu beschreiben, und keine Beschreibung, ohne von einigen aufgefundenen Blumen die linnéische Terminologie anzugeben, so daß der Reisende, wenn er nur ein Veilchen pflückt, das er mit Sehnsucht an den Busen der Geliebten zu heften wünscht, nie vergessen darf, das Corpus delicti mit *Viola odorata Lin.* zu bezeichnen», heißt es in dem Reisebuch *Die Molkenkur* (1812) des Schweizer Schriftstellers Ulrich Hegner, einer lustig-freundlichen Satire auf Modereisen und Modereisende, auf «Alpenempfindsamkeit», auf die Auswüchse moderner Pädagogik, auf deutsche patriotische Ruhmredigkeit und auf jene «Reiseempfindeley», die es mit sich bringt, daß man nicht reist, «um zu sehen, sondern um gesehen zu haben». Moden sind nichts schlechterdings Zufälliges, und in der Mode der Reiseschriftstellerei erweist sich deutlich die Entstehung eines neuen Verhältnisses zu einer sich rasch und tiefgehend verändernden Wirklichkeit, der sich der Mensch immer mehr als Herr bemächtigt, nicht nur in seiner Technik, sondern auch in seiner Mentalität. Selbst ein Werk der Trivialliteratur wie Claurens *Mimili* (vgl. S. 542) spiegelt mit der ins Absurde geführten, von Hegner ironisierten Lust an der wissenschaftlichen Benennung eine solche Tendenz. Eine deutsche Schriftstellerin, Caroline Fouqué, aber gibt den Kommentar, wenn sie in *Unterhaltungen am Kaminfeuer* aus dem Jahre 1829 eine der Gesprächspartnerinnen erklären läßt, die «Zeitpoesie» sei «beschreibend» geworden: «Der Phantasie wird das Gebiet der Erfahrung angewiesen. Sie schafft nicht mehr aus der Idee, sie giebt das Erlebte zurück.»

Detaillierter und schärfer als Hegner verspottete der Ritter Karl Heinrich von Lang deutsche Wirklichkeit mit den *Hammelburger Reisen*, deren erste 1817 erschien und die er dann über viele «Fahrten» bis 1833 fortsetzte.

Unter dem Grafen Montgelas war Lang zwischen 1810 und 1815 Direktor des bayrischen «Reichsarchivs» in München gewesen, aber da seine Arbeit nicht die erwünschte einstige Größe, die Macht und den Glanz Bayerns in der Geschichte bestätigte, fiel er, der Unabhängigkeit und freies Urteil schätzte, in Ungnade und zog sich von öffentlicher Tätigkeit zurück. Bayern und bayrische Zustände sind deshalb ein Hauptgegenstand der Satire in den *Hammelburger Reisen.* Das gibt ihnen vorwiegend lokale Bedeutung, aber mit Angriffen auf Ultramontanismus und Jesuitismus – Lang war Pfarrerssohn – sowie auf deutschen Patriotismus und deutsche Kraftmeierei verlieh er seinen *Reisen* dennoch ein gewisses überregionales Interesse. Die Calderon-Mode und das Schicksals- und Schauerdrama karikiert er mit dem Entwurf zu einem «Original-Singtrauerspiel» «Unser Leben ein Traum, oder Bolko der Erzwüthrich und Bluthund», mit dem er sich auf dem nächsten Oktoberfest einen Preis erhofft, und es verfolgt ihn auch die Frage, was geworden wäre, «wenn der Römische Feldmarschall Varus in der grausamen Hermannsschlacht den Sieg gefunden, statt verloren hätte». Die Antwort fällt nicht ungünstig aus; Heine hat die Hypothese in *Deutschland. Ein Wintermärchen* (1844) später noch weiter verfolgt. Die *Hammelburger Reisen* lassen sich tatsächlich als Vorläufer von Heines *Reisebildern* betrachten, in denen durch sprachliche Meisterschaft und schärferen Blick auf politische und gesellschaftliche Zusammenhänge dann zur Kunstform wurde, was Lang hier nur erst von Fall zu Fall ausprobierte.

Reisen über die deutschen Grenzen hinweg führten diejenigen, die schreiben konnten oder wollten, zuerst nach Italien. Als Land klassischer ebenso wie christlicher Kunst, als Zentrum bunten südlichen Lebens ließen sich dort Interessen und Neigungen aller Art befriedigen. Goethe war als deutscher Schriftsteller und Kunstenthusiast gereist, Seume zu Fuß als kritischer Beobachter der Gegenwart (vgl. Bd. 1, S. 446 ff.). Weitere Berichte über Italienerfahrungen kamen in den Jahren nach 1806 unter anderem von Philipp Joseph Rehfues (1808), Elisa von der Recke (1817) und Wilhelm Müller, in dessen Buch *Rom, Römer und Römerinnen* (1820) man nun schon deutlich auf Goethes Spuren wandelt, die zu diesem Zeitpunkt in den ersten Teilen der *Italienischen Reise* ebenso wie in den *Römischen Elegien* dokumentiert waren. Nach «Burschenbrauch» ordnete man sich in einer «Osterie», die Goethe einst besucht haben sollte, um den Tisch, «der Präses las die römischen Elegien, und der Wein mundete köstlich auf die Gesundheit des großen, lieben Meisters». Der hat dann allerdings den Dichter der Griechenlieder und der *Winterreise* nicht besonders gemocht, aber hier wirkten große Unterschiede des Alters, Talents und der Persönlichkeit trennend. Wie Seume, so reizte auch Müller das Leben der italienischen Gegenwart und nicht mehr eine große, in Kunstwerken manifestierte Tradition. Müllers Italien ist das aufmerksam beobachtete, lebendig dargestellte Land für junge deutsche Intellektuelle und Künstler, denen es zu Hause zu eng und stockig geworden ist. Es ist das Land, das sich Hoffmann in seinen Erzählungen und Eichendorff im *Taugenichts* vorgestellt haben, ohne es selbst zu kennen. Müller bot die reale Anschauung aus persönlicher Reiseerfahrung und schlug damit gleichfalls, wie der Ritter von Lang, eine Brücke zu Heinrich Heine, dessen dritter Teil der *Reisebilder* (1830/31) Italien zum Gegenstand hatte.

Reisen außerhalb Europas ließen sich immer noch schwer bewerkstelligen, und viel Mut, reichliche Mittel sowie Glück, Ausdauer, Gesundheit und eine starke, einer Aufgabe ergebene Persönlichkeit waren dazu nötig. Das Beispiel Alexander von Humboldts erweist es. Rund vier Jahrzehnte nach Georg Forster ging wiederum ein deutscher Schriftsteller auf eine langwierige, entbehrungsreiche Reise um die Welt, aus der er Material mit nach Hause brachte, das er zu einem bedeutenden Reisebuch gestaltete. Seinem Peter Schlemihl nachlebend begab sich Adelbert von Chamisso im August 1815 als Naturforscher an Bord des russischen Expeditionsschiffes «Rjurik», das Otto von Kotzebue, Sohn August von Kotzebues, befehligte, und fuhr mit ihm um Kap Horn nach Kalifornien und in die Südsee. Im Oktober 1818 war er in Berlin zurück, aber erst im Winter 1834 auf 1835 schrieb er dort seine *Reise um die Welt* (1836) nieder, die nicht nur von fremden, exotischen Ländern Auskunft gibt, sondern im Spiegel einer fernen Welt auch von einer zu Ende gehenden Epoche europäischer Kultur und deutscher Literatur kündet.

Im April 1816 legte Chamissos Expeditionsschiff vor der kleinen, von den Eingeborenen offenbar nur gelegentlich besuchten, unbewohnten, «palmenreichen Insel Romanzoff» im Pazifik an, und seine Eindrücke von der Erkundung dieser Insel schildert Chamisso folgendermaßen:

> «Wir durchwandelten nun fröhlich den Wald, und durchforschten die Insel. Wir lasen alle Spuren der Menschen auf, folgten ihren gebahnten Wegen, sahen uns in den verlassenen Hütten um, die ihnen zum Obdach gedient. Ich möchte das Gefühl vergleichen mit dem, das wir in der Wohnung eines uns persönlich unbekannten, teuren Menschen haben würden; so hätte ich Goethes Landhaus betreten, mich in seinem Arbeitszimmer umgesehen.»

Der Erdkreis, das sieht man, ist erschlossen und dem Menschen bekannt, nichts eigentlich Fremdes kann ihm mehr begegnen. In der Reisebeschreibung tritt der Detailbericht geographischer, ethnologischer, botanischer oder zoologischer Natur immer mehr an die Stelle der «philosophischen Geschichte der Reise», wie sie Forster einst beabsichtigte (vgl. Bd. 1, S. 108 f.). Gewiß sind Persönlichkeitsunterschiede zu konstatieren, und es läßt sich argumentieren, daß Forster oder Humboldt in ihren Reiseberichten zwar aus Forschern gelegentlich zu Dichtern wurden, bei Chamisso aber eher der Dichter und Kulturkritiker dominiert und nur durch den Forscher ergänzt wird. Jedoch auch das poetischste Gemüt hätte ein paar Jahrzehnte vor Chamisso so nicht denken und die fremde Insel auf der anderen Seite der Erde in vergleichbarer Weise mit der eigenen Kultur verbinden können. Wie wenig der Vergleich mit Goethe im übrigen nur eine beiläufige Zutat des Autors ist, belegt eine andere Szene in Chamissos Tagebuch auf geradezu überwältigende Weise. Nachdem ihm nämlich Eingeborene auf den Marshall-Inseln ihre Lieder und Tänze vorgeführt haben, fordern sie Chamisso auf, auch etwas Eigenes vorzutragen, worauf dieser sich zu Goethes geselligem Lied «Generalbeichte» entschließt. So deklamiert er denn – «indem ich Silbenmaß und Reim stark klingen ließ» – das Goethesche «Lasset heut im edeln Kreis / Meine Warnung gelten! / Nehmt die ernste Stimmung wahr, / Denn sie kommt so selten.» Und Chamisso fährt in seinem Bericht fort:

> Sie hörten mir mit der größten Aufmerksamkeit zu, ahmten mir, als ich geendet hatte, auf das ergötzlichste nach, und ich freute mich, sie – obwohl mit entstellter Aussprache – die Worte wiederholen zu hören:

> Und im Ganzen, Vollen Schönen
> Resolut zu leben.

Es ist die vorletzte Strophe, die vollständig und genau so lautet:

> Willst du Absolution
> Deinen Treuen geben,
> Wollen wir nach deinem Wink
> Unabläßlich streben,
> Uns vom Halben zu entwöhnen
> Und im Ganzen, Guten, Schönen
> Resolut zu leben.

Weimarer Geselligkeit, ästhetische Lebensform und ganzheitliche Weltbetrachtung werden hier im Wort, nicht in der Idee auf die Südseeinseln exportiert und unter Kokospalmen kurios gefeiert. Die Eroberung und Kolonisierung des Erdkreises vollzieht sich im 19. Jahrhundert unter anderen Prämissen als denen, die im Ethos der Aufklärung, der Erhellung und Besserung der Menschheit enthalten sind, auch wenn die subjektive Überzeugung mancher Missionare und idealistischer Reisenden noch diesem Ethos verbunden gewesen sein mag. Die Welt ist zur europäischen Kolonie geworden. Der Gestalt des Europamüden, die sich nach 1800 in der Literatur ausbreitete, tritt bei Chamisso schon diejenige des Weltmüden bei, der den Sieg Europas und seiner technischen wie wissenschaftlichen Macht über den Rest der Welt konstatiert, ohne darüber glücklich sein zu können. Chamissos Beschwörung Goethes in dieser fernen, nun erschlossenen Welt mutet an wie der Wunsch, daß doch auch etwas vom Ethos dieses Europäertums mit exportiert werde.

Chamisso war allerdings nicht durchaus Kulturpessimist, er hielt sich eher, wie er in seinem Reisebuch bekannte, für einen «Mann des Fortschritts». Etwas vom Kantschen Bekenntnis zur Notwendigkeit des Fortschreitens der Aufklärung, auch wenn es Negatives mit einschließt, lebte in ihm weiter (vgl. Bd. 1, S. 181 f.). Denn mit dem Export europäischer Waffen und europäischer Unsitten geht auch der Export europäischer Einrichtungen einher, die den Kolonialismus wiederum zu untergraben imstande sind. «Und schon erscheint in Landessprache und meist von Eingeborenen geschrieben eine Zeitung auf O-Taheiti! – Hört! hört! – eine Zeitung auf O-Taheiti!» verkündet Chamisso, und er fügt hinzu: «Die öffentliche Meinung, das ist die Macht, die groß geworden.» Das gedruckte Wort hatte Jean Paul in seinen *Dämmerungen für Deutschland* als ein Medium der Freiheit betrachtet; jetzt begann es seine Wirkung auf den ganzen Erdball auszuüben. Mochte bei den Deutschen eine Epoche großer sprachkünstlerischer Leistungen ihrem Ende zugehen, so erwies Chamissos Weltbeobachtung, daß eben diese Deutschen und ihre Literatur nur wieder ein kleiner Teil eines sehr viel größeren Geschehens waren, über dessen Sinn und Ziel freilich die Meinungen auseinandergingen und auseinandergehen.

FÜNFTES KAPITEL

DRAMATISCHE LITERATUR

1. Nationaltheater

Lessings Hohn 1769 in der *Hamburgischen Dramaturgie* über den «gutherzigen Einfall, den Deutschen ein Nationaltheater zu verschaffen, da wir Deutsche noch keine Nation sind», hatte vor allem deutscher Nachahmungssucht und der sklavischen Bewunderung alles dessen gegolten, «was uns von jenseit dem Rheine kommt». Vier Jahrzehnte später hatten sich die Dinge gründlich gewandelt. Von «jenseit dem Rheine» waren nicht mehr nur Theaterstücke, sondern die Franzosen selbst als Akteure der Weltgeschichte nach Deutschland gekommen und hatten große Teile dieses Landes unter ihre Oberhoheit gebracht. Aber mit ihrer neuen Rolle auf der größeren Bühne waren jedoch Einfluß und Wirkung auf derjenigen der Literatur zurückgegangen, während unter den Deutschen seit Lessing und zum Teil durch ihn eine eigenständige dramatische Kunst entstanden war, die inzwischen in westlicher Richtung über den Rhein drang. Den jungen Dramatiker Friedrich Schiller hatte die französische Republik sogar zu ihrem Ehrenbürger erhoben. Vor allem aber durften sich die Deutschen nun selbst auf der Bühne erleben, sei es im Gewand ihrer Gegenwart, wie es der preußische Major von Tellheim oder das sächsische Fräulein Minna von Barnhelm trugen, oder sei es im Gewand der Geschichte. Dem Ritter Götz von Berlichingen war eine beträchtliche Brüderschaft rauher, bärbeißiger, aber treuherziger deutscher Ritter auf den Bühnenbrettern gefolgt; neben sie traten so problematische Politiker und Feldherrn wie der böhmische Albrecht von Wallenstein. Selbst im Kostüm der fernen antiken Kultur konnte man sich jetzt wiedererkennen, denn die inneren Konflikte einer Iphigenie auf Tauris und ihre Verstrickung in Emotionen gegenüber gesellschaftlichen Realitäten waren für die feinfühligeren unter den Zuhörern in Weimar ebenso nachvollziehbar wie die Konflikte einer Luise Millerin, der man gewissermaßen am Theaterportal begegnen konnte.

Wenn es gemeinsame Faktoren für die deutsche Dramatik von Lessing bis zur Jahrhundertwende gab, so vor allem die Aufhebung aller sklavischen Bindung an fremde Vorbilder und die außerordentliche Vielseitigkeit an neuen, eigenen Stoffen, Mustern, Formen und Modellen. Antike Mythen, deutsche Nationalgeschichte, europäische Kulturgeschichte, die spanische Inquisition, der niederländische Freiheitskampf und dazu die deutsche

Gegenwart, das Duodezfürstentum, die Suche nach der Nation und das Dasein der Bürger in tragischen oder komischen Verstrickungen – all das wurde Gegenstand oft kontroverser, aber nicht selten bedeutender Dramatik, von der sich manches über lange Zeit auf den Spielplänen deutscher Theater gehalten hat.

Hinzu kam die Erschließung der dramatischen Literatur anderer Nationen durch bedeutende Übersetzungen, wodurch diese Werke bei den Deutschen bühnenfähig wurden und vielfältige Bearbeitungen oder Adaptionen anregten. Shakespeare und das elisabethanische Theater, Calderon, Cervantes und die spanische Barockbühne, Carlo Gozzi und die italienische Commedia dell'arte sowie in solch internationalem Kontext dann auch erneut französisches Theater wurden in die Sprache der Gegenwart übertragen und wirkten bildend auf diese ein. Auch neue Übersetzungen klassischer Dramen entstanden, und aus Indien kam als Dokument einer orientalischen Klassik die *Sacontala* herüber. Was immer sonst Christoph Martin Wieland vorgeschwebt haben mag, wenn er in Kleists *Guiskard*-Fragment potentiell die Vereinigung «der Geister des Äschylus, Sophokles und Shakespeare» (10.4. 1804) zu sehen glaubte – es war ein Gedanke, der nicht denkbar gewesen wäre ohne die Perspektive einer dramatischen Weltliteratur von der Antike bis zur Gegenwart, die sich im Deutschen seit Lessing aufgetan hatte.

Im November 1809 erschienen im Weimarer *Journal des Luxus und der Moden* als fromme Wünsche – «pia desideria» – deklarierte «Ideen über einen dramatischen Gesammtverein der Teutschen», worin konstatiert wird, was bereits angedeutet worden ist:

«Keiner Zeit aber als der heutigen, keiner Nation als der unsrigen ward je ein reichhaltigerer Stoff, noch irgendwo ein köstlicherer Schatz dramatischer Dichtung, zu immer vollkommenerer Darstellung überliefert, und eben diese Zeit, an kolossale Fortschreitungen aller Art gewöhnt, wird auch hierin mächtig vorwärts drängen.»

Die Idee eines «dramatischen Gesammtvereins» jedoch war nichts anderes als der Versuch, mit Hilfe des Theaters als eines Nationaltheaters jene deutsche kulturelle Identität zu bewahren, die gerade erst durch Literatur und Kunst wesentlich geschaffen worden, durch die politische Situation hingegen aufs entschiedenste bedroht war.

Der Vorschlag ist ein interessanter Spiegel geschichtlicher Veränderungen der Jahrzehnte seit Lessings Enttäuschung über die mißlungene Gründung eines Nationaltheaters. Auf die politische Vereinigung der Deutschen mittels ihrer Kultur konnten sich die Hoffnungen unter den gegebenen Umständen am allerwenigsten richten. Daß das Vaterland «in eine Menge verschiedner Völkerschaften sichtbarlich durch politische Convenienz geschieden» bleibe, war Anlaß für den kulturnationalen «Gesammtverein»

und sogar dessen Bedingung, gerade weil er jenseits unmittelbarer politischer Ansprüche existieren sollte und allerdings auch nur existieren konnte.
Den Deutschen fehle, so stellt der anonyme Autor fest, das Wagenrennen
der Griechen und das Pferderennen der Engländer als nationaler Volkssport, religiöse Feste hätten aufgehört zu begeistern, die Turniere des Mittelalters seien den Kanonenkugeln des modernen Krieges gewichen und die
feudalen Tierhetzen den «Kanarienvögeln», was offenbar auf bürgerliche
Familienintimität, die so gern verspottete Philistrosität, anspielt. Ausdrücklich wird betont, daß die «Volksfeste», aus denen zum Beispiel Friedrich
Schlegel das griechische Drama hatte hervorgehen sehen, zu «Familienfesten zusammengeschrumpft» seien, so daß schließlich als Wirkungsstätten
der Kultur nur noch dreierlei übrigbleibe: «Kunstausstellungen, Musik und
Schauspiel». Wie immer realistisch die Hoffnungen des Autors sein mochten – nichts kann die Entstehung eines bürgerlichen Zielpublikums und
Kunstmarktes für die dramatische Kunst in Deutschland deutlicher machen
als dieser Vorschlag. Aus dem Volksfest von einst erträumt sich der Verfasser nun ein «Kulturfest», und der Vergleich mit den olympischen Spielen
der Griechen ist ihm nicht zu hoch. Im «geliebten Berlin» aber sieht er
schließlich den geeigneten Ort für ein solches Modell, da Liberalität der
Regierung und wirtschaftliche Bedeutung den nötigen Hintergrund dafür
bieten könnten. Die Ablösung Weimars durch die große Stadt war eine
historische Notwendigkeit geworden und wird hier von einem Weimarer
Journal ausdrücklich bestätigt. In den Gesprächen von Tiecks *Phantasus*
heißt es rückblickend, es wäre wohl gut gewesen, «wenn dasjenige, was
man in Weimar für die Bühne getan hat, an einem großen Ort geschehen
wäre, damit es auf ganz Deutschland eine Wirkung hätte haben können».

Der beträchtliche Zuwachs an bedeutenden dramatischen Werken seit
dem ausgehenden 18. Jahrhundert ging durchaus nicht mit einer stetigen
Besserung des Theaters und der Bühnenverhältnisse einher. Wohl hatten
bedeutende Theatergründungen wie in Mannheim, Wien, Berlin und Weimar, später auch in Dresden, München, Braunschweig, Hannover, Bremen
und Düsseldorf, die Schauspielkunst als Institution gesellschaftlichen
Lebens etabliert. Bedeutende Schauspieler wie August Wilhelm Iffland,
Johann Friedrich Fleck oder Ludwig Devrient verschafften ihrem Stand
Ansehen, und Intendanten wie Goethe, Iffland, Klingemann oder Immermann versuchten, durch die Erziehung von Schauspielern und die Lenkung
von Spielplänen und Inszenierungen den öffentlichen Geschmack ebenso
wie die Bühnenkunst zu heben. Aber solche Institutionalisierung hatte auch
ihre negativen Seiten. In Tiecks *Phantasus* beklagt sich zum Beispiel einer
der Gesprächspartner gerade darüber, daß an den großen Theatern die
Kunst zu sehr dem Publikumsgeschmack geopfert werde durch Feuerwerkseffekte, «wollüstige Tänze» oder gar Tiere auf der Bühne, wodurch
denn das Theater vom Theater verdrängt werde. Daß Goethe sechs Jahre

später, im April 1817, schließlich die Intendanz von Weimar niederlegte, weil er auf seinem eigenen Theater nicht verhindern konnte, daß die Schauspielerin Karoline Jagemann, die Mätresse seines Herzogs, in einem französischen Stück einen Pudel mit auf die Bühne brachte, erweist, daß Tieck nicht nur eine zufällige Meinung referierte. Überhaupt war die Herausbildung von «Nationaltheatern» in größeren deutschen Städten nicht schlechterdings die mit historischer Konsequenz sich vollziehende Erfüllung eines Lessingschen Traums, sondern spiegelt eher auf ihre Art das Hybride der deutschen gesellschaftlichen Situation, in der dem Bürgertum zwar wachsender wirtschaftlicher und kultureller Einfluß gewährt wurde, aber die politischen Privilegien des Adels weithin unangetastet blieben. Das Berliner Theater etwa, zu dessen Intendant Iffland 1811 bestellt wurde, war ein «Königliches National-Theater», und mit dem Weimarer Theater war es hinsichtlich des fürstlichen Einflusses nicht anders bestellt, wie zu sehen war. Im übrigen hatten die Theaterleiter für Wirtschaftlichkeit zu sorgen und mußten deshalb dem Publikumsgeschmack mehr entgegenkommen, als daß sie ihn bildeten. Hier setzte also mit der Restauration eine eher rückläufige Entwicklung hinsichtlich kultureller Ideale ein.

Daß es mit der Darstellungskunst in deutschen Landen noch nicht allzu weit her war, belegen die verschiedensten Zeugnisse. In seinen Wiener Vorlesungen *Über dramatische Kunst und Litteratur* (1809) beklagt August Wilhelm Schlegel, daß die Nationaltheater «eine wahre Verpflegungsanstalt für versauerte oder durch Trägheit vernachlässigte Talente» geworden seien. Als Theaterkritiker in Berlin klagt Clemens Brentano 1815, daß das Theater zu einer «bretternen, mit falscher Perspektive gegen alle Natur zusammengenagelten und geräderten, angestrichenen leinenen und papiernen Kunst» geworden sei und der Orchestergraben auch die Kunst von den Herzen der Zuschauer trenne. Adolph Müllner läßt sich in den Vorbemerkungen zu seinem Lustspiel *Die Vertrauten* (1812) skeptisch über die Fähigkeit deutscher Schauspieler aus, mit Alexandrinern wie mit Versen überhaupt fertig zu werden. Wie es aber bei den vielen wandernden Truppen weiterhin aussah, berichtet am drastischsten wohl eines der Mitglieder von Tiecks *Phantasus*-Gesellschaft. Dort nämlich ist von einer Aufführung der *Zauberflöte* in Tetschen an der Elbe die Rede, wo eine Truppe von fünf Wandermimen sich an Mozarts Oper in einer Wirtsstube versuchte und Sarastro und Papageno sowie die Königin der Nacht und Pamina jeweils von der gleichen Person dargestellt wurden und somit «aus einer Kehle sangen», wofür dann das Rezept eines jungen Schauspielers galt: «Man läßt aus, man wirft Rollen zusammen, man schreit und singt was man kann und nicht kann, und wenn es nur rechten unverschämten Lärm macht, so sind unwissende Bürger- und Ackerleute kleiner Städte oft zufrieden genug.»

Die Realität des Schauspielens in einer Zeit, in der die Werke von Mozart, Goethe, Schiller oder Kloist Gegenwartskunst und somit das

Neueste, aber oft auch Kontroverseste bildeten, in der E. T. A. Hoffmann
als Musikdirektor in Bamberg, Leipzig und Dresden auftrat oder Tieck
Dramaturg am Dresdener Hoftheater wurde, war in ihrer Breite zweifellos
der Arbeitsmoral und den Fähigkeiten, wie sie Tiecks junger Komödiant
beschreibt, wesentlich näher als der Verpflichtung für Sprache und Kultur,
die Goethe seinen Schauspielern und seinem Publikum in Weimar einzu-
impfen versuchte. Die Stücke wechselten überdies zumeist täglich und wurden nur in großen Zeitabständen wiederholt, zu Proben war wenig oder oft
gar keine Zeit, und Improvisationen hatten dem wechselnden Publikum
Rechnung zu tragen, denn von seiner Gunst und seinen Eintrittsgeldern
war man schließlich auf dem großen Markt des Theaters abhängig, ganz
gleich, ob es sich in einer Gastwirtsstube oder in einem so würdigen klassizistischen Tempel für 1500 Zuschauer ereignete, wie ihn Karl Friedrich
Schinkel von 1818 bis 1821 am Berliner Gendarmenmarkt baute, nachdem
das alte Theater und mit ihm die Dekorationen für Hoffmanns und Fouqués Oper *Undine* 1817 verbrannt waren.

2. Das Repertoire

Auch wenn sich die kleinsten Schauspielertruppen am Anspruchsvollsten
versuchten, so bildete doch das Repertoire der Wanderbühnen ebenso wie
das der stehenden Theater in den ersten zwei Jahrzehnten nach 1800 keineswegs das, was eine spätere Zeit mit den Vorstellungen von einer «Kunstperiode» identifizieren möchte. Das Theater war einzig ein Ort der Unterhaltung; es zu einer Stätte der Bildung oder kulturellen Bereicherung zu
machen, wie es dem einen oder anderen Bühnenleiter vorschwebte, ließ sich
keineswegs gezielt in die Praxis umsetzen. Zur Unterhaltung gehörte die
Musik. Wie sich die Wandertruppe in Tetschen an der *Zauberflöte* versuchte, so die größeren Theater am gesamten Repertoire der Opern und
Singspiele von Dittersdorf zu Mozart und Spontini. Die spätere Trennung
zwischen Opernhäusern und Schauspielhäusern existierte noch nicht, und
wie die Romane Liedeinlagen hatten, so oft auch die Schauspiele. Beethovens Musik zu Goethes *Egmont* und seine Ouvertüre zu Heinrich von Collins Tragödie *Coriolan* oder Franz Schuberts Musik zu Theodor Körners
Singspiel *Der vierjährige Posten* sind Beispiele für die enge Verbindung von
Text und Musik im Theater. Man wird das bei der Betrachtung der Struktur
dramatischer Werke dieser Zeit im Auge behalten müssen. Wenn zum Beispiel Goethe den zweiten Teil seines *Faust* oft beträchtlich in die Nähe der
Oper geraten läßt, so war das eine künstlerische Entscheidung, bei der
unter anderem auch ein alter Theaterpraktiker am Werke war.

Eine Entscheidung des Theaterpraktikers Goethe war es allerdings auch,
den ersten Teil des *Faust,* der 1808 erschien, auf seinem Theater nicht auf-

zuführen; die Uraufführung des Werkes fand erst 1829 in Braunschweig statt. Auf dem Weimarischen Theater wie auf den anderen deutschen Bühnen dominierte Leichteres. Kotzebue blieb der ungekrönte König der deutschen Bühne, und neben ihn und die anderen populären Dramatiker der älteren Generation wie Iffland, Schröder und Vulpius traten Julius von Voß, Clauren, Steigentesch oder Theodor Körner, von dem Goethe in Weimar nicht weniger als acht Stücke aufführen ließ. «Kein Theater-Director würde es wagen, etwa ein Werk von Tieck ganz oder bearbeitet darzustellen», heißt es in einem Brief an den Herausgeber des *Deutschen Museums*, also Friedrich Schlegel, aus dem Jahre 1812 unter dem – eine lange Klage provozierenden – Titel «Wie steht es um die deutsche Bühne?» Schiller, so ist dort zu lesen, sei zwar «der gepriesene Dichter», aber noch kein Klassiker», denn «der Deutsche hat Tempel, aber er besucht sie nicht», womit nicht das Theater, sondern die Werke seiner besseren Dramatiker gemeint waren. Natürlich wurde Schiller ab und an aufgeführt, aber seine Popularität als Bühnendichter konsolidierte sich erst um die Mitte des 19. Jahrhunderts, als man in ihm den Herold einer bürgerlichen deutschen Nation erkannt zu haben glaubte.

Als die «jetzt für die besten geltenden» jüngeren dramatischen Dichter nennt Karl Wilhelm Ferdinand Solger 1815 in seinem kunsttheoretischen Dialog *Erwin* «Fouqué, Oehlenschläger und auch Werner», aber niemand nannte und kannte den einen, über dem dann alle diese Namen in Vergessenheit gerieten: Heinrich von Kleist, der keines seiner Stücke je auf der Bühne gesehen hat. So scheint sich also vom Repertoire her zu bestätigen, was August Wilhelm Schlegel und Brentano über den Verfall der Schauspielkunst angesichts der zunehmenden Bedeutung des Theaters geklagt hatten. Die Folgen für die Kunst des Dramas aber hat Schlegel in seinen Wiener Vorlesungen in die Sätze zusammengefaßt:

> «Dieser sowohl poetische als sittliche Verfall des Zeitgeschmacks hat nun den Umstand zur Folge gehabt, daß die Schriftsteller, welche auf der Bühne am beliebtesten sind, nur um augenblicklichen Beifall buhlen, unbekümmert um das Urteil der Kenner und um wahre Achtung; diejenigen aber, welche beides bei höheren Zwecken vor Augen haben, sich nicht entschließen können, sich nach den Forderungen der Menge zu bequemen, und wenn sie dramatisch komponieren, auf die Bühne keine Rücksicht nehmen wollen. Daher bleiben sie denn mangelhaft in dem theatralischen Teile der Kunst, der nur durch Übung und Erfahrung zur Meisterschaft gebracht werden kann.»

Über die Entstehung der besonderen Form des «Lesedramas» in der deutschen Literatur im Zusammenhang mit einer derartigen Entwicklung wird noch zu sprechen sein. Was jedoch den Theaterspielplan angeht, so faßt Schlegel zusammen:

«Das Repertorium unsrer Schaubühne bietet daher in seinem armseligen Reichtum ein buntes Allerlei dar, von Ritterstücken, Familiengemälden und rührenden Dramen, welche nur selten mit Werken in größerem und gebildetem Stil von Shakespeare oder Schiller abwechseln.»

Nun sind Zeitgenossen aus polemischem oder pädagogischem Anlaß oft kritischer, als es die Wirklichkeit verdient. Diese Wirklichkeit würde verzerrt, wollte man die Klagelieder für bare Münze nehmen. Die literarischen Leistungen Lessings, Goethes, Schillers oder des Shakespeare-Übersetzers August Wilhelm Schlegel waren ebensowenig spurlos an der deutschen Literatur vorübergegangen wie die Gedanken und die Arbeit Lessings, Schillers, Goethes oder Tiecks zur Hebung und Förderung der Schauspielkunst. Das zeigt sich allein schon in der künstlerischen Form der neuen Dramen. Das fünfaktige Blankversdrama, das Lessing mit seinem *Nathan der Weise* (1779) in der deutschen Dramatik begründete, war durch Schillers Spätwerk und Schlegels Shakespeare-Übersetzung stilprägend für die jüngeren deutschen Dramatiker geworden. Dahinter ging es nicht mehr zurück. Hinzu kam die Erschließung der romantischen Tradition, also insbesondere des Theaters Calderons und der vielen romanischen Vers- und Strophenformen, der Sonette, Kanzonen und Stanzen, die zum Beispiel Ludwig Tieck in der *Genoveva* und dem *Octavianus* klangvoll ausprobierte. Auch wenn dann diese Werke selbst nicht auf die Bühne kamen, so übten sie doch ihren Einfluß auf jüngere Autoren aus. Die populäre deutsche Tradition des Knittelreims machte Goethe im *Faust* zum Instrument des Gesprächs über Höchstes und Tiefstes, Zartestes und Derbstes. Außerdem aber bestand die antike Bildung fort, die man schon in der Schule einsog und die im übrigen gerade in den Jahren nach 1800 – um hier keine Mißverständnisse über eine romantische Zeit aufkommen zu lassen – Auftrieb erfuhr durch eine ganze Reihe von neuen Übersetzungen. Friedrich Leopold von Stolberg hatte 1802 Werke von Aeschylos übertragen, 1804 folgten Hölderlins *Trauerspiele des Sophokles*, 1806 die *Lustspiele des Terenz*, verdeutscht durch den Weimarer Kammerherrn Friedrich Hildebrand von Einsiedel, 1808 Solgers *Des Sophokles Tragödien* und bald darauf Aristophanes- und Aeschylos-Übertragungen Friedrich August Wolfs und Wilhelm von Humboldts. Eine Reihe von antikisierenden Theaterstücken wie diejenigen Heinrich von Collins oder Wilhelm von Schütz' traten diesen Übersetzungen zur Seite.

Wenn Goethe im übrigen gerade Theodor Körner so reichlich aufführen ließ, geschah das nicht nur, um dem Publikum Konzessionen hinsichtlich seines Unterhaltungsbedürfnisses zu machen oder um den Sohn eines guten Bekannten zu protegieren, der noch dazu zum nationalen Helden geworden war, sondern es geschah auch deswegen, weil Körner der begabteste Verskünstler unter den deutschen Schriftstellern seiner Generation war, dem die elegantesten Blankverse oder Alexandriner bei den trivialsten Stoffen nur so aus dem Handgelenk flossen. Auf Sprechkunst und die Entwicklung eines Formbewußtseins unter Schauspielern und Zuschauern aber hatte Goethe schon seit dem Anfang seiner Intendantentätigkeit in Weimar besonderen Wert gelegt, wie seine Begünstigung der dramatischen Experimente Friedrich und August Wilhelm Schlegels zeigte (vgl. Bd. 1, S. 559 ff.).

Die Ständeklausel des 18. Jahrhunderts hatte mit dem bürgerlichen Trauerspiel, mit der Erhebung bürgerlicher Heldinnen und Helden zu tragischen Figuren ihre gesetzgebende Kraft verloren. Aber damit freilich war nicht schon das Drama zu neuen Höhen geführt. Im Gegenteil entwickelten sich gerade aus dem bürgerlichen Trauerspiel eben die Familiendramen und Rührstücke, auf denen Ruhm und Verachtung Kotzebues und jener anderen Unterhaltungskünstler beruhten, die damals die Abgötter des Publikums waren.

Goethes und Schillers Wendung zum Vers und zur klassischen Form hatte mit den immanenten Unzulänglichkeiten des in Prosa verfaßten bürgerlichen Dramas zu tun. Prosa war Sprache zeitgenössischer oder historischer Wirklichkeit, geeignet zur Darstellung der Widersprüche und Mißstände der Gesellschaft. Darin wiederum hatten bereits Werke wie *Emilia Galotti* und *Kabale und Liebe* das Äußerste erreicht. Denn so sehr intellektuelle Aufklärung und Bildung fortschritten – an den Verhältnissen der Stände zueinander hatte sich auch nach 1800 wenig geändert. Das führte zum Dilemma des deutschen Gesellschaftssdramas, das weder als bürgerliche Tragödie noch als Komödie in den Jahren nach 1800 wirklich noch Kraft besaß und immer die Tendenz aufwies, ins Banale und Triviale abzugleiten.

Einen Versuch, aus der Unveränderlichkeit der Verhältnisse ins Bedeutendere zu entfliehen und die Gegenwart für die inneren Konflikte der modernen Seele in ihrer Bindung ans Uralte und Vorgesellschaftliche durchsichtig zu machen, stellte das sogenannte Schicksalsdrama dar, das sich nach antiken Vorbildern und denen des englischen Schauerromans parallel zur Mode der Gespenstererzählung in Deutschland herausbildete.

Weitaus bedeutender jedoch war der Versuch von Dramatikern, Gegenwart in der Geschichte zu fundieren, wie es Schiller bereits musterhaft und meisterhaft getan hatte. Das Geschichtsdrama in seinen vielen Erscheinungsformen und Spielarten wurde deshalb auch der bedeutendste Tummelplatz für die deutsche dramatische Kunst am Anfang des 19. Jahrhunderts.

Die Geschichte aber transzendierten wiederum die Mythendramen, also jene Werke, in denen entweder Mythen und Sagen aus der antiken und christlichen Tradition aufgegriffen wurden wie die Abenteuer der Götter vom Olymp oder diejenigen der Nibelungen, oder in denen die Volksbücher vom Doktor Faust, der Genoveva und Fortunatus mit dem Glückssäkkel neue Gestalt annahmen. Und schließlich war es die Mythologie des Christentums, die, nachdem man sich der eigenen Bindung an die Geschichte dieser Religion in Europa bewußt geworden war, in vielfältigen Passionen auf die Bühne gebracht wurde.

Letztlich aber kam auch, wie in der Prosa, auf dem Gebiete des Dramas das literarische Spiel, also die Literatur aus Literatur zu ihrem Wort. Dramatische Satire blühte zum ersten Mal in der deutschen Literatur. Ebenso gehörte dazu aber auch das oft durchaus ernste Spiel mit alten dramatischen Formen des Volkstheaters, dem Puppenspiel, dem Marionettentheater, den Schattenspielen oder den Maskenzügen.

Gesellschaftsdramen

Im letzten Heft des *Phöbus* für November und Dezember 1808 brachte Adam Müller eine kleine kritische Betrachtung «Über das deutsche Familiengemälde», genauer gesagt über dessen Nichtswürdigkeit. Keinesfalls wolle er in Abrede stellen, daß bürgerliches Leben auf die Bühne gehörte. Ihm gehe es vielmehr um die Zufälligkeit, mit der «Pfarrer, Commerzienräthe, Fähndriche und Husarenmajors» heutzutage dort vorgeführt würden und um den Vorwand, «als ob um ihretwillen die Welt da sei, als ob von regelmäßiger Haushaltung, von Pünctlichkeit in den Amtsgeschäften, von der Zufriedenheit, die daraus erwächst, daß man niemanden etwas schuldig ist, von der Entlarvung irgend eines Hausbösewichts, so wichtig und schätzbar auch diese Dinge sind, nun gleich ein goldnes Zeitalter zu erwarten stehe». Und wenig werde gezeigt von dem, was die bürgerliche Familienwelt wirklich bewege, wenn dann «im letzten Act der Fürst mit seiner Gnade ausgeholfen, und die schändlichen Minister und Präsidenten abgesetzt hat, gegen die weder der Dichter noch seine Hausväter und Oheime Rath wußten». Müllers eigener Vorschlag dagegen ist: «*Tiefer gegriffen* in das Herz der Familien und der Menschen!» Denn «in den einfachsten Familiensituationen unsres häuslichen Lebens walten noch dieselben Mächte, die im Hause der Atriden herrschten». Solch unter der Hülle bürgerlicher Konvenienz verborgenes Schicksal gelte es zum Vorteile der dramatischen Kunst zu zeigen.

Müllers Freund Heinrich von Kleist, mit dem zusammen er den *Phöbus* herausgab, entsprach zwar mit seinen Dramen der Forderung des Freundes, in das Herz der Menschen und der Familien zu greifen und das Wirken archaischer Mächte und Kräfte darin vorzuführen, aber er ging dabei, wie auch in seinen Erzählungen, tunlichst der deutschen Wirklichkeit aus dem Wege. Auch Arnim, Brentano, Tieck, Uhland oder Zacharias Werner, von Goethe ganz zu schweigen, taten desgleichen; die Stoffwahl bedingte also bereits Enge oder Weite der Gedanken.

Das Beste an Gesellschaftsdramen hatte nach der Jahrhundertwende noch immer Kotzebue mit seinem Lustspiel *Die deutschen Kleinstädter* (1803) zu bieten, hauptsächlich weil sich mit der Darstellung deutscher bürgerlicher Philistrosität eine wie immer milde Kritik daran verband. Was er selbst und was jüngere Kollegen – Julius von Voß, Clauren, der Wiener Freiherr von Steigentesch oder Hoffmanns Serapionsbruder Carl Wilhelm Salice Contessa – danach boten, war, so geschickt es auch technisch sein mochte und so elegant es oft sprachlich daherkam, kaum mehr als Augenblicksunterhaltung ohne wesentlichen Einblick ins Menschenherz oder in das Uhrwerk der Gesellschaft.

Wenn sich zum Beispiel der junge Heinrich von Collin, der später durch seine historischen Dramen zu keineswegs unverdientem Ruhm gelangte, zunächst an einem Stoff aus dem Gesellschaftsleben seiner eigenen Zeit versuchte, kam – mit dem erst posthum veröffentlichten Drama *Julie von Billenau* – nichts als ein leeres Schurken- und Edelmutsstück heraus. Denn Collins Titelheldin fällt beinahe den Intrigen eines bösen Verführers zum Opfer, wenn sie um eines Eides, den sie ihrer sterbenden Schwägerin gegeben hat, ihrem Ehemann nicht verraten will, daß es deren uneheliches Kind und nicht etwa ihr eigenes ist, das sie heimlich pflegt. Erst das Eingreifen treuer Diener bringt die Wahrheit an den Tag, vertreibt den «Hausbösewicht», der sich noch dazu auch als einstiger Verführer der Schwägerin und Vater des Kindes erweist, und rettet die bedrohte Ehe.

Collins Stück ist insofern bemerkenswert, als es die ganze von Adam Müller beklagte Oberflächlichkeit derartiger Familienkonflikte demonstriert. Wenn man bedenkt, welch tiefe, in sozialer Psychologie fundierte Macht Schiller jenem Eid gab, den höfische Kabale der Luise Millerin mit scharfer Kalkulation auf ihre kleinbürgerliche Religiosität abnötigt und durch den dann tatsächlich sie und ihr geliebter Ferdinand in den Tod getrieben werden, dann erweist sich noch deutlicher die Leere von Collins Konstruktion. Selbst wenn man auch bei seiner Heldin Erziehung zu einem religiösen Eidesbegriff in Rechnung stellen möchte – sie stammt aus dem «glücklichen Mittelstande» –, so enthüllt doch ihr Schweigen dem eigenen Ehemann gegenüber und in einer niemand mehr kompromittierenden Angelegenheit eher ihre persönliche Torheit. Der Gegensatz zwischen niederem Adel und gehobenem Mittelstand ist offensichtlich kein tragisches Problem mehr, und wirkliches Herrschaftsgebaren äußert sich in diesem Stück nur noch den Dienern gegenüber, die dafür ihren Herren um so treuer ergeben sind. In dieser aus entschärften gesellschaftlichen Gegensätzen hervorgehenden unkritischen Haltung liegt die eigentliche Schwäche nicht nur von Collins Stück, sondern von vielen deutschen Gesellschaftsdramen in den ersten Jahrzehnten des 19. Jahrhunderts überhaupt.

August Wilhelm Schlegel hat in den Wiener Vorlesungen *Über dramatische Kunst und Litteratur* auf die tieferen Ursachen dieser Schwäche gedeutet, wenn er meint, die «Ökonomie poetisch zu machen» sei unmöglich: «Von einem glücklichen und ruhigen Hauswesen wird der dramatische Familienmaler ebensowenig zu sagen wissen als der Geschichtsschreiber von einem Staate bei innerm und äußerm Frieden.» Ein derartiger Zustand jedoch war in der deutschen Gesellschaft eingetreten, und zwar zunächst dadurch, daß der Krieg und der Kampf gegen einen äußeren Feind Schwierigkeiten, Konflikte, Aufgaben und Ziele mit sich brachten, denen gegenüber die eigenen gesellschaftlichen Probleme klein erscheinen mochten.

Zum anderen aber war auch eine Atmosphäre gesellschaftlichen Burgfriedens entstanden oder sogar bewußt gefördert worden, in der Ideale einer Volksgemeinschaft vor die Gegensätze der Stände und Klassen traten. So wenig das an der Realität dieser Gegensätze etwas änderte, so sehr war doch die Konfrontation nicht mehr das Gebot der Stunde. Was es in dieser Hinsicht zu sagen gab, hatten Lessing, Lenz, Klinger oder der junge Schiller bereits zu ihrer Zeit gesagt. Erst die neuen, tiefgreifenden sozialen Konflikte der entstehenden Industriegesellschaft gaben dann dem Gesellschaftsdrama wieder neuen gewichtigen Stoff und neue Ausdruckskraft.

Das alles soll freilich nicht heißen, daß den deutschen Gesellschaftsdramen am Anfang des 19. Jahrhunderts jede Aussagekraft und jede künstlerische Bedeutung abgehe. Hier ist zwischen einzelnen Autoren und selbst einzelnen Stücken vorsichtig zu differenzieren, wofür es in der Literaturgeschichte nur erst Vorarbeiten gibt. Von den vielen rasch produzierten Dramen Theodor Körners, die so sehr Goethes Beifall als Gebrauchsstücke für sein Theater fanden, spielen die meisten in der Gegenwart. Sein patriotisches Durchhaltestück *Zriny* aus den Türkenkriegen ist die prominente Ausnahme (vgl. S. 74ff.). Aber es waren Gesellschaftsstücke, die überwiegend in Alexandrinern, Blankversen oder Knittelreimen geschrieben waren und damit die eigentliche Errungenschaft des bürgerlichen Trauerspiels, die Prosa als dramatische Bühnensprache, annullierten. In Theodor Körner triumphierte bei der Darstellung von Gegenwartsstoffen formal der klassizistische Schiller über den frühen, und eben das war es, was Goethe zur Sprecherziehung seiner Schauspieler und zur Spracherziehung seines Publikums reizte. Die Konflikte hingegen blieben flach und verrieten nur andeutungsweise, daß sich die Haltung der Stände zueinander in Sachen der Liebe allmählich zu wandeln begann, denn wo es zur Wahl kommt, wird in der Tat der individuellen Liebe vor allen Standesrücksichten das Wort geredet. Aber auch standesinterne Konflikte gibt es, die der wechselseitigen Anziehung von Individuum zu Individuum entspringen, vor allem wenn sie in Kollision mit der gesetzlichen Reglementierung dieses Verhältnisses durch die Ehe gerät.

Körners Einakter *Die Sühne* ist ein Beispiel dafür, ein Heimkehrerstück ganz auf die Situation der langen Kriegszeit zugeschnitten: Der Totgeglaubte kommt zurück und findet seine Frau dem eigenen Bruder angetraut. Körners Lösung ist, bei Kenntnis des *Zriny* nicht unerwartet, der Liebestod, allerdings kein himmlischer, sondern ein höllischer, da der zweite Ehemann sich das zwiefach geliebte Klärchen durch Mord für alle Ewigkeit aneignet: «Jetzt ist sie mein; ich hab' sie mir gemordet.» Mit dem Pathos wird weiterer psychologischer Ergründung aus dem Wege gegangen.

Sehr viel subtiler als Körner war Adolph Müllner, als Dramatiker weithin beliebt und in Weimar ebenso aufgeführt wie in Leipzig, Berlin, Stuttgart, Braunschweig, München oder Wien. Auch er zog für seine Gesellschaftsstücke den Vers der Prosa vor, und das mit ausdrücklicher pädagogischer

Absicht. «Wer den Zustand der Dinge *auf* und *vor* der deutschen Bühne kennt, wird den Grund davon leicht errathen», meint er in der «Vorerinnerung» zu seinem Lustspiel *Die Vertrauten* (1812) und erklärt: «Die Schauspieler sind im Ganzen noch ziemlich weit davon entfernt, mit dem Vortrage des Alexandriners auf's Reine zu seyn, besonders wenn er eine rasch fortschreitende Handlung begleitet; und unter den Zuschauern giebt es viele, welche in Hinsicht des Lustspiels noch sehr fest an Lessings Vorurtheil von der Unnatürlichkeit der Verse hängen.» Diesen Mängeln zu steuern, habe er sich in möglichst sprechgerechten Versen versucht. Es ist ein Versuch, dessen Bedeutung für die Herausbildung einer deutschen Hochsprache in einem noch völlig von Dialekten beherrschten Lande nicht gering zu achten ist. In diesem Sinne stellten auch Gesellschaftsdramen wie diejenigen Müllners oder Körners, so unbedeutend, ja trivial sie in ihrem Inhalt sein mochten, einen Teil dieser deutschen Nationalkultur als Nährboden einer deutschen Nationalsprache dar.

Was Müllner in seinen Gesellschaftsstücken vielfach variiert, ist der Vorrang persönlicher Neigung in Liebesverhältnissen über alle Standesrücksichten. Das geht sogar soweit, daß ein verwitweter Graf im Lustspiel *Die großen Kinder* (1813) Sorgen hat, seine Absicht, eine französische Winzertochter zu heiraten, seinen erwachsenen Kindern mitzuteilen, die im Bewußtsein von der Besonderheit ihrer sozialen Stellung erzogen worden sind. Das «Alter» also glaubt sich fortschrittlicher als die Jugend, die allerdings, wie sich herausstellt, dann gleichfalls ihre unstandesgemäßen Liaisons abgeschlossen und nur aus Angst vor dem Vater geheimgehalten hat. Nicht nur Standesdünkel wird hier letztlich überwunden, sondern im Grunde auch eine bürgerliche Familiengesinnung propagiert. Darin liegt die wie immer leichte Bedeutung einer Reihe dieser Stücke.

Nicht überall besaß das Gesellschaftsstück und insbesondere das Lustspiel eine derartig human verantwortliche Ansicht. Neben dem vielen Belanglosen war es vor allem die Judenposse, die, auf Gleichberechtigung und Assimiliationssymptome der Juden in diesen Jahren reagierend, böse Wirkungen ausübte. Der große und langandauernde Erfolg von Karl Borromäus Alexander Sessas Stück *Unser Verkehr* (vgl. S. 149 f.) ist das drastischste Beispiel dafür. Aus den gleichen historischen Voraussetzungen entstand aber auch der Versuch zur Rekonstitution des bürgerlichen Trauerspiels als sozialkritischen Dramas in einem Werk wie Ludwig Roberts *Die Macht der Verhältnisse* (1819).

Aus dem Konflikt zwischen einem jungen Adligen und einem nicht satisfaktionsfähigen bürgerlichen Intellektuellen, die sich am Ende als Halbbrüder erweisen, entstehen unaufhaltsam Mord und Selbstmord, so daß sogar der Versuch eines gütigen Fürsten mißlingt, dem Mörder, der von dem ihm unbekannten Bruder provoziert worden war, Gnade angedeihen zu lassen. Dergleichen unterschiede das Stück äußerlich kaum von Dutzenden anderer, wenn nicht in dem Motiv der Satisfaktionsfähigkeit als Zeichen von gesellschaftlicher Ungleichheit bei innerer, unerkannter Verwandtschaft persönliche Erfahrungen des assimilierten Juden Ludwig Robert, des Bruders von Rahel Varnhagen, in das Werk eingegangen wären. Unmittelbar bezieht es sich auf einen Vorfall in der Berliner Gesellschaft, in den – nicht zu seinem Ruhm – Ludwig Achim von Arnim verwickelt war. Mittelbar aber zeigt es die weiterhin fehlende gesellschaftliche Achtung für die Juden bei aller ihnen zugestandenen Bürgerfreiheit. Robert hat allerdings, symptomatisch dafür, die Handlung seines Stückes in das Jahr 1792 zurückverlegt und Juden nicht auf die Bühne gebracht, sondern den Konflikt in den Gegensatz von Adel und Bürgertum projiziert, was das Stück konventionell und übertrieben erscheinen läßt. Seinen Intentionen nach ist es jedoch deutlich ein Ausdruck der ungelösten gesellschaftlichen Problematik deutscher Verhältnisse im beginnenden Industriezeitalter, in dem der wirtschaftlichen und staatsrechtlichen Emanzipation einer religiösen Minderheit keine gesellschaftliche entgegenkam.

In den zwei diesem Stück beigegebenen theoretischen «Briefen» fordert Robert ausdrücklich die Erneuerung des «bürgerlichen Trauerspiels». Die Zeit habe die Dissonanz, die der Dichter seinem Stoff gegeben habe, «nicht (faktisch) aufgelößt», und aus Ereignissen, die derart «eine historische Wurzel» haben, müßten sich deshalb auch immer wieder literaturwürdige tragische Konstellationen ergeben. Es ist ein Schritt zur Konkretisierung der einst von Adam Müller im *Phöbus* erhobenen Forderung nach tieferer Erfassung gesellschaftlich-familiärer Konflikte. Nicht die Macht des Vorurteils wollte Robert, wie er erklärte, darstellen, sondern diejenige der «Verhältnisse», worunter er ganz im Sinne des heraufziehenden naturwissenschaftlichen Zeitalters das Zusammenwirken von «festen gesellschaftlichen Formen», sittlichem Wollen und der «geheimnißreichen Unvollkommenheit» des Menschen durch die Abhängigkeit von einem «niedren und zwingenden Naturgesetz» sah. Darin sind im Grunde schon die ersten Ansätze jener aus Beobachtungen der Naturwissenschaften hervorgehenden Milieutheorie zu erkennen, durch die dann in der zweiten Hälfte des 19. Jahrhunderts tatsächlich eine entschiedene Wiederbelebung des Gesellschaftsdramas erfolgte.

Schicksalsdramen

Daß der *Fuhrmann Henschel* (1898) «im rauhen Gewand volkstümlich-realistischer Gegenwart» nichts anderes als «eine attische Tragödie» sei, hat Thomas Mann 1952 in seiner Gedenkrede auf Gerhart Hauptmann von dessen naturalistischem Milieudrama festgestellt. Adam Müllers Forderung, in der bürgerlichen Familiensituation «dieselben Mächte» sichtbar zu machen, «die im Hause der Atriden herrschten», ist vielfach erfüllt worden in der Geschichte des bürgerlichen Dramas. Aus der antiken Ferne kamen auch die Begriffe, mit denen man diese «Mächte» zu bezeichnen versuchte: Was dort als Moira, Tyche, Ananke oder Fatum die Kräfte jenseits aller menschlichen Lenkbarkeit und Verstehbarkeit benennen sollte, das sollte im

Deutschen das Wort «Schicksal» tun. Es sei eine höhere Einheit, das «in sich Abstrakte und Gestaltlose, die Notwendigkeit», die «Götter und Menschen bezwingt, für sich aber unverstanden und begrifflos bleibt», definierte Hegel in seiner *Ästhetik* an jener Stelle, wo von der Auflösung der klassischen Kunstform und ihrem Übergang in die christliche die Rede ist, denn unter der Herrschaft des christlichen Gottes und seiner Vorsehung verlor letzten Endes das Schicksal seine Macht.

Die ersten Versuche nach 1800, im deutschen Drama die gegenwärtige oder historische Realität mit dem Wirken eines solchen Schicksals zu verbinden, gerieten in ein kompliziertes Verhältnis zur offiziellen Christlichkeit der Gesellschaft, für die die Literatur bestimmt war. Schon Schillers *Braut von Messina* (1803), der Prototyp einer großen Anzahl sogenannter Schicksalsdramen, legte davon Zeugnis ab, war es doch von Schiller absichtlich in einem Ort angesiedelt, in dem sich historisch die drei großen Weltreligionen begegnen konnten, und Schiller experimentierte darin mit einem religiösen Synkretismus, an dessen Überzeugungskraft August Wilhelm Schlegel sogleich zweifelte (vgl. Bd. 1, S. 520).

Der Begriff «Schicksalsdrama» ist nicht präzis. Das Gesellschaftsdrama als Gegenwartsstück und das historische Drama sind durch ihre Stoffe bestimmbar. Das Schicksalsdrama hingegen ist nur eine Abart von beiden, in der der tragische Ausgang eines Konfliktes mangels anderer, greifbarerer Gründe eben der unaufhaltsamen Macht eines solchen Schicksals angelastet wird, das jedoch in der christlichen Welt im Gegensatz zu den antiken Vorstellungen eher eine Bezeichnung für etwas lediglich Unverstandenes, aber möglicherweise Verstehbares wird. Dazu fügt sich ein reichliches metaphorisches Instrumentarium, und zwar umso mehr, je weniger die Macht des Schicksals von sich aus in ihrer Wirksamkeit überzeugt. Die mysteriöse Bedeutung von Kalenderdaten, die Heimkehr verloren Geglaubter, Dolche und Beile für Geschwister-, Eltern- oder Kindermorde, drohende Ahnenbilder und Erbflüche, die Durchsetzungskraft von Orakeln gegen alle Vorsicht und schließlich Schloßgespenster sowie andere Geistererscheinungen gehören zu den beliebten Mitteln und Requisiten dieser Dramatik, die vor allem die Unsicherheit und Verwirrung von Familienbeziehungen und -traditionen in einer Übergangsphase zu bürgerlichen Lebensformen zum eigentlichen Gegenstand hatte. Quellen boten der englische Schauerroman und das spanische Drama. Aber zu antiker Größe und tragischer Gewalt führte auf diese Weise kein Weg zurück, auch wenn es sich mancher Autor erträumt haben mag.

Ein schmaler unterirdischer Gang des deutschen Dramas zum englischen «gotischen Roman» des 18. Jahrhunderts wird mit Horace Walpoles Tragödie *The Mysterious Mother* sichtbar, die er 1768 als Privatdruck herausgab, die aber erst 1796 der Öffentlichkeit bekannt wurde und dann auch Goethes und Schillers Aufmerksamkeit auf sich zog. Bei Goethe mochte das

Drama vom Sohne, der die Schwester-Tochter heiratet, die er mit der eigenen Mutter am Todestag des Vaters, dem verhängnisvollen 20. September,
unwissentlich gezeugt hat, auf tiefe, verborgene Anteilnahme an der Vielfalt
der Liebesbeziehungen zwischen den Geschlechtern treffen, die ihn immer
wieder bewegte. Bei Schiller war es der Stoff, der ihm neue Inspirationen zu
eben jenem Experiment mit klassischen Formen gab, in dem der «neuere
Tragiker» die «moderne gemeine Welt in die alte poetische» zu verwandeln
suchte, wie es in den Gedanken zum Gebrauch des Chores in der Tragödie
als Einleitung zur Braut von Messina heißt. Schillers Drama zeigt in der Tat
eine Reihe von bemerkenswerten Parallelen zu demjenigen Walpoles.

Vor allem aber hat Schiller mit der Schlußzeile seines Stückes – «der
Übel größtes aber ist die Schuld» – das Schlüsselwort für jene eigentliche
Schicksalsdramatik gegeben, die durch Werke wie Zacharias Werners Der
vierundzwanzigste Februar (1809), Adolph Müllners Der neunundzwanzigste
Februar (1812), Die Schuld (1813), König Yngurd (1817) und Die Albaneserin (1819) sowie Franz Grillparzers Die Ahnfrau (1817) und Ernst Hou-
walds Die Heimkehr (1818) und Der Leuchtturm (1820) als ihren bekanntesten Exemplaren bezeichnet wird. Daß es eine beträchtlich größere, heute
weithin verschollene Anzahl solcher Stücke gab, muß bedacht werden, will
man die genannten Dramen in die rechte Perspektive setzen. Aber auch sie
sind im Grunde vergessene Literatur, die nur eben extrem ausgeprägt darstellt, was auch als Themen, literarische Verfahrensweisen, Stilzüge und
Metaphern die bekannteren Geschichts- und Mythendramen der Zeit
durchzieht, von denen sich diese Dramen ohnehin nicht überall reinlich
trennen lassen.

Das am weitesten verbreitete dieser Werke ist zweifellos Zacharias Werners Der vierundzwanzigste Februar, am 13. Oktober 1809 in Coppet am
Genfer See unter Mitwirkung des Autors und August Wilhelm Schlegels
vor den Augen der Madame de Staël zuerst privat aufgeführt und dann
öffentlich 1810 in Weimar unter der Regie Goethes. Eine würdigere Patenschaft dürfte kaum ein anderes Werk der deutschen Dramatik dieser Jahre
aufzuweisen haben.

Vorgeführt wird der letzte 24. Februar im Leben des Schweizer Landmanns Kunz
Kuruth aus dem Berner Oberland. An diesem Tage nämlich kehrt der verlorene Sohn
Kurt unerkannt und reich zurück, jener Sohn, der einst im Kinderspiel und selbstverständlich am gleichen verhängnisvollen Kalendertag sein kleines Schwesterchen
ermordet hatte. Jetzt jedoch bringen ihn die völlig verarmten eigenen Eltern des Geldes wegen um, und erst zu spät erfahren sie, wen sie getötet haben. Ihnen bleibt nur
noch der Weg zum «Blutgericht».

Walpoles 20. September, Werners 24. Februar oder Müllners 29. Februar
sind lauter letzte Tage und die Schicksalsdramen lauter letzte Akte. Was
man von Henrik Ibsens analytischer Dramatik gesagt hat, das trifft bereits
auf diese Schicksalsdramen zu, die nicht eigentlich Schicksal zeigen, son-

dern das Ende eines Verhängnisses, das irgendwo in der Vergangenheit durch eine unbestimmbare Mischung aus persönlicher Schuld, Ungunst der Verhältnisse und menschlicher Schwäche entstanden ist. In Werners Fall war es die Forderung eines strengen Vaters an Kunz Kuruth, nicht seine arme Trude, sondern eine andere zu heiraten. Die Forderung hatte den Sohn veranlaßt, die Hand gegen den Vater zu erheben, und damit dessen Fluch – natürlich am 24. Februar – mit biblischem Recht auf sich gezogen, so daß ihm hinfort alles zum Unglück ausschlug. Man verlernte das Beten, bis am Ende der sterbende Sohn die Entsühnung vom Fluch verkündet und mit einem Amen verscheidet. Die deutliche, ja penetrante Anspielung auf den christlichen Erlöser war dem Autor, der selbst heftig um christliche Erlösung rang, ein dringendes Bedürfnis. Daß der auf diese Weise heilbringende Sohn Kurt Kuruth als Mitglied der königlichen Schweizergarde in Paris wacker und leidenschaftlich gegen die Revolution gefochten hatte, wird ausdrücklich hinzugefügt. Wie für Adam Müller, so war auch für Werner die Heilige Familie das Modell für den Heiligen Staat. Im übrigen war der 24. Februar der Todestag von Werners Mutter, die im Zustand seelischer Verwirrung tatsächlich im Sohn einen neuen Christus geboren zu haben glaubte (vgl. S. 441 f., 600).

In Adolph Müllners sich am 29. Februar erfüllendes Verhängnis mischt sich ebenfalls christlicher Glaube erlösend hinein, aber dem Protestanten Müllner fehlte die religiöse Leidenschaft des Konvertiten Werner.

Müllners Stück führt in eine Erbförsterei, jenes bürgerliche Seitenstück zum Schloß des Adels und idealer Ort für naturnahe Existenz und legitimen Waffenbesitz. Was sich bei Müllner erfüllt, ist gleichfalls der Verstoß gegen ein väterliches Gebot an zwei Liebende, einander zu meiden. Nur hatte ein Schlaganfall dem mißachteten Vater sogleich die Zunge gelähmt, so daß er nicht erklären konnte, was Walter und Sophie erst an diesem letzten gemeinsamen Schalttag erfahren: daß sie nämlich Halbgeschwister sind. Ein Erbonkel erklärt es ihnen, und der kleine, elfjährige Emil, der aus dem Inzest entsprossen ist, bittet, eine zweite Emilia Galotti, sogleich um den Tod durch Vaters Hand, was denn auch zu allgemeiner Erlösung geschieht. Der Vater bereitet sich aufs Schafott vor und die Mutter erklärt:

> Wenn dein Haupt zu meinen Füßen
> Rollt, wie ich's im Traume sah;·
> Dann ist mein Erlöser nah,
> Und mein Auge wird sich schließen!

Im Vorwort hat Müllner darauf verwiesen, daß das antike Fatum in der modernen Welt keine Macht mehr habe und vom Himmel der Christen abgelöst worden sei. Aber diese christliche Religion sei nicht nur mild und gut, sondern habe auch ihre «colossalen Gesetze», die wie «Naturgesetze» wirkten und von den Menschen sittliche Anstrengung verlangten. «Verborgenen Mysticism» möge man in seinem Stück und dessen poetischem Instrumentarium nicht suchen. Denn so christlich sich Müllner gibt, so sehr gilt doch sein Interesse in erster Linie der Psychologie der «Sünde» und dem Ringen zwischen Natur und moralischem Bewußtsein im Menschen. Seine häufige Berufung auf Schiller in den Erläuterungen zu seinen Stücken bestätigt das. Christlicher Zensur ging jedenfalls die Darstellung von Inzest und Kindermord zu

weit, wie das Verbot des Stückes in Wien erwies, wo ein Schauspieler schließich einen
«tröstlichen Ausgang» schuf, den Müllner akzeptierte und selbst unter dem neuen
Titel *Der Wahn* ausführte. Der Hirschfänger des Vaters durchbohrt nicht den Sohn,
sondern bleibt in dessen Brusttasche in einem Brief stecken, den der Knabe vom Lehrer bekommen hat und in dem nichts anderes steht, als daß infolge einer Kindesver-
tauschung Walter und Sophie tatsächlich gar keine Geschwister seien. Müllner
warnte allerdings die Zuschauer und Leser dieser Emendation, daß die «milde Vorsehung des Christenthums» zwar den Glauben, aber nicht «den Kunstsinn des Menschen befriedigen» könne – emendiert hat er dennoch. Mit der Konstatierung eines
solchen Opportunismus ist aber auch das Urteil über das Drama gesprochen. Das
poetische Spiel mit Trochäen und Daktylen kann nicht über die Leere des Stückes
hinwegtäuschen, ebensowenig wie Werners kunstvolle Versuche in romanisch-
romantischen Versformen, in Terzinen und Stanzen über die Gewaltsamkeiten seiner
Handlungskonstruktion hinwegsehen lassen.

Müllners weitaus beliebtestes und erfolgreichstes Stück war das Drama
Die Schuld, das ein zeitgenössischer Rezensent als «classisch» und «romantisch» zugleich bezeichnete, das eine, weil die drei Einheiten geradezu
musterhaft gewahrt sind, handelt es sich doch gleichfalls wieder um ein
analytisches Drama, das andere aber der romanischen Versformen, religiösen Gegensätze und des Wunderbaren wegen, das allenthalben darin sein
Spiel treibt.

Müllner hat dieses Stück als historisches Drama in vorbürgerliche Zeiten des
17. Jahrhunderts zurückversetzt, und adlige Helden bevölkern es. Skandinavien und
Spanien stehen einander gegenüber wie Protestantismus und Katholizismus. Die
Urschuld beruht in der Hartherzigkeit einer spanischen Dame, die einen Zigeunerin-
nenfluch auf sich zieht; die unmittelbare Schuld jedoch ist die ihres Sohnes Hugo,
des nordischen Grafen Oerindur, der von seiner südlichen Abkunft nichts weiß und
seinen ihm unbekannten spanischen Bruder um dessen Frau willen umgebracht hat.
Jede Schuld rächt sich selbstverständlich; der spanische Vater bringt sie an den Tag,
lehnt aber die Auslieferung des schuldigen Sohnes an die Gerichte ab, da es sich für
einen spanischen Edelmann nicht schickt, auf dem Schafott zu sterben. Die Pilgerfahrt nach Rom zum «Ablaß von geweiter Hand» blockiert wiederum Hugos Stief-
schwester Jerta mit den entschiedenen Worten: «Hugo, du bist Protestant!» So bleibt
am Ende nur der geschliffene Stahl als letztes Auskunftsmittel. Schwester Jerta aber
spricht das Schlußwort:

> Fragst du nach der *Ursach,* wenn
> Sterne auf und untergehen?
> *Was* geschieht, ist hier nur klar;
> Das *Warum* wird offenbar,
> Wenn die Todten auferstehen!

Daß die letzte Zeile den Titel eines der musterhaften analytischen Dramen
Henrik Ibsens enthält, ist als Feststellung von der gleichen Bedeutungslosigkeit, wie es die Scheinkausalitäten von Müllners Dramen sind. Was nicht
bedeutungslos ist, das sind die Versuche Müllners wie Ibsens, Kausalitäten
in der Kunst bloßzulegen, für die es noch keine Möglichkeit zur begrifflichen Bezeichnung und Erfassung gab. Müllner bediente sich ebenso wie die
anderen Verfasser der Schicksalsdramen der Erscheinungen des Wunderba-

ren, Unheimlichen, Gespenstischen und Schicksalhaften als metaphorischer Mittel, um den im Inneren des neuentdeckten Individuums wirksamen emotionalen, metaphysischen und transrationalen Kräften Gestalt zu geben. Es waren Mittel, die am Ausgang des 18. Jahrhunderts unter dem Signalwort des Romantischen erst für die Kunst erschlossen worden waren, um über die mechanistischen Kausalitäten eines trivial-aufklärerischen Denkens hinwegzukommen. Denn die Konflikte des Individuums mit sich selbst, mit den Gesetzen der Natur und denen einer in raschem Wandel begriffenen Gesellschaft ließen sich weder durch den Glauben an aufklärerische Progression noch durch die Dogmatik der etablierten Religionen zureichend lösen. Im Niemandsland zwischen dem, was als nicht mehr tragfähig erkannt wurde, und dem, was man noch nicht verstehen konnte, war diese Dramatik angesiedelt. Das erklärt auch ihre immanente Schwäche, die nicht nur eine Schwäche der Talente war, obwohl auch dies bei Müllner, Werner oder Houwald mit in Betracht gezogen werden muß.

Nur war es eben nicht persönliche Unzulänglichkeit allein, wenn die Suche nach verborgenen Kausalitäten schließlich die Flucht ins Vorgegebene nahelegte, bei Werner diejenige in strenge Religiosität, bei Müllner die in klischeehafte Vorstellungen von Norden und Süden, Katholizismus und Protestantismus oder allgemein in den übermäßigen Gebrauch irrationalistischer Metaphorik, also solcher der Träume, Flüche, Eide und Prophezeiungen. Auf alles dies konnte Ibsen nach Taine, Darwin und Marx verzichten. Aber wie seine Dramen, so waren auch diese Schicksalsdramen bereits Expeditionen in die Psychologie des Individuums, dessen Abhängigkeit von den gesellschaftlichen Verhältnissen, der Geschichte und der Natur immer deutlicher bewußt wurde, je mehr man die Gesetze für das Wirken von Natur und Geschichte sowie die Veränderbarkeit gesellschaftlicher Lebensformen erkannte. Versucht wird also in diesen Stücken, Psychologie am Werk zu zeigen und in Ergänzung zu Schillers Behauptung von der richtenden Macht der Geschichte auch das Selbstbewußtsein als Weltgericht vorzuführen. Nicht Irrationales soll gefeiert werden, sondern bei Werner die Suche nach dem Glauben und bei Müllner die Selbstvernichtung durch die Hingabe an den Aberglauben ohne Stärke zu sittlichem Handeln. König Basil, Held des Dramas *Die Albaneserin,* tadelt sich am Ende als Quelle der Selbstzerstörung und der Zerstörung seiner Familie: «'s ist mein Werk/ Mein eignes». Zugleich enthält dieses Drama in dem Arzt Benvolio schon einen überaus geschickten Psychoanalytiker, der die sexuelle Wurzel seelischer Störungen im Königssohn Enrico sehr genau zu orten weiß, allerdings dann wie mancher seiner Nachfolger um den Erfolg betrogen wird, weil er an der politischen Wirklichkeit und den Konsequenzen politischen Handelns nichts zu ändern vermag.

Die Familie und ihre Zerstörung oder Bewahrung bilden immer wieder den Kernpunkt dieser Verhängnisse oder Schicksale. Der Naturtrieb der

Sexualität, der zu ihrer Gründung nötig ist, begegnet in der Familie den höchsten Idealen der Organisation menschlichen Lebens, wenn sie als Modell der Gesellschaft und ihrer Ordnungsform, des Staates, angesehen wird. Historisch war im Laufe des 18. Jahrhunderts neben die auf Tradition gegründete autoritäre dynastische Familie des Adels die ihrem Ideal nach auf freie Zuneigung und gegenseitige Achtung bauende bürgerliche getreten (vgl. S. 188 ff.). In die Unklarheiten einer solchen Übergangssituation gehören die Verhängnisse all dieser Schicksalsdramen unter deutschen Verhältnissen.

Aus der äußersten Randzone des Schicksalsdramas, dort, wo Sage, Mythe, Geschichte, Gegenwart und Gespensterwesen ineinanderfließen, ist ein Werk hervorgegangen, das alle die anderen fluchbeladenen und erlösungsträchtigen Bühnenschicksale überdauert hat: Friedrich Kinds und Carl Maria von Webers Oper *Der Freischütz* (1821). Daß damals das Drama in engem Bündnis mit der Musik stand, ist schon gesagt worden. Für sein Trauerspiel *Die Schuld* zum Beispiel gab Müllner dem «Bühnenvorsteher» ausdrücklich die Anweisung: «Die Ouvertüre muß mit einem Pianissimo endigen, welches Elvire einige Sekunden lang auf der Harfe fortzusetzen scheint», und über die Komposition eines Liedes aus dem *König Yngurd* existiert eine kleine Debatte zwischen ihm und Carl Maria von Weber. Was den *Freischütz* jedoch hoch über alle die anderen Schuldverstrickungen mit oder ohne Musik erhob, war nicht nur in der Handlung die Begrenzung auf einen einzigen Sündenfall, aus dem dann auch noch der Gefallene in die Gnade aufsteigt, sondern es war vor allem die Transponierung der Erlösung in die Musik. Denn Musik braucht sich nicht zu binden an die auf gesellschaftliche und historische Realitäten bezogenen Bilder und Vorstellungen des Textes, sondern kann in C-dur über Hoffnungen reden.

Im Text ist vieles aus dem Schicksalsdrama beisammen: die Erbförsterei als Locus amoenus bürgerlicher Männlichkeit, die Hochzeit zur Gründung einer Familie, das Initiationsritual des Probeschusses, das die Potenzprobleme des Jägerburschen Max bloßlegt, und schließlich die vom freundlichstrengen Fürsten Ottokar gehütete soziale Ordnung, in der es für den Aufrührer Kaspar keinen Platz gibt, während Max in sie hineinwachsen wird nach seinem Abirren ins Ungezügelte, Aufsässige und nach der tätigen Reue. Seine kleine Familie wird ein gehorsamer Teil der großen Staatsfamilie werden:

> Wer rein ist von Herzen und schuldlos im Leben,
> Darf kindlich der Milde des Vaters vertraun!

Aber darauf brauchte sich eben nur der Dichter und nicht der Komponist festzulegen, was entscheidend mit dem Triumph dieses Werkes über die Zeit zu tun hat. «Der unsterbliche Lebenshauch», den Weber Kinds Freischütz, dem «wunderlichen Gesellen», einblies, hat ihn «sicher vor dem

Untergange» geschützt, wie E.T.A.Hoffmann in einer Kritik der Berliner
Uraufführung feststellte. Weber seinerseits hatte bereits Anfang 1817 einen
Aufsatz über Hoffmanns und Fouqués *Undine* geschrieben und darin
besonders begrüßt, daß Hoffmann es sich versagte, «einzelne Tonstücke auf
Unkosten der übrigen zu bereichern». Denn Natur und Wesen der Oper
sah Weber darin, daß sie «aus Ganzen im Ganzen» bestehe, in einem Ganzen, das zum «großen Allgefühl am Schlusse» führen soll. Die Oper, die der
Deutsche wolle, sei «ein in sich abgeschlossenes Kunstwerk, wo alle Teile
und Beiträge der verwandten und benutzten Künste ineinanderschmelzend
verschwinden und auf gewisse Weise untergehend – eine neue Welt bilden»,
meinte Weber. Auf diese Weise bauen also Hoffmanns und Webers Werke
und Ansichten zur Verbindung von Literatur und Musik tatsächlich die
Brücke zwischen der Oper des 18.Jahrhunderts und dem erstrebten
Gesamtkunstwerk Wagners. Das ist, wie der *Freischütz* zeigt, nicht nur ein
formaler Vorgang, sondern ein Stück Musik- und Literaturgeschichte, das
zutiefst mit den Aussagemöglichkeiten beider über das Wirkliche und das
Erhoffte zusammenhängt.

Geschichtsdramen

Vier Dinge haben die deutsche historische Dramatik nach 1806 entschieden
beeinflußt: die Entstehung eines europäischen Geschichtsbewußtseins in der
zweiten Hälfte des 18.Jahrhunderts, die Zeugenschaft großer historischer
Ereignisse vom Bastillesturm bis zum Wiener Kongreß, August Wilhelm
Schlegels Shakespeare-Übersetzungen und das Drama Friedrich Schillers.
Das Wort Geschichtsdrama ist ein weiträumiger Begriff, der letztlich allein
durch den Stoff bestimmbar ist. Dieser wiederum schließt alles Geschehene
zwischen den Mythen der Vorgeschichte und den gesellschaftlichen und
politischen Konflikten der Gegenwart ein, wobei gerade in der zu betrachtenden Epoche der Übergang von Mythos in Geschichte ein beliebtes
Thema war wie gleichfalls derjenige von Geschichte in Gegenwart, also in
dasjenige, dessen unmittelbare Zeugen die Autoren selber waren.

Geschichtsdramen waren das am reichsten entwickelte Genre in der
deutschen Dramatik des frühen 19.Jahrhunderts. Je verwickelter die sich
rasch wandelnde Gegenwart und je unüberschaubarer die Vielfalt der in ihr
wirksamen Kräfte wurde, desto sicherer bot sich – im Unterschied zur
gesellschaftlichen Weiträumigkeit und notwendigen Konkretheit des historischen Romans – der einzelne geschichtliche Konflikt im Drama als
Bezugspunkt und als Medium für eigene Gedanken an, ganz gleich, ob
man in nationalgeschichtlichen, weltgeschichtlichen oder heilsgeschichtli-
chen Perspektiven dachte oder sie ineinander übergehen ließ.

August Wilhelm Schlegel hatte seine Wiener Vorlesungen in ein mächtiges Preislied auf das historische Drama ausklingen lassen und darin auch

die Rettung des im Trivialen verkommenden «Namens romantisch» gesehen, sei doch «die würdigste Gattung des romantischen Schauspiels» die historische, womit er wohl in erster Linie an Shakespeare, aber auch an Calderon dachte (vgl. S. 240). Für die Deutschen jedoch fügt er hinzu: «Auf diesem Felde sind die herrlichsten Lorbeern für die dramatischen Dichter zu pflücken, die Goethe und Schiller nacheifern wollen.» Nur möge dieses historische Drama wirklich national sein und sich nicht an die «Lebensbegebenheiten von einzelnen Rittern und kleinen Fürsten» hängen, die «auf das Ganze keinen Einfluß hatten», was auf jenen Kult rauhbeinigen Rittertums in den Romanen und Dramen der Unterhaltungsliteratur zielte, der vor allem aus der trivialisierenden Nachahmung von Goethes *Götz* hervorgegangen war. Schlegels Empfehlung – den Ort nicht außer acht lassend, wo er sprach – lautete:

> «Welche Gemälde bietet unsre Geschichte dar, von den urältesten Zeiten, den Kriegen mit den Römern an, bis zur festgesetzten Bildung des deutschen Reichs! Dann der ritterlich glänzende Zeitraum des Hauses Hohenstaufen, endlich der politisch wichtigere und uns am nächsten liegende des Hauses Habsburg, das so viele große Fürsten und Helden erzeugt hat. Welch ein Feld für einen Dichter, der wie Shakespeare die poetische Seite großer Weltbegebenheiten zu fassen wüßte!»

Aber weder Shakespeares noch Schillers Vorbild war so selbstverständlich zu erreichen, wie das Schlegel forderte. Kleists *Hermannsschlacht*, das leidenschaftlichste aller patriotischen Geschichtsdramen dieser Jahre, blieb bis 1821 ungedruckt, und die Prophezeiungen des Heidelberger Professors Aloys Schreiber

> Es soll das starke Volk Teutoniens
> Sich weit verbreiten über Land und Meer,
> Und einst der Hort der andern Völker seyn,

in seinem Schauspiel *Marbod und Herrmann oder der erste Deutsche Bund* (1814) blieben auf dem Papier stehen, was freilich im Falle von Schreibers zäher Poesie kein sonderliches Unglück war. 1813 wurden eine Reihe von Theaterstücken Achim von Arnims *(Die Vertreibung der Spanier aus Wesel, Die Capitulation von Oggersheim* und *Die Appelmänner)* gedruckt, in denen Ereignisse aus der deutschen Lokalgeschichte zur Zeit des Dreißigjährigen Krieges oder am Ausgang des 16. Jahrhunderts deutlich in Beziehung gesetzt werden zur Gegenwart. Aber sie blieben ebenfalls Lesestoff für wenige. Auch Fouqués zahlreiche «vaterländische Schauspiele» erreichten die Bühne nicht, ebensowenig wie Kleists *Prinz Friedrich von Homburg*. Nur dem *Käthchen von Heilbronn* wurde als «großem historischen Ritterschauspiel» ein besseres Schicksal zuteil.

Was die unmittelbare theatralische Wirksamkeit anging, so waren es

unter den historischen Dramen vor allem Werke wie Zacharias Werners
Martin Luther, oder: Die Weihe der Kraft (1808) oder Theodor Körners
Zriny, die entweder durch die provokative Behandlung ihres Gegenstandes
– im Falle Werners einer der großen nationalen Leitgestalten der Zeit –
oder durch Pathos und drastische Bühneneffekte, wie bei Körner, die Aufmerksamkeit auf sich zogen. Im übrigen spiegelt Werners gesamtes dramatisches Werk mit Ausnahme der verhängnisvollen Ereignisse des *Vier-
undzwanzigsten Februars* europäische Geschichte: *Die Mutter der Makkabäer* spielt im vorchristlichen 2.Jahrhundert, *Attila* im 5.Jahrhundert,
Wanda, die Königin der Sarmaten, im 8.Jahrhundert, *Cunegunde* im frühen, die *Söhne des Thals* sowie *Das Kreuz an der Ostsee* im hohen Mittelalter
und schließlich das Luther-Stück in der Reformation. Hauptsächlich in der
Antike, aber teilweise auch in früher christlicher Zeit waren die Stücke
Heinrich von Collins zu Hause, in denen er moderne Familien- und Gesell-
schaftskonflikte vortrug (vgl. Bd. 1, S. 564f.).

Einer der fleißigsten Lieferanten historischer Dramen in diesen Tagen
war Ernst August Friedrich Klingemann, der nach dem Studium in Jena
während dessen Blütezeit und nach engen Beziehungen zu den Schriftstellern dort zunächst Beamter in Braunschweig war und später, ab 1814,
Theaterdirektor. Unter allen Schiller-Epigonen dieser Jahre war er der aus-
geprägteste. Er sammelte geradezu die großen Figuren und Ereignisse der
Weltgeschichte, beherrschte schwungvoll den Blankvers, aber stellte letztlich dann doch Geschichte nur um des Geschehenen und einiger edler
Ideen willen dar, die er darin zu finden glaubte.

Schiller war unmittelbar sein Vorbild in *Heinrich von Wolfenschießen* (1806) gewesen, das er selbst ein «historisches Seitenstück» zu *Wilhelm Tell* nannte. Von hier aus
breitete sich Klingemann dann über die Geschichte aus: Moses, Heinrich der Löwe,
Columbus, Ferdinand Cortez, Faust und Cromwell wurden Helden seiner Dramen.
Luther – das Stück war nach Klingemanns Auskunft 1808 fast fertig, als er von dem
Wernerschen hörte – war keine Demonstration psychologischer Konflikte um Erotik
und Religion, sondern die Glorifizierung eines mutigen Reformators, den Klingemann sorgfältig vom Religionsstifter unterschieden wissen wollte. Im *Faust* (1815)
aber war es seine Absicht, «jenes Gothische, Geheimnißvolle und Schauerliche» in
seine Darstellung des Stoffes zu übertragen, das ihm vor der Aufklärung eigen gewesen sei. Was bei solchem Versuche herauskam, war Faust als bürgerlicher Familienvater und Erfinder der Buchdruckerkunst, der nur eben leider Frau und Kind um seiner
ihm vom Bösen zugeführten Helene willen umbringt und den eigenen Vater oben-
drein, wofür ihn am Ende gerechterweise der Teufel holt. So ist dieser Faust hauptsächlich einem «lüderlichen, eiteln, faßelnden, niederträchtigen, giftmischenden
Buchdrucker» gleich, wie Clemens Brentano, der Freund aus Jenaer Jugendtagen, in
einer satirischen Betrachtung zur Berliner Aufführung des Stückes von 1816 meinte,
und dem echten, guten deutschen Faust ebenso weit entfernt wie dessen «kunstge-
adelten Goethischen Milchbruder». Die Nähe zum Schicksalsdrama und seiner Warnung vor der Zerstörung oder Gefährdung der Idylle bürgerlichen Familienglücks ist
spürbar.

In einem Aufsatz *Über die Romantische Tragödie* (1820) hat Klingemann die Prinzipien der eigenen Dramatik darzulegen versucht. Die Darstellung des Fatums bei den Alten sei dem poetischen Studium des Menschen gewichen. Allein die Geschichte als das hauptsächliche Sujet des Tragöden mache durch die Entfernung vom Alltag des Lesers oder Zuschauers die Verbindung von «hoher Idealität» und «reellem Ernst» möglich, auf welche Weise dann die «von der Erde entflohene Freyheit» wieder dorthin zurückgeführt werden könne. Das war weit von den subtilen Reflexionen Schillers über den Zusammenhang der moralischen Natur des Menschen mit dessen gesellschaftlichen Organisationsformen und mit der Fähigkeit zu künstlerischer Produktion und zur Rezeption von Kunst entfernt. Aber Klingemanns Gedanken sind dennoch symptomatisch für die beginnende Zubereitung des Schillerschen Kunstidealismus zum bürgerlichen Hausgebrauch, in der Theorie ebenso wie auf der Bühne.

Aus der Schiller-Nachahmung wuchs auch Ernst Benjamin Salomo Raupachs Kunst hervor, dessen große Zeit auf dem Theater allerdings erst um 1820 begann. In den folgenden zwei Jahrzehnten inszenierte allein das Berliner Hoftheater rund achtzig seiner Lustspiele und Trauerspiele, denn in der Vielschreiberei war Raupach ein würdiger Nachfolger Kotzebues.

In Raupachs zumeist historischen Dramen tummelten sich nun die Kaiser und Kaiserinnen, Könige und Königinnen, Kardinäle und Rebellen fortan kräftig auf der Bühne der Biedermeierzeit, denn Raupach war zugleich Fachhistoriker und von 1816 an eine Zeitlang Professor für Geschichte und deutsche Literatur in Petersburg. Der russischen Geschichte galt bereits eines der frühesten seiner Dramen, die um 1810 entstandene Tragödie *Die Fürsten Chawansky* (1819). Darin bekommt die Zarin Sophia ihren geliebten Jury Chawansky am Ende nur deshalb nicht, weil sie, durch Feinde Jurys ohne wirkliche Gründe eifersüchtig gemacht, dessen Vater umbringen läßt, worauf der Sohn, nachdem sich die Intrige herausstellt, nun nicht gut die Mörderin des Vaters heiraten kann und sich lieber seinen Feinden ausliefert. Das Stück steckt voller Schiller-Reminiszenzen. Aber Sentenzen wie «Kurz ist der Tag, schnell geht die Sonne unter» oder Jurys Klage «Hell ist die Welt, und dunkel ist das Leben» zeigen beredt, wie an die Stelle von Schillers gedanklicher Dialektik die Banalität tritt. Daß Raupachs Dramen dennoch eine interessante Quelle für den Mentalitätswandel nach 1815 darstellen, muß allerdings hinzugefügt werden. Redensarten wie das «Riesenwerk der Völkerumgestaltung» verraten etwas von der Weitung des Blickes ins Europäische am Beginn des Industriezeitalters, dessen Beginn Raupach Jury Chawansky mit Worten einläuten läßt wie:

> Die Zeit der Wunder, Oheim, ist vorbei,
> wo noch der Vater selbst sein Haus bestellte.

Mit solchen Sätzen wurde allerdings nicht nur historische Erkenntnis geboten, sondern zugleich auch ein neues, ernsthaften Konflikten aus dem Wege gehendes Bewußtsein zubereitet und der Weg in Restauration und Biedermeier gewiesen.

Raupachs erstes gedrucktes Stück *Timoleon, der Befreier* (1814) war dann – auf dem geschichtlichen Hintergrund des Kampfes der Griechen in Sizilien gegen die Karthager – ein dünn verkleidetes Agitationsstück gegen Napoleon, durch das Schillers Reiterlied aus *Wallensteins Lager* immer wieder echot und dessen Argumentation sich auf

solche, das historische Urteil betäubende Sätze stützt wie «Wir werden siegen, weil
wir siegen müssen». Auch das ist nicht schlechterdings banal, sondern gehört als
kleines Teilchen in die lange Geschichte des politischen Denkens in Deutschland.

Unter die Schiller-Epigonen am Anfang des 19. Jahrhunderts gehörte
schließlich noch der Däne Adam Oehlenschläger, der zwar seine Dramen
zumeist erst auf dänisch schrieb, sie aber dann selbst ins Deutsche übersetzte, auf deutschen Bühnen und bei deutschen Lesern einigen Erfolg hatte
und von vielen Zeitgenossen zur deutschen Literatur gerechnet wurde. Sein
erstes Drama *Aladdin oder die Wunderlampe* (1808) trug eine Widmung an
Goethe –

> Du hörtest mit Gefallen
> Des fremden Sängers Lied in deinen Hallen,
> Du machtest freyer
> Den Muth, durch deine Gunst,
> Daß er versucht die Kunst
> Auf deutscher Leyer.

Die Leier klirrte gelegentlich bei diesen Versuchen. Nach dem märchenhaften Anfang wandte sich Oehlenschläger in seinen Dramen hauptsächlich
historischen Stoffen zu, von denen *Axel und Walburg* (1810), eine Liebes-,
Inzest-, Eifersuchts-, Intrigen-, Glaubens-, Kriegs- und Edelmutstragödie
aus dem Norwegen des 12. Jahrhunderts, und *Correggio* (1816) die bekanntesten sind.

Correggio, von Oehlenschläger zuerst auf deutsch verfaßt und Goethe
bereits 1809 in Weimar zur Aufführung angetragen, ist eine Ausnahme
unter den historischen Dramen dieser Zeit, denn nicht der politischen
Geschichte, wie sonst meist, gilt dieses Werk, sondern der Kunst. Oehlenschlägers Held ist ein Nachfahre Tassos in Goethes Gestaltung, sein Italien
des frühen Cinquecento aber beschwört Reminiszenzen an die Welt von
Tiecks *Sternbald* herauf. «Ein zartes, duftiges Maleridyll! Sommerland-
schaft, Schwüle, Blitzschläge dazwischen, reinere Luft, freundliches Abend-
roth über dem Walde, zartfühlende, derbe, und ruhig klare Menschen im
Vordergrunde, im Hintergrunde flachfeine, kalte, boßhaftgemeint, her-
breuige Naturen! Dieß ist das Trauerspiel Correggio.» So jubelte 1816 der
Kritiker des *Journals für Literatur, Kunst, Luxus und Mode* in Weimar. Goethe hingegen ließ das Stück dort nicht aufführen. Zwar habe er Werners
Wanda angenommen, «aber muß man denn 10 dumme Streiche machen,
wenn man einen gemacht hat?» wie er dem Kanzler von Müller erklärte. Es
ist dann doch über viele Bühnen gegangen, auch über die Weimarische,
nachdem Goethe seine Intendanz niedergelegt hatte.

Das Interesse ist erklärbar. Was Oehlenschläger aufgriff, war im Grunde
der Gegensatz zwischen Klassischem und Romantischem, aber auch zwischen Wissenschaft und Poesie, Dinge, die gerade um diese Zeit in aller

Gebildeten Munde waren, ohne daß sie sich fest begrifflich fassen ließen. Stattdessen eigneten sie sich umso eher für einen literarischen Versuch, der seinerseits ins Ungefähre auslief und in den Oehlenschläger wohl auch etwas von seinem eigenen Verhältnis zur Kunst hineingeheimnissen wollte.

Antonio Allegri aus Correggio, der Maler des Bildes von der «Heiligen Nacht», ist der arme, verkannte Künstler mit «kindlichem Gefühl», «einfältiger Demuth» und «Güte des Herzens», aber auch reizbar und krank. Ihm nun führt Oehlenschläger Michelangelo und Giulio Romano zu, die alle tatsächlich Zeitgenossen waren. Michelangelo aber ist «ein wilder Kerl». «Die Kunst ist Wissenschaft bey Euch», sagt ihm Giulio und: «Eure Art ist hart». Das führt unvermeidlich zum Zusammenstoß mit Correggio, und die Vermittlung, die Giulio bewerkstelligt, drückt sich schließlich in Michelangelos Bekenntnis aus, er sei Bildhauer, nicht Maler, und von Farbe verstehe er eigentlich nichts. So erhält der «Romantiker» gegenüber dem «Klassiker» sein Recht, ohne daß freilich viel zu historischer Erkenntnis beigetragen, sondern eher ein Gemeinplatz gepflegt wird. Der Rest des Stückes ist Kolportage mit allegorischem Einschlag. Denn durch Intrigen erhält Correggio den Lohn für sein Bild in Kupfermünzen ausgezahlt, woran er sich zu Tode schleppt, vor dem ihn auch ein durch die Kunst veredelter Räuber nicht bewahren kann. Ganz sichtbar hat das Geld den Künstler erdrückt. «Erst dort im Himmel finden wir ihn wieder», versichert der Klausner Silvestri zum Schlusse Witwe und Kind, denn auch hier geht es um gemalte und wirkliche heilige Familien.

Nicht weltgeschichtliche oder kunstgeschichtliche Perspektiven jedoch erwiesen sich in erster Linie fruchtbar für das historische Drama in Deutschland, sondern eher regionalgeschichtliche. Brentanos *Die Gründung Prags*, Eichendorffs *Der letzte Held von Marienburg* und die Dramen Ludwig Uhlands waren zwar wiederum keine Bühnenerfolge, aber sie führten doch zugleich aus dem Epigonentum hinaus durch Ansätze zu neuen Gedanken ebenso wie durch eigenständigen künstlerischen Ausdruck.

Ludwig Uhland hat nur zwei Dramen abgeschlossen: *Herzog Ernst von Schwaben* (1818) und *Ludwig der Bayer* (1819). Das zweite war der – abgelehnte – Beitrag zu einem Preisausschreiben des Münchner Theaters, und man merkt ihm die Absicht, einen edlen Bayern auf die Bühne zu stellen, ein wenig zu deutlich an.

Im Stoff folgte der Historiker Uhland den Tatsachen des Konfliktes zwischen Kaiser und Gegenkaiser zu Anfang des 14. Jahrhunderts; die Einigung zwischen beiden war allerdings auch nach dem Sinne des deutschen Politikers Uhland. Literarisch faszinierender, weil menschlich widerspruchsvoller ist sein erstes Drama, das Geschichte mit der Sage vom Herzog Ernst verbindet und den Untergang einer bedeutenden, ethisch wie politisch bewegten Persönlichkeit vorführt, die sich nur eben auf der falschen, den Interessen des Reiches entgegenstehenden Seite befindet. Die Tragik nicht nur seiner Person, sondern der Politik bleibt es, daß die höheren sittlichen Werte beim Untergehenden sind, während das politisch Bessere und Nötigere ohne sie operiert. Es ist ein Konflikt, den Uhland allerdings mehr andeutet als ausführt.

Uhland besaß als Dramatiker nicht die Fähigkeit, der Problematik einer aus dem idealistischen Sittengesetz heraustretenden Geschichtsauffassung Gestalt zu geben, obwohl etwas davon immerhin in seinem ersten Drama spürbar ist. Erst im historischen Drama einer jüngeren Schriftstellergeneration, bei Grillparzer, Grabbe und Büchner, wurde dann die künstlerische Reflexion auf die Geschichte unter den Bedingungen einer veränderten Zeit überzeugend dramatische Gestalt. Zugleich aber wurden in Werken wie Grabbes *Napoleon* (1831) und Büchners *Dantons Tod* (1835) die Jahre der Revolution und der Kriege zum historischen Stoff.

Mythendramen

Dort, wo Geschichte in Heilsgeschichte übergeht, entsteht ein guter Nährboden für Mythendramen. Allerdings ist auch dieser Begriff nur für das Sichten und den Überblick nützlich und allein stofflich bestimmt. Mythen sind jedoch nicht nur Stoff, wie ihn Geschichte und Gegenwart bieten, sondern sie sind, wie die Kunst, bereits in sich selbst bildliche Interpretationsversuche von Unverstandenem. Gerade dieser Tatsache aber wurde man sich in der hier betrachteten Epoche voll bewußt: Die Mythenforschung etablierte sich als ein Zweig der Wissenschaft, und der Blick weitete sich über die Grenzen der vertrauten Mythen (vgl. S. 228 ff.). Mit den antiken Mythen als Bildungsgut war man aufgewachsen, und ihre Mythologie stellte bisher so etwas wie eine allgemeine bildliche Verkehrssprache dar, innerhalb der Kunst ebenso wie außerhalb. Die allmähliche Relativierung und Historisierung der Antike durch das wachsende Bewußtsein von einer eigenständigen mitteleuropäischen romantisch-christlichen Überlieferung schwächte jedoch nicht nur den Einfluß antiker Mythen und ihrer Mythologie, sondern sie verstärkte zugleich Interesse und Verständnis für Mythen und Mythologie insgesamt. Die Folge war, daß gerade die intensivere Hinneigung zum Christlichen um 1800 zugleich ein Beitrag zu dessen Säkularisation wurde, denn nun erschien auch diese Religion mehr und mehr als Mythos, der in Beziehung gesetzt werden konnte zum antiken, auch wenn der christliche Mythos natürlich der höchste und triumphierende war.

Die poetische Konstruktion eines Übergangs von den antiken Göttern zu Christus im Werk von Hölderlin und Novalis geht in diese Richtung. Heinrich von Kleist hat eine solche Tendenz fortgeführt, wenn er im *Amphitryon* unbefleckte Empfängnis und die Zeugung des Herkules in einer, wie Goethe meinte, das Gefühl verwirrenden Weise zusammenbrachte und so die alte Fabel «ins Christliche» deutete. Schließlich war aber durch die Idee des christlichen Europa mit einer eigenständigen Kultur, durch die politisch motivierte Erforschung nationaler Traditionen und durch das vergleichende Studium von Mythen besonders bei Creuzer und Görres der Blick auch über den christlichen Bereich hinausgegangen auf den Orient und den germanischen Norden. Gerade die Beschäftigung mit den nordischen Mythen trug reichlich Früchte für die Geschichte des deutschen Dramas, wenn man an die Weltwirkung von Wagners Opern denkt.

Schon zu Anfang des Jahrhunderts wurde eine Reihe von dramatischen Versuchen gemacht, modernen Humanismus und christliches Denken in antikes Kostüm zu kleiden und so das eine für das andere zu retten. Die bekanntesten Beispiele dafür sind August Wilhelm Schlegels *Ion* (1802) und Friedrich Asts *Krösus* (1805), die allerdings beide demonstrieren, daß ein solcher Synkretismus nicht gelang, wobei die künstlerischen Unzulänglichkeiten der Autoren und die Unmöglichkeit der Absicht, das schlechthin Gegensätzliche, das Alte und das Neue in eins zu gießen, gleichermaßen Schuld an solchem Mißlingen trugen. Kleist hingegen erhob sich mit freier Ironie über beides, wenn er im *Amphitryon* Alkmenes Heimsuchung durch einen Gott und in der *Penthesilea* Transzendenz durch den Liebestod darstellte, wobei allerdings hinzuzufügen ist, daß er es zugleich mit der Sprachgewalt und dem Formbewußtsein eines großen Dichters tat.

Wilhelm von Schütz, der mit seinem Schauspiel *Lacrimas* (1803) in der Nachfolge von Friedrich Schlegels *Alarcos* und im Experimentieren mit romanischen Metren, Reimen und christlichem Stoff einen begrenzten und keineswegs fleckenlosen Ruhm erwarb (vgl. Bd. 1, S. 567), ging als engagierter Christ jedem Synkretismus aus dem Wege. Stattdessen verband er die eigene antike Bildung auf viel rigorosere Weise mit dem Christentum, indem er in zwei nach allen Regeln antiker Poetik und Metrik komponierten Dramen den Triumph des Christentums oder zumindest seines Geistes über das Heidentum vorführte. Das erste – *Niobe* (1807) – deutet Leiden und Versteinerung der Mutter Niobe als Strafe dafür, daß sie die Macht der Erde, der Gäa, und die des Schicksals über den Himmel und die Götter stellt und «der Liebe seel'ges Schauen» im Inneren nicht zu erfahren vermag. Bildung, Glaube und verklemmte Sinnlichkeit produzieren dann freilich in diesem Stück einen Synkretismus eigener Art, der es zu einem schwerfälligen, gedanklich trüben Werk macht. «Es ist gar sehr misrathen», schrieb Friedrich Schlegel dem Bruder und fügte den Vorschlag hinzu, sie beide sollten sich doch wieder einmal der deutschen Literatur annehmen: «Tadeln dürften wir meist alles, ohne Besorgniß etwas Gutes zu treffen. Loben aber ja nicht, wenigstens nicht unsre ehemaligen guten Freunde; denn diese haben uns eigentlich viel Schaden gethan.» (5.8.1807) Bei allem seinem Gesinnungswandel, in den Schütz' Stück sich durchaus hätte fügen können, war Friedrich Schlegel das Urteilsvermögen über literarische Qualität nicht abhanden gekommen.

In Schütz' zweitem Drama, *Der Graf und die Gräfin von Gleichen* (1807), ist die Antike nur noch durch Trimeter und Chor präsent. Der Stoff ist derjenige der Sage vom Grafen von Gleichen, der auch Arnim mehrfach angezogen hat (vgl. S. 408, 618, 767), aber er ist ohne dessen psychologische Feinfühligkeit gestaltet. Ein großes Bild des dornengekrönten Erlösers ziert bereits, die Botschaft des Stückes verkündend, das Titelblatt. Das Christentum triumphiert, der Sage entsprechend, herrlich über die orientalische Religion. Die Doppelehe des Grafen wird christlich legitimiert, da es um die Erlösung geht und der Mann ein Held ist, «in seinem Leibe mir was höheres» als eben diesen Leib «herniederbringend», wie Halef, die orientalische Geliebte und Zweitfrau, meint. «Der Rose Sehnsucht fühlt' ich», skandiert der Chor dementsprechend,

> Sehnend mich nach Verwandlung
> Durch Ins-Bett-Aufnahme, das ich
> Durchduftet wähnte vom Liebesgeist.

Schütz' poetische Potenz war seit dem *Lacrimas* nicht stärker geworden.

Einen göttlichen Heilsplan wollte auch Brentano in seinem Drama *Die Gründung Prags* (1814) sichtbar werden lassen, das vom Naturmythos über die Geschichte zum christlichen Mysterium führen sollte. Und Erlösungsmythen enthalten auch eine Reihe von Dramen Zacharias Werners, sein Erstling *Die Söhne des Thals* (1803) ebenso wie die dem Sieg des Christentums über slavische Mythen gewidmeten Dramen *Das Kreuz an der Ostsee* (1806) und *Wanda, Königin der Sarmaten* (1808). Der Erlösung in Christo ist aber sein ganzes Werk geweiht. Was Werner jedoch besonders in den beiden zuletzt genannten Dramen kultivierte, war der Liebestod als Märtyrertod im Übergang von sinnlicher zu geistlicher Liebe. Auch ein Drama wie Brentanos *Aloys und Imelde,* das freilich den Zeitgenossen unbekannt blieb und erst 1912 veröffentlicht wurde, wandelt auf diesen Spuren. In einem Essay über Schillers *Wallenstein* (1809) bemerkte Benjamin Constant damals über Franzosen und Deutsche:

> «Wir sehen in der Liebe nur eine Leidenschaft von gleicher Natur wie alle anderen, das heißt etwas, dessen Wirkung eine Verwirrung des Verstandes und dessen Zweck es ist, uns Genüsse zu verschaffen. Die Deutschen aber verstehen die Liebe als etwas Religiöses, Geheiligtes, eine Emanation der Gottheit selbst, eine Krönung des menschlichen Daseins auf Erden, ein geheimnisvolles, allmächtiges Band zwischen zwei Seelen, die einzig füreinander da sind. Im ersteren Fall ist die Liebe etwas, was Mensch und Tier, im letzteren aber, was Mensch und Gott gemeinsam haben.»

Constant hatte tatsächlich Werner dabei im Sinne, den er von Coppet her kannte, aber er dachte natürlich auch an den Idealismus der Liebe zwischen Max und Thekla in Schillers Drama, und er sah mit scharfem, kritischem Blick die geheime Verwandtschaft von Schiller und Werner wenn nicht in der religiösen Tendenz, so doch in der Art, die Liebe zwischen den Geschlechtern über sich hinauszuführen in einen idealistisch-geistlichen Zusammenhang, in angewandter Dialektik sozusagen, als wenn sich in der Begegnung der Geschlechter der Weltgeist und der Weltsinn offenbarten. Denn in solcher Deutung der Liebe unterscheiden sich die deutschen Dramen deutlich von den sonst so offenbaren Vorbildern, den Märtyrerdramen Calderons. Die Verklärung des Liebestodes ist eine speziell deutsche Tradition, auch wenn sie viele Varianten hat, die von Goethes *Prometheus* über Novalis, Hölderlin, Brentano, Kleist und Werner bis zu Wagner reichen. Selbst das größte deutsche Mythendrama der hier betrachteten Zeit, Goethes *Faust,* lief schließlich auf die Dialektik von Ewig-Männlichem und Ewig-Weiblichem jenseits aller Mythologien hinaus und bezog Hoffnung für den Mann aus der segenspendenden und erlösenden Kraft des Weiblichen in einem wie auch immer symbolisch gemeinten Himmel. Liebestod vollzog sich aber ebenso auf den starken Scheiten, auf denen die Leiche Siegfrieds, des germanischsten aller Helden, verbrannt wurde, und der sie zuerst schichtete, war Friedrich de la Motte Fouqué in der Mythentrilogie *Der Held des Nordens* (1808–1810).

Ein Erlösungs- und Mythendrama eigener Art ist schließlich Achim von Arnims phantasiereiche, ins Groteske führende Verschmelzung von Gegenwart, Barock und Mittelalter um eines christlichen Sieges über das Judentum willen in *Halle und Jerusalem* (1811). Es steht teilweise jener Mischung aus Geschichte und Märchen, Sage und Mythos nahe, die vor allem Ludwig Tieck in seinen Dramen entwickelte, wofür sein *Fortunat* (1816) das schönste und reifste Zeugnis darstellt. Tiecks frühe Märchen- und Volksbuchdramen boten Adam Oehlenschläger das Vorbild zur üppigen Dramatisierung eines Stoffes aus *Tausendundeine Nacht*, dem zweiteiligen «Spiel» *Aladdin oder die Wunderlampe* (1808), dessen ersten Teil er «Thalia» und den zweiten «Melpomene» nannte. Es illustriert anschaulich das Interregnum der Mythologien in diesen Jahren, wenn sich in Oehlenschlägers dramatischer Zauberwelt antike Göttinnen, orientalische Märchen und moderne Religiosität begegnen.

> Preisend die Göttlichkeit
> Schweigt das Gedicht!

lautet Oehlenschlägers Chorus mysticus am Ende des umfangreichen Werkes, mit dem er allen Ernstes einen Gegenentwurf zu Goethes *Faust* im Sinne hatte, eine Darstellung menschlichen Glücksstrebens, ohne daß der Teufel dafür in Anspruch genommen werden mußte. Die Fragmente des «leider zu früh gestorbenen Novalis» hatten ihm neben dem *Faust* philosophische Inspiration geboten, wie er im Vorwort bekennt. Jean Paul aber nannte das Drama in einer Rezension eine «Empordichtung» des östlichen Stoffes trotz mancher «Tieckischer Weitschweif- und Weitläufigkeit», womit auch auf das wichtigste formale Vorbild Oehlenschlägers hingedeutet ist. Mit Tiecks Werk wie überhaupt den meisten dieser Mythendramen verband den *Aladdin,* daß er zu einem Lesedrama geworden war und auf der Bühne keine Heimstatt finden konnte.

Literatur über Literatur

Mochten die besten Dramatiker seit Lessing sich mit Recht in den Fußstapfen von Sophokles und Shakespeare sehen – ein neuer Aristophanes war den Deutschen nicht beschert. Darüber hat zuerst Heinrich Heine in der *Romantischen Schule* geklagt, wenn er meinte, daß die «deutschen Aristophanesse» sich im Gegensatz zu den großen Griechen jeder «höheren Weltanschauung» enthielten: «Über die zwei wichtigsten Verhältnisse des Menschen, das politische und das religiöse, schwiegen sie mit großer Bescheidenheit.» Stattdessen machten sie das Theater und die Literatur selbst zum Gegenstand ihrer Satire und «poetischen Polemik». Unumstrittener Meister darin aber war, so Heine, «Herr Ludwig Tieck». In der Tat hatte Tieck seit dem *Gestiefelten Kater* im zweiten Band der *Volksmärchen des Peter Lebrecht* (1797) die Form der Literaturkomödie, eine Literatur über Literatur, kultiviert, wenn auch nicht lediglich als blasses Substitut für nützlichere, schärfere, bessere politische Satire, sondern als eine neue Kunstform, als ein sehr kunstvolles Spiel mit ästhetischer Anschauung und der Reflexion darüber. Indem er das Bewußtsein seiner Leser zum Schauplatz dieser Komödien machte, nahm er ihnen zwar das reale Theater, auf dem sich dergleichen schwer nachvollziehen ließ, und machte die Stücke in erster Linie zu Lesedramen, zugleich aber verabreichte er in ihnen doch auch dem Publikum einen kritischen Spiegel seiner selbst, stellte eine Reihe von dessen heiligen Überzeugungen in Frage und enthielt sich auf diese Weise keineswegs einer «höheren Weltanschauung».

Tiecks Komödien (vgl. Bd. 1, S. 530 ff.) – außer dem *Gestiefelten Kater* noch *Die verkehrte Welt* (1798) und *Prinz Zerbino* (1799) – waren, wie alle Satire, für die unmittelbare Gegenwart bestimmt und wurden immer schwerer verständlich, je mehr sich diese Gegenwart zur Vergangenheit wandelte. So gerieten sie rasch in Vergessenheit mit Ausnahme des *Gestiefelten Katers,* der aber wohl seine kleine Popularität nicht nur dem kühnen Experiment verdankt, die Zuschauer der Premiere und den Autor zu Personen des Stückes zu machen, sondern auch dem Märchenstoff, an dem dergleichen versucht wurde. Aber Tieck setzte das große Beispiel für die Aufhebung des Illusionstheaters. Clemens Brentano hatte sich sogleich im *Gustav Wasa* (1801) in Tiecks Methode versucht, die seiner manieristischen Neigung zur Kunst als Spiel sehr entgegenkam. Aber auch die entschiedensten Gegner Tiecks und Brentanos bedienten sich ihrer.

Von geringem Gewicht war dabei noch jene kleine Literatursatire, die 1808 unter dem Titel *Comoedia Divina* herauskam und Aloys Schreiber zugeschrieben wird.

Wenn Jupiter und Merkur die Leipziger Messe besuchen und sich danach unter die Zuschauer mischen, um ein Stück über den Sündenfall zu betrachten, so ist das nur ein blasser Abglanz von Tiecks kunstvollem Verfahren. Ziel der *Comoedia* war, durch parodierende Zuspitzung oder aus dem Zusammenhang gerissene Zitate den Gegner lächerlich zu machen, der als synthetische Figur, als «Herr Novalis Octavianus Hornwunder» auftrat. Novalis wurde also undifferenziert mit den Autoren des *Wunderhorns* und dem des *Kaiser Octavianus* in eins gesetzt. Auch Friedrich Schlegel und vor allem Wilhelm von Schütz waren Objekte dieser Attacke. Sie entblößte jedoch weniger die tatsächlichen Schwächen der Gegner, als daß sie der Pauschalisierung des Romantikbegriffs Vorschub leistete. Gleiches gilt auch für die als «romantisches Trauerspiel» deklarierte Satire *Die Karfunkel-Weihe* (1818) eines «Till Ballistarius», die sich vorwiegend des Zitierens von scheinbar oder tatsächlich Abstrusem und Banalem aus den Werken von Friedrich Schlegel, Tieck, Brentano, Arnim, Werner, Schütz, Eichendorff und anderen bediente, wie das schon Kotzebue 1799 in seiner gegen die Brüder Schlegel gerichteten dramatischen Persiflage *Der hyperboreeische Esel oder die heutige Bildung* getan hatte.

Von sehr viel größerem Reichtum an Formen und Gedanken war das 1808 abgeschlossene, aber erst 1836 veröffentlichte «dramatische Gedicht» *Der vollendete Faust oder Romanien in Jauer*. Der Däne Jens Baggesen hatte es auf deutsch geschrieben. Dort findet sich auch, was Heine sonst in der deutschen Satire vermißte, das Politische. Denn Jauer ist ein Anagramm aus Jena und Auerstedt, womit Philosophie und Literatur dieser Stadt in einen ursächlichen Zusammenhang mit der Niederlage der preußischen Armee im Jahre 1806 gebracht wurden. Am Ende zieht «die feindliche vandalische Armee» hinter der Bühne, auf der sich das Schauspiel vollzieht, in Jauer ein.

Baggesens Stück ist keine Parodie von Goethes *Faust*, von dem zur Zeit der Niederschrift ohnehin nur das Fragment von 1790 bekannt war, sondern die Umfunktionierung des Goetheschen Ansatzes und seine komische Vollendung in einem Stück, das von Tollhäuslern gespielt wird. Denn eben darum handelt es sich hier: Vor einer Gesellschaft von politischen, militärischen und intellektuellen Honoratioren wird im Irrenhaus von Jauer durch die Irren das Stück «Die romantische Welt oder Romanien im Tollhause» aufgeführt, das sich entsprechend toll über die literarische Welt der Zeit ausbreitet und Kommentare der Zuschauer, des Herzogs, Goethes, der Madame de Staël, Fichtes, Jean Pauls und Wielands sowie einer Reihe von Offizieren auf sich zieht. Die Furcht des Herzogs ist dabei, daß das, was sich als «jakobböhmisch» ausgibt, womöglich jakobinisch sein könnte: Peter Weiß' Theater der Irren, durch den Marquis de Sade inszeniert, hatte also durchaus schon einen Vorläufer. Baggesens Romantiker sind sämtlich Anhänger der Ich-Philosophie, entthronen Gott und begrüßen sich stattdessen mit «Ich zum Gruß». Ihr Faust aber rühmt sich, weder Philosophie, Juristerei, Medizin, Theologie «noch sonst was» studiert zu haben. Sein Weg führt stattdessen zum Primitiven und Barbarischen. Eine Bücherverbrennung wird veranstaltet und Faust schließlich «im Lager jenseits der Donau im fünften Jahrhundert» in Dietrich von Bern verwandelt, um den Untergang der Nibelungen zu überleben. «Da liegen ja die Niblungen getödtet an einem Hauf», meint der Hofnarr Etzels, worauf Chriemhilde bemerkt: «Thut nichts! ich kenne die Recken; sie stahn alle wieder auf.»

Der vollendete Faust hat zwar die gleichen Gegner, die auch Baggesens *Karfunkel oder Klingklingel-Almanach* (vgl. S. 695) und die anderen Satiren aus dem Heidelberger Kreis um Voß angreifen, aber nicht um eine Attacke auf Persönlichkeiten, Werke oder Stilzüge geht es ihm im *Faust*, sondern um die Enthüllung einer Tendenz zu Primitivismus und Barbarei, die zwar weit von den Absichten der Angegriffenen entfernt war, die jedoch in der Beschäftigung der Deutschen mit der eigenen nationalen Vergangenheit zumindest potentiell enthalten war, wie sich in nationalistischen Theorien zur Zeit des Kampfes gegen Napoleon und in national-terroristischen Praktiken nach 1815 zeigte. Als Faust am Hofe Attilas ankommt, begrüßt er ihn:

Wir kommen, Ezelherre! Dich zu grüßen,
Vom neunzehnten Jahrhundert her –
Der Weg war lang; der Gang war schwer;
Wir haben immer rückwärts gehen müssen.

In Baggesens Stück gibt es viel intellektuelle Wirrnis, viel Weitschweifigkeit, Widerspruch und holprige Verse, aber aus der Diskussion um die Bedeutung und Wirkung der deutschen Literatur um 1800 ist es nicht wegzuwünschen.

Eine der Hauptfiguren unter Baggesens Tollhäuslerpersonal ist Keit, der Kohlenbrenner, altfränkisch gekleidet und melodische Lyrik lallend. Damit war natürlich niemand anders als Tieck gemeint, der als Repräsentant eines Köhlerglaubens charakterisiert werden sollte. Die vielen eigenen Verbindlichkeiten ihm gegenüber hat Baggesen nicht erkannt oder zumindest nicht anerkannt. Tieck selbst hat für den *Phantasus* noch einmal eine Literaturkomödie eigenen Stils geschrieben: *Leben und Thaten des kleinen Thomas, genannt Däumchen* (1811), ein dramatisches «Märchen» in drei Akten. Auch bei ihm ist deutlich Politik in das literarische Spiel gemischt, denn Hintergrund des Märchens ist das Preußen Friedrich Wilhelm III., sind die wirtschaftliche Misere des Landes und die Handlungsschwäche des Regenten.

Däumchen, Sohn armer Eltern und von diesen, wie Hänsel und Gretel, mitsamt den sieben Geschwistern immer wieder im Walde ausgesetzt, erwirbt sich Ruhm dadurch, daß er sich mit den einem Riesen gestohlenen Siebenmeilenstiefeln in den Dienst des König Artus stellt und als flinker Bote die verstreuten und unkoordinierten Heere zum Kampf und Sieg gegen den Feind verbindet. Das war seine und Tiecks politische Mission für das Deutschland unter Napoleon.

Tiecks Stück schäumt über von literarischen Anspielungen und Gesellschaftsspott. Die zur Mode gewordenen Scheidungen, die Verbindung von bürgerlicher Häuslichkeit und Poesie, das Stricken als «der fünf Gestählten Wechseltanz», gefeiert im antiken Trimeter, dazu eine Shakespearesche Mischung von Blankvers und Prosa, Übungen des Dichters Persiwein in spanischen Assonanzen und vieles Aktuelle mehr haben das Werk für Tiecks intellektuelle Zeitgenossen interessant oder gar zum Vergnügen gemacht, aber es auch auf diesen Leserkreis beschränkt. Erst jenseits des literarischen Spiels, im *Fortunat*, konnte sich seine poetische Kraft wieder voll entfalten.

Viele Jahre später hat sich auch Joseph von Eichendorff an einer Literaturkomödie im Stile Ludwig Tiecks versucht, dem gleichfalls «dramatisches Märchen» genannten Stück *Krieg den Philistern* (1824), das, ebenso wie Tiecks frühere Experimente, Publikum und Autor als Gestalten mit einbezieht. «Die Philister-Welt, oder Romanien im Wirthshause» hieß der erste Teil von Baggesens *Vollendeten Faust*, und das Philistertum stellte überhaupt einen in der Zeit immer wiederkehrenden Begriff dar, durch den sich in Deutschland das intellektuelle Bürgertum von der allmählich sozial bedeutender werdenden Menge des Bürgertums absetzte; nach oben hin, vom Adel, war man ohnehin durch die Geburt getrennt. Was allerdings unter Philistertum zu verstehen war, hing dann doch sehr von den sozialen Interessen der jeweiligen Kritiker ab. Eichendorff definiert den Philister in seinem Stück so:

> Gar nichts versteht er und viel liest er,
> Spottwenig trinkt er und viel ißt er.

Brentanos Philisterabhandlung (vgl. S. 89) ist als Anregung spürbar, aber Eichendorff schrieb seine Satire gegen den nun nicht mehr ungebildeten, sondern halbgebildeten Philister inmitten der Restaurationszeit, und das gibt seinem Werk eine sehr viel pessimistischere Tendenz als alles, was Tieck oder Brentano zu diesem Thema vorgetragen hatten.

Auch bei Eichendorff gibt es Krieg wie bei Baggesen oder Tieck, aber der Feind kommt in dieser Zeit nicht mehr von außen. Die Poetischen, die die Philisterstadt stürmen, werden schließlich mit diesen zusammen vom Riesen Grobianus – «eine lateinische Endung, die Wurzel ist deutsch» – in die Luft gesprengt, der achtlos auf beide einhaut und versehentlich einen Pulverturm entzündet, der nun allerdings auch ihm das Ende bringt. Statt des pompös gefeierten «Riesengeistes altdeutscher Kraft» erscheint ein bedenkenlos dreinschlagendes Wesen, das mit «Berserkerwut» alles kurz und klein hauen will, eine Union von proletarischer Kraft und Furor teutonicus, die sich am Ende selbst vernichtet. Was an früherer Stelle bereits zitiert worden ist, muß hier noch einmal zitiert werden – das Wort eines Soldaten aus diesem Stück:

> Im Meer der großen Zeit treib ich auf Trümmern
> Gestrandeter Systeme und Gedanken.

Diese «gestrandeten Systeme und Gedanken» in einem Netz von Anspielungen und Zitaten vorzuführen, macht die eigentliche Substanz von Eichendorffs «dramatischem Märchen» aus. Goethe, Schiller, Shakespeare, Jean Paul, Tieck, Novalis, sehr oft der *Zauberring* von Fouqué, der *Freischütz*, die altdeutsche Mode, Jakob Böhme: von allen ist direkt oder indirekt die Rede. Die Schlagworte der Zeit – das Turnen, Magnetisieren, die Vernunftreligion und die Weltgeschichte, Volkstum, Koppelwirtschaft, Teutschtum und schließlich auch die zarte Melancholie – sie alle sind versammelt in dem sinnreichen Geschwätz von Freund und Feind, denen am Ende das gleiche Schicksal der Vernichtung bevorsteht. Nur ganz verhalten klingt in einer Szene Eichendorffs Ideal stillschöner Ländlichkeit in traumhaftem Arkadien an. Als ganzes ist sein Drama *Krieg den Philistern* ein beängstigendes, scharfblickendes Werk, die bittere Summe tiefer Enttäuschung.

Eine zweite, als Tragödie deklarierte Literaturkomödie Eichendorffs, *Meierbeths Glück und Ende* (1827), blieb auf das Literarische beschränkt und ist in erster Linie eine Parodie der Schicksalstragödien, wiederum mit zahlreichen literarischen Anspielungen versehen, angefangen beim Titel, der sich natürlich auf Grillparzers *König Ottokars Glück und Ende* (1825) bezieht. Anspielungen und Spott treffen auch Raupach, Müllner, Clauren oder Werner, und Grillparzers *Ahnfrau* ist ebenfalls gut zu erkennen.

> Mir ist alles eins, mir ist alles eins,
> Ob wir'n Schicksal haben oder keins,

singt als Schlußwort ein Löwe.

Daß es eine ganze Reihe von regelrechten Parodien der Schicksalsdramen gegeben hat, sei nur erwähnt. Unter den bedeutenderen befindet sich *Die verhängnisvolle Gabel* (1826) von August Graf von Platen, der mit diesem Stück und dem Lustspiel *Der romanische Ödipus* (1829) in den Jahren des Biedermeier und des Vormärz zugleich auch die von Tieck begründete Form der dramatischen Literatursatire, der Literatur über Literatur, aus dem Gesichtspunkt einer jüngeren Generation fortführte. Wirklich publikumswirksame Gestalt hat die dramatische Satire dann freilich erst in den Dramenparodien des Wiener Volkstheaters – Nestroy nahm unter anderen Grillparzer, Hebbel und Wagner aufs Korn – und sehr viel später im großstädtischen Kabarett gefunden.

3. Die Kunst des Dramas

«Die tiefere Ergründung der Ästhetik hat bei den Deutschen, einem von Natur mehr spekulativen als praktischen Volke, dahin geführt, daß man Kunstwerke und besonders Tragödien nach mehr oder weniger mißverstandnen abstrakten Theorien ausgearbeitet hat, die dann natürlich auf dem Theater keine Wirkung machen können, ja überhaupt ganz unvorstellbar sind und kein innres Leben haben.» Das erklärte August Wilhelm Schlegel in der letzten seiner Wiener Vorlesungen *Über dramatische Kunst und Litteratur.* Im Sinne haben mochte er dabei die Ansätze zu einem bürgerlichen deutschen Theater durch Gottsched und den eigenen Onkel Johann Elias Schlegel. Aber das lag zurück. Weder die Dramatik des Sturm und Drang noch diejenige Lessings oder die klassizistischen Werke Goethes und Schillers ließen sich auf diese Weise charakterisieren. Auf die letzten konnte schon eher zutreffen, was Schlegel als zweite Kategorie anführte: «Andre haben sich mit wahrem Gefühl den Geist der alten Tragiker angeeignet und die schicklichste Auskunft gesucht, die einfachen gediegenen Kunstformen des Altertums nach der Verfassung unsrer Szene zu modifizieren.» Kein Urteil war angefügt, aber impliziert war doch, daß auch dieser Weg zu Ende gegangen war; zumindest werde ein den Griechen nachgebildetes Trauerspiel «immer ein gelehrter Kunstgenuß für wenige Gebildete bleiben». Mit der dritten Möglichkeit kam er schließlich sich selbst nahe und seinen Freunden, wenn er meinte, daß «wahrhaft ausgezeichnete Talente» sich «in das romantische Schauspiel» geworfen, aber es meistens «in einer Breite genommen» hätten, «die nur dem Roman erlaubt ist, unbekümmert um die Zusammendrängung, welche die dramatische Form erheischt». Aus den Vorbildern Shakespeare, Calderon und Gozzi waren, mit anderen Worten, die ausufernden Lesedramen Ludwig Tiecks geworden. Schlegels Empfehlung für die Zukunft, das historische Drama, ist schon an früherer

Stelle erwähnt worden; um eine neue Theorie des Dramas war es ihm insgesamt nicht zu tun.

Bei der von August Wilhelm und Friedrich Schlegel unter dem Stichwort des Romantischen eingeleiteten Revision ästhetischer Grundsätze, Verfahren und Ziele bildete das Drama das größte praktische Problem. Obwohl man Shakespeare als einen der bedeutendsten Inspiratoren und Zeugen dieses Romantischen betrachtete, hatte man schließlich aus gutem Gefühl für das in der Zeit Mögliche den Roman zum «romantischen Buch» vor allen anderen Kunstformen erklärt. Den zu Lesern gewordenen Deutschen am Ausgang des 18. Jahrhunderts mit ihren regionalen Traditionen, aber keiner nationalen, konnte er sehr viel besser als die letztlich immer konkrete Bühne vorführen, was man mit Romantisierung und Poetisierung von Leben und Gesellschaft, also romantischer Universalpoesie meinte. Im Roman sollten sich daher die bisherigen Gattungen vereinigen, das Epische, Lyrische, Dramatische, und überdies darin auch ein Bündnis eingehen mit der Kritik, also der intellektuellen Reflexion über Kunst. Im Roman wurde der kreative Kopf des Lesers zur eigentlichen Bühne, auf dem sich die vom Dichter im Kunstwerk bereitgestellte Phantasie mit der des nachvollziehenden Lesers zu einem höheren Kunstwerk vereinigen konnte, wovon dann wiederum eben jene tiefe, das ganze Wesen eines Menschen und schließlich einer Gesellschaft verändernde Wirkung ausgehen sollte, die man sich von der Kunst erhoffte.

Das alles war, wie gesagt, der Theaterpraxis nicht günstig, und das wirklich Große und nachhaltig Wirksame entstand erst dort, wo, bildlich gesprochen, Sophokles und Shakespeare gemeinsam als Berater, aber nicht mehr als Lehrer herbeigeholt wurden: im dramatischen Werk Heinrich von Kleists und in Goethes *Faust*. Die Theorie der romantischen Universalpoesie brachte jedoch immerhin die Legitimation des Lesedramas als Kunstform mit sich, wofür Werke Tiecks, die Literaturkomödien ebenso wie die Märchendramen, die ersten Beispiele boten. Arnims *Halle und Jerusalem*, Oehlenschlägers *Aladdin*, die Literaturkomödien Baggesens und Eichendorffs und letztlich natürlich auch in gewissem Sinne der zweite Teil von Goethes *Faust* sind in diesem Zusammenhang zu bedenken, obwohl geglückte Aufführungen gerade von Goethes Werk gezeigt haben, daß der Begriff des Lesedramas nur relativ ist und mit verfeinerter Bühnentechnik oder gar dem Medium des Films das Nebeneinander oder Ineinander von Anschauungs- und Bewußtseinsebenen durchaus auch visuell darstellbar sein kann. Die Bühne des Lesedramas war nicht nur die Bühne der Phantasie, sondern auch bis zu einem gewissen Grade diejenige der Zukunft und ihrer neuen technischen Mittel.

Unter den Versuchen nach 1806, dem Drama theoretisch neue Wege zu weisen, sind vor allem die Vorlesungen Adam Müllers *Über die dramatische Kunst* zu nennen, die er 1808 im *Phöbus* veröffentlichte, wo sie gemeinsam mit Fragmenten aus Kleists *Penthesilea,* dem *Robert Guiskard,* dem *Zerbrochnen Krug* und dem *Käthchen von Heilbronn* erschienen, was nun freilich nicht so verstanden werden darf, als wenn damit zur Theorie auch gleich die Anschauung geliefert worden wäre oder umgekehrt die Theorie als Interpretation der Texte auftrat. Die Verbindungen zwischen Kleist und Müller waren nie von so direkter Art.

Auf Müllers Ansichten zum Drama ist schon bei der Betrachtung seiner Literaturtheorie hingewiesen worden (vgl. S. 276 f.). Seine Tätigkeit als Schriftsteller hatte Müller mit einer «Lehre vom Gegensatz» begonnen, und die Sphären von Geist, Natur, Gesellschaft, Geschichte und Politik zerfielen ihm fortan allenthalben in Gegensätze, die er ständig zu versöhnen trachtete, bis er in der Kirche, der großen Versöhnerin alles Irdischen, eine feste Obhut fand. Auch in die Dramentheorie brachte er seine Dialektik ein, deren politischen Analogien zufolge Shakespeare zum Beispiel die ideale Vereinigung von «König und Parlament» repräsentiert und die «Despotie» der Tragödie mit der «Demokratie» der Komödie sich in der «englischen Verfassung» der Tragikomödie verbinden. Wichtiger als ein solches Spiel mit Begriffen war da schon seine Vorstellung von einem unendlichen dramatischen Gespräch, dessen Gegenstand sich zu «einer Art von Schutzgott des edelgeführten Streits» der Spieler und Gegenspieler im Drama entwickeln soll, «beide einander nähert, sie gegenseitig verständigt und mildert, sie erinnert, daß der Streit wohl ein unendlicher sei, daß aber er, der Schutzgott des Streits, die gemeinschaftlich erstrittene Idee, oder wie wir ihn sonst nennen mögen, in immer schönerer Gestalt dabei zugegen sei, an welcher Stelle sie sich wieder treffen möchten, sie schon erwarten werde». Müllers Stärke, die elegante Formulierung, wird in dieser Bestimmung ebenso offenbar wie seine Schwäche, die mangelnde intellektuelle Durchdringung, wenn er auf dem Höhepunkt seines Gedankens in eine Floskel ausweicht («oder wie wir ihn sonst nennen mögen»). Ob «Idee» tatsächlich noch der geeignete Begriff für seinen Gedankengang war, muß fraglich bleiben. Denn was Müller offenbar als Gegenstand des dramatischen Gesprächs vorschwebt, ist eher ein aus Denkbarem und Nichtdenkbarem zusammengesetzter Lebenssinn, den zu fassen zwar die Kraft jedes Menschen übersteigt, den zu suchen er aber um seiner selbst willen fortgesetzt getrieben ist und dem er sich auch ständig zu nähern glaubt. Damit jedoch wird wirklich eine Nähe zu Kleists Werk und der Handlungsweise seiner Heldinnen und Helden hergestellt. Zugleich aber ist der Unterschied zu einer rein idealistisch-philosophischen Lebensdeutung im Werke Schillers erkennbar.

Ein zweiter bedeutsamer Aspekt von Müllers Dramentheorie ist die aus den Theorien des romantischen Theaters hergeleitete Forderung nach der «Vereinigung zwischen Dichter, Schauspieler und Publikum», zunächst auf dem Theater der Komödie, wofür besonders die Stücke Shakespeares, Holbergs und Gozzis die Muster bereitstellten, sodann aber überhaupt zur Beseitigung des «Guckkasten-Prinzips unsrer Bühne», damit «*die* Dichter im Parterre gemeinschaftlich mit *dem* Dichter auf der Bühne dem ganzen Hause und jedem Schauspieler und Zuschauer offenbaren die unsichtbare Gegenwart eines höheren Dichters, eines Geistes der Poesie, eines Gottes». Brechts gern und viel beschworene «Zuschaukunst» als revolutionäre Entdeckung für das Theater ist ein blasser Abglanz von dem, was Müller hier entwirft, nur daß Brecht allerdings einen anderen, greifbareren Gott einsetzte. Trotz aller Bewunderung für Shakespeare, Gozzi und auch das spanische Theater hat Müller jedoch nie an der Musterhaftigkeit der Antike und insbesondere der des Sophokles gerüttelt, zumindest was die «Einheit des Geistes» und die «dramatische Ganzheit» anging. Wielands Bemerkung über Kleists *Guiskard* als eine Vereinigung der Geister des Äschylus, Sophokles und Shakespeare kommt in Erinnerung und verweist auf eine weitere Gemeinschaft der beiden Herausgeber des *Phöbus.*

Ein Problem für die Deutschen blieb die Bestimmung der Komödie. Konnte man sich mit Lessing, Goethe, Schiller allmählich auf dem Gebiet der Tragödie als emanzipiert und den anderen Nationen gleichgestellt erachten, so fehlte es doch, wie schon bemerkt, deutlich an einem deutschen Aristophanes, Shakespeare, Molière, Gozzi oder Holberg in der Komödie. Lessings *Minna von Barnhelm* war eine einsame Schwalbe, die keinen Sommer machte. Schiller hatte schon theoretisch die Komödie nur am Rande berührt und keine geschrieben. Im übrigen aber tobte sich in den Lustspielen auf dem deutschen Theater die äußerste Banalität aus, zu der beizutragen sich gelegentlich auch Goethe mit einem Stück wie dem *Bürgergeneral* nicht scheute. Jenseits dessen gebe es wenige Stücke, die «rein lustig» seien, wenn «unter dem Lustigen des Lustspiels nicht das Erfreuliche, sondern das Komische verstanden wird», heißt es 1812 in einem Beitrag in Fouqués Zeitschrift *Die Musen.* Müller jedoch meinte: «Wo kein Lustspiel zu finden ist, da ist auch kein wahrer politischer Verein.» Umgekehrt wird der Satz historisch korrekter und läßt auch besser verstehen, warum sich die besten deutschen Komödien, also Stücke wie Kleists *Zerbrochner Krug,* sein *Amphitryon* oder später Büchners *Leonce und Lena* und selbst die *Minna von Barnhelm* immer in der Nähe der Tragödie bewegten.

Theoretisch hat damals vor allem Solger das Verhältnis von Tragischem und Komischem untersucht und in seinem Ironie-Begriff unterzubringen versucht. Das Tragische offenbart sich für ihn im Untergang nicht nur der realen Existenz, sondern auch der Idee, die sie bestimmte. Aber gerade daraus entsteht nach Solgers Hoffnung für den Zuschauer Beruhigung, denn «der Untergang der Idee als Existenz ist ihre Offenbarung als Idee». So heißt es in den nachgelassenen *Vorlesungen über Ästhetik.* Es war Solgers Anwendung seines Verständnisses der Ironie, auf dem seine gesamte Philosophie aufbaut (vgl. S. 281). Statt der Beruhigung soll dagegen die Komödie vielmehr das Gefühl des Behagens verbreiten. Zwar löst sich, so meinte Solger, in den Widersprüchen des Wirklichen die Idee auf, aber gerade dadurch erweise sie sich doch als präsent. So erscheint für ihn das Komische nicht als das Schlechte, sondern als Parodie der Idee im Wirklichen, was seine Vorstellung von der Komödie prinzipiell von den Possen und Trivialkomödien der Zeit absetzt. Geschult war diese Vorstellung an den Werken des Freundes Ludwig Tieck, aber bei genauerer Analyse hätte Solger wahrscheinlich auch manche Bestätigung in einem Werk wie Kleists *Zerbrochnem Krug* finden können, in dem ein Adam letztlich nichts anderes tut, als die göttliche Idee vom Menschen zu parodieren.

Für Hegel schließlich war das Drama «die höchste Stufe der Poesie und der Kunst überhaupt», wie das für einen dialektischen Denker zu erwarten ist. Die «Objektivität des Epos» sollte sich darin mit «dem subjektiven Prinzipe der Lyrik» vereinigen. Grundlage für Hegels Theorie war selbstverständlich die Betrachtung des klassischen Dramas, von dessen Grundsatz ästhetischer Einheit seiner Ansicht nach das romantische Drama seit Shakespeare – dem spanischen Theater war der Protestant Hegel nicht zugetan – nur begrenzt abweichen durfte, wenn es nicht aufhören sollte, ein Kunstwerk zu sein. Bewährungsort aber war immer die Bühne, der der Zuschauer gegenübersaß. Das Lesen des Dramas blieb ihm anspruchslos, das Vorlesen «ein unbefriedigendes Mittelding» – wohl ein kleiner Hieb gegen den gefeierten Vorleser Tieck – und also die «Exekution» dramatischer Kunst lediglich auf einer Bühne der Phantasie unbefriedigend.

Hegels Bestimmung von Tragödie und Komödie ist Folgerung aus den Grundsätzen seiner Philosophie. Das Drama gibt für ihn Einsicht in die göttliche Weltregierung, und das erwünschte «Gefühl der Versöhnung» am Ende entstehe durch den «Anblick der ewigen Gerechtigkeit», die waltet, wenn sich die Individuen in ihrer Einseitigkeit zerstören. Bei der Komödie hingegen ergebe sich «Gelächter» eben dadurch, daß sich die Individuen in ihrer Subjektivität behaupten und zumindest in ihrer Einbildung «alles durch sich und in sich» auflösen, so daß die zuschauende Subjektivität «Seligkeit und Wohligkeit» empfinden könne, wenn sie, «ihrer selbst gewiß, die Auflösung ihrer Zwecke und Realisationen ertragen kann». Daß in der Vorstellung des deutschen Philosophen schließlich zwischen Tragödie und Komödie eine «dritte Hauptart der dramatischen Poesie» entstand, hat mit jenem Verhältnis von Kunst und «politischem Verein» zu tun, von dem auch Adam Müller sprach. Für Hegel liegt in der Mitte zwischen den beiden klassischen Formen des Dramas der eigentliche «Entstehungsgrund» für das «moderne Schauspiel und Drama». Die Beispiele dafür findet er allein in der deutschen Literatur, in Goethes *Iphigenie* und *Tasso*. Der *Faust* aber ist ihm «die absolute philosophische Tragödie», denn es erweise sich in ihm als starkste Triebkraft eben jene Subjektivität, die für Hegel das Charakteristikum der Moderne gegenüber der Antike überhaupt ausmacht. Das Ganze der irdischen Tragödie und göttlichen Komödie von Goethes *Faust*-Dichtung existierte damals noch nicht, und Hegel hat es nie kennengelernt – er starb 1831, ein Jahr vor deren Veröffentlichung. Er hätte eine tiefe innere Verwandtschaft dieses Werkes in seiner Gesamtheit zu der eigenen Phänomenologie vom Fortschreiten des Geistes finden können, eines Fortschreitens, das die Kunst, die das Sinnliche mit dem Absoluten im Schönen versöhnt, als Wahrheit in der Weltgeschichte offenbarte.

4. Das Drama im Umkreis des Romantischen

Auch Friedrich Schlegel hat zur Theorie des Dramas noch einmal seine Stimme erhoben und in solchem Zusammenhang zugleich den Begriff des Romantischen neu zu fassen gesucht, den er und sein Bruder einst aus der Taufe gehoben hatten. August Wilhelm Schlegel hatte sich in den Wiener Vorlesungen lediglich darüber beklagt, daß der inzwischen herangewachsene Begriff «auf hundert Komödienzetteln» nun «an rohe und verfehlte Erzeugnisse verschwendet» und auf diese Weise «entweiht» werde, so daß es nötig gewesen sei, «ihn durch Kritik und Geschichte», also eben diese, das europäische Drama in seinem historischen Kontext betrachtenden Vorlesungen und durch den Vorschlag zur Abfassung historischer Schauspiele als nationaler Festspiele «wieder zu seiner wahren Bedeutung zu adeln». Friedrich Schlegel hingegen begnügte sich auf dem Grunde des tiefen Glaubenswandels, der in ihm vorgegangen war, mit solch allgemeinem Hinweis nicht. In seinen Wiener Vorlesungen vom Jahre 1812 über die *Geschichte der alten und neuen Litteratur* stellte er eine regelrechte Stufenleiter des Dramas auf und ließ erst auf der höchsten Stufe das Romantische wieder aufleuchten.

Am niedrigsten standen für ihn die Darstellungen, die sich auf die «glänzende Oberfläche des Lebens» beschränken. Auf die zweite Stufe erhob Schlegel Dramen, die Einzelnes und Ganzes, Welt und Leben, den Menschen und sein Dasein in ihrer ganzen Widersprüchlichkeit und Rätselhaftigkeit vorführen. Auf der dritten Stufe aber stand für ihn jene Kunst, die diese Rätsel nicht nur zeigt, sondern sie auch löst und damit «das Leben aus der Verwirrung der Gegenwart» herausführt. Es ist unverkennbar, daß Friedrich Schlegels großes Vorbild dafür nicht mehr Shakespeare sein konnte wie einst in den jugendlichen Spekulationen der Fragmente und frühen Notizbücher, sondern daß auf der Höhe seiner Wertskala nun mit einer Gloriole umgeben Calderon erscheint, unter allen christlichen Dichtern «der erste und größte». Das aber bedeutete zugleich: «Calderon ist unter allen Verhältnissen und Umständen, und unter allen andern dramatischen Dichtern vorzugsweise der christliche, und eben darum auch der am meisten romantische.» Denn «das Romantische» bezeichne nichts als «die eigentümlich christliche Schönheit und Poesie», und so «sollte wohl alle Poesie romantisch sein». Ein Hauch von der einstigen Universalpoesie war auf diese Weise unter das Dach der Kirche gerettet worden vor den inneren und äußeren Stürmen, durch die Friedrich Schlegel hindurchging.

Diese Definitionsversuche machen zunächst über allen Zweifel offenbar, daß es im Grunde kein romantisches Drama gibt, weder in der Theorie noch in der Praxis. In der Theorie gibt es nur das, was man sich jeweils darunter vorstellt, und das weicht je nach den Voraussetzungen, Positionen und Neigungen der einzelnen Theoretiker beträchtlich voneinander ab. Ebensowenig jedoch lassen sich die Versuche von Dramatikern, sich den strengen Konventionen eines klassischen oder klassizistischen Dramas zu entziehen, auf einen Nenner bringen, wobei im übrigen auch keine klare Priorität der Theorien vor der Praxis oder aber eine deutliche Deduktion von Theorien aus dem Anschauungsmaterial eines zeitgenössischen Dramas existieren. Bemerkbar ist nur die personelle Trennung zwischen Theoretikern und Dichtern, jene Trennung, die einst im Begriff einer romantischen Universalpoesie hatte aufgehoben werden sollen. Friedrich Schlegels eigener Versuch, mit einem Drama über Karl V. noch einmal nach dem *Alarcos* zum kreativen Bühnendichter zu werden, blieb in den Anfängen stecken.

Vieles aus den literarischen und philosophischen Interessen der Zeit spiegelt sich in den Dramen der bedeutenderen, künstlerisch neue Wege weisenden Autoren dieser Jahre wider, und die politische Krisenzeit mit ihren wechselnden Situationen ist stets spürbar präsent. War zuerst Shakespeare das große Muster für die Ablösung von der Macht der Antike über die Geister und Federn, so trat bald neben und gelegentlich über ihn, wie Friedrich Schlegel demonstrierte, das spanische Theater in seiner strengen Christlichkeit. Für das spielerisch-manieristische Element, das mit der Entfesselung der Phantasie unter dem Losungswort des Romantischen ins Leben gerufen worden war, gab das Werk Carlo Gozzis vielfältige Anstöße. Die Musik gehörte fest zum Bestandteil des Theaters, und wenn nun noch die Barrieren zwischen der Bühne und dem Zuschauerraum übersprungen werden konnten, wie es Tieck zu realisieren und Adam Müller zu begründen versuchte, so war die Idee eines mit romantischer Ironie produzierten Gesamtkunstwerkes nicht mehr fern.

Lust an der Musikalität der Sprache und das Bewußtsein, Teil zu sein einer eigenständigen christlich-romantischen Tradition, brachten im Drama wie in der Lyrik vielfältige Experimente mit romanischen Vers- und Strophenformen mit sich. Zuweilen wurde sogar die Lyrik regelrecht ins Drama verlegt, wenn sich Gestalten in Sonetten, Stanzen oder Terzinen unterhielten. Tieck hatte dergleichen in der *Genoveva* und im *Octavianus,* Friedrich Schlegel im *Alarcos* mit mehr oder weniger Glück versucht. Tiecks Schwester Sophie Bernhardi kultivierte es weiter in einem hispanisierenden Schauer- und Erlösungsdrama *Egidio und Isabella,* das 1807 in Karl von

Hardenbergs _Dichter-Garten_ erschien. Kanzonen, Sonette, vierzeilige und achtzeilige Strophen, Dezimen, vielfältige Silbenmaße und Reimmuster waren darin kunstvoll-künstlich ausgebreitet, die allesamt freilich erst vor dem Druck von August Wilhelm Schlegel, der der Autorin nahestand, durchgesehen worden waren. In einer – allerdings anonymen – Rezension des _Dichter-Gartens_ hat Schlegel solche Kunstübung mit Selbstbeteiligung zu guter Letzt auch noch öffentlich gelobt.

Die Form transportierte den Inhalt der spanisch-romantischen Dramatik, ihre Christlichkeit. E.T.A. Hoffmann schrieb für Fouqués Zeitschrift _Die Musen_ 1812 einen enthusiastischen Bericht «Über die Aufführung der Schauspiele des Calderon de la Barca auf dem Theater in Bamberg», in dem er, als Protestant, deren Christentum poetisch deutet. In die «tiefe Romantik» dieser Stücke könnten «nur die wenigen» eingehen, schreibt er, «welche mit wahrhaft poetischem Gemüth sich zu der unsichtbaren Kirche bekennen, die mit göttlicher Gewalt gegen das Gemeine wie gegen den Erbfeind kämpft und die triumphierende seyn und bleiben wird».

Mit der Christlichkeit des Stoffes rückte der Kernpunkt christlicher Lehre, die Überwindung des Todes, in das Zentrum des Denkens. Das Bahnbrechende von Novalis' philosophischem und lyrischem Werk erwies sich hier. Daß in Tragödien gestorben wird, war seit deren Anfängen üblich; daß es um eines höheren Lebens willen geschah, war erst ein Resultat der Lehre Christi. Andere Mythen stellten einen derartigen Aufschwung nicht oder nicht in gleicher Stärke bereit; daraus entstand die Anziehungskraft dieser Religion und dadurch ließ sich das Besondere, Große und Neue des Christentums erweisen. Germanische, slawische und orientalische Mythen fanden im vergleichenden Bezug auf das Christentum ebenfalls ihren Weg auf das Theater oder zumindest in das Drama als Buch. Schließlich nötigte die historische Situation noch zur Aufmerksamkeit für nationale Überlieferungen, für Sagen und volkstümliche Formen, und auch das erschien manchen als romantisch, so wenig es ursprünglich mit dem universalistischen Konzept dieses Begriffes zu tun hatte. Klassische Bildung und das klassische Vorbild aber waren, wie schon Müllers Theorien darlegen, bei alledem nicht vom Winde der Zeit verweht oder nur noch bei einigen hartnäckigen Konservativen präsent, sondern als künstlerische Herausforderung zur pakkenden Gestaltung des tragisch Erschütternden ebenso wie durch den Beziehungsreichtum der Mythologie weiterhin wirksam. Goethes _Faust_ legt dafür im gleichen Maße Zeugnis ab wie das Werk Heinrich von Kleists, und neben ihnen tun das Autoren wie Heinrich von Collin, Wilhelm von Schütz und später dann Franz Grillparzer.

Außer Goethes _Faust_ und den Dramen Kleists ist in der deutschen Dramatik im Jahrzehnt nach 1806 manches über das Konventionelle Erhabene entstanden, sei es nun, daß es sich um die lebendige Einkleidung neuer, außerordentlicher Gedanken handelte, um neue Klänge und Formen, um tiefergefaßte einzelne Gestalten oder auch nur um einen Hauch von dem magischen Duft der vielbeschworenen Poesie. Aber dennoch bildet all das, was so gern als romantisches Drama bezeichnet worden ist, lediglich eine kleine, stille Enklave in der Literaturgeschichte, mit hohen Hecken umgeben, von manchem Unkraut überwuchert, und nur hin und wieder noch von ein paar Kennern zum Botanisieren besucht.

Werner

«Seitdem Schiller im Grab ruht und Goethe keine Theaterstücke mehr schreibt, ist Werner der erste dramatische Schriftsteller Deutschlands.» Das erklärte Germaine de Staël zu Eingang des Werner gewidmeten Kapitels ihres Deutschlandbuches, dessen Manuskript sie 1810 abgeschlossen hatte. Werner war kurz vorher mehrfach ihr Gast in Coppet gewesen, und vor ihren Augen war auch dort zuerst seine Schauertragödie *Der vierundzwanzigste Februar* (vgl. S. 572 f.) aufgeführt worden. Was Madame de Staël allerdings über Werner zu sagen hatte, reicht kaum aus, die hohe Partnerschaft zu rechtfertigen. Rückblickend scheint es, als ob diejenigen, die Werner persönlich kannten, stets besser über sein Werk gedacht haben als diejenigen, die es nur gelesen hatten. Werner – soviel ist richtig – war unter den im folgenden zu betrachtenden Verfassern von Dramen der einzige professionelle Theaterdichter. Das Schreiben von Stücken war sein literarisches Hauptgeschäft, wenngleich er sich auch als Lyriker und speziell als Dichter von Sonetten einen gewissen Ruf erwarb. Aber nur als Dramatiker wurde er wirklich im Lande bekannt, und dies auch deswegen, weil seine Dramen unmittelbar für die Bühne bestimmt waren und dort Erfolg hatten. Zwei der bedeutendsten Theater nahmen sich seiner an; in Berlin inszenierte Iffland *Martin Luther, oder: Die Weihe der Kraft* und spielte den Luther selbst, in Weimar mühte sich Goethe als Regisseur um Werner und machte ihn eine Zeitlang geradezu zu seinem Protegé. Auch ein weithin beachteter Theaterskandal entstand in Berlin, was der allgemeinen Bekanntheit des Autors einträglich war.

Für viele galt Werner damals als Romantiker reinsten Wassers, und er hat diesen Ruf nie verloren. Alles, was Freund und Feind des Romantischen sich darunter vorstellten, schien sich in ihm zu vereinigen: Christliches, Schwärmerisches, Historisches, Deutsches und nicht-klassische Formkunst. Diejenigen jedoch, die sich gar nichts darunter vorstellen konnten, bekamen von ihm Handgreifliches, Leichtverständliches und zugleich scheinbar Anspruchsvolles zu diesem Thema geliefert. Werner gehört unter jene zu allen Zeiten wirksame Art von Künstlern, bei denen das Schwierige simpel und das Simple schwierig erscheint und deren zeitlich begrenzte Popularität darin besteht, Neues und Originelles aufzugreifen und auf solche Art vorzustellen, daß in den Konsumenten der Kunst das gute Gefühl entsteht, am

Neuen und Originellen teilzuhaben, ohne dessen Herausforderung annehmen zu müssen, zugleich aber doch den Vorwurf der Lust am Trivialen von sich weisen zu können.

Eben dies traf für Werners Verhältnisse zu allem Romantischen zu. Geschichte und speziell deutsche Nationalgeschichte waren sein Stoff; Liebe ereignete sich in ihren Höhen und Tiefen zwischen Caritas und Sexualität, aber die höhere triumphierte stets; Karfunkel und blaue Hyazinthen leuchteten als vielbedeutsame Symbole auf; über heidnische Riten und Mythen siegte die Allgewalt des Christentums, aber nicht, ohne daß Liebende als Märtyrer verzückt starben; Blitze straften und Heilige erschienen verklärt. Um das Maß des Romantischen in den Augen des Publikums vollzumachen, trat der ostpreußische Protestant 1810 im Alter von zweiundvierzig Jahren auf der Höhe seines literarischen Ruhms zur katholischen Kirche über, wobei er Goethe gegenüber erklärte, daß Worte aus dessen *Wahlverwandtschaften* ihn «katholisch gemacht» hätten, und vier Jahre später erhielt er sogar die Priesterweihen, woraufhin er als Kanzelredner Ansehen erwarb. Damit schien das Los alles Romantischen aufs reinste erfüllt. Als freilich 1821, zwei Jahre vor Werners Tod, ein anderer Königsberger und früherer Bekannter Werners, der Kammergerichtsrat E. T. A. Hoffmann, im vierten Band der *Serapionsbrüder* seine Protagonisten sich über Werner unterhalten ließ, geschah es mit der Bemerkung, daß dieser inzwischen «kaum mehr genannt» werde. Daran hat sich hinfort auch nichts geändert. Werner, ein talentierter Schriftsteller, ist nur noch Demonstrationsobjekt der Literaturgeschichte, lehrreich für das komplizierte Verhältnis zwischen Geschichte, literarischen Tendenzen, Talent und Persönlichkeit. Denn so sehr Werner in den Umkreis des Romantischen gehört, so wenig ist er doch dessen konsequentester Repräsentant oder Vollstrecker.

Die schärfste Kritik an Werner kam gerade von solchen, die ihm eigentlich am nächsten hätten stehen sollen. Friedrich Schlegel nannte ihn einen «noch verwirrteren Abdruck von Kotzebue» (18.3.1808) und hat auch später, als sie beide gute Katholiken waren und Werner eigentlich in seinen Dramen genau jene Lösung irdischer Rätsel bereitstellte, die Schlegel in den Wiener Vorlesungen für das Drama forderte, sein Urteil nur gemildert, aber nicht revidiert. Im *Phöbus* verdammte Adam Müller Werner in Grund und Boden, indem er ihm platten Eklektizismus vorwarf. Er schneide «Goethen, Schillern, Shakespeare, den Griechen, dann wieder Tieck und August Wilhelm Schlegel einzelne Gesichter» nach und mache es dann doch, unglücklich genug, am Ende keinem recht. Hoffmann hingegen stand ferner, und was er bizarre Romantik in Werners Werk nennt, war für ihn, den nach dem «psychischen Prinzip» Suchenden, vor allem Ausfluß einer kranken Seele als Produkt irregeleiteter Erziehung: Werners Mutter war geistesgestört und von dem Wahn besessen, daß sie die Gottesmutter und der Sohn eine Reinkarnation des Christusknaben sei (vgl. S. 441 f., 573). Die Wurzeln von Werners Religiosität wuchsen jedenfalls aus einem ganz anderen Boden hervor als aus dem der romantischen Intellektualität.

Werners dramatische Erkundung abendländischer Geschichte reicht von den biblischen Zeiten bis zu Luther (vgl. S. 579). Goethe schickte er eine ganze Liste von historischen Stoffen. So reize ihn zum Beispiel «das Verhältnis Mariens Stuarts mit dem Sänger Rizio, die Geschichte wie Mohamed II. seine Geliebte Irene, nach der Einnahme Constantinopels, auf Verlangen seines Heers tödtet, dann Rosamunde, Agnes Bernauerin, was weiß ich Alles!» (20. 10. 1809) Und er bittet um Kritik und weitere Vorschläge. Hinter der Wahllosigkeit erscheint also deutlich das Interesse am Zusammenstoß zwischen Erotik und Geschichte, und das war es dann auch, was ihn in den meisten seiner Dramen tatsächlich beschäftigte, nur daß nicht tragischer Untergang, sondern die Erlösung im Zeichen einer höheren, religiösen Liebe wie im spanischen Theater ausgemachtes Ziel seiner Werke sein sollte. Denn Werner war stets Tendenzdichter, der eine Antwort auf die Probleme seiner Gestalten wußte, die von außerhalb des Theaters kam.

In Werners erstem Drama, den *Söhnen des Thales* (1803/04), spielte allerdings der Konflikt zwischen den Geschlechtern noch keine bedeutende Rolle. Hier ging es vielmehr um reine Männersachen, um den Zerfall des Templerordens zu Beginn des 14. Jahrhunderts, um die Bewahrung seiner Geheimnisse durch eine Art Über-Orden, eben die «Söhne des Thals», dessen Lehre synkretistisch zwischen den Religionen vermittelte, aber als «Großmeister» dennoch nur Christen anerkannte. Am Ende steht der Märtyrertod des letzten Großmeisters der Templer, ein Opfer, durch das nun wirklich das gute Ziel des Ordens für die Ewigkeit bewahrt wird. Ziel und Botschaft faßt Werner unmißverständlich im Epilog zusammen.

> Denn *das* bleibt wahr: *das Thal ist nicht gestorben,*
> *Und nur im Glauben wird das Heil erworben.*

Vieles hat Werner in dieses aus zwei Teilen bestehende, umfangreiche Werk verarbeitet, das Iffland 1807 in Berlin aufführte und das Werner überhaupt manche Aufmerksamkeit verschaffte, eben weil so vieles Vertraute mit einem fremden Stoff verbunden war. Eine Astralis, dem gerade erst erschienenen *Heinrich von Ofterdingen* entstiegen, pflanzt «Blüthenkeime» und bekränzt Isis- und Marienbilder. Die von Novalis und Schleiermacher entwickelten Ideen vom religiösen Mittlertum werden in den mittelalterlichen Kontext verpflanzt. Vor allem aber wird der Tod als Opfer für eine gute Sache gefeiert und damit die Quintessenz des Christentums historisch konkretisiert, und das zu einer Zeit, wo dergleichen unter den gegebenen politischen Verhältnissen in Deutschland nicht mehr nur eine Sache intellektueller Erkenntnis und Selbsterkenntnis, sondern eine Realität sein konnte. Daß im übrigen Goethe und Iffland, wie viele andere bedeutende Persönlichkeiten in den Sphären von Kultur und Politik in Deutschland, Freimaurer waren, konnte Werners Ruf gleichfalls nicht schaden, hat aber auch zu dem Verdacht beigetragen, daß es ihm mit seiner Erlösungssehnsucht und der Erneuerung des Christentums aus der Kraft des Glaubens dann doch nicht so ganz tiefster Ernst und immer ein wenig Opportunismus dabei war. Mit seinem zweiten Stück, *Das Kreuz an der Ostsee* (1806), begab sich Werner im doppelten Sinne auf heimatliches Territorium. Einmal ließ er sein Stück im nördlichen Polen, unweit der eigenen Heimat, spielen, zum anderen aber war dies das erste seiner Liebesopfer-Dramen, in denen dem Sexus um der Caritas willen entsagt wird.

Denn eben darum handelt es sich, wenn sich der zum Christentum konvertierte junge preußisch-heidnische Priesterssohn Warmio und seine geliebte polnisch-christliche Malgona am Hochzeitstag zu Bruder und Schwester erklären, um sich dann stracks zum Märtyrertod führen zu lassen, der sich eindrucksvoll und spektakulär im zweiten Teile des Werkes ereignen sollte, Brautnacht und Tod in eins verschmelzend. Denn Warmios eigene Leute sind der beiden Liebenden trotz tapferster Gegenwehr der Polen und der deutschen Ordensritter habhaft geworden. Zu ihrem Abgang gibt ein Spielmann, der niemand anders als der Geist des ermordeten Heiligen Adalbert ist, seinen Segen:

> Das Kreuz verscheuchet die Dämonen
> Vom klippenvollen Meeresstrand,
> Auf zweier Treuer Marterkronen
> Erhebt's der Herr mit starker Hand.

Der zweite Teil sollte den Sieg des Kreuzes an diesem Strande vorführen, aber er ist nie abgeschlossen und veröffentlicht worden.

Der Kampf des Christentums gegen den borussischen Olymp, den Werner detailliert beschreibt, war zwar der Hauptgedanke des Stückes, jedoch nicht dessen einziger. Der Versuch zur Entsexualisierung einer erotischen Bindung bildete ein sehr persönliches Problem für Werner, der nach allen Zeugnissen von seiner Libido schwer gepeinigt wurde, und seine Selbstnötigung zu Entsagung und religiöser Erhebung ist nicht zuletzt in solchem Zusammenhang zu sehen. In seinen Stücken entwickelte Werner jedenfalls eine regelrechte Theorie der Liebe, die Wege zeigen sollte aus der Sinnlichkeit zur Erlösung, und zwar mittels der Liebe selbst. Im *Kreuz an der Ostsee* sei es eben diese Liebe eines treuen Paars, «die sich aus den Wellen des Schicksals emporarbeitet, nachdem sie zuvor den Staub der sie umgebenden Gemeinheit abgeschüttelt hat, und dann, als sie sogar den Höllenflammen (die im zweiten, noch ungedruckten Teile, auf eine bisher noch nie gesehene Art emporlodern) getrotzt, endlich in ihrer eigenen Glutumarmung erliegend versinkt, aber – in ihrem Urbronn!» So schreibt Werner in einer – anonym veröffentlichten – Selbstcharakteristik des Stückes 1808 in der Wiener Zeitschrift *Prometheus*. Darin behauptet er auch den ideellen Zusammenhang seiner Werke untereinander in deren «Totalität». Als Leitidee nennt er die Liebe in einem eigenen, originellen Verständnis. Sie sei auf den «unendlichen Schmerz» des Dichters «gepfropft» und stelle auf diese

Weise etwas ganz für ihn Eigentümliches dar; in ihrer Erscheinung im einzelnen Menschen sei sie «Gemüth», als «Total-Erscheinung» Kirche und als Anschauung Kunst. Es ist eine wirre Philosophie, deren Stichworte von verschiedenen Seiten, nicht zuletzt aus den Werken von Novalis und Schleiermacher, zusammengetragen sind. Von dorther kommt auch der Gedanke vom Mittlertum, das für Werner eine zentrale Rolle spielt, da er die Frau dazu einsetzt und dadurch die sexuelle Anziehung mit Weihe versehen kann. Im *Kreuz an der Ostsee* ist es Malgona, die diese Theorie zusammenfaßt:

> Und des Herren sanfte Stimme
> Lehrte sie den Mann vernehmen.
> Und so ward das Weib der Mittler
> Ihres Schöpfers und des seinen,
> Und die Gluth, von ihm entglommen,
> Nährt sie treu, als Priesterin.

Auf diese Weise aber wird jedes Liebesdrama letztlich zum christlichen Passionsspiel, und die assonierenden spanischen Trochäen unterstützen das ebenso wie andere romanische Vers- und Strophenformen, in denen sich Werner gewandt zeigte.

Ein zweites Mal führt Werner auf polnisches Territorium mit der «romantischen Tragödie» *Wanda, Königin der Sarmaten* (1810), die Goethe bereits 1808 in Weimar aufführen ließ, auch wenn er das dann später einen «dummen Streich» genannt hat. Zwar ist dieses Stück ebenfalls ein Passionsdrama, aber es spielt in vorchristlichen Zeiten, steht zwischen Mythos und Geschichte, enthält manches theatralisch Wirkungsvolle und zeigt noch stärker als das *Kreuz an der Ostee* Werners Wendigkeit und Geschick als Verskünstler. Um der Sprecherziehung seiner Schauspieler willen hatte Goethe ein paar Jahre vorher August Wilhelm Schlegels *Ion* und Friedrich Schlegels *Alarcos* auf die Bühne gebracht, im Vergleich zu denen Werners *Wanda* ein sehr viel besser gebautes und motiviertes Stück ist. Blankvers, Alexandriner, Knittelvers, Nibelungenstrophe, Liedstrophen und eine Vielfalt von Assonanzen und Reimen sind in diese opernhafte Tragödie «mit Gesang» eingeflochten und ebenso Chöre, die an diejenigen des gerade erschienenen *Faust* erinnern. Aber gelegentlich spricht Held Rüdiger auch in antiken Distichen, und das alles geschieht mit großer Geschmeidigkeit und Musikalität, die allerdings nicht selten in die Nähe der unfreiwilligen Selbstparodie gerät.

Werners *Wanda* ist ein Seitenstück zur Libussa-Sage, die bald darauf Brentano und Grillparzer in Dramen behandelten. Gerade in der böhmischen Sage vom Übergang aus dem Matriarchat ins Patriarchat, von der sich selbst bestimmenden Frau zu ihrer Unterordnung unter den Mann ließen sich neue Gedanken über die Rolle der Frau in der Gesellschaft ausdrücken. Werner allerdings übersah solche historische Thematik, da ihm die eigene Theorie von der Erlöserrolle der Frau den Blick darauf verstellte.

> Weil in stiller Frauengröße
> Gottheit als Natur verkläret,
> Ist das Weib der Wunder höchstes!

heißt es hier zwar, aber gemeint ist die Frau als religiöse Mittlerin; ihre Funktion als Herrscherin im Stück ist zufällig. Solches Mittlertum demonstriert Wanda, die sich vor Jahren an Libussas Hof in Rüdiger, den Fürsten aus Rügen, verliebt hat, ihn aber tot glaubt und deshalb einen Eid schwört, sich nur ihrem Volke zu widmen. Wiederum erscheint die Unterdrückung der Sexualität als verborgenes Handlungsmotiv. Rüdiger jedoch ist keineswegs tot, sondern auf dem Wege zu ihr, deren sinnliche Schönheit üppig genug von einem seiner Boten geschildert wird:

> Auch mich umflocht mit zaubernder Gewalt,
> Ihr Haar, das, kühn dem Diadem entwunden,
> Des Busens gold'nen Harnisch überwallt,
> Die silberstoff'nen Ermel, losgebunden,
> Umflatterten, wie Flügel die Gestalt,
> Ihr grünes Kleid umrankten gold'ne Sprossen,
> Ein Rasenplan, vom Sonnenstrahl umflossen!
> Und, wie dem Blätterkelch die Rosenblüthe,
> Entquoll des Leibgewandes grünem Sammt,
> Daß liebend er die zarten Glieder hüte,
> Der Rock, in dem das Blut des Purpurs flammt,
> Ein Demantgurt, das Bild der reinen Güte,
> Schürzt ihn mit Perlen, die dem Meer entstammt,
> Und innigst angeschmiegt den Silberfüßen,
> Sah ich ein golden Stiefelpaar sie küssen.

Die Sinnlichkeit dieser Beschreibung eines Körpers stellvertretend durch die Kleidung, die ihn bedeckt, verrät etwas von den Kräften, die Werner in sich durch seine Dramen zu bannen suchte, aber denen er auch bildstark Ausdruck zu geben vermochte. Da Wanda, durch ihren Schwur gebunden, sich Rüdiger verweigern muß, kommt es zum Krieg, in dem die Liebenden als Gegner aufeinandertreffen. Die Erscheinung von Libussas Geist verhindert jedoch gegenseitiges Niedermetzeln und mahnt zur Ruhe:

> Du bethörtes Menschenpaar,
> Werde ruhig, werde klar!
> Und vernimm den ew'gen Bann,
> Dem kein Wesen noch entrann:
> Alles, was erschaffen ward,
> Ist von Ewigkeit gepaart;
> Jedes sucht im schnellen Lauf,
> Das für ihn Erschaff'ne auf!

So und in vielen weiteren Versen, um die Wilhelm Busch ihn beneidet hätte, erläutert Werner seine Theorie von «der Liebe Ewigkeit», die dann allerdings doch dazu führt, daß sich Rüdiger von Wanda umbringen läßt, während diese durch Opferflammen hindurch, wie eine Tochter von Empedokles und der Lorelei, «in göttlichem, liebebegeistertem Wahnsinn» von einem hohen Felsen in die Weichsel springt, was dem Priesterchor eine Bestätigung für die Erkenntnis ist: «Die Götter sind noch da!!!»

Die Uraufführung der *Wanda* in Weimar unter der Regie Goethes fand am 30. Januar 1808 statt. Sechs Tage vorher hatte Heinrich von Kleist, neun

Jahre jünger als Werner, an Goethe das erste Heft des *Phöbus* gesandt. Es enthielt das «organische Fragment» der *Penthesilea* von der Liebe der Amazonenkönigin zu dem Helden Achill, von ihrer Niederlage im Kampf mit ihm und ihrem späteren, grausigen Sieg über ihn. Auf den «Knieen seines Herzens» überreichte Kleist ihm das Heft, wie er schrieb. Zwei Tage nach der Uraufführung der *Wanda* bedankte sich Goethe bei Kleist und sprach davon, daß sich die *Penthesilea* in einer für ihn fremden Region bewege und es ihn bekümmere, wenn er «junge Männer von Geist und Talent» sehe, «die auf ein Theater warten, welches da kommen soll». Die erste Aufführung des Stückes fand 1876 statt. Es wird wohl für immer verhüllt bleiben, ob Goethe der Gedanke gekommen ist, daß die beiden Werke, das aufgeführte und das für die Zukunft bestimmte, etwas miteinander zu tun haben könnten. Kleist hatte in seinem Begleitbrief (24. 1. 1808) davon gesprochen, daß man, wenn man gewisse Prämissen als möglich zugeben müsse, man nachher nicht über die Folgen erschrecken dürfe. Kleists Stück sondiert Menschliches, das Gute wie das Schlimme, das Schöne wie das Häßliche. Aus dem in Gang gesetzten Geschehen ergeben sich Folgen, die nicht mehr dem Wunsch des Dichters unterworfen, sondern nur noch von der Konsequenz seiner Menschenbeobachtung bestimmt sind, und keine Theorie der Entsagung erlaubt ein Ausweichen davor. Darin liegen dramatische Spannung, Kraft und Größe, Zartheit und Grausamkeit dieser Tragödie. Werners *Wanda* hingegen illustriert eine Idee, für die alles beobachtete Menschliche, die Empfindungen und Gedanken, nur insoweit wichtig sind, als sie die Zuträger dafür darstellen. Was aber Mentalität und Geschmack angeht, so hat Goethe selbst in einem Brief an Friedrich Heinrich Jacobi von der «lüsternen Redouten- und Halb-Bordellwirtschaft» in Werners Werken gesprochen, die, wie er prophezeite, sich noch verschlimmern werde (7. 3. 1808). Die Publikumswirksamkeit von dergleichen aber schätzte er richtig ein, wenn er Werner Raum auf seiner Bühne gab.

Werners größter theatralischer Erfolg war sein Schauspiel *Martin Luther, oder: Die Weihe der Kraft* (1807), das Iffland bereits am 11. Juni 1806 in Berlin aufgeführt hatte und das überhaupt von ihm angeregt worden war. Gemeinsam mit dem Teutoburger Helden Hermann galt Luther als einer der großen Nationalheroen, und seine Bedeutung nahm zu, je mehr die Deutschen unter dem Ansturm der Ereignisse ihre Identität verloren, soweit sie sie je besessen hatten (vgl. S. 138 ff.). Das Provokative von Werners Konzept war nun, Luther nicht nur als Reformator und tapferen Deutschen auf die Bühne zu stellen, sondern auch als Zweifler an sich selbst sowie als künftigen Ehemann, der durch die liebende Mittlerschaft der ehemaligen Nonne Katharina von Bora erst wirklich zu sich selbst kommt und die Weihe seiner Kraft erfährt. Werner setzte also hier gleichfalls seine Theorie ins Bild und trieb ein prekäres Spiel mit Heiligkeit und Sinnlichkeit. Die strenge Nonne erkennt nämlich, daß sie sich «des Heilands hohes Bild» am liebsten selbst erschaffen möchte und ihr «Urbild» zum erstenmal erschaut, als sie Martin Luther sieht, den sie hassen möchte und nun lieben muß. Ihre Heiligkeit kommt also erst in ihrer Sinnlichkeit zu sich selbst, und als Luther und sie am Ende zueinander finden, eilen sie «unwillkührlich einander zu und fallen sich in die Arme, indem sie zugleich ausrufen: Weib! Mann!» Es muß eine Szene gewesen sein, die zu Parodien geradezu herausforderte, wie es denn auch geschah. Motiviert war die Verbindung der beiden durch Werners Theorie, daß das «*Anschauen* zweier Geliebten» die «momentane dunkle *Wiedererinnerung*» an die Liebe enthalte, die schon «bei dem Ausflusse jeder einzelnen Kraft-Zartheit aus Gott» geboren werde, wie er es 1814 in einem Essay ausdrückte, in dem er, mit viel entliehenem Wortgut über Brautnacht und Tod, Sinnlichkeit und entsagende Religion in eins zu bringen versuchte.

Im äußeren Geschehen folgt Werner in großen Zügen den geschichtlichen Vorgängen, und der Reichstag zu Worms wird ein theatralisches Paradestück im Zentrum des Werkes. Aber Luthers Lehre kommt kaum zur Sprache. Die interessantere Gestalt des Stückes ist zweifellos Katharina, die die Heldin einer Parallelhandlung um die Berufung der Frau als Mittlerin darstellt. Störende äußere Intrigen für die Liebe der beiden gibt es kaum. Lediglich die Bilderstürmer unter einem in Katharina verliebten Franz von Wildeneck sind es, die Luther an seiner Mission irremachen und ihn vor den Folgen seiner Tat erschrecken lassen, bis ihm «dieses Weib, das mich so mächtig anzieht», als Regenbogen und «Bundeszeichen» der Gnade erscheint und in dem Vorsatz bestärkt, «die Menschheit rein zu lieben, wie die Gottheit».

Zur poetischen Aufbereitung hat Werner ein allegorisches, dem Tode bestimmtes Paar in die Handlung verwoben, das, wie Max und Thekla im *Wallenstein*, eine höhere Ansicht der Wirklichkeit einführt und zugleich mit den Symbolen der Hyazinthe und des Karfunkels modisch auf das anspielt, was das Publikum im Werk von Novalis und seinen Nachahmern, aber ebenso auch in den Allegorien der spanischen Tragödie gerade erst als romantisch kennengelernt zu haben glaubte. Das Stück beginnt in einem Bergwerk zu Freiberg, Naturmystisches wird eingefügt, Engel erscheinen, aber auch die einfachen, alten Eltern von Luther, wodurch ihm viel Gelegenheit geboten wird, sich als guter Sohn zu zeigen und damit auch als guter zukünftiger Familienvater, der mit den guten Fürsten im Bunde um der Ganzheit der Nation willen den sozialen Frieden aufrechterhalten wird.

Es war dieser Eklektizismus in Verbindung mit einer schütteren Theorie und der anschaulich-leibhaften Vorführung des Begründers der preußischen Staatsreligion, die Werners Stück sowohl Erfolg wie Widerspruch einbrachten. Offiziere des Regiments Gensdarmes veranstalteten, als die Hauptfiguren des Dramas verkleidet, mitten im Sommer eine Schlittenfahrt durch Berlin, deren Pointe sein sollte, daß Katharina und andere einstige Nonnen einen neuen Wirkungskreis bei einer bekannten Bordellwirtin fanden. Der sich daraus entwickelnde Skandal führte schließlich zur Absetzung des Stückes. Theodor Fontane hat dem Vorgang eine zentrale Rolle in seiner Novelle *Schach von Wuthenow* (1882) gegeben und dort im Hinblick auf Werners Stück bemerkt: «Alles, was mystisch-romantisch war, war *für*, alles was freisinnig war, *gegen* das Stück.» Das Urteil ist charakteristisch für die Vereinfachungen, die sich Romantisches im Laufe seiner Rezeptionsgeschichte gefallen lassen mußte, denn eine derartige Parteilichkeit ward diesem Stück Pseudoromantik ganz und gar nicht zuteil. Die Parodie der Offiziere war ein grober Kasinospaß ohne ideologische Pointe. Turnvater Jahn berichtete hingegen, daß das Stück von der Jugend und insbe-

sondere den Turnern ausgetrommelt worden sei, weil Werner Luther, den Nationalhelden, darin «verdichtet» habe. Friedrich Schlegel nannte es «ein recht fratzenhaftes
historisches Pasquill» (12.4.1808), und auch Jean Paul sprach von den Figuren als
«zerflossenen Fratzenschatten», fügte aber außerdem scharfsichtig hinzu: «Nicht die
Darstellung des Mystischen ist hier dessen Entheiligung, sondern die Armut daran
bei dem Bestreben, den Leser in der Guckkastennacht unbestimmter Floskeln mehr
sehen zu lassen, als der Kartenkünstler selbst sieht und weiß.» (21.9.1809) Es war
diese Scheintiefe mitsamt den Anspielungen auf Modisches und wohl auch Ifflands
bedeutende Darstellungskunst, die dem Stück seinen Erfolg sicherten, aber ebenso
Unbehagen auslösten bei allen, die – ob «freisinnig» oder nicht – feste politische, religiöse oder ästhetische Wertvorstellungen hatten, gegen die Werners Eklektizismus
auf diese oder jene Weise verstieß.

Werner hat 1814, wohl kurz bevor er Priester wurde, sein Werk über den Reformator selbst zu widerrufen versucht mit einem langen Gedicht in Nibelungenstro-
phen, das er *Die Weihe der Unkraft* nannte und in dem nun schließlich selbst bei ihm
die Verurteilung «dieser Fratzen» vorkommt. Werner klagt sich darin insgesamt
«eines falschen Mysticismus» an, der, wie er hofft, nur wenigen verständlich geworden und hoffentlich inzwischen vergessen sei – ein Scherbengericht über sich selbst,
das nicht nur seinen schärfsten Kritikern recht gibt, sondern sie geradezu verleiten
könnte, den Autor ein wenig gegen sich in Schutz zu nehmen, wäre nicht in diese
Selbstkritik erneut eine kokette Wendung zum Publikum gemischt, so daß man der
Demut nicht völlig traut. Dorothea Schlegel, längst treue und hingegebene Katholi-
kin wie Werner, nannte den Widerruf «eine wahre Tollhauswuth» (23.12.1813).

In seinen weiteren dramatischen Werken *Attila, König der Hunnen*
(1808), *Cunegunde die Heilige, Römisch-Deutsche Kaiserin* (1815) und *Die
Mutter der Makkabäer* (1820) variierte Werner dann im Grunde nur noch
die Themen der früheren Stücke an anderen Stoffen aus der Geschichte.

Attila, die Geißel Gottes, gerät zwischen zwei Frauen, zwischen Hildegund, die
ihren ermordeten Walther rächen will, und Honoria, die Mittlerin, die ihn um der
Bekehrung willen liebt, zwischen Teuflisches und Göttliches also, und es überrascht
nicht, daß das Christentum sowohl über den Helden, wie auch in ihm siegt, obwohl
er ein Opfer der Rächerin wird. «Das Stück endet mit einem Halleluja und verflüchtigt sich, anstatt zu schließen, gleich einer zum Himmel emporsteigenden Weih-
rauchwolke der Poesie», meinte Madame de Staël.

Spielte bei Attila das Bild Napoleons hinein, so war Cunegunde eine Apotheose
der Königin Luise, was Werner sogar in den Schlußversen deutlich zu verstehen gibt.
Allerdings sind in das Geschehen dann auch noch die Modelle der biblischen Judith
und der sagenhaften Genoveva hineingemengt. Denn Cunegunde, die mit ihrem
Manne, Kaiser Heinrich II., aus lauter Religion und Entsagung wie Bruder und
Schwester zusammenlebt, begibt sich auf eine Mission zur Besänftigung von dessen
Feind Markgraf Harduin, wodurch sie – zu Unrecht – in den Ruf der Untreue gerät,
aus der sie allein der Opfertod von Harduins Sohn Florestan, einem sehr jungen
Mann, im Gottesgericht befreit, der aber dadurch wiederum ihr spiritueller Geliebter
wird. Am Ende gibt es für sie nur noch den Gang ins Kloster. Auch hier wird also mit
vielem, dem Erotischen ebenso wie dem Religiösen und Politischen, ein verwegenes,
kompliziertes Spiel getrieben. Cunegunde etwa bekennt sich zum inneren Ehebruch
in dem Moment, da Florestan aus Liebe zu ihr in den Tod geht, in den ihn das Mißtrauen ihres Ehemannes treibt. In der Brautnacht des Todes hat sie in dem anderen
ihr wahres «Urbild» gefunden. Florestan aber, der Geliebte als Sohn und Sohn als
Geliebter, wird zur christusähnlichen Gestalt verklärt in der Nähe einer Christus-

parodie. Den Plan zu diesem Stück hatte Werner schon 1808. Goethe beschrieb er den Inhalt und setzte dann hinzu: «Ich denke übrigens es im ächt altdeutschen Colorite, so populär als möglich, ohne Mystick, Geistererscheinungen pp zu machen.» (22.11.1808) Das, so mochte er hoffen, würde seiner Heldin wohl einen Platz auf der Weimarer Bühne sichern.

Die Mutter der Makkabäer schließlich ist, nach biblischem Stoff (2. Makkabäer 7), nochmals ein Passionsdrama, in dem Martyrium und Opfer einer Mutter und ihrer sieben Söhne zur Niederlage eines Tyrannen und zu einer neuen, besseren Zeit menschlicher Liebe führen. Werners Tendenz blieb, wie er in der «Vorrede» zu diesem letzten seiner Dramen schreibt, «das Heilige zu verherrlichen». Das bedeutete hier, daß die volle Glaubensfreiheit für die Juden am Ende seines Stückes als symbolischer Akt für den Sieg des Glaubens überhaupt zu verstehen war, aber für manche Zeitgenossen mochte darin auch eine Anspielung auf Realitäten der nachnapoleonischen Zeit enthalten sein. Denn Werner ging mit der Zeit und wollte ihr gefallen. Das war seine Schwäche, aber es war gelegentlich auch seine Stärke, wenn er durch ein paar schöne Verse oder eine gelungene Szene zum Guten anspornte.

Fouqué

Friedrich de la Motte Fouqué hat nicht nur ein kaum übersehbares episches Werk hervorgebracht, sondern war ebenso rege auf dem Gebiet des Dramas tätig und hat seine Ritter samt edlen Frauen, prächtigen Rössern und tückischen Zauberern sich auch in diesem Genre tummeln lassen. Auf die Bühne kamen sie allerdings nicht, denn Fouqué war als Dramatiker in erster Linie Erzähler. Die meisten seiner vielen Dramen sind nach dem ersten Erscheinen nie wieder aufgelegt worden. Die einzige Ausnahme bildet die Nibelungen-Trilogie *Der Held des Nordens,* allerdings nicht allein um ihres Wertes als Kunstwerk willen, sondern wegen des Stoffes und zugleich, weil ein anderer, Erfolgreicherer, sie zu einer die Welt bewegenden Operntetralogie benutzt hat: Richard Wagner. Für solche Abhängigkeit spricht nicht nur, daß ein Onkel Wagners ein Bekannter und Verehrer Fouqués war, sondern dafür sprechen auch immer wieder Handlungsführung, Szenen und Text.

Mit einer dramatischen Szene *Der gehörnte Siegfried in der Schmiede* (1803) hatte Fouqué seine literarische Karriere begonnen. Fünf Jahre später waren die Franzosen im Land, und Fichte hielt seine *Reden an die deutsche Nation,* in denen er ganz Skandinavien in das Deutsch-Germanische einbezog. Friedrich von der Hagen hatte 1807 eine freie Übersetzung des *Nibelungenliedes* veröffentlicht, das von nun an die Gemüter zu beschäftigen begann (vgl. S. 260). Fichte war Fouqués Drama *Sigurd, der Schlangentöter* (1808) gewidmet, dem er 1810 noch zwei weitere Dramen nachfolgen ließ – *Sigurds Rache* und *Aslauga* – die er zur Trilogie *Der Held des Nordens* verband. Obwohl Sigurd mit dem Siegfried des *Nibelungenliedes* identisch war, bildete dieses dennoch nicht Fouqués Quelle. Er hatte Dänisch, Isländisch und Schwedisch gelernt und war den älteren skandinavischen Überlieferungen nachgegangen, der *Snorra Edda* und der Nacherzählung der Wolsungensaga in frühen skandinavischen Geschichtswerken. Die Brüder Grimm beklagten sich über seine Verkennung der «Herrlichkeit alter Mythen»; deren «finstere Gewalt» habe er in eine «Grau-in-Grau-Malerei» umgewandelt. Mit Arnim zusammen rezensierte Wilhelm Grimm die Trilogie deshalb sehr kritisch, vor allem die unbedeutende Rolle der Nornen und die Leerheit ihrer stabreimenden Gesänge tadelnd, die wiederum das eigentliche Neue waren, das Fouqué in das moderne Drama einführte. Brentano erklärte Fouqué ins Gesicht seine «gänzliche Verachtung des Buchs», und Friedrich Schlegel meinte auf die erste Nachricht von Fouqués Arbeit hin: «Fouqué hat sich schon über das Niebelungenlied hergemacht mit einem dramatischen *Sigurd*. Diese Leute können doch nichts unangetastet lassen.» (7. 1. 1809) Beifall kam hingegen von Jean Paul in Rezensionen der Dramen, und zwar mit einem kleinen Seitenhieb auf Schiller, dessen feurige Diktion er für leichter nachahmbar hielt als das eine oder andere «Herzenswort» der Fouquéschen Dichtung, «das Wörter überflüssig macht, und das Herz auf die Zunge» lege, «gleichsam ein Echo, das sich selber in das Unendliche nachhallt und eben den Karakter der Dichtkunst ausspricht, welche durch spielende Unendlichkeit der ernsten entgegenführt». Im Grunde widersprach das Urteil Wilhelm Grimms von der Grau-in-Grau-Malerei dem Jean Paulschen nicht so sehr, wie es den Anschein hat; es kam nur darauf an, mit welcher Erwartung man das Werk las.

Fouqués Dichtung beginnt dort, wo auch Wagners *Siegfried* beginnt: mit dem Schmieden von Sigurds Schwert durch den tückischen Waffenmeister Reigen, den Mime Wagners, was in beiden Fällen dem Helden reiche Gelegenheit gibt, sich als naiv, bärenstark, rüde, furcht- und bedenkenlos, altklug und sentimental zu zeigen. Bei Fouqué ist anfangs sogar Sigurds «holdes Mütterlein» mit dabei – ein unentbehrliches Heldenrequisit für Fouqué später auch im *Zauberring* (vgl. S. 417). Als «Recke, der nie Furcht gekannt», dringt Sigurd anschließend durch die «Wafurloga» hindurch und klopft mit teutonischem Selbstbewußtsein an der scheinbar verlassenen Burg an:

> Erscheint der Herr nicht bald, so nehm' ich mir
> Die Burg samt aller Herrlichkeit zu eigen.

Solchem Eroberungsdrang setzt dann allerdings das Erscheinen von Brynhildur, der Schwester des Hunnenkönigs Atli, ein Ende, und nun beginnt, was Wagner feiner motiviert in den letzten beiden Opern seines *Ring* ausgeführt hat: die Liebe der beiden, die Täuschung Sigurds durch einen Zaubertrank, den Grimhildur braut, danach die Ehe mit Gudruna, die stellvertretende Brautwerbung für Schwager Gunnar bei Brynhildur, der Streit der Schwägerinnen, provoziert durch Adwars Ring, die Ermordung Sigurds und Brynhildurs «Totenhochzeit» mit ihm «in des Scheiterhaufens Glut». Im zweiten Teil folgt Gudrunas zweite Ehe mit König Atli, dessen Einladung und Vernichtung der Niflungen als Rache für den Tod der Schwester, also nicht, wie im *Nibelungenlied*, als Rache Gudruna-Kriemhilds. Am Ende steht jedoch gleichfalls Atlis Tod durch Gudruna, die sich danach ins Meer stürzt. Das Gold des Hortes, von Sigurd einst der «Schlange» Faffner abgewonnen, bleibt nun für immer «in des Rheines dunkeltiefer Flut», wohin es Gunnar versenkt hatte. Das dritte Drama schließlich hat Aslauga, die Tochter Sigurds und Brynhildurs, zur Heldin und führt deren Aufstieg zur Königin von Dänemark vor als weiblichen Triumph über ihren zwischen zwei Frauen schwankenden Ehemann: Der alte Heldengeist stirbt nicht aus.

Was die Grau-in-Grau-Malerei angeht, so ist in der Tat richtig, daß Sigurd von Anfang an im Bewußtsein eines frühen Todes und Brynhildur in dem der irdischen Vergeblichkeit ihrer Liebe zu ihm lebt. Es ist ein Gefühl, das sich im zweiten Teil auf Gudruna überträgt, die ablehnt, sich am Ende als Rächerin der Niflungen zu sehen, sondern sich an eine viel tiefer gehende Urschuld gebunden sieht:

> Wir alle trieben sinnverworrnes Spiel.

Überall zieht Dunkles, Dämonisches durch diese Dramen, in denen die Nornen des öfteren ihre stabreimenden Stimmen erheben. Von derart Dämonischem berichtet zuerst Reigen, ehe es ihn selbst «in den dunkeln Schlund» zieht, «wo Hela herrscht ob bleichen Nachtgespenstern». Es ist ein Motiv, das sich immer wieder, auf verschiedene Weise gestaltet, in Fouqués Werk vorfindet und von seiner eigenen inneren Not und Angst spricht. Aber etwas zweites kommt in dieser Welt der schwertschwingenden, markigen Recken hinzu: Sie sind alle nur Marionetten in den Händen von Frauen. Sigurds «Mütterlein» Hiordisa, Brynhildur, dann die fortgesetzt Zaubertränke brauende Grimhildur als Mutter der Niflungen, die ihre eigenen Kinder tötende Gudruna und letzlich auch die sich als Königin durchsetzende Aslauga: sie sind es, die das Geschehen in Bewegung setzen, während die Männer nur kurzsichtig ausführen, was ihnen von den Frauen direkt oder indirekt vorgeschrieben worden ist. Über Sigurd bemerkt Grimhildur einmal zu ihren Söhnen:

> Wißt, Söhne, reich, in gar verschiednen Bildern
> Gestaltet sich das menschliche Geschlecht.
> Auch solche Leute, willig, arglos, froh
> Wie dieser, muß es geben auf der Welt,
> Und haben sie dazu was breite Schultern,
> Was kecken Mut – das bringt den Klugen Glück.

So klug wie die Mutter allerdings erweisen sich die Söhne nicht, denn sie fallen selbst den Intrigen zum Opfer, die die Mutter ihnen und sich zum Wohle zu spinnen versuchte. Die Frau als Verführerin und Zerstörerin des Mannes: auch das ist ein Thema, das Fouqué immer wieder dargestellt hat und das ein eigenes, existentielles Problem für ihn gewesen ist. Ebenso war es aber die Sehnsucht nach der letzlich nur im Tode erreichbaren idealen

Geliebten, für die eine vom Feuer umgebene und mit dem Manne ins Feuer gehende Brynhildur das eindrucksvolle, sprechende Symbol bildet.

Jean Paul konnte an solchen Stellen mit Recht «Herzensworte» und eine ins Ernste hinüberspielende Unendlichkeit hören, ebenso wie die Grimms über die Entstellung alten Reckentums unzufrieden sein durften. Was immer an persönlichen Nöten Fouqués in diese Dramen eingegangen ist – sie boten zugleich eine modern psychologisierende Fassung des alten Stoffes, die weit über die Aufbereitung germanischen Heldentums zu patriotischen Zwecken hinausging. Eher war es ein Beitrag zu jener Diskussion über die Rolle der Geschlechter, die mit dem Bewußtsein von der freien Kraft des Individuums eine neue Perspektive bekommen hatte; die vielen literarischen Darstellungen von Frauen als Erlöserinnen des Mannes in der Literatur um 1800 zeugen davon. Bei Fouqué kam nun die dunklere Seite dieser Entwicklung anschaulich zu Wort.

Eine weitere Interpretation deuten Wilhelm Grimm und Achim von Arnim in ihrer Rezension ganz im Sinne ihres eigenen Verständnisses von der hohen Bedeutung der Geschichte im gesellschaftlichen Dasein an, wenn sie als das Hauptmotiv des Werkes den Zaubertrank Grimhildurs ansehen, die «durch ein künstliches Vergessenmachen der Vergangenheit das Glück der Ihren neu begründen möchte und sie alle dadurch vernichtet», woraus Grimm und Arnim eine politische Schlußfolgerung ziehen hinsichtlich des «Frevelmuths» ganzer Nationen, die sich über alles das hinwegsetzen, was sie «in früherer Verfassung an Glück besessen und erstrebt». So betrachtet fügte sich Fouqués Stück gut in den ideellen Widerstand gegen Napoleon ein.

Die Sprache, die Fouqué wählte, war weithin an den Blankvers gebunden, aber seine verschiedenen Experimente mit stabreimenden Versen –

> Wer scharfe Schwerter
> Schmieden und schleifen will,
> Scheue das Zischen der Flamme nicht.
> Wer scharfe Schwerter
> Schwingen in Schlachten will,
> Scheue das Rauschen der Speere nicht –

weckten den Deutschen das Ohr für diese alte Form, «so daß sie nicht ohne lebendige Einwirkung bleiben wird», wie ein Rezensent der *Allgemeinen Literatur-Zeitung* sehr zu Recht bemerkte.

Keines von Fouqués anderen Dramen hat eine vergleichbare Aufmerksamkeit erregt. August Wilhelm Schlegel hatte 1804 *Dramatische Spiele* herausgegeben, deren Verfasser Pellegrin der junge Fouqué war. Spanische Formen wurden darin geübt, stofflich aber neben dem im Märtyrertod sterbenden Heiligen Johannis Nepomuk auch der Rübezahl in Szene gesetzt. 1811 erschienen Fouqués *Vaterländische Schauspiele,* in denen das Stück *Die*

Ritter und die Bauern einen bescheidenen Kommentar zu den preußischen Reformen darstellte: Die treuen Bauern treiben den Junker zur Läuterung, und die Harmonie zwischen den Ständen wird gefeiert. Die *Dramatischen Dichtungen für Deutsche* (1813) sollten die Fortsetzung solch vaterländischer Gesinnung bieten, darunter ein Stück über *Die Heimkehr des großen Kurfürsten,* dessen Ende klingt, als hätte Fouqué Kleists *Prinz Friedrich von Homburg* gekannt. Einzeln erschien 1811 das Drama *Eginhard und Emma,* ein aus alten Chroniken überlieferter und mehrfach literarisch behandelter Stoff um eine der lockeren Töchter Karls des Großen.

Es stellt anschaulich wieder die starke Frau dem schwachen Mann gegenüber, denn Emma trägt ihren Geliebten auf den Schultern durch den frischen Schnee zu seiner Wohnung zurück, damit seine Spuren nicht den Besuch bei ihr verraten. Außerdem ist aber eine Huldigung an den Germanisten und Herausgeber des *Nibelungenliedes,* Johann Gustav Büsching, eingefügt, der hier als Köhler Büsching auftritt, das «Siegfriedslied» erzählt, die Liebenden damit zueinander bringt und sogar das Schlußwort in Gegenwart des mit seiner Tochter und ihrem nicht ganz standesgemäßen Geliebten versöhnten Kaiser erhält:

> Ihr ward erlaubet küssen den waidelichen Mann:
> Ihm ward zu dieser Welte noch nie so liebe gethan.

Literaturgeschichtliches kam noch einmal zur Sprache in dem «Dichterspiel» *Der Sängerkrieg auf der Wartburg* (1828), das Bürger und Dichter, Landgraf und Magier in Eisenach zusammenführt, aber die Fülle der Personen, Motive und Gedanken nicht künstlerisch zu bändigen weiß. Die Bedrohung von Ordnung und Glauben durch Dämonisches und die des Dichters, «umdampft von Nachtnaturen», wie Wolfram von Eschenbach es ausdrückt, reflektieren auch hier Fouqués eigene, tiefe Unsicherheit, verbunden mit dem Wunsch, ihr zu entkommen. Meister Klingsohr spricht von der «Dichtersehnsucht», «entfremdend uns, vereinend uns zugleich der Welt», von dem Wunsch, versehen zu sein mit einer Kraft, die allen Jammer, alles Entsetzliche der Welt lösen müßte. Aber dann geschieht eben dieses dennoch nicht:

> Doch dann umwirr'n die tollen Bilder herrschend uns,
> Entringen uns der Zauberruthe hemmend Maaß,
> Und drehn und drehn hohnlachend ihren Schwindel-Reihn,
> Und grinzen: «nun gebeut 'mal nach Belieben Halt!» –
> Wir können's nicht. Der Pöbel hohnlacht ringsumher,
> Und uns're Liebsten, mißverstehend, treten fern
> Von uns zurück. Dann fertig ist der Teufels-Spuk!

Es ist eine Klage, die Fouqué aus dem Herzen kam, denn mißverstanden mußte er sich fühlen zu einer Zeit, da er in Vergessenheit geriet und als Autor nicht mehr über das Maß für seine Bilder verfügte noch Bilder und Sprache für die Konflikte der neuen Zeit fand. Nur war der Pakt mit dem

Teufels-Spuk kaum noch ein Ausweg. Schon Meister Klingsohr gibt ihn auf, und der in Versuchung geratene Heinrich von Ofterdingen läßt sich erst recht nicht mehr verführen, worauf ihm Wolfram versichert:

> Das Leben hat so seine dunkeln Schachten.
> Doch, strömt durchhin des Liedes Grubenlicht,
> So schaden uns die gift'gen Dämpfe nicht.

Die romantische Universalpoesie von Novalis' *Heinrich von Ofterdingen* war im Biedermeier angekommen.

Tieck

Ludwig Tieck war einer der größten Inspiratoren dramatischer Experimente nicht nur für seine Zeit, sondern weit über sie hinaus. Das betraf formell vor allem die Schaffung eines Theaters der Phantasie in der ironischen Verbindung von illusionärem Geschehen und kritischer Reflexion, die Aufhebung des «Guckkasten-Prinzips» also, wie Adam Müller es nannte. Aber auch stofflich eröffnete Tieck mit der Dramatisierung von Märchen und Volksbüchern eine neue Welt zwischen den Höhen der Geschichte und den Niederungen deutscher Gegenwart, die stark auf die Rezeption alter Literatur in den kommenden Jahren einwirkte. Aber da seine Stücke nie die Bühne erreichten, erreichten sie auch nie eine größere Öffentlichkeit, und da die Literaturgeschichte sie schließlich nur noch an ihrem Wert als anregende Experimente maß, geriet schließlich ihr eigener Wert als Kunst in Vergessenheit. Natürlich förderte die oft ungefüge Weitschweifigkeit ihrer Gestalt ein solches Schicksal, aber angesichts von Werken wie der *Genoveva*, dem *Kaiser Octavianus* oder Tiecks letztem, großem Drama, dem *Fortunatus*, bedeutet das Vergessen dennoch einen Verlust.

Um 1802 hatte bei Tieck eine Schaffenskrise begonnen, die ihn bis zum Erscheinen des *Phantasus* von eigener literarisch produktiver Tätigkeit entfernte. 1811, im ersten Band des *Phantasus,* meldete sich jedoch der Dramatiker wieder zu Wort mit dem Stück über *Leben und Thaten des kleinen Thomas, genannt Däumchen* (vgl. S. 589), einer Märchensatire im Stile des *Gestiefelten Katers.* Der dritte Teil des *Phantasus* (1816) enthielt dann ebenfalls noch einmal ein großes dramatisches Werk, den *Fortunat,* zwei vollständige fünfaktige Schauspiele nach dem Stoff des Volksbuches vom Fortunatus, also ein Werk, in dem Tieck die eigene Tradition von Volksbuchdramatisierungen fortsetzte. Der Stoff gab ihm Gelegenheit, seinen Blick auf die Menschen und ihre Weisheit wie ihre Torheit noch zu erweitern: Der *Fortunat* wurde Ludwig Tiecks großes Welttheater mit einer Fülle an scharf gezeichneten Gestalten und großer sprachlicher Schönheit.

Stofflich folgte Tieck weitgehend dem Volksbuch von 1509, das schon 1553 von

Hans Sachs und 1599 von Thomas Dekker dramatisiert worden war. Tieck hat sich
ausgiebig mit dem Theater des 15., 16. und 17. Jahrhunderts beschäftigt. 1811 gab er
eine Sammlung *Alt-Englisches Theater* und 1817 eine weitere mit dem Titel *Deutsches
Theater* heraus. Sie enthält Werke aus der Zeit zwischen 1450 und 1680. In ihrem
zweiten Band steht die alte Übersetzung einer *Comoedia Von Fortunato und seinem
Seckel und Wünschhütlein*, die englische Schauspieler nach Deutschland gebracht hatten. An Anregungen fehlte es ihm also nicht. Daß sich der Gegenstand «der dramatischen Behandlung» widersetze, merkt er allerdings im Vorwort zu seiner Sammlung
von 1817 an, ein Jahr nach dem Erscheinen des eigenen Dramas.

Tiecks erster Teil verfolgt Auszug, Glück und Heimkehr des Helden in das heimatliche Zypern, der zweite hingegen führt vor, wie die Söhne Ampedo und Andalosia das vom Vater eingebrachte Geschenk der Fortuna, den ewig Geld spendenden
Glückssäckel und die geraubte Flugmaschine des Wunschhütleins, durch allerlei
eigene Torheit und fremde Tücke wieder verlieren und wie sie traurig zugrunde
gehen. Denn mit den Geschenken des Glückes für die Menschen ist es fragwürdig
bestellt, wie Tieck im Prolog zum zweiten Teil meint: Die Macht produziert Tyrannen, die Tapferkeit Krüppel, die Weisheit gefährliche Narren, die Schönheit hohlen
Trug, das lange Leben Ekel und der Reichtum schließlich alle jene Verzerrungen des
Menschlichen, die den Söhnen des Fortunatus Enttäuschungen, Schmerzen und
schließlich den Tod bringen.

Tiecks Werk wäre eine Tragödie, wenn der Sagenstoff mit seinen märchenhaften Zutaten es nicht immer wieder in die Sphäre der Komödie
entrückte. Gerade solche Verbindung von beidem jedoch ist der Gewinn,
den Tieck aus der Wahl des Stoffes ziehen konnte, ein Gewinn, den ihm die
Geschichte nicht gewährt hätte. In der Sphäre der Sage ließ sich erwägen,
wie ein Land im Besitze des Glückssäckels aussieht, das mithin seinen
Finanzminister abschaffen kann, oder was aus einer Menschheit mit Hör-
nern wird, die ein Verdienst daraus zu machen sucht. Aber es ist auch möglich, die Frage des einen Bruders «Was ist denn vernünftig?» bedenkenlos
und ehrlich vom anderen mit dem Satz beantworten zu lassen: «Alles, was
uns bequem ist.» In den Brüdern hat Tieck, wie es im Volksbuch vorgeprägt
ist, tätiges und kontemplatives Leben einander gegenübergestellt und am
Ende beide scheitern lassen. «Und deine Weisheit wird Melancholie»,
erklärt Andalosia, der Aktive, seinem Bruder Ampedo, dem Passiven. Für
sich selbst aber hält Andalosia die Anklage bereit:

> So wandelt dumpf ein Tier in Paradiesen,
> Und sieht nicht Blum' und Frucht, so reißt der Wahnsinn
> Den Freund und die Geliebte roh zerfleischend
> Sich selbst mit grimmen Biß die Glieder wund,
> So bin ich selbst mein eigner dummer Feind,
> Durch eigne Schuld aus meinem Paradies
> Schmachvoll vertrieben, ich im blöden Sinn
> Zerriß selbst meine Liebe.

Es ist verständlich, daß Tiecks Freund Solger dieses Werk besonders anrei-
zend fand, bestätigte sich doch für ihn hier ein Grundgedanke seiner Philo-

sophie: der Untergang der wirklichen Welt als die Offenbarung des Ewigen. Die Demonstration eines hoffnungslosen Nihilismus war Tiecks Absicht gewiß nicht. Dazu mischte sich zuviel Komisches in das Tragische. Die Nichtigkeit des Irdischen, die dieses Welttheater vorführt, war indirekt eher eine Mahnung zur Vorsicht im Umgang mit dem, was hinfort immer mehr die gesellschaftliche Existenz der Menschheit bestimmen sollte: dem Kapital aus Fortunas Glückssäckel und der technischen Macht, die die Flugmaschine des Wunschhütleins vorahnend darbietet. Tieck führt beides nicht als Allegorien vor, die aus einer kritischen Analyse der eigenen Zeit hätten hervorgehen müssen, für die wiederum damals noch nicht die Anschauung zur Verfügung stand. Aber Tiecks Drama gehört dennoch in die Übergangsphase aus dem optimistischen Idealismus, der ihn in seinen literarischen Anfängen in Jena umgab, in eine Zeit, da die Frage nach Ziel und Sinn der Geschichte mit immer größerer Skepsis gestellt wurde.

Arnim

Ludwig Achim von Arnim hat, wie Fouqué und Tieck, ein umfangreiches dramatisches Werk hervorgebracht, das nie auf der Bühne heimisch geworden ist. Arnim selbst liebte das Theater, und bedeutende Theaterdirektoren und Schauspieler haben ihn gebeten, das eine oder andere seiner wenig bühnengerechten Stücke für eine Aufführung zuzubereiten, aber darauf hat er sich nicht eingelassen. So liegen nun Schauspiele vor, die der Autor zwar wesentlich als Volkstheater verstand, die Sagen, Geschichte und Aberglauben des Volkes in sich bergen und kräftig gezeichnete Charaktere vorführen, aber die durch die Komplexität von Handlungen und Motivierungen sich dennoch von der Bühne ausschließen. Im Unterschied zu Tiecks Dramen blieben die Arnimschen jedoch letztlich für die Literatur einflußlos: ihre «Goldhaltigkeit», um ein Wort Brentanos zu dem Freunde über dessen Schauspiele zu gebrauchen, ist eine Entdeckung für wenige.

Arnim behandelte das Drama in gleicher Weise, wie er mit Brentano gemeinsam die Volkslieder behandelt hatte und im *Wintergarten* auch die Prosa. In den Volksliedern, in den im Volke umgehenden Sagen, Sprüchen, Geschichten und Prophezeiungen sah er einen «Fruchtbaum, auf den eine milde Gärtnerhand weiße und rothe Rosen eingeimpft». Als Gärtner dieser Art verstand er sich, und Ziel war, «mächtig in das Herz der Welt» zu rufen, wie es schon in seinem frühen Aufsatz *Von Volksliedern* heißt.

Einen solchen Ruf sollte sogleich das erste große Drama erklingen lassen, das schon im Titel Realität und Prophetie verbindet: *Halle und Jerusalem* (1811). Es ist aus einer freien Bearbeitung von Andreas Gryphius' *Car-*

denio und Celinde hervorgewachsen zu einem recht exotischen und verästelten Fruchtbaum, zu einem «Studentenspiel und Pilgerabenteuer», wie der Untertitel lautet.

Erinnerungen Arnims an die eigene Studienzeit auf der preußischen Staatsuniversität Halle mengen sich in das Stück des Barockdichters. Wie Arnim, so ist auch sein starker, wilder Held, der Privatdozent Cardenio, ein Moralist, und die vier Toten, die er teils als Duellant, teils durch Streiche oder intellektuelle Energie zurückläßt, sind vier «Ungeheuer»: ein Spieler und ein Jude, beide schuldig, «weil sie den edlen Leichtsinn froher Jugend mit tückischem Verrat belauern», dazu ein «falscher Philosoph», weil er «die Schiefheit seines Geistes aller Welt zur Regel geben wollte», und schließlich ein «falscher Prediger, weil er der eignen Seele böse Lust als Gotteswort zu offenbaren meinte». Cardenio, der Gerechte, sieht sich als «Gottes Richtschwert» und zugleich als kämpferischen Christen, dem jedoch die Begegnung mit dem ewigen Juden, der sich als sein Vater herausstellt, seine eigene Unerlöstheit bewußt macht, denn, wie Ahasverus sagt: «Wer hier auf Erden Gottes Richtschwert ist, *der weiß es wahrlich nicht.*» So ziehen sie zusammen mit Cardenios Geliebter Celinde gen Jerusalem. Der Jude hat sich zum Christentum bekehrt und findet letzte Absolution im Tode, als er den heiligen Schrein der Christenheit vor der Zerstörung durch Juden bewahrt. Aber auch die anderen finden erst im Tode den rechten Begriff für ihren Glauben und damit Erlösung.

Vieles von Arnims Ansichten und inneren Konflikten ist in diesem Stück zu einem großen, oft schwer durchschaubaren Ganzen gefügt: Sexualität im Widerstreit mit Religiosität, Intellektualität im Widerstreit mit den Gefühlen, Antisemitismus – insbesondere in der Karikatur jüdischen Familienlebens um den Geldverleiher Nathan – im Widerstreit mit christlichen Erlösungshoffnungen. Liebe und Tod sind die großen Schlüsselworte für den letzten, höchsten Zustand. Gerade in der Liebe jedoch war Cardenio unreif und unerfahren durch die Welt gegangen, war doch das Herz für ihn nur «ein lächerlicher Muskel»: Es «sieht ganz anders aus im Menschen als auf dem Altar unsrer Alltagsmalerei, das Blut fließt ein und aus, und weiter ist es nichts». Arnim, immerhin, hatte Naturwissenschaften studiert. Daß Symbol und Realität jeweils ihr eigenes Recht haben können, wird Cardenio erst in den Enttäuschungen und Schmerzen der Liebeserfahrung deutlich, der Erfahrung mit der über alles geliebten Olympie, die sich als seine Schwester erweist, und mit Celinde, die ihm den Weg in den Tod zeigt mit den auf die letzte Ölung bezogenen Worten:

> Dies letzte Öl soll geben
> Dem Tode Lebensmut,
> Den Schranken mich entheben
> In seiner innren Glut;
> Durchs Dunkel werd' ich sehen
> In Seines Lichtes Kraft
> Und leitend euch beistehen,
> Frei von des Leibes Haft.

Es sind Verse, die ähnlich auch am Ende von Novalis' *Hymnen an die Nacht* stehen könnten, denn Arnim erweist sich überhaupt als der treueste und zugleich originellste Erbe dessen, was Novalis als romantisches Denken verstand, das heißt als ein auf die Harmonisierung der Welt gerichtetes Denken. Das Eigenständige von Arnim besteht darin, daß er durch die Erschließung alter Stoffe jeder Imitation des Älteren ausweicht, daß er aber auch die Erfahrung der Realität des Krieges, der sich über Denken und Glauben hinwegsetzt, darin mit einbringt, ohne die Überzeugung von deren Wert zu verlieren. Dichtung ist ihm dementsprechend nicht mehr Instrument, sondern nur noch Wegweiser. In diesem Sinne lautet das Schlußwort des Dichters im Drama:

> Schaffen zeigt sich im Verwandeln,
> Ernst verwandelt sich in Spiel,
> Dieses ist der Worte Ziel,
> Doch des Lebens Ziel ist Handeln.

Arnims Text enthält viele Liedeinlagen, aber der Dialog besteht aus Prosa, allerdings einer Prosa, die bei genauem Hinhören ihre geheime Metrik enthüllt und oft in den Blankvers oder andere Metren übergeht.

Das gilt auch für die meisten Dramen von Arnims *Schaubühne* (1813), einer Sammlung von sehr verschiedenartigen Stücken: historischen Schauspielen, einem Puppenspiel, einem Schattenspiel, einem «Hanswurstspiel», einem «Pickelheringspiel» und Possen, die zum Teil auf alte Quellen zurückgehen. Ein «Abbild des vollen mannigfaltigen Weltlebens» sollte hier vorgelegt werden, aber die Mischung war so kraus und bunt, daß bei aller «Bescheidenheit, Originalität und Wahrheit», die Brentano dem Freunde attestierte, die Frage nach verbindenden Gedanken offen blieb. Einiges *(Die Vertreibung der Spanier aus Wesel im Jahre 1629, Die Appelmänner)* war Parabel auf die Franzosenzeit (vgl. S. 61 ff.). Eine Botschaft für die Zeit enthielt auch das historische Schauspiel *Der Auerhahn.*

Das Stück ist eine freie Umgestaltung der Sage von Otto dem Schützen. Auf der Oberfläche erscheint es als Konzession an die Schicksalsdramen der Zeit, denn der Geist eines Ahnherrn spukt darin, der, einst «durch die Liebe zu der Jagd betört», wie ein Auerhahn schrie und balzte und mit dem Vogel die Seele tauschte. Nur so lange aber, wie dieser Vogel lebt, soll das Haus bestehen, und eben dessen Untergang führt das Stück vor. Die Bildersprache leitet in Zusammenhänge zwischen Psychologie und Geschichte. Gesellschaftlich regulierte Sexualität tritt in den Streit mit der natürlichen, die versuchte Bewahrung des Alten verstrickt die Handelnden in ein nächtlich dunkles Gewirr der Verkennung und des Unheimlichen, bis aus Liebe und Glauben am Ende ein neues Geschlecht hervorgeht und der natürliche Sohn als neuer Fürst «heilig Treu und Glauben der Vernunft» und «Kampf gegen jede blinde Wut» schwört. Vieles wollte Arnim in diesem Stück poetische Anschauung werden lassen und zu einem künstlerischen Ganzen fügen. Die Herrschaftstradition des Adels erwies für ihn ihre Schwäche dort, wo sie sich nur noch auf Konventionen stützte, die der Liebe

entbehrten. «O Liebe, deine Wunder sind groß», sagt Otto, der am Ende vom eigenen Vater getötet wird, an einer Stelle. Als Verzerrung der Liebe aber erscheint eben
jene blinde Wut, die die Gestalten zu gegenseitiger Zerstörung treibt und die der
neue Herrscher am Ende verdammt im Namen der Vernunft. «Hüte dich, bleib wach
und munter!» heißt die Mahnung eines gleichzeitigen Gedichts von Eichendorff aus
Ahnung und Gegenwart, das ebenfalls Jagd, Jäger und Gejagte zu seinem Gegenstand
hat. Der fröhliche Mut angesichts der Entdeckung eines allmächtigen Ichs war der
Furcht vor dem Unheimlichen, Grauenhaften in dessen Innerem gewichen. Politische
Motivik verbindet sich bei Arnim also mit einer psychologischen, die über historische
Tendenzen weit hinausgeht und doch nicht von ihnen trennbar ist. Als er die Sage
über den verrückten, sich für einen Auerhahn ausgebenden Ahnherrn hört, bemerkt
Fürst Hubertus: «Ich lache meiner eignen Schwäche, in gleichem Wahnsinn könnte
ich verderben, wenn mir's die Körperschwäche nicht versagte. Oft möcht' ich lieber
Wild als Jäger sein.» Ein Stück Untergang des Adels in der Melancholie vollzieht sich
bei Arnim, einer Melancholie, deren Meister im frustrierten Bürgerlichen sein Freund
Brentano war, bis er zur Kirche zurückfand. Arnim stand dieser Weg aus innerer
Anlage nicht offen; für ihn galt die praktische Antwort, die der junge Fürst in diesem
Stück gibt: «Gerechtigkeit sei unsres neuen Stammes Wurzel; Gott sei anheimgestellt,
was Menschenleben überdauern soll.» Daß dergleichen Botschaft im Jahre 1813 zwar
aktuell, aber im patriotischen Trubel kaum verständlich war, ist ebenso zu begreifen
wie zu bedauern.

Verständnislosigkeit erntete Arnim schließlich auch mit seinem umfangreichen Schauspiel *Die Gleichen* (1819), von dem das *Literarische Wochenblatt* schrieb:

«Die Geschichte von den zwei Weibern des Grafen von Neuengleichen
kommt hier vor in Verbindung mit einer nicht sehr interessanten
Geschichte des verwandten Namens Altgleichen; (daher der Titel,)
läuft aber dahin aus, daß der Graf sowohl seine deutsche Frau, als
seine morgenländische Braut jede einem andern geliebten Ritter über-
läßt, und in ein Kloster geht. Was Herr A.v.A., den wir übrigens für
einen dichterischen Geist halten, mit diesem Drama eigentlich hat
sagen wollen, haben wir nicht ergründen können. Mögen die Leser
glücklicher seyn.»

Auch Goethe, dem der Autor ein Exemplar mit Erläuterungen zur Entstehungsgeschichte des Werkes von einer tragischen und einer komischen zur
endgültigen, zwischen beidem balancierenden Fassung übersandte, schien
solches Glück nicht zu haben, denn er dankte nicht, was ein stilles Zeichen
der Mißbilligung war.

So einfach wie Wilhelm von Schütz (vgl. S. 584) hatte sich es Arnim mit der Lösung
des Konfliktes eines Mannes mit zwei Frauen nicht gemacht. Sein Held war nicht
deren Erlöser; vielmehr erlösten sich die Frauen von ihm. Aber verarbeitet waren
diese Gedanken in einer Handlung, die mit den Mitteln der Schicksalstragödie vorging und eine solche Mischung von Historischem, Abenteuerlichem, Groteskem,
Unheimlichem, Komischem, Opernhaftem und Pathetischem darstellte, daß es nicht
nur für die Zeitgenossen schwer war, sich darin zurechtzufinden. Denn dieses Drama
ist nicht mehr, wie der Roman von der *Gräfin Dolores,* eine Ehegeschichte allein,

sondern ein Werk über männliche und weibliche Identität auf dem Hintergrund einer Zeit von «viel Verwirrung», in der das «glatte Eis» der ritterlichen Sitten schmolz, aber in der eine aus sich selbst Gutes versprechende Veränderung nicht abzusehen war.

> Ein saubres Früchtchen, frühreif, faul und trotzig,
> So sind die Knaben, die der Kreuzzug schuf,
> Wenn die erwachsen, steht's in Deutschland anders!

bemerkt ein Schloßvogt in diesem Stück, und es ist nicht schwer, dahinter den Zweifel an jener Jugend nach den Napoleonischen Kriegen zu erkennen, deren lautes Gebaren nicht Arnims Sache war und die auch Goethe im Bakkalaureus seines *Faust* karikieren wollte, nur ein wenig optimistischer als der Jüngere.

Das Besondere an Arnims Stück ist, daß die nach Deutschland eingewanderte Orientalin Amra (vgl. S.767), die zweite Frau des Grafen, als Fremde einen kritischen Blick für europäisch-christliche Sitten mit sich bringt und sie als Formen einer sorgfältig gehüteten Lebenslüge bloßstellt.

> Wie wunderbar ist dieses Abendland,
> Zwei Seelen streiten sich in einem Herzen,

erklärt sie der Gräfin, die dem Grafen Liebe «lügt» und die solche Lüge mit eigener Weltüberwindung zu legitimieren sucht:

> Mit übermenschlicher Ergebenheit
> Verzeihest du dem Grafen den Verrat,
> Und nach dem Kloster blickt dein innres Sehnen.
> Du durftest ihn mit Fug und Recht verlassen,
> Du opfertest dich ihm ganz ohne Lohn,
> Dich hemmt der Graf in deinem bessern Dasein,
> Du lügst ihm Liebe, um ihn zu beglücken,
> Ist groß die Tugend, größer ist die Falschheit.

Ihre Verwunderung über solches Denken und Handeln faßt die schöne Sultanstochter Amra in diesen Worten zusammen:

> Du Unbegreifliche in diesem Abendland,
> Fremdlingin auf der heimatlichen Erde,
> Bewohnerin der andern höhern Welt!
> Ein Sandkorn scheint dir diese große Erde,
> Das dir ins geist'ge Auge schmerzlich fiel.

Die soziale Funktion christlicher Moralvorstellungen ist zu dieser Zeit schwerlich schärfer und zusammengedrängter bloßgestellt worden als hier, und auch das Recht der Frau auf freie, selbständige Entscheidung enthielt kaum stärkere Fürsprache. Aus diesem Protest aber erwächst schließlich der «Schwesternbund» der beiden Frauen gegen den Grafen; die Doppelehe wird zum «künstlichen Verhältnis», dessen scheinbare Billigung durch den Papst nur eine Sache der Interpretation ist, und Liebe allein bindet die Frauen in Zukunft an zwei Männer, die für sie handeln, während der Graf sich, «lebensmüde», von dieser Welt des Handelns zurückzieht:

> Ihr meiner Jugend stolze Puppenspiele,
> Ihr Rüstungen der Väter, hohl seid ihr,
> Von außen hell geputzt, von innen rostig,
> Ich bin wie ihr.

Noch einmal also Adel, untergehend in der Melancholie.

Nicht nur einem Stande, sondern jener christlichen Tradition, in der sich das Romantische gefunden hatte, galt im Grunde diese Kritik. Nicht ihr Wert insgesamt wurde allerdings angezweifelt, sondern nur der Gebrauch, der davon gemacht wurde, besonders in der spekulativen Mischung von Göttlichem und Menschlichem. Menschliche Liebe könne nur zwischen «zwei Wesen» beginnen, sie in dreien zu begründen, sei einzig «der Gottheit» vorbehalten, erkennt der Graf. Für Arnim gilt überall die Trennung der Sphären, und in der Verpflichtung zum irdischen Handeln und zur Verantwortung und Gerechtigkeit gegenüber den Menschen stellt er allem Spekulativen eine praktische Forderung entgegen.

Daß sich Arnim trotz der Gleichgültigkeit seiner Zeitgenossen immer wieder an der dramatischen Form versuchte und für ein Theater schrieb, «das nirgend vorhanden ist», wie er an Goethe schrieb (12.7. 1819), hing mit seinen ursprünglichen Vorstellungen von einer neuen, nicht mehr an klassische Formen gebundenen Poesie als «Abbild des Weltlebens» zusammen. Brentano nannte den *Auerhahn* ein «Gedicht» über den «Untergang des Dramas als Held im Epischlyrischen Schicksal». Gerade die Fusion des «Epischlyrischen» mit dem Dramatischen war jedoch Arnims Ziel von früh an. Schon die *Gräfin Dolores* enthält nicht nur viele seiner Gedichte, sondern auch Szenen aus einem Drama von der *Päpstin Johanna*. Episches findet sich umgekehrt reichlich in seinen Dramen. Für Arnim war das allerdings nicht nur Experiment, sondern eine Notwendigkeit, die aus seinem eigenen Verständnis von der Kunst als «Abbild des Weltlebens» hervorging: Ein solches Ziel forderte die ganze Vielfalt der Formen und Genres. Daß Arnim mit diesem Ziel über die Grenzen seiner künstlerischen Fähigkeiten hinausging, hat dann freilich verhindert, daß seine Dramen vielen das bedeuteten, was er sich gewünscht hatte.

Brentano

Sein ganzes Leben hindurch hat sich Clemens Brentano als ein Mensch empfunden, der in der Spannung zwischen dem Guten und dem Bösen, zwischen Gott und dem Verführer existiert, und das eigene Los war ihm zugleich ein Teil und Abbild allgemeinen Menschenloses. Die historischen Dimensionen, in denen Hölderlin oder Novalis dachten, waren ihm fremd, und wenn er etwa mit Kleist das Bewußtsein des menschlichen Sündenfalls teilte, so unterschied er sich doch auch wieder von ihm durch das im katholischen Glauben gegründete Gefühl von der ständigen Präsenz Gottes. Für Kleist war das Paradies hinter dem Menschen verschlossen und allenfalls durch eine rückwärtige Tür nach der «Reise um die Welt» wieder zugänglich; in der Zwischenzeit waren er und die Gestalten seiner dichterischen Phantasie ihrer Unwissenheit überlassen, in immer neuen Situationen irrend. Wurde Kleist durch diesen Antagonismus einer der bedeutendsten Dramatiker in der Geschichte der deutschen Literatur, so prädestinierte Brentanos innere Einstellung ihn kaum dazu. Dennoch hat er sich viel auf

dem Gebiete der Dramatik versucht und sich 1813 sogar um die Stelle eines
Theaterdichters in Wien bemüht, die durch den Tod Theodor Körners freigeworden war. Schon früher hatte er eine ähnliche Stelle in seiner Heimatstadt Frankfurt angestrebt, wobei der Drang nach öffentlicher Wirksamkeit
wohl der entscheidende Antrieb dafür und für seine dramatische Dichtung
überhaupt war, wenngleich ihn auch vom *Gustav Wasa* (1800) an jene spie-
lerische Freisetzung der Phantasie reizte, die Tieck zuerst in seinen Komödien ausprobiert hatte.

Von Brentano sind rund zwanzig Dramen und Entwürfe zu Dramen
oder Opern überliefert. Veröffentlicht wurden davon jedoch bisher nur die
größeren abgeschlossenen Werke. Aus der dramatischen Produktion nach
Ponce de Leon (1804) sind insgesamt vier Stücke bekanntgeworden: das
Trauerspiel *Aloys und Imelde* (1812), das «historisch-romantische» Drama
Die Gründung Prags (1814) sowie die beiden patriotischen Stücke *Victoria
und ihre Geschwister mit fliegenden Fahnen und brennender Lunte* und *Am
Rhein, am Rhein!* Alles andere ruht noch unveröffentlicht im Nachlaß. Die
beiden patriotischen Spiele wurden 1813 für das Wiener Theater geschrieben, blieben aber unaufgeführt. Zensur und Theaterdirektoren konnten
wenig mit der verwirrenden Mischung aus Allegorie, Realität und literarischem Spiel anfangen, die Brentano hier vorsetzte (vgl. S. 62 ff.).

Die beiden großen Dramen sind Selbstausdruck ohne Rücksicht auf zeit-
politische Konstellationen und ebensowenig auf die Möglichkeiten der
Bühne wie die Aufnahmefähigkeit des Theaterpublikums. Sie haben einen
sehr viel größeren Umfang, als ein Theaterabend es fordert, zugleich aber
eine so verwickelte Handlungsstruktur, daß sich kaum eine gekürzte Fassung herstellen ließe. Ihr Gewicht liegt ohnehin weniger in den Intrigen und
dem Verlauf einer äußeren Handlung als vielmehr in der Darstellung von
Menschen, deren augenblickliche Existenz auf einen höheren Zusammenhang bezogen werden soll. Was diese Stücke bedeutend macht, nimmt
ihnen zugleich ihren dramatischen Atem, und so werden sie wohl bleiben,
was sie bis jetzt sind: Lesedramen für den Literaturkundigen und reiche
Minen für den Brentano-Forscher.

Das gilt zunächst für das Trauerspiel *Aloys und Imelde*, das zwar auf
geschichtlichem Boden angesiedelt ist, aber zu dem Widerspiel geschichtlicher Kräfte keine innere Beziehung entwickelt. Brentano hat das fünfaktige
Stück, das erst 1912 veröffentlicht wurde, zwischen 1811 und 1812 während
seines Aufenthaltes in Prag und Böhmen geschrieben, die ersten zwei Akte
übrigens zweimal, da Varnhagen ihm einen Teil des Manuskripts als Pfand
für gutes Betragen wegnahm, nachdem Brentano eine antisemitische
Bemerkung über Rahel Levin, damals Varnhagens Braut, gemacht hatte.
Verfaßt ist es in einer Prosa, die immer wieder Metren durchscheinen läßt.
Brentanos Quelle waren eine französische Novelle, dazu die 1806 veröffentlichte Dramen-Trilogie von Isaac von Sinclair über den Cevennenkrieg

(vgl. Bd. 1, S. 568 f.) und eine Reihe von historischen Werken über dieses Ereignis. Das eigentliche dramatische Vorbild war jedoch Shakespeares *Romeo und Julia*, seit 1797 in August Wilhelm Schlegels Übersetzung zugänglich; mehrfach wird auf das Stück angespielt und sogar daraus zitiert. Ob Brentano auch Kleists thematisch verwandte *Familie Schroffen-stein* (1803) gekannt hat, ist nicht nachzuweisen.

Den historischen Hintergrund der Liebestragödie zwischen Aloys und Imelde bildet der Kampf der hugenottischen Cevennenbauern oder «Camisarden» unter ihrem Anführer Cavalier gegen Ludwig XIV. und, im Adel selbst, der Gegensatz von alten Katholiken und den neuen, von der calvinistischen Lehre beeinflußten. Erst über der Leiche der Kinder und aufgefordert vom Camisardenführer versöhnen sich die feindlichen Väter über ihre adligen Besitzstreitigkeiten. Ohne Zweifel hat Brentano wie Sinclair oder später Tieck in dem Roman *Der Aufruhr in den Cevennen* (vgl. S. 519 f.) den großen Kämpfen und Gegensätzen der eigenen Zeit, der Revolution und Gegenrevolution, Gestalt geben wollen. Aber nicht die Mahnung zu sozialer Harmonie oder die apotheotische Verkündigung einer neuen christlichen Kirche waren das Ziel von Brentanos Drama. Über allem irdischen Streit stand die Verklärung des vorgegebenen christlichen Glaubens und der Liebe durch das Opfer: «Taube, du wirst Opferblut.» Aloys und Imelde, einander liebend, durch Feindschaft und Starrsinn voneinander ferngehalten, durch Intrigen getäuscht, gehen schließlich gemeinsam in den Tod, der eine durch die Wunde, die er vom tückischen Ehemann der Geliebten erhält, die andere dadurch, daß sie sich in das «Sünderschwert» stürzt, um dem Geliebten zu folgen: Romeo und Julia, Tristan und Isolde in eins.

Der Schluß scheint sich ganz jenseits der christlichen Lehre zu befinden. Aber nicht jene freie Mischung aus Erotik, Todessehnsucht und Religion war hier gemeint, die Novalis in den *Hymnen an die Nacht* zu einem Christentum eigener Art stilisiert hatte, und noch viel weniger die agnostische Wagnersche Todeserotik, die erst rund fünfzig Jahre später aus dem Geiste Schopenhauers erstand. Nicht um eine Liebeserfüllung im Tode ging es hier für diejenigen, denen sie das Schicksal auf Erden versagt hatte, sondern um das gemeinschaftliche Eingehen in Gott durch das Märtyrertum für eine höhere Liebe. So unakzeptabel auch der Tod dieser beiden Helden für jede kirchliche Lehre sein mag – als zutiefst religiöse Handlung war er dennoch gedacht. Denn nicht Geschichte war letztlich Brentanos Thema, sondern das Gewahrwerden und Gewahrmachen göttlicher Präsenz und Heilsgewißheit hinter allem menschlichen Geschehen.

Eines der Hauptmotive des Stückes und zugleich eines der ältesten und elementarsten Sinnbilder alles Romantischen ist das Heimverlangen von Kindern nach ihren Eltern, die Verbindung zu den eigenen Ursprüngen also. «Wir irren heimatlos und suchen unsre Väter», sagt Zinga, Aloys' Schwester. Wie sehr Brentano sich selbst in diese Thematik hineinprojizierte, zeigt, daß Aloys sich einmal als Pilger jenen Namen zulegt, den Brentano auch für sich als Incognito verwendete: «Benone», der ‹sehr Gute›. «Du Schmerzensreicher», sagt daraufhin der Camisardenführer verehrungsvoll zu ihm – eine Selbstverklärung in der Imitatio Christi.

Auf dem Wege durch die Fremde werden in Brentanos Stück überall Verwandtschaften sichtbar; Geschwister finden sich und versuchen, einander
bereits ein Stück jener Heimat zu geben, die man als Ganzes erst «zu
Hause» erwarten kann. Es ist ein charakteristisch Brentanoscher Gedanke
und doch zugleich einstimmend in die Erkenntnis der vielfältigen Verhältnisse und Beziehungen der Geschlechter zueinander, von der allenthalben
in der Literatur dieser Zeit die Rede ist. Gefragt nach ihrem «Herrn», der
ihr Bruder ist, sagt Zinga: «Er ist mir Vater, Mutter, Bruder, Herr, Geliebter, denn dies hab ich alles nicht – so ist der letzte Gipfel er von meinem
Glück, ein Abgrund rings – und stürz ich, so ists aus!» Wenn sich allerdings
im *Ponce* oder den *Lustigen Musikanten* am Ende eine schöne Familie resti-
tuiert, so macht diese Tragödie nun eher auf den «Abgrund des Verderbens»
aufmerksam, der die Menschen umgibt, beläßt es im Irdischen bei resignativen Kompromissen und weist darüber hinaus auf die größere Familie unter
der Vaterschaft Gottes hin. Der Einfluß der Dramen von Calderon ist deutlich zu spüren. An dessen *Standhaftem Prinzen* will Brentano, wie er zu dieser Zeit schreibt, überhaupt erst erfahren haben, «was ein Kunstwerk ist»,
und er nennt 1810 das Stück zusammen mit dem «alten Rittergedicht Tristan und Isolde» als ein Werk, das ihn «immer tief gerührt» habe.

Brentanos dominierende Metapher in diesem Stück ist das Blut: Es bindet die Menschen in Verwandtschaften, es ist sinnbildlich als Naturkraft der
Ursprung von Liebe und Haß, es bezeichnet, vergossen, den Weg der
Gewalt, aber am Ende wird es dadurch schließlich auch Zeichen des
Opfers, so daß Imelde, als sie verletzt wird, ausrufen kann: «Wohl mir, ich
bin verwundet!» Die Natur wird zum Geistig-Geistlichen emporgeläutert.
Solche Dichotomie hat Brentano noch einmal im Drama in ein zweistrophi-
ges Gedicht zusammengedrängt, das über das Drama hinaus bekannt
geworden ist und das es als eine Art musikalisches Leitmotiv durchzieht:

> O Zorn, du Abgrund des Verderbens,
> Du unbarmherziger Tyrann,
> Du nagst und tötest ohne Sterben
> Und brennest stets von neuem an;
> Wer da gerät in deine Haft,
> Bekömmt der Hölle Eigenschaft!

In Wunsch und Hoffnung aber steht der Tyrannei des Zornes die Liebe
gegenüber:

> O Liebe, wo ist deine Tiefe,
> Der Urgrund deiner Wunderkraft?
> Herz, nur ein einzges Tröpflein prüfe
> Von dieses Quelles Eigenschaft;
> O, wer in diesem tiefen Meere
> Gleich einem Tröpflein sich verlöre!

Der Wunsch macht Brentanos Distanz zu der orgiastischen Unio mystica von Mensch und Gott deutlich, die Novalis mit ähnlichen Bildern in seinem «Lied der Toten» dargestellt hatte. Bei Brentano wird Gott zwar sichtbar und erreichbar durch die Kraft der Liebe, aber er ist nicht identisch mit ihr. Der religiösen Freigeisterei steht Brentano in tiefer, innerer Bindung an seine Kirche gegenüber, auch wenn er sich zum Beispiel im schillernden Spiel mit Liebestod und Opfertod über ihr Dogma erhebt.

Mit dem umfangreichen, 1814 veröffentlichten, aber nie aufgeführten «historisch-romantischen Drama» *Die Gründung Prags* begab sich Brentano, wie Werner mit der «romantischen Tragödie» *Wanda, Königin der Sarmaten*, an die Grenze zwischen Mythe und Geschichte, um göttlichem Wirken in noch weiteren Dimensionen als der Zeitgeschichte nachzugehen. Er selbst nennt es sein «bestes vollendetstes Gedicht» und «eine Arbeit, wie wenigstens Tieck keine aufweisen kann, und so schwer in ihrem Stil (architectonischem) wie auch keine Schillersche dasteht».

Das Schauspiel in gereimten Blankversen wurde als erstes Werk einer geplanten Trilogie ebenfalls während seines Aufenthalts in Prag und auf dem böhmischen Familiengut Bukowan geschrieben und nimmt seinen Stoff unmittelbar aus diesem Raum. Verbunden sind darin die alttschechische Sage von Libussa, der Gründerin Prags und des Herrscherhauses der Przemysliden, und die von Wlasta und dem Böhmischen Mägdekrieg, der um 740 stattgefunden haben soll. Zu zahlreichen Quellen, die Brentano am Ort benutzte, kam seine Vertrautheit mit den mythologischen Studien Görres', Creuzers und Jakob Grimms, und in der Form waren es Anregungen durch die reiche Zahl von geschichtlicher und geschichtsmythischer Dramatik der Zeit. Es entstand so ein beziehungsreiches Werk voller poetischer Kraft, das dennoch immer wieder zu Arnims Frage nötigt, die er nach der Lektüre Wilhelm Grimm mitteilte: «Mir ist es unbegreiflich, wie bei so viel Schönheit, Ausarbeitung und Vollendung im Einzelnen ein herrlicher tragischer Stoff als Ganzes betrachtet so verdorben werden kann.»

Libussa und ihre zwei Schwestern Tetka und Kascha sind Töchter des Königs Krok mit einer Elfe, unmittelbar also noch dem Naturmagischen verbunden, das Brentano so gern und oft durch Melusinengestalten in die Menschenwelt gebracht hat. Ein Matriarchat wird gegründet und im Mädchenkrieg verteidigt, aber Libussa, die Führerin der Frauen, gibt schließlich dem Drängen des Volkes nach und wählt sich einen Mann. Das Matriarchat geht ins Patriarchat, der Mythos in Geschichte über. Der Ackerbauer Primislaus wird als Herzog berufen und gründet den Staat, während Libussa zur Gründerin Prags wird, der «Schwelle» und «goldnen Stadt». Vision einer kommenden Gottesstadt in goldener Zeit?

Brentano hat seine Intentionen in der Anzeige des Stückes und den Anmerkungen deutlich ausgedrückt. In einer fernen, idealen Zeit war das Geschehen angesiedelt am Übergang des Naturzustands in gesellschaftliche und geschichtliche Formation. Es sei ein entscheidender Knotenpunkt, denn dort, «wo die historische Wahrheit eintritt, steht der Engel mit dem feurigen Schwert bereits vor dem verlorenen Paradies». An dieser entscheidenden Stelle wollte Brentano etwas von der «großen Wahrheit» zeigen, an die sich im Unterschied zur geschichtlichen nur glauben ließ, ohne die aber alles Historische nach seiner Ansicht sinnlos war. Ein göttlicher Heilsplan sollte sichtbar werden, «damit wir mehr als von heute seien». Ein derartiger Ansatz freilich nötigte eher zum Mysterienspiel als zur dramatischen Darstellung menschlicher Leidenschaften und Konflikte.

Unter den vielen Aspekten dieses Schauspiels ist es zunächst derjenige der Frauenemanzipation, der im Zusammenhang mit den Gedanken von Brentanos eigener Zeit zu diesem Thema besonderes Interesse verdient. Das prachtvolle Freiheitslied der Mädchen hätten vermutlich spätere Frauengenerationen gern im Munde geführt, wenn sie es nur gekannt hätten. Um einige Strophen zu zitieren:

> Der Mann muß unten liegen,
> Das Kind im Schilde wiegen,
> Wir ziehen frank und frei
> Auf neue Freierei!

[...]

> Es nehme keine einen,
> Viel lieber nehm sie keinen,
> Denn einer ist Betrug
> Und alle nicht genug.

[...]

> Die Ketten sind zerbrochen,
> Und auf das Schild wir pochen,
> Im Harnisch ist das Weib,
> Der Mann seh, wo er bleibt.

Tragische Ausmaße nimmt solcher Emanzipationsjubel in der Gestalt der Wlasta an, die als Tochter einer Priesterin des schwarzen Gottes verstrickt wird in tiefe Leidenschaften, wofür als äußeres Zeichen die Irrungen um den Besitz eines Ringes stehen, der einst nibelungenhaft geschmiedet worden war («sie sammelte das Gold, das in dem tiefen Bett der Moldau rollt»). Liebe, Gnade, Heil und Gott bedeuten ihr nichts in der «Geschlechter blutig Spiel»: «Lust, Not und Mord schäumten blutig wie verbißne Hunde». Aber zur Tragik der Penthesilea, die hier durchscheint, erhebt sich Wlasta dennoch nicht. Der Ring trügt, und im Heilsgeschehen wird auch sie «einst gesunden».

Arnims Kritik an der Verunstaltung eines «herrlichen tragischen Stoffes» wird verständlich angesichts solcher Erlösungserwartungen. Brentano jedoch ging es nicht um Tragik und um die Befangenheit der Handelnden in einem undurchsichtigen Schicksal. Vielmehr sollte ihnen selbst schon ein Schimmer von großen Wahrheiten sichtbar werden. Folgerichtig tritt in diese mythisch frühe Welt eine «Trinitas» ein, eine junge, androgynische Christin, die zwar den Märtyrertod erleidet, aber die dennoch durch ihre Existenz allein ein Zeichen für die fortgehende Entwicklung setzt, die von den anderen begriffen und durch den Bau einer Kapelle geehrt wird, denn «alles kömmt sich entgegen», wie Brentano hinsichtlich Christentum und Naturreligion in den Anmerkungen erläuternd bemerkt. Über den schwarzen und weißen Gott der frühen Zeit, über den Geschlechterkampf und die Herrschaft der drei böhmischen Elfentöchter wird einst Christus und die Liebe zum dreieinigen Gott triumphieren.

Religiöse Überschau findet sich ebenso im eigentlichen historischen Bereich, der mit der patriarchalischen Staatsgründung den Urzustand ablöst. Einehe und Familiendenken («Des Staates Kraft ist der Familien Einheit») bestimmen die neue, von Primislaus verkündete Gemeinschaft, die, Görres' Einfluß bekundend, als großer Organismus gedeutet wird («Dem Leib des Menschen gleicht des Staates Leben»), die jedoch wiederum mit solchen Vorstellungen keineswegs die aufklärerische Idee vom Schutz des einzelnen und seiner Rechte durch den Staat negiert. Denn nur historisch-praktischen Zwecken soll diese Staatsgründung dienen, die bereits durch die Konzeption des Stückes in ihre geschichtlichen Grenzen verwiesen wird: Über dem Staat steht die Stadt, die «goldne», als Präfiguration der Gottesstadt, die den Menschen verheißen ist.

Mit dem «romantisch-historischen» Drama *Die Gründung Prags* hat Brentano also zu seiner Zeit sprechen wollen. Das Romantische war ihm die Belebung des längst Vergangenen, Prähistorischen durch die Phantasie – als Verweis auf die Zukunft und zum Nutzen der Gegenwart. Das Verwirrte ordnete sich bei solchem weiten Blick und gab ihm wohl auch selbst zeitweilig jene Übersicht und Ordnung, nach der es ihn immer wieder verlangte.

Eichendorff

1854, drei Jahre vor seinem Tode, veröffentlichte Joseph von Eichendorff eine Studie *Zur Geschichte des Dramas*. Es ist ein Überblick über das europäische Drama seit dem Mittelalter, in dem die jüngste, von ihm selbst erlebte Zeit beinahe ein Drittel umfaßt. Blütezeit und Ende der Romantik, die Eichendorff als eine mit Novalis und Friedrich Schlegel beginnende «christlich religiöse Durchdringung und Wiederbelebung» der Kunst sieht, werden aufmerksam beobachtet, und am Ende wird konstatiert, daß eben diese Romantik «niemals eine eigentliche Bühne sich zu schaffen vermocht» habe, obwohl gerade ihr an der «Vermittlung von Poesie und Leben durch die Religion» so sehr gelegen gewesen sei. Als Ursache dafür erscheint ihm, daß die «Romantiker» diese «Vermittlung» selbst in sich noch keineswegs vollendet hätten. Eichendorff betrachtet Dramen Arnims, Brentanos, Tiecks, Werners, Kleists, Immermanns, Platens und Raupachs unter diesem Gesichtspunkt und mißt sie nach seinen Maßstäben mit gutem Sinn für künstlerische Kraft oder Schwäche. Sich selbst aber hat er bescheiden aus diesem Kreise ausgelassen, obwohl auch er sich, wenngleich erst in den zwanziger und dreißiger Jahren, am Drama versucht hat.

Der Ort für seine dramatischen Literatursatiren innerhalb seiner Überschau läßt sich leicht bestimmen. *Krieg den Philistern* (1824) und *Meierbeths Glück und Ende* (1828) sind Beispiele für die Nachwirkung der Tieckschen Literaturkomödien, die sich, wie Eichendorff schreibt, «mit geringen äußerlichen Abänderungen, sehr wohl auf die prosaische Weltansicht der Gegenwart wieder anwenden» ließen (vgl. S. 589 f.). Schwerer hingegen läßt sich der Ort seiner beiden historischen Tragödien *Ezelin von Romano* (1828) und *Der letzte Held von Marienburg* (1830) festlegen. In beiden versucht Eichendorff, das übermächtige Vorbild Schillers, dessen philosophische Weltsicht im Drama ihm zu beschränkt erscheint, zugunsten Shakespeares und – in der Praxis weniger als in der Theorie – auch Calderons zurückzudrängen und über sie hinaus sein eigenes Verständnis der Geschichte auszudrücken. Eichendorffs Übersetzung der *Geistlichen Schauspiele* Calderons erschien 1846 und 1853 in zwei Bänden.

Das erste Drama befaßt sich mit dem Ende Ezzelino da Romanos, der im 13. Jahrhundert in Oberitalien einen selbständigen Machtbereich zu gründen versuchte und dabei zu allen Mitteln der Tyrannei und Grausamkeit griff. Die Literatur hat sich seiner vielfach angenommen; im Deutschen war es zuletzt Heinrich von Collin mit der Tragödie *Bianca della Porta* (1809), die er als einen Konflikt zwischen Macht und Liebe gestaltete. Eichendorffs Interesse hingegen gilt der Psychographie eines Gewaltmenschen in einem höheren Konflikt um Macht und göttliches Recht. Seiner Generation hatte der 1821 gestorbene Napoleon das große Modell dafür geliefert. Aber nicht ein Schlüsselstück ist dieses Drama, sondern der Versuch, geschichtliches Handeln der Zukunft zur Lehre in seiner Fehlbarkeit vorzuführen, die entsteht, wenn menschliches Streben nur auf sich selbst gerichtet ist. Der Leitstern politischen Handelns war für Eichendorff immer ein in der Religion gegründetes Ethos.

Eichendorffs zweites historisches Drama ist aus seiner Arbeit an einer Geschichte der Marienburg hervorgegangen, die er als preußischer Beamter in königlicher Auftragsarbeit auszuführen hatte und die 1844 im Druck erschien. «Letzter Held» ist der Großmeister des Ordens, Heinrich von Plauen, dessen Tragödie darin besteht, daß sein kompromißloses Ringen um die Aufrechterhaltung des Ordens und damit eines von Gott hergeleiteten Auftrags nicht mehr von seinen Ordensbrüdern verstanden wird:

> Kühn, tapfer seid ihr,
> Doch jeder will's auf seine Weise sein
> Und keiner selbst sich opfern dem Gesetz.

Aber ein Thesenstück hatte Eichendorff nicht im Sinne, sondern wiederum
die Psychologie des Herrschens und Handelns «im Sturm der Weltgeschichte» unter einem in der Zeit nicht verstandenen göttlichen Gesetz.
Hinter der historischen existiert für Eichendorff eine geschichtslose, Psy-
chisches reflektierende Naturwelt, von Schönheit und Grauen gezeichnet
wie in seinen Gedichten oder Erzählungen. Eine Eichendorffsche Virago,
eine Verwandte der Gräfin Romana aus *Ahnung und Gegenwart*, taucht in
der polnischen Fürstin Rominta auf, und daneben eine deutsche, von ihrem
Liebhaber betrogene Gertrud, die Brentanos «Lore Lay» singt, keine Nonne
werden möchte und sich in den Abgrund stürzt. Aber das Nächtige vergeht:

> Hoch überm Walde, der sich rauschend neigt,
> Wie unermeßlich da Aurora steigt!

Dieser Satz, das Lob des Kreuzes, auch desjenigen, das vom «Volk der
Preußen» aus Eisen errichtet worden ist, sowie die Verkündung ewigen Rittertums sind die letzten Worte des letzten Helden von Marienburg. Was
nach patriotischen Konzessionen aussieht, war allerdings eher als Tasten
nach vorn gemeint und nicht als Billigung der Gegenwart, die deutlicher in
den Gegenspielern des Helden vertreten ist. Unter den Theaterdichtern
fehle noch «der rechte Held», meint Eichendorff in seiner Studie über das
Drama, der «unbeirrt von den kleinlichen Sympathien und Antipathien, in
den Staubwirbeln, welche sie aufwühlen, die sich leise formierende nationale Gestalt der Zukunft divinatorisch zu erkennen und herauszubilden»
vermöchte. In dieser Richtung gingen seine eignen Ambitionen als Dramatiker, die freilich ebensowenig wie diejenigen seiner romantischen Kollegen
die Vermittlung zwischen Poesie und Leben zustande brachten, da sich
seine Vorstellungen vom Gang der Geschichte mit den Tatsachen des Zeitalters der industriellen Revolution in Deutschland und Europa nicht deck-
ten.

So hat denn Eichendorff als Dramatiker einzig Glück gehabt mit einem
Lustspiel *Die Freier* (1833), einer tollen, mit der Sprache jonglierenden Ver-
wechslungskomödie, der in der Tat gelang, was Eichendorff vom Lustspiel
erwartete: «die momentane Befreiung von allen kleinlichen, spießbürgerlichen Rücksichten und Banden des Alltagslebens», ein Stück, das Zeitspott,
Erinnerungsseligkeit, Melancholie und die ganze ernsthafte Problematik
menschlicher Identität auf das leichteste zusammenbindet und zu einem
Schluß führt, an dem, wie im *Taugenichts*, alles, alles gut, aber zugleich auch
wieder die alte Welt ist.

5. Das dramatische Werk Heinrich von Kleists

Das dramatische Werk Heinrich von Kleists gehört gleichfalls in den Umkreis des Romantischen. Wenn es dennoch nicht zusammen mit demjenigen von Werner, Fouqué, Tieck, Arnim, Brentano und Eichendorff unter solchem Titel dargestellt wird, so deshalb, weil die Dimensionen dieses Werks weit über das hinausgehen, was diese Zeitgenossen Kleists für das Theater geschrieben haben. Kleists Dramen gehören zum festen Bestand des deutschen Bühnenrepertoires und fordern Regisseure wie Schauspieler zu immer neuen Gestaltungen heraus. Hatte Goethe angesichts der *Penthesilea* irritiert an Kleist geschrieben, daß er «betrübt und bekümmert» auf «junge Männer von Geist und Talent» sehe, «die auf ein Theater warten, welches da kommen soll» (1.2. 1808), so ist zu konstatieren, daß für Kleist dieses Theater tatsächlich gekommen ist.

In seinem Leben und Schreiben war Kleist extremer, konsequenter, bedingungsloser als seine Kollegen, ohne die Fähigkeit, sich an einem Menschen, einer Institution, einer Idee, einem Glauben, einer Hoffnung festzuhalten, und ohne die Möglichkeit, sich auf die Insel eines Landguts oder diejenige der öffentlichen Anerkennung zu flüchten vor dem, was ihn bedrohte. Für ihn wurde allein die Literatur zum Leben; die Grenze zwischen beidem, die die andern auf diese oder jene Weise zu wahren wußten, schwand ihm, und seine letzte Tragödie war nicht mehr für die Bühne bestimmt, sondern vollzog sich am Wannsee, wo Kleist am 21. November 1811 im Alter von 34 Jahren Selbstmord beging. «Hüte jeder das wilde Tier in seiner Brust, daß es nicht plötzlich ausbricht und ihn selbst zerreißt! Denn das war Kleists Unglück und schwergebüßte Schuld, daß er diese, keinem Dichter fremde, dämonische Gewalt nicht bändigen konnte oder wollte, die bald unverhohlen, bald heimlichleise, und dann nur um so grauenvoller, fast durch alle seine Dichtungen geht.» Das schreibt Eichendorff, der als sehr junger Mann Kleist in Berlin kennengelernt hatte, in seiner *Geschichte der poetischen Literatur Deutschlands* (1857). Und er fügt aus dem Blickpunkt eines inzwischen vergangenen halben Jahrhunderts hinzu, daß man bei Kleist sehe, wie «schon alle unheilvollen Elemente der neuesten Literatur fast spukhaft auftauchen und auf diesem dunklen Grunde die Lineamente zur modernen Poesie der Zerrissenheit, der Phantasterei und des Hasses sich leise formieren». Grabbe, Büchner, Heine waren bereits tot, als Eichendorffs Buch erschien. Eichendorff hatte einen guten Blick für die Wandlungen des Denkens und Empfindens in dem von ihm durchlebten Zeitalter. Daß bei Kleist das Moderne beginne, ist ein seitdem viel wiederholter Gedanke geworden. Was dieses Moderne allerdings sei, ist umstritten geblieben, und so hat schließlich jede Epoche seit der eigentlichen Entdeckung Kleists gegen Ende des 19. Jahrhunderts ihre Zerrissenheiten,

Wunschbilder, Phantasien oder auch ihren Haß in Kleist gespiegelt gesehen.

Das Außerordentliche und Besondere von Kleists Werk ist in seiner Persönlichkeit gegründet, in dem, was sie konstituiert und formt und ihn gerade in dieser Weise auf seine Zeit reagieren und auf sie wirken ließ, denn jede seiner literarischen Äußerungen stellte einen Versuch zu solcher Wirkung dar. Anlagen, Herkommen, Erziehung innerhalb und außerhalb der Familie, Selbsterziehung als Reaktion auf persönliche, gesellschaftliche und historische Erfahrungen gehören dazu (vgl. S. 55 f., 365 ff.). Vieles oft Widersprüchliche durchkreuzt und vermengt sich in dieser Persönlichkeit und geht daraus in sein Werk über. Ein hohes, von dem Leitbild der Schwester geprägtes Ideal der Geliebten prallt gegen die gesellschaftlichen Ansprüche einer zukünftigen Ehefrau; dunkel zeichnen sich Zusammenstöße zwischen Idealbildungen und sexuellem Verlangen ab. Existentielle Erfahrungen von der Unsicherheit menschlicher Erkenntnis verbinden sich mit Erfahrungen von der Unzulänglichkeit sozialer Institutionen: Was humanes Leben garantieren soll, wird zum Instrument der Brutalität und des Egoismus. Persönliche Wünsche nach Liebe, Glück, Ruhm, Geltung, Anerkennung werden ergänzt durch die Hoffnung, das eben jetzt und hier in diesem einen, ihm gegebenen Leben zu erreichen. Patriotismus erscheint als Komponente des Eudämonismus bis hin zur Bitte um Unterstützung und Protektion durch das preußische Herrscherhaus und zu chauvinistischen Ausfällen gegen die Okkupanten des Vaterlandes. Enttäuschung und Verzweiflung über die unerfüllten Hoffnungen folgen jeweils auf dem Fuße.

Kleist besaß nicht die Tröstungen der Philosophie. Er war kein Geschichtsphilosoph, dem aus einer Vorstellung vom Fortschreiten der Geschichte Hoffnungen hervorwuchsen. Er war überhaupt kein Philosoph, und nach Versuchen zu abstraktem Denken in seinen Jugendbriefen fand er den einzig ihm gemäßen Ausdruck im sprachlichen Bild und der literarischen Gestaltung von menschlichem Handeln. Aber Kleist errichtete sein Werk dennoch auf den Grundlagen jener gedanklichen Errungenschaften, die von Kant über Fichte bis zu Schelling, Novalis und Friedrich Schlegel führen. Allerdings tat er es nicht unmittelbar als Teilnehmer an einem philosophischen Gespräch – über Kleists Lektüre sind wir insgesamt nur sehr unzureichend unterrichtet – sondern in der allgemeineren Teilhabe eines aufmerksamen, lernbegierigen jungen Intellektuellen an den Tendenzen und dem Mentalitätswandel seiner Zeit. So entwickelte sich in seinem Werk eine poetische Dialektik der Aufklärung von eigener Art, die über die Philosophie hinausführte, da sie im Bilde der Dichtung und in der Gestalt der Sprache das Ich der Philosophen zugleich mit der Realität des Menschendaseins in vielfältige Verbindung brachte. Das heißt, daß Kleist in seinen Werken eine bisher unerhörte Psychologie entwickelte, die Analyse der

Psychologie eben jenes Ichs, das, aus der Abstraktion in die Realität versetzt, sich in bester Absicht in die verhängnisvollsten Widersprüche verwikkelt. Denn da dieses Ich zugleich immer Gesellschaftswesen ist, hat es sich mit den Institutionen ins Benehmen zu setzen, die zur Wahrung der Interessen der anderen Ichs errichtet worden sind und einen objektiven Halt zu bieten scheinen in der äußersten Selbstbezogenheit der Subjekte. Gemeint sind die Verträge, Gesetze, die Institutionen von Ehe, Familie und Staat. Die Beobachtung eines auf der Gleichheit aller aufbauenden, durch ein allgemeines Gesetz zusammengehaltenen Staates gehörte zu den historischen Urerfahrungen Heinrich von Kleists, der als junger Kadett der preußischen Armee gegen die französische Republik in Marsch gesetzt worden war. Kleists Psychologie untersucht den ganzen Spannungsbereich zwischen Einsamkeit und Gemeinsamkeit, den dieses Ich erfährt. Alte Gesetze erweisen sich als brüchig und inhuman, aber die Gesellschaftskritik ist nie wirklich das eigentliche Ziel Kleists, denn Gesetze und Institutionen schlechthin können es sein, die diesem Ich Fesseln anlegen und es in die Verwirrung oder gar Vernichtung treiben. Dergleichen hat, wie gesagt, im 20. Jahrhundert dazu veranlaßt, von Kleists Modernität zu sprechen, aber es darf nicht übersehen werden, daß diese «Modernität» ganz und gar Resultat der künstlerischen Auseinandersetzung mit einer menschlichen Situation um 1800 darstellt und ohne die Kenntnis dieser Situation zu falschen Aktualisierungen verleiten kann.

Fehlten Kleist die Perspektiven einer erlösenden Geschichtsphilosophie, so verfügte er auch nicht über die gleichen Tröstungen des Christentums, in denen Werner, Arnim, Brentano oder Eichendorff ihre Zerrissenheiten erlösten. Nicht, daß Kleist sich nicht als Christ verstanden hätte. Aber in der Suche nach einem festen Halt gerieten ihm die Bilder des Christentums dann doch wieder zu literarischen Bildern, als deren Schöpfer er sich selbst betrachten mußte, als derjenige also, der die Leiter hält, auf die er steigen möchte. Der biblische Kreislauf von Paradies, Sündenfall und der Suche nach der Rückkehr aus der Verstoßung – für Görres eine Glaubenstatsache und Grundlage einer ganzen Lebensphilosophie (vgl. S. 224 f.) – durchdringt Kleists Werk wie kein anderes literarisches Werk dieser Zeit. Aber er wird zur unsicheren, schwer deutbaren Metapher, wie es der Aufsatz *Über das Marionettentheater* verrät (vgl. S. 373 f.). Am tiefsten wirkt Christliches in Kleists Vorstellungen vom Tode, dessen Überwindung im Bilde von Auferstehung und Himmelfahrt die große Errungenschaft des Christentums war. Nur ist bei Kleist im Liebestod der Penthesilea und in der letzten Todeserfahrung des Prinzen von Homburg auch dieser Tod wieder in der Unsicherheit des Irdischen belassen, und die Transzendenzerlebnisse der Helden bleiben subjektiv. Beim Prinzen von Homburg wird ein solches Erlebnis sogar ausdrücklich als Traum zurückgenommen.

Gerade weil Literatur und Leben für Kleist untrennbar zusammenwuchsen, war ihm jedoch auch das literarische Experiment fremd. Es gibt keine

Literatursatiren von ihm, wie sie Tieck, Brentano oder Eichendorff schrieben, und er ging auch der spanischen Mode aus dem Weg, der kaum einer der anderen Dramatiker seiner Zeit auswich. Der Prinz von Homburg deklamiert nicht in Assonanzen wie der standhafte Prinz Calderons in August Wilhelm Schlegels Übersetzung, Penthesilea unterhält sich nicht mit Achill in Sonetten, wie das Gestalten in Tiecks Volksbuchdramen tun, und Alkmene übt sich nicht in antiken Trimetern wie die Niobe eines Wilhelm von Schütz. Zu allen solchen Übungen haben Kleists Gestalten keine Muße. Jambische Verse, zumeist Blankverse, und ein bißchen Prosa im *Käthchen von Heilbronn* – das ist im Grunde alles, was Kleist an metrischen Formen in seinen Dramen aufwendet, aber nicht um einer ästhetischen Theorie willen, sondern weil die darzustellenden Dinge viel zu ernst sind, als daß man ästhetisches Spiel mit ihnen treiben könnte.

Dennoch entsteht beim Überblick über Kleists dramatisches Werk nicht der Eindruck der gleichen monolithischen Geschlossenheit, den seine Erzählungen vermitteln. Das hat zunächst damit zu tun, daß ihre Stoffe zeitlich weiter auseinanderliegen als diejenigen der Erzählungen. Aus der Tiefe des antiken Mythos tritt *Amphitryon* hervor, in dem Zeus sogar persönlich erscheint, und auch *Penthesilea* gehört in vorgeschichtliche, mythische Zeit. Das seinem Stoff nach jüngste Stück ist *Der zerbrochne Krug*, das sich irgendwann im späten 18. Jahrhundert ereignet. Dazwischen liegen die germanische Zeit der *Hermannsschlacht*, das Mittelalter von *Robert Guiskard*, *Familie Schroffenstein* sowie *Käthchen von Heilbronn*, und *Prinz Friedrich von Homburg* schließlich hat seine historische Heimat im 17. Jahrhundert. Übrigens trennt Kleist in solcher Stoffwahl nichts von den anderen Autoren seiner Zeit, denn äußerlich Entsprechendes läßt sich bei Schütz, Collin, Klingemann, Werner, Arnim, Fouqué oder Uhland finden.

Der Eindruck geringerer Geschlossenheit in der Gesamtheit entsteht für die Dramen allerdings auch dadurch, daß jeder Stoff auf sehr verschiedene Weise behandelt wird, als Tragödie, als Komödie, als Mythe, Märchen oder historisches Schauspiel. In einigen Fällen sind die Quellen gut bekannt, und der Autor ist an sie gebunden. Die *Hermannsschlacht* erscheint als regelrechtes Schlüsselstück mit patriotischen Motivationen, und preußisch-patriotische Tendenz ist auch im *Prinz Friedrich von Homburg* klar erkennbar, so daß die Erwartungen für jedes Werk verschieden sind im Unterschied zu den einheitlicheren Erwartungen gegenüber einem Band von «moralischen Erzählungen». Die Dramen bieten jeweils sehr Verschiedenes an: Lachen, Rührung, Belehrung oder politische Mobilisierung. Einheit und Geschlossenheit der Kleistschen Dramatik sind also auf einer anderen Ebene zu suchen, als sie die Erzählungen bereits durch die Form besitzen.

Die innere Verwandtschaft der Dramen zu den Erzählungen zeigt sich jedoch in der gemeinsamen Bildersprache und Thematik. So geht es, um nur ein Beispiel zu geben, in den meisten Dramen wie in einer Reihe von

Erzählungen um verlorene Kinder, um Bastarde, Waisen oder Halbwaisen, in *Familie Schroffenstein* ebenso wie im *Zerbrochnen Krug*, in *Käthchen von Heilbronn* oder in *Prinz Friedrich von Homburg*. In *Amphitryon* soll ein solches Kind zwei Väter haben, und in *Penthesilea* wird die Halbwaisenschaft der Kinder sogar zum Gesetz des Amazonenstaats. Überall bricht in den Dramen wie in den Erzählungen Fremdes störend und aufrührend in einen gewöhnlichen Tageslauf ein, das in den auf anschauliche Situationen festgelegten Dramen mehrfach als Nächtliches gekennzeichnet ist. *Zerbrochner Krug*, *Amphitryon*, *Käthchen von Heilbronn* und *Prinz Friedrich von Homburg* beginnen in der Nacht oder am Ende einer Nacht. Aber wo die Erzählungen die Führung eines wie immer sicheren oder aber in seinem Urteil schwankenden Erzählers besitzen, sind die Gestalten des Dramas unmittelbar auf sich selbst angewiesen und ohne die Stütze indirekter Rede, die Distanzen schaffen kann. Das bedeutet nicht nur, daß sie Leidenschaften, die durch den Bericht gedämpft oder ironisiert werden können, unmittelbar als Selbstaussage vorführen müssen, sondern daß die Distanz allein in dem Unterschied zwischen Gesprochenem und der Wirklichkeit des Handelns oder Geschehens erfahrbar wird. In Kleists Dramen entsteht oft in der Sprache eine eigene Wirklichkeit, die der tatsächlichen gegenübertritt und häufig genug mit ihr kollidiert. Das demonstriert am deutlichsten der Dorfrichter Adam im *Zerbrochnen Krug*, der sich von Vorwand zu Vorwand in seiner Phantasie eine so greifbare Realität schafft, daß sie nach eigenen Gesetzen zu funktionieren beginnt, bis ihn die Tatsachen einholen und stürzen. Aus solcher Fragwürdigkeit des Gesprochenen ergibt sich aber auch das Verlangen vieler Kleistscher Gestalten in den Dramen wie in den Erzählungen nach schriftlich Festgehaltenem, nach Dokumenten, die eine größere Sicherheit geben sollen als das flüchtige gesprochene Wort.

Die Erfahrungen von der Unsicherheit der Sprache teilte Kleist mit anderen deutschen Autoren dieser Jahre, mit Tieck, Jean Paul oder Brentano. Da es für Kleist aber weder die festen Orientierungen von Philosophie und Religion gab, noch auch den Halt in öffentlicher Anerkennung, ergriff ihn eine solche Erfahrung tiefer als andere. Aber es war zugleich eine Erfahrung, die insgesamt der geschichtlichen Situation entsprach, in der sich Kleists Leben vollzog. Es ist bereits darauf hingewiesen worden, daß mit der Errichtung eines republikanischen Staates auf europäischem Boden der Sprache eine völlig neue Rolle gegeben worden war als Mittel der Überredung und Verteidigung, der Machtgewinnung und Machtausübung, was die Mehrdeutigkeit der Wörter und Begriffe je nach dem politischen Zweck einschloß (vgl. S. 14). Auch in der Kodifizierung von Gesetzen und in den Konstitutionen übte die Sprache als Bindung der Macht an Geschriebenes und dessen oft unsichere oder parteiliche Auslegung ihre Wirkung aus. Nirgends in der deutschen Literatur dieser Jahre spiegeln sich diese neue Gewalt der Sprache und die ihr immanenten Deutbarkeiten so stark wie in

Kleists Werk. Sein Interesse an Gerichtsverfahren und an der Eindeutigkeit oder Mehrdeutigkeit von Gesetzen erhält aus dieser Perspektive ihren historischen Sinn. Wenn Kleist aus dem Blickpunkt einer späteren Zeit durch seine Darstellung von «Zerrissenheit», also vom Widerspruch zwischen Gesagtem und Gegebenem, modern wirkt, so deshalb, weil die Situation, in der sein Werk entstand, am Anfang einer Entwicklung gesellschaftlicher Lebensformen steht, die noch fortdauern.

Die Familie Schroffenstein

Kleists erstes Drama, *Die Familie Schroffenstein*, hatte zunächst in Spanien spielen sollen: In einem ersten Entwurf heißt es *Die Familie Thierrez*, in einer ersten, vollständig ausgeführten Fassung *Die Familie Ghonorez*. Aber als das Stück dann 1803 anonym in der Schweiz erschien, hatte die Familie einen deutschen Namen erhalten, und die Ortsangabe lautete: «Das Stück spielt in Schwaben.» Niedergeschrieben wurde das Drama während Kleists Schweizer Aufenthalt 1802, zu einer Zeit also, da Schiller im Begriff war, die *Braut von Messina* abzuschließen und Goethe an der *Natürlichen Tochter* arbeitete. Kleists damaliger Freund Heinrich Zschokke hat später berichtet: «Als uns Kleist eines Tages sein Trauerspiel vorlas, ward im letzten Akt das allseitige Gelächter der Zuhörerschaft, wie auch des Dichters, so stürmisch und endlos, daß bis zu seiner letzten Mordszene zu gelangen Unmöglichkeit wurde.» Also «ein Spaß zum Totlachen», wie es im Stück selbst angesichts der tragischen Familienzerstörung der Schroffensteins heißt. Kleists Drama, für dessen Stoff es außer Shakespeares *Romeo und Julia* keine eigentliche Quelle gibt, trägt gewiß Züge des Ritterdramas, wie es zusammen mit den Ritterromanen im letzten Drittel des 18. Jahrhunderts Mode geworden war, und ein abgeschnittener Kindesfinger als katalytisches Motiv leiht etwas von der Atmosphäre der Schauerromantik, die auf dem Mutterboden mittelalterlicher Ritterschlösser besonders gut gedieh. Aber im Grunde sind bereits in diesem frühesten von Kleists Dramen viele seiner Motive für menschliche Irrungen und tragische Verstrickungen versammelt, also die Vorstellungen und Begriffe, die ihnen zugrunde liegen, ebenso wie die Bilder, die sie ausdrücken. In der Sprache schrieb sich Kleist deutlich von Schiller frei, hin zu jenem für ihn so charakteristischen Stil, in dem das Satzgefüge mit dem Versbau immer wieder in Gegensatz gerät, so daß die fließende, ins Pathetische treibende Rhetorik Schillers sich bei ihm nicht entwickeln kann.

Antrieb des in der *Familie Schroffenstein* vorgeführten Unheils ist bezeichnenderweise ein Vertrag zwischen den zwei Linien dieser Familie, also ein gesetzliches Dokument, das aber gerade nicht die Verhältnisse regelt, sondern verwirrt, weil es nicht die menschlichen Leidenschaften regulieren kann. Das Besitztum der einen Linie soll der anderen verfallen, wenn die eine Linie ausstirbt. Verdächtigungen, Haß und Rachepläne schlagen empor, als der kleine Sohn des Grafen Rupert ertrunken aufgefunden wird. Graf Rupert macht die Vergeltung dessen, was er als Mord ansieht, zu seinem Lebensinhalt und läßt sich durch keinen Einwand der Vernunft davon abbringen. Dadurch aber werden wiederum beide Häuser in den Sog des Verderbens gezogen, obwohl für einen Augenblick Versöhnung gerade durch die Kinder möglich erscheint, denn Ruperts anderer Sohn Ottokar und Agnes, die Tochter des befeindeten Grafen Sylvester, lieben einander. Aber als die Kinder zum Schutz vor Verfolgern die Kleider tauschen, werden sie in Verkennung ihrer wahren Identität von den eigenen Vätern umgebracht. Es ist der erste einer ganzen Reihe von Kindermorden – tatsächlichen oder versuchten – durch die Hand von Vätern oder Vatergestalten in Kleists Werk. Ein tiefes Kindheitstrauma scheint dahinter auf. Die Versöhnung der Väter über den Leichen am Schluß ist ein leerer, folgenloser Akt, denn der Erbvertrag ist ohnehin nichtig geworden, da alle Erben umgebracht sind.

So schauerromantisch die Handlung ist, so sehr unterscheidet sich das Stück doch von der Inszenierung eines Familienfluchs, wie ihn die Schicksalsdramen kultivierten, in denen die Figuren gewöhnlich von einem äußeren, nicht näher bestimmbaren Schicksal getrieben werden. Bei Kleist hingegen entspringt alles Verhängnis und alle Verirrung deutlich aus den Menschen selbst, und schon in diesem ersten Stück benutzt er beiläufig jene biblische Mythe, die als Verweisung des Menschen auf sich selbst fortan ein zeitloses Bild für Menschenschicksal bei ihm werden soll: den Sündenfall. Als von der Wichtigkeit oder Unwichtigkeit des Erbvertrags die Rede ist, bemerkt ein Kirchenvogt und Gesetzeswahrer, daß eben dieser Erbvertrag «zur Sache» gehöre,

> Denn das ist just als sagtest du, der Apfel
> Gehöre nicht zum Sündenfall. (V. 186 f.)

Gedanken Rousseaus spiegeln sich in dieser «Sache»: Der Wunsch nach Besitz zerstört das Menschliche im Menschen. Aber solche Zerstörung ereignet sich zugleich als Zerfall und wechselseitige Vernichtung einer großen Adelsfamilie, und eben das wiederum verbindet Kleists Stück mit sehr aktuellen Vorgängen und Gedanken seiner eigenen Zeit.

Das eigentliche Instrument der Zerstörung ist der Mensch selbst, dessen Hybris in diesem Fall offensichtlich darin besteht, daß er das Gott vorbehaltene Geschäft der Rache auf sich nimmt in dem Wahne, die Wahrheit in jedem Fall durchschauen und wissen zu können. Das gilt vor allem für Graf Rupert, den durch den Feind «in seiner eignen Brust» (V. 77) zu Exzessen Getriebenen, während der humanere und zugleich skeptischere Graf Sylvester zumindest fragt: «Ich bin dir wohl ein Rätsel? Nicht wahr? Nun, tröste dich, Gott ist es mir.» (V. 1213 f.) Aber auch er wird schließlich getäuscht und tötet die eigene Tochter, denn auch er traut jener Scheinwelt von Argumenten, die der Mensch in seiner Sprache wie ein Kartenhaus aufbaut und in der sich ein Irrtum oder Fehlschluß auf den anderen häuft. Zwischen dem Sprechen und den die Tatsachen schaffenden Handlungen öffnet sich eine tiefe Kluft. Kleists Zweifel an den Erkenntnisfähigkeiten des Menschen, sein Bedenken, «daß wir hienieden von der Wahrheit nichts, gar nichts wissen» (23.3. 1801), erhält in diesem Drama zum erstenmal eine dichterische Ausformung. Auch in solcher Beziehung erweist das Stück seine Bindung an die Zeit, denn die Frage nach der Göttlichkeit des Menschen und nach der Allmacht oder Ohnmacht seines Geistes war von der Transzendentalphilosophie neu belebt worden. Kleist selbst war durch die Kantische Philosophie, als er ihr 1801 begegnete, in eine tiefe Krise hinsichtlich der menschlichen Erkenntnisfähigkeit gestürzt worden. Wie in seinem ganzen späteren Werk weiß Kleist schon in der *Familie Schroffenstein,* daß er eine Antwort auf die Frage nach der Wahrheit als Lebenssinn schuldig bleiben muß. Was er als – oft nur vorübergehende – Hoffnung anzubieten hat, ist der Rückgang auf eine Sphäre jenseits der Worte und damit jenseits des Mißverstehens, in einen Bereich des Gefühls der Menschen voneinander und ihres Vertrauens zueinander. «Wir glauben uns» (V. 1419), versichern sich die Liebenden Ottokar und Agnes, das «Gespenst des Mißtrauns» (V. 1340) verbannend. Sylvester aber fällt im Moment tiefster Erschütterung und Verwirrung in Ohnmacht:

> An seinen Urquell geht er nur, zu Gott,
> Und mit Heroenkraft kehrt er zurück. (V. 899 f.)

Auch hier also wird Eingang gesucht in eine Sphäre jenseits der sich in der Sprache manifestierenden Vernunft, jenseits des Sündenfalles, des Essens vom Baum der Erkenntnis, ohne Gewißheit allerdings und ohne daß der Lauf der menschlichen Dinge sich dadurch beeinflussen ließe. Das Ende ist ein seltsamer Kontrast zwischen dem Triumph von Gewalt und dem Liebestod der Kinder, deren Liebe übrigens nicht der christlichen Züge entbehrt; Ottokar hatte einst seiner Agnes versichert:

> Weil du ein Ebenbild der Mutter Gottes,
> Maria tauf ich dich. (V. 1267 f.)

Kleist bietet keine Balance an zwischen den Widersprüchen. Aus den Bildern und Bildzitaten erhebt sich nichts, was zum Symbol würde für eine Versöhnung, wie das in den Dramen Zacharias Werners geschieht. «Das ist ein Spaß zum Totlachen!» meint Johann, Graf Ruperts «natürlicher Sohn», angesichts der toten Kinder. Daß er ein «Bastard» ist, wie viele weitere Kindergestalten in Kleists Werk, gibt solchem Kommentar seinen besonderen Akzent, denn in der illegitimen Abkunft erweist sich lebendig die Fragwürdigkeit menschlicher Gesetze.

Robert Guiskard

Kleists Dramenfragment *Robert Guiskard. Herzog der Normänner* kann geradezu als Musterstück für das dienen, was über das Verhältnis von Machtausübung und Sprache in Kleists Zeitalter gesagt worden ist. Die Frage nach dem Zweck des Sprechens und nach dem Wahrheitsgehalt der Sprache durchzieht das ganze kurze Bruchstück dieser Tragödie, auf die sich Wielands Urteil bezog: «Wenn die Geister des Äschylus, Sophokles und Shakespeare sich vereinigten, eine Tragödie zu schaffen, so würde das sein, was Kleists ‹Tod Guiscards des Normanns› [ist], sofern das Ganze demjenigen entspräche, was er mich damals hören ließ.» Wieland schrieb das 1804, in Erinnerung an Kleists Aufenthalt bei ihm im Winter 1802 auf 1803. Das Stück, falls es je vollendet gewesen ist, hat freilich niemand zu Gesicht bekommen. Kleist verbrannte es Ende 1803 in Paris. Der heutige *Guiskard* ist nichts als eine Szene, die Kleist 1808 im *Phöbus* veröffentlicht hat, vermutlich eine Rekonstruktion aus dem Gedächtnis. Im Dunklen bleibt, was ihn zur Vernichtung des Werkes trieb, und ebenso, ob er die Absicht hatte, das ganze Werk neu zu schreiben, als er die eine Szene für sein und Adam Müllers Journal ans Licht brachte. Daß ihm das von verschiedenen Themen und Motivationen durchzogene Werk als unvollendbar erschien, muß als möglich gedacht werden.

Robert Guiskard ist zunächst ein als historisches Drama verkleidetes politisches Stück über die Epoche nach der Französischen Revolution. Die Ähnlichkeit des Titelhelden mit Napoleon ist nicht zu übersehen: Auch Guiskard ist ein Usurpator der Macht gegen ein «Erbgesetz» (V. 281), und auch er versucht, auf solcher Usurpation eine neue Dynastie zu gründen. Das führt nun allerdings zu einem Streit zwischen Guiskards Sohn und dem rechtmäßigen Erben Abälard, dessen Amt Guiskard nur hatte verwalten sollen. Es entsteht ein Streit, der dem dynastischen ein republikanisches Prinzip entgegensetzt, wenn das Volk, auf der Bühne als Chor durch einen Greis vertreten, von den Kontrahenten zur Entscheidung aufgerufen wird. Dieses Volk aber entscheidet sich, wenn auch zögernd und voll Sympathie für Abälard, dennoch für Guiskards Sohn, denn Guiskard ist «des Volkes Abgott» (V. 296). Der charismatische Führer stellt sich über die beiden Prinzipien und benutzt sie zu seinen Zwecken, der Sicherung seiner Macht; der Usurpator begründet eine neue Dynastie. Aber als das Fremde, Unerwartete, das in das geplante Leben einbricht, stellt nun die Pest diese Macht in Frage.

Kleist hat die Bestandteile von Guiskards Charisma scharfsichtig gezeichnet: die tatsächliche Sorge des Führers für das Volk – «drei schweißerfüllte Nächte/Auf offnem Seuchenfelde» (V. 78 f.) –, die Aura der Unverletzbarkeit, das Titanische im Bilde des Führers als Felsen im wogenden Weltmeer, seine Herrschaft über das Glück als «Bräutigam der Siegesgöttin» (V. 498)

und schließlich den Anspruch auf die absolute Wahrheit im «Guiskards-
wort» (V. 476). Das alles aber wird erschüttert durch das Gerücht, Guiskard
habe sich mit der Pest infiziert und liege krank darnieder. Denn nicht nur
seine Unverletzbarkeit gerät in Zweifel, sondern es verliert von nun an auch
jedes Wort, das von Guiskard und seinem Familienkreis gesprochen wird,
seine Eindeutigkeit als Träger der Wahrheit. Guiskards Tochter Helena versucht zum Beispiel suggestiv, den Tag zur Nacht zu erklären, um das Volk
ruhig zu halten, und Guiskard selbst, auf seinen Gesundheitszustand
befragt, erklärt «lachend»:

> Vom Pesthauch angeweht! Ihr seid wohl toll, ihr!
> Ob ich wie einer aussoh, der die Pest hat?
> Der ich in Lebensfüll hier vor euch stehe?
> Der seiner Glieder jegliches beherrscht?
> Des reine Stimme aus der freien Brust,
> Gleich dem Geläut der Glocken, euch umhallt?
> Das läßt der Angesteckte bleiben, das!
> Ihr wollt mich, traun! mich Blühenden, doch nicht
> Hinschleppen zu den Faulenden aufs Feld?
> Ei, was zum Henker, nein! Ich wehre mich –
> Im Lager hier kriegt ihr mich nicht ins Grab:
> In Stambul halt ich still, und eher nicht! (V. 437–48)

Danach aber ist er genötigt, hinzuzufügen:

> – Zwar trifft sichs seltsam just, an diesem Tage,
> Daß ich so *lebhaft* mich nicht fühl, als sonst:
> Doch nicht unpäßlich möcht ich nennen das,
> Viel wen'ger pestkrank! Denn was weiter ists,
> Als nur ein Mißbehagen, nach der Qual
> Der letzten Tage, um mein armes Heer. (V. 454–59)

Es ist eine Argumentation, wie sie der Dorfrichter Adam nicht besser ver-
stünde. Aber Guiskard ist ein Fürst, auf den ein ganzes Volk gesetzt hat und
an den es glaubt. Unter dem Sprechen im Drama soll er sich für die Glaubenden aus dem Heerführer vor den Toren Konstantinopels am Ende des
11. Jahrhunderts zu einer Erlösergestalt wandeln, aber der Glaube an ihn ist
erschüttert. Die letzten Worte, die die Chorgestalt des Greises spricht, lauten beschwörend:

> O führ uns fort aus diesem Jammertal!
> Du Retter in der Not, der du so manchem
> Schon halfst, versage deinem ganzen Heere
> Den einzgen Trank nicht, der ihm Heilung bringt,
> Versag uns nicht Italiens Himmelslüfte,
> Führ uns zurück, zurück, ins Vaterland! (V. 519–24)

Es bleibt offen, ob damit Religion säkularisiert oder Politik sakralisiert wird. Beides geht ohnehin in der Dialektik der Aufklärung Hand in Hand. Kleists Drama hätte das vorführen können.

Der zerbrochne Krug

Will man einen Begriff von der ganzen makellosen Meisterschaft von Kleists Lustspiel *Der zerbrochne Krug* bekommen, so bedarf es nur eines Blickes auf die übrige zeitgenössische populäre Komödienproduktion, auf die Stücke von Iffland, Kotzebue, Friedrich Ludwig Schröder, Johann Friedrich Jünger, Josef Sonnleithner oder Julius von Voß, in denen milder zeitkritischer Spaß, heitere Belanglosigkeit und repetitive Banalität in verschiedener Mischung vorkommen. «Daß wir wenige Stücke haben, die rein lustig sind», sei nicht zu leugnen, meint 1812 ein Korrespondent in Fouqués Zeitschrift *Die Musen* und fügt hinzu:

> «Wenn dem Lustspiel Auftritte eingemischt werden, wo die Leute nichts zu essen haben, so kann das nur ein Barbar lustig finden, und wenn die unerwarteten Onkels et Compagnie im fünften Akt die Geldsäcke austheilen, daß die Leute alle vor Freuden und Dankbarkeit die Pestilenz kriegen möchten, so lacht man auch nicht, man geht gewöhnlich nach Hause, wenn der Gutmacher angemeldet wird, denn das Ende weiß man.»

Von dieser Art war nun Kleists Stück gewiß nicht. Der Anstoß zu seiner Entstehung war 1802 während Kleists Schweizer Aufenthalt gegeben worden, als er, Ludwig Wieland, Heinrich Geßner und Heinrich Zschokke von einem Kupferstich «Le juge ou la cruche cassée» von Louis Philibert Debucourt zu einer Art Dichterwettstreit angeregt wurden. Vollendet hat Kleist das Stück freilich erst 1805; die Uraufführung fand am 2. März 1808 unter Goethes Regie in Weimar statt. Eben dort aber wurde auch der breite Graben sichtbar, der den *Zerbrochnen Krug* von den gängigen Lustspielen trennte, nur erkannte man nicht die Meisterschaft, sondern empfand eher das Gegenteil: Das Stück fiel durch.

Dafür gab es allerdings einige äußere Gründe. Kleists Einakter war von Goethe in drei Akte zerdehnt worden, der Dorfrichter Adam wurde von einem pompös und langsam sprechenden Schauspieler dargestellt, und außerdem war an diesem Theaterabend schon eine Oper vorausgegangen. Aber dennoch bildete das nicht den Hauptgrund für die Unzufriedenheit von Publikum und Regisseur. Goethe hatte von vornherein Vorbehalte gegen das Werk, in dem er eine seinem Begriff vom lebendigen Theater widersprechende «stationäre Prozeßform» fand (18.8.1807). Wo Kleist versuchte, Geschehenes analysierend darzustellen, sah Goethe das Amt des Dichters darin, im Augenblick Geschehendes deutend und begreifend in einen weiteren Zusammenhang einzufügen und damit einen Sinn zumindest spürbar zu machen. Der auf deutende Symbole ausgehende Zacharias Werner war deshalb Goethe – selbst wenn ihm die Tendenz nicht lag – letztlich begreiflicher als Kleist, dessen Erkenntnissuche ihm die symbolische Erfassung solcher Zusammenhänge unmöglich machte. Goethe hatte, indem er dem *Zerbrochnen Krug* eine Dreiaktigkeit aufnötigte, versucht, das Stück wenigstens in der Form auf seine eigenen Erwartungen von dramatischer Kunst zuzuschneiden, ohne freilich an dessen Substanz etwas ändern zu können. Das mußte mißlingen. Die Erwartungen des grossen Publikums jedoch, fern von solchen Subtilitäten und erzogen durch die gängige Komödienpraxis, waren auf einfacheres Vergnügen und einen klaren guten Ausgang gerichtet. Ein solches Publikum aber wurde durch die seltsame Unbestimmtheit des Schlusses ebenso irritiert wie durch den Reichtum an Bezügen auf Bibel, Weltgeschichte und Gerechtigkeit, die eine offenbare Bauernposse unnötig und verwirrend zu belasten schienen.

Noch mehr hätte die Weimarer Zuschauer wahrscheinlich irritiert, was erst die Leser der Buchausgabe von 1811 lesen konnten, in der übrigens der Schluß gekürzt war und die längere, in Weimar gespielte Fassung nur als «Variant» zusätzlich wiedergegeben wurde. In der Vorrede steht, beiläufig, ein Hinweis auf König Ödipus und damit, vor aller christlichen Adam-und-Eva-Metaphorik, auf die antike Mythe, mit der der *Krug* größere Ähnlichkeit hat, als es dem ein Lustspiel erwartenden Publikum je scheinen konnte: mit der Mythe vom Richter als Täter, der sich im Prozeß selbst überführen muß. Nichts jedoch könnte die ganze Verlassenheit des Menschen nach dem «Sündenfall» besser als eben diese Mythe illustrieren, die Kleist ganz offensichtlich «ins Christliche» deutet, um Goethes Wort zum *Amphitryon* zu gebrauchen. Der Tragödie in der Komödie ist damit der Boden bereitet.

Das Stück selbst ist ein geradezu bodenloses, geniales Spiel aus dieser Voraussetzung heraus. Beim Aufgang des Vorhangs schon ist Adam der «Gestrauchelte», der sich sein Bein verbindet. «Zum Straucheln brauchts doch nichts als Füße», denn «jeder trägt/ Den leidgen Stein zum Anstoß in sich selbst» (V. 3–6). Zum Fallen ist Adam prädestiniert durch den Klumpfuß, den «Schwellfuß» (die buchstäbliche Bedeutung des griechischen Wortes «oidipus»). Unbildlich sei er hingeschlagen – «es mag ein schlechtes Bild gewesen sein». (V. 15) Auf dem Gegensatz zwischen der Bildlichkeit versuchter Sinndeutung und der Unbildlichkeit des Wirklichen beruht – im Bilde eines Kunstwerks – hinfort die ganze Komik und Tragik des Stückes. Denn Richter Adam versucht ständig, aus seiner Phantasie eine bildliche Welt zu erschaffen, um der unbildlichen Wirklichkeit aus dem Wege zu gehen, ja sie zu annullieren. Der Verlust des Amtssymbols der Perücke wird nicht nur damit erklärt, es hätte darin «die Katze heute morgen/ Gejungt, das Schwein» (V. 242 f.), sondern Adam ist darüber hinaus in der Lage, die nichtexistenten jungen Katzen anschaulich zu beschreiben und sogar als Geschenk anzubieten. Aber Adams Scheinwelt, die er sprechend immer wieder zu bauen versucht, besteht eben nur aus Sprache und kann der Wirklichkeit gegenüber nicht standhalten. Das ist seine Tragik, denn tragisch wirkt der sich am Ende selbst preisgebende Richter bei aller seiner Sündhaftigkeit, weil keine absolute, höhere Instanz existiert, auf der Bühne nicht und nicht im Publikum. Beruhigung in dieser Hinsicht hat Kleist nicht anzubieten. Etwas von dem Animalischen, das in Adam den Sündenfall markiert und das ihn in seiner Sprachphantasie als Katze, Schwein, Ziegenbock, Perlhuhn, Ochse oder Esel umgibt, steckt in jedem, der sich auf dieses Spiel einläßt als Figur im Stück oder als Schauspieler, Betrachter und Leser. Der Richter setzt sich selbst zum Maß aller Dinge: «Ich kann Recht so jetzt, jetzo so erteilen.» (V. 635) In diesem «Schwank», «zur Nacht geboren» (V. 154), erleuchtet der charakterlich fragwürdige Schreiber Licht nichts, sondern erhellt allenfalls dieses und jenes, und der Gerichtsrat Walter ist kein deus ex machina und weiß der Frau Marthe nicht zu jener Gerechtigkeit zu verhelfen, die sie erwartet. Goethe hat anläßlich des *Krugs* von Kleists Neigung «gegen das Dialektische hin» (28. 8. 1807) gesprochen, womit nicht das Streben zur Synthese, sondern das Aufreißen der Gegensätze gemeint war. Das tritt in der Relativität aller Figuren zutage.

Mit dem Krug selbst kommen allerdings die Frauen ins Spiel, und die sind bei Kleist zutiefst von den Männern unterschieden. Ein zerbrochener Krug galt in der Malerei der Zeit als ein gängiges Bildsymbol für die verlorene Unschuld, also für den «Sündenfalls» eines Mädchens. Eve Rull aber hat den Verführer abgewehrt, und mit dem unbildlich zerbrochenen Krug erscheint bildlich etwas ganz anderes zerbrochen zu sein. Denn Frau Marthe, die ihn beschreibt, liefert eine geschichtliche Perspektive vom Kruge, wie er einstmals war, und das ist ein Stück Geschichte patriarchalischer Herrschaft im großen und kleinen, bei Hohen und Niederen, die mit dem Kruge zu Ende gegangen zu sein scheint, worüber die in deren Maßstäben denkende Frau Marthe Grund hat, zornig zu sein, da auch die Hochzeit der Tochter nun «ein Loch bekommen» (V. 441) hat. Das richtet die Aufmerksamkeit auf Eve, die vor der im menschlichen Verstande unlösbaren Aufgabe steht, um der Liebe zum Verlobten willen die Wahrheit vom schuldigen Richter ebenso zu unterdrücken wie die Lüge vom schuldigen Verlobten. Eins aber schließt das andere aus, und über der Erkenntnis solcher Unzulänglichkeit und Widersprüchlichkeit der Welt verliert Eve in der Tat «bildlich» ihre Unschuld, es sei denn Ruprecht hätte das getan, was Eve von ihm erwartet:

> Pfui, Ruprecht, pfui, o schäme dich, daß du
> Mir nicht in meiner Tat vertrauen kannst. (V. 1164 f.)

Es geht dabei freilich nicht um den Rückfall in Irrationales, wo alles Rationale trügt. Den Ausweg in den Glauben suchte Zacharias Werner; Kleist
beließ es bei den Gegensätzen. Was Eve erwartet, ist die Begründung der
Gemeinschaft zweier Menschen auf Respekt und Vertrauen füreinander,
was einer Entpatriarchalisierung des Ehebundes und dessen Aufwertung
zur Gemeinschaft zweier Individuen gleichkommt. Das reflektiert im übrigen Kleists gesamtes Werk, die Geschichte von der vergewaltigten Marquise von O … ebenso wie das Drama der von einem Gotte verführten Alkmene, aber auch an Penthesilea, Käthchen, Littegarde, Toni ist zu erinnern.
Kleists eigenes prekäres Verhältnis zum anderen Geschlecht zeigt sich darin
und zugleich der Wandel der Zeit zu bürgerlichen Lebensformen.

Apotheosen freilich hielt Kleist nicht bereit. Der «Variant» erhebt Eve nur
höher und in die Nähe von «Gottes leuchtend Antlitz» (V. 2376), so bildlich
es auch erscheinen mag. Die unbildliche Nüchternheit ihrer zukünftigen
Ehe mit dem guten, ehrlichen, aber beschränkten Ruprecht ist zu erwarten,
und zu Tage liegen auch die Grenzen der Macht des Gerichtsrats Walter
sowie die mediokren Fähigkeiten des Schreibers Licht, der den korrupten
Sünder Adam bis auf weiteres ersetzen soll. Für einen Moment ist Gerechtigkeit geschehen, und etwas von den Hoffnungen für eine idealere Verbindung der Geschlechter untereinander leuchtet auf. Aber kein stiller Eume-
nidenhain gibt dem gefallenen Ödipus Asyl. Nun «wird er wohl auf irgend
einem Platze/Noch zu erhalten sein» (V. 2421 f.), wie der Gerichtsrat im
«Variant» meint. Eine Apotheose in Symbolen existiert, wie gesagt, bei
Kleist nicht; das Kunstwerk führt in die Wirklichkeit zurück. Ob dort
wenigstens die Leser und Zuschauer an dem bildlichen Nachdenken des
Dichters teilnehmen konnten, mußte Kleist nach der ersten Erfahrung mit
seinem Stück bezweifeln, was seiner Verzweiflung an sich selbst nicht wenig
Vorschub geleistet hat.

Amphitryon

Die Kluft zwischen Kleist und dem Publikum tat sich noch weiter auf in
Amphitryon, diesem «Lustspiel nach Molière», das Adam Müller 1807 mit
einer Vorrede herausgab. Kleist strebe darin, so schrieb er, «nach einer
gewissen *poetischen Gegenwart*, in der sich das Antike und Moderne […]
dennoch wohlgefallen werden». Das zeitgenössische historische Bewußtsein
vom Gegensatz des Modernen gegen das Antike drückt sich darin aus. Aber
was Müller für Kleist als eine Vermittlung in Anspruch nehmen wollte, die
die Würde des Alten mit neuen Gedanken verband, das war für Goethe
«das seltsamste Zeichen der Zeit». Er erhob Bedenken gegen peinliche und

grausame Züge am Ende des Dramas, im Grunde aber gegen das Werk als ganzes, denn er sah in ihm die romantische «Deutung der Fabel ins Christliche», die «Überschattung der Maria vom Heiligen Geist». So jedenfalls hat es Friedrich Wilhelm Riemer nach einem Gespräch aufgezeichnet (14. 7. 1807). In einem Brief an Adam Müller nannte Goethe das Stück außerdem den Versuch, «die beiden entgegengesetzten Enden eines lebendigen Wesens durch Contorsionen» zusammenzubringen (28. 8. 1807). Dahinter stand die Abwehr dessen, was ihm unter den jungen Schriftstellern am bedenklichsten erschien: die Vermischung des Göttlichen mit dem Menschlichen als Symptom einer grundsätzlichen Störung jener Ordnung des Universums, an die zu glauben Goethe nie aufgegeben hat. Bei den Alten sei wahrscheinlich keine Szene zwischen Jupiter und Alkmene vorgekommen, konstatiert er, der in seinem *Faust* den Helden nur über den Teufel mit Gott in Verbindung brachte und jene Szene unausgeführt ließ, in der Faust die Helena vom Gott der Unterwelt losbitten sollte. Wenn Kleist nach Goethes Meinung «bei den Hauptpersonen auf die Verwirrung des Gefühls» ausging, so war das nicht nur als Tadel an einer Überbelastung der Gefühlswelt einiger Menschen gemeint, sondern elementarer an der metaphysischen Unordnung, die in diesem Stück gestiftet wird. Tatsächlich ist das Gespräch zwischen Jupiter und Alkmene in der fünften Szene des zweiten Aktes Kleists eigne Erfindung und hat keine Entsprechung in dem Stück, das er sich unmittelbar als Vorbild nahm, in Molières *Amphitryon* (1668). Ebensowenig findet sich dergleichen in dem *Amphitruo* des Plautus oder in der Bearbeitung des Stoffes durch Kleists Zeitgenossen Johann Daniel Falk. Es ist wahrscheinlich gemacht worden, daß Kleist den Weimaraner Falk, einen Freund Wielands, im Jahre 1803 kennengelernt hat. Falk arbeitete zu dieser Zeit an seinem Lustspiel *Amphitruon*, das dann im folgenden Jahr im Druck erschien. Sprachliche Parallelen lassen die Vermutung zu, daß Kleist und Falk sich ausgetauscht haben könnten. Bei Falk allerdings verzichtet Jupiter auf die Ausübung seiner göttlichen Macht gegenüber Alkmene und stört auf diese Weise weder das Gleichgewicht zwischen Mensch und Göttern noch den Ehefrieden im Hause des thebanischen Feldherrn. Auch das war eine Wendung der Fabel ins Christliche, aber in das der kirchlichen Konvention. Kleists Version hingegen hatte eher mit der Säkularisation und Aufhebung eines Glaubens zu tun als mit dessen Aufrechterhaltung.

Es wäre schwer zu fassen, was einen noch nicht dreißigjährigen, unverheirateten jungen Mann an dem Stoff dieses klassischen Ehedramas gereizt hat, wenn man nicht bedächte, daß Literatur für ihn Realität und eigentliches, intensiviertes Leben darstellte. An der Oberfläche bleibt Kleists Stück wie bei Plautus und Molière eine Komödie. Aber das eigentlich zum Lachen Reizende liegt vorwiegend in der Parallelhandlung zu dem Konflikt zwischen Jupiter, Amphitryon und Alkmene, also in der Farce zwischen Merkur und Sosias, dem Diener, dessen Gestalt der Götterbote annimmt, sowie zwischen beiden und Sosias' Frau Charis, deren eheliche Tugend vom göttlichen Besuch nicht beeinträchtigt wird. Das ist ein derbes, aber zugleich sehr elementare Unterschiede zwischen Knecht und Herr enthüllendes Satyrspiel. Wenn auf der einen Seite von Göttlichkeit und innerstem Gefühl die Rede ist, geht es auf der anderen hauptsächlich um Prügel, Wurst und aufgewärmten Kohl, dieser Delikatesse der Armen. Angesichts der stets neu zu sichernden materiellen Bedürfnisse fallen existentielle Konflikte nicht mit dem gleichen Gewicht in die Waagschale wie dort, wo man sich um die Bedeckung der Blöße und die Stillung des Hungers nicht mehr zu sorgen hat. Kleist hat die sozialen Unterschiede im Vergleich zu seinen Vorgängern genauer und konkreter erfaßt. Erst dort, wo der Mensch der Sorge um seine leiblichen Bedürfnisse überhoben ist, entsteht der die moralische Existenz bedrohende Konflikt, und dort hört dann auch die Komödie auf, wirklich komisch zu sein.

Ähnlich wie Dorfrichter Adam das nächtliche Zerbrechen des Kruges, so faßt Sosias die durch den nächtlichen Götterbesuch und die doppelten Identitäten entstandene Situation auf:

> Ein Vorfall, koboldartig wie ein Märchen,
> Und dennoch *ist* es, wie das Sonnenlicht. (V. 702 f.)

Um das, was ist oder nicht ist, um Identität und Wahrheit oder Schein geht es schließlich in dem ganzen, mit der Vertreibung einiger Menschen aus ihrem scheinbar festesten Besitz, eben ihrer Identität, befaßten Stück. Daß gerade die Götter, an die allein die Menschen sich jenseits ihrer selbst halten können, solche Verwirrung stiften, ist die eigentliche Tragödie in der Komödie.

Untragisch noch erscheint, was sich auch als sozialer Konflikt auf der höheren gesellschaftlichen Ebene betrachten läßt: der Gegensatz zwischen Liebe und der Ehe als Institution. Ausdrücklich möchte Alkmene ihren vermeintlichen Ehemann am liebsten nur für sich behalten und statt des im Kampfe errungenen Diadems sich mit «einem Strauß von Veilchen [. . .],/Um eine niedre Hütte eingesammelt,» (V. 426 f.) begnügen:

> Was brauchen wir, als nur uns selbst? (V. 428)

Es ist ein hintersinniges Wort, das die ganze Spannung zwischen Wahrheit und Trug in der Sprache enthält. Denn gerade Alkmene muß erfahren, daß es den Menschen keineswegs ohne weiteres möglich ist, ihr eigenes Selbst zu leben und damit zugleich ganz für einander da zu sein. Alkmene wird zu ihrer Bemerkung durch eine Nacht mit einem Gotte bewegt, den sie nur eben als ihren Ehemann verkennt. Mit ihrem Satz stellt sie also nicht allein die Menschenordnung in Frage, sondern auch die metaphysische, denn die ihr unbewußte Ironie ihrer Worte besteht darin, daß sie gleichzeitig die Macht des Gottes bezweifelt, der sie zu diesem Gedanken erst inspiriert hatte.

Durch das göttliche Eingreifen ist jenes «Labyrinth» entstanden, von dem im Stücke mehrfach die Rede ist. Der wahre Amphitryon muß eine schmerzliche Existenzkrise erfahren, denn er wird von Jupiter buchstäblich «aus des Bewußtseins eigner Feste» (V. 2099) verdrängt. Bildliches wird Realität wie so oft bei Kleist, wenn der echte Amphitryon, vor dem eigenen Hause stehend, mit dem göttlich-falschen darin argumentieren muß. Und vor dem Hause, dieser «Feste» des Ichs, vollzieht sich auch der letzte Vorgang, in dem der Gott die menschlichen Dimensionen wieder herstellt und damit Amphitryon den Weg zu seiner Frau und in sein Haus freigibt. Die Sorge des Mannes um die Ohnmächtige mag ausdrücken, daß der griechische Feldherr sich auf den Weg über die alte patriarchalische Existenz hinaus begeben muß.

Aber auch der Gott hat eine Krise durchzumachen, wenn er erkennt, daß die Gottebenbildlichkeit des Menschen Abhängigkeiten geschaffen hat, die den Gott an seine Menschenebenbildlichkeit binden; der nur als Amphitryon geliebte Jupiter bedarf am Ende seiner ganzen Machtmaschinerie von Adler und Blitz, um seine Autorität erneut glaubhaft zu demonstrieren. Daß mit einem derart um menschliche Liebe werbenden Gott eben diese Autorität ins Wanken gerät, ist gleichfalls ein Resultat von Kleists Version des alten Stoffes. Die Wendung der Fabel ins Christliche geht also einher mit der Infragestellung des Göttlichen.

Die eigentlich tragische Figur dieses Stückes jedoch ist Alkmene, deren Ohnmacht am Ende nichts anderes als ein Tod ist, aus dem sie nur der Wille eines Gottes erhebt, der dem wahren Amphitryon versichert: «Sie wird dir bleiben;/ Doch laß sie ruhn, wenn sie dir bleiben soll.» (V. 2346 f.) Eine todesähnliche Ohnmacht als Durchgang zum neuen Leben wird auch dem Prinzen von Homburg widerfahren. Alkmenes Verstörung – «Den Riß bloß werd ich in der Brust empfinden» (V. 875) – rührt daher, daß gerade ihr Gefühl, auf das sie über alle gesellschaftlichen Forderungen in der Ehe hinaus die Liebe zu ihrem Mann gegründet sah, fragwürdig geworden ist. Nachdem sie im biblischen wie im visuellen Sinne des Wortes einen Gott in der Gestalt des eigenen Ehemannes als den Geliebten erkannt hat, erscheint ihr dieser in seiner einfachen menschlichen Gestalt zunächst als «Nichtswürdger», «Schändlicher», als Betrüger und «Ungeheu'r! Mir scheußlicher,/ Als es geschwollen in Morästen nistet!» (V. 2236 ff.) So muß sie ohne äußeren Grund, wie ihn immerhin die Marquise von O . . . besitzt, Engel und Teufel, Gott und Ungeheuer in dem geliebten Mann erfahren und sich am Ende mit den Gegensätzen zu versöhnen suchen. Die einzige Kraft, die ihr der Gott zurückläßt, der sie, ihren Mann und die Menschen um ihn in diese Verstörung gestürzt hat, besteht darin, daß sie von ihm – unbildlich – guter Hoffnung ist. Ob sie es auch bildlich sein kann, bleibt offen – es ist ihr Schicksal, das sie allein auszutragen hat, nicht die anderen. Es gibt kaum eine tiefere Huldigung für die Frau als die tragische Gestalt der Alk-

mene in Kleists Lustspiel. Zugleich ist es ein Versuch, den Teufelskreis zu
durchbrechen, in den der Mensch als Naturwesen im Bewußtsein seiner
Gottähnlichkeit geraten war.

Penthesilea

War Kleists *Amphitryon* dazu angetan, das zeitgenössische Publikum zu
befremden, so bot das Trauerspiel *Penthesilea* hinreichend Stoff, es zu
schockieren. Daß dessen Titelheldin nicht nur Kleists wildeste, sondern
zugleich auch wohl zarteste Frauengestalt ist, ließ sich bei erster Betrachtung nicht leicht erkennen. Der «Sieg des menschlichen Gemüts über kolos-
salen, herzzerschneidenden Jammer», den Kleist in seinem Stück «als ein
echter Vorfechter für die Nachwelt im voraus erfochten» habe, erfaßte nur
ein Freund wie Adam Müller in einem Brief an Gentz (6.2. 1808). Kleist
selbst verspottete ein verständnisloses Publikum zusammen mit der eigenen
Unfähigkeit, ihm zu gefallen, in einer epigrammatischen «Dedikation» des
Werkes:

> Zärtlichen Herzen gefühlvoll geweiht! Mit Hunden zerreißt sie,
> Welchen sie liebet, und ißt, Haut dann und Haare, ihn auf.

Kleist schrieb sein Stück zwischen August 1806 und Oktober 1807. In den
Tagen, da ein «organisches Fragment» aus der *Penthesilea* im Januar 1808
den *Phöbus* eröffnete – das gesamte Drama erschien im Herbst 1808 –, ließ
Goethe gerade Zacharias Werners Sarmatenkönigin Wanda auf der Weimarer Bühne kämpfen und in Verklärung sterben. Mit dem Amazonenstück
hingegen konnte sich der Verfasser einer *Iphigenie auf Tauris* «nicht
befreunden», wie er dem Verfasser der *Penthesilea* mitteilte (1.2. 1808).

Kleists *Penthesilea* ist ein Stück über Liebe und Tod, aber das war allerdings in der dargebotenen Gestalt nicht leicht zu akzeptieren und auf
andere Variationen dieses Themas zu beziehen. Goethe hätte am wenigsten
Grund gehabt, sich befremdet zu fühlen. Immerhin war gerade er es gewesen, der zum erstenmal in der deutschen Literatur eine Identifikation von
Liebe und Tod vollzogen hatte in dem *Prometheus*-Fragment von 1773, das
zu diesem Zeitpunkt jedoch nur er selbst und einige seiner Freunde kannten. Aber den Liebestod hatte er erst jüngst in den Balladen «Der Gott und
die Bajadere» und «Die Braut von Korinth» gefeiert, wobei er durchaus
dem Makabren nicht ausgewichen war (vgl. Bd. 1, S. 607 ff.). Nur ging bei
Kleist der Weg in Tod und unsichere Verklärung durch die ganze grausame
irdische Realität des Sterbens hindurch. Auch innerhalb seines eigenen
Werks bedeutet die *Penthesilea* für Kleist eine neue Stufe künstlerischer
Gestaltung: der Riß, den Alkmene in der Brust empfand, wird in diesem
Stück zum tatsächlichen, sichtbaren Zerreißen eines Menschen. Aus dem
Wort entsteht Wirklichkeit.

Zur Entlastung von Kleists ihn verkennenden Zeitgenossen muß gesagt werden, daß jedes einzelne seiner Werke erst aus der Kenntnis des Gesamtwerkes volles Gewicht erhält. Ein metaphorisches Signalsystem durchzieht dieses Werk und verrät etwas von dessen gedanklichen Zusammenhängen. Ein plötzliches Erlebnis, eine Erfahrung, ein Ereignis werfen den Menschen aus seiner bisherigen Bahn und bringen ihn in Konflikt mit seinem Selbst ebenso wie mit den Gesetzen von dessen Umwelt. Penthesilea erblickt den Achill und errötet «bis zum Hals hinab» (V. 69), der verräterischen und verletzbaren Stelle so vieler Kleistscher Figuren. Sie erfährt eine Bewußtseinstrübung wie später der Prinz von Homburg und weiß schließlich, daß sie liebt. «Was bin ich denn seit einer Hand voll Stunden?» (V. 747) Es ist Kleists unübertrefflich schöner Ausdruck für ihren neuen Zustand.

Penthesileas Konflikt nun entsteht aus der Kollision der Liebe mit dem Gesetz des Amazonenstaates, das die Männer nur als Instrumente zur Fortpflanzung betrachtet, die erobert und nach vollendeter Pflicht wieder heimgesandt werden müssen. Für Liebe ist kein Platz im Gesetz vorgesehen, denn sie ist – und darin eben entwickelt sich Kleists tragische Psychologie – eine Sache der einzelnen, eines Ich und eines Du jenseits gesellschaftlicher Ordnung und zeitlicher Begrenzung. Es gehört zur Dialektik der Emanzipation des Individuums, daß ihm die Liebe, ursprünglich nur ein Mittel der Natur zu prokreativem Zweck, den ganzen Genuß seiner Individualität verschafft und es damit auch über jedes ordnende Gesetz hinaushebt ins Absolute, dessen Repräsentation durch Gott es wiederum mit seiner eigenen Emanzipation in Frage gestellt hatte. Das einzige Absolute aber außer Gott ist der Tod. Alles wirkliche Leben hingegen, auch das freieste, emanzipierteste, fordert Einschränkung für den einzelnen. Die visionäre Harmonie zwischen Liebe, Freiheit und Gesetz wird Gegenstand für Kleists *Prinz Friedrich von Homburg* sein, und auch darin spielt der Tod eine bedeutende Rolle.

Es verrät Kleists feines Gespür für Tendenzen seiner Zeit, wenn er den Konflikt zwischen Liebe und Gesetz von einer zum Bewußtsein ihrer Freiheit und Selbständigkeit gekommenen Frau ausgehen läßt. In der überlieferten Sage von der Amazonenkönigin ist Penthesilea es, die im Kampf getötet wird, und es sind die Griechen, die beschließen, «die, weil sie mehr gethan, als ihrem Geschlechte anstehe, annoch lebendig in den Fluß Skamander zu werfen, oder für die Hunde so liegen zu lassen». Das konnte Kleist in dem mythologischen Lexikon lesen, das er benutzte. Er dagegen ließ es die Amazonenkönigin sein, die den geliebten Achill in Verkennung von dessen wirklichen Absichten tötet und sich dann mit ihren Hunden auf die Leiche stürzt, um sie zu zerfleischen.

Wie ein Heer bewaffneter Feministinnen, wenn auch ohne deren Ideologie, brechen Kleists Amazonen in den patriarchalischen Kampf der Männerheere vor den Toren Trojas ein, so daß «Griech' und Trojer», «dem

Raub der Helena zum Trotz», sich fast vereinen müssen, «um dem gemeinen Feinde zu begegnen» (V. 136 ff.). Die Liebe zwischen Penthesilea und
Achill jedoch negiert gerade die neuen Fronten: Sie ereignet sich im Niemandsland zwischen den Heeren der Frauen und Männer, und sie ereignet
sich allerdings zunächst auch, der Situation angemessen, im Zeichen des
Hassens und des Tötens. Beides ist psychologisch begreifbar, besonders
wenn man akzeptiert, was Kleist in seinem Verständnis vom Menschen vor-
aussetzt: Hassen und Lieben sind als extreme Äußerungen der Leidenschaft
für die verwirrten Menschen zunächst ununterscheidbar, und der Tod ist in
beiden Fällen der einzige absolute Ort, an dem diese Leidenschaften Erfüllung finden können. Die Tragödie der Liebe aber entfaltet sich, weil diese
Liebe im Niemandsland allen Gesetzen menschlicher Lebensformen entge-
gensteht, den patriarchalischen wie den matriarchalischen. Sie widerstrebt
dem Besitzergreifen des Mannes ebenso wie der Eroberung des Mannes
durch die Frau allein zum Zwecke der Zeugung von Nachwuchs.

Tragik entsteht zugleich, weil die beiden Liebenden ganz auf ihre
beschränkte, dem Irren ausgesetzte menschliche Erkenntnisfähigkeit angewiesen sind,

> Da nichts von außen sie, kein Schicksal, hält,
> Nichts als ihr töricht Herz – (V. 1279 f.)

wie die Oberpriesterin der Diana tadelnd über ihre Königin sagt. Die ver-
störte Alkmene konnte ein Gott guter Hoffnung entlassen in die gesellschaftliche Existenz der Ehe mit Amphitryon. Hier aber, in dieser scheinbar
so ganz antiken, von Göttern durchwalteten Welt herrscht zumindest in
den Liebenden eine sehr säkulare Metaphysik. Penthesilea fühlt sich vom
«Gott der Liebe» (V. 2219) ereilt, da sie Achilles trifft, Achill selbst aber, der
«Göttersohn» (V. 2223), fordert von Penthesilea kühn und deutlich: «Du
sollst den Gott der Erde mir gebären!» (V. 2230) Gemeint ist ein Wesen,
von dem Prometheus, der Empörer gegen die Götter, sagen könnte: «Hier
ward ein Mensch, so hab ich ihn gewollt!» (V. 2233) Es ist Kleists Beitrag
zu der Geschichte des Prometheus-Mythos in der deutschen Literatur, zur
Geschichte eines Protestes also. In den Wirrnissen dieser Liebe versucht
Penthesilea dann, Göttliches in Menschliches einzubringen, und zwar
gerade in der Grausamkeit. Sie tut es dadurch, daß sie sich in ihrem Gefühl
ebenso wie schließlich in ihrem Handeln selbst zur Göttin macht, zu Diana,
die mit Köchern, Pfeilen und Hunden gerüstet ist, um Aktäon, den zum
Hirsch verwandelten Mann, der sie der Mythe nach einst nackt gesehen
hatte, zu töten und ihn zerreißen zu lassen:

> Inzwischen schritt die Königin heran,
> Die Doggen hinter ihr, Gebirg und Wald
> Hochher, gleich einem Jäger, überschauend;

Und da er eben, die Gezweige öffnend,
Zu ihren Füßen niedersinken will:
Ha! sein Geweih verrät den Hirsch, ruft sie,
Und spannt mit Kraft der Rasenden, sogleich
Den Bogen an, daß sich die Enden küssen,
Und hebt den Bogen auf und zielt und schießt,
Und jagt den Pfeil ihm durch den Hals. (V. 2640–49)

So schildert eine der Amazonen den Tod des Achill durch die Hand Penthesileas. Mit ihren Hunden zerreißt und zerstört sie die äußere Gestalt des Menschen, der sie zur Liebe gebracht, sie von allen äußeren Bindungen entblößt, sie «nackt» gesehen hat und eignet sich ihn buchstäblich an, indem sie ihn «ißt». Auch das ist eine Form der Transzendenz des Wirklichen. Aber da sie keine Göttin ist, hat sie zurückzukehren in das Leben aus dem Niemandsland der absoluten Liebe, in ein Leben, aus dem sie sich jedoch mit ihrem Handeln für immer entfernt hat. So stirbt sie am Ende in letzter Konsequenz durch sich selbst. Kleist hat dafür wiederum Sprache zur Wirklichkeit werden lassen, denn der Dolch, mit dem sich Penthesilea tötet, ist kein metallener mehr, sondern ein «Gefühl», ein Begriff also, der die Schärfe des Stahls annimmt:

Denn jetzt steig ich in meinen Busen nieder,
Gleich einem Schacht, und grabe, kalt wie Erz,
Mir ein vernichtendes Gefühl hervor.
Dies Erz, dies läutr' ich in der Glut des Jammers
Hart mir zu Stahl; tränk es mit Gift sodann,
Heißätzendem, der Reue, durch und durch;
Trag es der Hoffnung ewgem Amboß zu,
Und schärf und spitz es mir zu einem Dolch;
Und diesem Dolch jetzt reich ich meine Brust:
So! So! So! So! Und wieder! – Nun ists gut. (V. 3025–34)

Es ist ein Liebestod allein aus freiem Willensentschluß, wie ihn Novalis spekulativ erwogen hatte und wie ihn nach Kleist dann Wagners Isolde, in Musik gehüllt, erneut zelebriert hat. Solch psychogener Selbstmord erscheint als die äußerste Erfüllung des freien Ichs, das sich damit seine Herrschaft über Leben und Tod bestätigt.

Zu dem Signalsystem Kleistscher Sprache gehört, was die Oberpriesterin und Penthesileas engste Vertraute Prothoe als Schlußworte anbieten:

Ach! Wie gebrechlich ist der Mensch, ihr Götter!
Wie stolz, die hier geknickt liegt, noch vor kurzem,
Hoch auf des Lebens Gipfeln, rauschte sie! (V. 3037 ff.)

klagt die Oberpriesterin, dem am Ende der *Marquise von O . . .* zum Verzeihen ermunternden Begriff von der Gebrechlichkeit der Welt eine tragische Alternative gegenüberstellend. Prothoe aber, die Vertraute Penthesileas, benutzt ein von Kleist häufig gebrauchtes Bild für ihre Freundin:

> Sie sank, weil sie zu stolz und kräftig blühte!
> Die abgestorbne Eiche steht im Sturm,
> Doch die gesunde stürzt er schmetternd nieder,
> Weil er in ihre Krone greifen kann. (V. 3040 ff.)

Das Bild hat hier sein besonderes Recht, denn die Eiche ist der Baum der Diana; sie würde dann allerdings zugleich ein Zeichen für die Ohnmacht des Menschen sein, der sich zu Göttlichem zu erheben versucht. Kleists Werk ist von solchen formelhaften Bildern durchzogen. Sie waren ihm Ausdruck von Gedanken, wo an der Wahrheit der Begriffe kein fester Halt bestand. Wo sich ein Sinn entzog, blieb am Ende tatsächlich nur das Betrachten. Dafür schließlich legt die *Penthesilea* innerhalb von Kleists Werk ein wohl einzigartiges Zeugnis ab. Daß vieles von dem Kriegsgeschehen in diesem Stück nicht auf die Bühne zu bringen war, versteht sich von selbst. Aber nirgends sonst hat Kleist die «Mauerschau», die Teichoskopie, das heißt den Bericht über das außerhalb der Bühne Vorgehende zu solcher Höhe entwickelt wie hier. Wesentliche Teile dieses Stückes werden zu einem regelrechten Epos, zu einem Epos im übrigen von homerischer Kraft und Anschaulichkeit, in dem sich der Erzähler Kleist entfaltet, wie in der Sprache der Erzählungen oft der Dramatiker. Bei der Darstellung des Äußersten, Extremsten im menschlichen Empfinden und Handeln lösen sich auch die strengen Grenzen zwischen den Gattungen der Kunst auf. Für die Bühnengeschichte der *Penthesilea* war das allerdings ebensosehr ein Vorteil wie ein Nachteil. Zwar dauerte es auch bei diesem Stück lange, ehe es auf die Bühne kam – die Uraufführung fand 1876 in Berlin statt. Aber noch zu Kleists Lebzeiten bot es bereits Stoff für Lesungen und pantomimische Darstellungen, von denen eine durch Henriette Hendel-Schütz am 23. April 1811 in Berlin ausdrücklich bezeugt ist.

Das Käthchen von Heilbronn

Recht für das Theater war *Das Käthchen von Heilbronn* geschaffen. Als «großes historisches Ritterschauspiel», wie der Untertitel lautet, bot es dem deutschen Publikum ein sehr viel vertrauteres Milieu als die ins Grausame gekehrte Antike der Amazonen-Tragödie. Es schlage «mehr in die romantische Gattung», hatte Kleist dem Verleger Cotta mitgeteilt (7. 6. 1808), dem er das Manuskript zum Druck antrug, während gleichzeitig Verhandlungen mit Wien wegen einer Aufführung im Gange waren. Da man dort nur Originalschauspiele, also ungedruckte, aufführen wollte, verzögerte sich ein Druck, und Kleist druckte 1808 im *Phöbus* lediglich ein Fragment daraus ab. Aufgeführt wurde das Drama in Wien am 17. März 1810, und im Herbst erschien das Drama in Berlin im Druck, denn Cotta in Tübingen, der die *Penthesilea* verlegt hatte, war inzwischen nicht mehr interessiert.

Wichtig an dieser Chronologie ist, daß das *Käthchen von Heilbronn* durchaus in die Nachbarschaft der *Penthesilea* gehört, so fern voneinander die ihren Geliebten tötende Amazonenfürstin vor Troja und die ihren hohen Herrn anbetende junge deutsche Handwerkertochter in einem imaginären, zeitlich unbestimmten Mittelalter auch erscheinen mögen. Kleist selbst stellte die Verwandtschaft der beiden Heldinnen heraus, wenn er in einem Brief Käthchen «die Kehrseite der Penthesilea» nannte: Sie sei «ihr andrer Pol, ein Wesen, das ebenso mächtig ist durch gänzliche Hingebung, als jene durch Handeln» (Herbst 1807). Und in einem anderen Brief erklärte er: «Wer das Käthchen liebt, dem kann die Penthesilea nicht ganz unbegreiflich sein, sie gehören ja wie das + und − der Algebra zusammen, und sind ein und dasselbe Wesen, nur unter entgegengesetzten Beziehungen gedacht.» (8.12.1808) Der Satz, an Heinrich Joseph von Collin gerichtet, ist eine Herausforderung zur Interpretation, wie sie deutlicher und schwieriger kein Autor stellen könnte.

Mit *Penthesilea* hatte das *Käthchen von Heilbronn* zunächst gemein, daß es keineswegs die Herzen der Zuschauer und Leser im Sturm gewann, und gerade unter den urteilsfähigeren war man sehr geteilter Meinung. Goethe mochte es natürlich nicht und soll es als ein «wunderbares Gemisch von Sinn und Unsinn» in den Ofen geworfen haben. Aber auch Fouqué, der für die Popularisierung mittelalterlicher Ritterwelt mehr als jeder andere tat, lehnte es ab und ebenso Friedrich Schlegel, der es undichterisch, undramatisch und kraftlos nannte, während sich Brentano, Wilhelm Grimm und E. T. A. Hoffmann (vgl. S. 422) dafür begeisterten. Nicht Romantik und Anti-Romantik trennte also die Meinungen, sondern prinzipiellere Erwartungen von dem, was ein Schauspiel sein und bieten könne. Friedrich Schlegel zum Beispiel maß das Stück mit dem Maßstab einer Charaktertragödie und mußte enttäuscht sein. Für Hoffmann hingegen führte es in die noch unerforschte Tiefe menschlicher Seelen, in die niederzusteigen auch er sich bemühte. Und da allerdings hatte Kleist Bedeutendes anzubieten.

Auch das *Käthchen von Heilbronn* vermochte, wenngleich auf andere Art als *Penthesilea*, zu irritieren und schockieren. Wie die Amazone, so war auch Käthchen von der Liebe besessen, und das Monomanische konnte unter Umständen der fünfzehnjährigen, engelreinen Heilbronner Waffenschmiedstochter einen stärker befremdenden und furchterregenden Zug geben als der wehrhaften, von Kind auf zum Kämpfen erzogenen Königin. Nimmt man allerdings Kleist genau beim Wort, dann ist auch das deutsche Mädchen von Jugend auf in einer Welt der Waffen aufgewachsen, nur daß sie sie in der christlichen Gesellschaft nicht mehr selbst anlegt, ohne deshalb minder stark zu sein.

Gerade die größere Vorstellbarkeit der spätmittelalterlichen Realität läßt das Drama sogar befremdlicher wirken als das in der mythischen Antike spielende, da Kleist an Mythischem im *Käthchen von Heilbronn* wahrlich nicht gespart hat. Die guten Bewohner Heilbronns hätten das Mädchen bewundert, so berichtet der Vater anfangs den Femerichtern, «als ob der Himmel von Schwaben sie erzeugt, und von seinem Kuß geschwängert, die Stadt, die unter ihm liegt, sie geboren hätte». Aus nichts anderem als einer solchen mythischen Ur-Umarmung, wie sie Joseph Görres im Jahr, da das Stück veröffentlicht wurde, in seiner *Mythengeschichte der asiatischen Welt* beschrieb (vgl. S. 231), geht also in der Phantasie der Stadtleute die Heldin des Stückes hervor. Daß sie ein sehr Kleistscher «Bastard», ein illegitimes Kind eines Kaisers ist, erfährt man später. Gezeugt wurde sie, wie sich der Kaiser erinnert, «ohngefähr eilf Uhr abends», zur selben Zeit, da auch Richter Adam den Krug zerbrach, «und der Jupiter ging eben, mit seinem funkelnden Licht, im Osten auf», so daß auch der göttliche Verführer der Alkmene schließlich bei dieser Zeugung mit von der Partie ist. Antike und christliche Mythen verlaufen also in diesem Stück ineinander und weisen auf Urmythisches dahinter. Ein Traum aber hat diesem Käthchen Friedeborn den Grafen Wetter vom Strahl bestimmt, und als er ihr zum ersten Mal in Wirklichkeit erscheint, «als wär ein Cherub vom Himmel niedergefahren», stürzt sie sich zum Fenster hinaus – in den Tod. Allerdings überlebt sie im romantischen Märchen und entdeckt dem Geliebten, der sie nicht erkennt, die Wahrheit des Traums im Traum unter dem Holunderbusch, so daß sie, zur Kaiserstochter geworden, am Ende erhält, was ihr verkündet wurde. Der Kaiser und irdische Herrscher jedoch akzeptiert seine Vaterschaft mit den Worten: «O Himmel! Die Welt wankt aus ihren Fugen!» Daß dergleichen durch eine verliebte Fünfzehnjährige in Gang gesetzt wird, verrät die Dimensionen und zugleich die Kühnheit dieses Stückes.

Kleists *Käthchen von Heilbronn* wird durchzogen von einem Geflecht metaphorischer Signale und psychischer Phänomene wie Reaktionen. Gefühle werden verwirrt, Doppelexistenzen tun sich auf, an das Vertrauen jenseits scheinbarer Eindeutigkeiten im Wirklichen wird appelliert. Ohnmachten bedeuten den Rückgang in eine bergende Urwelt, und Erröten verweist auf spontanes Betroffensein vor aller bewußten Erkenntnis. Feuer und Wasser stellen Elemente der Prüfung für den Menschen dar: Käthchen errettet das Bild des Geliebten aus einer der bei Kleist so beliebten Feuersbrünste, und wenn sie aus dem Wasser des Bades steigt, so ist sie

> Dem Schwane gleich, der in die Brust geworfen,
> Aus des Kristallsees blauen Fluten steigt!

Im Bilde des Schwans hatte auch der sündige Graf die geliebte Marquise von O ... gesehen. Vieles, ja stellenweise zu vieles, hat Kleist in diesem Stück miteinander verflochten, genug jedenfalls, um zu immer neuen Deutungen herauszufordern, genug aber auch, um das weit auseinandergehende Urteil der Zeitgenossen begreiflich zu machen und die Frage nicht abzuweisen, ob hier womöglich stellenweise Parodie und Selbstparodie getrieben wurde.

Sollte im übrigen Käthchen das Positive gegenüber dem Negativen der Penthesilea darstellen, so geschah das nicht ohne einen starken Zug des Unheimlichen, ja Grotesken, der der antiken Heldin fehlt. Verstärkt hat Kleist diesen Zug noch durch Käthchens Gegenspielerin in der Gunst um den Grafen Wetter vom Strahl, also durch die Gestalt jener Kunigunde von Thurneck, die ihre Schönheit einem einzigen Arrangement von künstlichen Hilfsmitteln verdankt. So wird sie ein Bild verkörperter Unnatur und ihrer gesellschaftlichen Erscheinungsformen, des Standesdünkels, der Besitzgier, Tücke und Heuchelei. Aber auch sie hat ihre Beziehungen zum Mythischen, nur nicht zum Lichten, sondern zum Unterweltlichen. In einer Grotte sieht Käthchen sie im Bade, und obwohl sie nichts von dem «Greuel» verrät, den sie dort entdeckt, wird durch ihren Schock doch offenbar, daß es eine dämonische Ungestalt gewesen sein muß, die sie sah, und nicht eine wie immer geartete menschliche Häßlichkeit. Nach Tiecks Bericht soll Kleist ursprünglich sogar eine Szene verfaßt haben, die Kunigunde mit der Macht der Elementargeister in Verbindung brachte, die damals in der Literatur als mythisches Bild für parapsychologische Erscheinungen besondere Aufmerksamkeit fanden.

Kunigunde von Thurneck jedenfalls gehört das letzte Wort dieses «großen historischen Ritterschauspiels». «Pest, Tod und Rache! Diesen Schimpf sollt ihr mir büßen!» lautet der fromme Wunsch, mit dem sie den Grafen Wetter vom Strahl und sein Käthchen im «kaiserlichen Brautschmuck» auf dem Weg zum Traualtar begleitet, worauf sie der Graf mit dem Titel «Giftmischerin» bedenkt. Es ist ein Ende, das trotz der triumphalen Hochzeit wieder ins Offene, Ungelöste, ja Unsichere und Bedrohte leitet wie so häufig bei Kleist. Tatsächlich hatte er eine Fortsetzung des Stückes geplant, worin der Graf erst recht den Wert seiner jungen Frau erkennen lernen und durch sie «zu höherer sittlicher Reinheit und Würde» erzogen werden sollte, wie Franz Horn in den *Umrissen zur Geschichte und Kritik der schönen Literatur Deutschlands* (1819) berichtet. Wie ernst es Kleist mit solchem Plan war oder wie beiläufig der Gedanke, den Horn aus der Berliner Bekanntschaft mit Kleist aufnahm, muß dahingestellt bleiben. Horns Bericht deutet jedenfalls sehr auf ein Charakterdrama und ein beschränktes Verständnis dessen, was Kleist zum Schreiben bewegte.

Im *Käthchen von Heilbronn* ist neben Mythos und Mittelalter Kleists eigene Zeit anwesend. Das gilt nicht nur für das Interesse an somnambulen Phänomenen, wie Gotthilf Heinrich Schubert sie, eine Heilbronner Ratsherrntochter betreffend, beschrieben hatte (vgl. S. 208). Auch die gesellschaftlichen Perspektiven der Zeit sind erkennbar. Eine Bürgerstochter ist zugleich Kaiserstochter, und ihre Liebe überwindet als persönliche, individuelle Leidenschaft alle Vorurteile und Grenzen des Standes. Das Gesetz des Staates aber beugt sich solcher Unbedingtheit der Liebe und segnet sie. Auf diese Weise erscheint Käthchen tatsächlich als die positive Schwester der Penthesilea, deren Liebe nicht in Einklang mit dem Gesetz des Amazonenstaates zu bringen war. Der Prinz von Homburg wird als jüngerer Bruder ihnen zuzurechnen sein. Um jedoch Penthesileas Schwester zu werden, gehört zu Käthchen jene bedingungslose Fähigkeit zu lieben, die sie über alle äußeren Bindungen erhebt. Nirgends in Kleists Werk ist wohl die Zwischenstellung des Menschen zwischen Göttlichkeit und Animalität oder Marionettenhaftigkeit mit so vielen Bildern und in so vielen Variationen dargestellt wie in diesem Drama. Himmel und Erde, Kaiser und Waffenschmied, Engel und Teufelin, Feuer und Wasser schließlich – *Das Käthchen von Heilbronn oder die Feuerprobe* lautet der volle Titel – weisen allesamt auf diese Dualitäten hin, zwischen denen sich die Menschen bewegen müssen und aus denen als letzter sicherer Ausweg allerdings nur der Tod erscheint. Im Unterschied zu Penthesilea «stirbt» jedoch das Käthchen gleich am Anfang des Stückes durch ihren Todessprung aus dem Fenster. Es ist ein Sprung aus dem Mythos ihrer Zeugung und Geburt in die Wirklichkeit der Geschichte, die sie zum Mythos ihres Ursprungs zurückzubringen vermag. Das ist das Märchenhafte an diesem Stück. Aber es ist Märchenhaftes von der Art, wie es zu eben dieser Zeit auch die Brüder Grimm sammelten, Zartes und Böses, Schönes und Häßliches, Mildes und Grausames verknüpfend. Von «charakterlosen Luftgestalten, solchen Schwindeleien, wie die Aftermystik erzeugt hat», fand deshalb auch Wilhelm Grimm nichts in Kleists Schauspiel, sondern vielmehr «innere Motive, die die Phantasie gefangennehmen, und, indem sie dem geheimen Wunsche in jeder menschlichen Brust entsprechen, durch das Gefühl mitreißen».

Die Hermannsschlacht

Kleists Drama *Die Hermannsschlacht* war als politisches Theater gemeint, als ein Appell im Kampf gegen Napoleon (vgl. S. 57). Entstanden ist es 1808, als der Freiherr vom Stein und die Generale Scharnhorst und Gneisenau Pläne machten zu einem Aufstand aller Deutschen gegen die fremden Okkupanten. Manches von der Taktik Hermanns läßt sich zu solchen Plänen in Beziehung setzen. So gibt Hermann zum Beispiel den Auftrag, außer seinen regulären Truppen «Cheruskas ganzes Volk» (V. 1829) zu rüsten, also ein den Ideen der preußischen Reformer entsprechendes Volksheer über die reguläre Armee hinaus zu schaffen. Aber ein Schlüsselstück ist Kleists Drama dennoch nicht. Der Stoff und die Hauptgestalten waren durch die Geschichte vorgegeben, und das Interesse Kleists galt nicht der Porträtierung gegenwärtiger deutscher Fürsten in altgermanischem

Kostüm, sondern es war auf die Persönlichkeit des Helden gerichtet, der ganz im Mittelpunkt steht, der ohne eigentliche Gegenspieler ist und das Geschehen beherrscht. Kleists Hermann hat ebensoviel oder besser ebensowenig mit dem landläufigen Bild eines Germanenfürsten zu tun wie der Prinz von Homburg mit dem eines preußischen Generals, obwohl sie sich voneinander allerdings in vielem unterscheiden. In der Unbedingtheit seines Wollens steht Hermann in Kleists Werk eher der Penthesilea nahe.

Kleists Hermann ist Ideologe. Das bedeutet, daß das Ideal germanischer Freiheit für ihn abgetrennt ist von dem Wohlergehen seiner Cherusker. «Deutschlands große Sache» (V. 1721) nötigt ihn dazu, eigene Landsleute durch als Römer verkleidete Germanen vergewaltigen und umbringen sowie das Land von ebensolchen Schlägertrupps verwüsten zu lassen, nur um den Haß gegen die Okkupanten anzufachen. In kalter Berechnung barbarisiert und enthumanisiert er seine Frau ebenso wie sein ganzes Volk um dieser «großen Sache» willen. Rücksichten duldet er nicht, und gute Römer «sind die Schlechtesten» (V. 1698), weil sie an dem Haupt- und Endziel irremachen könnten. Marx hat ähnlich von wohlwollenden Fabrikbesitzern und den Gewerkschaften gedacht. Thusnelda wirft ihrem Hermann aus gutem Grunde vor:

> Dich macht, ich seh, dein Römerhaß ganz blind.
> Weil als dämonenartig dir
> Das Ganz' erscheint, so kannst du dir
> Als sittlich nicht den Einzelnen gedenken (V. 685–88)

Aber dann freilich läßt auch sie sich von Hermann in seinem Sinne mobilisieren.

Mit seiner politischen Taktik wird Hermann zum Zeitgenossen Kleists, allerdings nicht zu einem, für den es in Deutschland bereits Modelle gegeben hätte. Hermanns Verfahren besteht in der Manipulation von Menschen durch die Sprache, und zwar nicht durch pathetische Deklamation von Zielen oder Ideen, sondern durch agitatorische Überzeugungskraft, wie sie seit der Französischen Revolution zur Praxis wurde. Ziel des Sprechens ist nicht die Übermittlung von Gedanken, sondern die Beeinflussung der Psyche, um den Menschen zu den gewünschten Handlungsweisen im Sinne der jeweiligen Ideologie zu veranlassen. Hermann, nicht unverwandt dem Dorfrichter Adam, lügt und heuchelt in diesem Stücke fortgesetzt und legitimiert sich dabei mit dem Worte «List» – «Bedeut ihm, was die List sei, Eginhardt», bittet er den Gefährten angesichts eines biederen, begriffsstutzigen germanischen Hauptmanns (V. 938). Hegel hat eine ganze Philosophie der List entwickelt, die von anderen zur willkommenen Legitimation politischen Handelns benutzt wurde.

Deshalb wohl spielen in diesem Stück mehr noch als sonst bei Kleist Briefe eine bedeutsame Rolle, also schriftlich Fixiertes, dem ein höherer

Wahrheitswert beizumessen ist. Daß die Lesekunst der Germanen ein Anachronismus sein könnte, hat Kleist kaum berührt. Stattdessen zeigt er, daß auch fixierte Sprache schließlich trügerisch sein kann. So bleiben durchaus Zweifel, ob der zynisch die angebetete Thusnelda verhöhnende Brief des Ventidius tatsächlich von ihm herrührt oder etwa von Hermann fingiert ist, der damit auch im intimen Bereich seiner Ehe der Ideologie zum Endsieg verhilft. Als Hermann jedenfalls eine nun wirklich ernst gemeinte Botschaft an Marbod sendet, schickt er seine beiden Söhne als Bürgen und Geiseln mit sowie einen Dolch, damit sie umgebracht werden, falls sich Hermanns Worte als unwahr erweisen sollten. Der Zweifel am Wahrheitsgehalt der Sprache, weil sie zum Instrument der Machtgewinnung und Machtsicherung geworden ist, läßt sich nicht deutlicher ausdrücken.

Es hat deshalb auch eine innere Logik, wenn Kleist nicht Hermann, sondern Marbod den eigentlichen militärischen Sieg über Varus erringen läßt und Fust, nicht Hermann, den Varus töten darf nach einem kleinen Wettstreit um solche Ehre, bei dem Hermann sogar unterliegt. Dennoch wird er von allen sogleich zum König der Germanen gekürt. Der Ideologe lenkt das Geschehen und vernichtet den Gegner schon «mit einem tötenden Blick», wie es in der Szenenanweisung heißt, noch ehe Fust das Schwert heben kann. Denn die Schwerter, Guillotinen oder diversen Vernichtungsmittel bedient der Ideologe nicht mehr selbst. Das heroische Zeitalter ist zu Ende gegangen. Hermanns erste Tat als frischgewählter Herrscher der Germanen ist stattdessen die Vernichtung Aristans, der ihm erklärt hatte:

> Der Fürst bin ich der Ubier,
> Beherrscher eines freien Staats,
> In Fug und Recht, mich jedem, wer es sei,
> Und also auch dem Varus zu verbinden!

Worauf ihm Hermann antwortet:

> Ich weiß, Aristan. Diese Denkart kenn ich.
> Du bist imstand und treibst mich in die Enge,
> Fragst, wo und wann Germanien gewesen?
> Ob in dem Mond? Und zu der Riesen Zeiten?
> Und was der Witz sonst an die Hand dir gibt;
> Doch jetzo, ich versichre dich, jetzt wirst du
> Mich schnell begreifen, wie ich es gemeint:
> Führt ihn hinweg und werft das Haupt ihm nieder!
> (V. 2607–18)

Der Widerspruch im Namen der Freiheit ist die eigentliche Gefahr des totalitären Ideologen. Eben darin aber äußert sich auch sein uneingestandenes Bedenken, ob die Sprache nicht vielleicht doch Wahrheit übermitteln kann.

Kleists *Hermannsschlacht* ist ein beklemmendes Stück, beklemmend angesichts der Erfahrungen, die spätere Zeiten mit totalitären Regimen gemacht haben. Es wäre jedoch falsch, Kleist prophetische Gaben beizumessen. Was Kleist gestaltete, ging vielmehr aus genauer Menschenbeobachtung und feinfühliger Anteilnahme an den Veränderungen im Denken und Empfinden seiner Zeit hervor, im Politischen hier wie in der Intimität von Liebe und Sexualität in anderen seiner Werke. Denn er selbst war nicht der Ideologe, den er vorführte. Gewiß besaß Hermanns «Sache» seine Sympathien durch und durch, aber er enthüllte doch auch in der Darstellung die ethische Fragwürdigkeit eines politischen Verfahrens. *Die Hermannsschlacht* wurde 1821 gedruckt und 1860 zuerst aufgeführt, in bearbeiteter Form. Danach haben sich die Bühnen lange Zeit das Stück zur Legitimation des Furor teutonicus zugeschnitten bis zur sehr realen Katastrophe dieses Furor. Erst spät ist der Blick freigeworden dafür, daß dieses Werk Zeugnis ablegt von den tiefen Veränderungen, die seit dem Ausgang des 18. Jahrhunderts im Verhältnis zwischen Idee, Sprache und Wirklichkeit vor sich gegangen sind, nachdem sich der Mensch selbst zum Maßstab der Dinge machte.

Prinz Friedrich von Homburg

Es ist kaum verwunderlich, daß das Schauspiel um den Prinzen Friedrich Arthur von Homburg, General der preußischen Reiterei im Krieg gegen die Schweden am Ausgang des 17. Jahrhunderts, Verwirrung stiftete unter den ersten Lesern in Preußen und nur zögernd Aufnahme fand. Zwar wird am Schluß des Stückes der Triumph Brandenburgs lauthals und apotheotisch verkündet, zwar wird der Sieg des Gesetzes über die Willkür, der Disziplin über die Anarchie gefeiert, aber auch das Recht der «lieblichen Gefühle» (V. 1130) gegenüber dem «Kriegsgesetz» wird gefordert, und der Held, der dem Drama zu allen solchen Höhen verhilft, ist letztlich nichts anderes als ein verliebter junger Mann voller Todesfurcht und später voller Todessehnsucht, der schlafwandelt und in Ohnmacht fällt und nichts weniger darstellt als das schneidige Idol militärischer Staatsmacht. Es hat seine Schwierigkeiten, Geschichte für die Bildersprache der Literatur zu verwenden, denn das fordert heraus, die phantasiegeborenen Realitäten mit dem Maßstab dokumentierter Tatsachen zu messen. Die Schwierigkeiten vertiefen sich, je näher der Stoff dem Zuschauer rückt, und Kleists Kurfürst Friedrich Wilhelm von Brandenburg war in der Tat ein Vorfahre des regierenden preußischen Herrscherhauses und repräsentierte preußische Staatsräson in ihren Anfängen. Der Prinz aber ist sein Neffe.

Schiller war bei der Wahl seiner historischen Stoffe den unmittelbaren Beziehungen zu Gegenwärtigem aus dem Wege gegangen, und Kleist hatte sie bisher ebenfalls vermieden. Für ein Thema aus der preußischen Geschichte der jüngeren Vergangenheit entschied er sich nun gerade um dessen vermeintlicher Aktualität willen; die Beziehung zur Gegenwart war beabsichtigt und gewünscht als Werbung um die Aufmerksamkeit und Anerkennung des Regenten und des Landes überhaupt. Kleist schrieb das Stück zwischen Januar 1809 und März 1810 und widmete es der Prinzessin Amalie von Hessen-Homburg, einer Schwägerin des Königs. Es war die Zeit, da Österreich einen Krieg gegen die Franzosen begonnen hatte, Preußen sich aber zurückhielt und nur einzelne Guerilla-Kämpfer wie der Major von Schill den vom König mißbilligten Aufstand versuchten. Deshalb mußte nun allerdings auch das kühne Vorpreschen des Prinzen von Homburg ohne feldherrliche Ordre offiziellerseits als unerwünscht und unaktuell erscheinen, wurde er doch durch seine Handlungsweise zum Sieger in der Schlacht, zwar bestraft, aber doch auch gefeiert. Verständnis für das feinsinnige Widerspiel zwischen Freiheit und Gesetz, Individuum und Staat, wie es Kleist veranstaltete, war ebensowenig zu erwarten wie einstmals Sinn für Novalis' Einsetzung des preußischen Königspaars in *Glauben und Liebe* als Medium der Universalpoesie. Kleist wollte den Ruhm seines Vaterlandes singen, wollte Gesetz und Pflicht über Anarchie und den «spitzfündgen Lehrbegriff der Freiheit» (V. 1619) stellen und tat das im übrigen aus Überzeugung und nicht aus opportunistischer Gefälligkeit. Aber er tat es in einem geschichtlichen Augenblick und auf eine Weise, die ihm gerade jene Anerkennung versperrte, um die es ihm aus ideellen wie materiellen Gründen so sehr zu tun war. *Prinz Friedrich von Homburg* wurde erst 1821, also zehn Jahre nach Kleists Tod, gedruckt und im gleichen Jahr am Wiener Burgtheater aufgeführt. Auf die Berliner Bühne, wo es an erster Stelle hinzugehören schien, kam das Stück 1828 und nur für ein paar Aufführungen, bis es der König wieder verbot. Die Bühne hat es freilich dennoch erobert, allerdings, wie die *Hermannsschlacht,* auf lange Zeit zurechtgestutzt als bedingungslose Feier von Preußens Gloria, die es gewiß nicht war.

Gerade weil *Prinz Friedrich von Homburg* Kleists historisch konkretestes Stück ist, ist es auch sein schwierigstes. Anders als Schiller ist Kleist nicht an der Geschichte und ihren möglichen Gesetzlichkeiten interessiert. Was ihn fesselt und beschäftigt, sind Menschen dort, wo «die Gefühle flattern» (V. 388), wie es der Obrist Kottwitz nennt, dort also, wo das Empfinden und Denken der einzelnen sich berührt, aufeinanderstößt oder sich verflicht und in ein Verhältnis treten muß zu den Institutionen, die die Menschen zur Regelung ihres Daseins geschaffen haben, dort schließlich, wo sie in ihrer Gottähnlichkeit nach dem Sinn ihres Daseins fragen müssen. Das aber waren Psychologie und Metaphysik, nicht Geschichte und Politik, so abhängig das eine vom anderen gelegentlich auch sein mochte.

Mit äußerst kühner Psychologie, mit dem Prinzen als somnambulem Träumer, beginnt das Drama. Die Erforschung des Somnambulismus, der «Nachtseite» des Rationalen, war damals bekanntlich das Neueste und Aktuellste in der jungen Wissenschaft der Psychologie, und einen ihrer bedeutendsten Repräsentanten, Gotthilf Heinrich Schubert (vgl. S. 206), hatte Kleist in Dresden kennengelernt und seine Werke studiert. Ungehemmt durch die Kontrolle des Verstandes und provoziert durch den Kurfürsten, verrät der Prinz sogleich vor dem Publikum auf der Bühne wie im Theater, was ihn treibt: der Wunsch nach Ruhm, also nach der Anerkennung bei anderen, und die Liebe, die einem Mädchen gilt. Die Summe von beiden Wünschen aber ist die Bitte um den Segen von «Vater» (V. 67) und «Mutter» (V. 68), wie der Prinz im Traume Kurfürst und Kurfürstin anredet; er selbst und die geliebte Natalie sind Waisen. Elementarere und zugleich höhere Wünsche, die die ganze Existenz des Menschen betreffen, lassen sich nicht denken. Daß man solche Dinge nicht im Traum erringt (V. 77), wie der Kurfürst erklärt, scheint auf der Hand zu liegen; ob man sie eventuell nur im Traum erringen kann, wird die offene Frage des Stükkes bleiben. Der erwachte Homburg jedenfalls vertraut sich zunächst dem Glück an, dem «Kind der Götter» (V. 361) auf seiner Kugel. Das führt zu jener Verwirrung, von der das Stück im Detail handelt, der Unaufmerksamkeit bei der Parole, dem vorzeitigen, wenn auch letztlich erfolgreichen Eingreifen in die Schlacht und der Todesstrafe für solchen Ungehorsam. Damit ist der unsichere Weg des Glückes zu Ende gegangen, und nur der sichere in den Tod steht noch offen zu einer Orientierung über alles Zufällige hinaus.

Viele Zeichen auf die größeren Dimensionen des Stückes sind eingestreut. Der Kurfürst ist eine jener Gott-Vatergestalten, deren Liebe zur Menschheit sich vor allem in ihrer Erotik zeigt: Zeus im *Amphitryon* und der Kommandant in der *Marquise von O...* sind seine Verwandten, obwohl dem Kurfürsten verständlicherweise aus seiner geschichtlichen Rolle heraus größere Zurückhaltung auferlegt ist: Er begnügt sich Natalie gegenüber, «den Arm um ihren Leib» zu legen, sie zu «umarmen». Daß sich im Stücke gar der Kampf zweier Männer um eine Frau vollzöge, hat die Psychoanalyse mit begrenzter Überzeugungskraft behauptet.

Wie Zeus in *Amphitryon,* so ist auch der Kurfürst unvollkommen und allmächtig, menschlich und unmenschlich zugleich. Beide sind Verführer, die Menschen in tiefe seelische, ja existentielle Not stürzen, in der diese sich selbst helfen müssen. In *Amphitryon* geschieht das durch die Akzeptierung der alten Autorität des göttlichen Sexualpiraten, im *Prinz Friedrich von Homburg* durch den Willen des Prinzen zum Tode. Das aber bedeutet, daß Kleist auch in diesem Stück aus der preußischen Geschichte die Fabel ins Christliche gewendet hat. War in dem einen Stück die Zeugung eines Gottmenschen das Thema, so ist es hier das Ende eines Menschen, der sich im Willen zum Tode zur Unsterblichkeit und damit zu seiner Göttlichkeit erhebt. Der Tod und seine Überwindung stehen im Zentrum des Christentums, und Kleists Stück hat in der Tat mehr damit zu tun als mit Anarchie und Gesetz, die nur Symptome in solchem größeren Zusammenhang sind.

Kleists Prinz zeigt zerreißende Todesfurcht, als er die für ihn bestimmte offene Gruft erblickt. Es ist eine Szene, die Kleist übelgenommen worden ist als ungemäß für einen preußischen Offizier. Sinn hat sie tatsächlich nur in metaphysischem Zusammenhang, denn nicht vom Glück allein sieht sich der Prinz in diesem Moment verlassen, sondern nun auch vom Vater. «O Freund! Hilf, rette mich! Ich bin verloren!» bittet er den Grafen Hohenzollern (V. 931), und als «Verlaßner» (V. 979) bekennt er sich der Kurfürstin gegenüber. Solche Verlassenheit und Verlorenheit aber ist sogleich aufgehoben, als er an dem Brief des Kurfürsten, den ihm Natalie überbringt, erkennt, daß eben der Vater ihn keineswegs verlassen hat. Damit aber hat der Tod seine Schrecken für ihn verloren, und er, nachdem er die Freiheit der Entscheidung und damit seine Identität und menschliche Würde zurückerhalten hat, entscheidet sich für das Gesetz, wobei zu bedenken ist, daß damit nicht in letzter Instanz das märkische gemeint ist, sondern daß hier die Ordnung Preußens als Metapher für die Weltordnung überhaupt einstehen muß. Die Rampe, an der das Stück beginnt und endet, «dehnt sich, da ich sie betrete,/ Endlos, bis an das Tor des Himmels aus» (V. 181 f.), meint der Prinz. Dorthin auch führt ihn seine letzte Vision, die nicht mehr dem Glück gilt:

> Nun, o Unsterblichkeit, bist du ganz mein!
> Du strahlst mir, durch die Binde meiner Augen,
> Mir Glanz der tausendfachen Sonne zu!
> Es wachsen Flügel mir an beiden Schultern,
> Durch stille Ätherräume schwingt mein Geist;
> Und wie ein Schiff, vom Hauch des Winds entführt,
> Die muntre Hafenstadt versinken sieht,
> So geht mir dämmernd alles Leben unter:
> Jetzt unterscheid ich Farben noch und Formen,
> Und jetzt liegt Nebel alles unter mir. (V. 1830–39)

Der Rest – Begnadigung statt Exekution – ist «Traum» (V. 1855) oder, wie am Anfang, «Märchen» (V. 40), keine Utopie, sondern die Vergewisserung des Dichters von der Möglichkeit sinnvollen Lebens unter der Obhut eines «Vaters», dessen Schutz aber nicht von vornherein verbürgt ist. Maßstäbe werden nicht gesetzt, und Religion wird nicht proklamiert wie bei Werner oder Arnim zu gleicher Zeit.

Daß Sprache auch hier unsicher ist, wie in anderen Stücken Kleists, ist noch hinzuzufügen. Letzte Entscheidungen werden per Brief getroffen, und das Geschriebene wiederum erst interpretiert, ehe es seinen Sinn enthüllt. «Was sagt er eigentlich im Briefe denn?» (V. 1336) fragt der Prinz, als ihm die befreiende Botschaft des Kurfürsten zuteil wird. Über solche Einzelheiten hinaus jedoch ragt die Vollkommenheit dieses Werkes, das konkrete Geschichte mit Wünschen, Hoffnungen und Sehnsüchten in einer

Weise verbindet, daß das romantischste Ende in Märchen und Traum zugleich auch als das realistischste gelten muß.

6. Goethes «Faust»

Anfang Mai 1806, vier Monate vor dem Ende des Heiligen Römischen Reichs Deutscher Nation, erhielt der Verleger Johann Friedrich Cotta Goethes Manuskript zum ersten Teil des *Faust*. Ein «Hexenproduct» hatte der Autor das Werk seinem Verleger gegenüber genannt (2.1. 1799), das ihn seit seiner Jugend beschäftigte. Allmählich erschien es ihm wie ein «lästiges Gespenst» (16.9. 1800), für das er lediglich Zeit brauchte, um es loszuwerden. Aber was schließlich 1806 fertiggeworden war, galt ihm dann doch wieder nur als ein «Fragment von Faust» (24.1. 1808), und das Schicksal des Erzzauberers hat ihn noch bis in seine letzten Tage begleitet.

Die deutschen Leser bekamen *Faust. Der Tragödie erster Teil* im April 1808 als Teil der Cottaschen Ausgabe von Goethes Werken zu Gesicht. Der Druck hatte sich durch manches Hin und Her über diese Ausgabe verzögert, obwohl die Post «ungeachtet des Kriegswesens» (28.9. 1805) auch weiterhin zu funktionieren schien. Die Theaterbesucher hatten länger als die Leser zu warten, bis sie das Werk vorgeführt bekamen. Goethe war zwar in diesen Jahren Theaterdirektor in Weimar, und er hat dort auch die meisten seiner Dramen aufführen lassen. Den *Faust* jedoch brachte er nicht auf die Bühne, und als schließlich das Werk, nach der Uraufführung Anfang 1829 in Braunschweig, zu seinem achtzigsten Geburtstag auch in Weimar inszeniert wurde, ist er nicht hingegangen. So mochte denn Madame de Staël 1810 in ihrem Buch über Deutschland einiges Recht, wenn auch keinen Grund zu der Einsetzung Zacharias Werners als «ersten dramatischen Schriftstellers der Deutschen» haben, da Schiller im Grabe ruhe und Goethe keine Theaterstücke mehr schreibe (vgl. S. 599). Als passables Theaterstück wurde offenbar der *Faust* von den Lesern zunächst nicht entgegengenommen, und auch der Autor selbst schien seine Zweifel zu haben. Gerade dieses Werk erwies sich jedoch später als wirkungsvolles Schauspiel. Es hatte zudem von allen größeren Goetheschen Dramen als einziges das Theater selbst zum Thema, wie unter den epischen Werken *Wilhelm Meisters Lehrjahre*. Darin allerdings lagen manche Schwierigkeiten des Stückes verborgen.

Tatsächlich zog sich Goethe nach der Fertigstellung des ersten Teils des *Faust* für die größere Öffentlichkeit von der Theaterschriftstellerei zurück. Sein letztes geschlossenes dramatisches Werk war die *Natürliche Tochter* (1803) gewesen, der Versuch, im Symbolisch-Mythischen etwas von der sich wandelnden Zeit festzuhalten, dem Phänomen der Revolution Rechnung zu tragen jenseits der deutschen Trivialitäten, wie sie die eigenen

Revolutionsstücke der neunziger Jahre enthielten, und schließlich darin über die Aufgaben und das Dasein des Künstlers nachzudenken, der vielfach in diesen Wandel verflochten war. Aber die *Natürliche Tochter*, obwohl als Drama vollendet, war nur ein Anfang, ohne Ausführung der geplanten Fortsetzung in der Schwebe bleibend hinsichtlich dessen, was die Tendenzen des Zeitenwandels anging, über die nun in den Jahren, da Napoleon seine Macht gewaltsam über Europa ausbreitete, schwerlich etwas Definitives zu denken und zu sagen war.

Bald nach Abschluß des ersten Teils des *Faust* hatte sich Goethe allerdings eine weitere dramatische Arbeit vorgenommen: *Pandora*, ein Stück in klassischen Metren über die antike Mythe von der Wiederkunft der Göttin. 1808 erschien ein Bruchstück in der Wiener Zeitschrift *Prometheus*, 1810 das ganze Werk, soweit es Goethe fertiggestellt hatte, denn es handelte sich diesmal auch äußerlich um ein Fragment. Pläne zu einem zweiten Teil bestanden, aber wurden nie ausgeführt.

Was äußerlich wie ein vollkommenes Gegenstück zu dem nordisch-deutschen Hexen- und Zauberwesen des *Faust*, zu Knittelreimerei und Liedern aussieht, erweist sich bei genauerem Zusehen als aufs innigste mit diesem Werk und dessen Fortsetzung verbunden und ist überhaupt, in etwas mehr als 1000 Versen konzentriert, eine Summe Goetheschen Denkens über den Menschen in Zeit und Geschichte. Formale Elemente des zweiten Teils des *Faust* sind darin schon erkennbar: die Übung in antiken Trimetern, die der griechischen Helena als Ausdrucksmittel dienen – Entwürfe dazu existierten um diese Zeit bereits –, die derben Reimgesänge der Krieger, die in den Worten der drei Gesellen im 4. Akt des zweiten Teils des *Faust* ihr Gegenstück haben, und dazu die gelegentlichen Bemerkungen der Gestalten «ad spectatores», die wie im *Faust* das Theater auf dem Theater bewußt machen. Tiefer noch sind jedoch die Bezüge zwischen den Charakteren selbst. Phileros, der Sohn des Prometheus, zeigt keckes Selbstbewußtsein wie der Baccalaureus und Todeslust wie Euphorion, wird aber vom Wellentod gerettet wie Felix, der Sohn Wilhelm Meisters. Vater Prometheus scheint wie der Faust zu sein, als Herr um sein «wackres arbeitstreues Volk» (163) besorgt und bemüht, schöpferisch und ruhelos tätig mit dem Ziel,

> zu erreichen das,
> Was unerreichbar ist, und wär's erreichbar,
> Nicht nützt noch frommt. (225–27)

Nur steht ihm hier, in diesem Stück, nicht der Teufel zu Diensten, für den es in der klassischen Welt keinen Platz gibt – auch das war im *Faust* noch zu lösen –, sondern es steht ihm ein Bruder Epimetheus zur Seite, der Dulder und Melancholiker, der Betrachtende, der einstige Gefährte der Pandora. Aus der Vereinigung des prometheischen Phileros mit Epimetheus' Lieblingstochter Epimeleia soll die Bürgschaft für die Rückkehr der entschwundenen Göttin hervorgehen. Eos, die Morgenröte, verkündet vielversprechend am Ende:

> Groß beginnet ihr Titanen; aber leiten
> Zu dem ewig Guten, ewig Schönen,
> Ist der Götter Werk; die laßt gewähren. (1084–86)

Vieles wird in der *Pandora* Gestalt: der Gegensatz von Handeln und Betrachten mit seinen sittlichen Konsequenzen, denn «der Handelnde ist immer gewissenlos; es hat niemand Gewissen als der Betrachtende». So lautet eine von Goethes *Maximen und Reflexionen*. Aber auch die Fragen nach dem Recht von Revolution und Ruhe, nach der Balance von Glück und Entsagung werden aufgeworfen. «Urtöne der Leidenschaften», wie Wilhelm von Humboldt es nannte, kommen zur Sprache, die Doppelnatur des Menschen zwischen tierhafter Kreatur und göttlicher Kreativität wird gezeigt und als einzige spürbare Macht zur Versöhnung der Gegensätze die menschliche Liebesfähigkeit.

Goethes *Pandora* erscheint wie ein Mittelpunkt, auf den sich Werke wie die Wilhelm-Meister-Romane, die *Wahlverwandtschaften* und der *Faust* voraus- oder zurückbeziehen. Auch das auf die politische Zeit gerichtete Festspiel *Des Epimenides Erwachen* (vgl. S. 79 f.) wuchs unmittelbar daraus hervor. Selbst im leidenschaftlichsten seiner Altersgedichte, der Marienbader *Elegie* (vgl. S. 747 ff.), hat Goethe sich auf diesen Mythos bezogen und sich sogar selbst mit dem Epimetheus gleichgesetzt, dem die Götter «Pandoren» gegeben hatten und ihn nun in seinem Schmerz des verlorenen Glückes allein lassen. Für das Verständnis der *Faust*-Dichtung ist jedenfalls der Bezug auf dieses klassizistische Fragment unentbehrlich. Der «ewig Strebende», prometheische Faust ist nicht das Ideal seines Dichters. Nur steht Faust keine epimetheische Gestalt gegenüber, sie ist in ihm selbst verborgen, der im Grunde ebenso ein Strebender wie ein Melancholiker ist. Die Absicht seines teuflischen Gesellen läuft darauf hinaus, den einen gegen den anderen auszuspielen, um auf diese Weise ihn, den Knecht Gottes, seine Nichtigkeit erfahren zu lassen. In der *Pandora* habe uns der Dichter, wie Friedrich Gottlieb Welcker, einer der ersten Rezensenten dieses Werkes, 1810 bemerkt, «schonend mit verbundenem Auge am Abgrund vorüber geführt». Im *Faust* wurde dann diese Binde entfernt.

Nach dem Erscheinen des ersten Teils nahm Goethe die Arbeit am zweiten Teil, zu dem er sich schon um 1800 herum Pläne gemacht und einiges vorbereitet hatte, systematisch erst wieder in den zwanziger Jahren auf. 1827 erschien «Helena», «eine klassisch-romantische Phantasmagorie» als «Zwischenspiel zu Faust», und vom 22. Juli 1831 ist die Tagebuchnotiz datiert: «Das Hauptgeschäft zu Stande gebracht.» Ende 1832, einige Monate nach Goethes Tod, trat auch der zweite Teil der Dichtung in die Welt, die ihn respektvoll begrüßte.

An Verehrung und Bewunderung für Goethes Faustdichtung hat es seitdem nicht gefehlt. Eine vorherrschende Tendenz war dabei, dieses eine
Werk über alle andere Literatur herauszuheben in außerliterarische Sphären. 1894 zum Beispiel verfaßte Oberlehrer Hugo Lahnor aus Wolfenbüttel
eine kleine Abhandlung über «Goethes Faust als weltliche Bibel betrachtet».
Auf diesen Spuren schritt, gedankenreich und differenziert, Hermann
August Korff weiter, wenn er 1938 ein Buch *Faustischer Glaube* erscheinen
ließ, das er als einen «Versuch über das Problem humanistischer Lebenshal-
tung» bezeichnete, der freilich durch die Zeitgeschichte dieser Jahre
sogleich einen zynischen Kommentar erhielt. Oswald Spengler hatte schon
vorher, im *Untergang des Abendlandes* (1918/22), den strebenden Faust als
Symbol für die gesamte in Europa erzeugte technische Kultur in Anspruch
genommen, während Georg Lukács, nicht weniger raumgreifend, im *Faust*
das «Drama der Menschengattung» (1940) erblickte, die sich auf dem Wege
zum Sozialismus befand. Auch dazu hat die Geschichte inzwischen ihre
zynischen oder skeptischen Kommentare geliefert. Da zu Faust gehört, daß
er Deutscher ist, wurde Goethes Werk bis in eine sozialistische deutsche
Gegenwart hinein auch gern als «das deutsche Nationalschauspiel» (Walter
Dietze 1969) gefeiert.

Wie fragwürdig es ist, Literatur für die Symbolisierung oder gar Förderung außerliterarischer Phänomene und Zwecke in Anspruch zu nehmen,
macht neben der Verehrung die Auflehnung gegen eine bedingungslose
Hochschätzung Goethes und seiner Faustdichtung deutlich. Beriefen sich
die Verehrer vorwiegend auf den prometheisch strebenden Faust, so die
Kritiker zunächst auf den epimetheischen Melancholiker. In seiner Berliner
Rektoratsrede von 1883 ironisierte Emil du Bois-Reymond aus positivisti-
schem Wissenschaftsstolz, der sich mit dem Numinosen durch ein entschie-
denes «Ignorabimus» abfand, alle die Erkenntniszweifel des Goetheschen
Helden, die ihn in die Arme des Teufels trieben. Fausts Klage, daß sich
Natur am lichten Tag des Schleiers nicht berauben und sich ihr Geheimnis
nicht mit Hebeln und Schrauben abzwingen lasse, hielt er entgegen:

«Richtig gebaute und gebrauchte Instrumente erweitern Kenntniss und
Macht des Menschen innerhalb der Grenzen des Naturerkennens, und
sind dazu unentbehrlich; innerhalb dieser Grenzen lässt sich Natur zu
manchem Zugeständniss bewegen, wenn auch etwas mehr dazu gehört
als Hebel und Schrauben. Verlangte der Magus Weiteres von den
Instrumenten, so lag es an seiner Fragestellung, wenn sie die Antwort
schuldig blieben. Wie prosaisch es klinge, es ist nicht minder wahr,
dass Faust, statt an Hof zu gehen, ungedecktes Papiergeld auszuge-
ben, und zu den Müttern in die vierte Dimension zu steigen, besser
gethan hätte, Gretchen zu heiraten, sein Kind ehrlich zu machen und
Elektrisirmaschine und Luftpumpe zu erfinden; wofür wir ihm denn

an Stelle des Magdeburger Bürgermeisters gebührenden Dank wissen würden.»

Spätere Kritik hat sich, aus den Erfahrungen der deutschen Geschichte heraus, vorwiegend gegen die Verklärung eines Strebens gewandt, das sich mit oder ohne Absicht des Helden als gewissenlos zeigte, wobei Goethes seelenrettender Staatsstreich am Ende zumeist als Absolution akzeptiert wurde, sei es nun aus humanistischer Verantwortung, religiöser Überzeugung oder politischem Optimismus. In jedem Falle ließ sich die Relevanz des Goetheschen Werkes für die jeweiligen Betrachter erweisen, war es doch in seiner Anlage weit genug, um Wissenschaftsstolz und Wissenschaftskritik, Glauben und Unglauben, Hoffnung und Zweifel in sich zu beherbergen. Die eigentliche Bedrohung solcher Relevanz des *Faust* ist erst dort entstanden, wo er als Repräsentant einer vergangenen Zeit erscheint, wo, mit anderen Worten, das Streben nach Erkenntnis, Wissen und Naturbeherrschung des Wissenschaftlers nicht mehr interessant ist, weil in entscheidenden Punkten die Wissenschaft schon zuviel erkannt, also die Mittel zur totalen Selbstzerstörung der Menschheit gefunden hat, und wo das wichtigste humanistische Unterfangen darauf hinausläuft, die Entdeckungen der Wissenschaft unter strengste Kontrolle zu bringen, zu schweigen von dem heimlichen Wunsch, daß am besten manches nie entdeckt worden wäre. Ob aus Goethes *Faust* auch die Prophetie einer solchen Situation herauszulesen ist, wäre im einzelnen erwägenswert; aber der Gedanke widerspräche im ganzen einer Gesinnung, von der das Werk getragen ist.

Nur wenn man ihn als außerordentliches Theaterstück betrachtet, läßt sich das Interesse für den *Faust* behaupten und aufrechterhalten. Als Theaterstück, als großes Schauspiel war der *Faust* ohnehin von Anfang an gedacht. Die Tragödie des bürgerlichen Mädchens, das ein davongelaufener, verjüngter und sich mit Hilfe des Teufels als Edelmann gebärdender Professor verführt, ist eine soziale Tragödie, ähnlich wie sie auch Jakob Michael Reinhold Lenz und Heinrich Leopold Wagner in den Jahren des Sturm und Drang und in unmittelbarer Nähe zu Goethe geschrieben hatten. Um gleiches zu tun, hätte Goethe keinen Faust gebraucht. Das weitergreifende Fragment der Dichtung von 1790 jedoch war eben deshalb Fragment geblieben, weil der theatralische Rahmen für die Faust-Geschichte selbst noch nicht gefunden war. Erst der «Prolog im Himmel» 1808 stellte Rahmen und Perspektive für den Lebenslauf des Helden jenseits einer sozialen Tragödie bereit, erst das «Vorspiel auf dem Theater» Rahmen und Perspektive für das gesamte Werk.

Die Wahl des Faust-Stoffes irgendwann um 1770 herum, als man sich unter den jungen Schriftstellern allgemein nach großen Empörern und Kerlen umsah, war ein Glücksgriff Goethes, und die Dimensionen wie Möglichkeiten dieses Stoffes waren am Anfang kaum abzusehen, aber Goethe

hat sie dann aufs beste erkannt und genutzt. Von Anfang an war sein *Faust*
ein historisches Schauspiel, aus derselben Zeit, aus der er bald darauf auch
den Ritter Götz von Berlichingen hervorholte. Es war eine für die deutsche
politische und religiöse Geschichte ebenso wie für die Geschichte der europäischen Kultur hochbedeutsame Periode. Bauernkrieg und Reformation
insbesondere wurden von nachhaltiger Bedeutung für die deutsche Nationalgeschichte. Als 1808 der erste Teil des *Faust* erschien, versicherten sich
gerade die Deutschen ihrer abhanden gekommen nationalen Identität
durch die Erhebung Luthers zu einer ihrer patriotischen Leitgestalten. Die
Renaissance aber brachte eine Wissenschaftsgesinnung hervor, auf die sich
die Aufklärung und die unter ihrer intellektuellen Obhut aufwachsenden
Naturwissenschaften durchaus als auf ihr Fundament berufen durften.

Dadurch, daß Goethe Faust in dessen eigner Zeit beließ, konnte er ihn
zunächst von all den Fesseln befreien, die die konkrete und zugleich
beschränkte Wirklichkeit, die «wahre Armuth» der deutschen Staaten des
18. Jahrhunderts ihm auferlegt hätte. Er ließ ihn den Renaissance-Gelehrten
am Ausgang des Mittelalters und am Beginn der Neuzeit bleiben, der sich
gegen scholastische Beschränkung wehrte, und identifizierte ihn nicht mit
den Universitätsprofessoren des 18. und 19. Jahrhunderts, die die Leser zu
deutlich vor Augen hatten, als daß sie nicht zu skeptischen Vergleichen mit
dem Bühnenhelden veranlaßt worden wären. So konnte Faust aufklärerisch
denken, ohne mit den mehr oder weniger weitsichtigen professionellen
Wissenschaftlern im Banne der Aufklärung in eins gesetzt zu werden.
Besonders die Erscheinung des Teufels bedurfte für eine noch in Aberglauben und Glaubensabenteuern befangene Zeit keiner weiteren Rechtfertigung, und was an Argumenten die Kirchen in Goethes Zeit als Affront
genommen hätten, ließ sich für diese vergangene Zeit der Unruhe durchaus
tolerieren. Die Magie wirkte als ein wundervoll verfremdendes Medium für
alle weiträumige Diskussion um Glaubensfragen und -grundsätze, ohne
daß man der Institution einer gegenwärtigen Kirche zu nahe trat. Ähnlich
schließlich ging es mit dem Bürger Faust, der in der Distanz der Zeit nicht
wie Wilhelm Meister allenfalls in die Gesellschaft von ein paar deutschen
Baronen und Grafen gerät oder sich wie die deutschen Professoren nach
einer Geheimratswürde und dem Adelsdiplom strecken muß. So konnte
Goethe universale Problematik zu Worte kommen lassen, ohne doch der
deutschen Wirklichkeit seiner Zeit gegenüber unwahr zu werden und ohne
den Anschein, ein Mysterienspiel und Heilsgeschehen vorzuführen.

Der *Faust* ist von seinem Autor zunächst als Inszenierung eines alten
Volksbuchstoffes und als unterhaltendes Schauspiel gedacht, nicht von
vornherein als «großes Welttheater» in der Art Calderons, so sehr Goethe
von dessen Werk Eindrücke empfangen hat. Das «Vorspiel auf dem Theater» setzt die Gegenwart der Zuschauer in ein distanziertes Verhältnis zu
den folgenden theatralischen Vorgängen, während der «Prolog im Him-

mel» die Distanz zum sehr irdischen und irrenden Denken, Reden und Handeln des Helden schafft.

Goethes künstlerische Meisterschaft äußert sich nun insbesondere darin, daß er nicht drei voneinander getrennte Sphären schafft, sondern durch eine nach und nach immer reicher werdende Phantasie und Darstellungskunst diese Sphären aufeinander bezieht im Wechselspiel von Leidenschaft und Ironie, von Realismus, Symbolik und Allegorie, von dramatischem Konflikt und epischem Theater. Die künstlerische Verarbeitung und Verbindung von Gegensätzlichem, die Dialektik als künstlerisches Verfahren bezeichnet das ästhetische Gesetz des *Faust*. Im volkstümlichen Knittelvers werden komplizierteste Gedankengänge zur Sprache gebracht. Allegorien enthalten Aussagen über das, was in der Zeit des Autors erst allmählich geschichtliche Gestalt annahm und anders noch nicht ausdrückbar gewesen wäre. Die Form der Allegorien wiederum war populär durch Karneval und Maskenzüge, zum Beispiel bei den Festen des Weimarer Hofes, an denen Goethe mitgewirkt hat, so daß das scheinbar aufs höchste Stilisierte und das Esoterische wiederum mit gängiger Unterhaltungskunst zusammengehörten. Eine einzige genial erfundene Szene, die Begegnung Fausts mit Helena, kann in einer formalen Geste, im Übergang vom antiken Metrum zum romantischen Reimvers, fast beiläufig zugleich das Nacheinander der Kulturen und das Kontinuum der Geschichte erlebbar machen. Aus den Jahren klassizistischer Kunstbesinnung im Verein mit Schiller wächst also der *Faust* als reife Frucht hervor, denn die Essenz dieses Klassizismus war nicht die Imitation fremder Vorbilder, sondern die Überzeugung, daß man als Künstler in diesem Lande über die Zeit hinausgehen müsse, wenn man sinnvoll zu ihr sprechen wolle. In der Instrumentierung dieses Gedankens, in der üppigen und sinnträchtigen Entfaltung dichterischer Phantasie hat Goethes *Faust* in der deutschen Literatur nicht seinesgleichen.

Wenige Monate nachdem Goethe das Manuskript des ersten Teils von *Faust* seinem Verleger übergeben hatte, vollendete Hegel die *Phänomenologie des Geistes* (vgl. S. 3 f.). Um den Prozeß des Zu-sich-selbst-Kommens des Geistes und seines «unmittelbaren Daseins», des Bewußtseins, handelt es sich darin, wofür Hegel, aus den Abstraktionen der Philosophie hinaustretend, gelegentlich zu bildlichem Ausdruck griff. Eines dieser Bilder ist der Gegensatz von Herr und Knecht, wobei für Hegel der «Herr» das «reine Selbstbewußtsein» darstellt, ein «für sich seiendes Bewußtsein», der «Knecht» hingegen das Bewußtsein «in der Gestalt der Dingheit». Auf die Dinge muß sich der Knecht, als Selbstbewußtsein, beziehen, sie aufzuheben suchen, ohne durch sein «Negieren» bis zu ihrer «Vernichtung» damit fertig zu werden, bleiben doch die Dinge immer selbständig für ihn. Allein dem Herrn ist letztlich Genuß, dem Knecht aber immer nur Begierde beschert, wenngleich erst durch den Knecht der Herr zum Herrn wird. Das sich verändernde Verhältnis zwischen beiden ist dann im weiteren Hegels philosophisches Problem.

Die Passage aus der *Phänomenologie des Geistes* könnte sich als Kommentar zu Goethes «Prolog im Himmel» lesen lassen, denn daß die christliche Bildlichkeit sowohl des Prologs wie später des Epilogs der ganzen Faust-Dichtung nur Versuch einer anschaulichen Darstellung des Undarstellbaren in allgemeinverständlichen Mythen ist, darüber hat Goethe selbst keinen Zweifel gelassen. Goethes Herr aber bezeichnet ganz ausdrücklich den Faust, «den Doktor», als seinen Knecht (299), was nicht nur Adaption einer Szene aus dem Buch Hiob ist, sondern von vornherein etwas von dem grundsätzlichen Unterschied zwischen einem «reinen» und einem an die Dinge gebundenen Dasein verrät, in dem, wie Faust später bekennt, er, der Knecht Gottes, von Begierde zu Genuß taumelt und im Genuß nach Begierde verschmachtet (3250). So wenig Goethes Dichtung eine Illustration Hegelscher Gedanken oder die Hegelsche Philosophie eine Interpretation von Goethes Bildern sein kann, so deutlich weisen doch beide auf das Wurzelgeflecht des Denkens eines ganzen Zeitalters, in dem es um die Etablierung des freien menschlichen Selbstbewußtseins in vielen Formen ging, im Verhältnis zur Natur ebenso wie zur Gesellschaft als großem Ganzen, im Verhältnis der Geschlechter untereinander ebenso wie in demjenigen zu einer höheren als der Menschenordnung, aus der sich Sinn oder Unsinn der Existenz überhaupt ableiten ließe.

Es ist für die Literaturgeschichte nicht uninteressant, daß im gleichen Jahr 1806 Heinrich von Kleist auch seinen *Amphitryon* (vgl. S. 642 ff.) niederschrieb, in dem das Verhältnis zwischen Herr und Knecht, Gott und Mensch, freiem und unfreiem Ich als tragikomisches Spiel aus dem gleichen Wurzelgeflecht wuchs. Aus dem Wunsch nach Erlösung von solchen Spannungen menschlicher Existenz aber brach der inbrünstige Aufschrei des Knechts aus der Tiefe zum Herrn empor, dem Brentano 1816 Worte gab («Frühlingsschrei eines Knechts aus der Tiefe», vgl. S. 756 f.).

Die Mythe vom Doktor Faust enthält als ihren Grundbestandteil den Pakt des deutschen Gelehrten mit dem Teufel, einer Gestalt, die Goethe in hellere als die höllischen Sphären setzt, indem er sie nicht zum Antipoden, sondern zu einer Art Angestellten des Herrn macht. Hegelsche Dialektik scheint sich wiederum bildlich zu realisieren, wenn der Herr davon spricht, daß er dem Menschen als Mittel gegen seine Trägheit eben jenen Gesellen hinzugeben müsse, «der reizt und wirkt und muß als Teufel schaffen» (343). Absicht dieses Mephistopheles ist es deshalb, Fausts Verhaftetsein an die Dinge und damit gegen jede Hoffnung auch sein Knechtdasein zu fördern. Aber Mephisto ist nun freilich nicht schlechterdings das Werkzeug einer philosophischen Dialektik, sondern eine ungemein komplexere, der Einbildungskraft eines literarischen Menschenbildners und formbewußten Künstlers entsprungene Gestalt. Mephisto ist die einzige Figur innerhalb der eigentlichen Faust-Tragödie, die sie transzendiert. Er war im «Prolog im Himmel» mit dabei, er weiß etwas, was alle anderen Figuren der Tragödie nicht wissen, er steht über ihnen und behält damit eine beständige Überlegenheit über Faust. Im übrigen ist er der Verbündete der Zuschauer und Leser, denn auch sie sind natürlich im «Prolog im Himmel» mit dabeigewesen, und mit ihnen kommuniziert er immer wieder augenzwinkernd durch ironische Kommentare «ad spectatores». Er ist nicht Duell-Partner Fausts auf gleicher Stufe mit ihm, sondern Regisseur seines Lebenstheaters, und er ist auch kein Instrument des Fortschritts. Gewiß nennt er sich selbst «ein Teil von jener Kraft», die «stets das Böse will und stets das Gute schafft» (1335 f.), aber angesichts seiner Doppelrolle als Geselle Fausts und als Regisseur seines Lebens ist zu bezweifeln, ob diese Selbstcharakteristik als bare Münze zu nehmen ist: Mephisto verfolgt bestimmte Absichten mit Faust, und irgendwelche Auskünfte nach bestem Wissen und Gewissen passen durchaus nicht in sein Konzept. Die Worte bleiben demzufolge nicht nur Faust unklar – er fragt nach dem Sinn dieses «Rätselwortes» –, sondern sie sind auch in sich selbst höchst unklar und widerspruchsvoll. Denn was schließlich ist das «Gute» oder das «Böse», dem Mephisto die Synonyme «Sünde» und «Zerstörung» großzügig beigibt (1342 f.)? Wäre Faust etwa vor seiner Bekanntschaft mit ihm nicht der Sünde und des Bösen fähig gewesen? Setzt ihn zu dem, was er hinfort Böses tut – und das ist eine ganze Menge – wirklich erst der Teufel instand? Hier gerät die Literatur mit Moral und Theologie durcheinander. Erst der Begriff «Zerstörung» läßt ahnen, daß anderes gemeint ist als eine wie immer geartete religiöse oder philosophische Ethik. Mephistos Losung «Drum besser wär's, daß nichts entstünde» (1341) stellt ihn in einen viel tieferen Gegensatz zu allem Menschendasein, als es derjenige zwischen Tätigkeit und Trägheit, Gut und Böse sein könnte. Es ist der prinzipielle Gegensatz zwischen Schöpfung und Chaos, Sein und Nichts, auf den er mit seiner Wesensdefinition verweist, und das führt weit über die Funktion eines dialektischen Stimulators hinaus.

Zu dieser dunklen, chaotischen Heimatsphäre Mephistos empfindet der Melancholiker Faust allerdings eine tiefe Verwandtschaft. Aber wenn in der antiken Welt der Melancholiker Epimetheus die Gegenkraft gegen den gewissenlos handelnden Prometheus darstellt, wenn dort darüber hinaus die Versöhnung des Gegensatzes von Prometheischem und Epimetheischem gedacht werden kann, so läßt der aus dem biblischen Chaos kommende Mephisto die Leser in einen unauslotbaren Abgrund hineinblicken mit der Absicht, seinen Partner die Sinnlosigkeit alles Handelns, ja aller Existenz überhaupt erleben zu lassen. Tatsächlich ist es Mephistos Ziel, Faust an die Dinge zu ketten und Staub fressen zu lassen, «wie meine Muhme, die berühmte Schlange» (334 f.), ihn also wie diese in den Fluch der Erbsünde zu verwickeln, von dem das Selbstbewußtsein sich gerade befreien wollte. Mephisto versucht, Faust vor allem jener Kraft zu berauben, die im Widerspruch zu aller Erbsünde steht, aber mit ihr im christlichen Denken untrennbar verflochten ist: der Liebe. Das jedoch tut er eben dadurch, daß er Faust die Liebe erfahren läßt und sie ihm zerstört. Gab in der antiken Pandora-Fabel die Liebe am Ende der Hoffnung und Erwartung Kraft, so war dergleichen im christlichen Kontext in der dinglichen Sphäre sündigen Menschentums nicht mehr ohne weiteres zu erwarten, sondern allenfalls auf dem Weg über die irdische Existenz hinaus denkbar.

Goethes geschickte Erfindung eines Teufelspaktes, dessen Erfüllung durch Faust von einer Wette abhängt, deren Ausgang wiederum auf einem Ermessensurteil Fausts beruht, ermöglicht, konträr zur Sage und zu ihrer bisherigen literarischen Gestaltung, die Rettung des deutschen Doktors und seine Himmelfahrt statt der Höllenfahrt. Ob solches Ende verdient ist oder nicht, ob es sich formaljuristisch rechtfertigen läßt oder lediglich durch einen göttlichen Gewaltstreich erfolgt, hat die Kommentatoren zwar viel beschäftigt, sie aber nicht zu einem eindeutigen Ergebnis kommen lassen. Faust schwört, dem Teufel dann gern angehören zu wollen, wenn er sich jemals beruhigt auf ein «Faulbett» (1692) legen werde. Mephistos Schluß daraus ist nun freilich nicht, daß das am ehesten geschehen werde, wenn jemand Attraktives mit darin liegt. Gewiß gehört die Erweckung von Fausts Sinnlichkeit zu seinen ersten Manipulationen, aber nicht in der Ehe mit Margarete und im Amt eines Bürgermeisters, der die Luftpumpe erfindet, möchte er Faust fangen, denn dergleichen schlösse über kurz oder lang das Unbefriedigtsein keineswegs aus, sondern fangen möchte er ihn in der sehr viel tieferen Erniedrigung eines Liebenden, der zwar Liebe als die höchste Erfahrung menschlicher Göttlichkeit in der Begegnung zweier freier Menschen erfahren kann, aber zugleich gegen seine Absicht das andere, seine Liebe erwidernde Subjekt zerstört oder nicht halten kann. Überdies mißlingt Faust an der Hand Mephistos auch jene Transzendenz individueller Existenz, die dem Manne gerade durch die Liebe eröffnet wird, indem er zeugend die Kette der Generationen fortsetzt. Faust ist zwar fähig zu zeugen, aber nicht seine Kinder am Leben zu halten: Margarete bringt das ihre um, und Helenas Sohn Euphorion stürzt sich selbst aus der Kraft väterlicher Anlagen zu Tode. In beiden Fällen erweist sich Mephisto als der Unruhestifter und Störer. Ein elementares Thema von Goethes morphologischem Denken, die Überwindung menschlicher Vergänglichkeit durch die Kette der Generationen, in der jeder einzelne seine Rolle spielt und seine Aufgabe hat, ist damit von seiner negativen Seite her betrachtet – am Schluß von *Wilhelm Meisters Wanderjahren* gelingt dem Helden (vgl. S. 348), wozu Faust nicht in der Lage ist.

In der Faust-Dichtung war Goethe an einige Grundbestandteile einer alten Sage gebunden. Seine älteste Konzeption, so hat er Wilhelm von Humboldt gegenüber bekannt, ruhte «auf der Puppenspiel-Überlieferung, daß Faust den Mephistopheles genötigt, ihm die Helena zum Beilager heranzuschaffen» (22. 10. 1826). Von Figuren, nicht von Ideen also ist an erster Stelle die Rede, von ihren Trieben und Leidenschaften, von Menschen ins-

gesamt, wie sie die Natur zu allen Zeiten hervorbringt, was immer dann in
der Geschichte auf sie einwirken mag. Das «Beilager» aber, der Eros,
bedeutet Glück und Gefahr dieses Lebens, Versuchung und Erfüllung oder
Enttäuschung sowie, als Medium zur Fortpflanzung, auch die irdische
Überwindung der Vergänglichkeit.

Der Einbezug einer sozialen Tragödie in die Faust-Fabel, also des Dramas von Verführung und Untergang Margaretes, war eine wirkungsträch-
tige Entscheidung Goethes, gab diese Tragödie doch Gelegenheit, den Helden zunächst in menschlich-bürgerlichen Dimensionen zu zeigen, diesseits
von jener großen, halb mythischen Welt, in die allein die Sage ihn versetzt.
Das bürgerliche Trauerspiel erregte in diesem Falle nicht nur jene in Lessings Aristoteles-Interpretation gedeutete Furcht als ein «auf uns selbst
bezogenes Mitleid», sondern es führte auch die verhängnisvolle Dialektik
des aufgeklärten Faust vor Augen, der ungefähr wie der Pfarrer auch
(3460) von Herz, Liebe und Gott sprechen kann, sich dann aber hoffnungslos schwach in den Konventionen der kleinen Welt verfängt, die er nicht
achtet, aber auch nicht zu ändern vermag.

Dem bürgerlichen Trauerspiel von der deutschen unehelichen Mutter
und Kindesmörderin Margarete entspricht im zweiten Teil der Dichtung
Fausts Ehetragödie mit Helena, der antiken Königin und heidnischen Buh-
lerin, die ihm, dem christlichen Gelehrten, in der Sage von Anfang an auf
den Leib genötigt worden war mit der Absicht, seine Verteufelung darzu-
tun. Die Parallelen zwischen den beiden Teilen der Dichtung sind insgesamt
markant. Nachdem er sich erst einmal dem Teufel übergeben hat, erfährt
Faust, der Deutsche, den Zusammenbruch des Heiligen Römischen Reichs
im kleinen und großen, in Auerbachs Keller wie am Kaiserhof. Aber beide
Szenen bleiben noch Mephisto-Szenen. Faust wird erst aktiv, wenn der
Eros in ihm erweckt wird – in der Hexenküche durch das Zauberbild der
Helena, am Kaiserhof durch deren erneute Beschwörung, diesmal auf
Wunsch der Hofgesellschaft und mit Hilfe von Mephistos Schlüssel, aber
doch von eigener Hand durch den Gang zu den «Müttern». Beide Male
aber mißlingt Faust danach, das geliebte Wesen festzuhalten, und beide
Male muß er auf sich selbst als Schuldigen blicken. Im zweiten Falle allerdings entsteht der Verlust nicht durch die Verwicklung in äußere Verhältnisse, sondern durch das, was er von seinem inneren Wesen dem Sohne mitgegeben hat, der dann die Mutter mit sich fortzieht.

Die Fülle von mythischen Bezügen, von allegorischen und symbolischen
Verweisungen macht es schwer, über den zweiten Teil des *Faust* erklärend
zu sprechen. Deutlich werden Bilder von einer untergehenden Feudalord-
nung erkennbar, am Kaiserhof ebenso wie später in dem Streit zwischen
Kaiser und Gegenkaiser im vierten Akt. Die tückische, mephistophelische
Erfindung des Papiergeldes läßt die Schemen des heraufziehenden Kapita-
lismus entstehen, und auch Goethes Kenntnis Saint-Simonistischer

Lösungsversuche solcher ökonomisch-sozialen Konflikte ist aus einigen Stellen herauszulesen. Fausts erotisch motivierter Gang in der «klassischen Walpurgisnacht» zurück durch die Geschichte zu den Ursprungsmythen der Antike bringt Goethes naturphilosophische Entwicklungstheorie in den Ablauf des Stückes. Reflexionen über Neptunismus und Plutonismus wandeln sich unter der Hand zu Reflexionen über Evolution und Revolution. Das einzige die Dichtung überlebende Kind ist ein Kind der Wissenschaft, das Retorten-Baby Homunculus, das freilich zur rechten Entstehung erst einmal sein schützendes Glas an der Muschel zerschellen lassen muß. Es ist allerdings ein Kind Wagners, nicht Fausts, ohne Eros gezeugt und deshalb als männliches Wesen dorthin zurückgewiesen, wo alles menschliche Leben herkommt, auf die weibliche Muschel.

Die Helena-Episode freilich scheint ganz und gar in einer kulturhistorischen Bedeutung aufzugehen, in der symbolischen Vereinigung von Norden und Süden, Germanischem und Hellenischem, Romantischem und Klassischem. Sohn Euphorion kann dabei nicht nur die gefährliche Hypertrophie der Subjektivität in der romantischen Poesie verkörpern, sondern nach eigenem ausdrücklichem Zeugnis des Dichters zugleich ein Denkmal für Lord Byron sein, den Goethe schätzte und der sein Leben an griechischer Küste verlor. Was von solcher Autorenabsicht zu halten ist, macht ein kleines Gedicht zu Ehren Byrons deutlicher, das Goethe 1829 anonym im *Chaos*, der Hauszeitschrift seiner Schwiegertochter, veröffentlichte und dessen erste Strophe lautet:

> Stark von Faust, gewandt im Rath,
> Liebt er die Helenen;
> Edles Wort und schöne Tat
> Füllt' sein Aug' mit Thränen.

Das Spiel mit Worten, mit «Faust», «Helena» und den «Hellenen», läßt spüren, welch beziehungsreiches Schauspiel der *Faust* als ganzes darstellt, ein Werk, das viele Interpretationen ermöglicht, von denen nur die unbedingt falsch ist, die sich als einzige versteht.

Fausts Begegnung mit Helena ist nicht ein Kursus in Kulturgeschichte. Eine «klassisch-romantische Phantasmagorie» hat Goethe diese Szenen genannt, als er sie 1827 zuerst veröffentlichte. «Phantasmagorie»: das war eine Art von physikalischem Versuch mit dem Licht, «wodurch in einem dunklen Zimmer allerlei Gegenstände, vermöge einer sehr vollkommnen Zauberlaterne, in überraschender Abwechselung dargestellt wurden». So hat Arnim den Begriff in seinem Roman von der *Gräfin Dolores* beschrieben. Im Medium des Films hätte Goethe wahrscheinlich die tauglichste Realisierung seiner Vorstellungen gefunden. Natürlich war die Beziehung, wenn auch nicht notwendigerweise die Vereinigung von Hellenischem und Deutschem, Klassischem und Romantischem ein Thema Goethes in diesen

Szenen, war sie doch eine der großen kulturellen Triebfedern seiner Zeit. Aber Literatur war für Goethe nicht eine Arena für Ideen, sondern eine «Zauberlaterne», die Bilder, also gestaltetes Leben, vorführt. Helena ist nicht lediglich Personifikation von etwas Abstraktem, sondern eine Frau in der Gewalt der Männer, eine Schwester Margaretes, die sich der Persephoneia übergibt wie Margarete dem Gericht Gottes. Arrangeur von Fausts Enttäuschung, Niederlage und Frustration ist in beiden Fällen allein Mephisto. Nach den Abschiedsworten der antiken Königin in würdigen Trimetern rät er Faust – wohl nicht ohne Ironie holpernd in den Blankvers der deutschen Tragödie übergehend –, das Kleid der Entschwundenen festzuhalten:

> Es trägt dich über alles Gemeine rasch
> Am Äther hin, so lange du dauern kannst. (9952 f.)

Darauf jedoch wendet er sich, mit den Kleidern des Euphorion in der Hand und nun wieder knittelreimend, «ad spectatores», schält sich aus dem antiken Gewand der Phorkyas und hebt den Zauber der Phantasmagorie auf:

> Noch immer glücklich aufgefunden!
> Die Flamme freilich ist verschwunden,
> Doch ist mir um die Welt nicht leid.
> Hier bleibt genug, Poeten einzuweihen,
> Zu stiften Gild- und Handwerksneid;
> Und kann ich die Talente nicht verleihen,
> Verborg' ich wenigstens das Kleid. (9955–61)

Hat man in dem Schicksal der Helena «höchstindividuelle Seelenkunst» und damit die «Vorwegnahme der Frauenproblematik des gesamten europäischen Romans des 19. Jahrhunderts» (Wilhelm Böhm, 1933) gesehen, so bringt Mephisto mit diesen Worten gleichfalls einen Kommentar zu literarischen Moden aus Goethes eigener Erfahrung an. Denn Antike und Gegenwart, 16. und 19. Jahrhundert begegnen einander überhaupt in immer wieder neuen und überraschenden Kombinationen in dieser Dichtung, die «in der Fülle der Zeiten» über «volle 3000 Jahre» spielt, «von Trojas Untergang bis zur Einnahme von Missolunghi». So hat es Goethe selbst im schon zitierten Brief vom 22. Oktober 1826 Wilhelm von Humboldt mitgeteilt (vgl. S. 160). Der Blick auf Geschichte schafft Perspektiven für die deutschen Verhältnisse, die Umwandlung von Geschichte in Kunst jedoch bannt wiederum deren Vergänglichkeit.

Es bleibt die Frage, auf welche Weise das Leben eines durch die Zeiten hindurchgegangenen Menschen wie Faust in Goethes Verständnis enden darf. Die beiden Schlußakte des zweiten Teils sehen ihn wieder allein mit Mephisto. Aber anstatt daß er durch die Vereitelung aller Dauer für seine zeitweilig erfüllten Wünsche zerknirscht ist, meditiert er in antiken Trimetern, in der Sprache Helenas, über das eben Verlorene, erkennt dessen Ent-

sprechung zu dem in der kleinen Welt Deutschlands Erlebten, wenn ihm die
Erinnerung an ein «jugenderstes, längstentbehrtes höchstes Gut» (10059)
angesichts einer Wolke in Gestalt eines «göttergleichen Frauenbilds»
(10049) aufsteigt und bewahrt sich schließlich verlorene Liebe im Begriff
der «Seelenschönheit». Sie führt ihm die Kluft zwischen Vergänglichkeit
und Dauer in der Sphäre der Dinge noch einmal nachdrücklich vor Augen,
bestätigt ihm aber gerade deshalb auch das Bewußtsein von einer Existenz
jenseits dieser Dinge:

> Des tiefsten Herzens frühste Schätze quellen auf:
> Aurorens Liebe, leichten Schwung bezeichnet's mir,
> Den schnellempfundnen, ersten, kaum verstandnen Blick,
> Der, festgehalten, überglänzte jeden Schatz.
> Wie Seelenschönheit steigert sich die holde Form,
> Löst sich nicht auf, erhebt sich in den Äther hin
> Und zieht das Beste meines Innern mit sich fort. (10060-66)

Ein jeder Mensch erfahre, heißt es in Goethes Sprüchen, «ein letztes Glück
und einen letzten Tag». Faust hat sein letztes Glück erfahren, ohne Staub
zu fressen, noch nicht aber den letzten Tag. Mephistos Mühen nehmen deshalb ebenso zu wie sein Anteil am Dialog in den letzten beiden Akten. «Die
Reiche der Welt und ihre Herrlichkeiten» (10131) hat er seinem Partner
gezeigt.

> Doch, ungenügsam, wie du bist,
> Empfandest du wohl kein Gelüst? (10132f.)

Eigenes Herrschertum auf der Menschheit Höhen bleibt noch unversucht,
aber es ist lächerlich in deutscher Kleinstaaterei mit den Prognosen, die das
frühe 19. Jahrhundert erlaubt, zumindest für den prometheischen Faust,
aber im Grunde auch für jene gesetzteren liberalen deutschen Bürger und
Adligen in *Wilhelm Meisters Wanderjahren*, die ihre Pläne zur Auswanderung nach Amerika betreiben und sie ausführen. Der Wunsch von Goethes
gealtertem Faust – als historische Gestalt ist er nur um zwei oder drei Jahrzehnte jünger als Kolumbus – richtet sich auf Neuland, das, dem Meere
abgewonnen und von alten Traditionen frei, ein neues, freies Leben gewähren soll. Auch hier allerdings sorgt Mephisto dafür, daß Faust die Dialektik
allen Fortschritts und aller Freiheit erfährt: Die Idylle um das alte Ehepaar
Philemon und Baucis fällt seinem prometheischen Unternehmertum zum
Opfer und ruft den Epimetheus in Faust, den saturninischen Melancholiker
erneut auf den Plan. Vom ersten Monolog des ersten Teils, von der Anspra-
che an den vollen Mond und das «Totenbein» (417) an, ist dieser Melancholiker in Faust präsent und wirksam als beständige Herausforderung an
den Schöpfer in ihm. Auch in der letzten Mitternacht seines Lebens ist er
wieder da, wenn die Sorge, die Verkörperung aller Depressionen, ihn

besucht und erblinden läßt, ihn gerade dadurch aber noch einmal zu einem letzten prometheischen Aufschwung veranlaßt. Mephisto jedoch hat, wie das ganze Stück hindurch, die Demonstration der Sinnlosigkeit einer solchen Dialektik im Sinn, nicht deren Beförderung. Die Gegensätze kondensieren sich in Fausts letztem Auftritt. Denn die schweifende, in weite Ferne greifende euphorische Vision des Sterbenden vollzieht sich für den Zuschauer gegen den Hintergrund der sein Grab schaufelnden und keineswegs einen Damm bauenden Lemuren. Für den blinden Faust aber entsteht diesseits des erträumten Dammes ein Garten Eden:

> Im Innern hier ein paradiesisch Land,
> Da rase draußen Flut bis auf zum Rand,
> Und wie sie nascht, gewaltsam einzuschießen,
> Gemeindrang eilt, die Lücke zu verschließen.
> Ja! diesem Sinne bin ich ganz ergeben,
> Das ist der Weisheit letzter Schluß:
> Nur der verdient sich Freiheit wie das Leben,
> Der täglich sie erobern muß.
> Und so verbringt, umrungen von Gefahr,
> Hier Kindheit, Mann und Greis sein tüchtig Jahr.
> Solch ein Gewimmel möcht' ich sehn,
> Auf freiem Grund mit freiem Volke stehn.
> Zum Augenblicke dürft' ich sagen:
> Verweile doch, du bist so schön!
> Es kann die Spur von meinen Erdetagen
> Nicht in Äonen untergehn. –
> Im Vorgefühl von solchem hohen Glück
> Genieß' ich jetzt den höchsten Augenblick. (11569–86)

Es sind die letzten Worte Fausts. Angesichts des offensichtlichen Gegensatzes von Ideal und Wirklichkeit im Tode bleibt Mephisto nur der sein eigenes Ziel bestätigende Kommentar:

> Vorbei und reines Nicht, vollkommnes Einerlei!
> Was soll uns denn das ew'ge Schaffen!
> Geschaffenes zu nichts hinwegzuraffen!
> «Da ist's vorbei!» Was ist daran zu lesen?
> Es ist so gut, als wär' es nicht gewesen,
> Und treibt sich doch im Kreis, als wenn es wäre.
> Ich liebte mir dafür das Ewig-Leere. (11597-603)

Es ist von den Kommentatoren viel über den Sinn von Fausts Abschiedsmonolog gestritten worden, vor allem darüber, wie ernst es Goethe mit der Vision des Helden gemeint habe, ist die Situation doch ironisch genug, in der diese Worte gesprochen werden. Bei der Beurteilung der Szene im Kontext des Stückes ist zu unterscheiden zwischen Ironie und Zynismus. Zynisch muß das Urteil Mephistos sein, der aus einer Sphäre kommt, in der es kein Fortschreiten, sondern nur das «reine Nicht» gibt. Für ihn sind Fausts Worte eine wertlose Täuschung. Ironie hingegen ist dem verstehenden Urteil angemessen, das die Abhängigkeit aller menschlichen Existenz und allen menschlichen Tuns von der Zeit und damit dessen Vergänglichkeit kennt. Jenseits von Zynismus und Ironie aber steht die Überzeugung, daß sich die Sphäre der Dinge transzendieren lasse. Davon handelt der Epilog im Himmel, mit dem Goethe seine Faust-Dichtung schließt.

Goethe hat Wert darauf gelegt, daß man den Schluß seines Werkes als Literatur und nicht als Religion verstehe. «Übrigens werden Sie zugeben», erklärte er Eckermann am 6. Juni 1831, «daß der Schluß, wo es mit der geretteten Seele nach oben geht, sehr schwer zu machen war, und daß ich, bey so übersinnlichen, kaum zu ahnenden Dingen, mich sehr leicht im Vagen hätte verlieren können, wenn ich nicht meinen poetischen Intentionen, durch die scharf umrissenen christlich-kirchlichen Figuren und Vorstellungen, eine wohltätig beschränkende Form und Festigkeit gegeben hätte.» Die Transzendenz des Vergänglichen um des Sinnes aller menschlichen Existenz und alles Handelns wie Leidens willen geht für Goethe nicht aus der Offenbarung einer Religion hervor, sondern aus einer in der Natur angelegten Phänomenologie oder, in Goethes eigener Terminologie, der Morphologie. Die letzte Wahrheit finde sich zunächst in der Religion, dann aber «in der Wissenschaft, als dem Resultate des Ganzen», hatte Hegel in der Selbstanzeige seiner *Phänomenologie des Geistes* 1807 erklärt, wobei mit der Wissenschaft natürlich die Philosophie gemeint war, die schon Fichte zur «Wissenschaftslehre» umgestaltet hatte. Auf eine aus der Naturbeobachtung gewonnene Wissenschaftslehre stützte auch Goethe seine «Phänomenologie», also seine Vorstellung von Polarität und Steigerung in der Natur, von einer Dialektik, in der die bindende und damit steigernde, vorantreibende Kraft die Liebe war. Neben diese Morphologie der Natur stellte Goethe eine aus der Beobachtung der Zeitgeschichte gewonnene Morphologie der menschlichen Gesellschaft, wobei er Gesellschaftsgeschichte allerdings nicht in den Begriffen eines Karl Marx hätte sehen können, ebensowenig wie er die Natur mit den Augen Newtons sah. In seinen eigenen Erläuterungen zu dem Gedicht «Urworte. Orphisch» (vgl. S. 743 f.) spricht er davon, daß zu der «liebevollen» Nötigung der beiden Geschlechter zur Fortpflanzung eine weitere Nötigung hinzutrete: «Eltern und Kinder müssen sich abermals zu einem Ganzen bilden [...] Familie reiht sich an Familie, Stamm an Stamm; eine Völkerschaft hat sich zusammengefunden und wird gewahr, daß auch dem Ganzen fromme, was der Einzelne beschloß, sie macht den Beschluß unwiderruflich durchs Gesetz.»

Die Verwandtschaft dieser Gedanken mit Fausts letztem Monolog ist unverkennbar; beide Male ist die Rede von der Aufhebung der Einzelexistenz in der Kette der Generationen und vom Gesetz, das die Sicherheit des Ganzen verbürgt, die dem einzelnen darin seine Freiheit und seinen Lebenssinn gibt. Es sind Gedanken, die aus der Naturbeobachtung ebenso wie aus derjenigen der revolutionären und militärischen Bewegungen der jüngeren Geschichte hervorgegangen sind. Sie breiten sich über Goethes Schriften seiner späten Jahre und dort wiederum insbesondere im Roman von *Wilhelm Meisters Wanderjahren* aus. Faust jedenfalls erfüllt sich in dieser Vision seine Vaterschaft, die ihm als Mann nicht gelungen ist.

«Das noch so entschieden Einzelne kann, als ein Endliches, gar wohl zerstört, aber, solange sein Kern zusammenhält, nicht zersplittert noch zerstückelt werden, sogar durch Generationen hindurch.» Auch das steht in Goethes Kommentar zu seinem Gedicht und läßt sich doch zugleich als Stück eines Kommentars zum Epilog seines *Faust* lesen. Denn der Schluß der «Urworte» gilt der «Hoffnung»:

Ihr kennt sie wohl, sie schwärmt nach allen Zonen –
Ein Flügelschlag – und hinter uns Äonen.

Jedes feine Gemüt, so meint der Autor dazu, möge es gern übernehmen, sich selbst den Kommentar dazu «sittlich und religios zu bilden». Für den Schluß des *Faust* gilt letztlich das gleiche. Nur einige Tatsachen sind als Grundlage für die freie Meinungsbildung der Lesenden festzuhalten. In diesem Schluß hat der Teufel als Regisseur eines menschlichen Lebenstheaters keine Rolle mehr. Liebe ist das Leitwort des Epilogs, das in den verschiedensten Zusammensetzungen und Konstellationen wie ein Cantus firmus das oratorien- oder opernhafte Finale durchzieht als «Liebeshort», «ewiger Liebe Kern», «allmächtige Liebe», «liebevoll», «Liebesboten», «Liebesqual», «liebend-heilig» und «Liebeslust». Die «Liebe von oben» schließlich steht als wirkende Kraft in der von den Engeln verkündeten Erlösungsformel für die Seele des aus den Klauen des Teufels Geretteten:

Gerettet ist das edle Glied
Der Geisterwelt vom Bösen,
Wer immer strebend sich bemüht,
Den können wir erlösen.
Und hat an ihm die Liebe gar
Von oben teilgenommen,
Begegnet ihm die selige Schar
Mit herzlichem Willkommen. (11934–41)

Der «sittliche» und «religiose» Kommentar, den sich die «feinen Gemüter» zu dieser Erlösung gebildet haben, ist mannigfaltig und bunt. Fausts Liebestod aber entzieht sich letztlich jeder Reduktion auf philosophische, politische oder religiöse Ideale. Greifbar ist der nunmehr von höchstem Ort

gebilligte Widerstand des Helden gegen Zerstörung, Chaos und Nichts.
Gebilligt ist nicht die Gewissenlosigkeit des Handelns. Bestätigt jedoch sieht
immerhin der Schöpfer dieser in der Tradition der Faust-Sage so einzigartigen Erlösungsszene seine Überzeugung von der Höherentwicklung in
Natur und Gesellschaft, von der Überwindung der Zeit dadurch, daß man
sich nicht als einzigartig, sondern als Teil eines großen Prozesses versteht,
was für Goethe am tiefsten und reinsten in der Liebe erfahrbar wurde.
Wenn es am Ende das «Ewig-Weibliche» (12110) ist, das ein Chorus mysticus als die hinanziehende Kraft betrachtet, ein Weibliches, das dem Manne
als «Jungfrau, Mutter, Königin, Göttin» (12102 f.) begegnet, dann muß
bedacht werden, daß hier eben das Leben eines Mannes aus der Sicht eines
Mannes vorgeführt worden ist. Nicht anders als im Weiblichen war deshalb
Vereinigung, Fortzeugung und damit Überwindung des eigenen begrenzten
Daseins denkbar und möglich.

Der Dichter des *Faust* war nicht ohne tiefe Skepsis gegenüber den Qualitäten seines Helden. Am 18. Januar 1832, zwei Monate vor seinem Tode,
schreibt Goethe auf ein gesondertes Blatt die folgenden Verse:

> Der Zaubrer fordert leidenschaftlich wild
> Von Höll' und Himmel sich Helenens Bild;
> Trät' er zu mir in heitern Morgenstunden,
> Das Liebenswürdigste wär' friedlich ihm gefunden.

«Heitere Morgenstunden» im Weimarer Winter verraten etwas von der
Nähe des Dichters zum blinden Faust ebenso wie von der inneren Ferne zu
dessen Unruhe. Der Spruch auf diesem Blatt oder das große dramatische
Gedicht auf vielen andern bannen den unaufhebbaren Widerspruch in die
Form der Kunst. Daß die Natur dem Menschen «aufs herrlichste» vorarbei-
tete, «indem sie ein gestaltetes Leben dem Gestaltlosen entgegensetzt», ist
ein Gedanke aus Goethes *Versuch einer Witterungslehre* (1825), den man mit
Überlegungen zu Fausts Tun und seiner Erlösung in engen Zusammenhang
bringen kann. Denn Faust gehört, wie der Mensch überhaupt, der Natur an
und erhebt sich doch zugleich über sie. Auf dem Verständnis von einer solchen Doppelnatur des Menschen ist Goethes Welt- und Naturverständnis
gegründet. Die Geschichtlichkeit der Existenz, diese große Entdeckung von
Goethes eigener Zeit, wird nicht geleugnet, aber durch eine solche Betrachtungsweise doch in ihrer Bedeutung begrenzt. So ist auch Fausts Lebensgang nicht schlechterdings Spiegel europäischer Gesellschafts-, Wirtschafts-
und Kulturgeschichte bis ins 19. Jahrhundert, sondern die Geschichte in diesem Werk, wo sie erscheint, ist Spiegel einer Persönlichkeit, deren
geschichtliche Koordinaten sehr viel weiter sind. Goethes *Faust* ist ein
Abbild der Konstruktionen, die sich unter deutscher Perspektive der aufgeklärte, zum «reinen Selbstbewußtsein», zur Herrschaft über die Dinge und
die Geschichte strebende Mensch schafft, um mit den Problemen seiner

Existenz unter eben den Voraussetzungen seiner Aufgeklärtheit fertigzuwerden. Bestätigung der Handlungsweisen in jedem einzelnen Fall ist daraus nicht abzulesen. Welches immense Potential an Fähigkeit zu Ordnung
und Chaos, Schöpfung und Zerstörung, zu schöner Kunst und wüster Barbarei gerade in diesem aufgeklärten Bewußtsein bereitliegt, das hat insbesondere Fausts eigene Nation seitdem deutlich demonstriert.

Für die Welt ist Faust eine Inkarnation des «romantischen» Helden
geworden, des ins Unbegrenzte hinausstrebenden mit allen den Bedenklich-
keiten, die solches Streben in sich birgt. Literaturhistorisch ist ein derartiges
Prädikat nicht gemeint. In dieser Hinsicht begleitet Goethes *Faust* eher die
deutsche Dramengeschichte vom Volksschwank und den sozialen Protesten
des Sturm und Drang in seiner gegen die Regelpoetiken protestierenden
Form über die Versuche zur distanzierenden Klassizität der neunziger Jahre
und den Formen des romantischen Dramas, des Dialogs mit den Zuschauern, wie ihn etwa Tieck, seinen Stoff ironisierend, versuchte, bis hin zum
Mythendrama, das zu Beginn des 19. Jahrhunderts auflebte, und schließlich
zur Oper. Bei ihr hatte Goethe selbst das Vorbild der *Zauberflöte* vor
Augen, während die Betrachter einer späteren Zeit den Übergang zur
episch-mythischen Oper Richard Wagners spüren können, denn in jedem
Fall handelte es sich um ein Ausweichen vor der realistischen Gestaltung
deutscher Wirklichkeit, die, zurückgeblieben im Sozialen wie Ökonomischen, dem auf Realismus bedachten Künstler nur Gelegenheit zur Abbil-
dung eben dieser Zurückgebliebenheit gegeben hätte. Die verschiedenen
Versuche zu anderen Faust-Dichtungen in den ersten zwei Jahrzehnten des
19. Jahrhunderts belegen das deutlich. Klingers im 18. Jahrhundert lebender
Faust wurde von Karl Christian Ludwig Schöne (1809) und August Klingemann (1815) flach dramatisiert. Arnim wiederum schuf in den *Kronenwächtern* (vgl. S. 402 ff.) eine vitale, farbige Gestalt des Doktor Faust, reduzierte
ihn aber doch zugleich auf den tückischen Magier einer Übergangszeit.
Nur Christian Dietrich Grabbe hat in *Don Juan und Faust* (1829) versucht,
noch vor der Vollendung der Goetheschen Dichtung dieser einen eigenen
mythischen Entwurf zur Seite zu setzen, der allerdings daran zerbricht, daß
die Gegenspieler nicht zugleich wirkliche Gegensätze repräsentieren. So hat
Goethes *Faust* als ein aus Phantasie, historischem Weitblick, kritischer
Reflexion und hoher Sprachkunst gebildetes Ganzes seine Einzigartigkeit in
der deutschen Literaturgeschichte behauptet und ist überdies der hervorra-
gendste Beitrag eines Zeitalters zu der von Goethe selbst beschworenen
«Weltliteratur» geworden.

SECHSTES KAPITEL

LYRIK

1. Lyrik auf dem literarischen Markt

Wenn es der ausgesprochene oder unausgesprochene Wunsch der Dichter ist, mit ihren Schöpfungen möglichst viele Menschen auf eine möglichst lange Zeit zu erreichen, dann ist das tatsächlich einer guten Zahl deutscher Lyriker aus den ersten Jahrzehnten des 19. Jahrhunderts gelungen. Allerdings liebte und liebt man sie nicht nur rein um ihrer selbst willen, denn wenn die Werke dieser intimsten Form der Sprachkunst nicht allein die Deutschen bezaubern, sondern teilweise sogar die Sprachgrenzen übersprungen haben, so hat das seinen Grund darin, daß der eigentliche Urheber dieser großen Popularität die Musik ist. Dabei handelt es sich um Musik in zwiefacher Gestalt, und zwar einmal um das von vielen gesungene Volkslied, andererseits aber um das sich zum Text in ein besonderes, interpretatives Verhältnis setzende Kunstlied. Hatte Johann Friedrich Reichardt noch bei seiner Ausgabe der *Lieder geselliger Freude* (1796/7) beklagt, daß er keine geeigneten Vertonungen von Haydn, Mozart und Dittersdorf, also den bedeutenderen Komponisten gefunden habe (vgl. Bd. 1, S. 574), so wurde eine derartige Klage bald grundlos, nicht nur weil in Wirklichkeit Haydn und Mozart sich in Liedkompositionen versucht hatten, sondern vor allem weil nach der Jahrhundertwende die große Zeit des deutschen Kunstlieds begann. Die Lieder von Beethoven, Schubert, Mendelssohn, Schumann und Brahms trugen die Namen und Texte deutscher Lyriker in alle Welt und verschafften ihnen eine Dauer, von denen sie kaum hätten träumen können. Musik machte die Gedichte Goethes, Schillers, Eichendorffs, Kerners, Chamissos, Rückerts, Uhlands, Mörikes und Heines auch außerhalb Deutschlands bekannt, aber ebenso solche von Friedrich und August Wilhelm Schlegel, von Helmina von Chézy, Matthäus von Collin, Georg Philipp Schmidt von Lübeck oder Ludwig Rellstab, und das lyrische Werk Wilhelm Müllers verdankt seine fortdauernde Beliebtheit ebenfalls erst den Melodien, die Schubert den beiden Gedichtzyklen «Die schöne Müllerin» und «Die Winterreise» gab.

Den Hintergrund für diese Liedkunst bildete in erster Linie die Verbürgerlichung der Musik seit dem Ausgang des 18. Jahrhunderts in Verbindung mit der Entstehung einer eigenständigen, spezifisch deutschen Musikkultur, die aus der an einzelnen Höfen gepflegten Kunstübung hervorging. In der

Literatur kam außerdem das Lesenkönnen als Resultat aufgeklärter Erziehung nicht nur den Romanen zugute, sondern auch den Musenalmanachen und Anthologien, den Horten für lyrische Produktion also, denen die Komponisten zuweilen ihre Kompositionen sogleich beigaben, womit übrigens in den Anfängen noch deutlich der Vorrang des Textes vor der Musik behauptet wurde. Das Forum für die Liedkunst des 19. Jahrhunderts aber bildete in erster Linie die bürgerliche Familie, auf deren frühe Problematik sich auch eine Vielzahl der Texte bezog: auf freie Erotik und bürgerliche Moral, auf Philiströsität oder das Glück der Innigkeit und schließlich überhaupt auf Einsamkeit oder Gemeinsamkeit des von gesellschaftlichen Privilegien nicht mehr von vornherein geschützten oder bedrohten Ichs. Die Hausmusik und bald auch die öffentlichen Konzerte verschafften diesen Liedern den großen Widerhall, der ihnen seitdem geblieben ist. Sprachkunst und Musik trafen aber auch im Theater zusammen, das, wie schon erwähnt (vgl. S. 562), Schauspiel, Singspiel und Oper präsentierte und überhaupt eine viel engere Verbindung von gesprochenem Text und Musik wahrte, als das später bei der Trennung zwischen Schauspielhäusern und Opernhäusern der Fall war. Aber auch die noch zwischen Rezitativ und Arie trennende Nummernoper förderte die Verbindung von Musik und Text. Nach der Uraufführung von Friedrich Kinds und Carl Maria von Webers *Freischütz* 1821 hat, den Berichten nach, ganz Berlin bis zu den Schusterjungen «Wir winden dir den Jungfernkranz» gesungen, gesummt oder gepfiffen. Ein «Schlager» also war geboren, denn auch diese alltägliche Form der Verbindung von Lyrik und Musik wuchs aus bürgerlicher Kultur hervor.

Verbürgerlichung allein war es jedoch nicht, was der Liedkunst im deutschen Sprachbereich eine so außerordentliche Bedeutung verschaffte. Das Jahrzehnt zwischen 1806 und 1815 war eine Zeit des Krieges gegen fremde Okkupanten, der zeitweilig als Nationalangelegenheit betrachtet wurde, Patriotismus in Bewegung setzte und mit ihm das patriotische, politische, agitatorische Gemeinschafts- und Bekenntnislied förderte (vgl. S. 53 f.). Was den Franzosen einige ihrer revolutionären Lieder bedeutet hatten, das wurden den Deutschen die vertonten oder nach bekannten Melodien gesungenen Gedichte Arndts, Schenkendorfs oder Theodor Körners. Auch auf diese Weise also wurde Lyrik populär und verschwand danach durchaus nicht immer mit dem Anlaß, aus dem sie hervorgegangen war. Das gilt nicht nur für Gedichte, die unter veränderten Umständen einen deutschen Nationalismus stützen sollten, der sich nicht mehr als Widerstand gegen uneingeladene fremde Herrscher legitimieren konnte, sondern es gilt auch für Lieder, die unberührt von politischen Missionen blieben, aber in der Atmosphäre des Krieges entstanden waren. Ludwig Uhlands «Ich hatt einen Kameraden» («Der gute Kamerad»), 1809 geschrieben und in der Vertonung von Friedrich Silcher geradezu unsterblich geworden, ist ein Beispiel dafür.

Uhlands und Silchers Lied aber ist zugleich ein Beispiel für den Übergang vom Kunstlied zum Volkslied, also zu einem Lied, bei dem Autor und Komponist schließlich in Vergessenheit geraten und am Ende manchmal kaum noch oder nicht mehr feststellbar sind. Ähnliches wie bei Uhland hat sich mit Eichendorffs «In einem kühlen Grunde» («Das zerbrochene Ringlein») in der Vertonung von Friedrich Glück oder bei Heines «Lorelei» ereignet. In Heines Falle allerdings wurde die Anonymität auch von antisemitischem Chauvinismus gefördert, der einem Juden ein derartig populäres Gedicht nicht gönnen oder ihn schlechterdings aus der deutschen Literatur eliminieren wollte, was sich wiederum mit dem Lied in den Köpfen der Menschen nicht so leicht bewerkstelligen ließ. Geschah es beim Kunstlied, daß zuweilen unbedeutende Texte bedeutende Musik veranlaßten, so konnte sich bei der Wandlung von Gedichten zu Volksliedern das Gegenteil ereignen, daß nämlich bedeutende Texte durch unbedeutende, aber eingängige Musik verhüllt und um ihren tieferen Sinn gebracht wurden, so daß sie in Gefahr gerieten, als sentimental mißverstanden oder mißbraucht zu werden. Die Wirkungsgeschichte Joseph von Eichendorffs und Heinrich Heines hat Zeugnisse dafür zu bieten.

Wo bei Lied und Lyrik die Kunst aufhört und das Volk anfängt, ist schwer zu entscheiden, und gerade diejenigen, die sich zu Anfang des 19. Jahrhunderts um die Überlieferung volkstümlicher Dichtung am meisten verdient gemacht haben – Ludwig Achim von Arnim, Clemens Brentano und die Brüder Grimm –, haben ihr Bestes getan, Trennungslinien zu verwischen. Ohne Zweifel war das bedeutendste einzelne Ereignis in der Geschichte der deutschen Lyrik dieser Jahre die Edition von *Des Knaben Wunderhorn,* jener großartigen Sammlung «alter deutscher Lieder», die Arnim und Brentano zwischen 1806 und 1808 vorlegten und mit der sie hinfort einen unmeßbaren Einfluß auf die deutsche Literatur und Musik ausübten. Aber gerade diese «Volkslieder» waren zum Teil nicht nur von durchaus feststellbaren und bekannten Autoren geschrieben worden, sie waren teilweise auch dort, wo sich persönliche Urheberschaft nicht nachweisen ließ, «Ipsefacten», wie es die Herausgeber nannten, denn sie hatten ihnen durch Überarbeitung etwas von ihren eigenen Vorstellungen über Kunst, Zeit und Volk verliehen. Ähnlich waren die Brüder Grimm mit ihren *Kinder- und Hausmärchen* verfahren. Erklärte Jean Paul in den *Dämmerungen für Deutschland* (1809) das gedruckte Wort als einen Hort der Freiheit – «Das Buch sagt kühn Allen Alles» –, so entstand hier zu gleicher Zeit bei jüngeren Autoren, die ihn verehrten, das Ideal einer mündlichen Überlieferung von Dichtung, für die die Person des Autors und seine individuelle Problematik nicht mehr im Vordergrund stehen sollte, sondern statt dessen die Gemeinsamkeit und das nationale, gesellschaftliche Interesse. Daß ein derartiges Ideal seinen Rückhalt in der politisch-historischen Situation Deutschlands in diesen Tagen hatte, ist offensichtlich. Aber auch Jean Pauls

Anschauungen bezogen sich auf die Nöte seines Landes, so daß der Anschein entsteht, als wenn im Unterschied zwischen den Generationen nun einfach eine grundsätzlich aufklärerische Haltung auf ihr romantisches Gegenteil stoße. Aber gerade Autoren wie Friedrich Schlegel, die dem Romantischen einen eigenständigen Sinn in der deutschen Literatur verschafften, haben keineswegs mündliche Tradition über schriftliche gesetzt, sondern gerade symbolischen Büchern und Bibeln in ihren Werken und Plänen große Bedeutung eingeräumt, außerdem aber die Individualität des Dichters über alles andere erhoben. Auch war das, was sich seit der Jahrhundertwende am entschiedensten als romantische Lyrik verstand – also die Lyrik nach Modellen romanischer Formen im Zeichen der Abwendung von klassischen Mustern – ganz gewiß nicht mündlich-populäre Dichtung, sondern setzte die geschickte künstlich-kunstvolle Konstruktion des Gedichtes nach überlieferten Regeln auf dem Papier voraus.

Das Ideal einer mündlich tradierten Literatur entstand aus komplexeren Zusammenhängen. Zunächst wurde es gefördert durch das soziale Interesse an Volksliteratur im Gegensatz zur Bildungsdichtung der gehobenen Schichten, wie es Herder zuerst erweckt hatte. Danach erhielt es unter den besonderen Verhältnissen der Napoleonischen Kriege Bedeutung als Zeichen der erstrebten Überwindung sozialer Schranken und – durch gemeinsames Singen – der Belebung eines Gemeinschaftsgefühls zur Unterstützung der gemeinsamen Sache des Widerstandes und Kampfes. Schließlich aber ist in diesem Ideal auch bereits Kritik an der Beschränktheit eben jener bürgerlichen Lebensverhältnisse enthalten, in denen die literarische Kultur dieser Jahre erst ihren eigentlichen Nährboden fand. Schuf der Krieg in den Vorstellungen der Dichter Sänger und Helden, so der darauffolgende enttäuschende Frieden Sänger und Wanderer, teils bescheiden fröhlicher, teils melancholischer Natur. In jedem Falle aber erschien «Singen», nicht Schreiben als Hort des Poetischen und eines freien Lebens. Eichendorffs Roman *Ahnung und Gegenwart* enthält dafür besonders sprechende Beispiele (vgl. S. 488 f.). Das Ideal mündlicher Dichtung enthüllt sich also durchaus als literarische Fiktion mit bestimmten Zielen. Im Zusammenhang damit bildete die erzählende, also zum Lesen bestimmte Literatur seit dem *Wilhelm Meister* ein wesentliches Publikationsorgan für Lyrik und hat bei deren Verbreitung eine bedeutende Rolle gespielt.

Eine wesentliche Folge bürgerlicher intellektueller Emanzipation war nicht nur, daß mehr gelesen, sondern gleichzeitig auch mehr geschrieben wurde. Bei der Entstehung des Ideals mündlicher Dichtung ist dies ebenfalls zu bedenken. Mit den Almanachen und Anthologien sowie den Journalen und bald auch den Tageszeitungen rückte die Möglichkeit, sich selbst gedruckt zu sehen, vielen Lesenden näher. Das hatte sich in gewissem Umfang schon für die Jahre vor der Jahrhundertwende feststellen lassen (vgl. Bd. 1, S. 572), aber die Befreiung von klassischen Mustern im Sinne des

Romantischen, das Verschwinden gelehrter Mythologie, die Vorherrschaft
des Reimes sowie einfacher Vers- und Strophenformen beseitigten die
Schwierigkeiten, die allen potentiellen Dichterinnen und Dichtern bisher
von einer normativen Poetik auferlegt worden waren. Davon konnte man
sich nun frei fühlen, und für die Lust am Reimen gab es keine Grenzen
mehr.

> Vöglein hüpfet in dem Haine,
> Herzchen hüpfet in der Brust,
> Bei des Frühroth's erstem Scheine,
> Sind sie wach voll Lieb' und Lust.

> Denn ein frohes, freies Leben,
> Freier Flug und freier Sang,
> Ward den Liebenden gegeben,
> Und sie zieh'n die Welt entlang.

> Vöglein über Thal und Hügel
> Findet bei der Liebsten Ruh,
> Auf! mein Herz, auch deine Flügel
> Tragen dich dem Himmel zu.

Es ist Friedrich Försters Gedicht «Die freien Sänger», das als Prototyp für
Tausende anderer dieser Art gelten kann, von Routiniers wie Förster oder
aber dann von reinen Dilettanten immer wieder produziert und reprodu-
ziert. Försters Gedicht erschien in einem von ihm herausgegebenen, durchaus verdienstvollen Almanach *Die Sängerfahrt* (1818), in dem neben dem
Herausgeber selbst Arnim, Chamisso, Wilhelm Müller, Schenkendorf und
Tieck vertreten waren, der Übersetzungen serbischer Volkslieder durch die
Brüder Grimm enthielt und der zum ersten Mal Brentanos Erzählung *Aus
der Chronicka eines fahrenden Schülers* brachte.

Die Musenalmanache waren das bedeutendste Publikationsmittel für
Lyrik in der zweiten Hälfte des 18. Jahrhunderts gewesen. Die Zeit solcher
langandauernden, um eine Person oder einen Kreis arrangierten Jahrbücher
ging jedoch in den Zeiten großer politischer Bewegung, zunehmender
«Schnelligkeit» der Lebensverhältnisse, wie Goethe es 1825 Zelter gegenüber nannte, und der technischen Entwicklung im Druckgewerbe nach und
nach zu Ende. Die rasch aufblühenden, aber zumeist ebenso rasch wieder
vergehenden literarischen Journale gaben in Verbindung mit der wachsenden Lesekultur der Erzählkunst mehr Raum, so daß in ihnen Lyrik nur
noch eine Rolle neben anderen Gattungen spielte und manchmal ganz an
den Rand gedrängt wurde als eine Art Schmuckstück zur poetischen Zier
ernsterer Dinge. Eine ähnliche Rolle spielte Lyrik in den sich ausbreitenden
Tages- oder Wochenzeitungen. Musenalmanache wurden allerdings dennoch neu gegründet. Für 1802 taten es August Wilhelm Schlegel und Lud-

wig Tieck, für 1802 und 1803 Bernhard Vermehren, für 1804 bis 1806 Chamisso und Varnhagen und für 1807 und 1808 Leo von Seckendorf. War Schlegels und Tiecks Buch Summe der vorausgehenden Jahre, so meldete sich bei Chamisso, Varnhagen und Seckendorf bereits deutlich eine jüngere Generation zu Wort. Seckendorfs im schwäbischen Umkreis entstandene Bände brachten nicht nur Gedichte von Hölderlin und Isaac von Sinclair, sondern auch Uhland und Kerner machten darin, neunzehn- oder zwanzigjährig, ihre ersten poetischen Gehversuche. Aber keines dieser Unternehmen kam über zwei, allenfalls drei Jahrgänge hinaus. Zu den eigentlichen Sammelplätzen lyrischer Produktion wurden stattdessen immer mehr einzelne Anthologien mit klingenden Titeln wie «Sängerfahrt», «Deutscher Dichterwald» oder «Dichter-Garten». Sie waren von der Jahrgangsfolge unabhängig, wenn auch hin und wieder auf Fortsetzung angelegt.

Eines der frühesten Dokumente dafür ist Karl von Hardenbergs Almanach *Dichter-Garten*, dessen erster und einziger Band mit dem Untertitel «Violen» 1807 erschien. In ihm dichteten er als Rostorf und Georg Anton von Hardenberg als Sylvester im Stile ihres Bruders Georg Philipp Friedrich von Hardenberg, also Novalis, weiter und versuchten zugleich, dessen Denken und Schreiben in die Zeit der Napoleonischen Kriege hinüberzutragen, was allerdings zur Folge hatte, daß zwei Sonette und ein «Lied» Rostorfs am Ende nicht aufgenommen werden konnten, weil dort in Novalis' Sprache zu kräftig patriotisiert wurde:

> Ein neues süßes Leben
> Schlägt hell die Augen auf,
> Aus dunkeln Grüften schweben
> Die Geister leis herauf;
> Sie wollen uns verkünden
> Das Ende dieser Zeit,
> Und unser Herz entzünden
> Zur Krieges Herrlichkeit!

So heißt es in Rostorfs «Lied», das dann fortfährt:

> Nur wenn des Krieges Blume
> Den mächt'gen Kelch erschließt,
> Aus altem Heldenthume
> Mit kräft'ger Wurzel sprießt;
> Wenn diese hehre Blüte
> Sich unsern Augen zeigt,
> Mit wunderhoher Güte
> Sich kräftig zu uns neigt.

> Wenn Todeslust im Herzen
> Uns tönt der Waffenklang,
> Wir sind mit edlen Schmerzen
> Für Krieges Sehnsucht krank; –
> Dann glänzt mit süßem Strale
> Der Freiheit Glorien-Schein,
> Und bricht in heim'sche Thale
> Mit mächt'gem Glanz herein!

Auf von dem trüben Wahne!
Ergreift das theure Schwerdt!
Entfaltet froh die Fahne,
Und zieht von eurem Heerd!
Wenn wir mit deutschem Muthe
Das Vaterland befreit,
Wächset aus unserm Blute
Ewige Herrlichkeit!

Bis aufs Wort lassen sich die Parallelen zu Novalis nachweisen, aber in einem Sinnzu-
sammenhang, der diesem fernlag. Das Gedicht erschien erst 1816 in einem weiteren
dieser Almanache, in Graf Loebens *Die Hesperiden*, die den klangvollen Untertitel
«Blüthen und Früchte aus der Heimath der Poesie und des Gemüths» trugen. Auch
dies war ein erster Band, der der einzige blieb.

Wirkungsvoller als der Almanach der Brüder Hardenberg waren die beiden Anthologien, die Justinus Kerner herausgab. Die erste nannte er *Poetischer Almanach für das Jahr 1812* (1811), die zweite, in Verbindung mit Fouqué, Uhland «und Anderen» herausgegeben, *Deutscher Dichterwald* (1813).

Hatte der *Dichter-Garten* als originellsten Beitrag eine Reihe von Gedichten Friedrich Schlegels enthalten, die sein neues religiöses und patriotisch-politisches Engagement reflektierten, aber künstlerisch lediglich das abgesteckte Feld romantisch-roma-
nischer Formen weiter bestellten, so boten Kerners Anthologien einen Blick auf das
ganze Panorama des wirklich Neuen seit der Jahrhundertwende. Auch hier wurden
zwar «romantische» Formen weiter gepflegt, also Sonette, Stanzen und Romanzen,
neben ihnen übrigens auch klassische wie das Distichon, aber den Vorrang nahmen
nun doch Lieder und Balladen ein, wie sie das *Wunderhorn* zuerst in großer Fülle
vorgestellt hatte. Solche Formen paßten sich aber auch besser den neuen Stoffen an,
den aus Geschichte und Sage gewonnenen ebenso wie den auf die Zeit, also die kriegerische Gegenwart, und die Natur bezüglichen. Die Orientierung an einer Lebens-
und Kunstphilosophie war dem Suchen nach Inhalten in Natur, Tradition und psychologischer wie gesellschaftlicher Realität gewichen. Die Überschriften in Kerners
erster Anthologie mischen bezeichnenderweise symbolische Naturbilder («Blumen»)
mit Realem («Jahres- und Tageszeiten», «Wanderung, Jagd, Krieg»), Emotionellem
(«Wehmuth und Liebe») und Formalem («Sonette und Distichen»). Neben Kerner
und Uhland trat in diesen Anthologien eine Vielzahl weiterer Lyriker auf: Amalie
Schoppe, Chamisso, Helmina von Chézy, Eichendorff, Fouqué, Hebel, Loeben und
Schwab, um nur die bekannteren Namen zu nennen.

In einem kleinen Prosatext von Loebens *Hesperiden* zieht eine der Personen «den *Dichterwald* aus der Tasche»: Kerners Buch war also offenbar zu
einem Musterstück zeitgenössischer Lyrik geworden.

Loebens Almanach jedoch spricht an einzelnen Stellen bereits eine andere Sprache.
Loeben verbürgte zwar die Novalis-Nachfolge ebenso wie die Sonett-Kultur, über
die sich Eichendorff, der mit einigen bedeutenden Gedichten in den *Hesperiden* vertreten ist, gerade in *Ahnung und Gegenwart* lustig gemacht hatte. Aber nach dem
Ende einer politisch bewegten Zeit wurde man sich nun auch der größeren Konflikte
des sich die Erde rasch und stark untertan machenden Menschen bewußt. Zacharias
Werners Sonett «Luftschiffahrt» ist eines der frühen drastischen Beispiele für die literarische Kritik am heraufziehenden technischen Zeitalter:

> Zur Sonne reis't man nicht auf Montgolfieren

erklärt Werner kategorisch, um dann den Rat anzufügen:

> Ihr sucht die Sonnenbahn? – Ein löblich Streben,
> Doch – fliegen hin? – laßt's, Aeronauten, bleiben,
> Mit Fliegen ist hier gar nichts ausgerichtet!

Der Priester Werner wußte für die Besitzergreifung des Himmels besseren Rat; tatsächlich war von der Technik eine Antwort auf die Frage nach der Existenz Gottes und einer sich daraus herleitenden Ethik nicht zu erwarten. In einem Sonett Loebens wiederum wirbt die Erde um Liebe und Freundschaft des Menschen und stellt sie dessen harter Unterwerfungspraxis entgegen, was weitsichtig auf andere Art war, wenngleich in fragwürdige Bilder gefaßt:

> Nicht zürne mir, den meine Schwere zügelt,
> O Mensch! – ich bin der Boden deines Strebens,
> Die stille Mutter deines Zeitenlebens,
> Sieh' meinen Busen um dich hergehügelt. («Die Erde»)

Auch Friedrich Försters *Sängerfahrt* war wie Loebens Almanach ein Werk der Zeit unmittelbar nach dem Kriegsende; nur hatte sich der Druck bis 1818 verzögert.

Stärker als bei Loeben zeigt sich hier noch die Geschichte dieser unmittelbaren Vergangenheit. Blücher wird gefeiert, und die altdeutsche Mode herrscht vor in Stoffen und im Ton alter Balladen ebenso wie in Brentanos *Chronicka*. Das Bild des Historienmalers Carl Wilhelm Kolbe von einer idealisierten, engelgeleiteten altdeutschen Kahnfahrt mit dem Sänger in weinbekränzter Laube auf dem Boot diente als Motto des Bandes, wodurch zumindest symbolisch Bild, Musik und Wort zusammengebracht wurden. Außer Brentano und dem Herausgeber schrieben darin Arnim, Chamisso, Luise Hensel, Wilhelm Müller, Schenkendorf und Tieck, neben ihnen aber auch eine größere Anzahl ganz dilettantischer Poeten, die mit gutem Recht unbekannt geblieben sind. Das *Wunderhorn* erwies sich als übermächtiges Vorbild, aber stärker als in den anderen Anthologien zeigt die *Sängerfahrt* zugleich den Einbruch jener Amateurdichtung, die durch die einfachen Liedformen mit Endreimen entfesselt worden war.

Als Seitenzweig in der lyrischen Dichtung entstanden in diesen Jahren, vor allem von den «Kinderliedern» im letzten Band des *Wunderhorns* angeregt, eigene Gedichtanthologien für Kinder, gefördert überdies auch von der sich ausbreitenden Bildung und Schulerziehung ebenso wie von der bürgerlichen Familiengesinnung. 1815 erschienen, anonym herausgegeben, *Dichtungen aus der Kinderwelt*, 1819 Christoph von Schmids *Blüthen, dem blühenden Alter gewidmet* und 1821 *Der Knaben Lustwald* von Heinrich Dittmar. Verse aus dem *Wunderhorn* und aus den Werken bekannter Dichter waren darin zusammengetragen als Vorläufer für eine spezielle Lyrik für Kinder, für die dann wenige Jahre später die Fabeln und Gedichte von Wilhelm Hey, Friedrich Güll, Hoffmann von Fallersleben und Friedrich Fröbel charakteristisch wurden. Auch Heinrich Hoffmanns *Struwwelpeter* (1847) wuchs aus solchen Ansätzen hervor.

Almanache, Anthologien und Zeitschriften blieben neben den Romanen und Erzählungen mit lyrischen Einlagen nach wie vor die häufigste Verbreitungsform für Lyrik. Daß einzelne Autoren durch eine Buchpublikation ihrer Gedichte bekannt wurden oder daß überhaupt einem Band gesammelter Gedichte bedeutende Aufmerksamkeit geschenkt wurde, war zwar die Ausnahme, aber die Fälle begannen sich doch zu mehren. Wenn die Kritik Friedrich Schlegels *Gedichte* (1809) sorgfältig kommentierte, so geschah das hauptsächlich aus Interesse an dem sich darin ausdrückenden Gesinnungswandel eines interessanten und einflußreichen Schriftstellers. Daß Theodor Körners Kriegslieder, von seinem Vater 1814 unter dem Titel *Leyer und Schwert* herausgebracht, in der Siegesstimmung rauschenden Beifall fanden, war Ausdruck der Verehrung für den jungen «Sänger und Helden», der im Kampf sein Leben gelassen hatte und dessen Lieder nicht nur im Kriege ihre Wirkung getan hatten, sondern für deren leidenschaftlichen Patriotismus die folgenden restaurativen Jahre zugleich ein neues Bedürfnis schufen. Der stattliche Band von Uhlands *Gedichten* (1815) – Uhland war achtundzwanzig, als er erschien – konnte sich allein schon damit durchsetzen, daß in den Balladen ein reicher historischer Stoff ausgebreitet wurde; vieles in diesem Buch war also Lyrik ausdrücklich zum unterhaltenden Lesen, in der Nähe des novellistischen Erzählens und aus einem damals sehr populären Stoffbereich. Wilhelm Müllers zwei Bände von *Gedichten eines reisenden Waldhornisten* (1821 und 1824) fanden besonders Widerhall bei guten und mittelmäßigen Komponisten, weil sie als «Lieder» nicht nur zur Vertonung bestimmt, sondern ihrer Qualität nach auch vorzüglich dazu geeignet waren. Der Ruhm ihres Autors als philhellenischer Dichter, als der «Griechen-Müller», half ihnen damals zugleich mit auf den Weg.

Insgesamt war also durchaus die Zeit für den Publikumserfolg nicht nur von Romanen, sondern auch von einzelnen Gedichtbüchern gekommen, sofern sie nicht lediglich Sammlungen aus dem Leben eines Autors darstellten, sondern sich im Lesen zu einem Ganzen fügten und aus ihnen ein Lebensgefühl hervorging, das die Mentalität der Zeit traf. Noch stärker als für Müller gilt das für Heinrich Heines *Buch der Lieder* (1827) und für die Gedichte Chamissos (1831). Eichendorff war eine Gedichtausgabe erst 1837 beschert, als er neunundvierzig Jahre alt war und die Kritiker durch die Gedichte in eine vergangene Epoche zu blicken glaubten. Von Brentano ist zu seinen Lebzeiten nie eine Sammlung seiner Gedichte erschienen. Jenes Gedichtbuch aber, das 1819 herauskam und als eines der kostbarsten und vollkommensten Werke deutscher lyrischer Dichtkunst gelten kann, soll noch achtzig Jahre später, an der Wende zum 20. Jahrhundert, in der gar nicht einmal großen ersten Auflage und zum Originalpreis bei seinem Verleger zu haben gewesen sein: Goethes *West-östlicher Divan*.

2. Formen im Umkreis des Romantischen

Romantische Lyrik

Im Jahre 1806 veröffentlichte der Wittenberger Privatdozent Karl Heinrich Leopold Reinhardt einen Band Gedichte, der sein mangelndes Talent als origineller Lyriker, aber daneben auch ein gewisses Geschick als Parodist zur Schau stellte. Ein Ziel seines Spottes gab er in einem kleinen Kommentar an:

«Der Sonette giebt es im Deutschen eine so ungeheure Menge, daß man das ganze große Bedlam, *Erde,* über und über damit tapeziren könnte; allenfalls blieben noch genug übrig zu einem Futteral von papier maché für den Mond. Außerdem welcher Reichthum, welcher Segen an Trioletten, Madrigalen, Canzonen, Terzinen, Sestinen, achtzeiligen Stanzen, Rondeaus, Assonanzen, Variationen und was der Italiänisch-, Spanisch-, Französischen Siebensächelchen mehr sind!»

Sein Versuch, diesen ausländischen «poetischen Joujoux» ein echt deutsches an die Seite zu stellen, war bedeutungslos, aber die Liste der in diesen Tagen modisch gewordenen lyrischen Formen ist so komplett, daß sie das Zitieren verdient. Alle diese Formen, die sich innerhalb eines knappen Jahrzehnts in der deutschen Lyrik ausgebreitet hatten, wurden von den Zeitgenossen als romantische Lyrik betrachtet. Was sie äußerlich miteinander gemein hatten, war das Spiel mit Klängen und Reimen anstelle des antiken Metrums; die Verdrängung des Klassizismus in der Literatur stand hinter dem neuen Interesse an diesen keineswegs neuen Formen. Seit Bürger Ende der achtziger Jahre dem Sonett mit dem Blankvers neues Leben eingehaucht hatte, war diese Form von den Jüngeren, von den Brüdern Schlegel, von Novalis, Tieck und ihren Freunden, rasch aufgegriffen worden. Tieck hatte auch in seinen Dramen, der *Genoveva* und dem *Kaiser Octavianus,* Sonette und weitere romanische Formen kunstvoll verwendet, Friedrich Schlegel und Wilhelm von Schütz aber in *Alarcos* und *Lacrimas* solche Übung bis zum Überdruß und zur unfreiwilligen Komik gesteigert. Nimmt man dazu die Vielzahl vergessener Dichter, die sich in Journalen und Almanachen solcher Kunstübung anschlossen, dann ist gut zu verstehen, daß sehr bald Kritik und Spott einsetzten, und zwar von den Jüngsten ebenso wie von den Alten, die sich als Verteidiger klassizistischer Formen fühlten, obwohl deren Verdrängung nicht mehr aufzuhalten war – was immer fortan in antiken Formen entstand, war entweder gelehrte Poesie oder kunstvolle Rarität.

Der bedeutendste Vermittler für diese romanischen Formen in Deutschland war August Wilhelm Schlegel. Als Göttinger Student hatte er bei Gott-

fried August Bürger das Sonettschreiben gelernt. Als Übersetzer Shakespeares ebenso wie als Übersetzer romanischer Literatur war ihm diese
Form aber auch historisch vertraut geworden. 1804 veröffentlichte er
Blumensträusse italiänischer, spanischer und portugiesischer Poesie mit Übersetzungen von Dante, Petrarca, Camões und anderen bedeutenden Autoren, ein Buch, das in Gemeinschaft mit Caroline Schlegel, Schelling und
Johann Diederich Gries entstanden war. Das ideelle Programm, das hinter
einer solchen Arbeit stand, hat er im Zueignungsgedicht deutlich ausgesprochen:

> Eins war Europa in den großen Zeiten,
> Ein Vaterland, deß Boden hehr entsprossen,
> Was Edle kann in Tod und Leben leiten.
>
> *Ein* Ritterthum schuf Kämpfer zu Genossen,
> Für Einen Glauben wollten alle streiten,
> Die Herzen waren Einer Lieb' erschlossen;
> Da war auch Eine Poesie erklungen,
> In Einem Sinn, nur in verschiednen Zungen.

Im dritten Teil seiner Berliner *Vorlesungen über schöne Litteratur und Kunst*
(1803/04), der «Geschichte der romantischen Litteratur», hat August Wilhelm Schlegel zugleich ein historisch-poetologisches Fundament für die
Hinwendung zu dieser «Einen Poesie» gegeben und einige ihrer Hauptfor-
men beschrieben. Das Meisterstück dabei ist ohne Zweifel seine Analyse des
Sonetts, das er «in seiner Concentration» als «einen Gipfel der Reim-Vers-
kunst» betrachtet. Wer es als manieristische Spielerei auffasse, verkenne das
Verhältnis der Form zum Gedanken in der Sprachkunst, denn das Gedicht
sei kein «Exercitium», das «erst formlos in Prosa entworfen, und nachher
schülermäßig in Verse gezwungen wird». Die Form sei vielmehr «Werkzeug, Organ für den Dichter», und deshalb seien auch «gleich bey der
ersten Empfängniß eines Gedichts, Gehalt und Form wie Seele und Leib
unzertrennlich». Die Definition erweist den historischen Ort von Schlegels
Poetik als Erbe einer Philosophie des Subjektivismus am Ausgang des
18. Jahrhunderts. Kunst ist Ausdruck eines Subjekts, des individuellen Denkens und Empfindens, aber kein zufälliger, sondern ein notwendiger,
anders nicht möglicher. Die Besonderheit und Einzigartigkeit des Künstlers
innerhalb des intellektuellen Lebens wird auf diese Weise hervorgehoben
und etwas von der gesellschaftlichen Bedeutung eben jener Universalpoesie
sichtbar, die der Bruder Friedrich Schlegel mit dem Beiwort «romantisch»
versehen hatte, um aus dem Vergangenen eine Aufgabe für die Zukunft zu
entwickeln.

Schlegel stellt im einzelnen dar, wie Quartette und Terzette im Sonett,
also Bindung und Entgegensetzung durch Zeilenanordnung und Reim,
«Symmetrie und Antithese in der höchsten Fülle und Gedrängtheit vereini-

gen» und damit das Gedicht «aus den Regionen der schwebenden Empfindung in das Gebiet des entschiednen Gedankens» ziehen. Nichts könnte besser illustrieren als diese Definition, wie wenig Schlegel eine neue, sich dieser Form bedienende deutsche romantische Literatur der formalen und gedanklichen Unendlichkeit überantworten wollte, die in der Literaturgeschichte immer wieder gern für den Begriff «Romantik» in Anspruch genommen worden ist.

Als Lyriker hat übrigens August Wilhelm Schlegel seinen großen Abgesang auf die Antike durchaus in ihren eigenen Formen verfaßt, deren Kenner er war, die er feinsinnig analysiert und technisch perfekt praktiziert hat. 1805 veröffentlichte er als Sonderdruck, der «Baronin von Staël-Holstein, geb. Necker» gewidmet, die Elegie *Rom*, die Aufstieg und Untergang dieser letzten, nun von Frankreich annektierten Hauptstadt antiken Lebens in einer Überfülle von Mythologie und Weisheit vorführt:

> Hast du das Leben geschlürft an Parthenope's üppigem Busen,
> Lerne den Tod nun auch über dem Grabe der Welt.

Die «tiefsinnige Schwermuth», die den modernen «Wanderer» bei dem «oft weilenden Gang durch des Ruins Labyrinth» anfällt, war im Grunde bereits der Auftakt zu jenem Weltschmerz, der dann mit Lord Byrons *Childe Harold* seit 1812 Europa erfaßte – als Harold Rom, die «Stadt seiner Seele» sieht, ist sie ihm die «Niobe der Nationen», kinderlos und ohne Krone in ihrem stummen Schmerz, wie es im vierten Canto von 1818 heißt. Schlegel entfaltet ein großes Panorama römischer Geschichte in seinem Gedicht, so daß es unter der Last des verarbeiteten Wissens fast zusammenbricht. «Gewesen» aber sei der Wahlspruch der Stadt, und die Frage am Ende lautet:

> Altert die Welt? und indeß wir Spatlinge träumen, entlöst sich
> Ihr hinfälliger Bau schon in lethäisches Graus?
> Mit gleichmüthigem Sinne der Dinge Beschluß zu erwarten,
> Kein unwürdiger Ort wäre die ewige Stadt.

Auch die Stimmung eines Untergangs des Abendlandes gehört also in die Gründerjahre des Romantischen in Deutschland, obwohl freilich hinzugefügt werden muß, daß Schlegel im Blick auf die «edle Gefährtin» epilogisch dann doch eine «freudige Wiedergeburt» erwägt; 1807 erschien Germaine de Staëls Roman *Corinna*, der über lange Strecken geradezu einen Reiseführer durch Rom darstellt. Aber grundsätzlich ist der «Kreislauf», den August Wilhelm Schlegel in der Geschichte der Stadt sieht, ein Kreislauf aus dem Elementaren zurück ins Elementare, nicht jener Kreislauf vom Paradies ins Paradies, der unter religiösen Vorzeichen in diesen Jahren bei Görres einflußreich wurde. In den allgemeinen Beifall der Freunde über die Elegie mischte sich deshalb auch die leicht unzufriedene Stimme des sich zur Konversion bereitenden Bruders, der gern «etwas mehr germanisches und katholisches» darin zu finden gehofft hatte. Denn für ihn wurde Rom wiederum die Hauptstadt der Welt.

August Wilhelm Schlegels Elegie zeigt auf diese Weise anschaulich die große Kompliziertheit des Verhältnisses zwischen Antike und Christentum, Vergangenheit und Gegenwart, klassischen und romanisch-romantischen Kunstformen, das damals besonders in den wegweisenden Persönlichkeiten und ihrem Werk existierte. Sie zeigt zugleich aber gerade in den Differenzen der Brüder Schlegel, wie tief das Nachdenken über die Formen der Kunst mit dem Nachdenken über die eigene Stellung und Aufgabe in der Geschichte verbunden ist.

Der Streit um das Sonett

Von allen romanischen Formen war das Sonett die beliebteste und am weitesten verbreitete. Johann Heinrich Voß aber versuchte, Sonette schlechterdings zum Parteiabzeichen einer von ihm verhaßten «Romantik» zu machen. Daraus entstand ein sich über Jahre hinziehender Streit, aus dem Skurriles ebenso wie Bedeutendes hervorging.

Voß' Gegnerschaft gegen die romanischen Formen ergab sich aus seiner Lebensarbeit, die darin bestand, antike Dichtung seinen Landsleuten zu übersetzen und die deutsche Sprache in das Flußbett klassischer Formen zu leiten. Das Interesse dafür sah er nun rapide schwinden und so den Sinn seiner Arbeit bedroht. Hinzu kam, daß er seit 1805 in Heidelberg ansässig war, als Zierde der wiedereröffneten Universität und des geistigen Lebens der Stadt dorthin gerufen, an den Ort also, an dem noch im gleichen Jahr das *Wunderhorn* gedruckt wurde und sich dessen Herausgeber zeitweilig aufhielten (vgl. S. 91 ff.).

Johann Heinrich Voß eröffnete seinen Kampf gegen jene Autoren, die er in eigener Willkür als «Romantiker» zusammenfaßte, mit einem Beitrag in Johann Friedrich Cottas *Morgenblatt für gebildete Stände* im Januar 1808. Es geschah durch die Parodie eines von August Wilhelm Schlegel übersetzten mittellateinischen Gedichts, die Voß schon 1801 verfaßt zu haben vorgab, zu der er erklärend hinzufügte:

«Es war die Zeit, da ein Schwarm junger Kräftlinge, wozu ein paar Männer sich herabließen, nicht nur unsere edelsten Dichter, jene tapfern Anbauer und Verherrlicher des deutschen Geistes, sondern sogar die großen, seit Jahrtausenden bewunderten Klassiker, mit Verkleinerung und Hohn zu behandeln sich unterfing, und jeden, wer Gnade wünschte, öffentlich zur Theilnahme des Bundes einlud. Den reinen Naturformen, in welchen des Alterthums freyer Genius sich verstärkt darstellt, wurden die unförmigen Vermummungen des dumpfen, von Hierarchen und Damen abhängigen Rittergeistes, – der beseelten Gestalt des Unschönen, des zur Göttlichkeit gesteigerten Menschlichen ward Ihres Ideals düsteres Fantom, dem Klassischen das wilde Romantische, dem Antiken das Moderne, ja wenn sie noch schamloser sich aussprachen, dem Irdischen Ihr Geistiges, dem Heidnischen Ihr Christkatholisches vorgezogen, und in den klingenden Tonweisen der Fidelare und Meistersänger erhöht.»

Voß sprach von der Vergangenheit, aber er meinte die Gegenwart. Entzündet worden war seine Polemik vor allem an August Wilhelm Schlegels und Ludwig Tiecks *Musen-Almanach für das Jahr 1802*, der neben dem von Voß parodierten Gedicht auch geistliche Lieder von Novalis, Friedrich Schlegels Übersetzung religiöser Lieder aus dem Spanischen und Gedichte wie das von Johann Jakob Mnioch über «Hellenik und Romantik» enthielt, das in den Zeilen ausklang:

> Hellenisch Leben, du bist uns verlohren,
> Drum haben das romant'sche wir erkohren.

Das war zusammen mit dem Bekenntnis zu einem «Ritterthum, die Welt verläugnend», banalisierter Novalis und von dessen Geschichtsbild so weit entfernt wie alles Banale von den Mustern und Gedanken, denen es nacheifert. Aber für Voß war es schwer zu differenzieren angesichts seiner generellen Antipathie gegen alle Bedrohung der Musterhaftigkeit des Klassischen. So blieben seine Vorwürfe unscharf und widerspruchsvoll, denn eben auf «reine Naturformen» konnten sich mit Recht gerade die Herausgeber des *Wunderhorns* berufen. Aber mit seiner Polemik rückte dennoch der Begriff «Romantik» als Sammelbezeichnung für eine junge deutsche, nicht mehr klassizistische Literatur ins öffentliche Bewußtsein und hat von da aus seinen Weg in die Geschichte der deutschen Literatur angetreten; von Voß' Halbrichtigkeiten und Pauschalisierungen hat er sich dabei nie ganz befreien können.

Als eigentliches Streitobjekt wählte sich Voß nun das Sonett, gegen das er in einer großen Rezension von Gottfried August Bürgers Sonetten in der *Jenaischen Allgemeinen Literatur-Zeitung* im Juni 1808 zu Felde zog. Bürger war bereits 1794 gestorben, und es war gewiß kein feiner Zug von Voß, ihn jetzt zum Gegenstand einer heftigen Polemik zu machen. Aber nicht auf ihn, sondern auf seine Nachfahren war es abgesehen. August Wilhelm Schlegel hatte das Sonett in seinen reichen Möglichkeiten beschrieben und Musterhaftes aus den romanischen Sprachen übertragen. Novalis leitete den *Ofterdingen* mit Sonetten ein, im letzten Heft des *Athenaeum* erörterten Friedrich und August Wilhelm Schlegel Künstlerisches in Sonettform, Tieck brachte im *Poetischen Journal* einen ganzen Kranz von zwanzig eigenen Sonetten, und der *Dichter-Garten* von Novalis' Bruder Karl von Hardenberg sowie Friedrich Asts Landshuter *Zeitschrift für Wissenschaft und Kunst* enthielten ganze Florilegien von Sonetten.

Voß glaubte mit gutem Grund, in seinem Kampf die größte literarische Autorität aller Deutschen auf seiner Seite zu haben: Goethe in Weimar. Goethe hatte zwar poetisch die Pflicht anerkannt, «sich in erneutem Kunstgebrauch zu üben», aber war dann doch – in Sonettform – zu der Erkenntnis gekommen, beim Sonettschreiben hin und wieder «leimen» zu müssen, wo er lieber «aus ganzem Holze» geschnitten hätte (vgl. S. 722).

Voß hatte sich dieser 1807 zuerst veröffentlichten Verse sogleich bemächtigt, sie am 8. März 1808 im *Morgenblatt* wieder abgedruckt und durch eine eigene Mahnung ergänzt:

Laß, Freund, die Unform alter Truvaduren,
Die einst vor Barbarn, halb galant, halb mystisch,
Ableierten ihr klingelndes Sonetto;

Und lächle mit, wo äffische Naturen
Mit rohem Sang' und Klingklang' afterchristlich,
Als Lumpenpilgrim, wallen nach Loretto.

Nach Loretto sollte Novalis' Held Heinrich von Ofterdingen pilgern, wie
Tieck anhand der nachgelassenen Papiere im Fortsetzungsbericht zu dem
Roman erzählt. Aber die Warnung kam zu spät, denn Goethe hatte sich
bereits von Zacharias Werner zu einem eigenen Sonettzyklus inspirieren
lassen. Voß kämpfte also auf verlorenem Posten, und er muß das gespürt
haben, denn seine Ausfälle standen zumeist in keinem Verhältnis mehr zum
Objekt des Streits. Wo er zu literaturkritischer Klärung und Differenzierung hätte beitragen können, setzte er sich oft durch den Ton bereits ins
Unrecht.

Voß' Bürger-Rezension lief im Grunde auf die gleichen Vorbehalte hinaus, wie sie schon in den Terzetten des Sonetts an Goethe zur Sprache
kamen. Das Sonett war Künstelei und Klangspielerei; die Form bestimmte
den Stoff, nicht umgekehrt, wie es sein sollte; «Ausländerey» wurde getrieben, und «die freye Kunst des Gesanges» generell «entwürdigt». Die jungen
Autoren der *Zeitung für Einsiedler* reagierten darauf mit Spott. Görres verfaßte die Satire von der *Sonettenschlacht bei Eichstädt* – Heinrich Karl Abraham Eichstädt war der Herausgeber der *Jenaischen Allgemeinen Literatur-
Zeitung* – und Arnim die «Romanze in 90 + 3 Soneten» *Geschichte des Herrn
Sonet und des Fräuleins Sonete, des Herrn Ottav und des Fräuleins Terzine* als
«Anhang zu Bürgers Soneten in der letzten Ausgabe seiner Schriften». Den
ersten 59 Sonetten ist jeweils ein kurzer kritischer Kommentar des «Recen-
senten» angehängt, der zum Teil wörtlich aus Voß' Bürger-Rezension übernommen ist. Arnims «Geschichte» erschien als Beilage zur letzten Nummer
der *Zeitung für Einsiedler* am 30.August 1808. Inzwischen hatte sich die
Gegenseite ebenfalls bereits satirisch gemeldet, und zwar mit der *Comoedia
Divina*, die im Sommer 1808 herauskam und als deren Herausgeber ein
W.G.H.Gotthardt zeichnet, hinter dem Aloys Schreiber aus Heidelberg
vermutet worden ist (vgl. S.587f.). Die kritische Spitze richtet sich hier allgemein gegen «romantischen» Mystizismus und die schwärmerischen poetischen Versuche von Autoren wie Loeben und anderen Beiträgern zu Asts
Zeitschrift für Wissenschaft und Kunst, speziell aber gegen Rostorfs *Dichter-
Garten*. Dabei erhält allerdings auch das Sonett seinen Teil in Zitat wie
Parodie und außerdem in der aus Jean Pauls *Vorschule der Ästhetik* (1804)
entnommenen zweiten Vorrede: «Wer jetzt gar nichts zu sagen hat, läßt in
einem Sonet tanzen und klingen, so wie kluge Wirthe, die saures Bier zu
verzapfen haben, tanzen und spielen lassen.»

Zu Voß' Parteigängern gehörte schließlich auch der Däne Jens Baggesen, der 1809 die umfänglichste Satire auf das Sonettdichten herausgab, den *Karfunkel oder Kling-klingel-Almanach* mit dem Untertitel «Ein Taschenbuch für vollendete Romantiker und angehende Mystiker. Auf das Jahr der Gnade 1810». Mit Voß' Sohn Heinrich, mit Aloys Schreiber, dem Heidelberger Professor für Ästhetik, und mit dem Heidelberger Gymnasialprofessor Otto Martens produzierte Baggesen 140 Sonette nach vorgegebenen Reimen – «Bouts rimés» –, um so die Künstlichkeit des Sonetts bloß-zustellen, das sich offenbar gedankenlos herstellen ließ. Baggesens Definition lautet:

> Kennt ihr das Wunderthier mit vierzehn *Tatzen,*
> Vier-Hahn von oben, unten Drilling-*Wachtel?*
> Acht Krallen streckt es aus; mit jedem *Achtel*
> Will es der Sprache das Gesicht zer*kratzen.*

Im besten Fall entstand in diesem Almanach gelegentlich hübsche Unsinnspoesie, aber was die Objekte und Themen der Satire anging, so blieben sie diffus wie die undifferenzierte Attacke gegen die «sieben und zwanzig Romantiker» – eine bunte Mischung sehr verschieden interessierter und begabter Personen, Freundeskreise und Gruppen:

> Horcht auf! ich muß euch hohe Dinge *sagen:*
> Mit Eis die Brust umpanzert singt *Ringseis*
> Auf *Friedrich Schlegelsch* durch romantschen *Steiß;*
> Ihm applaudiren *Chamisseau,* van *Hagen.*
>
> *Rottmanner, Giesebrecht, Bernhardi, jagen*
> Mit *Kleist,* dem dritten, um den Dichter*preis;*
> *Armin* und *Görres* speisen Indus-*Reis;*
> *Lasseaux* trägt bunte Jacken ohne *Kragen.*
>
> Fromm singen *Isidorus, Ast,* und *Tieck;*
> Fromm klingen *Rostorf, Loë, Loew,* und *Brauser;*
> Fromm springen *Florens, Lacrimas, Sylvester,*
>
> Wie vor der Bundeslade König *Pieck.*
> Auch *Christian Schlosser,* der romant'sche *Sauser,*
> Und *Pellegrin,* und Tieks geistvolle *Schwester*
>
> Erhebend mit *Brentano* ihr *Gequieck* –
> Dann baut noch *Adam Müller,* der *Kalmauser*
> Für alle diese Sänger *Vogelnester.*

Aber Arnim, Brentano oder Florens-Eichendorff ging es keineswegs nur um Formales; das Sonett war für sie eine Form neben anderen und Instrument des Spottes ebenso wie ernster Poesie. Arnims parodistische Sonette in der *Zeitung für Einsiedler* zeigen das genau wie Eichendorffs Kritik des Sonett-schreibens in *Ahnung und Gegenwart.* Hier rannten also die Parodien Bag-gesens und seiner Freunde offene Türen ein. Voß aber desavouierte im Grunde mit seinem hartnäckigen Bestehen auf klassischen Formen die eige-nen Leistungen, die dazu beigetragen hatten, durch die Übersetzung großer Werke aus einer anderen Kultur jene deutsche nationale Sprachkultur zu fördern, die sich Arnim, Brentano, Görres und Eichendorff anschickten zu bewahren und fortzubilden gegen alle widrigen Umstände der Zeit. Vieles kam in Voß' Antipathien zusammen, so auch sein aus militantem Protestantismus entstandener Ärger über die Konversion des einstigen Freundes Friedrich Leopold von Stolberg – die Identifikation von «katholisch» und «romantisch» ist von ihm wacker gefördert worden und mit ihr langlebige Verallgemeinerungen. Der Kampf gegen das Sonett aber, als Spiegel größerer Entwicklungen im kleinen, war mit Baggesens Almanach erschöpft.

Als 1814 Freimund Raimars, also Friedrich Rückerts, Gedichtband mit den «Geharnischten Sonetten» erschien, verkündete Fouqué freudig in seiner Zeitschrift Die Musen, daß neben die «italische», weiche «undulirende» Form des Sonetts nun «in voller Schlachtrüstung», aber auch «leichtem Turnirharnisch» eine eigenständige deutsche Form des Sonetts getreten sei, die man sich «ohne Stahl in Sinn und Form» nicht denken könne. Die Hoffnung war übertrieben, wie Fouqué an dem abnehmenden Interesse für seine eigenen Ritterdichtungen erleben mußte. Die Flexibilität dieser strengsten aller lyrischen Formen aber hat ihr Dauer bewahrt über alle Tendenzen und literarischen Moden hinweg.

Volkslieder

Der Widerstreit um Klassizismus oder Romantizismus, um die Gültigkeit antiker oder romanischer Vorbilder und Muster war durchaus nicht der einzige unter deutschen Lyrikern nach 1800. Voß' und Baggesens Attacken gegen die «Romantiker» schlossen als Ziel auch jene Poesie mit ein, die nicht in geschliffener Sonettform oder in Stanzen, Sestinen und Terzinen daherkam, sondern sich als einfache Naturform gab: die Volkslieder, für die seit 1806 Des Knaben Wunderhorn den großen und vielbekannten Sammelplatz bildete. Der Grund für Voß' Gegnerschaft insbesondere gegen dieses Werk hat eine wesentliche Ursache darin, daß Volkslieder Reimkunst waren und damit von vornherein in den großen Bereich des Romantischen, also Nicht-Klassischen gehörten. Aber sie gehörten dorthin auch ihrem Ursprung nach, wuchsen sie doch aus einer christlichen deutschen Überlieferung hervor, so daß Voß ihre modernen Pfleger außerdem auch noch als Apostel eines mittelalterlich-katholischen Obskurantismus ansehen wollte.

Volkslieder hatte auch August Wilhelm Schlegel – nur mit anderen Vorzeichen – unter «romantischer Dichtung» rubriziert. In den Berliner Vorlesungen (1803/04) nennt er sie, «gegen eine höhere Kunstperiode gehalten», die «mehr natürlichen und freyen Hervorbringungen der poetischen Anlage», die teils durch sich selbst unter das Romantische gehörten, teils dessen «Quellen und Keime» darstellten. Prinzipiell waren es für ihn Lieder «für die geringeren Stände», wie sie «alle nicht ganz verwahrloseten Nationen» besessen hätten. Aber Schlegel als Kenner und Bewunderer von Formen ordnete ihnen sogleich die Romanzen als höhere Ausprägungen der Poesie bei, für die sich, so meinte er, die Engländer und später die Deut-

schen den Begriff Ballade wählten. Für die Deutschen fehle noch eine
Sammlung davon, «wie die Percysche, welche sich auf einheimischen
Volksgesang beschränkte, und sorgfältig alles, was wahren Gehalt hat, sey
es Ganzes oder Fragment zusammenstellte». So bereitete sich die Notwendigkeit für das *Wunderhorn* vor.

Mit dem Interesse an Volksdichtung tat sich eine weite Perspektive auf,
in deren Licht die Scharmützel um romanische Formen nach 1806 nur als
Lokalkonflikte erscheinen. In der Einleitung zu seiner Sammlung von *Minneliedern aus dem Schwäbischen Zeitalter* (1803, vgl. S. 250f.) brachte Ludwig Tieck die altdeutschen mit den romanischen Formen und den Volksliedern in Verbindung. «So finden wir», schreibt er im Hinblick auf den
Minnesang, «einfache Lieder und Gedichte, andere, welche künstliche und
vollständige Canzonen sind, andere, welche an die Stanze und an das
Sonett erinnern, manche sind aber von einer so zarten Künstlichkeit und so
original, daß sich nichts anders mit ihnen vergleichen läßt.» Am Anfang der
Geschichte deutscher Lyrik steht also für Tieck bereits eine ganz eigenständige Kunst, in der alles das schon insgesamt existiert, um das sich die Lyriker seiner eigenen Zeit – er selbst mit eingeschlossen – im jeweils einzelnen
bemühten. Das führte zu einem neuen Bild von der Geschichte deutscher
Lyrik. Nachdem die Erinnerung an die alten Gedichte verlorengegangen
sei, habe man in Deutschland Sonette zu machen begonnen und bald –
«einige schöne Gedichte von Weckherlin, Opitz, Fleming u.a. abgerechnet»
– allgemeinen Überdruß erregt, was wiederum zur Folge hatte, daß man

«nach einigen ziemlich unbedeutenden Perioden anfing, sich in den
einfachsten Liedern und den ungezwungensten Gesinnungen zu versuchen, um nur das nicht aus den Augen zu verlieren, was man Wahrheit
nannte, indessen andere die Sylbenmaße der Griechen und Römer
übten und nicht wenige sich von den Fesseln alles Reims und aller
Prosodie losmachten, in freien Sylbenmaßen dichteten, oder eine
eigene Prosa erschaffen wollten, die nicht Prosa und nicht Vers sein
durfte. Diese letzten führte Goethe auf ihrem eigenen Wege wieder in
das Gebiet der Kunst und Poesie zurück. Seitdem ist die Nachahmung
jener künstlichen Formen der Italiener erst selten und neuerdings
ziemlich häufig versucht worden, und wenn es auch Mißverständniß
ist, jene Formen zu verwerfen, weil sie künstlich sind (als wenn die
Kunst je könnte unkünstlich sein wollen), so ist es doch möglich, daß
das Begehren einer freien Natürlichkeit, eines willkürlichen mannichfaltigen Spiels darüber zu sehr vergessen und auch eine Menge von
Versen gemacht werden könne, die von einem Gedichte nichts als die
äußere Form haben, weil es etwas Leichtes ist, mit einiger Fertigkeit
der Schule, das Nichtige anscheinend auszufüllen und ein verwöhntes
Ohr zu hintergehen.»

Tieck war unter den jungen deutschen Lyrikern derjenige, der die Abwendung von klassischen Mustern und antiker Mythologie im Gedicht am frühesten und entschiedensten vollzog und mit seinen Versen, so wenig sie Dauer hatten, einen bedeutenden, ja ganz unmeßbaren Einfluß ausübte, so daß er für viele damals als der romantische Dichter schlechthin erschien (vgl. Bd. 1, S. 619 ff.). Aber schon zu einer Zeit, als Voß mit seiner Opposition noch gar nicht auf den Plan getreten war, schränkte Tieck hier den zum Teil von ihm selbst genährten und praktizierten Enthusiasmus für die Formen der «Italiener» zugunsten einer größeren Forderung ein, die er aus der Geschichte gewonnen hatte. Es war das Zusammenspiel von «Natürlichkeit und Künstlichkeit», das er in der mittelalterlichen deutschen Lyrik wirksam sah. Denn Natürlichkeit ohne Künstlichkeit war auf der Stufe der intellektuellen Entwicklung, auf der man sich befand, für die Dichter nicht mehr zu erreichen. Nur das Bewußtsein, daß alle Kunst «künstlich» sei, machte die Aneignung der einfachen romantischen Formen, der Volkslieder, Balladen und Romanzen, sinnvoll und für die eigene Produktion nützlich, ebenso wie umgekehrt die Formen selbstverständlich leer bleiben mußten, wenn nichts Ausdrückbares existierte. Es war nicht eine allgemeine Lebensweisheit, mit der Tieck argumentierte, sondern eine aus der Geschichte gewonnene tiefere Einsicht. Die geschichtliche Betrachtungsweise führte ihn zugleich zu dem Ergebnis, daß nicht einseitiges Umpolen des Interesses von Antikem auf Altdeutsches oder Romanisches als Ziel gelten konnte, sondern Vielseitigkeit, ja Universalität in den Mustern für neue Lyrik, sofern man diese Muster nur eben in historischen Zusammenhängen sah. Brentanos und Arnims Bearbeitung alter deutscher Lieder aber wurde die Erfüllung der von Tieck geforderten Universalität.

Des Knaben Wunderhorn

Die Sammlung «alter deutscher Lieder», die Ludwig Achim von Arnim und Clemens Brentano unter dem Titel *Des Knaben Wunderhorn* veröffentlichten, ist das reichste Geschenk, das den Deutschen durch die Besinnung auf eigene Tradition unter dem Begriff des Romantischen zuteil wurde. Vielfältig waren die Wirkungen des Werkes auf Literatur, Malerei und Musik, noch vielfältiger aber wurde sein mittelbarer Einfluß auf Leser, Hörende und Singende. Vielen Deutschen ist Sprachkunst zum erstenmal in ihrem Leben mit den Kinderreimen oder Liedern aus diesem Buche entgegengekommen, und für manche ist es wohl gar die eindringlichste Begegnung mit Lyrik überhaupt geworden, ohne daß sie sich dessen immer bewußt wurden. Denn die Verse dieser Sammlung haben reichlich Eingang gefunden in Fibeln, Lese- und Liederbücher wie ganz einfach in den sogenannten Volksmund, aus dem die Autoren wiederum alles geschöpft zu haben behaupteten.

Die Idee zu einer Sammlung poetischen Volksgutes war nicht neu. Aus der Geschichte der Literatur des 18. Jahrhunderts ragen Bischof Thomas Percys *Reliques of Ancient English Poetry* (1765) und Herders *Volkslieder* (1778/79) hervor als Werke, die zuerst den großen Bereich der Volksdichtung literaturwürdig machten. Liedersammlungen gab es danach noch zahlreiche, so zuletzt das *Mildheimische Lieder-Buch* (1799) von Rudolph Zacharias Becker, das sich vorstellte als eine Sammlung mit «fünf-hundert und achtzig lustigen und ernsthaften Gesängen über alle Dinge in der Welt und alle Umstände des menschlichen Lebens, die man besingen kann. Gesammelt für Freunde erlaubter Fröhlichkeit und ächter Tugend, die den Kopf nicht hängt.» Es waren die schon im Titel erkennbaren betulichen, schulmeisterlich-aufklärerischen Tendenzen einer derartigen Sammlung, denen das *Wunderhorn* entgegentreten sollte. Brentanos Interesse an alter und populärer Dichtung ist von seinen ersten literarischen Äußerungen an bezeugt. Sein Romanheld Godwi findet in einem Lustschloß Sammlungen mit den Resten «der Poesie des deutschen Mittelalters», und eine Ballade wie die von der Lore Lay ist ohne die vorherige Begegnung mit Volksdichtung und ihr verwandter Kunstdichtung nicht denkbar. Ähnlich wie bei ihm finden sich auch bei Arnim schon früh deutliche Spuren solchen Interesses. Ende 1804 wurden erste gemeinsame Pläne zu einer Liedersammlung mit Tieck in Berlin besprochen, und im Februar 1805 machte dann Brentano von seinem neuen Wohnsitz Heidelberg aus an Arnim den Vorschlag, «ein wohlfeiles Volksliederbuch zu unternehmen, welches das platte, oft unendlich gemeine Mildheimische Liederbuch unnötig mache». Das neue solle «sehr zwischen dem Romantischen und Alltäglichen schweben, es muß geistliche, Handwerks-, Tagewerks-, Tagezeits-, Jahrzeits- und Scherzlieder ohne Zote enthalten». Und: «Es muß so eingerichtet sein, daß kein Alter davon ausgeschlossen ist, es könnten die bessern Volkslieder drinne befestigt und neue hinzugedichtet werden.» Das letztere ist von besonderer Bedeutung, denn Arnim und Brentano gingen an ihre Arbeit nicht allein als Sammler und Kuratoren alter Fundstücke, sondern auch als eigenständige Schriftsteller, die sich nicht scheuten, ihr in der Überlieferung ohnehin oft beschädigtes Material nach eigenem Geschmack zu formen, zu glätten oder umzudichten. In einem Brief an Arnim spricht Brentano einmal von ihren gemeinsamen «Restaurationen und Ipsefacten», also dem Wiederhergestellten und dem Eigenen, Selbstgemachten, das sie dem Gefundenen beifügten. Fundort war alle vergangene Literatur und nur zum geringeren Teil der Volksmund, die «Kräuterfrauen» oder ein «Convent von Baurendirnen», obwohl das Ideal mündlicher Überlieferung (vgl. S. 683) von ihnen ebensogern aufrechterhalten wurde, wie es die Brüder Grimm mit ihren Märchen taten. Im Mai 1805 kam Arnim nach Heidelberg, und dort wurde von beiden der erste Band des Werkes zusammengestellt, der dann im September des gleichen Jahres mit der Jahreszahl 1806 erschien. Gewidmet war er «Sr.

Excellenz des Herrn Geheimerath von Göthe». Der zweite und dritte Band erschienen erst drei Jahre später, im September 1808, nachdem neues Material von Lesern des ersten Bandes beigesteuert und Brentano vorübergehend nach Kassel gezogen war, wo er im Verkehr mit den Brüdern Grimm manch neue Anregungen empfing.

Als der erste Band herauskam, war Heidelberg voll französischer Truppen, die sich zum Krieg gegen Österreich sammelten. In den Tagen, da die anderen Bände an die Öffentlichkeit traten, standen die französischen Armeen an der Grenze Rußlands. An der politischen Bedeutung des *Wunderhorns* für seine Zeit ist nicht zu zweifeln. Herders Bestreben war es seinerzeit gewesen, Poesie als Muttersprache des Menschengeschlechts, als Natursprache vor den Regeln und Konventionen der ständischen Gesellschaft und gegen sie zu erschließen; Arnims und Brentanos Interesse war hingegen auf das Ganze einer deutschen Tradition gerichtet, und Lieder des Alltags sollten sich mit den Balladen und Romanzen aus der Geschichte verbinden. In diesem Sinne – als Adjektiv zu «Romanze» – gebraucht deshalb auch Brentano das Wort «romantisch» in seinem programmatischen Brief an Arnim vom Februar 1805.

Die Beschränkung auf das Deutsche war allerdings zunächst nicht beabsichtigt, sondern ergab sich erst später und geht auf Arnim eher als auf Brentano zurück. Er war es auch, der in seiner «Nachschrift an den Leser» von der «frischen Morgenluft altdeutschen Wandels» sprach, die in diesem Buche wehen sollte. Zugleich hatte er dem ersten Band einen eigenen Aufsatz *Von Volksliedern* beigegeben, über den schon an früherer Stelle berichtet worden ist (vgl. S. 252 f.). Arnims Aufsatz stellt nicht Programm und Theorie des *Wunderhorns* dar, sondern ist leidenschaftliches, begeistertes, suchendes Nachdenken über Volkslied und Volksdichtung im Zusammenhang der Geschichte. Er bezeichnet deutlich den auch Tieck inspirierenden Geist der Universalität, und Arnim erscheint der Dichter schließlich, in einer an Novalis anklingenden Formulierung, als ein «Gemeingeist, ein spiritus familiaris der Weltgemeine». Von jedem aktivistischen politischen Nationalismus waren diese Gedanken weit entfernt. Deshalb konnte Arnims Aufsatz zu Recht das *Wunderhorn* begleiten, das in der gegebenen politischen Situation den Versuch bedeutete, aus den Zeugnissen vom vielseitigen Leben eines Volkes in seiner geschichtlichen Entwicklung, von seinem Glück und Unglück, Lachen und Weinen, Recht und Unrecht, Krieg und Frieden dessen in Gegensätze und Fronten zerspaltenen Gegenwart den Gedanken einer eigenen Tradition und prinzipiellen Zusammengehörigkeit einzupflanzen, wobei sich im Gebrauch des Wortes «Volk» allmählich der Übergang von der Bezeichnung unterer sozialer Schichten zur Bedeutung «Nation» vollzog. Das war nicht nur eine politische Notwendigkeit für den Tag, sondern auch eine Mahnung im Zuge sehr viel weiterer sozialer Veränderungen, die zu beeinflussen sich zu gleicher Zeit die preußischen Reformer anschickten.

Ihr Material schöpften Arnim und Brentano aus den Werken einzelner Autoren wie aus den verschiedensten Liedersammlungen mehrerer Jahrhunderte, aus Zeitschriften und den vielen Fliegenden Blättern, jener gedruckten Form des Bänkelsangs zur Übermittlung sensationeller Ereignisse als Vorläufer moderner Skandalpresse. Eine Reihe von Dichtern des Barock, also einer ähnlichen Zeit der nationalen Not, sind vertreten – Martin Opitz, Friedrich Spee, Simon Dach, Paul Gerhardt, Grimmelshausen –, und hinzu kommen noch Aufzeichnungen aus mündlicher Tradition, obwohl die Quellenangabe «mündlich» oft nur die tatsächliche Quelle oder die Bearbeitung verschleiern soll und der literarische Ursprung bei weitem überwiegt. Die Grade der Bearbeitung sind von Lied zu Lied verschieden, und der Anteil der beiden Bearbeiter läßt sich nicht immer ermitteln. Aber volkskundlich Interessantes wird überall zu Literatur, also zu sprachlichen Kunstwerken, und das *Wunderhorn* bildete sich so zu einem kunstvollen Symposium. Die Tatsache, daß das Werk kein eigentliches Ordnungsprinzip hat, wird damit sogar zu einer künstlerischen Notwendigkeit: Ein lebendiger Organismus soll sich aus dem Zusammenwirken vieler Teile ergeben.

Der Titel der Sammlung entstammt einem alten niederdeutschen Buch, aber seine poetische Begründung ist in dem ersten Gedicht gegeben, der Ballade vom Knaben, der der Königin ein großes, reich geschmücktes Horn, eine Art ‹music box›, überreicht:

> Dies ist des Horns Gebrauch;
> Ein Druck von Eurem Finger,
> Ein Druck von Eurem Finger
>
> Und diese Glocken all,
> Sie geben süßen Schall [. . .]

Der süße Schall des *Wunderhorns* erklang in vielen Melodien und Tonarten als Sammlung von Liedern um Volkes Leben, Lieb und Leid. Aber Arnim und Brentano waren, wie gesagt, weit davon entfernt, lediglich gewissenhafte Sammler naiver Einfalt zu sein. Sie wählten aus, arrangierten, ergänzten und dichteten um, so daß das *Wunderhorn* ebensosehr ihr eigenes Werk wurde wie das der vielen, zumeist anonymen Dichter, deren Verse es enthält.

Volksleben im älteren, traditionellen Sinn als das Leben einfacher Menschen in einer ländlichen Umgebung erscheint in zahlreichen Schattierungen. Dominierend ist dabei der Zyklus des Daseins in einer kleinen Familie: Liebesfreuden, Liebessorgen, Liebesproben, Brautwerbung, Hochzeit und Ehe, Geburt, Kindheit und Tod. Eines der bekanntesten Liebeslieder – «Wenn ich ein Vöglein wär» – hatte schon in Herders Sammlung gestanden; andere Lieder aus dieser Sphäre wie «Ich hört ein Sichlein rauschen» oder «Es ritten drei Reiter zum Thor hinaus» sind erst durch das *Wunder-*

horn vertraut geworden. Bemerkenswert ist, daß Gedichte der Liebesklage und der Trennung häufiger sind als solche eines einfachen, glücklichen Bekenntnisses. Not in der Familie («Mutter, ach Mutter! es hungert mich») und soziale Hindernisse in der Liebe werden vorgeführt:

> Es spielt ein Ritter mit seiner Magd,
> Bis an den hellen Morgen.
>
> Bis daß das Mädchen schwanger war,
> Da fing es an zu weinen [...] («Der Ritter und die
> Magd»)

Ritter und Jäger («Es wollt ein Mägdlein früh aufstehn») sind die Verführer, und ihre Liebe bedeutet sicheres Leid für die Verführte. Neben die sozialen treten die religiösen Differenzen. Eines der in seiner Konzentration machtvollsten Gedichte des ganzen *Wunderhorns* ist die Ballade von der «Judentochter», die den christlichen Schreiber liebt, aber stolz sich nicht taufen lassen will:

> Eh ich mich lasse taufen,
> Lieber will ich mich versaufen
> Ins tiefe, tiefe Meer.
>
> Gut Nacht, mein Vater und Mutter,
> Wie auch mein stolzer Bruder,
> Ihr seht mich nimmermehr!
> Die Sonne ist untergegangen
> Im tiefen, tiefen Meer.

Christliche Mütter sehen sich nach geeigneten Ehemännern für die Töchter um («Spinn, spinn, meine liebe Tochter, / Ich kauf dir einen Mann») und leiten damit wiederum andere Sorgen ein:

> Ach Gott! was hat mein Vater und Mutter gethan,
> Sie haben mich gezwungen zu einem ehrlichen Mann,
> Zu einem ehrlichen Mann, den ich nicht geliebt,
> Das macht mir ja mein Herz so betrübt.
> («Heimlicher Liebe Pein»)

Liebe trennt sich von philiströser Ehe – ein Thema von Arnims und Brentanos eigener Zeit – und Schwermut mischt sich selbst in die Hochzeitsfreude, am erregendsten wohl in dem Bild von der «traurig prächtigen Braut», das Brentano und Eichendorff in eigene Gedichte übertrugen:

> Ach was weinet die schöne Braut so sehr!
> Goldne Ketten legst du an,
> Mußt in ein Gefängniß gahn.

Harmonie entsteht am ehesten in den zahlreichen Wiegen- und Kinderliedern, den Spiel- und Abzählversen, die Brentano auf hundert Seiten in einem Anhang zum dritten Band des *Wunderhorns* gesammelt hat und die durch ihn fester Besitz geworden sind («Abends wenn ich schlafen geh», «Lirum larum Löffelstiel», «Schlaf, Kindlein, schlaf», «Eio popeio, was rasselt im Stroh», «Ringel, Ringel, Reihe!»). Daß manches in diesen Reimen nicht ganz so naiv ist, wie es den Anschein hat, und daß in den Bildern auch Sexualbedeutungen verschlüsselt sind («Eia wiwi! / Wer schläft heut Nacht bei mir»), gilt generell für viele Metaphorik von Volksliedern.

Insgesamt tritt jedoch aus diesen Liedern und Versen der Gegensatz zwischen einer wirklichen Welt der Standesunterschiede, der gesellschaftlichen Institutionen und Liebeshindernisse zu der Wunschwelt der Liebeserfüllung hervor, die ganz deutlich identifiziert ist mit der Vorstellung einer Familienintimität jenseits gesellschaftlicher Schranken. Das jedoch ist ein Gedanke, der eher unter den jungen Intellektuellen um 1800 zu Hause war als bei den Verfassern der Lieder aus dem 15., 16. oder 17. Jahrhundert. In Brentanos eigenem Frühwerk hatte psychologisch, religiös wie gesellschaftlich die Suche nach dem Zuhausesein in der Familie bereits eine große Rolle gespielt. Die bis zu Inzestvorstellungen gehende Verehrung der Mutter und die Feier des Kindes in der Literatur der Zeit weisen in die gleiche Richtung, ebenso wie die Theorie vom Staat als großer Familie. Das *Wunderhorn* ist also durchaus Dokument seiner eigenen Epoche.

Eine besonders verbreitete Metapher, auf die Arnim auch in seinem Aufsatz hindeutet, ist die des Festes, also die Schaffung und Bestätigung menschlicher Gemeinsamkeit im Feiern. Auch das Fest war, wie die ideale Bürgerfamilie, eher ein Wunschbild als eine Tatsache im damaligen Deutschland. Die Lieder des *Wunderhorns* über Hochzeiten, über den Tanz um die Linde zur Musik des Spielmanns, über Volksbräuche und -feste, über Trinkorgien und den Wein zeugen aber jedenfalls von den Spuren solch idealer Festlichkeit. In ihnen allen ist Volk nicht eine ideal gesittete, sondern vielmehr eine natürliche menschliche Gemeinschaft, und es ist der besondere Sinn des *Wunderhorns,* im einfachen Kunstwerk fühlbar zu machen, daß diese natürliche Menschlichkeit nicht in einer betrauerten Vergangenheit versunken ist, sondern als Kraft fortexistiert, auf die man sich zum Wohle der Nation besinnen sollte.

Das zeigt sich auch in den Liedern, die sich mit der Arbeitswelt befassen und die stark das Bild einer vorindustriellen Gesellschaft reflektieren, in der noch ein unmittelbares Verhältnis zwischen Arbeiter und Produkt bestand, selbst wenn es ihm nicht gehörte:

> Auf dem Berg findet man,
> Manchen guten Berggesellen,
> Der wohl des Bergs geneusset,

Wo findet man denn einen bessern Berg,
Da uns das Silber rausfleusset. («Bergreihen»)

Das Personal dieser Lieder sind die Bergleute, Schneider, Fuhrleute,
Schmiede, Landarbeiter und Hirten, vor allem aber die beiden populärsten
Berufe in der Lyrik von Brentano bis zu Eichendorff und Wilhelm Müller:
die Müller und Jäger. Denn diese beiden oft in Gegensatz zueinander
gestellten Berufe bezeichneten nicht nur verbreitete Tätigkeiten, sondern sie
hatten auch als Metaphern einen Reichtum von Assoziationen. Der Müller
war der Seßhafte, der Jäger der Schweifende, Unbehauste mit den verschiedenen Wertungsmöglichkeiten, die solcher Deutung verhaftet waren: der
eine als der behaglich Satte und der andere als der unbeschränkt Freie, aber
der eine auch als ruhig Arbeitender und der andere als verantwortungs-
loser Pirat. Jagen war überdies vorwiegend ein Privileg des Adels, so daß
ständische Unterschiede in den Gegensatz hineinkamen. Und schließlich
war der Seßhafte der gute Ehemann, der Jäger der sexuelle Verführer und
Sieger, womit er einen tiefen männlichen Wunsch weit über alle Klas-
senunterschiede hinweg verkörperte. Erst aus dem Beziehungsreichtum
solcher und anderer Topoi und Metaphern erhalten die Lieder des *Wunderhorns* ihren ästhetischen Wert und sind belangvolle Lyrik geworden,
die sich nicht nur in einem einzigen Sinne lesen läßt. Zu dem Lied vom
«schwarzbraunen Mädel» und dem Jäger («Es blies ein Jäger wohl in sein
Horn») bemerkt Goethe in seiner großen Rezension des *Wunderhorns:*
«Durch Überlieferung etwas confus, der Grund aber unschätzbar.» Es
ist der poetische «Grund», die Verschmelzung von Trieben und Erfahrungen, Gefühlen und Gedanken, elementaren menschlichen Wünschen und
kritischen Fragen, wodurch viele dieser Lieder ihre Leser berühren, auch
wenn sie mit ganz verschiedenen Bildungsvoraussetzungen an sie heran-
treten.

Den «Grund» feinster menschlicher Gefühlsverhältnisse besitzen gleich-
falls die zahlreichen Lieder, in denen die Natur dominiert. Äußeres und
Inneres, Öffentliches und Intimes spielen auch hier ineinander. Durch seine
Einordnung in den Kreislauf der Tages- und Jahreszeiten kann sich der
Mensch über manche sozialen und ökonomischen Mechanismen hinweg-
setzen, die ihn sich selbst fremd machen, denn die Natur liegt vor solchen
Abhängigkeiten. Durch die Fülle seiner Blumen und der gefiederten Natur,
der Nachtigallen, Kuckucks, Lerchen, Finken, Schwalben, Stare und
«Waldvögelein» überhaupt, hat das *Wunderhorn* nachhaltig auf die deutsche
Lyrik gewirkt, und wenn hier auch nur eine Entwicklung fortgeführt
wurde, die schon in Tiecks und Brentanos früher Lyrik manifest war, so
legitimierte doch die Volksdichtung auf diese Weise die Kunstdichtung und
ihr erstrebtes Ziel, natürlich und damit volkstümlich zu sein. Um den
Durchbruch zur Öffentlichkeit, zum breiten Lesepublikum ging es den jun-

gen Schriftstellern dieser Zeit immer wieder, und im *Wunderhorn* konnten sie sich bestätigt sehen oder aber Muster finden.

Auf Popularität weist noch ein ganz anderer Sektor des *Wunderhorns*, der darin eine bedeutende Rolle spielt: die historische Ballade und der Bänkelsang. Hier wird Volkstradition mit einer ganz deutlichen Tendenz gesammelt, denn es sind Freiheitshelden, tapfere Selbstbehaupter und Bürger oder auch sympathische Räuber, die darin gefeiert werden: Wilhelm Tell, Doktor Faust, Hans Sachs, der Tannhäuser, der Rattenfänger von Hameln, Klaus Störtebecker und Rinaldo Rinaldini. In den eigentlichen geschichtlichen Balladen werden Schlachten besungen wie die bei Murten oder Prag («Als die Preussen marschirten vor Prag»), in denen Fürsten oder militärische Führer mit den Soldaten für eine gute Sache zusammengehen. Im zweiten Band des *Wunderhorns* von 1808 steht Georg Rudolf Weckherlins Gedicht auf «Gustav Adolfs Tod»:

> Denn du, nachdem dein Lauf wie Herkules beendet,
> Sollst werden dieser Welt, die dein nicht werth, entwendet,
> So hoch wird seyn dein Werk, zu machen Deutschland frey.

Damit wurde auch der Gegenwart eine Botschaft verkündet. In den historischen Balladen und Gedichten vermittelte das *Wunderhorn* das geschichtliche Bewußtsein von einer Tradition freier Einzelner und zugleich das Bewußtsein vom Vorrang staatsbürgerlicher Pflichten vor den Privilegien des Standes. Solche Themen häuften sich zwar im Hinblick auf die Besetzung Preußens durch französische Truppen im zweiten und dritten Band, aber sie ergänzten dort nur, was schon im ersten Band hinsichtlich eines sozialen und nationalen Selbstverständnisses der Deutschen im Spiegel ihrer alten Poesie angelegt war.

Unter dem Eindruck der Ereignisse war in den späteren Bänden auch die Zahl der Soldatenlieder vermehrt worden, und die Themen umfaßten hier erotisches Soldatenglück («Frisch auf ins weite Feld!») wie den Tod in der Schlacht («Des Morgens zwischen dreyn und vieren»). Eines der bekanntesten, wirkungsreichsten und auch schönsten Lieder des *Wunderhorns* kommt aus dieser Sphäre: das Lied vom «Schweizer», der «zu Straßburg auf der Schanz» das Alphorn hört und aus Heimweh zum Deserteur wird, wofür er dann exekutiert werden soll. Dieses Heimwehmotiv ist jedoch von dem Bearbeiter – wohl Brentano – in eine grobe Vorlage ohne tiefe Emotionen hineingetragen worden, und dadurch erst ist das Lied populär geworden. Melancholie findet sich häufig in der Literatur dieser Zeit, vor allem in Brentanos Werk, und ihre Funktion wird in den Um- und Fortdichtungen des *Wunderhorns* deutlicher verständlich. Gerade im Falle des Liedes «Zu Straßburg auf der Schanz» zeigt sich, daß durch die Anreicherung einer an sich flachen Vorlage mit einem tiefen Gefühl das Lied nicht nur eine neue menschliche Dimension erhält, sondern auch eine intellektuelle. Erkennbar wird nämlich im Lied vom heimwehkranken Schweizer durchaus der Dreischritt von dem Wunsch nach Rückkehr in einen verlorenen Glückszustand über die Erkenntnis der Hoffnungslosigkeit eines solchen Wunsches zur künstlerischen Formung dieser Erkenntnis, so daß im Lied schließlich die Erinnerung mitsamt dem Wunsche als Besitz aufbewahrt wird. «Es giebt eine Zukunft und eine Vergangenheit des Geistes, wie es eine Gegenwart des Geistes giebt, und ohne jene, wer hat diese?» schreibt Arnim am Ende seines Aufsatzes *Von Volksliedern.*

Man muß sich beim *Wunderhorn* immer wieder deutlich machen, daß es den Herausgebern nicht darum ging, ihrer Zeit das Bild einer idealen Vergangenheit vor Augen zu halten, zu der man schleunigst zurückkehren möge. Ganz im Gegenteil: die Lieder zeigen Menschen in der oft sehr rauhen und unfreundlichen Realität von einst, in der sie bemüht sind, ihre Werte und ihre Existenz zu verteidigen und als freie Individuen zu arbeiten, zu lieben sowie in freier Gemeinschaft zu feiern. Aber neben die Suche nach Erfüllung treten doch stark Erkenntnis oder Gefühl der Unerfüllbarkeit, die die europäische Seelenstimmung des «Weltschmerzes» vorbereiten halfen und den Widerhall des *Wunderhorns* besonders in der deutschen Lyrik nach 1815 erklären.

Damit lassen sich auch jene Lieder des *Wunderhorns* in Einklang bringen, die den Leser über die Freuden und Nöte der Erde hinwegheben sollen hin zu Tod, Gott und Ewigkeit. Eines der großartigsten Zeugnisse in diesem Bereich ist das katholische «Erntelied» aus dem 17. Jahrhundert:

> Es ist ein Schnitter, der heißt Tod,
> Hat Gewalt vom höchsten Gott [. . .]

Brentano hatte es vorher schon in seinem Roman *Godwi* verwendet, und Eichendorff, Georg Büchner, Wilhelm Raabe und Alfred Döblin haben Teile daraus später in eigene Werke eingefügt. Vertont wurde es von Felix Mendelssohn-Bartholdy, Robert Schumann, Johannes Brahms und Max Reger, und Goethe war so von ihm beeindruckt, daß er meinte, es verdiene, «protestantisch zu sein». Die letzte Strophe des Liedes lautet:

> Trotz! Tod, komm her, ich fürcht dich nicht,
> Trotz, eil daher in einem Schnitt.
> Werd ich nur verletzet,
> So werd ich versetzet
> In den himmlischen Garten,
> Auf den alle wir warten.
> Freu' dich du schöns Blümelein.

Hier war Arnim und Brentano ein Gedicht in die Hand gekommen, das für sie kaum der Aufbereitung bedurfte. Der Schnitter Tod mäht die Blumen nieder, die Narzissen, Hyazinthen, Rosen, Lilien, Kaiserkronen, Tulpen,

Ehrenpreis und Violen, die dann doch im himmlischen Garten herrlicher blühen sollten. Die Blume, wunderbar und schön, ist Widerschein des Himmlischen und der Garten ihr paradiesischer Hort. Von der Institution Kirche hingegen wird die menschliche Natur vergewaltigt, wenn das liebende Mädchen als «widerspenstige Braut» ins Kloster soll; beflissene «Aufklärung» wiederum nimmt dem Menschen den Blick über sich selbst hinaus. Das «neue Jerusalem» erscheint als Wunschbild, und die Heilige Familie schließlich wird zum metaphysischen Ebenbild der auf menschliche Neigung gegründeten Familienbindung im Leben des Volkes. Krönend erhebt sich darüber der Wunsch nach Frieden:

> Süße, liebe Friedenstaube,
> Die du schnell den Oehlzweig bringst [...]
> («Friedenslied»)

So ist, alles in allem, *Des Knaben Wunderhorn* ein Werk jener «seltsamen gewitterschwülen Zeit der Erwartung, Sehnsucht und Schmerzen» geworden, wie Eichendorff einmal in einem Brief an Fouqué die Jahre vor 1813 genannt hat. Dadurch aber, daß es eine scheinbar objektive Sammlung von literarischen Dokumenten der Vergangenheit war, gab es gerade dieser Zeit und ihren Lesern das Gefühl der Traditionsbindung und zugleich das einer Gemeinschaft und Öffentlichkeit in Zeit und Raum. Das, was man selbst dachte und empfand, wurde durch die Autorität der volkstümlichen Überlieferung bestätigt und weiter gefördert. Aber nicht nur auf nationale Zusammengehörigkeit bezog sich ein solches Gefühl, denn wenn auch das *Wunderhorn* nur deutsche Lieder enthielt, so waren ihm eben doch nationalistische Töne ganz fremd. Seine Lieder bekräftigten vielmehr zugleich den Zusammenhang jener christlich-europäischen Kultur, die im Verständnis der Zeit als romantische gegenüber der klassischen begriffen wurde. Mit dem *Wunderhorn* entstand ein poetischer Mittelpunkt der Zeit. Das Deutsche, das Christlich-Europäische und das Bürgerlich-Volkstümliche im Gegensatz zum Ständischen verbanden sich in einer Weise, daß sich eine ganze Generation junger Künstler und Intellektueller damit identifizieren und daraus neue Impulse schöpfen konnte.

Das *Wunderhorn* fand weithin beifällige Aufnahme. Den Ton setzte Goethes umfangreiche Rezension des ersten Bandes, die schon im Januar 1806 in der *Jenaischen Allgemeinen Literatur-Zeitung* erschien. Darin kommentierte er jedes einzelne Lied und empfahl: «Von Rechts wegen sollte dieses Büchlein in jedem Hause, wo frische Menschen wohnen, am Fenster, unterm Spiegel, oder wo sonst Gesang- und Kochbücher zu liegen pflegen, zu finden sein.» Erstaunlich ist die wenn auch zunächst nur brieflich geäußerte Kritik Friedrich Schlegels, der von «Gassenjungiana» sprach und als Rezensent in den *Heidelbergischen Jahrbüchern* vorschlug: «Man nehme das erste beste Gedicht von *Gellert* oder *Hagedorn*, und lasse es von einem

Kinde von vier oder fünf Jahren auswendig lernen; es wird gewiß an
romantischen Verwechslungen und Verstümmlungen nicht fehlen, und man
darf dieses Verfahren nur etwa drei- bis viermal wiederholen, so wird man
zu seinem Erstaunen statt des ehrlichen alten Gedichts, aus dem goldenen
Zeitalter, ein vortreffliches Volkslied nach dem neuesten Geschmack vor
sich sehen.» Hier war die Opposition zweifellos durch persönliche Aversio-
nen gegenüber seinem einstigen Verehrer Brentano mitbestimmt, aber
zugleich fehlte ihm, dessen Denken auf den «großen Kampf der innern geistigen Entwicklung» gerichtet war (vgl. S. 241), auch der Sinn für derartige
elementare Literatur. Die heftigste Opposition gegen die Autoren des *Wunderhorns* kam von Johann Heinrich Voß und seinem Kreis in Heidelberg.

Goethe hatte Grund, mit dem *Wunderhorn* zufrieden zu sein, nicht nur,
weil die Autoren mit der Widmung Verbeugungen vor ihm machten, sondern auch, weil im Grunde hier die Tendenz seiner eigenen frühen
Gedichte fortgesetzt wurde, mit denen er in den siebziger Jahren revolutionär auf die Geschichte der deutschen Lyrik eingewirkt hatte. Die Wirkung
des Werks in seinem unerschöpflichen Reichtum nicht nur an Themen, sondern auch an lyrischen Formen und Klängen auf andere Zeitgenossen war
außerordentlich. Spuren der Nachahmung finden sich zahlreich in den verschiedenen Zeitschriften und Almanachen. Arnim und Brentano selbst
haben für eigene Werke daraus geschöpft, und ihnen folgten Eichendorff,
Uhland, Kerner, Wilhelm Müller und schließlich auch Heinrich Heine und
Eduard Mörike. Komponisten von Beethoven und Carl Maria von Weber
bis zu Gustav Mahler und Richard Strauss haben Gedichte daraus vertont,
und die Liste der Namen aller jener Autoren bis in die Gegenwart hinein,
die irgendwann einmal Verse des *Wunderhorns* zur Bezeichnung eines See-
lenzustandes oder einer bestimmten menschlichen Situation in ihrem eigenen Werk verwendet haben, ist unübersehbar. Mit seiner in der Sprachkunst
lebendigen Menschlichkeit, seinem poetischen «Grund» wurde das *Wunderhorn* tatsächlich ein bleibendes Geschenk seiner Herausgeber an die Deutschen.

Neues und Altes

Friedrich Schlegel, dem *Wunderhorn* und seinen Autoren abhold, war zur
Zeit, da die Bände erschienen, selbst mit neuer Lyrik beschäftigt, die er zum
Teil schon in Rostorfs *Dichter-Garten* (1807) vorstellte und dann 1809
gesammelt herausgab. Fouqué begrüßte den Band jubelnd in seiner Zeitschrift *Die Musen*, verglich ihn der «südlichen Sylbenmaaße» wegen einer
Weinlaube, die am Rhein von Reben aus Malaga und Neapel errichtet worden sei, und sah in dem Buch einen «edlen Markstein» an der «Gränze
einer bessern Vergangenheit» und einer «bessern Zukunft». Was er damit zu
treffen versuchte, war Schlegels Absicht, trotz entschiedener Verehrung für

romanische Formen doch deren Spielcharakter zu überwinden und durch sie Wichtiges für die Gegenwart auszudrücken. Losung war Schlegels Botschaft «An die Dichter»: «Buhlt länger nicht mit eitlem Wortgeklinge!» (vgl. S. 51). Im einzelnen verkündete er dann lyrisch jene Ansichten, die er auch in theoretischen Werken darlegte: die Kraft des Glaubens und die Forderung nach Aufrechterhaltung von des Adels «alter Sitt' und Recht», besonders da er selbst im Begriffe war, sich in Österreich einen alten Familienadel anerkennen zu lassen. Geschichte und Natur sollten außerdem nicht mehr nur wie in Zeiten Jenaer Symphilosophie Koordinaten menschlicher Existenz schlechthin sein, sondern wurden nun ausdrücklich als Gegenkräfte gegen die politischen, gesellschaftlichen wie religiösen Krisen der Gegenwart ins Feld geführt. Teils sprach Schlegel damit nur Tendenzen der Zeit aus, die sich auch anderswo fanden, teils aber bot er mit seinen Gedichten bedeutende Anregungen für jüngere Autoren. Fouqué als Rezensent jedenfalls pries, wie er sagte, Friedrich Schlegels Gedichte in der Absicht, «in allen Kunst- und überhaupt Sinnverwandten gleiche Gedichte» zu erwekken.

Schlegel, Städter durch und durch, empfahl, «das Geschwätz der Städte» zu fliehen, und sein Gedicht «Im Spessart» stellt ein Jubellied auf den Wald dar, wie es Eichendorff oder Kerner nicht übertreffen konnten:

> Gegrüßt sey du viel lieber Wald!
> Es rührt mit wilder Lust,
> Wenn Abends fern das Alphorn schallt,
> Erinnrung mir die Brust.
>
> Jahrtausende wohl standst du schon
> O Wald so dunkel kühn,
> Sprachst allen Menschenkünsten Hohn,
> Und webtest fort dein Grün.

Der Wald, so folgert Schlegel weiter, sei auch Hort der Freiheit ebenso wie Haus und Burg der Alten, womit die Forderung nach Bewahrung alter Sitte und Recht mit der Natur in Einklang gebracht wurde. Dem «Gesang» – so lautet der Titel eines weiteren Gedichtes – entstehe vor allem die Aufgabe, die «alten Klänge» aus «ferner Riesenzeit» zurückzubringen um der Zukunft willen.

Schlegels Lyrik, schwach in ihrer Bildersprache, trug eher Landläufiges repräsentativ vor, als daß sie Neues bot. Tatsache ist, daß diese Gedichte damals, schon um ihres Autors willen, starke Beachtung fanden, und Tatsache ist auch, daß gerade die bedeutenderen unter den jüngeren Autoren mit Schlegel eine ganze Strecke des Weges gemeinsam gingen. Nur besaß unter ihnen Ludwig Uhland zum Beispiel ein recht anderes Verhältnis zur Geschichte, die er in seinen Balladen belebte, und Eichendorff ein sehr viel echteres zur Natur.

Die Natur wurde in diesen Jahren wieder zu einem der großen Themen- und Bildarsenale der Lyrik, das sie in den Anfängen romantischer Reorientierung bereits bei Tieck gewesen war. Geschichte andererseits fand, nachdem die rhetorisch-agitatorische Lyrik der Kriegszeit verklungen war, ihr festes Heim in der Ballade, in der sie es schon zu Schillers Zeiten gehabt hatte, obwohl sich jetzt die Blickwinkel veränderten. Als sich Goethe und Schiller 1797 gemeinsam der Form der Ballade zuwandten, geschah es mit der Absicht, die Möglichkeiten einer Form für die ästhetische Bildung der Nation auszuforschen und auszuprobieren. Für Schiller war die «Poesie» darin sogar ausdrücklich ein Mittel zu einem höheren Zweck, war «Saame des Idealismus» (vgl. Bd. 1, S. 610). Von solcher Pädagogik war jetzt nicht mehr die Rede, denn die Balladen von Brentano, Uhland, Kerner oder Eichendorff waren im gleichen Maße Ausdruck ihrer Welterkenntnis und ihres Lebensgefühls wie ihre anderen lyrischen Gedichte. Die je nach den Persönlichkeiten der Autoren verschiedenen Themen der Balladen zeugten vom Heimischwerden in einer freundlichen Natur oder vom Fremdsein in einer verständnislosen Gesellschaft, von der Melancholie angesichts der Unversöhnbarkeit zwischen Wirklichkeit und Schönheit oder von der Suche nach Orientierung im Glauben angesichts der Unergründbarkeit menschlicher Existenz. Teilweise waren sie aber auch – besonders bei dem populärsten aller Balladendichter dieser Jahre, Ludwig Uhland – Demonstration geschichtlicher Gerechtigkeit aus bürgerlichem Selbstbewußtsein, wodurch dann am ehesten die Schillersche Erbschaft weitergetragen wurde. Auch Chamisso ist in seiner Balladendichtung diesen Weg weitergegangen.

Im eigentlichen lyrischen Gedicht breitete sich jene Metaphorik aus, der das Warenzeichen «romantisch» am häufigsten aufgeklebt worden ist, nicht weil sich darin eine historisch begriffene romantische Tradition am reinsten ausprägte oder das Konzept romantischer Universalpoesie sich am reinsten erfüllte, obwohl das im einen oder anderen Fall durchaus zutrifft, sondern weil hier das Verständnis des Wortes als ‹Träumerisches›, ‹Schwärmerisches› verkörpert schien. Das lyrische Ich tritt auf als Wanderer, fahrender Sänger, Spielmann oder Dichter. So bewegt sich das «Subjekt als Subjekt», wie Hegel es nannte, allein durch eine konsolidierte Gesellschaft, die im Bilde der Stadt sichtbar wird, durch deren Gassen man geht, in die Fenster hineinblickend oder, wenn man in den Häusern gefangen ist, aus ihnen sehnsüchtig hinaussehend. Dorf und freie Natur treten in positiven Gegensatz dazu, wie das im übrigen das erste dieser einsamen Ichs, der stadtflüchtige Werther, bereits empfunden hatte. Aber grundsätzlich bieten Dorf und Landleute dem Wandernden nur vorübergehend Asyl. Umgekehrt kann die Stadt, besonders wenn sie nur am Horizont erscheint wie auf Bildern Caspar David Friedrichs, eine Vision der letzten, endgültigen Heimat, der Gottesstadt am Ende der Geschichte und allen Daseins vorstellen. Sie hatte Werther noch nicht gesehen.

Wie bei der Stadt, so zeigt sich auch bei der Natur, daß sie ganz entgegengesetzte Werte umschließen kann, selbst innerhalb des Werks eines einzelnen Autors, und zwar umso stärker, je reicher dasjenige ist, was in ihm nach Ausdruck drängt. Brentanos und Eichendorffs Gedichte bieten die besten Beispiele dafür. Der Wald kann Refugium oder Labyrinth sein, der Berg deutet, je nach dem Standpunkt, auf Höhe oder Tiefe, der Fluß trägt zum Ziel oder reißt fort, das Meer schließlich ist die Unendlichkeit Gottes oder das Ungeheuer Ozean, von dem Rezia in Webers Oper *Oberon* (1826) singt. Tal, Schlucht und Felsenwand können Schutz bieten, aber der Sturz vom Felsen in den Abgrund ist tödlich für die Einsamen, die auf dem Gipfel stehen oder hinaufstreben. Gegen solche vertikale Natur steht als horizontale der Garten. Er ist begrenzte, gehütete und vergesellschaftete Natur ohne die Gefahren, Höhen und Tiefen des Unumgrenzten. Aber je nachdem, ob es sich um Schloß-, Blumen- oder Gemüsegarten handelt, spielt Melancholie über vergangene patriarchalische Zeiten oder Spott über gegenwärtige utilitaristische Lebensformen hinein. Der Blumengarten verliert seinen zeitlichen Charakter, wenn er die Einbildungskraft in den großen Garten Eden, den Garten Gottes hinüberführt. Aus der Naturmetaphorik entwickelt sich also der mythische Bezug auf die biblischen Metaphern von Paradies und Sündenfall, und aus der großen Versöhnerin Liebe in ihren vielfältigen, von der Zeit bedrohten irdischen Formen entsteht die Ahnung von ihrer letzten, reinsten, unwandelbaren Gestalt. Aber die Berufung auf Religiöses ist nicht gleichbedeutend mit dem Vorhandensein des Glaubens. Der so charakteristisch weite Bedeutungsspielraum dieser Metaphern zeigt vielmehr deutlich die Tendenz zur Ästhetisierung auch dieser letzten Instanz und damit zu einem absoluten Subjektivismus. Gerade bedeutende Lyriker wie Brentano und Eichendorff haben mit dieser Tendenz schwer gerungen und im Gedicht nach einer Sicherheit außerhalb des Gedichts, außerhalb der Kunst gesucht.

Die Dominanz christlicher Vorstellungen in der deutschen Lyrik nach 1806 wurde, abgesehen von den im einzelnen oft sehr verschiedenen Anschauungen und religiösen Überzeugungen der Autoren, allein schon durch die Abwendung von antiken Formen und durch das damit verbundene rasche Verschwinden antiker Mythologie gefördert. Außerdem zeigte auch die Erschließung anderer Religionen und Mythologien durch die in diesen Jahren sich entwickelnde Mythenforschung ihre Wirkung. Der nordisch-germanische Mythos war allerdings eher dramatisch als lyrisch, und so sehr er in dieser Gattung von Fouqué bis Wagner Eindruck machte, so wenig Widerhall fand er im Gedicht. Anders verhielt es sich mit dem Orient, dessen Erschließung für die deutsche Literatur in den neunziger Jahren des vergangenen Jahrhunderts begonnen hatte mit den Werken des jungen Tieck, mit Forsters Übersetzung der *Sacontala,* mit den indischen Heiligengestalten in Romanen Jean Pauls und mit der orientalischen Thematik in Dramen und Gedichten Karoline von Günderrodes. Friedrich Schlegel, Görres und Creuzer begannen die wissenschaftliche Erschließung östlichen Glaubens und Denkens (vgl. S. 234), und in Wien gründete 1810 Joseph von Hammer-Purgstall die Zeitschrift *Fundgruben des Orients*. Sie brachte Übersetzungen und Nachdichtungen persischer und anderer orientalischer Literaturen. Ein neuer Weg begann, der die moderne europäische Adaption östlicher Gedichtformen, Metaphern und Gedanken zu dem Gipfel von Goethes *West-östlichem Divan* (1819) führte. Rückert und Platen verfolgten dann diesen aus romantischem Synkretismus hervorgegangenen poetischen Orientalismus weiter, bis er in der Lyrik Friedrich Bodenstedts ins Modisch-Epigonale entglitt.

Ein Zeichen für die nachhaltige Wirkung, die seit Klopstock, Goethe und Schiller deutsche Lyrik auf große Leserkreise in der Kulturnation Deutschland auszuüben begonnen hatte, war schließlich die Auseinandersetzung der Jüngeren mit den Älteren in Form von Parodien. Parodien waren zwar an und für sich nichts Neues, aber wo sie schon, auf deutsche Lyrik bezogen, im 18. Jahrhundert existiert hatten, waren sie Einzelstücke geblieben. 1816 jedoch erschien zum ersten Mal eine Sammlung, der *Almanach der Parodieen und Travestien*, zusammengetragen von Carl Friedrich Solbrig, in dem neben Goethe und Schiller auch Hölty, Matthisson, Tiedge, Kotzebue und August Wilhelm Schlegels Übersetzung des *Hamlet* aufs Korn genommen wurde. Zwei weitere Kollektionen folgten bald, die *Parodieen* (1817), herausgegeben von Karl Müchler, und der zweite *Almanach der Parodieen und Travestien* (1818) von Gottfried Günther Röller. Damit wird zweierlei sichtbar. Einmal besaßen nun auch die Deutschen eine größere Anzahl von repräsentativen oder zumindest wirkungsvollen, populären Autoren, denn Parodien können nur dort Effekt haben, wo das Original bekannt ist. Viele dieser Parodien, insbesondere diejenigen über Goethe und Schiller, bestätigen allein durch ihr Vorhandensein die literarischen Errungenschaften der deutschen Kulturnation im vorausgehenden Vierteljahrhundert. Zum anderen aber erweisen sie, daß man sich bereits in eine gewisse – freundliche oder kritische – Distanz zu den Vorbildern setzt, und zwar weniger, weil man an ihrem literarischen Wert zweifelt, als vielmehr wegen ihrer zweifelhaft gewordenen Wirkungskraft auf ein sie profanisierendes Publikum. Die Parodien begannen erst wirklich in der Restaurationszeit zu blühen, als man allmählich aufhörte, an das hohe Pathos von der Macht der Poesie zu glauben. Tendenz vieler dieser Parodien war die Karikierung des Vorbildes dadurch, daß es auf konkrete bürgerliche Lebensverhältnisse umgeschrieben wurde. Damit bilden jedoch diese Parodien ein einzigartiges Dokument zugleich für die Lebensverhältnisse der bürgerlichen Empfängerkreise der Literatur und machen das Gefälle deutlich, das zwischen Ideal und Wirklichkeit ebenso wie zwischen künstlerischer und bürgerlicher Existenz bestand. Bürgerliches Leben, mit Vorliebe an Werken wie Schillers «Lied von der Glocke» oder einigen seiner anderen Gedichte und Balladen karikiert, verkörpert vor allem der am liebsten dem Heim entfliehende, zum Wirtshaus und dem Spiel strebende Hausherr und die rasch zum Hauskreuz gewordene zarte Jugendliebe, deren Lebensinhalt das Kaffeegeschwätz bildet. Schillers «Spruch des Confucius» («Dreifach ist der Schritt der Zeit») wird bei Röller in einen des Sokrates umgewandelt:

> Dreifach herrscht der Frauen Mund.
> Lächelnd lockt das Mädchen aus der Weite;
> In dem Kuß gebieten Bräute;
> Ew'ger Zank macht die Gemahlin kund.

In dummen Ehewitzen lebt dergleichen Mentalität bis in die Gegenwart fort.

Denn hier wurde an sozialen Verhältnissen nicht jene Kritik geübt, die auch die jungen Lyriker mit der Kontrastierung von Stadt und Land, Gesellschaft und Natur in ihren Liedern auszudrücken versuchten, sondern es wurde ein Bild bürgerlichen Daseins festgehalten, das zwar der Wirklichkeit weitgehend entsprechen mochte, das aber zu gleicher Zeit auch auf solche Weise im scheinbaren Scherz seine Beglaubigung erhielt. Dokumentieren die Parodien also einerseits, daß bedeutende deutsche Lyriker wirklich populär geworden waren, so dokumentieren sie ebenso, daß die Ideale von ästhetischen Lebensformen, von der Würde der Frauen, von neuer Liebe und Ehe und von Familieninnigkeit der Wirklichkeit keineswegs nähergerückt waren. Die Geschichte insbesondere der Schiller-Rezeption in den folgenden Jahrzehnten zeigt den Versuch, nicht das bürgerliche Leben den Idealen, sondern den Idealisten dem bürgerlichen Leben anzupassen.

3. Lyriker

Überblick

Die Ausbreitung der Lesekultur in Journalen und Almanachen, das Verschwinden von Bildungshürden in Gestalt strenger antiker Metren, die Ermutigung durch Zeitnöte und Vorbilder zur Pflege der Formen aus nationaler und christlich-europäischer Überlieferung – all das führte nach und nach dazu, daß sich das Gedichteschreiben zum literarischen Volkssport entwickelte. Männer und Frauen, Junge und Alte, Ärzte und Pastoren, Dichter und Denker, Kaufleute und Könige übten sich darin mit mehr oder weniger Glück und bereicherten auf diese Weise die deutsche Lyrik um einen rasch unübersehbar werdenden Vorrat an Versen. Daraus hat die Geschichte dann ihre Auswahl getroffen, und die Überprüfung der Quellen erweist, daß neben den Dilettanten kein wirklich großes Talent versehentlich und ungerechterweise auf der Strecke geblieben ist.

Die Verfasser deutscher Lyrik zwischen 1806 und 1830 gehören verschiedenen Generationen an. Goethe bleibt bis zu seinem Tode 1832 als Lyriker produktiv. Johann Heinrich Voß, einst starke Stütze des Göttinger Hains, ist bis zu seinem Ende zumindest in literarische Fehden verwickelt: Er stirbt 1826. Stumm anwesend ist bis zum Jahre 1843 Friedrich Hölderlin im Tübinger Turm, aber sein Werk beginnt allmählich zu den Jüngeren zu sprechen – 1826 geben Uhland und Schwab die erste Sammlung seiner Gedichte heraus. Tieck stellt selbst eine dreibändige Ausgabe seiner Gedichte zusammen (1821–23), in der er sich zum ersten Mal lediglich als Lyriker präsentiert – im Rückblick nannte ihn Helmina von Chézy sogar eine rein lyrische Natur. Nur habe ihn «der bedingende Drang des Lebens, welcher Taschenbuchsartikel ihm zur Nothwendigkeit machte», vom «heiligen Quell der lyrischen Ergüsse» weggedrängt: «Er schlug seine innere Welt in Trümmer wie einen Solitaire, der dann stückchenweis verkauft wird, doch der innere Kern, der unerschöpfliche Schatz des Wissens, der feinsten und gediegensten Beurtheilungskraft blieb unberührt und verherrlichte noch seine späten Jahre.» Auf eben diese späten Jahre, auf die Erzählungen aus der zweiten Lebenshälfte Tiecks im Gegensatz zu dem mit Gedichten reich gefüllten *Sternbald* aus der Jugendzeit, war dieses Urteil einer feinfühligen Beobachterin gemünzt.

Ungesammelt blieb die Lyrik Arnims und Brentanos zu ihren Lebzeiten, und den Zeitgenossen war nur bekannt, was in anderen ihrer Werke eingebettet erschienen war. Zu den markantesten Punkten in der lyrischen Landschaft gehörte dafür ihrer beider Anthologie *Des Knaben Wunderhorn*. Widerhall fanden auch die *Allemannischen Gedichte* (1803) von Johann Peter Hebel, die 1806 bereits in dritter Auflage erschienen. Die Sonette Zacharias Werners, die er in Zeitschriften veröffentlichte und Goethe vorlas, verschafften ihm neben seinen Dramen den Ruhm eines Meisters in dieser Form. Friedrich Schlegels Appelle, gesammelt in seinen *Gedichten* von 1809, ließen die patriotische Woge erkennen, die bald darauf mit den Versen von Arndt, Schenkendorf und Körner das Land überschwemmte.

Mitgetragen von dieser Woge wurde die Lyrik und insbesondere die Balladendichtung Ludwig Uhlands und seines schwäbischen Freundeskreises. Organisatoren des Lyrischen, also die Herausgeber von Almanachen und Zeitschriften, wie Justinus Kerner, Friedrich Kind und Friedrich Förster, die selbst Lyriker waren und das eigene in Gemeinschaft mit dem fremden präsentieren wollten, hatten in diesen Jahren auf den literarischen Geschmack des größeren Publikums einen bedeutenden Einfluß. Auch die politischen Bewegungen – der nach 1815 immer stärker unterdrückte Patriotismus, der Widerstand gegen Restauration und neue Unmündigkeit der Bürger und der europäische Freiheitsenthusiasmus des Philhellenismus – riefen neue lyrische Stimmen auf den Plan: die Brüder Follen ebenso wie Wilhelm Müller und König Ludwig I. von Bayern. Die aufblühende Kultur der Lied-

komposition, der Texte bedürftig, bediente sich nicht nur lyrischer Meisterstücke, sondern verhalf auch manch schwachem Gedicht zu unverhofftem
Glanz. Neben dem Kunstlied blieb überdies, wenngleich in seltsamen Einzelgängern, die Kunst des Bänkelsangs am Leben, wofür der katholische
Geistliche Michael von Jung das überwältigendste Beispiel ist. Statt Grab-
predigten zu halten, sang er sie als Volkssänger zur Laute und bekam
dadurch mehrfach Schwierigkeiten mit der vorgesetzten Kirchenbehörde.
Das ist verständlich, wenn er «bei dem Grabe einer vortrefflichen Sängerin,
die an der Kolera starb», verkündete:

> Sie hätt vielleicht auf dem Theater,
> Das oft der Sünde Gift versüßt,
> Die Herzensunschuld in zu spater
> Verzweiflung schmerzlich eingebüßt,
> So, daß die Kolera sogar
> Für ihre Seele besser war.

Jung, seit 1811 im Württembergischen tätig, führte auf diese Weise Theologie in den Bänkelsang ein, aber als er 1837 von ihm Gedichtetes unter dem
Titel *Melpomene* veröffentlichen wollte, blieb ihm die Zustimmung der offiziellen Hüter der Theologie versagt.

Hin und wieder kam es zu Dichterbünden wie der Berliner Mittwochsgesellschaft
(vgl. S. 110 ff.), die Eichendorff, Chamisso, Fouqué, Wilhelm Müller, Immermann,
Simrock und eine Reihe weiterer angesehener Mitglieder aus dem Beamtentum, der
Justiz, dem Militär und dem Geschäftsleben vereinigte und sich die Pflege deutscher
Poesie angelegen sein ließ, aber den Enthusiasmus zugleich mit ein wenig Ironie
dämpfte. Karl Schall, eines ihrer weniger gewichtigen Mitglieder, besang zwar leidenschaftlich die «göttliche Dichtungskraft» –

> So hebt uns himmelwärts,
> Was dir in Lust und Schmerz
> Würd'ges entsprang:
> D'rum preist dich Tönende,
> Liebreich Versöhnende,
> Alles Verschönende,
> Unser Gesang.

– gab aber diesen begeisterten Versen dann den Titel «God save die Poesie». Das war
Angabe der Melodie, aber auch ein Schimmer von Unernst zugleich. Im gleichen
Jahre 1827, in dem das *Liederbüchlein der Mittwochs-Gesellschaft* mit diesen Versen
erschien, veröffentlichte Heinrich Heine sein *Buch der Lieder* und gab Ironie und
«göttlicher Dichtungskraft» zugleich eine neue Dimension.

Auch eine junge Lyrikerin, Annette von Droste-Hülshoff, hatte in den
zwanziger Jahren zu schreiben begonnen, aber erst 1838 trat sie mit einem
Band Gedichte an die Öffentlichkeit. 1806 war Karoline von Günderrode
gestorben. Neben und nach ihr gab es nicht wenige dichtende Frauen in
Deutschland. Aber so bekannt und beachtet die eine oder andere auch zeitwei-

lig sein mochte, so schwer war es doch, sich dem Bannkreis männlicher Vorbilder zu entziehen und zu individuellem weiblichen Ausdruck in einem Maße
zu gelangen, wie es nach der Günderrode erst wieder die Droste erreichte.
Engel Christine Westphalen, die Verfasserin eines Dramas über Charlotte
Corday (vgl. Bd. 1, S. 151 f.), stand im Bannkreis Schillers. 1809 veröffentlichte sie einen Band *Gedichte,* der diesen Einfluß in den Formen ebenso wie
in dem reichen Gebrauch antiker Mythologie deutlich verriet. Ihr Gedicht
«Sehnsucht» aber übersetzt Goethes Lied der Mignon spürbar aus der Hingabe an den Mann in die ersehnte Gleichheit mit ihm:

> Kennst du das Land, wo Treue, Brust an Brust,
> Auf ewig liebt mit reiner Engellust?
> Des Schicksals Schluß ein Herz mit Hoheit trägt;
> Das Wehmuth still, das Wonne laut bewegt?
> Kennst du das Land?
>   Dahin! Dahin!
> Sehnt sich ein Herz, ein liebevoller Sinn.

Louise Brachmann war ebenfalls Schiller, und daneben Brentano, verpflichtet, aber beiden in erster Linie für praktische Hilfe bei dem Versuch, sich als
Schriftstellerin durchzuschlagen. In ihrer literarischen Arbeit hingegen
wurde sie vor allem durch die frühe Beziehung zu Novalis und seiner Familie beeinflußt, auch wenn sie sich nicht in den Kreis von dessen epigonalen
Nachahmern wie Graf Loeben und den Brüdern Hardenberg fügte. Novalis
jedenfalls erhebt sie in einem Gedicht zu ihrem «Führer», dessen Mission
sie sich anschließt:

> Wecken in der Menschen Busen
> Will ich tiefe Sympathie,
> Und mit heilger Kraft der Musen
> Die verborgne Harmonie.

1808 erschien ein Band *Gedichte* von ihr. Wie im Werk der Günderrode finden sich auch darin mehrfach Beispiele für den in dieser Zeit häufigen
Topos der Bestätigung weiblicher Kraft: die freiwillige Aufopferung für den
Geliebten. Die vom Ritter im Glück verschmähte Clara dient ihm unerkannt in Männerkleidern und rettet ihm sterbend das Leben («Die Unge-
liebte»), und in der unerschütterlichen Treue zu ihm

> Glaubt ihr daß zarte Weibertreu
> Wie Männer Schwüre bricht?

zeigt «Rinaldos Braut» die Stärke ihres Geschlechts. Hinter solchen
Wunschprojektionen scheint jedoch gelegentlich die Wirklichkeit der Dich-
terin hervor, «sitzend am Rahmen daheim;/ Bei des Hauses Geschäften»
(«Elegie»), abhängig von Begehren und Willen des Mannes. Freundschaft

sei ihr nur mit Selbstsucht und Liebe mit Schrecken beantwortet worden, hat Louise Brachmann 1819 in einem Gedicht geklagt («Klosterstille»). 1822 ertränkte sie sich in der Saale.

Helmina von Chézy stand in vielen Bannkreisen. Ihre Mutter war Karoline Luise von Klencke, eine Unterhaltungsschriftstellerin, und diese wiederum war Tochter der Anna Luise Karsch, der «deutschen Sappho» und preußischen Panegyrikerin zu Gleims, Lessings und Mendelssohns Zeiten. Helmina von Chézys unruhiges Leben zwischen Deutschland, Österreich, der Schweiz und Frankreich brachte sie vielen bedeutenden Persönlichkeiten in Politik und Literatur nahe. Auf ihre *Gedichte* (1812) subskribierten der preußische König mit zehn Exemplaren, Fürstprimas Carl Theodor von Dalberg sogar mit fünfzig, und auf der Liste standen außerdem unter anderem der Weimarer Herzog Carl August, der Geheimrat von Goethe, Legationsrat Jean Paul Friedrich Richter, die Frau von Staël, Kirchenrat Hebel und Arnim, Chamisso, Fouqué, Kerner sowie in Wien Joseph von Hammer, «kaiserlich-königlicher Dolmetscher der morgenländischen Sprachen». Zu dessen *Fundgruben des Orients* trug Helmina von Chézy bei, und auch der zweite Band ihrer *Gedichte* enthält eine Reihe von Nachdichtungen persischer Literatur. Damit leistete sie ein Stück Pionierarbeit. Erwies sie sich im Alltag des Zeitgeschehens als mutige Frau (vgl. S. 190), so empfand sie sich gewiß nicht als Vorkämpferin weiblicher Rechte. Von der Tätigkeit der Frauen ihrer eigenen sozialen Umwelt hat sie ein ironisches Bild in dem Dialog «Alte und neue Zeit» innerhalb der *Gedichte* gegeben, denn auf die Frage des aus der alten Zeit heraufkommenden Ritters «Regieren die Frauen wohl an Mannesstatt» antwortet die Dame dort:

> Gewiß, den Mittelpunkt der Kultur,
> Den findet ihr jetzt in den Frauen nur.
> Sie haben die Wissenschaften innen,
> Sie wollen immer was Großes beginnen.
> Sie Dichten, Malen, Tanzen, Regieren,
> Sie schreiben, sie denken, sie philosophiren,
> Sie kokettiren, sie persiffliren,
> Sie lernen griechisch, sie medisiren,
> Sie botanisiren, sie musiziren,
> Sie jagen, sie schießen, sie exerziren,
> Bald wird man sie sehen Jura studiren!
> In Summa, sie sind so arg geworden,
> Daß man dem Himmel noch danken kann
> Wenn man sie trifft mit Beschäftigung an,
> Womit sie die edle Zeit ermorden,
> Denn eine Müßige ist nun gar
> Der Menschheit Plage auf immerdar.

Die Zeilen belegen einmal die tatsächliche Zunahme von Frauenbildung zumindest im Bereiche des Adels und des höheren Bürgertums, zum anderen aber auch gerade damit die Aneignung männlichen Denkens, die Sozialisierung in einer durchaus von Männern regierten Gesellschaft – erst ein Jurastudium würde in der Tat zu einem bürgerlichen Beruf und der Selbständigkeit für die Frau führen. Das meiste von Helmina von Chézys Lyrik ist inzwischen vergessen, und nur ein paar Verse – «Ach, wie wär's möglich dann,/ Daß ich dich lassen kann!» – haben sie lange in der Erinnerung der singenden Deutschen erhalten.

Ähnliche populäre Bekanntheit und Vertrautheit ist auch einem einzigen Gedicht von Luise Hensel zuteil geworden, den Versen «Müde bin ich, geh zur Ruh». Luise Hensel allerdings stand nun wiederum ganz im Bannkreis eines einzigen Dichters: in dem von Clemens Brentano. Er hat um sie geworben und wurde abgewiesen, aber über ihre Gedichte erhielt er Macht, und zwar so sehr, daß er sie umarbeitete und sie der Autorin zum Teil regelrecht enteignete. Religiöses Erweckungsbedürfnis verband sie beide: 1818 trat die Pastorentochter zum Katholizismus über, und das Bekenntnis –

> Ich habe einen Liebsten funden,
> Derselb' ist nicht von dieser Welt –

bildet den Grundton ihrer Lyrik.

Die Dichtung einer weiteren Frau schließlich ist nahezu ganz im Werk eines Dichters aufgelöst worden, so daß die Zeitgenossen überhaupt nichts von ihrer Gabe erfuhren und auch die Nachwelt sie nicht von ihm trennen kann: Marianne von Willemer, und zwar durch die wenigen Gedichte, die ihrer Beziehung zu Goethe entsprangen und die dieser in den *West-östlichen Divan* aufgenommen hat.

Goethe

Vor der Welt, aber auch vor sich selbst blieb Goethe über alle anderen seiner vielfältigen Arbeiten und Tätigkeiten hinaus immer der Dichter, der Versemacher und Poet. Wo ihn Erfahrungen und Gedanken von Augenblick zu Augenblick trafen, drängte es ihn sein Leben hindurch zum Ausdruck und zur Klärung im Gedicht. Auch als kleine Münze gesellschaftlicher Kommunikation und Konversation waren ihm Verse immer leicht zur Hand. In der Lyrik liegt das Kontinuum seines Lebenswerks. Alle anderen Formen, so meisterhaft er sie jeweils handhabte und so lange sie ihn oft beschäftigten, existierten dennoch nur von Zeit zu Zeit und empfingen überdies noch besondere Distinktion und Popularität von der lyrischen Kunst. *Wilhelm Meisters Lehrjahre* sind ohne die Lieder Mignons und des

Harfners ebensowenig denkbar wie der *Faust* ohne diejenigen Margaretes oder Mephistos, und die naturwissenschaftlichen Studien sind es nicht ohne ein Lehr- und Liebesgedicht wie die «Metamorphose der Pflanzen». Ein Wort August Wilhelm Schlegels über den Roman abwandelnd läßt sich sagen, daß für Goethe der Punkt, wo Ich und «geselliges Leben» sich am unmittelbarsten berührten, immer das Gedicht blieb.

Im Jahre 1806 konnte Ernte eingebracht werden: Die ersten vier Bände der Cottaschen Werkausgabe erschienen mit den Gedichten im ersten Band. Sortiert war die Lyrik nach Liedern, vermischten Gedichten, Balladen und Romanzen sowie Elegien, Episteln und Epigrammen, in großen Zügen also nach deutsch-nordischer Reimdichtung und Klassischem. Damit war auch der Kreis der bisherigen Produktion Goethes abgesteckt. Friedrich Schlegel widmete den Bänden eine große Rezension in den *Heidelbergischen Jahrbüchern* (1808). Bei der Lyrik in antiker Gestalt spürte er feinfühlig die Maske, die die Form bei aller Meisterschaft der Handhabung doch für den Autor darstellte; nach Schlegels Vorstellungen wirkte sie distanzierend. Von der anderen Lyrik hingegen, als deren «gemeinschaftlichen Grund» er das Volkslied betrachtete, meinte er, «daß *jedes* derselben ein Wesen eigner Art, jedes derselben ganz *eigentümlich* sei». Damit charakterisierte Schlegel nicht nur die große thematische und formale Vielfalt von Goethes Lyrik, sondern überhaupt die Individualität der einzelnen Gedichte, die sein lyrisches Werk tatsächlich über die Verse seiner Zeitgenossen hoch heraushebt. Vieles von den Goetheschen Gedichten sei, so meinte Schlegel, zum allgemeinen Besitz der Deutschen geworden, denn es genüge nicht, daß ein Gedicht «aus einer besonderen Stimmung des Dichters hervorgegangen sei, es muß sich auch von der Seele des Dichters ablösen, und ein unabhängiges Leben in sich tragen, um zur Sage werden, und im Munde des Gesanges die Jahrhunderte durchwandeln zu können». Eben das sei jedoch mit Goethes Gedichten geschehen, und wenn von ihm dennoch keine eigentlichen «begeisterten Nationallieder» herrührten, wie Schlegel sie für die deutschen Dichter in diesen Jahren zu wünschen begann, so lag das weniger an ihm als am Fehlen einer «mitfühlenden Nation».

Was Schlegel, von der Unterteilung der Gedichte in der Ausgabe angeregt, in liedförmig Deutsches und in Klassisches trennte, war allerdings in Wirklichkeit nur Teil eines langen und langsamen Entwicklungsprozesses des Autors. Goethes viel beobachtete Fähigkeit, jung zu bleiben, sich zu wandeln und sich immer wieder Neues anzueignen, ohne sich Moden anzupassen, ist eine der wesentlichsten Eigenschaften seiner Persönlichkeit und einer der bedeutenden Gründe seines hohen Ranges als deutscher Schriftsteller. Goethe hat sich nie wiederholt; jede Stufe seines Lebens und seiner Erfahrung wird auch zu einer Stufe neuer künstlerischer Gestaltung, neuer Bildersprache und neuer Formen. Es ist, als ob er seine Entwicklungstheorie auch auf die künstlerische Arbeit angewandt hätte in Metamorpho-

sen des Dichters. War eine solche Fähigkeit als Anlage ein individuelles
Glück, so war doch das, was Goethe damit in ständiger Reflexion auf sich
und die begrenzten Möglichkeiten seines Landes und seiner Zeit anfing,
seine Leistung und sein Verdienst. Sein Entwicklungsgang als Lyriker ist ein
Beispiel dafür. Nicht impulsiv drängte hier ein Talent vorwärts, sondern mit
Bedachtsamkeit wurden neue Wege gesucht und eingeschlagen. Die
bewußte künstlerische Absicht, das «Kommandieren» der Poesie, zu dem
der Theaterdirektor im *Faust* den Dichter nötigt, die ästhetische Kalkulation spielten eine zunehmende Rolle in Goethes Lyrik seit der Rückkehr
aus Italien. Dazu gehörte damals als Neuentdeckung und Stufe des Fortschreitens die Aneignung klassischer Formen. Sie war vor allen Dingen der
Versuch, sich nicht in Wiederholung zu erschöpfen – «wir könnten
berühmte Dichter nennen, die es nicht erst ihren Nachahmern überlassen
haben, ihre Melodien zu Tode zu singen», schreibt Schlegel in seiner
Rezension, um Goethe gegen andere herauszustellen. Dazu kam aber auch
die große, stets empfundene Bedrohung für alle deutschen Schriftsteller:
das Absinken in die Provinzialität oder die Esoterik. Deren Abwehr stand
gleichfalls hinter den Versuchen mit klassischen Formen. Als die aus dem
Appell an die Natur und an natürliche Lebensformen geborene Lieddich-
tung der Goetheschen Jugend sich allgemein ausbreitete, in Nachahmung
und Routine mündete und auf diese Weise die Möglichkeiten erstickte,
darin neue Gedanken, Erfahrungen und Empfindungen auszudrücken, bot
das Klassische den Ausweg in neue Universalität. Als dieses wiederum zur
Parteiangelegenheit wurde und gegen Romantisches ins Feld trat, brachte
das Sonett – ein Jahr nach dem Erscheinen des Gedichtbandes bei Cotta –
als repräsentative Gedichtform dieses Romantischen gerade durch seine
klassische Strenge einen neuen Reiz. Da aber auch hier die Mode und
damit das Erstarren in der Wiederholung nicht fern waren, eröffnete sich
von 1814 ab der Blick in den «reinen Osten» persischer Formen, in denen
neue Gedanken über das Ich in seinem Verhältnis zum «geselligen Leben»
unbeengt durch deutsche Konventionen Gestalt annehmen konnten. Die
Versuche im letzten Lebensjahrzehnt mit dem Neugriechischen und Chine-
sischen zielten auf ähnliche Befreiung in Neues.

Erkannt und geschätzt wurde Goethes Erschließung neuer Formen allerdings durchaus nicht einhellig. Die Vorstellung vom jungen poetischen
Enthusiasten, bei dem sich Liebe und Mai hymnisch zum Gedicht verbanden, das Bild des prometheisch Aufbegehrenden oder schließlich das vom
sensitiven, alle nur denkbaren romantischen Sehnsüchte zart instrumentie-
renden Schöpfer der Mignon saßen tief im Bewußtsein der Leser und ließen
sich nur schwer mit lyrischer Kunst in Einklang bringen, die nicht allein
vom Ausgedrückten, sondern offensichtlich auch vom Reiz der Formen
inspiriert war. Das schloß manche Kritik an manieristischem, kombinatori-
schem Spiel ein, dessen Dunkelheit besonders irritierte.

An Anerkennung und Bewunderung fehlte es nicht, aber sie bezogen sich zumeist auf das Frühere. Schon Schlegels Rezension ließ das erkennen, wenn ihm das Lied als die «freieste Äußerung der Poesie» erschien, indem es Nationales und Christliches als Bekenntnis populär vermittelte. Zeichen von Kritik an Goethe und der Abneigung gegen ihn breiteten sich aus. Es kam zu Parodien: Eichendorff rückte eine solche von Goethes magischem, über die Macht der Kunst meditierendem «Nachtgesang» (1804) in den Roman *Ahnung und Gegenwart* (1815) ein, die Vorlage banalisierend, ohne freilich deren Bekenntnis zur Kunst aufzuheben:

[Goethe]	[Eichendorff]
O gib, vom weichen Pfühle,	Ach, von dem weichen Pfühle,
Träumend, ein halb Gehör!	Was treibt dich irr umher?
Bei meinem Saitenspiele	Bei meinem Saitenspiele
Schlafe! was willst du mehr?	Schlafe, was willst du mehr?
Bei meinem Saitenspiele	Bei meinem Saitenspiele
Segnet der Sterne Heer	Heben dich allzusehr
Die ewigen Gefühle;	Die ewigen Gefühle;
Schlafe! was willst du mehr?	Schlafe, was willst du mehr?
Die ewigen Gefühle	Die ewigen Gefühle,
Heben mich, hoch und hehr,	Schnupfen und Husten schwer,
Aus irdischem Gewühle;	Ziehn durch die nächt'ge Kühle;
Schlafe! was willst du mehr?	Schlafe, was willst du mehr?
Vom irdischen Gewühle	Ziehn durch die nächt'ge Kühle
Trennst du mich nur zu sehr,	Mir den Verliebten her,
Bannst mich in diese Kühle;	Hoch auf schwindlige Pfühle;
Schlafe! was willst du mehr?	Schlafe, was willst du mehr?
Bannst mich in diese Kühle,	Hoch auf schwindligem Pfühle
Gibst nur im Traum Gehör.	Zähle der Sterne Heer;
Ach, auf dem weichen Pfühle	Und so dir das mißfiele:
Schlafe! was willst du mehr?	Schlafe, was willst du mehr?

Erst Georg Herweghs vormärzliches «Wiegenlied» (1843) für den deutschen Michel zog radikalere Konsequenzen:

> Und ob man dir alles verböte,
> Doch gräme dich nicht zu sehr,
> Du hast ja Schiller und Goethe:
> Schlafe, was willst du mehr?

Denn inzwischen waren die Weimarer Dioskuren im biedermeierlichen Deutschland als Dichterfürsten und Nationalhelden in Anspruch genommen worden. Literatur wurde zum Palliativ als Entschädigung für das, was

in politischer Praxis nicht erreichbar war. Aber das geschah nach Goethes
Tod. Noch zu seinen Lebzeiten jedoch hatte sich eine regelrechte Opposi-
tion gegen ihn formiert. Pustkuchen mit den falschen *Wanderjahren* (vgl.
S. 340 f.) und Wolfgang Menzel in seiner Schrift *Die deutsche Litteratur*
(1828) trugen offene Attacken vor. Die zunehmende kritische Einstellung
Goethes spätem Werk gegenüber ist deshalb bei der Betrachtung der Lyrik
seiner letzten zweieinhalb Lebensjahrzehnte mit in Erwägung zu ziehen.
Teils ist solche kritische Distanz Reaktion auf die Schwierigkeiten des
Alterswerkes selbst, teils aber ist auch das Werk wiederum Reaktion auf die
zunehmende Entfremdung von den Lesern und auf deren Verständnislosigkeit, zu einer Zeit überdies, wo gerade die Liedkunst der Komponisten
Goethes Lyrik der ersten Lebenshälfte neue und vermehrte Verbreitung verschaffte.

Die Sonette

Gerade bei seinen Verehrern unter den Literaturwissenschaftlern haben
Goethes Sonette wenig Gnade gefunden. Zwar ließ sich auch hier ein
«Liebchen» orten, durch das man die Gedichte auf ein erotisches Erlebnis
beziehen und ihnen eine wie immer geartete Echtheit der Empfindung atte-
stieren konnte. Aber wie echt diese Echtheit war, ließ sich angesichts der
offensichtlichen Selbstironie einiger dieser Sonette dann doch bezweifeln.
So hat man sich mit Feststellungen über die Unausgeglichenheit des Zyklus
geholfen und damit, daß selbst Goethe beim Reimen zuweilen habe leimen
müssen. Der Ausdruck stammt von ihm. Anfang 1800 hatte ihm August
Wilhelm Schlegel seine *Gedichte* gesandt, die zahlreiche Sonette enthielten.
Das Buch und die unter den jüngeren Autoren sich ausbreitende Lust an
dieser Gedichtform hatten ihn damals zu einer Antwort in Sonettform veranlaßt mit dem entschiedenen Verdikt im letzten Terzett:

> Nur weiß ich hier mich nicht bequem zu betten,
> Ich schneide sonst so gern aus ganzem Holze,
> Und müßte nun doch auch mitunter leimen.

Veröffentlicht wurden die Verse zuerst im ersten Band der Cottaschen
Werkausgabe von 1806, wo sie angemessene Aufmerksamkeit fanden. Die
Hallesche *Allgemeine Literatur-Zeitung* druckte sie in ihrer Rezension der
Ausgabe vollständig ab, und der Rezensent fügte hinzu: «Wenn dieses
Geständniss eines *Göthe* das Uebel nicht curirt, so muss man leider glauben,
dass es *unheilbar* ist.» (25.8. 1807) Auch Friedrich Schlegel nannte es in sei-
ner Rezension «ein Wort zu seiner Zeit und eine vortreffliche Parodie der
vielen holprichten und sinnlosen Sonette, womit uns die letzten Jahre, seit
A. W. Schlegel diese Gattung wieder einführte, die Schar der Nachahmer
überschwemmt hat». Wieder eingeführt hatte die Gattung zwar eigentlich

Gottfried August Bürger, was Schlegel auch wußte, aber mit gegenseitigem Lob waren die Brüder stets großzügig. Auch Johann Heinrich Voß hatte sich, als er seine Streitkräfte gegen das Romantische sammelte, dieser Verse bemächtigt, sie am 8. März 1808 noch einmal im *Morgenblatt* abgedruckt und ein eigenes warnendes Sonett «An Goethe» hinzugefügt (vgl. S. 693 f.). Aber Goethe war zu diesem Zeitpunkt durch Zacharias Werner bereits zum Überläufer geworden. Vom Dezember 1807 an war Werner auf Monate zu Gast in Jena und Weimar, Goethe war an beiden Orten oft mit ihm zusammen, Werner las, wie Goethe in seinen Annalen verzeichnet, seine Sonette «mit großer Wahrheit und Kraft» vor, und bald trat man in Wettbewerb miteinander. Werners engagiertes Christentum störte Goethe dabei wenig; er erklärte es aus dessen Lebensumständen, und überhaupt sei «unaufhaltsam» gewesen, «daß die deutsche Dichtkunst diese Richtung nahm», denn das Realistisch-«Gemeine» hatte sich als Stoff ebenso erschöpft wie das Humanistisch-«Edle», so daß sich das «Heilige» als unvermeidliche, geradezu selbstverständliche Tendenz weiterer Entwicklung ergab. So jedenfalls erläuterte es Goethe Friedrich Heinrich Jacobi (7. 3. 1808), einen Tag vor der Publikation von Voß' Sonett. Goethes Sonette sind also zunächst einmal Teil eines Stückes Literaturgeschichte, in dem er sich auf die Seite des Neuen schlug, wenn nicht aus Prinzip, so doch aus schöpferischem Selbstbewußtsein. Auch er konnte Sonette schreiben, auch das konnte er.

Zum Wettbewerb mit Werner kam es allerdings noch in anderer Hinsicht: Werner machte den Namen einer jungen Frau – Wilhelmine Herzlieb –, die im Hause des Verlegers Frommann in Jena lebte, zum Gegenstand einer sonettischen «Charade»:

> Die erste Silbe ist wie Wachs und Eisen;
> Die zweite: Gluth, die wird das Wachs verbrennen;
> Das Ganze – ach! wir mögten's Alle küssen!

Goethe folgte noch selbige Nacht mit einer eigenen «Scharade» auf die beiden Teile des Nachnamens, die im Zyklus der siebzehn Sonette das letzte Gedicht geworden ist und die hinsichtlich der beiden Silben des Namens in der Hoffnung ausklingt,

> Als Namen der Geliebten sie zu lallen,
> In Einem Bild sie beide zu erblicken,
> In Einem Wesen beide zu umfangen.

Man hat den Zyklus der Sonette auf die Liebe des achtundfünfzigjährigen berühmten Autors zu der um vierzig Jahre jüngeren Frau beziehen wollen. Daß ein zeitweiliger emotioneller Einklang zwischen beiden bestanden hat, ist wahrscheinlich, und ohne Zweifel sind Goethes Sonette erotische Dichtung. Aber die Erotik gehörte bereits zur Form des Sonetts, dessen erster großer Meister Petrarca war. Nicht nur Lebenserfahrung, sondern auch

Kunstabsicht drückt sich in der Erotik der Goetheschen Sonette aus, und die war nicht auf eine einzelne Person bezogen. Einige Bilder dieser Gedichte haben ihren Ursprung in Briefen Bettine Brentanos, deren enthusiastische Korrespondenz mit Goethe in diesem Jahre 1807 begonnen hatte. Aus der Selbstbesinnung durch die Beziehung auf einen anderen wächst in Goethes Sonettzyklus eine große Vielfalt emotioneller Erfahrung, und zwar aus der Sicht des Mannes wie derjenigen der Frau, hervor. Der Vergänglichkeit treten Versuche zum Bewahren des Gewonnenen und Erlebten entgegen. Das Spiel der Kunst schafft in der strengen Form Ordnung, während die Sprache als Spiegel des Fühlens in der Lage ist, «das Allerstarrste freudig aufzuschmelzen» (XIV). Schließlich aber wird alles zusammen auch noch von der selbstironisch eingestandenen Teilnahme an einer literarischen Mode überzogen und der Schwere eines tiefen Bekenntnisses entrückt.

Mit einer Reflexion auf Dauer und Vergänglichkeit in Bildern der großen Natur beginnt Goethes Sonett-Zyklus. «Mächtiges Überraschen» (I) trifft den zum Ozean hinabziehenden Strom: Durch «dämonisches» Eingreifen staut die Nymphe Oreas den Strom zum See und bietet ihm «neues Leben» in sich selbst, wo bisher nur das Dahinfließen Lebensgesetz war. Kontraste kommen zum Ausgleich, Neptunisches und Vulkanisches, Wasser und Land, Höhe und Tiefe. Danach aber wird die Vita nova in die wahre Welt übersetzt, wenn auch nicht ohne Bezug auf die literarische, auf «jene lieben Frauen/ Der Dichterwelt» (II) und auf romantische Tradition, auf Petrarca und die Kunstübung des Sonettschreibens (III, XI, XIV). Allerdings geschieht es mit gebotener Selbstironie des in einem historischen Verhältnis dazu Stehenden, der erst dieser Form als Manier abgesagt hatte, sie aber nun gerade als besonders geeignet fand, das überraschende Stauen des hinwegfließenden Lebens zu einem schönen Moment sinnfällig auszudrücken. «Sonettenwut und Raserei der Liebe» (XI) gehen unerwartet ein Bündnis ein. Das unterschiedliche Empfinden von Liebender und Liebendem erhält Gestalt: Die Frau schwankt zwischen der Büste des berühmten Geliebten und seinem wahren Gesicht (IV), und der Geliebte beschreibt das «Wachstum» (V) der Geliebten vom Bilde des «Töchterchens» zu dem der «Schwester» und «Fürstin», ein Wachstum, das die Rolle der Geliebten ausnimmt und sie damit zu einer jener Unerreichbaren macht, von denen es seit Werthers Lotte in Goethes Werk eine beträchtliche Zahl gibt. Eine Reise (VI) und somit ein «Abschied» (VII) werfen den ganzen Schmerz der Vergänglichkeit auf, aber es ist ein bewältigter Schmerz. Der Blick des Scheidenden fällt von den mit der Geliebten entschwindenden Ufern «zurück ins Herz», aber von da dann nach außen, zum Himmel ohne Grenzen. Unendlichkeit ist nicht für diese Welt. Aber ihrer wiederum, und sei es nur für einen kurzen Augenblick, in der Liebe teilhaftig geworden zu sein, erfüllt mit einem Glück eigener Art, das dem Gefühl der Dankbarkeit nahe verwandt sein mag und vielleicht auch der Freude darüber, daß sich Unendliches in den vierzehn Zeilen eines Sonetts ausdrücken läßt. Das Briefeschreiben der Geliebten (VIII–IX) bietet nun den Ausdruck schöner Selbstverwirklichung in der Liebe – «Mein ganzes Wesen war in sich vollendet» (IX) – einer Selbstverwirklichung übrigens, die in starkem Kontrast steht zu jener späteren biedermeierlich verklärten Hingabe an den Mann, wie sie Chamisso in «Frauenliebe und -leben» feierte (vgl. S. 801). Die Quintessenz des Dichtertums als Balance von Maß und Leidenschaft schließlich ist ausgesprochen in dem kleinen Dialog zwischen «Mädchen» und «Dichter» (XV). Auf die Mahnung des «Mädchens», nicht die Gefühle künstlich zu «befeilen», und auf jene anschließende Forderung:

Der Dichter pflegt, um nicht zu langeweilen,
Sein Innerstes von Grund aus umzuwühlen;
Doch seine Wunden weiß er auszukühlen,
Mit Zauberwort die tiefsten auszuheilen.

folgt die Antwort des «Dichters»: der Vergleich mit dem Feuerwerker, der sich «mit allen seinen Künsten» am Ende in die Luft sprengt. Auch die romanisch-romantische Form des Sonetts bot letztlich keinen Schutz dagegen. Was übrig blieb, war der typisch Goethesche Kompromiß, der Versuch zum «Heilen» durch das «Zauberwort» der Poesie, das nicht den transzendenten Sinn der Welt öffnet, wie es Eichendorff in einem Sinnspruch einmal gewünscht hat, sondern Akzeptierung des Gegensätzlichen in der Welt. Goethe hat das als persönliche Therapie immer wieder praktiziert, zuerst in der frühen Lyrik und im *Werther,* wie jetzt hier in diesen Worten und diesen Gedichten.

Goethes Sonette sind Kunstdichtung, sind «Zauberwort» in diesem Sinne, kunstvoll gebaut, die Möglichkeiten der Kontraste von Quartetten und Terzetten und die Verbindung durch die Reime geschickt, ja meisterhaft ausnützend. Aber nicht nur die Tatsache, daß ihre Bildersprache stilisiert und teilweise fremden Ursprungs ist, deutet darauf hin, daß Goethe nach Neuem strebte. Die Objektivierung seiner selbst war aus Gründen des Alters geboten, weil er nun jene öffentliche Person darstellte, von der er Wilhelm Meister hatte träumen lassen, und weil er Erwartungen entsprechen oder sich ihnen gegenüber verbergen mußte. Aber auch das Festhalten des Lebensgewinnes im Strome des Vergehens auf einer Altersstufe, von der eher zurück- als vorauszublicken war, erschien nicht nur als Problem, sondern ebenso als wünschbare Aufgabe. Zu solcher Objektivierung gehört das Sprechen in Rollen. Öffentliches und Innerstes, Ich und «geselliges Leben» begegneten einander, wie eh und je, am intimsten im Focus der Liebe. Das Sonett aber bot ein Mittel zu intimem Rollenspiel, schuf doch die Kunstform Sonett selbst die Rolle durch Tradition und strenges Gesetz. Es war für Goethe der Beginn eines lyrischen Verfahrens, das bald, unter neuen Verhältnissen und Anregungen, zu weiterer Meisterschaft gedieh.

West-östlicher Divan

Im Februar 1815 war Charlotte Schiller bei der Großherzogin von Weimar zum Tee eingeladen. Auch Goethe war dabei und las orientalische Dichtung vor. Sie alle lehre er diese «wunderliche Welt» kennen, schrieb Frau von Schiller danach dankbar an Goethes Freund Karl Ludwig von Knebel und fügte hinzu: «Sein Geist, der klar und reich die Verhältnisse durchblickt, weiß auch aus dieser Masse von Welt und von fremdartiger Phantasie zu sondern und Licht zu schaffen und es in ein Ganzes vors Auge zu bringen.» (22.2. 1815) Und ein Jahr später, aus gleichem Anlaß, ergänzt sie: «Ich fühle wohl, wie es zuweilen der Phantasie wohltun kann, ganz fremdartige Motive wie Bilder aufzusuchen, um sich wieder zu beleben und

Fremdartiges belebend zu erschaffen, wenn in der umgebenden Welt und ihren Bedingungen der Stoff nicht immer anspricht.» (25.2. 1816) Viele spätere Beobachtungen und Urteile über den *West-östlichen Divan* sind in diesen beiden Sätzen keimhaft enthalten, Urteile über die Motivation Goethes für seine orientalisierende Dichtung, über seine Handhabung des neuen Stoffes und schließlich über das, was ihm an Bedeutendem damit gelang. Aber auch etwas von der Zurückhaltung vieler seiner Zeitgenossen, dieses Geschenk anzunehmen, drückt sich darin aus.

Als Charlotte Schiller ihn hörte, hatte Goethes schöpferische Begegnung mit dem Orient gerade erst begonnen. Orientalischer Stoff und orientalische Formen hatten seine Phantasie zu neuer, originaler Tätigkeit befreit. Nach und nach gelang es ihm, das Östliche ins Deutsche einzugemeinden, außerdem aber zum ersten Mal ein wirkliches Gedichtbuch zu schaffen, in dem das individuelle Gedicht zugleich Teil eines größeren Ganzen, einer Dichtung aus Gedichten darstellte. Aber das Fremde mußte notwendigerweise auch befremden. Als Poetenlaune und ästhetische Spielerei mochte es erscheinen zu einer Zeit, da nach dem Zurücktreten klassischer Muster und romanischer Moden Liedformen aus populärer deutscher Tradition das dominierende Modell neuer Lyrik geworden waren. Zugleich standen nationale Fragen an, also die Sorge um die Identität der Deutschen als Nation in den Tagen, da man auf dem Wiener Kongreß Länderhandel betrieb, ebenso wie die Sorge um die konstitutionelle Garantie von Bürgerrechten zur Zeit der Restauration feudaler Vorrechte. Die Flucht in den «reinen Osten» zu Patriarchen und Tyrannen konnte unter solchen Umständen sehr wohl ein schlechtes Bild machen:

> «Nein, das sind keine Weingesänge, das sind keine Liebeslieder! Das sind keine losen, das sind feste Gedichte. Wohl anmutig säuselt die Luft durch Zweige und Blätter und schüttelt sie freundlich; aber den starren Stamm bewegt sie nicht [...] Das zahme Dienen trotzigen Herrschern hat sich Goethe unter allen Kostbarkeiten des orientalischen Bazars am begierigsten angeeignet. Alles andere *fand* er, dieses *suchte* er; Goethe ist der gereimte Knecht wie Hegel der ungereimte.»

Das schrieb Ludwig Börne am 27.Mai 1830, als er sich, in der vollständigen Ausgabe letzter Hand von 1827, mit Goethes *Divan* bekannt gemacht hatte. Er sah, voreingenommen, durch die Verse hindurch und über sie hinweg auf eine Persönlichkeit, der er, wie andere von Börnes Generation auch, die Unterwerfung unter die Hohen aus Eitelkeit und Sorge um die Unantastbarkeit des Künstlers anzusehen glaubte. Tatsächlich findet sich in Goethes «Noten und Abhandlungen» zum *Divan* der Satz: «Der Dichter steht viel zu hoch, als daß er Partei machen sollte.» («Eingeschaltetes») Das ließ sich zu einer Zeit, da der Begriff «Partei» überhaupt erst seine spezifische politische Bedeutung anzunehmen begann, durchaus als ein bequemer Rückzug in die Innerlichkeit verstehen, was letztlich auf die Zustimmung zum Gegebenen hinauslief. In Heines *Romantischer Schule* (1835) hingegen klang es anders. Der *Divan* enthalte, so heißt es dort, die

> «Denk- und Gefühlweise des Orients, in blühenden Liedern und kernigen Sprüchen; und das duftet und glüht darin wie ein Harem voll verliebter Odalisken mit schwarzen, geschminkten Gazellenaugen und sehnsüchtig weißen Armen [...] Den berauschendsten Lebensgenuß hat hier Goethe in Verse gebracht, und diese sind so leicht, so glücklich, so hingehaucht, so ätherisch, daß man sich wundert, wie dergleichen in deutscher Sprache möglich war. Dabei gibt er auch in Prosa die allerschönsten Erklärungen über Sitten und Treiben im Morgenlande, über das patriarchalische Leben der Araber; und da ist Goethe immer ruhig lächelnd, und harmlos wie ein Kind, und weisheitvoll wie ein Greis. Diese Prosa ist so durchsichtig wie das grüne Meer, wenn heller Sommernachmittag und Windstille und man ganz klar hinabschauen kann in die Tiefe, wo die versunkenen Städte mit ihren verschollenen Herrlichkeiten sichtbar werden; manchmal ist aber auch jene Prosa so magisch, so ahnungsvoll wie der Himmel, wenn die Abenddämmerung heraufgezogen: und die großen Goetheschen Gedanken treten dann hervor, rein und golden wie die Sterne. Unbeschreiblich ist der Zauber dieses Buches: es ist ein Selam, den der Okzident dem Oriente geschickt hat, und es sind gar närrische Blumen darunter: sinnlich rote Rosen, Hortensien wie weiße nackte Mädchenbusen, spaßhaftes Löwenmaul, Purpurdigitalis wie lange Menschenfinger, verdrehte Krokosnasen, und in der Mitte, lauschend verborgen, stille deutsche Veilchen. Dieser Selam aber bedeutet, daß der Okzident seines frierend mageren Spiritualismus überdrüssig geworden und an der gesunden Körperwelt des Orients sich wieder erlaben möchte.»

Heine hatte sich also eher die saint-simonistische Einheit von Sensualismus und Spiritualismus aus Goethes Buch herausgelesen. Denn Heine war Lyriker, und ein Anzeichen dafür, wie man mit der Übermacht romantischer Töne fertigwerden konnte, ohne ihnen abzusagen, ließ sich in diesem Buch entdecken, das für Heines lyrisches Werk von fundamentaler Bedeutung wurde, obwohl er es nicht nachzuahmen versucht hat. Aber er war auch der Verfasser der *Reisebilder*, und die wechselseitige Ergänzung von Vers und Prosa konnte ihm gute Wege weisen. Daß sich hier Neues ereignete, spürte er deutlich.

Das große deutsche Lesepublikum jedoch kümmerte sich nicht um dieses Buch, und man kann es deswegen nicht einmal ohne weiteres des stumpfen Banausentums bezichtigen. Die Deutschen hatten andere Sorgen, als die erste Fassung des *West-östlichen Divan* zur Michaelismesse 1819 erschien. In denselben Tagen, am 21. September 1819, wurden Metternichs Karlsbader Beschlüsse gegen «demagogische» und revolutionäre Umtriebe gefaßt. Ein halbes Jahr vorher war Kotzebue ermordet worden, und sein Mörder Karl Ludwig Sand, für viele ein Märtyrer, saß vor dem Gericht und berief sich auf Theodor Körner (vgl. S. 119 ff.). Und während Goethe weiter an seinem Gedichtbuch bis zur endgültigen Fassung von 1827 arbeitete, versammelten sich in Deutschland die Philhellenen, um gegen die Übermacht des Orients auf griechischem Boden zu protestieren.

Aber nicht nur auf solcher Unzeitgemäßheit des _Divan_ beruhte die Gleichgültigkeit der meisten deutschen Leser. Auch das viele Fremde in den Versen selbst, die orientalische Kostümierung, die Bilder und Metaphern einer bisher unerschlossenen dichterischen Welt, die zahlreichen Anspielungen auf orientalische Mythen, Legenden und literarische Werke, auf islamische und parsische Theologie waren dazu angetan, die Zurückhaltung gegenüber diesen Gedichten zu fördern. Der erste ausführliche Kommentar – von Christian Wurm – erschien 1834, und die gewissenhafte Goetheforschung von anderthalb Jahrhunderten hat erst nach und nach bloßgelegt und entschlüsselt, was in den Versen verborgen war. Überdies war Formenspiel in manchen der Gedichte ohnehin nur, wie zu jeder Zeit, das Vergnügen kleiner Kreise von Eingeweihten. Die bedachtsame Altersweisheit der Sprüche wiederum erschien nicht ohne Sprödigkeit und schulmeisterliche Belehrung, und was schließlich die Liebesgedichte eines alten Mannes anging, so baute gerade die ironische Maske, die die Gedichte erst möglich machte, zugleich auch eine Barriere für deren unmittelbares Verständnis auf.

Goethe war sich bewußt, daß er es seinen Lesern mit den Gedichten des _Divan_ nicht leicht machte, und da «unmittelbares Verständnis» gewünschtes Ziel war, gab er dem Buch «Noten und Abhandlungen» bei. Denn nicht auf ein poetisches Privatvergnügen hatte er es mit dem _Divan_ abgesehen, sondern durchaus auf eine literarische Mitteilung an seine Zeitgenossen. Wie er in der _Geschichte der Farbenlehre_ seine physikalische Theorie in den Zusammenhang der Wissenschaftsgeschichte stellte (vgl. S. 216), so stellte er hier seine orientalisierende Dichtung in den Zusammenhang der Literatur- und Geistesgeschichte. Der «verständige Zusammenhang» («Hebräer») des Einzelnen mit einem großen Ganzen war sein Wunsch und Ziel. Dabei ging es nicht um einen Beitrag zu dem wachsenden Orientinteresse in der europäischen Literatur und Wissenschaft seit dem 18. Jahrhundert. Die Erschließung der Quellen durch die Arbeit des preußischen Diplomaten Heinrich Friedrich von Diez und des Wiener Orientalisten Joseph von Hammer wurde dankbar anerkannt und weidlich genutzt, aber die Hauptaufgabe für die «Noten» bildete doch die Darstellung religiöser, politischer und poetischer Zusammenhänge in der orientalischen Welt nicht um ihrer selbst willen, sondern um das eigene literarische Interesse, das West-östliche in dieser neuen Arbeit zu begründen.

Goethe habe nicht gut getan, mit seinem Kommentar zum *Divan* «eine Brücke zu bauen, die von der Bewunderung zur Untersuchung führt. Vieles hat man ihm vorgeworfen; doch fehlte das eigene Geständnis seiner Schuld. Nach dem *Divan* fehlte es nicht mehr», schreibt Börne 1830. Gemeint war Goethes Erörterung von Republik, Aristokratie und Despotie, wobei der letzteren die Förderung von «kluger, ruhiger Übersicht, strenger Tätigkeit, Festigkeit« und «Entschlossenheit» nachgesagt wird («Fortleitende Bemerkung»), was in der Tat dumpf für Börne klingen mußte. Die Gedanken zur Politik in den «Noten und Abhandlungen» zielten jedoch nicht auf die Verherrlichung finsterer Despotie, und ein «gereimter Knecht» war Goethe im *Divan* gewiß nicht. Was ihm am Herzen lag, war eher die Rechtfertigung Weimars am orientalischen Beispiel: Im – wie auch immer fragwürdigen – geschichtlichen Vergleich wird das deutsche Ländchen zum Musterhaften erhoben. Skepsis gegenüber der Anarchie und dem «Strudel unbedingten Wollens» («Pietro della Valle») gehen zusammen mit der Lobpreisung jener Fürsten, «bei welchen wir echte Anerkennung der Würde des Menschen und Begeisterung für die Kunst, welche ihr Andenken feiert« («Einrede»), vorfinden. «Am Hof, im Umgange mit Großen» eröffne sich dem Dichter «eine Weltübersicht, deren er bedarf, um zum Reichtum aller Stoffe zu gelangen» («Gegenwirkung»). Das war eine Danksagung im Blick auf die eigene «glückliche Lage» («Künftiger Divan»), aber es war nicht ruhiges Abfinden gemeint, sondern das Kleine bot nur das Modell für Größeres. Selbstgeschaffene Komposita mit dem Worte ‹Welt› durchziehen die «Noten und Abhandlungen»: Weltübersicht, Weltvorrat, Weltwesen, Weltgegenstände. «Übersicht des Weltwesens, Ironie, freien Gebrauch der Talente finden wir in allen Dichtern des Orients», heißt es in dem Abschnitt «Allgemeinstes», und in dem «Allgemeines» betitelten ist von der «unübersehbaren Breite der Außenwelt und ihrem unendlichen Reichtum» bei den persischen Dichtern die Rede: «Ein immer bewegtes öffentliches Leben, in welchem alle Gegenstände gleichen Wert haben, wogt vor unserer Einbildungskraft.» Es ist nicht schwer, die Unzufriedenheit mit deutscher Enge aus solchen Beschreibungen orientalischer Verhältnisse abzulesen, die eher Projektionen von Gewünschtem als historisch fundierte Darstellung von Realem sind.

Die in den «Noten und Abhandlungen» entwickelte Poetik zielt auf konkrete Erfassung der «Weltgegenstände», auf die Erfassung alles «Sichtbaren» durch eine produktive Sprache, die ihre Produktivität darin erweist, daß sie im freien Aussprechen bereits «Lebensbezüge» herstellt und so «Urtropen» bildet, aus denen alle literarische Kunst hervorgeht, indem sie das Einzelne zu einem lebendigen Ganzen verbindet, also zu dem in sich selbständigen, ein eigenes Leben besitzenden Kunstwerk («Orientalischer Poesie Ur-Elemente»). Man habe, so bemerkt Goethe, «von der persischen Dichtkunst mit Wahrheit gesagt, sie sei in ewiger Diastole und Systole

begriffen [. . .]. Immer geht es darin ins Grenzenlose und gleich wieder ins
Bestimmte zurück« («Endlicher Abschluß»). Ein Bild von deutscher Weltliteratur wird also entworfen, indem Goethe das von ihm angenommene elementarste dialektische Naturgesetz auf die Kunst überträgt und die zweierlei Gnaden des Ein- und Ausatmens, die ein Spruch des *Divans* preist, auch
zum Grundgesetz literarischer Arbeit erhebt. Der *West-östliche Divan* selbst
sollte die Anschauung zur Theorie liefern, obwohl er nicht durch sie erst
entstand. Von Metamorphosen des Dichters, des Menschen, der Kunst und
der Geschichte zeugt dieses Gedichtbuch, aber wie das Gedicht von der
«Metamorphose der Pflanzen» erst aus der Liebe seinen Sinn und seinen
poetischen Atem empfing, so auch der *Divan*. Nur ließ sich darüber nicht in
Noten und Abhandlungen reden.

Die Gedichte des *West-östlichen Divan* entstanden im Kopf eines Autors,
den in diesen Jahren vieles und Vielartiges bewegte. Daß es ihm gefallen
hatte, nicht nur mit «Gescheiten», sondern auch mit «Tyrannen» zu «kon-
versieren», wie er selbst in einem Gedicht zugestand («Übermacht, ihr
könnt es spüren»), hatten ihm die «dummen Eingeengten», die «Halben»
und «Beschränkten» unter seinen Landsleuten einigermaßen übelgenommen. Vom Vorwurf der Vaterlandslosigkeit versuchte sich Goethe mit dem
Festspiel *Des Epimenides Erwachen* zu reinigen, das er gerade in jenen Früh-
sommertagen 1814 ausarbeitete (vgl. S. 79 ff.), als er sich mit orientalischer
Literatur vertraut machte und als die ersten *Divan*-Gedichte entstanden.
Affinitäten zur neuentdeckten fremden Literatur verhalfen aber auch anderen Gedanken der letzten Jahre zu lyrischem Ausdruck. Bei Hafis war vom
Dichter zu lesen:

> Sieh' der Chymiker der Liebe
> Wird den Staub des Körpers,
> Wenn er noch so bleyern wäre,
> Doch in Gold verwandeln.

Hafis' Gedicht von der in Liebesflammen brennenden Seele, das diese Verse
enthält, wurde die Vorlage für Goethes eigenes Gedicht «Selige Sehnsucht».
Aber die Verse konnten ihn auch daran erinnern, daß er selbst die Liebe
gerade erst als «Chymiker» behandelt und das sehr fragwürdige Verhältnis
zwischen Naturgesetzen und menschlichen Gefühlen in den *Wahlverwandtschaften* (1809) untersucht hatte. Die *Farbenlehre* war 1810 erschienen, forderte zur Weiterarbeit heraus und zur Verteidigung der eigenen Grundsätze
gegenüber den zweifelnden Fachwissenschaftlern. Neuplatonisches Ganzheitsdenken und die Analyse der Realität brachten Widersprüchliches in
den Seelen wie in der Wissenschaft zutage. Zur gleichen Zeit wie den
Divan begann Goethe zudem die Zusammenstellung und Ausarbeitung der
Erinnerungen an jene große, lebensbestimmende Reise, die ihn 1786 nach
Italien geführt hatte. Für Jahre gingen die beiden Berichte von Reisen, der

imaginären in den Osten und der erinnerten in den europäischen Süden, nebeneinander her in seinem Denken und seiner schriftstellerischen Arbeit. Persönliches kam hinzu: Ehe und Witwerstand, Liebeserfahrungen, Großvaterschaft und das Altwerden. Auch das fällt in die Zeit, da der *West-östliche Divan* geschrieben wurde. Über allem aber stand das Empfinden, als deutscher Schriftsteller in einer «Epoche der forcierten Talente» zu leben, die, wie Goethe es 1812 definierte, jedermann eingab, «Poet sein zu können». In solcher Zeit war für den originellen Dichter auch wohl ein wenig Esoterik erlaubt.

Der äußere Anstoß zum *Divan* kam durch Joseph von Hammers Hafis-Übersetzung, die Goethe Anfang Juni 1814 in die Hand bekam; am 21. Juni 1814 entstand das erste *Divan*-Gedicht («Erschaffen und Beleben»). Eine Reise nach Westen, an den Rhein, Main und Neckar, die Goethe bald darauf begann, ließ seine Phantasie nach Osten ziehen. Der Prophet, der nichts galt für sein Vaterland, wenngleich er dessen renommiertester Dichter war, begab sich auf seine Hedschra, seine «Hegire»:

> Nord und West und Süd zersplittern,
> Throne bersten, Reiche zittern,
> Flüchte du, im reinen Osten
> Patriarchenluft zu kosten,
> Unter Lieben, Trinken, Singen
> Soll dich Chisers Quell verjüngen.
>
> Dort, im Reinen und im Rechten,
> Will ich menschlichen Geschlechten
> In des Ursprungs Tiefe dringen,
> Wo sie noch von Gott empfingen
> Himmelslehr' in Erdesprachen
> Und sich nicht den Kopf zerbrachen.

Mit solch gewaltigem, universalem Einsatz, der nur noch den Dichter, Gott und die Welt im großen gelten läßt, eröffnet Goethe den *Divan*. Auf Existenz in weitesten Dimensionen war es abgesehen, aber als Mittel gegen die Einsamkeit im Universum dann doch auch auf Konkretes:

> Will in Bädern und in Schenken,
> Heil'ger Hafis, dein gedenken,
> Wenn den Schleier Liebchen lüftet,
> Schüttelnd Ambralocken düftet.
> Ja, des Dichters Liebeflüstern
> Mache selbst die Huris lüstern.
>
> Wolltet ihr ihm dies beneiden
> Oder etwa gar verleiden,

> Wisset nur, daß Dichterworte
> Um des Paradieses Pforte
> Immer leise klopfend schweben,
> Sich erbittend ew'ges Leben.

Was immer Goethe bei den ersten Ansätzen zur Aneignung orientalischer Dichtung im Sinne gehabt haben mag: der *West-östliche Divan* gewinnt lyrische Fülle erst daraus, daß er von leidenschaftlicher Liebe durchsetzt ist. Es ist bekannt, daß die Beziehung zu Marianne von Willemer, der er 1814 und 1815 bei den Reisen nach Westen begegnet war, Goethe inspiriert und die Geliebte gelegentlich selbst zur Dichterin gemacht hat. Nur ist auch wiederum der *Divan* nicht schlechterdings das Ergebnis einer solchen Begegnung. Es ließe sich sogar behaupten, daß erst auf dem Boden des Vorhabens zu orientalisierenden Gedichten die Liebeserfahrung in ihrer ganzen Tiefe möglich wurde, da sie nur auf diese Weise als etwas Neues, bisher nicht Erfahrenes wahrgenommen werden konnte. Zumindest darf bei den Gedichten des *West-östlichen Divan* nicht jene unmittelbare Bindung an persönliche Erlebnisse in Anspruch genommen werden, die so stark für die Jugendlyrik Goethes gegolten hatte. Die orientalische Dichtart treibe zur Reflexion hin, meinte Goethe selbst, und wenngleich er sie «ohne weitere Reflexion ergriffen und geübt» habe, so finde er, wie er Zelter schreibt, daß sie, wie das Sonett, dem Gesang widerstrebe. «Indessen ist es eine Dichtart, die meinem Alter zusagt, meiner Denkweise, Erfahrung und Umsicht, wobei sie erlaubt, in Liebesangelegenheiten so albern zu sein, als nur immer die Jugend.» (11.3.1816).

Albernheit wird man allerdings den Liebesgedichten des *Divan* guten Gewissens nicht zuschreiben wollen, wohl aber eine freie Leichtigkeit im Umgang mit der Sprache und den Empfindungen. Orientalische Maske und Manier entheben das Gedicht aller Forciertheit, ohne doch die Echtheit der Empfindungen zu beeinträchtigen. Die Verbindung des einen mit dem anderen wird sogar selbst zum Thema des Gedichts. Bekennt Hafis mit bekannten Worten und Bildern in einem klug arrangierten, eleganten poetischen Spiel:

> Nicht Gelegenheit macht Diebe,
> Sie ist selbst der größte Dieb;
> Denn sie stahl den Rest der Liebe,
> Die mir noch im Herzen blieb.
>
> Dir hat sie ihn übergeben,
> Meines Lebens Vollgewinn,
> Daß ich nun, verarmt, mein Leben
> Nur von dir gewärtig bin.

Doch ich fühle schon Erbarmen
Im Karfunkel deines Blicks
Und erfreu' in deinen Armen
Mich erneuerten Geschicks.

so antwortet ihm Suleika in Versen, die alle Galanterie abweisen:

Hochbeglückt in deiner Liebe,
Schelt' ich nicht Gelegenheit;
Ward sie auch an dir zum Diebe,
Wie mich solch ein Raub erfreut!

Und wozu denn auch berauben?
Gib dich mir aus freier Wahl;
Gar zu gerne möcht' ich glauben –
Ja, ich bin's, die dich bestahl.

Was so willig du gegeben,
Bringt dir herrlichen Gewinn,
Meine Ruh', mein reiches Leben
Geb' ich freudig, nimm es hin!

Scherze nicht! Nichts von Verarmen!
Macht uns nicht die Liebe reich?
Halt' ich dich in meinen Armen,
Jedem Glück ist meines gleich.

Keine orientalische Liebe der Unterwerfung hat die Geliebte zu geben, sondern im vollen Selbstbewußtsein ihre ganze Existenz. Man weiß, daß Suleikas Verse ursprünglich von Marianne von Willemer herrühren; was Goethe an ihnen veränderte, bleibt unbekannt. Der kleine Dialog jedenfalls verrät etwas über Sinn und Wirkung der Maskerade des *West-östlichen Divan*. Das orientalische Kostüm verbirgt nicht nur in Gestalten, Bildern und Formen eine okzidentale Wirklichkeit, sondern läßt auch die Auseinandersetzung mit dieser anderen Wirklichkeit im Gedicht erst zu. Denn nicht nur werden Manier und Spiel in diesem Dialog überwunden, Manier und Spiel sind selbst bei genauerer Betrachtung Hüllen, in die der Alternde die Scheu gegenüber der neuen Liebeserfahrung einhüllt in der prekären Balance zwischen Selbstironie und tiefer Erschütterung, bis die Freiheit der Geliebten ihn solcher Scheu überhebt.

Davon zeugen dann vielfach auch andere Gedichte des *Divan*, oft bis ins formale Detail hinein. Goethe bediente sich zuweilen orientalischer Reimformen, insbesondere der gleichen Reime, wie sie das Ghasel kennt. Bemerkenswertestes Beispiel dafür ist jenes islamische Gottesvorstellungen säkularisierende und westliche Liebesempfindungen sakralisierende Gedicht, mit dem das «Buch Suleika» innerhalb des *Divan* abschließt:

In tausend Formen magst du dich verstecken,
Doch, Allerliebste, gleich erkenn' ich dich;
Du magst mit Zauberschleiern dich bedecken,
Allgegenwärtige, gleich erkenn' ich dich.

An der Zypresse reinstem, jungem Streben,
Allschöngewachsne, gleich erkenn' ich dich;
In des Kanales reinem Wellenleben,
Allschmeichelhafte, wohl erkenn' ich dich.

Wenn steigend sich der Wasserstrahl entfaltet,
Allspielende, wie froh erkenn' ich dich;
Wenn Wolke sich gestaltend umgestaltet,
Allmannigfaltige, dort erkenn' ich dich.

An des geblümten Schleiers Wiesenteppich,
Allbuntbesternte, schön erkenn' ich dich;
Und greift umher ein tausendarm'ger Eppich,
O Allumklammernde, da kenn' ich dich.

Wenn am Gebirg der Morgen sich entzündet,
Gleich, Allerheiternde, begrüß' ich dich,
Dann über mir der Himmel rein sich ründet,
Allherzerweiternde, dann atm' ich dich.

Was ich mit äußerm Sinn, mit innerm kenne,
Du Allbelehrende, kenn' ich durch dich;
Und wenn ich Allahs Namenhundert nenne,
Mit jedem klingt ein Name nach für dich.

Was wie einfache Gleichheit der Reime in den geradzahligen Zeilen aussieht, weiß Goethe in öst-westlicher Transformation bereits in der Verstechnik zu einem Liebesbekenntnis zu gestalten, wie das sich allein in der tabellarischen Übersicht der Reimworte zeigt:

2	gleich	erkenn'	ich	dich
4	gleich	erkenn'	ich	dich
6	gleich	erkenn'	ich	dich
8	wohl	erkenn'	ich	dich
10	froh	erkenn'	ich	dich
12	dort	erkenn'	ich	dich
14	schön	erkenn'	ich	dich
16	da	kenn'	ich	dich
18	begrüß'		ich	dich
20	dann atm'		ich	dich
22	kenn' ich	durch		dich
24	für			dich

Bilder der Natur bringen in diesem wie in anderen Gedichten des *Divan*
Weltverständnis und Liebe in eins zusammen wie die «Urtropen» orientalischer Dichtung. Das gespaltene und doch ganze Blatt des Gingko-Baumes
(«Gingo biloba») oder die Kastanie als Trope für die neuen, zugleich wider-
spenstigen und liebegesättigten Lieder («An vollen Büschelzweigen») sind
andere Beispiele dafür. Oder es entwickelt sich aus der Weltschöpfung in
Plotinschen Bildern das Farbenspiel des Wirklichen und als seine Krönung
die Liebe («Wiederfinden»). Nichts mehr steht für sich allein, kein Gedanke
und keine Empfindung; die Verschmelzung des Einzelnen in größere
Zusammenhänge ist das eigentliche Gesetz des *West-östlichen Divan*. Jedes
einzelne Glied sei «durchdrungen von dem Sinn des Ganzen» und müsse
«von einem vorhergehenden Gedicht erst exponiert sein, wenn es auf Einbildungskraft oder Gefühl wirken soll», hat Goethe selbst in einem Brief an
Zelter erklärt (7.–17.5. 1815).

Dieses Ganze hat Goethe durch eine Vielfalt sich wiederholender Formen, Bilder, Metaphern und Symbole greifbar zu machen gesucht. Orientalische Namen, Vorstellungen und Begriffe werden für modernes westliches
Denken ebenso adaptiert, wie die Form des Ghasels zum westeuropäischen
Gedicht umgestaltet wird. Bildformeln orientalischer Poesie vermischen sich
gelockert mit deutscher Umgangssprache. Der Vierzeiler mit kreuzreimen-
den vierhebigen Trochäen ist die dominierende Strophenform des Buches,
aber eine große Anzahl von Reimvariationen läßt die Tendenz erkennen,
durch Reime zu charakterisieren und Ausdruck zu schaffen. Neben Lieder
tritt eine beträchtliche Anzahl von Sprüchen, wie sie Goethe überhaupt in
seinem Alter liebte. Sie drücken ethische, lebenspraktische, politische, historische, religiöse und naturwissenschaftliche Gedanken und Überzeugungen
aus; einige davon sind in das Bewußtsein zumindest aller Goethe-Liebhaber
und Kenner eingegangen («Im Atemholen sind zweierlei Gnaden», «Gottes
ist der Orient», «Noch ist es Tag, da rühre sich der Mann»).

In der Bildersprache entsteht farbig neben der deutschen die orientalische
Welt: Karawansereien und Märkte, Pflanzen und Tiere, Sand, Staub und
Kanäle. Wirksam in allem aber sind die Elemente: Erde, Wasser, Feuer und
Luft. Denn gerade von dem Elementarsten her weiß der Naturforscher
Goethe die Brücke zum Gegenwärtigen zu schlagen und der Dichter seinen
Ort zu bestimmen.

> Mag der Grieche seinen Ton
> Zu Gestalten drücken,
> An der eignen Hände Sohn
> Steigern sein Entzücken;

Aber uns ist wonnereich
In den Euphrat greifen,
Und im flüss'gen Element
Hin und wider schweifen.

Löscht' ich so der Seele Brand,
Lied, es wird erschallen;
Schöpft des Dichters reine Hand,
Wasser wird sich ballen.

Historische Reflexion, orientalische Bildersprache und wissenschaftliches Denken ballen sich in diesem Gedicht («Lied und Gebilde») zum Sinnbild der neuen Goetheschen Lyrik.

Für die Liebe bedeutet allerdings diese Orientierung aufs Ganze und diese Gründung des Denkens im Bewußtsein eines solchen Ganzen eine Einschränkung. Denn nichts Geringeres als das Opfer der alle Liebe bestimmenden Subjektivität ist darin enthalten. Das gilt zwar für jede mit einer Öffentlichkeit kommunizierenden Liebesdichtung; im *West-östlichen Divan* jedoch macht Goethe diesen Zustand bewußt. Darin liegt in der Geschichte lyrischen Dichtens die besondere, neue Rolle dieses Gedichtbuches. Alle Mittel sprachlicher Verfremdung und Ironie sind dieser Bewußtheit untergeordnet. Ausgesprochen wird sie am deutlichsten in dem «Schenkenbuch», wo Hatem dem Knaben Saki, an den ihn eine homoerotische Neigung bindet und der ihn nach dem Wesen dichterischer Begeisterung fragt, antwortend erklärt:

Dichten zwar ist Himmelsgabe,
Doch im Erdeleben Trug.

Erst sich im Geheimnis wiegen,
Dann verplaudern früh und spat!
Dichter ist umsonst verschwiegen,
Dichten selbst ist schon Verrat.

Akzeptiert wird diese Tatsache als resignierter, aber zugleich glücklicher Kompromiß von Möglichem und Unmöglichem, wie es der Doppelnatur des Menschen als Naturwesen und Geisteswesen ansteht. Darin gründet auch die Theologie des *Divan*, der es ähnlich geht wie der Liebe: Auch an ihr begeht jede Dichtung im Grunde bereits Verrat. Nur ist das für Goethe kein Problem, das den Dichter zwischen Glauben und Dichten zu zerreißen droht, wie es etwa Brentano an sich erfuhr. Die «heitere» Relativität des *Divan* ist zwar ganz gewiß nicht orientalisch, aber sie ist christlich auch nur im allerweitesten Sinne einer subjektiven, transzendentalen Religiosität. Der westliche «Dichter» bekennt dem östlichen Hafis:

Hafis, drum, so will mir scheinen,
Möcht' ich dir nicht gerne weichen:
Denn wenn wir wie andre meinen,
Werden wir den andern gleichen.

Und so gleich' ich dir vollkommen,
Der ich unsrer heil'gen Bücher
Herrlich Bild an mich genommen,
Wie auf jenes Tuch der Tücher
Sich des Herren Bildnis drückte,
Mich in stiller Brust erquickte,
Trotz Verneinung, Hindrung, Raubens,
Mit dem heitern Bild des Glaubens.

Im «Höheren und Höchsten» löst sich schließlich alle Sprache der Kunst, ja alle Kunst überhaupt auf. Aus den fünf Sinnen wird ein Sinn, und das Wort Gottes ist nur noch in der Anschauung ewiger Liebe erfahrbar:

Ton und Klang jedoch entwindet
Sich dem Worte selbstverständlich,
Und entschiedener empfindet
Der Verklärte sich unendlich.

Ist somit dem Fünf der Sinne
Vorgesehn im Paradiese,
Sicher ist es, ich gewinne
Einen Sinn für alle diese.

Und nun dring' ich allerorten
Leichter durch die ewigen Kreise,
Die durchdrungen sind vom Worte
Gottes rein-lebendigerweise.

Ungehemmt mit heißem Triebe
Läßt sich da kein Ende finden,
Bis im Anschaun ewiger Liebe
Wir verschweben, wir verschwinden.

Fausts Verklärung ist in diesem Bilde vorgestaltet.

Für Goethe wurde der *West-östliche Divan* zum idealen Gefäß, das seine Gedanken, Erfahrungen und Empfindungen auf dieser Lebensstufe, an der Neige eines reichen Lebens, in schöner Form faßte. Junge Kritiker durften mit seinem ins Positive gekehrten Relativismus unzufrieden sein angesichts dessen, was die Zeit bewegte. Für ihn selbst aber mußte es genügen, und er bekannte sich zu den Grenzen seiner Natur. Am 11. Mai 1820, rund acht Monate nach dem Erscheinen der ersten Fassung des *Divan*, schreibt er an Zelter:

«Indessen sammeln sich wieder neue Gedichte zum Divan. Diese mohammedanische Religion, Mythologie, Sitte geben Raum einer Poesie wie sie meinen Jahren ziemt. Unbedingtes Ergeben in den unergründlichen Willen Gottes, heiterer Überblick des beweglichen, immer kreis- und spiralförmig wiederkehrenden Erdetreibens, Liebe, Neigung zwischen zwei Welten schwebend, alles Reale geläutert, sich symbolisch auflösend. Was will der Großpapa weiter?»

Vermischte Gedichte

Eine ungewöhnliche, langdauernde Popularität wuchs Goethe aus Teilen der Lyrik seines Alters zu. Waren es bei seinem Frühwerk ganze Gedichte, die – nicht zuletzt durch die Mithilfe der Komponisten – als Lieder in das Gedächtnis der Nation eingingen und darüber hinaus ihren Weg in die Welt· fanden, so waren es bei seiner späten Lyrik vorwiegend Zitate. Goethe selbst hat solche veränderte Rezeption seines Werks indirekt gefördert, indem er sich ausdrücklich zum Produzenten von Zitaten machte, denn zu seinem Alterswerk gehören annähernd eintausend Sprüche, von denen eine beträchtliche Zahl dem deutschen Publikum ins Herz wuchsen in Kalendern, Poesiealben, Festreden, als Buchtitel, Motti, Themen von Abituraufsätzen oder eingerahmt in Gaststätten und Wohnzimmern. Ermahnungen zu bürgerlicher Tüchtigkeit stehen obenan:

> Zwischen heut und morgen
> Liegt eine lange Frist;
> Lerne schnell besorgen,
> Da du noch munter bist.

Oder:

> Tu nur das Rechte in deinen Sachen;
> Das andre wird sich von selber machen.

Und:

> Noch ist es Tag, da rühre sich der Mann,
> Die Nacht tritt ein, wo niemand wirken kann.

Wenige Tage vor seinem Tode noch empfiehlt Goethe dem biedermeierlichen Weimar:

> Ein jeder kehre vor seiner Tür,
> Und rein ist jedes Stadtquartier.
> Ein jeder übe sein' Lektion,
> So wird es gut im Rate stohn.

Bürgerliche Geselligkeit wird empfohlen in munteren Reimen:

Wie fruchtbar ist der kleinste Kreis,
Wenn man ihn wohl zu pflegen weiß.

Beschränkung geht damit einher:

Alles in der Welt läßt sich ertragen,
Nur nicht eine Reihe von schönen Tagen.

Selbstdisziplin und die Forderung nach Lebensplanung ergänzen einander:

Wer mit dem Leben spielt,
Kommt nie zurecht;
Wer sich nicht selbst befiehlt,
Bleibt immer Knecht.

Gegen die Zerstörung menschlicher Werte, die in den Kriegen der Zeit zu beobachten war, richten sich einprägsame Worte:

Manches Herrliche der Welt
Ist in Krieg und Streit zerronnen;
Wer beschützet und erhält,
Hat das schönste Los gewonnen.

Über den Streit der Erde geht der Blick auf Größtes:

Gottes ist der Orient!
Gottes ist der Okzident!
Nord- und südliches Gelände
Ruht im Frieden seiner Hände.

Und daraus der Schluß:

Wer sich selbst und andre kennt
Wird auch hier erkennen:
Orient und Okzident
sind nicht mehr zu trennen.

Die letzten beiden Sprüche stammen, wie ihre Tendenz schon verrät, aus dem *West-östlichen Divan*, und das Wort von Gott als dem Herrscher über Orient und Okzident ist wörtlich der zweiten Sure des *Korans* entnommen. Denn Goethe legte keineswegs Wert darauf, bei seiner Spruchdichtung originell zu sein und hat das auch durchaus zugegeben:

Diese Worte sind nicht alle in Sachsen,
Noch auf meinem eignen Mist gewachsen;
Doch, was für Samen die Fremde bringt,
Erzog ich im Lande gut gedüngt.

Östliches und Westliches, aber insbesondere alte deutsche Sprichwort-
sammlungen gaben ihm das Material zu seiner eigenen Spruchdichtung, die
er nach und nach in der Werkausgabe von 1815, im *Divan* und als «Zahme
Xenien» in der Ausgabe letzter Hand von 1827 veröffentlichte. Anderes
blieb im Nachlaß liegen und trat erst nach seinem Tode den Weg in die
Popularität an. «Xenien» waren es allerdings nur noch in der fernen Erinnerung an die gemeinsame Polemik mit Schiller; das klassizistische Gewand
war jetzt abgestreift, und «zahm» waren die Verse geworden, weil sie kon-
struktiv auf die Erziehung zur Bürgerlichkeit zielten und nicht mehr in
erster Linie auf literarische Polemik. Von dieser war nur relativ wenig
übriggeblieben, das sich vorwiegend gegen Kritiker, Feinde und Parodisten,
zum Beispiel gegen Kotzebue, Müllner oder Pustkuchen, richtete. Demgegenüber setzte er das eigene Werk, das nun als Lebensleistung überblickbar
wurde, in Bezug zu Literatur und Leben seiner Zeit und begann, sich selbst
als einen Teil deutscher Geschichte und deutscher Literaturgeschichte zu
betrachten:

> «Zu Goethes Denkmal was zahlst du jetzt?»
> Fragt dieser, jener und der. –
> Hätt ich mir nicht selbst ein Denkmal gesetzt,
> Das Denkmal, wo käm es denn her?

Und so schuf er denn – mit seiner Autobiographie beschäftigt – Vorstellungen von sich selbst, die – wiederum als Zitat – weit über den Kreis der Goe-
thekenner hinaus bekannt und selbstverständliche Bestandteile seiner Biographie als deutscher Dichter geworden sind:

> Vom Vater hab' ich die Statur,
> Des Lebens ernstes Führen,
> Vom Mütterchen die Frohnatur
> Und Lust zu fabulieren.

Auch die Charakterisierung als «Weltbewohner und Weimaraner» steht in
einem dieser Sprüche. Ästhetische Gesinnungen werden proklamiert:

> Bilde, Künstler! Rede nicht!
> Nur ein Hauch sei dein Gedicht.

Und wenn schließlich im *Divan* der Dichter um Einlaß ins Paradies bittet
und von der Huri skeptisch befragt wird, ob er sich denn durch sein
«Kämpfen» und «Verdienen» nun wirklich mit Helden messen könne,
denen das Paradies eigentlich vorbehalten sei, erwidert er:

> Nicht so vieles Federlesen!
> Laß mich immer nur herein:
> Denn ich bin ein Mensch gewesen,
> Und das heißt ein Kämpfer sein.

Im Kontext des Gedichtes sind die Worte genau: Sie relativieren den Wert kriegerischen Heldentums. Als Zitat sind die letzten zwei Zeilen hingegen mißverständlich, mißbrauchbar und mißbraucht worden. Dagegen gibt es letztlich keinen Schutz und als Gegenmaßnahme nur eben die Erinnerung an den Zusammenhang. Eine solche Erinnerung ist jedoch auch für Goethes Spruchdichtung aus seinem letzten Lebensdrittel insgesamt nötig, also dort, wo der Spruch von vornherein für sich existiert und ohne weiteren Zusammenhang verstehbar sein muß.

Die Aufnahme von Goethes Spruchdichtung bei den Deutschen als allgemeine Lebensweisheit hat zumindest einigen der beliebtesten und am weitesten verbreiteten dieser Verse und Verschen den Anschein verschafft, biedere Tüchtigkeit zu predigen und auf diese Weise biedermeierlicher Philistrosität Vorschub zu leisten. Dabei ist gerade der Philister eine der deutlichsten Gegenfiguren dieser Spruchdichtung:

> Ihr könnt mir immer ungescheut
> Wie Blüchern Denkmal setzen;
> Von Franzen hat er euch befreit,
> Ich von Philisternetzen.

Goethe sah sich ausdrücklich als «Protestant» in Kunst und Wissenschaft, wie er zum Reformationsjubiläum 1817 bekannte («Dem 31. Oktober 1817»), und überdies als Erzieher seiner Landsleute. Sein großes Altersprojekt, der romanhafte Bericht über *Wilhelm Meisters Wanderjahre*, war von dieser Absicht durchsetzt. Denn seine Deutschen hat er genau beobachtet:

> Die Deutschen wissen zu bericht'gen,
> Aber sie verstehen nicht nachzuhelfen.

Auch das steht in den Sprüchen, und unmittelbar auf die Erfahrungen des gerade zu Ende gegangenen Krieges bezogen ist der Spruch:

> Die Deutschen sind recht gute Leut',
> Sind sie einzeln, sie bringen's weit;
> Nun sind ihnen auch die größten Taten
> Zum erstenmal im ganzen geraten.
> Ein jeder spreche Amen darein,
> Daß es nicht möge das letztemal sein.

Wie gesagt: er kannte seine Deutschen, und die Geschichte hat seinen Befürchtungen rechtgegeben.

Was Goethe im Alter beschäftigte, war der Gedanke einer Nationalerziehung nicht mehr nur, wie in den klassizistischen Jahren mit Schiller, durch Kunst als schöner Einheit von Gedanke und Gestalt, sondern durch sie zugleich als Träger von direkter, strenger Mitteilung, also durch Kunst als pädagogische Provinz. Als Goethe seine Spruchdichtung zu voller Blüte entwickelte, schwebten die Deutschen zwischen einem hohen nationalen Idealismus, der wegen seiner Unerfüllbarkeit große Gefahren in sich barg, und einer tiefen Enttäuschung, die in Gleichgültigkeit, Untätigkeit und biederes Sich-Fügen umschlagen konnte. Sentenzenhaftes hatte Goethe schon *Wilhelm Meisters Lehrjahren* und den *Wahlverwandtschaften* anvertraut, und in den *Wanderjahren* sowie den *Maximen und Reflexionen* hat er es zur selbständigen Kunstform gebildet. Aber mehr und mehr ging es dabei um den kondensiertesten Ausdruck von anders nicht gestaltbarer Erfahrung oder Erkenntnis. Der Unterschied zwischen der Spruchdichtung und der in Prosasätzen kondensierten Altersweisheit liegt nicht zuletzt im Willen zur pädagogischen Popularität mit der ersteren. Was Goethe seine Nation lehren wollte, war eine kräftige Portion Pragmatismus als Korrektiv für idealistische Ziele, nicht aber braven Bürgerfleiß bei politischem Duckmäusertum. Erst aus der größeren Perspektive solcher Nationalerziehung gewinnt seine Spruchdichtung ihren Wert, aus einer Perspektive, die Goethe sich selbst verschaffte durch den Blick ins Weite, den er sich wiederum im Studium der Natur und ihrer Entwicklungsgesetze angeeignet hatte, dialektischer Gesetze, die sich nicht nur auf die Naturerscheinungen selbst, sondern auch auf die Geschichte im großen anwenden ließen. Davon handelte dann der *Faust,* und ein kleiner Spruch legt das entsprechende Bekenntnis ab:

> Wer in der Weltgeschichte lebt,
> Dem Augenblick sollt' er sich richten?
> Wer in die Zeiten schaut und strebt,
> Nur der ist wert, zu sprechen und zu dichten.

Derselbe Wille zur Erziehung zu gesellschaftsbewußter Bürgerlichkeit spricht aus einigen Balladen der Zeit nach 1806, an erster Stelle aus «Johanna Sebus» (1809), dem Preislied auf die «siebzehnjährige Schöne Gute», die unter Aufopferung ihres Lebens andere Menschen bei einer Hochwasserkatastrophe gerettet hatte. Auch Balladen wie «Die wandelnde Glocke» (1815) und «Der getreue Eckart» (1815) gehören im weiteren Sinne in diesen Zusammenhang.

Teil von Goethes Alterslyrik sind außerdem eine Reihe von philosophisch-weltanschaulichen Gedichten, von denen einige gleichfalls eher durch einzelne Sätze bekannt geworden sind als in ihrer Ganzheit. Um zwei Beispiele zu nennen: «Symbolum» (1816) klingt aus in der für sehr vielfältige Zwecke zitierten Zeile «Wir heißen euch hoffen», und die «Urworte. Orphisch» (1820) bieten die beliebte Formel von der «geprägten Form, die lebend sich entwickelt». Goethes durch sein ganzes Leben hindurch spürbare Absicht, sich gegen den Zufall zu wehren und sein Leben zu planen und zu bestimmen, führte ihn im Alter nicht nur zur Darstellung des eigenen Lebensganges, sondern, wie zu sehen war, auch zu Versuchen der umfassenden Überschau und Summierung des Erfahrenen und Gedachten. Der Wilhelm-Meister-Roman und der *Faust* gehören dazu im gleichen Maße wie der *West-östliche Divan* und diese späten Gedichte, die in eigenständiger Symbolik die Erkenntnisse im Bereiche von Natur, Geschichte und Kunst aufeinander beziehen.

Goethes Vorstellung von der sich beständig wandelnden, aus dem «Einen» hervorgehenden und sich in Gegensätze zerlegenden, aber dabei immer wieder das «Eine» sichtbar machenden Natur spricht anschaulich aus den «Parabase» (1820) genannten Versen:

> Freudig war, vor vielen Jahren,
> Eifrig so der Geist bestrebt,
> Zu erforschen, zu erfahren,
> Wie Natur im Schaffen lebt.
> Und es ist das ewig Eine,
> Das sich vielfach offenbart;
> Klein das Große, groß das Kleine,
> Alles nach der eignen Art.
> Immer wechselnd, fest sich haltend;
> Nah und fern und fern und nah;
> So gestaltend, umgestaltend –
> Zum Erstaunen bin ich da.

Mit zwei weiteren, auf die rechte Naturanschauung reflektierenden Strophen («Epirrhema», «Antepirrhema») boten die Verse in der Ausgabe letzter Hand einen Rahmen für den Neudruck der «Metamorphose der Pflanzen» und der «Metamorphose der Tiere», also für die beiden großen, Goethes Entwicklungsgesetz von Polarität und Steigerung bildhaft darlegenden Gedichte. Daß Goethe bei der Zusammenfassung seines Denkens auch jetzt noch die lyrische Form jedem anderen Ausdruck vorzog, ja vorziehen mußte, verrät die letzte Zeile der «Parabase». «Erstaunen» ist eine Qualität der Welterkenntnis, die sich nicht im rationalen Diskurs der Wissenschaft, sondern nur im imaginativen der Poesie festhalten läßt. Aber eben diese den Menschen in seine Grenzen verweisende Qualität ist grundlegend und unabdingbar für Goethes gesamtes Forschen und Denken, zielt Erstaunen doch darauf hin, den Widersprüchen und Gegensätzen der Wirklichkeit ihr Recht zu lassen, ohne der Kunst ihr eigenes, also das der Phantasie zu nehmen.

Von Doppelheit sprechen auch andere, auf die Summe der Naturerkenntnis bezogene Gedichte wie die «Trilogie zu Howards Wolkenlehre» (1820/22). Vor allem aber tut es die großartige Verknüpfung von Naturgesetzen und menschlichem Lebensgang in den «Urworten. Orphisch» (1820): Das Gedicht war Goethe so wichtig, daß er ihm einen ausführlichen Kommentar nachfolgen ließ. Eine «Metamorphose des Menschen» vollzieht sich darin von Stufe zu Stufe.

Wie an dem Tag, der dich der Welt verliehen,
Die Sonne stand zum Gruße der Planeten,
Bist alsobald und fort und fort gediehen
Nach dem Gesetz, wonach du angetreten. –

Durch den Zufall seines Lebenskreises, durch Liebe und die Verwirrungen der Leidenschaft sowie schließlich durch die Nötigung äußerer Willkür wird das einzelne Ich gelenkt und beeinflußt. Um das Selbstsein, um die Beherrschung des eigenen Lebens soll es ringen und am Ende über sich hinauswachsen. Denn der Hoffnung ist die letzte der fünf Strophen gewidmet:

Aus Wolkendecke, Nebel, Regenschauer
Erhebt sie uns, mit ihr, durch sie beflügelt;
Ihr kennt sie wohl, sie schwärmt nach allen Zonen –
Ein Flügelschlag – und hinter uns Äonen.

Dieser prinzipiellen Hoffnung auf einen positiven Sinn menschlichen Daseins ist Goethe, allem wachsenden Pessimismus um sich herum zum Trotz, bis an sein Ende treu geblieben, und er hat diese Hoffnung im Kommentar zu den «Urworten» konkretisiert in der Vorstellung von der Kette einer sich beständig fortsetzenden menschlichen Gemeinschaft: «Familie reiht sich an Familie, Stamm an Stamm; eine Völkerschaft hat sich zusammengefunden und wird gewahr, daß auch dem Ganzen fromme, was der Einzelne beschloß.» «Neigung» und «Pflicht» vereinigen sich im Sittlichen und «Religiosen». Diese sehr reale Vorstellung von Transzendenz durch das Ineinandergreifen der Generationen wird überhaupt zu einem Leitgedanken für Goethes Alterswerk. Fausts Schlußworte klingen an, aber das anschaulichste Bild dazu bietet der Schluß von *Wilhelm Meisters Wanderjahren*. Denn dort rettet der Vater mit ärztlicher Kunst dem Sohne das Leben und sichert sich so die eigene Ewigkeit: «Wirst du doch immer aufs neue hervorgebracht, herrlich Ebenbild Gottes! [...] und wirst sogleich wieder beschädigt, verletzt von innen oder von außen.» (vgl. S. 352) Es ist der epische Kommentar zu den «Urworten». Zeit und Zeitlosigkeit verflechten sich im realen Menschen, so wie er immer wieder in die Welt tritt.

Goethes Lyrik nach 1806 war so vielfältig in ihrer Thematik, wie sie es in ihren Formen war. Neben den Sprüchen stehen Stammbuchverse, freundliche, huldvolle, allgemeine, aber zuweilen auch zutiefst persönliche Ansprachen an Besucher, Freunde, Verehrende und Verehrte, Gedichte für die Freimaurerloge, die in das Zentrum seines Denkens führen, poetische Illustrationen der Studien zur Farbenlehre und Geselliges bis hin zum «Ergo bibamus». Einiges Fremde wird übersetzt, neugriechische Heldenlieder und «Liebe-Skolien», Verse von Byron und am 14. Januar 1822, «nachts allein», Manzonis Ode «Der fünfte Mai» auf den Tod Napoleons (vgl. S. 7):

Und also von müder Asche denn
Entferne jedes widrige Wort,
Der Gott, der niederdrückt und hebt,
Der Leiden fügt und Tröstungen auch,
Auf der verlaßnen Lagerstatt
Ihm ja zur Seite sich fügte.

Das eigene Bild vom Gegensätzlichen im Weltlauf unter der Obhut eines Gottes, eines höheren Sinnes spiegelt sich im fremden.

Neben all dieses jedoch treten hin und wieder Verse, die ganz jener direkten Selbstaussprache zu ähneln scheinen, mit deren Gestaltung im Gedicht Goethe in seiner Straßburger Zeit zuerst Epoche gemacht hatte. Von Lebensläufen ist nun darin die Rede, aber alles Individuelle ist jetzt objektiviert, ins Typische erhoben wie in jenem 1818 geschriebenen Gedicht «Um Mitternacht», das Zelter sogleich als Lied vertonte:

Um Mitternacht ging ich, nicht eben gerne,
Klein, kleiner Knabe, jenen Kirchhof hin
Zu Vaters Haus, des Pfarrers; Stern am Sterne
Sie leuchteten doch alle gar zu schön;
    Um Mitternacht.

Wenn ich dann ferner in des Lebens Weite
Zur Liebsten mußte, mußte, weil sie zog,
Gestirn und Nordschein über mir im Streite,
Ich gehend, kommend Seligkeiten sog;
    Um Mitternacht.

Bis dann zuletzt des vollen Mondes Helle
So klar und deutlich mir ins Finstere drang,
Auch der Gedanke willig, sinnig, schnelle
Sich ums Vergangne wie ums Künftige schlang;
    Um Mitternacht.

In drei Stufen vom Sternenlicht über das Nordlicht zum hellen Mondschein bildet sich der Gang aus der Kindheit zur Mannheit und ins Alter ab, Anfang und Ende, Zeit und Raum verbindend wie das Dunkle mit dem Hellen. Zeitgenossen, Unmittelbareres von Goethe gewöhnt, waren davon konsterniert. Friedrich Karl Julius Schütz aus Halle bezeichnete in seinem Buch *Göthe und Pustkuchen* (1823) dieses Gedicht rundheraus als «schwebelnde Verselei», die «uns nicht sowohl mitternächtiger als übernächtiger Entstehung zu sein dünkt, und die der Verfasser (vielleicht eben deshalb, d. h. aus Müdigkeit) nicht einmal zu Ende gebracht hat», fehle doch dem Gedicht logisch und syntaktisch Abrundung und Schluß. Selbst im vorhandenen Text schlängen sich nach Schütz' Verständnis die Gedanken «weder ‹mit der Klarheit und Deutlichkeit der vollen Mondes-Helle›, noch ‹willig, sinnig schnelle› um den Leser». Goethe hingegen nannte die Verse ein «Lebenslied», das ihm in einem «wundersamen Zustand bei hehrem Mondenschein» eingegeben wurde und von dem er nicht zu sagen wüßte, «woher es kam und wohin es wollte». So jedenfalls steht es in seinen *Annalen.* Wieweit sich Bewußtes und Unbewußtes, Eingegebenes und geplant Gestaltetes in solcher Produktion begegnet sind, läßt sich nicht erraten. Daß Kunstwille und Gedankenklarheit hinter diesen Zeilen stehen, daß Objektivierungstendenzen darin wirksam sind – und sei es nur durch die Ernennung des lyrischen Ichs zum Pfarrerssohn, der Goethe nicht war –, ist in jeder Zeile offenbar. Eine neue Stufe lyrischen Gestaltens hatte Goethe erreicht, aber es dauerte lange, bis seine Leser ihm darin folgten oder folgen konnten, und es ist durchaus verständlich, daß die Ungeduldigeren unter den Jungen – wie Börne – durch solch ruhige Überschau irritiert wurden.

Das gleiche trifft auf das eng mit diesen Versen verwandte Gedicht «Der Bräutigam» zu, das gleichfalls mit der Mitternacht anhebt und mit ihr endet, diesmal aber einen bürgerlichen Tageslauf umrahmt. Das «Tun und Streben», die häusliche Geborgenheit bei der Geliebten und die Trauer um ihren Verlust werden über das Idyllische und Melancholische erhoben durch einen Wunsch und eine Erkenntnis:

> Um Mitternacht! der Sterne Glanz geleitet
> In holdem Traum zur Schwelle, wo sie ruht.
> O sei auch mir dort auszuruhn bereitet,
> Wie es auch sei das Leben es ist gut.

Die letzte Zeile gehört zu den beliebten Zitaten aus Goethes Alterslyrik. Aber was allein und für sich wie behagliche Beruhigung klingt, ist im Ganzen des Gedichts eher nur ruhige Annahme der elementaren, unaufhebbaren Gegensätze von Tag und Nacht, Geburt und Tod, zwischen denen sich menschliches Leben vollzieht. Die Weisheit dieses und anderer später «Lebenslieder» Goethes ist nicht Kontemplation, sondern Handeln im Bewußtsein der gegebenen Grenzen. Die letzte Strophe des kleinen Zyklus «Chinesisch-deutsche Jahres- und Tageszeiten« (1830) mit einigen von Goethes vollkommensten Versen («War schöner als der schönste Tag», «Dämmrung senkte sich von oben») verkündet in dieser Hinsicht eine klare Botschaft:

> «Nun denn! Eh' wir von hinnen eilen,
> Hast noch was Kluges mitzuteilen?»
>
> Sehnsucht ins Ferne, Künftige zu beschwichtigen,
> Beschäftige dich hier und heut im Tüchtigen.

«Der Bräutigam» erschien 1829 anonym in der dritten Nummer von Ottilie von Goethes Zeitschrift *Chaos,* einem kurzlebigen kleinen Journal für ihren

Weimarer Freundeskreis, dem sie das Motto «Hony soit qui mal y pense» gab. Den Titel erläuterte sie so:

Uranfänglich gebannt in des Weltalls grausige Urnacht
Farb- und gestaltungslos ruhte das Chaos, der Stoff.

Jeglichen Sonntag neu, von den zierlichsten Händen gesichtet;
Wird auch das Chaos modern, wird zur Lectüre bei'm Thee!

Diese Charakteristik steht am Ende eben jener Nummer, die, zwischen französischen und englischen Texten versteckt, auch Goethes Gedicht «Der Bräutigam» enthält. Unter Goethes Augen und in der Obhut der eigenen Familie tritt neben seinen Ernst das ironische Gesellschaftsspiel.

Anderes, das Goethe persönlich noch näherging, hat er der Nachwelt ganz und gar oder wenigstens auf einige Zeit zu verbergen gesucht. Ein solches intimes Werk sind die vierundzwanzig Stanzen «Das Tagebuch». Das balladeske Gedicht entstand um 1810, wurde aber erst 1861 in einem Privatdruck zugänglich. Eine Episode nervöser Impotenz verschafft darin einem Reisenden Gelegenheit, den Unterschied zwischen Libido und Liebe zu erkennen. Das freilich ist nur der Stoff dieses von Goethe verborgen gehaltenen Gedichts, ein Stoff, der unter seinen Händen zu einem reichen Muster menschlicher Beziehungen gestaltet wird, die vom Lebenspraktischen bis ins Mythische reichen. Aus dem Bürgerlichen treten auch hier menschliche Urverhältnisse hervor.

Ein anderes großes Gedicht in Stanzen ließ Goethe noch einmal zum unverhohlenen Ausdruck eigener Überwältigung durch Leidenschaft werden: die Marienbader «Elegie». Es ist bekannt, daß Goethe vierundsiebzigjährig eine tiefe Neigung zu einer sehr jungen Frau, Ulrike von Levetzow, faßte, die er bei seinen Badeaufenthalten in Marienbad kennengelernt hatte. Unter Goethes Sprüchen findet sich der folgende:

Der Mensch erfährt, er sei auch, wer er mag,
Ein letztes Glück und einen letzten Tag.

Eben diese Erfahrung des «letzten Glückes» und damit des Todes im Leben war es, die ihm durch die Begegnung mit Ulrike von Levetzow nahegebracht wurde. Die Bindung, das Einander-Angehören, das man nicht zu verwirklichen braucht, wenn man es nur denken kann, war nun auf dieser Altersstufe auch nicht mehr denkbar geworden, obwohl es Goethe versucht hat. Aus letztlicher Annahme des nicht mehr Denkbaren resultiert die tragische Erschütterung, von der das Gedicht spricht, und zwar im geringeren Teil direkt, im größeren Teil in der Nachgestaltung dessen, was diese Liebeserfahrung an «Hoffnungslust zu freudigen Entwürfen» und an Glück überhaupt hervorrief. Es ist ein Gedicht des Abschieds, stofflich ebenso wie in seinen über alles Persönliche hinausgehenden Gedanken. Die Weltüber-

sicht des Alters macht sich auch hier überall geltend. Wolkenbilder, Bilder
der sich wandelnden Natur und der verhaltene Durchblick auf Mythisches
und den «Frieden Gottes», das Bewußtsein vom Gehen und Kommen in der
Natur, von «Ebb' und Flut» scheinen den persönlichen Schmerz tröstend
dem allgemeinen Gang der Natur unterzuordnen. Aber dann bleibt in den
Schlußstrophen dennoch nichts von solchem Trost des Forschenden und
Wissenden übrig:

> Verlaßt mich hier, getreue Weggenossen!
> Laßt mich allein am Fels, in Moor und Moos;
> Nur immer zu! euch ist die Welt erschlossen,
> Die Erde weit, der Himmel hehr und groß;
> Betrachtet, forscht, die Einzelheiten sammelt,
> Naturgeheimnis werde nachgestammelt.

> Mir ist das All, ich bin mir selbst verloren,
> Der ich noch erst den Göttern Liebling war;
> Sie prüfen mich, verliehen mir Pandoren,
> So reich an Gütern, reicher an Gefahr;
> Sie drängten mich zum gabeseligen Munde,
> Sie trennen mich, und richten mich zu Grunde.

Das sind Worte aus dem Geist des Epimetheus (vgl. S. 662 f.) gesprochen. In
der äußersten Erfahrung seelischen Schmerzes erweist sich, wie unsicher
letztlich der Boden ist, auf dem der besonnene Optimismus steht, der das
Leben prinzipiell als gut betrachten will. Goethe hat das Bewußtsein nie
verlassen, daß solche Bejahung ein guter Wunsch, aber nichts Unerschütter-
liches ist und daß zum Prometheischen dialektisch auch das Epimetheische
gehört. Erst dies gibt seinem Werk Faszination und Bedeutung auch für
Zeiten, denen diese Bejahung weniger leicht fällt, als sie Goethe fiel.

Goethe selbst hat, als er das Gedicht 1827 zum Druck in der Ausgabe
letzter Hand gab, es mit zwei kürzeren Stanzen-Gedichten umgeben, den
Versen «An Werther» und «Aussöhnung», und daraus eine «Trilogie der
Leidenschaft» gemacht, in der am Ende die Musik, das «Doppelglück der
Töne wie der Liebe», Tröstung und eben «Aussöhnung» anbot. Seinen eigenen unmittelbaren Abschiedsschmerz vom letzten Glück jedoch hat er auf
andere Art gedämpft. Er hat die Elegie bald nach ihrer Entstehung im September 1823 sorgfältig ins reine geschrieben und die Reinschrift kunstvoll
einbinden lassen. Der Freund Zelter aber mußte sie ihm dann, als er nun
auch äußerlich krank darniederlag, immer wieder vorlesen, gelegentlich
sogar dreimal hintereinander.

Es muß ein seltsames Bild gewesen sein: der fünfundsechzigjährige Komponist am Krankenbett des vierundsiebzigjährigen Dichters. «Ihr lest gut,
alter Herr», soll Goethe zu Zelter gesagt haben. «Das war ganz natürlich»,

hat Zelter berichtet, «aber der alte Narr wußte nicht, daß ich dabei an
meine eigene Liebste gedacht hatte». Lyrik als Ausdruck persönlicher
Erfahrung und Lyrik als Therapie für einen kranken Dichter: ist die rührende Szene der zwei poesiebewegten alten Herren Ende 1823 ein Bild
zugleich vom Ende eines Zeitalters? Goethe hat mehrfach in seinem Leben,
deutlich schon im *Werther*, das Schreiben zur Therapie für eigene innere
Konflikte benutzt. Aber Literatur, die an die Öffentlichkeit gebracht wird,
ist von solchen Zwecken unabhängig. Das macht schon die Reaktion Zelters deutlich, der die Verse Goethes auf sich bezieht, ohne doch von ihnen
Therapie zu verlangen. Goethes Leistung in der deutschen Lyrik besteht
darin, daß er dem Ich, das frei und nackt aus Bindungen hervortrat, Worte
für seine Gedanken, Erfahrungen und Empfindungen in dieser geschichtlichen Situation gab, es seine Vergänglichkeit erfahren ließ, Gesetze des
Lebens und der Natur in schöne Gestalt brachte, aber zugleich, was nur
Dichtung kann, auch dem Erstaunen Ausdruck verschaffte über das Gute in
solcher Ordnung ebenso wie dem Schmerz über die ewige Unzulänglichkeit des Menschen darin, der, je selbstbewußter er wurde, auch desto fremder der umgebenden Natur gegenüberstand. In solchem Sinne war Goethes
Lyrik bis ins hohe Alter hinein ein Anfang von Neuem und nicht Symptom
eines Endes. So haben sich diese Gedichte durch die breite und tiefe Fundierung in der Erkenntnis von Mensch und Natur auch nicht in Widerspruch zum fortschreitenden technischen Zeitalter gesetzt, sondern dessen
wissenschaftliche wie ethische Problematik bereits vorformuliert, ohne sich
dem einer späteren Zeit begründet erscheinenden Pessimismus zu überantworten. Die vielen Entdeckungen, die seitdem in diesen Gedichten gemacht
und die Erkenntnisse, die aus ihnen gewonnen worden sind, beweisen es.

Brentano

Clemens Brentanos Ruhm in der deutschen Literaturgeschichte beruht auf
seinen Gedichten; in ihnen tritt er mit einzigartigen Bildern, mit neuen, bis
dahin unerhörten Klängen und in großem Reichtum lyrischer Ausdrucks-
weisen hervor. Seinen literarischen Einstand hatte er zwar mit einem Prosawerk, dem *Godwi*, gegeben, aber es hatten darin bereits einige seiner späterhin bekanntesten Gedichte gestanden wie die Ballade von der Lore Lay
oder das szenische Gedicht von den lustigen Musikanten. Manchmal hatte
der epische Kontext überhaupt nur die Funktion, die Szene für den Vortrag
eines Gedichtes zu schaffen. Die Ballade und das aus einer bestimmten
Situation oder einem Charakter hervorwachsende Lied oder Rollengedicht
hatten dann in seiner und Arnims Sammlung *Des Knaben Wunderhorn* eine
zentrale Rolle gespielt, und manches Originale, Bearbeitete oder Umge-
schaffene war von dort wieder in die eigenen neuen Gedichte übergegangen. Sein ganzes Leben hindurch behielt Brentano jedoch daneben auch

den lyrischen Ausdruck als unmittelbares, persönliches Bekenntnis bei, das bei ihm zumeist aus brieflicher Mitteilung erwuchs und zu langen Gedichten der Selbstdarstellung und des Selbstbekenntnisses führte. Aber oft ging die eine Form in die andere über und führte so zu einem magisch-artistischen Spiel mit der Subjektivität und ihrer Aufhebung.

Abgesehen von den Einlagen seiner Prosawerke oder Dramen hat Brentano nur hier und da ein paar Verse in einem Almanach oder Journal veröffentlicht. So teilte sein lyrisches Werk mit demjenigen Hölderlins auf lange Zeit weitgehende Unbekanntheit und Unerschlossenheit. Das aber, was bekannt war, stellte oft nur einen Verschnitt nach dem Geschmack der jeweiligen Editoren dar. Wie Hölderlin hatte Brentano überdies die Neigung, das Geschriebene um- und fortzugestalten. Allerdings geschah das nicht so sehr durch die Weiterarbeit an dem einen Manuskript, sondern eher durch die Wiederaufnahme und das Umschreiben früherer Verse zu anderen Zeiten und in anderen inneren und äußeren Verhältnissen. All das hat die Zugänglichkeit der Brentanoschen Lyrik nicht erleichtert.

Zu diesen Schwierigkeiten kommt hinzu, daß Brentanos Leben Anlaß zu manchen raschen Urteilen gegeben hat, die dann von sich aus wieder das Verständnis seines Werkes beeinträchtigt haben. Brentano war von Haus aus Katholik, und gewisse grundsätzliche Gedanken wie Vorstellungen der katholischen Lehre haben ihn sein ganzes Leben hindurch beherrscht. In seiner frühen Zeit jedoch hat er sich mit der romantischen Huldigung an eine universale Poesie oft weit von kirchlichen Bindungen entfernt, bis er in tiefer seelischer Not 1817 die Generalbeichte ablegte im demonstrativen Entschluß, sich wieder ganz dem Denken und Glauben seiner Kirche zu unterwerfen. Er hat diese Unterwerfung auch in seiner Schriftstellertätigkeit vollzogen und ist im Alter regelrecht zum katholischen Erbauungsschriftsteller geworden mit dem nur halbvollendeten Projekt einer großen epischen Trilogie über das Leben Jesu (vgl. S. 478 ff.) und mit zahlreichen religiösen Liedern und Gedichten. Aber weder verleugnete er in diesen Werken sein Künstlertum, noch haben es ihm seine Leidenschaft und seine Phantasie erlaubt, sich ganz auf solche erbauliche Tätigkeit zu beschränken. Aus seinen letzten Lebensjahren stammen einige seiner schönsten, über alles Konfessionelle hinausreichenden Verse. Der Lyriker Clemens Brentano war nie romantischer Freigeist, ohne im Grunde seines Herzens Katholik zu sein, und er war nie Katholik, ohne zugleich auch romantischer Freigeist zu bleiben.

Ähnlich wie bei Goethe war die Lyrik für Clemens Brentano die elementarste, ihn sein ganzes Leben hindurch begleitende künstlerische Ausdrucksform, während Erzählendes und Dramatisches bei ihm eher an kürzere oder längere Episoden gebunden blieb. Scharfe Trennungslinien freilich lassen sich zwischen diesen Formen nicht überall ziehen; das große, Fragment gebliebene lyrische Epos *Romanzen vom Rosenkranz* (vgl. S. 476 ff.) ist das deutlichste Beispiel dafür.

Mit dem Tode von Sophie, seiner ersten Frau, im Oktober 1806 in Heidelberg endete Clemens Brentanos Versuch zu familialer Seßhaftigkeit. Bis zu seinem Tode 1842 hat er trotz längerer Aufenthalte an diesem oder jenem Ort ein Wanderleben geführt, auf dessen Hintergrund die Suche nach innerer Stetigkeit umso stärker begreifbar wird. Bis 1808 dauerte die Arbeit mit Arnim am *Wunderhorn* und der *Zeitung für Einsiedler;* Kassel und Heidelberg waren die Stützpunkte dafür. Dann zog ihn Berlin an, wo er an der 1809 gegründeten Zelterschen Liedertafel teilnahm und Mitglied der Christlich-Deutschen Tischgesellschaft wurde. In Berlin traf er unter den Schriftstellern Kleist, Fouqué, Bernhardi, Chamisso, Adam Müller und nähere oder fernere Heidelberger Bekannte wie die Brüder Eichendorff und den Grafen Loeben. Auch zu Rahel Levin und Varnhagen entstanden Verbindungen, und der Freund Arnim heiratete dort in diesen Tagen – im März 1811 – Brentanos sehr geliebte Schwester Bettine. Zwischen 1811 und 1814 hielt sich Brentano dann vorwiegend auf dem böhmischen Familiengut Bukowan und in Prag auf. Es waren die Jahre, in denen er sich vor allem als Dramatiker versuchte. Nach dem Kriege jedoch zog ihn wieder Berlin an, wo er eine literarische Abendgesellschaft, die «Maikäferei», gründete. Damals entstanden vor allem seine Erzählungen und ein Teil seiner Märchen. In Berlin begegnete ihm Luise Hensel (vgl. S. 718), die er lange umworben hat, und dort kam er auch in Verbindung mit der neupietistischen Erweckungsbewegung.

Brentanos Lebenskrise, die ihren äußeren Ausdruck in der Generalbeichte von 1817 fand, ereignete sich in der Zeit der beginnenden Restauration, die allen Vorstellungen von ästhetischen Lebensformen ein Ende setzte. Im Januar 1816 hatte Brentano an E. T. A. Hoffmann geschrieben: «Seit längerer Zeit habe ich ein gewisses Grauen vor aller Poesie, die sich selbst spiegelt, und nicht Gott.» Mit der Reise 1818 nach dem westfälischen Dülmen zur stigmatisierten Nonne Anna Katharina Emmerick endeten zunächst literarische Tätigkeiten und Beziehungen, bis nach dem Tode der Nonne 1824 der Plan zu einer Leben-Jesu-Trilogie sein literarisches Hauptgeschäft wurde. Von 1833 an lebte Brentano vorwiegend in München, dem Kreise um Joseph Görres nahestehend, und, wie Heine es nannte, «ein korrespondierendes Mitglied der katholischen Propaganda» mit Beiträgen zu den *Historisch-politischen Blättern für das katholische Deutschland.* Die Liebe zu der jungen Malerin Emilie Linder, die er in München kennenlernte, machte ihn aber zugleich noch einmal zum Liebesdichter. Der «modernen Welt» jedoch, die, wie er 1841 an seinen Bruder Franz schrieb, «von allen Seiten in die Familie» eingebrochen sei, stand er mit gefalteten Händen gegenüber. «Ich bin ganz unwissend und habe eine entsetzliche Angst vor den jetzigen Papier- und Aktiengeschäften.» Im September 1841 fuhr er aber immerhin zu diesem Bruder, der die Familiengeschäfte führte, mit «Dampfwagen» und Dampfschiff.

In Brentanos früher Lyrik war bereits die ganze Breite seiner Ausdrucksmöglichkeiten angelegt. Ohne deutliche Entwicklungszäsuren hat er sie weitergeführt, ausgebildet und thematisch bereichert. Das wesentliche blieb bestehen: die Sinnbildlichkeit seiner Dichtung. Wie bei keinem anderen seiner schreibenden Zeitgenossen werden seine Gedichte beherrscht von Klang und Bild bis hin zum manieristischen Spiel mit beidem. Einige lyrische Meisterstücke («Singet leise, leise, leise», «Hörst du wie die Brunnen rauschen», «Säusle liebe Myrte») oder das virtuos-vollkommene «Der Spinnerin Nachtlied» («Es sang vor langen Jahren») aus der *Chronicka eines fahrenden Schülers* tragen ihren Sinn schon regelrecht in der Wortmusik. Wohl gerade deshalb ist Brentano wenig vertont worden; die Musik hatte hier nicht im gleichen Maße zu ergänzen wie bei Goethe, Wilhelm Müller oder selbst Eichendorff. Sinnlichkeit in Klang und Bild ist nicht mit Naivität zu verwechseln. Brentano war alles andere als ein frommes, schlichtes Naturtalent. Die Durchdringung alter Stoffe mit modernen Gefühlskomplexitäten wurde schon in seinen Volksliederbearbeitungen im *Wunderhorn* deutlich und mehr noch in eigenen Schöpfungen im Volkston wie der Lore-Lay-Ballade oder der Totenfahrt vom Fischer im Kahne («Ein Fischer saß im Kahne»). Nur wird bei ihm im Unterschied zu Hölderlin oder Novalis jede historische, soziale, philosophische, theologische oder naturwissenschaftliche Reflexion weitgehend übersprungen. In solcher Unmittelbarkeit des metaphorischen Ausdrucks, der den Sinn an der Oberfläche verbirgt, ähnelt Brentano in mancher Hinsicht Heinrich von Kleist, der sich, dem anderen Genre entsprechend, ganz und gar in den Vorgängen seiner Dramen und Erzählungen ausgedrückt hat.

Charakteristisch für Brentano ist, daß er in seinen Gedichten eine in sich ruhende, sozusagen absolute Sprachwelt schafft, in der alle äußeren Bezüge der Sprache auf Konkretes und Abstraktes nur noch begrenzt gültig sind. So überquellend reich zum Beispiel seine Verse an Naturbildern sind, so wenig wird doch Natur bei ihm je zu einer eigenen Realität. Keine Landschaften werden gemalt und keine Naturstimmungen geschaffen, zu denen das lyrische Ich sich dann in Beziehung setzt. Alle Naturgegenstände haben im einzelnen schon immer zugleich einen deutlichen metaphorischen Rang, ohne daß sie dadurch freilich einen eindeutigen, ins Begriffliche übertragbaren Sinn hätten. Die reichliche Verwendung von Überliefertem fördert dabei noch die Distanz zwischen der Sprache und ihrer ursprünglichen Realität, denn die Hirten, Jäger, Fischer, Mühlen, Bäche, Nachtigallen, Rosen und Lilien der Volkslieder sind ja bereits literarische Sprache, bevor sie überhaupt in Brentanos Gedichte kommen. Teilweise wird die reale Natur auch emblematisiert:

> Habicht wird zum blutigen Schild,
> Unter ihm die arme Taube,
> Aber der Falke steiget zum Wild
> Über des Wappens geharnischte Haube.

Embleme, Allegorien und Metaphern wiederum verlieren durch die verwirrende Vielzahl der Bezüge, in die sie gestellt werden, ihre Eindeutigkeit und sind auf diese Weise eher Denkmittel als die Versinnbildlichung von etwas bereits Gedachtem:

> O Zorn, du Abgrund des Verderbens,
> Du unbarmherziger Tyrann,
> Du nagst und tötest ohne Sterben
> Und brennest stets von neuem an;
> Wer da gerät in deine Haft,
> Bekömmt der Hölle Eigenschaft!

Die Leseschwierigkeiten, die solche in ihrer Bildlichkeit verwirrenden Verse mit sich bringen (vgl. S.623), werden zum Teil überwunden durch die Musik dieser Lyrik, die Sinn und Zusammenhang herstellt, wo er in den Worten nicht ohne weiteres faßbar wird. Das andere Hilfsmittel für das Verständnis dieser Lyrik ist, sie in ihrer Anschaulichkeit, ihrer poetischen Realität wörtlich zu nehmen und sie nicht sogleich in Begriffliches zu übersetzen, denn was Brentano mitzuteilen hat, liegt eben in seinen Gedichten, nicht dahinter, und die Heterogenität der Bilder ist zugleich schon Teil ihres Inhalts und ihrer Aussage.

Unter den Formen, in die Brentano seit dem *Wunderhorn* seine Lyrik faßte, dominieren verständlicherweise Adaptionen der vielfältigen Strophen- und Reimmuster, die dort zusammengetragen worden waren. Die Verwendung modischer romanischer Formen wie Kanzone, Sonett oder Stanze trat dahinter zurück. Allem in Form und Sprache Übernommenen jedoch ließ Brentano immer die Patina des Antiquarischen und übertrug sie auch gern auf das ganz Eigene, denn die Kontraste der Zeiten waren letztlich schon wieder Ansätze für das Nachdenken über die Zusammenhänge zwischen Vergangenem, Gegenwärtigem und Kommendem.

Die Neigung zum Zitieren und Parodieren hat Brentano aus ähnlichem Grunde kultiviert. Er scheute sich nicht, eigene Gedichte mit Versen von Goethe einzuleiten («Wer nie sein Brot mit Tränen aß»; «Der du von dem Himmel bist,/Alles Leiden endlich stillest»), den Beginn eines Tieckschen Gedichts als Refrain zu benutzen («Treulieb, Treulieb ist verloren!») oder, immer ohne besondere Kennzeichnung, ein ganzes Gedicht von Novalis in ein eigenes hineinzuflechten («An Adolph Selmnitz» in «Ich bin durch die Wüste gezogen»). Andere Verse wieder klingen mit Hölderlin-Worten aus:

> Aber es tauchet der Schwan ins heilignüchterne Wasser
> Trunken das Haupt, und singt sterbend dem Sternbild den Gruß.
>
> («In dir ringelt die Träne»)

Auch in der Prosa hat Brentano übrigens auf ähnliche Weise Hölderlin-Zitate verwendet. Obwohl er oft genug seine Lust am ironischen Spiel mit der Sprache hatte, so war das in diesen Fällen gewiß nicht bloß literarischer Augurenscherz oder gar Plagiat. Alles, was Brentano empfing, was er sah, hörte, las und spürte, gestaltete sich in ihm zu eigenem Ausdruck: ein Gedicht seiner Zeit, ein geistliches Lied aus dem 16.Jahrhundert, das Rauschen eines Brunnens, das Echo im Felsental, die Ruhe der Nacht, eine Skizze zweier Liebender oder das Wogen des Meeres, das er selbst nie gesehen hat. Im Gestalten hatte er den Wunsch, die vielen und vieldeutigen Erscheinungen mit Sinn zu durchdringen, und poetisch schon erfaßter Sinn schien ihm hilfreich zu diesem Ziele. So war das literarische Zitieren bei Brentano eher eine Geste der Reverenz, Demut und Gemeinsamkeit.

Weder nach Formen noch nach Themen lassen sich Brentanos Gedichte eindeutig voneinander scheiden. Wenn Eichendorff seine gesammelten Gedichte in Gruppen wie «Wanderlieder», «Sängerlieder», «Frühling und Liebe», «Totenopfer», «Geistliche Gedichte» oder «Romanzen» ordnete, so ist Vergleichbares für Brentano nicht möglich. Für seine Lyrik gilt, was er selbst in einem Jugendgedicht vom Universum gesagt hat: «Alles ist ewig im Innern verwandt.» Aber wie sich gewisse Grundtypen des lyrischen Ausdrucks – das Liedhafte, Balladeske oder der Bekenntnismonolog – feststellen lassen, so natürlich auch Motive und Themen, um die seine Dichtung von früh an kreiste: die Liebe, das Ich, die Kunst und Gott. Bestimmung des Künstlers war für ihn, zur Ergründung dieser Dinge in sich hinabzusteigen und sich umzusehen in sich selbst, «um das verlorene Paradies aus seiner Notwendigkeit zu construiren», wie Brentano 1810 an Philipp Otto Runge schrieb.

Die Liebe ist Brentanos größtes Thema gewesen, und es gibt außer Goethe keinen deutschen Schriftsteller seiner Zeit, der es reicher und tiefer ausgeforscht hätte. Um 1808 entstand ein Sonett, das die ganze Breite von Brentanos Liebesbegriff in vierzehn Zeilen zusammendrängt. Es stellt die Beschreibung einer Skizze dar und trägt den Titel «Verzweiflung an der Liebe in der Liebe»:

> In Liebeskampf? In Todeskampf gesunken?
> Ob Atem noch von ihren Lippen fließt?
> Ob ihr der Krampf den kleinen Mund verschließt?
> Kein Öl die Lampe? oder keinen Funken?
>
> Der Jüngling – betend? tot? in Liebe trunken?
> Ob er der Jungfrau höchste Gunst genießt?
> Was ist's, das der gefallne Becher gießt?
> Hat Gift, hat Wein, hat Balsam sie getrunken.
>
> Des Jünglings Arme, Engelsflügel werden –
> Nein Mantelsfalten – Leichentuches Falten.
> Um sie strahlt Heil'genschein – zerraufte Haare.
>
> Strahl' Himmelslicht, flamm' Hölle zu der Erde
> Brich der Verzweiflung rasende Gewalten,
> Enthüll' – verhüll' – das Freudenbett – die Bahre.

Romeo und Julia oder Tristan und Isolde: es sind Liebespaare an der Grenze zwischen Tod und höchster Lust, und niemand vermöchte zu sagen, wo der eine anfängt und die andere aufhört. Brentano hat sich mit dem Motiv des Liebestodes immer wieder beschäftigt, früh schon in den Balladen von der Lore Lay und vom Fischer im Kahne, später ausführlich in seinem Drama *Aloys und Imelde*. Was dieses Sonett darstellt, ist nicht nur die Spannung zwischen Zeugungslust und Tod, sondern auch die zwischen Himmel und Hölle, Spannungen also in Zeit wie Raum. Sehr viel später, um 1834, hat er das Gedicht noch einmal neu geschrieben, die grundsätzliche Dichotomie gelassen, aber in Metaphern von Rose und Dorn, vom Rosenbett statt des Freudenbettes jene geistliche Liebe durchscheinen lassen, die die Zerrissenheit der irdischen Liebe überwinden sollte. Denn Liebe ist für Brentano Ausdruck der Sünde wie der Erhebung, ist Zeichen von Animalischem und Göttlichem zugleich. Eben das erscheint als das Schöne, Gefährliche, Verwirrende an ihr, und in dessen Darstellung ist Brentanos Lyrik, die in Kontrasten und Überraschungseffekten, ja extremen Widersprüchen lebt, am vollkommensten. Das wird nirgends eindrucksvoller erlebbar als in den um 1812 entstandenen Versen:

> Die Welt war mir zuwider
> Die Berge lagen auf mir
> Der Himmel war mir zu nieder
> Ich sehnte mich nach dir, nach dir,
> O lieb Mädel, wie schlecht bist du!

Das elfstrophige Gedicht, das die konfliktreiche Spannweite der Liebe zwischen Glück und Leiden, Sündenbewußtsein und Erhebung, Sexualität und Seelenliebe vorführt, läßt Thomas Mann durch den Komponisten Adrian Leverkühn, den Helden seines Doktor-Faustus-Romans, vertonen. Die Affinität zweier Schriftsteller über mehr als ein Jahrhundert hinweg verrät etwas von der Modernität des Konfliktbewußtseins in Brentanos Lyrik, das er für sich nur dadurch zu lösen versuchte, daß er aus der Kunst austrat. Daß die Furcht vor der absoluten Freisetzung der Subjektivität nicht unberechtigt war, bezeugt dann in der Tat Thomas Manns Roman.

Sünde und Frömmigkeit der Liebe sind für Brentano allerdings nicht definierbar durch öffentliche Vorurteile. Eine Dirne wird verklärt in der Romanze vom Freudenhaus («Ich kenn' ein Haus, ein Freudenhaus»), das sich dem Dichter zum Wallfahrtsort wandelt, an dem er den Segen Gottes für die tote Sünderin und ihr sündengeborenes Kind erbitten will; der Gedanke der ehrbaren, reinen Prostituierten beschäftigte ihn seit der *Godwi*-Zeit. Aber der Versuch, alle Qualen und Zerrissenheiten im Glauben aufzuheben, tritt in der Lyrik nach dem Ende der Napoleonischen Kriege immer stärker hervor. In der religiösen Kontrafaktur des abgründigen Jugendgedichtes über Geburt, Tod, Mutterschoß und Kindesliebe («O Mutter, halte dein Kindlein warm», vgl. Bd. 1, S. 640) steht 1818 mitten im Gedicht ein Stück gereimtes Vaterunser als Beschwörung, und einige der kühnsten erotischen Bilder von seinerzeit werden zugedeckt. Als aber 1834 den alternden katholischen Propagandisten die irdische Liebe neu ergriff, da schrieb er, zunächst holpernd und glaubenstreu, an die geliebte Emilie Linder:

> Süß Lieb, das ich muß heiß verlangen,
> Arm Lind, all, was du krank vermiss'st,
> Wir werdens einst in Uns umfangen
> In dem, der Eins und Alles ist.

Aber in der nächsten Strophe reißt es den Sprachkünstler dann wieder hin
zu einem leidenschaftlichen Bekenntnis alter Leiden in einer bedeutungsrei-
chen, aber schon nicht mehr real nachzuvollziehenden Metapher:

> Mir brennet in dem kranken Herzen
> In einem Flammenblumenstrauß
> Von unermeßner Art der Schmerzen
> Die tiefgebeugte Seele aus. («Alles lieben oder Eins lieben»)

Vom Sechzigjährigen schließlich stammt, ursprünglich als Teil seiner
«Legende von der heiligen Marina» (1841) gedacht, das Lied eines Pilgers
(«O Traum der Wüste, Liebe, endlos Sehnen»), das eher bittend und
beschwörend als sicher konstatierend mit den Versen endet:

> O Liebe, Wüstentraum, du mußt verbluten,
> Beraubt, verwundet, trifft der Sonne Stich,
> Der Wüste Speer dich, und in Sandesgluten
> Begräbt der Wind dich, und Gott findet dich!

Auch das andere große Thema Brentanos findet in diesen Zeilen seine
Summe: die Pilgerfahrt des einzelnen, Liebenden und Einsamen zu Gott
und in die große Heimat. Damit nahm Brentano natürlich auch an der Problematik anderer deutscher Künstler dieser Zeit teil, die sich in vielen Variationen der Heimatsuche ausdrückt. Brentanos Besonderheit war dabei
jedoch nicht nur die betont religiöse Richtung des Wanderweges, sondern
auch dessen tiefste Verinnerlichung. Gerade weil er in materieller Unabhängigkeit kaum entscheidenden äußerlichen, gesellschaftlichen Widerstand in
seinem Leben erfahren hat, erfuhr er auch den Zwiespalt zwischen erwei-
tertem Erkenntnisvermögen an der Grenze eines neuen Zeitalters und der
öffentlichen Unwirksamkeit des Künstlers auf extremste Weise.

Das poetisch stärkste Zeugnis für solches Hinabsteigen in sich selbst ist wohl der
«Frühlingsschrei eines Knechtes aus der Tiefe», ein Gedicht, das die ganze Zwiespäl-
tigkeit irdischer Existenz angesichts eines scheinbar allmächtig gewordenen menschlichen Bewußtseins aufreißt. Brentano stand, wie schon angedeutet, nach 1815 eine
Zeitlang unter dem Einfluß der Berliner neupietistischen Erweckungsbewegung. Dieses 1816 entstandene Gedicht ist ein Zeugnis dafür – es greift zu der in pietistischer
Sprache und besonders seit Novalis immer wieder für die Suche nach Selbsterkenntnis benutzten Bergbau-Metaphorik, verbindet sie aber in charakteristisch Brentanoscher Weise mit erotisierter biblischer Sprache, mit Bildern christlicher Eucharistie
und einer weitgreifenden Naturmetaphorik zu einem dichten lyrischen Gewebe.

Thema des Gedichtes ist der Sündenfall des Menschen, der aus dem Kreislauf der
Natur und damit der Schöpfung herausgetreten ist – eine Erkenntnis, der sich das

lyrische Ich des «Knechtes» gerade im Augenblick des Frühlings, also der Erneue-
rung und Wiedergeburt der Natur bewußt wird. Deren Erwachen ist Anstoß zur
Erweckung des «Knechtes». Der nach dem festen und reinen «Kristallgrund» in der
Erde Suchende wird sich der Fragwürdigkeit seines Tuns bewußt –

> Weh! durch gift'ge Erdenlagen,
> Wie die Zeit sie angeschwemmet,
> Habe ich den Schacht geschlagen,
> Und er ist nur schwach verdämmet.

Die Bitte um Licht beruht auf solchem Grunde:

> Meister, ohne dein Erbarmen
> Muß im Abgrund ich verzagen,
> Willst du nicht mit starken Armen
> Wieder mich zum Lichte tragen.

Denn einzig der Regenbogen des Herrn – ein Phänomen der Versöhnung der Elemente, von Wasser und Feuer, das darin als Licht erscheint – und mit ihm das Zeichen des Abendmahls versprechen Erlösung von der Vergeblichkeit des Tuns:

> Daß des Lichtes Quelle wieder
> Rein und heilig in mir flute,
> Träufle einen Tropfen nieder,
> Jesus, mir, von deinem Blute!

So jedenfalls lautet die Bitte in der letzten der siebzehn Strophen des Gedichtes. Die
romantische Ich-Exploration, der Brentano schon immer skeptisch oder ängstlich
gegenübergestanden hatte, kommt mit diesem Aufschrei an ihr Ende: In der Tiefe
des Selbst war der Gott nicht zu finden, den Novalis dort noch bergmännisch entdeckt hatte.

Brentanos Gedicht war vermutlich ein direkter, gewollter Kommentar zu solchen
lyrischen Visionen. Der Verweis auf die Freiberger Bergwerke in den Begleitversen
zu einer Fassung des Gedichts von 1838 legen es jedenfalls nahe. Aber im «Frühlingsschrei» des «Knechtes» schwingt darüber hinaus auch die für ein heraufziehendes
naturwissenschaftliches Zeitalter ausschlaggebende Frage mit, ob der Mensch tatsächlich selbst Herr oder aber nur Teil der Natur sei als Knecht Gottes. In seinen
naturwissenschaftlichen Studien wie vor allem im *Faust* hat auch Goethe zur selben
Zeit eine wenngleich eher säkulare Antwort auf diese Frage gesucht. Brentano hatte
sich bereits in den *Romanzen vom Rosenkranz* zu Goethes Werk indirekt in Beziehung gesetzt (vgl. S. 477).

Je älter er wurde, desto fragwürdiger erschien Brentano die Kunst,
gerade weil ihm als einem König Midas der Poesie alles zu Kunst wurde,
was er nur mit Gedanken und Sinnen berührte. Von der guten Wirkung
eines Kunstgebildes zeugen zwar seine «Nachklänge Beethovenscher
Musik» (1814), aber es ist Musik, die ihn deutlich in die Sphärenmusik des
Ewigen führt: «Alles andre ist vergebens». Daneben durchzieht Brentanos
Lyrik in seiner späten Zeit immer wieder das Motiv der Vergeblichkeit, ja
Sündhaftigkeit alles Kunstbeginnens, weil es in Verwirrung und Verirrung
treibt:

> Poesie, die Schminkerin
> Nahm mir Glauben, Hoffen, Beten

Daß ich wehrlos worden bin,
Nackt zur Hölle hingetrieben.

(«Zweimal hab' ich dich gesehn»)

Da Brentano aber nun eben Dichter war und es für ihn keine andere
Lebens- und Ausdrucksform gab, hat er der Phantasie beizukommen versucht, indem er Gedichte zum geistlichen Jahr oder zu wohltätigen Zwekken schrieb, zum Beispiel «Das Mosel-Eisgangs-Lied von einer wunderbar
erhaltenen Familie und einem traurig untergegangenen Mägdlein in dem
Dorfe Lay bei Koblenz, am 10. Februar 1830»: «Der Ertrag gehört dem
Frauenverein zu Koblenz». Ist es nur Zufall, daß Unheil und Rettung mit
einem Dorfe Lay verbunden waren, oder hat Brentano dann doch die Erinnerung an eine andere, frühere eigene Ballade von einem «traurig untergegangenen Mägdlein» berührt, dem freilich in ihrem Tod noch nicht so
sicher göttliche Erlösung entgegenkam, wie sie der Dichter später den
geretteten Eltern in sichererem Glauben versprach?

Trotz aller Verdammungen ist Brentano bis an sein Lebensende Künstler
geblieben. Das belegen vor allem jene Verse aus seinen letzten Lebensjahren, die wie von größter Höhe aus noch einmal sein poetisches Denken,
Suchen und Versuchen zusammenfassen und, ohne die menschlichen Konflikte lösen zu wollen und zu können, doch eine Art Endgültigkeit und
Bestimmtheit erreichen durch die Harmonie von Bild, Sinn und Klang. Es
sind Verse aus dem großen, 1838 veröffentlichten Gockel-Märchen, in
denen im Kontext einer religiösen Märchenwelt Visionen göttlicher Liebe
und Erlösung entworfen werden:

Wenn der lahme Weber träumt, er webe,
Träumt die kranke Lerche auch, sie schwebe,
Träumt die stumme Nachtigall, sie singe,
Daß das Herz des Widerhalls zerspringe [. . .]

Der Traum überbrückt die Kluft zwischen Können und Wollen, irdischer
Gebundenheit und unirdischer Freiheit, und das nur auf sich selbst reflektierende Herz zerspringt. Seit früher Zeit waren Brentanos Gedichte von
Metaphern für menschliche Selbstbezogenheit bestimmt worden: Echos
und Spiegel füllen seine Dichtung. Vor Gott aber verlieren sie ihre Macht,
denn auf ihn schließlich führen diese Verse hin. Noch kommt zwar «Wahrheit mutternackt gelaufen», um den Traum in seine Grenzen zu verweisen,
noch also läßt sich die Vision lediglich als idealer Kontrast zu einer realen
Existenz empfinden, aber im Opfertode Christi werden dann die beiden
Sphären sichtbar verbunden. Das steht deutlich in den letzten Zeilen dieses
Gedichts:

Weh, ohn' Opfer gehn die süßen Wunder,
Gehn die armen Herzen einsam unter!

Brentano kommt hier einer Christus-Deutung nahe, die Novalis schon fast
vierzig Jahre früher in den *Hymnen an die Nacht* ausgesprochen hatte. Was
Brentano jedoch von ihr trennt, ist die Erkenntnis, daß der «lahme»
Mensch sich Gott unterwerfen müsse, statt sich mit ihm zu identifizieren.
Damit schwindet aber auch jede Geschichtsprophetie. Das verlorene Paradies ist jederzeit wiederzugewinnen im Glauben, oder, wie es schon in
einem Gedicht aus dem Jahre 1815, «im letzten Jahr der Poesie», geheißen
hatte:

> Nichts vergehet, nichts entstehet
> Alles ist unendlich da,
> Denn der Herr ist O und A.
>
> («Wie du sollst in Schönheit wallen»)

Aus solcher Gesinnung entspringen auch jene Verse im Gockel-Märchen
(vgl. S. 466), die in dem Kehrreim den «Stern» und die «Blume», den
«Geist» und das irdische «Kleid» vereinigen und mit dem Beginn «Was reif
in diesen Zeilen steht» in der Geste des Zusammenfassens noch einmal die
Stationen Brentanoschen Denkens und Schreibens durchlaufen. Aus dem
«Mißverhältnis seines Temperaments zu seinem Leben, und zum Lande, in
dem er lebt», waren einst bei Godwi Reflexion und Sehnsucht entstanden,
die ihr Ziel nicht wußten (vgl. Bd. 1, S. 434), und die Melancholie hatte die
Schmerzen der Enttäuschungen wie die Freuden der Hoffnung in sich
geschlossen –

> Die Schwermut hat hindurchgeweht,
> Die Sehnsucht hat's getrieben –

In den Verirrungen der Liebe aber hatte die «Armut» schließlich jene
andere Liebe gefunden, die dauernd war; und so ist Brentanos Summe dessen, was er sagen kann, in eine Verbindung von Begriffen, Allegorien und
Bildern des Wirklichen zusammengedrängt:

> Was Lieb' erhielt, was Leid verweht,
> Ans Feldkreuz angeschrieben,
> O Stern und Blume, Geist und Kleid,
> Lieb', Leid und Zeit und Ewigkeit.

Es ist zugleich eine Summe und äußerste Kondensation seiner lyrischen
Verfahrensweise. Bildliches und Unbildliches vereinigen sich in der Sprach-
musik zu einem Gedanken der Harmonie, der nur in eben dieser lyrischen
Anschauung ausdrückbar ist. Die Poesie hatte ihr Recht nicht verloren.

In einer Reihe seiner religiösen Gedichte ist Brentano zwar gelegentlich
zum Erbauungsdichter geworden, der sich weit von der lyrischen Kraft und
Tiefe seiner frühen Gedichte entfernte, obwohl er selbst dann noch durch
die Subtilität mancher Gedanken und die Schönheit oder Kühnheit der Bil-

der und Klänge beträchtlich über die Menge der anderen kirchlichen Gebrauchsdichter herausragte. Aber der größere Teil seiner späten Lyrik ist nicht unter solcher Kategorie zu fassen, weil diese Lyrik nicht etwas außerhalb der Dichtung Existierendes in Reime bringt, sondern aus Erfahrungen hervorgehendes künstlerisches Erwägen eines Glaubens darstellt, zu dem sich der Schreibende immer wieder im Zustand des Suchens, Fragens und Zweifelns empfindet. So sehr Brentano mit der Religiosität gegen die Verführungen einer poetischen Subjektivität ankämpfte, so sehr läßt sich gerade aus dem zunehmenden Eifer schließen, daß er sich dieses Glaubens nie wirklich völlig sicher gewesen ist.

Arnim

Ludwig Achim von Arnim, der in Gemeinschaft mit Clemens Brentano als Schöpfer des *Wunderhorns* den Deutschen ihr bekanntestes und wirkungsreichstes Gedichtbuch gegeben hat, ist ihnen als eigenständiger Lyriker unbekannt geblieben. Dabei umfaßt sein lyrisches Werk nahezu zweitausend Gedichte, also beinahe das Vierfache von Eichendorffs lyrischer Produktion. Dennoch ist kein einziges dieser Gedichte in dem Maße in das Bewußtsein der deutschen Sprachgemeinschaft eingegangen, wie das für Verse Goethes, Brentanos, Eichendorffs, Uhlands oder selbst Chamissos gilt. Die Herausgeber von Anthologien und Schullesebüchern haben kaum oder zumeist gar nicht von ihm Notiz genommen, und selbst die Liedkomponisten haben sich bis auf ganz wenige Ausnahmen seiner nicht angenommen.

Zu dieser ungewöhnlichen Tatsache haben verschiedene Umstände beigetragen; weder die Unverständlichkeit des Dichters noch die Verständnislosigkeit des Lesepublikums lassen sich allein dafür verantwortlich machen. Viele von Arnims Gedichten sind in seinen Romanen, Erzählungen und Dramen eingebettet, die ihrerseits keine großen Leser- oder überhaupt keine Zuschauerkreise gefunden haben. Eine ganze Reihe der Gedichte wurde in Zeitschriften und Almanachen veröffentlicht, blieb also verstreut, und eine erste Ausgabe von Gedichten Arnims kam erst 1856, also zweieinhalb Jahrzehnte nach seinem Tode, zustande, als die Zeichen der Zeit dieser Art von Lyrik nicht günstig waren. Ein nicht unbeträchtlicher Teil ist bis in die Gegenwart Manuskript geblieben. Aber über die Ungunst der Umstände vermag dennoch ein zu Lebzeiten des Autors mißachtetes Werk hinauszuwachsen, wie sich das bei Friedrich Hölderlin oder Heinrich von Kleist gezeigt hat. Für Arnim ist dergleichen bisher nicht eingetreten. Immerhin jedoch ist seine Lyrik in ganzem Umfang katalogisch erfaßt, und das eine oder andere Gedicht wird in neueren Sammlungen von Gedichten und Interpretationen sichtbar.

Zu diesen leise hervortretenden Gedichten Arnims zählen jene Verse, die

Graf Karl, der Held des Romans von *Armut, Reichtum, Schuld und Buße der Gräfin Dolores* (vgl. S. 397 ff.), «singt», nachdem er Dolores zum ersten Mal gesehen hat. Zunächst will er zwar die Empfindungen nach dieser Begegnung in sein Tagebuch schreiben – «aber er wußte nicht auszudrücken, was ihm begegnet». Eichendorff hat – wohl nach diesem Vorbild – in *Ahnung und Gegenwart* die Fiktion des Mündlichen bis zur fiktiven Auslöschung des geschriebenen Gedichts getrieben (vgl. S. 488); Arnim beläßt es bei der Behauptung des «Singens», der Überlegenheit des lyrisch-poetischen mündlichen Ausdrucks gegenüber dem prosaisch schriftlichen, der offenbar jene emotionalen Schichten nicht erreichen kann, die nur der Lyrik offenstehen. Der Kontext des Gedichtes verrät also schon etwas von Arnims Poetik des Gedichts. Das Gedicht aber lautet:

> Mir ist zu licht zum Schlafen,
> Der Tag bricht in die Nacht,
> Die Seele ruht im Hafen,
> Ich bin so froh verwacht.
>
> Ich hauchte meine Seele
> Im ersten Kusse aus,
> Was ist's, daß ich mich quäle,
> Ob sie auch fand ein Haus.
>
> Sie hat es wohl gefunden,
> Auf ihren Lippen schön,
> O welche sel'ge Stunden,
> Wie ist mir so geschehn.
>
> Was soll ich nun noch sehen,
> Ach alles ist in ihr,
> Was fühlen, was erflehen,
> Es ward ja alles mir.
>
> Ich habe was zu sinnen,
> Ich hab, was mich beglückt,
> In allen meinen Sinnen
> Bin ich von ihr entzückt.

Die Verse, leicht und musikalisch in Metrum und Klang, sind nicht nur ein eingängiges Liebesgedicht, sondern verraten zugleich etwas von den Schwierigkeiten, die Arnims Lyrik zu bereiten vermag. Musikalität verbindet sich mit sprachlicher Sprödigkeit, die bei den – häufigen – Inversionen sogar als Ungeschick ausgelegt werden mag («Ob sie auch fand ein Haus»). Eindrucksvolle Bilder werden gefunden, aber dann in Abstraktionen übergeführt oder mit ihnen vermischt. Hafen und Haus, Seele und Sinnen stehen nebeneinander nicht in wechselseitiger Erklärung, sondern als zwei

verschiedene Schichten; der Tagebuchschreiber Graf Karl ist gewissermaßen im Sänger noch anwesend. So verbinden sich im Ausdruck des
Gedichts Anschauung und Abstraktion, in seinem Inhalt Sinnlichkeit und
Reflexion, in seiner Haltung Leidenschaft und Kühle. Das geht bis zum
regelrechten Wortspiel mit beiden Sphären beim identischen Reim des
Verbs «sinnen» auf «Sinnen», also auf das Substantiv im Plural. Beide Wörter sind aber in ihrer Bedeutung geradezu entgegengesetzt; das eine bezieht
sich auf das Denken, das andere auf das Fühlen. Das Gedicht als ganzes
aber, das sich so unkompliziert mitzuteilen scheint, indem es das Entzückt-
sein des Sprechenden, den Beginn einer Liebe direkt und unvermittelt ausspricht, erweist bei der Überprüfung des Zusammenhanges von Bildlichkeit
und Abstraktion hinter aller scheinbaren Leichtigkeit unerwartete Schwierigkeiten im Nachvollzug: Die Seele, die ein Haus auf den Lippen der
Geliebten gefunden hat, ist, um nur dieses eine Beispiel zu nennen, gewiß
nicht mehr eine mühelos faßbare Vorstellung. Sie läßt fragen, ob in dieser
Seele Denken und Fühlen des Ichs verbunden sind oder ob sie über beiden
stehe. Sie läßt auch fragen, ob sich die erwünschte Heimat des bisher
gequälten Ichs wirklich auf den Lippen finden lasse – Graf Karl wird im
Roman seine Probleme damit haben. Das scheinbar geschlossene Gedicht
öffnet sich auf diese Weise dem Nachdenken, an dem sich sogar das sprechende Ich selbst beteiligen will, denn nichts anderes bedeutet der Satz «Ich
habe was zu sinnen». Und die Verse bestätigen das noch ausdrücklich,
wenn gleich zu Beginn metaphorisch der Tag in die Nacht «bricht» und das
Ich sich «froh verwacht» nennt, wenn also die Nacht zum Tag, das Dunkle
zum Hellen wird gerade dort, wo sich die Kraft eines starken Gefühls entfaltet.

Das steht in tiefem Gegensatz zu jener Entdeckung der Nacht als Ort
heiliger Liebe, die Novalis in den *Hymnen an die Nacht* beschrieben hat.
Gefühlstrunkenheit und Traum vereinigen sich bei Arnim mit einem klaren,
kritischen Bewußtsein, allerdings nicht in der Absicht, das erste durch das
letztere ironisch zu unterminieren und in Frage zu stellen, wie das dann oft
bei Heine geschah, sondern mit dem Ziel, das eine ins andere «einbrechen»
zu lassen, eine Art fruchtbarer Koexistenz herbeizuführen oder sie wenigstens anzudeuten. Erst in diesem Sinne erweist Arnims Werk seine innere
Verwandtschaft mit den Gedanken der Pioniere romantischer Universalpoesie.

In der Praxis des Gedichts bedeutet diese Koexistenz außerordentliche
Unkonventionalität in der lyrischen Sprache, der bildlichen wie der begrifflichen, eine gelegentlich bis zum Manieristischen und Surrealistischen
gehende Kombinationskunst, eine Kunst der Herausforderung und Überra-
schung, aber alles das eben auch um den Preis der Leichtverständlichkeit
und Zugänglichkeit. Warum das deutsche Volk einen Schriftsteller vernach-
lässige, «dessen Phantasie von weltumfassender Weite, dessen Gemüt von

schauerlichster Tiefe, und dessen Darstellungsgabe so unübertrefflich war»,
hat Heinrich Heine mit Bezug auf Arnim in seiner *Romantischen Schule*
gefragt und darauf eine Antwort gesucht. Es fehle ihm wohl etwas, so meint
Heine, «und dieses Etwas ist es eben, was das Volk in den Büchern sucht:
das Leben». Das war nun freilich nur der Versuch einer Antwort, aber er
deutet immerhin auf eben das, wovon bereits die Rede war, auf die
anspruchsvolle Kombinationskunst von Intellektuellem und Sinnlichem bei
Arnim, die durch die Schwierigkeiten, die sie den Lesern bietet, sehr wohl
den Eindruck der Leblosigkeit hervorrufen konnte, obwohl sich das
schwerlich für alle seine Gedichte behaupten läßt, für Verse etwa wie diese
aus einem Brief an Bettine (4. 11. 1811):

> Mit jedem Druck der Feder
> Drück ich Dich an mein Herz,
> Bald tragen mich flüchtge Räder
> Wieder zu Lust und Scherz.
> Ich öffne leise die Türe,
> Und weil es so dunkel ist,
> Dir Leib und Schenkel berühre
> Ob Du dieselbe bist.

Das Überraschende, Herausfordernde hier ist nicht die Kombination von
Abstraktion und Anschaulichkeit, sondern die Erweiterung des Sinnlichen
ins Sexuelle durch zwei Wörter: durch «Leib» und «Schenkel». Gewiß handelt es sich um eine intime, private, nicht zur Veröffentlichung bestimmte
Mitteilung, die erst durch die Neugierde der Literaturwissenschaftler ans
Licht gebracht wurde, vermutlich zum Ärger des Autors, wenn er davon
gewußt hätte. Aber nicht nur erhebt der Wortgebrauch die Verse weit über
Konventionelles, die Privatheit der Mitteilung ist zugleich auch der Inhalt
des Gedichts, das sich jeder Erhebung ins Allgemeine entzieht.

Die mangelnde Eingängigkeit von Arnims Lyrik erklärt sich nicht nur aus
seinem künstlerischen Verfahren, sondern auch aus dem, was er mitzuteilen
hatte. In seiner Charakteristik Arnims erklärt Heine dessen mangelndes
«Renommee» unter den Zeitgenossen damit, daß er «seinen Freunden, der
katholischen Partei, noch immer viel zu protestantisch blieb», die protestantische Partei ihn jedoch für einen «Kryptokatholiken» hielt. Letzteres hatte
mit seiner Verbindung zur Berliner neupietistischen Erweckungsbewegung
zu tun, in deren Sog auch Brentano und Luise Hensel eine Zeitlang gerieten, und es fehlt in Arnims Lyrik nicht an Gedichten, die die religiöse Tendenz dieser Bewegung reflektieren. Aber Heines Urteil bezeichnet nur
einen Teil von Arnims Widersprüchen. Neben den religiösen existieren
gesellschaftliche: solche zwischen dem Schriftsteller in einer großstädtisch-
bürgerlichen Literaturgesellschaft und dem preußischen Junker, dem es
gelegentlich bei seinen Kartoffeln wohler war, und solche zwischen dem

Konservatismus eines preußisch-patriotischen Adligen und dem aus kritischer Beobachtung gewonnenen Gefühl ethischer Verantwortung für das
Land der Deutschen, wovon Maximen sprechen wie diese:

> Nur im Herzen ist der Ort,
> Wo der Adel tritt in Schranken,

und am Ende dieses Gedichts aus der *Gräfin Dolores* (1810):

> Nicht die Geister zu vertreiben,
> Steht des Volkes Geist jetzt auf,
> Nein, daß jedem freier Lauf,
> Jedem Haus ein Geist soll bleiben:
> Nein, daß adlig all auf Erden,
> Muß der Adel Bürger werden.

Arnims lyrisches Werk ist reich an Spruchdichtung dieser Art und an Botschaften eines gemäßigten Konservatismus, in Liedern für die Christlich-
deutsche Tischgesellschaft ebenso wie in anderer patriotischer Lyrik während der Napoleonischen Kriege (vgl. S. 60 ff.). So achtbar diese Gesinnungen zumeist sind, besonders auf dem Hintergrund der preußischen
Reformen, so wenig sind sie doch originell oder gar provozierend in der
Gestaltung politischer Polemik. Den elegischen Abgesang einer vergangenen guten, alten Zeit zu gestalten, wie das Eichendorff unnachahmlich
gelang, war nicht Arnims Sache; dazu war er selbst innerhalb seiner Klasse
ein zu großer Einzelgänger. Aber auch der metaphorische Bezug menschlicher Gegensätze auf die Natur in ihrer Doppelheit als Schöpfung Gottes
und als Gegenstand menschlichen Beherrschungsdranges lag ihm nicht,
denn er war studierter Naturwissenschaftler und besaß ein eher praktisches
als mythisches Verhältnis zu ihr. In diesem Sinne ist zum Beispiel der Wald
für ihn nicht die große Kirche Gottes wie für Eichendorff, sondern im Poetischen eher nur Bühne oder Katalysator der Selbsterfüllung:

> Im Walde, im Walde, da schrei ich mich aus,
> Weil ich vor aller Welt schweige,
> Da bin ich so frey, da bin ich zu Haus.
> Was schadt's, wenn ich thörigt mich zeige,
> Ich stehe allein, wie ein festes Schloß,
> Ich stehe in mir, ich fühle mich groß,
> So groß als noch keiner geworden.

So lautet eine Strophe des Gedichtes «Stolze Einsamkeit», an dessen Ende
sich nun allerdings Mythisches ereignet:

> Im Walde, im Walde, da kommt mir die Nacht,
> Wenn es in aller Welt funkelt,
> Da nahet sie mir so ernst und so sacht,
> Daß ich in den Schoß ihr gesunken,
> Da löschet sie aller Tage Schuld,
> Mit ihrem Athem voll Tod und voll Huld,
> Da sterb ich und werde geboren.

Dieser Gedanke von Geburt und Wiedergeburt dominiert stark und klar im Gedicht. Aber der Wald bleibt nur Medium dafür und erhält nicht jene Selbständigkeit und mythische Tiefe, die Eichendorff ihm zu geben verstand. Das soll nicht als Tadel verstanden werden, denn andererseits hat gerade Eichendorffs Waldseligkeit manch unerwünschte Simplifikationen und falsche Identifikationen zur Folge gehabt. Aber der Preis für Arnims «stolze Einsamkeit» war auch die Einsamkeit des Dichters unter seinen möglichen Lesern. Dem Mythos der Nacht in der Dichtung von Novalis kommen diese Verse nun allerdings nahe. Aber auch da bleiben Distanzen gewahrt. Denn was am Ende von Arnims Gedicht dargestellt wird, ist Teil eines Prozesses der Selbstregeneration, dem die religiöse Erotik und erotische Religiosität, die sich bei Novalis wie immer wieder auch bei Brentano ereignet, fern steht.

Der innere Antrieb für Arnims Denken und Gestalten in einem wesentlichen Teil seiner Lyrik ist ein aus persönlichen, gesellschaftlichen und ontologischen Voraussetzungen erwachsender Identitätskonflikt. In keinem anderen bedeutenden deutschen Schriftsteller dieser Jahre vollzieht sich der innere Kampf zwischen Subjektivismus und dem Verlangen nach Objektivität, nach der Vermittlung zwischen Ich und Welt so unmittelbar, konsequent und rigoros, ohne die Stützen von Philosophie und Theologie, wie bei Arnim. Am reinsten offenbart das wohl das Sonett «Auf den Tod des Mahlers Runge im Herbst 1810». Philipp Otto Runge, zu dem Arnim persönliche Beziehungen besaß, war am 2. Dezember 1810 in Hamburg gestorben:

> Weil dunkle Zeit mit diesem Glanze rang,
> So kreist der Saft in sich, wird sich bewußt,
> Sein neues Licht verengt ihm Herz und Brust,
> Er schaut's im Strom, der ihn dann bald verschlang.
>
> Er schaut, wie durch der Blätter Farbenthor
> Der Regenstrom des Herbstes siegend zieht,
> Und seufzet mit in seinem Todeschor:
>
> »Wer sich erkannt, der hat hier ausgeblüht,
> Lebt einst in Früchten, die er jetzt verlor;
> Einst lebt die Kunst, die euch mein Tod errieth.»

> Die Tage werden kurz, die Nächte lang,
> Die kranke Erd' erträgt nicht mehr die Lust,
> Da flammt der Baum im Herbst, sich unbewußt,
> Mit rothem Blatt; uns ward vom Wunder bang!

Licht und Dunkelheit, bewußtloses Dasein der Natur und ein daraus hervorwachsendes Bewußtwerden, das «neues Licht» gibt, daneben aber die Farben der Natur und der Kunst als Zeichen für Vergänglichkeit und Ewigkeit – das alles wird in diesem Sonett zur poetischen Erkenntnis.

«Das Schöne ist auf Erden unverloren», heißt es in den Stanzen, die Arnim seiner Novellensammlung *Der Wintergarten* vorausschickte. Der Glaube an dieses Gesetz von der Erhaltung der Schönheit durchzieht Arnims gesamtes lyrisches Werk von den artistischen Stücken bis hin zu solchen, die christlichen Glauben und vaterländische Gesinnung als allgemeine Verbindlichkeiten ausdrücken. Arnim war Sprachkünstler von hohen Graden. Allein schon Wortbildungen zur Verbindung von Getrenntem wie «Tränenbrunnen», «Stimmenfrühling» oder «Trauerbrücke» geben eine Ahnung von seiner Sprachkraft. Vielfalt der Formen regiert seine Lyrik. Stanzen handhabt er mit gleicher Sicherheit wie das Sonett, das er im übrigen für diverse Töne und Empfindungen zu benutzen weiß, für den Ausdruck tiefer Trauer in der Totenklage um Philipp Otto Runge oder parodistisch in den vierundneunzig Sonetten in der *Zeitung für Einsiedler*, die seinen Beitrag zu dem Streit um das Sonett im Jahre 1808 bildeten (vgl. S.694).

Groß war der Gewinn, den Arnim für die eigene Lyrik aus der Arbeit am *Wunderhorn* mit seinen Liedformen verschiedener Zeitalter zog; zu den ganz wenigen allgemein bekannt gewordenen Gedichten Arnims gehört das Soldatenlied «Kein selger Tod ist in der Welt», das unmittelbar aus einem Muster in der großen Gedichtsammlung hervorgegangen ist. Aber auch ganz andere Töne handhabe Arnim mit Meisterschaft. Die erste Nummer der *Zeitung für Einsiedler* am 1. April 1808 eröffnete seine lyrische Dichtung «Der freye Dichtergarten» mit den folgenden Eingangsversen –

> Kranker König laß nicht schließen
> Mit der Eisengitterthür
> Deinen Garten, wo uns grüßen
> Edle Hirsch und Tannenthier,
> Wo die goldnen Fische spielen
> In dem letzten Sonnenstrahl,
> Wo sich goldne Aepfel kühlen
> In des Sees Spiegelthal,
> Wo sich Goldfasanen brüsten
> Unter wildem Rosenglanz,
> Wo die stolzen Pfauen rüsten
> Hell den Tausend-Augen-Kranz,

Wo die türkschen Enten rauschen,
Fast gedeckt von Schaum und Fluth,
Und die lichten Schwäne lauschen
Auf den Kreis von rothem Blut.

Es sind Verse, die in Musikalität wie Bildersprache fast übergangslos in
Hugo von Hofmannsthals Prolog zu Arthur Schnitzlers *Anatol* rund ein
Jahrhundert später übergehen könnten, wie Verse der Karoline von Günderrode in solche Stefan Georges eingegangen sind (vgl. Bd. 1, S. 645).
Kunst, das Schöne, aber auch Artifizielle, Künstliche tritt in unausgespro-
chenen melancholischen Gegensatz zu einer Wirklichkeit, die sich dem
umfassenden, durchdringenden Verständnis immer mehr entzieht.

Die Tendenz zum Objektivieren, zum Übergang von subjektiver in
objektive Erkenntnis hat Arnim vielfach zur Rollendichtung geführt, insbesondere aber zu einer Reihe von Balladen. Auch mit ihnen ist ihm allerdings
jene Popularität versagt geblieben, die sich Goethe und Schiller erwarben
und die danach Brentano und vor allem Uhland zuteil wurde. Ein Gedicht
wie «Der Stralauer Fischzug im Jahre 1806» vereinigt patriotische Thematik, Volksdidaktik, konkrete Anschauung, Allegorik und manieristische
Sprachkunst zu einem so schwierigen Kunstgebilde, daß volkstümliche Eingängigkeit nicht entstehen konnte. Das rührende, konfliktgeladene Schicksal des Grafen von Gleichen, das Arnim nicht losgelassen hat (vgl. S. 408,
619), wird in der Ballade «Amra» zur Farce: Die Sultanstochter entflieht
mit dem zum Schein gestorbenen Geliebten in dessen Sarg, ist besorgt, daß
im engen Gehäuse «kein Schnupfen sie mag quälen» und reagiert schließlich auf die Beichte des Grafen, daß er schon verheiratet sei, mit Noncha-
lance:

Daß er *eine* Frau nur hatte,
Dessen lacht die Heidenbraut,
Denn ihr Vater war als Gatte
Manchem Dutzend Fraun vertraut:
Halb zu theilen, scheint ihr Ehre,
Gnädges Loos, das dort sie trifft,
Und nach ihrer Heidenlehre
Sie recht wohl bemannet schifft.

Es ist zugleich der Schluß der Ballade, die zwar als parodistische Version
des Motivs vom Liebestod keineswegs ohne Interesse und Bedeutung ist,
die aber in ihrer gesamten Einstellung zugleich eine Unbürgerlichkeit verrät, die dem bürgerlichen Familienbewußtsein zuwiderläuft, das sich in der
Literatur dieser Jahre bestätigte. Ebensowenig jedoch ist sie zur Kritik an
dem Abgleiten bürgerlicher Familieninnigkeit ins Philiströse brauchbar, da
ihr ein defensiver, ja ironischer Individualismus des Autors zugrunde liegt,
für den auch die kritisch Gesinnten kaum Verwendung hatten.

In einer Reihe von Balladen aus der unmittelbaren Erfahrung des Guts-
herrn näherte sich Arnim am meisten der sozialen Ballade der folgenden
Jahrzehnte («Der Wilddieb»). Liebestod und Unbürgerlichkeit schließlich
gehen mit Naturmagie ineins in der Ballade «Des ersten Bergmanns ewige
Jugend», die wie so viele andere Gedichte Arnims gleichfalls zuerst in der
Gräfin Dolores an die Öffentlichkeit trat und übrigens auch in den Zusam-
menhang dieses Romans um Liebe, Ehe, Verführung und Treue gehört –
Arnim führt zum ersten Mal die geheimnisvolle Bergkönigin als Gegenspie-
lerin der treuen Braut in die Erzählung vom Bergmann zu Falun ein, der
E. T. A. Hoffmann in seiner Novelle (vgl. S. 440) dann noch ein reicheres
Profil gab.

Der «eigentlichen Schule» der Romantik habe Arnim wohl am fernsten
gestanden, erklärt Eichendorff in seiner *Geschichte der poetischen Literatur
Deutschlands,* obwohl er Romantik zugleich «am reinsten und gesündesten
repräsentiert» habe. Den Widerspruch löst Eichendorff in der Behauptung
der «Unabhängigkeit und Wahrhaftigkeit der Gesinnung», die Arnim auszeichnete. Romantisch im weitesten Sinne war in Arnim die Überzeugung
von der Notwendigkeit der Kunst für das Leben. Überzeugt war er auch,
daß jeder Generation aus ihren Lebensverhältnissen neue und eigene Aufgaben zuwachsen. So kommt es, daß es in seinem lyrischen Werk Verse
gibt, die Goetheschen Sinnsprüchen ähnlich klingen gerade dort, wo sie
von der Selbstfindung der Jungen unter der – im Sinnbild versteckten –
alles überstrahlenden «Sonne» von Weimar sprechen, wie in dem «Lehrge-
dicht an die Jugend» in der *Zeitung für Einsiedler* vom 31. Mai 1808:

> Und erscheint als Gott dir ☉
> Auf der Menschheit höherm Thron,
> O so glaub der Abendröthe,
> Werd nicht roth vor ihm mein Sohn;
> Rüstig dann mit tücht'gen Händen,
> Wirst du frisch zum eignen Werk,
> *Was vollendet kann nicht enden,*
> *Zum Vollenden fühl die Stärk.*

Die Generationen vereinigen sich im Dienste dessen, was mit der Literatur
an Nützlichem und Gutem zu erreichen ist.

Eichendorff

Seine Lyrik hat Joseph von Eichendorff gelegentlich den Ruf eingebracht,
deutschester aller deutschen Dichter und ein Sänger des deutschen Waldes
zu sein. So erfreulich es sein mag, aus solchen Prädikaten die große Popularität eines bedeutenden Autors herauszulesen, so zweifelhaft bleiben sie
angesichts der verschwommenen nationalen Ideale, die dahinter hervor-

scheinen. In der Tat wurde Eichendorff als Lyriker rasch unter seinen Zeitgenossen bekannt, einige seiner Gedichte sogar so sehr, daß man den Autor
über ihnen vergaß und sie zu Volksliedern erklärte. Das «Lied» mit den
Anfangszeilen

> In einem kühlen Grunde,
> Da geht ein Mühlenrad,

ist das bekannteste Beispiel dafür. Daß bei solcher Beliebtheit die Vertonungen eine bedeutende Rolle gespielt haben – in diesem Falle stammt die
geläufigste von Friedrich Glück – ist freilich nicht zu übersehen. Je nach
dem Rang der Musik haben sie dem Verständnis des Gedichtes teils geholfen, teils ihm aber auch geschadet.

Von der «Vaterländerei», wie er es nannte, hat Eichendorff nie viel gehalten. Entschiedener Enthusiasmus für ein politisches Ideal hat ihn kaum
bewegt. Aber als Deutscher, als Bürger eines hauptsächlich in seiner Kultur
existierenden Landes hat er sich durchaus gefühlt. Als Preuße hingegen, der
er war, mochte sich der aus dem einst österreichischen Schlesien stammende
Katholik sehr viel weniger empfinden, und seine Rolle als Diener dieses
Staates blieb glücklos (vgl. S. 483). Rigorosen Nationalismus, wie er von
diesen Jahren an ein Bestandteil deutscher Geschichte wurde, hat Eichendorff entschieden verachtet.

> Das alte Lied das spiel' ich neu,
> Da tanzen alle Leute,
> Das ist die Vaterländerei,
> O Herr, mach' uns gescheute!

heißt es vom «neuen Rattenfänger» in der Komödie *Krieg den Philistern*
(vgl. S. 589 f.).

Goethes Werk steht am Eingang von Eichendorffs eigenem lyrischem Dichten und
begleitet ihn, verehrt, aber auch parodiert (vgl. S. 721), sein Leben hindurch. Die
ersten entschiedenen Schritte zu eigener Lyrik tat er allerdings, in Gemeinschaft mit
seinem Bruder Wilhelm, als Heidelberger Student in einem Kreise, der seinen
Ursprung in der Verehrung für Novalis besaß. Diesen Kreis, den «Eleusischen
Bund», hatte Graf Otto Heinrich von Loeben gegründet, der sich als Poet Isidorus
Orientalis nannte und mit seinem Roman *Guido* den *Heinrich von Ofterdingen* fortführen und vollenden wollte. Eichendorff erhielt von Loeben das Pseudonym Florens, unter dem er tatsächlich eine Reihe von frühen Gedichten veröffentlichte, und
die Freunde, die späteren Theologen Gerhard Friedrich Abraham Strauß und Heinrich Wilhelm Budde, wurden mit so klangvollen Namen wie «Dionysius» oder
«Astralis» geschmückt. Das war, wie gesagt, Novalis-Imitation, wie sie auch Novalis-
Hardenbergs Brüder betrieben, die sich mit Rostorf und Sylvester ähnlich klangvolle
Pseudonyme zugelegt hatten und zu denen Loeben in freundschaftlicher Beziehung
stand (vgl. S. 93). Eichendorff hatte sogar erwogen, *Ahnung und Gegenwart* unter
dem Pseudonym zu veröffentlichen, aber diesen Gedanken dann aufgegeben, da er
schnell über den Mystizismus des kleinen Kreises hinausgewachsen war und das

Parasitäre, Unechte daran wahrnahm. Die Schilderung dreier junger Poeten beim Damentee im zwölften Kapitel des Romans ist eine spöttische Darstellung seiner eigenen Anfänge in diesem Kreise. Als Beispiel der angestrengten, aber unselbständigen Poesie zitiert Eichendorff sogar ein eigenes Sonett, das er seinerzeit mit durchaus ernstem Bemühen verfaßt hatte. Im Roman erscheint es ihm nun als eines von «einem Haufen Sonette», denen es zwar «an irgend einem wirklich aufrichtigen kleinen Gefühlchen» nicht fehle, die aber alle nur den «breit auseinandergeschlagenen Gedanken» vom «Beruf des Dichters» und der »Göttlichkeit der Poesie» in sich trügen.

Eichendorffs rasche Distanzierung von den eigenen Anfängen war nicht nur Resultat eines persönlichen Reifungsprozesses; im Hintergrund stand für ihn eine sich wandelnde Vorstellung von Funktion und Aufgabe der Literatur. Einer der jungen Poeten in *Ahnung und Gegenwart* bringt ein «ungeheures Paket Papiere» an, aus denen er vorliest. Früher im Roman war, wie schon erwähnt (vgl. S. 488), der Dichter Faber beim Niederschreiben eines «Waldhornechos» durch die Töne eines wirklichen Waldhorns gestört worden. Schreiben und Lesen von Literatur bezeichnen also metaphorisch ihre Entfernung von der Wirklichkeit, während echte Literatur nach Eichendorffs Vorstellung eng an die mündliche Überlieferung, das «Singen», gebunden zu sein scheint.

Motive für derartig fiktive Mündlichkeit der Literatur lassen sich bei Eichendorff deutlich erkennen. Grundsätzlich war es das Verhältnis zwischen Literatur und Wirklichkeit, das ihm in der Zeit großer politischer Krisen revisionsbedürftig erschien. Das bedeutete für ihn bemerkenswerterweise die Abwendung von jenen lyrischen Formen, die eigentlich erst das Romantische konstituiert hatten, also vom Sonett oder auch den Assonanzen, die zum Beispiel einer der jungen Dichter in *Ahnung und Gegenwart* vorträgt. Trotz seiner Kritik an der papiernen Künstlichkeit des Sonetts hat es Eichendorff allerdings auch später noch dort benutzt, wo Lyrik ihm unmittelbar zur begrifflichen Reflexion diente. Charakteristisch für seine Lyrik wurde dagegen das Lied, das an kein formales Muster und an keine Begriffe gebundene, als singbar gedachte Gedicht. Es wäre allerdings falsch, in Eichendorffs idealer Mündlichkeit der Dichtung, in seinem Gedanken von deren engerem und wahrerem Verhältnis zum Leben agitatorische Absichten zu sehen. Die relativ wenigen Beispiele politisch engagierter Dichtung aus der Zeit vor 1813 («Appell», «Der Jäger Abschied», «An die Freunde») erweisen nur, wieviel ihn von der fanatischen Rhetorik Ernst Moritz Arndts oder Theodor Körners trennt.

Das Verhältnis zwischen Literatur und Leben war von Eichendorff nicht als Lenkung und Leitung des Lebens durch die Kunst gemeint. Eben dies geriet zum künstlichen Spiel, als die Wirklichkeit ihre brutale Übermächtigkeit erwies. Die Utopien einer romantischen Poesie erschienen, versuchte man sie fortzuführen, nur noch als Literatur über Literatur, wie Loeben, die Brüder Hardenberg und der «Eleusische Bund» bewiesen. Die Suche nach dem wahren Leben als Gegenstand der Kunst schloß gerade für Eichendorff ein prinzipiell elegisches Verhältnis zur Wirklichkeit ein.

Zu den frühen, um 1810 entstandenen Gedichten Eichendorffs gehört das folgende, das er später, in der ersten Ausgabe seiner Gedichte 1837, in einem Zyklus «Der verliebte Reisende» veröffentlicht hat:

> Mit meinem Saitenspiele,
> Das schön geklungen hat,
> Komm' ich durch Länder viele
> Zurück in diese Stadt.
>
> Ich ziehe durch die Gassen,
> So finster ist die Nacht,
> Und alles so verlassen,
> Hatt's anders mir gedacht.
>
> Am Brunnen steh ich lange,
> Der rauscht fort, wie vorher,
> Kommt mancher wohl gegangen,
> Es kennt mich keiner mehr.
>
> Da hört' ich geigen, pfeifen,
> Die Fenster glänzten weit,
> Dazwischen drehn und schleifen
> Viel' fremde, fröhliche Leut'.
>
> Und Herz und Sinne mir brannten,
> Mich trieb's in die weite Welt,
> Es spielten die Musikanten,
> Da fiel ich hin im Feld.

Bilder und Gedanken dieses Gedichts haben vielfache Entsprechungen in anderen Gedichten Eichendorffs: Erfahrungen des Fremdseins, der Verlorenheit und Isolation unter den Menschen, des unsteten Hin und Her zwischen Heimat und Fremde durchziehen sein ganzes Werk, wenn auch nicht immer so extrem wie in diesen Versen, die von der regelrechten Vernichtung eines «Musikanten», eines Dichters also durch solche Fremdheit berichten. Bemerkenswert daran ist zunächst, daß dem Gedicht keine unmittelbare biographische Erfahrung entspricht, daß es also nicht, wie die Lyrik des jungen Goethe, von bestimmbaren Begegnungen und Erfahrungen angeregt wurde. Der Sänger dieses Gedichts entspricht keineswegs dem jungen Joseph von Eichendorff, der über sein äußeres Leben ein Tagebuch führte, das viel von den Realitäten des Stadt- und Landlebens sowie des Reisens im damaligen Deutschland enthält, aber ganz gewiß nichts von einer so tief erfahrenen Fremdheit in seiner eigenen Umwelt. Die «Minken», wie darin die Mädchen genannt werden, waren ihm geneigt, er hatte sich 1809 verlobt, und an den Bällen und anderen Festivitäten in Stadt und Land nahm er freudig Anteil. Obwohl das Gedicht nicht in einen erzählerischen Kontext aufgenommen wurde, ist es also doch Rollenpoesie, was durch die Einordnung in einen Zyklus bekräftigt wird. Die Gedichtzyklen Wilhelm Müllers sind aus ähnlichen Rollenfiktionen entstanden.

Das bedeutet nun allerdings nicht, daß die alte formale Künstlichkeit im Verhältnis zwischen Literatur und Leben lediglich einer neuen Art der Künstlichkeit gewichen wäre. Denn das Gedicht besticht gerade durch seine Wahrheit, das heißt durch eine ganz und gar unkünstlerisch erscheinende Darstellung einer menschlichen Erfahrung. Solche Überzeugungskraft erreicht Eichendorff hier und immer wieder in seinen Gedichten durch die Kombination geläufiger Bilder mit außergewöhnlichen, überraschenden, ja zuweilen regelrecht schockierenden. In diesem Gedicht ist es die äußerste Einfachheit der letzten Zeile, die die Vernichtung eines Menschen weit über das Erwartete hinaus in einem geradezu kindlich-naiven Satz beschreibt. Das Gedicht erscheint, genau betrachtet, als Aussage eines älteren, welterfahrenen Menschen. Dieses Gefühl, schon in der Jugend alt zu sein, findet sich immer wieder bei Eichendorff. Schon im Tagebuch des Zweiundzwanzigjährigen ist in schwärmerischer Erinnerung von der «alten Zeit» die Rede. Auf solchem Gefühl zeitlicher Weite, grammatisch sinnfällig im Wechsel von Präsens und Präteritum, beruht schließlich die persönliche Wahrheit des Gedichtes, das unter solcher Voraussetzung kein Rollenspiel ist, sondern Aussage von persönlich Empfundenem, auch wenn es sich nicht in der eigentlichen äußeren Biographie des Autors verifizieren läßt. Dementsprechend sind Eichendorffs Gedichte nicht schlichte, aus dem Herzen geborene Gedichte, wie es Graf Friedrich von seinem Lied behauptet, sondern durchaus Kunstwerke, an denen der Autor auf dem Papier gearbeitet hat, an denen er Korrekturen und Änderungen vornahm, bis sie seinem Willen entsprachen. Nur war an die Stelle der äußeren Formen ein System von Bildern und Metaphern getreten, die eben jenen Konflikt zwischen Ich und Zeit tiefer zum Ausdruck brachten, als das alle Kunstanstrengungen mit dem Sonett, mit Assonanzen oder Terzinen tun konnten.

Eichendorffs Bildersprache ist also nicht als Widerspiegelung einer jeweils erfahrenen Wirklichkeit zu verstehen, so sehr er die Wirklichkeit der Gebirge, Wälder, Ströme, Städte und Dörfer deutscher Länder mit offenen Augen wahrnahm. Seine Bilder wählte er nach einem tieferen Konfliktbewußtsein aus – von der elftägigen äußeren Qual einer Oderfahrt im November, die das Tagebuch realistisch wiedergibt, ist zum Beispiel nichts in seine Gedichte eingegangen. In dieser Bildersprache aber fand er die seinem Denken gemäße Ausdrucksform.

Etwas von solcher Poetik der Welt als Bild hat Eichendorff selbst ausgedrückt in einem Gedicht über zwei durch die Welt wandernde Grafen («Es waren zwei junge Grafen»), die von sich bekennen:

Wir haben wohl hienieden
Kein Haus an keinem Ort,
Es reisen die Gedanken
Zur Heimat ewig fort.

Wie eines Stromes Dringen
Geht unser Lebenslauf,
Gesanges Macht und Ringen
Tut helle Augen auf.

Und Ufer, Wolkenhügel,
Die Liebe hoch und mild –
Es wird in diesem Spiegel
Die ganze Welt zum Bild.

Aber hinzugefügt ist die Beschreibung der Gefahr solchen Lebenslaufs und
die damit verbundene Warnung:

Dich rührt die frische Helle,
Das Rauschen heimlich kühl,
Das lockt dich zu der Welle,
Weils draußen leer und schwül.

Doch wolle nie dir halten
Der Bilder Wunder fest,
Tot wird ihr freies Walten,
Hältst du es weltlich fest.

Ein künstlerisch fruchtbarer Zwiespalt in Eichendorffs Denken und Empfinden ist mit diesem Gedicht deutlich von ihm selbst bezeichnet. Es ist ein
Zwiespalt, hervorgerufen durch das Bewußtsein von der Erde als der
Lebenssphäre des Menschen, als Ort fehlbaren Handelns, des Genusses und
der Schönheit, andererseits aber auch als Teil der Schöpfung Gottes. Ohne
dessen Leitung, so gibt Eichendorff immer wieder zu verstehen, gerate das
Leben in die Irre, gehe der einzelne verloren, trete seine Fehlbarkeit zutage
und bleibe auch die Schönheit eher Gefahr als Gewinn. Es ist ein Bewußtsein, das zugleich sehr deutlich einer historischen Situation, einer Zeit großer Wandlungen und Übergänge in gesellschaftlicher Ordnung, in Naturerkenntnis und Naturbeherrschung wie in der Reaktion darauf in Philosophie
und Religion entspricht.

Eichendorffs Bilder sind in erster Linie Naturbilder. Täler, Wälder,
Ströme, Berge und Meere, Felsenklüfte, kühler Grund, Rehe und Nachtigallen, Atmosphärisches, also die Wolken, das Wetterleuchten, Morgen-
licht, Mittagsschwüle, Zwielicht und Mondnacht – das alles bestimmt seine
Lyrik wie seine Prosa, und zwar in einem Maße, daß man dergleichen gera-

dezu für sein Wahrzeichen betrachtet und ihn mit der Feier dieser Natur identifiziert hat. Die Zitate lassen sich häufen: «O Täler weit, o Höhen/O schöner grüner Wald», «Wer hat dich du schöner Wald/Aufgebaut so hoch da droben?», «Fliegt der erste Morgenstrahl/Durch das stille Nebeltal», «Dämmrung will die Flügel spreiten/Schaurig rühren sich die Bäume», «Ich hör' die Bächlein rauschen/Im Walde her und hin», «Durch Feld und Buchenhallen/Bald singend, bald fröhlich still» – das sind die Anfänge einiger der bekanntesten Gedichte Eichendorffs. Im Gedicht «Sänger-Fahrt» schließlich heißt es geradezu summierend:

> Gegrüßt, du weite Runde,
> Burg auf der Felsenwand,
> Du Land voll großer Kunde,
> Mein grünes Vaterland!

Da das Gedicht 1812 aus wirklich patriotischem Anlaß geschrieben wurde, ist am Ende sogar das Ziel der Sängerfahrt angegeben:

> So fahr't im Morgenschimmer!
> Sei's Donau oder Rhein,
> Ein rechter Strom bricht immer
> In's ew'ge Meer hinein.

Das Naturbild wandelt sich ins Symbol, der irdische Strom mündet in den Ozean Gottes.

Eichendorffs Natur, so dominierend sie in seinem Werk ist, kommt mit relativ wenigen Grundbestandteilen aus; sie ist bedeutungstragendes Bild, nicht Widerspiegelung von unmittelbar Geschautem, und auf manche Details rustikaler Landschaft, wie sie sich etwa in den gleichzeitigen Versen Uhlands finden, läßt sich Eichendorff selten ein. Gewiß, auch konkrete Natur gibt es bei ihm, aber dann nur im Scherz des Landbewohners und in der formalen Übung des Epigramms bei der Darstellung eines Spaziergangs im Stile von Johann Heinrich Voß:

> Ho da! Kartoffeln und ihr ökonomischen Knollengewächse,
> Schreiten kaum kann man; macht euch nicht gar zu sehr breit!
>
> («Spaziergang»)

Die politisch verschieden motivierten Naturschwärmereien des 20. Jahrhunderts haben sich zwar gern auf Eichendorff berufen, aber als «Sänger des deutschen Waldes» läßt er sich nur in Anspruch nehmen, wenn die Geschichtlichkeit seines Werkes und dessen literarische Verfahrensweise geflissentlich übersehen werden.

Eichendorffs Natur entfaltet sich in der Landschaft, aber Landschaft bedeutet für ihn im' Grunde nur ein Koordinatensystem von Nähe und

Ferne, Höhe und Tiefe, das durch Bilder der Bewegung, sei es der Ströme, Wolken oder der Menschen, mit der Dimension der Zeit verbunden wird. Es ist eine auf Universalität angelegte Natur, Gotteslandschaft sozusagen. Der «rechte Strom» bricht «in's ew'ge Meer hinein», und gerade dort, wo die ganze Welt zum Bilde wird, soll sie nicht «weltlich» festgehalten werden. Darauf zielt auch die Antwort auf die Frage, wer den schönen Wald «so hoch da droben» aufgebaut hat: «Wohl den Meister will ich loben.» Eine Art christlicher Universalkirche soll also dieser Wald bilden, nicht eine wie immer geartete Fluchtburg oder aber ein der industriellen Welt gegenüberstehendes und von ihr bedrohtes «grünes» Reservat.

In der Feier einer Gotteslandschaft und Gottesnatur erschöpft sich jedoch Eichendorffs Lyrik keineswegs. Ihr Reiz besteht immer wieder darin, daß sie unaufgelöste Widersprüche und frappierende Überraschungen bereithält. Nicht alle seine Gedichte sind Eichendorff gleichermaßen gelungen, aber sie sind nirgends ein kaleidoskopisches Arrangement eines Grundvorrats an Bildern. Der Schein, als könne man aus dem Material von rauschenden Wäldern und Bächlein, aus Bäumen und Träumen, Sternen und Fernen schließlich synthetisch Eichendorff-Gedichte herstellen, trügt. Die Natur seiner Bilder ist außerdem keineswegs zuverlässig eine Heimat des fremd durch die Welt Ziehenden. Die Welt ist verwirrt, der Strom gefährlich:

> Laue Luft kommt blau geflossen,
> Frühling, Frühling soll es sein!
> Waldwärts Hörnerklang geschossen,
> Mut'ger Augen lichter Schein;
> Und das Wirren bunt und bunter
> Wird ein magisch wilder Fluß,
> In die schöne Welt hinunter
> Lockt dich dieses Stromes Gruß. («Frische Fahrt»)

Auch der so viel besungene Wald aber erweist sich keineswegs nur als bergende Kirche, sondern ebenso als Ort des Schauerns und der Angst:

> Dämmrung will die Flügel spreiten,
> Schaurig rühren sich die Bäume,
> Wolken ziehn wie schwere Träume –
> Was will dieses Grau'n bedeuten?

«Zwielicht» lautet der Titel dieses Gedichts, das mit geläufigen Worten und Bildern Eichendorffs beginnt, aber eine ungewöhnliche, die konventionelle Reimharmonie von Bäumen und Träumen aufhebende Frage stellt und Dämmerung in eine Szene des Grauens verwandelt. Die Warnung des Rehs vor den Jägern, der Geliebten vor «der Männer Trug und List» folgt; letzteres ist die Klage von Eichendorffs Lorelay («Waldesgespräch»). Beide

Gedichte haben übrigens ihre Stelle im Roman *Ahnung und Gegenwart* und
kondensieren Empfindungen in einem bestimmten Zusammenhang, ohne
aber von ihm abhängig zu sein. Im «Zwielicht» gilt überdies die Warnung
nicht nur der Liebe, sondern ebenso der Freundschaft, denn auch der
«Freund» mag «zu dieser Stunde» Krieg «im tück'schen Frieden» sinnen, so
daß am Ende eine Antwort übrigbleibt, die bei näherem Zusehen dennoch
keine ist, sondern nur eine aus aller Bildersprache hinausgleitende Mahnung:

> Was heut müde gehet unter,
> Hebt sich morgen neugeboren.
> Manches bleibt in Nacht verloren –
> Hüte dich, bleib' wach und munter!

In Robert Schumanns meisterhafter Vertonung ist die letzte Zeile sinnge-
mäß nur noch Sprechgesang. Die Frage nach der Bedeutung des «Grauens»
im Zwielicht bleibt nach dem Gedicht bestehen, denn was sich ereignet, ist
nicht nur ein wenig Angst in der Dämmerstunde. Eichendorffs Natur ist
zwiespältig, einerseits blühende, leuchtende, duftende, bergende Gotteslandschaft, andererseits Schauererregendes, Bedrohendes, Dunkles, das
sich nicht auf einen bestimmten Begriff bringen läßt. Führt das Gedicht
«Mondnacht» und vor allem die zweite Strophe darin –

> Die Luft ging durch die Felder,
> Die Ähren wogten sacht,
> Es rauschten leis die Wälder,
> So sternklar war die Nacht. –

vollendet den ersten Zustand vor, so «Zwielicht» ebenso vollendet den
zweiten.

Zweierlei trifft hier in Eichendorffs Verhältnis zur Natur aufeinander,
das letztlich unversöhnt bleibt, wie allein schon die aus aller Bildlichkeit des
Gedichts hinaustretende Schlußzeile erweist. Eichendorff war von jenem
aufklärerischen Naturverständnis des 18. Jahrhunderts tief beeinflußt, das
Rousseau und Herder initiiert hatten. Natur stellte darin das Gute, Harmonische, Vorgesellschaftliche, die reine Kindheit der Menschheit vor der Ver-
derbnis durch den Besitz dar. Im romantischen Denken waren solche Vorstellungen weitergebildet worden zu Bildern des Goldenen Zeitalters am
Ende aller Geschichte oder der Rückkehr zu Paradies und Gottesstadt
dann, als nach 1800 christliches Denken vorzuherrschen begann. Eichendorff, für den Romantik immer mit neubelebter Christlichkeit identisch
blieb, stand tief in der Tradition dieses Denkens und hatte sich mit dessen
philosophischer Fundierung als Student in Halle und Heidelberg vertraut
gemacht, ohne ihr doch im einzelnen theoretisch nachzugehen. Görres,
«ein Prophet, in Bildern denkend und überall auf den höchsten Zinnen der

wildbewegten Zeit weissagend, mahnend und züchtigend» – so hat Eichendorff ihn charakterisiert – wurde sein einflußreichster Führer durch diese Gedankenwelt.

Zur gleichen Zeit, da sich ein solcher metaphorischer, auf eine Utopie bezogener Naturbegriff herausbildete, entfalteten sich auch die Naturwissenschaften, durch die sich die Natur als eine bisher weithin unbekannte und deshalb dunkle, noch nicht beherrschte Kraft erwies. Eichendorff besaß kein wissenschaftliches Verhältnis zur Natur wie etwa Goethe oder Novalis. Erst recht fremd war ihm die Hochstimmung, die mit der ins Technische gewendeten biblischen Forderung verbunden war, der Mensch möge sich die Erde untertan machen. Was ihn berührte, war vor allem der in Zusammenhang mit der Naturforschung entstehende psychologische Naturbegriff, der sich radikal von dem geschichtsphilosophischen unterschied und der der Nachtseite der Natur nachging, also tatsächlich dem Dunklen, Abgründigen, Grauenvollen in der Seele des Menschen. Das dialektische Denken Goethes oder Novalis' war in der Lage, mit einem solchen Gegensatz fertigzuwerden. Für Eichendorff gab es auf der Grundlage seiner undialektischen Christlichkeit eine solche Lösung und Versöhnung nicht. Stattdessen wurde ihm der Widerspruch zwischen beidem künstlerisch zum Gewinn wie keinem anderen deutschen Dichter.

Das Gedicht «Zwielicht» und sein Gegenstück, die «Mondnacht», sind bezeichnende Beispiele dafür. Denn stellt das eine die ganze Bedrohlichkeit unergründlicher Menschennatur auf der Folie einer ebenso bedrohlich erscheinenden äußeren Natur dar, so das andere den Seelenflug zu Gott, der die Liebe ist:

> Es war, als hätt' der Himmel
> Die Erde still geküßt,
> Daß sie im Blüten-Schimmer
> Von ihm nun träumen müßt'.
>
> Die Luft ging durch die Felder,
> Die Ähren wogten sacht,
> Es rauschten leis die Wälder,
> So sternklar war die Nacht.
>
> Und meine Seele spannte
> Weit ihre Flügel aus,
> Flog durch die stillen Lande,
> Als flöge sie nach Haus.

Diese Verse benutzen das damals vielfach gebrauchte Bild eines «Kusses», das heißt einer urzeugenden Umarmung von Himmel und Erde, und verbinden es mit einem imaginären Flug der «Seele» in diese Urheimat, in den Gottesfrieden der Schöpfung hinein. Endgültigeres ist nicht denkbar außer,

auf der anderen Seite der Skala, der Tod. Aber mit ihm schlösse sich nur der
Kreis, der mit der Zeugung begann. In Görres' *Mythengeschichte der asiati-*
schen Welt (vgl. S. 231) heißt es von einer solchen «Umarmung»:

> «Der Himmel ist das umfangende, spendende, wesentlich feurige,
> männliche Prinzip, die Erde aber das umarmte, empfangende, dunkle,
> feuchte, weibliche Prinzip; aus der Verknüpfung beider sind alle Dinge
> hervorgegangen.»

Ob Görres Eichendorffs Quelle war, ist nicht zu sagen; das Bild findet sich
auch in Kleists *Käthchen von Heilbronn* und bei Chamisso. Für den Seelenflug wiederum gibt es bei Eichendorff selbst Bezüge. In *Ahnung und Gegen-*
wart empfindet Graf Friedrich die Aussicht eines «künftigen, weiten, herrlichen Lebens und seine ganze Seele flog wie mit großen Flügeln in die
wunderbare Aussicht hinein». In der Literaturkomödie *Meierbeths Glück*
und Ende aber bricht der beschränkte Treugold in den Ruf aus:

> Ihre Flügel fühl ich die Seele entfalten,
> Ich kann sie kaum mehr im Leibe erhalten.

Der Roman erschien 1815, die Komödie 1827 und das Gedicht 1837. Das
Bild des «Seelenflugs» in Ernst und Ironie hat Eichendorff also eine bedeutende Zeit seines Lebens hindurch verfolgt. Daß es in einer Zeit geschah, in
der Fliegen allmählich zur Realität wurde, wovon Jean Pauls *Des Luftschif-*
fers Giannozzo Seebuch (1801) zeugt, sollte wohl nicht übersehen werden
(vgl. Bd. 1, S. 359 f.). Jean Pauls Vision eines Nichts im Schweben zwischen
zerrissener Erde und unerreichbarem Himmel stellt Eichendorff das
Gegenteil entgegen: die Erfahrung des Alls in der Rückkehr des Menschen
zu seinen Ursprüngen, zur Einheit in der Liebe also. Anfang und Ende aller
Existenz schließen sich für den Moment eines Gedankens und eines
Gedichts im Kreis, und die harmonische Natur bildet die Szene dafür.

In Eichendorffs lyrischem Werk lassen sich zwei Typen von Gedichten
unterscheiden: solche, deren Aussage allein in ihrer Bildlichkeit besteht, wie
eben «Mondnacht», und auf der anderen Seite solche, deren Haltung
reflektiv, kritisch kommentierend oder ironisch ist. Die Mehrzahl der
Sonette, die Persiflagen über seine Berufstätigkeit, aber auch eine Reihe
politisch motivierter Gedichte gehören in die letztere Kategorie, und selbstverständlich gibt es zahlreiche Übergänge. Wirklich bekannt und berühmt
gemacht haben ihn jedoch nur die Gedichte des ersten Typs, und die Kontinuität eines Bildbestandes darin hat sie als etwas über die Veränderungen
der Zeit Erhabenes erscheinen lassen. Die Publikationsgeschichte von
Eichendorffs Lyrik hat den Eindruck dieser Unveränderlichkeit und Zeitlosigkeit noch bestärkt. Eichendorff veröffentlichte zunächst nur Einzelnes
verstreut in Zeitschriften und Almanachen. Erst der Roman *Ahnung und*
Gegenwart gab durch die insgesamt 52 Gedichte darin einen Eindruck vom

Lyriker Eichendorff wie 1826 noch einmal die Novelle *Aus dem Leben eines Taugenichts;* sie enthielt nicht nur vierzehn seiner später beliebtesten Gedichte, sondern brachte auch im Anhang eine kleine Sammlung weiterer Verse. Eine selbständige Ausgabe von Eichendorffs Gedichten erschien jedoch erst im Jahre 1837, in dem Jahre also, in dem Georg Büchner starb und in dem industrielle Revolution und vormärzlicher Protest längst alle romantischen Moden verdrängt hatten. Natürlich wunderten sich Kritiker, «daß der Mann durch 20 Jahre lang sich und dem von ihm angeschlagenen Tone treu geblieben war», wie es in den *Schlesischen Provinzial-Blättern* heißt, aber an Anerkennung fehlte es dennoch nicht. Außerdem aber gingen von dieser ersten Sammlung bedeutende Anregungen für die Komponisten aus; Robert Schumann zum Beispiel hat aus ihr die Gedichte seines Eichendorff-Liederkreises opus 39 geschöpft.

Die Anordnung der Sammlung selbst, die auf lange Zeit für Eichendorff-Ausgaben maßgeblich blieb, bestärkte den Eindruck der Zeitlosigkeit, denn die Gedichte aus verschiedenen Lebensperioden des Dichters waren unter generellen Kategorien wie «Wanderlieder», «Sängerleben», «Frühling und Liebe» geordnet. Nur die Sektion «Zeitlieder» verriet den unmittelbaren Bezug auf Politisches und Geschichtliches. Gerade diese scheinbare Zeitlosigkeit und einfache Naturbildlichkeit eines großen Teils von Eichendorffs Gedichten unterstützte ihre Wirkung unter Lebensumständen, die sich sehr von denen unterschieden, aus denen sie einst hervorgegangen waren. Das betrifft zunächst die Naturbildlichkeit, die in ihrer äußeren Begrenztheit, aber inneren Vielfalt gerade dort ansprechen konnte, wo die zunehmende Herrschaft des Menschen über die Natur mit den Mitteln der Technik nicht Hochgefühle hervorrief, sondern eher die Bedenken, daß solche Herrschaft mehr Probleme schuf als löste, mehr Unheil stiftete als Heil brachte. Für die Industriekritik seit der Mitte des 19. Jahrhunderts ist Eichendorff stets als eine willkommene Stimme betrachtet worden, und späte Gedichte ebenso wie seine späte Prosasatire *Libertas und ihre Freier* (vgl. S. 500) und dazu das die «Dampffahrt» sowie die «Eilfertigkeit» der Bahnhöfe dem «altmodischen Wanderleben» gegenüberstellende Vorwort zu der unvollendet gebliebenen Novelle *Tröst-Einsamkeit* aus den vierziger Jahren zeigen, daß ihm selbst derartige Gedanken nicht fernlagen.

Eichendorffs Gedichte enthalten jedoch neben ihrer Naturbildlichkeit beziehungsweise in Verbindung mit ihr ein Bild der Gesellschaft, das zwar gleichfalls nicht mehr den Verhältnissen der vierziger Jahre entsprach, aber ebenso auf die Konflikte einer neuen Zeit übertragbar war. Grundsätzlich ist es die Erfahrung der Fremdheit in der Gesellschaft, die Eichendorffs Gedichte immer wieder ausstrahlen, von der frühen Tragödie des unverstandenen, kontaktlos mit seinem «Saitenspiele» durch die Welt ziehenden Sängers bis zu so späten, schönen Bekundungen der Einsamkeit wie in dem Gedicht «Der alte Garten» aus der Erzählung *Die Entführung* (1839):

>Kaiserkron' und Päonien rot,
>Die müssen verzaubert sein,
>Denn Vater und Mutter sind lange tot,
>Was blühn sie hier so allein?

Elternlosigkeit ist ein häufiger Einsamkeitstopos schon in frühen Gedichten Eichendorffs, der aber nicht – wie bei Kleist – mit dem Tod der eigenen Eltern in Zusammenhang gebracht werden kann; Eichendorffs Vater starb 1818, die Mutter 1822. Fremdsein, das Verlorensein in der Fremde einer verlorenen Heimat wegen, deren Ort jedoch unbestimmbar ist, solange man sie «weltlich» faßt, der Traum vom weißen Schloß, das Durchstreifen von Gassen in der philiströsen Atmosphäre einer Stadt, in der man nicht zu Hause ist – all dies sind weitere Einsamkeitstopoi in Eichendorffs Werk, die eine nachhaltige Wirkung ausgeübt haben, teils durch sich selbst, teils in Gemeinschaft mit musikalischen Interpretationen, die ihnen Komponisten gaben. Man hat viel und gern von Eichendorffs unstillbarer Sehnsucht nach dem heimatlichen Schloß Lubowitz in Schlesien geschrieben, das 1823 zwangsweise auktioniert werden mußte. Es ist wahr, daß ihm die Jugend dort als Idylle erschien, aber Lubowitz war ihm keine geistige Lebensform. Dazu reichte die Idylle nicht aus, und die Zeit war sichtbar über sie hinweggeschritten. Eichendorffs Fremdsein gründet tiefer. Er war Adliger in bürgerlicher Zeit, ohne den Rückhalt des Besitzes, über den zum Beispiel Arnim zur ökonomischen Sicherheit wie zur persönlichen Unberührbarkeit verfügte. Eichendorff war Beamter, als Katholik im protestantischen Preußen ohne große Zukunft und meist mit Hilfsarbeiten beschäftigt. Als «Sänger» stand er nicht am Thron, sondern saß in der Amtsstube. Throne zu stürzen wiederum war nicht seine Sache; er fühlte sich zu adlig, um Revolutionen nicht als ein Übel zu betrachten. Sein christlicher Glaube existierte fest und unangefochten, soweit es die äußere Ordnung des Lebens anging. Aber religiöse Militanz lag ihm ebensowenig wie politische. Die Religion bewahrte ihn davor, sich durch «das wilde Tier in seiner Brust» zerreißen zu lassen, wie es nach Eichendorffs eigenen Worten Heinrich von Kleist widerfuhr. Jedoch von der «fremden, dämonischen Gewalt» dieses «Tiers», einer tiefen existentiellen Unsicherheit, hat er mehr in sich gespürt, als seine Verse auf den ersten Blick erkennen lassen.

Das wird besonders dort deutlich, wo Vergänglichkeit als Thema des Gedichts erscheint und ihre Aufhebung in der religiösen Transzendenz offenbleibt. Daß der «alte Ritter» («Auf einer Burg») droben «in der stillen Klause», wo er seit vielen hundert Jahren eingeschlafen liegt, kein militanter, auf Auferstehung harrender Barbarossa ist, wie ihn die Patrioten der Zeit feierten, überrascht bei Eichendorff nicht:

>Draußen ist es still und friedlich,
>All sind ins Tal gezogen.

Was überrascht, ist der Schluß eines solche Bilder der Geschichte benutzenden Gedichtes:

> Eine Hochzeit fährt da unten
> Auf dem Rhein im Sonnenscheine,
> Musikanten spielen munter,
> Und die schöne Braut die weinet.

Die ländliche Sitte, daß die Braut weinen müsse um der Liebe zu den Eltern willen, die sie an diesem Tage verläßt (vgl. S. 702), wird im Gedicht Ausdruck der Vergänglichkeit überhaupt, der nun allerdings Ritter und Bauern, alte und neue Zeit gleichermaßen ausgesetzt sind.

Transzendenz von Geschichte und der Kontrast zwischen Vergänglichkeit und Ewigkeit sind ein immer wiederkehrendes Thema in Eichendorffs Werk. Bei aller festen Christlichkeit finden sich jedoch auch bei ihm Spuren jener Vorstellungen von der Erbnachfolge der Göttlichkeit im Übergang von der Antike zum Christentum, Vorstellungen, die Hölderlin und Novalis so stark bewegt hatten. In Eichendorffs «Trinklied», zuerst 1816 in Graf Loebens Almanach *Die Hesperiden* veröffentlicht, ist es ein stiller Jüngling auf dem Fest von Bacchus und Venus – das im übrigen erstaunlicherweise zugleich ein Fest von «Rittern und Frauen» ist –, der dieser Welt das Ende bringt im Zeichen des Todes:

> Und plötzlich da drehet
> Die Fackel er um –
> Tiefschauernd vergehet
> Die Welt und wird stumm.

Dieses Umkehren der Fackel aber gehört in die Antike, ist ein Beispiel dafür, «wie die Alten den Tod gebildet», um es mit dem Titel von Lessings Schrift zu bezeichnen, und sehr wahrscheinlich ist es außerdem eine Reminiszenz an Novalis' fünfte *Hymne an die Nacht* (vgl. Bd. 1, S. 629), nur daß Eichendorff es bei eben dieser Geste beläßt und im Gegensatz zu ihr kein Kreuz errichtet. Auch bei Eichendorff ist Christus der Erbe von Dionysus, auch bei ihm gibt es einen Bezug zwischen dem Untergehenden und dem Neuen, wenngleich das Untergehende bei Novalis nur als unzulänglich, bei Eichendorff jedoch als gefährlich und verführerisch erscheint. Gerade deshalb aber wird der Untergang des Alten nicht an einer historisch fernen Kultur vorgeführt, sondern als moralischer Untergang einer ritterlich-feudalen Welt, die ihrem äußeren Bekenntnis nach durchaus bereits christlich sein dürfte. Der Untergang der antiken Welt wird hier also in eine überraschende Verbindung mit der Demoralisierung eines für den Untergang bestimmten Ancien régime gebracht. Daß eine Erneuerung des Adels aus dem Glauben kommen müsse, war Eichendorffs unerschütterliche Überzeugung, aber für den bunten Reiz des Heidnischen stand ihm ebenso wie für die dunkle Seite der Natur eine reiche Einbildungskraft zur Verfügung. Der Triumph des Christlichen über dieses Heidnische bei gleichzeitiger Aufrechterhaltung einer Art innerer Kontinuität des Göttlichen kommt schließlich auch in der von Eichendorff immer wieder beschwörend herbeigerufenen «Aurora» zum Ausdruck, die geradezu zu seinem Wahrzeichen geworden ist. Die heidnische Göttin wandelt sich bei ihm zum Symbol des christlichen Morgenrots, wofür Jakob Böhme, Abgott so vieler junger deutscher Intellektueller um 1800, die Anregung gegeben hatte.

Das Fremdsein in der Welt mag die Gefahr einer allzu großen Unbestimmtheit und Gefühlsschwelgerei in sich tragen.

> Doch keiner fühlt die Schmerzen,
> Im Lied das tiefe Leid.

lautet die Schlußzeile des Gedichts «Wehmut». Aber sentimental ist dergleichen nur an der Oberfläche. Wer historisch beobachtet, hört hier deutlich die Nähe zum jungen Heine heraus. Nur war es für den bürgerlichen Juden das Verhältnis der schwankenden Gegenwart zur unsicheren Zukunft, das ihn beschäftigte, für den adligen Katholiken aber dasjenige der unwiederholbaren Vergangenheit zur unbefriedigenden Gegenwart.

Schon durch das Tagebuch des zweiundzwanzigjährigen Eichendorff flicht sich die Erinnerung an die «alten Zeiten». Aber das freilich ist nur eine Metapher, die weniger von romantischer Schwärmerei als realistischer Selbsterkenntnis spricht. Das bereits erwähnte, bei Eichendorff so dominierende Gefühl, schon in der Jugend alt zu sein, ist nichts anderes als ein Ausdruck des Wissens, daß man zwar mit seinem ganzen Wesen einer vergehenden Welt angehört, daß diese Welt aber zugleich auch unvermeidlich für das Vergehen bestimmt ist. Das daraus entstehende «Zwielicht», die Dämmerung von Ende und Anfang jedoch ist poetisch reich und fruchtbar, weil sich darin für einen Augenblick Glück und Trauer allen menschlichen Wandels in der Zeit zeigen können. Es ist eine Erfahrung, die mit der Fremdheit eines Tonio Kröger um die Wende vom 19. ins 20. Jahrhundert korrespondiert, als das liberale Bürgertum einem imperialistischen weichen mußte wie bei Eichendorff der Adel jenem liberalen Bürgertum. Die Dialektik der Geschichte macht sich auf diese Weise auch in Eichendorffs Werk bemerkbar, obwohl er nicht in ihren Kategorien dachte. Existenz war für ihn vielmehr ein Balanceakt zwischen Sitzenbleiben im Wirkungslosen und dem Verlorengehen im unbekannt Dämonischen, wie es am sichtbarsten die Lebensläufe seiner zwei «rüst'gen Gesellen» («Frühlingsfahrt», später «Die zwei Gesellen») vorführen, von denen der eine am Ende «aus heimlichem Stübchen» behaglich ins Feld hinaussieht, während den anderen die verlockenden Sirenen in «der buhlenden Wogen farbig klingenden Schlund» ziehen, so daß am Ende nur das Gebet bleibt: «Ach Gott, führ' uns liebreich zu Dir!» Ein Gebet ist aber kein Gedicht mehr, und vor ihm ist die Kunst zu Ende.

Eichendorff hat der Kunst nie in gleich entschiedenem Maße abgesagt wie Brentano, was freilich nicht heißt, daß sein Glauben so naiv und fest gewesen sei, daß ihm die Anfechtungen, denen sich Brentano im Glauben zu entziehen versuchte, fremd gewesen wären. Manche von den Spannungen, die ihm blieben, hat er in den Gedichten selbst ausgetragen, in der Darstellung des «Zwielichts» und Schauerns also, von dem sie sprechen. Zum anderen aber war ihm die Gabe der Selbstironie verliehen. Als «Enterbter» hat er sich gesehen, als «Balkentreter» an der Orgel des Staates, dessen äußeres Leben dem inneren so entgegengesetzt war, wie nur die zwei Gesellen voneinander verschieden sein konnten, was allerdings nicht heißen soll, daß er seinen Pflichten gegenüber gleichgültig gewesen wäre oder nicht versucht hätte, Ideen in sie einzubringen, die aus seiner religiösen Humanität hervorgingen. Den Gefahren der zwei Gesellen jedenfalls wich er aus, indem er jedem sein Reich in sich selbst gab und es mit der Brücke der Ironie verband. Das «Mandelkerngedicht», dessen Reimkraft die Lesenden zwingt, den Wortsinn zu entstellen und die Silbenkerne falsch zu betonen, ist der beste Beleg dafür:

> Als der letzte Balkentreter
> Steh' ich armer Enter*beter*
> In des Staates Symphonie,
> Ach, in diesem Schwall von Tönen
> Wo fänd' ich da des eige*nen*
> Herzens süße Melodie?

Daß er diese Melodie dennoch gefunden hat, macht Rang und Bedeutung Joseph von Eichendorffs in der deutschen Literaturgeschichte aus.

Schwäbische Schule

Auf die Frage des fremden Wandersmannes, wo denn die «schwäbische Dichterschule» zu finden sei, läßt Justinus Kerner den «guten Schwaben» lichte Matten und dunkles Waldrevier, Vogelgesang und des Neckars Blau aufzählen und verkündet dann:

> Wo ein goldnes Meer von Ähren durch die Ebnen wogt und wallt,
> Drüber in den blauen Lüften Jubelruf der Lerche schallt;
> Wo der Winzer, wo der Schnitter singt ein Lied durch Berg und Flur:
> Da ist schwäb'scher Dichter Schule, und ihr Meister heißt – Natur!

Kerner mußte es wissen, denn mit dem Beginn seiner Freundschaft zu Ludwig Uhland im Jahre 1804 hebt in den Büchern der Literaturgeschichte gewöhnlich das an, was «Schwäbische Romantik» genannt wird. Kerner und Uhland trafen sich als siebzehnjährige Studenten in Tübingen. Kerner war für die Medizin und Uhland für die Rechtswissenschaften eingeschrieben, aber was sie beide mit größtem Enthusiasmus beschäftigte, war die Literatur. Freunde versammelten sich um sie, so daß in der Tat ein kleiner Kreis entstand, der freilich erst langsam den Weg an die Öffentlichkeit fand; ihr erstes gemeinsames «Organ» war ein handgeschriebenes *Sonntags-Blatt für gebildete Stände*, das sie Anfang 1807 für ein paar Wochen als Gegenzeitung gegen Cottas einflußreiches, literarisch konservatives *Morgenblatt für gebildete Stände* gemeinsam verfaßten und zirkulieren ließen. Erst 1961 ist dieses kleine Dokument jugendlicher Literaturleidenschaft veröffentlicht worden.

Neben Kerner und Uhland waren Karl Mayer, Christoph Friedrich Kölle, August Köstlin sowie eine Reihe anderer Tübinger Studenten Beiträger und Leser des Blattes, allesamt später schwäbische Honoratioren als Ärzte, Schriftsteller, Wissenschaftler und Staatsbeamte. Mit diesem intellektuellen Schwabentum hatte es in der Tat seine besondere Bewandtnis, auch wenn der Begriff einer schwäbischen romantischen Schule ganz sicherlich zu hoch greift. Es gab damals durchaus so etwas wie ein alemannisches Kulturbewußtsein, das sowohl durch dialektische Gemeinsamkeiten wie durch eine Reihe literarischer Berühmtheiten dieser Region gestützt wurde. Christian Friedrich Daniel Schubart, der zehn Jahre auf der Festung Hohenasperg bei Stuttgart eingekerkert gewesen war, konnte als ein Märtyrer der Freiheit unter den Poeten gelten, Schiller war zu hohem nationalen Ruhm aufgestiegen, und Schriftsteller wie Friedrich Haug, Karl Philipp Conz oder Christian Ludwig Neuffer hatten sich gleichfalls einen Namen gemacht. Friedrich Hölderlin harrte noch der Entdeckung durch ein größeres Publikum, aber eben um ihn haben sich die jungen Schwaben, die sich in Tübingen zusammenschlossen, entschieden bemüht.

Über Dialekt und lokale Literaturtradition hinaus beruhte ein regionales Identitätsbewußtsein der süddeutschen Staaten, also Württembergs, Badens und Bayerns, vor allem auf der politischen Eigenentwicklung nach der Auflösung des Heiligen Römischen Reiches. Denn hier im Süden Deutschlands entstanden die ersten funktionierenden konstitutionellen Regierungssysteme, so weit sie auch noch von allem Republikanismus entfernt waren, hier entwickelte sich regionaler Parlamentarismus und mit ihm ein ebensolcher Patriotismus. Während in Preußen und Österreich die Vorherrschaft des Adels unerschüttert blieb oder nach den Kriegen wieder restauriert wurde, entwickelten sich in den süddeutschen Ländern Formen des Obrigkeitsstaates, die sich stark auf ein bürgerliches Beamtentum stützten und die Repräsentation der als rechtsgleich angesehenen Staatsbürger respektierten. Noch gab es keine Parteien, und die Abgeordneten der lokalen Parlamente – Ludwig Uhland gehörte eine Zeitlang zu ihnen – vertraten nichts als sich selbst. Erste Organisationsformen einer bürgerlichen Öffentlichkeit waren stattdessen die Freundschafts- und Gesinnungsbünde, später die Vereine mit verschiedenen Zielsetzungen. Die große Zahl der Trink- und Vereinslieder bei Uhland und seinen Freunden ist in solchem Zusammenhang zu betrachten; sie hatten durchaus nicht nur jene feuchtfröhliche Vergnüglichkeit zum Ziel, zu deren Feier manche dieser Lieder später in Kommersbüchern und anderen Liederbüchern hinabsanken. Die Literatur in den süddeutschen Staaten zu Anfang des 19. Jahrhunderts ist jedenfalls von der Geschichte des deutschen Frühliberalismus nicht zu trennen.

Uhland

Ludwig Uhland war praktizierender Jurist, liberaler Parlamentarier, germanistischer Fachwissenschaftler und populärer Dichter. Er ist das Musterbeispiel für einen süddeutschen Autor in diesen Jahren, bei dem Politik, Literatur und Bürgerlichkeit in eins gehen. Sein literarischer Ruhm allerdings wuchs ins Nationale, und sein Leben war an Ehren und öffentlicher Anerkennung reich wie kaum das eines zweiten deutschen Schriftstellers nach Goethe. Als im Juli 1847 eine Bremer Werft ihr größtes Schiff vom Stapel ließ, taufte sie es die «Uhland». Und als bald nach Uhlands Tod 1862 eine neue Auflage von Theodor Echtermeyers *Auswahl deutscher Gedichte für höhere Schulen* herauskam, stand Uhland darin mit 43 Gedichten an zweiter Stelle unmittelbar nach Goethe (45); mit Abstand folgten an dritter und vierter Stelle Schiller (34) und Rückert (25), Brentano fehlte ganz. Die Auswahl war nicht forciert. Bereits die erste Ausgabe seiner Gedichte 1815 schlug ein, und die Schulen haben sich seiner dann ebenso gern angenommen wie die Komponisten, die bedeutenden und die weniger bedeutenden: Schubert, Mendelssohn, Schumann, Brahms, Loewe, Spohr, Kreutzer und Silcher. Die Gründe für seine Beliebtheit bei den Deutschen jedoch haben nicht nur mit seinem Schreibtalent zu tun, sondern auch mit der schwäbischen Kulturtradition und den süddeutschen Staatsverhältnissen, in denen diese Lyrik geboren wurde.

Zu dem handgeschriebenen *Sonntags-Blatt* von 1807 steuerte der Zwanzigjährige einen kleinen Aufsatz «Über das Romantische» bei, der zwar nichts durchdacht Theoretisches enthält, aber dennoch ein wenig von den Fundamenten und Absichten Uhlandscher Schreibkunst verrät. Im Sinne der Jenaer Theoretiker wird vom «Unendlichen» gesprochen, in dem sich das Geheimnis «der Gottheit und der Welt» berge und zu dem nur die «hohe, ewige Poesie» Zugang habe. Das ist unoriginell und von Uhland mehr gewünscht als gedacht; auch in seiner Lyrik folgt manches nur dem Wunsch, romantisch Wunderbares und Unendliches vorzuführen mitsamt den Gefühlszuständen von Glück oder Trauer, die man als für dergleichen notwendig befand. Eine «Entschuldigung» (1811) in Sonettform beginnt mit der Strophe:

Was ich in Liedern manchesmal berichte
Von Küssen in vertrauter Abendstunde,
Von der Umarmung wonnevollem Bunde,
Ach! Traum ist leider alles und Gedichte.

Solche Distanz in die Verse selbst hineinzubringen, war Uhland noch nicht
wie Heinrich Heine gegeben, und so hat eine ganze Reihe seiner einstmals
bezaubernden Gedichte, da sie eigentlich nur Spiel waren, ohne es sagen zu
können, der Auswaschung durch die Zeit nicht widerstanden. Aber
Uhlands kleiner Aufsatz «Über das Romantische» enthält neben Sekundär-
romantischem auch Andeutungen auf das, was sein echtes Interesse aus-
machte: auf die «historische Untersuchung» des «Wunderbaren», der Literaturen aus alter Zeit, die mit «ossianischen Nebelgebilden», Elfen,
Meerfeyen und Zauberern, aber gleichermaßen mit mittelalterlicher Tapferkeit, Minne und christlicher Religiosität etwas von diesem «Wunderbaren»
und «Romantischen» enthielten, von dem im übrigen stets und ständig die
Natur sprach, wenn man nur Augen dafür besaß. Was mit dieser historischen Untersuchung und Erkenntnis für die Zeitgenossen anzufangen war,
ließ Uhland hier noch offen, aber das wurde bald ein wichtiges Thema seiner Gedichte. Von utopischen Visionen immerhin war schon in diesem frühen schwärmerischen Beitrag nicht die Rede und sollte es später noch weniger sein.

Eines von Uhlands bekanntesten frühen Gedichten, 1805 von dem Acht-
zehnjährigen geschrieben und 1807 in Seckendorfs *Musenalmanach* zuerst
veröffentlicht, ist des «Schäfers Sonntagslied»:

Das ist der Tag des Herrn!
Ich bin allein auf weiter Flur;
Noch *eine* Morgenglocke nur,
Nun Stille nah und fern.

Anbetend knie ich hier.
O süßes Graun! geheimes Wehn!
Als knieten viele ungesehn
Und beteten mit mir.

Der Himmel nah und fern,
Er ist so klar und feierlich,
So ganz, als wollt er öffnen sich.
Das ist der Tag des Herrn!

Die Zeichen der Begeisterung für das Wunderbare liegen deutlich zutage,
aber mit ihnen auch die ganz unreflektierte Christlichkeit. Die inneren Verhältnisse zwischen dem «süßen Grauen», dem Herrgott und der Natur sind
keine Probleme; der Schäfer als fiktionales lyrisches Ich setzt die Empfin-

dungen in die Umwelt der einfachen Leute: Bürgerliche Sonntagsstimmung entsteht, und der Betende will sich keineswegs über die Erde erheben oder etwa zwischen oben und unten schweben wie bei Eichendorff. Auf dem Boden romantischer Reflexion über das Verhältnis des Subjekts zu Gott, Natur, Gesellschaft und Geschichte errichtet Uhland eine praxisbezogene bürgerliche Gefühlskultur, ohne die Problematik dieser Reflexion selbst zum Thema zu machen. Eben das hat ihm jene große Popularität verschafft, die ihm zu Lebzeiten in deutschen Landen zuteil wurde.

Für Uhland war Natur letztlich nicht Hort eines Mythos. Was der Mensch sinnbildlich aus ihr erfahren konnte, baute auf dem auf, was der Mensch handelnd mit ihr anzufangen verstand. Ein Gedicht mit dem so verführerisch mythischen Titel «Wein und Brot» beginnt:

> Solche Düfte sind mein Leben,
> Die verscheuchen all mein Leid:
> Blühen auf dem Berg die Reben,
> Blüht im Tale das Getreid.

Tennen, Mühlen, Wirtin, Zecher und Becher bilden die Fortsetzung dieser Verse über bürgerlich-realistische Eucharistie. Was eine Laune des älteren Dichters sein könnte – das Gedicht entstand 1834 –, findet dennoch seine Entsprechung schon in frühen Gedichten, nicht zuletzt in jenen millionenfach auswendiggelernten fünf Strophen «Einkehr» (1811):

> Bei einem Wirte, wundermild,
> Da war ich jüngst zu Gaste;
> Ein goldner Apfel war sein Schild
> An einem langen Aste.

Der «gute Apfelbaum» ist der Wirt in dem bürgerlichen Wirtshaus der Natur, und das freilich wird in solch klarer Bildersprache und mit soviel freundlichem, ja geradezu demokratischem Respekt vor der Natur vorgetragen, daß die große Verbreitung der Verse nicht nur verständlich, sondern auch verdient erscheint im Hinblick auf eine Zeit, die begann, die Natur bedingungslos den menschlichen Erwartungen und Wünschen zu unterwerfen. Denn Uhland war in seiner rüstigen, geraden Bürgerlichkeit nicht platt. Seine Sensitivität und Intelligenz, sein Sinn für historische Zusammenhänge bewahrten ihn davor und gaben ihm ein Bewußtsein von Grenzen in sich selbst und in seiner Kunst, das ihr zum Vorteil gereichte. In einigen seiner beliebtesten Gedichte macht sich das bemerkbar durch das Motiv überwundener Melancholie, deren Ursachen allerdings nicht bezeichnet werden und deshalb leicht übertragbar sind auf alles und jedes empfundene Ungenügen. Ebenso besteht der Trost der Natur allein in der Tatsache ihrer zyklischen Erneuerung. Uhlands «Frühlingsglaube» (1812) gehört unter seine bekanntesten Verse:

Die linden Lüfte sind erwacht,
Sie säuseln und weben Tag und Nacht,
Sie schaffen an allen Enden.
O frischer Duft, o neuer Klang!
Nun, armes Herze, sei nicht bang!
Nun muß sich alles, alles wenden.

Die Welt wird schöner mit jedem Tag,
Man weiß nicht, was noch werden mag,
Das Blühen will nicht enden.
Es blüht das fernste, tiefste Tal:
Nun, armes Herz, vergiß der Qual!
Nun muß sich alles, alles wenden.

Hält man Strophen von Brentanos «Frühlingsschrei» (vgl. S. 756 f.) dagegen, so zeigt sich, daß die Popularität Uhlands tatsächlich mit einem Verzicht auf ideelle wie emotionelle Komplexität erkauft ist. Die Qual allerdings war dennoch nicht rein fiktiv. Mißtrauen gegenüber der Aussagekraft und dem Wert solch unmittelbaren lyrischen Ausdrucks wuchs in ihm, und auch über die gesellschaftliche Wirksamkeit des Dichters wurde er angesichts der Zählebigkeit alter politischer Strukturen und Gedanken skeptisch. Nach 1816 ließ er seine lyrische Produktion zurücktreten hinter beruflicher, parlamentarischer und wissenschaftlicher Tätigkeit; er hat sie dann erst in den dreißiger Jahren wieder stärker aufleben lassen.

In seiner kräftigen, eingängigen Bildlichkeit ist Uhland jedoch originell und vor allem bewußt bürgerlich, also dichterische Ungebundenheit und bürgerliche Arbeitswelt nicht als Gegensatz einander gegenüberstellend, wie das in der Philisterkritik so vieler seiner Zeitgenossen geschah. Seine Trinklieder sind die Bestätigung einer Geselligkeit, die unter den besonderen politischen Verhältnissen der süddeutschen Staaten in Ansätzen, auf begrenzte Zeit oder wenigstens als konkrete Erwartung wirklich existiert haben muß. Solche Feier tüchtiger, geselliger Bürgerlichkeit bestätigte dann freilich zuweilen indirekt auch jenes Philistertum mit seinen bedenklichen Konsequenzen, das andere verspotteten und von dem sich Uhland nicht klar distanzierte. Sein beliebtes «Metzelsuppenlied» (1814) etwa begleitet fröhlich das ländliche Schweineschlachten:

Der ist ein jüdisch ekler Gauch,
Wer solch ein Fleisch verachtet. –

Wurst und Durst werden gepriesen und

Auch unser edles Sauerkraut,
Wir sollen's nicht vergessen;
Ein Deutscher hat's zuerst gebaut,
Drum ist's ein deutsches Essen.

Schöne Hände schließlich sollen dem «deutschen Mann» herzbewegend das «schöne Fleisch» zerlegen. Daß Antisemitismus und Sauerkraut einmal zum Bild des häßlichen Deutschen in der Welt gehören würden, war Uhland sicherlich nicht vorstellbar, und, auf die Probe gestellt, hätte er, der sich für konstitutionelle Rechtlichkeit, Pressefreiheit und die Anerkennung der Gleichheit aller vor dem Gesetz lebhaft engagierte, gewiß zu jeder Zeit zu den besseren Bürgern seines Landes gehört. Aber die Herausbildung von Ideologien und die Konditionierung ihrer Träger ist ein langwieriger Prozeß, in dem auch gerade das Beiläufige und Unabsichtliche eine bedeutende Funktion hat.

Uhland war kein deutscher Nationalist. Erst gegen Ende der Napoleonischen Kriege hat er eine Reihe von patriotischen Liedern verfaßt (vgl. S. 68 f.). Wenn er Geschichte zum Gegenstand seiner vielen Balladen machte, war es nicht Nationalgeschichte im engeren Sinne, sondern entweder die regionale, schwäbisch-württembergische oder aber die des europäischen Mittelalters, die auch das Objekt seiner philologisch-literaturhistorischen Studien bildete. Uhlands Geschichtsbild in den Balladen hatte seine ersten Ursprünge in den Ritterromanen von Cramer, Spieß und Veit Weber im ausgehenden 18. Jahrhundert, und der Umwertungsprozeß des Mittelalters zur Epoche idealer Christlichkeit hat ihn nur äußerlich berührt. Uhland war kein dialektischer Denker und das Mittelalter für ihn nicht Teil eines auf die Zukunft gerichteten Geschichtsprozesses. Es existierte für ihn als Geschichte, und es bot als Archiv von Vergangenem Bilder und Ereignisse, die sich der Gegenwart zur Unterhaltung, aber auch Belehrung erzählen ließen. Auch das hat zur Beliebtheit der Uhlandschen Balladen beigetragen.

Die allbekannte, in der Nibelungenstrophe verfaßte Ballade «Des Sängers Fluch» gibt zum Beispiel nur ganz umrißhaft Geschichte als feudale Vergangenheit: ein Schloß und einen tyrannischen König. Aber im Unterschied zu Goethes Ballade «Der Sänger», in der der König dem Sänger seine Freiheit gegenüber dem Thron gewährt, fürchtet Uhlands König die verführende Macht der Poeten und bringt sie um. Das jedoch gerät ihm nicht zum Triumph, sondern wird zur Niederlage der absoluten und damit gesetzlosen Macht. Uhland erzählt also eine sehr zeitgemäße Parabel von der Kraft der Kunst oder, im weiteren Sinne, der Gedanken, die sie vermittelt. Und er erzählt zugleich eine Parabel von der Ohnmacht eines politischen Systems, wenn es allein auf die totale Herrschaft eines einzelnen gründet. Das Ereignis aus der Vergangenheit gilt in der Gegenwart zur Warnung der einen und zur Ermutigung der anderen, zu denen sich Uhland zählte. Geschichte existiert bei ihm zu solchen Zwecken.

Ohne dessen Philosophie der Kunst zu folgen, erwies sich Uhland in einer Reihe seiner Balladen als Erbe Schillers, denn vielfach war der «Saame des Idealismus» (vgl. Bd. 1, S. 610) auch bei ihm ausgestreut. In

«Bertran de Born» (1829) etwa beugt sich der König dem Troubadour, der Sohn und Tochter des Herrschers bereits für sich zu gewinnen gewußt hat:

> Weg die Fesseln! Deines Geistes
> Hab' ich einen Hauch verspürt.

Der Geist der «Bürgschaft» erwacht also im europäischen Mittelalter. Wo aber Geschichte nicht Parabel für die Gegenwart darstellt, ist sie erzählte Vergangenheit zum Zwecke der Herausbildung eines Traditions- und kollektiven Selbstbewußtseins. Das geschieht in Uhlands Balladen mit Stoffen aus der württembergischen Geschichte, zum Beispiel in denen vom Grafen Eberhard oder vom «Schenk von Limburg». Auch nationale Sagenhelden wie der von des Vaters Burg ausziehende Jung-Siegfried («Siegfrieds Schwert») erhalten ihren Platz (vgl. S. 137). Aber Vergangenheit bleibt Vergangenheit. Ein Teil der Uhlandschen Balladen gibt deshalb auch dem Bürger sein Recht, der nicht mehr wie bei Schiller auf antikem Boden seinen Mut und seine Treue beweisen muß. Goldschmiede, Gastwirtinnen, Mäherinnen, Bauern und einfache Soldaten bevölkern diese Verse wie jenes beständigste von allen Uhlandschen Gedichten, das Lied vom «Guten Kameraden» (1809). Was Uhland über die Beziehung zwischen Geschichte und Gegenwart zu vermitteln vermochte, ist schließlich zusammengefaßt in zwei Strophen aus dem Jahre 1834:

> Die versunkene Krone
>
> Da droben auf dem Hügel
> Da steht ein kleines Haus,
> Man sieht von seiner Schwelle
> Ins schöne Land hinaus;
> Dort sitzt ein freier Bauer
> Am Abend auf der Bank,
> Er dengelt seine Sense
> Und singt dem Himmel Dank.
>
> Da drunten in dem Grunde,
> Da dämmert längst der Teich,
> Es liegt in ihm versunken
> Eine Krone, stolz und reich,
> Sie läßt zu Nacht wohl spielen
> Karfunkel und Saphir;
> Sie liegt seit grauen Jahren,
> Und niemand sucht nach ihr.

Eines der sprechendsten Symbole romantischen Denkens, der von innen heraus leuchtende Karfunkel, liegt versunken. Keine Kronenwächter bewachen die Krone mehr, und es gibt keinen Grund, solche vergangene Vergangenheit zu beklagen. Eine neue Zeit ist angebrochen. Ihr gehörten Uhlands Sinn und seine Sympathie. Die dialektische Integration des Vergangenen ins Zukünftige war keine Hoffnung mehr, auch wenn Uhland sich noch der Bilder und Metaphern bediente, die in der Zeit utopischer Entwürfe am Ausgang des 18. Jahrhunderts zu diesem Zweck entworfen worden waren. Jetzt standen sich Fronten gegenüber; Barrikaden waren errichtet worden und Schüsse gefallen, ehe Uhland 1848 als Abgeordneter in die Frankfurter Nationalversammlung einziehen und dort gegen das Erbkaisertum auftreten konnte.

Kerner

Allgemeinen Vorstellungen vom Romantischen scheint sich Justinus Kerner leichter zu fügen als Ludwig Uhland, denn das Interesse des Arztes Kerner an Psychologie und Parapsychologie, sein Verständnis für Naturmagisches und schließlich das Manieristische in seinem Werk legen es nahe – Kerners Verse zu Klecksographien sind ein seltenes Stück deutscher Spielpoesie voll Tiefsinn und Hintersinn, das einen Nachfahren erst bei Christian Morgenstern findet. Gewiß ist Kerners lyrisches Werk schmal im Hinblick auf den Fundus an Bildern, Formen und Gedanken, aber es entfaltet innerhalb dieser Grenzen eigenes Leben und eine stille Magie. Wie das Werk seines Freundes Uhland ist es jedoch eine gute Strecke von einem romantischen Natur- und Geschichtsverständnis im Sinne von Schlegel, Schelling oder Novalis entfernt, was allerdings nur gegen die Klassifizierung dieses Werkes als romantisch, nicht aber gegen seinen eigenständigen Wert spricht.

Zu Kerners bekanntesten und beliebtesten Versen gehört das «Wanderlied»:

> Wohlauf! noch getrunken
> Den funkelnden Wein!

Der Gedanke des Gedichtes ist die Vertrautheit zwischen dem Menschen und der Natur, die den Wanderer auf allen seinen Wegen begleitet – ein Gedanke, der Kerner zu dem Schluß führt:

> Die Vögel, die kennen
> Sein väterlich Haus,
> Die Blumen einst pflanzt' er
> Der Liebe zum Strauß,
> Und die Liebe, die folgt ihm,
> Sie geht ihm zur Hand:
> So wird ihm zur Heimat
> Das fernste Land.

Der Unterschied zu Eichendorffs Beschwörung der Heimat ist flagrant: bei Kerner handelt es sich um eine Aneignung der Ferne als Teil einer Welt, die dem Menschen gehört, bei Eichendorff ist es ein aus dem Bewußtsein geschichtlichen Vergehens hervorwachsendes Heimatgefühl, das gerade deshalb, weil Heimat nicht nur als räumlich, sondern auch als zeitlich fern erscheint, ins Transzendente übergeht. Die Bürgerlichkeit, die bei Uhland gezeigt worden ist, gehört im gleichen Maße zu Kerners Werk. Ein Lied wie das zitierte verdankt seine Beliebtheit der Konstituierung bürgerlicher Geselligkeit darin, in der sich Kerner nicht nur als Dichter, sondern auch als Arzt und respektierter Weinkenner empfahl.

Daß Kerner aus medizinischem Interesse ein feines Empfinden und ein scharfes analytisches Verständnis für die «Nachtseite» der Natur entwikkelte, ist besonders jenen seiner Gedichte zugute gekommen, in denen sich unter die Töne des bürgerlichen Selbstgefühls solche der Skepsis und der Trauer bereichernd und vertiefend mischen:

> Schmerz ist Grundton meines Herzens,
> Von Natur ihm eingeblasen.   («Was sie alle meinen»)

Für Kerner, der eine Zeitlang als Arzt im Schwarzwald tätig war, bietet das «Waldleben» Schutz und Sicherheit vor der Überwältigung durch die Realitäten, wobei allerdings dem Wald jene naturmythische Dualität fehlt, die Eichendorff in ihm sah, und ebenso jene regenerierende Kraft, die Arnim aus ihm sog. Naturmagie und bürgerlicher Gerechtigkeitssinn aber verbinden sich in einigen von Kerners besten Balladen wie der vom Herrn Irrwing, durch den als Medium das Gespenst einer toten Frau ihren Mann als Mörder überführt («Die Mühle steht stille»), eine Ballade, die zu dem Werk der Annette von Droste-Hülshoff hinüberweist. Die Volksballade und das Volkslied des *Wunderhorns* boten reichlich Muster für Kerners eigene Lyrik. In seine *Reiseschatten* (vgl. S. 528 f.) ist viel von dieser volkstümlichen Lyrik eingegangen. Schwäbisch Lokales hat Kerner gefeiert und Eberhard mit dem Barte, den Schwabenherzog, zum reichsten Fürsten in deutschen Landen erklären lassen («Der reichste Fürst»). Als Arzt aber hat er nicht nur der Seelennot nachgeforscht, sondern ebenso die poetischen Metaphern an der Wirklichkeit, wie sie ihm vertraut war, gemessen:

> O wie groß ist doch die Leber, drin des Menschen Zorn gelegen!
> Und wie klein sein Sitz der Liebe, dieses Handvoll Herz dagegen!

Gerade eine derartig bedrückte «Anatomische Betrachtung» verrät etwas von der neuen Zeit, von der sich diese »schwäbische Schule« ergreifen ließ, so groß die Bedenken auch waren gegenüber dem technischen Fortschritt, der sich unter ihren Augen ereignete. Kerner hat in seiner späten Lyrik mit solchen Bedenken nicht hinter dem Berge gehalten, die Technik freilich nur am Ideal einer vergangenen Postkutschen-, Wander- und Mondscheinromantik gemessen, die schon zu ihrer Zeit im Grunde nur ein idealisiertes literarisches Bild gewesen war. Daß in hochtechnischen Zeiten jede Kritik an der Technik gewisse allgemeine Wahrheiten enthält, bleibt davon unbetroffen:

> Fahr zu, o Mensch! treib's auf die Spitze,
> Vom Dampfschiff bis zum Schiff der Luft!
> Flieg mit dem Aar, flieg mit dem Blitze!
> Kommst weiter nicht, als bis zur Gruft.
>
> («Im Eisenbahnhofe»)

Unter den weiteren Stimmen der »schwäbischen Schule» ist vor allen Dingen noch Gustav Schwab, Altphilologe, Pastor und langjähriger Literaturredakteur von Cottas *Morgenblatt*, gehört worden, der bald nach Uhland und Kerner als Student nach Tübingen kam und dort 1809 einen weiteren kleinen Dichterkreis versammelte. Seine Nacherzählungen von Sagen haben sich über die Zeiten erhalten. Eine Zeitungsnachricht inspirierte ihn zu jener tausendfach memorierten Ballade «Das Gewitter» (1829), in der er Urahne, Großmutter, Mutter und Kind in dumpfer Stube versammelt, um sie dann samt und sonders vom Blitz erschlagen zu lassen. Bänkelsang und Bürgerlichkeit vereinigen sich zur realistischen Schauerballade; Lyrik wandelt sich zur Dokumentarliteratur mit erbaulichem Unterton. Im *Schwabenspiegel* (1838) hat Heinrich Heine die Mitglieder dieser angeblichen «Schule», die «in demselben Gedankenkreise umherhüpfen, sich mit denselben Gefühlen schmücken und auch Pfeifenquäste von derselben Farbe tragen», kritisch gemustert. Die besten haben, wie Kerners Antwort an den Wandersmann zeigt, nicht dazu gehören wollen. Mochte also Heine die ganze «Schule» zu Recht für tot erklären, so widerspricht das nicht der Tatsache, daß einige Gedichte diesen Tod auf lange Zeit überlebt haben.

Wilhelm Müller

Die Erkenntnis, daß das Wandern des Müllers Lust sei, hat Wilhelm Müller tief in das Kollektivgedächtnis des deutschen Volkes eingepflanzt. So hingebungsvoll und spontan, wie Millionen dann diese Überzeugung – nach der Melodie von Karl Friedrich Zöllner – in Wald und Flur verkündeten, hatte es der Dichter allerdings nicht gemeint. Das Gedicht wie der gesamte Zyklus von der «Schönen Müllerin», den es eröffnet, waren als ästhetisches Vergnügen einer gebildeten Gesellschaft entstanden, die ein italienisches Singspiel in die bürgerliche Laienspiel- und Familienkultur überführte. Ereignet hatte sich dieses Vergnügen im Winter 1815 auf 1816 im Hause des preußischen Staatsrats August von Stägemann in Berlin, der vor kurzem noch stramme patriotische Lyrik verfaßt hatte, und zu den Beteiligten zählten der Maler Wilhelm Hensel und seine Schwester Luise, die Dichterin, zusammen mit den Dichterkollegen Friedrich Förster und Ludwig Rellstab, dem Komponisten Ludwig Berger, der die Texte in Musik setzte, und natürlich Wilhelm Müller, der Luise Hensel erfolglos den Hof machte. 1815 war er einundzwanzigjährig als Leutnant aus dem Kampf fürs Vaterland nach Berlin zurückgekommen. Noch war zwar Napoleons Macht nicht völlig erloschen, aber das Gefühl, daß die neue Zeit keine Helden, sondern sich ruhig vergnügende Bürger brauchte, war offenbar schon im Wachsen.

Was Müller in seinem ersten Gedichtband, den *Gedichten aus den hinterlassenen Papieren eines reisenden Waldhornisten* (1821) als jenen Zyklus «Die schöne Müllerin» veröffentlichte, den Franz Schubert 1824 vertonte, stellte nur eine Rolle dieses Spiels dar. War das gesamte Singspiel nicht mehr darin erkennbar, so hatte Müller immerhin ausdrücklich den Charakter des Fiktiven betont in dem Prolog, der den Gedichten vorausging. Ein «funkelnagelneues Spiel/ Im allerfunkelnagelneusten Styl» sollte es sein, was hier geboten wurde,

> Schlicht ausgedrechselt, kunstlos zugestutzt,
> Mit edler deutscher Rohheit aufgeputzt,
> Keck wie ein Bursch im Stadtsoldatenstrauß,
> Dazu wohl auch ein wenig fromm für's Haus.

Man kann die Distanz zwischen eigenen Gedichten und eigenen Empfindungen kaum ironischer bezeichnen, als Müller das hier tut. Ein Spiel also sollte getrieben werden mit Mühle und Mühlrad, den beliebten Metaphern für Einsamkeit und fließende Zeit, und mit einer literarischen Mode, mit der ganz offensichtlich die vom *Wunderhorn* initiierte Nachahmung des Volksliedstils in der Lyrik dieser Jahre gemeint war, nur daß dann dennoch keine Parodie einer Mode herauskam, sondern Gedichte, in denen die wahren Empfindungen des Autors darin bestanden, keine wahren Empfindungen zu haben oder wenigstens zeigen zu wollen. In die Tiefe eines solchen Widerspruchs drang allerdings erst Schuberts Musik.

Müllers beste Gedichte, zu denen einige Lieder aus der «Schönen Müllerin» und die gesamte «Winterreise» gehören, sind ein Stück deutscher Weltschmerzdichtung. Müller war kein deutscher Byron, über den er eine Biographie geschrieben hat. Im Vergleich zu Byrons Europa ist Müllers poetische Welt kleindeutsch, und er hat sie nur einmal im Geiste verlassen, um – wiederum in lyrischem Rollenspiel – die Kämpfe der Griechen zu feiern, was ihm beträchtlichen und berechtigten Ruhm eintrug (vgl. S. 161 ff.). Müller zeichnet sich in seiner Lyrik dadurch aus, daß er in sie nicht Gefühle und Gedanken hineinzuquälen versuchte, die er in Wirklichkeit nicht besaß. Mit betonter Selbstironie lenkte er vielmehr vom Kriterium der Echtheit der Gefühle und Gedanken in einem Gedicht ab, weil er die Begrenztheit und Enge dieser Gedanken und Gefühle spürte. Gerade dadurch aber behalten seine Gedichte Individualität gegenüber einer Fülle von Poesie aus zweiter und dritter Hand. Wo hingegen das Grenzbewußtsein verlorengeht, wo der Spielcharakter dieser Lyrik nicht gewahrt wird oder wo er einfach nicht gelingt, da wird Müller oft platt und banal.

Eines der drastischsten Beispiele für solche Banalität ist das einstmals verbreitete Gedicht «Frühlingseinzug» schon mit dem Zeugma in der ersten Zeile:

> Die Fenster auf, die Herzen auf!

Des weiteren pocht dann der Frühling «mit kleinen Blumenknospen an», und die Nachtigall schlägt «zum Angriff», ohne daß im mindesten militärische Metaphorik und Frühling in einen wie immer ironischen oder komisch gemeinten Kontrast gebracht werden könnten. Einem anderen Gedicht steht Claurens kitzelnde Erotik nicht fern, wenn ein «Zettel in der Badestube» die Geliebte belauschen und dem Liebhaber eine Art von Aktphoto liefern soll:

> Hier liege, glückliches Papier,
> [...]
> Und sieh, was ich nicht denken kann,
> Mit unverwandten Blicken an.
> Sie fühlt bei dir sich nicht belauscht,
> Die Hülle sinkt, das Wasser rauscht.
>
> O fliege, glückliches Papier,
> O fliege dann zurück zu mir!
> Was ich gedacht, dir ward's vertraut,
> Vertraue mir, was du geschaut.

Das Gedicht stammt aus dem Sommer 1826; es ist dasselbe Jahr, in dem der Franzose Nicéphore Niepce das erste photographische Verfahren der sogenannten Heliographie entwickelte. Ob der Poet davon wußte oder seine Phantasie nur einfach auf der Höhe der technischen Zeit stand, muß dahingestellt bleiben. In wieder einem anderen Gedicht wird nicht wie bei Uhland der Apfelbaum, sondern gleich der liebe Gott zum Gastwirt für den durstigen «Himmelspilger» gemacht («Das Frühlingsmahl»), während anderswo von der herbstlichen Flur erwartet wird, sie möge sich «als nackte Witwe» niederlegen, bis der Mai ihr wieder ein neues Kleid anzieht («Das Brautkleid»).

Auch das Peinliche, Alberne, Mißlungene zeigt die manieristische Grundlage für Müllers lyrische Kunst. Seine besten wie seine schlechtesten Gedichte sind von Einfällen und Concetti durchsetzt. Die atmosphärische Erscheinung der «Nebensonnen» in der «Winterreise» zum Beispiel wird in die zwei Augen der Geliebten – neben der Sonne – umgedeutet und dann im Text zu einem kleinen Hexeneinmaleins verwandelt:

Ja, neulich hatt' ich auch wohl drei:
Nun sind hinab die besten zwei.
Ging' nur die dritt' erst hinterdrein!
Im Dunkel wird mir wohler sein.

Ob Bach, Wetterfahne, Lindenbaum, Wegweiser, Wirtshaus oder Irrlicht –
überall entsteht das Gedicht aus Einfällen für einfache oder komplizierte
Vergleiche und mehr oder weniger geistreiche Bezüge. Es bedarf jedoch
nicht der Berufung auf Schubertsche Liedkunst, um zu behaupten, daß der-
gleichen den Gedichten schwerlich als prinzipieller Mangel anzurechnen ist.
Im Gegenteil, gerade in diesem Verfahren besteht die Besonderheit von
Müllers Lyrik, wo sie ihm gelingt: Gerade in ihm zeigt sich der Schritt des
Jüngeren über den herzlichen Enthusiasmus Ludwig Uhlands oder Justinus
Kerners hinaus. Wird in den «Nebensonnen» der Weltschmerz eines jungen
Deutschen nur in der Schlußzeile wirklich erkennbar, so instrumentieren
ihn ganze Gedichte wie «Der Lindenbaum» und «Der Leiermann» meister-
lich in eben dieser aus Einfällen sich entwickelnden poetischen Sprache.
    Müllers Welt ist, wie gesagt, klein. Mehr als enttäuschte Liebe wird zur
Motivation für Weltschmerz, Trauer und Todessehnsucht weder in der
«Schönen Müllerin» noch in der «Winterreise» aufgeboten. Wenn nicht im
ersten Zyklus, so gewiß im zweiten ist aber auch das nur wieder Metapher
für einen depressiven Gesamtzustand, dessen Ursachen zwar vom Autor
nicht erfaßt werden, der aber eben dadurch den bildstärksten unter Müllers
Gedichten ihre breite und anhaltende Wirkung sicherte. Was auf Müllers
psychologische Konstitution, auf hypochondrische und depressive Züge in
seiner Persönlichkeit zurückzuführen ist, läßt sich am wenigsten sagen.
Daß er starke Neigung dazu hatte und sie durch selbstsicheres Auftreten –
Goethe nannte ihn «suffisant» und «eine unangenehme Personnage» – zu
kompensieren versuchte, ist wahrscheinlich. Daß sich wohl gar in solcher
Depressivität das Lebensgesetz eines früh zum Tode Bestimmten gegen dessen Bewußtsein durchgesetzt habe, wie behauptet worden ist, bleibt ein
Spiel mit Ungreifbarem – Müller starb kurz vor seinem dreiunddreißigsten
Geburtstag, vermutlich an einem Aneurysma. An der Folge ihrer Bilder läßt
sich zwar darlegen, daß die «Winterreise» eine Reise zum Tode ist, nur
geschieht eben dies durchaus im Rahmen eines ästhetischen Rollenspiels
und ist nicht unmittelbare Reproduktion biographisch-persönlicher Erfahrungen und Empfindungen, was immer aus unterbewußten Tiefen des
Autors darin eingegangen sein mag.
    Meßbar ist im übrigen nicht die Last, die die Zeit auf einen jungen, talen-
tierten Dichter wälzte. «Rückwärts! heißt das Wort der Zeit», lautet der
Anfang eines politisch gemeinten Gedichtes aus dem Jahre 1823, das Müller
für die Veröffentlichung in der zweiten Sammlung der *Gedichte aus den hinterlassenen Papieren eines reisenden Waldhornisten* (1824), die auch die

«Winterreise» enthält, zu einem Trinklied umschrieb, in dem er es auf alten
Wein bezog. Die sehr unterschiedlichen Akzente der letzten beiden Strophen zeigen, welche Konzessionen dazu nötig waren:

1823	1824
Ein Krebs.	Rückwärts!
	Bei Achtundvierziger zu singen

Rückwärts! heißt das Wort der Zeit;	Rückwärts! heißt das Wort der Zeit;
Rückwärts laßt uns gehen,	Rückwärts soll es gehen!
Nicht zu schnell und nicht zu weit,	Brüder, laßt doch sehn, wie weit
Wie's an mir zu sehen!	Wir uns rückwärts drehen?
Bin zum Kochen jetzt zu gut,	Brüder, wißt ihr, wo ich bin?
Will nunmehr studiren,	Anno Achtundvierzig.
Und in der reptilen Brut	Rückwärts, rückwärts geht mein Sinn:
Mich brav distinguiren.	Da wird's warm und würzig.
Mancher hat's schon weit gebracht	Mancher hat's gar weit gebracht
Mit dem rückwärts Schreiten:	Mit sothanem Schreiten.
Ehrensterne, Gold und Macht	Kreuze, Sterne, Gold und Macht
Bringt's den guten Leuten.	Schafft's den guten Leuten.
Politik, hilf du mir fort!	Ich bin auch ein Held der Zeit,
Dir gehört mein Leben.	Könnt' was Großes werden:
Hand in Hand und Wort auf Wort,	Wär' ein Keller nur so weit,
Rückwärts laß uns streben!	Wie das Rund der Erden!

Daß es eher Rücksicht auf die Zensur als stilles Bescheiden war, was Müller
zu solcher Änderung führte, legt sein poetischer Ausflug in den griechischen Freiheitskampf nahe, und gleichfalls tun es andere Verse über «Herr
und Knecht», «Obskuranten» und deutsche Philister («In vino veritas!»).
Wie bei Uhland und Kerner hatten überdies auch bei ihm die Trinklieder
noch eine konstitutive, bildende Funktion für bürgerliche Geselligkeit; das
Lied «Im Krug zum grünen Kranze» aus den «Wanderliedern eines rheinischen Handwerksburschen» stand an Beliebtheit einigen der Uhlandschen
und Kernerschen Trinklieder nicht nach. Nur wird bei Müllers «Tafelliedern
für Liedertafeln», wie er eine Kollektion betitelte, in Privatheit und
gedämpfter Resignation, aber auch flotter Routiniertheit der Unterschied
sichtbar zwischen den Aussagemöglichkeiten der Literatur in den süddeutschen Staaten mit parlamentarischer Repräsentation und, im Gegensatz
dazu, in konstitutionslosen wie Preußen oder Anhalt-Dessau, der Heimat
Müllers, in der er seit 1818 wieder lebte.

Müllers zeitweilige Popularität ebenso wie seine Unsterblichkeit sind
wesentlich dadurch gefördert worden, daß seine Gedichte die Komponisten
geradezu magisch anzogen. Es ist errechnet worden, daß 123 der insgesamt

783 Gedichte Müllers von nicht weniger als 241 Komponisten vertont worden sind und die Gesamtzahl der Kompositionen sich auf 530 belaufe. Am Ende hat den Ruhm dann freilich nicht die Masse gebracht. Es genügt jedoch, auf die einzigartigen Schubertschen Vertonungen zu blicken, um den Anreiz der Verse für die Musiker insgesamt zu verstehen. Müller variiert Metren und Strophenformen wie kein anderer deutscher Autor seiner Tage. In der «Schönen Müllerin» wie in der «Winterreise» hat nahezu jedes Gedicht ein eigenes Metrum, das sich der jeweiligen Aussage anschmiegt. Hinzu kommt die aus dem Einfall hervorwachsende einfache Bildlichkeit, die gerade weil sie intellektuell gesteuert ist, sich im Gedicht zu Pointen steigert und so auch hier einer musikalischen Struktur und Steigerung vorarbeitet. Abstraktionen, die sich der Musik verweigern könnten, sind in den Versen nicht enthalten. Dafür bietet die innere Unsicherheit und Desorientiertheit des lyrischen Ichs den idealen inneren Grund für die Modulationen der Musik.

Hinsichtlich der Sangbarkeit von Lyrik gibt es jedoch bei Müller einen bemerkenswerten Unterschied zu den Vorstellungen über den Vorrang des Mündlichen vor dem Schriftlichen, wie ihn etwa Eichendorff immer behauptet und in seinen Prosawerken bei der Einbettung von Gedichten stets aufrechterhalten hat (vgl. S.489). Bei Müller galt solcher Vorrang des Mündlichen theoretisch nur noch für das Volkslied und dessen anonymen Schöpfer, den «Improvisator», wie er es nannte:

«Ein gedrucktes Volkslied ist ein Leichenstein des erstorbenen Gesanges. So wird auch nie ein Lied durch den Druck zu Leben und Liebe unter dem Volke gelangen, aber der Gesang ist der Seelenwecker, der göttliche Bote, der das gefesselte Wort aus dem Reiche des Todes herauführt an das himmlische Licht.»

Das bemerkt Müller in seinem Reisebuch *Rom, Römer und Römerinnen* (1820). Seine eigenen Gedichte jedoch hat er von solcher Spontaneität abgesetzt, und zwar nicht nur dadurch, daß er etwa die «Schöne Müllerin» von vornherein nur als ein literarisches, also auf Schriftliches bezogenes Spiel erklärt, obwohl gerade das Lied von der Wanderlust des Müllers ironischerweise wirklich ein massenhaft gesungenes Volkslied geworden ist, sondern auch dadurch, daß er in den Gedichten selbst das Verhältnis von Schriftlichem und Mündlichem zum Problem werden läßt. So beginnt das Gedicht «Abschied»:

> Was soll ich erst kaufen
> Eine Feder und Tint'?
> Buchstabiren und Schreiben
> Geht auch nicht geschwind.
> Will selber hinlaufen

Zu der Nannerl in's Haus,
Will's mündlich ihr sagen:
Unsre Liebschaft ist aus!

Keine Prinzipien vom Vorrang des Mündlichen über das trocken Schriftliche sind mehr am Werk, sondern nur noch die Geschwindigkeit motiviert
den Entschluß. Rund fünfzig Jahre später hätte das lyrische Ich in einigen
Teilen der Welt bereits zum Telefon greifen können. In anderen Gedichten
halten die Helden Müllers mehr von der schriftlichen Nachricht und dem
schriftlichen Bekenntnis, sei es, daß sie ihre Verliebtheit in alle Rinden ein-
schneiden oder der Geliebten im Weggehen ans Tor «gute Nacht» schreiben. Das Papier wird verachtet, wenn die «grüne Wanderschule» der Natur
selbst ihre «lieben Schriften» verfaßt («Der Peripatetiker»). Unschätzbar
aber ist Papier, wenn es das Bild der Geliebten im Bade festhalten soll («Auf
einen Zettel in der Badestube»), und schließlich sitzt in Tinte und Feder
auch die Freiheit, nur daß es mit ihr in Deutschland nichts wird:

Und als die Freiheit eben saß
Vorn in den Federspitzen,
Da spritzt' es einem um die Nas': –
Was soll das tolle Spritzen?

Er spritzt' es aus, was drinnen war
Und wischte sich die Nase;
Empörung, rief er, es ist klar,
Steckt in dem Tintenglase!

Versöhnlich endet dieses Gedicht «Die Freiheit in der Tinte» mit der Aufforderung, das Tintenglas durch das Weinglas zu ersetzen, und dem kleinen
Aufruhr folgt der Rückzug in die Biederkeit. Aber es zeigt sich doch selbst
an diesen wenigen Beispielen, wie der Vorrang des Mündlichen, der seinen
Ursprung im Widerstand gegen konventionelle oder enge Formen hatte,
dort nicht mehr gelten kann, wo Freiheit und bürgerliches Recht allein
durch schriftlich fixierte Konstitutionen verbrieft werden.

Von einer viel tieferen Ironie als der von Müller beabsichtigten ist, daß
sein Name in die deutsche Liedtradition als Sänger des frohen Wanderns
eingegangen ist. Gewiß hat Müller einen solchen Ruf selbst herbeigeführt
durch einzelne Gedichte wie eben das von des Müllers Lust und eine Reihe
anderer Wanderlieder. Nur erweist sich das Wandern am Ende keineswegs
als Lust für Müllers lyrische Helden, wenn deren Geschichte über mehrere
Gedichte hinweg im Zyklus verfolgt wird. Sowohl die «Schöne Müllerin»
wie die «Winterreise» schicken die wandernden Helden in den Tod und die
kalte Einsamkeit. Das Dilemma dieser Figuren ist nur eben, daß sie weder
zu Hause bleiben noch ein Ziel erreichen können. Wandern im Gedicht ist

sinnbildlicher Ausdruck für den Wunsch nach Welterfahrung und nach Veränderung. Warum aus beidem nichts wird, weiß Müller nicht zu sagen. In die Tiefe seiner Ratlosigkeit führen Zeilen wie:

Ich bin zu Ende mit allen Träumen –
Was will ich unter den Schläfern säumen? («Im Dorfe»)

Die Stütze im Glauben und der Geschichte, die sich Eichendorff sicherte, stand Müller nicht zur Verfügung. Für Eichendorff war der Ablauf der Zeit nur Bestätigung der Vergänglichkeit des Irdischen, hinter dem eine unvergängliche göttliche Ordnung aufleuchtet. Erinnerung und die stille Trauer über Vergangenes und Vergängliches waren hingegen keine Urerfahrung des Schneiderssohnes Wilhelm Müller. Seine Lebenshoffnung war die Veränderung des Bestehenden, und so beschäftigte seine Einbildungskraft das Fließen der Zeit im Bilde von Bächlein oder Wanderschaft, als Sommer- oder Winterreise. Seine Helden aber führte er in leere Einsamkeit, auf die griechischen Schlachtfelder oder in den Krug zum grünen Kranze. Größere irdische Perspektiven konnte erst ein anderer bieten, der Müller gern als Lehrer anerkannt hat: Heinrich Heine.

Chamisso

Seinen Einstand in die deutsche Literatur gab der junge preußische Leutnant Louis Charles Adélaide de Chamissot, Sohn eines vor der Revolution geflohenen französischen Comte, in Berlin in den ersten Jahren des 19. Jahrhunderts. Im Freundeskreis um Karl August Varnhagen, Wilhelm Neumann, Eduard Hitzig, Ludwig Robert, Franz Theremin und David Ferdinand Koreff faßt er den Entschluß, als Adelbert von Chamisso ein deutscher Dichter zu werden. Die Verwirklichung des Entschlusses begann anspruchsvoll mit einer *Faust*-Szene, sodann mit der Gründung eines literarischen «Nordsternbundes» (vgl. S. 86) und mit der Herausgabe eines *Musen-Almanachs* für die Jahre 1804 bis 1806. In ihm standen Chamissos erste Versuche in deutscher Poesie, von denen allerdings nicht viel mehr zu sagen ist als von den Versuchen der meisten Anfänger, daß sie nämlich Vorbilder nachgestalteten und Moden mitmachten. Klopstock-, Goethe-, Schiller- und Novalis-Töne gehörten dazu nebst Übungen in jenen Formen, die August Wilhelm Schlegel zwischen 1803 und 1804 in seinen Berliner Vorlesungen als romantische vorstellte. Es waren Übungen, die bei Chamisso reichlich Früchte trugen, denn in der Lyrik entwickelte er sich zu einem Meister scharf geschliffener Formen. Nur war Dichtung für ihn nicht Erfüllung eines theoretischen Programms, in seinem Fall speziell eines auf romantisch-romanische Formen gerichteten. Chamisso hat sich nie Richtungen und Tendenzen verpflichtet gefühlt und seine Vorbilder und Muster überall gesucht, wo er sie anregend und nützlich fand. Neben seinen literarischen bestanden bei ihm ganz entschieden wissenschaftliche Interessen, die der «Nordstern» symbolisieren sollte, denn Erkenntnis und nicht ein germanischer Mythos war damit in erster Linie gemeint. Den Weg aus jungen Träumen und Irrungen zur Wissenschaft ließ Chamisso auch den Helden von *Peter Schlemihls wundersamer Geschichte* (vgl. S. 526 ff.) gehen, die ihn erst wirklich als deutschen Schriftsteller bekanntmachte, und er selbst ist seiner Kunstfigur diesen Weg nachgegangen als Weltreisender und als Botaniker (vgl. S. 555 ff.). Wissenschaftliche Tätigkeit und die Anstellung am Botanischen Garten in Berlin hat er beibehalten, auch als er ein populärer Dichter wurde, und er hat für sich keinen Gegensatz zwischen der einen und der anderen Tätigkeit konstruiert.

Nach der jugendlichen Begeisterung für die Musen im Berlin vor Napoleons Einzug wurde für Chamisso das Gedichteschreiben sogar auf lange Zeit eine beiläufige Nebentätigkeit. Erst als er nach der Umrundung der Welt Ende 1818 wieder nach Berlin zurückkehrte, flammte die alte Lust am Gedicht wieder auf und verließ ihn seitdem nicht mehr: Deutsche Enge und politische Restauration boten reichlich Stoff für jemand, der sich größere Perspektiven angeeignet hatte. Überdies gab auch die Berliner «Mittwochsgesellschaft» (vgl. S. 110 f.), der sich Chamisso anschloß und in der er Eichendorff, Wilhelm Müller und einige Freunde aus den Berliner Anfängen von einst neben sich fand, solcher Lust einen weiteren Antrieb. 1827 kam eine Neuauflage des *Schlemihl* mit Liedern, Balladen, Übersetzungen und Nachdichtungen im Anhang heraus und 1831 eine stattliche Sammlung von Gedichten. Chamisso war nun ein bekannter, ja berühmter Dichter geworden. Für Geschenkzwecke wurden damals, nach seiner eigenen Auskunft, jährlich «1000 Uhland und 500 Chamisso gebraucht» (9.6. 1838), und das wollte bei Uhlands geradezu unermeßlicher Popularität auch für Chamisso viel heißen. Chamissos Balladen drangen in die Schullesebücher und die lyrischen Betrachtungen über «Frauenliebe und -leben» auf den Schwingen von Robert Schumanns Musik in die Konzertsäle, wo sie bis zum heutigen Tag zu hören sind, obwohl die männeranbetenden Trivialitäten dieser Verse dem Dichter nur noch wenig Ehre machen. Von 1833 bis zu seinem Tode 1838 gab Chamisso – in Gemeinschaft mit Gustav Schwab – dann noch ein zweites Mal einen Musenalmanach heraus, in dem sich die Älteren mit den Jüngeren trafen.

Adelbert von Chamissos schriftstellerische Laufbahn ist ein Weg zum bürgerlichen Dichter. Gewiß stammte er aus dem Adel wie Eichendorff, aber es war der französische des Ancien régime, von dem ihn nun nicht mehr nur Raum und Zeit, sondern auch die Sprache trennten, in der er sich als Dichter ausdrückte. Das schuf, von allen Unterschieden der Persönlichkeit abgesehen, andere Verhältnisse im Umgang mit Vergangenheit, Gegenwart und Zukunft. Das Bewußtsein, als Teil eines Standes eine bedeutende Vergangenheit gehabt zu haben, schließt für ihn das positive Bekenntnis zu einer neuen Zeit nicht aus, die mit dieser Vergangenheit grundsätzlich zu brechen versucht. Eines von Chamissos bekanntesten Gedichten ist «Das Schloß Boncourt», das sich ausdrücklich dieser Thematik widmet. Denn die Schleifung des Schlosses der Väter und die Umwandlung des Bodens in Ackerland ist dessen Inhalt, aber dargestellt wird das in feiner Verzahnung von Wehmut der Erinnerung, wenn eine alte Inschrift die Augen «umflort», und dem Bekenntnis zur Gegenwart, die nicht mehr die Privilegien, sondern die Arbeit als ihren Wertmaßstab betrachtet:

> So stehst du, o Schloß meiner Väter,
> Mir treu und fest in dem Sinn,
> Und bist von der Erde verschwunden,
> Der Pflug geht über dich hin.

> Sei fruchtbar, o teurer Boden,
> Ich segne dich mild und gerührt,
> Und segn' ihn zwiefach, wer immer
> Den Pflug nun über dich führt.

Nur der Rückblickende selbst freilich schließt sich der Gesellschaft der Pflüger nicht an; aus der Stellung zwischen den Zeiten begründet er vielmehr seine Dichterexistenz:

> Ich aber will auf mich raffen,
> Mein Saitenspiel in der Hand,
> Die Weiten der Erde durchschweifen,
> Und singen von Land zu Land.

Schlemihls Weltfahrt als Naturbeobachter und der durch die «Weiten der Erde» schweifende «Sänger» sind nur Erscheinungen derselben besonderen Existenz, die Chamisso, der Emigrant, Weltreisende, Naturwissenschaftler und deutsche Dichter für sich in Anspruch nahm. Daraus ergeben sich die Ziele ebenso wie die Grenzen seiner Lyrik.

Das «Schloß Boncourt» beginnt mit einer charakteristischen Strophe:

> Ich träum als Kind mich zurücke,
> Und schüttle mein greises Haupt;
> Wie sucht ihr mich heim, ihr Bilder,
> Die lang ich vergessen geglaubt?

Chamisso war sechsundvierzig, als er das Gedicht schrieb, also noch ein gutes Stück vom Greisentum entfernt, selbst wenn bedacht wird, daß angesichts geringerer Lebenserwartung damals solche Altersstufen früher anzusetzen sind. Greisentum und Altsein, graue oder weiße Haare sind jedoch in Chamissos lyrischem Werk ein regelrechter Topos, der sich ebenso bei dem Dreißigjährigen –

> Winter ist gekommen,
> Bleichend mir das Haar («Winter»)

und in Anspielungen sogar schon in den allerfrühesten Gedichten – «Verhallet sind der Jugend schöne Lieder» im Prolog «Die jungen Dichter» (1803) – findet. Dieses Spiel mit dem Altsein, das Eichendorff ebenfalls reichlich variiert, ist nun in der Tat ein Versuch zur inneren, poetischen Bewältigung des Zwiespalts zwischen alter und neuer Zeit, zwischen Erinnerung und dem Blick in eine Epoche, in der nicht nur andere soziale Verhältnisse, sondern andere Wertbegriffe und Lebensbedingungen existieren oder sich zumindest zu formieren beginnen. Das schließt Humanitäres und Abstoßendes, je nach persönlichem Urteil, in sich ein und weist den Verteidigern des Vergangenen wie den Herolden des Neuen eine schwankende Rolle zu. Eichendorff löste die Spannungen eines solchen Zustandes, indem er hinter aller sich verändernden Wirklichkeit eine göttliche Ordnung erkannte und festhielt. Das schützte ihn davor, vom «magisch wilden Fluß» in «die schöne Welt hinunter» gelockt zu werden («Frische Fahrt»). Chamisso hingegen folgte, bildlich gesprochen, dem keineswegs magisch, sondern geographisch verstandenen Fluß in die Weltmeere hinaus. Das bedeutete, daß er mehr an der Oberfläche des Daseins blieb als Eichendorff, aber es bedeutete auch den Abschied von einer elegischen Grundhaltung.

In Parallele zu dem Topos des Altseins steht bei Chamisso, wenn auch zuweilen forcierter, der Topos der Jugendlichkeit. Im Sommer 1816 hatte Chamisso «aus der Beeringstraße», der kalten und nebligen, die schließlich Kapitän Otto von Kotzebue zur Umkehr nötigte, depressiv verkündet:

> Ich bin in Sprach und Leben ja der Mann,
> Der jede Sylbe wäget falsch und schwer;
> Ich kehre heim, so wie ich ausgegangen,
> Ein Kind, vom greisen Alter schon umfangen.
> («Aus der Beeringstraße»)

Aber in Deutschland hat er – als Eingang seiner Ausgabe der *Gedichte* von 1831 – diesen Versen dann andere gegenübergestellt. «Ich bin noch jung, noch stark, noch voller Lust» heißt es darin enthusiastisch mit einem geradezu Heinrich Heine vorgreifenden Bekenntnis: «Ja! Lieder, neue Lieder will ich singen.» («Berlin») Ein politisches Konzept, wie es Heine in *Deutschland. Ein Wintermärchen* mit nahezu gleichen Worten einleitete, stand zwar bei Chamisso nicht dahinter, aber herausfordernde politische Lyrik hat er dennoch reichlich geschrieben.

Zu der Zeit, da Wilhelm Müllers Gedichte des *Reisenden Waldhornisten* (1821) mit der traurigen Geschichte vom wandernden Müller und der schönen Müllerin erschienen, schrieb Chamisso seine «Windmüllerlieder», deren eines – «Der alte Müller» (1822) – aggressiv beginnt:

Es wütet der Sturm mit entsetzlicher Macht,
Die Windmühl schwankt, das Gebälk erkracht.
Hilf, Himmel, erbarme dich unser!

Aber nicht Angst erfaßt den alten Müller ob des «großmächtigen Windes»,
der ihn im Laufe eines tätigen Lebens «Worte der Weisheit» gelehrt hat, die
die Toren überhörten. Er begrüßt ihn vielmehr um den Preis des eigenen
Untergangs, denn:

Das Maß ist voll, die Zeit ist aus;
Jetzt kommt das Gericht in Zerstörung und Graus.
Hilf, Himmel, erbarme dich unser!

«Das Wort wird Tat» hieß es außerdem in diesem Gedicht, und das waren
insgesamt Töne, die nicht nur ein Ende, sondern auch einen Anfang signali-
sierten. Aus dem Wunsch nach der Einheit von Wort und Tat, der am Ende
der Napoleonischen Kriege und in den Jahren danach zur Verklärung einer
Gestalt wie Theodor Körner geführt hatte, entwickelte sich nun der
Gedanke von der Umwandlung des Wortes in die weltumstürzende, revolutionäre Tat, der bald ein tiefgreifendes Motiv der Vormärz-Dichtung werden sollte, beispielhaft etwa in der Anrede einer phantomhaften Gestalt an
den Autor in Heines *Wintermärchen:*

Ich bin dein Liktor, und ich geh'
Beständig mit dem blanken
Richtbeile hinter dir – ich bin
Die Tat von deinem Gedanken.

Chamissos Akzent lag noch auf dem Selbstopfer des alten Müllers, und die
Bitte um Erbarmen stammte aus dem Bewußtsein von der Notwendigkeit
und Gerechtigkeit des Gerichtes. Was Chamisso bewegte, waren keine
revolutionären Konzepte, sondern der Gerechtigkeitssinn, der auf der
Überzeugung von der prinzipiellen Gleichheit aller Menschen beruht. Sie
war ihm durch die Begegnung mit den Inselbewohnern der Südsee in deren
natürlicher Würde und ihrem Freiheitsbewußtsein bestärkt worden. Daß die
Ansätze zu sozialer Gerechtigkeit, die seit dem Beginn des Jahrhunderts in
Deutschland gemacht worden waren, nun wieder abgebaut wurden, bildet
eines der Leitthemen von Chamissos Lyrik in den zwanziger Jahren. Der
romantische Topos vom Goldenen Zeitalter erweist sich nur noch als Floskel, wenn er in die bürgerliche Trinkgeselligkeit eingebracht wird, deren
Philistrosität und erzwungene Biedermeierlichkeit Chamisso überdies sehr
viel schärfer als Uhland, Kerner oder Wilhelm Müller sieht:

Füllt die Becher bis zum Rand,
Tut, ihr Freunde, mir Bescheid:
Das befreite Vaterland,

Und die gute goldne Zeit!
Dann der Bürger denkt und glaubt,
Spricht und schreibt nun alles frei,
Was die hohe Polizei
Erst geprüft hat und erlaubt. («Die goldene Zeit», 1822)

Ein einstiger Held der Leipziger Schlacht aber sitzt nun im Irrenhaus, vom
Wächter mit der Peitsche zurückgetrieben, wenn er nach Freiheit ruft («Der
Invalid im Irrenhaus», 1827).

Mit Übersetzungen und Nachdichtungen der «Chansons» von Pierre-
Jean de Béranger, der zunächst als Liederdichter Napoleon gefeiert, danach
aber zu einem scharfen Kritiker restaurativer Gesellschaft und Politik in
Frankreich wurde, stützte Chamisso das eigene Mißfallen an den deutschen
Verhältnissen. Dabei war er kein politischer Agitator, und die Grundlage
seiner Kritik blieb ein aufgeklärter Humanismus, der Widersprüchliches
einschloß und die persönlichen Konflikte zwischen den Sprachen und Kulturen, die Neigungen zur Freiheit, aber auch die Empfindung der Einsamkeit des schweifenden «Sängers» nicht aufhob.

Am nachhaltigsten wirkte Chamisso zweifellos durch seine umfangreiche
Balladendichtung. Das Gedicht «Der Bettler und sein Hund» (1829), die
rührend-zornige Erzählung von einem armen Manne, der sich lieber selbst
ertränkt als das treue Tier, für das er die Steuer von drei Talern nicht
bezahlen kann, ist eine der ersten deutschen sozialen Balladen überhaupt.
Soziale Konfliktstoffe, wie sie in England schon Blakes *Songs of Experience*
(1794) boten, waren in der deutschen Lyrik bisher ausgespart geblieben.
Der übermächtige Einfluß idealistischer Konzepte, das patriotische Engagement während der Kriege und die langsamere Entwicklung zur modernen Industriegesellschaft gehörten zu den Ursachen dafür.

Eine Reihe der bekanntesten und beliebtesten Balladen Chamissos sind lyrische
Nacherzählungen vorgefundener Stoffe. Aus den *Deutschen Sagen* der Brüder Grimm
stammt zum Beispiel «Das Riesenspielzeug» (1831), die Erzählung vom «Riesen-
Fräulein», das den Wert des Bauern lernen muß. Oder es ist Johann Peter Hebels
Schatzkästlein des Rheinischen Hausfreunds, das Chamisso die Stoffe zu Balladen wie
«Böser Markt» (1833) oder «Der rechte Barbier» (1833) liefert, das letztere eine
bemerkenswerte Apotheose der Zivilcourage. Respekt vor der einfachen Arbeiterin
will die Ballade von der «alten Waschfrau» (1833) erwecken und hat es trotz sentimentalen Einschlags auch getan. Was einer späteren Zeit rührselig und sentimental
erscheint, war ursprünglich das wirksamste Mittel, zu einer Veränderung zeitgenössischen Denkens und Empfindens beizutragen. Mißgriffe und Geschmacklosigkeiten
lassen sich bei solchen Prozessen kaum ausschließen. Chamisso jedenfalls schuf mit
seinen Balladen eine bürgerliche Gebrauchsdichtung, die auf lange Zeit gute und
nützliche Wirkung ausgeübt hat.

Neben Rührballade und Gerechtigkeitsballade traten bei ihm Kriminal- und
Schauerballade, letztere aus dem Urstand aller Balladendichtung, dem Bänkelsang
hervorgehend. Von Gericht und Gerechtigkeit sprechen Gedichte wie «Die Sonne
bringt es an den Tag» (1827) – ein Bericht, in dem die Gerechtigkeit auf Umwegen

den Meister Nikolas erreicht, der einen Juden erschlagen hat – oder, von Chamissos polynesischen Erinnerungen gefärbt, «Ein Gerichtstag auf Huahine» (1822), eine Ballade, die im übrigen auch eine politische Botschaft besaß, denn eine polynesische Königin unterwirft sich darin dem Gesetz, nachdem sie belehrt worden ist, daß den «gottbestellten Herrschern» keineswegs die Macht gegeben sei, dieses Gesetz «zu halten und zu brechen nach Belieben». Preußen war in diesen Jahren immer noch ein Staat ohne Verfassung. Ins regelrecht Schaurige aber geht die Ballade von der Bremer Hausfrau Margarete Gottfried («Die Giftmischerin», 1828), die innerhalb von fünfzehn Jahren dreißig Personen umgebracht haben soll. Chamisso motiviert den zeitgenössischen Kriminalfall auf bemerkenswerte Weise: Nicht Irrationales, wild Inhumanes treibt die Täterin zu ihren grausigen Taten, sondern nach ausdrücklicher Überwindung des «Schreckens vor Gespenstern» und der «Kindermärchen» die Gier nach Geld. «Gewalt und List» nur sinne das Menschengeschlecht, und seiner «Herrschaft Zauber» sei «das Geld», erklärt die monologisierende Mörderin. Damit aber wird sie zur bösen Schwester des Peter Schlemihl, der gleichfalls durch die Macht des Geldes in Versuchung geführt wird, nur eben widersteht. Geld ist das Böse, und die Einsicht in dessen Funktion für die bürgerliche Gesellschaft stand noch aus – der erste Band von Karl Marx' *Das Kapital* erschien 1867. Daß aus dem Wunsch nach Macht unvermeidlich die Lust am Morden entstehe, erklärt die Bremer Hausfrau ausdrücklich und blickt am Ende reuelos «ins Nichts hinein». Chamissos Ballade führt also über den Nihilismus als Leiden hinaus, wie ihn einst Helden Jean Pauls erfuhren. Im konkreten Fall erscheint Nihilismus jetzt sogar deutlich als eine, wenn auch negative, ethische Qualität, die insgesamt für die Macht des Geldes nichts Gutes erwarten läßt. Daß die Untaten der Margarete oder «Geesche» Gottfried im Auge ihrer Interpreten auch emanzipatorische Züge erhalten können, hat Rainer Werner Faßbinder in dem «bürgerlichen Trauerspiel» *Bremer Freiheit* (1971) vorgeführt.

Aus dem Nichts führen bei Chamisso der Empirismus der Wissenschaft und die Hoffnung auf christliche Erlösung. In seinem großen Terzinengedicht «Salas y Gomez» (1829) hat er seiner Religiosität den tiefsten und persönlichsten Ausdruck gegeben. Chamisso hatte sich zwar früh schon in den romantisch-romanischen Formen geübt, aber ohne eigentliche romantische Ideologie, das heißt hauptsächlich um der Übung in der Form willen. Aus ästhetischem Interesse heraus hat er die Terzinenform zu hoher Meisterschaft ausgebildet, eignete sie sich doch besonders gut zur lyrischen Erzählung durch die über sich hinausweisende, nach Reimantwort drängende dritte Zeile jeder Strophe. Salas y Gomez ist ein Felseneiland im Südpazifik, das ohne Vegetation und nur von Vögeln bewohnt ist; an ihm war Chamisso auf seiner Weltreise vorübergefahren. Das Gerücht von einem gestrandeten Schiff hatte seiner Phantasie das Bild eines Schiffbrüchigen eingegeben, der dort mehr als fünfzig Jahre vegetierte, von Vogeleiern ernährt, ohne doch als Robinson Crusoe eine wie immer beschränkte neue Existenz bilden zu können, da ihm weder Werkzeuge noch kultivierbare Natur zur Verfügung standen. Ein reales Nichts ist anschaulicher nicht vorstellbar. Chamisso entwickelt nun den inneren Gang des Verlassenen von der Verzweiflung bis zur Resignation im Glauben, von der Beobachtung des südlichen Kreuzes am Sternenhimmel zur Hoffnung auf das Kreuz, das aus dem Himmel leuchtet. Im Sterben dann blickt der Einsame noch einmal träumend auf die Jugend, wie es auch der Besucher des Schlosses Boncourt tat, aber der jugendlichen Traumgestalt hält sich nun der sterbende Einsiedler selbst als Gegenbild vor:

> Was sprichst du noch vom Schönen, Guten, Wahren,
> Von Lieb und Haß, von Tatendurst? du Tor!
> Sieh her, ich bin, was deine Träume waren.

Man muß sich erinnern, daß Chamisso tatsächlich mit den Insulanern einer Südseeinsel ein Goethesches Lied vom «Ganzen, Guten, Schönen» gesungen hatte (vgl. S. 556 f.), um eine solche Absage an die Ideale klassischer deutscher Philosophie und Kunst ganz zu würdigen. Auch eine Absage an die kulturschöpferische Kraft des Bürgers Robinson Crusoe, des *homo oeconomicus,* ist darin enthalten, und ebenso erfährt ein anderer großer Mythos des 18. Jahrhunderts hier seine schmerzliche Parodie: Der an den Stein von Salas y Gomez geschmiedete neue Prometheus stirbt entsagend mit einem letzten «Klagelaut». Robinson und Prometheus waren beide Figuren, mit denen Chamisso aus dem Gefühl eigener, nie gänzlich aufgehobener Isolation heraus tiefe innere Sympathie empfinden konnte. Es lag allerdings nicht in seiner Kraft, die größeren historischen Konsequenzen einer solchen Beziehung zweier Symbolfiguren, die Abdankung schöpferischen Trotzes und kultivierenden bürgerlichen Unternehmertums, in Gedanken oder Bild zu fassen. Stattdessen schleicht sich die Sentimentalität als Besänftigerin der Gegensätze ein. Chamissos Freund Wilhelm Neumann tadelte ihn in einer Rezension der zweiten Auflage der *Gedichte* (1834), zu viel Selbsterfundenes in dieses Gedicht verwoben zu haben und zu viel Tränen über «ein erdichtetes Leiden» herauszufordern. Chamissos sozialkritische Gedichte hatten da bereits andere Erwartungen geweckt.

Noch ein weiteres Mal hat Chamisso eine pazifische Erfahrung dichterisch-phantastisch verarbeitet und mit ihr einen Anfang in der deutschen Literaturgeschichte gesetzt. In dem Gedicht «Das Dampfroß» (1830) werden zum ersten Mal Dampflokomotive und Eisenbahn dichterisch verarbeitet. Pazifisch aber war die Erfahrung der Datumsgrenze, mit der Chamisso in diesem Gedicht metaphorisch operiert, jene Grenze also, deren Überschreitung in östlicher Richtung ins Gestern und in westlicher Richtung in den morgigen Tag führt. Für Chamisso, der allem Technischen gegenüber aufgeschlossen war und auch Eisenbahnaktien erwarb, ist das «Dampfroß» Sinnbild einer bisher ganz unvorstellbaren Geschwindigkeit, die, auf die Erfahrung des Zeitsprungs angewandt, nun der Phantasie die Möglichkeit bietet, die Lokomotive als Zeitmaschine zu betrachten, die beliebig in Vergangenheit und Zukunft transportieren kann. Chamissos Verse sind also nicht nur das erste Eisenbahngedicht der deutschen Literatur, sondern auch ein Stück «science fiction». Stolz jedenfalls erklärt der Schmied des «Dampfrosses»:

Ich habe der Zeit ihr Geheimnis geraubt.

Bedeutender als das, was Chamisso im einzelnen mit seinem Einfall im Gedicht anfängt, ist darin die Idee vom neuen Verhältnis zur Zeit überhaupt. Zeit und Zeitmessung begannen das Leben und die Tätigkeit in der industriellen Gesellschaft bis ins einzelne und genaueste zu regulieren, so daß die verwaltete Zeit zu einer Ware wurde, deren Mangel man immer deutlicher spürbar empfand. Von einer derartigen Erkenntnis blieb Chamissos Spiel mit der Zeitmaschine des Dampfrosses noch ein gutes Stück entfernt, aber Gedichte wie dieses haben ihre besondere Bedeutung darin, daß sie jene Spuren notieren, an denen die Wandlungen des Denkens und Empfindens und ihre Ursachen wie Folgen in der Geschichte sichtbar werden.

EPILOG

SIEBENTES KAPITEL

«EINE EPOCHE DIE SOBALD NICHT WIEDERKEHRT»

1.

Von einer «Epoche die sobald nicht wiederkehrt» hatte der fünfundsiebzig-jährige Goethe dem Freunde Zelter geschrieben, und daß sie beide – «mit vielleicht noch wenigen» – deren Letzte sein würden angesichts der Schnelligkeit einer Zeit der Eisenbahnen, Schnellposten und Dampfschiffe. (vgl. Bd. 1, S. 20). Abwägende historische Erkenntnis boten solche Worte freilich nicht; sie waren eher die vom nahen Lebensende melancholisch getönte, aber doch zugleich stolze Floskel eines alten Mannes, der sich und das im Leben Errungene im Wandel der Zeiten behauptete. Grund zum Stolz besaß er allemal, denn Bedeutendes hatte er zu diesem Wandel beigetragen. Spätere Verehrer haben sogar die gesamte Epoche innerhalb der Spanne seines Lebens aus Achtung vor dem Reichtum seines Werks und der Wirkung seiner Persönlichkeit zur «Goethezeit» erhoben. Aber lassen sich rund sechzig Jahre deutscher Kulturgeschichte wirklich nach einer einzigen Person benennen? Ist der Name nicht eher nur Metapher, entsprungen aus der Vorstellung von Geschichtsabläufen, die eine spätere Zeit in das Vergangene hineinträgt? Verrät überdies eine solche Metaphorisierung nicht zugleich auch schon die große Verlegenheit gegenüber der Bezeichnung von Zeitabschnitten in der Geschichte und demonstriert damit die begrenzte Aussagekraft derartiger Nomenklatur? Ging denn wirklich ein Zeitalter zu Ende, als Goethe 1827 seine Betrachtungen anstellte? Oder ging nicht vielmehr nur das Leben von ein paar alten Menschen zu Ende, neben die inzwischen Jüngere getreten waren, verehrend, respektlos oder gleichgültig den Älteren gegenüber und ganz mit sich selbst beschäftigt?

Die politische Geschichte verfügt in Gewalttaten, Revolutionen, Kriegen und Machtwechseln über Zäsuren, wie sie die Geschichte der Kultur nicht besitzt; der große Strom des Denkens und künstlerischen Gestaltens spült über die Felsblöcke und Staudämme der Politik hinweg, auch wenn sein Gang nicht unbeeinflußt von ihnen ist. Daß umgekehrt die Welt politischen Handelns von den Leistungen der Kultur beeinflußt werden könne, hat stets zu den großen Hoffnungen derjenigen gehört, die diese Leistungen hervorbringen.

Aber nicht auf Veränderungen in politischen Machtverhältnissen und auf das sich immer wieder ereignende Fremdwerden der Alten gegenüber den

Jungen bezog sich Goethes Betrachtung in erster Linie, sondern auf eine sehr viel größere, wahrhaft einzigartige Zäsur in der Geschichte der Menschheit. Denn zu seinen Lebzeiten begann jenes technische Zeitalter, jene gewaltigste aller Revolutionen, die menschliches Leben auf dem Erdball in seiner ganzen Weite umgestalten und am Ende sogar bedrohen sollte. Jeder Zeitgenosse des Jahres 1800 hätte, in eine Zeitmaschine versetzt, die Welt dreihundert oder auch fünfhundert Jahre früher der seinigen vertrauter gefunden als die technisierte, industrialisierte einhundert oder gar zweihundert Jahre später. Für manche Bürger des 19. Jahrhunderts erschienen bald schon die Jahrzehnte vor der Ausbreitung der industriellen Revolution wie eine letzte, abendliche Idylle vor dem Einbruch einer kalten, künstlich beleuchteten Nacht, und die anhaltende Faszination für eben diese «romantische» Zeit enthält immer wieder Spuren von Abwehr gegen die Überwältigung durch technische Macht.

Aber nicht müde und resignierend war letztlich Goethes Kommentar dem Freunde gegenüber. Was ihn selbst anging, so empfand er sein eigenes Zeitalter, wie andere seiner Weggefährten auch, eher als eine Morgendämmerung deutscher Kultur, was immer danach folgen mochte. «Der Tag ist angebrochen, und wir werden die Läden nicht wieder zumachen», hatte er selbstbewußt im Mai 1795 erklärt, als er sich gegen den *Literarischen Sansculottismus* eines Kritikers auflehnte, der nichts Taugliches in der jungen deutschen Literatur zu finden glaubte. In diesen Jahren wurden «Morgendämmerung» und «Sonnenaufgang» beliebte Sinnbilder Schriftsteller und Philosophen für ihr eigenes Zeitempfinden.

Daß sich Hoffnungen und Erwartungen auf dem Wege durch die Wirklichkeit nicht selten zu Enttäuschungen verwandeln, ist eine alte Weisheit. Im gegebenen Fall konnte bildlicher Ausdruck kaum hinreichend die großartigen Panoramen humanen Lebens erfassen, die der europäische Aufklärungs- und Befreiungsprozeß in der Sphäre der Gedanken hervorrief, ebensowenig wie sich die schöpferischen Energien bildlich bezeichnen ließen, die dieser Prozeß freisetzte. Am allerschwersten aber waren jene aus dem befreiten Denken nunmehr selbst entspringenden Widersprüche und Verstrickungen zu erkennen, zu benennen und zu verstehen, die wie Gorgonengestalten aus dem Fortschritt der Geschichte hervortraten, so daß Freiheit zu neuer Willkür erstarrte. Man werde künftig im Namen der Philosophie, so hatte Schiller im siebenten Brief *Über die ästhetische Erziehung des Menschen* (1795) mit prophetischer Skepsis geschrieben, «in andern Weltheilen in dem Neger die Menschheit ehren, und in Europa sie in dem Denker schänden» (vgl. Bd. 1, S. 138), falls es nicht gelinge, Sittlichkeit und Naturtriebe im harmonischen Menschen ins Gleichgewicht zu bringen.

Gerade hinsichtlich der Natur aber schwemmte neuer Erkenntnisoptimismus Bedenken zunächst hinweg, denn die Dialektik der Naturerkenntnis schritt langsam voran, und manche frühe Opposition gegen das umwälzend

Neue war auch wirklich nur auf kleinmütiger Ängstlichkeit gegründet. Langsam erst entstand die Vorahnung von großen Gefahren, die drohten, wenn der Zauberlehrling Mensch sich als Herr über Mächte fühlte, denen er als Naturwesen selbst unterworfen war. Goethes Beschwörung eines großen Ganzen der Schöpfung, das den untersuchenden und erkennenden Menschen zusammen mit seinem Untersuchungsgegenstand einschloß, war am deutlichsten Ausdruck einer besonnenen, weitsichtigen Ermahnung zu wissenschaftlicher Demut. Zunächst aber wuchs die Forschungslust ins Ungeheure, wenn eine experimentelle Wissenschaft aus Hypothesen Tatsachen machte, indem sie die Anwendbarkeit des Erkannten demonstrierte, Wahrheit als das wissenschaftlich Beweisbare und Erkennbare verstand und damit den Erkennenden nun wirklich zum Herrn der Erde zu erheben schien.

Daß das dokumentarisch Belegbare, experimentell Beweisbare und gesetzlich Faßbare durchaus noch nicht absolute Wahrheit darstellten, haben vor den Wissenschaftlern diejenigen eher verstanden, deren einziges Arbeitsmittel die Sprache ist, in der alle Erkenntnisse gefaßt sind: die Schriftsteller, die Dichter und Sprachkünstler. Denn die Sprache enthüllte rasch den schwankenden Grund der scheinbar objektiven Dokumente und Gesetze. Sprache blieb interpretierbar als immer wieder nur subjektiver Ausdruck. Das makabre Spiel mit Idealen zur Durchsetzung der praktischen Gewaltpolitik in der Französischen Revolution (vgl. Bd. 1, S. 88 f.) belegt das ebenso wie, als Beispiel für viele, der tiefe Erkenntniszweifel in der Sprache Heinrich von Kleists (vgl. S. 645).

Innerhalb des größeren europäischen Rahmens bildete sich bei den Deutschen eine eigene Kette von Verstrickungen und Widersprüchen heraus, die auf ihrer staatlich-politischen Verfassung gründete. In Goethes Jugend war es der Siebenjährige Krieg, in dem sich Preußen eine Machtposition gegenüber Österreich auf dem Territorium des Heiligen Römischen Reiches sicherte, wodurch eine folgenreiche Dualität von zwei großen deutschen Staaten entstand, eine Dualität überdies von Norden und Süden, Protestantismus und Katholizismus, die über die Metternichsche Restaurationspolitik weit in das 19. Jahrhundert hineinwirkte. Nationalstaatlichkeit war für die Deutschen fortan nur über die eine oder andere dieser beiden Mächte denkbar. Der großdeutsche Traum endete blutig, wie man weiß.

Die von den Gedanken der Aufklärung inspirierten politischen Bewegungen der Zeit nach dem Siebenjährigen Krieg – die Französische Revolution und die Kriege Napoleons – kamen von außen zu den Deutschen und änderten wenig an ihrem staatlichen Zustand. Die Revolution war ihrer Idee nach vom Universalismus aufklärerischen Denkens getragen und fragte nach Nationalität erst in zweiter Linie. Napoleon aber brauchte die gegensätzlichen Interessen deutscher Fürsten, um sie beherrschen zu können. Nach seinem Sturz war es dann Österreich und Preußen um ihrer

selbst willen nicht daran gelegen, alte Reichsideen erneut ins Leben zurück-
zurufen. Dafür wuchsen sie desto üppiger in den Köpfen weiter, wo sie
nicht an irgendeiner Praxis gemessen zu werden brauchten. Deutsche Kultur und deutsche politische Realität existierten, wenn auch nicht immer zum
Nachteil der ersteren, in zwei sehr getrennten Sphären. Stellte sich Kunst
im nachrevolutionären Frankreich weithin in den Dienst einer politischen
Vernunft – Jacques-Louis Davids Bildnis des ermordeten Marat ist das
sprechendste Zeugnis dafür (vgl. Bd. 1, S. 145) –, so entstanden in Deutsch-
land Werke, in denen die Ideen der Aufklärung, ungebrochen durch die
Forderungen der politischen Realität, weit über den Tag hinaus wirkten.
Gleichzeitig trieb ein solcher Zustand aber auch Blüten mit betäubendem, ja
giftigem Duft hervor, die häufig, auf lange Dauer und mit verhängnisvollen
Konsequenzen zum Kranz deutscher Nationaltugenden, der Treue, Ehre,
Einfalt, Redlichkeit, Tapferkeit, Opferbereitschaft, des Todesmutes und der
Todeslust, gewunden wurden.

In der Auflehnung gegen «literarischen Sansculottismus» konnte Goethe
sich mit Recht zugute halten, entscheidend bei der Schaffung einer deutschen literarischen Nationalkultur mitgewirkt zu haben, und er durfte später ebenso seine Lebenszeit durchaus mit diesen Gründerjahren identifizieren. Aber das, was er und viele seiner gleichaltrigen oder auch jüngeren,
von den universalistischen Ideen einer romantischen Kunst inspirierten
Weggefährten darunter verstanden, war beträchtlich verschieden von jenen
Blütenkränzen, die in den nationalistischen Quartieren eines Arndt, Fichte
oder Jahn geflochten wurden. Politisch dachte man weiterhin sächsisch,
weimarisch, preußisch, österreichisch oder württembergisch, literarisch
dachte und schrieb man deutsch, kulturell aber empfand man sich als Europäer. Erst in einem solchen Widerspiel von Grenzvorstellungen und Grenz-
definitionen läßt sich der historische Ort jener deutschen literarischen Kultur recht verstehen, die Goethe mit gutem Grund als Errungenschaft seiner
Epoche ansah. Sie gab dann in der Tat einem von partikularen Interessen
zerstückten Land eine gemeinsame Sprache und mit ihr eine Identität, die
stark an diese neue Kultur gebunden war. Die Kontinuität der jungen
Nationalsprache aber entwickelte sich jenseits aller intellektueller Differenzen. Für sie wirkten Lessing, Klopstock, Wieland, Goethe, Schiller und
Kant ebenso wie Jean Paul, Tieck, Arnim, Brentano oder die Brüder
Grimm und letzlich auch populäre Schriftsteller wie Kotzebue, die sich
nach den Vorbildern der Größeren dieser Sprache gleichfalls bedienten.

Für die auf kulturelle Leistungen gegründete deutsche Nationalität
wurde Goethe schließlich sichtbarster Repräsentant innerhalb und außerhalb deutscher Länder. In seiner Ballade «Der Sänger» aus dem Roman
Wilhelm Meisters Lehrjahre hatte Goethe Stolz und Freiheit des Dichters
gegenüber dem König – also die Gleichberechtigung idealler und kultureller Macht neben der politischen – anschaulich, eingängig und sinnfällig

vorgeführt. Vielfach variierten andere deutsche Schriftsteller das Bild vom Sänger vor dem König in den folgenden Jahren. Novalis machte den Sohn eines Sängers und einer Prinzessin zum König der Zukunft; Fouqué schwärmte von einer schönen Einigkeit zwischen beiden; Uhland ließ den Sänger erst im Tode triumphieren über die Macht eines die Kunst ebensowenig wie sein Volk respektierenden Herrschers, dessen Opfer er geworden war. Für Goethe jedoch ereignete sich der Triumph des Sängers in der vollen Wirklichkeit, als zu seinem Geburtstag 1827 der bayerische König Ludwig I. – nach den Worten der Anekdote «in einfacher bürgerlicher Kleidung» – als Gratulant in sein Haus am Weimarer Frauenplan kam, aus der Brusttasche seines Rockes ein Etui hervorholte und ihm das Großkreuz des bayerischen Verdienstordens verlieh. Wie König und Weimarischer Großherzog so mit Goethe im Gespräch standen, habe man den Dichter für den Fürsten ansehen müssen, «der mit zwei Untergebenen redete», wie ein Zeuge berichtet hat. Der König war zum Sänger gekommen, der Sänger aber auf dem Weg, ein Dichterfürst zu werden.

2.

Die Entstehung einer weithin bekannten und anerkannten deutschen literarischen Kultur und durch sie die Konsolidierung einer deutschen Nationalsprache waren Ereignisse von historischer Größe und Konsequenz. Man braucht nur die Orientierung auf Frankreich am Hof Friedrichs des Großen oder die beschränkten Lebensumstände und Abhängigkeiten des Herzoglich-Braunschweigischen Bibliothekars Gotthold Ephraim Lessing zu bedenken, um zu sehen, welch bedeutender, tiefgreifender Wandel sich hinsichtlich der gesellschaftlichen Achtung deutscher Literatur und deutscher Schriftsteller seitdem vollzogen hatte. Natürlich war ein solcher Wandel nicht allein Goethes Verdienst. Über die schwer bestimmbare Verkettung von Verdienst und Glück hat er selbst seinen Mephisto meditieren lassen. Talent und glückliche Lebensumstände, Konstitution und Selbstbildung jedoch ließen ihn in jene Rolle des Repräsentanten einer jungen Nationalkultur hineinwachsen, die seinen Namen über die deutschen Grenzen hinaustrug. Daß zu dieser Kultur insgesamt auch die seitdem der Welt unentbehrlich gewordenen Werke deutscher Philosophen, Philologen, Komponisten und bildenden Künstler gehören, darf bei der Betrachtung dieser Zeit nicht aus den Augen gelassen werden.

Die Patenschaft Goethes für ein ganzes Zeitalter deutscher Literatur ist nicht erst die Erfindung einer späteren Goethe-Philologie, sondern geht auf seine Zeitgenossen zurück. Aber die Akzente verschoben sich im Laufe der Zeit von kritischen Untertönen zu denen der Verehrung. Denn wie der Begriff «Romantik» als Epochenbezeichnung in der deutschen Literaturgeschichte aus der Polemik entstand, so auch derjenige der «Goethezeit». Es war Heinrich Heine, der ihm zuerst als Vorstellung, wenn auch nicht als Wortschöpfung, Bekanntheit verschaffte. «Das Prinzip der Goetheschen Zeit, die Kunstidee, entweicht, eine neue Zeit mit einem neuen Prinzipe steigt auf», schreibt er 1828 als Rezensent von Wolfgang Menzels *Die deutsche Litteratur*. Fünf Jahre später, in den Berichten aus Paris über *Französische Maler* (1833), entstand daraus ein eigener, neuer, durchaus kritisch gemeinter und zugleich nachhaltig wirksamer Begriff für diese Zeit: die «Kunstperiode». Seine «alte Prophezeiung vom Ende der Kunstperiode, die bei der Wiege Goethes anfing und bei seinem Sarge aufhören wird», scheine ihrer Erfüllung nahe zu sein, verkündet Heine dort ein Jahr nach Goethes Tod. Die Verurteilung der «jetzigen Kunst» als «welker Überrest», der im «abgelebten, alten Regime, in der heiligen römischen Reichsvergangenheit» wurzelt, traf nun zwar gewiß nicht die großen Werke dieser neuen, eben erst zu sich selbst gekommenen deutschen Literatur, sondern eher deren epigonale Nachklänge, die Heine, aus unmittelbarer Nähe, sehr wohl als Fortsetzung und Ertrag des Vorausgehenden erscheinen mochten. Aber das Wort von der «Kunstperiode» enthielt dennoch die durchaus richtige Beobachtung einer tiefen Kluft zwischen dieser Literatur, die Menschheitsprobleme zusammen mit deren humanen Lösungen erwog, und, auf der anderen Seite, der politischen Praxis des zerbrechenden beziehungsweise zerbrochenen Heiligen Römischen Reiches. Nur konnte aus Heines Polemik dann leicht der gewiß nicht zu rechtfertigende und von ihm auch kaum beabsichtigte Eindruck entstehen, als sei die «Kunstperiode» hauptsächlich ein Dichterkonvent in Wolkenkuckucksheim gewesen. Außerdem übertrieb Heine mit dem Recht des Polemikers, suchte er doch für sich selbst einen Weg zu bahnen und statt der «müßig dichtenden Seele», die hermetisch verschlossen sei «gegen die großen Schmerzen und Freuden der Zeit», die Idee einer neuen Kunst zu erträumen, die mit der Zeit in begeistertem Einklang stehe.

Heines ausgreifende Kritik an der «Kunstperiode» der «Goethezeit» war ein Akt der Selbstbestimmung und Selbstbehauptung gegen übermächtige Vorbilder. Noch einmal, am Eingang zur *Romantischen Schule* (1833), wiederholt er seine Behauptung von der «Endschaft der ‹Goetheschen Kunstperiode›». Aus ihr war er hervorgewachsen, und mit der in ihr gebildeten deutschen Sprache, mit ihren Bildern und Formen arbeitete er selbst als Lyriker und Dramatiker. Daß diese Kunst einer nunmehr vergangenen Epoche nicht deutlich sichtbar das erreicht hatte, was ihre Schöpfer sich von ihr erhofften und versprachen, nämlich Mittel ästhetischer Erziehung zu sein oder gesellschaftsbildende Universalpoesie, war nicht ihr allein zum Vorwurf zu machen. Daß Kunst ohnehin nie in einem unmittelbaren Kausalitätsverhältnis zur Wirklichkeit steht, wußten Schiller oder Friedrich Schlegel und auch Heine sehr gut. Heine nimmt in dem, was er über den

Widerspruch zwischen deutscher Wirklichkeit und deutscher Literatur feststellt, im Grunde nur jene Beobachtung auf, die schon Goethe in seiner
Polemik gegen *Literarischen Sansculottismus* gemacht hatte, daß nämlich ein
«klassischer Nationalautor» nur dann entstehe, wenn er «in der Geschichte
seiner Nation große Begebenheiten und ihre Folgen in einer glücklichen
und bedeutenden Einheit» vorfinde und er selbst, «vom Nationalgeiste
durchdrungen, [...] mit dem Vergangenen wie mit dem Gegenwärtigen»
sympathisiere. Eben das aber, so hatte Goethe behauptet, gelte alles nicht
für die Deutschen, deren politische Verhältnisse ihnen diese Integration von
Geschichte und Kultur versagt haben. Daß dennoch gerade aus einer solchen deutschen Situation heraus eine Literatur von eigener nationaler
Bedeutung im Entstehen begriffen sei, hielt Goethe damals der Kritik entgegen, und er rechnete sich dieser Literatur mit Recht zu. Heine wiederum
sah rund vierzig Jahre später, daß von jener neuen Kunst offenbar nicht die
Impulse ausgegangen waren, die ihre lebendige Kraft über die Ursprungs-
zeiten hinaus hätte erhalten können. Das war ein Urteil um der Selbstfindung willen und ohne die Möglichkeit zur Überschau – manches war
damals noch unzulänglich überliefert, und Hölderlin oder Kleist sind dem
Autor der *Romantischen Schule* noch unbekannt. Gerade um sie aber hat
sich die Aura hohen Künstlertums gebildet und beide – neben einem «Dichterfürsten» wie Goethe, dessen Künstlertum zugleich als Lebensleistung
anerkannt wurde – zu den wahrhaft großen Repräsentanten dieser Epoche
heranwachsen lassen, weil in ihrem Werk, dem Werk der Verkannten, Verlorenen, Gescheiterten, die unaufgehobenen Widersprüche, Mißverhält-
nisse und Dissonanzen der Zeit thematisch wie ästhetisch selbst künstlerische Gestalt annahmen und dauernder Ausdruck der Unerlöstheit geworden sind. Dergleichen hatte die Literatur in diesem Ausmaß bisher noch
nicht gekannt. Allein durch die Kenntnis dieser beiden Autoren wäre bereits
für den Kritiker und Literaturhistoriker Heine eine völlig andere und neue
Perspektive für sein Bild einer «Kunstperiode» entstanden. Daß er im übrigen von einer neuen Kunst mehr erhoffte, als Kunst überall und zu allen
Zeiten zu bieten vermag, war um des Sinnes der eigenen Tätigkeit willen
vonnöten, machte ihn aber auch wieder nur zum jüngeren Bruder seiner
literarischen Vorgänger. Denn »alle Poesie ist eine Fortbildung und lehnt
sich an etwas früheres an», hat August Wilhelm Schlegel einmal in einem
Brief an seinen Bruder Friedrich (19. 8. 1809) erklärt.

3.

Besaß Goethe also durchaus ein gutes Recht, seine Lebenszeit als eine Epoche eigener Art zu empfinden, so schließt das natürlich nicht die großen
Gegensätze aus, die in ihr zu Tage traten und von denen die inneren Span-

nungen seines Werkes künden. Die Ablösung antiker Klassik als Muster für Kunst und Bildung durch die näher am eigenen Haus liegende Tradition christlicher Kunst unter dem Losungswort des Romantischen bewirkte nicht nur einen Wechsel von Kunststilen, sondern führte auch zu neuen Denk- und Lebensformen. Sie bildete die ideelle Grundlage für ein Denken im Bilde gegenwärtiger europäischer Nationen, im Bilde von Kirchen und schließlich in dem des sich frei behauptenden Ichs – das Wort war durch Fichte sprachliches Gemeingut geworden. Fragen bleiben offen. Sind politische und gesellschaftsgeschichtliche Umstände wie eine Revolution in Frankreich und die allmähliche Emanzipation des Bürgertums auch in Deutschland eine ausreichende Erklärung dafür, daß innerhalb von wenigen Jahren, zwischen 1795 und 1800, eine junge Generation von Künstlern mit Vehemenz ans Licht trat, vergleichbar jener jungen Opposition des Sturm und Drang in den siebziger Jahren? Oder gibt es etwa jenseits historischer Gründe je nach Stärke und Wirkungskraft der Talente so etwas wie Karenzzeiten, innerhalb derer neue Talente keine Chance haben, danach aber um so mehr? Mit solchen Fragen sieht sich die Literaturgeschichte konfrontiert, sobald sie aus den ausgefahrenen Gleisen der Epochenbegriffe heraustritt, sich der vielen in einem Kunstwerk wirkenden Kräfte bewußt wird und sich nicht mehr in erster Linie als Interpretin des Weltlaufs oder als Illustratorin der Zeitgeschichte betrachtet. Daß sich in der hier beschriebenen Epoche Wandlungen vollzogen, die weit über die Veränderung von Kunststilen hinausgehen und vieles von dem sichtbar werden lassen, was im westlichen Denken mit dem irisierenden Begriff des Modernen bezeichnet wird, ist im Laufe der hier vorgelegten Darstellung der Literaturgeschichte immer wieder aufgewiesen worden.

Könnte Goethe heute auf die spätere Wirkung seiner selbst und seiner schreibenden Zeitgenossen blicken, so würde er sich und ihnen den Titel «klassischer Autor» trotz aller Vorbehalte gegenüber der Ungunst deutscher Verhältnisse dennoch nicht versagen können. Entstanden war um 1800 eine wahrhaft bürgerliche Kultur, eine Kultur für Staatsbürger in einem politisch dezentralisierten, partikularisierten Lande. Schriftsteller und Künstler, das Theater und die Schauspieler stiegen nach und nach zu gesellschaftlicher Achtung auf, was alle Vor- und Nachteile einer Unabhängigkeit einschloß, die in zunehmendem Maße auf einem Geldverhältnis beruhte. Das Brockhaussche *Conversations-Lexicon* von 1824 stellte dementsprechend fest: «Unsere Dichter fangen allmählig an zu erkennen, daß auch ihr Handwerk seinen goldenen Boden habe, freilich auf die Gefahr hin, eben zu Handwerkern zu werden.»

Unermeßlich ist, was aus den Werken dieser Jahre – den inzwischen vergessenen, den noch lebendigen oder den erst in jüngerer Zeit wiederentdeckten – in das Kollektivbewußtsein und Kollektivgedächtnis der Deutschen eingegangen ist als Lieder, Gedichte, Sprüche und Zitate, als

Schullektüre oder als Rezitationsstoff bei nationalen und regionalen Feierlichkeiten und schließlich als deutsches Theater. Auch wenn vieles versunken ist, was damals geschrieben wurde und was heute nur dem einen oder anderen Archäologen der Schreibkunst vielleicht noch der Rettung wert erscheint – gänzlicher Mißachtung durch die deutsche Nachwelt könnten sich die Autoren dieser Jahre gewiß nicht beklagen. Gesellschaften sind zur Pflege ihres Werks gegründet, Preise in ihrem Namen gestiftet und oft ganze Jubiläumsjahre nach ihnen benannt worden. Jahrbücher werden ihnen gewidmet, Kongresse ihnen zu Ehren veranstaltet und monumentale Editionen ihrer Werke gedruckt. Auch Schulen, Straßen und Plätze tragen ihre Namen, und ihre Denkmäler stehen an prominenten Orten in Stadt und Land. Ihre Häuser sind zu Museen geworden, soweit sie die Irrungen der deutschen Geschichte überdauert haben. Nur die Theodor-Körner-Eichen wurden inzwischen zumeist gefällt, was nicht allein mit dem Gang der Natur, sondern wohl ebenfalls mit den Irrungen der deutschen Geschichte zu tun hat.

Nicht alle Dichterinnen und Dichter dieser Epoche sind von den Nachfahren gleichermaßen mit Aufmerksamkeit bedacht worden. Literarische Interessen pflegen wie Aktien zu steigen und zu fallen. Der Aufstieg von Hölderlin und Kleist im 20. Jahrhundert nicht nur zu nationaler, sondern allmählich auch zu internationaler Achtung ist wohl das außerordentlichste Beispiel eines Interessenwandels der Nachwelt. In den Worten der Unglücklichen, Mißachteten begann eine am eigenen Glück zweifelnde, an hohen Zielen irre gewordene Leserschaft nach Sympathien und Selbstverständnis zu suchen.

Eine andere Frage bleibt, was die Erben jeweils mit ihrem Erbe anstellten, wie sie es lasen und welchen Gebrauch sie davon machten. Darüber haben die Erblasser keine Kontrolle mehr, und auch scheinbar klare Sätze in Testamenten lassen sich, wie man weiß, interpretieren. Weimar erhielt Symbolwert für Humanität in der deutschen Geschichte. Aber da es in den Werken dieser Jahre häufig genug um deutsche Nation und deutschen Staat ging, hat sich auch aggressiver Nationalismus zuweilen seine Munition aus ihnen besorgt und politischer wie religiöser Rigorismus Legitimation dort gesucht, wo es in Wirklichkeit eher um die Entdeckung neuer Bereiche des Fühlens und Denkens, des Begreifens der Wirklichkeit im Ablauf der Geschichte ging. Denn diese Gründerjahre deutscher Nationalliteratur waren eine aufregende, bewegte Zeit des Suchens nach Fragen wie nach Antworten für die individuelle wie gesellschaftliche Existenz des Menschen; sie waren nicht eine Zeit der Verkündung ewiger Wahrheiten.

Goethe, so bemerkt ein Rezensent seiner Werke in der *Allgemeinen Literatur-Zeitung* am 21. August 1807, sei «unläugbar *der* Dichter», der in sich allein eine Universalität vertrete, «die wir dem Genius unsrer Sprache und der Verspätung ihrer Kultur zu danken haben». Daß die deutsche literarische Kultur mit Goethe und Schiller wie mit Lessing, Klopstock und Wieland sowie mit den meisten anderen in dieser Literaturgeschichte betrachteten Schriftstellern ihre «Verspätung» endlich aufholte und respektabel neben die Kultur der Engländer, Franzosen, Italiener und Spanier in der Achtung der Welt trat, haben die Deutschen ihren Dichtern gedankt. Eine substantielle Spezialforschung über nahezu jeden der Autoren dieser Jahre ist daraus entstanden. Die Biographien oder Psychographien der Autoren, ihre Lebensbedingungen, die Entstehungsgeschichten der Werke, die Techniken und Gedanken beim Schreiben, die Wechselbeziehungen zwischen Literatur, Philosophie, fortschreitender Naturerkenntnis sowie den sich verändernden gesellschaftlichen Werten sind in einem Maße erforscht worden wie für keine Zeit vorher und, in solcher Fülle, wohl auch nicht mehr wieder für eine darauffolgende.

Die Suche nach Garantien für freies, sicheres Leben und die Mühe um die Durchsetzung und den Triumph des Guten, Humanen unter den Menschen sind seitdem unablässig weitergegangen. Was Kunst zu diesem Zwecke anbieten kann, blieb letztlich auch am Ende der «Kunstperiode» offen. Im selben Jahre 1827, da Goethe dem Freunde Zelter gegenüber von der Epoche spricht, die sobald nicht wiederkehren werde, machte er sich bei der erneuten Lektüre der *Poetik* des Aristoteles ein paar Aufzeichnungen zur kathartischen Kraft der Tragödie, die mit den Worten schließen:

> «Hat nun der Dichter an seiner Stelle seine Pflicht erfüllt, einen Knoten bedeutend geknüpft und würdig gelöst, so wird dann dasselbe in dem Geiste des Zuschauers vorgehen; die Verwicklung wird ihn verwirren, die Auflösung aufklären, er aber um nichts gebessert nach Hause gehen; er würde vielmehr, wenn er asketisch-aufmerksam genug wäre, sich über sich selbst verwundern, daß er ebenso leichtsinnig als hartnäckig, ebenso heftig als schwach, ebenso liebevoll als lieblos sich wieder in seiner Wohnung findet, wie er hinausgegangen.»

Unter solchen Umständen wäre bestenfalls nur noch das Verwundern aus «asketisch-aufmerksamer», strenger Selbstbefragung der Ertrag einer Begegnung mit Literatur. Aber was wie tiefste Resignation klingt, bezeichnet vielleicht gerade das Maximum dessen, was Literatur, wie alle Kunst, überhaupt zu erreichen vermag.

BIBLIOGRAPHIE

REGISTER

BIBLIOGRAPHIE

Vorbemerkung

Die folgende Bibliographie ist als Ergänzung zu derjenigen im ersten Band dieses Werkes gedacht (Bd. 1, S. 682–737). Die Liste der Bibliographien und Nachschlagewerke (Bd. 1, S. 684 f.) habe ich nicht wiederholt. Die Ergänzungen gelten den Autoren und Werken des hier behandelten Zeitabschnitts. Außerdem sind einige Nachträge zu den allgemeinen Darstellungen von Themen und Gattungen aufgenommen worden. Für die Auswahl habe ich mich an das gehalten, was ich in Bd. 1, S. 682, dargelegt habe. Grundsätzlich habe ich auch hier auf die Wiederholung von Titeln unter verschiedenen Rubriken verzichtet und, von wenigen Ausnahmen abgesehen, ebenso darauf, durch ihren Titel klar auf die Epoche bezogene Sammelbände in die einzelnen Beiträge aufzuschlüsseln. Zu Philosophen und Naturwissenschaftlern sind nur Titel genannt worden, die für die Literaturgeschichte relevant sein können. Insgesamt ist diese Bibliographie als Hilfe zum Einarbeiten in einzelne Studienbereiche gedacht. Für Korrekturen oder für Hinweise auf wichtige Arbeiten, die man sich genannt wünscht, bin ich wiederum dankbar.

ABKÜRZUNGEN

Archiv	= Archiv für das Studium der neueren Sprachen und Literaturen
AUMLA	= AUMLA. Journal of the Australasian Universities Language and Literature Association
Aurora	= Aurora. Jahrbuch der Eichendorff-Gesellschaft
Dt. Dichter der Romantik	= Wiese, B. von (Hrsg.): Deutsche Dichter der Romantik. Ihr Leben und Werk. 2. Aufl. Berlin 1983
DU	= Deutschunterricht
DVjs	= Deutsche Vierteljahrsschrift für Literaturwissenschaft und Geistesgeschichte
EG	= Etudes Germaniques
Fs.	= Festschrift
GLL	= German Life and Letters
Goethe	= Goethe-Jahrbuch 1–34 (1880–1913) Jahrbuch der Goethe-Gesellschaft 1–21 (1914–1935) Goethe. Vierteljahresschrift der Goethe-Gesellschaft. 1–9 (1936–1944) Goethe. N. F. des Jahrbuchs der Goethe-Gesellschaft 10–33 (1947–1971) Goethe-Jahrbuch 89 ff. (1972 ff.)
Goethe Yearbook	= Goethe Yearbook. Publications of the Goethe Society of North America
GQ	= The German Quarterly
GR	= The Germanic Review
GRM	= Germanisch-Romanische Monatsschrift
IASL	= Internationales Archiv für Sozialgeschichte der deutschen Literatur
Jb.	= Jahrbuch
JbDASpr	= Jahrbuch der Deutschen Akademie für Sprache und Dichtung
JbDSG	= Jahrbuch der Deutschen Schillergesellschaft
JbFDH	= Jahrbuch des Freien Deutschen Hochstifts
JEGP	= Journal of English and Germanic Philology
KJb	= Kleist-Jahrbuch
LfL	= Literatur für Leser. Zeitschrift für Interpretationspraxis und geschichtliche Texterkenntnis

LJbGG	= Literaturwissenschaftliches Jahrbuch der Görres-Gesellschaft
MittHoffGes	= Mitteilungen der E. T. A. Hoffmann-Gesellschaft
MLN	= Modern Language Notes
MLR	= Modern Language Review
Monatshefte	= Monatshefte für deutschen Unterricht, deutsche Sprache und Literatur
N. F.	= Neue Folge
NGS	= New German Studies
N. S.	= New Series
OGS	= Oxford German Studies
PEGS	= Publications of the English Goethe Society
PMLA	= Publications of the Modern Language Association of America
WB	= Weimarer Beiträge
WW	= Wirkendes Wort
ZfdPh	= Zeitschrift für deutsche Philologie

ALLGEMEINER TEIL

AUTOREN

Die Titel sind geordnet nach:
(a) Ausgaben
(b) Briefe und Lebenszeugnisse
(c) Bibliographien, Forschungsberichte und andere wissenschaftliche Hilfsmittel
(d) Biographien, Gesamtdarstellungen und allgemeine Forschungsliteratur

Arndt

(a) Sämmtliche Werke. Bd. 1–14. Leipzig/Magdeburg 1892 (–1909).
Ausgewählte Werke in 16 Bdn. Hrsg. und mit Einleitungen und Anmerkungen versehen von H. Meisner und R. Geerds. Leipzig 1908.
(b) Briefe. Hrsg. von A. Dühr. 3 Bde. Darmstadt 1972–1975.
(c) Schäfer, K. H., Schawe, J.: Ernst Moritz Arndt. Ein bibliographisches Handbuch 1769–1969. Bearb. und eingel. von K. H. Schäfer. Bonn 1971.
(d) Arndt, H. von: Das Abenteuer der Befreiung: Ernst Moritz Arndt und die Forderung seiner Zeit. Leoni 1960.
Engels, F.: Ernst Moritz Arndt (1841). In: H. Mayer (Hrsg.), Meisterwerke deutscher Literaturkritik. Bd. 1. Berlin 1956, 239–54.
Lange, G.: Der Dichter Arndt. Berlin 1910.
Markwardt, B.: Greifswalder Dozenten als Dichter. Zur Würdigung Ernst Moritz Arndts und G. L. Kosegartens. In: Fs. zur 500-Jahrefeier der Universität Greifswald, Bd. 1 (1956), 227–60.
Schäfer, K. H.: E. M. Arndt als politischer Publizist. Studien zu Publizistik, Pressepolitik und kollektivem Bewußtsein im frühen 19. Jahrhundert. Bonn 1974.

Ludwig Achim von Arnim (vgl. Bd. 1, S. 686)

(b) Arnim, Achim von: Briefe an Savigny 1803–1831. Hrsg. und kommentiert von H. Härtl. Weimar 1982.
Achim und Bettina in ihren Briefen. Briefwechsel Achim von Arnim und Bettina Brentano. Hrsg. von W. Vordtriede. 2 Bde. Frankfurt a. M. 1961.
Bettine und Arnim. Briefe der Freundschaft und Liebe. Hrsg. von O. Betz und V. Straub. Bd. 1: 1806–1808. Frankfurt a. M. 1986.
Unbekannte Briefe von und an Achim von Arnim aus der Sammlung Varnhagen und anderen Beständen. Hrsg. von H. F. Weiss. Berlin 1986.
(d) Frye, L. O.: Textstruktur als Kunstauffassung. Achim von Arnim und die Ästhetik Schillers. In: LJbGG 25 (1984), 131–54.
Härtl, H.: Arnim und Goethe. Zum Goethe-Verhältnis der Romantik im ersten Jahrzehnt des 19. Jahrhunderts. Halle 1971.
Henckmann, G.: «... wie die alten Amazonen der Fabelwelt». Die antike Mythologie im Werk Achim von Arnims. In: K. Richter/J. Schönert (Hrsg.), Klassik und Moderne. Stuttgart 1983, 272–88.
Kastinger-Riley, H. M.: Achim von Arnim mit Selbstzeugnissen und Bilddokumenten. Reinbek 1979 (mit Bibliographie).

Knaack, J.: Achim von Arnim – Nicht nur Poet. Die politischen Anschauungen Arnims in ihrer Entwicklung. Darmstadt 1976.

Rudolph, G.: Studien zur dichterischen Welt Achim von Arnims. Berlin 1958.

Bettine von Arnim

(a) Sämtliche Schriften. 11 Bde. Weimar 1853.
Sämtliche Werke. Hrsg. von W. Oehlke. 7 Bde. Berlin 1920–22.
Werke und Briefe. Hrsg. von G. Konrad. 5 Bde. Köln 1959–63.
Werke und Briefe in 3 Bdn. Hrsg. von W. Schmitz und S. von Steinsdorff. Frankfurt a. M. 1986 ff.

(b) Der Briefwechsel Bettine von Arnims mit den Brüdern Grimm 1838–1841. Hrsg. von H. Schultz. Frankfurt a. M. 1985.
Meyer-Hepner, G.: Der Magistratsprozeß der Bettina von Arnim. Weimar 1960.

(c) Perels, C./Schultz, H. (Hrsg.): Herzhaft in die Dornen der Zeit greifen . . . Bettine von Arnim 1785–1859. Ausstellung. [Katalog]. Freies Deutsches Hochstift, Frankfurt a. M. 1985.

(d) Drewitz, I.: Bettine von Arnim. Romantik, Revolution, Utopie. Düsseldorf/Köln 1969.
Frühwald, W.: «Mephisto in weiblicher Verkleidung». Das Werk Bettine von Arnims im Spannungsfeld von Romantik und sozialer Revolution. In: JbFDH 1985, 202–22.
Hahn, K.-H.: Bettina von Arnim in ihrem Verhältnis zu Staat und Politik. Mit einem Anhang ungedruckter Briefe. Weimar 1959.
Härtl, H./Hoock-Demarle, M.-C./Schultz, H.: Bettine von Arnim. Romantik und Sozialismus (1831–1859). Trier 1987 (Schriften aus dem Karl-Marx-Haus 35).
Hirsch, H.: Bettine von Arnim mit Selbstzeugnissen und Bilddokumenten. Reinbek 1987 (mit Bibliographie).
Lilienfein, H.: Bettina. Dichtung und Wahrheit ihres Lebens. München 1949.
Mattenklott, G.: Bettina von Arnim – Versuch eines Porträts. In: Neue Sammlung 24 (1984), 301–14.
Milch, W.: Die Junge Bettine. 1785–1811. Ein biographischer Versuch. Heidelberg 1968.
Oehlke, W.: Bettina von Arnims Briefromane. Berlin 1905. Nachdr. New York 1970.
Vordtriede, W.: Bettina und Goethe in Teplitz. In: JbFDH 1964, 366–78.
Wallace, E.: Die Günderode und Bettina. In: Castrum Peregrini 12 (1953), 5–31.
Zimmermann, M. J.: Bettina von Arnim als Dichterin. Lörrach 1958.

Baggesen

(a) Baggesen, J.: Poetische Werke in deutscher Sprache. Hrsg. von den Söhnen des Verfassers, Carl und August Baggesen. 3 Bde. Leipzig 1836. 3. Bd.: «Der vollendete Faust». Nachdr., hrsg. und mit einer Einführung von L. L. Albertsen. Bern/Frankfurt a. M./New York 1985.
Baggesen, J.: Der Karfunkel oder Klingklingel-Almanach. Ein Taschenbuch für vollendete Romantiker und angehende Mystiker. Stuttgart 1809. Nachdr., hrsg. und mit einer Einführung von G. Schulz. Bern/Frankfurt a. M./Las Vegas 1978.

(d) Albertsen, L. L.: Odinsmythos in Jens Baggesens Dichtung und Philosophie. In: GRM, N. F. 20 (1970), 189–204.
Albertsen, L. L.: Das vorgeformte Wort. Baggesen als Übersetzer und Parodist. In: Nerthus 2 (1969), 151–85.

Nägele, H.: Jens Baggesen über das Verhältnis des deutschen Idealismus zur Französischen Revolution. In: JbFDH 1974, 323–43.

Brentano (vgl. Bd. 1, S. 686)

(b) Steig, R.: Clemens Brentano und die Brüder Grimm. Stuttgart/Berlin 1914. Nachdr. Bern 1969.

(d) Fetzer, J. F.: Clemens Brentano. Boston 1981.
Fetzer, J. F.: Romantic Orpheus. Profiles of Clemens Brentano. Berkeley 1974.
Frühwald, W.: Das Spätwerk Clemens Brentanos (1815–1842). Romantik im Zeitalter der Metternichschen Restauration. Tübingen 1977.
Frühwald, W.: Das verlorene Paradies. Zur Deutung von Clemens Brentanos «Herzlicher Zueignung» des Märchens «Gockel, Hinkel und Gackeleia» (1838). In: LJbGG. N. F. 3 (1962), 113–92.
Henel, H.: Erfüllte Form. Brentanos Umgestaltung der europäischen Kunstpoesie. In: JbDSG 22 (1978), 443–73.
Kastinger-Riley, H. M.: Clemens Brentano. Stuttgart 1985.
Schiel, H.: Clemens Brentano und Luise Hensel. Mit bisher ungedruckten Briefen. Aschaffenburg 1956.

Chamisso

(a) Sämtliche Werke. Textredaktion J. Perfahl, Anm. von V. Hoffmann. 2 Bde. München 1975.
Sämtliche Werke in zwei Bdn. Hrsg. von W. Feudel und C. Laufer. München/ Wien 1982.

(c) Brockhagen, D.: Adelbert von Chamisso. In: A. Martino (Hrsg.), Literatur in der sozialen Bewegung. Aufsätze und Forschungsberichte zum 19. Jahrhundert. Tübingen 1977, 373–423.
Schmidt, G.: Chamisso als Naturforscher. Eine Bibliographie. Leipzig 1942.

(d) Feudel, W.: Adelbert von Chamisso. Leben und Werk. Leipzig 1971.
Kroner, P. A.: Adelbert von Chamisso. In: Dt. Dichter der Romantik, 371–90.
Menza, G.: Adelbert von Chamissos «Reise um die Welt mit der Romanzoffischen Entdeckungs-Expedition in den Jahren 1815–1818». Versuch einer Bestimmung des Werkes als Dokument des Überganges von der Spätromantik zur vorrealistischen Biedermeierzeit. Frankfurt a. M./Bern/Las Vegas 1978.
Miller, N.: Chamissos Schweigen und die Krise der Berliner Romantik. In: Aurora 39 (1979), 101–19.
Schwann, J.: Vom «Faust» zum «Peter Schlemihl». Kohärenz und Kontinuität im Werk Adelbert von Chamissos. Tübingen 1984.
Schweizer, N. R.: A poet among explorers. Chamisso in the South Seas. Bern/ Frankfurt a. M. 1973.

Eichendorff

(a) Sämtliche Werke. Historisch-kritische Ausgabe. In Verbindung mit P. A. Becker hrsg. von W. Kosch und A. Sauer. (Ab 1923: Hrsg. von W. Kosch; ab 1962: Begründet von A. Sauer und W. Kosch. Fortgeführt und hrsg. von H. Kunisch, seit 1970 hrsg. von H. Kunisch und H. Koopmann. Regensburg 1908 ff., seit 1970 Stuttgart/Berlin/Köln/Mainz.)
Werke. Hrsg. von J. Perfahl/A. Hillach/M. Korfsmeyer/K.-D. Krabiel. 4 Bde. München 1970–80.

Werke in 5 Bdn. Hrsg. von W. Frühwald/B. Schillbach/H. Schultz. Frankfurt a. M. 1985 ff.

(b) Joseph von Eichendorff im Urteil seiner Zeit. Hrsg. von G. und I. Niggl. T. 1: Dokumente 1788–1843. T. 2: Dokumente 1843–1860. Stuttgart/Berlin 1975–76.

(c) Joseph Freiherr von Eichendorff 1788–1857. Leben, Werk, Wirkung. Ausstellung. [Katalog]. Köln 1983.

Eichendorff, K. Freiherr von: Ein Jahrhundert Eichendorff-Literatur. Regensburg 1927.

Hillach, A./Krabiel, K.-D.: Eichendorff-Kommentar. 2 Bde. München 1971/72.

Krabiel, K.-D.: Joseph von Eichendorff. Kommentierte Studienbibliographie. Frankfurt a. M. 1971.

Mauser, W.: Eichendorff-Literatur 1959–1962; 1962–1967. In: DU 14 (1962), H. 4, Beilage 1–12 und 20 (1968), H. 3, Beilage 1–24.

Meyer, H. M.: Eichendorff-Bibliographie. In: Aurora 13 ff. (1953 ff.). Seit 1978 ff. bearb. von I. Holtmeier.

(d) Adorno, T. W.: Zum Gedächtnis Eichendorffs. In: T. W. A., Noten zur Literatur I. Frankfurt a. M. 1958, 105–34.

Bianchi, L.: Italien in Eichendorffs Dichtung. Eine Untersuchung. Bologna 1937.

Bormann, A. von: Natura loquitur. Naturpoesie und emblematische Formel bei Joseph von Eichendorff. Tübingen 1968.

Frühwald, W.: Eichendorff-Chronik. Daten zu Leben und Werk. München 1977.

Frühwald, W.: Der Philister als Dilettant. Zu den satirischen Texten Joseph von Eichendorffs. In: Aurora 36 (1976), 7–26.

Frühwald, W.: Der Regierungsrat Joseph von Eichendorff. In: IASL 4 (1979), 37–67.

Hass, H.-E.: Eichendorff als Literarhistoriker. Historismus und Standpunktforschung – ein Beitrag zur Geschichte der Literaturgeschichtsschreibung und ihrer Methodenprobleme. In: Jb. für Ästhetik und allgemeine Kunstwissenschaft 2 (1952–54), 103–77.

Köhnke, K.: Eichendorff und Novalis. In: Aurora 45 (1985), 63–90.

Koopmann, H.: Joseph von Eichendorff. In: Dt. Dichter der Romantik, 391–418.

Krüger, P.: Eichendorffs politisches Denken. Würzburg 1969.

Kunz, J.: Eichendorff. Höhepunkt und Krise der Spätromantik. Oberursel 1951.

Lämmert, E.: Eichendorffs Wandel unter den Deutschen. In: H. Steffen (Hrsg.), Die deutsche Romantik. Poetik, Formen und Motive. Göttingen 1967, 219–76.

Langner, I.: Eichendorff, die Revolution, die Revolte und die Fahrenden Gesellen. In: Frankfurter Hefte 36 (1981), 53–64.

Lukács, G.: Eichendorff. In: G. L., Deutsche Realisten des 19. Jahrhunderts. Berlin 1951, 49–65.

Lüthi, H. J.: Dichtung und Dichter bei Joseph von Eichendorff. Bern/München 1966.

Möbus, G.: Der andere Eichendorff. Zur Deutung der Dichtung Joseph von Eichendorffs. Osnabrück 1960.

Nehring, W.: Eichendorff und E. T. A. Hoffmann: antagonistische Bruderschaft. In: Aurora 45 (1985), 91–105.

Niggl, G. und I. (Hrsg.): Joseph von Eichendorff im Urteil seiner Zeit. Bd. 3 Kommentar und Register. Stuttgart 1975–86.

Pörnbacher, H.: Joseph Freiherr von Eichendorff als Beamter, dargestellt auf Grund bisher unbekannter Akten. Troisdorf 1964.

Pott, H.-G. (Hrsg.): Eichendorff und die Spätromantik. Paderborn 1985.

Rehm, W.: Prinz Rokoko im alten Garten. Eine Eichendorff-Studie. In: JbFDH 1962, 97–207.

Sauter Baillet, T.: Die Frauen im Werk Eichendorffs. Bonn 1972.
Scheibe, C.F.: Symbolik der Geschichte in Eichendorffs Dichtung. In: LJbGG, N.F. 6 (1965), 155–77.
Schwarz, E.: Joseph von Eichendorff. New York 1972.
Schwarz, P.P.: Aurora. Zur romantischen Zeitstruktur bei Eichendorff. Bad Homburg v.d.H. 1970.
Schwering, M.: Eichendorff und C.D.Friedrich. Zur Ikonographie des romantischen Landschaftsbildes. In: Aurora 44 (1984), 130–46.
Seidlin, O.: Versuche über Eichendorff. Göttingen 1965.
Stöcklein, P. (Hrsg.): Eichendorff heute. Stimmen der Forschung, mit einer Bibliographie. 2.Aufl. Darmstadt 1966.
Stöcklein, P.: Joseph von Eichendorff mit Selbstzeugnissen und Bilddokumenten. Reinbek 1963 (mit Bibliographie).
Thurnher, E.: Eichendorffs «Geschichte des Romans». In: A.Fuchs/H.Motekat (Hrsg.), Stoffe, Formen, Strukturen, Studien zur deutschen Literatur. München 1962, 361–79.
Uhlendorf, F.: Eichendorff, der Freiheitsgedanke und die Freiheitsbewegung. In: Aurora 16 (1956), 35–44.

Fichte

(d) Jacobs, W.G.: Johann Gottlieb Fichte mit Selbstzeugnissen und Bilddokumenten. Reinbek 1984 (mit Bibliographie).
Widmann, J.: Johann Gottlieb Fichte. Einführung in seine Philosophie. Berlin/New York 1982.

Fouqué

(a) Ausgewählte Werke. Ausgabe letzter Hand. 12 Bde. Halle 1841.
Werke. Auswahl in drei Teilen. Hrsg. mit Einleitungen und Anmerkungen versehen von W.Ziesemer. Berlin/Leipzig/Wien/Stuttgart 1908. Nachdr. Hildesheim/New York 1973.
Romantische Erzählungen. Nach den Erstdrucken mit Anmerkungen, Zeittafel, Bibliographie und einem Nachwort hrsg. von G.Schulz. 2.Aufl. München 1985.
(b) Briefe an Friedrich Baron de la Motte Fouqué. Mit einer Biographie Fouqués von J.E.Hitzig und einem Vorwort und biographischen Notizen von Dr. H.Kletke hrsg. von A.Baronin de la Motte Fouqué. Berlin 1848.
(d) Lehmann, W.: Fouqué, romantischer Don Quixote. In: Sämtliche Werke. Gütersloh 1962, 3.Bd., 65–71.
Max, F.R.: Der «Wald der Welt». Das Werk Fouqués. Bonn 1980.
Prill, V.: Caroline de la Motte Fouqué. Berlin 1933.
Schmidt, A.: Fouqué und einige seiner Zeitgenossen. Biographischer Versuch. 2.Aufl. Darmstadt 1960.
Schwabe, J.: Friedrich Baron de la Motte Fouqué als Herausgeber literarischer Zeitschriften der Romantik. Breslau 1937.
Seibicke, C.E.: Friedrich Baron de la Motte Fouqué. Krise und Verfall der Spätromantik im Spiegel seiner historischen Ritterromane. München 1985.
Sembdner, H.: Fouqués unbekanntes Wirken für Heinrich von Kleist. In: JbDSG 2 (1958), 83–113.
Wilde, J.T.: The romantic realist. Caroline de la Motte Fouqué. New York 1955.

Gentz (vgl. Bd. 1, S. 688)

Görres (vgl. Bd. 1, S. 688 f.)

Goethe (vgl. Bd. 1, S. 689 f.)
(a) Poetische Werke. 16 Bde. Berlin/Weimar 1960–1965.
Sämtliche Werke. Briefe, Tagebücher und Gespräche. Hrsg. von D. Borchmeyer [u. a.] Frankfurt a. M. 1985 ff.
Sämtliche Werke nach Epochen seines Schaffens. Hrsg. von K. Richter [u. a.]. München 1985 ff.
(b) Goethe und Cotta. Briefwechsel 1797–1832. Textkritische und kommentierte Ausgabe. Hrsg. von D. Kuhn. 3 Bde. Stuttgart 1979–82.
Goethe in vertraulichen Briefen seiner Zeitgenossen. Auch eine Lebensgeschichte. Hrsg. von W. Bode. 3 Bde. Berlin 1917–23. – Neuausgabe: München 1982.
Goethes Leben von Tag zu Tag. Hrsg. von R. Steiger. München 1982 ff.
(c) Dobel, R.: Lexikon der Goethe-Zitate. Zürich/Stuttgart 1968.
Fischer, P.: Goethe-Wortschatz. Ein sprachgeschichtliches Wörterbuch zu Goethes sämtlichen Werken. Leipzig 1929. – Nachdr. Leipzig 1968.
Mommsen, M., unter Mitwirkung von K. Mommsen: Die Entstehung von Goethes Werken in Dokumenten. Berlin 1958.
(d) Bahr, E.: Die Ironie im Spätwerk Goethes. «... diese sehr ernsten Scherze ...» Studien zum «West-östlichen Divan», zu den «Wanderjahren« und zu «Faust II». Berlin 1972.
Berglar, P.: Goethe und Napoleon. Die Faszination des Geistes durch die Macht. Darmstadt 1968.
Bertaux, P.: Gar schöne Spiele spiel' ich mit dir. Zu Goethes Spieltrieb. Frankfurt/M. 1986.
Blumenberg, H.: Prometheus wird Napoleon, Napoleon Prometheus. In: H. B., Arbeit am Mythos. Frankfurt a. M. 1979, 504–66.
Borchmeyer, D.: Höfische Gesellschaft und Französische Revolution bei Goethe. Adliges und bürgerliches Wertsystem im Urteil der Weimarer Klassik. Kronberg/Ts. 1977.
Bräuning-Oktavio, H.: Oken und Goethe im Lichte neuer Quellen. Weimar 1959.
Chiarini, P. (Hrsg.): Bausteine zu einem neuen Goethe. Frankfurt a. M. 1987.
Conrady, K. O.: Goethe. Leben und Werk. 2 Bde. Königstein/Ts. 1982/85.
Dietze, A. und W. (Hrsg.): Treffliche Wirkungen. Anekdoten von und über Goethe. 2 Bde. München 1987.
Eissler, K. R.: Goethe. Eine psychoanalytische Studie. 1775–1786. 2 Bde. Frankfurt a. M. 1983/85.
Ermann, K.: Goethes Shakespeare-Bild. Tübingen 1983.
Giessler, L.: Studien zum Lebensumkreis des späten Goethe. Riemer, Coudray, Soret und Vogel in Goethes mündlichen und schriftlichen Äußerungen. Kiel 1970.
Göres, J. (Hrsg.): «Was ich dort gelebt, genossen ...» Goethes Badeaufenthalte 1785–1823. Geselligkeit, Werkentwicklung, Zeitereignisse. Königstein/Ts. 1982.
Hecht, W. (Hrsg.): Goethe als Zeichner. München 1982.
Hoffmeister, G.: Goethe und die europäische Romantik. München 1984.
Kapitza, P.: Zeitgenosse im chemischen Zeitalter. Zu Goethes Rezeption der Chemie. In: Goethe 24 (1972), 11–31.

Mandelkow, K.R.: Goethe in Deutschland. Rezeptionsgeschichte eines Klassikers. Bd. I. 1773–1918. München 1980.

Mayer, H. (Hrsg.): Goethe im XX. Jahrhundert. Spiegelungen und Deutungen. Hamburg 1967.

Mehra, M.H.: Die Bedeutung der Formel «Offenbares Geheimnis» in Goethes Spätwerk. Stuttgart 1982.

Mommsen, K.: Goethe und 1001 Nacht. Frankfurt a. M. 1981.

Reed, T.: The classical centre. Goethe and Weimar 1775–1832. London 1980. Dt. Ausg.: Die klassische Mitte. Goethe und Weimar 1775–1832. Stuttgart 1982.

Schöne, A.: Götterzeichen, Liebeszauber, Satanskult. Neue Einblicke in alte Goethetexte. München 1982.

Stöcklein, P.: Wege zum späten Goethe. Dichtung, Gedanke, Zeichnung. 2. Aufl. Hamburg 1960.

Strack, F.: Väter, Söhne und die Krise der Familie in Goethes Werk. In: JbFDH 1984, 57–87.

Strich, F.: Goethe und die Weltliteratur. 2. Aufl. Bern 1957.

Trunz, E.: Weimarer Goethe-Studien. Weimar 1980.

Trunz, E. (Hrsg.): Studien zu Goethes Alterswerken. Frankfurt a. M. 1971.

Wilkinson, E.M./Willoughby, L.A.: Goethe, Dichter und Denker. Essays. Frankfurt a. M. 1974.

Grimm

(a) Gesamtausgabe der Werke von Jacob und Wilhelm Grimm. Hrsg. von L.E. Schmitt. Hildesheim 1963 ff.

(b) Briefe der Brüder Grimm. Gesammelt von H. Gürtler, hrsg. von A. Leitzmann. Jena 1923.

Briefe der Brüder Grimm an Savigny. Hrsg. in Verbindung mit I. Schnack von W. Schoof. Berlin 1953.

Briefwechsel der Brüder Grimm mit Hans Georg von Hammerstein-Equord. Hrsg. von C.L. Gottzmann. Marburg 1985.

Briefwechsel der Brüder Jacob und Wilhelm Grimm mit Karl Lachmann. Mit einer Einleitung von K. Burdach. 2 Bde. Jena 1927.

Unbekannte Briefe der Brüder Grimm. In Verbindung mit J. Göres hrsg. von W. Schoof. Bonn 1960.

Gerstner, H.: Die Brüder Grimm. Ihr Leben und Werk in Selbstzeugnissen, Briefen und Aufzeichnungen. Ebenhausen 1952.

Schulte-Kemminghausen, K./Denecke. L.: Die Brüder Grimm in Bildern ihrer Zeit. Kassel 1963.

(c) 200 Jahre Brüder Grimm. Ausstellungskatalog. 3 Bde. Kassel 1985.

(d) Denecke, L.: Jacob Grimm und sein Bruder Wilhelm. Stuttgart 1971 (mit Bibliographie).

Denecke, L. (Hrsg.): Brüder Grimm Gedenken. 5 Bde. Marburg 1963–85.

Feldmann, R.: Jacob Grimm und die Politik. Kassel 1970.

Gerstner, H.: Die Brüder Grimm. Biographie. Gerabronn/Crailsheim 1970.

Gerstner, H.: Brüder Grimm mit Selbstzeugnissen und Bilddokumenten. Reinbek 1980 (mit Bibliographie).

Lemmer, M.: Die Brüder Grimm. Leipzig 1967.

Neumann, E.: Wilhelm Grimm. Berlin 1959.

Peppard, M.B.: Paths through the forest. A biography of the Brothers Grimm. New York 1971.

Schoof, W.: Wilhelm Grimm. Aus seinem Leben. Bonn 1960.

Schoof, W.: Die Brüder Grimm in Berlin. Berlin 1964.
Seitz, G.: Die Brüder Grimm. Leben – Werk – Zeit. München 1984.
Steig, R.: Goethe und die Brüder Grimm. Berlin 1982.

Hauff

(a) Sämtliche Werke. Nach den Originaldrucken und Handschriften. Textredaktion: S. von Steinsdorff. Mit einem Nachwort und einer Zeittafel von H. Koopmann. 3 Bde. München 1970.
(d) Martini, F.: Wilhelm Hauff. In: Dt. Dichter der Romantik, 442–72.
Pfäfflin, F.: Wilhelm Hauff und der Lichtenstein. Marbacher Magazin 18/1981 (mit Lebenschronik).

Hebel

(a) Sämmtliche Werke. 8 Bde. Karlsruhe 1832–1834.
Poetische Werke. Nach der Ausgabe letzter Hand und der Ausgabe von 1834 unter Hinzuziehung der früheren Fassungen. Hrsg. von T. Salfinger. München 1961.
Gesamtausgabe. Hrsg., eingeleitet und erläutert von W. Zentner. 3 Bde. Karlsruhe 1968–72.
Hebel, J.P.: Schatzkästlein des rheinischen Hausfreundes. Kritische Gesamtausgabe mit den Kalender-Holzschnitten. Hrsg. von W. Theiss. Stuttgart 1981.
Hebel, J.P.: Der Rheinländische Hausfreund. Hrsg. von L. Rohner. 2 Bde. Wiesbaden 1981.
Schatzkästlein des Rheinischen Hausfreundes. Ein Werk in seiner Zeit. Hrsg. von Hannelore Schlaffer. Tübingen 1980.
(b) Briefe. Gesamtausgabe. Hrsg. und erläutert von W. Zentner. 2 Bde. Karlsruhe 1957.
(c) Johann Peter Hebel. Eine Wiederbegegnung zu seinem 225. Geburtstag. Eine Ausstellung der badischen Landesbibliothek Karlsruhe und des Museums am Burghof in Lörrach. [Katalog]. Karlsruhe 1985.
(d) Benjamin, W.: Johann Peter Hebel zu seinem 100. Todestag (1926). In W.B., Schriften II. Frankfurt a. M. 1955, 279–83.
Bloch, E.: Hebel, Gotthelf und bäurisches Tao. In: E.B., Verfremdungen I. Frankfurt a. M. 1962, 186–210.
Däster, U.: Johann Peter Hebel mit Selbstzeugnissen und Bilddokumenten. Reinbek 1973 (mit Bibliographie).
Feger, R.: Annäherungen an einen Prälaten. Fragestellungen zu Leben und Werk von Johann Peter Hebel. Lahr/Schwarzw. 1983.
Franz, K.: Johann Peter Hebel. München 1985.
Heuss, Th./Burckhardt, C.J. [u.a.]: Über Johann Peter Hebel. Tübingen 1964.
Kawa, R. (Hrsg.): Zu Johann Peter Hebel. Stuttgart 1981.
Kawa, R. (Hrsg.): Interpretationen zu Johann Peter Hebel. Stuttgart 1983.
Köhler, O.: Johann Peter Hebel. Freiburg/Schweiz u. Hamburg 1982.
Kully, R.M.: Johann Peter Hebel. Stuttgart 1969 (mit Bibliographie).
Minder, R.: Hebel, der erasmische Geist oder Nützliche Anleitung zu seiner Lektüre. In: Johann Peter Hebel, Werke Bd. 1. Hrsg. von E. Meckel. Frankfurt a. M. 1968.
Rohner, L.: Hebel und seine Leser. Lörrach 1982.
Zentner, W.: Johann Peter Hebel. Karlsruhe 1965.

Hegel (vgl. Bd. 1, S. 690)

Hensel

(a) Lieder. Hrsg. von H. Cardauns. Regensburg 1923.
(d) Freund, W.: Müde bin ich, geh' zur Ruh. Leben und Werk der Luise Hensel. Wiedenbrück 1984.
    Spiecker, F. X.: Luise Hensel als Dichterin. Eine psychologische Studie ihres Werdens auf Grund des handschriftlichen Nachlasses. Evanston 1936.

Hoffmann

(a) Werke. Hrsg. von G. Ellinger. Berlin/Leipzig 1927.
    Sämtliche Werke in sechs Bänden. Hrsg. von W. Müller-Seidel, F. Schnapp [u. a.], München 1971–1981.
    Juristische Arbeiten. Hrsg. und erläutert von F. Schnapp. München 1973.
(b) Briefwechsel. Gesammelt und erläutert von H. von Müller und F. Schnapp. 3 Bde. München 1967–69.
    Tagebücher. Nach der Ausgabe H. von Müllers mit Erläuterungen hrsg. von F. Schnapp. München 1971.
    Schnapp, F.: E. T. A. Hoffmann in Aufzeichnungen seiner Freunde und Bekannten. München 1974.
    Günzel, K. (Hrsg.): Die Serapionsbrüder. Märchendichtungen der Berliner Romantik. Köln 1986.
(c) Allroggen, G.: E. T. A. Hoffmanns Kompositionen. Ein chronologisch-thematisches Verzeichnis seiner musikalischen Werke mit einer Einführung. Regensburg 1970.
    Kanzog, K.: Zehn Jahre E. T. A. Hoffmann-Forschung. E. T. A. Hoffmann-Literatur 1970–1980. Eine Bibliographie. In: MittHoffGes 27 (1981), 55–103.
    Prang, H. (Hrsg.): E. T. A. Hoffmann. Darmstadt 1976 (Wege der Forschung).
    Salomon, G.: E. T. A. Hoffmann. Bibliographie. Hildesheim 1983.
    Voerster, J.: 160 Jahre E. T. A. Hoffmann-Forschung, 1805–1965. Eine Bibliographie mit Inhaltserfassung und Erläuterungen. Stuttgart 1967.
(d) Daemmrich, H. S.: The shattered self. E. T. A. Hoffmann's tragic vision. Detroit 1973.
    Dobat, K.-D.: Musik als romantische Illusion. Eine Untersuchung zur Bedeutung der Musikvorstellung E. T. A. Hoffmanns für sein literarisches Werk. Tübingen 1984.
    Ehinger, H.: E. T. A. Hoffmann als Musiker und Musikschriftsteller. Olten 1954.
    Feldges, B./Stadler, U.: E. T. A. Hoffmann. Epoche-Werk-Wirkung. München 1986.
    Fühmann, F.: Fräulein Veronika Paulmann aus der Pirnaer Vorstadt oder Etwas über das Schauerliche bei E. T. A. Hoffmann. Hamburg 1980.
    Günzel, K.: E. T. A. Hoffmann. Leben und Werk in Briefen, Selbstzeugnissen und Zeitdokumenten. Düsseldorf 1979.
    Harich, W.: E. T. A. Hoffmann: das Leben eines Künstlers. 2 Bde. Berlin 1921.
    Harnischfeger, J.: Die Hieroglyphen der inneren Welt. Romantikkritik bei E. T. A. Hoffmann. Opladen 1988.
    Hewett-Thayer, H. W.: Hoffmann: author of the tales. New York 1971.
    Kaiser, G. R.: E. T. A. Hoffmann. Stuttgart 1988.
    Kleßmann, E.: E. T. A. Hoffmann oder die Tiefe zwischen Stern und Erde. Eine Biographie. Stuttgart 1988.

Mayer, H.: Die Wirklichkeit E.T.A. Hoffmanns. In: H.M., Von Lessing bis Thomas Mann. Pfullingen 1959, 198–246.

McGlathery, J.M.: Mysticism and sexuality: E.T.A. Hoffmann. 2 Bde. Las Vegas/New York/Bern/Frankfurt a.M. 1981–85.

Müller, H. von: Gesammelte Aufsätze über E.T.A. Hoffmann. Hrsg. von F. Schnapp. Hildesheim 1974.

Negus, K.: E.T.A. Hoffmann's other world. The romantic author and his «new mythology». Philadelphia 1965.

Roters, E.: E.T.A. Hoffmann. Berlin 1985.

Safranski, R.: E.T.A. Hoffmann. Das Leben eines skeptischen Phantasten. München 1984.

Schafer, R.M.: E.T.A. Hoffmann and music. Toronto 1975.

Scher, S.P. (Hrsg.): Zu E.T.A. Hoffmann. Interpretationen. Stuttgart 1981.

Schumm, S.: Einsicht und Darstellung. Untersuchung zum Kunstverständnis E.T.A. Hoffmanns. Göppingen 1974.

Segebrecht, W.: E.T.A. Hoffmanns Auffassung vom Richteramt und vom Dichterberuf. Mit unbekannten Zeugnissen aus Hoffmanns juristischer Tätigkeit. In: JbDSG 11 (1967), 62–138.

Segebrecht, W.: Autobiographie und Dichtung. Eine Studie zum Werk E.T.A. Hoffmanns. Stuttgart 1967.

Taylor, R.J.: Hoffmann. London 1963.

Watts, P.: Music: the medium of the metaphysical in E.T.A. Hoffmann. Amsterdam 1972.

Wittkop-Menardeau, G.: E.T.A. Hoffmanns Leben und Werk in Daten und Bildern. Frankfurt a.M. 1968.

Wittkop-Menardeau, G.: E.T.A. Hoffmann mit Selbstzeugnissen und Bilddokumenten. Reinbek 1966 (mit Bibliographie).

Alexander von Humboldt

(a) Gesammelte Werke. 12 Bde. Stuttgart [o.J.].

(b) Gespräche Alexander von Humboldts. Hrsg. im Auftrag der Alexander von Humboldt-Kommission der Deutschen Akademie der Wissenschaften zu Berlin von H. Beck. Berlin 1959.

(d) Beck, H.: Alexander von Humboldt. 2 Bde. Wiesbaden 1959–61 (mit Bibliographie).

Drewitz, I.: Die Brüder Humboldt und die Berliner Salons. In: I.D., Unter meiner Zeitlupe. Porträts und Panoramen. Wien 1984, 43–56.

Dusen, R. van: The literary ambitions and achievements of Alexander von Humboldt. Bern/Frankfurt a.M. 1977.

Hein, W.-H. (Hrsg.): Alexander von Humboldt. Leben und Werk. Frankfurt a.M. 1986.

Meyer-Abich, A.: Alexander von Humboldt mit Selbstzeugnissen und Bilddokumenten. Reinbek 1969 (mit Bibliographie).

Muthmann, F.: Alexander von Humboldt und sein Naturbild im Spiegel der Goethezeit. Zürich/Stuttgart 1955.

Wilhelm von Humboldt (vgl. Bd. 1, S. 692)

Jean Paul (vgl. Bd. 1, S. 692 f.)

Kerner

(a) Kerners Werke. Auswahl in 6 Teilen. Hrsg. mit Einleitung und Anmerkungen versehen von R. Pissin. 2 Bde. Berlin 1914. Nachdr. Hildesheim/New York 1974.

(b) Justinus Kerner. Briefwechsel mit seinen Freunden. Hrsg. von seinem Sohn Theobald Kerner. Durch Einleitung und Anmerkungen erläutert von E. Müller. 2 Bde. Stuttgart/Leipzig 1897.

Justinus Kerner und sein Münchener Freundeskreis. Eine Sammlung von Briefen. Hrsg. von F. Pocci. Leipzig 1928.

(d) Büttiker, H.: Justinus Kerner. Ein Beitrag zur Geschichte der Spätromantik. Zürich 1952.

Fröschle, H.: Justinus Kerner und Ludwig Uhland. Geschichte einer Dichterfreundschaft. Göppingen 1972.

Jennings, L. B.: Justinus Kerners Weg nach Weinsberg (1809–1819). Die Entpolitisierung eines Romantikers. Baltimore 1981.

Kleist

(a) Werke. Im Verein mit G. Minde-Pouet und R. Steig hrsg. von E. Schmidt. 5 Bde. Leipzig/Wien [1904–5].

Sämtliche Werke und Briefe. Hrsg. von H. Sembdner. 2 Bde. 7. Aufl. München 1983.

Sämtliche Werke und Briefe in 4 Bdn. Hrsg. von I.-M. Barth, K. Müller-Salget, W. Müller-Seidel und H. C. Seeba. Bd. 2. Frankfurt/M. 1987.

(b) Heinrich von Kleist. Hrsg. von H. Sembdner. München 1969 (Dichter über ihre Dichtungen).

Sembdner, H. (Hrsg.): Heinrich von Kleists Lebensspuren. Dokumente und Berichte der Zeitgenossen. 4. Aufl. Frankfurt a. M. 1977.

Sembdner, H. (Hrsg.): Kleist in der Dichtung. Frankfurt a. M. 1977.

Sembdner, H. (Hrsg.): Heinrich von Kleists Nachruhm. Frankfurt a. M. 1984.

(c) Busch, R.: Imperialistische und faschistische Kleist-Rezeption 1890–1945. Eine ideologiekritische Untersuchung. Frankfurt a. M. 1974.

Kanzog, K. (Hrsg.): Text und Kontext. Quellen und Aufsätze zur Rezeptionsgeschichte der Werke Heinrich von Kleists. Berlin 1979.

Lefèvre, M.: Kleist-Forschung 1961–1967. In: Colloquia Germanica 3 (1969), 1–86.

Minde-Pouet, G.: Kleist-Bibliographie 1914–1937. Fortlaufend in: KJb 1921–37.

Müller-Seidel, W. (Hrsg.): Heinrich von Kleist. Aufsätze und Essays. Darmstadt 1967 (Wege der Forschung).

Müller-Seidel, W. (Hrsg.): Kleists Aktualität. Neue Aufsätze und Essays 1966–1978. Darmstadt 1981 (Wege der Forschung).

Rothe, E.: Kleist-Biographie 1945–1960. In: JbDSG 5 (1961), 414–547.

Schanze, H.: Wörterbuch zu Heinrich von Kleist. Sämtliche Dramen und Dramenvarianten. Nendeln 1978.

Schanze, H.: Wörterbuch zu Heinrich von Kleist: Sämtliche Erzählungen, Anekdoten und kleine Schriften. Tübingen 1985.

Sembdner, H.: Kleist-Bibliographie 1803–1862. Heinrich von Kleists Schriften in frühen Drucken und Erstveröffentlichungen. Stuttgart 1966.

(d) Aretz, H.: Heinrich von Kleist als Journalist. Untersuchungen zum «Phöbus», zur «Germania» und den «Berliner Abendblättern». Stuttgart 1983.

Blöcker, G.: Heinrich von Kleist oder Das absolute Ich. Berlin 1960.

Dürst, R.: Heinrich von Kleist. Dichter zwischen Ursprung und Endzeit. Kleists Werk im Licht idealistischer Eschatologie. 2. Aufl. Bern/München 1977.

Ellis, J.: Heinrich von Kleist. Studies in the character and meaning of his writings. Chapel Hill 1979.

Fricke, G.: Gefühl und Schicksal bei Heinrich von Kleist. Göttingen 1929.

Geary, J.: Heinrich von Kleist. A study in tragedy and anxiety. Philadelphia 1968.

Gerlach, K.: Heinrich von Kleist. Sein Leben und Schaffen in neuer Sicht. 3 Bde. Dortmund 1971–77.

Graham, I.: Heinrich von Kleist. Word into flesh: a poet's quest for the symbol. Berlin 1977.

Grathoff, D. (Hrsg.): Heinrich von Kleist. Studien zu Werk und Wirkung. Opladen 1988.

Hoffmeister, E.: Täuschung und Wirklichkeit bei Heinrich von Kleist. Bonn 1968.

Hohoff, C.: Heinrich von Kleist mit Selbstzeugnissen und Bilddokumenten. Reinbek 1958 (mit Bibliographie).

Holz, H.H.: Macht und Ohnmacht der Sprache. Untersuchungen zum Sprachverständnis und Stil Heinrich von Kleists. Frankfurt a.M./Bonn 1962.

Horn, P.: Kleist-Chronik. Königstein/Ts. 1980.

Kraft, H.W.: Erhörtes und Unerhörtes. Die Welt des Klanges bei Heinrich von Kleist. München 1976.

Kreutzer, H.J.: Die dichterische Entwicklung Heinrichs von Kleist. Untersuchungen zu seinen Briefen und zu Chronologie und Aufbau seiner Werke. Berlin 1968.

Kreutzer, H.J.: Über Gesellschaft und Geschichte im Werk Heinrichs von Kleist. In: KJb 1980, 34–72.

Loch, R.: Heinrich von Kleist. Leben und Werk. Leipzig 1978.

Lukács, G.: Die Tragödie Heinrich von Kleists. In: G.L., Dt. Realisten des 19.Jh. Bern/Berlin 1951, 19–48.

Maass, J.: Kleist. Die Geschichte seines Lebens. München 1977.

Mayer, H.: Heinrich von Kleist. Der geschichtliche Augenblick. Pfullingen 1962.

Michaelis, R.: Heinrich von Kleist. Munchen 1976.

Mommsen, K.: Kleists Kampf mit Goethe. Heidelberg 1974.

Müller-Seidel, W.: Versehen und Erkennen. Eine Studie über Heinrich von Kleist. 3.Aufl. Köln 1971.

Samuel, R.: Heinrich von Kleist und Neithardt von Gneisenau. In: JbDSG 7 (1963), 352–70.

Schmidt, J.: Heinrich von Kleist. Studien zu seiner poetischen Verfahrensweise. Tübingen 1974.

Schulz, G.: Kleists poetische Meditationen über die Rückkehr ins Paradies. In: Fs. Ralph Farrell. Bern/Frankfurt a.M./Las Vegas 1977, 57–79.

Sembdner, H.: In Sachen Kleist. Beiträge zur Forschung. München 1984.

Silz, W.: Heinrich von Kleist. Studies in his works and his literary character. Philadelphia 1961. Nachdr. Westport/Conn. 1977.

Skrotzki, D.: Die Gebärde des Errötens im Werk Heinrich von Kleists. Marburg 1971.

Steig, R.: Heinrich von Kleist's Berliner Kämpfe. Berlin 1901. Nachdr. Bern 1971.

Stephens, A.: Kleists Familienmodelle. In: KJb 1988/89, 222–37.

Thomas, U.: Heinrich von Kleist und Gotthilf Heinrich Schubert. Wisconsin 1957.

Ugrinsky, A. (Hrsg.): Heinrich-von-Kleist-Studien. Berlin 1980.

Vierhaus, R.: Heinrich von Kleist und die Krise des preußischen Staates um 1800. In: KJb 1980, 9–33.

Weidmann, H.: Heinrich von Kleist – Glück und Aufbegehren. Eine Exposition des Redens. Bonn 1984.

Weiss, H.F.: Funde und Studien zu Heinrich von Kleist. Tübingen 1984.

Wichmann, T.: Heinrich von Kleist. Stuttgart 1988 (mit Bibliographie).

Wiese, B. von: Heinrich von Kleist. In: Dt. Dichter der Romantik, 225–52.

Wolff, H.M.: Heinrich von Kleist. Die Geschichte seines Schaffens. Bern 1954.

Wolff, H.M.: Heinrich von Kleist als politischer Dichter. Berkeley 1947.

Körner

(a) Werke. Hrsg. von A.Stern. 3 Bde. Stuttgart [1890].

(b) Theodor Körners Briefwechsel mit den Seinen. Hrsg. von A.Weldler-Steinberg. Leipzig 1910.

(d) Barton, W.: Theodor Körners Schwanengesang. In: Jb. der Wittheit zu Bremen 8. Bremen/Hannover 1964, 23–39.

Björck, S.: Schwertertanz mit Theodor Körner. In: Orbis litterarum 19 (1964), 107–21.

Jöst, E.: Der Heldentod des Dichters Theodor Körner. Der Einfluß eines Mythos auf die Rezeption seiner Lyrik und ihre literarische Kritik. In: Orbis litterarum 32 (1977), 310–40.

Meyer-Hepner, G.: Theodor Körner – Sänger und Held? In: NDL 2 (1955), 121–25.

Peschel, W.E./Wildenow, E.: Theodor Körner und die Seinen. 2 Bde. Leipzig 1898.

Szepe, H.: Opfertod und Poesie. Zur Geschichte der Theodor-Körner-Legende. In: Colloquia Germanica 1975, 291–304.

Loeben

(a) Gedichte. Ausgewählt und hrsg. von R.Pissin. Berlin 1905. Neudr. Darmstadt 1968.

Guido. Mannheim 1808. Nachdr. hrsg. und mit einer Einführung von G.Schulz. Bern/Frankfurt a.M./Las Vegas 1979.

(d) Hecker, M.: Der Romantiker Graf Loeben als Goetheverehrer. In: Goethe 15 (1929), 69–79.

Kummer, H.: Der Romantiker Otto Heinrich Graf von Loeben und die Antike. Halle 1929.

Pissin, R.: Otto Heinrich Graf von Loeben (Isidorus Orientalis). Sein Leben und seine Werke. Berlin 1905.

Adam Müller (vgl. Bd. 1, S.695)

Wilhelm Müller

(a) Vermischte Schriften. Hrsg. von G.Schwab. 5 Bde. Leipzig 1830.

Gedichte. Vollständige kritische Ausgabe. Hrsg. von J.T.Hatfield. Berlin 1906. Nachdr. Nendeln 1968.

(b) Diary and letters. Hrsg. von P.S.Allen und J.T.Hatfield. Chicago 1903.

(d) Baumann, C.: Wilhelm Müller. The poet of the Schubert song cycles: his life and works. University Park London 1981.

Popp, W.: Die Dichtung Müllers. Konstanz 1968.

Vollmann, R.: Wilhelm Müller und die Romantik. In: A. Feil, Franz Schubert. «Die schöne Müllerin». Stuttgart 1975, 173–84.

Ritter

(a) Fragmente aus dem Nachlasse eines jungen Physikers. Faksimiledruck nach der Ausgabe 1810. Nachwort H. Schipperges. Heidelberg 1969.
(b) Briefe eines romantischen Physikers. Briefe an G. H. Schubert und an Karl von Hardenberg. Hrsg. von F. Klemm und A. Hermann. München 1966 (mit Bibliographie).
(d) Wetzels, W. D.: Johann Wilhelm Ritter. Physik im Wirkungsfeld der deutschen Romantik. Berlin/New York 1973.

Schelling (vgl. Bd. 1, S. 696 f.)

(d) Frank, M.: Eine Einführung in Schellings Philosophie. Frankfurt a. M. 1985.
Kirchhoff, J.: Friedrich Wilhelm Joseph von Schelling mit Selbstzeugnissen und Bilddokumenten. Reinbek 1982 (mit Bibliographie).

August Wilhelm Schlegel (vgl. Bd. 1, S. 698)

(d) Behler, E.: Die Zeitschriften der Brüder Schlegel. Ein Beitrag zur Geschichte der deutschen Romantik. Darmstadt 1983.
Paulini, H. M.: August Wilhelm Schlegel und die Vergleichende Literaturwissenschaft. Frankfurt a. M./Bern 1985.
Schirmer, R.: August Wilhelm Schlegel und seine Zeit. Bonn 1986.

Friedrich Schlegel (vgl. Bd. 1, S. 698 f.)

Schleiermacher (vgl. Bd. 1, S. 699)

(a) Friedrich Schleiermachers «Weihnachtsfeier». Kritische Ausgabe mit Einleitung und Register von H. Mulert. Leipzig 1908.
(d) Meier-Dörken, C.: Zum Verhältnis zwischen Schleiermachers Predigten und seinen romantischen Schriften. In: K. V. Selge (Hrsg.), Internationaler Schleiermacher-Kongreß Bd. 1. Teilbd. 1.2. Berlin 1984, 661–79.

Johanna Schopenhauer

(a) Sämmtliche Schriften. 24 Bde. Leipzig/Frankfurt a. M. 1830–31.
(b) Houben, H. H. (Hrsg.): Damals in Weimar. Erinnerungen und Briefe von und an Johanna Schopenhauer. 2. Aufl. Berlin 1929.
Hübscher, A.: Unbekannte Briefe von Johanna Schopenhauer an ihren Sohn. In: JbDSG 52 (1971), 80–113.
Weber, R. (Hrsg.): Johanna Schopenhauer. Im Wechsel der Zeiten, im Gedränge der Welt. Jugenderinnerungen, Tagebücher, Briefe. München 1986.
(d) Frost, L.: Johanna Schopenhauer, ein Frauenleben aus der klassischen Zeit. Leipzig [1913].
Milch, W.: Johanna Schopenhauer. Ihre Stellung in der Geistesgeschichte. In: Schopenhauer-Jb. 22 (1935), 197–239.
Schumann, D. W.: Goethe und die Familie Schopenhauer. In: Mähl, H.-J./Mannack, E. (Hrsg.), Studien zur Goethezeit. Heidelberg 1981, 257–80.

Solger

(a) Nachgelassene Schriften und Briefwechsel hrsg. von L. Tieck und P. von Raumer. 2 Bde. Leipzig 1826.
Vorlesungen über Ästhetik. Hrsg. von K. W. L. Heyse. Leipzig 1829. Nachdr. Darmstadt 1980.

Tieck

(a) Schriften in 12 Bdn. Hrsg. von M. Frank, P. G. Klussmann, E. Ribbat, U. Schweikert, W. Segebrecht. Frankfurt a. M. 1985 ff.
(d) Paulin, R.: Ludwig Tieck. A literary biography. Oxford 1985. Dt. Ausg.: Ludwig Tieck. Eine literarische Biographie. München 1988.
Thalmann, M.: Ludwig Tieck, «Der Heilige von Dresden». Aus der Frühzeit der deutschen Novelle. Berlin 1960.
Wesollek, P.: Ludwig Tieck oder Der Weltumsegler seines Innern. Wiesbaden 1984.
Zeydel, E. H.: Ludwig Tieck. The German Romanticist. A critical study. Princeton 1935.

Uhland

(a) Werke. Hrsg. von H. Fröschle und W. Scheffler. 4 Bde. München 1980.
(d) Thomke, H.: Zeitbewußtsein und Geschichtsauffassung im Werke Ludwig Uhlands. Bern 1962.

Karl August Varnhagen von Ense

(a) Werke in fünf Bänden. Hrsg. von K. Feilchenfeldt. Bd. 1: Denkwürdigkeiten des eignen Lebens (1785–1810). Frankfurt a. M. 1987.
Denkwürdigkeiten und vermischte Schriften. 6 Bde. Mannheim 1837–42.
Tagebücher von K. A. Varnhagen von Ense. Bd. 1–15. Leipzig 1861–1905. Nachdr. Bern 1972.
Der Doppelroman der Berliner Romantik. Hrsg. von H. Rogge. 2 Bde. Leipzig 1926.
(d) Glander, P. F.: Varnhagen von Ense, man of letters 1833–58. Wisconsin 1961.
Pickett, T. H.: The unseasonable democrat. Karl August Varnhagen von Ense (1785–1858). Bonn 1985.

Rahel Varnhagen von Ense (vgl. Bd. 1, S. 700)

(a) Gesammelte Werke. Hrsg. von K. Feilchenfeldt, U. Schweikert und R. E. Steiner. 10 Bde. München 1983.
(b) Rahel Varnhagen im Umgang mit ihren Freunden. Briefe 1793–1833. Hrsg. von F. Kemp. München 1967.
Rahel Varnhagens Briefwechsel. Hrsg. von F. Kemp. 4 Bde. 2. Aufl. München 1979.
(d) Drewitz, I.: Dialog als Schicksal. Zu den Briefen der Rahel Varnhagen. In: I. D., Zeitverdichtung. Essays, Kritiken, Portraits. Wien/München/Zürich 1980, 79–86.
Feist, L.: Rahel Varnhagens Stellung zwischen Romantik und jungem Deutschland. München/Elberfeld 1926.

Guilloton, D.S.: Rahel und die Frauenfrage in der deutschen Romantik: Eine Untersuchung ihrer Briefe und Tagebuchnotizen. In: Monatshefte 69 (1977), 391–403.

Hahn, B./Isselstein U. (Hrsg.): Rahel Levin Varnhagen. Die Wiederentdeckung einer Schriftstellerin. Göttingen 1987 (Zeitschrift für Literaturwissenschaft und Linguistik, Beiheft 14).

Hamburger, K.: Rahel und Goethe. In: H.Holtzhauer/B.Zeller (Hrsg.), Fs. L.Blumenthal. Weimar 1968, 74–93.

Isselstein-Arese, U.: Rahel und Brentano. Analyse einer mißglückten Freundschaft unter Benutzung dreier unveröffentlichter Briefe Brentanos. In: JbFDH 1985, 151–201.

Matenko, P.: Ludwig Tieck and Rahel Varnhagen: a re-examination. In: Publications of the Leo Baeck Institute. Yearbook 20 (1975), 225–46.

Rychner, M.: Rahel. In: M.R., Antworten. Aufsätze zur Literatur. Zürich 1962, 133–47.

Susman, M.: Rahel. In: M.S., Frauen der Romantik. Jena 1929, 95–123.

Werner

(a) Ausgewählte Schriften. 5 Bde. Grimma 1840–41. Nachdr. Bern 1970.

(b) Briefe. Hrsg. von O.Floeck. 2 Bde. München 1914.

(d) Karoli, C.: E.T.A.Hoffmann und Zacharias Werner. Ein Beitrag zum romantischen Genieproblem. In: MittHoffGes 16 (1970), 43–61.

Koziełek, G.: Zacharias Werner. Sein Weg zur Romantik. Wrocław 1963.

Wismer, E.: Der Einfluß des deutschen Romantikers Zacharias Werner in Frankreich. Die Beziehungen des Dichters zu Mme de Staël. Bern 1968.

SPEZIELLER TEIL

I. UND II. KAPITEL: DEUTSCHE LITERATUR
IN DEN NAPOLEONISCHEN KRIEGEN
UND IN DER RESTAURATIONSZEIT (1806–1830)

Geschichte und Kulturgeschichte (vgl. Bd. 1, S. 702 f.)

Anrich, F. (Hrsg.): Die Idee der deutschen Universität. Die fünf Grundschriften aus der Zeit ihrer Neubegründung durch klassischen Idealismus und romantischen Realismus. Darmstadt 1964.

Arnold, R. F.: Der deutsche Philhellenismus. Kultur- und literarhistorische Untersuchungen. In: Mitteilungen aus der Literatur des 19. Jh. und ihrer Geschichte. Ergänzungsheft zu Euphorion. Bd. 2 (1895), 71–181.

Benz, E.: Franz Anton Mesmer (1734–1815) und seine Ausstrahlung in Europa und Amerika. München 1976.

Böschenstein, B.: Madame de Staël, Goethe und Rousseau. Anmerkungen zu «De l'Allemagne». In: Goethezeit. Studien zur Erkenntnis und Rezeption Goethes und seiner Zeitgenossen. Bern/München 1981, 145–55.

Boie, B.: Der zärtliche Haubenstock und die schöne Automate. Zur weiblichen Kunstfigur der Romantik. In: Seminar 20 (1984), 246–61.

Dann, O. (Hrsg.): Religion – Kunst – Vaterland. Der Kölner Dom im 19. Jh. Köln 1983.

Dieckmann, W.: Information und Überredung. Zum Wortgebrauch der politischen Werbung in Deutschland seit der Französischen Revolution. Marburg 1964.

Dischner, G./Faber, R. (Hrsg.): Romantische Utopie – utopische Romantik. Hildesheim 1979.

Düding, D.: Organisierter gesellschaftlicher Nationalismus in Deutschland 1808–1847. Bedeutung und Funktion der Turner- und Sängervereine für die deutsche Nationalbewegung. München 1984.

Fouqué, C. de la Motte: Geschichte der Moden, vom Jahre 1785–1829. Als Beytrag zur Geschichte der Zeit (1829/30). Neudr. in: Jb. der Jean-Paul-Gesellschaft 12 (1977), 4–60.

Frühwald, W.: Anfänge der Katholischen Bewegung. Zur Parteinahme der Romantiker im Streit zwischen Kirche und Staat in den preußischen Westprovinzen 1819–1845. In: Rheinische Vierteljahrsblätter 41 (1977), 231–48.

Gajek, B.: Dichtung und Religion. J. M. Sailer und die Geistesgeschichte des 18. und 19. Jh. In: J. M. Sailer, Theologe, Pädagoge und Bischof zwischen Aufklärung und Romantik. Regensburg 1983, 59–85.

Gerndt, S.: Idealisierte Natur. Die literarische Kontroverse um den Landschaftsgarten des 18. und frühen 19. Jh. in Deutschland. Stuttgart 1981.

Gnüg, H./Möhrmann, R. (Hrsg.): Frauen Literatur Geschichte. Schreibende Frauen vom Mittelalter bis zur Gegenwart. Stuttgart 1985.

Hahn, K.-H.: Carl August von Sachsen-Weimar. Ein Versuch. In: Impulse. Folge 5. Berlin/Weimar 1982, 264–309.

Häntzschel, G./Ormrod, J./Renner, K. N. (Hrsg.): Sozialgeschichte der deutschen

Literatur 1770–1900. Bd. 13: Zur Sozialgeschichte der deutschen Literatur von der Aufklärung bis zur Jahrhundertwende. Tübingen 1985.

Hausenstein, W.: Die Welt der alten Burschenschaft. In: Der Neue Merkur 1915, 397–435.

Hermand, J.: Beethoven und Bonaparte. Biographisches und Autobiographisches in der «Eroica». In: R. Grimm, J. H. (Hrsg.), Vom Anderen und vom Selbst. Beiträge zu Fragen der Biographie und Autobiographie. Königstein/Ts. 1982, 183–97.

Hertz, D.: Jewish high society in old regime Berlin. New Haven/London 1988.

Hofmann, W. (Hrsg.): Runge in seiner Zeit. München 1977.

Hofmann, W. (Hrsg.): Caspar David Friedrich 1774–1840. München 1974.

Hohendahl, P. U.: Reform als Utopie. Die preußische Bildungspolitik 1809–1817. In: W. Voßkamp (Hrsg.), Utopieforschung. Stuttgart 1982, Bd. 3, 250–72.

Jäger, G./Martino, A./Wittmann, R. (Hrsg.): Die Leihbibliothek der Goethezeit. Exemplarische Kataloge zwischen 1790 und 1830. Text zum literarischen Leben um 1800. Hildesheim 1979.

Jamme, C./Pöggeler, H. (Hrsg.): «Frankfurt ist der Nabel dieser Erde». Das Schicksal einer Generation der Goethezeit. Stuttgart 1983.

Johnston, O. W.: Der Freiherr vom Stein und die patriotische Literatur. Zur Entstehung eines Mythos der «Nation» in Preußen in napoleonischer Zeit. In: IASL 9 (1984), 44–66.

Kleßmann, E.: Romantik und Antisemitismus. In: Der Monat 249 (1969), 65–71.

Kleßmann, E. (Hrsg.): Deutschland unter Napoleon in Augenzeugenberichten. Düsseldorf 1965.

Meyer-Abich, A.: Biologie der Goethezeit. Stuttgart 1949.

Miller, N.: Europäischer Philhellenismus zwischen Winckelmann und Byron. In: Propyläen Geschichte der Literatur. Bd. 4. Berlin 1983, 315–66.

Müller, K. A. von: Karl Ludwig Sand. München [1925].

Nipperdey, T.: Deutsche Geschichte 1800–1866. Bürgerwelt und starker Staat. München 1983.

Ormrod, J.: Bürgerliche Organisation und Lektüre in den literarisch-geselligen Vereinen der Restaurationsepoche. In: Zur Sozialgeschichte der deutschen Literatur von der Aufklärung bis zur Jahrhundertwende. Einzelstudien. Hrsg. von G. Häntzschel [u. a.]. Tübingen 1985, 123–49.

Prignitz, C.: Vaterlandsliebe und Freiheit. Deutscher Patriotismus von 1750 bis 1850. Wiesbaden 1981.

Pulver, C.: Madame de Staël. Biographie. München 1980.

Schneider, F.: Pressefreiheit und politische Öffentlichkeit. Studien zur politischen Geschichte Deutschlands bis 1848. Neuwied/Berlin 1966.

See, K. von: Die Ideen von 1789 und die Ideen von 1914. Völkisches Denken in Deutschland zwischen Französischer Revolution und Erstem Weltkrieg. Frankfurt a. M. 1975.

Stählin, F.: Napoleons Glanz und Fall im deutschen Urteil. Wandlungen des deutschen Napoleonbildes. Braunschweig 1952.

Sterling, E. O.: Anti-Jewish riots in Germany in 1819: a displacement of social protest. In: Historia Judaica 12 (1950), 105–42.

Wittmann, R.: Buchmarkt und Lektüre in Deutschland 1750–1880. Beiträge zum literarischen Leben des 18. und 19. Jh. Tübingen 1982.

Wülfing, W.: Die heilige Luise von Preußen. Zur Mythisierung einer Figur der Geschichte in der deutschen Literatur des 19. Jh. In: J. Link/W. W. (Hrsg.), Bewegung und Stillstand in Metaphern und Mythen. Fallstudien zum Verhältnis von elementarem Wissen und Literatur im 19. Jh. Stuttgart 1984, 233–75.

Literaturgeschichte (vgl. Bd. 1, S. 703–706)

Albertsen, L.L.: Novalismus. In: GRM N.F. 17 (1967), 272–85.

Albrecht, W.: «Kunstperiode» als Epochenbegriff? In: WB 29 (1983), 1998–2002.

Becker, E.D.: «Klassiker» in der deutschen Literaturgeschichtsschreibung zwischen 1780 und 1860. In: J.Hermand/M.Windfuhr (Hrsg.), Zur Literatur der Restaurationsepoche 1815–1848. Stuttgart 1970, 349–70.

Bohrer, K.H.: Der romantische Brief. Die Entstehung ästhetischer Subjektivität. München 1987.

Brown, M.: The shape of German romanticism. Ithaca/N.Y. 1979.

Droz, J.: Le romantisme allemand et l'Etat. Résistance et collaboration dans l'Allemagne napoléonienne. Paris 1966.

Erläuterungen zur deutschen Literatur: Befreiungskriege. Berlin 1969.

Estermann, A.: Die deutschen Literatur-Zeitschriften 1815–1850. Bibliographien, Programme, Autoren. 10 Bde. Nendeln 1978–81.

Europäische Romantik. Hrsg. von K.R.Mandelkow [u.a.]. 3 Bde. Neues Handbuch der Literaturwissenschaft Bd.14–16. Wiesbaden 1982–85.

Die europäische Romantik. Mit Beiträgen von Ernst Behler [u.a.]. Frankfurt a.M. 1972.

Fuchs-Sumiyoshi, A.: Orientalismus in der deutschen Literatur. Untersuchungen zu Werken des 19. und 20.Jh. von Goethes «West-östlichen Divan» bis Thomas Manns «Joseph»-Tetralogie. Hildesheim 1984.

Gish, T.G./Frieden, S.G. (Hrsg.): Deutsche Romantik and English romanticism. München 1984.

Grathoff, D. (Hrsg.): Studien zur Ästhetik und Literaturgeschichte der Kunstperiode. Frankfurt a.M. 1985.

Hartmann, W.: Entstehung und Entwicklung der Bauernliteratur 1750–1830. Toronto 1984.

Hartmann, W.: Volksbildung. Ein Kapitel Literaturgeschichte der Goethezeit. Stuttgart 1985.

Heine, H.: Die romantische Schule. Kritische Ausgabe. Hrsg. von H.Weidmann. Stuttgart 1976.

Hoffmeister, G.: Spanien und Deutschland. Geschichte und Dokumentation der literarischen Beziehungen. Berlin 1976.

Hohendahl, P.U. (Hrsg.): Geschichte der deutschen Literaturkritik (1730–1980). Stuttgart 1985.

Houben, H.H.: Verbotene Literatur von der klassischen Zeit bis zur Gegenwart. 2 Bde. Berlin/Bremen 1924–28. Nachdr. Hildesheim 1965.

Hughes, G.T.: Romantic German literature. London 1979.

Jørgensen, S.-A./Øhrgaard, P./Schmoe, F. (Hrsg.): Aspekte der Romantik. München 1983.

Karoli, C.: Ideal und Krise enthusiastischen Künstlertums in der deutschen Romantik. Bonn 1968.

Kerner. Uhland. Mörike. Schwäbische Dichtung im 19.Jh. Marbacher Kataloge Nr.34. München 1980.

Kleßmann, E.: Die deutsche Romantik. Köln 1979.

Köhler, E.: Romantik. Das 19.Jh. Bd.1. Stuttgart/Berlin/Köln 1985.

Köster, U.: Die Dichtung am Ende der Kunstperiode 1830–1848. Literarische Prosa, literarischer Markt und Literaturtheorie. Stuttgart 1984.

Kreutzer, H.J.: Schubert und die literarische Situation seiner Zeit. In: Franz Schubert. Jahre der Krise 1818–1823, 29–38.

Lange, V.: Das klassische Zeitalter der deutschen Literatur. 1740–1815. München 1983.

Lüthi, K.: Feminismus und Romantik. Sprache, Gesellschaft, Symbole, Religion. Wien 1985.

Miller, N.: Literarisches Leben in Berlin im Anfang des 19. Jh. Aspekte einer preußischen Salon-Kultur. In: KJb 1981/82, 13–32.

Nemoianu, V.: The taming of Romanticism. European literature and the Age of Biedermeier. Cambridge, Mass./London 1984.

Peter, K.: Der spekulative Anspruch. Die deutsche Romantik im Unterschied zur französischen und englischen. In: JbFDH (1985), 105–50.

Pfeiffer-Belli, W.: Antiromantische Streitschriften und Pasquille (1798–1804). In: Euphorion 26 (1925), 602–30.

Pipkin, J. (Hrsg.): English and German Romanticism: crosscurrents and controversies. Heidelberg 1985.

Requadt, P.: Die Bildersprache der deutschen Italiendichtung von Goethe bis Benn. Bern 1962.

Sauer, L.: Marionetten, Maschinen, Automaten. Der künstliche Mensch in der deutschen und englischen Romantik. Bonn 1983.

Scheufele, T.: Übergänge zur Zukunft. Bewußtseinserweiterung und deutsche Literatur um 1800. Frankfurt a. M. 1985.

Schlaffer, Hannelore: Klassik und Romantik. Epochen der deutschen Literatur in Bildern 1770–1830. Stuttgart 1986.

Schmidt, J.: Die Geschichte des Genie-Gedankens in der deutschen Literatur, Philosophie und Politik 1750–1945. 2 Bde. Darmstadt 1985.

Seiler, B. W.: Die leidigen Tatsachen. Von den Grenzen der Wahrscheinlichkeit in der deutschen Literatur seit dem 18. Jh. Stuttgart 1983.

Sondermann, E. F.: Karl August Böttiger. Literarischer Journalist der Goethezeit in Weimar. Bonn 1983.

Storz, G.: Schwäbische Romantik. Dichter und Dichterkreise im alten Württemberg. Stuttgart 1967.

Träger, C.: Geschichte und Romantik. Berlin 1984.

Uedling, G.: Klassik und Romantik. Deutsche Literatur im Zeitalter der Französischen Revolution 1789–1815. 2 Bde. München 1988.

Walter, J.: Die «vergessene» Aufklärung. Zur deutschen Literaturgeschichtsschreibung über den Zeitraum von 1775–1800. In: Moderna Språk 64 (1970), 375–82.

Weber, P. [u. a.] (Hrsg.): Kunstperiode. Studien zur deutschen Literatur des ausgehenden 18. Jh. Berlin 1982.

Werner, H.-G.: Nochmals: Kunstperiode. In: WB 31 (1985), 1551–65.

Wolpers, T. (Hrsg.): Motive und Themen romantischer Naturdichtung. Textanalysen und Traditionszusammenhänge im Bereich der skandinavischen, englischen, deutschen, nordamerikanischen und russischen Literatur. 2 Bde. Göttingen 1982–1984.

III. KAPITEL: THEORETISCHE GRUNDLAGEN FÜR DIE LITERARISCHE ENTWICKLUNG NACH 1806

Allgemeine Darstellungen (vgl. Bd. 1, S. 705 ff. und 711 f.)

Baxa, J.: Einführung in die romantische Staatswissenschaft. Jena 1923.

Fiesel, E.: Die Sprachphilosophie der Romantik. Tübingen 1927. Nachdr. Hildesheim 1973.

Gebhardt, J. (Hrsg.): Die Revolution des Geistes. Politisches Denken in Deutschland 1770–1830. München 1968.

Heine, R.: Transzendentalpoesie. Studien zu Friedrich Schlegel, Novalis und E. T. A. Hoffmann. Bonn 1974.

Hillmann, H.: Bildlichkeit der deutschen Romantik. Frankfurt a. M. 1971.
Jäger, G.: Das Gattungsproblem in der Ästhetik und Poetik von 1780 bis 1850. In: J.Hermand und M.Windfuhr (Hrsg.), Zur Literatur der Restaurationsepoche 1815–1848. Forschungsreferate und Aufsätze. Stuttgart 1970, 371–404.
Loquai, F.: Künstler und Melancholie in der Romantik. Frankfurt a. M. 1984.
Lützeler, P. M. (Hrsg.): Europa: Analyse und Visionen der Romantiker. Frankfurt a. M. 1982.
Mühl, B.: Romantiktradition und früher Realismus. Zum Verhältnis von Gattungspoetik und literarischer Praxis in der Restaurationsepoche (Tieck-Immermann). Bern 1983.
Naumann, D.: Literaturtheorie und Geschichtsphilosophie. Teil I: Aufklärung, Romantik, Idealismus. Stuttgart 1979.
Poag, J.F./Scholz-Williams, G. (Hrsg.): Das Weiterleben des Mittelalters in der deutschen Literatur. Königstein/Ts. 1983.
Ribbat, E. (Hrsg.): Romantik. Ein literaturwissenschaftliches Studienbuch. Königstein/Ts. 1979.
Röder, P.: Utopische Romantik. Die verdrängte Tradition im Marxismus. Von der frühromantischen Poetologie zur marxistischen Gesellschaftstheorie. Würzburg 1982.
Scheible, H.: Wahrheit und Subjekt. Ästhetik im bürgerlichen Zeitalter. Bern/München 1984.
Schmid, C.: Die Mittelalterrezeption des 18.Jh. zwischen Aufklärung und Romantik. Frankfurt a. M. 1979.
Schubert, B.: Der Künstler als Handwerker. Zur Literaturgeschichte einer romantischen Utopie. Königstein/Ts. 1985.
Siegel, L.: Music in German Romantic literature: a collection of essays, reviews and stories. Palo Alto 1983.
Simpson, D. (Hrsg.): German aesthetic and literary criticism. Kant, Fichte, Schelling, Schopenhauer, Hegel. Cambridge 1984.
Tgahrt, R. (Hrsg.): Weltliteratur. Die Lust am Übersetzen im Jahrhundert Goethes. Marbach 1982.
Wheeler, K. (Hrsg.): German aesthetic and literary criticism: the romantic ironists and Goethe. Cambridge 1984.

Autoren

Görres

Bürke, G.: Vom Mythos zur Mystik. Joseph von Görres' mystische Lehre und die romantische Naturphilosophie. Einsiedeln 1958.
Habel, R.: Joseph Görres. Studien über den Zusammenhang von Natur, Geschichte und Mythos in seinen Schriften. Wiesbaden 1960.
Just, L.: Görres in Heidelberg. In: Historisches Jb. der Görres-Gesellschaft 74 (1955), 416 ff.
Kraus, A.: Görres als Historiker. In: Historisches Jb. der Görres-Gesellschaft 96 (1976), 93 ff.
Raab, H.: Europäische Völkerrepublik und christliches Abendland. Politische Aspekte und Prophetien bei Joseph Görres. In: Historisches Jb. der Görres-Gesellschaft 96 (1976), 58 ff.
Raab, H.: Görres und die Revolution. In: A.Rauscher (Hrsg.), Deutscher Katholizismus und Revolution im frühen 19.Jh. Paderborn 1975, 51 ff.
Raab, H.: Görres und die Geschichte. In: Historisches Jb. der Görres-Gesellschaft 93 (1973), 73 ff.

Stein, G.: Grundlagen und Tendenzen der Publizistik von Joseph Görres in seiner Münchener Zeit. Bonn 1953.

Walter, V.: Die «christliche Mystik» von Joseph Görres in ihrem Zusammenhang mit der wissenschaftlichen Romantik. München 1956.

Goethe (vgl. Bd. 1, S. 712 f.)

Adler, J.: Goethe und Newton. Ansätze zu einer Neuorientierung am Beispiel der chemischen Verwandtschaft. In: Wittkowski, W. (Hrsg.), Goethe im Kontext. Tübingen 1984, 300–08.

Böhler, M.: Naturwissenschaft und Dichtung bei Goethe. In: Wittkowski, W. (Hrsg.), Goethe im Kontext. Tübingen 1984, 313–35.

Gögelein, C.: Zu Goethes Begriff von Wissenschaft auf dem Wege der Methodik seiner Farbstudien. München 1972.

Groth, A.: Goethe als Wissenschaftshistoriker. München 1972.

Haenelt, K.: Studien zu Goethes literarischer Kritik. Ihre Voraussetzungen und Möglichkeiten. Frankfurt a. M./Bern/New York 1985.

Jenisch, E.: «Das Klassische nenne ich das Gesunde, und das Romantische das Kranke». Goethes Kritik der Romantik. In: Goethe N.F. 19 (1957), 50–79.

Kapitza, P.: Zeitgenosse im chemischen Zeitalter. Zu Goethes Rezeption der Chemie. In: Goethe Jb. (Japan) 14 (1972), 11–31.

Kuhn, D.: Über den Grund von Goethes Beschäftigung mit der Natur und ihrer wissenschaftlichen Erkenntnis. In: JbDSG 15 (1971), 157–73.

Markl, H.: Goethe und Darwin. Ökonomie oder Harmonie der Natur. In: JbFDH (1984), 88–112.

Schmidt, A.: Goethes herrlich leuchtende Natur. Philosophische Studien zur deutschen Spätaufklärung. München 1984.

Schöne, A.: Goethes Farbentheologie. München 1987.

Secker, W.: «Wiederholte Spiegelungen». Die klassische Kunstauffassung Goethes und Wilhelm von Humboldts. Frankfurt a. M. 1985.

Sommerhäuser, H.: Wie urteilt Goethe? Die ästhetischen Maßstäbe Goethes auf Grund seiner literarischen Rezensionen. Frankfurt a. M. 1985.

Sørensen, B.A.: Altersstil und Symboltheorie. Zum Problem des Symbols und der Allegorie bei Goethe. In: Goethe 94 (1977), 69–85.

Staiger, E.: Goethe und das Licht. In: Vier Vorträge zum Goethe-Jahr 1982. München 1982, 7–88.

Zimmermann, R.C.: Goethes Verhältnis zur Naturmystik am Beispiel seiner Farbenlehre. In: A.Faivre/R.C.Z. (Hrsg.), Epochen der Naturmystik. Hermetische Tradition im wissenschaftlichen Fortschritt. Berlin 1979.

Hegel

Gethmann-Siefert, A./Stemmrich-Köhler, B.: Faust: Die «absolute philosophische Tragödie» und die «gesellschaftliche Artigkeit» des ‹West-östlichen Divan›. Zu Editionsproblemen der Ästhetikvorlesungen. In: Hegel-Studien 18 (1983), 23–64.

Hirsch, E.: Die Beisetzung der Romantiker in Hegels Phänomenologie. In DVjs 2 (1924), 510–32.

Jöns, D.W.: Dichtungen Goethes im Urteil von Hegels «Ästhetik». In: H.-J. Mähl/ E.Mannack (Hrsg.), Studien zur Goethezeit. Heidelberg 1981, 121–52.

Pöggeler, O.: Hegels Kritik der Romantik. Bonn 1956.

Steinfeld, T.: Symbol – Klassik – Romantik. Versuch einer formanalytischen Kritik der Literaturphilosophie Hegels. Königstein/Ts. 1984.

Humboldt (vgl. Bd. 1, S. 713 f.)

Novak, R. A.: Wilhelm von Humboldt as a literary critic. Bern 1972.
Otto, W. D.: Ästhetische Bildung. Studien zur Kunsttheorie Wilhelm von Humboldts. Frankfurt a. M./Bern/New York 1986.

Kleist

Dahlhaus, C.: Kleists Wort über den Generalbaß. In: KJb 1984, 13–24.
Gebhardt, P.: Notizen zur Kunstanschauung Heinrich von Kleists. In: Euphorion 77 (1983), 483–99.
Traeger, J.: «... als ob einem die Augenlider weggeschnitten wären». Bildtheoretische Betrachtungen zu einer Metapher von Kleist. In: KJb 1980, 86–106.

Oken

Bräuning-Oktavio, H.: Oken und Goethe im Lichte neuer Quellen. Weimar 1959.
Pfannenstiel, M.: Lorenz Oken. Sein Leben und Wirken. Freiburg i. Br. 1952.
Schuster, J.: Lorenz Oken, der Mann und sein Werk. Berlin 1922.

Schelling (vgl. Bd. 1, S. 714 f.)

August Wilhelm Schlegel (vgl. Bd. 1, S. 716)

Nagavajara, C.: August Wilhelm Schlegel in Frankreich. Sein Anteil an der französischen Literaturkritik. 1807–1835. Tübingen 1966.
Paulini, H. M.: August Wilhelm Schlegel und die vergleichende Literaturwissenschaft. Frankfurt a. M. 1985.
Reavis, S. A.: August Wilhelm Schlegels Auffassung der Tragödie im Zusammenhang mit seiner Poetik und ästhetischen Theorien seiner Zeit. Bern 1978.

Friedrich Schlegel (vgl. Bd. 1, S. 716 f.)

Anstett, J.-J.: Mystisches und Okkultistisches in Friedrich Schlegels spätem Denken und Glauben. In: ZfdPh 88 (1969), Sonderheft: Friedrich Schlegel und die Romantik, 132–50.
Behler, E.: Friedrich Schlegel und Hegel. In: Hegel-Studien 2 (1963), 203–50.
Behler, E.: Zur Theologie der Romantik. Das Gottesproblem in der Spätphilosophie Friedrich Schlegels. In: Hochland 52 (1960), 339–53.
Behrens, K.: Friedrich Schlegels Geschichtsphilosophie (1794–1808). Ein Beitrag zur politischen Romantik. Tübingen 1984.
Chelin, H.: Friedrich Schlegels Europa. Frankfurt a. M. 1981.
Grosse-Brockhoff, A.: Das Konzept des Klassischen bei Friedrich und August Wilhelm Schlegel. Köln/Wien 1981.
Heiner, H.-J.: Das Ganzheitsdenken Friedrich Schlegels. Wissenssoziologische Deutung einer Denkform. Stuttgart 1971.
Nüsse, H.: Die Sprachtheorie Friedrich Schlegels. Heidelberg 1962.
Schanze, H. (Hrsg.): Friedrich Schlegel und die Kunsttheorie seiner Zeit. Darmstadt 1985 (Wege der Forschung).
Struc, U.: Zu Friedrich Schlegels orientalistischen Studien. In: ZfdPh 88 (1969), Sonderheft: Friedrich Schlegel und die Romantik, 114–32.

Wuthenow, R.-R.: Revolution und Kirche im Denken Friedrich Schlegels. In: A. Rauscher, (Hrsg.), Deutscher Katholizismus und Revolution im frühen 19. Jh. Paderborn 1975, 11–32.

Schubert

Hahn, H. J.: G. H. Schubert's principle of untimely development. In: GLL 37 (1984), 336–53.
Lechner, W.: Gotthilf Heinrich von Schuberts Einfluß auf Kleist, Justinus Kerner und E. T. A. Hoffmann. Beiträge zur deutschen Romantik. Borna b. Leipzig 1911.
Merkel, F. R.: Der Naturphilosoph Gotthilf Heinrich Schubert und die deutsche Romantik. München 1913.

Steffens

Paul, F.: Henrich Steffens. Naturphilosophie und Universalromantik. München 1973.

Tieck

Brinker-Gabler, G.: Poetisch-wissenschaftliche Mittelalter-Rezeption. Ludwig Tiecks Erneuerung altdeutscher Literatur. Stuttgart 1980.
Gneuss, C.: Der späte Tieck als Zeitkritiker. Düsseldorf 1971.

IV. KAPITEL: ERZÄHLENDE LITERATUR

Allgemeine Darstellungen (vgl. Bd. 1, S. 718)

Deckstein, B.: Der Wortgebrauch in der erzählenden Jugendliteratur von 1780–1830. Frankfurt a. M. 1985.
Ewers, H.-H.: Aufklärung und Romantik im Spiegel klassischer Kinderbücher. Der «Robinson Crusoe» und die «Kinder- und Hausmärchen» als erste Klassiker der neueren Kinderliteratur. In: Jb. der Jean-Paul-Gesellschaft 19 (1984), 43–63.
Feldt, M.: Ästhetik und Artistik am Ende der Kunstperiode. Textanalytische, kunstphilosophische und zivilisationsgeschichtliche Untersuchungen zur Prosa von Goethe, E. T. A. Hoffmann, Heine und Büchner. Heidelberg 1982.
Fritz, H.: Instrumentelle Vernunft als Gegenstand von Literatur. Studien zu Jean Pauls «Dr. Katzenberger», E. T. A. Hoffmanns «Klein Zaches», Goethes «Novelle» und Thomas Manns «Zauberberg». München 1982.
Meyer, H.: Der Sonderling in der deutschen Dichtung. München 1963.
Meyer, H.: Raumgestaltung und Raumsymbolik in der Erzählkunst. In: H. M., Zarte Empirie. Studien zur Literaturgeschichte. Stuttgart 1963, 33–56.

Roman

Blackall, E.: The novels of the German Romantics. Ithaca/London 1983.
Heiderich, M. W.: The German novel of 1800: a study of European prose fiction. Bern 1982.
Heselhaus, C.: Die Wilhelm-Meister-Kritik der Romantiker und die romantische Theorie des Romans. In: H. R. Jauß (Hrsg.), Nachahmung und Illusion. München 1969, 113–27.
Huber, H. D.: Historische Romane in der ersten Hälfte des 19. Jh. Studie zu Material

und «schöpferischem Akt» ausgewählter Romane von Achim von Arnim bis Adalbert Stifter. München 1978.

Hudgins, E.W.: Nicht-epische Strukturen des romantischen Romans. Den Haag 1975.

Koopmann, H. (Hrsg.): Handbuch des deutschen Romans. Düsseldorf 1982.

Lützeler, P.M. (Hrsg.): Romane und Erzählungen zwischen Romantik und Realismus. Stuttgart 1983.

Mahoney, D.F.L.: Der Roman der Goethezeit (1774–1829). Stuttgart 1988.

Müller, J.: Hegel und die Theorie des Romans. In: Wissenschaftliche Zeitschrift der Friedrich-Schiller-Universität Jena. Gesellschafts- und sprachwissenschaftliche Reihe 19 (1970), 637–44.

Schüren, R.: Die Romane Walter Scotts in Deutschland. Berlin 1969.

Schwering, M.: Epochenwandel im spätromantischen Roman. Untersuchungen zu Eichendorff, Tieck und Immermann. Köln/Wien 1985.

Selbmann, R.: Der deutsche Bildungsroman. Stuttgart 1984.

Steinecke, H.: Wilhelm Meister oder Waverley? Zur Bedeutung Scotts für das deutsche Romanverständnis der frühen Restaurationszeit. In: B.Allemann und E.Koppen (Hrsg.), Teilnahme und Spiegelung. Berlin 1975, 340–59.

Strauss, G.: Aspekte der Form Roman in Deutschland zwischen Spätaufklärung und poetischem Realismus. Erlangen 1979.

Wagner R.: Die theoretische Vorarbeit für den Aufstieg des deutschen Romans im 19.Jh. In: ZfdPh 74 (1955), 353–63.

Novelle und Erzählung

Arx, B. von: Novellistisches Dasein. Spielraum einer Gattung in der Goethezeit. Zürich 1953.

Bennett, E.K.: A history of the German Novelle. 1934. Revised and continued by H.M.Waidson. Cambridge 1965.

Beyer, H.: Die moralische Erzählung in Deutschland bis zu Heinrich von Kleist. Frankfurt a.M. 1941. Nachdr. Hildesheim 1973.

Brockmeier, P.: Lust und Herrschaft. Studien über gesellschaftliche Aspekte der Novellistik. Stuttgart 1972.

Dietrich, W.: Die erotische Novelle in Stanzen. Ihre Entwicklung in Italien (1340–1789) und Deutschland (1773–1810). München 1985.

Eitel, W. (Hrsg.): Die romantische Novelle. Darmstadt 1977.

Ellis, J.: Narration in the German Novelle. Theory and interpretation. Cambridge 1974.

Freund, W.: Von der Aggression zur Angst. Zur Entstehung der phantastischen Novellistik in Deutschland. In: Phaicon. Almanach der phantastischen Literatur 3 (1978), 9–31.

Himmel, H.: Geschichte der deutschen Novelle. Bern/München 1963.

Klein, J.: Geschichte der deutschen Novelle von Goethe bis zur Gegenwart. Wiesbaden 1954.

Knopf, J.: Die deutsche Kalendergeschichte. Ein Arbeitsbuch. Frankfurt a.M. 1983.

Kunz, J.: Die deutsche Novelle zwischen Klassik und Romantik. Berlin 1966.

Kunz, J. (Hrsg.): Novelle. Darmstadt 1968.

Kunz, J.: Die deutsche Novelle im 19.Jh. Berlin 1978.

Lämmert, E. (Hrsg.): Erzählforschung. Stuttgart 1982.

Polheim, K.K. (Hrsg.): Handbuch der deutschen Erzählung. Düsseldorf 1981.

Polheim, K.K. (Hrsg.): Theorie und Kritik der deutschen Novelle von Wieland bis Musil. Tübingen 1970.

Rohner, L.: Kalendergeschichte und Kalender. Wiesbaden 1978.

Schönert, J.: Kriminalgeschichten in der deutschen Literatur zwischen 1770–1890. Zur Entwicklung des Genres in sozialgeschichtlicher Perspektive. In: Geschichte und Gesellschaft. Zeitschrift für Historische Hilfswissenschaft 9 (1983), 49–68.

Schönhaar, R.: Novelle und Kriminalschema. Ein Strukturmodell deutscher Erzählkunst um 1800. Bad Homburg 1969.

Schröder, R.: Novelle und Novellentheorie in der frühen Biedermeierzeit. Tübingen 1970.

Schunicht, M.: Der «Falke» am «Wendepunkt». Zu den Novellentheorien Tiecks und Heyses. In: GRM 10 (1960), 44–65.

Swales, M.: The German Novelle. Princeton 1976.

Voit, F.: Zur Literarisierung des Kalenders. Am Beispiel des Rastatter Kalenders im Ausgang des 18. Jh. In: Akten des VI. Internationalen Germanistenkongresses. Basel 1980, 76–84.

Weiss, H. F.: «Gaben der Milde». Zur Entstehungs- und Druckgeschichte einiger romantischer Novellen. In: JbFDH 1984, 246–52.

Werner, H.-G.: Die Erzählkunst im Umkreis der Romantik (1806–1815). In: WB 17 (1971) H. 8, 11–38; H. 9, 82–111.

Wiese, B. von: Die deutsche Novelle von Goethe bis Kafka. Interpretationen. 2 Bde. Düsseldorf 1964.

Märchen

Bichel, U.: Philipp Otto Runges Märchen «Von dem Fischer un syner Fru». Sein Aufbau und seine Farbsymbolik. In: Niederdeutsches Jb. 105 (1982), 71–87.

Fink, G.-L.: Pygmalion und das belebte Marmorbild. Wandlungen eines Märchenmotivs von der Frühaufklärung bis zur Spätromantik. In: Aurora 43 (1983), 92–123.

Fontaine, C.-M.: Das romantische Märchen. Eine Synthese aus Kunst und Poesie. München 1985.

Klotz, V.: Das europäische Kunstmärchen. 25 Kapitel seiner Geschichte von der Renaissance bis zur Moderne. Stuttgart 1985.

Merkel, I.: Wirklichkeit im romantischen Märchen. In: Colloquia Germanica 3 (1969), 162–83.

Schumacher, H.: Narziß an der Quelle. Das romantische Kunstmärchen. Geschichte und Interpretation. Wiesbaden 1977.

Wührl, P.-W.: Das deutsche Kunstmärchen. Geschichte, Botschaft und Erzählstrukturen. Heidelberg 1984.

Zipes, J.: The revolutionary rise of the romantic fairy tale in Germany. In: Studies in Romanticism 16 (1977), 409–50.

Unterhaltungsliteratur (vgl. Bd. 1, S. 718f.)

Fritzen-Wolf, U.: Trivialisierung des Erzählens: Claurens «Mimili» als Epochenphänomen. Frankfurt a. M. 1977.

Liebing, H.: Die Erzählungen H. Claurens (Carl Heuns) als Ausdruck der bürgerlichen Welt- und Lebensanschauung in der beginnenden Biedermeierzeit. Halle (Saale) 1931.

Plaul, H.: Bibliographie deutschsprachiger Veröffentlichungen über Unterhaltungs- und Trivialliteratur vom letzten Drittel des 18. Jh. bis zur Gegenwart. München/ New York/London/Paris 1980.

Schreinert, K.: Benedikte Naubert. Ein Beitrag zur Entstehungsgeschichte des historischen Romans in Deutschland. Berlin 1941.

Thalmann, M.: Die Romantik des Trivialen. München 1970.

Nichtfiktionale Prosaliteratur

Feilchenfeldt, K.: «Berlin Salon» und Briefkultur um 1800. In: DU 36 (1984), 77–99.
Feilchenfeldt, K.: Öffentlichkeit und Chiffrensprache in Briefen der späteren Romantik. In: Probleme der Brief-Edition. Boppard 1977, 125–54.
Hahn, K.-H.: Geschichtsschreibung als Literatur. Zur Theorie deutschsprachiger Historiographie im Zeitalter Goethes. In: H.-J. Mähl/E. Mannack (Hrsg.), Studien zur Goethezeit. Heidelberg 1981, 91–101.
Kuhn, D. (Hrsg.): Auch ich in Arcadien. Kunstreisen nach Italien 1600–1900. [Katalog]. Sonderausstellung des Schiller-Nationalmuseums 1966.
Link, M.: Der Reisebericht als literarische Kunstform von Goethe bis Heine. Diss. Köln 1963.
Maczak, A./Teuteberg, H.J. (Hrsg.): Reiseberichte als Quellen europäischer Kulturgeschichte. Aufgaben und Möglichkeiten der historischen Reiseforschung. Wolfenbüttel 1982.
Weissenberger, K. (Hrsg.): Prosakunst ohne Erzählen. Die Gattungen der nicht-fiktionalen Kunstprosa. Tübingen 1985.

Autoren

Arnim

Fischer, B.: Literatur und Politik – die «Novellensammlung von 1812» und das «Landhausleben» von Achim von Arnim. Frankfurt a.M./Bern 1983.
Fuhrmann, H.: Achim von Arnims «Gräfin Dolores». Versuch einer Interpretation. Köln 1956.
Geppert, H.V.: Achim von Arnims Romanfragment «Die Kronenwächter». Tübingen 1979.
Göres, J.: «Was soll geschehen im Glücke.» Ein unveröffentlichter Aufsatz Achim von Arnims. In: JbDSG 5 (1961), 196–221.
Haustein, B.: Romantischer Mythos und Romantikkritik in Prosadichtungen Achim von Arnims. Göppingen 1974.
Henel, H.: Arnims «Majoratsherren». In: H.H., Goethezeit. Frankfurt a.M. 1980, 198–237.
Himmel, H.: Achim von Arnims «Toller Invalide» und die Gestalt der deutschen Novelle. Versuch einer literaturwissenschaftlichen Grundlegung. Graz 1967.
Hoermann, R.: Achim von Arnims Erzählung «Melück Maria Blainville; die Hausprophetin aus Arabien». Eine romantische Heldin als Schauspielerin, Geliebte und Heilige. In: Aurora 44 (1984), 178–95.
King, R.: Luther in «Die Kronenwächter». A Study of Arnim's interpretation of history. In: GR 14 (1939), 110–17.
Kratzsch, K.: Untersuchungen zur Genese und Struktur der Erzählungen Ludwig Achim von Arnims. Jena 1968.
Lokke, K.E.: Achim von Arnim and the romantic grotesque. In: GR 58 (1983), 21–32.
Moering, R.: Die offene Romanform von Arnims «Gräfin Dolores». Mit einem Kapitel über Vertonungen Reichardts. Heidelberg 1978.
Neumann, P.H.: Legende, Sage und Geschichte in Achim von Arnims «Isabella von Aegypten». Quellen und Deutung. In: JbDSG 12 (1968), 296–314.
Offermanns, E.L.: Der universale romantische Gegenwartsroman Achim von Ar-

nims. Die «Gräfin Dolores». Zur Struktur und ihren geistesgeschichtlichen Voraussetzungen. Köln 1959.

Rasch, W.: Achim von Arnims Erzählkunst. In: DU 7 (1955), H. 2, 38–55.

Riley, H. M. Kastinger: Idee und Gestaltung. Das konfigurative Strukturprinzip bei Ludwig Achim von Arnim. Bern 1977.

Sauerland, K.: «Die Kronenwächter» – Auflösung eines Mythos. In: WB 14 (1968), 868–83.

Schürer, E.: Quellen und Fluß der Geschichte. Zur Interpretation von Arnims «Isabella von Aegypten». In: J. L. Sammons/E. S. (Hrsg.), Lebendige Form. Interpretationen zur deutschen Literatur. Fs. H. Henel. München 1970, 189–210.

Segebrecht, W.: Die Thematik des Krieges in Achim von Arnims «Wintergarten». In: Aurora 45 (1985), 310–16.

Silz, W.: Arnim, «Der tolle Invalide auf dem Fort Ratonneau» (1818). In: W. S., Realism and Reality. Studies in the German Novelle of Poetic Realism. Chapel Hill 1954, 29–35.

Vordtriede, W.: Achim von Arnims «Kronenwächter». In: Neue Rundschau 73 (1962), 136–45.

Weiss, H. F.: The use of the leitmotif in Achim von Arnim's stories. In: GQ 42 (1969), 343–51.

Wilhelm, A.: Studien zu den Quellen und Motiven von Achim von Arnims «Kronenwächtern». Winterthur 1955.

Brentano

Alewyn, R.: Brentanos «Geschichte vom braven Kasperl und dem schönen Annerl.» In: R. A., Probleme und Gestalten. Essays. Frankfurt a. M. 1974, 133–97.

Dickens, D. B.: Brentanos Erzählung «Die mehreren Wehmüller und ungarischen Nationalgesichter». Ein Deutungsversuch. In: GR 58 (1983), 12–20.

Frühwald, W.: Die Ehre der Geringen. In: Geschichte und Gesellschaft 9 (1983), 69–86.

Frye, L. O.: The art of narrating a rooster hero in Brentanos «Das Märchen von Gockel und Hinkel». In: Euphorion 72 (1978), 400–20.

Gockel, H.: Gestörte Ordnung. Überlegungen zu Brentanos «Geschichte vom braven Kasperl und dem schönen Annerl». In: JbFDH 1984, 253–61.

Huber, M.: Die Chronika des fahrenden Schülers. Bern 1976.

Kathan, A.: Die «Chronika des fahrenden Schülers». Zum Erzählproblem bei Brentano. In: LJbGG 13 (1972), 181–215.

Kittler, W.: Familie, Geschlecht und Poesie. Brentanos «Geschichte vom braven Kasperl und dem schönen Annerl». In: D. Peschel (Hrsg.), Germanistik in Erlangen. Erlangen 1983, 231–37.

Kluge, G.: Clemens Brentano: «Geschichte vom braven Kasperl und dem schönen Annerl». Text, Materialien, Kommentar. München 1979.

Kluge, G.: Clemens Brentanos Erzählungen aus den Jahren 1810–1818. Beobachtungen zu ihrer Struktur und Thematik. In: D. Lüders (Hrsg.), Clemens Brentano. Tübingen 1980, 102–34.

Koll, R.-D.: Des Dichters Ehre. Bemerkungen zu Brentanos «Geschichte vom braven Kasperl und dem schönen Annerl». In: JbFDH 1978, 256–90.

Lehnert, H.: Die Gnade sprach von Liebe. Eine Struktur-Interpretation der «Geschichte vom braven Kasperl und dem schönen Annerl» von Clemens Brentano. In: M. Bindschedler/P. Zinsli (Hrsg.), Geschichte. Deutung. Kritik. Bern 1969, 199–233.

Mathes, J.: Pumpelirio Holzebock in Brentanos Märchen von Fanferlieschen Schönefüßchen. In: ZfdPh 97 (1978), 161–76.

Rehder, H.: Von Ehre, Gnade und Gerechtigkeit. Gedanken zu Brentanos «Geschichte vom braven Kasperl und dem schönen Annerl». In: A.Fuchs/ H.Motekat (Hrsg.), Stoffe, Formen, Strukturen. München 1962, 315–30.

Rölleke, H.: Quellen zu Brentanos «Geschichte vom braven Kasperl und dem schönen Annerl». In: JbFDH 1970, 244–57.

Rölleke, H.: Brentanos «Märchen von dem Schulmeister Klopfstok» als literaturhistorische Allegorie. In: JbFDH 1977, 292–308.

Schwarz, P.P.: Brentanos «Geschichte vom braven Kasperl und dem schönen Annerl». In: Aurora 32 (1972), 69–83.

Seidlin, O.: Brentanos Spätfassung seines Märchens vom Fanferlieschen Schönefüßchen. In: O.S., Klassische und moderne Klassiker. Göttingen 1972, 38–60.

Seidlin, O.: Wirklich nur eine schöne Kunstfigur? Zu Brentanos Gockel-Märchen. In: M.Durzak/E.Reichmann/U.Weisstein (Hrsg.), Texte und Kontexte. Studien zur deutschen und vergleichenden Literaturwissenschaft. Fs. N.Fuerst. Bern/München 1973, 235–48.

Silz, W.: Brentano. «Geschichte vom braven Kasperl und dem schönen Annerl». In: W.S., Realism and reality. Studies in the German Novelle of Poetic Realism. Chapel Hill 1954, 17–28.

Solms, W.: Vorschlag zur Datierung von Brentanos Märchensammlungen. In: JbFDH 1984, 236–45.

Stopp, E.: Brentano's «Chronika» and its revision. In: W.Frühwald/G.Niggl (Hrsg.), Sprache und Bekenntnis. Fs. H.Kunisch. Berlin 1971, 161–84.

Ziegler, V.L.: Justice in Brentanos «Die Schachtel mit der Friedenspuppe». In: GR 53 (1978), 174–79.

Zierden, J.: Das Zeitproblem im Erzählwerk Clemens Brentanos. Frankfurt a.M. 1985.

Chamisso

Fink, G.L.: «Peter Schlemihl» et la tradition du conte romantique. In: Recherches Germaniques 12 (1982), 24–54.

Flores, R.: The lost shadow of «Peter Schlemihl». In: GQ 47 (1974), 56–84.

Freund, W.: Adelbert von Chamisso: «Peter Schlemihl». Geld und Geist: ein bürgerlicher Bewußtseinsspiegel. Entstehung – Struktur – Rezeption – Didaktik. Paderborn 1980.

Koeppen, W.: Chamisso und «Peter Schlemihl». In: M.Reich-Ranicki (Hrsg.), Die elenden Skribenten. Aufsätze. Frankfurt a.M. 1981, 25–35.

Kuzniar, A.A.: «Spurlos ... verschwunden»: «Peter Schlemihl» und sein Schatten als der verschobene Signifikant. In: Aurora 45 (1985), 189–204.

Loeb, E.: Symbol und Wirklichkeit des Schattens in Chamissos «Peter Schlemihl». In: GRM 15 (1965), 398–408.

Müssle, H.P.: Chamissos «Peter Schlemihl», oder die Weltordnung des Teufels. Nagoya 1961.

Neubauer, W.: Zum Schatten-Problem bei Adelbert von Chamisso oder zur Nicht-Interpretierbarkeit von «Peter Schlemihls wundersamer Geschichte». In: LfL 1986, 24–34.

Neumarkt, P.: Chamisso's «Peter Schlemihl». A literary approach in terms of analytical psychology. In: Literature and Psychology 17 (1967), 120–27.

Schulz, F.: Die erzählerische Funktion des Motivs vom verlorenen Schatten in Chamissos «Peter Schlemihl». In: GQ 45 (1972), 429–42.

Walach, D. (Hrsg.): Adelbert von Chamisso. Peter Schlemihls wundersame Geschichte. Erläuterungen und Dokumente. Stuttgart 1982.

Wilpert, G. von: Der verlorene Schatten. Varianten eines literarischen Motivs. Stuttgart 1978.

Eichendorff

Alewyn, R.: Eine Landschaft Eichendorffs. In: J. Schillemeit (Hrsg.), Deutsche Erzählungen von Wieland bis Kafka. Frankfurt a. M. 1966, 196–217.

Anton, H.: ‹Dämonische Freiheit› in Eichendorffs Erzählung «Aus dem Leben eines Taugenichts». In: Aurora 37 (1977), 21–32.

Beller, M.: Narziß und Venus. Klassische Mythologie und romantische Allegorie von Eichendorffs Novelle «Das Marmorbild». In: Euphorion 62 (1968), 117–42.

Eichner, H.: Zur Integration der Gedichte in Eichendorffs erzählender Prosa. In: Aurora 41 (1981), 7–21.

Gump, M.: Zum Problem des Taugenichts. In: DVjs 37 (1963), 529–57.

Haar, C. ter: Joseph von Eichendorff: «Aus dem Leben eines Taugenichts». Text, Materialien, Kommentar. München/Wien 1977.

Hartmann, R.: Eichendorffs Novelle «Das Schloß Dürande». Eine gescheiterte Kommunikation. In: WB 32 (1986), 1850–67.

Hubbs, V. C.: Metamorphosis and rebirth in Eichendorff's «Marmorbild». In: GR 52 (1977), 243–59.

Kafitz, D.: Wirklichkeit und Dichtertum in Eichendorffs «Ahnung und Gegenwart». Zur Gestalt Fabers. In: DVjs 45 (1971), 350–75.

Killy, W.: Der Roman als romantisches Buch. Über Eichendorffs «Ahnung und Gegenwart». In: W. K., Wirklichkeit und Kunstcharakter, München 1963, 36–58.

Kohlschmidt, W.: Die symbolische Formelhaftigkeit von Eichendorffs Prosastil. In: W. K., Form und Innerlichkeit. Bern 1955, 177–209.

Köhnke, K.: «Hieroglyphenschrift». Untersuchungen zu Eichendorffs Erzählungen. Sigmaringen 1986.

Koopmann, H.: Eichendorff: Das Schloß Dürande und die Revolution. In: ZfdPh 89 (1970), 180–207.

Korte, H.: Das Ende der Morgenröte. Eichendorffs bürgerliche Welt. Frankfurt a. M./Bern/New York 1987.

Krabiel, K.-D.: Tradition und Bewegung. Zum sprachlichen Verfahren Eichendorffs. Stuttgart 1973.

Lindemann, K.: Von der Naturphilosophie zur christlichen Kunst. Zur Funktion des Venusmotivs in Tiecks «Runenberg» und Eichendorffs «Marmorbild». In: LJbGG N.F. 15 (1974), 101–21.

Mühlher, R.: Eichendorffs Erzählung «Aus dem Leben eines Taugenichts». Ein Beitrag zum Verständnis des Poetischen. In: Aurora 22 (1962), 13–44.

Naumann, M.: Fabula docet. Studien zur didaktischen Dimension der Prosa Eichendorffs. Würzburg 1979.

Neubauer, J.: «Liederlichkeit der Gefühle». Kritik der Subjektivität in Eichendorffs Studie zum deutschen Roman des 18. Jh. In: Aurora 45 (1985), 149–62.

Nygaard, L.: Eichendorffs «Aus dem Leben eines Taugenichts»: «Eine leise Persiflage» der Romantik. In: Studies in Romanticism 19 (1980), 193–216.

Paulsen, W.: Eichendorff und sein Taugenichts. Die innere Problematik des Dichters in seinem Werk. Bern/München 1976.

Pikulik, L.: Die Mythisierung des Geschlechtstriebes in Eichendorffs «Das Marmorbild». In: Euphorion 71 (1977), 128–40.

Polheim, K. K.: Neues vom «Taugenichts». In: Aurora 43 (1983), 32–54.

Post, K.-D.: Hermetik der Häuser und der Herzen. Zum Raumbild in Eichendorffs Novelle «Das Schloß Dürande». In: Aurora 44 (1984), 32–50.

Rehder, H.: Ursprünge dichterischer Emblematik in Eichendorffs Prosawerken. In: JEGP 56 (1957), 528–41.

Requadt, P.: Eichendorffs «Ahnung und Gegenwart». In: DU 7 (1955), 79–92.

Riemen, A.: «Da fiel ihr ein Lied dabei ein». Gedichte als Strukturkennzeichen in Eichendorffs Erzählungen. In: Aurora 42 (1982), 7–23.

Riley, T.A.: Die Allegorie in «Ahnung und Gegenwart». In: Aurora 44 (1984), 124–29.

Rodewald, D.: Der «Taugenichts» und das Erzählen. In: ZfdPh 92 (1973), 231–59.

Schwarz, E.: Ein Beitrag zur allegorischen Deutung von Eichendorffs Novelle «Das Marmorbild». In: Monatshefte 48 (1956), 215–20.

Schwering, M.: Künstlerische Form und Epochenwandel. Ein Versuch über Eichendorffs Roman «Ahnung und Gegenwart». In: Aurora 43 (1983), 7–31.

Spitzer, L.: Zu einer Landschaft Eichendorffs. In: Euphorion 52 (1958), 142–52.

Stockmann, F.: Die Darstellung der Landschaft in Eichendorffs erzählender Prosa. In: Aurora 28 (1968), 53–65.

Walter-Schneider, M.: Die Kunst in Rom. Zum 7. und 8. Kapitel von Eichendorffs Erzählung «Aus dem Leben eines Taugenichts». Aurora 45 (1985), 49–62.

Wettstein, M.: Die Prosasprache Joseph von Eichendorffs. Form und Sinn. Zürich 1975.

Wilpert, G. von: Der ornithologische Taugenichts. Zum Vogelmotiv in Eichendorffs Novelle. In: A.J. Bisanz/R. Trousson (Hrsg.), Elemente der Literatur. Stuttgart 1980, Bd. 1, 114–28.

Woesler, W.: Frau Venus und das schöne Mädchen mit dem Blumenkranze. Zu Eichendorffs «Marmorbild». In: Aurora 45 (1985), 33–48.

Fouqué

Floeck, O.: Die Elementargeister bei Fouqué und anderen Dichtern der romantischen und nachromantischen Zeit. Heidelberg 1909.

Haupt, J.: Elementargeister bei Fouqué, Immermann und Hoffmann. Bonn 1923.

Jeuthe, L.: Fouqué als Erzähler. Breslau 1910.

LeSage, L.: Die Einheit von Fouqués «Undine». An unpublished essay in German by Jean Giraudoux. In: Romanic Review 42 (1951) 122–34.

Lillyman, W.J.: Fouqué's «Undine». In: Studies in Romanticism 10 (1971), 94–104.

Mornin, E.: Some patriotic novels and tales by La Motte Fouqué. In: Seminar 11 (1975), 141–56.

Pfeiffer, W.: Über Fouqués «Undine». Nebst einem Anhange enthaltend Fouqués Operndichtung «Undine». Heidelberg 1903.

Schulz, G.: Fouqué als Erzähler. Nachwort. In: G.S. (Hrsg.), Friedrich de la Motte Fouqué, Romantische Erzählungen. München 1977, 493–515.

Schulz, G.: Fouqués «Zauberring». Nachwort. In: Friedrich de la Motte Fouqué, Der Zauberring. München 1984, 471–93.

Goethe (vgl. Bd. 1, S. 720–722)

Aichinger, I.: Künstlerische Selbstdarstellung. Goethes «Dichtung und Wahrheit» und die Autobiographie der Folgezeit. Frankfurt a. M. 1977.

Blackall, E.A.: Goethe and the novel. Ithaca/London 1976.

Blessin, S.: Die Romane Goethes. Königstein/Ts. 1979.

Bowman, D.: Life into autobiography. A study of Goethe's «Dichtung und Wahrheit». Bern 1971.

Donat, U.: Goethes «Italienische Reise» als Kunstwerk. Freiburg 1981.

Gerhard, M: Die Redaktion der Italienischen Reise im Lichte von Goethes autobiographischem Gesamtwerk. In: JbFDH 1930, 131–50.

Gerhard, M.: Goethes Sturm-und-Drang-Epoche in der Sicht des alten Goethe. Zu «Dichtung und Wahrheit». In: JbFDH 1970, 190–202.

Henke, B. M.: «Sie ließen einen Hasen nach dem andern laufen . . .» Beobachtungen zum Sprachverhalten der Figuren in Goethes Romanen. Frankfurt a. M./Bern/ New York 1983.

Hörisch, J.: «Das Leben war ihnen ein Rätsel». Das Rätselmotiv in Goethes Romanen. In: Euphorion 78 (1984), 111–26.

Kiefer, K. H.: Wiedergeburt und neues Leben. Aspekte des Strukturwandels in Goethes «Italienischer Reise». Bonn 1978.

Koppen, E.: Goethes «Benvenuto Cellini»: Glanz und Elend einer Übersetzung. In: Jb. des Wiener Goethe-Vereins 81/83 (1977/79), 247–62.

Lillyman, W. J. (Hrsg.): Goethe's narrative fiction. The Irvine Goethe symposium. Berlin/New York 1983.

Lützeler, P. M./McLeod, J. E. (Hrsg.): Goethes Erzählwerk. Interpretationen. Stuttgart 1985.

Marz, E.: Goethes Rahmenerzählungen (1794–1821). Untersuchungen zur Goetheschen Erzählkunst. Frankfurt a. M. 1985.

Mayer, H.: Italienische Reise. In: H. M., Zur deutschen Klassik und Romantik. Pfullingen 1963, 51–81.

Müller, J.: Goethes Romantheorie. In: R. Grimm (Hrsg.), Deutsche Romantheorien. Frankfurt a. M. 1974, Bd. 1, 61–104.

Müller-Seidel, W.: Goethes «Maximen und Reflexionen». Denkformen und Bewußtseinskritik. In: W. M.-S., Die Geschichtlichkeit der deutschen Klassik. Stuttgart 1983, 278–90.

Praschek, H.: Bemerkungen zu Goethes Arbeitsweise im Bereich seiner Erzählungen. In: S. Scheibe (Hrsg.), Goethe-Studien. Berlin 1965, 97–122.

Reiss, H. S.: Goethes Romane, Bern 1963.

Rütz, M.: Goethes Italienische Reise «Auch ich in Arkadien». München 1985.

Saine, T. P.: Goethes Roman «Campagne in Frankreich 1792». In: W. Barner [u. a.] (Hrsg.), Unser Commercium. Goethes und Schillers Literaturpolitik. Stuttgart 1984, 529–58.

Schlaffer, Heinz: Exoterik und Esoterik in Goethes Romanen. In: Goethe 95 (1978), 212–26.

Schulz, G.: Wann und wo entsteht ein klassischer Nationalautor? Zu Goethes «Italienischer Reise». In: K.-D. Müller [u. a.] (Hrsg.), Geschichtlichkeit und Aktualität. Fs. H.-J. Mähl. Tübingen 1988.

Seidlin, O.: Ironische Kontrafaktur. Goethes Neue Melusine. In: O. S., Von erwachendem Bewußtsein. Stuttgart 1979, 155–70.

Stern, M.: «Wie kann man sich selbst kennen lernen?» Gedanken zu Goethes Autobiographie. In: Goethe 101 (1984), 269–81.

Träger, Christine: Novellistisches Erzählen bei Goethe. Berlin/Weimar 1984.

Witte, B.: Autobiographie als Poetik. Zur Kunstgestalt von Goethes «Dichtung und Wahrheit». In: Neue Rundschau 89 (1978), 384–401.

Die Wahlverwandtschaften

Adler, J.: ‹Eine fast magische Anziehungskraft›. Goethes «Wahlverwandtschaften» und die Chemie seiner Zeit. München 1987.

Allemann, B.: Goethes «Wahlverwandtschaften» als Transzendentalroman. In: H. J. Mähl/E. Mannack (Hrsg.), Studien zur Goethezeit. Heidelberg 1981, 9–32.

Barnes, H.G.: Goethe's «Die Wahlverwandtschaften»: a literary interpretation. Oxford 1967.

Beckurts, M.: Zur Bedeutung der Novelle in Goethes «Wahlverwandtschaften». In: ZfdPh 103 (1984). Sonderh. Goethe 64–78.

Beddow, M.: ‹Da wird hinten immer fortgespielt›: unended plots in Goethe's «Die Wahlverwandtschaften». In: PEGS N.S. 53 (1984), 1–19.

Benjamin, W.: Goethes Wahlverwandtschaften (1925). In: H.Mayer (Hrsg.), Goethe im XX. Jh. Spiegelungen und Deutungen. Hamburg 1967, 179–240.

Blessin, S.: Erzählstruktur und Lesehandlung. Zur Theorie der literarischen Kommunikation am Beispiel von Goethes «Wahlverwandtschaften». Heidelberg 1974.

Böckmann, P.: Naturgesetz und Symbolik in Goethes «Wahlverwandtschaften.» In: JbFDH 1968, 166–90.

Bolz, N.W. (Hrsg.): Goethes «Wahlverwandtschaften». Kritische Modelle und Diskursanalysen zum Mythos Literatur. Hildesheim 1981.

Brown, J.K.: «Die Wahlverwandtschaften» and the English novel of manners. In: Comparative Literature 28 (1976), 97–108.

Brude-Firnau, G.: Lebende Bilder in den «Wahlverwandtschaften». Goethes «Journal intime» vom Oktober 1806. In: Euphorion 74 (1980), 403–16.

Buschendorf, B.: Goethes mythische Denkform. Zur Ikonographie der «Wahlverwandtschaften». Frankfurt a.M. 1986.

Ehrke-Rotermund, H.: Gesellschaft ohne Wirklichkeit. Eine Untersuchung von Goethes Roman «Die Wahlverwandtschaften». In: JbFDH 1981, 131–88.

Frühwald, W.: Der «romantische» Goethe. Esoterik und Mystik in dem Roman «Die Wahlverwandtschaften» und im «West-östlichen Divan». In: H.-W.Eroms/ H.Laufhütte (Hrsg.), Vielfalt der Perspektiven. Wissenschaft und Kunst in der Auseinandersetzung mit Goethes Werk. Passau 1984, 165–77.

Geerdts, H.J.: Goethes Roman «Die Wahlverwandtschaften». Eine Analyse seiner künstlerischen Struktur, seiner historischen Bezogenheiten und seines Ideengehaltes. Beiträge zur deutschen Klassik. Bd.6. Berlin/Weimar 1966.

Härtl, H. (Hrsg.): «Die Wahlverwandtschaften». Eine Dokumentation der Wirkung von Goethes Roman 1808–1832. Weinheim 1983.

Härtl, H.: «Die Wahlverwandtschaften» und ihre zeitgenössischen Leser. In: WB 29 (1983), 1574–1603.

Helbig, L.F.: Der Einzelne und die Gesellschaft in Goethes «Wahlverwandtschaften». Bonn 1972.

Henkel, A.: Beim Wiederlesen von Goethes «Wahlverwandtschaften». In: JbFDH 1985, 1–20.

Hess, G.: «Die Wahlverwandtschaften». Die Problematik des unterschiedlichen Alterns in der Ehe. In: JEGP 79 (1980), 157–65.

Hielscher, M.: Natur und Freiheit in Goethes «Die Wahlverwandtschaften». Frankfurt a.M. 1985.

Kahn, L.W.: Erlebte Rede in Goethes «Wahlverwandtschaften». In: PMLA 89 (1974), 268–77.

Knapp, B.L.: Goethes «Die Wahlverwandtschaften»: an alchemical process from ‹fixatio› to ‹dissolutio›. In: Symposium 35 (1981/82), 235–50.

Kolbe, J.: Goethes «Wahlverwandtschaften» und der Roman des 19.Jh. Stuttgart/ Berlin 1968.

Lillyman, W.J.: Affinity, innocence and tragedy: the narrator in Goethe's «Die Wahlverwandtschaften». In: GQ 53 (1980), 46–63.

Lillyman, W.J.: Monasticism, tableau vivant, and romanticism: Ottilie in Goethe's «Die Wahlverwandtschaften». In: JEGP 81 (1982), 347–66.

Lindemann, K.: «geebnet» und «verglichen» – der Friedhof in Goethes «Wahlverwandtschaften». Wiederaufnahme einer Diskussion aus Justus Mösers «Patriotischen Phantasien». In: LfL 1984, 15–24.

Loeb, E.: Liebe und Ehe in Goethes «Wahlverwandtschaften». In: WB 8 (1970), 163–80.

Milfull, J.: The «Idea» of Goethe's «Wahlverwandtschaften». In: GR 47 (1972), 83–94.

Miller J. Hillis: A ‹buchstäbliches› reading of «The Elective Affinities». In: Glyph 6 (1979), 1–23.

Muenzer, C.S.: Eduard and rhetoric: characterization and narrative strategy in Goethe's «Die Wahlverwandtschaften». In: MLN 94 (1979), 493–509.

Müller, J.: Goethes Roman «Die Wahlverwandtschaften». Ehekonflikt und Liebestragik, Naturgesetz und Gesellschaftsmoral. In: Jb. des Wiener Goethe-Vereins 1976, 19–41.

Nemec, F.: Die Ökonomie der «Wahlverwandtschaften». München 1973.

Nolan, E.: Das wahre Kind der Natur? Zur Gestalt der Ottilie in Goethes Roman «Die Wahlverwandtschaften». In: JbFDH 1982, 82–96.

Oellers, N.: Warum eigentlich Eduard? Zur Namen-Wahl in Goethes «Wahlverwandtschaften». In: D. Kuhn/B. Zeller (Hrsg.), Genio huius loci. Wien/Köln 1982, 215–34.

Peacock, R.: The ethics of Goethe's «Die Wahlverwandtschaften». In: MLR 71 (1976), 330–43.

Pörksen, U.: Goethes Kritik naturwissenschaftlicher Metaphorik und der Roman «Die Wahlverwandtschaften». In: JbDSG 25 (1981), 285–316.

Puszkar, N.: Dämonisches und Dämon. Zur Rolle des Schreibens in Goethes «Wahlverwandtschaften». In: GQ 59 (1986), 414–30.

Raffeiner, H.: Goethes «Wahlverwandtschaften». Geschichte ihrer geistigen Wirkung. Innsbruck 1979.

Ritzenhoff, U. (Hrsg.): Johann Wolfgang Goethe. «Die Wahlverwandtschaften». Erläuterungen und Dokumente. Stuttgart 1982.

Rösch, E. (Hrsg.): Goethes Roman «Die Wahlverwandtschaften». Darmstadt 1975 (Wege der Forschung).

Ryan, J.: Kunst und Ehebruch. Zum Nachleben von Goethes «Wahlverwandtschaften». In Goethe Yearbook 3 (1986), 139–48.

Schelling-Schär, E.: Die Gestalt der Ottilie. Zu Goethes «Wahlverwandtschaften». Zürich 1969.

Schlaffer, Heinz: Namen und Buchstaben in Goethes «Wahlverwandtschaften». In: Jb. der Jean-Paul-Gesellschaft 7 (1972), 84–102.

Schwan, W.: Goethes «Wahlverwandtschaften». Das nicht erreichte Soziale. München 1983.

Seibt, G./Scholz, O.R.: Zur Funktion des Mythos in «Die Wahlverwandtschaften». In: DVjs 59 (1985), 609–30.

Steinbiss, J.: Der «freundliche Augenblick». Versuch über Goethes «Wahlverwandtschaften». Zürich 1983.

Stopp, E.: A romantic reaction to «Die Wahlverwandtschaften»: Zacharias Werner and Goethe. In: LJbGG N.F. 11 (1970), 67–85.

Stopp, F.J.: ‹Ein wahrer Narziss›. Reflections on the Eduard-Ottilie relationship in Goethe's Wahlverwandtschaften. In: PEGS 29 (1960), 52–85.

Trunz, E.: Die Kupferstiche zu den ‹Lebenden Bildern› in den «Wahlverwandtschaften». In: E.T., Weimarer Goethe-Studien. Weimar 1980, 203–17.

Turk, H.: Goethes «Wahlverwandtschaften»: ‹der doppelte Ehebruch durch Phantasie›. In: F.A. Kittler/H. Turk (Hrsg.), Urszenen. Literaturwissenschaft als Diskursanalyse und Diskurskritik. Frankfurt a.M. 1977, 202–22.

Vaget, H.R.: Ein reicher Baron. Zum sozialgeschichtlichen Gehalt der «Wahlver-wandtschaften». In: JbDSG 24 (1980), 123–61.
Weinhold, U.: Ebenbild und Einbildung. Zur Problematik des Garten-Motivs in Goethes «Wahlverwandtschaften». In: Neophilologus 67 (1983), 419–31.
Weizsäcker, C.F. von: Natur und Moral im Lichte der Kunst. Notiz zu Goethes «Wahlverwandtschaften». In: H.J. Mähl/E. Mannack (Hrsg.), Studien zur Goethe-zeit. Heidelberg 1981, 281–92.
Wiertz, R.: Goethes «Wahlverwandtschaften» und Wagners «Tristan und Isolde». Frankfurt a.M./Bern/New York [1984].
Wiethölter, W.: Legenden. Zur Mythologie von Goethes «Wahlverwandtschaften». In: DVjs 56 (1982), 1–64.

Novelle

Brown, J.K.: The tyranny of the ideal: the dialectics of art in Goethe's «Novelle». In: Studies in Romanticism 19 (1980), 217–31.
Hahn, K.-H.: Erzählende Dichtung. Goethes «Novelle». In: K.-H. H., Aus der Werkstatt deutscher Dichter. Halle (Saale) 1963, 111–93.
Kaiser, G.: Zur Aktualität Goethes. Kunst und Gesellschaft in seiner «Novelle». In: JbDSG 24 (1985), 248–65.
Meyer, H.: Natürlicher Enthusiasmus. Das Morgenländische in Goethes «Novelle». Heidelberg 1973.
Schulz, G.: Johann Wolfgang Goethe: «Novelle». In: Erzählungen und Novellen des 19.Jh. Bd. 1. Stuttgart 1988, 381–415.
Schumann, D.W.: Mensch und Natur in Goethes «Novelle». In: K.S. Guthke, (Hrsg.), Dichtung und Deutung. Fs. H.M. Wolff. Bern/München 1961, 131–42.
Staiger, E.: Goethe: «Novelle». In: E.S., Meisterwerke deutscher Sprache aus dem 19.Jh. Zürich 1948, 136–64.
Strack, F.: Goethes «Novelle» und Schillers «Idylle». Zwei Wege ästhetischer Versöh-nung. In: Euphorion 77 (1983), 438–52.
Thieberger, R.: Die Fürstin als Heldin von Goethes «Novelle». In: R.T., Gedanken über Dichter und Dichtungen. Bern/Frankfurt a.M. 1982, 35–53.
Wagenknecht, C.: Johann Wolfgang Goethe. Novelle. Erläuterungen und Doku-mente. Stuttgart 1982.
Wukadinovic, S.: Goethes «Novelle». Der Schauplatz. Coopersche Einflüsse. Halle 1909.

Wilhelm Meisters Wanderjahre

Brown, J.K.: Goethe's cyclical narratives: «Die Unterhaltungen deutscher Ausge-wanderten» and «Wilhelm Meisters Wanderjahre». Chapel Hill 1975.
Busching, P.: Die Arbeit in Goethes «Wilhelm Meister». Stuttgart 1985.
Degering, T.: Vom Elend der Entsagung: Goethes «Wilhelm Meisters Wanderjahre». Bonn 1982.
Emrich, W.: Das Problem der Symbolinterpretation im Hinblick auf «Wilhelm Mei-sters Wanderjahre». In: DVjs 26 (1952), 331–52.
Gidion, H.: Zur Darstellungsweise von Goethes «Wilhelm Meisters Wanderjahre». Göttingen 1969.
Gille, K.: «Wilhelm Meister» im Urteil der Zeitgenossen. Ein Beitrag zur Wirkungs-geschichte Goethes. Assen 1971.
Gille, K. (Hrsg.): Goethes «Wilhelm Meister». Zur Rezeptionsgeschichte der Lehr- und Wanderjahre. Königstein/Ts. 1979.

Henkel, A.: Entsagung. Eine Studie zu Goethes Altersroman. Tübingen 1954.

Henkel, A.: «Wilhelm Meisters Wanderjahre»: Zeitkritik und Prognose? Ein Vortrag. In: A. H., Goethe-Erfahrungen. Stuttgart 1982, 117–35.

Jabs-Kriegsmann, M.: Felix und Hersilie. Eine Studie zu «Wilhelm Meisters Wanderjahren». In: E. Trunz (Hrsg.), Studien zu Goethes Alterswerken. Königstein/Ts. 1971, 75–98.

Karnick, M.: «Wilhelm Meisters Wanderjahre» oder die Kunst des Mitteilbaren. Studien zum Problem der Verständigung in Goethes Altersepoche. München 1968.

Klingenberg, A.: Goethes Roman «Wilhelm Meisters Wanderjahre oder die Entsagenden». Quellen und Komposition. Berlin/Weimar 1972.

Klingenberg, A.: Das Verhältnis von Individuum und Gesellschaft in seiner Entwicklung von den «Lehr-» zu den «Wanderjahren». In: WB 28 (1982), 142–45.

Lange, V.: Zur Entstehungsgeschichte von Goethes «Wanderjahren». In: GLL 23 (1969/70), 47–54.

Lehnert-Rodiek, G.: «Das nußbraune Mädchen» in «Wilhelm Meisters Wanderjahre oder die Entsagenden». In: Goethe 102 (1985), 144–70.

Müller, K.-D.: Lenardos Tagebuch. Zum Romanbegriff in Goethes «Wilhelm Meisters Wanderjahre». In: DVjs 53 (1979), 275–99.

Müller-Seidel, W.: Auswanderungen in Goethes dichterischer Welt. Zur Geschichte einer sozialen Frage. In: W. M.-S., Die Geschichtlichkeit der deutschen Klassik. Stuttgart 1983, 66–84.

Neuhaus, V.: Die Archivfiktion in «Wilhelm Meisters Wanderjahren». In: Euphorion 62 (1968), 13–27.

Peschken, B.: Entsagung in «Wilhelm Meisters Wanderjahren». Bonn 1968.

Schlaffer, Hannelore: Wilhelm Meister. Das Ende der Kunst und die Wiederkehr des Mythos. Stuttgart 1980.

Schulz, G.: Gesellschaftsbild und Romanform. Zum Deutschen in Goethes «Wanderjahren». In: J. Brummack [u.a.] (Hrsg.), Literaturwissenschaft und Geistesgeschichte. Fs. R. Brinkmann. Tübingen 1981, 258–82.

Sommerhage, C.: Familie Tantalos. Über Mythos und Psychologie in Goethes Novelle «Der Mann von fünfzig Jahren». In: ZfdPh 103 (1984). Sonderheft Goethe, 78–105.

Steinecke, H.: «Wilhelm Meister» und die Folgen. Goethes Roman und die Entwicklung der Gattung im 19. Jh. In: W. Wittkowski (Hrsg.), Goethe im Kontext. Kunst und Humanität, Naturwissenschaft und Politik von der Aufklärung bis zur Restauration. Tübingen 1984, 89–111.

Voßkamp, W.: Utopie und Utopiekritik in Goethes Romanen «Wilhelm Meisters Lehrjahre» und «Wilhelm Meisters Wanderjahre». In: W. V. (Hrsg.), Utopieforschung. Stuttgart 1982, Bd. 3, 227–49.

Wagner, M.: Der Bergmann in «Wilhelm Meisters Wanderjahren». Zum Verhältnis von Kopf- und Handarbeit. In: IASL 8 (1983), 145–68.

Wergin, U.: Einzelnes und Allgemeines. Die ästhetische Virulenz eines geschichtsphilosophischen Problems. Untersucht am Sprachstil von Goethes Roman «Wilhelm Meisters Wanderjahre oder die Entsagenden». Heidelberg 1980.

Witte, B.: Autobiographie als Poetik. Zur Kunstgestalt von Goethes «Dichtung und Wahrheit». In: Neue Rundschau 89 (1978), 384–401.

Jacob und Wilhelm Grimm

Ellis, J. M.: One fairy story too many. The Brothers Grimm and their tales. Chicago/London 1983.

Nissen, W.: Die Brüder Grimm und ihre Märchen. Göttingen 1985.

Rölleke, H.: Die Märchen der Brüder Grimm. Eine Einführung. München 1985.

Rölleke, H. (Hrsg.): Die älteste Märchensammlung der Brüder Grimm. Synopse der handschriftlichen Urfassung von 1810 und der Erstdrucke von 1812. Cologny/Genève 1975.

Schoof, W.: Zur Entstehungsgeschichte der Grimmschen Märchen. Hamburg 1959.

Spörk, I.: Studien zu ausgewählten Märchen der Brüder Grimm. Frauenproblematik, Struktur, Rollentheorie, Psychoanalyse, Überlieferung, Rezeption. Königstein/Ts. 1985.

Wülfing, I.: Alter und Tod in den Grimmschen Märchen und im Kinder- und Jugendbuch. Herzogenrath 1986.

Hebel

Däster, U.: Johann Peter Hebel. Studien zu seinen Kalendergeschichten. Aarau 1968.

Knopf, J.: Geschichten zur Geschichte. Kritische Tradition des «Volkstümlichen» in den Kalendergeschichten Hebels und Brechts. Stuttgart 1973.

Röhrich, L.: Johann Peter Hebels Kalendergeschichten zwischen Volksdichtung und Literatur. Lörrach 1972.

Scherer, M.: J.P. Hebel, «Unverhofftes Wiedersehen». In: GRM 36 (1955), 311–18.

Stern, M.: Zeit, Augenblick und Ewigkeit in Johann Peter Hebels «Unverhofftem Wiedersehen». Lörrach 1976.

Tschang Bok Rhie: Johann Peter Hebels Kalendergeschichten. Eine Studie über Heimat und Geschichte, Religion und Sittlichkeit im «Hausfreund». Köln 1976.

Wittmann, L.: Johann Peter Hebels Spiegel der Welt. Interpretationen zu 53 Kalendergeschichten. Frankfurt a. M./Berlin/Bonn/München 1969.

Hoffmann

Asche, S.: Die Liebe, der Tod und das Ich im Spiegel der Kunst. Die Funktion des Weiblichen in Schriften der Frühromantik und im erzählerischen Werk E. T. A. Hoffmanns. Königstein/Ts. 1985.

Auhuber, F.: In einem fernen dunklen Spiegel. E. T. A. Hoffmanns Poetisierung der Medizin. Opladen 1986.

Beardsley, C.-M.: E. T. A. Hoffmann. Die Gestalt des Meisters in seinen Märchen. Bonn 1975.

Belgardt, R.: Der Künstler und die Puppe. Zur Interpretation von Hoffmanns «Der Sandmann». In: GQ 42 (1969), 686–700.

Chon-Choe, M. S.: E. T. A. Hoffmanns Märchen «Meister Floh». Frankfurt a. M./Bern 1986.

Cramer, T.: Das Groteske bei E. T. A. Hoffmann. München 1966.

Cramer, T.: Bewußtseinsspaltung in E. T. A. Hoffmanns Roman «Die Elixiere des Teufels». In: MittHoffGes 16 (1970), 8–18.

De Loecker, A.: Zwischen Atlantis und Frankfurt. Märchendichtung und Goldenes Zeitalter bei E. T. A. Hoffmann. Frankfurt a. M./Bern 1983.

Eilert, H.: Theater in der Erzählkunst. Eine Studie zum Werk E. T. A. Hoffmanns. Tübingen 1977.

Fühmann, F.: E. T. A. Hoffmanns «Klein Zaches». In: WB 24 (1978), 74–86.

Gorski, G.: E. T. A. Hoffmann: «Das Fräulein von Scuderi». Stuttgart 1980.

Graves, P. J.: E. T. A. Hoffmanns Johannes Kreisler – Verrückter Musikus? In: MLQ 30 (1969), 223–33.

Grob, H.: Puppen, Engel, Enthusiasten. Die Frauen und die Helden im Werke E. T. A. Hoffmanns. Bern 1984.

Hamburger, K.: «Das Bergwerk von Falun». In: K.H., Kleine Schriften. Stuttgart 1976, 175–80.

Hartung, G.: Anatomie des Sandmanns. In: WB 23 (1977), 45–65.

Hemmerich, G.: Verteidigung des «Signor Formica». Zu E.T.A.Hoffmanns Novelle. In: Jb. der Jean-Paul-Gesellschaft 17 (1982), 113–27.

Himmel, H.: Schuld und Sühne der Scuderi. Zu Hoffmanns Novelle. In: MittHoff-Ges 7 (1960), 1–15.

Holbeche, Y.J.K.: Optical motifs in the works of E.T.A.Hoffmann. Göppingen 1975.

Jaffé, A.: Bilder und Symbole aus E.T.A.Hoffmanns Märchen «Der goldene Topf». In: C.G. Jung, Gestaltungen des Unbewußten. Zürich 1950, 239–616.

Janssen, B.: Spuk und Wahnsinn. Zur Genese und Charakteristik phantastischer Literatur in der Romantik, aufgezeigt an den «Nachtstücken» von E.T.A.Hoffmann. Frankfurt a.M. 1986.

Jennings, L.B.: The downward transcendence. Hoffmann's «Bergwerke zu Falun». In: DVjs 59 (1985), 278–89.

Jennings, L.B.: Klein Zaches and his kin: the grotesque revisited. In: DVjs 44 (1970), 687–703.

Jones, M.T.: Hoffmann and the problems of social reality: a study of «Kater Murr». In: Monatshefte 69 (1977), 45–57.

Kanzog, K.: E.T.A.Hoffmanns Erzählung «Das Fräulein von Scuderi» als Kriminalgeschichte. In: MittHoffGes 11 (1964), 389–97.

Kofman, S.: «Schreiben wie eine Katze...» Zu E.T.A.Hoffmanns «Lebens-Ansichten des Katers Murr». Wien 1985.

Köhn, L.: Vieldeutige Welt: Studien zur Struktur der Erzählungen E.T.A.Hoffmanns und zur Entwicklung seines Werkes. Tübingen 1966.

Köpp, C.F.: Realismus in E.T.A.Hoffmanns «Prinzessin Brambilla». In: WB 12 (1966), 57–80.

Lee, H.-S.: Die Bedeutung von Zeichnen und Malerei für die Erzählkunst E.T.A.Hoffmanns. Frankfurt a.M. 1985.

Magris, C.: Die andere Vernunft. E.T.A.Hoffmann. Königstein/Ts. 1980.

Mahlendorf, U.: E.T.A.Hoffmann's «The Sandman»: the fictional psycho-biography of a romantic poet. In: American Imago 32 (1975), 217–39.

Marhold, H.: Die Problematik dichterischen Schaffens in E.T.A.Hoffmanns Erzählung «Der goldne Topf». In: MittHoffGes 32 (1986), 50–73.

Matt, P. von: Die Augen der Automaten. E.T.A.Hoffmanns Imaginationslehre als Prinzip seiner Erzählkunst. Tübingen 1971.

Meyer, H.: E.T.A.Hoffmanns «Lebensansichten des Katers Murr». In: H.M., Das Zitat in der Erzählkunst. Stuttgart 1961, 114–34.

Negus, K.: E.T.A.Hoffmann's «Der goldene Topf»: its romantic myth. In: GR 34 (1959), 262–75.

Nehring, W.: Hoffmanns Erzählwerk. Ein Modell und seine Variationen. In: ZfdPh 95 (1976), Sonderheft E.T.A.Hoffmann, 3–24.

Neubauer, J.: The mines of Falun: temporal fortunes of a romantic myth of time. In: Studies in Romanticism 19 (1980), 475–95.

Oesterle, G.: E.T.A.Hoffmann: «Des Vetters Eckfenster». Zur Historisierung ästhetischer Wahrnehmung. In: DU 49 (1987), 84–110.

Pikulik, B.: Anselmus in der Flasche. Kontrast und Illusion in E.T.A.Hoffmanns «Der goldene Topf». In: Euphorion 63 (1969), 341–70.

Prawer, S.S.: Hoffmann's uncanny guest: a reading of «Der Sandmann». In: GLL 18 (1965), 297–308.

Rosen, R.S.: E.T.A.Hoffmanns «Kater Murr». Aufbauformen und Erzählsituationen, Bonn 1970.

Scher, S.P.: «Kater Murr» und «Tristram Shandy». Erzähltechnische Affinitäten bei Hoffmann und Sterne. In: ZfdPh 95 (1976), 24–42.

Schweitzer, C.E.: Bild, Struktur und Bedeutung. E.T.A.Hoffmanns «Die Fermate». In: MittHoffGes 19 (1973), 49–52.

Singer, H.: Hoffmann. «Kater Murr». In: B. von Wiese (Hrsg.), Der deutsche Roman. Vom Barock bis zur Gegenwart. Düsseldorf 1963, Bd. 1, 301–28.

Späth, U.: Gebrochene Identität. Stilistische Untersuchungen zum Parallelismus in E.T.A.Hoffmanns «Lebens-Ansichten des Katers Murr». Göppingen 1970.

Starobinski, J.: Ironie et melancholie. La Princesse Brambilla de E.T.A.Hoffmann. In: Critique 22 (1966), 438–57.

Steinecke, H.: E.T.A.Hoffmanns «Kater Murr». Zur Modernität eines ‹romantischen› Romans. In: Jb. des Wiener Goethe-Vereins 81–83 (1977–79), 275–90.

Strohschneider-Kohrs, I.: Hoffmanns Capriccio «Prinzessin Brambilla». In: I.S.-K., Die romantische Ironie in Theorie und Gestaltung. Tübingen 1960, 362–420.

Tecchi, B.: E.T.A.Hoffmanns «Prinzessin Brambilla». In: B.Reifenberg/E.Staiger (Hrsg.), Weltbewohner und Weimaraner. Zürich/Stuttgart 1980, 301–16.

Toggenburger, H.: Die späten Almanach-Erzählungen E.T.A.Hoffmanns. Bern/ Frankfurt a. M./New York 1983.

Vitt-Maucher, G.: E.T.A.Hoffmanns «Klein Zaches genannt Zinnober»: gebrochene Märchenwelt. In: Aurora 44 (1984), 196–212.

Vitt-Maucher, G.: E.T.A.Hoffmanns «Meister Floh». Überwindung des Inhalts durch die Sprache. In: Aurora 42 (1982), 188–215.

Walter, J.: E.T.A.Hoffmanns Märchen «Klein Zaches genannt Zinnober». Versuch einer sozialgeschichtlichen Interpretation. In: MittHoffGes 19 (1973), 27–45.

Werner, H.-G.: E.T.A.Hoffmann. Darstellung und Deutung der Wirklichkeit im dichterischen Werk. Weimar 1962.

Winter, I.: Untersuchungen zum serapiontischen Prinzip E.T.A.Hoffmanns. Den Haag 1975.

Wittkowski, W.: E.T.A.Hoffmanns musikalische Musikerdichtungen. «Ritter Gluck», «Don Juan», «Rat Krespel». In: Aurora 38 (1978), 54–74.

Wörtche, T.: Demonstriertes Erzählen. Zu E.T.A.Hoffmanns «Klein Zaches genannt Zinnober». In: D.Peschel (Hrsg.), Germanistik in Erlangen. Erlangen 1983, 271–91.

Jean Paul (vgl. Bd. 1, S. 722 f.)

Birus, H.: Vergleichung. Goethes Einführung in die Schreibweise Jean Pauls. Stuttgart 1986.

Böschenstein, B.: Jean Pauls Romankonzeption. In: R.Grimm (Hrsg.), Deutsche Romantheorien. Frankfurt a.M. 1968, 111–26.

Endres, E.: Jean Paul. Die Struktur seiner Einbildungskraft. Zürich 1961.

Espagne, G.: Die blaue Blume im Ton-Töpfchen. Selbstparodie der Idylle und literarische Satire im «Leben Fibels». In: Jb. der Jean-Paul-Gesellschaft 17 (1982), 31–45.

Kaiser, H.: Jean Paul: «Dr. Katzenbergers Badereise.» Zum Verhältnis von Subjekt und Ich. In: LfL 1985, 229–41.

Kiermeier, J.: Der Weise auf den Thron! Studien zum Platonismus Jean Pauls. Stuttgart 1980.

Liedke, H.R.: Arnims unveröffentlichte Besprechung von Jean Pauls «Schmelzle». In: Monatshefte 33 (1941), 275–84.

Oschatz, P.-M.: Jean Paulscher Humor. Aufgezeigt an den Humorismen von den Jugendsatiren bis zum «Komet». Essen 1985.

Schaer, M.: Ex negativo. «Dr. Katzenbergers Badereise» als Beitrag Jean Pauls zur ästhetischen Theorie. Göttingen 1983.

Schweikert, U.: Jean Pauls «Komet». Stuttgart 1971.

Smeed, J.W.: Jean Paul und die Tradition des theophrastischen «Charakters». In: Jb. der Jean-Paul-Gesellschaft (1966), 53–77.

Thiele, R.: «Des Feldpredigers Schmelzle Reise nach Flätz.» Eine psychopathologische Skizze. In: Hesperus 7 (1954), 31–39.

Kleist

Beckmann, B.: Kleists Bewußtseinskritik. Eine Untersuchung der Erzählformen seiner Novellen. Bern/Frankfurt a. M./Las Vegas 1978.

Conrady, K.O.: Das Moralische in Kleists Erzählungen. In: Literatur und Gesellschaft. Fs. Benno von Wiese. Bonn 1963, 56–82.

Dietrick, L.: Prisons and idylls. Studies in Heinrich von Kleist's fictional world. Frankfurt a. M./Bern/New York 1985.

Dyer, D.: The stories of Kleist. A critical study. London 1977.

Fischer, B.: Ironische Metaphysik. Die Erzählungen Heinrich von Kleists. München 1988.

Heinritz, R.: Kleists Erzähltexte. Interpretationen nach formalistischen Theorieansätzen. Erlangen 1983.

Herrmann, H.P.: Zufall und Ich. Zum Begriff der Situation in den Novellen Heinrich von Kleists. In: GRM, N.F. 11 (1961), 66–99.

Horn, P.: Heinrich von Kleists Erzählungen. Eine Einführung. Königstein/Ts. 1978.

Kanzog, K.: Erzählstrukturen – Filmstrukturen. Erzählungen Heinrich von Kleists und ihre filmische Realisation. Berlin 1981.

Kayser, W.: Kleist als Erzähler. In: W.K., Die Vortragsreise. Bern 1958, 169–83.

Koopmann, H.: Das «rätselhafte» Faktum und seine Vorgeschichte. Zum analytischen Charakter der Novellen Heinrich von Kleists. In: ZfdPh 84 (1965), 508–50.

Kreutzer, H.J.: Über Gesellschaft und Geschichte im Werk Heinrichs von Kleist. In: KJb 1980, 34–72.

Mehigan, T.J.: Text as contract. The nature and function of narrative discourse in the «Erzählungen» of Heinrich von Kleist. Bern/Frankfurt a. M. 1988.

Moering, M.: Witz und Ironie in der Prosa Heinrich von Kleists. München 1972.

Müller-Salget, K.: Das Prinzip der Doppeldeutigkeit in Kleists Erzählungen. In: ZfdPh 92 (1973), 185–211.

Paulin, H.W.: «Papa hat es nicht gern getan.» Kleist and parental separation. In: Colloquia Germanica 15 (1982), 225–38.

Rieger, B.: Geschlechterrollen und Familienstrukturen in den Erzählungen Heinrich von Kleists. Frankfurt a. M. 1985.

Samuel, R.H.: Heinrich von Kleists Novellen. In: K.W.Jonas (Hrsg.), Deutsche Weltliteratur von Goethe bis Ingeborg Bachmann. Tübingen 1972, 73–88.

Stephens, A.: «Eine Träne auf den Brief». Zum Status der Ausdrucksformen in Kleists Erzählungen. In: JbDSG 28 (1984), 315–48.

Stephens, A.: Name und Identitätsproblematik bei Kleist und Kafka. In: JbFDH 1985, 223–59.

Träger, Christine: Heinrich von Kleists Weg zur Novelle. Geschichtlicher Prozeß und Gattungsentscheidung. In: Impulse 3 (1981), 132–52.

Michael Kohlhaas

Best, O.F.: Schuld und Vergebung. Zur Rolle von Wahrsagerin und Amulett in Kleists «Michael Kohlhaas». In: GRM 20 (1970), 180–89.
Bogdal, K.-M.: Heinrich von Kleist: «Michael Kohlhaas». München 1981.
Boockmann, H.: Mittelalterliches Recht bei Kleist. Ein Beitrag zum Verständnis des «Michael Kohlhaas». In: KJb 1985, 84–108.
Cary, J.R.: A reading of Kleist's «Michael Kohlhaas». In: PMLA 85 (1970), 212–18.
Dechert, H.-W.: «Indem er ans Fenster trat . . .» Zur Funktion einer Gebärde in Kleists «Michael Kohlhaas». In: Euphorion 62 (1968), 77–84.
Ellis, J.M.: ‹Der Herr läßt regnen über Gerechte und Ungerechte›: Kleists «Michael Kohlhaas». In: Monatshefte 59 (1967), 35–40.
Gallas, H.: Das Textbegehren des «Michael Kohlhaas». Die Sprache des Unbewußten und der Sinn der Literatur. Reinbek 1981.
Hagedorn, G.: Heinrich von Kleist. «Michael Kohlhaas». Erläuterungen und Dokumente. Stuttgart 1970.
Horst, F.: Kleists Michael Kohlhaas. In: WW 33 (1983), 275–85.
Lucas, R.: Studies in Kleist (1): Problems in «Michael Kohlhaas». In: DVjs 44 (1970), 120–45.

Die Marquise von O. . .

Cohn, D.: Kleist's «Die Marquise von O. . .»: the problem of knowledge. In: Monatshefte 67 (1975), 129–44.
Crosby, D.H.: Psychological realism in the works of Kleist: «Penthesilea» and «Die Marquise von O. . .» In: Literature and Psychology 19 (1969), 3–16.
Kanzog, K.: ‹Die Mühe war von uns, das Beste war von Kleist›. Über «Die Marquise von O. . .»/Heimo Erbses Oper «Julietta» und das Transformationsproblem des Librettos, untersucht im Zusammenhang mit den Dramatisierungen Ferdinand Bruckners, Hartmut Langes und Egon Günthers. In: K.Kanzog/H.J.Kreutzer (Hrsg.), Werke Kleists auf dem modernen Theater. Berlin 1977.
Krueger, W.: Rolle und Rollenwechsel. Überlegungen zu Kleists «Marquise von O. . .» In: Acta Germanica 17 (1984), 29–51.
Müller-Seidel, W.: Die Struktur des Widerspruchs in Kleists «Marquise von O. . .» In: DVjs 28 (1954), 497–515.
Politzer, H.: Der Fall der Frau Marquise. Beobachtungen zu Kleists «Die Marquise von O. . .» In: DVjs 51 (1977), 98–128.
Swales, E.: The beleaguered citadel: a study of Kleist's «Die Marquise von O. . .» In: DVjs 51 (1977), 129–47.
Weiss, H.F.: Precarious idylls. The relationship between father and daughter in Heinrich von Kleist's «Die Marquise von O. . .» In: MLN 91 (1976), 538–42.

Das Erdbeben in Chili

Clouser, R.A.: Heroism in Kleist's «Das Erdbeben in Chili». In: GR 58 (1983), 129–40.
Conrady, K.O.: Kleists «Erdbeben in Chili». Ein Interpretationsversuch. In: GRM 35 (1954), 185–95.
Fischer, B.: Fatum und Idee. Zu Kleists «Erdbeben in Chili». In: DVjs 58 (1984), 414–27.
Johnson, R.L.: Kleist's «Erdbeben in Chili». In: Seminar 11 (1975), 33–45.
Ledanff, S.: Kleist und die «beste aller Welten». «Das Erdbeben in Chili» – gesehen

im Spiegel der philosophischen und literarischen Stellungnahmen zur Theodizee im 18. Jh. In: KJb 1986, 125–55.

Lucas, R.: Studies in Kleist (2): «Das Erdbeben in Chili». In: DVjs 44 (1970), 145–70.

Steinhauer, H.: Heinrich von Kleists «Das Erdbeben in Chili». In: G. Hoffmeister (Hrsg.), Goethezeit. Studien zur Erkenntnis und Rezeption Goethes und seiner Zeitgenossen. Fs. S. Atkins. Bern/München 1981, 281–300.

Wellbery, D. E.: Positionen der Literaturwissenschaft. Acht Modellanalysen am Beispiel von Kleists «Das Erdbeben in Chili». München 1985.

Wiese, B. von: «Das Erdbeben in Chili.» In: JbDSG 5 (1961), 102–17.

Wittkowski, W.: Skepsis, Noblesse, Ironie. Formen des Als-ob in Kleists «Erdbeben». In: Euphorion 63 (1969), 247–83.

Die Verlobung in St. Domingo

Egk, W.: «Die Verlobung in St. Domingo». Von der Novelle zur Oper. In: Deutsche Rundschau 89 (1963), 60–66.

Gilman, S. L.: The aesthetics of blackness in Heinrich von Kleist's «Die Verlobung in St. Domingo». In: MLN 90 (1975), 661–72.

Mieder, W.: Triadische Grundstruktur in Heinrich von Kleists «Verlobung in St. Domingo». In: Neophilologus 58 (1974), 393–405.

Reuß, R.: «Die Verlobung in St. Domingo» – eine Einführung in Kleists Erzählen. Berliner Kleist-Blätter I, Basel/Frankfurt a. M. 1988.

Wedekind, A.: «Die Verlobung in St. Domingo». Kleist's Novelle in translation and as a basis for opera and drama. New York/Bern/Frankfurt a. M. 1983.

Das Bettelweib von Locarno

Grawe, C.: Heinrich von Kleist. «Das Bettelweib von Locarno». Eine Geschichte, die «eines tieferen ideellen Gehalts entbehrt»? In: C. G., Sprache im Prosawerk. 2. Aufl. Bonn 1987, 86–97.

Schröder, J.: Das Bettelweib von Locarno. Zum Gespenstischen in den Novellen Heinrich von Kleists. In: GRM 17 (1967), 193–207.

Schulz, G.: Kleists «Bettelweib von Locarno» – eine Ehegeschichte? In: JbDSG 18 (1974), 431–40.

Staiger, E.: «Das Bettelweib von Locarno». Zum Problem des dramatischen Stils. In: E. S., Meisterwerke deutscher Sprache aus dem 19. Jh. Zürich 1963, 100–17.

Werlich, E.: Kleists «Bettelweib von Locarno». Versuch einer Aufwertung des Gehalts. In: WW 15 (1965), 239–57.

Der Findling

Gelus, M.: Displacement of meaning: Kleist's «Der Findling». In: GQ 5 (1982), 541–53.

Göttler, F.: Handlungssysteme in Heinrich von Kleists «Der Findling». Diskussion und Anwendung narrativer Kategorien und Analysenverfahren. Frankfurt a. M./ Bern 1983.

Hoffmeister, W.: Heinrich von Kleists «Der Findling». In: Monatshefte 58 (1966), 49–63.

Schröder, J.: Kleists Novelle «Der Findling». In: KJb 1985, 109–27.

Die heilige Cäcilie

Graf, G.: Der dramatische Aufbaustil der Legende Heinrich von Kleists «Die heilige Cäcilie oder Die Gewalt der Musik». In: EG 24 (1969), 346–59.

Haase, D.P./Freudenburg, R.: Power, truth and interpretation: the hermeneutic act and Kleist's «Die heilige Cäcilie». In: DVjs 60 (1986), 88–103.

Heine, T.: Kleist's «St. Cecilia» and the power of politics. In: Seminar 16 (1980), 72–82.

Hoffmeister, W.: Die Doppeldeutigkeit der Erzählweise in Heinrich von Kleists «Die heilige Cäcilie oder Die Gewalt der Musik». In: Fs. Werner Neuse. [Berlin] [1967].

Ingen, F. van: Heinrich von Kleists Erzählung «Die heilige Cäcilie». In: Levende Talen 241 (1967), 472–85.

Puschmann, R.: Heinrich von Kleists Cäcilien-Erzählung: kunst- und literaturhistorische Recherchen. Bielefeld 1988.

Scherer, M.: Die beiden Fassungen von Heinrich von Kleists Erzählung «Die heilige Cäcilie». In: Monatshefte 56 (1964), 97–102.

Wittkowski, W.: «Die heilige Cäcilie» und «Der Zweikampf». Kleists Legenden und die romantische Ironie. In: Colloquia Germanica 1972, 17–58.

Der Zweikampf

Belhalfaoui, B.: «Der Zweikampf» von Heinrich von Kleist oder die Dialektik von Absolutheit und ihre Trübung. In: EG 38 (1981), 22–42.

Conrady, K.O.: «Der Zweikampf». Zur Aussageweise Heinrich von Kleists. In: DU 3 (1951), H.6, 85–96.

Crosby, D.H.: Heinrich von Kleist's «Der Zweikampf». In: Monatshefte 56 (1964), 191–201.

Ellis, J.M.: Kleist's «Der Zweikampf». In: Monatshefte 65 (1973), 48–60.

Fischer, B.: Der Ernst des Scheins in der Prosa Heinrich von Kleists: am Beispiel des «Zweikampfs». In: ZfdPh 105 (1986), 213–34.

Grawe, C.: Zur Deutung von Kleists Novelle «Der Zweikampf». In: GRM, N.F. 27 (1977), 416–25.

Über das Marionettentheater

Allemann, B.: Sinn und Unsinn von Kleists Gespräch «Über das Marionettentheater». In: KJb 1981, 50–65.

Daunicht, R.: Heinrich von Kleists Aufsatz «Über das Marionettentheater» als Satire betrachtet. In: Euphorion 67 (1973), 306–22.

Durzak, M.: «Über das Marionettentheater» von Heinrich von Kleist. Bemerkungen zur literarischen Form. In: JbFDH 1969, 308–29.

Keith-Smith, B.: Heinrich von Kleist's «Über das Marionettentheater» – coincidence of opposites or dialectical structure? In: NGS 12 (1984), 175–99.

Lixl, A.: Utopie in der Miniatur: Heinrich von Kleists Aufsatz «Über das Marionettentheater». In: GQ 56 (1983), 257–72.

Sembdner, H. (Hrsg.): Kleists Aufsatz über das Marionettentheater. Studien und Interpretationen. Berlin 1967.

Wells, G.A.: The limitations of knowledge: Kleist's «Über das Marionettentheater». In: MLR 80 (1985), 90–96.

Tieck (vgl. Bd. 1, S. 725 f.)

Barry, J. E.: The problem of identity in Ludwig Tieck's tales from the «Phantasus». A psychoanalytic interpretation. Buffalo 1984.

Endrulat, H.: Ludwig Tiecks Altersnovellistik und das Problem der ästhetischen Subjektivität. Münster 1957.

Heinichen, J.: Das späte Novellenwerk Ludwig Tiecks. Eine Untersuchung seiner Erzählweise. Heidelberg 1963.

Hienger, J.: Romantik und Realismus im Spätwerk Ludwig Tiecks. Köln 1955.

Keck, C. E.: Renaissance and Romanticism: Tieck's conception of cultural decline as portrayed in his «Vittoria Accorombona». Bern/Frankfurt a. M. 1976.

Kreuzer, I.: Märchenform und individuelle Geschichte. Zu Text- und Handlungsstrukturen in Werken Tiecks zwischen 1790 und 1811. Göttingen 1983.

Lillyman, W. J.: «Des Lebens Überdruß». The crisis of a conservative. In: GQ 46 (1973), 393–409.

McKinstry, B. E. J.: The question of Tieck's liberalism. A study of «Eigensinn und Laune». Irvine 1981.

Müller, J.: Tiecks Novelle «Der Alte vom Berge». Ein Beitrag zum Problem der Gattung. In: Wissenschaftliche Zeitschrift der Universität Jena 8 (1958/59), 475–81.

Oesterle, I.: Ludwig Tieck: «Des Lebens Überfluß» (1838). In: P. M. Lützeler (Hrsg.), Romane und Erzählungen zwischen Romantik und Realismus. Stuttgart 1983, 231–67.

Paulin, R.: Der alte Tieck. In: J. Hermand/M. Windfuhr (Hrsg.), Zur Literatur der Restaurationsepoche 1815–1848. Forschungsreferate und Aufsätze. Stuttgart 1970, 247–62.

Rehm, W.: Ludwig Tieck und sein Renaissanceroman «Vittoria Accorombona». In: W. R., Das Werden des Renaissancebildes in der deutschen Dichtung vom Rationalismus bis zum Realismus. München 1924, 159–81.

Stamm, R.: Ludwig Tiecks späte Novellen. Grundlage und Technik des Wunderbaren. Stuttgart 1973.

Taraba, W.: Vittoria Accorombona. In: B. von Wiese (Hrsg.), Der deutsche Roman. Düsseldorf 1963, Bd. 1, 329–52.

Weibel, O.: Tiecks Renaissancedichtung in ihrem Verhältnis zu Heinse und C. F. Meyer. Bern 1925. Nachdr. Nendeln 1970.

Varnhagen

Oeser, H.-C.: «Wilhelm Meisters Lehrjahre» als Thema eines romantischen Romans. Kritik und Bewunderung Goethes in «Die Versuche und Hindernisse Karls». In: Archiv 135 (1983), 27–53.

V. KAPITEL: DRAMATISCHE LITERATUR

Allgemeine Darstellungen (vgl. Bd. 1, S. 726)

Fambach, O.: Repertorium des Hof- und Nationaltheaters in Mannheim 1804–1832. Bonn 1981.

Fambach, O.: Repertorium des Stadttheaters zu Leipzig 1817–1828. Bonn 1981.

Fambach, O.: Das Repertorium des Königlichen Theaters und der Italienischen Oper zu Dresden 1814–1832. Bonn 1985.

Galle, R.: Hegels Dramentheorie und ihre Wirkung. In: W. Hinck (Hrsg.), Handbuch des deutschen Dramas. Düsseldorf 1980, 259–72.

Kafitz, D.: Grundzüge einer Geschichte des deutschen Dramas von Lessing bis zum Naturalismus. 2 Bde. Königstein/Ts. 1982.

Kluge, G.: Spiel und Witz im romantischen Lustspiel. Zur Struktur der Komödiendichtung der deutschen Romantik. Köln 1963.

Kluge, G.: Das Lustspiel der deutschen Romantik. In: H. Steffen (Hrsg.), Das deutsche Lustspiel. Göttingen 1968, Bd. 1, 181–203.

Kraft, H.: Das Schicksalsdrama. Interpretation und Kritik einer literarischen Reihe. Tübingen 1974.

Lea, C. A.: Emancipation, assimilation and stereotype. The image of the Jew in German and Austrian drama (1800–1850). Bonn 1978.

Martersteig, M.: Das deutsche Theater im neunzehnten Jahrhundert. Leipzig 1924.

Sengle, F.: Das deutsche Geschichtsdrama. Geschichte eines literarischen Mythos. Stuttgart 1952.

Wendriner, K. G.: Das romantische Drama. Eine Studie über den Einfluß von Goethes «Wilhelm Meister» auf das Drama der Romantiker. Berlin 1909.

Zimmer, R.: Dramatischer Dialog und außersprachlicher Kontext. Dialogformen in deutschen Dramen des 17.–20. Jh. Göttingen 1982.

Autoren

Arnim

Falkner, G.: Die Dramen Achim von Arnims. Zürich 1962.

Paulin, R.: Gryphius' «Cardenio und Celinde» und Arnims «Halle und Jerusalem». Eine vergleichende Untersuchung. Tübingen 1968.

Goethe (vgl. Bd. 1, S. 727 f.)

Hecht, W.: Goethes Maskenzüge. In: H. Holtzhauer/B. Zeller (Hrsg.), Studien zur Goethezeit. Weimar 1968, 127–42.

Hinck, W.: Goethe – Mann des Theaters. Göttingen 1982.

Faust

Bayer, H.: Goethes «Faust». Religiös-ethische Quellen und Sinnbedeutung. In: JbFDH 1978, 173–224.

Binder, A.: Das Vorspiel auf dem Theater. Poetologische und geschichtsphilosophische Aspekte in Goethes Faust-Vorspiel. Bonn 1969.

Binswanger, H. C.: Geld und Magie. Deutung und Kritik der modernen Wirtschaft anhand von Goethes «Faust». Stuttgart 1985.

Bloch, E.: Das Faustmotiv der Phaenomenologie des Geistes. In: Hegel-Studien 1 (1961), 155–71.

Böhm, W.: Faust der Nichtfaustische. Halle 1933.

Boyle, N.: Goethe. Faust. Part one. Cambridge [1987].

Boyle, N.: The politics of «Faust II»: another look at the stratum of 1831. In: PEGS 52 (1983), 4–43.

Brown, J. K.: Goethe's «Faust». The German tragedy. Ithaca/London 1986.

Chisholm, D./Sondrupp, S. P.: Verskonkordanz zu Goethes «Faust, erster Teil». Tübingen 1985.

Cottrell, A.: Goethe's «Faust». Seven essays. Chapel Hill 1976.

Diener, G.: Fausts Weg zu Helena. Urphänomen und Archetypus. Darstellung und Deutung einer symbolischen Szenenfolge aus Goethes Faust. Stuttgart 1961.

Dietze, W.: Der ‹Walpurgisnachtstraum› in Goethes «Faust» – Entwurf, Gestaltung, Funktion. In: W.D., Erbe und Gegenwart. Aufsätze zur vergleichenden Literaturwissenschaft. Berlin/Weimar 1972.

Gearey, J.: Goethe's «Faust». The making of Part I. New Haven/London 1981.

Geerdts, H.J.: Zur Widerspiegelung der Revolutionsproblematik in Goethes «Faust II». In: P.Chiarini/W.Dietze (Hrsg.), Deutsche Klassik und Revolution. Texte eines literaturwissenschaftlichen Kolloquiums. Rom 1981, 287–97.

Gerhard, M.: «Faust» – Die Tragödie des «neueren» Menschen. In: JbFDH 1978, 160–64.

Gille, K.F.: «Wer immer strebend sich bemüht . . .» – Überlegungen zur Faustrezeption. In: Neophilologus 68 (1984), 105–20.

Graham, I.: Kompromittierung und Wiedergutmachung. Ein Versuch zu Fausts Schlußmonolog. In: JbDSG 26 (1982), 163–203.

Graham, I.: Von Eva zu Ave. Über die Würde des Verworfenen in Goethes «Faust». In: H.-J.Mähl/E.Mannack (Hrsg.), Studien zur Goethezeit. Heidelberg 1981, 63–89.

Graham, I.: Mephisto's Zoo. In: GLL 34 (1980), 17–38.

Grappin, P.: Zur Gestalt des Kaisers in «Faust II». In: Goethe 91 (1974), 107–16.

Hahn, K.-H.: Faust und Helena oder die Aufhebung des Zwiespalts zwischen Klassikern und Romantikern. Ein Beitrag zur Romantikkritik Goethes im Spiegel der Faustdichtung. In: Goethe 32 (1970), 115–41.

Hamm, H.: Goethes «Faust». Werkgeschichte und Textanalyse. Berlin 1978.

Hamm, H.: Julirevolution, Saint-Simonismus und Goethes abschließende Arbeit am «Faust». In: WB 28 (1982), 70–91.

Hamm, H.: Zum Symbolbegriff im zweiten Teil des «Faust». In: Goethe 1970, 142–50.

Henkel, A.: Das Ärgernis Faust. In: A.H., Goethe-Erfahrungen. Stuttgart 1982, 163–79.

Henning, H.: Faust-Bibliographie. 3 Teile. Berlin 1968–76.

Ingen, F. van: Faust – homo melancholicus. In: A. von Bormann [u.a.] (Hrsg.), Wissen aus Erfahrungen. Werkbegriff und Interpretation heute. Fs. H.Meyer. Tübingen 1976, 256–81.

Kaiser, G.: Goethes «Faust» und die Bibel. In: DVjs 58 (1984), 391–413.

Keller, W. (Hrsg.): Aufsätze zu Goethes «Faust I». Darmstadt 1974 (Wege der Forschung).

Keller, W.: Der klassische Goethe und sein nichtklassischer Faust. In: Goethe 1978, 9–28.

Keller, W.: Nachwort. [Zu:] Goethe. Faust I. Paralleldruck der drei Fassungen. Frankfurt a.M. 1983.

Kruse, J.: Der Tanz der Zeichen. Poetische Struktur und Geschichte in Goethes «Faust II». Königstein/Ts. 1985.

Landeck, U.: Der fünfte Akt von Goethes Faust II. Kommentierte kritische Ausgabe. München 1981.

Lengefeld, W.K. von: Goethes Faust. Tragödie oder Fabeldichtung. In: JbFDH 1970, 98–128.

Lohmeyer, D.: Faust und die Welt. Der zweite Teil der Dichtung. München 1975.

Löw, E. von: Strukturen in Goethes «Faust». Hürtgenwald 1983.

Lukács, G.: Faust-Studien. In: G.L., Goethe und seine Zeit. Berlin 1950, 200–329.

Luke, D.: Introduction. [Zu:] Faust Part One. [Übersetzung] Oxford 1987.

Maché, U.: Goethes Faust als Plutus und Dichter. In: JbFDH 1975, 174–88.

Mahal, G. (Hrsg.): Ansichten zu Faust. Fs. K.Theens. Stuttgart 1973.

Mason, E.C.: Goethe's «Faust». Its genesis and purport. Berkeley/Los Angeles 1967.

May, K.: Faust II. Teil. In der Sprachform gedeutet. München 1962.

Meyer, H.: Diese sehr ernsten Scherze. Eine Studie zu «Faust II». Heidelberg 1970.

Michelsen, P.: Fausts Schlaf und Erwachen. Zur Eingangsszene von «Faust II» («Anmutige Gegend»). In: JbFDH 1983, 21–61.

Michelsen, P.: Der Einzelne und sein Geselle. Fausts Osterspaziergang. In: Euphorion 72 (1978), 43–67.

Mieth, G.: Fausts letzter Monolog – Poetische Struktur einer geschichtlichen Vision. In: Goethe 97 (1980), 90–102.

Mommsen, K.: Natur und Fabelreich in Faust II. Berlin 1968.

Müller-Seidel, W.: Komik und Komödie in Goethes «Faust». In: W.M.-S., Die Geschichtlichkeit der deutschen Klassik. Stuttgart 1983, 173–88.

Müller-Seidel, W.: Lynkeus. Lyrik und Tragik in Goethes «Faust». In: W. Frühwald/ G. Niggl (Hrsg.), Sprache und Bekenntnis. Berlin 1971, 79–100.

Neubauer, W.: Das tragische Prisma des Irrtums. Überlegungen zur Lösung des «Hexen-Einmal-Eins» und zu Mephistos «Vaterschaft» in Goethes «Faust». Konstanz 1986.

Neumann, M.: Das Ewig-Weibliche in Goethes «Faust». Heidelberg 1985.

Parkes-Perret, F. B.: Homunculus: Entstehungstheorie und Ledatraumvision. In: Goethe 101 (1984), 26–47.

Pütz, P.: Faust und der Erdgeist. In: V. J. Günther/H. Koopmann/P. Pütz/ H. J. Schrimpf (Hrsg.), Untersuchungen zur Literatur als Geschichte. Fs. B. von Wiese. Berlin 1973, 50–54.

Requadt, P.: Goethes «Faust I». Leitmotivik und Architektur. München 1972.

Requadt, P.: Die Figur des Kaisers im «Faust II». In: JbDSG 8 (1964), 153–71.

Resenhöfft, W.: Existenzerhellung des Hexentums in Goethes «Faust». Grundlinien axiomatisch-psychologischer Deutung. Bern 1970.

Schanze, H.: Szenen, Schema, Schwammfamilie. Goethes Arbeitsweise und die Frage der Strukturreinheit von «Faust» I und II. In: Euphorion 78 (1984), 383–400.

Schillemeit, J.: Das «Vorspiel auf dem Theater» zu Goethes «Faust». Entstehungszusammenhänge und Folgerungen für sein Verständnis. In: Euphorion 80 (1986), 149–66.

Schlaffer, Heinz: «Faust Zweiter Teil». Die Allegorie des 19. Jh. Stuttgart 1981.

Schmidt, M.: Genossin der Hexe. Interpretation der Gretchentragödie in Goethes «Faust» aus der Perspektive der Kindesmordproblematik. Göttingen 1985.

Scholz, R.: Die beschädigte Seele des Großen Mannes. Goethes «Faust» und die bürgerliche Gesellschaft. Rheinfelden 1982.

Scholz, R.: Goethes «Faust» in der wissenschaftlichen Interpretation von Schelling und Hegel bis heute. Rheinfelden 1983.

Schöne, A.: Satanskult: Walpurgisnacht. In: A.S., Götterzeichen – Liebeszauber – Satanskult. Neue Einblicke in alte Goethetexte. München 1982, 107–230.

Schuchard, G. C. L.: Julirevolution, St. Simonismus und die Faustpartien von 1831. In: ZfdPh 60 (1935), 240–74, 362–84.

Seidlin, O.: Helena: Vom Mythos zur Person. Versuch einer Neu-Interpretation des Helena-Aktes, «Faust II». In: PMLA 62 (1947), 183–212.

Steiner, J.: Die letzte Szene von Goethes «Faust». In: EG 38 (1983), 147–55.

Wertheim, U.: Klassisches in «Faust. Der Tragödie erster Teil». In: Goethe 95 (1978), 112–49.

Wieland, R.: Zur Dialektik des ästhetischen Scheins. Vergleichende Studien zu Hegels «Phänomenologie des Geistes», der «Ästhetik» und Goethes «Faust II». Hanstein 1981.

Wieszner, G. G.: Goethes Faust – Ein geistiger Überblick. Nürnberg 1968.

Williams, J. R.: Die Rache der Kraniche. Goethe, «Faust II» und die Julirevolution. In: ZfdPh 103 (1984), Sonderheft Goethe, 105–27.

Wittkowski, W.: Faust und der Kaiser. In: DVjs 43 (1969), 631–51.
Zerschwitz, E. von: Komödienperspektiven in Goethes «Faust I». Bern/Frankfurt a. M. 1985.

Kleist

Exner, R.: Androgynie und preußischer Staat. Themen, Probleme und das Beispiel Heinrich von Kleist. In: Aurora 39 (1979), 51–78.
Hinderer, W. (Hrsg.): Kleists Dramen. Neue Interpretationen. Stuttgart 1981.
Irlbeck, E.: Tragödien der Freiheit. Das Problem der Freiheit im dramatischen Werk Heinrich von Kleists. Frankfurt a. M./Bern/New York 1986.
Scheufele, T.: Die theatralische Sendung der Dramen Kleists. Untersuchungen zum Problem des Theatralischen im Drama. Meisenheim 1975.
Stahl, E. L.: Heinrich von Kleist's drama. Oxford 1961.
Stephens, A.: «Was hilfts, daß ich jetzt schuldlos mich erzähle?» Zur Bedeutung der Erzählvorgänge in Kleists Dramen. In: JbDSG 24 (1985), 301–23.
Streller, S.: Das dramatische Werk Heinrich von Kleists. Berlin 1966.
Wickert, G. M.: Das verlorene heroische Zeitalter. Held und Volk in Heinrich von Kleists Dramen. Bern 1983.

Die Familie Schroffenstein

Harms, I.: «Wie fliegender Sommer». Eine Untersuchung der «Höhlenszene» in Heinrich von Kleists «Familie Schroffenstein». In: JbDSG 28 (1984), 270–314.
Hubbs, V. C.: The concept of fate in Kleist's «Schroffenstein». In: Monatshefte 56 (1964), 339–45.
Seeba, H. C.: Der Sündenfall des Verdachts. Identitätskrise und Sprachskepsis in Kleists «Familie Schroffenstein». In: DVjs 44 (1970), 64–100.
Szondi, P.: Kleist. «Die Familie Schroffenstein». In: P. S., Versuch über das Tragische. Frankfurt a. M. 1961, 97–103.

Robert Guiskard

Ryan, L.: Kleists «Entdeckung im Gebiete der Kunst»: «Robert Guiskard» und die Folgen. In: H. Kreuzer (Hrsg.), Gestaltungsgeschichte und Gesellschaftsgeschichte. Fs. F. Martini. Stuttgart 1969, 242–64.
Samuel, R.: Heinrich von Kleists «Robert Guiskard» und seine Wiederbelebung 1807/8. In: KJb 1981, 315–48.
Samuel, R. H./Brown, H. M.: Kleist's lost year and the quest for «Robert Guiskard». Leamington Spa 1981.

Der zerbrochne Krug

Barth, I. M.: Zur Aufführung von Kleists Lustspiel «Der zerbrochne Krug» am Weimarer Hoftheater 1808. Ein unbekanntes Zeugnis aus Goethes Umkreis. In: Goethe 100 (1983), 219–55.
Delbrück, H.: Kleists Weg zur Komödie. Untersuchungen zur Stellung des «Zerbrochnen Krugs» in einer Typologie des Lustspiels. Tübingen 1974.
Graham, I.: Der zerbrochene Krug – Titelheld von Kleists Komödie. In: W. Müller-Seidel (Hrsg.), Heinrich von Kleist. Darmstadt 1967, 272–95.
Grathoff, D.: Der Fall des Krugs. Zum geschichtlichen Gehalt von Kleists Lustspiel. In: KJb 1981, 290–313.

Leistner, B.: Heinrich von Kleists «Der zerbrochne Krug». Die tragische Aufhebung eines Lustspielvorgangs. In: WB 30 (1984), 2028–47.

Martini, F.: Kleists «Der zerbrochne Krug». Bauformen des Lustspiels. In: JbDSG 9 (1965), 373–419.

Michelsen, P.: Die Lügen Adams und Evas Fall. Heinrich von Kleists «Der zerbrochne Krug». In: H. Anton [u. a.] (Hrsg.), Geist und Zeichen. Fs. Arthur Henkel. Heidelberg 1977, 268–304.

Neumann, A. R.: Goethe und Kleists «Der zerbrochne Krug». In: MLQ 13 (1952), 61–65.

Reeve, W. C.: Ein dunkles Licht: the court secretary in Kleist's «Der zerbrochne Krug». In: GR 58 (1983), 58–65.

Schadewaldt, W.: «Der zerbrochne Krug» von Heinrich von Kleist und Sophokles' «König Ödipus». In: W. Müller-Seidel (Hrsg.), Heinrich von Kleist. Darmstadt 1967, 317–25.

Schrimpf, H.-J.: Kleist «Der zerbrochne Krug». In: B. v. Wiese (Hrsg.), Das deutsche Drama. Düsseldorf 1964, Bd. I, 342–66.

Schunicht, M.: Heinrich von Kleist: «Der zerbrochne Krug». In: ZfdPh 84 (1965), 550–62.

Seidlin, O.: What the bell tolls in Kleist's «Der zerbrochne Krug». In: O. S., Vom erwachenden Bewußtsein und vom Sündenfall. Stuttgart 1979, 30–52.

Zenke, J.: Kleist: «Der zerbrochne Krug». In: W. Hinck (Hrsg.), Die deutsche Komödie. Düsseldorf 1977, 89–109.

Amphitryon

Aggeler, J.: Der Weg zu Kleists Alkmene. Bern 1972.

Bachmaier, H./Horst, T.: Die mythische Gestalt des Selbstbewußtseins. Zu Kleists «Amphitryon». In: JbDSG 22 (1978), 404–41.

Clouser, R.: «Sosias tritt mit einer Laterne auf»: messenger to myth in Kleist's «Amphitryon». In: GR 50 (1975), 275–93.

Gadamer, H.-G.: Der Gott des innersten Gefühls. In: Neue Rundschau 72 (1961), 340–49.

Guthke, K. S.: Kleists «Amphitryon» als Tragikomödie. In: Orbis Litterarum 13 (1958), 141–62.

Henkel, A.: Erwägungen zur Szene II,5 in Kleists «Amphitryon». In: U. Gaier/ W. Volke (Hrsg.), Fs. Friedrich Beißner. Bebenhausen 1974, 147–66.

Höller, H.: Der «Amphitryon» von Molière und der von Kleist. Eine sozialgeschichtliche Studie. Heidelberg 1982.

Jancke, G.: Zum Problem des identischen Selbst in Kleists Lustspiel «Amphitryon». In: Colloquia Germanica (1969), 87–100.

Müller-Seidel, W.: Die Vermischung des Komischen mit dem Tragischen in Kleists Lustspiel «Amphitryon». In: JbDSG 5 (1961), 118–35.

Ryan, L.: «Amphitryon»: doch ein Lustspielstoff! In: W. Müller-Seidel (Hrsg.), Kleist und Frankreich. Berlin 1969, 83–121.

Sembdner, H.: Johann Daniel Falks Bearbeitung des Amphitryon-Stoffes. Ein Beitrag zur Kleist-Forschung. Berlin 1971.

Wegener, K.-H.: «Amphitryon» im Spiegel der Kleist-Literatur. Bern 1979.

Wittkowski, W.: Heinrich von Kleists «Amphitryon». Materialien zur Rezeption und Interpretation. Berlin 1978.

Wittkowski, W.: Goethe und Kleist. Autonome Humanität und religiöse Autorität zwischen Unbewußtsein und Bewußtsein in «Iphigenie», «Amphitryon», «Penthesilea». In: W. W. (Hrsg.), Goethe im Kontext. Kunst und Humanität, Naturwissenschaft und Politik von der Aufklärung bis zur Restauration. Tübingen 1984, 205–21.

Penthesilea

Belhalfaoui, B.: Kleists «Penthesilea» in heilsgeschichtlicher Sicht. Eine Interpretation. In: EG 40 (1985), 175–94.

Brown, H. M.: Kleist and the tragic ideal. A study of «Penthesilea» and its relationship to Kleist's personal and literary development 1806–1808. Bern 1977.

Durzak, M.: Das Gesetz der Athene und das Gesetz der Tanais. Zur Funktion des Mythischen in Kleists «Penthesilea». In: JbFDH 1973, 354–70.

Dyer, D.: The imagery in Kleist's «Penthesilea». In: PEGS 31 (1961), 1–23.

Fricke, G.: Kleists «Penthesilea». In: B. von Wiese (Hrsg.), Das deutsche Drama. Düsseldorf 1968, Bd. 1, 362–84.

Fülleborn, U.: «Der Gang der Zeit von Anfang». Frauenherrschaft als literarischer Mythos bei Kleist, Brentano und Grillparzer. In: KJb 1986, 63–80.

Goldammer, P.: Heinrich von Kleists «Penthesilea». Kritik der Rezeptionsgeschichte als Beitrag zur Interpretation. In: Impulse 1 (1978), 200–31.

Gray, R.: «Jenseits von Sinn und Unsinn». Kleist's «Penthesilea» and its critics. In: PEGS N. S. 37 (1967), 57–82.

Hofmann, H.: Individuum und allgemeines Gesetz. Zur Dialektik in Kleists «Penthesilea» und «Prinz von Homburg». In: KJb 1987, 137–163.

Horst, F.: Kleists «Penthesilea» oder die Unfähigkeit, aus Liebe zu kämpfen. In: GRM 36 (1986), 150–68.

Hubbs, V. C.: The plus and minus of Penthesilea and Käthchen. In: Seminar 6 (1970), 187–94.

Kaiser, G.: Mythos und Person in Kleists «Penthesilea». In: H. Anton [u. a.] (Hrsg.), Geist und Zeichen. Fs. Arthur Henkel. Heidelberg 1977, 168–91.

Kunz, J.: Die Tragik der Penthesilea. In: R. Grimm/C. Wiedemann (Hrsg.), Literatur und Geistesgeschichte. Berlin 1968, 208–24.

Larrett, W.: «Penthesilea» – or the case of the deadly metaphor. In: London German Studies 3 (1986), 41–53.

May, K.: Kleists «Penthesilea». In: K. M., Form und Bedeutung. Stuttgart 1957, 243–53.

Michelsen, P.: Der Imperativ des Unmöglichen. Über Heinrich von Kleists «Penthesilea». In: H.-J. Zimmermann (Hrsg.), Antike Tradition und Neuere Philologien. Heidelberg 1984, 127–50.

Müller-Seidel, W.: Kleists «Penthesilea» im Kontext der deutschen Klassik. In: W. M.-S., Die Geschichtlichkeit der deutschen Klassik. Stuttgart 1983, 209–30.

Paulin, R.: Kleist's metamorphoses. Some remarks on the use of mythology in «Penthesilea». In: OGS 14 (1983), 35–53.

Pickerodt, G.: Penthesilea und Kleist. Tragödie der Leidenschaft und Leidenschaft der Tragödie. In: GRM 37 (1987), 64–66.

Sembdner, H. (Hrsg.): Heinrich von Kleist. «Penthesilea». Dokumente und Zeugnisse. Frankfurt a. M. 1967.

Sieck, A.: Kleists «Penthesilea». Versuch einer neuen Interpretation. Bonn 1976.

Streller, S.: Zur Problematik von Kleists «Penthesilea». In: WB 5 (1959), 496–512.

Strohschneider-Kohrs, I.: Das Wesen des Tragischen im Drama Heinrichs von Kleist. Dargestellt an Interpretationen von «Penthesilea» und «Prinz von Homburg». Marburg 1951.

Turk, H.: Dramensprache als gesprochene Sprache. Untersuchungen zu Kleists «Penthesilea». Bonn 1965.

Wells, G.A.: The basis and the effectiveness of the tragic outcome in Kleist's «Penthesilea». In: NGS 11 (1983), 99–112.

Käthchen von Heilbronn

Browning, R.M.: Kleist's Käthchen and the monomyth. In: D.H.Crosby/ G.C.Schoolfield (Hrsg.), Studies in the German drama. Chapel Hill 1974, 115–23.
Grathoff, D. (Hrsg.): Heinrich von Kleist. «Das Käthchen von Heilbronn». Erläuterungen und Dokumente. Stuttgart 1977.
Martini, F.: «Das Käthchen von Heilbronn». Heinrich von Kleists drittes Lustspiel? In: JbDSG 20 (1976), 420–47.
Röbbeling, F.: Kleists «Käthchen von Heilbronn». Wiesbaden 1973.
Schwerte, H.: «Das Käthchen von Heilbronn». In: DU 13 (1961), 5–26.

Hermannsschlacht

Angress, R.: Kleist's treatment of imperialism: «Die Hermannsschlacht» and «Die Verlobung in St.Domingo». In: Monatshefte 69 (1977), 17–33.
Burckhardt, S.: Kleist's «Hermannsschlacht». The lock and key. In: S.B., The drama of language. Baltimore 1970, 116–62.
Linn, R.N.: Comic and humorous elements in Kleist's «Hermannsschlacht». In: GR 47 (1972), 159–67.
Loose, H.D.: Kleists «Hermannsschlacht». Kein Krieg für Hermann und seine Cherusker. Ein paradoxer Feldzug aus dem Geist der Utopie gegen den Geist besitzbürgerlicher und feudaler Herrschaft. Karlsruhe 1984.
Mathieu, G.: Kleist's Hermann: the portrait of an artist in propaganda. In: GLL 7 (1953), 1–40.
May, K.: Kleists «Hermannsschlacht». Eine Strukturanalyse. In: K.M., Form und Bedeutung. Stuttgart 1957, 254–62.
Michelsen, P.: «Wehe, mein Vaterland, dir!» Heinrich von Kleists «Die Hermannsschlacht». In: KJb 1987, 115–36.
Miller, N.: Verstörende Bilder in Kleists «Hermannsschlacht». In: KJb 1984, 98–105.
Samuel, R.: Kleists «Hermannsschlacht» und der Freiherr vom Stein. In: JbDSG 5 (1961), 64–101.
Schlosser, H.D.: Zur Entstehungsgeschichte von Kleists «Hermannsschlacht». In: Euphorion 61 (1967), 170–74.

Prinz Friedrich von Homburg

Baumgärtel, G.: Zur Frage der Wandlung in Kleists «Prinz Friedrich von Homburg». In: GRM 16 (1966), 264–77.
Bennett, B.: «Prinz von Homburg». Theory in practice. In: Modern drama and German classicism. Ithaca/London 1979, 22–56.
Dybwad, M.: Ideologiebildung und Todestrieb bei Heinrich von Kleist. Betrachtungen zum «Prinz von Homburg». Regensburg 1986.
Ellis, J.M.: Kleist's «Prinz von Homburg». A critical study. Berkeley 1970.
Fischer-Lichte, E.: Heinrich von Kleist – Prinz Friedrich von Homburg. Frankfurt a.M./Berlin 1985.
Garland, M.: «Prinz von Homburg». An interpretation through word pattern. Den Haag 1968.
Gearey, J.: Character and idea in «Prinz Friedrich von Homburg». In: GR 42 (1968), 276–92.

Hackert, F. (Hrsg.): Heinrich von Kleist. «Prinz Friedrich von Homburg». Erläuterungen und Dokumente. Stuttgart 1979.

Häker, H.: Heinrich von Kleist. «Prinz Friedrich von Homburg» und «Die Verlobung in St. Domingo». Studien, Beobachtungen, Bemerkungen. Frankfurt a. M./ Bern/New York 1987.

Heine, R.: «Ein Traum, was sonst?» Zum Verhältnis von Traum und Wirklichkeit in Kleists Prinz Friedrich von Homburg. In: J. Brummack [u. a.] (Hrsg.), Literaturwissenschaft und Geistesgeschichte. Fs. R. Brinkmann. Tübingen 1981, 283–313.

Henkel, A.: Traum und Gesetz in Kleists «Prinz von Homburg». In: W. Müller-Seidel (Hrsg.), Heinrich von Kleist. Darmstadt 1967, 576–604.

Herd, E. W.: Form and intention in Kleist's «Prinz von Homburg». In: Seminar 2 (1966), 1–14.

Hohendahl, P. U.: Der Paß des Grafen Horn. Ein Aspekt des Politischen in «Prinz Friedrich von Homburg». In: GQ 41 (1968), 167–76.

Hubbs, V. C.: Die Ambiguität in Kleists «Prinz Friedrich von Homburg». In: KJb 1981, 184–94.

Kanzog, K.: Heinrich von Kleist. «Prinz von Homburg». Text, Kontexte, Kommentar. München 1977.

Leistner, B.: Dissonante Utopie. Zu Heinrich von Kleists «Prinz von Homburg». In: Impulse 2 (1979), 259–317.

Lüderssen, K.: Recht als Verständigung unter Gleichen in Kleists «Prinz von Homburg» – ein aristokratisches oder ein demokratisches Prinzip? In: KJb 1985, 56–83.

Mayer, H.: Der «Prinz von Homburg» als Denkspiel und als Traumspiel. In: H. M., Vereinzelt Niederschläge: Kritik – Polemik. Pfullingen 1973, 262–66.

Müller-Seidel, W.: Kleist. «Prinz von Homburg». In: B. von Wiese (Hrsg.), Das deutsche Drama. Düsseldorf 1960, Bd. 1, 385–404.

Nehring, W.: Kleists Prinz von Homburg – die Marionette auf dem Weg zu Gott. In: GQ 44 (1971), 172–84.

Parker, J. J.: Kleists Schauspiel «Prinz Friedrich von Homburg». In: GRM 16 (1966), 200–20.

Pascal, R.: «Ein Traum, was sonst?» Zur Interpretation des «Prinz Friedrich von Homburg». In: W. Müller-Seidel/W. Preisendanz (Hrsg.), Formenwandel. Hamburg 1964, 351–62.

Politzer, H.: Kleists Trauerspiel vom Traum: «Prinz von Homburg». In: Euphorion 64 (1970), 200–20.

Schwarz, E.: Die Wandlungen Friedrichs von Homburg. In: E. S. [u. a.] (Hrsg.), Fs. B. Blume. Aufsätze zur deutschen und europäischen Literatur. Göttingen 1967, 103–25.

Silz, W.: Kleist's Natalie. In: MLN 91 (1976), 531–37.

Swales, E.: Configurations of irony: Kleist's «Prinz Friedrich von Homburg». In: DVjs 56 (1982), 407–30.

Thalheim, H.-G.: Kleists «Prinz Friedrich von Homburg». In: WB 11 (1965), 483–530.

Thayer, T. K.: The ascendancy of fame in Kleist's «Prinz Friedrich von Homburg». In: LJbGG 25 (1984), 155–87.

Wittkowski, W.: Absolutes Gefühl und absolute Kunst in Kleists «Prinz Friedrich von Homburg». In: DU 13 (1961), 27–71.

Zeller, R.: Kleists «Prinz von Homburg» auf dem Hintergrund der literarischen Tradition. In: JbDSG 30 (1986), 404–16.

Werner

Hankamer, P.: Werners Drama «Der 24. Februar». Bonn 1919.

Heinemann, B.: Geschichte und Mythos in Zacharias Werners Drama. Göttingen 1960.

Jennings, L. B.: The freezing flame: Zacharias Werner and the Twenty-fourth February. In: Symposium 20 (1966), 24–42.

Koziełek, G.: Romantisches Drama. Eine Interpretation von Zacharias Werners «Kreuz an der Ostsee». In: Germanica Wratslaviensia 12 (1968), 49–85.

Koziełek, G.: Das dramatische Werk Zacharias Werners. Wrocław 1967.

Moenkemeyer, H.: Motivierung in Zacharias Werners Drama «Der 24. Februar». In: Monatshefte 50 (1958), 105–18.

Palgen, R.: Über Zacharias Werners «Söhne des Tals». Ein Beitrag zur Geschichte der Romantik. Marburg 1917. Nachdr. New York/London 1968.

Reuter, H.-H.: «Die Weihe der Kraft». Ein Dialog zwischen Goethe und Zelter (Juni/Aug. 1806) und seine Wiederaufnahme bei Fontane (Schach von Wuthenow). In: H. Holtzhauer/B. Zeller (Hrsg.), Studien zur Goethezeit. Weimar 1968, 357–75.

Stuckert, F.: Das Drama Zacharias Werners. Entwicklung und literargeschichtliche Stellung. Frankfurt a. M. 1926.

VI. KAPITEL: LYRIK

Allgemeine Darstellungen (vgl. Bd. 1, S. 734)

Adam, G.: Die vaterländische Lyrik zur Zeit der Befreiungskriege. Marburg 1962.

Brody, E./Fowles, R. A.: The German Lied and its poetry. New York 1971.

Czygan, P.: Zur Geschichte der Tagesliteratur während der Freiheitskriege. 2 Bde. Leipzig 1909–11.

Fechner, J.-U. (Hrsg.): Das deutsche Sonett. Dichtungen, Gattungspoetik und Dokumente. München 1969.

Frank, H. J.: Handbuch der deutschen Strophenformen. München 1980.

Fritsch, G.: Die deutsche Ballade zwischen Herders naturaler Theorie und später Industriegesellschaft. Stuttgart 1976.

Georgiades, T. G.: Schubert. Musik und Lyrik. Göttingen 2. Aufl. 1979.

Gnüg, H.: Entstehung und Krise lyrischer Subjektivität. Vom klassischen lyrischen Ich zur modernen Erfahrungswirklichkeit. Stuttgart 1983.

Goodbody, A.: Natursprache. Ein dichtungstheoretisches Konzept der Romantik und seine Wiederaufnahme in der modernen Naturlyrik (Novalis-Eichendorff-Lehmann-Eich). Neumünster 1984.

Grab, W./Friesel, U.: Noch ist Deutschland nicht verloren. Unterdrückte Lyrik von der Französischen Revolution bis zur Reichsgründung. Texte und Analysen. Berlin 1980.

Heukenkamp, U.: Die Sprache der schönen Natur. Studien zur Naturlyrik. Berlin 1982.

Hinderer, W. (Hrsg.): Geschichte der deutschen Lyrik vom Mittelalter bis zur Gegenwart. Stuttgart 1983.

Hinderer, W. (Hrsg.): Geschichte der politischen Lyrik in Deutschland. Stuttgart 1978.

Hügli, E.: Die romanischen Strophen in der Dichtung der deutschen Romantik. Zürich 1900.

Kander, C.: Die deutsche Ruinenpoesie des 18. Jh. bis in die Anfänge des 19. Jh. Heidelberg 1931.

Kranz, G.: Das Bildgedicht. Theorie, Lexikon, Bibliographie. 2 Bde. Köln 1981.

Krättli, A.: Die Farben in der Lyrik der Goethezeit. Zürich 1949.

Kreutzer, H. J.: Schubert und die literarische Situation seiner Zeit. In: W. Aderhold [u. a.] (Hrsg.), Franz Schubert. Jahre der Krise 1818–1823. Fs. Arnold Feil, Kassel 1985, 29–38.

Lämmert, E.: Preußische Politik und nationale Poesie. In: N. Altenhofer/W. Busch/ R. Brückmann (Hrsg.), Berlin zwischen 1789 und 1848. Facetten einer Epoche. Berlin 1981, 43–51.

Lämmert, E.: Die vaterländische Lyrik und Goethes west-östlicher Divan. In: H. Arntzen/B. Balzer/K. Pestalozzi/R. Wagner (Hrsg.), Literaturwissenschaft und Geschichtsphilosophie. Berlin/New York 1975, 341–56.

Mecklenburg, N. (Hrsg.): Naturlyrik und Gesellschaft. Stuttgart 1977.

Mönch, W.: Das Sonett im Zeitalter der Romantik. In: W. M., Das Sonett. Heidelberg 1955, 169–99.

Müller-Seidel, W. (Hrsg.): Balladenforschung. Königstein/Ts. 1980.

Neuburger, P.: Die Verseinlage in der Prosadichtung der Romantik. Mit einer Einleitung zur Geschichte der Verseinlage. Leipzig 1924. Nachdr. New York/London 1967.

Rademacher, G.: Technik und industrielle Arbeit in der deutschen Lyrik des 19. und 20. Jh. Bern 1976.

Rodger, G.: A reason for the inadequacy of the romantic «Kunstballade». In: MLR 55 (1960), 371–91.

Schlawe, F.: Die deutschen Strophenformen. Systematisch-chronologische Register zur deutschen Lyrik 1600–1950. Stuttgart 1972.

Schlütter, N. J./Borgmeier, R./Wittschier, H. W.: Sonett. Stuttgart 1979.

Scholz, G.: Die Balladendichtung der Frühromantik. Breslau 1935.

Segebrecht, W.: Das Gelegenheitsgedicht. Ein Beitrag zur Geschichte und Poetik der deutschen Lyrik. Stuttgart 1977.

Segebrecht, W. (Hrsg.): Gedichte und Interpretationen. Bd. 3: Klassik und Romantik. Stuttgart 1984.

Slanina, E.: Die Rollendichtung in der romantischen Lyrik. Villach 1941.

Stein, P.: Politisches Bewußtsein und künstlerischer Gestaltungswille in der politischen Lyrik 1780–1848. Hamburg 1971.

Stein, P. (Hrsg.): Theorie der politischen Dichtung. München 1973.

Stoljar, M. M.: Poetry and Song in late eighteenth century Germany: a study in the musical «Sturm und Drang». London 1985.

Strobach, H.: Geschichte der deutschen Volksdichtung. Berlin 1981.

Suppan, W.: Volkslied. 2. Aufl. Stuttgart 1978.

Werner, H. G.: Geschichte des politischen Gedichts in Deutschland 1815–1849. Berlin 1969.

Wilke, J.: Das «Zeitgedicht». Seine Herkunft und frühe Ausbildung. Meisenheim a. G. 1974.

Wolpers, Th. (Hrsg.): Motive und Themen romantischer Naturdichtung. Textanalysen und Traditionszusammenhänge im Bereich der skandinavischen, englischen, deutschen, nord-amerikanischen und russischen Literatur. Göttingen 1984.

Zimmer, H.: Auf dem Altar des Vaterlandes. Religion und Patriotismus in der deutschen Kriegslyrik des 19. Jh. Frankfurt a. M. 1971.

Autoren

Arnim

Ricklefs, U.: Arnims lyrisches Werk. Register der Handschriften und Drucke. Tübingen 1980.
Sternberg, Th.: Die Lyrik Achim von Arnims. Bilder der Wirklichkeit – Wirklichkeit der Bilder. Bonn 1983.

Brentano (vgl. Bd. 1, S. 734)

Brandstetter, G.: Erotik und Religiosität. Eine Studie zur Lyrik Clemens Brentanos. München 1986.
Brandstetter, G.: Hieroglyphik der Liebe. Überlegungen zu Brentanos ‹Fortsetzung von Hölderlins Nacht›. In: JbFDH 1983, 213–66.
Frühwald, W.: Leben im Zitat. In: W. Böhme (Hrsg.), Lieb, Leid und Zeit – über Clemens Brentano. Karlsruhe 1979, 27–42.
Henel, H.: Brentanos «O schweig nur, Herz». Das Gedicht und seine Interpreten. In: JbFDH 1977, 309–49.
Kerstholt, L. M.: Das Lied der Welt in Brentanos Romanzen vom Rosenkranz. Berlin 1939.
Lübbe-Grothues, G.: Clemens Brentano: «Was reif in diesen Zeilen steht». In: JbFDH 1982, 262–301.
Stopp, E.: Brentano's «O Stern und Blume». Its poetic and emblematic context. In: MLR 67 (1972), 95–117.

Eichendorff

Eichner, H.: Zur Integration der Gedichte in Eichendorffs erzählender Prosa. In: Aurora 41 (1981), 7–21.
Exner, P.: Natur, Subjektivität, Gesellschaft. Kritische Interpretation von Eichendorffs Gedicht «Zwielicht». In: N. Mecklenburg (Hrsg.), Naturlyrik und Gesellschaft. Stuttgart 1977, 88–101.
Friederici, H.: Untersuchungen zur Lyrik Joseph von Eichendorffs. In: WB 8 (1962) H. 1, 85–107.
Haller, R.: Eichendorffs Balladenwerk. Bern/München 1962.
Heidenreich, J.: Natura delectat. Zur Tradition des locus amoenus bei Eichendorff. Konstanz 1985.
Klussmann, P. G.: Über Eichendorffs lyrische Hieroglyphen. In: H. J. Schrimpf (Hrsg.), Literatur und Gesellschaft vom 19. ins 20. Jh. Bonn 1963, 113–41.
Rüdiger, H.: Zu Eichendorffs lyrischem Stil. In: Aurora 17 (1957), 27–31.

Goethe

Albertsen, L. L.: Bakis oder die Verhinderung der Literaturwissenschaft. Über die Funktion des Orakels bei Goethe. In: Archiv 219 (1982), 109–15.
Debon, G.: Die Frauen im «Buch der Liebe». In: Goethe 101 (1984), 234–43.
Debon, G.: Das Brunnengedicht des «Divan». In: Euphorion 74 (1980), 198–212.
Dietze, W.: Poesie und Humanität. Anspruch und Leistung im lyrischen Werk Johann Wolfgang Goethes. Berlin/Weimar 1985.
Dill, C.: Wörterbuch zu Goethes West-östlichem Divan. Tübingen 1987.
Eickhölter, M.: Die Lehre vom Dichter in Goethes «Divan». Hamburg 1984.

Fritz, W.H.: Liebesgedichte aus Goethes «West-östlichem Divan». Abhandlungen der Akademie der Wissenschaften und der Literatur zu Mainz. Wiesbaden 1980.

Fritz, W.H.: Der «West-östliche Divan» – gedichtete Liebe. In: Goethe 97 (1980), 64–81.

Graham, I.: «Wandrer in der Noth». Das Bild des Künstlers im Spiegel von Schuberts Goethe-Liedern. In: JbFDH 1983, 62–117.

Heine, S.: Zur Gestalt des Dichters in Goethes «West-östlichem Divan». In: Goethe 101 (1984), 205–17.

Heller, E.: Goethe in Marienbad. In: E.H., The poet's self and the poem. London 1976, 1–27.

Henckmann, G.: Gespräch und Geselligkeit in Goethes «West-östlichem Divan». Stuttgart 1975.

Hinck, W.: Durchs Augenglas der Liebe. Goethes erotische Poetik. In: Monatshefte 76 (1984), 10–20.

Hof, W.: Behutsamkeit und Wortlaut. Betrachtungen zum Verständnis des Gedichts «Der Bräutigam» von Goethe. In: GRM 29 (1979), 373–89.

Hölscher-Lohmeyer, D.: Die Einheit von Naturwissenschaft und poetischer Aussage bei Goethe. Anmerkungen zu seinem Gedichtzyklus «Die Weissagungen des Bakis». In: Frühmittelalterliche Studien 12 (1978), 356–89.

Hübscher, A.: Das fünfte Urwort. In: V.Dürr/G.v.Molnár (Hrsg.), Versuche zu Goethe. Heidelberg 1976, 133–40.

Ihekweazu, E.: Goethes West-östlicher Divan. Untersuchungen zur Struktur des lyrischen Zyklus. Hamburg 1971.

Ileri, E.: Goethes «West-östlicher Divan» als imaginäre Orient-Reise. Sinn und Funktion. Bern/Frankfurt a.M. 1982.

Kaiser, G.: Literatur und Leben. Goethes Sonettenzyklus von 1807/1808. In: JbFDH 1982, 7–81.

Krolop, K.: Späte Gedichte Goethes. In: Goethe 97 (1980), 38–63.

Krolop, K.: Lebens- und Welterfahrung in Goethes «West-östlichem Divan». In: WB 28 (1982), 106–24.

Krolow, K.: Die Masken des «Divan». Goethes Alterslyrik. In: JbDASpr 1982, I, 67–76.

Lange, V.: «Wie Du bist, wie Du warst, und wie der Mensch sein soll»: Goethes «Um Mitternacht». In: G.Gillespie/E.Lohner (Hrsg.), Herkommen und Erneuerung. Tübingen 1976, 127–42.

Lee, M.: Studies in Goethe's lyric cycles. Chapel Hill 1978.

Llewellyn, R.T.: Trilogie der Leidenschaft: the exemplary Goethe? In: GLL 36 (1982), 138–52.

Lohner, E. (Hrsg.): Interpretationen zum West-östlichen Divan Goethes. Darmstadt 1973.

Mitchells, K.: Nur nicht lesen! Immer singen!: Goethe's «Lieder» into Schubert Lieder. In: PEGS N.S. 44 (1974), 63–82.

Müller, J.: Goethes «Trilogie der Leidenschaft» – Lyrische Tragödie und «Aussöhnende Abrundung». Versuch einer genetischen Interpretation. In: JbFDH 1978, 85–159.

Müller, J.: Goethes «Sonette». Lyrische Epoche und motivische Kontinuität. Berlin 1966.

Müller-Seidel, W.: Goethe und das Problem seiner Alterslyrik. In: W.M.-S., Die Geschichtlichkeit der deutschen Klassik. Stuttgart 1983, 251–65.

Müller-Seidel, W.: Goethes Gedicht «Der Bräutigam». Ein Beitrag zur Form seiner Alterslyrik. In: W.M.-S., Die Geschichtlichkeit der deutschen Klassik. Stuttgart 1983, 266–77.

Peters, G.F.: «So glücklich, so hingehaucht, so ätherisch». Heines Beurteilung des «West-östlichen Divans». In: HeineJb. 22 (1983), 30–46.

Reed, T.J.: Poetry and the shape of experience: the poet as nature. In: OGS 15 (1984), 3–25.

Reich-Ranicki, M. (Hrsg.): Johann Wolfgang Goethe. Alle Freuden, die unendlichen. Liebesgedichte und Interpretationen. Frankfurt a. M. 1987.

Richter, K.: Morphologie und Stilwandel. Ein Beitrag zu Goethes Lyrik. In: JbDSG 21 (1977), 192–215.

Richter, K.: Lyrik und Naturwissenschaft in Goethes «West-östlichem Divan». In: EG 38 (1983), 84–101.

Schäublin, P.: Goethes Gedicht «Dauer im Wechsel». In: Sprachkunst 1977, 3–34.

Schlaffer, Hannelore: Gedichtete Theorie. Die «Noten und Abhandlungen» zum «West-östlichen Divan». In: Goethe 101 (1984), 218–33.

Schlaffer, Heinz: Poesie und Prosa. Liebe und Arbeit. Goethes «Bräutigam». In: H.S., Der Bürger als Held. Frankfurt a. M. 1973, 51–85.

Schlütter, H.J.: Goethes Sonette. Anregung – Entstehung – Intention. Bad Homburg/Berlin/Zürich 1969.

Sengle, F.: Die didaktischen und kulturkritischen Elemente im «West-östlichen Divan». In: OGS 12 (1981), 69–84.

Shareghi-Boroujeni, C.: Herrscher und Dichter in Goethes und Hafis' Divan. Hamburg 1979.

Solbrig, I.: Hammer-Purgstall und Goethe. «Dem Zaubermeister das Werkzeug». Bern/Frankfurt a. M. 1973.

Solms, W.: Des Reimes «holder Lustgebrauch». Zur Reimlehre des «West-östlichen Divans». In: Goethe 99 (1982), 195–229.

Solms, W.: Interpretation als Textkritik. Zur Edition des «West-östlichen Divans». Heidelberg 1974.

Trunz, E.: Goethes lyrische Kurzgedichte 1771–1832. In: Goethe 26 (1964), 1–37.

Wertheim, U.: Von Tasso zu Hafis. Probleme der Lyrik und Prosa des ‹West-östlichen Divans›. Berlin 1983.

Wilkinson, E.M.: Goethes «Trilogie der Leidenschaft» als Beitrag zur Frage der Katharsis. Frankfurt a. M. 1957.

Wohlleben, J.: Über Goethes Gedichtzyklus «Chinesisch-deutsche Jahres- und Tageszeiten». In: JbDSG 24 (1985), 266–300.

Wünsch, M.: Der Strukturwandel in der Lyrik Goethes. Die systemimmanente Relation der Kategorien «Literatur» und «Realität». Probleme und Lösungen. Stuttgart 1975.

Zagari, L.: «Zu entschiedenerem Auffluge die Fittiche versuchen». Hermetismus und Pastiche in Goethes «West-östlichem Divan». In: W. Wittkowski (Hrsg.), Goethe im Kontext. Kunst und Humanität, Naturwissenschaft und Politik von der Aufklärung bis zur Restauration. Tübingen 1984, 378–91.

Müller

Baumann, C.C./Luetgert, N.J.: Die Winterreise: the secret of the cycle's appeal. In: Mosaic. A Journal for the Interdisciplinary Study of Literature 15 (1982), 41–52.

Brandenburg, H.: Die «Winterreise» als Dichtung. Eine Ehrenrettung für Wilhelm Müller. In: Aurora 18 (1958), 57–62.

Cottrell, A.P.: Wilhelm Müllers lyrische Liederzyklen. Ohio 1963.

Haefeli-Rasi, M.: Wilhelm Müller: «Die schöne Müllerin». Eine Interpretation zum Thema Stilwandel im Übergang von der Spätromantik zum Realismus. Zürich 1970.

Just, K. G.: Wilhelm Müllers Liederzyklen «Die schöne Müllerin» und «Die Winter-reise». In: K. G. J., Übergänge. Probleme und Gestalten der Literatur. Bern/Mün-chen 1966, 133–52.
Kreutzer, H. J.: Wilhelm Müller und die Koordinaten der Literaturgeschichte. In: O. Brusati (Hrsg.), Schubert-Kongreß Wien 1978, 259–67.
Marshall, H. L.: Symbolism in Schubert's «Winterreise». In: Studies in Romanti-cism 12 (1973), 607–32.

Uhland

Kayser, W.: Uhland: «Die Jagd von Winchester». In: W. K., Die Vortragsreise. Bern 1958, 184–89.
Weber, A.: Uhland: «Des Sängers Fluch». In: R. Hirschenauer/A. Weber (Hrsg.), Wege zum Gedicht. Bd. 2. München/Zürich 1963, 150–60.

REGISTER

Vorbemerkung

Das Register verzeichnet sämtliche im Textteil des Bandes erwähnten Personen sowie die dort genannten Werke der bedeutenden deutschen Autoren dieses Zeitabschnitts. Von den übrigen im Text genannten Titeln wurden nur die wichtigeren oder ausführlicher betrachteten unter den jeweiligen Autorennamen gesondert aufgeführt. In allen anderen Fällen sind die Werke in den Seitenangaben zu den jeweiligen Verfassern einbegriffen. Gedichte werden mit ihren Überschriften oder, wo diese fehlen, mit der ersten Zeile bzw. einem Teil der ersten Zeile angeführt. Da die vielen Almanache und Anthologien der Zeit oft den Charakter von Periodika tragen oder zumindest für periodisches Erscheinen vorgesehen waren und nicht überall von den Zeitschriften klar zu unterscheiden sind, wurden diese Titel unter dem Stichwort «Periodika, Almanache, Anthologien» versammelt. Es sind dort also auch eine Reihe von einmalig erschienenen Titeln verzeichnet.

Das Register wurde in Gemeinschaft mit Denise Ryan, Ingrid Barker und Franziska Jäger hergestellt.

G. S.

Brentano, Emilie, geb. Genger
(1810–1881) 478
Brentano, Franz (1765–1844) 751
Brentano, Sophie, geb. Schubart, gesch.
Mereau (1770–1806) 64, 189, 221,
308, 460, 469, 529 f.
Brockhaus, Friedrich Arnold (1772–
1823) 15, 161, 818
Brown, John (1735–1788) 127, 202
Brun, Sophie Christiane Friederike, geb.
Münter (1765–1835) 159
Büchner, Georg (1813–1837) 109, 166,
205, 583, 594, 629, 706, 779
Budde, Heinrich Wilhelm (1786–1860)
769
Bülow, Carl Eduard von (1803–1853)
503
Bürger, Gottfried August (1747–1794)
689 f., 693, 722
Burke, Edmund (1729–1797) 41, 43,
177, 275
Busch, Wilhelm (1832–1902) 604
Büsching, Johann Gustav Gottlieb (1783–
1829) 98, 110, 260 f., 273, 318, 612
*Grundriß zur Geschichte der deutschen
Poesie* (mit F. H. von der Hagen)
260
*Museum für Altdeutsche Literatur und
Kunst* (vgl. Periodika)
Byron, George Gordon Lord
(1788–1824) 101, 108, 115 f., 145,
157 f., 160 f., 191 f., 290, 672, 691, 744,
794

Calderon de la Barca, Pedro
(1600–1681) 221, 249, 291, 411,
422 f., 504, 509, 554, 559, 564, 578,
585, 591, 596, 598, 623, 627, 632, 666
Camões, Luis de (1524/5–1580) 518,
690
Carl August, Großherzog von Sachsen-
Weimar (1757–1828) 7, 123, 717
Carlyle, Thomas (1795–1881) 109
Carus, Carl Gustav (1789–1869) 219,
503
Cervantes Saavedra, Miguel de
(1547–1616) 221, 249, 287, 304, 308,
414, 430, 446, 559
Chamisso, Adelbert von (1781–1838)
84–87, 91, 100 f., 103, 110–112, 118,
152, 163 f., 166, 292, 302, 307, 310,
312, 322, 411, 423, 433, 525–528,

555–557, 680, 684–688, 695, 710, 715,
717, 724, 751, 760, 778, 800–808
Dramen
Faust. Ein Versuch 86, 800
Erzählende Literatur
*Peter Schlemihls wundersame Geschich-
te* 302, 411, 423, 526–528, 555,
801 f., 806
Gedichte
Aus der Beeringstraße 803
Böser Markt 805
Chios 163
Das Dampfroß 166, 807
Das Riesenspielzeug 805
Das Schloß Boncourt 802, 807
Der alte Müller 803 f.
Der Bettler und sein Hund 805
Der Invalid im Irrenhaus 103, 805
Der rechte Barbier 312, 805
Die alte Waschfrau 805
Die Brüder 164
Die Giftmischerin 806
Die goldene Zeit 804 f.
Die jungen Dichter 803
Die Sonne bringt es an den Tag 805
Ein Gerichtstag auf Huahine 806
Frauenliebe und -leben 724, 801
Salas y Gomez 806 f.
Windmüllerlieder 803
Winter 803
Autobiographisches
Reise um die Welt 555
Übersetzungen
Musenalmanach (hrsg. mit K. A. Varn-
hagen von Ense, vgl. Periodika)
Charpentier, Julie von (1776–1811) 70
Chauteaubriand, François René Vicom-
te de (1768–1848) 101
Chézy, Wilhelmine [Helmina] Christi-
ane von, geb. von Klencke
(1782–1856) 60, 98, 100, 115, 190,
259, 503, 530, 680, 686, 714, 717 f.
Clauren, H. (vgl. Heun, C. G. S.)
Clausewitz, Carl von (1780–1831) 44, 88
Coleridge, Samuel Taylor (1772–1834)
109
Collin, Heinrich Joseph von (1771–
1811) 53, 97 f., 562, 564, 567, 579,
598, 627, 632, 651
Julie von Billenau 567
Collin, Matthäus Casimir von (1779–
1824) 97 f., 680